1953年，毛泽东主席到朝阳区大屯乡视察合作社农业生产

1956年1月30日，在全国政协二届二次会议上，全国农业劳动模范、四季青农业生产合作社主任李墨林代表实现合作化的五亿翻身农民向毛泽东主席报喜

1958年，毛泽东主席视察丰台区岳各庄公社

1958年7月7日，中华人民共和国主席刘少奇在市、县领导的陪同下，视察通县田春华所在的农业生产合作社——高楼金青春社

1963年11月5日，全国人大常委会委员长朱德到海淀区东北旺农场视察时，与拖拉机手在一起

1958年8月16日下午3时，国务院总理周恩来陪同柬埔寨西哈努克亲王（右一）参观海淀区玉泉农业生产合作社稻田（左一为海淀区委第一书记张还吾同志）

1956年1月30日，在全国政协二届二次会议上，陈云、邓小平亲切接见农民代表、四季青农业生产合作社主任李墨林

1956年夏，彭真、刘仁同志视察郊区农业生产

1983年4月16日，中共中央书记处书记万里在北京展览馆参观四季青公社的展台

1999年2月10日，江泽民等领导同志到北京市海淀区四季青乡农工商总公司视察

2000 年 12 月 14 日，北京市委书记贾庆林到昌平区郑各庄村视察

市委书记刘淇到门头沟区调研、指导工作（左二）。副市长牛有成陪同（左一）。

市长王岐山到大兴区调研、指导工作（右二）。副市长牛有成陪同（右三）。

副市长牛有成到郊区检查工作（左二），市农委主任李进山陪同（右二）

清朝一佃户 32 张租银票据现身延庆

显示租银数额三十多年没变 北京日报

本报讯（通讯员王玉玲 张翠萍）清朝一位佃户从同治到光绪年间的 32 张租银票据近日在延庆县现身，它们是由该县上水磨村一位农民捐给县档案馆的。

这些票据，都属于清朝一位叫杨自亮的佃户。从同治二年到同治九年，从光绪元年到光绪二十四年，总共 32 张，租银都是"零两陆钱叁分柒厘"，票据的头上都写着"给民"二字。其中一张写着"延庆州正堂，为征收民租银事据，佃户杨自亮交纳，名下四年，租银零两陆钱叁分柒厘，给票存照，同治四年九月十日"。

延庆县档案馆工作人员认为，从这些票据上看，清朝的这三十多年，租银数额没有变，很值得研究。

这些票据是上水磨村一姓杨的农民祖传的，但他们已无法说清"杨自亮"和本家族的关系。 王玉玲摄

3.18 1064 P7

延庆县一位农民将清朝同治到光绪及民国年间的 32 张租银票据捐给县档案馆

在土地改革中，把封建地主的土地划分给广大农民

一個四季常青的蔬菜生産合作社

1955 年 2 月，《北京日报》以"一个四季常青的蔬菜生产合作社"为题报道海淀区四季青生产合作社

1955年，四季青生产合作社对新入社社员的车马进行估价

1955 年，南苑区马家堡乡农业生产合作社社员学习中共中央七届六中全会《关于农业合作化问题的决议》

1955 年，丰台区东管头乡报名入社的农民正在办理入社登记手续

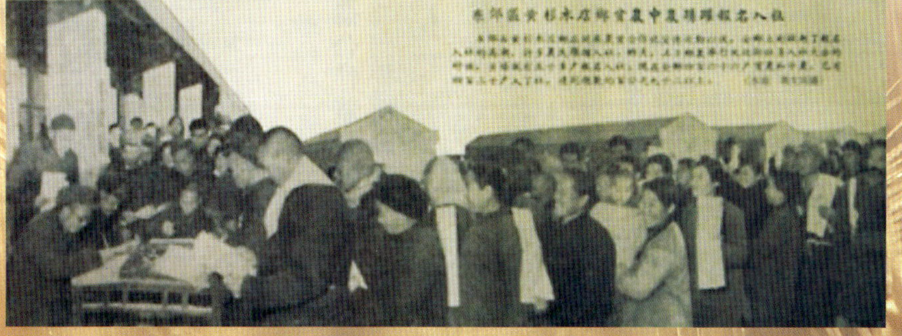

东郊区黄杉木店乡贫农中农踊跃报名入社

1955 年，东郊区黄杉木店农民踊跃报名入社时的情景

造具有歷史意义的勝利

完全社会主义合作化

东郊区燕家園农业生产合作社

社員开大会欢慶轉为高級社

1956 年初，农民庆祝农业合作化胜利完成。图为进城报喜的农民队伍

早腾田 建茬种 扩大农田利用率

永乐店晚稻放"衞星"

試驗田亩产32735斤

1958 年"大跃进"时期，某些地方刮起浮夸风。图为通县永乐店晚稻放"卫星"的报道

三年困难时期，平谷县南独乐河七队的社员吃食堂

取消不合理规定　尊重生产队自主权　搞好年终分配

京郊社员平均分配水平过百元

去年增长幅度超过前七年增长的总和

本报讯　春节前，本市郊区农村一片喜庆丰收和年终分配兑现的兴旺景象。到农历腊月二十三，郊区百分之九十以上的社队已经分配兑现完毕。全郊区社员平均分配水平达一百一十四元，比前一年增长十五元，增长幅度和金额比前七年增长的总和还要多。广大社员喜气洋洋地领取了兑现款，准备为夺取今年农业更大丰收大干一番。

在分配兑现工作中，郊区农村各级党组织进一步肃清林彪、"四人帮"极左的修正主义路线的流毒和影响，取消了平均每个社员分配不能超过一百五十元等不合理的规定，在不违背党的分配政策的前提下，尊重了生产队收益分配的自主权。密云县分配兑现工作组织得又快又好，全县一千三百八十个生产队，除两个队外，都已兑现，有一千一百二十个队的百分之九十以上社员户增加了收入。通县牛堡屯公社有六十九个生产队，实现了队队增产增收，百分之九十二的社员户增加了收入。大兴县榆垡公社榆垡三队，去年收入增加，开支减少，纯收入猛增百分之三十七，公共积累增长百分之二十六，社员平均分配从上年的一百六十元增长到二百四十元。除分配的口粮实物外，全队一百零三户中，分兑现款在千元以上的有二十三户，分配兑现后存款的有九十七户。当各户拿到兑现的红喜包时，齐声感谢华国锋同志为首的党中央领导得好。

去年，郊区各县、区对部分收入低的穷队进行大力帮助，从年初就在财力、物力、开展工副业、加强领导班子建设等多方面进行帮助、扶持，收到了较好效果。朝阳、丰台、石景山、通县、房山、平谷六个区、县已消灭了分配在六十元以下的穷队，全郊区的穷队比上年减少了百分之九十以上。（谢金坪）

1977 年，京郊社员平均分配水平超过百元

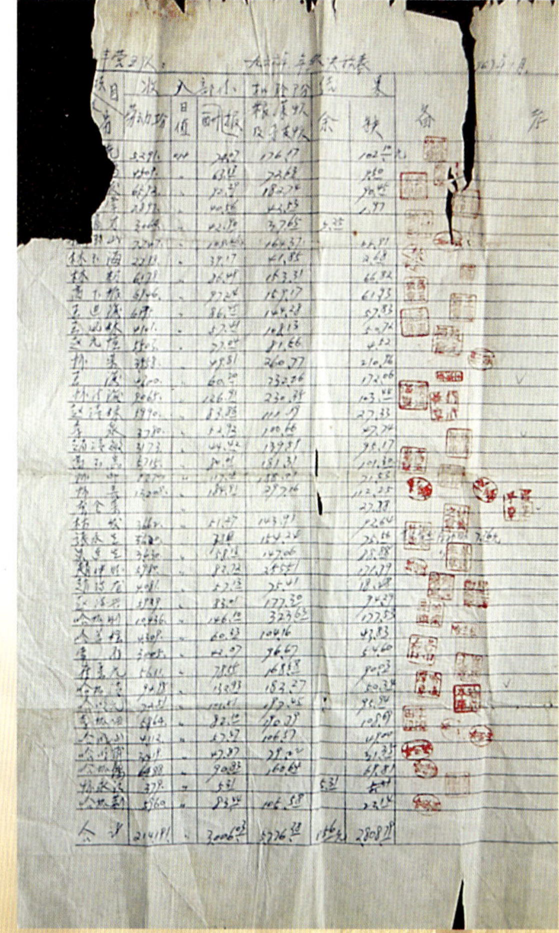

延庆县下屯公社小丰营大队第五生产队社员1966年年终结算表。当年劳动日值0.14元。全队30户社员除2户共分10.56元外，其余28户均欠款

张庆笑了

包产一万四 收了三万五

他今年承包二十亩零九分粮田

张庆一家面对高高的玉米堆笑了！你看，手捧金黄色玉米粒的张庆，乐在心里，笑得深沉；他的女儿和儿子乐在脸上，笑得开心。

张庆，是通县牛堡屯公社堡头大队的一名普通社员，今年五十三岁。从成年开始，他一直在地里劳动，早就成了队里耕耪锄耩全拿得起来的一……一些别人干不了的农活，一般都难不住他。

……好，都为他捏着一把汗。可张庆却挺坦然，承包以后，他把心都扑在了责任田上，经常起五更睡半夜……伺候庄稼。管理麦田时，他每天四点钟下地，中午……家常常顾不上休息，就又返回麦田一直干到天黑。……差忙时，他还把干粮带到地里吃。他的女儿和儿子……经常帮助他干活。他一家苦心经营，小麦大丰收，……均亩产七百二十四斤二两，每亩超过合同规定三百……十四斤二两，引起广大干部、社员的重视。在管理……田时，张庆更是卯足了劲儿。玉米地里墒情重，有……地块浇不上水，他一家就用脸盆端水、用铁桶擦水，……

1982年，京郊农村普遍实行了"统分结合，双层经营"的农业生产责任制。通县牛堡屯公社伐头大队的社员张庆，承包了20多亩粮田，喜获丰收

责任制使刘明大变样

过去长期在外逛荡；实行生产责任制后归队，今年承包三十亩河套地，打粮三万七千斤，得超产奖二千七百块

本报讯 "责任制的威力真是大，把外出变戏法的人也给吸引回来了！"这是顺义县李家桥公社英各庄一队广大群众，对他们那里今年实行的专业承包、联产计酬责任制的赞扬，也是对社员刘明的鼓励。刘明认真种好责任田，今年粮食获得超历史的大丰收。他承包的三十亩责任田占生产队耕地总数的十四分之一，而粮食产量却占生产队总产量的十分之一，达到三万七千六百七十九斤，秋粮一茬平均亩产一千二百五十五斤。

由于队里长期吃"大锅饭"，挫伤了社员的积极性，生产搞不好，分配水平低。三十六岁的刘明，从一九七〇年开始，经常外出，……

刘明夫妇喜装丰收粮。本报记者 丁世儒摄

1982年，顺义县李家桥公社英各庄一队社员刘明，承包30亩河套地，打粮37000斤，获得超产奖励2700元

2000年8月，丰台区卢沟桥乡菜户营工贸集团召开第二届股东大会第一次会议，审议董事会工作报告

2001年8月21日，市农村税费改革领导小组在昌平区召开昌平区农村税费改革试点实施动员大会，北京市副市长翟鸿祥、市农委主任赵凤山、市财政局副局长郭文杰、昌平区委书记白宗全、区长赵凤桐出席大会

丰台区南苑乡成寿寺村进行社区股份合作制改造，将所属变电设备厂改制为北京大陆变电设备有限公司

丰台区南苑乡农工商总公司改制为中苑盛世有限公司

北京市丰台区南苑乡石榴庄村在股份合作制改革后，继续坚持深化改革，加强管理，确保股东权益

1957年3月20日，出席全国农业生产合作社经营管理会议全体同志合影

1985年3月18日，在山西太原召开中国农业会计函授学校成立大会，与会同志合影

全国农业技术经济研究会第四次代表大会暨学术讨论会在宁夏召开，与会代表合影

1990年，北京市各区县农村工作部部长参加农经政策研讨会

2002年9月4日，中共北京市委副书记强卫同志在北京市贯彻全国减轻农民负担工作会议精神电视电话会议上讲话

北京市农村经管工作会议

平谷区农村财务“双托管”暨农村管理信息化工作动员大会

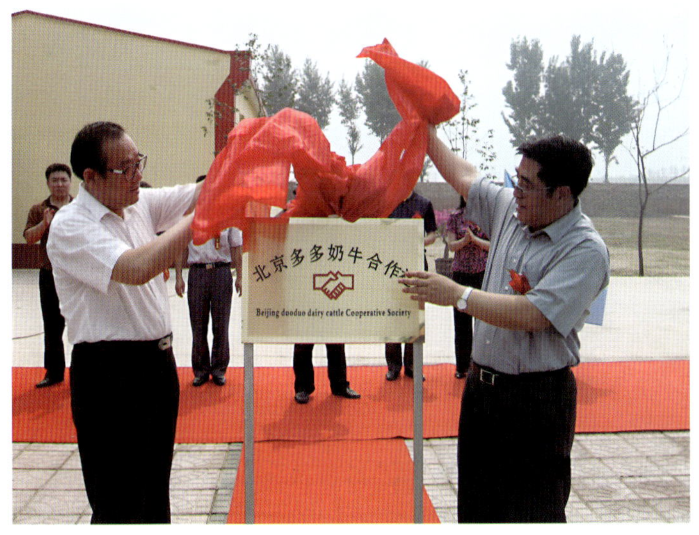

怀柔区怀柔镇北京多多奶牛合作社揭牌仪式

密云县北京黄坨子村蔬菜合作社资金互助启动仪式

通州区于家务乡果村蔬菜合作社给社员发放互助金

通州区永乐店镇孔庄村通过土地流转发展林间间作，成立食用菌合作社

延庆县大柏老聚八方奶牛合作社成立大会

北京奥金达养蜂合作社的养蜂基地

北京奥金达蜂产品专业合作社

房山区神州绿普果菜产销合作社蔬菜生产基地，图为合作社社员在给蔬菜喷施液体肥料

大兴区庞各庄西甜瓜产销合作社收购社员西瓜

昌平区真顺红苹果专业合作社果园一角

2002年11月5日，北京市农村管理信息化工作现场会在昌平区北七家镇召开

北京市财政投入巨资进行郊区农村信息化管理。图为市经管站正在举办农村管理信息化师资培训班

副市长牛有成听取北京市农村管理信息化建设工作汇报

北京市委农村工作委员会召开农村管理信息化建设工作会

农业部经管司负责人观看北京市农村管理信息分析系统演示

1991年，组团赴意大利参观学习合作社办社经验，访问社员家庭时合影

2 郊区新闻 本版编辑 焦津胜 E-mail:jjs@bjd.com.cn 京郊日报

《农民专业合作社法》知识竞赛题

一、判断题

1、农民专业合作组织是一种为社员提供技术、信息等服务的社会团体。

2、农民专业合作社在运行过程中应当始终体现"民办、民有、民管、民受益"的精神。

3、只有从事经营活动的实体型农民合作经济组织才是农民专业合作社。

4、农民只能自愿加入一个农民专业合作社，不能同时加入多个农民专业合作社。

5、凡是具有民事行为能力的公民，能够利用农民专业合作社提供的服务承认并遵守农民专业合作社章程，履行章程规定的入社手续的，都可以成为农民专业合作社的成员。

6、农民专业合作社享有独立的法律地位。

7、民主权益是指成员主体地位的平等，具体包括执行权、决定权、选举权和监督权。

8、设立大会和成员大会发生的阶段不同，设立大会发生于农民专业合作社成立之后，成员大会则存在于农民专业合作社存在发展的整个过程中。

9、农民专业合作社以所在地农民为主要服务对象，谋求全体农民的共同利益。

10、农民专业合作社在生产经营过程中可以不用承担市场亏损的义务。

11、自愿退社，资格终止的成员不再分摊资格终止前本社的亏损及债务。

12、农民专业合作社的成员大会是以会议的形式行使权力，而不采取常设机构或者日常办公的方式。

13、国家公务员可以同时担任农民专业合作社的理事或监事。

14、理事长有权力将本社资产为他人提供担保。

15、农民专业合作社的理事长、理事、经理也可以同时兼任业务性质相同的其他农民专业合作社的理事长、理事、经理。

16、农民专业合作社成员享有了解本社财务情况的权利。

17、成员账户是指农民专业合作社在进行某些会计核算时，要为每位成员设立明细科目分别核算。

18、农民专业合作社每年提取的公积金按照章程规定量化为每个成员的份额。

19、农民专业合作社可以委托社会审计机构对本社的财务进行审计。

20、农民专业合作社成员无权查阅本社的成员大会记录、理事会监事会决议、财务会计报告和会计账簿。

二、单项选择题

1、2006年10月31日十届全国人大常委会第二十四次会议通过了《中华人民共和国农民专业合作社法》，这部法律将于（ ）起施行。

A：2007年1月1日 B:2007年5月1日 C:2007年7月1日 D:颁布之日

2、农民专业合作社以法律规定的财产对债务（ ）责任。

A：承担有限 B：承担全部 C:承担部分 D:不承担

3、农民专业合作社成员以其（ ）对合作社债务承担责任。

A：家庭全部资产 B：入社资产 C:土地承包经营权 D:与合作社交易的产品

4、农民专业合作社从性质上是（ ）。

A：一般工商企业 B:互助性经济组织 C:农村集体经济组织 D:社会团体组织

5、农民专业合作社遵循成员以农民为主体的原则，在合作社成员中，农民至少应当占成员总数的（ ）。

A：50% B：80% C：90% D:100%

6、农民专业合作社召开成员大会，出席人数应当达到成员总数的（ ）。

A：三分之一 B：半数以上 C:三分之二以上 D:百分之百

7、修改农民专业合作社章程要经成员大会做出修改章程的决议，由本社成员表决权总数的（ ）通过。

A：三分之一以上 B:三分之二以上 C:全部 D:一半以上

8、农民专业合作社成员享有表决权、选举权和被选举权，实行（ ）。

A：一人一票制 B：一人多票制 C:按入社资金享有 D:按与合作社的交易量（额）

9、出资额或与本社交易量（额）较大的成员可以享受附加表决权，附加表决权（ ）理事会、监事会的表决。

A：适用于 B：不适用于 C:经社员大会决定适用于 D:经章程规定适用于

10、农民专业合作社的理事长或者理事（ ）兼任经理。

A：可以 B:不可以 C:由章程规定了的可以 D:经社员大会作出决定可以

11、农民专业合作社（ ）有企业、事业单位或社会团体成员加入。

A:不允许 B:允许 C:须由章程规定允许 D:须由社员大会决定

12、具有管理公共职能的单位（ ）加入农民专业合作社。

A:不得 B:可以 C:经上级主管部门同意后可以 D:其公务员可以个人名义

13、农民专业合作社年终盈余按成员与本社的交易量（额）比例返还的总额不得低于可分配盈余的（ ）。

A:40% B:60% C:80% D:100%

14、农民专业合作社的附加表决权总票数不得超过本社基本表决权总票数的（ ）。

A:10% B:20% C:30% D:50%

15、农民专业合作社成员要求退社的，应在财务年度终了（ ）前向理事会或理事长提出。

A:半个月 B:一个月 C:三个月 D:六个月

16、农民专业合作社的具体生产经营活动由（ ）负责。

A:理事会 B:监事会 C:理事长或经理 D:全体成员共同

17、农民专业合作社理事长、理事、执行监事或监事会成员通过（ ）产生。

A:成员大会选举 B:上级任命 C:成员推荐 D:发起人推选

18、农民专业合作社与其成员的交易、与利用其提供的服务的非成员的交易，应怎样核算?（ ）。

A：分别核算 B：一起核算 C:以上两种均可 D:由章程决定

19、农民专业合作社的可分配盈余，应当在弥补亏损、提取公积金（ ）。

A:之前 B:之后 C:以上两种均可 D:由章程决定

20、农民专业合作社提取公积金是（ ）提取的。

A:自愿 B:强制 C:根据需要 D:根据盈亏状况

21、农民专业合作社成员总数二十人以下的可以有（ ）企业事业单位或者社会团体成员。

A：一个 B：两个 C：五个 D:多个

22、农民专业合作社成员总数超过二十人的，企业事业单位或者社会团体成员，不得超过成员总数的（ ）。

A:10% B:20% C:30% D:50%

23、设立农民专业合作社，需有（ ）以上符合法律第十四条、第十五条规定的成员。

A：二名 B：五名 C：十名 D:50名

24、农民专业合作社盈余主要按照成员与该社的（ ）比例返还。

A:入股资金 B:交易量（额） C:交易次数 D:产品质量

25、合作社成员退社需在规定的时间内提出声明（ ）。

A：可自主选择离社时间 B：须得到理事会的批准后方可离社 C:须得到社员大会的批准后方可离社 D:只要理事长批准就可离社

26、农民专业合作社合并、分立应当自合并决议作出之日起（ ）通知债权人。

A:3日内 B:10日内 C:一个月内 D:尽快

27、农民专业合作社接受国家财政直接补助形成的财产在解散、破产、清算时，（ ）作为可分配剩余资产分配给成员。

A:可以 B:不可以 C:经成员大会决定可以 D:章程作出规定的可以

28、农民专业合作社因章程规定的解散事由解散，或者人民法院受理破产申请时，（ ）办理成员退社手续。

A:可以 B:不能 C:经成员大会决定可以 D:章程作出规定的可以

29、合作社解散后应向人民法院申请指定成员组成清算组进行清算，成员大会（ ）清算组成员。

A:不能私自规定 B:可以规定 C：可以委托监事会组成 D:可以自行委托社会审计机构组成

30、国家支持农民专业合作社发展的税收优惠政策，政策性金融机构支持政策由（ ）规定。

A:县级人民政府 B:省级人民政府 C：国务院 D：税务或金融部门

三、多项选择题

1、国家通过（ ）的扶持以及产业引导等措施，促进农民专业合作社的发展。

A:财政扶持 B:税收优惠 C:金融支持 D:科技、人才支持

2、可以以团体成员形式直接参与农民专业合作社的生产经营活动的单位有（ ）。

A:政府机关 B:事业单位 C:社会团体 D:企业

3、农民专业合作社成员账户记录的主要内容是（ ）。

A:成员出资情况 B:成员家庭收入情况 C：成员与合作社交易情况 D:量化为成员公积金变化情况

4、农民专业合作社按章程规定每年从盈余中提取的公积金主要用于（ ）。

A:弥补亏损 B:扩大再生产 C:管理人员工资补贴 D:转为成员出资

5、成员与农民专业合作社已订立的合同，在其资格终止前（ ）。

A:应当继续履行 B:按章程规定执行 C：按成员与合作社约定执行 D:按理事会决定执行

6、农民专业合作社与农村集体经济组织的主要区别是（ ）。

A:成员不受地域限制 B:具有商业法人资格 C:经营服务内容专业性 D:以本组织成员为主要服务对象

7、农民专业合作社与股份制企业的主要区别是（ ）。

A:成员是股东兼客户 B:分散持股 C:实行一人一票 D:利润按交易量返还

8、农民专业合作社与农产品行业协会组织的主要区别是（ ）。

A:企业性组织 B:直接从事经营活动 C:在农业部门登记 D:服务对象为本组织成员

9、农民专业合作社与公益性民间组织的主要区别是（ ）。

A:自我服务 B:自筹资金 C:从事商业活动 D:企业法人

10、当前北京农民专业合作组织的主要类型有:（ ）。

A:农民专业合作社 B:农村集体经济组织 C:农民专业协会 D:农产品加工龙头企业

市经管站和《京郊日报》社组织郊区农民开展普法知识竞赛

北京市

农村经营管理培训学校

北京市西城区教育委员会监制

二00三年一月

成立于2002年6月的北京市农村经营管理培训学校

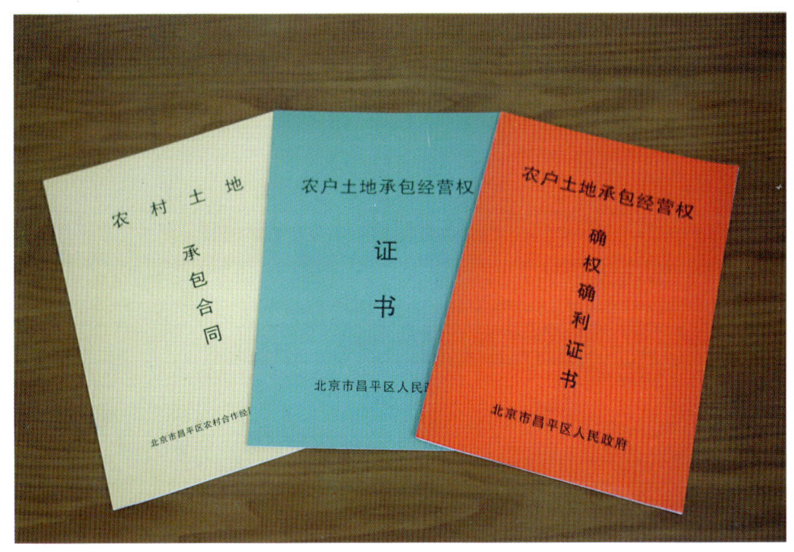
农村土地
承包合同
北京市昌平区农村合作经
农户土地承包经营权
证书
北京市昌平区人民
农户土地承包经营权
确权确利证书
北京市昌平区人民政府

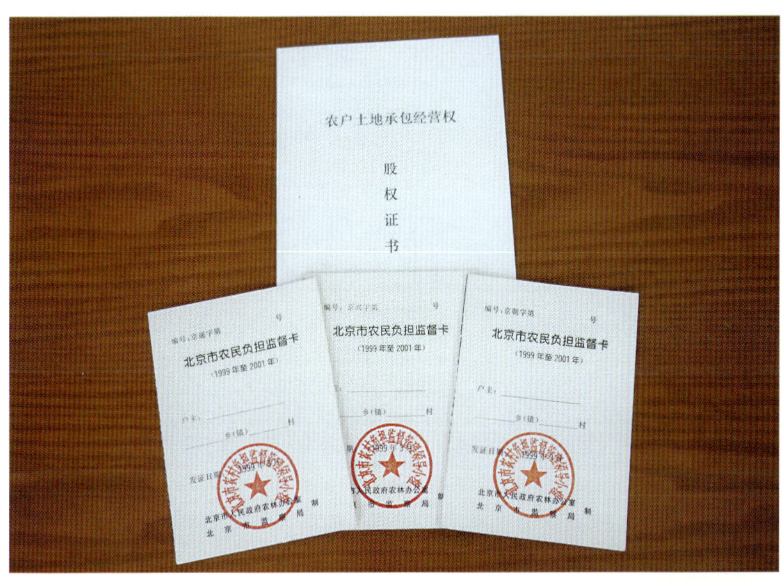
农户土地承包经营权
股权证书
北京市农民负担监督卡
（1999年至2001年）
北京市农民负担监督卡
（1999年至2001年）
北京市农民负担监督卡
（1999年至2001年）

北京市农村集体资产
产权登记证
北京市农村工作委员会制
北京市农村合作经济组织
登记证书
（副本）
北京市农村工作委员会制

吴春山，北京郊区最早的农业劳动模范之一。1951 年、1952 年被评为河北省农业劳动模范，并以河北省劳动模范代表身份出席了全国劳模大会；1962 年、1963 年、1965 年三年被评为北京市农业劳动模范。1975 年，75 岁高龄的吴春山被选为第四届全国人民代表大会代表。1983 年 11 月 2 日因病逝世，终年 83 岁

韩俊贤，高级会计师，曾任北京市农村合作经济经营管理站副总会计师。自 1953 年起到 1987 年退休，多年从事农村财务工作，对京郊农村会计改革事业作出了突出贡献

2002 年，房山区韩村河村韩建集团党委书记、董事长田雄在建筑工地

庞江，中共房山区委农工委副书记、区经管站站长。多年从事党的农村工作，在任区经管站站长期间，认真贯彻执行党在农村的各项方针政策，为农村合作经济经营管理事业作出了重要贡献，被《北京日报》、《中国青年报》等媒体誉为“时代先锋”

北京市

农村合作经济经营管理志

(1952—2002年)

中国农业出版社

图书在版编目（CIP）数据

北京市农村合作经济经营管理志（1952—2002年）/北京市农村合作经济经营管理站编.—北京：中国农业出版社，2008.8
ISBN 978-7-109-12762-3

Ⅰ.北…　Ⅱ.北…　Ⅲ.农村经济：合作经济－经济史－北京市　Ⅳ.F329.1

中国版本图书馆CIP数据核字（2008）第091873号

中国农业出版社出版
（北京市朝阳区农展馆北路2号）
（邮政编码100125）
责任编辑　姚　红　赵　刚
　　　　　白洪信　张　欣

北京印刷一厂印刷　　新华书店北京发行所发行
2008年12月第1版　　2008年12月北京第1次印刷

开本：889mm×1194mm　1/16　　印张：44.25　　插页：10
字数：1 000千字　　印数：1～2 200册
定价：200.00元

《北京市农村合作经济经营管理志》
编纂委员会

《北京市农村合作经济经营管理志》

编　辑　部

目　录

第二篇　农村合作经济管理

第三篇　农村合作经济管理机构与队伍

第四篇　区 县 篇

附　　录

概 述

《北京市农村合作经济经营管理志》，是记述北京郊区农村合作经济体制变革及其内部经营管理情况的志书。起止时限为1952—2002年。全书共分四篇30章，反映了郊区农村合作经济变革与发展的历程，记述了合作经济内部经营管理工作的内容和变化以及经营管理机构与队伍的状况；区县篇则着重反映各自的合作经济概况与特点，提供了大量实例。另外，书中还附录有大事记、地方法规和重要文件选编、统计分析资料等，是一部内容丰富、资料详实的历史工具书。

一

北京郊区农村合作经济，在互助组、初级社时期是按照农民的意愿和合作制的原则办的，进展顺利；以后搞集体化、公社化遇到挫折，几经调整，仍不能解决问题；改革开放以后才逐步回到合作制的轨道，走上了健康发展的道路。

（一）互助组、初级社时期（1950—1955年）

北京郊区农村地少人多，多数农民生产资料不齐备，解放以前农民就有换工插犋、相互合作的习惯。在抗日战争和解放战争时期，北京地区的抗日根据地和解放区许多青壮年参军支前，农民在生产过程中相互合作的需求更加迫切，劳力换工、人畜换工等形式的互助组织相当普遍。新中国成立以后，当时北京辖区的土地改革，到1950年3月全部完成。为了实现当年“增产一成”的任务，市委市政府在郊区干部扩大会议上号召“组织起来，发展生产”，在春耕生产中建立了一批互助组。1951年9月，中共中央召开了全国第一次农业互助合作会议，年底向全国发出了《关于农业生产互助合作的决议（草案）》，农业生产互助组在郊区迅速发展起来。到1954年，互助组发展到0.86万个，参加农户6.1万户，占郊区农户总数的49%。由于组织互助组坚持了农民自愿参加、等价互利原则，临时互助组和常年互助组两种形式由农民自由选择，效果普遍比较好。

在中共中央《关于农业生产互助合作的决议（草案）》精神指引下，1952年春，郊区试办了10个农业生产合作社，共吸收社员103户。初级社坚持土地、耕畜共同使用，所有权仍归入社社员个人所有；收益分配实行土地入股分红和按劳分配相结合；在管理上实行民主选举管理机构，重要决策共同讨论商量，取得了农业增产、社员增收的效果。据10个社年终决算统计，产量比上年增加42%，社员人均收入增长51.8%。1953年宣传贯彻党在过渡时期总路线，合作社进一步发展，当年合作社增加到63个。1954年郊区农业合作社由试办转向推广，发展到412个。1955年初，达到701个，入社农户占农户总数的47%。

1952年试办10个合作社时就出现过2个高级社。丰台区黄土岗村殷维臣互助组和陈留村刘庆常互助组，在办合作社时，经过社员反复讨论认为，各户入社土地大致相等，而种菜最费工，劳动和技术是增产增收的决定因素，大家一致同意办取消土地分红的高级社。市委第二书记刘仁经过实地考察，允许他们试办。但是，后来由于行政推动，高级社逐渐多起来，1955 年初猛增至 343 个，引起不小震动。主要是取消土地分红，中农和劳动力少的户觉得吃亏。市委发现后，市委书记彭真两次在干部大会上讲话指出："农民所以支持我们，就是因为我们党领导他们分得土地，现在你轻轻地一办农业生产合作社，就把他的土地弄没了，又取消了土地分红，他当然不干。办高级社，土地不给报酬，农民内部有人占便宜，有人吃亏，这里有很大的利害关系。""只要有一部分社员不是真正愿意，经过社员好好讨论，就要实行土地分红。"贯彻会议精神后，农民皆大欢喜。343 个高级社有 266 个改成初级社；18 个百户以上的大社适当划小；重申入社自愿、退社自由原则，有3 000多户农民退社，2 500 多户农民入社。

从总体上看，办初级社由于坚持私有基础上的合作和自愿互利原则，采取典型示范、稳步推进的步骤，在搞好农业生产的同时积极发展副业生产，并取得农民入股的供销合作社和信用合作社的支持，因此发展比较顺利，效果也好。据统计，1955 年近郊 703 个农业生产合作社，与 1954 年相比，增产的 650 个，占 92.5%；增收的 604 个，占 85.9%；平均每户实际收入 361 元，比 1954 年（受灾年）增加 341%。

（二）高级社和人民公社时期（1956—1978 年）

1955 年 7 月 3 日，中共中央主席毛泽东在省市委书记会上做《关于农业合作化问题》的报告，严厉批评了一些同志所谓的"右"倾思想，把他们比作"小脚女人"。10 月，中共中央七届六中（扩大）全会通过《关于农业合作化问题的决议》，指责这种"右倾机会主义在实质上是反映了资产阶级和农村资本主义自发势力的要求"，从此全国掀起了农业合作化"高潮"。1955 年 12 月，北京基本建起了半社会主义的初级社，入社农户达到 91%。但当时高级社只有 77 个，明显落后于全国。于是，又在 1956 年 1 月的 10 多天内建立了 340 个高级农业生产合作社，全市高级社总数达到 427 个，入社农户 19.9 万户，占总数的 99.1%。高级社实行土地、耕畜等主要生产资料归集体所有，取消了土地分红，实行按劳分配。对农民的土地、耕畜等生产资料采取了简单"归大堆"的做法，对农民已无"自愿互利"可言，再加上变动过快，规模过大，干部缺乏管理经验等因素，虽经几次整顿，效果仍然不好。

1958 年 3 月，中央成都会议通过了《关于把小型的农业生产合作社适当地合并为大社的意见》，文件传达后，北京郊区掀起了"并社"、"扩社"浪潮。昌平县 118 个高级社被合并为 57 个，顺义县 414 个农业社合并为 8 个农场。1958 年 8 月 29 日《中共中央关于在农村建立人民公社的决议》通过，提出"我们应该积极地运用人民公社的形式探索出一条过渡到共产主义的具体途径"，北京郊区兴起了办人民公社的热潮，到 9 月 10 日全郊区的 2357 个农业生产合作社（此数，包括了当年划入北京市的远郊区县全部）合并为政社合一的 73 个人民公社。人民公社初期，实行公社一级所有制，其主要特点是：①政社合一，既是集体经济组织，又是政权基层单位。②一切生产资料归公社所有。③实行高度集中统一的经营管理制度，"组织军事化，生活集体化"，生产"大兵团作战"。④包生活，办公共食堂，实行工资制与供给制相结合。⑤取消社员家庭自营经济，收回自留地，取消集市贸易。公社化违背了生产关系必须适应生产力发展要求的规律，加之“共产风、浮夸风、命令风、干部特殊风和生产瞎指挥风”等“五风”的泛滥，农村生产力遭到了严重破坏，粮食减产，收入下降，农民生活陷入了困境。1959—1961年，成为历史上难忘的“三年困难时期”。

针对公社化运动中日益暴露出的问题，中共北京市委根据中央的部署，认真贯彻《农村人民公社工作条例》（修正草案），相继采取了一系列措施。一是实行“三级所有，队为基础”，缩小规模，下放基本核算单位。开始以大队（相当于高级社）为基本核算单位，后来以生产队（相当初级社）为基本核算单位。到1962年，公社增加到285个，生产大队增加到3 704个，生产队增加到14 818个（平均每个生产队44户），基本核算单位13 316个。二是实行退赔，纠正“一平二调”。据不完全统计，从1960年冬到1962年4月，全郊区退赔5 506万元，占政府和社队集体平调总额6 093万元的90.4%，归还公社化以来拖欠社员的劳动报酬、肥料款和现金投资1 061万元，退还农户家具及炊具等47.4万件、家禽1.6万只、大车420辆、耕畜2 800多头、树木12.9万棵、房屋24万多间。三是解散公共食堂，恢复社员自留地，允许并鼓励社员经营少量小片荒地和养鸡、养猪等家庭副业。这些政策的实施，使郊区农业生产得到了较快恢复和一定发展。

然而，1962年9月毛泽东在中共八届十中全会上提出“阶级斗争要年年讲、月月讲、天天讲”。相继发动“四清”运动和“文化大革命”运动，使刚刚稳定下来的农村生产关系再次受到冲击和破坏。批判“三自一包”（自留地、自由市场、自负盈亏，包产到户）、工分挂帅、物质刺激，使许多有利于发展农村经济的政策、制度和集体经济管理办法被否定。许多基层办社骨干被当成所谓“四不清干部”、“走资派”靠边站，甚至被打倒、整死，把农村干部、群众的手脚又一次捆绑起来。直到贯彻1970年中央北方农业会议精神之后，一些行之有效的农村政策才有所恢复。

在此期间，国家对农产品的统购派购制度不断强化，农业生产计划由指导性变成指令性，农村供销合作社两次由集体所有制变为全民所有，信用合作社也成为国家银行在农村的基层机构，从生产到流通各个环节都把农民和农村集体经济组织限制得死死的，城乡农产品短缺，农民收入停滞不前。

（三）联产承包、乡村企业大发展时期（1979—1992年）

1976年10月，粉碎“四人帮”，宣布“文化大革命”运动结束。1978年12月召开的中共十一届三中全会，重新确立了实事求是的思想路线，果断决定停止使用“以阶级斗争为纲”的口号，把全党工作重心转到社会主义现代化建设上来，做出了《关于加快农业发展若干问题的决定》，揭开了农村改革的序幕。在五年中，中央发了5个“一号文件”，指引农村改革。在市委的领导下，对京郊农村经济体制进行了重大改革。

1. 由联产计酬到“包干到户”，逐步确立了“以家庭经营为基础、统分结合”的双层经营体制。1979—1980年，市委市政府在建立农业生产责任制工作中，重点是推行包产到组、联产计酬，核算单位对作业组实行“五定一奖”（即定土地、定产量、定人员、定工分、定开支、超产奖励）。到1981年底，郊区有75%的生产队实行了包产到组，多数收到了增产增收的效果。1982—1984年，推行“家庭承包，包干分配”责任制（简称大包干），1983年郊区实行大包干的生产队达到71.7%，1984年达到86.7%。这种经营方式的好处，一是农民有了对土地经营的自主权，可以自由支配劳动时间；二是管理简便，降低了经营管理成本；三是“交够国家和集体的，剩下都是自己的”，利益直接，极大地调动了农民的生产积极性，提高了劳动效率；四是农业劳动效率的提高，使大批劳动力从土地上解放出来，为农村多种经营和乡镇企业的发展提供了人力资源。

2. 乡村企业异军突起、快速发展，集体实力大大增强。合作化和人民公社时期，郊区农村社队企业在曲折中有一定的发展。十一届三中全会以后，在改革开放政策的推动下，冲破“二元体制”的束缚，乡镇企业异军突起。到1992年，郊区乡村集体企业发展到18 862家，从业职工964 324人，实现销售收入287亿元，利润总额29.9亿元，分别比1978年增长3.63倍、3.27倍、35.4倍、12.7倍，成为郊区农村集体经济的支柱，也是乡村建设和农民收入的重要来源。乡村集体固定资产原值1992年达到111.19亿元，比1978年增长8.76倍。从1978—1995年，乡村集体企业提供的以工补农、建农资金累计达到86亿元，是同期财政农业支出41.2亿元的2.1倍。同时，农户的家庭副业和个体经营也有了很大发展。

3. 进行了农业适度规模经营的实验和探索。农业“大包干”和乡镇企业大发展，推动农业和农村经济的超常规增长，产业结构由农业为主变为第二、第三产业为主。同时国家改革农产品统购派购制度，市场调节作用增强。集体经济走向农工商综合经营道路。农村经济空前活跃之后也出现了新的问题，主要是农民种粮的积极性下降，粮食生产出现徘徊。实行“大包干”之初，人们总是起早贪黑种地，精耕细作，粮食显著增加，解决了吃饭问题。随着产业结构调整，农民收入来源增多，许多农民在非农产业有了稳定收入，农业比较效益下降，其种粮的目的变为“够吃就得”，失去了在土地上下功夫的热情，一些经济比较发达的地方出现了土地投入下降，水利设施失修，有效灌溉面积减少，作物栽培管理粗放等现象。针对这种情况，市委市政府从1985年开始，在郊区进行了农业适度规模经营的试验，并逐步得到推广。到1989年7月，郊区实行不同程度规模经营的粮田18.37万公顷，占粮田总面积的64.3%；果树、菜田和畜牧业的规模经营也有发展。农业适度规模经营对于增加农业投入，改善农业生产条件，增加农产品产量，提高劳动生产率，推动专业分工，促进多种经营和二、三产业发展，起到了显著作用。但也出现了一些问题：有些地方行政干预过头，要求过急，一些不具备条件的村队也收回了农户的承包地，效果不好；有的地方把农业适度规模经营同家庭经营对立起来，在规模经营形式上过分强调办集体农场，有的片面追求农场规模和劳均规模，因而难以坚持。

4. 实行政社分设，调整和健全合作经济组织。在改革农村集体经济体制的同时，对农村经济管理体制也进行了改革。1981年，丰台区黄土岗公社和昌平县沙河公社进行了政社分设改革的试验，取得较好效果。中共中央1983年和1984年两个1号文件指出：政社合一的体制要有有步骤地改为政社分设。“原公社一级已经形成经济实体的，应充分发挥其经济组织的作用”，但它与原大队、生产队“是平等互利或协商指导的关系，不再是行政隶属和逐级过渡的关系”。北京郊区政社分设的改革在1983年普遍进行，到1984年上半年基本完成。1982年，郊区公社级集体经济固定资产总值7.3亿元，占公社、大队、生产队三级总值的39%。在实行政社分设，建立乡（镇）政府的同时，原来269个公社都作为合作经济组织保留下来。其中有226个公社改称农工商联合总公司，有43个公社仍沿用人民公社管理委员会的名称。在职责划分上，政府管理经济的职能统由农工商总公司承担，乡（镇）政府不再直接管理经济。由于各地经济发展水平不同，1985年以后怀柔、密云、平谷、延庆、门头沟等远郊区县对政社的职责划分作了调整，把农业管理工作和机构划归乡（镇）政府，乡（镇）合作经济组织只负责经营管理乡（镇）集体企业。

村集体经济组织改革大体经历两个阶段：一是土地实行家庭承包经营以后，原生产队经营的土地转移到农户，搞服务因其规模过小，不经济，加上为农业生产和农民生活服务的农机、灌溉、米面加工、科技等设施，郊区多是以村（大队）为单位设置，生产队的存在，不仅影响到村镇建设统一规划，而且增加了管理成本，加重了农民负担。1984—1985年，郊区多数地方取消了生产队建制，保留了村级经济组织，效果是好的。二是乡村合作组织不健全，不少地方“有集体无名称、有组织无活动、有管理无制度”，以致发生了农村还有没有集体经济的疑问，有的“以包代管”，造成集体资产流失，有的丢掉民主办社的传统，助长盲目决策和不正之风。针对这种情况，1991年1月，市委市政府发出了《关于加强乡村合作社建设，巩固壮大集体经济的决定》。《决定》的贯彻和实施，产生了以下效果：①统一了认识，消除了误解。②统一了合作社名称，村级叫“村经济合作社”，乡镇级叫“乡（镇）合作经济联合社”，多数地方拟定并通过了合作社章程。③实行民主办社，建立了社员代表大会一年两次的例会制度。④提出发展规划，制定合作社各项管理制度，规范了合作社运行程序。

农村供销社和信用社按照“恢复三性”（组织上的群众性、管理上的民主性和经营上的灵活性）的方向进行了改革，部分乡村合作经济组织办起合作基金会，为农民和乡镇企业发展商品生产做出了贡献。

（四）适应市场化、城市化发展，深化集体经济改革时期（1993—2002年）

邓小平视察南方重要讲话和中共十四大以后，确立了建立社会主义市场经济体制的目标。随着市场化、城市化的发展，一些新的矛盾和问题日渐显露，推动了农村改革的进一步深入。

1. 延长土地承包期，进一步完善农业经营制度。郊区在农业经营方式上出现的问题主要是：①土地承包期短，调整频繁，影响农民对土地投入的积极性。②一些基本上以手工操作为主，适合家庭经营的生产项目，如果园、蔬菜、鱼塘等，有些地方仍由集体专业队经营，多数管理不好，效益差。③有些村二、三产业不发达，集体工副业没有或很少，劳动力就业不充分，也搞起了“双田制”或收回了农户承包土地搞了规模经营，农民不满意。④部分集体农场、畜禽场效益不好，甚至减产、亏损，难以为继。

市委市政府根据中共中央办公厅、国务院办公厅《关于进一步稳定和完善农村土地承包关系的通知》（中办发［1997］16号文）精神，发出《关于进一步深化农村经济体制改革，落实农村经济政策若干问题的意见》（京发［1997］14号文），市委农工委、市农办1998年发出《关于建立北京市农村集体土地承包经营流转机制的意见》。到2002年底，延长土地承包期工作基本结束。据统计，郊区有耕地的3030个村，已经完成延长承包期的有2885个，占95.2%。其中80%以上的村延长到30年以上；荒山租赁面积达到6.95万公顷，占可开发利用的荒山总面积的32.5%，租赁期限一般在50年以上。通过延长土地承包期，稳定了土地承包关系，调动了农民在土地上投入的积极性，为农业注入了新的活力。实行荒山租赁制的山区，农民投资投劳建设“五小水利工程”35 000处，加快了山区开发和农民致富的步伐。同时，不愿意再经营承包土地的农户，可以自愿有偿转包，到2002年，已有11.6万农户转让出土地3.53万公顷。

1997年和1998年还进行了集体规模猪场、鸡场的转制工作，并兴办养殖小区，重点扶植农户的规模饲养。郊区养殖企业的所有制形式和区域布局有了重大调整。以前，国营、集体畜牧企业占全市畜牧企业的90%。转制后，农户经营的猪场鸡场占75%，股份制、股份合作制等合作形式的占15%，国营集体畜牧企业占10%。因而调动了农民和企业的积极性，压缩了非生产人员和开支，提高了经济效益。

2. 推进乡村集体企业重组转制。随着计划经济向市场经济的转变，乡镇企业的结构矛盾和体制弊端日益突出。从属于城市大工业和小、散、低的乡村企业，在计划经济、商品短缺的条件下能够盈利、生存。随着市场化的进步，卖方市场变为买方市场，出现了滞销、亏损；作为乡村企业投资主体的乡村集体资金不足，主要靠银行贷款生存，很多企业资产负债率过高，在市场经济条件下信誉下降，不能继续从银行获取贷款；集体企业又承担很重的上缴任务和社会负担，难以自我积累。据市农村合作经济经营管理站监测的100家乡村企业统计，1994年底资产负债率为67%；收入增长率9.5%；利润增长率下降30%；销售利润率仅为3.7%。据市乡镇企业局调查，全市经营亏损的占企业总数的19.3%；乡镇企业有10%左右的资产处于闲置或半闲置状态。为了建立与市场经济相适应的企业体制，帮助乡村企业走出困境，各地采取租赁、拍卖、股份制、兼并、联营等方式，对集体企业进行重组转制。经过几年努力，到2002年全市11 726家乡村企业完成重组转制，占集体企业总数的95%以上。通过重组转制，盘活资产近60亿元，引进资金140亿元，郊区乡镇企业重现生机。企业规模扩大，与1995年相比，平均每个企业的资产总额增加181.6%，职工人数增加近1倍，年产值增长315%。乡村企业财务状况好转，与1995年相比，资产负债率为60%，下降5个百分点；效益提升，实现利润总额35.8亿元，增长22.6%，上缴国家税金增长83.6%。

3. 推行社区股份合作制，改革集体经济的产权制度。早在1984年，怀柔、房山等区县结合撤销生产队建制，处理原生产队财产时，就把生产队的财产用股权形式量化到农户，生产队的财产归村以后，社员持有村合作社的股份。但由于认识上的分歧，多数没有坚持下来。进入90年代，城市建设进程加快，城乡结合部地区因土地被征占，农民转居转工，变成“失地农民”，因集体财产处置引起的纠纷和群体上访不断，严重影响到农村经济发展和社会稳定。地处近郊的丰台区南苑乡，有领导有步骤地进行了社区股份合作制改革的试验，他们的做法是“撤村不撤社，资产变股权，社员当股东”。既推动了农村经济发展，增加了农民收入，又促进了城市化改造，实现了社会和谐稳定。在总结基层实践经验的基础上，市委办公厅和市政府办公厅发出了《北京市撤制村队集体资产处置办法》

(京政办发［1999］92号)，郊区社区股份制改革逐步展开。到2002年，全市有1个乡联社和20多个村合作社完成了股份合作制改造。他们将合作社的存量资产量化到社员，在社内允许继承和转让，尽管还留有较大比例的集体股，改革不够彻底，但已显示出其强大的生命力。据丰台区完成产权制度改革的21个村统计，2002年完成长期投资20.4亿元，比1999年增长54.5%；实现总收入35.3亿元，比1999年增长54%，比未改制的50个村高出24个百分点；实现利润总额5.5亿元，比1999年增长74.4%，高出未改制的村11.8个百分点。

4. 专业合作经济组织有了较大发展。农村改革初期就出现了许多专业户、重点户和新经济联合体。随着农业产业化的发展，农户对技术服务、产品加工和销售联合的要求日趋迫切，专业合作经济组织和行业协会应运而生。在政府的提倡、支持、鼓励下，2002年专业合作组织发展到2 000个，其中登记备案的1 595个，吸纳农户34.2万户，占郊区农户的28%，资产总额38.7亿元，形成40多个专业乡镇、500多个专业村。

二

合作社的经营管理不仅是适时调节生产关系的需要，也是合理、有效组织生产力的需要，对于合作社的巩固和经济效益的提高有着十分重要的作用。

从办初级社起，北京市就设立专门机构和人员，指导合作社的经营管理。合作社的内部管理在合作化和人民公社时期，重点是计划管理、劳动管理、生产管理、财务管理及收益分配，简称“四大管理加分配”。计划管理主要是上级政府有关部门下达的农作物种植、畜禽饲养指标、产品产量、统派购任务以及年度经营收入及社员分配等如何落实；劳动管理主要是劳动力安排使用，评工记分，人尽其用、按劳取酬、多劳多得；生产管理主要是按季节安排农业生产活动，做到不违农时；财务管理主要是编制年度收支计划，制定财务管理制度，记账、核算等，定期公布账目，接受社员监督，做到增收节支；收益分配主要是制定年度收益分配方案，按政策正确处理国家、集体、社员个人三者利益关系，既要保证必要的生产费基金和公积金、公益金的提留，又要适当增加社员当年收入。这个时期，虽然管理农村合作社的部门和基层干部做了大量艰辛细致的工作，但由于受“左”的思想、政策影响，合作社体制变动频繁，政治运动连年不断，其成效并不显著。

改革开放以后，由于经营承包制在各业生产中普遍实行，所有权和经营权分离，合作社内部管理的重点、方式和手段都发生了重大变化，承包合同管理、集体资产管理、集体经济审计监督、农民负担监督管理、农民专业合作组织规范化管理以及农村管理信息化网络系统建设与管理，相继成为农村合作经济管理的重点。

20世纪80年代，土地承包合同管理成为合作经济管理的重点。搞好合同的签订、履行、兑现以及纠纷处理等工作，关系到社员的物质利益和合作社的发展，关系到农村改革成果的巩固。各级农村合作经济经营管理部门，从培训干部入手，深入实际，调查研究，总结经验，具体指导。经过多年努力，于1989年向市人大常委会提交了《农业联产承包合同条例》议案，获得审议通过，使合同管理开始纳入法制化轨道。

80年代中期，为了完善双层经营体制，加强了对乡村合作社的审计监督，在总结农村审计工作经验的基础上，北京市人大常委会于1988年审议通过了《北京市农村集体经济审计条例》，明确了经营管理部门的审计地位、任务、职能、程序和法律责任。市、区（县）和82%的乡镇经管站普遍建立了审计机构，经济规模较大的村设立了审计组。全市共配备农村审计人员2 970人。相继开展了农村财务收支、财经纪律、经济责任与经济效益、联合审计调查等方面的工作。

搞好农村经济统计、调查和分析，是经管系统的一项重要工作，一直受到基层和领导机关的重视。在攀比增长速度和不正确的政绩观的影响下，一些地方在农村经济统计上出现虚报浮夸现象，脱离群众，影响对经济形势的正确判断。根据市委、市政府的要求，市经管站几次组织区县经管系统进行核实收支的调查、抽查工作，并建立了乡镇企业动态监测系统，对领导正确决策和保持求真务实作风发挥了重要作用。此外，多年坚持的农产品成本效益抽样调查、农村固定观察点调查、星火科技示范企业监测等，也发挥了重要作用。

进入90年代，随着改革开放的不断深入，乡村合作社经营领域不断拓宽，城镇建设加快，集体土地被大量征用、租用，集体资产存量增大，产权主体逐步出现多元化的趋势。为了实现集体资产保值增值、防止流失，资产管理逐步成为合作社各项管理工作的核心。通过加强乡村合作社建设，完善所有者主体，清产核资、界定产权、加强审计监督、治理来自四面八方的“乱集资、乱摊派、乱收费”，制定《北京市农村集体资产管理条例》等多种措施，使乡村集体资产得到有效保护，并在改革中发展壮大。2002年与1980年相比，郊区农村集体资产总额、所有者权益总额、农民人均所有者权益额分别增长48倍、24.7倍、61.8倍，成为实现农民共同富裕的重要物质基础。

从90年代初开始，减轻农民负担成为一个突出问题。根据中央、国务院的要求，市、区（县）都设立了减轻农民负担工作领导小组，把办公室设在经管站，负责日常工作。对涉及农民负担的收费项目进行过多次清理。1994年，市人大常委会审议通过了《北京市农民负担监督管理条例》，结合《条例》的贯彻实施，逐步建立了“农民负担监督卡、农民负担专项审计、农民负担案件责任追究、农民负担定期执法检查”等10项日常工作制度。截止到2002年，通过对各种涉农负担和摊派的专项治理，累计使农民增收和减负达2亿多元。

90年代中后期，在农业调整步伐不断加快和专业化分工不断深化的形式下，郊区农民为了提高市场竞争能力，保护自身利益，按照“民办、民管、民受益”的原则，自愿成立了形式多样的专业合作组织，对内提供各种服务，对外参与市场竞争，显示了良好的发展势头。对提高农业组织化程度，促进农民增收发挥了重要作用。截止2002年底，全市各类专业合作组织达到1 595个，入社农户34.2万户，占全市农户总数的28%。其中种植业为主的674个，占42.3%，涉及粮油、果品、花卉、籽种、苗木等产品；养殖业为主的767个，占48%，涉及生猪、肉牛、羊、禽、蛋、奶、蜂蜜等产品；其他行业153个，占9.7%，涉及科技、农机、运输、加工等。

90年代末，以农村财务电算化为起点，由点到面，逐步展开了农村管理信息化网络系统建设，促进了农村经营管理由传统方式向现代化、信息化的转变。

农村管理信息化，就是利用计算机与现代网络信息技术，以农村财务管理为切入点，以农村经营管理为核心，遵循农村经济、社会的内在联系，实现对农村管理事务的全面、综合、信息化、网络化管理。2001 年 10 月，北京市经管站根据建设“数字北京”的总目标，正式提出在郊区推行农村管理信息化的建议，并组织研制开发了《北京农村管理信息系统》。市委农工委、市农委负责农村管理信息化的组织领导，市经管站具体负责组织实施工作，并成立了农村管理信息化办公室。各区县也分别成立了由主管区县长挂帅的农村管理信息化工作领导小组，办公室设在区县经管站。截止到 2001 年底，全市有 10 个区县的 37 个乡镇的 329 个村实行了农村会计电算化。

农村合作经济管理机构，除市、区县党委政府的农村工作部门侧重政策的检查与制定外，日常业务工作集中在市、区县和乡镇的合作经济经营管理站，形成了一支健全的专业队伍。2002 年，市经管站有经营管理专业干部 35 人，区（县）经管站有 1 000 人，乡镇经管站有 284 人，总计 1 319 人。累计评聘高级经济师 14 人，经济师 2 012 人，高级会计师 36 人，会计师 4 184 人，审计师 413 人。2002 年，农村取得会计证的达 32 072 人，取得电算化证的 9 440 人，取得珠算证的 11 694 人。这是办好乡村合作经济的中坚力量。

三

郊区农村合作经济发展尽管经历了种种曲折和失误，付出了沉重的代价，但也取得了许多辉煌的成就，为郊区经济社会发展做出了重要的历史性贡献。

1. 合作社和人民公社组织农民参加了长期的、大规模的农田水利基本建设、山区开发和林业生态建设，使郊区农业生产条件有了重大改变，成为改革开放以后农业大增产的物质基础；同时，为整个北京城市的水资源开发利用保护和生态环境的改善奠定了基础。

2. 在统购派购和不等价交换的条件下，乡村集体经济组织为城市和国家提供了尽可能多的农副产品，保证了首都居民的低水平供应。在改革开放后，实行“服务首都，富裕农民”的方针，依托集体经济加速了副食品基地建设，实施“菜篮子工程”，较快地解决了居民吃肉、蛋、奶、鱼、菜、瓜、果难的问题，使北京的副食品供应做到了数量充足，品种丰富，价格稳定，四季常青。

3. 通过乡村合作组织，郊区农民无偿或低偿为城市建设、工业建设、市场、仓储建设以及交通水利建设提供了大量土地。为北京的城市化、工业化发展做出了不可磨灭的贡献。

4. 集体经济与首都的科技优势相结合，郊区在农业生产的许多领域创造出较高的生产水平和技艺，有些对全国亦有较大影响。

5. 乡村集体企业在北京的工业、建筑业、服务业发展上做出过许多贡献，是促进工业化、城市化的一支重要力量。

6. 乡村集体经济的发展，促进了农村教育、文化、卫生、体育、计划生育与助残养老事业的进步和社区的安定和谐，成为农民生存发展的重要依靠和新农村建设的主要推动力。

7. 乡村合作社在几十年的变革与发展中，遭受过许多挫折和失误，但也积累了丰富而宝贵的经验，积聚和锻炼了一大批优秀人才和模范带头人，合作社办得好、农民受益大的好典型一批又一批地不断涌现，显示了合作社的顽强生命力。

8. 改革开放以后，虽然农民家庭成为农业生产经营主体，但社区合作组织在资源开发与资产经营、资产积累、农民就业、为农民生产生活提供公共服务以及推进社会主义新农村建设等方面发挥着巨大而显著的作用。由此可以看出，合作社是构成首都社会经济发展的重要支柱之一。

从乡村集体经济的现状看，2002 年，农村经济总收入 1 722.9 亿元，比上年增长 15.6%。其中集体经济总收入 853.1 亿元，比上年增长 2.9%，占总收入比重为 49.5%；农户和个体私营经济总收入 869.8 亿元，增长 31.5%，占总收入比重为 50.5%。一、二、三产业收入结构比达到 9.9∶45.7∶44.4，非农产业比重在 90%以上。在传统农业的基础上，都市型现代农业得到全面快速发展。

郊区农民可支配收入总额 215 亿元，人均 6 115 元，比上年增加 558 元，增长 10.1%（未扣除物价因素）。从收入结构上看，工资性收入为 1 496 元，占人均可支配收入的 24.5%；农民家庭经营收入 4 507 元，占 73.7%；转移性收入 29 元，占 0.5%；财产性收入为 83 元，占 1.3%。农民人均可支配收入中，来自一产 1 301 元，占 21.3%，来自二产 1 502 元，占 24.6%，来自三产 3 312 元，占 54.1%。

全市农村经济总收入中，集体经济收入占 49.5%；在农村生产性固定资产 201.2 亿元中，集体所有部分占 80.1%；乡村集体经济组织当年用于农村基础设施和公益事业的投入 7.6 亿元，平均每村 20 万元；农民人均可支配收入中，从集体得到 1 360 元，占 22.3%；农村劳动力在乡村集体及其企业就业人数达 42 万人，占 24.3%。

郊区农村集体资产总额（不包括资源性资产）达到 1 380.2 亿元，集体净资产达到 614.9 亿元。农民人均占有集体资产 3.9 万元，人均占有净资产 1.7 万元。农民收入水平的高低与村级集体经济发展水平密切相关。从郊区农民人均集体净资产看，50 000 元以上的 131 个村，占 3%，5 000～50 000 元的 925 个村，占 21%，这两档的农民人均纯收入均在 10 000 元以上；500～5 000 元的 2362 个，占 53.5%，农民人均纯收入 7 000 元上下；500 元以下的 995 个，占 22.5%，农民人均纯收入为 4 000 元左右。集体经济实力越强，农民收入水平越高，集体经济实力薄弱，农民收入水平就低下。

四

郊区农村合作经济体制变革和经营管理工作，在过去 50 多年中经历了实践、认识、再实践、再认识的多次反复，温故知新，人们对农村合作社经济发展的规律性认识得更清晰、更深刻了。

（一）必须坚持合作社的根本宗旨是为了农民，满足农民的需求，使农民受益

什么是合作社？1995 年国际合作社联盟成立 100 周年成员大会通过的《关于合作社界定的声明》指出："合作社是自愿联合起来的人们通过联合所有与民主控制的企业来满足他们共同的经济、社会与文化的需求与抱负的自治联合体。"这里强调的是，人们自愿组成合作社的目的是为了"满足他们共同的经济、社会与文化的需求与抱负"。1951 年

《中共中央关于农业生产互助合作的决议》，做出了农民在土地改革以后有个体生产和互助合作两个积极性的正确判断；互助组和初级社坚持农民私有制基础上的合作，满足或照顾了农民的两个积极性，因而受到农民欢迎。高级社和人民公社时期的集体化，主要是为了满足工业化积累资金和城市农副产品供应的需要，为此不惜损害农民的利益。虽然在依靠集体组织农田基本建设、改变农业生产条件等方面对农业和农民有利，但整体说来还是挫伤了农民的生产积极性。郊区发生过的“拉马退社”、“瞒产私分”和“集体地上磨洋工，自留地上打冲锋”，就是这种情况的集中反映。改革开放以后，实行家庭承包经营为基础、统分结合的双层经营体制，集体经营层次主要是解决一家一户办不了、办不好的事，这就把个体的积极性和集体的优越性恰当地统一起来，因而受到了农民的热烈拥护。在市场经济发展以后，乡村企业的兴旺及后来的重组转制，合作社由直接办企业转向主要从事资产经营和资源开发，专业户与专业合作经济组织的兴起，合作医疗的兴衰和再起，等等，所有这些，都反复证明农民需要合作，能够合作，但是，合作必须符合农民的实际需要，使农民得到好处，任何时候都不能伤害农民个人的积极性和切身利益。在肯定和重视家庭、个人积极性之后，有些人又走到另一极端，以为农村有了家庭经营和个人积极性就有了一切，忽视发挥集体经营层次的生产服务、资产经营、资源开发和举办社区公共事业的功能。事实证明，这样做的效果也不好，特别是不利于保护弱势群体的利益，维护社会的均衡发展。国际劳工组织 2002 年 6 月第 90 次大会通过的《合作社促进建议书》指出：“一个平衡的社会必然有强大的公共部门和私人部门存在，同样有强大的合作社部门、互助部门与其他非政府社会部门存在。”它把合作社作为与政府、私人部门并列的第三部门，认为是一个平衡社会不可缺少的。高度重视合作社的战略地位和重大意义，值得我们深思。

（二）建立合作社必须坚持自愿互利，保护农民的自由选择权和财产权

郊区农村发展互助组和初级农业生产合作社，遵循了自愿互利原则，因而比较顺利。1956 年 1 月高级农业合作化和 1958 年 9 月人民公社化，入社、合并、升级，都是在一阵风、一刀切的形势下实现的，违背了自愿互利原则，因而必然遗留许多问题。马克思主义的一个基本原则是不能强迫和剥夺农民。高级社取消土地分红，将农民的土地无代价地收归集体所有，但仍规定“社员原有的坟地和房屋地基不必入社”。耕畜和大型农具转为集体所有，还承诺要作价分期归还，并承认有退社的自由。到了人民公社时期，取消了退社自由，共产风刮得更厉害，连自留地也一度收归集体经营。1962 年的农村人民公社《六十条》在确认三级所有队为基础的同时又宣布宅基地归集体所有。农民的自由选择权和财产权益受到严重侵犯。而且在社与社之间也屡次发生财产“归大堆”、无偿“平调”的现象，严重侵犯了合作社及农民的正当权益。一是合作社的合并、分立不承认差别。在合作社体制变动中，有四次“归大堆”。第一次是 1956 年由初级社过渡到高级社的演变，是用行政手段简单合并，所合并的合作社之间的差别没有处理和体现，财产多、经济基础好的吃了亏；第二次是 1958 年由高级社演变为人民公社，仍是中央一道命令，毛主席“人民公社好”一句话就变了，无视村与村合作社之间的差别就又归了大堆，对办得好、财产多的合作社是一次严重打击；第三次是 1983—1985 年撤销生产队建制，生产队的财产归了

村一级，队与队之间财产不平衡问题多数未作处理；第四次是90年代中后期的撤乡并镇，同时把乡联社资产随乡镇行政建制而合并，仍然没有承认被合并乡镇合作经济组织之间的产权差异。二是兴办农田基本建设搞平均摊派，没有坚持谁出资投劳谁受益的原则。比较普遍的作法是以乡镇为单位甚至是全县总动员，统一调动农民出工出资，而很多地方出工出资并不受益。三是政府用行政权力直接侵占乡镇合作经济联合社的财产。在乡村集体资产中，乡联社资产占有很大比重，一般占资产总额和所有者权益的40%～50%左右。乡联社资产所有权属于全乡农民集体所有，这在北京市地方法规中是有明确规定的，但其占有、使用、收益、处分的权利，多数地方基本上被乡镇政府所把持。收益优先补充乡镇政府行政事业经费不足，解决乡镇干部的福利，在城里买房、购高级轿车等等。这个财产似乎与作为所有者的农民没有关系，决策权、收益分配权、财产处置权都被剥夺了。

集体经济组织现行的产权制度否定了社员个人财产权利，其后果是严重的。①社员对合作社的民主控制难以实现。这种体制名曰集体所有，而实际上每个社员又没有具体份额，失去了社员关心、管理、监督的热情。②阻碍农民向城镇的顺利转移。社员退社、转居转工或移居迁徙，其入社的财产既不能带走也不能转让，等于“自动放弃”。③造成合作社的所有者与管理者之间关系颠倒，许多地方往往是搞得好的合作社管理者以“老板”自居，搞的不好的则以“雇员”身份一走了之。模糊的产权关系，成为集体经济发展受阻的重要制度根源。

中共十一届三中全会以后，对农村集体经济体制逐步进行了改革。从1982年末开始的“包干到户”及90年代末延长土地承包期30年不变的政策，使农民有了比较稳定的土地承包经营权。根据大城市郊区土地利用情况的复杂性，后来又采取“确权确地、确权确利、确权确股”的不同方式把农民对集体土地的权利平均分配到户，进一步体现了农民的土地财产权。从丰台区南苑乡开始的乡村集体经济产权制度改革，对合作社的存量资产按土地基本股和劳动贡献股量化到社员，并允许继承和在合作社内部转让；对初级社和高级社的股份基金和未归还的投资，按15倍的价格计复利偿还；对转出和死亡的社员留在合作社的资产按给予优先股或现金兑现的办法予以处置。使集体经济的共同共有变为按份共有，比较彻底地解决了农村集体经济产权模糊的问题，回到了联合所有、承认个人产权、由社员民主控制的合作制轨道，并在实践中显示出强大的生命力。新的农民专业合作社则从成立起就按合作制原则来办，因而受到农民的欢迎。这些都说明了保护农民的自由选择权和个人财产权对于合作社建设的极端重要性。

（三）各级政府保障合作社的独立性和自主权，是合作经济顺利发展的基本条件

合作社对于执政党团结带领人民实现现代化、建设和谐社会具有重要作用，是党和政府联系广大农民不可缺少的桥梁和纽带。然而，合作社是社员联合所有、民主控制的企业和自治联合体，保持其独立运作、自主经营，是发挥合作社作用不可缺少的外部条件。在郊区农村合作经济发展过程中，合作社和人民公社被当成实现国家计划的工具，其经营范围、作物种植、栽培管理、产品销售、收益分配、干部任免等，都要按行政指令进行，并采取政社合一的体制来保证。这种过度的行政干预，其后果是严重的：脱离实际的生产瞎指挥、劳民伤财的工程建设项目、朝令夕改的行政指令比比皆是，不仅挫伤了农民办合作经济的热情，而且也损坏了党和政府在人民群众中的形象，这个教训所付出的代价是沉重的。改革开放后，首先是按照大多数农民的意愿，通过承包形式，使农民得到了土地经营自主权，并强调扩大经营自主权，实行了政社分设。随着计划经济向市场经济的转变，政府管理农村合作经济的手段也相应地由以行政手段为主过渡到以经济和法律手段为主。1989年到1998年9年间，北京市人大常委会相继审议通过了《北京市农业联产承包合同条例》、《北京市农村集体资产管理条例》、《北京市农民负担管理条例》、《北京市农村集体经济审计条例》、《北京市农村股份合作企业暂行条例》、《北京市农村集体所有荒山荒滩租赁条例》、《北京市乡村集体企业承包经营条例》等七部地方法规，既对合作社内部经营管理做出了明确的规定，也对政府管理合作经济的行为进行了法律规范，逐步使合作经济管理纳入法制化轨道。与此同时，按照中央“多予少取放活”的方针，市、区（县）政府加强了对乡村合作社的财政支持，减轻了农民和集体的不合理负担，从经济上扶持乡村合作社的发展。政府管理农村合作经济方式的转变，为京郊农村合作社在法律规范下逐步实现自治创造了条件。但是，政社不分、转嫁负担、低价征收农村土地、禁止农民宅基地和集体建设用地流转的问题依然存在，妨碍着合作社在市场经济中的竞争力，需要进一步解决。

（四）必须健全合作社的指导管理部门，搞好辅导、培训和管理、监督工作，加强合作社立法，依法保护、规范、支持

北京郊区从初级社起，就设专门机构和人员负责指导合作社内部的经营管理。各级农村合作经济管理部门，在总结实践经验的基础上提出改进意见，拟订规章制度，培训管理人员，落实方针政策，检查执行情况，反馈信息和数据，做了大量艰苦细致、卓有成效的工作，成为合作社和党政领导机关都离不开的参谋助手。为正确处理国家、集体和个人三者关系，巩固合作社制度、保护集体资产、提高经济效益，促进共同富裕，做出了重要贡献。

80年代中后期和90年代，为了巩固改革成果，完善合作组织和经营制度，规范运行秩序，市合作经济管理部门起草了大量政策法规文件，仅向市人大常委会提交并获得通过的有关合作社管理的地方法规就有7部，促进了郊区合作经济管理的规范化、法制化。90年代末，由点到面实行电算化，逐步展开了农村管理信息化网络系统建设，促进了农村经营管理由传统方式向现代化、信息化的转变。

实践证明，合作社要办好，发挥潜能，不走弯路，必须得到法律法规的保护和支持，并设立专门机构为其提供支持性服务。合作经济经营管理站，是为合作社提供支持性服务的专业部门，其工作目标应当是：“加强合作社，增强它们的经营活力和创造就业与收入的能力。”“服务的范围应该包括①人力资源开发项目；②研究与管理咨询服务；③获得融资与投资的机会；④会计与审计服务；⑤管理信息服务；⑥信息与公共关系服务；⑦技术与创新的咨询服务；⑧法律、税务服务；⑨营销支持服务；⑩其他适宜的支持服务。”①我们有不少服务项目没有开展或者做得不够好，今后依然任重道远。

---

① 第90届国际劳工组织大会《合作社促进建议书》（2002）。

五

改革开放以后，农民家庭成为生产经营主体，但乡村合作社在资产经营、资源开发与资产积累、农民就业以及为农民生产、生活提供公共服务和社会主义新农村建设等方面依然有广泛的活动空间和显著的作用。在市场经济条件下，供销、信用、保险合作更加重要。同类产品的专业合作社在科技推广和加工销售方面也有独特的作用。可以看出，合作社是农民致富的重要依靠，是构成首都社会经济发展的重要支柱之一。

从发展趋势上看，经济全球化、信息化在客观上提出了合作社与国际接轨的问题，只有遵循世界统一界定的标准（即合作社的定义、价值与原则），才能拓展合作社的发展空间，促进合作社沿着正确的轨道健康发展。

为此，在当前和今后一个时期内，应当高度重视农村合作经济的改革与发展。首先，要正确总结合作化以来的经验教训，充分认识乡村合作社在发展农业和农村经济，实现农民共同富裕中的重要地位和作用。按照市场经济的要求和合作制原则对其进行制度改革，使其扬长避短，保留合作的内核，纠正产权关系模糊和一讲合作就否定家庭经营，把合作同家庭经营对立起来等认识上的误区，乡村合作社就会有光明的前途。同时，要适应市场经济发展和农民的多样需求，积极探索发展合作社的各种纵向和横向联合，使社区性、综合性的乡村合作社与同类产品的专业合作社以及供销社、信用社等互相配合，各得其所，并向更大范围延伸，以提高合作社的竞争能力和谈判能力。其次，要转变政府职能，改变领导和管理方式，善于发挥合作社联系农民的桥梁和纽带作用，依靠农民的合作社企业和自治联合体去解决自身的问题，减少社会管理成本。第三，要推动农村社区合作社地方立法。北京市属于经济发达地区，在城市发展的带动下，农村合作经济发展很快，基础很好，长期以来无法可依的状态不能再继续下去了。早在 1991 年，市委市政府就发布了《关于加强乡村合作社建设，巩固壮大集体经济的决定》，对乡村合作社的地位、作用、职能及其内、外部关系等方面都有很明确的阐述。北京市人大常委会又先后出台了七项地方法规，对合作社内部管理的许多方面做出了明确的规定，而且已经实施了十几年，积累了许多实践经验。乡村合作社产权制度改革从试点到面上铺开，也搞了十多年，认识趋于一致。以上这些，已经为乡村合作社立法扫清了障碍，建议有关方面加大推进力度。

第一篇　农村合作经济体制

第一章　农业合作化

1949 年 1 月 31 日，北平和平解放。解放前夕，为了接管北平，成立了北平市军事管制委员会，当时划定的军管辖区东起通州，南至黄村，西南经葫芦垡至长辛店，西经潭柘寺至门头沟，北经沙河、小汤山至天竺。除城区外，郊区设置 20 个区。1949 年 6 月，北平接管任务完成，经华北人民政府批准，对北平市行政辖区进行了调整，即将军管时划入的南苑、丰台、长辛店、门头沟、东北旺等地区划归北平市，其他距城较远的地区仍划归河北省。此时，全市辖区为 1 255 平方公里。上述地区以外的今郊区各区县，当时隶属于河北省。现在全市 16 410.5 平方公里的行政辖区和郊区各区县的建置，是经过 20 世纪 50 年代至 90 年代多次行政区划调整后形成的。

解放后，北京郊区农村在中共北京市委、市人民政府领导下，根据中央的指示进行了土地改革，废除了封建半封建土地制度，农民在经济上摆脱了剥削，在政治上翻身做了主人，农副业生产迅速发展。土改以后的农民，存在着两种积极性，即发展个体经济的积极性和互助合作的积极性。为了帮助个体农民克服生产上的困难，防止两极分化，市委、市政府根据中共中央提出的“组织起来”的指示和过渡时期总路线，依照自愿互利、典型示范、国家帮助的原则，组织农民从互助组发展到初级农业生产合作社，再发展到高级农业生产合作社，从而实现了农业合作化。

第一节　农业生产互助组

1949 年以前，在北京郊区的老解放区，农村就出现了劳力换工、人畜换工等形式的农业生产互助，如在抗日战争时期，宛平县（现门头沟区）的黄安坨村就出现了以换工互助、伙工互助、季节拨工等形式的互助组织。这类互助，虽然组织化程度不高，但显示了组织起来发展农业生产的优势，为进一步发展互助合作积累了宝贵的经验。

解放以后，在市委、市政府的领导下，近郊农村在 1950 年 3 月完成了土地改革。废除了封建半封建的土地制度，农民在经济上摆脱了剥削，在政治上翻身做了主人。但由于刚刚解放，广大农民，特别是土改中的贫下中农，在生产上还存在耕畜、大农具乃至农作物籽种不齐备的困难，因此有互助合作的愿望。1949 年春天，天旱少雨，春播困难，南苑鹿圈村（现属大兴区）贫农霍凤岐在政府“组织起来，抗旱点种”的号召下，联合 20 多户农民组织了一个临时互助组，通过生产互助，打井抗旱，获得了农业增产，起到了示范作用。霍凤岐互助组是近郊建立最早的互助组，1950 年春天，这个互助组发展为常年互助组。

1950 年 3 月中旬，市委、市政府召开郊区扩大干部会议，号召郊区农民开展爱国增产大生产运动，提出了当年“增产一成”的任务。为实现这一任务，会议要求“组织起来，发展生产”，把分散的农民逐步引向互助合作。根据郊区农村的实际状况，市委对发展互助合作提出了以下政策原则：坚持自愿互利，不能强迫命令包办代替，农民有参加和退出互助组的自由；互助组的形式，是临时的或常年的，由农民群众根据实际情况选择；开始应在群众习惯的组织形式的基础上，建立小型互助组，然后逐步发展提高；加强互助组内贫农和中农的团结，不能因为中农有较多较好的土地和生产资料，而在生产互助中让中农吃亏，要做到互助互利；帮助组织互助组的区、乡干部，既不能包办代替，也不能放任自流，要帮助农民研究办法，解决问题，总结经验，引导互助合作运动健康发展。由于方向正确，政策清楚，符合广大农民的实际需要，受到农民的欢迎。在当年的春耕生产中，在共产党员和青年团员的带领下，各村纷纷建立了一批互助组。通过互助合作，初步解决了广大贫下中农缺乏耕畜和农具的困难，适时完成了春耕播种任务。

1951 年 9 月，中共中央召开第一次全国农业互助合作会议，通过了《关于农业生产互助合作的决议（草案）》，12 月 15 日下发试行。《决议（草案）》指出：互助合作应坚持积极领导、稳步前进的方针，要采取由临时互助组到常年互助组，到土地入股、统一经营的初级农业生产合作社，再到完全按劳分配的高级农业生产合作社，由低到高逐步发展的方法。市委、市政府认真贯彻中央的决定，从一开始就强调坚持自愿、互利和加强贫农与中农团结的原则，在京郊农村有组织、有计划地开展互助合作运动，农业生产互助组织迅速建立起来。

据统计，1951 年，当时京郊辖区建立了 2 432 个互助组，参加农户 2.2 万户，占农户总数的 23.3%；1952 年农业互助组发展到 1.3 万多个，连同新建立的农业生产合作社，组织起来的农户已占总农户的 56%。

第二节　初级农业生产合作社

1951 年 12 月，市委根据中共中央《关于农业生产互助合作的决议（草案）》的精神，提出有条件的地方，每个区可以办一个农业生产合作社，强调只许办好，不许办坏，无条件者，可以不办。1952 年，郊区试办了 10 个农业生产合作社。即丰台区黄土岗殷维臣农业生产合作社、陈留村刘庆常农业生产合作社；海淀区东北旺王岐山农业生产合作社、东冉村刘广伦农业生产合作社；南苑区瀛海庄曾昭佐农业生产合作社、姜场村刘洵农业生产合作社；石景山区八角村梁贵农业生产合作社、杨庄于贵农业生产合作社；门头沟区何各庄村何振农业生产合作社、黄塔村杨永山农林牧生产合作社。入社农户共计 103 户。这 10 个社中，有 8 个是土地入股分红的初级农业生产合作社；丰台区黄土岗殷维臣社、陈留村刘庆常社，是根据本社地处菜区，蔬菜生产用工多、技术强、收入高，增产增收的主要因素是劳动力和劳动技能的具体情况，经过群众讨论，由常年互助组直接试办的完全按劳分配的高级农业生产合作社。同期，当时还隶属河北省的现远郊区县也办了18个农业生产合作社，入社农户270户。

初级农业生产合作社，是以土地入股分红、统一经营为特点。其所有制，既保留了土地的私有，又提取一定的公共积累作为公有财产；在产品分配上，既有按劳分配，也有土地按股分红。初级农业生产合作社的最高权力机构是全体社员大会，社员大会选举合作社管理委员会，设社长一人，副社长一至二人，一些规模较大的合作社设置了精干的办事机构。合作社实行民主办社，各项管理制度、生产经营计划、收益分配方案等均由管理委员会提出，交社员大会民主讨论决定。劳动管理上，一般是根据每个劳动力的强弱、技术特长，由社长统一派工，干部同社员一样参加生产劳动。有些农业社还逐步摸索实行了劳力划分作业组、制定生产定额、包工包产、超产奖励等经营管理办法。

1953年2月15日，中共中央通过《关于农业生产互助合作的决议》，并公布实施。6月15日毛泽东主席在中共中央政治局会议上，提出了党在过渡时期的总路线。他指出：从中华人民共和国成立，到社会主义改造基本完成，这是一个过渡时期。党在过渡时期的总路线和总任务，是在一个相当长的时期内，逐步实现国家的社会主义工业化，并逐步实现国家对农业、手工业、资本主义工商业的社会主义改造。在宣传贯彻过渡时期总路线过程中，市委号召郊区农民拥护总路线，参加互助合作运动，走共同富裕道路，并扩大了农业生产合作社的试办范围。当年，郊区农业生产合作社发展到63个，并在南苑区试办了红星集体农庄。同年，当时隶属河北省的现远郊各区县，办了农业生产合作社193个。

1954年1月8日，中共中央发布了《关于发展农业生产合作社的决议》。《决议》指出：党在农村中最根本的任务，就是“教育和促进农民群众逐步联合起来，逐步实行农业的社会主义改造，使农业能够由落后的小规模生产的个体经济变为先进的大规模生产的合作经济。”并且指出：“在发展农业生产合作社的运动中，采取逐级领导试办，树立好的榜样，逐步巩固与逐步推广的方针。”通过贯彻过渡时期总路线和上述决议，郊区农业生产合作社由试办转向了推广，发展步伐加快。到1954年底，郊区农业生产合作社发展到412个。同期，当时隶属河北省的现远郊区县，建起农业社1 703个。

1955年春，郊区农业生产合作社进一步发展。当年2月，当时京郊辖区农业社发展到了701个，入社农户占总农户的47%，其中菜田区入社农户达到68%。在701个农业社中，300户以上的大社有25个，100户至300户的151个，100户以下的525个；而且，有343个社是土地不分红的高级社。在发展农业生产合作社的过程中，市、区抽调干部下乡，对农民进行合作化教育，对办社骨干进行培训，群众走共同富裕道路的情绪高涨，农业社的发展基本是健康的，但也出现了一些问题。一是，大社办得过多，1954年底郊区百户以上的大社只有13个，1955年2月即发展到176个，其中有的由于合作基础差，领导骨干弱，工作中存在不少问题；二是，有些地方忽视当地条件，过早地取消土地分红办高级社，当时土地不分红的高级社占到了农业社总数的近一半，引起了部分中农和部分土地多劳力少的贫农的顾忌和不满；三是，在处理生产资料作价入社问题上，有些地方作价偏低、归还折价款期限定得过长，而且只还本不付利息。针对上述问题，市委在当年2月至6月间，先后召开办社工作会议和农村工作扩大干部会议，对郊区办社工作进行检查和总结，并抽调市、区干部深入乡、村，帮助农业合作社进行整顿。2月初，市委第一书记彭真在办社工作会议上讲话指出，郊区办社成绩很大，但要整顿、巩固。并针对工作中存在的问题提出：已经办的土地不分红的高级社，如果一部分社员不是真心同意，就改办初级社；已经办的大社，如果实在有困难，可以划成中小社；牲口、大农具入社作价要公道，已折价入社的除应摊的入社股金外，其余的应还本付息，不能让有牲口、大农具的农户吃亏。并且强调，要坚持自愿、互利原则，要依靠贫农、团结中农。经过几个月的检查整顿，纠正了办社工作中的上述问题：第一，对343个高级社，经过征求群众意见，有266个改为了土地分红的初级社；第二，176个百户以上的大社中，有16个社根据群众意见划小为三五十户的中小社；第三，对社员的牲畜、大农具入社作价问题，进行了检查和调整，对超过入社股金部分的生产资料作价款偿还年限，由三年至八年、不付利息，改为三年至五年、按银行贷款利率付息。此外，在整顿过程中，根据入社自愿，退社自由原则，有3 600多户农民退了社，同时又有一些农民入社，退社与入社相抵入社农户减少了1 000多户，入社农户由占农户总数的47%，下降为46%。

1955年7月31日，毛泽东主席在中共中央召开的省、市、自治区党委书记会议上，作了《关于农业合作化问题》的报告。他指出："在全国农村中，新的社会主义群众运动的高潮就要到来。我们的某些同志却像一个小脚女人，东摇西摆地在那里走路，老是埋怨旁人说：走快了，走快了。过多的评头品足，不适当的埋怨，无穷的忧虑，数不清的清规戒律。"并批评中共中央农村工作部对浙江省农业合作社采取收缩的举措，是"胜利吓昏了头脑"，"犯'右'的错误"，认为在农业合作化问题上"一个要下马，一个要上马，却是表现了路线的分歧。"他提出：在1960年全国农村基本完成半社会主义的改造，1960年以后逐步分期分批地由半社会主义发展到全社会主义。要求各级党组织"全面规划，加强领导"，"要主动，不要被动；要加强领导，不要放弃领导。"1955年10月上旬，中共七届六中全会根据毛泽东主席《关于农业合作化问题》的报告，作出了《关于农业合作化问题的决议》。《决议》进一步批判对农业合作社发展实行收缩是"'右'倾机会主义，实质上反映了资产阶级和农村资本主义自发势力的要求。"会后，全国各地农业合作社的发展明显加快。

为贯彻中央的部署，市委于1955年8月4日召开了市委全会，传达学习毛泽东主席《关于农业合作化问题》的报告，11月4日召开市委全委扩大会议，传达贯彻中共中央《关于农业合作化问题的决议》。这两次会议，都对郊区农业生产合作社的发展提出了规划：8月市委全会提出的规划是，在1955年46%农户入社的基础上，1956年春发展到60%，1957年春发展到80%左右；11月市委全委扩大会议，又将1956年春入社农户发展到60%，修改为70%。12月12日，市委召开农村工作会议，指出郊区发展农业社的任务已经实现，当前的中心任务是巩固和办好合作社，保证农业增产。

郊区试办、发展初级农业生产合作社，从总体上贯彻了自愿互利、典型示范、国家帮助的方针，对办社过程中发生的一些问题，通过检查整顿进行了解决，因此受到了农民的拥护，显示了优越性，取得了成效。一是，发挥了土地统一经营、劳力统一安排的优势，能够做到因地制宜、因人制宜，并根据首都需求和国家计划，安排粮食、蔬菜和畜牧、果品等项农业生产，为首都提供了副食品，保证了粮食统购统销政策的贯彻落实。二是，可以集中力量办一家一户办不到的大事，如兴修水利、平整土地、购置新农具、选用新品种、推广科学技术，使小块土地连片经营，为农业机械化创造了条件。三是，便于集中人力物力抵御自然灾害，因地制宜地开展副业生产，在近郊区不少农业社开展了熬硝、打草绳、挖沙子、搞建材和大车运输等副业生产，支援了首都建设，增加了农民收入。四是，初级社时管理机制相对灵活，如农户中务农劳力参加社内农业劳动，有专长的参加社内副业生产，家庭妇女等辅助劳力既可参加社内劳动也可从事家庭副业，农事大忙时还可以组织全体社员进行突击，体现了大集体、小自由。

由于初级农业生产合作社具有组织起来的优越性，因此大多数办的是好的或比较好的，实现了增产增收。当时郊区辖区的703个农业社中，1955年与1954年比较，增产的有650个社，占91%；增收的有604个社，占85%。但是，由于办社时间较短，工作缺乏经验，也有些社还存在一些问题没得到解决，随后即进入合作化高潮，转为高级社了。

第三节　高级农业生产合作社

一、高级农业生产合作社的发展过程

1955年12月21日，中共中央发出毛泽东主席起草的《征询对农业十七条的意见》，其中对农业合作化问题提出："农业合作化的进度，1956年下半年完成初级形式的建社工作，入社农户达到80%至85%左右。合作化的高级形式，争取1960年基本上完成，是否缩短一年，争取于1959年基本上完成"。这一文件下发后，市委多次召开郊区区委书记会议，传达毛泽东主席的指示，通报各省、市农业合作社的进度，讨论郊区农业社转高级社问题。讨论中，大家认为郊区农业社转高级社已具备条件：第一，贫农和中农已全部入社；第二，现有初级社的牲畜、农具大多数已折价入社，土地分红一般为三成，农户缴纳农业税后，分红剩余不多；第三，自1952年开始就试办了高级社，现有77个高级社起了示范作用；第四，现有初级社平均每社150户，对土地统一经营、劳力统一安排以及照顾老弱孤寡困难户，已取得一些经验。为解决地主、富农入社问题，市委于1955年12月24日向中央上报了《关于地主、富农入社的几个政策问题的请示》，提出在郊区每个区选择一个或几个农业合作社，分批接受地主、富农入社，取得经验后再系统解决地主、富农入社问题。这一请示，得到了中央的批准。市委于1956年1月11日向中央上报了《关于执行农业合作化和农业生产的十七条的意见的报告》，在报告中阐述了郊区农业社转高级社已经具备的条件。

在市委向中央报告的同时，郊区各区已在做初级社转高级社的工作，形成了合作化高潮。先是东郊、南苑、丰台、石景山、海淀五个区实现了高级合作化。随后，地处山区的京西矿区也实现了高级合作化。1956年1月15日，北京市在天安门广场举行有20万人

参加的大会，庆祝首都社会主义改造的全面胜利。党和国家领导人毛泽东、刘少奇、周恩来、朱德等出席大会，市农业劳动模范、丰台区白盆窑农业生产合作社主任李宗和，代表郊区农民，登上天安门城楼，向党中央和毛泽东主席报喜。

1956 年，是郊区农业完成社会主义改造、实现高级形式的农业合作化年。据年底统计，当时郊区所辖的东郊、南苑、丰台、石景山、海淀、京西矿区、昌平区（1956 年 2 月划入北京市）7 个区，入社农户占农户总数的 99.6%，组建了 427 个高级农业生产合作社，其中有 46 个是千户以上的大社。同期，当时仍隶属河北省的现远郊其他区县，组织起高级社 1 351 个。

二、高级农业生产合作社的整顿

北京郊区多数高级社，是在初级社建立不久，在很短时间内转化升级的，由于要求急、转化快、工作粗和形式单一，所以存在不少问题。根据中央关于整顿农业生产合作社的一系列指示，对高级社进行了多次检查和整顿，并在农村开展了社会主义教育。

1956 年至 1957 年上半年，中央先后下发了《关于农业生产合作社扩大升级中生产资料若干问题的处理办法的规定》、《关于勤俭办社的指示》、《高级农业生产合作社示范章程》、《关于加强农业生产合作社的领导和组织建设的指示》、《关于农业生产合作社秋收分配若干问题的指示》、《关于民主办社几个事项的通知》。要求纠正“在革命高潮面前一度产生的某些急躁情绪”，对农业合作社进行检查整顿，解决存在的问题。根据中央指示，市委和郊区各区委抽调干部组成工作组，深入乡、社对农业生产合作社进行了几次检查和整顿。这一期间，整社解决的主要问题：一是，生产资料入社的作价、补价问题。针对有些农业社在升级、并社过程中，对社员入社的生产资料没能贯彻互利原则，有的存在侵犯中农利益现象，对社员入社的牲畜、大车、大农具等生产资料，解决作价、补价、明确偿还期限和还本付息问题。二是，建立健全组织管理制度。针对有些农业社升级或合并后，组织机构不健全，社队分工不明确，或对生产队统得过死等问题，按照统一经营、分级管理原则，明确社队分工，赋予生产队组织劳动、管理生产的相应权限。三是，建立生产责任制。对生产队推行“包工、包产、包财务、超产奖励”“三包一奖”制度，对社员要求按劳动的数量和质量计酬，并逐步实行劳动定额，纠正劳动管理责任不明、劳动报酬平均主义等不合理现象。四是，贯彻勤俭办社方针，加强财务管理。帮助农业社健全财务会计制度，要求财务开支要根据生产需要，分清缓急，精打细算，量力而行，减少非生产性开支，反对铺张浪费。五是，贯彻为首都服务方针，全面安排各业生产。要求农业社在增产粮食的同时，切实安排好蔬菜、畜禽等副食品生产，开展多种经营，坚持为首都服务的方向。这期间，除下乡工作组帮助农业社安排生产计划、研究增产措施外，市里并邀请有关科技工作者，帮助红星集体农场、黄安坨农林牧生产合作社等 29 个合作社，根据《全国农业发展纲要（草案）》，制定了远景发展规划。六是，贯彻民主办社方针，调整干部队伍，整顿干部作风。针对升级并社过程中，农业社干部变动较大，有的社干部过多，有的干部安排不妥当，有的干部不称职，也有的干部作风简单粗暴，帮助农业社改选、调整干部队伍，对干部进行民主办社、有事同群众商量、接受群众监督等方面的教育，整顿干部作风。同时，建立健全社员大会或社员代表大会制度和民主理财等项制度。七是，对不同岗位的农业社干部分期分批地进行了培训，市和郊区各区共培训农业社主任、生产队长、技术员、会计员、保管员等9500多人，平均每个农业社接受培训的干部有20多人。

1957年8月8日，中共中央发出《关于向全体农村人口进行一次大规模的社会主义教育的指示》。《指示》提出："教育的中心题目是：第一，合作社优越性问题；第二，粮食和农产品统购统销问题；第三，工农关系问题；第四，肃反和遵守法制问题"。要求"在全体农村人口中就这些中心题目举行大辩论，提意见，摆事实，讲道理，回忆解放前后和合作化前后农民生活的变化"。并且指出："对这些问题的辩论实质上是关于社会主义和资本主义两条道路的辩论。"通过辩论，提高干部和社员的社会主义觉悟，批判富裕中农中的资本主义言行，打击地、富、反、坏的破坏活动，反对不顾国家利益的个人主义和本位主义，使爱国、爱社和爱家的观念在群众中统一起来。随后，同年9月，中共中央又先后下发了《关于做好农业生产合作社生产管理工作的指示》、《关于合作社内部贯彻执行互利政策的指示》、《关于整顿农业生产合作社的指示》和《关于农业生产合作社干部必须参加生产劳动的指示》，要求结合社会主义教育进一步解决农业生产合作社存在的问题。根据中央指示，市委成立了农村整风整社办公室，抽调市、区2 000多名干部下乡，帮助郊区农村开展了社会主义教育。在这次社会主义教育中，通过大鸣、大放、大辩论，批判富裕中农中攻击农业社的言论和闹借支、闹退社的行为；打击地、富、反、坏的破坏活动；批评纠正有的社队干部不顾国家利益，不完成统购派购任务，高价出售农产品的现象；在干部、群众中进行走共同富裕道路的社会主义教育；整顿农业合作社和基层党、团组织。这一期间，结合社会主义教育，进一步解决了郊区农业合作社存在的以下问题：第一，按照统一经营、分级管理和有利生产、有利团结的原则，进一步解决农业社与生产队的职责分工问题，健全社、队管理制度。第二，推行"三包一奖"制度，改进社员评工计酬办法，解决男女同工同酬问题，建立健全集体和个人的责任制，克服劳动责任不明、报酬不合理现象。第三，贯彻勤俭办社方针，健全财务管理制度，按照兼顾国家、集体、社员三者利益原则，做好农业社的分配工作，在生产发展的基础上使90%以上的社员增加收入。第四，贯彻民主办社方针，健全社员大会或社员代表大会制度，定期向社员报告工作，组织社员讨论农业社的生产、劳动、财务、分配计划，听取群众意见，接受群众监督。第五，服从国家计划指导，完成国家统购派购任务，坚持为首都服务方针，因地制宜地制订各业生产计划和增产措施。第六，正确处理集体生产和社员家庭副业的关系，在保障集体经济占绝对优势的前提下，按照高级农业生产合作社示范章程的规定，给社员留够自留地，允许社员家庭饲养一定数量的家畜家禽，指导社员因户制宜地发展家庭副业。第七，根据大辩论中社员提出的意见，整顿干部作风，开展批评自我批评，改正缺点错误，解决干部参加劳动问题，密切干群关系。对问题严重的干部，查清事实，分清责任，区别情况，进行处理。第八，按照加强党的领导和老中青三结合原则，调整干部队伍，选拔优秀党员和骨干参加基层党组织和农业社领导班子，加强基层组织建设。同时，在整社和社会主义教育中，始终强调要与生产相结合，1956年和1957年，市委、市政府和市农村工作部门多次召开粮食、蔬菜、养猪、多种经营等专业会议，加强国营农场、农业技术推广站、畜牧兽医站、农业拖拉机站管理，培训社主任、生产队长、技术员和财会管理人员，并大力开展了打井、引水、发展水浇地、改造盐碱地等农田水利建设，使郊区农业生产条件有了明显改善。

对合作社的整顿和社会主义教育，虽然起到一定作用，但由于在并社升级时，体制变动过急、变化太快，而且因原初级社的经济基础和干部管理能力存在差异，所以仍遗留不少问题。

三、高级农业生产合作社的内部管理

郊区农业生产合作社的内部管理，经历了一个由简到繁，由粗到细、由乱到治的发展过程。随着农业社的发展和不断整顿，按照《高级农业生产合作社示范章程》和中共中央、国务院相关的指示和规定，逐步建立健全了如下的内部管理制度。

——管理机构。高级农业生产合作社是劳动农民的集体经济组织，它的最高管理机关是社员大会或社员代表大会。郊区的高级社，按照社章的规定和民主办社方针，建立了社员大会或社员代表大会制度，选举了管理委员会和监察委员会。农业社的管理委员会设主任、副主任、委员，并设会计、出纳、保管等人员，负责管理农业社的社务；监察委员会设主任、委员，负责监督农业社的社务。合作社管委会每年至少召开两次社员大会或社员代表大会，讨论决定合作社的重要事项，向社员或社员代表报告工作，听取意见，接受监督。

——生产资料和股份基金管理。参加高级社的农民的土地转为集体所有，土地不再分红，同时按照社章规定给社员划出自留地，由其家庭经营；耕畜、大车、大型农具等生产资料转为集体所有，但要按照正常价格确定价款，由农业社分期偿还，偿还期限一般为三年，最长不超过五年，没有还清的价款是否付给利息，由农业社和本主协商解决。农业社为筹集生产费用和收买社员的生产资料，农民入社时要按劳动力分摊股份基金，社员交纳股份基金时可以用入社的生产资料价款抵交；如生产资料价款不够，不足部分由社员分期交纳；如生产资料价款有余，多余部分由农业社分期偿还。

——生产经营管理。郊区农业社的生产具有两方面的功能，即为首都服务功能和农民自养功能，生产经营是在国家计划指导下，安排各业生产、推广科学技术和完成统购派购任务。因此，在增产粮食的同时，强调发展蔬菜、畜禽和瓜果等副食品生产，保障首都人民对菜、肉、蛋、奶、瓜、果的需求。在发展农业生产的同时，根据首都建设和人民生活的需要，结合郊区资源条件和历史传统，发展工副业生产，但不准经营商业。郊区绝大多数农业社，特别是近郊区和山区的农业社，生产是以农为主、多种经营的。

——劳动组织和劳动报酬管理。郊区农业社根据生产经营范围、分工分业需要和社员劳动技能的不同，分编田间生产队和副业队（组）。田间生产队、副业队（组）作为农业社劳动组织的基本单位，固定相应的成员、土地、耕畜、大型农具或副业工具，由队长负责；有些田间生产队，根据生产的需要，还划分了固定的或临时的作业组；社员按照生产队、作业组的安排，从事生产劳动。为调动社员劳动积极性，合理评定劳动报酬，农业社逐步建立了各级的生产责任制，一般是农业社对生产队实行包工、包产、包开支、超产奖励、亏产扣工的“三包一奖”制度；有些生产队对作业组还实行了包工到组责任制；对社员则按劳动的数量和质量评工记分，也有的实行农户小段包工责任制，劳动管理做得好的地方并逐步制订了劳动定额，实行定额管理。但是，在劳动管理搞得不好的地方，也存在“死分死记”、“卯子工”等现象。

——财务和收入分配管理。在市、区农村工作部门和经营管理部门帮助下，郊区农业社在培训财务人员、建立财会队伍的基础上，逐步健全财务管理和分配制度。按照独立核算、自负盈亏体制和民主办社、勤俭办社方针，农业社的财务收支计划，需经社员讨论，听取意见，接受监督，并定期公布账目。在收益分配上，一般是夏收后预分、年终决算分配，分配方案需经群众讨论、上级审核。农业社一年的收入，在留下下年生产费用、缴纳国家税金、留出公积金和公益金后，其余现金和实物，按社员劳动工分多少进行分配。为做到社员收入逐年增加，遇到灾年公积金可以少留或不留，丰收年份公积金应酌量多留。

农业社的内部管理，既关系到农业社的巩固和发展，又涉及国家、集体、个人三者的利益，包含了体制、机制、利益关系等多方面的内容，是十分复杂、细致的工作，郊区农业社的内部管理一直处于不断调整、改进的状态之中。

第二章　人民公社化

人民公社是1958年伴随“大跃进”出现的，是实现农业合作化后继续追求扩大组织规模和经营范围，进而改变管理体制和生产关系的产物。

1958年3月，经国务院批准，原属河北省通州专区的房山、良乡、大兴、顺义、通县和通州市划入北京市；8月，原属河北省通州专区的怀柔、密云、平谷划入北京市；10月，原属河北省张家口专区的延庆县划入北京市。至此形成了全市行政辖区范围。

北京郊区1958年9月实现人民公社化，到1984年废除人民公社体制、实行政社分设，历时25年。在这期间，郊区农业和农村经济，经历了曲折的发展过程。

第一节　人民公社的建立

北京郊区实现农业合作化后，各级干部和农民群众，发挥组织起来的优越性和改变落后面貌的积极性，1957年不仅农业取得了丰收，而且在当年冬季开展了以兴修农田水利为中心的大生产运动，并出现了打破社界乡界的大协作，取得了相应的成效。

1958年1月，中共中央先后在杭州、南宁召开工作会议，毛泽东主席在会议上批判了1956年的反冒进，强调反对建设上的“右”倾保守思想，并指出“不要提反冒进，这是政治问题”。南宁会议后，《人民日报》配合发布《全国农业发展纲要（修正草案）》，连续发表社论，提出“在农业战线上来一个大跃进”，有的社论并说：“我们国家现在正面临着一个全面大跃进的新形势，工业建设和工业生产要大跃进，农业生产要大跃进，文教卫生事业也要大跃进”。在“跃进”象征先进、不“跃进”意味落后的舆论形势下，经济工作中的急躁冒进情绪日益增长。当年夏收过程中，报纸又纷纷报道小麦亩产几千斤、早稻亩产几万斤虚报浮夸的“高产卫星”。北京市于1958年2月23日召开了四级干部会议，中心内容是扫除“右”倾保守思想，指出“右”倾保守是农业大跃进的绊脚石，要求粮食亩产在1957年108.2千克的基础上达到200千克。夏收后，由于北京市没有放出“高产卫星”，全年粮食产量计划定得也低，7月间，中央主管农业的领导到北京市，两次召开会议指导和帮助抓农业，批评北京郊区有些地方庄稼长得不好，应该承认是下游，要求北京明年没有低产作物，农业生产要站全国第一位，并对郊区主要农作物的亩产量提出了要求。8月17日，北京市在天坛公园召开了市、区、乡、社干部一万五千多人参加的农业大跃进誓师大会。会上，郊区各区相互挑战，纷纷提出高产指标，有的并提出“没有低产作物，只有低产思想”。会后，郊区形成了你追我赶、唯恐落后的“大跃进”局面。

1958年3月，中共中央在成都召开工作会议，讨论社会主义建设问题。毛泽东在会上提出“鼓足干劲，力争上游，多快好省地建设社会主义”，建议作为党的总路线。会议并讨论通过了《关于把小型农业合作社适当地合并为大社的意见》和《关于农业机械化的意见》、《关于社员自留地和家庭副业在总收入中应占比例的意见》三个文件。在《关于把小型农业合作社适当地合并为大社的意见》中指出：农具改革运动和正在迅速实现的水利化，说明“农业生产合作社如果规模过小，在生产的组织和发展方面，势将发生许多不便”，“把小型的农业生产合作社有计划地适当地合并为大型的合作社是必要的”。并且指出：“每一个乡领导几个合作社是适宜的。如果乡的区划较小，可以适当合并成大乡”。4月8日，中共中央政治局批准并发出了上述三个文件。此后，北京郊区开始合并扩大农业合作社，如顺义区在1958年7月将全区414个农业合作社合并为18个大社，平均每个社9 600多户。同期，东郊、南郊、西郊、北郊、双桥等国营农场，还将周边农村的农业合作社并进农场，从而郊区出现了国营农场带农村集体经济的组织、经营形式。

1958年5月，中共八大二次会议通过“鼓足干劲，力争上游，多快好省地建设社会主义”为党的总路线。8月上旬，毛泽东到河北、河南和山东视察。在河南省新乡县七里营乡，看到这个乡挂出的“七里营乡人民公社”的牌子，他说：“‘人民公社’是一个好名字，包括工农兵学商”，并说人民公社的特点是“一曰大，二曰公”。在山东考察时又指出：“还是人民公社好。”8月17日至30日，中共中央在北戴河召开政治局扩大会议，会议通过了《关于在农村建立人民公社的决议》。《决议》提出：“建立农林牧副渔全面发展、工农商学兵结合的人民公社，是指导农民加速社会主义建设，提前建成社会主义并逐步过渡到共产主义所必须采取的基本方针。”并且明确人民公社“实行政社合一，乡党委就是社党委，乡人民委员会就是社务委员会”。《决议》还指出：“人民公社虽然仍是集体所有制，分配实行按劳取酬”，但是，它“将是建成社会主义和逐步向共产主义过渡的最好组织形式，它将发展成为未来共产主义社会的基层单位”。毛泽东视察时谈话的报道和中央《决议》下发后，一个建立人民公社的高潮迅速遍及全国。当年8月中旬，北京市在石景山地区和昌平沙河乡试办了人民公社，其他区县也先后建立了人民公社，到9月10日实现了人民公社化。当时全郊区的2 357个农业社合并为73个人民公社，下设1 626个生产大队，9 156个生产队。

初建的人民公社的主要特征和问题是：①组织规模大。郊区的73个人民公社，平均每社10 550户，5万多人口，6 600多公顷耕地。规模最大的红星人民公社26 562户，最小公社也有1 300多户。而且，在组建人民公社时，将各农业合作社的集体财产全部划归公社所有，公社统一核算，统一分配，不仅管理困难，也把原来的富社和穷社拉平了。②公有化程度高。初建的人民公社不仅把并入的各农业合作社的集体资产统归公社所有，而且把属地内的农村供销社、信用社也并入了公社，不少地方还减少或取消了社员的自留地，有的地方并将社员自留果树、自养畜禽也收归集体所有。③实行政社合一。公社既是农民集体所有制的经济组织，又是国家政权的基层单位，混淆了两者的不同性质，使得集体经济的所有权和经营权得不到保障。④在分配上实行平均主义。先是提出实行供给制与工资制相结合的分配制度，随后又提出了吃饭、穿衣、教育、医疗、生育、婚丧、养老等“八包”、“十包”。由于受生产、收入水平的制约，结果供给部分占了可分配总额的绝大部分，导致了社员在分配上的平均主义。⑤劳动组织军事化。公社建立后一度实行“全民皆兵”，有些地方劳动力按团、营、连、排、班编制，有时搞突击劳动，有时搞“大兵团作战”，劳动力没有固定的作业地段和作业项目，打破了农业社内各业的生产责任制，造成生产管理混乱和一些干部的强迫命令。⑥生活集体化。为把社员组织到集体中来，解放妇女劳动力，办起了公共食堂、托儿所、幼儿园、敬老院。以公共食堂为主的生活集体化，给社员带来许多不便，严重影响了正常生活，也造成了人力、物力的浪费和一些人的多吃多占。

由于社会主义建设经验不足，轻率发动的“大跃进”和在很短时间内实现的人民公社化，急于建成社会主义并向共产主义过渡，过分夸大主观努力的作用，忽视或违背客观的自然、经济规律，使得以高指标、瞎指挥、浮夸风和“共产风”为主要内容的“左”倾错误泛滥起来，导致了严重的后果。最直接的后果是农业连年减产。1958 年郊区本来是风调雨顺的丰产年，但是由于大搞农田水利运动、大炼钢铁以及其他事项的“大办”，大量抽调农村劳动力，农业第一线劳动力不足，导致粮食等农作物不能按季节收获，结果丰产不丰收。1959 年至 1961 年，郊区先后遭遇了雨涝、干旱灾害，天灾和人祸交织，严重挫伤了社员积极性，农业连续减产。据统计，1961 年与 1957 年比较，郊区除因菜田面积扩大、奶牛饲养量增加，蔬菜和牛奶产量有所增长外，粮食总产减少 23%，油料总产减少 73%，干鲜果产量减少 9%，交售商品猪减少 65%。农业连续减产，不仅使郊区农民生活困难，实行“低标准，瓜菜代”，乃至出现浮肿病，而且严重影响了首都副食品供应。在国家，则出现了 1959 年至 1961 年的国民经济三年困难时期。

第二节　人民公社体制和政策的调整

人民公社化过程中和公社建立初期出现的种种问题，毛泽东很快就有所发觉，全国实现人民公社化一个多月后，1958 年 11 月初，他即进行调查研究，听取各地干部和群众意见，多次召集会议，写《党内通讯》，澄清一些错误认识。同期中共中央召开了一系列会议，做出了相应的决议和指示，对人民公社所有制、管理体制、分配制度以及“大跃进”中一些错误做法进行调整和纠正。但是，1959 年 7 月初至 8 月中旬，中共中央在庐山召开的政治局扩大会议和八届八中全会，毛泽东和中共中央又提出了“反对‘右’倾机会主义”，中断了纠正“左”倾错误的进程。会后，在全国开展了“反‘右’倾”运动，以致公社化过程中“左”的作法重新抬头。这一反复，给农业生产、人民生活和整个国民经济带来了严重后果。1960 年，面对农业连续减产、粮食紧张和国民经济的困难，中共中央要求全党大兴调查研究之风，听取干部和群众意见，纠正错误，调整政策，农村工作又转入了调整人民公社体制和政策的轨道。1961 年 1 月，中共八届九中全会通过了国民经济“调整、巩固、充实、提高”方针，1962 年国民经济走出低谷，农业和农村经济逐步好转。

从 1958 年至 1962 年，北京市组织市和区县干部，深入农村进行调查研究，贯彻中央指示，开展整风整社，为调整郊区人民公社体制和政策做了大量艰巨的工作。这期间，中共中央总书记邓小平和市委第一书记彭真曾带领调查组，于 1961 年 4 月和 5 月，深入顺义和怀柔农村进行调查，根据调查了解的情况，对社队规模、供给制、公共食堂、粮食征购、社员家庭副业和农村供销社等问题，向毛泽东作了报告。同期，市委和区县委组织的调查组也做了大量调查研究，对相关问题提出了意见和建议。这一阶段，人民公社体制和政策调整，主要有以下几方面。

一、解决理论、认识问题

“大跃进”和人民公社化运动中，出现的“共产主义是天堂，人民公社是桥梁”、“跑步进入共产主义”等舆论宣传，以及有的地方提出的废除商品生产、实行产品调拨等错误主张，影响很大。导致在理论和认识上混淆了社会主义与共产主义、集体所有制与全民所有制、按劳分配与按需分配的界限，在行动上出现了违背价值规律、等价交换原则以及瞎指挥、“共产风”等现象。针对上述问题，1958年11月上旬至12月上旬，中共中央先后在郑州、武昌召开了工作会议、政治局扩大会议和八届六中全会，并于12月10日通过了《中共中央关于人民公社若干问题的决议》。在上述会议上，毛泽东指出：现在的人民公社，仍然是集体所有制，不等于全民所有制；人民公社达到全民所有制了，也是社会主义性质的，不等于就到了共产主义。中共中央《关于人民公社若干问题的决议》进一步指出：集体所有制向全民所有制过渡的迟早，取决于生产发展水平和人民觉悟水平这些客观存在的形势，而不能听凭人们的主观愿望，想迟就迟，想早就早。无根据地宣布公社进入共产主义，不仅是一种轻率的表现，而且是对共产主义理想的歪曲和庸俗化，助长平均主义倾向。对企图废除商品生产、实行产品调拨的主张，毛泽东指出：在社会主义时期废除商品是违背价值规律的，实质上是剥夺农民。中国是一个商品生产很不发达的国家，商品生产不是要消灭，而是要大大发展。中共中央的《决议》具体指出：人民公社的商品生产，以及国家和公社、公社和公社之间的商品交换，必须有一个很大的发展。针对违背按劳分配原则的现象，毛泽东指出：资产阶级法权中的工资等级还不能破除，必须保护，使之为社会主义服务。中央的《决议》强调：没有社会产品的极大丰富，而否定按劳分配原则，就会妨碍人们的劳动积极性，就不利于生产的发展。由于从理论上阐述了社会主义与共产主义、集体所有制与全民所有制的不同性质，批驳了废除商品生产、实行产品调拨的错误主张和违背等价交换、按劳分配原则的错误作法，从而澄清了一些思想认识问题，对纠正“左”的错误起了指导作用。但是，在当时“左”的思想泛滥的情况下，对一些错误虽然有所认识，却很不彻底，许多理论认识问题的解决，是随着客观形势的发展逐步澄清的，而且也是有反复的。这期间，北京市召开各种会议贯彻中央指示，在整风整社过程中，对干部和群众进行区分社会主义与共产主义、集体所有制与全民所有制和发展商品生产、为首都服务的教育。理论和认识问题的逐步澄清，为克服人民公社初期时的思想混乱、纠正“五风”错误、贯彻按劳分配原则、调整体制和政策，奠定了思想基础。

二、调整人民公社管理体制

人民公社成立之初，将不同经济条件的若干个农业合作社合并为一个公社，并宣布农业合作社的集体财产归公社所有，实行统一管理、统一经营、统一核算、统一分配。这种集中统一的体制，把富社和穷社拉平了，导致了严重的平均主义。而且，由于公社规模大，统一管理也存在许多问题，导致了管理混乱。这种状况，严重影响社员的积极性、生产的发展和农产品统购任务的完成。为解决人民公社管理体制问题，中共中央在调查研究的基础上，从1958年末至1962年发出了一系列指示，北京市根据中央的指示，做了大量工作，实现了公社体制从集中统一管理到“三级所有、队为基础”的调整。

为改变权力、财力、物力过分集中于公社一级的状况，克服平均主义，1958年12月10日中共八届六中全会通过的《关于人民公社若干问题的决议》提出：人民公社应该权力下放，实行统一领导、分级管理，一般可分为公社、生产大队、生产队三级。1959年2月，中共中央在郑州召开政治局扩大会议，会议通过的《关于人民公社管理体制的若干规定（草案）》，将人民公社的管理体制概括为：统一领导，队为基础；分级管理，权力下放；三级核算，各负盈亏；分配计划，由社决定；适当积累，合理调剂；物资劳动，等价交换；按劳分配，承认差别。同时，规定以生产大队（相当原高级社）为基本核算单位，并明确了生产大队对土地、耕畜、农具等生产资料拥有所有权，以及大队在管理生产、分配和完成国家税收、农产品统购任务等项工作的职责范围。对生产队（相当原初级社），明确为直接组织社员生产、生活的单位，与生产大队之间实行包工、包产、包开支、超产奖励等管理制度。1959年4月，在上海召开的中共八届七中全会通过的《关于人民公社的十八个问题》，又进一步明确生产队管理的土地、耕畜、农具和劳动力，有固定的使用权，公社和大队不得轻易调动。从公社统一管理、统一核算到以生产大队为基本核算单位，基本解决了公社内部原各高级社之间的穷富拉平问题，也改变了权力过分集中于公社一级的弊病。但是并没有解决在合作化高潮中，若干初级社合并为高级社时，即已存在的各初级社之间的穷富拉平问题，以及生产管理权在生产队、分配决定权在大队的矛盾，仍然影响着社员的积极性。毛泽东通过调查发现这个问题后，1961年9月29日，他给中共中央政治局常委和有关同志写信提出：我们对农业方面的严重平均主义问题，至今没有完全解决，还留下一个问题，就是生产权在小队，分配权却在大队。我的意见是“三级所有，队为基础”，即基本核算单位是队而不是大队。根据毛泽东的意见，同年10月7日，中共中央发出的《关于农村基本核算单位问题的指示》指出：以生产队为基本核算单位最大的好处是，可以改变生产单位是生产队、而统一分配单位是生产大队的不合理状态，解决集体经济中长期以来存在的这种生产和分配不相适应的矛盾。中央要求各地，下乡深入调查研究，广泛听取群众意见，每个县可以选一两个大队进行试点。1962年1月，中共中央召开扩大的中央工作会议（通称“七千人大会”），讨论了中央起草的《关于改变农村人民公社基本核算单位问题的指示》，得到了与会同志的拥护，有些同志并提出以生产队为基本核算单位应该几十年不变。会后，2月13日，中共中央发出了《关于改变人民公社基本核算单位问题的指示》。《指示》明确宣布：以生产队为基础的三级集体所有制，作为人民公社的根本制度，至少三十年不变。同时指出：人民公社以生产队为基本核算单位，应是普遍采取的主要形式，但全国各地情况不同，也不强求一律，要按自愿互利原则办事，凡有利于发展生产，符合群众要求，以生产大队为基本核算单位，也应允许。随后，人民公社以生产队为基本核算单位、三十年不变的规定，又写进了同年9月27日中共八届十中全会通过的《农村人民公社工作条例（修正草案）》（简称“六十条”）中，进一步确立了人民公社“三级所有，队为基础”的管理体制。

这期间，北京市根据中央的指示，为调整公社管理体制做了大量工作。1958年12月中旬，市委即作出了《关于人民公社管理体制和若干政策问题的规定》，要求解决公社化中出现的平均主义等问题。1958年，郊区的73个人民公社年终决算分配时，并没有全部实行公社统一核算、统一分配，而是有三种情况，即：由公社统一核算、统一分配的，有39个公社（占53%）；由公社统一核算收支、统一提取公共积累和社员供给部分，其余由生产大队进行分配的，有24个公社（占33%）；另有10个公社（占14%）是向公社上缴公共积累后，仍由大队进行分配的。1959年2月，中共中央《关于人民公社管理体制的若干规定（草案）》下发后，市委召开五级干部会议，部署郊区各区县进行公社权力下放、实行以生产大队为基本核算单位的工作，至1959年4月底，基本实现了公社权力下放、以生产大队为基本核算单位。同时，生产大队对生产队实行了“三包一奖”，生产队对社员实行了划分作业组、评工记分等管理制度。1961年10月7日，中共中央下发《关于农村基本核算单位问题的指示》后，10月下旬至12月下旬，中共中央华北局和市委、房山县委组成联合调查组，深入房山县吉羊大队，对这个大队核算单位问题进行了调查。调查结果，根据社队干部和社员群众的意见，这个大队由大队核算改为了由大队下属的7个生产队各自核算，并以联合调查组的名义上报了《关于吉羊大队基本核算单位问题的调查报告》。1962年2月，中共中央《关于改变人民公社基本核算单位问题的指示》下达后，市委多次召开区县委书记会议，研究部署改变人民公社的基本核算单位问题。随后，郊区各区县普遍进行了改变人民公社基本核算单位的工作，同时对社队规模也做了相应调整。到1962年4月底，郊区基本完成了这项工作。当时有95%的大队改为了以生产队为基本核算单位，并随着核算单位的下放，相应明确了生产队对土地、林木、牲畜、农具等生产资料的所有权；有5%的大队，因为生产搞得好，收入水平高，合作化以来建设的农业基础设施多，群众同意仍以大队核算的，仍保留以大队为基本核算单位。到1962年底统计，郊区有人民公社285个，生产大队3 704个，生产队14 818个，基本核算单位13 316个。

人民公社三级所有、以生产队为基本核算单位体制的确立，使生产队既有生产管理权，又有分配决策权，从而较好地解决了自高级社以来即存在的高级社内各生产队之间的平均主义；生产和分配统一后，生产队有了相应的经营自主权，有利于因地制宜地发展生产，也有利于改进经营管理；由于生产队规模较小，社员对自己的劳动成果以及个人与集体的利益关系，看得比较直接，比较清楚，有利于调动社员的积极性，也适于当时农村基层干部的管理能力。这些，无疑是对公社化以来“左”的错误的重要纠正，在当时起了非常重要的作用。但是，人民公社仍是政社合一的组织，公社、大队、生产队三级之间仍存在行政隶属关系，在所有制上仍有由生产队向大队、大队向公社逐级过渡的思想。而且，还规定生产队以下不应再有包产单位，尤其禁止包产到户，所以，在集体经济中存在的社员与社员之间的平均主义，并没有得到很好解决。

三、进行经济退赔

公社化过程中，提倡发扬共产主义风格，在组织大协作、“大兵团作战”中曾无偿调用大队、生产队的生产资料和劳动力，在举办集体食堂、托儿所、敬老院等事业时，曾调用社员私有的房屋、家具、炊具等。而且，在公社建立之初，有的地方还曾提出，公社化以前旧的债务由公社统一偿还。针对上述问题，中共中央从1958年底到1961年底，作出了一系列决议和指示，要求各地清理账目，进行退赔。1958年12月，中共八届六中全会通过的《关于人民公社若干问题的决议》，即针对公社化以前的债权债务问题明确指出：公社化以前遗留下来的债务，无论是公社与社员之间的债务，还是社员与社员之间的债务，以及集体和社员欠银行、信用社的贷款，一律不能宣布废除，有条件的应照旧偿还，没有条件偿还的，保留债权债务，逐步偿还。同时宣布：社员私有的房屋、家具等生活资料，以及在银行、信用社的存款，永远归社员所有。1959年4月，中共八届七中全会通过的《关于人民公社的十八个问题》，提出了清算账目的意见，指出：县、公社调用大队、生产队的财物，公社、大队、生产队调用社员的私有财物，都必须如数清理，如数归还或作价归还；县、公社、大队调用生产队的劳动力，没付劳动报酬的，应付给劳动报酬；队与队、社与社相互之间的劳力支援，也要结算清楚，采用还工的方式进行补偿。1961年1月，中共八届九中全会通过的《关于农村整风整社和若干政策问题的讨论纪要》进一步强调：社队各级和县级以上各级各部门的平调账，都必须认真清理，坚决退赔。并且指出：要退赔实物，不许留下可退赔的实物，赔一笔现金了事；只是在可退赔的实物退完以后，仍然还不清的平调账，再用现金退赔；退赔用的现金，首先要从各级各单位自有资金中解决，再有不足，由国家财政补助。同时还要求：退了东西，赔了钱，还要向群众作检讨，以便改善干群关系。1961年2月，毛泽东在听取浙江农村调查情况汇报时，对经济退赔问题指出：平调农民的财产要决心赔，破产赔，谁决定的由谁赔。要使干部懂得，剥夺农民是不行的。针对有些地方经济退赔不坚决不彻底的问题，1961年6月19日，中共中央专门作出了《关于坚决纠正平调错误、彻底退赔的决定》，要求“凡是违背等价交换、按劳分配原则，抽调或占用生产大队、生产队和社员个人的生产资料、生活资料、劳动力和其他财物的，都必须彻底清算和退赔。过去没有清算的或者处理不彻底的，必须重新算账，保证做到彻底退赔。”并且要求：通过退赔教育干部认识“在任何时候都不能剥夺农民”，“教会干部懂得等价交换和按劳付酬的社会主义原则”。

根据中央指示，北京市从1959年至1962年，为解决郊区农村经济退赔问题，做了大量的艰巨的工作。1959年2月，市委《关于人民公社体制和若干政策问题的规定》，即对贯彻等价交换原则、公社化以前的债务处理等问题，做了规定，明确提出：公社化以前集体的债务，由原高级社或原生产队清偿；公社调用大队、生产队的物资、劳动力要贯彻等价交换原则；借用社员的家具、炊具，应打借条，分期偿还。1961年1月，中共中央《关于农村整风整社若干政策问题的讨论纪要》下发后，市委部署郊区各区县开展了清理账目、进行退赔的工作，大部分区县退赔的财物已经过半。同年6月，中共中央《关于坚决纠正平调错误、彻底退赔的规定》下达后，市委要求郊区各区县和市有关部门进一步清理经济退赔的遗留问题，强调凡抽调、占用大队、生产队和社员个人的生产资料、生活资料、劳动力和其他财物的，必须清算和退赔，并对干部进行等价交换、按劳付酬教育。据1962年4月底统计，市、区县有关部门和社、队对郊区农村平调的总额为6 093.4万元

（不包括实物），当时已退赔 5 506 万元，占 90.4%，连同归还公社化以来社队拖欠社员的劳动报酬、肥料款等，共退赔现金 5 714.1 万元，其中社队集体退赔的占 41%，市和区县有关部门退赔的占 21%，市财政拨款补助的占 38%。除退赔现金外，还退赔集体、社员的房屋 24 万多间，大车 420 辆，耕畜 2 800 多头，家畜家禽 1.6 万多只，树木 12.9 万多棵，家具、炊具 47.7 万多件，以及一批砖、瓦、木材等建筑材料。至 1962 年 6 月，郊区农村经济退赔工作基本结束。

四、取消供给制，解散公共食堂

人民公社成立之初，把对社员劳动报酬实行供给制与工资制相结合的做法视为社会主义分配的一个创举，“具有共产主义因素”；把集体办公共食堂说成是解放劳动力、培养集体主义觉悟的“社会主义阵地”。但是，由于实际生产收入水平并不高，结果供给部分占了社员可分配总额的绝大部分，有的地方除了伙食供给以外，工资部分几乎没钱可分；公共食堂由于统一办伙食，统一开饭时间，清一色的大锅饭菜，群众吃不好，有的地方甚至吃不饱，既给群众生活带来诸多不便，又造成了粮食和人力、物力很大浪费，以及少数人的多吃多占。由于如何对待供给制和公共食堂，是涉及对待“共产主义因素”、“社会主义阵地”的问题，在解决这两个问题的过程中，曾有许多周折。

1958 年 12 月，中共八届六中全会作出的《关于人民公社若干问题的决议》，针对当时出现的“吃饭不要钱”和“八包”、“十包”的做法，曾指出要坚持按劳分配原则，社员分配中工资部分必须占主要地位，而且工资部分的增加要快于供给部分的增加。1959 年 4 月，中共八届七中全会通过的《关于人民公社的十八个问题》，进一步强调要承认社员之间的劳动差别，收入分配应有合理的差别，并提出要采用农业合作社时实行的评工记分、多劳多得等管理办法。当年 5 月，中共中央《关于人民公社夏收分配的指示》又具体提出，要力求做到工资部分占 60%～70%，供给部分占 30%～40%。对公共食堂，1959 年夏季，中央提出了积极办好、自愿参加的原则。并且指出：可以办全体社员参加的食堂，也可以办一部分人参加的食堂；食堂可以是常年的，也可以是农忙的。同时又提出：既要使参加食堂的社员真正自愿，又不能采取放任自流的态度，把食堂一风吹散。1961 年 6 月，中共中央下发了《讨论和试行人民公社工作条例（修正草案）的指示》，在附发的《农村人民公社工作条例（修正草案）》中，才明确取消供给制，办不办公共食堂由群众讨论决定。

针对供给制和公共食堂存在的种种问题，市委根据中央指示，通过调查研究，组织郊区各区县做了大量工作。1959 年 7 月中旬，市委在五级干部会议上提出，在社员劳动报酬中，工资部分要占 60%～70%，供给部分占 30%～40%，同时要求整顿和办好公共食堂。1961 年 5 月，市委经过深入调查，先后向中共中央、华北局上报了供给制和公共食堂问题的报告。对供给制，市委的报告提出，受生产收入水平的制约，郊区农村除去供给部分以后，所剩可分配的工资部分很少，即使在收入较高的近郊菜田区一个工分分值也只有一角钱左右，远郊区县的工分值只有五分钱左右，低的只有一分钱，还有的地方除去伙食供给以后，已经没钱可分。而且，供给制造成了劳动力多、人口少与劳动力少、人口多社员之间的平均主义，导致一些社员存有“干不干，都吃饭”的思想，既影响集体劳动出勤率和劳动生产率，还造成队干部派工困难，甚至影响干群关系。针对上述问题，市委的报告提出，在安排好五保户、困难户生活的前提下，取消供给制。对公共食堂，市委的报告指出，郊区农村的公共食堂，许多是没有经过社员充分酝酿在几天之内一哄而起的，除了单身汉和困难户，绝大多数社员并不是自愿而是随大流参加食堂的。而且，公共食堂一般要占用村里10%左右的劳动力，既没有解放劳动力，还造成了粮食的浪费。同时，由于社员吃食堂，农户不起伙，家里没了泔水，社员户养猪大大减少。干部和群众对公共食堂虽然不满意，但因为食堂被说成是社会主义阵地，有意见也不敢提，市委的报告提出，办不办食堂应交社员讨论，按群众意愿办事。此后，市委专门给郊区农村社员写了一封公开信，说明办不办、吃不吃食堂都要自愿。至1961年8月下旬，随着《农村人民公社工作条例（修正草案）》的贯彻实施，郊区农村废除了供给制，陆续解散了公共食堂。

五、允许社员经营家庭副业

人民公社化初期，曾把社员自留地、家庭副业作为“私有制残余”，加以取消或限制，导致社员户饲养家畜家禽、生产农副土特产品减少，不仅减少了社员收入，也影响了城市供应。1958年12月中共八届六中全会通过的《关于人民公社若干问题的决议》提出，社员在不影响参加集体劳动的前提下，可以饲养家畜家禽、保留宅旁的零星树木、经营一些家庭小副业。1959年5月和6月，中共中央又连续发出了《关于分配社员自留地以利发展猪鸡鹅鸭问题的指示》、《关于社员私养家畜、家禽、自留地等四个问题的指示》和《关于自留地问题的补充指示》。上述文件指出：社员经营家庭副业，这种大集体、小私有在一个长时期内是必要的，有利于生产的发展，有利于人民生活的安排，并不是什么“发展资本主义”。并相应规定：恢复社员自留地制度，自留地归社员长期使用；发展猪鸡鹅鸭畜禽生产，实行公养、私养并重；鼓励社员利用“四旁”闲散零星土地，种植农作物；社员房前屋后的零星树木仍归社员私有，鼓励社员在房前屋后闲地种植果树，谁种谁有。同时明确：自留地、“四旁”收获的农产品不征税、不派征购任务，完全由社员自由支配；社员饲养的家畜家禽和交售肥料的价款收入，全部归社员所得。1962年9月，中共八届十中全会通过的《农村人民公社工作条例（修正草案）》，再次明确规定允许和鼓励社员发展家庭副业，并对社员家庭副业的性质及经营范围进一步做了规定。明确提出：生产队要给社员划出自留地，山区要给社员划出自留山；社员可以饲养家畜家禽，可以饲养母猪，也可以从事采集，渔猎和家庭手工业生产；社员经营家庭副业的收入，归社员所有，由社员支配。

根据中央指示，市委组织郊区各级干部，为划分社员自留地、恢复家庭副业做了大量工作。至1959年7月，绝大部分核算单位划分或补充了社员自留地，一些山区社队给社员划分了自留山，社员户饲养的家畜家禽也逐月增长。为鼓励和指导社员经营家庭副业，1961年5月17日，市委向中共中央、华北局上报了《关于发展农村手工业和恢复供销社的意见》的报告。报告提出，根据郊区农村的特点和首都的需求，应该恢复农村手工业。并具体提出，凡能够家庭经营的手工业，应发动社员利用集体生产剩余时间和假日，由社员家庭经营。报告还提出，为组织、指导农村手工业和社员家庭副业，应该尽快恢复农村供销社。同年 7 月 29 日，市委第二书记刘仁在郊区区县委书记会议上，进一步提出要抓好集市贸易，以便社员出售家庭副业生产的农产品。1962 年 7 月，市委提出的办好生产队要做好的十项工作中，其中之一是要正确处理集体经济与个体经济的关系，指出社员家庭副业是社会主义经济的必要补充，在巩固发展集体经济的基础上，鼓励社员种好自留地、饲养家畜家禽和开展其他家庭副业。随着中央政策和市委部署的贯彻实施，郊区农村社员家庭副业和集贸市场，得到了恢复和发展。

六、改进和加强集体经济经营管理

为克服平均主义，坚持按劳分配，针对“大跃进”和人民公社化初期动辄开展“大协作”、组织“大兵团作战”，导致劳动组织和劳动管理混乱的问题，1958 年 12 月 10 日中共八届六中全会通过的《关于人民公社若干问题的决议》，提出了建立生产责任制，改善劳动管理，并要求建立劳动检查和评奖制度，提高劳动效率和劳动质量。1959 年 1 月，中共中央农村工作部召开各省、市、自治区农村工作部长会议，重点讨论和研究了公社化后社队的经营管理问题。会议提出，生产队和生产小组要固定下来，实行定产、定劳力、定开支、超产奖励的管理办法；要求田间管理责任到组，合理劳动分工，加强定额管理和评工计分。同时还提出，“大兵团作战”的劳动突击方式，只有在十分必要时才能采用。1959 年 4 月，中共八届七中全会通过的《关于人民公社的十八个问题》，在要求进行算账、退赔的同时，进一步强调要健全生产责任制和收益分配制度，改进集体经济的经营管理。1962 年 9 月，中共八届十中全会通过的《农村人民公社工作条例（修正草案）》，针对基本核算单位下放到生产队的新形势，对集体经济的经营管理和生产队的劳动管理、收益分配，进一步作出了规定。当时提出，为做到按劳分配、多劳多得，生产队要划分固定的或临时的作业组，划分地段，实行小段的、季节的或常年的包工；农林牧渔各业和公共财产的管理，都要实行严格的责任制，有的责任到组，有的责任到人，并和劳动报酬结合起来，通过考评，进行奖罚；生产队对社员，要认真按照完成劳动的情况，评工记分，或实行定额管理。

根据中央的指示和部署，北京市在公社化后的历次整风整社中，都把改进和加强社队的经营管理列为重要内容，做了大量工作。1958 年 12 月，市委在整顿人民公社的计划中，即提出了加强劳动管理，健全劳动组织和劳动秩序；做好年终分配工作，正确处理积累和分配的关系。随后，又提出了推行“三包一奖”，加强评工记分，认真贯彻按劳分配原则。1961 年，在大兴调查研究之风中，市委和郊区区县委，对集体经济经营管理问题做了多项调查。当年 5 月 17 日，市委向中共中央、华北局专题上报了《关于实行“三包一奖”和评工记分的意见》的报告。报告提出，贯彻按劳分配、多劳多得原则，重要的环节是实行“三包一奖”和评工记分；实行“三包一奖”要根据社队的不同情况，可以多种多样，不强求一律；实行评工记分，要加强劳动定额管理，反对“卯子工”和死分死记；在较大的生产队，要划分作业组，固定责任地段和劳动力。报告强调，实行“三包一奖”和评工记分，要尊重群众的创造，为群众赞成和欢迎的做法，都可以实行。1962 年 7 月，针对基本核算单位下放到生产队以后，新会计增多，一部分生产队一时建不起会计账目等情况，市委提出要切实加强生产队的财务工作，严格财务会计制度，定期公布账目，实行民主监督，贯彻勤俭办社方针。为此，市和区县主管部门，利用农闲时间，对社队财会人员进行了培训，并恢复了合作化时期的农村会计辅导网，帮助生产队建立财务制度和会计账目，通过解决实际问题，进行业务指导。同时，在加强社队经营管理工作中，还联系实际对干部和群众进行了勤俭办社、民主办社和正确处理国家、集体、个人三者关系的教育。

在对人民公社体制和政策进行调整的同时，这期间还整顿了干部作风和基层组织，并对错误批判、处分的干部、党员和群众进行了甄别和平反。1960 年 11 月 15 日，中共中央向各省、市、自治区党委发出了《关于彻底纠正五风问题》的指示，要求“首先省委一级要下决心”，“纠正十分错误的共产风、浮夸风、命令风、干部特殊风和对生产瞎指挥风”，通过整风整社整顿干部作风，改善干群关系。1961 年 6 月 15 日，中共中央发出的《讨论和试行人民公社工作条例修正草案的指示》中，又专门指出，为了发扬民主，要对最近几年受过批判和处分的干部和党员，实事求是地加以甄别。错了的要改正过来，恢复名誉，恢复职务。对包括富裕中农在内的群众，如果进行了错误的批判，应该在适当场合向他们道歉；如果作了错误处分的，也要纠正。同时还指出，今后在不脱产干部和社员群众中，不许再开展反对“右”倾或者“左”倾的斗争，禁止给他们戴政治帽子。根据中央的指示，市委和郊区区县委，在整风整社中，通过纠正“五风”整顿了干部作风和基层干部队伍。1961 年下半年，又对“大跃进”、公社化和“反‘右’倾”中被错误批判、处分的干部、党员和群众，进行了甄别、平反工作。与此同时，为加强基层组织建设，市委和郊区区县委还分期分批地培训了农村基层干部，到 1962 年 3 月，共培训公社、大队、生产队党政干部和生产技术、经营管理人员 5 万多人，联系农村工作实际进行了社会主义道路、工农联盟、群众路线和形势、政策教育。

随着国民经济“调整、巩固、充实、提高”方针的贯彻，农村人民公社体制和政策的调整，特别是《农村人民公社工作条例（修正草案）》的实施，公社各级的权限和行为得到了相应制约和规范，为农村稳定和生产发展创造了条件。从 1962 年起，北京郊区农村形势好转，农业生产迅速回升。据市有关部门统计，1962 年郊区粮食总产 7.92 亿千克，较上年增长 30.3%；蔬菜总产 16 亿千克，较上年增长 24%。郊区农村经济总收入 4.43 亿元，较上年增长 15.6%；社员人均分配 77 元，较上年增长 16.7%。

第三节　“四清”和“文化大革命”中的人民公社

“四清”是社会主义教育运动的简称。北京郊区农村“四清”从 1963 年 6 月开始，到 1966 年 5 月停止，历时三年。“四清”对纠正农村干部多吃多占、促进干部参加集体生产劳动、改进社队经营管理，起到了一定积极作用。但是，由于指导运动的“左”倾思想不断发展，运动中把许多人民内部矛盾视为阶级斗争或阶级斗争在党内的反映，致使不少基层干部受到不应有的批判或打击。运动后期又提出重点“是整党内那些走资本主义道路的当权派”，导致“左”的错误进一步发展起来。

“文化大革命”从1966年5月开始，到1976年10月结束，历时十年。这场内乱，混淆是非，混淆敌我，否定建国17年来一系列正确的农村政策，打击、迫害干部和群众，使农业和农村经济受到了严重冲击。只是由于各级干部和农民群众的抵制，加之农村集体经济要自负盈亏，农民群众要通过劳动获得衣食，无从“脱产闹革命”，以及运动后期一些正确的农村政策的恢复和执行，才使得“文化大革命”对农村的冲击受到一定制约，农业和农村经济才得以曲折发展。

一、“四清”运动中的人民公社

北京郊区农村“四清”是根据中央指示进行的，主要历程是：1963年6月开始试点，试点单位共20个，其中市委的试点4个，郊区区县委的试点16个。1963年11月，郊区农村第一批“四清”开始，包括48个公社及其所属的大队、生产队。1964年2月，郊区农村第二批“四清”开始，包括81个公社及其所属的大队、生产队。1964年10月，根据中共中央和华北局关于集中兵力打歼灭战的指示，市委决定收缩郊区第一、二批“四清”，工作队集中到通县地区进行“四清”会战，其范围包括通县全县的公社和毗邻的朝阳区6个公社、顺义县6个公社，共计42个公社及其所属的大队、生产队。为加强领导，市委成立了通县社会主义教育总团党委，进驻各公社的工作队成立了分团党委。通县地区“四清”会战，工作队于1964年10月进村，1965年8月结束，历时10个月。通县地区“四清”会战结束后，1965年8月以后，郊区其他区县农村“四清”全面开始，为加强领导，市委成立了农村社会主义教育领导小组，郊区各区县成立了社会主义教育工作团。1965年5月“文化大革命”开始，市委社会主义教育领导小组停止工作，郊区农村“四清”停止。

郊区农村“四清”，在试点和第一、二批初期，工作队进村既依靠群众也依靠基层党组织，发动群众与教育干部相结合；通过召开公社、大队、生产队三级干部会议，学习文件，提高认识，教育干部“洗手洗澡”，使有问题的干部交代问题，放下包袱；对群众意见大的干部，在社员大会上进行检查，取得群众谅解；对问题严重的干部，结合清账、清库、清物、清工进行专案处理；从始至终强调“四清”与生产相结合，要求不违农时地抓好生产；并在运动中考察、调整和充实基层领导班子。随着“左”的倾向的发展，到通县地区“四清”会战时，工作队进村后出现了两种情况：一种是在组织干部、群众学习文件的基础上，进行访贫问苦，扎根串联，发现积极分子，组织贫下中农队伍，进而开展清政治、清经济、清组织、清思想。另一种是，在组织干部、群众学习文件的同时，工作队即对群众反映的问题表态，“打击‘四不清’干部的威风”，对干部采取不信任的态度。因此，在贯彻中共中央发出的《农村社会主义教育运动中提出的一些问题》（通称《二十三条》）前，有些工作队甩开基层党组织，出现对干部打击面过宽的问题，有的工作队还曾发生体罚、打人现象。贯彻《二十三条》后，上述问题逐渐纠正。如前所述，郊区农村“四清”，对纠正干部多吃多占、强迫命令作风和促进干部参加集体生产劳动，起了一定的作用，也查处了一些贪污盗窃等非法行为。同时，对改进社、队经营管理，特别是财务管理，起了一定作用。但是，由于对农村阶级斗争和两条道路斗争估计过于严重，对基层干部采取不信任态度，曾发生打击面过宽的问题。在经营管理上，有的村、队由于干部“靠边站”，打乱了作业组，劳动管理差，曾出现“早晨打钟集合，上工临时派活”以及“大拨轰”、“卯子工”等现象。

市委和郊区区县委在“四清”运动中，强调要团结95%以上的群众和干部；要求“四清”与生产两不误，把是增产还是减产作为衡量“四清”搞得好坏的标准之一。特别是《二十三条》下发后，彭真同志多次到通县会战地区，在中央蹲点单位领导和分团领导干部会议上，在县、公社、大队、生产队四级干部会议上，多次指出郊区农村绝大多数干部是好的和比较好的，是要走社会主义道路的，要解脱大多数干部，团结两个95%，然后共同对敌；反复强调生产极为重要，指出每个人首先要吃饭，生产搞不好，还有什么大好形势？革命干什么，无非是解放生产力！要求工作队不违农时地抓好生产，做到“四清”促进生产。同时，这一时期贯彻了国民经济调整方针和《农村人民公社工作条例（修正草案）》，郊区在生产领域开展了农业技术改革、“农业学大寨”和“比学赶帮超”群众运动，随着农田水利、农业技术和农业机械等生产条件的改善，这一时期郊区农业总体上还是增产的。据统计，1965年与1963年比较，粮食总产增长39%，交售商品猪增长1.3倍，干鲜果总产增长16%，1965年并实现了100万亩水浇地小麦亩产300斤的历史性突破；但是，由于播种面积减少等原因，蔬菜、油料总产分别减少9%和2%。

二、“文化大革命”中的人民公社

1966年5月16日，中共中央发出《中国共产党中央委员会通知》（通称“五·一六”通知），“文化大革命”开始。同年6月，中共中央决定改组北京市委，全市党政机关陷于瘫痪。1967年初，席卷全国的“一月风暴”刮到农村后，郊区许多地方出现了夺权斗争，大批干部被揪斗、受迫害，有些地方发生了武斗事件。“文化大革命”期间，郊区发生的立案审查的武斗事件有20多起，武斗中打死20多人，打伤近千人。全国农业劳动模范李墨林、刘宗悦，市农业劳动模范孙举、王景祥，被迫害致死。

“文化大革命”在“大批判”、“斗批改”中对行之有效的农村政策进行错误的批判，对60年代初调整人民公社体制时被否定的一些错误作法重新采用，导致了思想和工作的混乱。

——批判“三自一包”，收社员自留地、限制家庭副业和集贸市场。“文化大革命”时，把自留地、自负盈亏、自由市场和包产到户，说成是刘少奇推行的“三自一包”，提出要“批深批透”，“肃清流毒”。因此，在“大批判”中，把社员自留地、家庭副业和集市贸易说成是“复辟资本主义的温床”，要“割资本主义尾巴”。出现了收社员自留地、限制家庭副业、取缔集市贸易的情况。据市革命委员会农林组1969年11月的一份报告的记载，当时把社员自留地收回由集体统一经营的生产队，海淀区占97%，通县占52%，密云县占30%。为防止社员“不务正业”，对家庭副业曾有不少限制，搞得极端的生产队，曾提出社员下地不准带草筐，用以防止劳动休息时，社员打草、回家喂猪。大多数集贸市场被关闭，造成了农副产品和农民收入的减少，也堵塞了流通渠道，给城乡人民生活带来诸多不便。

——批判“工分挂帅”、“物质刺激”，推行大寨式劳动管理办法。在“文化大革命”“大批判”中，把人民公社的劳动管理，特别是生产责任制，说成是对群众的“管、卡、压”；把评工记分说成“工分挂帅”；把合法的物质利益，诬为“物质刺激”。进而推行“突出政治”的大寨式劳动管理办法，并把大寨的所谓“一心为公劳动，自报公议工分”，说成是不让无产阶级江山变色的经验。昌平县百善公社狮子营大队实行的“包工到组、责任到人”生产责任制，被作为“复辟回潮”的典型，反复进行批判。导致不少地方又出现了劳动“大拨轰”、分配“大锅饭”，“干多干少一个样，干好干坏一个样”。劳动管理的混乱，严重影响了社员的劳动积极性。

——片面强调“以粮为纲”。把社队搞工副业说成是“脱轨转向”，“不务正业”。提出“劳力归田，车马归队”。把劳动力全部集中在有限的农田上，不仅影响了农村经济发展，也有悖郊区农村为首都服务的方针。“文化大革命”造成的混乱，导致郊区农业连续减产，1969 年与 1965 年比较，粮食总产减少 2.7%，油料总产减少 19.5%，蔬菜总产减少 8.9%，牛奶总产减少 13.2%，交售商品猪下降 11.5%，社队企业收入减少更多。由于生产下降，收入减少，郊区农村许多社队出现社员超支、借粮。

1970 年以后，中央多次召开会议、发出文件，指出要继续贯彻执行人民公社《六十条》和相关的经济政策，强调要抓革命、促生产。1970 年 12 月 11 日中共中央批转的《国务院关于北方地区农业会议的报告》明确提出：“人民公社《六十条》对巩固集体经济、发展农业生产起了巨大作用”，“《六十条》中关于人民公社现阶段的基本政策，仍然适用，必须继续贯彻执行”。并且具体指出：“人民公社现有的三级所有、队为基础的制度，关于自留地的制度，一般不要变动”；“在保证集体经济发展占绝对优势的条件下，社员可以经营少量的自留地和家庭副业”；“要坚持按劳分配原则，反对平均主义”，“切不可重犯‘一平二调’的错误”；“在国家统一计划的前提下，要允许生产队因地种植的灵活性”。同时强调“要坚持抓革命、促生产”，指出“农业生产条件不改变，农业被动的局面就不能扭转”，要求“大搞农田基本建设”。1971 年 2 月召开的全国计划工作会议，再次提出：“对人民公社所有制问题，应持慎重态度，三级所有、队为基础的制度一般不要变动，已经变动的地方，如果多数群众不满意又减产的，应根据群众意愿做适当调整”。同时还提出：“要正确贯彻以粮为纲、全面发展方针”，“划清多种经营、正当的家庭副业同投机倒把、弃农经商的界限，不要不加分析地把多种经营当作资本主义倾向批判”；“改革耕作制度，推广技术措施，不要强迫命令、瞎指挥、一刀切”。1971 年 12 月 26 日中共中央发出的《关于农村人民公社分配问题的指示》，指出了当时农村集体经济在分配上存在的问题：“有的‘分光吃净’；有的集体增产了，社员不增收；有的超借支户多，分配不能兑现；有的批判了‘工分挂帅’，又出现了劳动计酬上的平均主义”。明确提出：“当前要注意克服平均主义，要按照社员的劳动质量和数量付给合理报酬”；“学习大寨劳动管理的办法，必须从实际出发，同群众商量，不可硬搬照套”。在当时的情况下，这些会议和文件，虽然不可能彻底纠正“左”倾错误，而且有些问题在执行中还有反复，但是，对继续贯彻执行《六十条》，稳定人民公社“三级所有，队为基础”体制和相关政策，以及大搞农田基本建设，恢复和发展农业生产起了积极作用。

随着《六十条》规定的农村政策的逐步恢复执行，郊区开展了农田水利建设，增加了对农业机械的投入，进行了耕作制度改革，并逐步改进了经营管理，为农业和农村经济的恢复和发展创造了条件。在农田水利建设上，先后开展了大规模的平整土地、打井配套工程，以及喷灌技术设施的示范与推广，从而改善了耕地面貌，扩大了灌溉面积。为适应农田水利建设和耕作制度改革的需要，这期间郊区增加了对农业机械设备的投入，并开展了以厂社挂钩为主要形式的工业支援农业活动，农作物的耕、种、收割机械作业比重有很大提高。随着农田水利条件的改善，机械作业的增加，也相应改进了耕作制度，粮食作物先后实行了“三种三收”和小麦、玉米“两茬平播”，提高了复种指数。与此相应，1971 年以后逐步加强了对集体经济的经营管理，先是恢复作业组，改进评工记分，进而实施了定额管理、小段包工等多种形式的劳动管理办法。正是各级干部和农民群众抵制“文化大革命”时“左”的错误，贯彻《六十条》规定的农村政策，通过艰苦奋斗，不懈努力，才使郊区农业在“文化大革命”期间得以曲折发展。据统计，1976 年与 1966 年相比，郊区粮食总产增长 54.5%，油料总产减少 11.8%，蔬菜总产增长 50.4%，交售商品猪增长 71.4%，牛奶总产增长 15.3%，果品增产 36.3%。但是，由于开支加大，积累增加，农民收入并没有随着农业增产而相应增加，1976 年郊区社员人均分配 96 元，仅比 1965 年的 77 元增加 19 元，10 年中社员人均收入每年增加不足 2 元，而且出现了一批高产穷队。

第三章　农业联产承包责任制

在党的十一届三中全会路线指引下，中国特色社会主义的农村改革兴起，对以“集体统一经营、集中劳动、工分分配”为特征的高度集中的管理模式的农村合作经济不断进行改革。探索出了以土地使用权为中心的“权责利”相结合的家庭联产承包、双层经营的经营管理体制，解放和发展了农村生产力，面貌一新。农村改革的成功，拉动了城市改革的起步和发展。

第一节　承包到组、联产计酬

1979 年 9 月，《中共中央关于加快农业发展若干问题的决定》指出，社队“可以按定额计工，可以按时记工分加评议，也可以在生产队统一核算和分配的前提下，包工到作业组，联系产量计算报酬，实行超产奖励。”1980 年 9 月中共中央 75 号文件指出，“在那些边远山区和贫困落后的地区，长期“吃粮靠返销，生产靠贷款，生活靠救济”的生产队，可以包产到户，也可以包干到户，并在一个较长时间内保持稳定”。文件认为：“在生产队领导下实行的包产到户是依存于社会主义经济而不会脱离社会主义轨道的，没有什么复辟资本主义的危险，因而并不可怕”。中共北京市委和市政府按照中央的文件精神，从1979—1981 年大力推行联产计酬责任制的工作。总结推广了昌平、大兴两县实行农田承包到作业组、联产计酬的经验；围绕建立农业生产责任制，《北京日报》连续发表 5 篇评论。要求各区县一把手亲自抓，建立农业生产责任制，一年大抓四次。开始主要是联产承包到作业组，“四定一奖”，即定土地、定产量、定人员、定工分、超产奖励。1980 年出现了联产到劳，1981 年增加了定开支的内容，变为“五定一奖”。还有的实行了以产计工，以纯收入计工；边远山区及个别平原地区出现了“包产到户、包干到户”。到 1981 年底，按种植业统计，97%的生产队建立了生产责任制，其中专业承包，联产计酬的占73%；小组包工，定额计酬的占 27%。承包多数到作业组（占 75%），部分到劳动力（占23%），少数到农户（占 1.6%）。

第二节　家庭承包与包干分配

联产承包到作业组责任制，一般是把一个生产队划分为两个或几个作业组，实行作业组联产承包经营，划小了生产经营单位，体现了组与组之间分配上的差别，对于纠正管理过分集中，劳动“大拨轰”，“干好干坏一个样”的弊端有一定效果，起到了调动农民生产劳动积极性，增产增收的效果。但仍没有突破集中劳动、统一工分分配的格局，往往是

"大拨轰"变成了"小拨轰"，农民在自由支配劳动时间，使用家庭辅助劳动力方面仍然受到限制，同时这种管理方式需要较高的管理水平，与多数村队干部管理水平低下的状况极不相应。在实行了"包产到户、包干到户"的地方则呈现出强劲的生命力和巨大的优越性，受到农民的普遍欢迎。1979年春，怀柔县长哨营乡榆树湾村把离村五里的两条山沟地分别承包给居住在附近的朱元枝、马桂有两户农民，当年就收到奇效。这两条山沟共有3.07公顷耕地，往年村集体统一种植管理，年产粮食只有2 000千克左右，而承包到户当年就产粮食5 800千克，增长1.8倍。承包户劳均当年获得纯收入近千元，相当于在生产队劳动年分配收入的3～4倍。小山庄"包产到户"的实践，引起了当地农民的极大关注和兴趣，许多村干部、农民自动去参观考查，要求效仿。在广大群众的迫切要求之下，1980年这个乡60个生产队中，有6个生产队实行了包产到户，普遍取得了大幅度增产增收的效果。西石门村地处深山沟，共有2个生产队，全村60多户，220口人，人均1亩耕地，分布在十多条山沟里，有3 200多块，最大的地块不足2亩，小的地块只有几厘。面对如此零碎、分散的耕地，农业合作化后，以生产队为单位统一种植、集中劳动，生产效率极低。全村年生产粮食只有3.5万～4万千克，人均生产粮食在150～175千克左右徘徊，农民人均分配水平只有30～50元，长期处于吃粮靠统销、花钱靠救济的极度贫困和饥饿状态。包产到户当年，全村粮食总产量达到8万千克，人均产粮达到350千克，实现口粮自给有余，承包农户在承包土地上间种瓜菜，自给有余，人均收入成倍增长，"包产到户"一年解决了农民长期渴望的温饱问题。秋收后，当时的怀柔县委书记张满同志到该村调查访问，农民像见了亲人一样感谢党给他们好政策，许多农民指着自己的粮仓对张书记说："过去好多年总吃不饱饭，腰杆总弯着，直不起来，这回可吃上饱饭，腰杆直起来了。"地处平原地区的大兴县礼贤乡田营村，1982年实行土地"承包到户、包干分配"责任制，农民称"大包干"或"包干到户"。全村粮食总产达到57.6万千克，比上年增长60.7%；平均亩产实现281千克，比上年增长124.8%；农民人均纯收入由上年的47.3元增加到221.9元，增长368.8%。农民兴高采烈。但外界议论纷纷，说长道短。礼贤乡党委书记面对压力，把人民日报以《你走你的阳关道，我走我的独木桥》为题报道安徽省凤阳县小岗村"大包干"的通讯张贴在自己卧室床头的墙上，以示支持农民的创造。

经过实践比较，郊区农村许多基层干部和农民群众感受到家庭联产承包，尤其是"大包干"这种责任制形式，具有"责任明确，方法简单，利益直接"的优点，许多地方农民要求尽快实行。但在各级干部中，对农村"包产到户"，特别是"包干到户"姓"社"、姓"资"的争论却很激烈，改革的深入遇到很大阻力。有一些人把"包干到户"误解为分田单干，认为"辛辛苦苦几十年，一夜退到解放前"；也有一些人担心集体财产和设施受到破坏；还有的害怕平均分配土地（使用权），损害已经形成的专业分工。1982年2月，中共北京市委农村工作部给市委的报告中曾经提出，郊区"不搞放弃统一经营、统一分配的'包干到户'"。

1982年5月，中共中央总书记胡耀邦同志对大兴县石佛寺大队（劳动日值5分钱，人称"冰棍"队）抵制"包干到户"的问题作了批示，指出："北京郊区还有一些干部对责任制不通，甚至以各种借口抵制，这一定要教育过来"。

1982年7月、11月，中共北京市委先后两次召开郊区县负责人会议，具体部署农业生产责任制的工作。市委认为，胡耀邦同志的批示是切中要害的，市委领导从思想上检查，主要是对郊区农村经济比较发达、集体经济较为巩固的一面看得比较多，有优越感；对部分地区贫困落后的一面看得少，估计不足；头脑里“左”的思想还没有肃清，对“包干到户”该放开的没有放开。这个责任不在下面，而在市委。会议提出6条意见：①不管什么地区、哪行哪业，都必须建立生产责任制。②现有责任制只要增产增收、群众满意的，要稳定下来，进一步完善提高。③过去没有搞责任制或搞得不好的，要发动群众迅速搞起来，形式由群众选择，联产或包干到组、到劳、到户都可以。这部分队要作为重点大力抓好。④需要调整责任制的，特别是搞“包干到户”的地方，一定要有领导、有组织地进行，在集体“几统一”：统一计划，统一机耕播种，统一水利灌溉，统一植保等前提下进行；并规定：不准损害集体财产，不准乱砍乱伐树木，不准陡坡开荒，不能不交提留，不能不执行国家计划。⑤各种联产承包责任制确定后，一定几年不变，奖罚要坚持兑现。⑥在经济比较发达、已经形成专业分工的社队，要继续积极试行专业化、企业化经营管理。

河北省滦平县的“大包干”责任制搞得早、效果好，与北京市密云县毗邻。为了学习“大包干”的经验，密云县委书记钮茂生请滦平县主管农业的副县长到密云县、乡（镇）、村（队）三级干部会上介绍“大包干”经验，震动很大。当年，全县普遍搞起了“大包干”责任制，效果显著，影响很大。怀柔县县委、县政府从农口部、委、办、局抽调20多名有农村工作经验的干部，深入到平原、丘陵、山区不同类型的大队进行“大包干”责任制试点，取得直接经验，在全县推广。1983年，北京郊区粮田实行分户经营、包干分配的生产队达到71.7%；1984年达到86.7%；1985年达到96.9%。

第三节　专业承包、适度规模经营

北京郊区从1985年开始进行农业适度规模经营的试验，并逐步推广。到1989年7月，全郊区6647个基本核算单位中，实行不同程度规模经营的占63%。其中粮田实行规模经营的18.33万公顷，占全部粮田面积的64.3%（劳均经营0.71公顷）；果树6.22万公顷，占郊区果树总面积的58%；菜田0.91万公顷，占郊区菜田总面积的33.3%。

（一）实行农业适度规模经营的背景

北京郊区通过实行联产承包、调整产业结构、搞活流通等一系列改革及对外开放、招商引资，农村经济发生了根本性变化。“六五”期间，京郊工农业总产值增长1.38倍，农业经济总收入增长2.17倍，农业收入与非农业收入的比例由4∶6变为3∶7，劳动力就业比例由7∶3变为5∶5，农民劳动所得由250元增加到746元。农村经济发生深刻变化的同时也带来了新的问题，主要表现在农民种粮的积极性下降，粮食生产出现徘徊。实行家庭承包、包干分配责任制之初，人们总是起早贪黑种地，精耕细作。随着产业结构调整，农民收入来源增多，农业比较效益下降，许多农民在非农产业有了稳定收入，其种粮的目的变为“够吃就得”，失去了在土地上下功夫的热情。据昌平县农业局1987年对549

个土地承包户的调查，在2 213.3公顷承包地中，荒芜面积已占20％。土地粗放管理日趋严重。土地投入下降，水利设施失修，有效灌溉面积减少。1985年比1980年郊区耕地有效灌溉面积减少0.2万公顷，扬水站减少528处；化肥施用量由1980年的每亩81.2千克下降到74千克，农家肥的积蓄和施用量也明显减少，农机作业因土地划分细小分散而无法进行。务农劳动力素质下降。在农村劳动力转移过程中，由于起步较早的多是较高素质的农民，他们凭一技之长在非农产业中找到适合发挥其专长的岗位，因而务农劳动力出现老龄化、妇女化。在乡村企业迅速发展并成为农民就业选择和增加收入的主要途径后，土地平均分散使用的格局使农业经营副业化日趋普遍。

与此相反，有些一直坚持"专业承包、规模经营"的村队，则保持农业稳定增长。房山区窦店村粮食生产一直坚持专业承包，并且实行农机与农艺结合、农牧结合，实现了生产全过程机械化和生态的良性循环，到1986年全村只有11％的劳动力从事种植业，每个务农劳动力平均生产粮食3.5万千克，每亩生产粮食达到790千克。

经过正反两方面的分析比较，各级领导认识到，解决粮食生产滑坡问题，条件具备的地方必须改变平均化、兼业化的小生产格局，推行专业承包、适度规模经营，提高经济效益，加快农业向大规模商品生产转化、向现代农业转化的进程。因此，从1985年开始，郊区平原经济发达地区逐步推行农业适度规模经营。

（二）实行农业适度规模经营的原则和政策

推行农业适度规模经营，是对原有土地承包关系的调整，涉及到农民的切身利益，为了保证这项工作的顺利进行，根据郊区实际，中共北京市委和市政府确定了以下几个方面的原则和政策：

一是尊重农民意愿。土地适度规模经营是生产力发展的客观要求，符合农民的根本利益。因此在推进规模经营过程中，究竟什么时候搞，采取什么形式，一般都召开社员大会或社员代表大会进行充分讨论，尊重农民的选择和创造。

二是坚持有条件、分层次逐步推进。各地自然和经济条件千差万别，在推进规模经营的做法上，坚持了分层次、有步骤地进行，不搞一刀切、一阵风，做到既不急于求成，又不消极等待，坚持"具备条件的要不失时机地搞，条件不成熟的一个也不要搞，具备什么条件就搞什么样的形式"的原则。一般分为四个层次：经济发达的平原村，实行全部粮田专业承包；中等发达的，适当压缩口粮田，集中责任田实行专业承包；经济条件差的采取允许不包地、少包地和多包地的办法，实行部分土地集中；土地零散、条件差的，继续实行平均承包，着重加强统一管理和服务。

三是妥善安置劳动力。通过产业结构调整，促使更多的人离开土地进入非农生产领域。各县区在推进土地适度规模经营过程中，普遍采取了扩大乡镇企业规模，发展开发性农业和鼓励、扶持个体经济等办法，为剩余劳动力开辟多渠道、多形式的就业门路。

四是合理解决农民口粮。凡农民要求保留口粮田的，按土地生产水平，一般人均不超过半亩，做到"高产够吃"。自愿放弃或无力经营口粮田的，农民口粮由集体帮助解决。全部土地实行规模经营的村队，社员口粮由集体供应。顺义县实行了"定量供应、够吃有余、品种自选、价格合理"的供应政策。

五是财政、信贷优惠。为了推进规模经营，市、县、乡三级都适当增加了对农业规模经营单位的农机投入和贷款，缓解了农业投入资金的短缺。1987 年，农业银行和农村信用社对集体农业的贷款，分别比上年增加了 70.3%和 81.4%。

（三）农业适度规模经营的组织形式

土地相对集中开始时主要是搞大户承包。1985 年，郊区承包 2 公顷以上土地的达到 2574 户，户均经营规模 3.71 公顷，有的大户承包达 46.67 公顷。由于农机不配套，农忙只好大量雇工；加之有些大户只顾赚钱，不求高产，因而多数没有坚持下来。以后经过筛选、比较，逐步形成了集体农场、专业队和专业户三种经营形式。

1. 集体农场。这种经营形式大多出现在平原经济发达地区，农村社会分工、劳动力转移、资金积累和物质技术装备程度相对较高，宜于实行以物化投入为主的企业化经营。村队集体对农场实行经营承包责任制。在承包合同范围内农场实行独立核算，自主经营。农场内部的管理分配形式，一般实行小段包工、以产量计算工资等多种形式。1994 年郊区有粮食作物农场 790 个，农场经营面积 5.44 万公顷，占郊区规模经营粮田面积的 30.4%，农场劳均经营粮田面积 2.7 公顷。

2. 专业队管理、按劳承包。一般是以户或劳动力直接同村队集体签订承包合同，实行分户经营、自负盈亏的管理办法。一般专业队只设队长一人，负责组织协调。集体对承包户提供农机、灌溉、植保、技术指导等方面的服务。这种形式主要分布在经济水平中等的平原地区。1994 年实行这种适度规模经营形式的粮田有 5.86 万公顷，占郊区规模经营面积的 32.7%。

3. 专业户。这种形式主要分布在集体经济较为薄弱的地方，主要特征是集中部分粮田，由专业户承包经营，包干分配，集体提供一些必要的生产环节上的服务。1994 年郊区共有 14 267 个种粮专业户，承包经营粮田面积 2.7 万公顷，占郊区粮田规模经营面积的 15%，平均每户经营面积 1.87 公顷。

除上述三种主要形式外，还存在企业“以厂带地”，农机站“以机带地”等规模经营形式。

在培育新的粮田经营主体的同时，服务主体也逐步发育健全起来。这些服务主体主要是乡村合作经济组织的专业服务组织，包括农机站、植保站、水电站、科技站等，他们一般独立于农场和农户之外，为农业提供有偿的生产服务，成为郊区规模经营的重要组成部分。

（四）农业适度规模经营的成效显著

一是提高了劳动生产率，增加了粮食产量和种粮农民的收入。据北京市经管站对 1994 年郊区 219 家集体农场的调查考核，这些农场经营粮田面积 1.76 万公顷，平均每亩产量达到 737 千克，劳均产粮 2.59 万千克，农场职工劳均收入 6 700 元，劳均创利 7 076元。

二是推进了种植业技术改造，加快了农业现代化步伐。在推进农业规模经营的过程中，围绕农业机械作业、水利排灌设施、作物栽培等，进行了较大规模的技术改造。郊区平原产粮县粮食生产基本实现了耕、种、收机械化，粮田灌溉实现了喷灌化，作物栽培实现了以科技为主导的区域化种植、规范化管理，从而大大改善了农业生产条件和农民的劳动条件。

三是形成粮食生产的积累机制，初步实现了由“输血”到“造血”的转变。实行适度规模经营之后，农业从补贴对象转变为盈利产业，增强了自我发展和积累能力。据郊区219个农场调查，1994年共实现利润5 526万元，每个农场平均24.1万元，平均每亩达到187元。

四是进一步推动了专业分工，促进了农村商品经济发展。粮田适度规模经营，解除了务工经商人员“在农忙还得务农”的困扰，进一步推动了专业分工，促进了农村多种经营和二、三产业的全面发展。

郊区农业适度规模经营是在计划经济和强调发展集体经济的背景下发展起来的，因此也出现了一些问题：有些地方行政干预过多，要求过高，一些不具备条件的村队也收回了农户的承包土地，效果不好；有的没有改变户户平均分包土地的状况，也上报实行了规模经营；还有些地方把农业适度规模经营同家庭经营对立起来，把农业规模经营同集体统一经营混同起来。

第四节　稳定承包关系、延长土地承包期

改革开放以来，深化农村改革，落实党在农村的各项方针政策取得了巨大成就，有力地推动了农村生产力的发展，农民生活水平大大提高。随着市场经济体制的建立和发展，在体制根本性转变过程中，一些新的矛盾和问题日益显露出来，有的开始成为影响农村经济发展的障碍。在土地承包经营关系上，主要表现：一是承包期限短，影响农民在土地上投入的积极性。据北京市农村合作经济经营管理站对郊区110个村1997年粮田承包期限的调查，承包期仅1年的有50个村，占45.6%；承包期2～5年的有39个村，占35.4%；承包期6～10年的有13个村，占5.5%；承包期30年的有2个村，占1.9%。另据有关部门统计，郊区菜田承包期为1年的村占50%；承包期2～5年的村占38%；承包期5年以上的村占10.9%。果树承包期在5年以下的村占30%，6～15年的占34%，15年以上的占36%。二是一些基本上以手工操作为主，适合以家庭经营为基础，双层经营的生产经营项目，如果园、蔬菜、鱼塘等仍由集体统一经营，多数管理不好，经济效益差。三是一部分村二、三产业不发达，集体没有工副业，或工副业项目很少，劳动力就业不充分，也搞起了“双田制”，或收回农民承包土地建起了集体农场、专业队，农民不满意。四是部分集体农场经营效益不好，甚至减产、亏损，难以为继。据有关部门调查分析，郊区集体农场，亩效益在百元以下的占15%左右。

1997年8月27日在中共中央办公厅、国务院办公厅发出《关于进一步稳定和完善农村土地承包关系的通知》（以下简称16号文件）中指出，以家庭联产承包为主的责任制和统分结合的双层经营体制，是我国农村经济的一项基本制度。稳定土地承包关系，是党的农村政策的核心内容。做好延长土地承包期的工作，直接关系到亿万农民的生产积极性，关系到农村经济的发展和农村社会的稳定。明确规定，土地承包期再延长30年不变，营

造林地和“四荒”地治理等开发性生产的承包期可以更长。要求各地区要将延长土地承包期工作作为近期农业和农村工作的一个重点，认真抓好。根据中办发16号文件精神和北京市郊区实际，中共北京市委和北京市政府于1997年11月11日发出《关于进一步深化农村经济体制改革，落实农村经济政策若干问题的意见》（京发［1997］14号文件），意见中对稳定和完善土地承包关系，延长土地承包期作了明确规定和工作部署。规定，已经实行家庭承包经营的土地，不论是粮田还是经济作物，都要坚持长期稳定，认真落实中央将土地承包期再延长30年的政策。营造林地、“四荒”地治理等开发性生产的承包期可以根据实际需要更长一些。承包期再延长30年是在上一轮土地承包基础上进行的。开展延长土地承包期工作，要使绝大多数农民原有的承包地保持稳定。不能将原来的承包地打乱重新发包，更不能在全村范围内平均承包。已经做了延长承包期工作的地方，承包期不足30年的，要延长到30年。《意见》还对山地和“四荒”地治理积极推行租赁制。粮田以外的蔬菜、瓜果、花卉、鱼塘、“四荒”地等生产项目竞价承包或租赁，建立土地流转机制、两田制、完善农业规模经营、土地承包费和租金管理、发放土地经营权证书等相关问题，提出了具体意见和要求。1997年11月19日中共北京市委农村工作委员会召开区县负责人会议，对贯彻落实中办发16号文件和京发14号文件作出具体部署。各级党委、政府在落实过程中，着重作了四个方面的工作：

1. 宣传发动，统一认识。市、区县、乡镇广泛利用报纸、电视、广播电台等各种新闻媒体及层层召开干部会议，举办培训班等形式宣传和组织学习中办发16号文件和京发14号文件，进行深入细致的思想发动工作，突出解决了三个较为普遍的认识问题：一是部分乡村干部担心土地承包30年，村提留、乡统筹收不上来，影响乡、村公共事业正常运转。郊区村提留、乡统筹提取难的问题，确实存在，但真正收不上来的仍是少数村队。在这些村队中不交的也是少数农户，其原因有的是承包合同不规范、条款不清，产生纠纷；有的是村队领导班子软弱涣散、工作不力；有的是干部办事不公道，群众意见大。纯属无理取闹拒交土地承包费的是极个别农户。在宣传文件过程中，通过具体分析，向干部讲清不能因少数村承包费难收就不落实延长土地承包期30年这个大政策的道理。二是部分干部担心土地承包30年不变，影响人口变动、劳动力转移、产业结构调整等。这些顾虑主要是土地流转政策不明确所致。针对上述情况，京发［1997］14号文件明确提出建立土地流转机制。指出“随着农村二、三产业的发展，要鼓励更多农民放弃土地，从农业中转移出来，使粮田向种田能手集中。新一轮承包中，要尊重农民的意愿，可以少承包或不承包土地，也可以相应地多承包土地。在承包期内，农民可以将土地使用权交回集体另行发包，也可以本着自愿有偿的原则转包给其他农户。”1998年6月15日中共北京市委农村工作委员会发出了《关于建立北京市集体土地承包经营权流转机制的意见》，对土地流转的原则、程序、形式等作出了具体规范。三是如何认识农业适度规模经营问题。1985年以后，郊区大力推进农业适度规模经营，贯彻中办16号文件，又推行家庭联产承包，一些干部感到迷惑不解，不知如何操作。对此，市委市政府认真宣传贯彻中办16号文件明确指出的“要处理好农户承包经营与发展适度规模经营的关系。人多地少是我们的基本情况，农业劳动力只有大规模转移到二、三产业后，才有可能逐步发展土地的规模经营，而这种条件在现阶段绝大多数农村还并不具备。因此，决不能不顾客观条件和农民意愿，用行政命令的办法强制推行土地规模经营”。北京郊区的生产力水平总体上是比较高的，但也有相当多的普通农村劳动力转移不充分，农民对土地依赖程度较高，适合实行家庭联产承包制。因此，市委、市政府对郊区实行集体统一经营的集体农场、果园、菜园、鱼池等，主要看实际经营效果，区别不同情况，采取不同做法。即效益好的继续坚持；经营管理不善，长期效益低下，甚至亏损的，改为家庭承包为主的双层经营。同时，强调规模经营形式要多样化。规模经营并不排斥家庭经营，家庭经营通过土地流转和社会化服务同样可以扩大经营规模，实行家庭承包经营与规模经营并不矛盾。

2. 制定相应政策、法规。根据中办《关于进一步稳定和完善农村土地承包关系的通知》，中共北京市委、市政府经过深入调查研究，发出了《关于进一步深化农村经济体制改革，落实农村经济政策若干问题的意见》，要求不折不扣地落实中央政策，认真做好延长土地承包期工作。北京市人大常委会对 1989 年颁布的《北京市农业联产承包合同条例》进行了修改。于 1998 年 7 月重新颁布了《北京市农业联产承包合同条例》，明确：实行家庭联产承包的，土地承包期限为 30 年。增加了“农村集体经济组织成员对本集体经济组织所有的土地享有承包权。任何组织和个人不得非法剥夺农民的承包权”的条款。市委农工委、市政府农办下发了《关于建立北京市农村集体土地承包经营权流转机制的意见》。郊区各区县结合本地的实际都制定了具体的实施意见。保证了延长土地承包期工作顺利进行。

3. 坚持分类指导，尊重农民意愿。市里选择了 13 个区县的 15 个不同类型的乡镇的村合作社进行试点，取得直接经验，指导延长土地承包期工作。各区县始终注意到不同地区、产业和生产力水平的差异，区别对待。房山、怀柔、密云等区县自然条件比较复杂，针对山区、丘陵、平原以及粮、果、菜各业不同特点，延长土地承包期。山区果树和荒山承包期一般延长至 30 年以上。

在落实延长土地承包期工作中，普遍坚持了民主、公开的原则，充分尊重农民的意愿和选择。通过召开社员大会、社员代表会，在广泛征求群众意见的基础上，公平合理地确定承包方案。

4. 加强领导，精心组织。市委农工委和市政府农林办公室多次召开区县领导干部会议，进行具体部署，要求书记动手，区县委负责。举办了乡镇党委书记培训班，宣讲政策，提出要求。各区县都成立了有主要领导参加的领导小组和工作班子，在延长土地承包期过程中，市、区县、乡镇加强了具体指导和帮助。北京市委农工委、市政府农办，从市农口有关部门抽调了 20 名局处级干部组成联络组，分别深入 10 个远郊区县开展调查研究，指导工作。市委农工委和市政府农办领导带领机关 40 多名副处级以上干部，利用一周时间，深入 7 个山区县、70 多个乡镇、80 多个村宣传中央文件精神，了解群众思想状况，帮助基层制定落实方案。区县普遍采取成立专门工作班子，包乡包村的办法，进行具体指导和帮助。如房山区从区直机关抽调 28 名有多年农村实际工作经验、熟悉农村政策的处级干部，派到乡镇帮助工作。各乡镇抽调 546 名干部到各村帮助工作，抓好落实。在延长土地承包期工作后期，市、区县组织力量进行检查验收。1998 年上半年市委农工委组织区县农工委，对郊区延长土地承包期工作进行了普查；11 月，市农口又组织了有 96 名同志参加的落实农村基本政策检查组，分赴 13 个郊区县，对落实中办 16 号文件和中共北京市委 14 号文件情况进行检查；1999 年 4 月，市委政策研究室、市委农村工作委员会、市农村合作经济经营管理站联合组织对各区、县延长土地承包期工作进行普查。

经过两年多的努力，反复抓落实，到 2002 年底，贯彻落实中办 16 号文件和中共北京市委 14 号文件，延长土地承包期工作取得显著成果：

1. 基本上完成了延长土地承包期工作。据统计，郊区 3 937 个村，除规划占地、城镇建设占地已没有土地的村以外，实际有耕地的 3 030 个村，已经延长土地承包期的村有 2 885个，占有地村数的 95.2%。延长承包期的耕地面积 19.46 万公顷，占耕地面积 29.99 万公顷的 65%。其中以集体经营为主的 3.85 万公顷，由专业队、组、大户承包经营的 2.12 万公顷，占 35.5%。租赁给企业的耕地有 1.88 万公顷，占 8.5%。其中承包期 30 年以上的耕地 15.95 万公顷，占延包面积的 80%。

2. 确立了以家庭承包为主、多种经营方式并存的格局。在有农业经营的 3 700 个村中，实行按人分地家庭承包经营的耕地面积 18.75 万公顷，占农用土地面积的 62.5%；实行规模经营的耕地面积 5.97 万公顷，占耕地面积的 19.9%。

3. 发放了土地经营权证书。门头沟、大兴、通州、顺义、平谷、延庆、房山、昌平、怀柔等 9 个区、县 2 234 个村发放了土地经营权证书。领到土地经营权证书的农户达到 403 595 户。

4. 土地流转呈现新特点。主要表现：一是土地流转速度加快，1999 年土地流转 3 435.69公顷，2000 年达到 26 637.42 公顷，2001 年 31 800 公顷，2002 年底共计 35 466.67公顷。二是流转形式以转让为主，达到 26 800 公顷，占流转面积的 75.6%。土地流转形式，除转让外，还有转租、转包等。郊区有 82 170 个农户通过转让承包土地退出种植业生产领域，转向二、三产业生产经营。三是转让对象以乡、村集体为主，集体统一经营仍是今后郊区农业生产的经营方式之一。

郊区在基本完成延长土地承包期的同时，荒山租赁开发也取得较大进展。据统计，到 2000 年底，郊区荒山租赁面积达到 6.95 万公顷，占可开发利用的荒山面积的 32.5%。租赁期一般在 50 年左右。

延长土地承包期，稳定土地承包关系，极大地调动了农民在土地上投入的积极性。农民个人出资打井、购买农用机具的越来越多，为农业发展注入了新的活力。荒山租赁 50 年、土地承包期 30 年，尤其受到山区农民的欢迎，推动了山区开发建设的进程，据 1998 年到 2000 年统计，远郊山区有 31.94 万户农民投入治山、改水的工程建设，投资 47 143 万元，兴建“五小”工程 3.5 万处，新增蓄水能力 243 万立方米，加快了山区农民致富的步伐。

第四章　乡镇企业管理体制

农业合作化和人民公社化时期，北京郊区农村的集体企业在曲折中有一定的发展。到1981年乡村集体企业发展到5 928家，拥有资产总值11.07亿元，从业人员345 769人（占农村劳动力总数的20%），实现销售收入14.25亿元（占农村经济总收入的51.8%），实现利润总额3.117 7亿元。

在中共十一届三中全会路线指引下，郊区农业逐步实行了以农户家庭承包经营为主的责任制，确立了统分结合双层经营体制。与此相适应，对乡村集体企业进行了以转换经营机制和产权制度为主要内容的改革，为郊区乡镇企业快速、健康发展注入了巨大的活力。

第一节　经济责任制

在合作化和人民公社化时期，社队集体企业基本上是由社队集体经济组织（下称社队集体）统一管理，厂级干部统一任命，招收职工统一安排，财务统收统支，财产统一处置，职工报酬统一确定。企业只管生产，职工只管劳动，基本上没有经营自主权，不承担经济责任。存在着企业吃社队集体“大锅饭”和职工吃企业“大锅饭”的弊端，束缚了社队企业管理者和劳动者的积极性和创造性，发展受到严重制约。党的十一届三中全会以后，社队企业的改革，从建立和完善企业承包经营责任制和企业职工岗位责任制入手，逐步理顺社队集体与企业、企业与职工之间的权、责、利关系，使企业经营机制逐步得到转变。

一、承包经营责任制的建立与完善

1981年国家农牧渔业部在北京召开全国社队企业经营管理工作会议，提出社队企业要借鉴农业生产责任制的经验。同年10月市公社企业局推广了昌平县沙河、房山县琉璃河、怀柔县北宅等公社社队企业实行“五定一奖”（即定人员、定产量、定质量、定消耗、定成本，超额奖励）生产经营责任制的经验。到1983年全市8 891家社队集体企业，有6 561家（占社队企业总数的73.8%）建立了以“五定一奖”为主要形式的生产经营责任制。

1983年中共中央一号文件《当前农村经济政策的若干问题》中明确指出：“社队企业要建立多种形式的生产经营责任制，有的企业可以试行厂长承包责任制。企业的所有权和企业积累属于集体”。“在实行这种承包制时，要防止少数人仗权垄断的现象发生”。1984年10月市政府农林办公室下发了《关于社队企业经营承包责任制若干问题的规定》。明确实行承包经营责任制的企业所有权性质不变，隶属关系不变，企业积累归集体，承包形式可以多种多样，以集体承包为主，有的可以实行厂长承包，规模较小的企业也可以承包给个人；并规定了承包合同的主要内容、指标和期限，明确收益分配要正确处理国家、集体和个人利益关系，要加强企业民主管理和财务管理。在贯彻实施《规定》过程中，各区、县从有关部门抽调干部，深入乡、村具体帮助指导，承包经营责任制逐步得到落实。据统计，1984 年实行集体承包的企业占乡、村企业总数的 54.6%，1985 年上升到 62.7%，1986 年达到 81.3%。其承包形式主要有“利润包干，超额分成”、“包干上交，超额归己（指企业）”、“费用包干，自负盈亏”、“个人承包，包干上交”等四种。

承包经营责任制的实行，扩大了企业经营自主权，企业经营利润按合同约定比例留给企业，增添了企业发展的活力和后劲，对乡镇企业的发展起到了推动作用。但在实行承包制初期，也存在不少问题，比较突出的是：承包指标单一，一般承包合同只规定了完成利润和上交利润指标，造成一些企业拼设备“掠夺”经营，以及有些企业少列成本费用，不提或少提折旧，骗取奖励等现象发生；承包期短，多数承包合同是一年一定，造成企业行为短期化。1987 年 7 月国家农牧渔业部下发了《关于完善乡村集体企业承包责任制的意见》。1989 年 12 月，市委农工委、市政府农办联合转发了市乡镇企业局《关于进一步完善乡村集体企业承包责任制的意见》。各地在认真总结经验，针对企业承包责任制存在的问题，从四个方面进行了改进和完善。

第一，推行厂长（经理）任期目标责任制，厂长（经理）任期至少三年。企业承包指标包括生产、发展、管理三个方面，企业利润上交乡村集体和企业留成比例一定三年不变。据统计实行厂长（经理）任期目标责任制的乡村集体企业 1988 年有 6 206 家（占企业总数的 33.4%），1991 年发展到 9 547 家（占企业总数的 65.3%）。

第二，整顿和完善了个人承包办法。1986 年实行个人承包的乡村集体企业有 1 128 家，占企业总数的 7%。多数个人承包的企业很不规范，漏洞很多。如有的是乡村干部近亲或感情承包，故意压低承包指标；有的只规定了上交利润指标，没有设备折旧；有的承包合同条款不清，甚至没有文字承包合同，只是口头约定。通过清理整顿，规定了发包程序，及发包、承包双方的权利、义务，制定了规范化的合同文本，承包上交指标一般都实行了利润基数包干超额分成的办法。

第三，推行了风险抵押承包。有的是厂长（经理）抵押，有的是企业领导班子成员抵押，也有的是企业全员抵押。仅 1988 年就有 3 681 家企业实行了风险抵押承包，占企业总数的 24.5%。增强了企业经营者和劳动者的风险意识和责任感，对克服集体企业只负盈不负亏的问题有一定积极作用。

第四，引进竞争机制，实行招标承包。1988 年全市有 2 782 家乡村集体企业通过公开招标的办法选择承包经营者，占企业总数的 18.5%。

1990 年 4 月，国家农业部发布了第 16 号令《乡镇企业承包经营责任制规定》，同年 9 月市政府农办在总结乡村集体企业承包经营责任制 10 年经验的基础上，制定并下发了《北京市贯彻农业部〈乡镇企业承包经营责任制规定〉的实施细则》，《细则》明确规定了发包方和承包方的权利、义务，规定了承包指标范围（生产经营、经济效益、企业管理、企业发展四个方面），规定了上交乡村集体的利润比例一般不得超过 30%，职工报酬总额增长速度必须低于利润的增长速度和不能超过计税工资及税后利润的 15%；规定了承包者离任时必须进行离任审计。依据《细则》对郊区集体企业承包进行规范。1992 年，学习江苏省无锡市铜罗镇生产要素承包经营责任制的经验，部分乡镇企业实行了资产承包，对企业资产保值增值，起到重要作用。1993 年 1 月 14 日，北京市人大常委会第十一次会议审议通过了《北京市乡村集体企业承包经营条例》，从而使乡村集体企业承包经营责任制走向了法制轨道，促进了乡镇企业持续、稳定、健康的发展。

二、职工岗位责任制的建立与计酬形式的变化

（一）企业内部经济责任制

随着企业经营承包责任制的实行，在企业内部按照职工不同岗位所承担的职能、任务，分别确定相应的岗位责任，并把所尽责任程度与其报酬联系起来。

1. 企业管理人员责任制。改革以前，乡镇企业是参照国有企业的模式，实行党支部领导下的厂长负责制。厂长及管理人员的报酬是按照工分等级或工资等级进行分配，奖金基本上是平均分配，一般没有规定各自承担的经济责任。实行企业承包经营责任制后，逐步建立和完善了厂长及管理人员的经济责任制。厂长及管理人员的报酬，按照企业的整体分配水平并结合承担的经济责任进行分配。厂长一般相当全厂全员工资平均水平的 1～3 倍；副职相当正职的 70%～80%；其他管理人员的报酬标准是按全厂或一线职工平均分配水平加系数（最多不超过 30%）确定。对有特殊贡献的厂长及管理人员，另行奖励。厂长由乡村集体奖励，其他管理人员由企业奖励。企业完不成承包任务，要按承包合同规定对厂长进行处罚；管理人员失职及责任事故，要按照岗位经济责任制的条款进行处罚。如会计丢失支票、错账、乱账，质量监督人员、保安人员出现质量安全事故等，都要根据责任大小、损失多少进行处罚。这种以岗位量化考核为主要内容的经济责任制的实行，有效地贯彻了按劳分配政策，拉开了劳动报酬档次，对于调动企业管理人员的积极性起到了好的作用。

2. 生产一线的工人岗位责任制。改革前，生产一线工人的劳动报酬，是按等级实行工分制或工资制，基本上是干好干坏一个样。企业内部实行岗位责任制，生产一线工人主要有两种形式：一是将企业承包指标分解，分别承包到车间、班组，甚至承包到职工个人，使企业经营成果与职工个人利益紧密挂钩；二是根据职工不同的生产岗位，制定生产定额，以及与生产定额数量相关的产品质量和消耗标准计算劳动报酬的方式，一般是实行计件工资制或基本工资加超额奖励。

3. 后勤及专职人员岗位责任制。对企业供销人员，开始实行岗位责任制时，一般只规定了采购或销售产品的数量和质量指标，其报酬参照一线生产工人的平均工资水平确定。出差费、住宿费实报实销，伙食费给予一定补贴。后来，对旅差费、住宿费、伙食费基数包干，节约归己，超额自付。最后实行了承包制。按照采购或销售收入的一定比例计算其劳动报酬，取消了基本工资和差旅费补助。汽车司机责任制，开始是基本工资加里程补助，实行岗位责任制后，一般是实行汽车班组或单车承包，维修和燃油费用包干，节约归己，超额自负，司机劳动报酬按照完成运输量或运输里程计算。对企业食堂、保卫及其

他勤杂人员，按照其工作特点，规定了相应的劳动、服务指标及奖罚标准，其报酬按照完成任务的数量和质量而确定。

（二）劳动报酬形式的变化

1979年，中共中央《关于人民公社工作条例（试行草案）》规定“从事农村工副业的劳动力报酬，应和在农业劳动的同等劳动力大体相等”。一般实行“厂记等级，队记工分，厂社（队）结算，回队分配”的办法。企业记分办法一般是以技术水平和体力强弱为基础，计定职工等级，每月或每季度企业将职工出勤天数和计评等级以及相应的报酬返给所在生产队，由生产队直接记工分，同从事农业生产的社员一起参加生产队的结算分配。经济条件较好的社队集体企业给予职工适当补贴或年终给予一次性奖金。企业管理人员的记分标准，厂长同生产队长相同，按所在生产队前八名劳动力平均数记分，其他管理人员略高于一线生产工人。社队企业实行工分制，回队参加收益分配，由于生产队之间的收入分配水平不同，形成企业职工在厂贡献相同而收入不同的现象。据1978年统计，全市社队企业职工22.6万人，其中来自生产队并回队参加分配的有13.6万人，占企业职工数的60％；其他职工多数是城镇居民和近郊因占地转居人员，这些职工实行了工资制；全年劳动报酬总额11 086万元，其中返队分配款5 107万元，占46.1％。1982年社队企业职工40.2万人，其中来自生产队并回队参加分配的职工有15.8万人，占39.4％；劳动报酬总额28 596万元，其中返队分配款10 280万元，占33％。1994年社队集体企业职工72.4万人，其中来自生产队并回队参加分配的有23 479人，占3.2％；劳动报酬总额64 917万元，其中返队分配款4 158万元，占5.6％。

1983年农业联产承包制在北京郊区普遍实行，乡镇企业相继建立了承包经营责任制，与此相适应，乡镇企业职工劳动报酬由工分制逐步转变为工资制。随着改革的不断深入，乡镇企业工资制的形式发生了很大变化。

1. 实行八级工资制。1975年到1984年参照城镇集体企业的模式，实行八级工资制。根据职工劳动程度、技术高低、工龄长短评定工资等级，按工资等级发基本工资，并按企业效益进行奖励。奖金分一至三或一至五等，有的月评月发，有的月评季发或年发。这种以等级工资为主，奖励为辅的工资制度，职工劳动报酬差别不大，基本上是平均主义的，不利于企业发展。

2. 低工资、高奖励的劳动报酬制度。1984—1987年，乡镇企业职工劳动报酬，在执行城市八级工资制的基础上进行了改革，将原定工资等级作为标准工资（档案工资），不再调整工资等级，以奖金调整报酬水平。奖励办法一般是按承包指标进行百分考核，以分定值，按月兑现奖罚，年终根据企业经营效益状况，进行奖罚。这种工资分配形式，使经营好的企业与经营差的企业之间以及企业职工之间的劳动报酬拉开了差距，对于实现多劳多得、调动企业经营者和生产者积极性发挥了重要作用。

3. 计件工资。为进一步贯彻按劳分配原则，调动职工积极性，一些乡镇企业根据企业的生产流程，分别制定不同工种和不同岗位的计件工资标准和实施办法，按照职工个人或班组完成的劳动数量和质量计算劳动报酬。

4. 效益工资。随着企业承包经营责任制的日益完善，进入90年代，许多乡村集体企业以企业承包利润指标为主，以产品质量、资金使用、资产保值增值等指标为辅，制定企业职工计酬办法，如联利计酬法，收入（或产值）工资含量计酬法等。企业职工工资总额控制不超过利润增长和全员劳动生产率增长水平，厂级干部报酬水平，一般相当职工平均报酬水平的1～5倍。效益工资制促进职工关心企业效益和资产的保值增值，有利于企业发展。

5. 按劳分配和按资分配相结合。1992年郊区部分乡镇集体企业逐步推行了股份合作制。在股份合作制企业中，职工除领取劳动工资报酬外，年终根据企业经营收益，按职工所持股份，分享企业盈利。

三、转变企业经营机制的效果

乡村集体企业经过改革所形成的承包经营责任制和企业内部岗位责任制，使企业经营机制在一定程度上得到转变，对企业发展起到重要作用。

（一）理顺了社（村）企关系，扩大了企业经营自主权

乡村集体企业通过承包经营责任制的建立和逐步完善，乡村集体经济组织一般不再随意干预企业内部的经营管理，在承包合同范围内，企业有了生产指挥、干部组阁、职工招收辞退、职工分配、资金支配使用和部分财产处置等权力，使企业成为自主经营、自我积累、自负盈亏、自我发展的相对独立的经济实体，从而初步确立了企业的市场主体地位。这为调动和发挥企业所有者（乡村集体）和经营者两个积极性创造了条件。

（二）推动了企业用人制度改革

乡镇企业承包经营责任制的实施，促使企业用人制度发生变革，由乡村集体直接任命制改为招聘制，竞争上岗，形成了优胜劣汰的用人机制。据不完全统计，到1990年全市郊区有3 945家乡村集体企业（占企业总数的21.6%）实行了公平、公正竞争的办法，择优录用经营者，打破了“铁交椅”，干部能上能下，使一批文化程度较高，懂经营、会管理、年富力强的人才脱颖而出，为实现人尽其才提供了制度保障。

（三）克服企业短期行为

在乡镇企业实行承包经营责任制初期，普遍承包期短，承包合同一般是一年一定，使企业经营者心中无底，缺乏长远打算，甚至出现“掠夺式”经营。随着承包经营责任制的不断健全、完善，延长了承包期限。据统计，承包期限3年以上的乡村集体企业1987年占企业总数的33.4%，1990年上升到46.2%，1995年达到81.6%。承包期限的延长，使企业经营者相对稳定，便于企业制定和实施长远规划，促进了企业有计划地进行技术改造，上规模，上水平。据统计，郊区产值在500万元以上的乡村集体企业1987年166家，1990年增加到586家，1995年达到1 231家，其中产值在1 000万元以上的乡村集体企业有932家。

（四）改变了企业“负盈不负亏”的状况

承包经营责任制和企业内部岗位责任制的实行，特别是风险抵押承包的实施，使企业负盈不负亏的状况得到扭转。据1988年对510家乡村集体企业调查，其中有150家企业利润比上年降低了34.7%，而职工（包括厂长）工资总额反而上升了0.3%。据此，引进

风险机制，实行厂长或企业全员抵押承包成为完善企业承包制和岗位责任制的重点，据统计1988年实行抵押承包的乡村集体企业有3 976家（占企业总数的21.4%），1990年增加到4 775家（占企业总数的26.1%），1995年进一步增加到6 116家（占企业总数的32.5%）。平谷县1989年有755家乡村集体企业实行全员风险抵押承包，交风险抵押金2 150万元，年终对未完成承包任务的企业，扣除厂长风险金2.8万元，扣除职工个人每人风险金135元。从而增强了企业经营者和职工的风险意识，“负盈不负亏”的状况有所改善。

（五）较好地处理了集体、企业、职工个人三者的利益关系

企业留利逐步增加，增强了企业发展的后劲。据统计，在乡村集体企业税后利润分配中，1988年与1984年相比，上交乡村集体的比例由62.7%下降到47.9%，降低了14.8个百分点；企业留利由37.3%上升到52.1%，留利增加3.6亿元。在企业留利中，用于扩大再生产的比重由60%上升到79.5%，提高了19.5个百分点；用于职工奖金分配的比例，由35%下降到14.9%；用于职工公共福利的比例，由5%上升到5.5%，提高了0.5个百分点。1995年与1988年相比，企业净利润上交乡村集体由47.9%下降到39.8%；企业留利由52.1%增加到60.2%，提高了8.1个百分点。企业留利中用于扩大再生产的比重由79.5%上升到86.3%，提高了6.8个百分点；用于职工公共福利的比重由5.5%上升到6.5%，提高了1个百分点；用于职工奖金分配的比重由14.9%下降到7.2%，降低了7.7个百分点。

第二节　股份合作制

80年代，为了解决发展乡镇企业资金不足的问题，一些地方开始尝试吸收农民入股的方式筹集资金，兴办乡镇企业。对此，党中央予以高度重视。1983年中共中央1号文件指出：“以按劳分配为主，同时有一定的股金分红，这都属于社会主义性质的合作经济”。随后，在1984年和1985年中共中央1号文件中明确提出：“鼓励集体和农民本着自愿互利的原则，将资金集中起来，联合举办各种企业”。“有些合作经济采用了合股经营、股份分红的办法，资金可以入股，生产资料和投入基本建设的劳动也可以计价入股，经营所得的一部分按股分红”。1990年2月国家农业部第14号令颁布了《农民股份合作企业暂行规定》，将农民股份合作企业界定为：“由三户以上劳动农民，按照协议，以资金、实物、技术、劳力等作为股份，自愿组织起来从事经营活动，接受国家计划指导，实行民主管理，以按劳分配为主，又有一定比例的股金分红，有公共积累，能独立承担民事责任，经依法批准建立的经济组织”。同时，颁布了《农民股份合作企业示范章程》。1992年5月上旬，市委农村工作委员会和市农村经济研究中心举办了有各区县农村工作部、农村合作经济经营管理站、乡镇企业局领导骨干参加的《北京市农村股份合作制讲习班》，邀请北京市体改委、山东省淄博市体改办、清华大学等有关专家做报告。北京市农村经济研究中心和北京市农村经济研究会编印了《股份合作工作手册》。同年11月市委农村工作委员会和市政府农林办公室先后发出《关于乡镇工业企业股份合作制试点工作意见》，（京农发

［1992］16 号)。《北京市乡村合作社集体资产评估办法》(京农发［1992］17 号)。1992 年 12 月，农业部发出了《关于推进和完善乡镇企业股份合作制的通知》。1993 年 5 月，市委农村工作委员会和市政府农林办公室发出了《郊区乡镇企业股份合作制试行办法》。市委农村工作委员会和市政府农林办公室要求各区县按实际情况，认真研究，大胆探索，积极做好试点工作。各区县相继成立了由主管经济工作的县(区)委副书记牵头、有关部门领导组成的领导小组，乡镇企业股份合作制试点在郊区全面展开。

1992 年组建股份合作制企业 72 家，1993 年发展到 660 家，1995 年底全市农村股份合作制企业发展到 3 064 家，其分布情况是：顺义县 655 家，昌平县 422 家，大兴县 352 家，房山区 348 家，怀柔县 287 家，平谷县 288 家，门头沟区 206 家，通县 136 家，密云县 99 家，丰台区 65 家，延庆县 48 家，朝阳区 47 家，海淀区 19 家，石景山区 1 家，农场局系统 123 家。

其分类状况：①按照投资主体划分，乡(镇)集体所有企业改制设立的 811 家，占 26%；村集体所有企业改制设立的 1 153 家，占 38%；农户投资设立的 194 家，占 6%；其他投资主体设立的无主管企业 907 家，占 30%。②按生产经营行业划分，种植业 522 家，畜牧水产养殖业 116 家，工业企业 1 155 家，建筑企业 127 家，运输企业 58 家，饮食服务企业 245 家，旅游、科技、咨询 86 家，综合经营企业 177 家，其他企业 42 家。③按股权结构划分，有集体股的企业 1 913 家(包括集体股加职工个人股、集体股加集体股、集体股加国有法人股、集体股加私营企业股等四种资金联合形式)，占 61%；农民个人合股企业 1 008 家，占 33%；没有集体股份的其他企业 175 家，占 6%。在乡村集体企业改制设立的 1 964 家股份合作制企业总股本 19.38 亿元中，集体股 13.14 亿元(含量化给企业职工的劳动贡献股 1.12 亿元，量化比例为 8.6%)，占 67.8%；职工个人股 2.5 亿元，占 12.9%；社会法人股 2.65 亿元，占 13.7%；社会个人股 0.51 亿元，占 2.6%；其他股份 0.58 亿元，占 3%。

股份合作制企业实现了投资主体多元化，改变了办企业过分依赖银行贷款的局面，使企业财务状况得到改善。据 1995 年全市 3 064 家股份合作制企业分析，企业资产总额 46.24 亿元，其中实收资本金(股金)27.98 亿元，占 60.5%；负债总额 18.26 亿元，占 39.5%。比同期全市乡镇企业资产负债率 65%低 25.5 个百分点。多元投资主体形成的混合经济，对于优化生产要素组合，改善企业治理结构，强化企业自我发展、自我约束机制，提高企业经营管理水平和经济效益等方面均起到很大的推动作用。据 97 家股份合作制企业调查统计，与改制前相比，新增投资 6 361.1 万元，新增固定资产 3 039.1 万元，新增生产项目 61 个，开发新产品 109 个，新增销售收入 1.6 亿元。新增利润总额 2 450.7 万元。有 16 家企业资金利润率超过了 20%。朝阳区洼里乡九阳太阳能设备厂，改制后三年间，新建 3 000 平方米厂房，购置了 15 台(件)设备，开发了 6 种新产品，1995 年实现销售收入 1 330 万元，实现利润 82 万元，上缴税金 71 万元，与改制前相比分别增长了 1.2 倍、3.4 倍和 1.1 倍。

在郊区农村股份合作制改革实践中，也出现一些新问题。一些地方忽视改革的实质内容和效果，造成有的企业“换牌不改制，新瓶装旧酒”，违背了改革的初衷。主要问题有五个方面：①有的乡村组建股份合作制企业，集体出资不办理产权转移手续，不但侵害了其他股东的利益，而且造成企业没有完整的法人财产权。给企业财产纠纷留下了隐患。②有的地方股份合作制企业以高出银行利率为诱饵吸引社会资金，把企业改制单纯作为融资手段，投资者不承担任何风险，企业治理结构依旧，完全丧失了企业改制的目标。③有的乡村集体对已经实行股份合作制改造的企业，仍然按照固定金额或者比例收缴利润，也有的股份合作制企业只给个人股东分红，不给集体股东分红，按股分红形成一句空话。④有的乡镇政府随意调用股份合作制企业的财产、资金，视股份合作制企业为政府附属物，使企业难以独立经营、自负盈亏。⑤有的企业实行股份合作制改革后，没有严格按照企业章程运作，内部管理制度没有进行调整，或者调整后不注意发挥作用，股东大会、董事会和监事会形同虚设，董事长或者经理独断专行。凡此种种，脱离了企业改革的根本目标，影响了改革的效果和股份合作制企业的健康发展。

造成上述问题的原因主要有三个方面：①理论上对股份合作制的认识存在分歧，有的认为股份合作制是股份制的初级形式，应当按照股份制企业进行管理和规范；有的认为股份合作制的本质是合作制，应当按照合作制的原则进行管理和规范；还有的认为股份合作制既不是股份制也不是合作制，而是一种新型的企业组织形式，即“非牛非马”论。②一些地方为了推进企业股份合作制改革，给乡、镇和村下达企业改制数量指标，造成一些乡（镇）村对于进行股份合作制改革的意义认识不足，工作粗糙。③尽管国家农业部和市政府发布了一些规范性文件，对农村股份合作制企业试点工作起到了明显的推动作用，但缺乏系统性和可操作性。如 1990 年农业部颁布的《农民股份企业暂行规定》，只适用于农户自愿组成的股份合作制企业。又如，1994 年 7 月北京市人民政府颁布的《北京市股份合作制企业暂行办法》（即 14 号令）属于行政规章，但它没有把城市街道集体企业和农村集体所有制企业加以区别，把乡村集体企业资产界定为企业职工所有的经济组织。上述两个规范性文件均不适用于郊区农村集体所有制企业进行股份合作制改革的实际情况。

为了规范农村股份合作企业的组织和行为、保护有关各方面的合法权益，促进农村股份合作经济的健康发展，在市政府主管副市长段强同志主持下，成立了由市委农村工作委员会、市政府农办、市人大常委会农村工作委员会、市农村经济研究中心、市乡镇企业局、市农村合作经济经营管理站等部门和单位组成的《北京市农村股份合作制暂行条例》起草小组，经过历时两年多时间的调查研究，九易其稿，于 1996 年 9 月 6 日提交北京市人大常委会第三十次会议审议并通过，自 1997 年 1 月 1 日起施行。《条例》包括总则、设立、股份、组织机构、财务会计与收益分配、合并分立与解散清算、法律责任、附则共八章六十二条，其主要内容包括：①立法目的；②适用范围；③农村股份合作制企业性质；④股份合作制企业的原则；⑤股份合作制企业的市场主体地位；⑥股份合作制企业的设立；⑦合作股东的出资方式；⑧股权设置；⑨股份合作制企业的组织机构；⑩股份合作企业的收益分配；⑪法律责任。

《北京市农村股份合作制企业暂行条例》的实施，对于规范农村股份合作制企业的运行，促进其健康发展起到了重要作用。北京市农村合作经济经营管理部门分别于 1998 年和 2000 年对郊区 25 家和 16 家股份合作制企业进行了审计调查，审计调查结果表明，影响农村股份合作制企业盈利水平高低的因素是多方面的，所以不能说“一股就灵”。但实践证明，只要真正按照《北京市农村股份合作企业暂行条例》的规定转换经营机制，再加上科学管理，就能够使企业经营状况得到改善，主要表现有以下三个方面：

1. 股份合作企业通过产权制度改革，使农民成为投资主体，极大地改善了企业的财务状况，增强了企业发展后劲。1998年所审计的25家企业，改制前实收资本3 354.1万元，其中乡村集体投资2 929.4万元，占87.3%；职工个人资本金129.3万元，仅占3.9%。实行股份合作制改革后，1997年底实收资本金5 791.6万元，比改制前增长了72.7%。其中乡村集体资本金4 065.9万元，投入有所增长，但是所占比例下降到70.2%；职工个人股达到658.8万元，所占比例上升到11.4%，加上343.1万元的劳动贡献股，职工持股比例达到17.3%。农民投资主体地位增强。门头沟区洪水峪煤矿创建于1993年，建立时即采用股份合作制，合作股东为村合作社和本村社员，全村152户社员中有135户入股，占89%。农户入资10.68万元，占股金总额15.68万元的68%，而集体股为资源股。由于企业经营的全部资金为农户投入，大家十分关心企业的发展，时刻都在监督企业运行，促使企业经营者把钱花在刀刃上。1996年，该企业销售收入利润率达到25.6%。资金收益率达到115%。1997年效益虽有所下降，但销售收益率仍达到15.6%，资本金收益率达到89%。

2. 股份合作制企业通过治理结构改革，增强了农民参与企业管理和决策的积极性，提高了企业的经营管理水平。1998年所审计的25家股份合作企业，在1997年共召开股东大会43次，平均每个企业1.7次；召开理事会79次，平均每个企业3.1次；召开监事会57次，平均每个企业2.3次；接受审计41次，平均每个企业1.6次。民主管理、民主监督机制的建立促使企业经营者强化管理、挖掘潜力、增收节支。密云县永固五金集团实行股份合作制改革后，提出了“花最少的钱，干最好的活，得到最好的经济效益”的口号，并采取了四项增收节支措施；一是后勤人员由25人减少到16人，每年节支5万元左右；二是向供货单位退回进料包装材料，每年节支1万多元；三是生产工艺由下料排版改为排版下料，每年可节约开支19万多元；四是通过提高产品质量、降低废品率，每件产品降低成本0.2元，每年可节支6万多元。1997年，这个企业实现税后利润85.1万元，比上年增加29.7%；资本金收益率达到33%，比上年提高了7个百分点。

3. 股份合作制企业通过收益分配改革，使农民成为受益主体，调动了农民群众对市场和科学技术的关心程度，提高了企业竞争能力。《北京市农村股份合作企业暂行条例》颁布实施，规范了企业利润的分配，集体经济组织只能按照所占股份获取利润分红，不能随意索取。职工按劳分配与按股分红相结合，其收入结构不仅包括工资，还包括股金分红。企业市场竞争成败与职工利益息息相关。职工由过去只关心干活领工资变为既关心个人利益也关心企业整体利益，推动企业按照市场需求组织生产，职工积极学习和运用科学技术，提高企业整体素质。顺义县天竺镇红都服装厂，改制前，只为北京红都服装厂搞来料加工，生产经营很不景气。改制以后，他们在搞好来料加工的基础上，根据市场需求自购材料加工服装自行销售，使企业发生转机。1997年税后利润达到36.2万元，比改制前的7.9万元增加了3.6倍。顺义县赵全营镇北郎中农场从北京农业大学请来教授，帮助解决粮食加工、饲料加工、培育优种、畜禽粪肥加工等方面的技术难题。木林镇大韩庄农场先后与中国农科院、北京农科院、县农科所挂钩，请专家给职工讲授农业技术，建立良种繁育田和试验田。由于提高了科学种田水平，1997 年这两个股份合作农场在秋旱和粮价低迷的情况下，实现增产增收，粮食总产 699.9 万千克，比上年增长 11.2%；实现利润总额 172.9 万元，比上年增长 22.5%。

第三节　重组转制

进入 80 年代末和 90 年代初，在农村改革的推动和邓小平同志视察南方重要讲话的指引下，北京郊区乡镇企业异军突起，实现快速发展。在乡镇企业高速发展的同时也潜伏着危机。一是乡镇企业产品多数是依托城市工业搞来料加工，或为城市工业搞零部件，有市场竞争力的独立产品很少，这种从属于城市大工业的企业，在计划经济商品短缺的条件下尚能盈利、生存，随着计划经济向市场经济的转变，其产品逐步由卖方市场变为买方市场，而出现滞销；二是乡镇企业的投资主体乡村集体经济组织发展资金不足，兴办企业主要靠银行贷款，随着市场经济体制的建立，很多企业由于资产负债率过高，信誉下降而失去继续从银行获取贷款的条件。随着时间的推移，这些矛盾越来越突出，进入 90 年代中期，郊区乡镇企业陷入极端困难的境地。据市农村合作经济经营管理站监测的 100 家乡镇企业统计，1994 年底资产负债率为 67%；收入增长率为 9.5%；利润增长率下降 30%；销售利润率仅为 3.7%。据市乡镇企业局调查，全市经营亏损的占企业总数的 19.3%；乡镇企业有 10%左右的资产处于闲置或半闲置状态。

怎样扭转乡镇企业发展中的被动局面，使企业走出困境？成为市、区县、乡镇普遍关注的问题。一些地方从产权制度改革上找到了出路。大兴县北臧村 7 家乡办集体企业，1991 年有 1 家租赁给个人，5 家亏损，1 家处于维持状态，企业资产负债率高达 218%。1993 年开始对 7 家企业进行重组转制。服装厂以年租金 13 万元租给了市服装进出口公司。竹器厂以 264.8 万元转让给兴华建筑公司。木器厂以 317 万元转让给农业部机关事务管理局。墩布厂以 10 万元年租金租给外商。化工厂、铸造厂也租给了个人。这样做的结果：①全部扭亏为盈；②资产负债率降低。企业净资产由 531 万元增至 777 万元，负债率由 218%降至 35%；③集体收入增加，原来 7 家企业没有什么上交收入，转制后 1993 年上交乡集体 74 万元，1994 年上交 89 万元，1995 年上交 99 万元。通县疃里村 14 个企业，1994 年底将 11 个企业采取“租壳卖瓤”的形式进行经营。1 112 万元的厂房电力设备归集体所有，年交租赁费 358 万元。其他财产、设备拍卖给经营者，2 669 万元贷款分别记在 11 个企业经营者名下，村集体不再负责偿还。1995 年运转结果是：集体增收，年收租金 141 万元，比承包时上交的 101 万元增加 38%。实现利润 127 万元，增加 64%；贷款压缩 699 万元，负债率下降到 41.5%，降低了 6.5 个百分点；投入增加，企业净资产由原来的 2 900 万元增加到 3 752 万元，增加 852 万元。来自基层的改革实践证明，重组转制是乡镇企业摆脱困境，重现生机的根本途径。在理清思想认识的基础上，市委、市政府相继采取了以下几项措施：

第一，加强领导，统一各级干部的思想认识。由于受传统观念的束缚，许多乡、村干部不愿失去对企业的决策、支配权力，担心“大权旁落”，对集体企业重组转制持怀疑、观望态度。为了统一思想认识，市委、市政府从1994年底开始，采取发文件、召开会议、交流经验等多种形式，提高各级干部对重组转制重要意义的认识。1994年12月，市政府召开了郊区外经外贸、乡镇企业工作会议，会议报告中指出：“1995年深化企业改革，要从盘活存量资产入手，通过企业转制改组，优化企业资产结构，实现投资主体多元化，推动企业制度创新。”1997年5月14日，市政府召开郊区工业重组转制工作会议，会议对郊区一年来乡镇企业重组转制作了总结，顺义、大兴、怀柔介绍了经验，市长助理岳福洪在讲话中指出，“重组转制是经实践证明了的发展郊区工业的正确选择”。要求“各级领导一定要理直气壮，脚踏实地去抓，各县（区）党委、政府、人大、政协一定要齐心协力，共同推进这项工作，为郊区工业早日登上新台阶做出贡献。”1997年11月11日，市委、市政府发出《关于进一步深化农村经济体制改革，落实农村经济政策若干问题的意见》（京发［1997］14号）指出：“乡镇企业进行重组转制，通过重组解决结构性问题；通过转制解决体制性问题。”通过重组转制，在更大范围内，引进资金、技术、人才，优化经营者，进行生产要素的优化配置。生产要素向优势企业、优秀经营者流动，在重组转制中建立新的企业制度。重组转制要坚持因地制宜、形式多样，不搞一刀切。可以联营、兼并、委托经营，也可以租赁、出售、抵押承包，还可以搞股份有限公司、有限责任公司、股份合作制等等。要加大重组转制力度，不断扩大重组转制的范围。1998年9月2日，市政府再次召开乡镇企业重组转制经验交流会，会上，怀柔县、通州区梨园地区等单位介绍了乡镇企业重组转制的做法和经验，市政府农办副主任张凤福在报告中指出，资产重组搞得好的区县和乡镇，一条共同的经验就是“发挥各级党委政府的领导、组织、协调、服务职能，全力予以推动”。要求“各级党委、政府一定要学习先进乡镇的经验，加大资产重组的领导力度，主要领导要站在资产重组工作第一线，掌握工作的主动权。”并提出市对区县、区县对乡镇都要建立乡镇企业重组转制责任制，年底从总量、效益、素质、机制四个方面逐级对乡镇企业重组转制责任制进行评价和考核，以保证重组转制快速健康地向前发展。郊区13个区、县委、政府于1997年和1998年相继发出文件，对乡镇企业重组转制作出具体布置，并分别建立了由主管书记、区（县）长牵头，相关部门领导参加的乡镇企业重组转制工作领导小组，组织各方面的力量，具体抓落实。

第二，制定支持鼓励政策。1997年7月15日，北京市人民政府农林办公室、北京市计划委员会、北京市城乡建设委员会、北京市工商行政管理局、北京市房屋土地管理局、农业银行北京市分行联合发出《关于郊区企业重组转制有关政策问题的若干规定》，对重组转制的乡镇企业归还银行贷款期限、获取贷款的抵押担保、资产评估收费、变更企业登记，以及变更土地权属性质等10个问题都作出明确规定。2000年2月21日，北京市财政局《关于“乡镇企业重组引进大项目”的奖励意见》（京政农发［2000］7号）规定，对乡镇企业重组过程中引进项目投资到位5 000万元以上，其中引进资金3 000万元以上；符合国家产业政策，对区域经济有重大带动作用；项目按现代企业制度建立，并在当地注册、建设、纳税；项目回报率应在10%以上。从2000年开始择优进行奖励，奖励资金主要用于支持乡镇企业的改革与发展。1998 年 4 月 23 日，北京市财政局、北京市地方税务局《关于对股份制和股份合作制企业个人股份分红征收个人所得税有关问题的通知》（京财税［1998］524 号）规定，股份制和股份合作制企业向个人分红的股息红利，凡月息红利收益率低于个人银行一年定期储蓄存款利率的部分，免征个人所得税，超过部分按规定征收。

为推进乡镇企业重组转制进程，各郊区县也相继出台了许多优惠政策。顺义县规定：①重组转制的乡镇企业占用财政信用资金，改制时一次还清的免收全部占用费，减收 10%本金；改制后暂时无力清还逾期财政信用资金的，在其制定切实可行的还款计划的基础上，可将原借款挂账停息 3 年；改制后一年还清的，免收全部占用费；二年还清的，免收资金占用费 50%；三年还清的免收占用费 30%。②重组转制企业，经过县或乡（镇）政府批准，改制前三年平均缴纳所得税为基数，改制后三年超过基数缴纳的所得税，由县财政第一年全部返还，第二年返还 70%，第三年返还 50%，用于企业扩大再生产。③优势企业兼并亏损企业，被兼并企业资产超过兼并企业总资产 50%的，兼并后三年内，企业缴纳的所得税由县财政全部返还；被兼并企业总资产超过兼并企业总资产 30%的，兼并后企业三年内缴纳所得税，由县财政返还 70%。平谷县规定：①改制为有限责任公司和股份合作制的乡镇企业，经县政府批准，从改制之日起，两年内每年按其新增税款的 40%返还企业。②职工及农民出资整体买断产权的乡镇企业，经县政府核准，其上缴新增税款，两年内由县财政全部返还。③以零价出售的资不抵债企业，转制后一年内上缴形成的县级财政收入的税款，全部返还给企业，用于偿还企业债务。为了降低乡镇企业重组转制成本，许多区县规定，转制企业资产评估减半收费，工商登记只收工本费。

第三，加大招商引资力度。为把企业推向市场，使乡镇企业在高起点、宽领域、大范围实现重组转制，市、县（区）、乡（镇）各级政府，采取多种行之有效的措施，加大招商引资力度。一是召开企业重组项目洽谈会。1996 年 3 月举办的“首届北京郊区企业重组、人才交流洽谈会”，全市 14 个区县有 1 740 家乡镇企业参加，各区县与国内外客商，正式签订 132 个资产重组项目合同和 84 个项目意向书，并在现场又达成 475 个资产重组投资意向，与科研单位达成初步技术合作意向 65 个。有近 600 名技术管理人员登记到郊区企业工作。二是组建招商信息网络。如通州区梨园镇招商信息网有 120 名信息员，其中境外信息员就有 85 人。这支信息队伍通过信息联系、政策传递、情感沟通、项目洽谈等方式，截至 1998 年 8 月，在一年多的时间内，促进全镇 61 家乡镇企业实现重组转制。三是广泛利用报刊、电视、广播、计算机互联网络等各种传媒工具把乡镇企业重组项目传播出去，推向市场。

第四，因地制宜，采取多种形式。市政府经过调查分析认为，郊区乡镇企业主要是三种类型：第一种是经济效益好、有发展前途的骨干企业；第二种是小微亏企业；第三种是停产倒闭企业。三种类型的企业要解决的主要矛盾有所不同。第一类是解决发展提高问题，第二类是扭亏增效问题，第三类是盘活闲置呆滞资产问题。即使是第一种类型的企业，制约其发展的主要矛盾也各不相同。有的因缺少主导产品，而难以获得更大的发展空间；有的虽有主导产品，但因缺少一流设备而无法参与同行业竞争；有的产品、设备都不错，但由于缺少足够的流动资金，企业生产受到限制；还有的各方面条件都很好，就是因为缺少高水平经营者和专业人才，企业难有大的作为。因此，市政府明确要求区（县）乡（镇）各级政府在指导乡镇企业重组转制运作过程中，要始终坚持从企业自身实际出发，以邓小平同志“三个有利于”为最高标准，因企而宜，一厂一策。租赁、拍卖、股份制（股份合作制）兼并、联合经营、委托经营等各种方式都可以采用，但选择哪一种方式要从企业自身实际需要出发，不搞一刀切、一阵风，力图避免形式主义。到2002年底不完全统计，全市乡镇企业在重组转制中，实行股份制和股份合作制的有3 279家；实行租赁制的有5 251家；整体拍卖和卖瓤租壳的有1 541家；兼并158家；联营971家，其中与外商合资经营469家。

经过几年的努力，到2002年，全市11 726家乡镇集体企业进行重组转制，占乡村集体企业总数的95%以上。通过重组转制盘活资产近60亿元，引进资金140亿元，使郊区乡镇企业重现生机。一是企业规模扩大。2002年与1995年相比，平均每个乡村集体企业拥有资产总额达到977万元，增加181.6%。平均每个企业职工人数达到98人，增加96%；平均每个企业年产值达到1 246万元，增长315%。二是乡村集体企业发展速度加快。据统计，2000年郊区乡村集体企业实现总收入660.2亿元，比1995年534.4亿元增长23.54%，完成产值656.8亿元，比1995年551.4亿元增长19.1%。实现增加值141.7亿，比1995年103.4亿增长37%。三是乡村集体企业财务状况好转，经济效益大幅度提升。2000年乡村集体企业资产负债率为60%，比1995年的65%下降了5个百分点；实现利润总额35.8亿元，比1995年的29.2亿元增长22.6%；净利润56.7亿元，比1995年31.2亿元增长81.7%；实现税金25.7亿元，比1995年的14亿元，增长83.6%。

第四节　非公有制企业

1981年3月，中共中央、国务院转发国家农委《关于积极发展农村多种经营的报告》中指出：“积极鼓励和支持社员个人或合伙经营服务业、手工业、养殖业、运输业等，凡是适合社员个人经营的项目，尽量由农户自己去搞，生产队加以组织和扶助”。1987年10月，中共十三次代表大会报告中指出：“社会主义初级阶段的所有制应以公有制为主体。目前，全民所有制以外的其他经济成分，不是发展多，而是很不够。对于城乡合作经济、个体经济和私营经济，都要继续鼓励它们发展”。在中央一系列方针政策指引下，北京郊区农村个体、私营企业有了一定发展。到1997年底，全市农村个体、私营企业发展到28 560家，从业职工人数达到107 702人，实现销售总收入54.05亿元，实现增加值16.33亿元，实现利润总额7.3亿元，上缴税金1.45亿元。但从整体上看，由于许多地方重视不够，措施不力，发展缓慢，1997年农村个体私营企业在乡镇企业中所占比重仅为9.1%，分别低于上海、天津2.3和23.6个百分点。为了认真贯彻党的十五大把非公有制经济作为国民经济的重要组成部分的重大决策，进一步支持鼓励农村个体和私营企业发展，1998年10月9日，北京市人民政府批转了市计委、市体改委、市工商局《关于鼓励本市个体、私营经济发展若干问题的意见》（京政发［1998］16号），并要求各区县政府结合实际情况，认真贯彻执行。市政府16号文件，对市场准入、改善个体私营企业的生产经营条件、改变个体私营企业发展的筹融资渠道、鼓励个体私营企业投资发展首都经济的重点产业、鼓励个体私营企业参与国有、集体企业改革、鼓励和支持符合产业政策的大型私营企业向集团化规范化发展、维护个体私营企业的合法权益、为个体私营经济发展创造良好的环境等十一个问题做出了明确的规定。随着这些政策措施的贯彻落实，使北京郊区农村个体私营企业发展进入了快车道。到2000年底统计，农村个体、私营企业发展到106 793家，比1997年增加78 233家，增长2.73倍；从业人员达到332 231人，增加224 511人，增长2.1倍；销售总额达到298.86亿元，增加244.81亿元，增长4.5倍；实现增加值68.24亿元，增加51.91亿元，增长3.2倍；实现利润总额27.7亿元，增加20.4亿元，增长2.7倍；上交国家税金4.8亿元，增加3.35亿元，增长2.3倍。个体私营企业成为拉动郊区农村经济增长的重要动力。

第五章　农村社区合作经济组织

1978年12月中国共产党十一届三中全会以后，在农村普遍实行了以农民家庭承包经营为主的责任制和对乡（镇）、村集体企业进行了转变内部经营机制的产权制度改革，同时，对乡（镇）、村集体经济组织也逐步进行了改革。

第一节　政社分设，建立乡（镇）合作经济组织

1981年，北京郊区开始在丰台区黄土岗公社和昌平县沙河公社进行政社分设改革的试验，取得较好效果。中共中央1983年1号文件提出“政社合一的体制要有准备、有步骤地改为政社分设”。中共中央1984年1号文件指出：“原公社一级已经形成经济实体的，应充分发挥其经济组织的作用”，但它与原大队、生产队“是平等互利或协调指导的关系，不再是行政隶属和逐级过渡的关系”。北京郊区政社分设的改革在1983年普遍进行，到1984年上半年基本完成。郊区人民公社级集体经济，1982年固定资产总值7.3亿元，占公社、大队、生产队三级固定资产总值的39%。在实行政社分设，建立乡（镇）政府的同时，原来269个公社都作为合作经济组织保留下来。其中，有226个公社改称农工商联合总公司，有43个公社仍沿用人民公社管理委员会的名称。在职责划分上，政府管理经济的职能统由农工商联合总公司承担，乡（镇）政府不再直接管理经济。由于各地经济发展水平不同，地理环境存在差异，以及干部素质等多种原因，1985年以后怀柔、密云、平谷、延庆、门头沟等远郊区（县）对政社的职责划分作了一些调整，把农业管理工作和机构划归乡（镇）政府，乡（镇）合作经济组织只负责经营管理乡（镇）集体企业。

随着农村经济的发展，乡（镇）合作经济组织内部也发生了很大变化，在一些经济发达、专业分工明显的近郊和平原地区的乡（镇）合作经济组织内部都相应建立了专业生产和服务组织，一般设有农业服务公司、多种经营服务公司、工业公司、建筑公司、经营管理站等，对村合作经济组织和个体私营经济进行多方面的服务和指导。海淀区四季青、东升、玉渊潭、海淀和朝阳区南磨房等乡由于商品经济发达，乡级集体经济实力较强，经营管理水平也比较高，逐步打破了大队和生产队界限，在全乡范围内实行统一经营核算和专业化生产，按照蔬菜、果品、粮食、畜牧、机械运输、工业、建筑、商业等行业组织专业公司，一些规模较大的专业公司中又划分成小的专业单位，在产前、产中、产后的专业单位之间紧密协作，相互服务，形成了比较完整的专业生产体系，促进了区域经济的发展。

北京郊区政社分设，建立、健全乡（镇）合作经济组织的改革，对于促进郊区农村经济发展、巩固壮大农村集体经济、富裕农民发挥了很大作用。据市农村合作经济经营管理站《北京市农村经济收益分配》资料分析，2002年北京市农村乡（镇）一级集体经济总

收入达472.3亿元，比1982年增长13倍，增速高于村级集体经济。占乡（镇）、村两级总收入的比重为49.5%；乡（镇）集体资产总额729亿元，占乡（镇）、村集体资产总额的52.8%；乡（镇）级集体净资产（所有者权益）264.8亿元，郊区农民人均占有0.75万元，占乡（镇）村人均净资产（所有者权益）总额的43.4%。

1991年1月22日中共北京市委、北京市人民政府发出《关于加强乡村合作社建设、巩固发展集体经济的决定》（京发［1991］2号文件），指出“在乡范围内设村合作社的联合组织，名称为乡合作经济联合社，简称乡（镇）联社”。乡（镇）联社作为乡镇范围内的村合作社的联合经济组织，虽然在发展农村经济中发挥了巨大作用，但由于产权制度改革滞后，内部管理特别是民主管理制度建设缺乏规范，许多地方在投资决策，干部任用、收益分配等重大问题上仍然是乡（镇）党政领导说了算，没有从根本上改变其乡镇政府附属的地位。对乡镇一级合作经济发展极其不利。如20世纪90年代中期，在撤乡建镇过程中，延庆、顺义、昌平、延庆、门头沟等区、县在合并乡、镇行政区划的同时，按照行政区划的撤并合并了乡（镇）合作经济组织，合并时虽然进行了清产核资，但对其所合并乡镇合作经济组织之间存在的人均占有所有者权益的差异未作处理，形成了新一轮的一平二调“归大堆”。又如，由于政社分设的改革，绝大多数乡镇政府和乡（镇）联社的财务没有分开，许多地方乡（镇）联社经营收益首先满足日益扩大的行政事业费用及“形象工程”的支出，给乡镇级合作经济发展造成沉重负担。再如，近几年在乡镇机构改革当中，有的不是在精简行政机构转变行政职能上下功夫，而是取消了乡镇经济联合社，把其变成了乡镇政府下属的集体资产经营公司而存在，实质上，又回到了政社合一的老路。这些问题的出现说明乡镇政社分设的改革远未完成，很多问题需要在进一步深化改革中研究、探索。

第二节　建立村经济合作社

一、改革村级合作经济组织的背景、历程

1982年北京郊区农村共有4 192个行政村，多数地方是以生产队为基本核算单位，全市共有生产队1.3万个。1983年农业普遍实行了家庭联产承包为主要形式的责任制，生产队组织指挥生产的功能分解到农户；为农户进行生产、生活服务的功能，因生产队规模过小（一般只有20～50户），很难形成专业化和职业化，成本高，不经济，难以提升服务质量；而且原有服务设施，如农业机械、水利灌溉设施、米面加工设备、科技植保组织等，一般是由大队统一购置和设置，因此，服务组织设置在大队一级较为适宜；由于受资金、劳力、技术、管理等条件限制，生产队兴办企业很困难，集体经济发展明显落后于生产大队一级。据怀柔县统计资料分析，1983年与1982年相比，大队级集体经济总收入增长75.9%，生产队级增长28.4%，大队级比生产队高出47.5个百分点。一些认识较早的地方，在农业联产承包责任制建立后，及时取消了生产队建制，以大队为单位建立合作经济组织，精简了干部，减少了管理层次，提高了工作效率，经济增长加快，效果很明显。

怀柔县庙城乡彩各庄大队原有3个生产队，实行“大包干”责任制后，在乡农村合作经济经营管理站帮助下，按照群众意愿，取消生产队一级，成立了村合作社。村合作社设置了农机、水电、财务会计三个服务组，原由生产队统一承担的农机作业、农田灌溉、植物保护等生产环节和各种承包合同的管理、结算，分别由农机、水电服务组和会计组承担，对原生产队的财产物资进行了清理、登记、作价，再加上库存现金按1984年8月31日在册人口折算到农户，作为社员投入到村合作社的股金，实行按股分红。经过这项改革，一是精简了管理人员，减轻了农民负担。生产队解体前，全村共有大队生产队干部及后勤人员37人，年工资总额18 218元，农民人均负担31.58元。取消生产队后，管理人员减少到15人，年工资总额11 952元，农民人均减少10.76元。二是积聚了集体资金，促进了产业结构调整。生产队取消后，共集中集体资金42 406元，投资8万元建起了三个村办集体企业，安排劳动力40人。三是改善了对承包农户的服务。怀柔县八道河乡共有6个大队，1984年初，有3个大队取消了生产队建制。这三个大队原有享受固定补贴的干部29人，取消生产队后，只留下15人，减少了48.3%，全年干部补贴总额下降23.1%，1～9月份人均纯收入比上年同期增加145元，而仍保留生产队一级的3个大队，同期人均纯收入只增加61元。怀柔县委、县政府在总结群众实践经验和深入基层进行试验的基础上，于1984年11月8日召开了有乡镇主要领导参加的深化农村改革工作会议，对于撤销生产队建制，建立村经济合作社作出了具体布置，并从县各有关部门抽调150多名干部深入到村具体帮助和指导，到1985年3月23日统计，全县776个生产队取消的有758个，占原有生产队总数的97.7%，全县298个村普遍建立了村经济合作社。平谷县山东庄乡桃棚大队在土地包干到户以后，撤销了4个生产队建制，由大队直接组织工副业生产和为农户提供生产、生活服务，效果很突出。时任全国人大常委会委员长的万里同志看到记者撰写的桃棚村改革管理体制的内参，作了批示：“是否全市都可以这样做，我看大都可以，希望今冬认真抓一下”。

1985年4月，中共北京市委农村工作部在怀柔县召开了有郊区各区县委主管农村工作的副书记、农村部长参加的村级合作经济组织改革问题研讨会，会上，首先由怀柔县委汇报了撤销生产队，建立村合作社的做法和经验，然后与会同志就此进行了研讨，与会的区、县领导认为撤销生产队一级建立村合作社是实行家庭承包责任制后深化农村管理体制改革的必然趋势，是加强社会化服务完善双层经营体制的客观要求，是加快农村经济发展的需要，因此受到多数基层干部和农民群众的欢迎。多数同志对怀柔县的经验和作法持肯定的态度。由于市委、市政府主管农村工作的领导认识不一致，市委农村部领导在会议结论时未作明确部署。但会后撤销生产队，建立村合作社的改革仍在郊区多数区、县全面展开。1982年全郊区共有生产队12 816个，到1987年统计，作为合作经济组织独立存在的生产队减为6 967个，1990年进一步减少为3 926个。全市撤销生产队总数达到8 890个，占原有生产队总数的近70%。

二、被撤销的生产队的财产处理

在改革过程中，妥善处理原生产所有的财产是干部、群众关心的焦点。实践中，多数地方做到了不平调、不平分，具体做法主要有四种形式：

1. 折股到户，按股分红。怀柔县河防口村原有5个生产队，撤销生产队，建立村合作社时，对原生产队的财产经过清理作价，将其净资产总额按生产队的人口折算到户，作为农户向村合作社投资股份，村合作社发给农户股份手册。村合作社规定，对农户持有股份，按银行一年定期存款利率付息，并将村合作社每年经营纯收益的20%，按社员持有股份分红。

2. 各生产队财产作价，按人平均，以人均占有最低的生产队为基数，上交村合作社，作为村合作社公共发展基金，归村合作社所有，高出部分，村合作社逐年偿还。偿还方式：一是偿还现金。房山县石楼乡双柳树村合作社原有2个生产队，取消生产队时，一队净产资产比二队多1.2万元，村合作社从村办企业利润中拿出6 000元分给一队社员，另外6 000元下年偿还；二是以补贴农业生产费用形式偿还。房山县琉璃河乡祖村3个生产队，撤销生产队建制，建立村合作社时，净资产存量一队人均占有455元，二队256元，三队592元，生产队财产统归村合作社后，村合作以二队人均占有净资产为标准，作为村合作社公共发展基金，差额部分，村合作社用垫支农业生产费用形式分两年还清。三是差额部分留给原生产队作为原生产队兴办公共福利开支。

3. 队与队之间人均占有净资产基本平衡，差别不大，撤销生产队时，其财产统一上交村合作社。

4. 生产队撤销后，村合作社仍保留原生产队账目，采取过渡形式，逐步处理队与队之间上交财产差别。

在原生产队财产处理问题上，也有少数地方仍有平调、归大堆现象发生。房山县南召乡东南召村在撤销生产队时，村合作社规定：生产队可以变价处理的财产变卖现金分给本队社员，不能处理的交村合作社。该村两个生产队卖掉手扶拖拉机4台，胶轮马车10辆，一队收回现金13 800元，二队收回现金15 300元，分给了社员。一队没有出售的队办企业，有固定资产3 000元，无偿归了村合作社。

改革开放以后，城市建设加快，国家征用农村土地大量增加，对于全部或大部土地被国家征用，农民转为城市居民，村队合作经济组织撤销，其原有财产如何处理问题，做法不一致，引发许多矛盾。1985年9月30日中共北京市委农村工作部、市人民政府农林办公室转发了北京市农村合作经济经营管理站《关于征地撤队后集体资产的处理意见》，并发出通知（京农69号），要求各区、县委、政府结合实际研究试行。

北京市农村合作经济经营管理站《关于征地撤队后的集体资产处理意见》对于撤队后的集体资产处理作出如下规定：①集体固定资产（包括变价、折价款）和历年的公积金余额，以及占地补偿费，全部上交给所属村或乡合作经济组织，作为公共积金，不准分给社员。②集体的生产费基金、公益金、生活费基金和低值易耗品、库存物资和畜禽折款，以及国库券等，归原队社员合理分配。③青苗补偿费，本队种植的树木补偿费，以及不属固定资产的土地附着物的补偿费，可以纳入社员分配。④属于社员自留地和承包田的青苗补偿费，自有树木补偿费，自有房屋折价补偿费，应全部归所有者所有。⑤社员入社股金应核实清楚，如数退还。⑥撤队的社员中，凡在乡（社）、村劳动或工作的人，可按同一尺度参加分配（如在队劳动的年限）。

从1985年到1999年《北京市撤制村队集体资产处置办法》（京政办发〔1999〕92号）文件发布前，属于因国家征、占地，农民转城市户口而撤销大队、生产队建制的地方，基本上按上述意见做了处理。据朝阳区统计，1985年至1999年城市建设共征、占农村土地6 957.27公顷，撤销14个村、173个生产队，安置农转居人口108 200人，其中转工就业80 020人，老弱病残11 479人，自谋职业16 701人。这些村队撤销建制时有集体资产净额37 400万元，其中集体固定资产、历年的公积金余额、土地补偿费等上缴乡、村合作经济组织11 220万元。地上物补偿费、青苗补偿费、生产费基金、公益金、生活基金和流动资产变价款等26 180万元合理分配给了社员。农民自有财物补偿费全部归所有者所得。

第三节　农村社区合作经济组织建设

乡（镇）、村合作经济组织通过改革，理顺了政、社关系，增加了活力，在农村商品经济发展中，显示了集体经济的优越性。但是，一段时期内，由于对合作经济组织建设重视不够，使部分地区形成了“有集体无名称，有组织无经营”的状况，带来了一系列不良后果。①造成还有没有集体经济组织的疑问；②模糊了集体财产的所有者，过分强调承包经营者的利益；③“统分结合、双层经营”的体制不能很好完善，“以包代管”难以纠正，集体资产流失；④忽视了民主办社传统，助长了盲目决策和不正之风。

针对社区合作经济组织建设和管理中存在的问题，从1989年开始，郊区结合农村社会主义思想教育，抓了社区合作经济的组织和制度建设。1989年10月，中共北京市委农工委、市政府农办发出《关于健全乡村合作社组织，发展集体经济若干问题的暂行规定》，1991年1月市委、市政府作出《关于加强乡村合作社建设，巩固发展集体经济的决定》。主要内容包括8个方面：①统一对乡村合作经济组织的性质、地位的认识；②规范合作社名称，健全机构；③乡村合作社的职能和主要任务；④实行统分结合、双层经营；⑤加强财务管理；⑥认真实行民主办社；⑦社员、干部的权利义务；⑧党和政府对合作社的领导、扶持和管理。

各区县根据《暂行规定》和《决定》，普遍抓了试点并逐步推开。主要做法是：①广泛深入进行教育，认识在农村坚持社会主义方向就必须坚持集体经济，要发展集体经济，就必须完善合作组织；②学习讨论市委市政府《决定》，总结集体经济改革的经验教训，统一认识，消除误解；③统一村合作组织名称（一般叫村经济合作社），讨论拟定本村经济合作社的章程；④选举社员代表，建立社员代表大会制度，听取工作报告，公布财务账目，通过社章，选举村合作社管理委员会和社长；⑤提出发展经济规划，制定完善承包、加强管理的具体制度和办法。经过努力，到1995年底，全郊区95%以上的村完成了健全合作社组织的各项任务，初步规范了村合作社的运行程序。以后，市、县、乡抓住每年召开两次社员代表大会例会这个环节，由村合作社管委会报告工作，公布账目，听取社员代表的批评建议，并由上面干部下去检查指导。经过多年坚持，有效地推进了民主办社和财务公开，对巩固村合作社，发展集体经济发挥了重要作用。

第四节　农村社区股份合作制

改革开放以来，北京城市建设加快，城近郊区大量农用土地被国家征用，在给乡、村集体经济带来许多发展机遇的同时，也引发了一些新的矛盾，突出的问题是：①因土地被国家征用农民转居转工而撤销建制的村、队，其历年积累的集体资产上缴的政策严重挫伤了农民扩大再生产的积极性，而对一些村合作社土地被国家征用，合作社建制撤销，大量集体资产被平调的现实，使许多干部、群众对发展集体经济丧失信心，不愿再进行固定资产投资。②原来转居转工农民的就业及安置政策，使其多数收入减少，生活水平下降，上访告状不断，成为影响社会安定的一个重要因素。例如丰台区南苑乡蒲黄榆村，因开发方庄商住小区，集体耕地被全部征用，村行政建制撤销，村合作社及所属 11 个生产队同时解散。全村 2 000 多农民转为居民户口，劳动力转为工人，安置在全民所有制企业就业。当时该村有集体净资产 8 000 多万元，处置结果是：上缴丰台区财政 3 000 多万元，方庄街道办事处所属方成实业开发公司 4 000 多万元，南苑乡农工商总公司 157 万元。近些年来，由于国营企业不景气，下岗职工增多，转居转工农民收入减少，生活水平下降，原蒲黄榆村已转工农民联合起来连续上访，要求返还被区财政、街道办事处及乡农工商联合总公司无偿拿走的集体资产。③现有的农村合作经济财产制度产权关系不清，名义上集体所有，人人有份，而实际上又人人都没有所占有的具体份额，难以形成民主管理和自下而上的监督约束机制，失去了凝聚力。

为解决上述矛盾，地处北京城区南三环至五环路之间的丰台区南苑乡党委、政府在尊重财产所有者意愿的原则下，引导和帮助农民群众对村合作社财产制度进行了股份合作制改革试点，从 1993 年到 1997 年底，先后完成了东罗营、右安门、果园、东铁匠营、马家堡等 5 个村合作社的试点工作。其基本作法是：把村合作社的集体净资产划分为集体共有股和社员劳动贡献股，并按劳动贡献股的一定比例吸收农民购买现金股。把单一的集体经济改造成股份合作制经济。集体资产划分的界限是国家征用土地的补偿费、安置补助费、原有集体固定资产和历年积累余额作为集体共有股；生产费基金、公益金、生活基金和低值易耗品、库存物资、畜禽折款等作为社员个人股，按工龄分配给现有合作社成员持股，社员所持股份，可以继承、转让。社员入社时的股份基金按乘 15 倍的数额计入社员个人股份。社员个人认购现金股的比例是劳动贡献股的 9∶1 或 7∶1。在明晰产权的基础上召开股东代表大会，审议通过合作社章程，选举产生董事会、监事会，宣布村股份合作社成立。并由董事会聘任社长（经理），负责集体资产的经营管理工作。这种社区型股份合作制较原来的集体经济模式对于缓解城乡结合部地区因城市化进程中引发的矛盾，促进农村经济发展作用显著：①克服了短期行为，激发了农民增加投入、发展合作经济的积极性。据南苑乡 15 个村合作社 1995 年到 1997 年资产负债报表分析，东罗营等实行股份合作制的 5 个村 1997 年扩大再生产投入比 1995 年增长 60%；未改制的花园等 10 个村 1997 年扩大再生产投入比 1995 年增长 24%。前者比后者高出 36 个百分点。果园村 1995 年完成股份合作制改革，3 年累计投资 3 亿元，建成了 13 万平方米的果园商住小区和 9.6 万平方米的大红门服装商贸城。其固定资产投资额相当改制前集体资产总额的 3 倍。②合作社成员参与管理的意识增强，监督约束机制强化。马家堡村在村合作社改制召开工贸集团成立大会时，有人提出按照惯例对参加成立大会的股东代表和来宾每人赠发一份礼品的建议，当场就被多数股东代表否决，打破了用集体财产随便送礼的陋习。③促进了集体经济发展。据南苑乡农村合作经济经营管理站提供的 1995 年至 1997 年农村经济报表资料分析，在全乡 15 个村合作社中，没改制的 10 个村 1997 年集体经济总收入 11.4 亿元，比 1995 年增长 11.7%。纯收入 1.5 亿元，比 1995 年减少 10%。而改成股份合作制的 5 个村，1997 年村集体经济实现总收入 5.8 亿元，比 1995 年增长 35%；实现纯收入 7 635 万元，比 1995 年增长 30%，增长幅度分别比前者高出 23.3 和 40 个百分点。

丰台区南苑乡农村社区股份合作制改革试点的经验引起了中共北京市委、市政府有关部门的重视。1998 年初，市委农村工作委员会和市政府农林办公室从市委农工委经管处和市农村合作经济经营管理站等部门抽调干部，组成工作小组，就农村社区特别是城乡结合部地区的合作经济组织改革问题进行调查研究，制定政策。7 月，工作小组起草的《北京市撤制村队集体资产处置办法》经市长办公会讨论原则通过，并责成市政府办公厅进行了修改。于 1999 年 12 月 27 日以北京市人民政府办公厅名义发布（京政办发［1999］92 号）。《办法》共 22 条，对其适用范围、撤制村队集体资产处置的原则、产权确定的法律依据、确定处置方案的程序等作出了明确的规定。《办法》要求集体资产数额较大的撤制村、队要积极发展规范化的股份合作经济。并对实行股份合作制的村、队合作经济组织股权量化分配的比例、享受劳动贡献股的对象、合作化时社员入社股金处置等作出了具体的规定。《办法》还明确提出各级政府要积极帮助和支持撤制村、队的股份合作制改造，发展股份合作经济。

依据《北京市撤制村、队集体资产处置办法》，农村社区股份合作制改造相继在城近郊区展开，到 2002 年底，全市有 1 个乡级合作经济组织和 20 多个村级合作经济组织完成了股份合作制改造。这些地方的股份合作制大体分为两种类型：

一种是集体账内资产量化型。改制时将集体存量资产的 70%按社员参加集体生产劳动的年限量化到农民个人，为劳动贡献股。并规定可以继承转让。丰台区卢沟桥乡东管头村 2001 年按照市政府办公厅 1999 年 92 号文件规定完成了社区股份合作制改造。全村农业人口 3 346 人，土地 100 公顷，经过清理核实集体资产净值 1.8 亿元。股权设置：集体股 6 300 万元，占全村集体净资产总额的 35%；量化到户 11 115 万元，占 61.76%（其中按改制时现有人口量化的户籍股 3 700 万元，按合作化以后参加集体生产劳动年限量化的劳动贡献股 6 315 万元）；预留机动股份总额 585 万元，占 3.25%。从 2002 年起，对集体资产经营收益进行了股份分红。

有些地方在进行农村社区股份合作制改制时，根据多数社员的意愿，其股权设置突破了《北京市撤制村、队集体资产处置办法》的规定。如有的没有留集体股，集体资产全部量化给农户；有的享受劳动贡献股的范围既包括了现有合作经济组织成员，也包括了原有合作经济组织成员中已经转居转工的人员。对已经转居转工的原合作社成员所得的股份，有的村作为优先股参与合作社的年度收益分配；有的村规定按其享有的集体资产份额进行了现金兑现，一次性了断了转居转工人员与集体经济组织的产权关系。如朝阳区大屯乡1997年集体耕地全部被国家征用，农民全部转为城市居民，村集体净资产2.35亿元，由乡合作经济组织一次性买断，并以现金形式向各村合作社成员进行了兑现。乡级集体净资产73 502.69万元，按该乡1956年合作社成立至1997年12月31日全部转为城市居民为止在本乡、村工作或劳动的时间计算应享受的股权份额。经过详细统计、核实，分配对象的农龄共计21.61万年，人均农龄14年。每个农龄折合应分得净资产份额为3 435.75元，人均48 118.2元。对于仍在本乡所属企事业单位劳动、工作岗位上的合作社成员所持有的股权，作为出资组建“北京华汇亚辰投资有限公司”，持股人参与公司的收益分配。对于已在其他地方就业的人员，按所持有的股份进行了现金分配，兑现现金6.3亿元。

另一种是土地价值量化型。大兴区西红门镇共有27个村经济合作社，有9个合作社实行了以土地价值量化型的股份合作制。其基本作法是：现有集体耕地每亩作价6万元，已经出租的土地按实际租金收益计算股金，二项合计为社员股金总额。股金总额按全村农业人口折算到户，作为每个家庭持有的村合作社股份。村合作社年度净收益按40%提取公共积累，用于合作社扩大再生产和公益建设事业支出；60%按农户所持股份分红。大兴区西红门镇西红门一村共有527口人，有集体耕地面积50.27公顷，按每公顷90万元的价格，作价4 524万元，按全村农业户籍人口折算到户，每人分得村合作社股份86 200元。2002年完成股份合作制改造，并按当年收益进行了股份分红。该村全年出租土地租金和村办企业经营共计实现总收入700多万元。用于合作社成员福利性支出149.8万元，人均享受福利待遇2 428元。其中发放劳动就业补偿金43万元，过节费10万元，退休金40万元，助学金12万元，独生子女补助金7万元，水费、卫生费补助10万元，其他补助12万元，提取公共积累91.88万元。全村人均收入13 985元，来源村合作社股份分红、劳动报酬及公共福利分配共计6 000元，占人均分配总额的43%。股份合作制使村干部增强了责任心，提高了合作社资源的利用率；社员得到了实惠，弱势群体基本生活有了保障，干群关系和谐融洽。

第五节　政府对乡、村合作组织的管理

农业合作化和人民公社时期，党委、政府对农村合作经济组织的管理，主要是运用行政手段。社区合作经济组织的建立、撤并，以及主要管理干部的任免都要经过上级政府或政府主管部门的审批。在计划经济体制下，这种行政干预的手段和内容越来越强化。人民公社化时期，乡村合作经济组织的经营方针要由上级政府确定；年度生产计划由市、县、公社各级政府逐级分解，落实到大队、生产队。对合作经济组织内部经营管理行政干预事无巨细。如，在生产管理上，什么时候播种，什么时候管理，什么时候收获，都要执行上级政府的硬性规定；在劳动管理上，劳动组织形式、计酬方法等都要按政府规定去作；在年度收益分配上，分配方案要上报上级政府主管部门审批，留多少积累，社员分配多少现金口粮等都是由政府说了算。过度的行政干预，使农村合作经济组织变成了政府的附属单

位，没有经营自主权，失去了活力，严重制约了农村经济的发展。

中国共产党十一届三中全会以后，随着政治、经济体制改革的不断深入和计划经济向市场经济的转变，政府对农村合作经济组织的管理逐步由行政手段为主，转变到以法律手段为主。为完成这一具有历史意义的转变，中共北京市委、市政府、市人大常委会突出抓了农村合作经济管理方面的立法工作。1989 年 10 月 19 日北京市第九届人大常委会第十四次会议审议通过《北京市农业联产承包合同条例》，在总结贯彻实施经验以及在实施过程中提出的新问题的基础上，适应深化农村改革的需要，1998 年 7 月 31 日北京市第十一届人大常委会第四次会议重新审议通过了《北京市农业承包合同条例》；1993 年 5 月 7 日北京市第十届人大常委会第十二次会议审议通过了《北京市农村集体资产管理条例》；1994 年 1 月 14 日，北京市第十届人大常委会第八次会议审议通过了《北京市乡村集体企业承包经营条例》；1994 年 5 月 21 日，北京市第十届人大常委会第十次会议审议通过了《北京市农民负担管理条例》；1994 年 9 月 9 日，北京市第十届人大常委会第十二次会议审议通过了《北京市农村集体所有荒山荒滩租赁条例》；1996 年 9 月 6 日，北京市第十届人大常委会第三十次会议审议通过了《北京市农村股份合作制企业暂行条例》；1997 年 1 月 16 日，北京市第十届人大常委会第三十五次会议审议通过了《北京市农村集体经济审计条例》。

以上七个地方法规的相继颁布实施，确定了乡村合作经济组织是本组织经营管理的主体地位，为纠正和避免不必要的行政干预提供了有力的法律依据；明确了市、区、县、乡农村合作经济经营管理部门是同级政府的农村合作经济管理部门（或具体办事机构），为纠正和克服对农村合作经济管理政出多门、相互扯皮、推诿的混乱现象提供了法律保障。这些地方法规所涵盖的范围，基本上涉及到农村合作经济管理的各个方面，形成了比较完整的北京郊区农村合作经济管理法律体系，其深入贯彻实施，标志着北京市农村合作经济经营管理工作纳入了规范化、法制化的轨道。

第六章　农村专业合作经济组织

第一节　农村供销合作社

中共中央于1953年2月1日通过的《关于发展农业生产合作社的决议》中指出："农业生产互助合作、农村供销合作和农村信用合作是农村合作化的三种形式。这三种合作互相分工又互相联系和互相促进，从而逐步地把农村经济活动与国家的经济建设计划联结起来，逐步地在生产合作的基础上改造小农经济。"

实际上，供销合作解放前在理论上、实践中就有了基础性发展。中国共产党早期，就把马克思主义的合作制理论同中国的工人运动和农民运动相结合，以发展合作社作为劳动群众反抗奸商重利盘剥、改善生活、密切团结以及参加城乡对敌斗争的强有力的组织，推动各革命根据地广泛建立国营商业和合作社组织。北平郊区的宛平等抗日根据地自1938年开始，以民办公助的形式先后建起29个合作社，到1947年底，随着华北的解放，冀热察供销总社成立（总部设于怀柔汤河口），通县、房山、密云、延庆、平谷、怀柔等县也都建成比较健全的县、区、村三级合作社组织。合作社在抗日战争和解放战争中，为打破日军和国民党军队的经济封锁、活跃物资交流、保障军需民用、促进生产自给、支援革命战争作出了不可磨灭的巨大贡献。

全国解放前夕，毛泽东同志在中共七届二中全会报告中作出的"单有国营经济而没有合作社经济，我们就不可能领导劳动人民的个体经济逐步走向集体化，就不可能由新民主主义社会发展到将来的社会主义社会，就不可能巩固无产阶级在国家政权中的领导权"的重要论述，是发展新中国北京合作社事业的思想理论基础，而京郊老解放区则为北平和平解放后办好合作社积累了经验，培养了人才。

一、农业互助合作时期的供销合作

1949年2月，在中国人民解放军北平军事管制委员会接管国民党政府办的旧合作社的同时，建立了人民政府领导下的北平市合作社供销总社，并按照中共北平市委提出的"恢复、改造和发展生产"等项中心任务，以城市为重点，发动群众广泛建立机关、学校、街道、厂矿消费合作社、城市手工业生产合作社和农村供销合作社。消费合作社以低于市场的价格供应社员和群众生活日用品，以安定人民生活，减除私商对劳动群众的中间盘剥，并配合国营商业打击投机资本、稳定市场物价。手工业生产合作社以制鞋、建筑、缝纫行业的失业工人为主，既解决了失业工人的生活困难，又增加了生活资料的社会供给量。农村供销合作社以村为单位，把农民作为生产者和消费者组织起来，通过供应生产资料、生活资料、收购农副产品，支持郊区恢复春耕生产，帮助社员开辟工副业生产门路和推销产品。合作社坚持“以为社员服务为宗旨，不以盈利分红为目的，并执行一定经济任务”和“自愿、民主、平等”的办社方针，得到广大劳动群众的支持和信赖。人民政府则在贷款、运输、批发商品等方面给予合作社优惠，扶持合作社发展。到1949年底，全市合作社总数已达324个，吸收社员40.2万人，初步建立起遍布全市城乡、从批发到零售、从供应社员生产、生活资料到帮助推销工副业产品的一套比较完整的合作社商业网。合作社的迅速建立，壮大了公有制经济力量，对于保证党的“发展经济，保障供给”方针的贯彻实施，促进城乡经济的恢复发展，保持社会稳定和巩固新生政权起到了极为重要的作用。

1951年1月13日，市委郊委发出《关于加强农村供销社工作的指示》。文件记载：“目前郊区农村供销社已发展到109个基层社，占全郊区260个行政村的40%，有社员8.9万多人，占农业人口35.4万多人的25%。一年多来在收购农副产品，供应生活资料，沟通城乡交流，保证农民避免中间剥削等方面，都起了很大作用”，指示要求1951年争取把社员发展到占农村人口的50%，要选拔优秀党、团员到供销社工作。这一年，市供销合作总社郊菜处，设蔬菜经理部（即后来的北京市蔬菜公司），并在天桥、广安门、阜成门和东直门等四大菜市场设立菜站，经营批发业务，逐步占领蔬菜批发市场。

1954年5月10日，市供销合作总社与彰化农场签订了蔬菜产销结合合同，彰化农场将全年计划生产625万千克蔬菜，全部由市供销社按双方议定的价格包销。这是北京市唯一的一份“定价包销”合同。此外，丰台区供销社与白盆窑乡、黄土岗乡两个大型农业社也签订了随市价包销的结合合同。先后共有4个国营农场和154个农业社、3个互助组与供销社签订蔬菜产销结合合同。合同的形式有两种，一为“随市价包销”，共145份合同；二为“定价包销”，定价按蔬菜成本加30%的利润，当时只有一份。这些单位生产的4 500多万千克蔬菜（占全郊区蔬菜总产量的1/7），全部由供销合作社包销。这样既解决了中间商的盘剥，增加了农民收入，又缓解了蔬菜供求矛盾，加强了蔬菜产供销的计划性。

另一方面，农业生产资料多数品种由市供销社负责供应，肥料贷款交由供销社经营，化肥、农药、农用机械、耕畜、农机具、提水工具、主要经济作物的籽种和柴油等都陆续由供销社经营管理。为此，在基层社建立236个生产部负责供应业务。对于一些技术性较强的新商品，采取“先试验、后推广，技术在先、供应在后”的做法，配合市郊区工委将新式农具贷款放给农民，当年上半年就贷出新式步犁、玉米脱粒机、水车、喷雾器等新式农具1 746件（架），价值10.5亿元（旧人民币）。为了推广新农药，供销社采取无偿给药、传授用药技术，同农户订立保产合同等办法，受到农民欢迎。

到1956年，按照“城乡分工与商品分工相结合”的原则，供销合作社的商业分工确定为：国家、市政府和国营商业部门委托的除粮、油以外的农副产品的计划收购、调拨；农业生产资料、棉麻土产品、干鲜果品、日用杂品、废旧物资的经营和管理；扶持农副业生产，发展农副产品加工业；安排郊区农村市场，包括组织日用工业品下乡、生活资料供应、经营饮食服务业等；工作重点在农村。其基本任务是通过供销业务开展城乡物资交流，为农业生产服务，支援国家工业化，巩固工农联盟；通过有计划的供销业务和合同制度，引导小农经济和个体手工业逐步纳入国家计划的轨道，促进其走上社会主义集体化道路；在国营商业的领导下，扩大有组织的商品流通，领导农村市场，逐步实现对农村私商的改造，占领农村商业阵地。各级供销合作社按照上述分工和基本任务，围绕业务工作重点，千方百计搞好生产、生活资料供应和农副产品收购业务，扶持农副业生产、增加农民收入。同时，积极参与农村初级市场，搞活农民贸易，加强农村商业网点的规划建设，以方便农民购销。供销合作社的经营范围广泛，只要是国家允许的，社员需要什么就经营什么，经营方式也十分灵活，除批发、零售业务外，还有代购代销、换购、赊销、存实业务等。在条件艰苦地区，供销合作社的干部、职工经常身背肩扛，走乡串户，收售结合，深受郊区农民的欢迎。随着购销业务的蒸蒸日上，供销合作社自身也日益壮大。到 1957 年，北京市供销合作社已建有土产经营处、农业生产资料经营处、农产品经营处、畜产公司、茶叶公司、废品经营处等 6 个直属批发机构，7 个郊区分社及所属中心商店 101 个，零售商店、代销处、流动售货组、固定货摊等各种零售网点 1 159 个，增加饮食服务业网点 43 个，在交通不便的山区则增设了代销员，为农民供应主要日用品和副食品，加上经过公私合营改造的合作店（组），商业网点达 3 350 余个，吸收农民入社 88.4 万人，形成了遍布农村各乡、镇、村，上下相通、纵横交错的供销合作社商业网。在京郊农村，除少数集镇设有国营店以外，工业品、副食品以及饮食服务业的经营和市场安排任务几乎全部由供销合作社承担。全系统商品销售总额和利润分别达到 2.85 亿元和 1 031 万元，比 1950 年增长了 15 倍和 9 倍；自有资金和固定资产原值已达 3 080 万元和 1 414 万元，比 1950 年分别增加了 12.4 倍和 29 倍；公积金达 1 408 万元，比 1951 年增加了 11 倍；还将建国初期国家拨付的基金 159 亿元（旧人民币）全部归还。

各级供销合作社都召开了社员代表大会，企业管理和社员民主管理制度不断完善，充分体现出供销合作社组织上的群众性、经营上的灵活性和管理上的民主性的“三性”特点。供销合作社为农民利益着想，农民也关心、爱护供销合作社，供销合作社与农民结成了休戚与共、水乳交融的亲密关系。短短几年，供销合作社不仅成为满足农民生产和生活需要、组织农村商品流通的主渠道，而且成为连接城乡、联系工农、促进农民走社会主义集体化道路、沟通政府与农民密切联系的桥梁和纽带。

二、人民公社时期的供销合作

1958 年“大跃进”中，生产资料需求量激增，商品一直供不应求，市供销社的农资经营贯彻“为农业生产服务，根据需要大进大销，千方百计为支援农业生产而努力”的方针，努力开辟货源，扩大供应，尽量满足农业生产不断增加的需要。加之北京市行政区扩大，全市农资经营量大幅度增加，1958—1960 年平均年销售额 5 200 万元，为 1957 年的 6 倍。由于京郊菜田面积逐年扩大，复种面积增多，对种子的需要迅速增长，1958 年京郊菜田面积已超过 6.67 万公顷，供应菜籽达 53.5 万千克，约是上年的 2 倍。为保持种子的纯度，市经营处同郊区农业社和国营农场签订繁种合同，开辟育种基地，保证菜田需要。为了加强化肥、农药的技术推广工作，供销经营部门设立试验推广组，配备专职人员，在农业社中选点建试验基地，为准备上市的新品种作田间施用效果试验，对比观测，取得数据，作为商品购销质量的依据，同时向农民传授使用方法。大跃进中，郊区大兴水利，添置机械，供销社在供应农村排灌机械、新式农具的同时，还对机械设备的性能、构造、使用、安装、维修等知识进行培训，并在供应站设立维修部。经过两年的努力，使11个区县的807台动力机械达到了“一机多用”，为33眼超过20米的深井帮助安装了动力水车，解决了山区吃水困难，协助房山县霞云岭公社建造了扬程45米，管道100米的引水上山工程，为村民安装了自来水，改善了山区人民生活。

北京市供销合作社事业蓬勃发展的大好局面不久就经受了三次与国营商业合并的挫折。

第一次是1958年“大跃进”期间，北京市供销合作社与北京市副食品商业局合并，基层供销合作社一度下放人民公社领导，经过对私商改造的合营、合作店（组）也“过渡升级”到国营商业，郊区商业网点减少了1/5。其结果，供销合作社与农民的关系疏远了，开展购销业务的灵活性减少了，民主管理的作用降低了，农村商业工作削弱了。

第二次是“文化大革命”期间。供销合作社自1958年并入国营商业后，到国民经济调整时期的1961年，根据中共八届十中全会通过的《关于进一步巩固人民公社集体经济，发展农业生产的决定》精神又自上而下地恢复。包括陆续划入北京辖区的9个远郊县，当年恢复区县供销社15个、基层供销社204个、购销网点2 317个（不包括代销点1 908个），与国营商业的业务分工仍保持合并前的基本格局，工作重点仍然是面向农村、面向农业生产。恢复后的供销合作社认真执行国家政策，搞好农副产品的计划采购和自营业务，做好生产资料和生活资料供应，加快发展农村饮食服务业和农副产品加工业，促进副业生产发展和副食品生产基地建设。1963年商办工业总产值实现3 382万元，比上年增长14%，农副产品收购总额达到1.49亿元，比1957年增加了1.1倍。商品销售总额从1962年的4.4亿元增加到1965年的7.5亿元，平均每年增长近20%。饮食服务业已发展到包括饭店、旅店、照相馆、浴池、印染店、修理部等10多个行业，有200多个网点、2000多名从业人员。“升级过渡”的小商贩又从国营商业中分离出来，恢复了合作店（组）或个体灵活经营。集市、庙会、工业品“大篷车”下乡等传统商品流通渠道也得到恢复，农村市场出现购销两旺的活跃景象。在加快业务发展的同时，供销合作社的管理水平和服务质量也不断提高，涌现出以“背篓商店”为代表的一大批不辞劳苦、长年坚持送货下乡上山，全心全意为社员服务的先进典型。通过深入开展学习“背篓商店”活动，广大干部职工的精神面貌发生了深刻变化，“背篓精神”在供销合作社系统和全市商业战线生根开花。

第三次国合商业合并发生在“文化大革命”中间，供销合作社灵活经营的自营业务以及支持农村副业生产、参与集市贸易等都被视为“修正主义”，1961年恢复供销合作社被视为“复辟倒退”，一些商品供应和传统服务项目因“破四旧”而被迫停止，“背篓商店”也被污蔑为“黑典型”、“黑样板”而受到打击、摧残，北京市供销合作社事业遭受严重破坏。1969年5月，根据北京市革命委员会发出的精简机构的指示，北京市供销合作社与粮食局合并建立北京市第二商业局，区县供销社也改为区县商业局，基层供销合作社虽然机构名称没有变，但也仅仅是保留名义。供销社的资金构成、领导关系、经营方式及盈余分配等完全同国营商业一样，把供销合作社的集体所有制变为全民所有制，时间长达10年之久。

与国营商业的三次合并，给北京市供销合作社造成了很大损失，也留下了深刻教训：供销合作社的问题，实质上是农业、农村、农民问题，重视、加强供销合作社，坚持供销合作社的集体所有制性质和为农服务的宗旨，供销合作社就发展壮大，农业、农村农民就受益；反之，供销合作社就会被削弱，农业、农村、农民就受到损害。尽管每一次合并都有其复杂的历史背景和思想渊源，但有一点是共同的，就是违背了我国社会主义初级阶段公有制为主体、多种经济成分必须长期并存的客观规律。

三、改革开放后的供销合作

（一）改革的主要内容

1979年7月，根据中共中央工作会议精神并经中共北京市委批准，北京市供销合作社恢复机构，采取先行试点再逐步推广的办法，清股扩股、扩大农民入社，恢复供销合作社的群众性。到1983年，全市供销合作社吸收社员达到88万多户、占郊区农户总数的81%，社员股金累计1846万元、占基层社自有资金的9%。各级供销合作社先后召开了社员代表大会，通过了新社章，选举产生了理事会、监事会，健全了民主管理制度。市、区县两级供销合作社陆续退出政府序列，变“官办”为“民办”，并从社员入股、经营服务范围、劳动人事、按劳分配和价格管理等五个方面打破原有已不适应新体制要求的管理制度、规定，实现供销合作社由全民所有制向集体所有制的转变。

北京市供销合作社组织恢复不久，按照全国供销合作总社要求和中共北京市委、市政府部署，开始了供销合作社体制改革，以适应我国改革开放的新形势，促进郊区农村商品经济发展和城乡物资交流。改革的主要内容：

1. 彻底放开基层供销社的经营，使其真正成为独立核算、自负盈亏、自主经营的企业。经营范围除国家有明确规定的以外，不再受行业和商品分工限制，农民需要什么就经营什么，需要什么服务就积极提供什么服务。供销社所属批发商业，除国家指定经营的计划商品必须落实购销计划外，均可兼营其他商品的批发和零售业务。改革农副产品经营方式，变单一的直接购销方式为代理制、自营或联营等多种方式，通过建立专业或综合的农副产品批发交易市场，发展产区和销区的直挂贸易。

2. 改革市农副产品的产销体制，把供销合作社购销业务的立足点，转移到为农村商品生产服务的轨道，完善商品生产服务体系。一是以区县为单位，因地制宜地选择几种大宗骨干产品，建立专业性服务机构，从产前、产中到产后进行系列化的多功能服务；二是在自愿的原则下，组织生产者建立不同产品的生产专业协会或专业产品合作社；三是从提供信息、原材料和推销产品等方面支持乡镇企业发展，在自愿互利的前提下，发展相互间的经济联合；四是有重点地投入支农基金，用于农村发展商品生产的技术培训、良种繁育、推广科学实验及支持贫困地区发展商品生产。

3. 以基层社建设为重点，改造农村商业网点。一是改变以行政区建社的传统，实行按经济区建社、小社联合或合并建大社；二是在集镇和地理位置好、交通便利之处建设规模较大的综合商场和农副产品交易市场；三是对地处偏远或经营亏损的分销店承包给职工个人经营，对已发挥不了代购代销作用的“双代”店改为个体经营，收回底垫资金和设备，充实分销店。对多数分销店充实加强，增强其多种经营和综合服务能力，以此为基础发展村级综合服务站。

4. 按照集体所有制性质全面改革企业管理制度。一是扩大企业经营自主权；二是改革劳动人事制度，推行经理负责制，专业技术人员、管理人员、业务骨干招聘制和新招工人合同制等，同时贯彻按劳分配原则，打破单一的内部分配形式；三是全面推行经营承包责任制和微利、亏损小门店的租赁经营。

在1982年到1984年三个中央1号文件中，都对供销合作社改革作出了明确指示。1986年、1987年北京市体改委等六部门先后发出《关于供销合作社改革若干规定的通知》和《关于深化供销合作社改革若干规定的通知》，推动北京市供销合作社改革的深入进行。

（二）改革的成效

80年代末，北京市供销合作社体制改革阶段的任务基本完成。与1979年相比，供销合作社在发展为农村商品生产系列化服务、横向经济联合、农副产品加工业、多种经营方式、农村商业网点建设、教育和科技事业等方面都有明显进步。

1. 农村商品生产服务体系不断完善，服务功能增强。截至1990年，全市供销合作社农民社员已达96万户，约占郊区农户总数的90%，社员股金最高达2 964万元。50%以上的基层社开展了多形式、多层次的联营，发展联营专业户2.18万户、联营专业队组1 230个、集资联办生产加工及经营服务项目67个。依托供销合作社建立的果品、蔬菜、养蜂、禽畜等商品生产基地达350个，专业生产合作社和专业协会184个、会员2万户以上。全市供销合作社建立“庄稼医院”、农资技术咨询服务部等支农社会化服务网点400多个，每年提供科技咨询服务4.1万次，指导科学施肥、用药10.67余万公顷；建立乡镇企业服务机构300多个，每年为乡镇企业供应原材料和推销产品额达7.2亿元。

2. 农副产品加工业迅速发展。1990年，供销社办工业企业由1979年的178个发展到326个，年产值2.7亿元，利润3 500万元，工业固定资产原值达到1.49亿元，分别是1979年的4.6倍、6.8倍和4.2倍，并且突破了传统加工业范围，形成以果制品、蜂产品、絮棉制品等为重点的38个行业、生产53类近千种产品，形成科研、加工、内外贸并举的社办工业格局，60%的基层社都有了加工业。10年间，新建工业项目50多个，投资1亿元改造和引进的技术项目123个，完成科研项目200个，其中22项获科技成果奖。依靠科技进步、人才培养和加强企业管理，使产品质量和经济效益有了很大提高，获优质产品称号的社办工业产品已有70余种。自1985年加工产品开始出口，至1990年累计供应出口总值5 742万元。

3. 经营能力和服务水平提高。1980年至1990年，供销合作社用于商业网点和仓库建设的投资累计2.34亿元，完成建筑面积51.2万平方米，年均投资和完成建筑面积分别是1979年的8.9倍和1.9倍。供销合作社在县城和重要集镇新建和改建的营业面积1 000平方米以上的大中型综合商场56座，总营业面积由1979年的5 000平方米增加到15万平方米以上。在京城四周及农副产品集散地兴建的市、区县、乡各级各类农副产品批发交易市场达50余个，初步形成了以专业公司、批发交易市场和大中型商场为龙头、以工业品的联购分销和农副产品的分购联销为基本形式的购销网络。全市供销合作社系统购销业务持续增长，1990年商品销售额达49.7亿元，是1979年的2.9倍，其中基层供销合作社商品销售额为19.8亿元，占县以下社会商品零售额的30％～40％。在农村商品经营放开、多渠道流通中，供销合作社继续发挥着主渠道作用。

4. 普遍建立了企业经营责任制，经营管理得到了改善。到1990年底，“两保一挂”目标管理责任制、计税成本工资与人均创利挂钩、超额提成工资等多种形式的经营承包责任制在全市供销合作企业普遍实行，实行租赁经营的小门店达到496个，调动了广大干部职工的积极性，改善和加强了企业管理。

5. 通过各级、各类的学历教育和专业技术培训，干部职工队伍的整体素质和企业经营管理水平大幅度提高。职工中具有中专以上学历和高、中级技术职称的达5 334人和514人，分别比1979年增加了2.6倍和1倍；市社直属公司和区县供销社领导班子中具有大专以上学历者，一般达到半数；青工业务技术等级普遍提高一到二级，实现了全员培训目标。

自1984年我国加入国际合作社联盟后，北京市供销合作社参与国际间合作社的交往与合作活动也日益增加。

1992年全面转向社会主义市场经济以后，给供销合作社的发展带来机遇，也不可避免地带来问题和困难。随着我国改革开放的深入，北京市供销合作社的经营业务绝大部分陆续放开，由供销合作社继续承担主渠道任务的农业生产资料供应和棉花经营，也开始按照在政府宏观调控下由市场实现资源配置的方向进行流通体制的改革。在京郊农业和农村经济加快向社会主义市场经济转变的新形势下，广大农民迫切要求提供各种经济、技术、信息服务和联合起来进入市场，国家也需要对农村经济加强指导和调控，要求供销合作社在这些方面发挥作用。然而在日益激烈的市场竞争面前，供销合作社却显现出经营活力不够，人员负担和债务包袱沉重，利润下滑、亏损不断增加，尤其是基层社经营严重困难。1996年区县供销社商品销售额仅增长0.25％，而同期郊区社会商品销售额增长幅度为18％；所占比重也由1992年的13.76％下降到6.1％。区县供销社当年亏损额656.4万元，其中一半以上来自基层供销合作社。1994年至1998年，基层供销合作社亏损面由6.5％扩大到38％，亏损金额由539万元增加到8 714万元，相当一部分基层社面临生存危机。全市供销合作社商品销售净额由1995年的59.9亿元下降到1999年的37.9亿元；利润总额由1992年的1.41亿元持续大幅度下滑，1998年首次出现全系统亏损，亏损额达7 829.6万元。问题产生的主要原因是：在计划经济向市场经济转变过程中，供销社干部职工思想观念转变滞后，也有的是经营管理不善所致。根据1995年中共中央、国务院发出《关于深化供销合作社改革的决定》（中发［1995］5号），市委、市政府发出《认真贯彻中共中央国务院文件精神，进一步深化本市供销合作社改革的通知》，北京市供销合作社围绕“把供销合作社真正办成农民的合作经济组织”的目标，从积极参与农业产业化经营；加快结构调整；全面推进产权制度改革，探索公有制的多种实现形式，搞活社有企业；加强企业管理，狠抓扭亏增盈等方面不断深化供销合作社改革，经过几年努力，改革已初见成效：

第一，供销合作社参与农业产业化经营的能力和服务水平不断提高。面临农业生产资料和棉花经营逐步走向市场的新形势，供销合作社系统克服由于市场供大于求造成的销售、库存等方面的困难，1993年至2000年累计收购郊区棉花1.16万吨，供应农业生产资料总值27.73亿元。其中化肥234.8万标准吨、农药2.1万吨、农膜2.2万吨，并通过以市农资公司为龙头、以区县农资公司为纽带、以基层供销合作社为供应基地的服务网络，坚持做到保证货源、保证质量、让利农民、送货到村、到户、到地头，不误农时。在平衡市场供求、参与市场管理、保护农民利益等方面继续发挥了重要作用。由供销合作社扶持的农副业生产专业合作社，在经历了几年发展低潮之后，1997年又开始兴起，到2000年，各区县供销合作社围绕当地主导产业领办的各类专业合作社已达30个，入社社员1万户，带动社员1万余户，全年为农民推销、加工农副产品1.8万吨，价值近2亿元。有的区县供销社还按经济区域设立了专业合作社社员服务部，在村设立服务站，走建设以村级服务站为主体的农村社会化服务网络的新路子。社办工业以科技为依托、市场为导向重点培育市果品公司、市蜂产品公司和红螺食品集团等骨干企业，为供销合作社农副产品加工业更好地为农业产业化经营创造条件。如市果品公司1998年开发建成全国果品信息网络系统，为果品的科研、生产、储运、加工、销售及消费提供全方位的信息服务。80年代中期引进的4条果汁、果酱流水线经过调整、改造，生产能力逐步提高，1993年至1999年生产以桃汁为主的果汁3.7万吨（其中出口3.3万吨）、果酱4 200吨，仅此两项就消化水果6万多吨。

第二，经营领域拓宽，综合经营能力提高。经过结构调整，供销合作社批发企业向多元化经营发展。零售业发展迅速，已成为供销合作社的主导业务。市供销合作社系统营业面积1 000平方米以上的大中型商场已增加到70座，总营业面积达22.4万平方米，其中营业面积1万平方米以上的6座，多为集购物、餐饮、娱乐一体的多功能、现代化的商业设施，以大中型商场为骨干，总经销、总代理和连锁经营业务也开展起来，全系统商品零售额已占当年销售总额的50.7%。资产经营稳步发展，已涉足房地产、出租汽车、娱乐等行业。仓储业和物业经营收入突破1亿元，成为新的经济增长点。

第三，产权制度改革有新的突破。到2000年，小企业改制已基本完成，转为抽资承包、租赁经营的边、小、微、亏门店2 019个，转为股份有限公司、有限责任公司、股份合作制和个人业主企业等形式的企业1 023个，占独立核算企业总数的40%。市供销社和区县供销社直属大、中型企业的重组、改制逐步展开。改制企业按照社企分开、所有权和经营权分离的原则进行了企业机制转换和法人治理结构的完善，使企业真正能自主经营、自负盈亏、减员增效、增强活力。地处商务中心区、高科技园区、经济开发区的朝阳、海淀和丰台三个区的供销合作社先后以不同形式进行了“一区一社”的组织体制创新，为优化资源配置、实现集约化经营提供了组织保障。

第四，减轻了债务包袱。全市供销合作社通过结构调整、资产重组、转让及依法破产等途径，关停了一批扭亏无望的小企业，减轻债务包袱3.42亿元，区县供销合作社通过资产重组，盘活资金 2.44 亿元。按照三年内分期清退的目标，已退转以保息分红方式吸收的股金 1.5 亿元，占股金总额的 74.7%，消除了隐患，减少了利息支出。同时通过加强对企业审计监督，严格执行资金管理制度，及时还贷等，降低了企业负债率，降低了费用成本。

1998 年市社直属单位扭亏为盈，到 2000 年底全市供销合作社系统持续 4 年的效益下滑势头得到遏制，实现利润 3 870.2 万元，其中区县供销合作社减亏 6 511.4 万元。北京市供销合作社经营困难的被动局面开始好转。

第二节　农村信用合作社

中国信用合作实践始于 20 世纪初期，以农村信用合作为主要形式。早期信用合作的组织形式是从国外移植过来的，由于适合中国农民的需要，因此受到了欢迎。解放前，信用合作在根据地和国统区都有了一定的发展，由于连年内战，加之日本帝国主义的侵略，时局不稳，客观的政治经济环境限制了信用合作的发展，规模较小，作用有限。

新中国建立以后，信用合作发展较快，农村信用社作为农村合作化的三种形式之一，逐步成为社会主义金融体系的重要组成部分，它对调剂农村资金，促进农业生产互助合作的发展，支持农村经济，解决农民生产、生活困难，打击高利贷，发挥了重要作用。

一、农村信用合作组织的创立与变革

北平和平解放后，随着农业生产的恢复和发展，农业生产资料和农副产品的购销日益频繁，农业生产资金的需求和往来也日益增加。为了支持农村恢复与发展生产，国家银行发放了一些农业贷款，但由于资金有限、机构又不普遍，还不能满足广大农民生产、生活的需要。因此，除了国家银行贷款以外，还需要更多的资金来解决农民的资金困难。

在这种情况下，民间借贷就有了发展的基础。可土地改革以后，情况发生了变化，农民有了扩大生产的普遍要求，互通有无已不能满足需要，而少数富裕农民，又想把多余的钱放债生息，高利借贷由此产生。北京高利贷多以隐蔽的方式存在。其形式大体有四种，一是借粮：春借一斗，秋还二斗。二是包果树：当果子未成熟时，商人即赶来“估收”，先借给钱，果子收获后交货。三是“摇会”或“搭会”、“写会”：主要是菜田和副业发达地区流行的借贷方式。参加“会”的人，按期拿出一定数量的货币，集中起来借给需要钱的人。参加“会”的人竞相写利息，谁写的利息高，“会”钱就借给谁。一般利息多在三十分左右，有的高达五六十分，而且是先扣利息。四是“卖青”：在稻谷未成熟时，即预售给“买青”者。预售价格很低，一般是市价的 1/2 至 1/3 之间，视“卖青”时距秋收时间的长短而具体规定。

少数贫农由于缺乏劳动力和畜力，或因疾病、遭受自然灾害，不得已向高利贷求救，忍受高利盘剥。为了发展生产，避免高利贷剥削，在资金上互助合作就成了农民的迫切愿望。而且，生产互助活动的开展，农民在生产和经济上都得到了好处，对互助合作有了一定的认识，农民也就有了组织资金互助合作的积极性。

解决农民生产、生活困难最有效的办法就是让农民自己组织起来，实行经济合作，互助互济，解决他们的资金需求。人民银行北京市分行根据人民银行总行和市政府的指示，依据“深入农村，帮助农民，解决困难，发展生产”的指导方针，开展了帮助农民组建信用合作组织，组织农村的闲散资金，支持生产，把广大农民逐步引上了社会主义信用合作之路。

（一）试点与推广

1950年下半年，北京市郊区开始试办农村信用合作组织。1950年8月人民银行总行会同北京分行合作部在市供销总社的支持下，在海淀区六郎庄供销社试办了信用业务，于1950年12月3日正式成立了北京市六郎庄村供销合作社信用部。该信用部“专营信用业务，以组织群众游资解决本社社员生产与生活上流通资金的困难和需要，免除高利贷剥削，结合供销，发展生产，改善生活为目的。”由于与供销社一起核算，社员需另交股金。信用部的服务对象，以当地农民为主。到1951年4月，全郊区共建立了12个供销社信用部。此间，还在行政村进行了建立办理信用业务的生产部和专门办理信用业务的信用部的试点。在尚不具备成立信用部或信用社的村庄，以农业生产互助组或副业生产组为基础，建立了69个信用互助小组。

1951年5月，人民银行北京分行合作部、市供销合作总社会同丰台银行办事处在丰台区的小井村试办农村信用社。小井村以生产蔬菜为主，1951年春建立供销社信用部，试办信用社是在信用部的基础上进行的。为保证试办工作顺利进行，人民银行和供销社组成了工作组，工作人员从调查该村的借贷情况入手，召开会议宣传信用社的任务、性质和作用，以“帮助菜农解决购买肥料所需资金”的承诺吸引菜农入社，募集股金200多万元，召开了社员大会、选举了理事、监事和社主任，于5月30日成立了小井村农业生产信用合作社。1952年，信用社发展到49个，参加的社员2 300多人，股金2 900多万元。

1953年12月，中共中央《关于发展农业生产合作社的决议》指出：“农业生产互助合作、农村供销合作和农村信用合作，是农村合作化的三种形式。”同时指出：“由于商业剥削、粮食囤积投机和放高利贷是当前农村资本主义因素的主要的活动方式，所以供销合作社和信用合作社就有更大责任，在国营经济的领导下帮助农民群众逐步摆脱这些剥削，帮助国家完成收购粮食及其他产品的任务，努力供应农村以必要的生产资料和生活资料，发展农村储蓄和低利贷款，为农村生产服务，促进农业生产互助合作的发展。”根据决议精神，1954年2月20日至3月7日人民银行总行召开了第一次农村信用合作座谈会，制定了发展农村信用社规划。当年10月，市委关于今冬明春在郊区发展农业生产合作社的计划提出：“信用合作社应争取今冬明春由190个发展到282个的计划，达到乡乡有社。”

1954年10月7日和12月7日《人民日报》两次发表题为《积极发展农村信用社》的社论。要求在合作化高潮时期已经来临的情况下，不断加大发展信用社的力度。

面对强大的政治舆论和农民的极大热情，农村信用合作在这一时期与生产合作、供销合作一起进入了大发展时期。北京市农村信用社的建社步伐加快，信用合作初级形式的供销社信用部、信用互助小组都相继改组为信用合作社，没有建立信用合作组织的地方也突击建社，1954年新建的信用社155个，1955年新建的69个社，信用社总数达到290个，乡乡有信用社，参加农户达64 300户。

由于信用社发展快、时间短，领导工作一时跟不上去，因而在大部分新建社中，出现了不少问题：存款业务开展很不平衡；放款政策执行的不好；民主管理流于形式。为巩固农村信用社发展成果，从1955年下半年开始，北京市对已建立的信用社普遍进行一次检查，提出了进一步整顿提高信用社的要求。1956年，在对信用社进行整顿的同时，市委决定将小乡合并为大乡，按照以乡建信用社的原则，将信用社陆续进行了相应的合并。经过合并，到1957年信用社（含1956年划入北京市的昌平县）减少到137个。

对于农村信用社建立前后的情况，1954年4月21日的《北京日报》刊发的人民银行北京分行张智勇题为《在总路线的光辉照耀下，积极发展农村合作事业，向高利贷作斗争》的文章记载："从1953年66个信用合作社的业务活动中，已经可以明显地看到这些社对发展农业生产和对农业实行社会主义改造已经开始起了重要作用。""通过存款业务，广泛组织了农村游资。66个信用社全年累计吸收存款228亿元（旧币，下同），不仅鼓舞了农民的节约储蓄，减少了铺张浪费，克服了农村资金的盲目流动，同时也帮助社员解决了生产生活上的困难，促进了农副业生产的发展……""全郊区66个信用合作社放款72亿元，解决了14 000多组织起来的和单干的农民在生产和生活上的困难，从而使广大农民从实际体验中认识到'信用社既能帮助农民发展生产，又能救急救难'。石景山几个信用社全年放款共计19亿元，帮助农民购买各种肥料60多万斤，肥田4 000多亩；添买牲畜139头；修理大车73辆；买小猪127头，此外，帮助500余名贫困户解决了疾病、口粮、修房等急需。""……正因为农村信用社能及时解决农民生产生活上的困难，促进了合作运动的发展，也就打击和排除了高利贷的剥削。如海淀区西苑街农民在1951年卖青约300石，信用合作社成立后，1952年就减少百余石，1953年基本上消灭了卖青现象。西北旺乡在1952年还有70多户农民借高利贷，信用社成立后，1953年高利贷现象基本上就不见了。""补充了国家银行农贷的不足，成为国家银行农村工作的有力助手。1953年信用合作社贷款72亿元，等于同年国家农贷的92%，这就大大地补充了银行农贷资金的不足，同时信用合作社还代理了银行的农贷、售粮、储蓄等工作，起到了国家银行的助手作用，成为国家银行与广大农民联系的桥梁。"

农村信用社组建时，对社员资格有严格的限制，主要是贫下中农，少数富农经批准后可以入社，但不得担任社干部，地主和资本家不准许入社。社员入股原则上一户一股，每股旧币1万元，股金不分红，多入者不限。信用社对服务对象有严格的限制，"对商人、富农、地主等剥削阶级不得放款，信用社也不得进行商业经营等剥削活动。"对于有的社将贷款放给工商户或帮助专门搞运输的农民添车买马现象进行了"严厉的斗争"，对混进信用社的地主、富农和投机分子进行了清洗。对贫困农民，不仅要保证生产资金投入，对口粮、病丧等紧急生活困难，也要及时予以帮助解决。

（二）信用合作组织的多次变革

农村实现合作化以后，农民参加了生产合作社，同时也参加了供销社和信用社，个体农民变为集体农民，一部分人认为信用社已没有单独存在的必要，要求把信用社并入农业社，北京市从1955年开始了在丰台区张郭庄、东郊区南皋、海淀区西山三个乡信用社改为农业社信用部的试点工作（未全面推开）；随后，农村人民公社普遍建立，农村信用社又普遍下放到人民公社改为信用部；在“文化大革命”期间，农村信用社又下放给贫下中农管理，两次下放，取消了信用社的独立性，事实上成为人民公社和生产大队的“小钱柜”，组织和业务都受到不同程度的破坏，不得不两次收回银行管理。“文化大革命”结束后，信用社收回到银行管理，信用社和国家银行两种所有制的界限逐渐消失，虽然保持着集体合作金融的名义，实际上已经成为银行的基层机构。

1. 信用社变为人民公社和生产大队的信用部。随着农村生产管理体制和政治形势的发展变化，农村信用社在50年代后期曾三次改为信用部或信用分部。第一次是1955年农业合作化前夕到1958年，把信用社试点改为农业社的信用部；第二次是1958年农村人民公社化后，信用社下放人民公社改为公社信用部；第三次是1959年4月，信用社下放到生产大队变为信用分部。

将农村信用社下放到人民公社（农业社）和生产大队改为信用部，与当时农村的“一大二公”和“一平二调”的共产风有关。农业合作的大发展以后，农业生产由个体变为集体，农民已经不再需要生产投资，农民的生活困难可以通过从集体借支解决，在这种情况下，上下都认为，信用社并入农业社或人民公社，改为信用部，可以与农业社紧密结合，这也是农村信用社前后三次下放的主要原因。

但是，把信用社的管理权交给农业社、公社或生产大队，使信用社失去了独立性，也使国家银行失去对它的有效领导。北京农村信用社下放到人民公社管理区或大队改成信用分部以后，虽然没有并入生产大队核算，仍出现了一些问题。公社信用部或信用分部的资金被占用，存款减少，贷款收不回来，信用关系遭到破坏。信用社下放到公社后，形成公社管不好、银行管不了、群众管不着的局面，削弱了管理和监督，因而发生了不少问题。有强迫信用社发放了不符合政策的贷款，挪用信用社的资金，大搞实物折价存款，强迫命令储蓄，存款收贷放“卫星”虚报成绩，干部被乱抽乱调，少数社干部乘机贪污。

对上述问题，人民银行总行和北京市委进行了纠正。北京市从1961年开始着手恢复信用社工作，将下放到生产大队的信用部收回，以公社为单位建立信用社，到1962年底，全郊区恢复信用社276个，信用分社75个，信用服务站2 580个。到1963年底，信用部全面恢复了信用社，共有信用社385个，信用分社44个。

2. 贫下中农管理信用社。“文化大革命”初期，农村信用社在“以阶级斗争为纲”的口号下，批判“修正主义”路线，强调依靠贫下中农管理，在“斗、批、改”中，实行信用社机构下放，精简人员和贫下中农管理。

1969年，随着国家机关精简下放人员，农村信用社也精简了一批人员，由1968年的1 059人减少到765人。接着出现两级建社，即以生产大队普建信用社，公社级信用社仍保留，留少量人员，调剂大队信用社之间的资金不平衡，辅导大队信用社工作，交流经验，办理大队信用社的存、贷业务。称为两级建社，队为基础，两级核算，两级管理。在机构下放中，有些公社级信用社取消了工资制，实行记工分。大队级信用社全部实行了亦工亦农制度。

信用社在精简人员、机构下放的基础上，实行了贫下中农管理。在公社是以贫下中农为主体、革命委员会成员和信用社干部参加的贫下中农管理委员会取代信用社理、监事会来管理公社级信用社；在大队是以贫下中农为主体、大队革命委员会和大队信用社（站）干部参加的贫下中农管理小组管理大队信用社。到1974年底，郊区266个公社已有186个建起了贫管组织，在大队也相应建立了贫管小组。

实行贫下中农管理，走亦工亦农道路，虽然在民主与监督方面有一定的作用，但是也带来了很多问题。一是挫伤了业务干部积极性，有些信用社业务活动处于半停顿状态，存款没人收，贷款没人放，已发放的贷款也无人去组织收回。1969年的社员储蓄不但没有增加，反而比上年下降200多万元。在贷款方面，由于审批贷款的既是队干部也是信用社干部，失去监督。全市信用社社员贷款1969、1970年两年增加300多万元。二是过去有效的规章制度被批判为“管、卡、压”，多数被废除了。实行“一元化”领导后，有些公社随意抽调、挪用信用社的资金，甚至贪污盗窃。三是管理混乱，信用社错款乱账和被盗、失款事件不断发生。郊区信用社三年中，共发生库款被盗、现金丢失和失火等事件32起，损失款项8 472元。四是信用社干部精简过多，在职人员又抽调做其他工作，人力不足，1972年全郊区公社一级信用社脱产专职干部744人，比1965年的1 051人少307人，减少了近30%。服务质量下降，群众有意见。

为了扭转这一局面，1972年6月19日，北京市财金局向市革委会提出《关于加强郊区农村信用社工作的报告》，根据《报告》的精神，从1972年开始，除对贫下中农管理信用社这一组织形式予以保留外，在机构管理方面的权限，基本上收回到银行。陆续将两级建社，干部亦工亦农改为公社一级建社，根据实际需要在大队保留信用分社；恢复脱产干部及其工资、福利待遇；加强银行的领导，建立健全了一些规章制度，从而使信用社在业务经营、管理制度方面逐步走上正轨，到1974年，信用社干部达到了1 082人。

3. 实行“既是集体经济组织，又是国家银行在农村的基层机构”的管理体制。1976年“文化大革命”结束以后，随着经济工作的全面整顿与恢复，农村信用社也不断进行恢复整顿。1977年11月，国务院发出加强银行和信用社工作的两个文件，其中一个是《关于整顿和加强银行工作的几项规定》。《规定》的第7条指出：“信用社既是集体金融组织，又是农业银行的基层机构。”“信用社的资金应当纳入国家计划，人员编制应当纳入县集体劳动工资计划，职工待遇应该与银行基本一致。”

实际上，农村信用社是集体金融组织，早在1962年11月中共中央、国务院批转的人民银行《关于农村信用合作社若干问题的规定》中就明确提出：“我国的农村金融组织有两种所有制：一种是全民所有制的国家银行，一种是集体所有制的信用合作社。信用社是农村人民的资金互助组织，是国家银行的助手，是我国社会主义金融体系的重要组成部分。”

关于“信用社又是农业银行的基层机构”的提出，依据是毛主席1956年曾指出，信用社不能改为生产社的信用部，并入了银行就没有脚了。它虽然名义上还是集体经济组织，实际上已成为国家银行在农村的基层机构。1977年在全国银行工作会议上，姚依林报告说：“要加强对信用社的领导，发挥信用社的作用，使信用社实际上成为国家银行在农村的基层机构”。

依据“信用社是集体金融组织，又是农业银行的基层机构”的精神，人民银行北京分行结合北京市具体情况，于1978年5月6日向各郊区办事处、县支行发出《关于试行信用社办理银行业务有关问题的意见的通知》。指出，“在信用社的资金纳入国民经济计划、信用社的职工纳入集体编制之后，郊区农村金融机构得到了进一步的完善和发展。为了发挥信用社实质上是银行基层机构的作用，适应农村社会主义革命和社会主义建设事业发展的新形势，农村信用社开始办理银行业务。”“现有按经济片设置的营业所机构不变。一个公社既有银行机构，又有信用社的，要合署办公，职工统一使用，挂两块牌子，资金分别核算，只有信用社，没有银行机构的，由信用社办理银行业务。远郊县的信用分社暂不办理银行业务，近郊区可根据实际情况由区办确定。”

1978年2月，北京市革命委员会计委、农林办公室联合发出《关于农村信用社人员转为集体所有制正式职工的通知》。《通知》下达后，将信用社在职人员中的1 308名农民，全部转为城镇集体所有制正式职工，由农业户口转为城市户口，规定信用社全部人员纳入集体劳动工资计划，由区县银行统一管理。信用社新增加职工改为从城镇知识青年中招收。信用社职工纳入城镇集体编制后，其待遇和管理全部比照银行职工办理，农村信用社实质上演变成农业银行基层机构。

通过以上组织机构和管理体制的改变，进一步明确和加强了银行对信用社的领导和管理，使信用社增强了凝聚力和向心力，原来思想动荡、工作不安心的，变得积极主动；规章制度趋于完善，经营管理逐步走上了规范化，扭转了“文化大革命”中形成的纪律松弛、有章不循的状况，提高了工作效率，错账、贪污、盗窃明显减少。

但是，这种管理体制也带来了一些弊端：一是把信用社引上了“官办”的路子，基本上失掉了合作金融组织的性质；二是信用社的利率与银行利率一致，造成利率倒挂；三是信用社经营业务的制度、办法和银行一样，缺乏灵活性，不能充分起到民间借贷的作用；四是由于干部工资和福利待遇向银行看齐，民主管理实际上成为不可能，干部和工作脱离了群众。因此，虽然没有公开否定信用社的集体所有制性质，但它的群众性、民主性、灵活性已大大被削弱，不能充分发挥信用社集体金融组织的优势和作用。

从1956年实现合作化到1978年，农村集体经济组织的管理体制发生了很大变化，信用社的组织基础和业务基础也发生了变化，从而引起了信用社性质和任务的变化。

合作化以后，原来的个体农民转变为集体经济组织成员，农户家庭基本上成为消费单位，生产由集体统一经营，农民不承担对集体经济的投资任务，生产资金的需要大大减少，不像个体经济时迫切需要信用社帮助。社员向信用社借款也取消了优惠，与非社员一样。社员向信用社存款也与一般存款户一样，社员与信用社通过信贷往来建立的业务联系逐步减少，削弱了农民在经济上对信用社的依靠。信用社建立后的20多年间，社员家庭结构发生了很大变化，建社时农民以家庭主要成员的身份加入的，以后人口增加，子女分居，有的社员死亡，家庭结构变化，多数农民已不是信用社原来的社员，信用社也未吸收新社员。信用社组织基础发生变化，许多社员脱离农业，很少与信用社发生往来，但并未与社员解除经济关系，社员股金仍挂在账上，多数信用社停止了股金分红，也停发股息，民主管理消失。

在此同时，信用社的业务基础也发生了变化。1956年实现农业合作化以后，农民生产资料入社，生产集体统一经营，农民绝大部分时间参加集体生产劳动，家庭副业收入减少，加上农业社的收入又有季节性，因此，社员日常生活中的零星开支，主要由信用社贷给。从1953年开始，贷款逐年增多，1956年出现了贷款高潮，全年累计发放893.2万元，比1955年增加了2.9倍。1958年，在郊区开展的兴修水利、平整土地、深翻土地热潮中，因购买生产工具和生活贷款，信用社全年累计放款1 093.9万元。

从1959年起到“文化大革命”结束的17年里，贷款的重点是农村集体。从1966年到1978年，信用社共发放生产设备贷款3 335.1万元，发放社队生产费用贷款15 297.1万元。

由于农村信用社体制不断变换，机构、人员都极不稳定，加之行政命令和平调资产，业务开展受到了很大影响，但信用社在曲折和挫折中仍然得到了一定发展，在地方经济建设中发挥了重要作用。据统计，1978年，全市农村信用社存款达到41 974.2万元，从1955年到1978年的24年间，共计发放贷款79 898.3万元，有力支持了农村经济建设。

二、改革开放后的农村信用合作

（一）在改革中发展

1979年中国农业银行成立以后，农村信用社划归农业银行管理。农业银行接管以后，对农村信用社“官办”问题进行了调查研究，很快提出了“明确信用社是集体所有制金融组织，恢复和加强信用社组织上的群众性、管理上的民主性、业务经营上的灵活性（简称恢复‘三性’）”的改革措施。

经北京市人民政府同意，1983年5月在昌平、怀柔两县的51个信用社和其他6个区县的13个社进行了农村信用社恢复“三性”改革试点。主要内容有：

一是恢复和加强农村信用社的群众性和民主性，密切信用社与农民的关系。信用社进行了清股、扩股，实行自愿入股，积极吸收农民入股，农村个人和集体经济单位均可入股。对入股社员实行“贷款优先、利率优惠”，建立社员代表大会和理事会、监事会，实行民主管理。二是调整信用合作组织。在村级建立信用分社或信用站，方便群众。三是恢复经营上的灵活性，在国家政策计划和法律允许的范围内，独立自主地进行业务活动，发挥民间借贷作用。只要是符合政策、有经济效益，信用社可根据实际需要放贷。增加了存款种类，开展了代理业务。

在恢复“三性”的同时，信用社的经营体制也开始发生变化。1985年1月中央1号文件指出：“信用社实行独立经营，自负盈亏，所组织的资金，除按规定向农业银行交付提存准备金外，全部归自己使用，在保证满足社员农业贷款之后，可以用余款经营农村工商信贷，可以跨地区开展存贷业务。信用社之间、信用社与各专业银行之间可以发生横向业务联系。”

鉴于当时信用社在业务制度、利率规定等方面与银行一致，银行对信用社下达指令性计划，把信用社管得太死，信用社不讲经济核算，亏损由银行补贴，存贷款利率倒挂，限制了经济杠杆作用的发挥，经营结果与职工利益不挂钩，行、社一起吃大锅饭的情况，经营体制改革主要从以下几个方面进行：

1. 业务经营上松绑放权，充分发挥信用社经营上的灵活性，增强信用社的活力。主要是改变资金计划管理体制，逐步实行多存多贷、资产负债比例管理等办法，拓宽业务范围，扩大信用社贷款自主权，实行浮动利率，改进结算方式。

2. 改革劳动分配制度，建立了责权利相结合的经营责任制，逐步完善内部经营机制。对1983年以后增加的员工实行劳动合同制，打破铁饭碗，实行工效挂钩，克服分配上的平均主义。

3. 理顺行、社关系。一是按照"合理分工，适当交叉"的原则，划分行、社业务范围。二是逐步理顺行、社资金往来关系。信用社的资金除按规定比例缴存准备金外，其余部分，信用社有权按照国家信贷政策自主使用，多存多贷，农业银行不再硬性规定信用社转存银行款任务；信用社主要靠自己组织的存款开展业务，不能依靠农业银行的支持款。三是行、社实行分别经营、分别核算。双方在人、财、物等方面划清界限，双方都不能无偿占用对方的人、财、物，都不能侵犯对方利益。四是调整行、社资金往来利率。按照使信用社保本和兼顾行社双方利益的原则，对行、社资金往来利率逐步进行了调整。五是农业银行对信用社的经营亏损，原则上不再补贴。

1985年上半年，全市郊区农村信用社以恢复"三性"为主要内容的体制改革完成。信用社的群众性和民主性得到了进一步恢复。据统计，到1984年底，社员入股总金额已达298.8万元，比改革前增加了1.1倍。入社农户已占总农户的87%。县社两级选举的社员代表有13 611人，理事长和管委会委员有2 798人。大多数社员代表和理、监事，管委会委员直接参与了信用社社务、业务、财务、职工管理与监督，初步密切了信用社同农民的关系。

以上措施很快收到了效果。1985年，全市农村信用社存款余额达到180 167万元，发放各项贷款94 205万元，盈利2 622.7万元，与1979年相比，存款增长2.4倍，贷款增长10.8倍，赢利增长近4倍。信用社员工的收入水平相对银行职工要高，劳动积极性得到提高。

在支持地方经济发展过程中，北京市农村信用社因地制宜，重点支持了农、副业和多种经营生产，其中包括：①发放蔬菜生产的贷款。特别是近郊区信用社，如丰台区信用社1980年对菜田社队贷款67.3万元，占农业贷款的54.8%，比1978年增加了两倍。1981年和1982年春，又贷款352.8万元，占农业贷款的66.8%，占社队蔬菜投资的40%。②支持养鸡业贷款。1981年3月，人民银行北京分行向各郊区银行办事处、支行发出《关于注意做好社员户养鸡贷款的通知》，要求"各区、县银行要领导信用社注意做好支持社员养鸡贷款的发放工作。各信用社要加强调查研究，对社员户发展养鸡需购置的雏鸡、饲料以及鸡笼、鸡舍材料缺少的资金，要积极给予必要的贷款支持。"解决首都市场蛋品供应不足的问题。③支持牛奶生产的贷款。1983年开始，重点解决"吃奶难"的问题。④支持淡水养鱼的贷款。1984年起结合北京市情况，农村信用社又把支持淡水养鱼作为一项重要工作，以缓解首都居民"吃鱼难"的问题。据1987年统计，对社队的农业贷款中，支持副食品生产的贷款占23%，比1978年前的5%提高了4.6倍。通过这些贷款，对增加首都市场副食品特别是蛋、奶、鱼的供应，缓解供需矛盾做出了贡献。

80年代末期后，为了支援边远山区尽快脱贫致富，北京市农村信用社与市财政、计划部门密切配合，在摸清底数、分类排队、建立档案的基础上，充分运用信贷支农、扶农，配合市扶贫基金、小康基金等专项基金，发放配套的专项扶贫贴息贷款和减灾贴息贷款，加大了信贷扶贫力度。1997年农村信用社向6 288个农户发放了6 571.42万元减灾增收贴息专项贷款。1999年，北京市农村信用社制定了《北京市山区乡镇小额贴息贷款暂行管理办法》，加强同当地政府的联系，及时沟通、相互配合，将扶贫贷款落实到那些投资少、风险小、见效快的项目上，对小额贷款的发放原则、对象、手续作了进一步明确和简化。在贷款担保上，放宽政策、简化手续，对低收入农户采取多种担保方式，使有致富愿望和致富能力的贫困户申请贷款不再成为难事。截止到1999年末，全市信用社累计发放专项贴息贷款3.6亿元，为山区农民早日脱贫致富奔小康起到了积极的推动作用。

由于乡镇企业迅猛发展，对乡镇企业的贷款成为信用社贷款的主要经济活动之一。随着乡镇企业产业结构的不断优化，信用社重点支持的乡镇企业由原来的以劳动密集型为主转向以资本、技术型为主，如出口加工、创汇企业等。到1998年，乡镇企业贷款改名为农村工商业贷款。截止到2000年末，农村信用社对乡镇企业贷款余额达184.4亿元，是1978年末的1 129.3万元的1 633倍，促进了郊区乡镇企业发展。

进入90年代，随着城市建设的发展和信用社资金的增多，信用社发放的贷款范围也有所扩大。如城市建设、环境保护、科学技术、经济开发等。其中突出的是绿化首都，加强环境保护。绿化主要是种植业。截止到2000年底，全市发放的绿化隔离带贷款余额为1.8亿元。海淀区信用联社贷款1.7亿元，支持海淀区“绿谷氧吧”、生态景林、农业观光园为一体的绿色产业——北京锦绣大地生态园的植树绿化、绿色果菜。朝阳区信用联社发放800万元贷款，支持长营、来广营两乡种植树木90万株，绿化面积266.67公顷。丰台区信用联社贷款300万元支持本区建设200多公顷隔离片林。

截止到1999年末，市农村信用社各项贷款余额为217.7亿元，比年初增加48.4亿元，增长28.6%，累计投放达到251.3亿元，比上年同期多投放59.7亿元，增长率为31.2%，累计收回202.9亿元，收回率为80.7%，占全市各家金融机构对农村经济贷款总额的80%。

经过一系列改革，北京市农村信用社发生了深刻变化。

——机构网点遍布京郊农村。2000年末，全市信用社有机构网点1 226个（其中，独立核算的信用社201个，区县联社营业部15个，信用分社及储蓄所412个，信用代办站597个），比建社初期增长近3倍。机构网点分布在京郊14个区县和部分城区，已经形成了市、区（县）有信用合作联社，乡镇有信用社，村屯有信用代办站的合作金融网络。

——职工队伍壮大，素质提高。到2000年末，全市信用社共有干部职工6 190名，比建社初期的1956年增长了5.6倍，有623名信用站代办员，总人数达到7 500人，平均每820个农户就有一个信用社营业机构，平均每692个农业人口就有一名信用社的业务人员。年龄结构日益年轻化，45岁以下职工6 135人，占总人数的88.8%。文化层次日益提高，结构日趋合理，具有研究生、大学学历的人员有754名，占总人数的12%，高中、中专学历的有4 778人，占总数的77%，有4 300人取得了各类专业技术任职资格，占职工总人数的62.2%。

——各项存款大幅度增长，贷款规模扩大。截至2000年末，全市农村信用社存款余额已突破490亿元，比建社初期增长3 395倍，特别是党的十一届三中全会以来，各项存款快速增长，比1978年增长116倍，年递增率达到25.4%。各项存款超亿元的信用社149个，超5亿元的信用社17个，各项存款余额最高的丰台区卢沟桥信用社达到26.2亿元。全市信用社各项贷款余额252亿元，比建社初期增长1 724倍，年递增率达18.9%。信用社支持的集体和个人贷款户数达4.5万户。

——各项业务长足发展，经济效益显著提高。2000年末，全市与信用社建立存贷款关系户数393万户，全年业务总量达5 213万笔，日均14万笔，现金业务收付总量达1 371.8亿元。农村信用社各项业务的不断发展，不仅促进了农村经济的发展，同时也使信用社自身效益得到了显著提高。2000年末，全市信用社实现收入26亿元，获纯收益23 800万元，比1978年的4.5万元增长5 300倍。到目前，全市信用社有总资产746亿元，固定资产总值23.2亿元，所有者权益14.4亿元。

——服从国家宏观调控，为平衡国家信贷收支，支援国家经济建设做出贡献。截至2000年末，全市信用社转存银行款124.6亿元（含准备金29.5亿元），存放人行特种存款5亿元，与人行融通资金14.9亿元，购买各种债券103.4亿元，总计达247.9亿元，占各项存款总额的50.4%。另外，仅1978年以来的22年间，全市信用社向国家缴纳各种税金8.6亿元；1989—1998年10年间，为国家垫付保值补贴利息支出5.7亿元。

——端正经营方向，积极支持首都农村经济发展。信用社始终坚持为农户、农业和农村经济发展服务的宗旨。近年来，全市农村信用社的资金投向，在优先满足农户、农业生产资金需求的前提下，大力扶持了京郊农村家庭养殖业、籽种农业、创汇农业、观光农业、农副产品加工业、主导产业以及山区水利富民综合开发工程和首都绿化隔离带建设。截至2000年末，全市信用社贷款余额达252.5亿元，比上年初增加34.7亿元，比1984年增长44倍，全市信用社对农村经济的贷款占全市金融机构对农业贷款总额的80%。

（二）在发展中深化体制改革

1984年，国务院国发105号文转发了《中国农业银行关于农村信用社管理体制改革的通知》，提出把农村信用社办成自主经营、自负盈亏的群众性合作金融组织，拉开了农村信用社改革的序幕。

1984年，怀柔县首先试办了县联社。县联社由信用社入股而成，是各信用社组织的经济联合体，由各社推选代表组成管委会。管委会主任由区县农业银行行长兼任。县联社主要行使管理、协调、指导、服务的职能，具体是：①在全县范围内调剂各社资金余缺；②统筹解决各信用社退职退休人员经费和亏损社医药费；③组织信用社工作经验交流；④管理信用社职工的培训教育工作；⑤加强对信用社执行方针、政策和财务、账务工作的检查；⑥制定各信用社统一的规章制度；⑦办理各社需要联合办理的有关事项。

县联社的建立，变农业银行直接指导信用社为农业银行通过县联社实现对信用社的领导和管理，将过去信用社的业务、财务、人事统一由银行管理，改为统由区、县联社管理。基本克服了“官办”弊端，进一步理顺了银行和信用社的关系。

随着农村金融体制改革的逐步深化，农业银行与信用社在金融组织性质、业务经营方面，仍然存在很多矛盾，需进一步进行深入改革。由于农业银行和信用社都是经营机构，在经营中同样要竞争，但是由于行、社关系是领导者与被领导者的关系，因而在诸多问题上始终是不公平、不公正的，行社矛盾日益突出，如：行社经营业务的项目、经营地区的范围、经营的对象，由银行决定，信用社处于服从地位。信用社的资金被纳入到银行的存款计划，农业银行为保证自身的存款以及上存人民银行的存款计划得以完成，限制信用社贷款，信用社的资金得不到充分运用，减少了信用社的收益。有的信用社资金被挪用，财产被平调。在认真总结历史经验与教训的前提下，1996 年 8 月，国务院 33 号文正式颁布了《国务院关于农村金融体制改革决定》，农村信用社与中国农业银行脱离行政隶属关系，把农村信用社逐步改为由农民入股、社员民主经营管理、主要为入股社员服务的合作性金融组织。

北京市农村信用社“重新规范工作”于 1997 年 3 月展开，广大信用社干部深入村组，召开群众大会，进行广泛宣传，进行了声势浩大的清资扩股工作。一是在对原有股金进行清理、分红的基础上，通过对信用社股权的重新设置，改变以前单一股金机构，增加团体股、吸收农民、个体工商户、乡镇集体企业入股，扩充股本金，适当提高社员入股金额，并做最低金额限制。职工社员每人至少 50 股 500 元；个体社员每人至少 5 股 50 元；团体社员每人至少 100 股；同时规定单个社员入股金额不得超过信用社总股本金额的 2%。社员总数要力争占本区域农户数的 20%以上，充分体现把农信社真正办成“由社员入股、实行由社员民主管理、主要为入股社员服务的合作金融组织”。通过规范，增加了社员入股资本金 6372.3 万元。二是加大社员参与民主管理的力度，建立健全了“三会制度”，使信用社的民主管理制度真正得到落实，同时通过聘请非职工社员担任信用社的监事，加强了对信用社经营管理的民主监督，增强了信用社自我管理、自我约束的机制。建立社员代表大会制度；成立理事会、监事会，选举符合章程规定的理事长、监事长，由理事会聘任信用社主任，社员的权利得到了落实。三是调整服务方向。按照信用社对社员实行贷款优先、利率优惠，对社员的贷款面要扩大，社员贷款要占全部贷款的 50%以上的要求，调整贷款投向和投量，加强对社员的服务。

到 1999 年底，按合作制原则，全北京市 239 个农村信用社和 14 个区县联社全部通过规范验收。通过规范工作，信用社发生了显著变化，信用社资本金得到极大补充，到 1999 年底，全市信用社入股资本金已达到 7 300 万元，比规范前增加 7.3 倍，降低信用社经营风险；社员的民主意识有所增强，社员代表大会、理事会、监事会的作用加强；在为社员服务方面，信用社对社员实行贷款优先、利率优惠，账务公开等制度已经开始执行，农村信用社向农民自己的银行迈进了一大步。

遵照《国务院关于农村金融体制改革的决定》，在市政府和人民银行北京分行的领导下，北京市成立了由政府领导和人民银行官员组成的“北京市农村金融体制改革领导小组”，经过几个月的紧张运作，北京农村信用合作社基本达到了“脱钩”的条件，即：①北京市农村金融体制改革领导小组及办公室已成立并开始工作。②各区县联社的管理职能已得到加强，领导班子、干部职能机构和人员配备已适应管理工作的需要。③已基本完成行社之间人员、财产、资金的界限和划转，并登记造册。对相互借用的人员和相互占用的财产已经清理、登记，并已确定归还时间或签署合法的借用合同。经报国务院农村金融体制改革部际协调小组批准，北京市农村信用社于1996年9月正式与农业银行北京市分行脱离行政隶属关系。区、县联社由北京市农村金融体制改革领导小组下设的办公室负责管理，由中国人民银行北京市分行负责监管。

经过人民银行总行和北京市政府批准，北京市农村信用合作社联合社于2000年1月16日宣告成立。市联社由14家区县联社入股组成，股本金1 400万元，主要履行对全市农村信用社的行业管理职能，具体是：①根据全国农村信用社统一的管理制度，指导社员社和信用社制定内部管理制度办法；②对社员社和信用社的业务经营、财务管理、劳动用工和社会保障及内部管理进行辅导和稽核；③对主要负责人的提名和对不称职的主要负责人的罢免可提出建议，提交社员社社员大会审议；④监察处理案件，组织指导安全保卫工作；⑤组织职工培训教育；⑥协调有关方面关系，维护社员社的合法权益。

北京农村信用合作社市联社的成立，实现了中央银行监管职能和行业管理职能的分离，理顺了上下内外关系，为农村信用社的发展提供了有力的保障，农村信用社上下联成一体，合作的规模加大，合作的层次提高，为农村合作经济的发展带来了新的机遇，更重要的是农村信用社真正走上了自我管理、自我约束的路子，体现了农村合作金融资金互助、民主管理的发展要求，端正了农村信用社的发展方向，它标志着在北京市基本建立起了与社会主义市场经济体制相适应的农村合作金融新体制，具备了较为完善的农村合作金融组织行业管理的手段和机制，初步形成了农村信用社民主管理、自我约束，中央银行依法监管，行业组织宏观协调管理的相互配套、分工协作的新机制。北京市农村信用社也由此进入了一个新的发展阶段。

第三节　农村合作基金会

农村合作基金会是20世纪80年代产生的一种社区内的资金互助组织。它的宗旨是：主要为入股会员服务，为农业、农民服务，不以赢利为目的。它的基本任务是：管好、用好集体资金和会员股金，增加集体积累，缓解农村资金供求矛盾，引导民间信用，促进农村经济发展。

一、产生和发展

农村合作基金会建立的直接动因，是为了解决家庭联产承包责任制后所遗留下来的集体积累资金的管理和使用问题，但从更本质的原因上分析，农村合作基金会则是农村改革所开创的农村商品经济发展新形势的产物。1982年以后，郊区普遍实行了家庭联产承包责任制，广大农户成为生产经营的主体，他们在生产经营中需要有相应的资金。随着农村商品经济的发展，专业户、专业队、专业村不断涌现，乡镇企业也进入起步和发展时期，对资金的需求量大幅度增加。而20世纪50年代建立的农村信用社，本来是农村集体金融组织，但“文化大革命”结束后收回银行管理，实际上已经成为银行的基层机构，已难以适应改革后农村商品经济发展的需要，特别是广大农户成为生产经营活动的主体后，一般商业银行很难满足这种小额、短期、分散的资金需求。与此同时，农村生产方式改变以后，原生产队、生产大队直接从事的农业生产经营活动大大减少，经过几十年积累的资金，应该用来支持分散经营的农户去发展商品经济。这就客观上要求开展内部融资工作，挖掘集体资金潜力，弥补银行、信用社的信贷资金不足，农村合作基金会便应运而生。

早在 1980 年，海淀区四季青乡农工商总公司就成立了专门机构，在全乡范围内对所属集体企业资金实行有偿调剂、计划使用。1983 年，密云县四合堂乡将各村的银行存款、现金集中起来，实行“村有乡管”，开展内部资金有偿使用活动，并在 1985 年 5 月建立了郊区第一家乡级合作基金会，当时筹资 33.7 万元，其中货币资金 19.9 万元，借转贷 13.8 万元。具体做法：①把大队、生产队历年积累的货币资金，除留本单位正常使用外，由乡合作基金会在信用社统一立户建账，统一管理使用。②外单位及社员无偿借用的款项，包括社员超借支、下放财产作价款、承包集体项目的欠交款，以及少数个人购买汽车、拖拉机、牲畜等固定资产的欠款，一律转借为贷，实行有偿占用。③筹措的资金主要用于支持本乡范围内的合作经济组织及其所属企业发展生产，支持社员发展养殖业、种植业以及运输业等短期借款。借款利率低于信用社，返给大队、生产队的利率高于信用社。1987 年，延庆县旧县乡米粮屯村为解决集体积累资金被一些社员和单位无偿占用的问题，建立了全市第一家村级合作基金会，对集体积累实行谁占用，谁付息，实现了集体积累的保本增值。这是郊区农村合作基金会的雏形。

1986 年 6 月，中办 27 号文件第一次以中办文件的形式，肯定和允许了在农村合作经济组织内部开展集体资金融通活动，提出：“近年来，一些农村合作经济组织自愿把集体闲置的资金集中起来，采取有偿使用的办法用于支持本乡、本村合作经济组织和农户发展商品生产。这种办法只要不另外办理吸收存款，对外发放贷款，只在内部相互融资，应当允许试行。”1987 年初，中央 5 号文件对农村合作基金会又给予了肯定和支持，指出：“要发展多样化的资金融通形式。近几年，农村民间自由借贷有较大发展；集资入股和试办发行股票、债券的办法随处涌现；一部分乡、村合作经济组织或企业群体建立了合作基金会；有的地方建立了信托投资公司。这些信用活动适应发展商品生产的不同需求，有利于集中社会闲散资金，缓和农业银行、信用社资金供应不足的矛盾，原则上应当予以肯定和支持。”1988 年初，市农村工作会议提出：“要多方筹措资金，搞活融通。一些县、区成立农村合作基金会等做法，可以效仿。”为了总结经验，以点带面，1988 年上半年市经管站在朝阳区王四营乡搞了组建农村合作基金会的试点，并召开了现场会，要求有条件的地方都要办农村合作基金会。1988 年下半年，市委农工委、市政府农办领导又带队，组织各区县农工部、经管站的同志分赴江苏、山东进行了考察，学习外省市发展农村合作基金会的经验。随后，建立农村合作基金会的工作在海淀、朝阳、怀柔、密云和延庆 5 个区县逐步推开。

1990 年，中央 19 号文件又一次提出，要“办好不以赢利为目的的农村合作基金会，管好用好集体资金”。1991年1月，市委、市政府制定的《关于加强乡村合作社建设，巩固发展集体经济的决定》（京发［1991］2号文件）提出：“为加强集体积累的管理，提高资金使用效益，乡、村合作社可以按照自愿互利原则建立农村合作基金会，资金所有权不变，由农村合作基金会对集体闲散资金集中管理并采取有效使用办法，用于支持本乡本村合作社及其企业和农户发展生产，但不得办理个人存款和对外发放贷款。农村合作基金会不设金库，现金余额存入信用社。”为了贯彻市委、市政府京发［1991］2号文件精神，加快郊区农村合作基金会的发展，1991年7月，市经管站召开了全市农村合作基金会工作会议，要求没有建立农村合作基金会的区县，下半年都要进行试点。到1991年底，全市已建立农村合作基金会46个，融资总额2.9亿元，其中村集体资金2.7亿元。

1993年5月7日，市人大通过的《北京市农村集体资产管理条例》规定：要“办好农村合作基金会。乡联社、村合作社集体资金在不改变所有权前提下，按照自愿互利、有偿使用的原则由农村合作基金会管理，提高资金使用效益。”为了学习贯彻好《条例》，1993年7月，市经管站举办了农村合作基金会干部培训班。1994年7月，市经管站又召开了农村合作基金会工作会议，并到唐山市进行了参观。与此同时，一些区县党委、政府也专门发了文件，要求乡镇要建立农村合作基金会。昌平、平谷、大兴和房山4个区县也先后建立了农村合作基金会。到1994年底，全市农村合作基金会发展到90个，融资总额达到5.6亿元，其中村集体资金4.2亿元。

随着经营规模的扩大，一些农村合作基金会行为不规范的问题开始显露出来，特别是超范围开展业务的现象比较突出。针对这种情况，国务院及有关部门提出了对农村合作基金会进行整顿和规范的要求。国发［1993］91号文件指出：“农村合作基金会不属于金融机构，不得办理存、贷款业务，要真正办成社区内的资金互助组织。对目前已办理存、贷款业务的农村合作基金会经整顿验收合格后，可转变为农村信用社”。1993年4月，农业部《关于进一步促进农村合作基金会稳步、健康发展的通知》（农经发［1993］8号），提出要“坚持正确的办会方向，保持和发扬农村合作基金会自身的特色。”1994年11月，农业部、中国人民银行联合发出《关于加强农村合作基金会管理的通知》（农经发［1994］21号），对农村合作基金会的性质、宗旨、任务、经营范围、管理办法等方面提出了更加具体的规定。1995年4月，农业部又下发了《关于开展农村合作基金会登记工作的通知》，要求在全国范围内开展农村合作基金会的登记工作。

为贯彻国务院及有关部门文件精神，全市采取了五项规范措施。一是开展全面检查和制定规范文件。1995年4月，市委农工委、市政府农办、人行市分行对郊区农村合作基金会的发展情况进行了一次全面检查。在此基础上，三家单位于11月联合制定下发了《关于加强管理，保障农村合作基金会健康发展的意见》。主要内容：①明确市、区县农业行政部门是农村合作基金会的主管部门，市、区县经管站受委托负责农村合作基金会的日常管理工作，市人行依法对农村合作基金会的业务活动进行监督。②区县不得再建立农村合作基金联合会，已经建立的，通过整顿完善，把工作重点转向对乡镇农村合作基金会管理和服务上来，不再直接办理融资业务。③农村合作基金会实行会员制。吸收股金只能在本村或本乡镇进行，入股时间至少为一年。主要向会员提供资金，并坚持短期、小额为主原则。④农村合作基金会应当在当地银行或信用社开户，不得设立金库，不准异地开设网点，不得对城市居民和单位开展业务。⑤农村合作基金会开展资金互助的资金占用费不得高于国家金融部门规定的利率标准，不对会员保息分红。⑥农村合作基金会必须建立和完善各项内部规章制度。⑦农村合作基金会要建立备付金和风险保障机制。⑧建立健全农村合作基金会民主管理制度。农村合作基金会的最高权力机构是会员大会或会员代表大会。由会员大会或会员代表大会选举产生理事会和监事会，理事会是会员大会或会员代表大会的执行机构。⑨建立农村合作基金会登记制度。⑩正确处理乡镇党委、政府和农村合作基金会的关系；正确处理农村合作基金会与经管站的关系。⑪农村合作基金会不是金融机构，不得办理存贷款业务。对已办理存贷款业务的，要限期纠正。搞存贷款业务的，经整顿验收合格后，可转变为农村信用社，按国家的金融法规管理。二是开展登记工作。根据农业部《农村合作基金会登记管理办法》，1996 年上半年，市经管站组织有关区县对郊区农村合作基金会进行了登记发证，经核准，全市 89 个乡镇、村农村合作基金会中，符合登记条件，第一批登记发证的 70 个，占合作基金会总数的 79%；管理不够规范、限期整改的 12 个，占 13%；未申请登记的 7 个，占 8%。三是成立管理机构。为了加强对农村合作基金会的监督管理，1996 年 10 月，成立了北京市农村合作基金会管理办公室，负责对郊区农村合作基金会进行指导、管理、监督、协调和服务。四是进行会员制试点。针对农村合作基金会主体缺位问题，1997 年 5 月到年底，全市开展了农村合作基金会会员制试点工作。市里确定平谷县大兴庄乡为全市会员制试点，有农村合作基金会的 9 个区县各选择了 1 个乡镇进行了会员制试点，其中平谷、密云、大兴和怀柔 4 个区县的试点工作基本完成。五是制定财会制度。为了规范农村合作基金会的财务行为和会计核算工作，1998 年 1 月市财政局制定了《北京市农村合作基金会财务管理和会计核算实施办法》。在整顿和规范过程中，农村合作基金会发展也很快。到 1998 年底，已达到 85 家，其中区县级 4 家，乡镇级 80 家，村级 1 家。分布在海淀、朝阳、房山、大兴、通州、顺义、昌平、平谷、怀柔、密云、延庆 11 个郊区县。融资总额 27 亿元，其中个人存款 10 亿元，占 37%，涉及 13 万多农户；集体存款 17 亿元，占 63%，涉及 1 000 多企业。放款总额 17 亿元，占融资总额的 63%，涉及 3 000 多企业，5 000 多农户。

农村合作基金会的建立和发展，对改善集体资金管理，增加农业资金投入，缓解农民生产资金短缺等方面发挥了重要的作用。①改善了农村集体资金管理，壮大了集体经济实力。北京郊区农村合作基金会的资金来源主要是农村集体资金，农村合作基金会的建立，加强和改善了对集体资金的管理和使用。一是把闲散的集体资金采取相互融通、有偿使用的办法，不仅有效地防止了集体资金的损失浪费，而且发挥了资金使用效益。二是对以前农民个人欠款进行清理回收，当时收不回来的换据计息。1988 年底，全郊区农民个人超支、拖欠款已达 3 178 万元，成为农村财务管理工作上的难点。成立农村合作基金会以后，通过“借转贷”换据计息等方式，基本上解决了这个老大难问题。当年收回超借支款 500 多万元。通过对以前一些单位和个人无偿占用的集体资金实行“以借转贷”，收取资金占用费，十几年来用经济手段盘活了集体资金 4 000 多万元。另外，一些区县、乡镇将集体征地款纳入农村合作基金会管理，有效地防止了这笔资金的流失。从管理融通集体资金、保护集体积累的角度来看，农村合作基金会发挥了银行、信用社不可替代的重要作用。②增加了农业投入，促进了适度规模经营，帮助了农户发展生产。在资金投放上，农村合作基金会坚持以农业、农户为重点，对农业、农户生产所需资金优先安排，优惠使用，为解决农业生产资金短缺问题，促使农民走入市场，走向富裕开辟了一个新途径。1989 年和 1990 年两年间，全市农村合作基金会累计投放资金 2 亿多元，其中优先向农、林、牧、渔业生产单位投放 6 000 万元，支持了 300 个农场、专业队，1 000 多个专业户，促进了粮食、蔬菜、林果和畜牧业的发展。1989 年春耕生产正值国家紧缩银根、资金短缺之时，农村合作基金会及时向 80 个农业规模经营单位放款 300 万元，购买生产急需的化肥、种子、农药。北京市 37 个贫困乡之一的怀柔区宝山寺乡，在 20 世纪 80 年代初劳均分配只有 100 多元，为了脱贫致富，乡政府把组织贫困户发展肉鸡生产作为重要措施。但由于资金短缺，1988 年全乡养鸡户只有 60 户，养鸡 10 万只。合作基金会成立后，把支持肉鸡生产当作工作重点来抓，9 个月在肉鸡生产方面累计投放 111.4 万元，占累计投放额的 87%。使全乡的肉鸡生产专业户发展到 190 户，增加 2.2 倍，养鸡 25.6 万只，年收入达 260 万元，纯收入 40 万元，这 190 户养鸡纯收入平均每人 525 元。1990 年合作基金会再次支持扩大养鸡规模到 30 万只，仅养鸡一项，使全乡人均纯收入增加 50 元，达到 937 元，摆脱了贫困。③支持了乡镇企业的发展。随着农村合作基金会融资规模的扩大，对乡镇企业也给予了大力支持。1996 年全市向乡镇企业投放资金 4.4 亿元，占投放总额的 46%。海淀区东升乡合作基金会，1996 年向乡镇企业投放资金 6 900 万元，占乡镇企业借入资金总额的一半以上，成为本乡乡镇企业增加投入的主要融资渠道。朝阳区王四营乡重型机械配件厂，建厂较早，设备陈旧，亟待进行技术更新改造，但又缺乏技术改造资金。乡合作基金会先后给该厂投放资金 240 万元，完成了技术改造项目，使该厂产值由 1987 年的 600 万元，猛增到 1992 年的 1 312 万元，实现利润 219 万元。④增加了集体和农民的收入。农村合作基金会一方面通过促进农村经济的发展，增加集体和农民的收入；另一方面把收益的大部分通过付息分红等形式返还给资金所有者。1996 年全市农村合作基金会就返还集体和农民红利 4 600 万元，增加了集体和农民收入。

二、清理整顿

在农村合作基金会发展过程中，市有关部门和区县做了大量规范性的工作，取得了一定成效，但农村合作基金会存在的一些突出问题仍然没有得到根本解决。主要表现在：①一些农村合作基金会突破社区范围高息吸收存款和投放资金，违规经营金融业务。②一些农村合作基金会个人资金比重过大，放款比例过高，并形成较大数额的逾期款和沉淀款，隐藏很大的风险。③有的县农村合作基金联合会没有把工作重点转向对乡镇农村合作基金会管理和服务上来，继续直接办理融资业务，而且规模很大。④个别区县还打着农村合作基金会的牌子违规从事金融活动。

产生上述问题的原因主要有：①有些区县、乡镇的领导对农村合作基金会的性质、宗旨、任务认识不清，监督指导不力，造成农村合作基金会经营行为失控，以致违规经营金融业务。②有些地方由于不合理的行政干预，造成盲目放款或资金被无偿挤占，形成逾期、沉淀，给农村合作基金会造成经济损失。③有些区县、乡镇的主管部门将农村合作基金会的利益部门化，用来提高机关人员福利待遇和分流机关人员，使推行会员制的工作难以落到实处，造成主体缺位，民主管理流于形式。个别乡镇把农村合作基金会看作是经管站的实体，给乡镇经管站“断奶”，经管站不得不用所得收入发工资、支付办公费用，不同程度的侵犯了资金所有者利益。④随着计划经济向市场经济的转变，乡镇企业的产品逐步由卖方市场变为买方市场，不少企业产品出现滞销，形成亏损或倒闭，从而使欠农村合作基金会债务无法偿还。

为有效防范和化解农村金融风险，维护农村金融和社会的稳定，推动农村经济的繁荣和发展，1999年1月8日，国务院办公厅转发了《清理整顿农村合作基金会工作小组清理整顿农村合作基金会工作方案》(国办发［1999］3号)，决定对农村合作基金会进行全面清理整顿。主要内容：①立即停止新设农村合作基金会。现有的农村合作基金会立即停止以任何名义吸收存款和办理贷款，一律开展清理整顿工作。②清产核资。农村合作基金会停止存贷款业务后，要立即开展清产核资工作，并积极清收欠款。③分类处置。经清产核资冲销实际形成的呆账后，资产大于负债的农村合作基金会，可以申请并入农村信用社。对资不抵债又不能支付到期债务的，由当地人民政府予以清盘、关闭。④地方政府负责。地方人民政府负责清理整顿本地范围内的农村合作基金会，在清理清退债权债务工作中，要承担领导、组织、协调和善后处理的责任。⑤风险自担。农村合作基金会的债务按照谁造成风险谁承担责任的原则处理，不得将农村合作基金会的金融风险转嫁给其他的金融机构。⑥保护农民存款的合法利益。对于农户在农村合作基金会的存款，要保护其合法利益。对于农户的基础股金，应与农村合作基金会利益共享、风险共担。如清偿债务出现缺口，对集体和单位的存款可以按一定比例支付。

1999年3月9日，市委、市政府及时召开区县委书记、区县长会，学习贯彻国办发［1999］3号文件，统一思想。3月11日，市政府办公厅转发了国办发［1999］3号文件(京政办发［1999］11号)，并成立了由市长、主管副市长分别任正、副组长的市清理整顿农村合作基金会工作小组，设立了工作小组办公室，市委农工委书记兼任办公室主任。3月16日，市清理整顿工作小组制定了《北京市清理整顿农村合作基金会工作实施意见》和宣传提纲，提出了北京市清理整顿工作的指导思想、目标任务、主要原则、具体措施、方法步骤和时间要求，要求全市的清理整顿工作在1999年8月底前完成。3月16日和17日，市清理整顿工作小组办公室又分别召开了派驻区县联络员会议和主管区县长会议，对清理整顿工作作了具体部署。另外，市清理整顿工作小组从市农口局、总公司和市人行系统，抽调了33名具有基层工作经验、有一定业务能力的局处级干部作为联络员，于3月18日分别进驻各区县，具体负责对这项工作进行督促、协调和指导。

市清理整顿农村合作基金会工作会后，有基金会的11个区县的党委、政府高度重视，先后召开了一系列会议，传达贯彻国办发［1999］3号文件，并按照市政府的统一部署，有领导、有组织、有步骤地开始了清理整顿工作。①各区县成立了由主要领导任组长，主管副书记、副区县长任副组长、各有关综合部门参加的清理整顿领导小组，同时成立了专门办公室负责具体工作。有关乡镇也成立了由书记或乡镇长挂帅的清理整顿领导小组。

②根据国务院和市政府的有关精神，各区县结合本地实际，制订了各自的清理整顿方案。③进行个人到期存款的兑付工作。根据备付金情况，从3月17日陆续宣布停业之后，朝阳、大兴、怀柔、昌平和顺义5个区县实行了全额兑付；房山和通州两区实行了小额兑付；密云、平谷和延庆3个县暂停兑付，准备在清产核资完成后再进行兑付。海淀区都是集体和企业存款，没有个人存款。④进行深入细致的宣传工作。为确保稳定，各区县利用多种媒体，向农户宣传这次清理整顿的目的和意义，争取了广大农民的理解和支持。区县政府向农民承诺，保证他们在基金会存款的合法权益不会受到损害，并严格执行还本付息的政策，稳定了民心。同时，要求党员、干部不挤兑，并带头归还欠款，稳定了群众情绪。⑤组织力量催收欠款。各区县层层建立了催欠领导小组，制订了具体的催欠措施。通州区从4月1日到22日，通过上门追缴、债权转移、以贷还贷、财产变现以及发动机关干部职工带头还款等措施，共收回欠款1 984万元。⑥开始了清产核资工作。各区县成立了由主要领导牵头，有财政局、审计局、信用社和经管站等部门参加的清产核资领导小组，对所属的基金会进行全面的清产核资。从3月17日到4月底，整个清理整顿工作进展比较顺利。

到1999年5月，大部分农村合作基金会的清产核资工作已经完成。但由于在有效资产的认定、收购标准上意见不一致，影响了整个工作的进度。6月16日，市长办公会对清理整顿工作进行了专题研究，认为这项工作要在8月底前完成有一定困难，要求在保证质量、尽快抓紧的前提下，整个工作争取在年底前结束。6月中旬，经过多方努力，平谷区率先完成了清理整顿工作，全区14家农村合作基金会，7家并入了农村信用社，7家清盘关闭。7月6日，市清理整顿工作小组在平谷召开了全市清理整顿工作现场会，推广他们的经验和做法，有利地推动了全市的清理整顿工作。到8月底，全市已有43家农村合作基金会完成了清理整顿工作，占51%。其中，全部完成的区有顺义、朝阳、平谷、通州；部分完成的区县有延庆、怀柔、房山、大兴、密云、海淀。之后，整个清理整顿工作进展比较快，也比较顺利。

到1999年底，除海淀乡1家合作基金会外，其他84家都顺利完成了清理整顿工作。通过清理整顿，9家并入了农村信用社，30家清盘关闭，45家自行解散。在这次清理整顿工作中，全市并转到农村信用社的存款共18亿元，占农村合作基金会融资总额的67%，与其相对应，农村信用社收购有效放款9亿元，接收农村合作基金会货币资金6.5亿元，接收政府借款补差2.5亿元。共收回欠款2.5亿元，占放款总额的15%。个人存款全部清退，集体存款大部分已清退，剩下的已落实到了有关部门。另外，全市规模最大的海淀乡合作基金会，融资总额5.5亿元，由于监管不力，管理混乱，资产质量太差，很多违法违纪问题也一时难以查清，市里决定把该合作基金会的清理整顿工作放到2000年底前完成。

2000年，按照市政府的要求，有关区县继续对清理整顿的一些后续工作进行了认真处理。①继续抓紧清理债权债务。承接关闭解散农村合作基金会的部门，年内收回欠款0.7亿元。②严肃查处违法违纪案件。到年底，全市共立案6起，其中已结案2起，共挽回经济损失2 500万元。

第四节　农民专业合作经济组织

一、萌芽阶段（改革开放后至1994年）

党的十一届三中全会以后，随着农业联产承包责任制的普遍实行，农村集体经济组织的职能由直接组织生产演变成主要是管理集体资产（如土地）和向农户提供生产、生活服务；随着多种经济成分并存政策的实施，农民家庭成为独立的经济主体，农民家庭依托自有资产，发展各种新的经济联合组织。在这种背景下，北京郊区产生了各种形式的农民专业合作经济组织，包括生产经营合作、生产服务合作、联合组织及专业协会、技术研究会等。

农民专业合作经济组织的发展得到党中央、国务院的充分肯定。1989年11月27日，国务院《关于依靠科技进步振兴农业，加强农业科技成果推广工作的决定》中指出："各地要进一步加强农业科技推广服务体系建设，在巩固和发展县（含县）以下农业技术推广机构的同时，积极支持以农民为主体，农民技术员、科技人员为骨干的各种专业科技协会和技术研究会，逐步形成国家农业技术推广机构与群众性的农村科普组织及农民专业技术服务组织相结合的农业技术推广网络，以疏通科技流向千家万户和各生产环节的渠道"。1991年11月，国务院《关于加强农业社会化服务体系建设的通知》提出："近年来，许多地方特别是在经济不发达的地区，大量地涌现出由农民自办、联办的服务组织，以及各种专业技术协会、研究会等民办服务组织，在发展农业社会化服务中起着不可忽视的补充作用。各级政府对农民自办、联办服务组织要积极支持，保护他们的合法权益，同时要加强管理，引导他们健康发展。金融、科技、商业等部门，对户办、联户办、其他民办的服务实体，要在资金、技术、生产资料供应等方面给予支持。"1993年中发11号文件强调："农村各类农民专业技术协会（研究会），是社会化服务的一支新生力量，各级政府要加强指导和扶持。"中共中央十三届八中全会通过的《关于进一步加强农业和农村工作的决定》要求："要重视推动民间各种专业技术协会、研究会和民间科技服务机构的发展，充分发挥他们在推广适用技术和开辟新产业中的作用。"据统计，到1993年底，全市共有生产经营合作、联合组织5 258个，生产服务合作、联合组织1 053个，专业协会281个，区县级农业方面协会22个。在5 258个生产经营合作、联合组织中，涉及农业的1 194个，其中种植业1 104个，工业领域1 001个，建筑业225个，运输业1 497个，商业、饮食服务业1 179个，其他162个。在1 053个生产服务合作、联合组织中，涉及耕作服务的390个，灌溉服务的208个，植保服务的156个，畜禽防疫的96个，购销服务的167个，其他服务的36个。在281个专业协会中，涉及种植业类的有110个，占39.1%，其中瓜菜类175个，水果类35个，农机类10个；涉及养殖业类132个，占47%，其中养畜类57个、养禽类24个、养蜂7个、养鱼虾等35个、食用菌类8个，加工业类19个；其他20个，占13.9%。

1994年以前，北京市对农民专业合作经济组织处于多头管理状态，农业管理部门、科委、民政部门分别对农民专业协会、农村专业技术协会（包括研究会）、专业农协（社团法人）进行管理，各个部门分别对其进行统计，由于统计口径不一致，无法相互进行比较。农业管理部门对农民专业协会的管理，是随着社区合作经济组织满足不了农户参与经济活动的需要，无法有效组织农民顺利进入市场的情况下，郊区农村出现了以农民为主体的各类农民专业协会，成为社区合作经济组织的有益补充，受到政府的认可和广大农民群众的拥护，农口有关部门逐步将其纳入管理范围。农村专业技术协会（包括研究会）一般在科技部门登记注册，并一直受各级科技部门的管理。农村专业技术协会按其产生的方式，分为民间自发产生的和原有经济组织牵头、农民自愿加入的两类。民间自发产生的，是由一个或几个专业户、科技示范户发起和牵头，联合若干专业户组成，影响和带动周围的农户，形成专业化生产，逐渐发展成专业村、专业乡。原有经济组织牵头组成的，又可以分为两种：一是以社区合作经济组织的经济实体为龙头，吸引农户自愿加入，建立起产加销一体化的组织；二是以政府职能部门的经济实体（国营商业、供销社、以农产品为原料的国营加工企业、国营农场、农业部门的各种经济实体等）为龙头，吸引农户自愿加入组成的。从行政层次上分区县级、乡镇级和村级；从产品类型上分为养殖业、瓜果业、蔬菜业、种植业等。无论如何划分，各种类型的农村专业技术协会都与农业技术推广系统、科技部门有极密切的联系，其中大多数还是在农技推广部门、各级科委的具体帮助下组织起来或促成的，各项业务的开展均有农业技术部门、科技部门的参与或指导。各级民政部门对专业协会的管理，主要是按国务院颁布的《社会团体登记管理条例》的规定，即“在中华人民共和国境内的协会、学会、联合会、研究会、基金会、联谊会、促进会、商会等社会团体，均应依照本条例的规定申请登记。社会团体经核准登记后，方可进行活动。法律、行政法规另有规定的除外”。主管社会团体登记的机关是各级民政部门，农民专业协会申请设立社团法人资格后，接受其管理。

二、试点阶段（1994—1998 年）

1994 年，农业部、中国科协下发了《关于加强对农民专业协会指导和扶持工作的通知》[(1994)农(经)字第 1 号],文件要求充分认识农民专业协会在深化农村改革和发展市场经济中的地位和作用，按照发展社会主义市场经济的客观需要，正确引导专业农协稳步发展，并在全国确立了一批农民专业协会试点和试点区县。密云县被农业部、中国科协确定为试点县之一，同时北京郊区结合文件精神，各区县相继建立了一批市级、区县级农民专业协会试点，农民专业协会蓬勃发展起来。

1994 年 7 月 13～15 日，农业部中国农业支持服务项目联合办公室、农村合作经济指导司、合作经济经营管理总站在北京市怀柔县联合召开了农协试点县工作会议，对农协试点工作进行了研究和部署。会议认为，农民专业协会是适应农村改革和社会主义市场经济需要而发育和发展起来的新生事物，是农民的又一伟大创举。发展农民专业协会，有利于科学技术尽快转化为现实生产力，有利于提高农民的组织化程度，引导农民自觉地进入市场，有利于提高农民收入，保护农民的合法权益。同时，对广大农民减少因自然风险和市场风险所造成的损失所起的作用将越来越充分地得到显现。会议要求试点县进行农协基本情况调查，总结不同模式农协的组织形式、管理经验、运作特点和示范效果，培训农协的管理人员，总结各地做法及经验等。密云县根据这次工作会议精神，结合本县实际情况，于1994年7月成立了以主管农业副县长为组长，由经管站、农办、畜牧局、科委组成的农民协会领导小组，着手抓全县农民协会的组织发展工作。8月，召开了全县各乡镇政府主管领导的专业会议，要求按照“民办、民管、民受益”的原则，各乡镇要加强领导，加大宣传，积极组织发展农民协会，把发展农民协会与发展生产、提高经济效益、增加农民收入有机结合起来，务求实效。经过摸底调查，到1993年底，密云县各种不同类型的畜牧技术服务协会涉及17个乡镇58个村，成立了养猪、养鸡等协会组织，发展会员225个，其中村内150个，乡内75个，这些协会大部分是由乡镇政府及有关业务部门组织发展起来的。在领导小组的指导下，经过试点，按照“民办、民管、民受益”的原则，重新修订了养羊、养猪协会章程，加强技术培训，全年共培训协会管理人员、协会会员及专业人员1 600多人次，同时整顿协会组织，使农民协会组织走向正轨。

经过试点示范，密云县专业协会得到了较快发展。到1994年底，全县畜牧协会发展到65个，会员1 000多个。养猪协会把全县45个规模猪场组织起来，建立了两个屠宰加工厂，实现了产销一体化。1994年，生产商品猪66 255头，创收入4 470万元，比1993年提高12%。小尾寒羊协会实行引种、贷款、饲养管理、种羊销售等综合服务，年底发展会员700多人，种羊存栏5 000只，创收入100万元，会员人均收入1 400多元。

1995年，各级农村合作经济经营管理部门加强了指导和服务。首先是对全市农民专业合作经济组织进行摸底调查，摸清现状并研究对策。其次是抓培训，主要培训农民专业合作组织管理及技术人员，仅密云县全年共培训2 000多人次。三是加强内部管理制度的建设，主要是帮助农民专业合作经济组织制定章程，建立内部机构，如理事会、监事会及成员代表大会等。四是总结交流经验，据北京市农村合作经济经营管理站对全市农民专业合作经济组织进行统计，1996年底，共有专业协会552个，入会的会员达13 516人，协会年末拥有固定资产总额1 178万元，平均每个专业协会拥有固定资产21 340元。按产业划分，其中种植业的专业协会286个，占51.8%；养殖业协会61个，占11.1%；加工运输协会123个，占22.3%；其他协会82个，占14.8%。按会员所在区域划分，其中乡内的专业协会181个，跨乡协会3个。从服务内容看，提供技术信息服务的有105个，提供资金服务的有4个，提供供销服务的有6个。有服务实体的协会有19个。大城子乡是密云县果品生产基地之一，由于受交通不便、信息不灵、果品质量不高等诸多因素的制约，销售不畅，造成丰产不丰收。1997年5月成立了农民果品协会。协会有会员243人，下设劳务技术服务队、运销包装分会、信息服务中心等五个部门。以为社会和果品生产经营者提供全方位系列化服务为宗旨，积极开展科技咨询，引进新技术和名优品种，举办栽培管理和病虫害防治技术培训，开展典型示范和技术交流；开展市场需求调查，沟通产销信息，拓宽销售渠道；帮助会员解决生产物资和贷款业务；提供科学管理方面服务。协会成立一年多来，乡政府给运销大户准备20万元贴息贷款，投入6万元购置计算机等现代化办公设备。1998年春天通过协会销售储藏的红肖梨等达500万千克，占全乡果品总产量的 80%，平均每千克价格比上年提高近 2 倍，果农增加了收入。

由于专业合作组织内部管理制度不健全，加上各级政府没有出台相应的扶持政策，一些农民协会相继解散、破产。据统计，到 1998 年底，全市农民专业协会减少到 190 个。

三、起步阶段（1999—2000 年）

1999 年 1 月 21 日，市农委和市财政局联合下发了《关于扶持和鼓励发展农民专业合作经济组织的意见》（以下简称意见）（京政农发［1999］006 号）。制定了对农民专业合作经济组织的扶持标准和办法，对出资型农民专业合作社，凡是入社农户在 20 户以上，农户增收水平高于本地区 10%以上，给予一定的资金奖励；对契约型合作组织，凡是带动农户 200 户以上，农户增收水平高于本地区 10%以上，与农户签订购销合同、实行保护价收购的农产品加工企业和贸易组织，给予一定的资金奖励；对会员制型合作组织，凡是为农户提供生产资料、技术服务、新品种推广、产品销售，带动农户在 100 户以上，农户增收水平高于本地区 10%以上，给予一定的资金奖励；对一些规模较大，跨区域联合，带动农户作用特别强，农民增收效果显著的合作组织，可作为全市农民专业合作经济组织的典型，给予重点表彰和奖励。《意见》要求各区县政府部门对农民专业合作经济组织的发展要积极引导和扶持，对农民专业合作经济组织在工商注册、税收登记等有关手续方面要提供方便。在水电、土地等基础设施方面，应给予倾斜和扶持，

1999 年 6 月，市委农工委、市农委召开了“全市农村合作经济组织和社会化服务体系经验交流会”。政府的支持和推动，促进了农民专业合作经济组织的快速发展，到 1999 年底，全市共有农民专业合作经济组织 446 个，入会的会员达 35 178 人，专业合作组织年末拥有固定资产总额 12 730 万元，平均每个专业合作组织拥有固定资产 285 426 元。按产业划分，其中种植业 178 个，占 39.9%；养殖业 189 个，占 42.4%；加工运输业 48 个，占 10.8%；其他专业合作组织 31 个，占 6.9%。按区域划分，乡镇区域内的 367 个，跨乡镇的 13 个，跨区县的 3 个。从服务内容看，提供技术及信息服务的有 54 个，提供资金服务的有 10 个，提供供销服务的有 12 个。有服务实体的有 42 个。与上年相比，农民专业合作经济组织的数量、会员数、资产总额等都有的提高。农民专业合作经济组织的发展，促进了农业结构的调整，提高了农民进入市场的组织化程度，增加了农民收入，推进了农业产业化经营。顺义区李桥镇沿河瓜菜产销协会于 1998 年 5 月 19 日成立，是一个出资型的农民专业合作经济组织。共有会员 105 户，经营菜田 35 公顷，拥有固定资产 247 万元，其中出资户 99 户，出资额 34.2 万元。协会投资 56.2 万元，建了 3 150 平方米的蔬菜加工车间和 360 平方米的半地下蔬菜保鲜库，购置了草苫编织机和蔬菜包装机。一年内，销售瓜菜 150 多万千克，成交额 600 多万元，增加了菜农收益。

2000 年 8 月 10 日，市委农工委、市农委在昌平区召开了农民专业合作经济组织经验交流会。大兴县庞各庄镇、房山区长阳奶牛协会、怀柔县西洋参公司、顺义区张镇肉鸡协会 5 个单位介绍了经验。

会后，各区县也制定相应的政策，鼓励农民专业经济组织的发展。到 2000 年底，郊区农民专业合作经济组织已发展到 1 790 个，其中本年新发展 583 个，占总数的 32.6%。

在农民专业合作经济组织中，在工商、民政或科协等有关部门注册登记、取得合法资格的有 779 个，占 43.5%。农民专业合作经济组织共投资 40.5 亿元，其中农户投资 22.1 亿元，占总投资的 54.6%。合作组织累计销售收入达到 61.6 亿元，并带动了社外 20.7 万户农民共同致富。大多数农民专业合作经济组织制定了章程，建立了比较规范的管理机构和制度。

2000 年，农民专业合作经济组织发展有以下几个特点：一是产业相对集中。林业、蔬菜、畜牧三个行业占全部合作组织的 78.2%，带动农户 14.2 万户，占总户数的 62.6%。二是畜牧合作组织发展较快。在新发展的 583 个合作组织中，有 326 个畜牧合作组织，占新发展总数的 55.9%。三是"龙头企业＋合作组织＋农户"的生产、加工、销售方式被广泛采用。尤其在牛奶、肉鸡、养鸭生产方面，形成了责任明确、风险共担、利益共享的产销一条龙链条。大兴县成立奶牛协会（合作社）11 个，上接"三元"、"光明"企业集团，下连农户，入社农户 500 多户，饲养奶牛 7 000 多头。四是区域特色突出。促进了区域农业结构调整。平谷县有 24 个大桃产销合作组织，带动了平谷县大部分大桃生产和销售。通州区的 5 个中药产销合作组织，带动农户 500 多户，种植各种药材 600 多公顷。朝阳区的 4 个獭兔合作组织，吸引 100 多个农户，饲养销售獭兔 18.9 万只。

郊区农民专业合作经济组织的发展，提高了农民的组织化程度，推动了农村经济结构的调整。房山区长阳奶牛合作社是由 30 余户奶牛养殖大户于 1998 年 4 月自愿组织成立的。合作社为养殖专业户提供全方位的服务，架起了养殖户通向市场的桥梁：一是积极开拓市场，疏通销售渠道。合作社与北京三元食品公司签订了鲜奶交售合同，建立了长期的供奶关系，与社员户签订"鲜奶收购协议"，保证养殖户销售鲜奶畅通无阻。二是减少饲料购买环节，提供优质低价饲料。合作社从信誉高的饲料厂统一批量进货，按进价卖给社员，并采取月底付款的方式，减少了社员的人力、运输费用，降低了成本，也保证了鲜奶的质量。全年为社员节约开支 5.6 万元。三是加强防疫服务。合作社专门培养了兽医，聘请专职配种员和有多年实践经验的兽医为顾问，定期为社员户的奶牛进行结核、布病检疫及防疫，并统一购进防疫药品及设施。四是开展技术培训，提高社员的科技素质。五是增加设备投入，提高机械化水平。合作社统一购置挤奶车及配件，社员共同出资入股购置奶罐运输车和自冷罐，解决了鲜奶储、运问题。合作社的服务，带动了养殖户的发展，增加了社员的收入，到 2000 年底，入社农户发展到 268 户，鲜奶销售量由 1998 年的 109 万千克提高到 292 万千克，销售收入由 214 万元提高到 569 万元，户均收入由 2.4 万元提高到 3.6 万元，同比分别增长 167.9%、165.9%和 50%。合作社服务范围覆盖到房山区 12 个乡镇及丰台、大兴、海淀、门头沟等地。

四、初步发展阶段（2001 年以后）

2001 年，全市农民专业合作经济组织的发展已经由起步阶段进入初步发展阶段。2 月 23 日，市政府办公厅转发市农委《关于发展本市农民专业合作经济组织意见的通知》（京政办发［2001］13 号）文件，4 月初至 6 月底，市经管站对郊区农民专业合作经济组织发展情况开展了一次全面摸底调查，全市纳入农民专业合作经济组织管理范围的有 1 657

个，入社农户 366 625 户，入社企业 1 173 家，其中契约型专业合作组织 351 个，占 21.2%；出资型专业合作组织 425 个，占 25.6%；会员型专业合作组织 796 个，占 48%；其他形式的 85 个，占 5.2%。农民专业合作经济组织发展呈现出以下特点：一是合作领域从生产向加工、销售延伸，与上年相比，加工、销售领域的农民专业合作经济组织比例逐步增加；二是组织规模扩大，加入专业合作组织农户数占全市农户总数的 30%，平均每个专业合作组织拥有农户 221 个，比上年的 102 户增加了一倍多。

2001 年 5 月 20 日，市委农工委、市农委在顺义大孙各庄镇召开了农民专业合作经济组织建设现场会，8 月 16 日，市农委在怀柔召开了全市“发展奶牛合作社，实施奶业产业化的工作会议”。会上，怀柔梭草奶牛合作社、大兴庞各庄奶牛合作社、顺义史家营奶牛合作社、密云北庄奶牛合作社、北京三元食品有限责任公司介绍了经验，参观了怀柔梭草奶牛合作社。会议强调通过建立以农民为主体的合作组织，提高组织化程度，加快奶业产业化步伐。

2002 年，市农委、市财政局下发了《关于推进农村经济结构调整，加快农民致富步伐若干政策意见》（京政农发［2002］3 号），加大对农民专业合作经济组织的扶持。市政府办公厅转发了市农委《关于发展本市农民专业合作经济组织意见》（京政办发［2001］13 号）。

全市通过示范重点抓农民专业合作经济组织的规范化建设，树立了一批典型。6 月 5 日，市农业产业化办公室、市经管站下发了《关于印发〈北京市农民专业合作经济组织示范章程〉（试行）的通知》，促进了农民专业合作经济组织健康发展。

2002 年 10 月 11 日，市委农工委、市农委在顺义召开了全市农民专业合作经济组织经验交流会。市属各有关委、办、局，各区县主管农业的区县长、农委主任、经管站和部分农民专业合作经济组织负责人共 150 余人参加了会议。要求做好四项工作：一是认真总结和推广农民专业合作经济组织的成功经验；二是积极开展农民专业合作经济组织的规范化示范工作；三是加强培训工作；四是深入调查研究，做好引导和服务工作。

在一系列政策的鼓励、扶持下，郊区农民专业合作经济组织得到了进一步的发展。到 2002 年底，全市各类农民专业合作经济组织达 2 030 个，纳入农民专业合作经济组织规范化管理范围的达 1 595 个，入社农户 34.2 万户，资产总额达 40 亿元。农民专业合作经济组织的发展呈现出新特点：一是专业合作组织逐步走向规范，有章程的合作组织有 998 个，占 62.2%，内部设有成员（代表）大会的有 928 个，占 58.2%，民主程度较上年有新的提高，相当一部分农民专业合作经济组织设立了理事会、监事会。二是合作领域进一步拓宽，合作深度进一步加大，以从事农产品加工、销售、服务为主的有 918 个，占总数的 57.6%，比上年提高 12.6%。三是确立了农民在专业合作经济组织中的主体地位，农民自己组建的专业合作组织有 798 个，占总数的一半多。四是产业类型多样，与农业产业化紧密结合，以种植业为主的专业合作组织有 674 个，占 42.3%，涉及粮油、蔬菜、果类、花卉、牧草、苗木及其他特种种植，以养殖业为主的农民专业合作经济组织 769 个，占 48%，涉及生猪、肉牛、鸡、奶等产业，其中以肉鸡、奶领域的合作组织为主。五是面对入世挑战，一批行业协会应运而生，市级行业协会有果品协会、出口菜协会、谷物协会、奶业协会等。

10 月 23 日至 26 日，市农委在香山农干院举办了为期四天的“北京市农民专业合作经济组织培训班”，各区县农委、经管站主管农民专业合作经济组织工作的负责人、示范单位负责人及所在乡镇的乡镇长、经管站长等共 140 余人参加。培训班后，又组织参加培训班的部分人员分别赴浙江、海南进行了学习考察。

第二篇　农村合作经济管理

第七章　农村合作经济财务管理

财务管理是组织财务活动、处理财务关系的一项经济管理工作。财务就是经济组织再生产过程中的资金运动。经济组织的资金运动包括资金的筹集、使用、耗费和收入分配等经济内容，具有综合性特点，因此，从初级农业生产合作社开始，财务管理一直发挥着重要作用。农村合作经济财务管理的主要任务：①积极筹集资金，保护所有者权益；②建立积累机制管好用好集体资产；③签订管理各种经济合同，妥善处理承发包双方的经济关系；④制定财务会计制度，搞好经济核算；⑤编制执行财务计划，提高经济效益；⑥切实搞好会计核算，严格制度手续；⑦如实反映经营成果，正确处理国家、集体和个人三者关系；⑧加强统计核算，全面反映经营情况；⑨加强财务检查，妥善处理财务关系；⑩定期进行经济活动分析和财务诊断，不断改善和加强经营管理。

第一节　社区合作经济组织财务管理

一、合作化和人民公社时期的财务管理

合作化和人民公社时期，农村合作经济经营管理的重点是财务管理。因此，这一时期的财务管理范围广、内容多，包括生产资料管理、生产管理、劳动管理、财务会计管理、收益分配管理等方面的内容。

（一）生产资料管理

郊区土改当时有两个特点，一是没收地主、征收富农的土地收归国有，分配给无地少地的贫雇农使用；二是在分配和调剂土地使用权时，不搞绝对平均主义，即土地不平分。当时北京所属近郊的贫雇农平均每户分得土地 7.6 亩和少量的房屋、耕畜和农具，而分得的土地只有使用权。但对所有自耕农的土地，其耕种权与所有权一律照旧保持不变。

1950 年，市委规定了组织起来的三项具体政策：①必须掌握自愿等价（互利）的互助原则，开始时应在群众习惯的原有的组织形式的基础上，建立小型的互助组，保证农民有参加和退出的自由；②办互助组是群众的事，干部不能强制代替；③贫雇农和中农在互助组要搞好团结，不能因为中农有较好的牲畜、农具，而让中农吃亏。因此，这一时期互助合作深得人心，发展很快，即使有个别村干部犯了强制代替的错误或是侵犯了中农的利益，也大多在春耕以后就散伙了，纠正很快，不碍大局，而互助合作保护了个人生产资料

所有权，而且解决了贫雇农在生产上的困难。

初级农业生产合作社的基本特点，是村里一部分人自愿参加，土地、牲畜、农具等生产资料，由社员讨论合理的作价方法，折股入社，参加分红，近郊社多为“劳七地三”（即在纯收入中劳动为全年工分分配七成，土地分配三成），远郊县的合作社一般是“劳六地四”的分配比例。

但在初级社大发展中，由于某些乡村干部不顾具体情况贪高图大，不注意政策影响，有的折价不合理，有的缺乏领导经验，管理混乱，使一些社员怕财产归公、怕秋后减收，以致到1955年一些地方出现新建社垮台、散伙和社员退社现象，还有的地方出现大批出售牲畜、杀羊、砍树等问题，全郊区共有3 600户农民退社，占原入社农户6%。市委批转了农村工作部《关于切实做好退社户工作的意见》，要求对退社户必须坚持在政治上不加歧视、经济上不损害，对打击、歧视和损害退社户经济利益的现象，应切实纠正。当时丰台区的办法是：①退社户入社的牲口、大车、农具等生产资料，原物仍在的由原户带走；原物已出卖、遗失或严重损害者，由社按原价退赔，如果大车、农具等已由社修补，原主应付给社修理费；社已用坏者，社应付原主修理费。退社户入社的现金投资如数退还。退社户入社的籽种、肥料，社已使用了的照原作价付款；如原物仍在，亦可带走原物。②退社户应该带走原来入社的土地；如原地经社加工者，原主应酌付加工费。③退社户入社的土地由社统一种的麦子，原则上由退社户收获，但退社户须偿付社里所用的籽种、肥料、人工费用等。④牲口集中由社使用所吃了的饲料，原则上由社开支，退社户不应负担，牲口集中后运输等的收入亦由社处理。⑤退社户所得的劳动工分，必须及时给予合理报酬。另外，对蔬菜作物的处理也都做了合情合理的清退工作。

高级农业生产合作社基本特点是：土地归集体统一使用不再认股分红；并在多个贫富不同的初级社合并中，所有资产均采取了原封不动归大社的办法，实行全社社员集体所有制，使集体与个人产权模糊起来。1956年3月，中共中央发出《关于在农村生产合作社扩大和升级中有关生产资料的若干问题的处理办法的规定》，解决农业生产合作社示范章程草案没有解决的新问题。《处理办法》规定：两个或两个以上合作社合并时，各社原有的公共财产、公积金、公益金，统一转为合并后的大社所有。各社之间多少不等，不必补齐，新社员入社也不补交。富裕中农的入社生产资料折价款，对其超过应交股份基金二倍以上的部分，只付利息，超过一定年限（例如三年）后，转为股份基金。另外，部分山区农民的果树和林木入社问题的办法是：凡是社员之间占有果树的数量大体相等，经济价值较低的山桃、山杏，经过社员讨论自愿，可以全部无代价入社；社员之间占有果树的数量悬殊，各户可以按较低的比例平均无代价入社一部分，其余部分则折价归社。

1956年底，由于过去在扩社中有强迫命令现象，当年又逢雨灾，有些社农作物歉收，以致原来有些不愿入社的农户，在秋收结束后，又刮起一股退社风，个别社在处理上出现了激化行为：如石景山农业生产合作社衙门口西街的武洪波、武洪涛兄弟俩，强行拉走入社的马车，到天津去做生意。随之又有20多户闹退社。当时对待退社风的办法是，派民兵昼夜看守饲养场、大车队，由公安部门配合，通缉、追捕武家兄弟归案，召开群众大会，宣判武家兄弟八年有期徒刑，同时对五户闹退社的富裕中农带上新富农帽子，施行专政。这股退社风虽然平息了，但也彻底否定了退社自由、否定了个人生产资料所有权。

1958年的“大跃进”和“人民公社化”，刮起了“一平二调”的共产风，将郊区原有的7 647个高级农业生产合作社合并成77个人民公社，生产资料全部归公社所有；在分配上实行供给制，取消按劳分配，严重挫伤了农民的生产积极性，连年减产减收，农民收入下降。直到1960年冬，中央发出了紧急指示《十二条》，进行了整风整社反“共产风”，接着，中共中央又发出《关于纠正平调错误、彻底退赔的规定》，强调“凡是违背等价交换和按劳分配的原则，抽调或占用了生产大队、生产队和社员个人的生产资料、生活资料、劳动力和其他财物的，都必须彻底清算和退赔。过去没有清算的，或者处理不彻底的，必须重新算账，保证做到真正彻底退赔”。到1962年6月退赔工作基本结束。据统计：国家和社队的平调总额6 093.4万元，已经退赔5 506万元，占90.4%。同时还归还了公社化以来社队拖欠社员劳动报酬、肥料款和现金投资等1 061万元。平调兑现和归还欠款两项共退出现金5 714.1万元，并退还家具、炊具等47.4万件，家禽1.6万多只，大车420辆，瓦、木、砖建筑材料等实物。

（二）生产管理

在生产管理上，郊区农业生产合作社以经营农业生产为主，有条件的地方，也开展畜牧业、渔业、林业、手工业和其他副业生产，但不准经营商业，同时允许社员发展家庭副业生产。为了确保统派购任务的完成，郊区农业生产合作社普遍推行了年度生产计划，分为三种类型：①少数大社，在市、区干部帮助下，制订比较全面细致的年度生产计划，内容包括种植计划、基本建设计划、耕作计划、用工计划、财务计划，有的还订有副业生产计划；②多数中、小社的生产计划，内容一般包括种植计划和简单的收支计划；③少数中、小社只有简单的种植计划。管理水平较高的合作社还做到“一年早知道”，即将全年财务收支、劳动用工、劳动日值和钱粮分配等试算到每个社员，使社员做到心中有数，调动社员生产劳动积极性。在政府的帮助下，郊区农业生产合作社在生产中积极推广新技术、新农具、新品种。

农村的“大跃进”和“人民公社化”是联在一起的。“大跃进”在生产管理上，提倡深翻密植、农具改革、大炼钢铁、大办工业的群众运动，结果是劳民伤财，得不偿失，带来三年全国性的经济灾难。到1962年，虽然纠正了“一平二调”的错误，发布了《农业十二条》，逐步恢复了社员家庭副业，但好景不长，“文化大革命”时期，强调“以粮为纲，限制多种经营”，反复批判“重副伤农”、“重钱轻粮”、“重个人轻集体”，到处“割资本主义尾巴”，彻底切断了农民与市场的联系，在“车马归队、劳力归田”的口号下，公社的人力、财力、物力均被限制在农业生产上，使集体经济停滞不前。在学大寨过程中，进一步强调以粮为纲，形成农村单一的经济产业结构，既然是人民公社，政社不分，其经营范围和种植安排就必然服从国家计划，集体和农民在生产经营上几乎没有自主权。

（三）劳动管理

农业生产互助组的劳动组织，是在劳力、畜力、农具使用上实行换工互助。临时互助组是根据农时季节，劳力、畜力临时变工生产，自愿结合，互助互利；常年互助组主要特点是，组内有某些分工分业和简单的生产计划和管理办法。如门头沟区栗元庄赵德森互助组，既有党支部指派党员参加领导，有比较健全的制度，有短期的生产计划和定期“齐工找价”制度，学习生产技术、时事政策和生活会制度等，在完成田间耕作任务的同时，还因地制宜地开展副业门路，组织社员打石板，到麦收前就收入 1 200 多万元（旧币），副业收入除分配外还留了积累，用以添置农具，向初级社区进。

初级农业生产合作社在劳动管理上，一般是根据每个劳动力的强弱、技术特长，由社长统一派工，干部同社员一样参加生产劳动。一些规模较大的农业生产合作社还逐步摸索出劳力划组、定额管理、包工包产、超产奖励的管理办法。1953 年，市农委针对大社在劳动管理中的混乱现象，重点推行划分生产队或固定耕作区，实行生产责任制和劳动定额管理，有些农活还实行了按件记工和季节包工。并以典型引路方法，宣传推广石景山区八角村农业社主任梁贵的劳动定额管理的经验。所谓“劳动定额”，就是根据当地的主要活茬分别订出工作量的标准和质量要求，经过试工，按标准定量施工，为了达到公平合理，在社务管理委员会的领导下，以有经验的老农为主，专门成立试工和验收小组，对合乎标准的比照记工；对贪多图快、不顾质量者或返工或扣分；对原订的标准明显不合理的，及时进行修订，这样多数老实肯干的社员自然得到较多的工分，个别投机要滑的社员，则受到应有的处罚。这些办法推广以后，使当年的 63 个社的劳动管理成效显著，获得增产增收。

高级农业生产合作社初期一般是每天由社干部派活，后来大部分农活改为小段包工；规模较大的合作社建立土地、劳动力、耕畜、大农具固定给生产队或生产小组使用，实行生产队小段派工，生产小组劳动作业；搞得比较好的合作社，还实行劳动定额制度和生产责任制。

人民公社初期把劳动力编成班、排、连、营、团，组织跨村、跨乡、跨县“大兵团作战”，强壮劳力被调出大办水利，搞深翻，炼钢铁，老人、妇女、小孩在农田地干活。而且把过去行之有效的劳动管理，批判为“工分挂帅”，大力推广大寨式评工记分方法，实施“劳力归田、车马归队”，把劳力、运输力禁锢在粮田上，而粮田也没有搞好。

（四）财务会计管理

农业生产互助组有临时互助组和常年互助组两种，临时互助组是农户之间通过换工解决农忙生产劳力不足问题。换工由双方协商自愿而定；常年互助组是农活统一安排，劳动力统一支配，个别的还有大伙集资买的公共财产。主要是用工管理，实行“工票制”，叫作“以工换工”、“齐工找工”或“齐工找价”。具体做法是：第一步，印制工票，商定标准。印制足够数量的“工票”，规定一张工票为一个标准工。标准工是以一个中等男劳力劳动一天（约 8 小时）为一个标准工。牲畜、大车折工由组员协商自愿，一般一个畜工一天折 1～2 个人工。大车随牲畜走，一般不计工。其他农具都自带自用不计工。第二步，当日结算，及时发工票。由组长报告用工情况，由记工员（兼职）记清：即哪家用的工，干什么活茬，用工多少；记清谁出的工，得了多少工票。当天结清，不错不乱。第三步，年终“齐工找价”。“齐工找价”实际上等于常年互助组的年终结算。首先核对各户用工量、出工量，逐户核准之后，加起来与全组的用工总量、出工总量再核对，相等为正确。发出的工票数与出工总量应该相符。发出数与收回数应该相符。其次，在用工核准的基础上，按照原定或临时议定的补价标准，即一个标准工补多少钱，进行逐户算账。每一户的用工量减去出工量，有余应该补价；有缺应该领取劳动报酬。最后是保证兑现。这是最初的财务会计管理，简便易行。

初级农业社的财务管理主要抓了以下工作：

一是吸收社员股金、动员社员投资为生产筹集资金，管好财产物资等集体资产。建社初期生产缺乏资金，除了国家投资及贷款支持以外，大量的要靠合作社自己解决，靠挖掘社员的资金潜力解决。一是征集股金；二是动员投资。征集社员股金有三种办法：即按土地分摊、按土地和劳力比例分摊和完全按劳力分摊。分摊额度以种子、肥料、耕畜等各项生产费需要之和，并以大多数社员缴得起为限。缴纳股金可用实物抵顶；也可交现金。缴纳实物超过应摊股金的作为社员投资。贫农入社缴不起股金的可以少交或不交，贫农资金困难，也可由国家贷款。

二是编制财务收支计划，做到干部社员“一年早知道”。农业社根据年度生产计划，编制财务收支计划，预计收入、支出、积累和分配等项可能实现的目标，向社员公布，使社员明确奋斗方向，以调动群众生产积极性，无论大社、小社，平原社、山区社，都要做。

三是建立财务制度，严格控制开支。根据中共中央《关于农业合作化的决议》要求，各农业社普遍建立健全了财务制度。实际内容参差不齐，一些比较好的农业社大体规定了以下几项内容：①严格审批手续，控制开支。规定：一切开支都要纳入预算，有计划地花钱。预算内的一般开支，必须经管委会主任批准。较大的开支经管委会通过，社员大会审查批准。原来没有预算的要追加预算。对一切不符合制度、手续的开支，会计员有权拒绝。②合作社的一切收入、开支都必须有单据证明。会计员必须凭单据记账。会计与出纳必须分开，各负其责，“管钱的不管账，管账的不管钱”，做到钱账分管，互相配合又相互制约。③合作社的一切公共财产，必须确定专人保管，及时登账，定期盘点，每年必须盘点一次。如果发现贪污、盗窃、破坏行为或者由于不负责任造成公共财产损失的，都必须按价赔偿并给予处分；情节严重的，由合作社请司法机关处理。④定期公布账目，做到财务公开。规定：每个社员的劳动工分，每月、每季公布一次；各项收入、支出，每月、每年公布一次；公共财产清单每年公布一次。⑤搞好收益分配。正确处理国家、集体和个人之间的关系。规定：首先要保证交齐农业税，完成国家农产品征收任务。其次，在扣留当年生产费用后，提留公共积累。公积金提取总收入的5%～10%，公益金提取总收入的1%～3%。第三，支付社员土地报酬。一般是劳六地四，即纯收入的60%，按劳动工分分配，40%按土地分配。也有劳七地三的不等。第四，按工分分配，年终决算。对于预分实物较多，年终分配额少的超支户，要交现金补齐不准拖欠。预分实物少，年终分配额多的余钱户，合作社以现金给社员如数兑现。

当时，属河北省管辖的通县土桥乡爱国农业生产合作社，为了坚持勤俭办社，节约开支，针对扩社以后，各队比着花钱，已经出现的铺张浪费问题，实行了“财务包干”。具体采取“修旧制度”、“改进用具使用方法”和“规定物品消耗标准”等办法，预计各队一年各项开支总额，由各队承包，包干使用。这个作法简便易行，效果明显，被选入《中国农村的社会主义高潮》一书，毛主席批示：“这是执行勤俭办社这个原则的具体办法之一，一切农业社均可以仿行”。

四是搞好会计核算，做到日清月结、账平表对款不错。当时入社农民识字的人很少，选一个会计员很难，大部分被选上的会计员，都不会记账、算账。检查发现会按“四柱”原理，上收下付旧格式记账的是个别的是好的。有的光有一本日记账（过去的流水账）没有总账、分类账。办理出入库物资，有的保管员就会在墙上划“正字”，一个“正字”是5，两个“正字”是10。合作社大部分是刚刚建立，没有统一的会计制度，没有统一的记账方法，没有统一的账簿格式，不能适应合作社巩固和发展的需要。为此，市委、县委分别采取了以下措施：①抓紧配备会计辅导员。按照中共中央《关于农业合作化问题的决议》要求“配备足够的会计辅导员”的指示，市委、区委、县委决定立即配备会计辅导员。从银行、财税、供销社等有关部门抽调，一时来不了的先借调，也要有人来担任这项工作。近郊区由市里统一安排，远郊县当时属河北省管辖，以县为单位配备（县下设区）一般是一区一个人，县里主抓1～2人（每县10人左右）。全市共配备专职会计辅导员130多名（临时借调的不算）专门从事农业合作社会计辅导工作，为加强农业合作社财务管理提供了人才保证。②抓紧编写会计教材。农业社会计核算没有现成的教材。配备专职辅导员之后，编写会计教材就摆上了日程。近郊区由市统一编写；远郊县（当时属河北省）就由各县编写。最初编的试行本采取单式现金收付记账法，后来改按借贷记账法、复式现金收付记账法。近郊区以市编的教材来统一。远郊县以本县编写的教材来统一农业社的会计核算。③抓紧培训会计。培训会计很重要，但困难很多。培训需要讲课地点，集中解决食宿。国家拨的经费只够“吃窝窝头”的（当时白面很少供应）。远郊县的办法是，发动群众，自己解决。到农村去，找个大的村子，有大房间的地方，大房子当课堂，用来讲课。有的县借用天主教礼堂讲课。没有旅店，住农民家里；没有被褥，自己带；没有伙房做饭，临时在场院搭个席棚。就分期分批，每期一二百人，集中学习十天、半月。就这样，全市6 522个农业社会计大部分都参加了集训。少数不能参加训练班的，可以通过定期参加会计辅导网站学习。东郊区来广营乡会计互助网吸收了7个乡、11个社的23名会计和财务主任参加。以集训过的会计为骨干，规定每月25日活动一次。通过培训和上会计网学习，会计水平显著提高。④统一印制会计账簿。农业社使用的会计账簿，市场买不到，许多农业社就开始用别的账簿代替。会计制度统一以后，就照教材上的格式刻蜡版自己用油印机印制。用纸不一，质量极低，易破易损，不便使用保管。市、县农经管理部门检查发现后，立即采取“统一印制、统一发售”的办法，解决农业社会计用账的问题。近郊区由市里经管部门出样，按计划委托成文厚账簿商店印制，远郊县就由县里经管部门出样委托各县印刷厂印制。印制后统一交经管部门，由经管部门按各社原报的计划发售。按成本价收款，不取利润。几年后，才逐渐走上正轨。

郊区的高级农业合作社是在农业合作化运动急剧发展的高潮中仓促建成的。由于要求急、变化快、工作粗，造成形式单一，问题很多。为了巩固这些合作社，增加生产，保证90％的社员增加收入，市委根据中央的一系列有关指示，从1957年春到1958年秋，用了一年多的时间，对高级合作社普遍进行了清查整顿。在财务方面主要抓了以下几项工作：

1. 清理集体财产，处理经济牵连。对初级社转为高级社的财产、新社员入社的投资，许多合作社在建社初期，没有逐项清点入账，匆匆忙忙归了"大堆"，问题很多：有的投资作价偏低，侵犯了中农利益，引起个别社员不满；有的社把社员的零星树木、少量牛羊也归了集体；小社并大社，原来的债权、债务也没有核对，合作社的集体资产到底有多少，谁也说不清。针对这种情况，市委、区委、县委及时抽调大批懂财务的工作人员组成工作队，以专兼职会计辅导员为骨干，深入基层分片包干具体指导各农业社的清理整顿工作。作价低的调价，没清点的清点，没上账的上账，该核对的核对、该退给社员的退给社员。经过一春的努力，基本把集体家底搞清楚了。为搞好清理工作，市农林水利局及时制定了《并社时的财务、账务处理办法》，使清理工作有所遵循。

2. 推行生产责任制，建立"统一经营、分级管理"体制。根据中央《关于做好农业合作社生产管理工作的指示》精神，合作社必须建立有利于统一领导，发展生产为前提的"统一经营、分级管理"制度，必须普遍推行"包工、包产、包财务"的三包制度，实行超产提成奖励、减产扣分的办法。为此，各高级合作社，首先调整生产队规模，本着20户左右为宜进行调整。然后，把土地、牲畜、劳力和农具等生产资料固定到队，由队长期使用。在此基础上，再根据土地好坏、种植计划，作出"包工、包产、包财务"的方案，交社员大会讨论，逐队落实。这个办法简称"三包一奖"。它既体现了统一经营、统一领导，又体现了分级管理，生产队有一定的自主管理权，有利于调动社员生产积极性。"三包"的产量指标，要掌握经过努力有产可超的程度为宜，不宜定得过高。对于副业生产队也参照这个办法管理。

3. 建立健全财务管理制度，重点抓财务公开。高级社的财务制度，是在初级社的基础上建立和健全起来的。重点抓财务公开，公布账目。这是贯彻中央民主办社方针的具体内容。中共中央《关于民主办社几个事项的通知》要求，合作社的一切财务收入、支出都必须按时公布，让全体社员知道，由群众参与评议。按照这个要求，各高级社都确定了公布账目的时间、内容。初步做到了财务公开，消除了社员的疑虑。

4. 制定会计规程，继续培训会计。1956年1月，市农林水利局颁发了《农业生产合作社会计规程（试行草案）》，初步实现了全市范围内会计教材的统一，基本满足了高级社会计核算工作的需要。《规程》规定，全市统一实行单式现金收付记账法。《规程》共十一章六十九条，主要内容有：总则，主要账户和辅助账户的设置，会计凭证，会计账簿，报表，月终结账和公布检查账目，社员预分，年度决算，凭证、账表的整理和保管，会计人员的权利和义务及附则等。在此基础上，还对收据凭证、账簿、社员记工手册格式等作了具体规定。市委、县委责成已经配备的专兼职会计辅导员，分片包干组织培训会计。一般以县区和县以下的区、乡为单位组织培训班，集中学习。平时深入到合作社"手把手"的指导。

1958年的"大跃进"和"人民公社化"，出现了"一平二调"、干部强迫命令、虚报浮夸以及生产瞎指挥等很多问题。财务管理也出现了混乱：①公社把原属各农业社所有的财产，都变为人民公社所有了，队与队之间随便调用。②在分配方面，原来各个农业社实行"按劳分配"，各负盈亏。建立公社以后实行生活供给制。大办"公共食堂"，供所有社员一起吃饭，吃饭不要钱，也不记账。同时还宣布包衣穿、包医疗、包理发、包洗澡、包丧葬、包生育、包小孩入托、老人养老等“八包”、“十包”、“十几包”等等，名曰“共产主义”！③收社员的自留地、房基地、自养畜禽、零星树木等归公社所有，统一经营。④为了办食堂、托儿所、幼儿园、敬老院等公益事业，无偿占用社员住宅，个别地方甚至实行男女分居。社员家用砖瓦、木料、粮食、缝纫机等也随即“平调”，甚至铁锅铁铲也收去炼钢。⑤为了大办水利、农田基本建设，深翻土地，把所有男女劳力都编成班、排、连等实行军事化，跨村、跨乡，甚至跨县搞“大兵团作战”，吃“大锅饭”，不计报酬。

从1959年2月到1962年2月，公社体制先后进行了三次调整，才基本稳定。第三次调整之后，建立了人民公社“三级所有”、“队为基础”的体制。基本核算单位下放稳定以后，土地、牲畜、劳力、农具，也随之固定给生产队并宣布归生产队集体所有，长期使用。同时也允许社员经营自留地等家庭副业了。生产队的财产、债权、债务也通过清理上账了。

为了适应公社财务管理工作需要，市财政局于1959年、1960年连续两年，利用中央财金干校放暑假的空间，举办全市郊区公社会计骨干培训班，学习《农村人民公社会计核算》，每年800多人，两年培训1 600多人，每一期30天。各区县、公社也年年组织培训，不断提高财务管理水平。

1961年11月，财政部研究制定了《农村人民公社示范会计制度（试行草案）》，《示范制度》分别规定了公社、生产大队（即基本核算单位）、生产队（原称生产小队）的核算内容，还规定了公社、生产大队和生产队各级使用的会计科目、会计凭证和账簿、主要会计事项的处理和会计报表。从此，在全国范围内建立了统一执行的农村人民公社会计制度，对加强人民公社财务会计制度建设，规范人民公社财务会计工作，起到了积极的作用。

为了适应人民公社核算体制的变化，北京市财政局根据《农村人民公社工作条例修正草案》的有关规定，参照《示范制度》，在总结初级社、高级社、人民公社经营管理经验教训的基础上，结合郊区经济发展实际，并考虑到社队财会人员的素质，于1962年制定下发了《北京市农村人民公社生产队（基本核算单位）试行会计制度》。《制度》共十章。第一章总则；第二章计划管理；第三章资金管理。重点对公积金、公益金、生活储备金、储备粮基金等五种基金的提取标准及使用范围、库存现金余额等方面作了相应规定；第四章开支管理；第五章财物管理；第六章民主理财。规定生产队必须做好三件事：一是十大财务事项必须提交社员大会讨论决定。十大财务事项包括：①财务计划的制定、修改和执行结果；②收益分配方案和产品分配方案的制定；③兴建建设项目、添置固定财产、财产报废和变价损失的处理；④储备粮、储备粮基金、生活储备金的动用；⑤公益金的使用；⑥国家投资的使用及贷款计划；⑦国家奖售票券及物资的分配和处理；⑧干部补贴、工分的确定和调整；⑨财会人员的任免；⑩财务开支的审批权限及其他重要财务事项。二是生产队必须建立以贫下中农为主，由领导成员和财会人员参加的财务管理小组，管理小组的主要职责是监督检查生产队的财务收支；三是必须实行财务公开、经济民主，定期公布账目。第七章收益分配；第八章财会人员；第九章财务纪律；第十章附则。有关会计核算方面的主要有，统一实行复式现金收付记账法和收支分配体系。

“四清”、“文化大革命”两个运动是连续的。运动初期，把公社、大队领导班子搞散了，搞得生产无人指挥，财务没人敢抓。成立革命委员会后，局面有所扭转。

1972 年，为了加强人民公社基本核算单位的财务管理，根据中共中央通过的《农村人民公社工作条例修正草案》和 1971 年中共中央《关于农村人民公社分配问题的指示》和市委转发农村组、财贸组《关于农村人民公社财务分配问题的几点意见》，由北京市财金局制定颁布了《北京市农村人民公社基本核算单位财务管理制度（试行）》，其中对计划管理、资金管理、开支管理、财物管理、民主理财、收益分配、财会人员、财务纪律等都作了相应的原则规定，在这百废俱兴的年代，帮助农村人民公社在经营管理上起了恢复、重建、加强和发展的作用。

二、改革开放后的财务管理

（一）财务整顿

改革开放以来，北京郊区于 1981 年、1985 年进行了两次农村财务整顿。

1. 第一次财务整顿。党的十一届三中全会以来，郊区加强人民公社经营管理，改进财务工作，取得了成绩，巩固发展了集体经济，增加了社员分配，调动了广大农民的社会主义积极性。1980 年和 1977 年相比：基本核算单位一级的纯收入增加了 66.1%；总开支占总收入的比例由 48%下降到 45.3%；集体积累增加了 66.7%；社员人均分配水平达到 179 元，三年提高 80 元，为“文化大革命”十年提高的三倍。财务管理虽有进步，但多年积攒下来的问题还没完全解决。主要表现在：①许多社队消耗没有定额，生产不计成本，经济不讲核算，费用大、浪费多、成本高、效益差。1980 年和 1965 年相比，基本核算单位的总收入增加了 2.1 倍，总开支增加了 3.1 倍，总开支占总投入的比例由 25%上升到 45.2%，开支增长的速度大于收入增长的速度。这里面有实行集约经营、投资增加的合理因素，也有很大浪费。②财产、账目管理混乱，账实不符的情况比较普遍，物资丢失、损坏、浪费严重，闲置积压也多。公社三级“暂收”、“暂付”款已达 7 亿多元。③民主理财搞得不好，社员不能真正当家做主。④财会队伍业务水平低，记账清楚、会搞经济分析的为数不多，少数人连记账、算账都有困难。这种状况，与实行经济核算，讲求经济效果的新形势很不适应。

1980 年，各县、区按照市委农村工作要点和市委农村工作会议精神，抓了财务整顿试点，一部分社队进行了初步整顿，解决了一些问题。昌平县从 5 月份开始，首先在沙河公社进行了试点，到 9 月底基本结束。在抓点的同时，县委于 7 月份对面上的整顿工作进行了布置，发出了《关于整顿农村社队财务管理的安排意见》，三秋以前大部分公社抓了整顿的试点，并在一部分大队、生产队开展了“四清查”。10 月 1 日，胡耀邦同志对沙河公社整顿财务工作做了重要批示，指出：这个问题极为重要。不少农村集体经济办得不好，或者说经营管理不善，其中的一个致命问题就是财务管理不好。之后，国务院批转了昌平县沙河公社财务整顿工作报告。昌平县又于 11、12 两个月集中力量开展了全面整顿工作，到 1981 年 1 月基本结束。

1981 年 3 月 12 日，根据国务院批转昌平县沙河公社财务整顿工作报告的指示精神，结合郊区的情况，市委农村工作部、财贸工作部联合下发了《关于整顿农村人民公社财务管理的意见》(京农［1981］16 号)。主要任务：①制订各项生产费用定额，实行费用包干；②搞好“四清查”(清查固定资产、库存物资粮食、债权债务和现金票证)，改进物资现金管理；③培训财会人员，进行考核定级；④建立、健全财务管理制度；⑤搞好经济分析，实行民主理财。要求：“争取今年上半年基本搞完生产队、大队的整顿，然后再抓社办企业和公社级的财务整顿”。3 月 18 日，在昌平县召开了由各公社书记参加的全市农村财务整顿会议，对财务整顿工作进行了全面动员和部署。会上，昌平、通县、怀柔、丰台四个单位交流了财务整顿的经验。

全郊区自 1981 年 3 月开始，对生产大队、生产队两级的财务进行了整顿，到 9 月告一段落。各级党委对整顿工作给予了高度重视。市委认真贯彻国务院的指示精神，把整顿财务列为农村三大工作之一。多次召开大会布置或交流工作经验，按阶段或按月召集区、县委第一、二把手亲自汇报这项工作。各级党政领导逐级负责，贯彻始终，保证了整顿工作的顺利进行。这次整顿财务以加强日常工作的形式来进行，主要依靠基层、依靠社队干部自己解决问题。同时组织懂得财会知识的专业干部队伍，指导或帮助社队搞好财务整顿，保证了整顿的质量。整顿财务工作成效显著有：

第一，集体经济家底清了。据 12 580 个大队、生产队的统计：固定资产清查盘点后，已把账外财产 7.5 万件、价值 4 000 万元纳入了账内；把有账无物的 9 万件、价值 3 500 万元的财产，分别作了适当处理；全部财产经过调账后总值 8.3 亿元，比原账面少 3 000 万元，即减少 3.8%。全部库存物资盘点后，净亏 460 万元，即亏 9%，全部库存粮食盘亏 963.5 万千克，亏 3.3%。债权债务逐笔查清后，收回欠债 2 700 万元，归还欠账 2 300 万元。基本做到财、物、账、款清楚，比较普遍地建立了财务管理责任制，加速了资金周转，提高了使用效率。

第二，广开了生产门路，增加了集体收入。通过整顿，逐级分析了收入增长慢的原因，落实农村经济政策，广开生产门路，大力发展多种经营。全郊区 1980 年比 1978 年在粮食不断增产的情况下，农业收入占总收入的比重，从 58.4%降到 46.9%，林、牧、副、渔收入比重显著增长，三级总收入两年平均增长速度达到 33.2%。如平谷县岳各庄大队，1967 年到 1976 年的十年，粮食亩产从 345 千克提高到 800 千克，增 1.4 倍，而社员人均分配每年只增 2 元 8 角，是没有多种经营粮食高产的穷队。通过农村经济政策落实，他们大搞种植业、饲养业和工副业，走农牧工综合发展的路子，收入成倍增长，集体越来越富，1980 年人均分配达到 324 元，1981 年达到 400 元。

第三，降低了开支比例，提高了经济效益。全郊区基本核算单位级的开支占总收入的比例，1977 年为 48%，1979 年为 46.6%，1980 年为 45%。如按 1980 年比 1979 年下降 1.6%计算，相当于增加纯收益 2 400 万元，人均 6 元 6 角。

第四，完善了责任制，降低了费用开支。经过整顿财务，郊区社队普遍制定了费用定额和费用限额以后，加强了责任制，经济效果显著。1981 年在大田种植业建立生产责任制的有 11 753 个队，占总队数的 97%。其中：实行专业承包联产计酬的有 8 626 个队，占 71.2%，在专业承包的队中包了开支的有 5 682 个队，占联产计酬队 65.9%。其他林业、畜牧业、社队企业、农业机械、排灌站、机井以及渔业等，多数队也都包了开支或包了纯收入。开支一包，效果显著：1981 年 1～7 月农业收入增加 35.9%，农业费用却降低 1%。房山县琉璃河公社李庄八队，两年种植小麦同样是 17.3 公顷，1979 年三个作业组，只顾生产，不管开支，各自抢施化肥，亩施 142 千克，亩产 213.5 千克，每千克麦开支化肥 0.16 元；1980 年定了开支，他们多施农家肥，科学巧施化肥，亩施 69 千克，亩产 314 千克，每千克麦开支化肥 0.05 元。

第五，稳定了财会队伍，提高了业务水平。在整顿财务中普遍培训了农村会计，已有 7 000 多名会计定了技术职称。其中一级会计员占 21%，二级会计员占 46%，三级会计员占 25.5%，其余为见习会计。定级会计一方面明确了职权，建立了责任制；另一方面也解决了技术职称津贴或增加了工分报酬，并规定今后不经上级批准，不得随意撤换，稳定了财会队伍。昌平县沙河公社，过去年终决算需要 18 天的时间，定级会计后只用 8 天，而且提高了报表质量。

第六，提高了领导水平，学会用经济办法领导经济工作。通过整顿财务，各级领导干部树立了经济核算、讲求效益的观念，生产讲成本、消耗抠定额、管理凭制度，把经济分析当成指导农村工作的有力措施，用经济办法领导经济工作。有的社队向企业化管理发展，如丰台区黄土岗公社，按企业化要求，以经济核算和责任制为中心，以提高经济效果为目的。月月进行商品菜和各项生产收益的分析，并搞市场预测，提高竞争能力和经营管理水平。因此，近两年纯收入平均增三成多，1980 年人均分配达到 364 元，1981 年突破 400 元。

全郊区整顿财务的经济效果 1981 年 1～7 月表现得更加明显。基本核算单位的总收入比上年同期增长 21.3%，开支比例下降 9.4%，人均纯收入增加 19 元。

1981 年下半年，郊区有 8 个县、区在 8 个公社搞了整顿公社级财务的试点。试点和面上发现的主要问题是：①资金使用管理不善，经济效益差。有些公社盲目投资办企业，造成经济损失。部分公社支大于收，出现赤字。部分公社对企业利润的上缴和使用没有明确规定，存在着两多两少现象：对企事业投资多，非生产性开支多；支农投资少，参加社员分配少。②非生产性开支逐年加大，铺张浪费严重。郊区公社级非生产性基建购置和行政管理费用逐年增加，1980 年度开支 1 698 万元，比 1977 年增长 70.8%。③家底不清，账实不符，财物损失大。公社机关对财产、物资管理不严，往往是不入账、不盘点、随便拿、没人管，有账无物、有物无账现象相当普遍。暂收暂付款多年不清，形成呆账。现金管理上，借支挪用现象社社都有。许多公社建筑材料出入无数，浪费、丢失严重。④财务管理差，多头乱当家。少数公社财权分散，公社书记、主任都可以批条子，几千几万元的事，一句话就办。1982 年 3 月 24 日，市委农工部、市政府农办提出了《关于整顿公社级财务的意见》(京农［1982］34 号)，对全面整顿公社级财务进行了部署，主要任务是清查财务，健全制度，加强和健全财务管理机构。整顿公社级财务工作到 6 月底大体结束，基本澄清了资金家底，制定了利润管理、使用办法，健全了各项财务管理、审批制度，加强了财务管理机构。为适应公社级集体经济迅速发展和整顿公社级财务之后会计工作需大力加强的要求，8月30日，市财政局颁发了《北京市农村人民公社公社级会计核算暂行办法》(财农字［1982］第725号)。

2. 第二次财务整顿。随着农村经济管理体制的改革和商品生产的发展，农村财务发生了重大变化。资金的占有、使用和分配由集中统一，吃“大锅饭”，变为统分结合，承包使用，包干分配。资金运动由封闭、积滞变为开放、流动。这些变革调动了生产者的积极性，搞活了农村经济，推动了生产发展。但是，农村财务工作还不能完全适应经营方式的变革和商品经济的发展，财务管理混乱的问题还相当普遍。主要表现在：①在资金运用上，存在重发展轻管理的倾向，投入多，产出少，经济效益低。有的盲目投资，负债过多。②在收益分配上，存在重消费轻积累、重个人轻集体的倾向。不少地方非生产人员增多，行政开支过大，干部报酬偏高。补贴奖励不顾条件，垫支不收，提留不要，超借支猛增，再加上社会性支出摊派失控，集体负担过重，造成一些地方集体积累下降，甚至收不抵支，吃老本，挖空集体。③在财务管理上，不少单位无账、乱账，核算水平低，统计数字不实；收支无计划，花钱大敞口，审计监督不力；财产物资管理混乱，丢失损坏现象严重；在管理松弛、漏洞很多的情况下，铺张浪费、化公为私、贪污盗窃、投资诈骗等歪风邪气滋长。④在财会队伍和管理体制上，财会人员变动频繁，队伍不稳。文化低、素质差、熟悉农业不熟悉企业，缺乏商品经济核算的知识。会计不独立，难以行使审计监督的职能。财务管理体制没有理顺，机构不健全。乡一级财务，主管部门不明确，而且政社财务不分；乡镇集体企业财务管理，经管部门和企业管理部门相互交叉，职责不明。

1985年10月31日，郊区第三季度经济分析会着重研究了农村财务问题，提出：“为解决农村财务管理上的种种混乱现象，从今冬开始要对集体经济，包括公社、大队、生产队、乡镇企业的财务进行一次全面整顿”。同年11月16日，市委农工部、市政府农办印发了《关于整顿农村财务，搞好收益分配，进一步加强农村财务管理的意见》(京农［1985］9号)。意见指出：“通过整顿和抓好收益分配，要达到四个目的：一是教育干部重视财务，学会理财，切实加强对农村财务工作的领导；二是正确处理积累和消费的关系，适当扩大集体积累，同时纠正混乱，堵塞漏洞，刹住歪风，巩固集体经济；三是改善经营管理，完善承包财务关系，加强经济核算，提高经济效益；四是理顺财务管理体制，加强财会队伍建设，健全财会制度”。

这次农村财务整顿任务重、要求高、难度大。到1986年6月，经过郊区各级党委、政府及有关部门的共同努力，农村财务整顿取得了较大进展，成绩很大。据统计，郊区4 154个大队，完成整顿的有830个大队，占20%，完成和正在进行财务清查的有1 870个大队，占45%。

第一，摸清了问题，引起了重视，加强了对财务工作的领导。一是在经济发展的指导思想上，重发展、轻管理的片面性有所克服，初步树立了发展与管理并重，向管理要效益，以管理求发展的观点。这次清查，揭露了财务管理混乱的状况。事实使广大干部受到了震动和教育。不少干部深有感悟地说：抓发展，不抓管理，事倍功半，甚至事与愿违，经济效益不能提高，集体经济巩固不了，不改不行了。二是增强了抓经济、学管理的紧迫感。过去，一些干部抓经济只凭热情，不讲科学，致使资金运用不当，投入多、产出少、效益低。房山县不完全统计，无效益，甚至负效益的投资连同上当受骗款不下四五千万元。怀柔县汤河口公社竟多达600万元。个别地方因此而产生资不抵债。越来越多的干部认识到，要抓好经济，就必须学会管理。三是加强了对财务管理的领导。财务整顿开始时，有些领导认为这是业务部门的事，不用多管，提高认识后，各区县领导牵头，成立了财务整顿领导小组，组织了专门班子，把整顿农村财务作为一段时间内经营管理中心工作来抓。一些整顿结束的地方，注意加强了对农村财务工作的领导。昌平县上苑乡，建立了主要领导参加的乡财务审批领导小组，对重大投资项目进行可行性分析研究，每个大队成立了有社员代表参加的民主理财小组，加强了对集体财务的监督管理。

第二，促进了合作经济的巩固和完善。在财务整顿中，始终贯穿着对干部群众的思想教育，主要内容有：坚持社会主义方向，坚持合作经济道路，正确处理国家、集体、个人三者关系，全心全意为人民服务等。结合思想教育，实实在在地抓了四件事。一是控制和扭转了集体积累比例下降和干部报酬偏高的倾向。1985年郊区集体积累4.6亿元，比上年增加4 406万元，增长10.5%，积累率从上年的19.8%上升到20.2%。消费基金攀比增长的趋势得到控制，农民收入稳定提高，人均劳动所得686元，比上年增加32元，增长4.9%。二是收回超支欠款1 220万元，许多地方对未收回的借款改为有偿占用制度。这件事在群众中引起强烈反响。过去一些群众对实行联产承包责任制的实质认识不清，误认为“社散了，单干了”，有钱不还借支；有的看到少数干部带头占集体便宜，心里有气，以不交提留表示不满。这次回收超支欠款，许多地方都是干部带头，一些认为集体经济不复存在的社员切实感到改革并不是不要集体，对集体失去信任的社员转变了看法。延庆县辛庄堡大队在回收超借支时，社员就像参加喜庆活动，异常兴奋。三是揭发并处理了一批贪污盗窃案件。有的地方开展了公务还家活动。四是逐步推行了集体账内收支计划管理制度。怀柔、延庆等县，为了做到量入为出，保证积累，防止出现集体账内收不抵支，在财务整顿的基础上，发动各乡逐队讨论制定了1986年集体账内收支计划，对大队级当年集体账内收支实行了计划管理，对集体积累资金推行了专户存储、使用审批制度，改变了收支无计划，花钱大敞口的状况。

第三，认真核实收支数据，刹住了浮夸虚报的不正之风。在农村财务整顿中，为纠正一些地方出现的虚报数据、浮夸不实的问题，各级都加强对干部进行实事求是思想路线的教育，形成说实话光荣，讲假话可耻的强大舆论。同时，市里组织专门力量，对5个区县的31个大队1985年的经济数据做了调查研究，各区县也组织业务主管部门对1985年农村经济收支数据进行了反复核实。有些地方把上报数据张榜公布，有的召开群众代表会，征询意见，把上报数据完全置于群众的监督之下，发现问题，立即纠正，群众认可后，才能上报。加强了对上报经济数据的审计监督，提高了经济数字的准确程度。多数区县上报的1985年收益分配数字做到了有根有据，基本上符合实际。群众反映说：“共产党实事求是的作风又回来了”。

第四，改善了集体财产物资管理。许多地方在财务清查的基础上，建立了管理制度，明确了管理人员的经济责任。不少社队结合建设服务体系把集体财产承包给服务人员和服务组织，做到财产的使用权和管理权合一，既改善了管理，又加强了服务。

第五，重视了财会队伍建设。普遍抓了会计培训。通县、房山两县已经培训农村和乡镇企业会计1 500多人；怀柔等9区县下力量抓了会计中专函授工作，已招生近1000人；市经管站为会计制度改革编写了教材，拟从1986年下半年开始，对郊区各业财会人员进行系统培训，逐步在郊区农村统一借贷记账法，推行成本利润体系。

（二）财务会计制度改革

改革开放以来，郊区农村财会制度进行了一次修订、两次改革。

1.《农村社队会计核算办法》的制定。北京市财政局根据几年来农村实行联产承包责任制的实际情况，经过深入调查，在总结社队会计制度经验的基础上，1982年对《北京市农村人民公社生产队（基本核算单位）试行会计制度》进行了修订，制定了新的《农村社队会计核算办法》。该制度主要体现了以下几个原则：①统分结合的原则。凡是由社队统一经营的收支和分配的部分，均纳入社队账内核算；凡承包户、承包单位自理的收支，均由其自行核算，社队通过统计等方法，予以汇总，以反映社队收支及分配的全貌。②账内与账外核算相结合的原则。凡是社队核算的部分，均在社队会计账内核算；为了全面核算包干户自理的各项收支，可另设登记簿在账外登记、核算。③统一分配和承包分配相结合的原则。社队统一收支核算的部分，采用统一分配的办法；实行包产到户、包干到户、包产到组、副业承包的部分，按各自承包办法分配。④社办企业要单独建账，由公社核定资金定额，实行独立核算。社办规模较大的事业单位，也要单独建账，由公社核定周转金，实行独立核算。

2.《北京市农村合作经济组织综合会计试行制度》的制定。党的十一届三中全会以来，郊区农村经济体制深入变革，农村联产承包责任制不断完善，农村经济结构发生了根本变化，呈现出多种经济形式、多层经营方式、多种核算分配的经济格局，进入了全面发展商品生产的新阶段，客观上迫切要求农村会计核算要适应这种新形势。但由于过去是各部门分别制定会计核算办法，自成体系，所以核算办法缺乏共同性，科目缺乏一致性，报表缺乏统一性。为了适应全面发展商品生产，微观搞活，宏观控制的迫切需要，市经管站从1985年初就开始酝酿农村合作经济的会计改革工作。2月份，经市农业会计学会认真研究讨论，确定了农村会计改革的设想，然后与乡镇企业部门结合，组织专业人员协同各区县经管站进行深入实际的调查研究，并广泛搜集全国各地农村会计改革的资料。5月份组织专业人员到外地学习会计改革经验，然后进行编写。到8月底写成《农村合作经济综合会计制度》讨论稿，并附有乡级合作经济、村（大队）合作经济、联合体、专业户和工业、商业、农业企业的核算办法，然后组织邀请各级经管干部、有关院校、市级有关部门共同研究讨论，同时将讨论稿发给市农业会计学会理事征求意见。把各方意见集中研究后，决定成立5人编写小组，在讨论稿的基础上，重新编写《北京市农村合作经济综合会计核算（试行教材）》，于1986年3月成书。全书归纳为十三章，除总论和基础知识两章外，还有两章分类经济业务核算，四章分层次核算，四章分行业核算，一章会计交接和会计档案保管。

这本教材是对过去农村各种会计制度的一次全面改革。改革内容可概括为“五个统一”：一是统一核算体系。郊区现存在三种核算体系：村（大队）合作经济实行收支分配核算体系，乡（社）合作经济实行行政预算核算体系，乡镇集体企业实行成本利润核算体系。根据商品经济发展综合管理的需要，这次改革统一实行成本利润核算体系。二是统一会计科目。在这次会计改革前，郊区农村现行四套会计科目，即：乡（社）级会计科目36个，村（队）级会计科目41个，乡镇企业会计科目21个，建筑业会计科目44个。这次改革，有共性的会计科目尽量合并，有差别的会计科目保持大同小异，有特殊需要的会计科目个别设置，该一致的力求统一，这样共设计47个会计科目。三是统一记账方法。从多种记账方法逐步过渡到借贷记账法。郊区现行的现金收付和增减记账法，通过编写教材、培训会计、考职称等环节，逐步过渡。用三四年时间，到1990年底完成。四是统一会计报表。在以上几个统一的基础上，就可以统一会计报表，每个经济单位都规定两个表，一是资金平衡表，二是收支利润表。报表指标统一编号，便于综合汇总、分析、利用。五是统一生产经营基金的管理与核算。对生产经营基金不再按固定、流动基金核算，而改为按投入来源分户核算。

郊区农村会计改革经过两年准备，1987年用这本教材全面试点，1988年农村合作经济组织实行会计改革的单位已占90%左右。在会计改革过程中，各级领导给予了大力支持，会计改革会或培训班上市、县主管领导出面讲话，工作安排上开绿灯，改革上严要求，即使是进行村级整党，有些县都能让大队会计分批参加轮训，保证会计改革按计划进行。为了搞好会计改革，各区县狠抓层层培训，一种方法是将试点单位会计分期分批集中到县统一培训，另一种是乡办县助、分片分乡培训。根据不同学习对象因人施教，突出改革重点，力求教会成本利润与资金核算。两年来全郊区已培训农村会计一万多人，占经管部门管辖范围内会计总数的90%，每个村（大队）平均已培训4人。为了落实改革试点，1987年由市统一设计印制了新的账簿凭证，年初及时发到试点乡村，促进了试点建账进度。各区县在改革建账方法上，有的将试点单位会计集中到乡统一建账；有的先培养建账典型，组织观摩，以点带面；有的以乡为单位组织互教互学，以老带新等多种办法建账。为了把农村会计队伍建设好，把农村会计改革好，1988年市委农工部、市政府农办下发了《北京市农村财会人员职称考试评定办法》，决定对农村会计实行职称考核发证，考核内容之一就是农村会计改革教材。

两年来试点改革显示了一定成效：一是会计改革试点基本适应基层需要，从发展看，与郊区农村经济加快实现专业化、商品化和现代化的趋势相吻合，受到了各级领导、财会人员和群众的支持和赞扬，加强了会计工作管理，提高了经济效益，促进了农村经济发展。二是改革中培养锻炼出一支经管部门的师资辅导队伍，全郊区已涌现出一批合格的农民会计师和乡（社）辅导队伍800人。三是为乡、村合作经济组织的主管会计创造了管理和服务的条件，他们敢于检查所属企业的会计账目了。四是通过会计改革，巩固了清财成果，加强了农村经营管理的指导和服务工作。

郊区农村会计改革在两年试点不断完善成熟的基础上，根据农业部、财政部制定的《乡镇企业会计制度》，经广泛征求意见，市农业局、市财政局于1988年6月28日批转了市经管站制定的《北京市农村合作经济组织综合会计试行制度》（京农字〔1988〕16号），标志着郊区农村会计改革从试验阶段走向了制度化、规范化的新阶段。各区县又纷纷行动起来，继续培训会计，认真贯彻落实京农字〔1988〕16号文件。

1989年10月，根据市农业局、市财政局联合颁发的《北京市农村合作经济组织综合会计试行制度》和财政部、农业部联合颁发的《村合作经济组织会计制度（试行）》的有关规定，结合郊区村合作经济组织经济发展的实际，经过广泛征求意见、反复修改，市经管站又编写了《北京市村合作组织会计核算》，这本书属于《北京市农村合作经济组织综合会计核算（试行教材）》的村级分册。

3. 《北京市村合作经济组织财务会计制度实施细则》的制定。为了适应社会主义市场经济发展的需要，规范企业财务行为，统一会计核算标准，尽快与国际通行的会计惯例接轨，1992年11月30日，财政部颁布了《企业财务通则》和《企业会计准则》。随后又颁布了工业、农业等十大行业的财务会计制度。1993年7月5日，市财政局、市农业局下发了《乡村两级合作经济组织执行新的分行业财务会计制度有关调账问题的处理规定》。规定指出："乡、村两级农村合作经济组织属于经济实体，也应视同企业进行管理和核算，执行财政部于1992年11月30日颁布的《企业财务通则》和《企业会计准则》，以及根据《两则》制定的《农业企业财务制度》、《农业企业会计制度》和财政部关于《乡镇企业执行新的分行业财务制度有关问题的处理规定》、《乡镇企业执行新的分行业会计制度有关问题的处理规定》"。同时，对乡村两级合作经济组织调账事项作出了具体规定。之后，各区县层层布置，组织培训，开始了新老会计制度的衔接转换工作。郊区由于1988年进行了会计改革，而改革的内容又基本接近这次出台的新制度，所以比较容易过渡。到1993年底，乡村两级合作经济组织基本完成了建新账工作。从此，郊区乡村合作经济组织执行了全国统一的财会制度。

1997年1月16日，市财政局根据财政部1996年颁布的《村合作经济组织财务制度》、《村合作经济组织会计制度》，按照《企业财务通则》和《企业会计准则》的要求，结合北京郊区村合作经济组织的实际情况，制定了《北京市村合作经济组织财务制度实施细则》、《北京市村合作经济组织会计制度实施细则》（京财农［1997］56号），从1997年1月1日起执行。新制度的特点：①采用了"资产＝负债＋所有者权益"的平衡体系；②严格区分了资本性支出与收益性支出的界限；③对收入项目进行了更明确更具体的界定；④调整了固定资产的价值标准。新财务会计制度的施行，标志着村合作经济组织财务会计工作进入了一个新阶段，对加强农村财务管理工作，全面提升财务管理水平奠定了好的基础。

（三）财务公开、民主理财

在合作化和人民公社时期，农村合作经济组织就实行了财务公开和民主理财。只不过财务公开的内容单一，主要是公开财务账目。民主理财小组的职责也主要是审查财务账目。这种情况一直延续到改革开放后。如1991年1月22日市委、市政府下发的《关于加强乡村合作社建设，巩固发展集体经济的决定》仍旧规定："村合作社实行财务公开，至少每半年向社员公布一次账目"。但是，随着农村改革的深入和市场经济的发展，农村财务公开面临许多新情况、新问题：一是随着农村集体经济的迅速发展，农村财务管理的任务越来越重，范围越来越广，内容越来越多，只公开财务账目已不能反映农村财务管理的全貌。二是随着农村基层民主法制建设的推进，农民群众的民主管理、民主监督意识不断增强，对财务公开的要求越来越高。三是财务公开、民主理财流于形式，甚至不公开的现象比较普遍，由此引发的农民上访大量增加，造成干群关系紧张，严重影响了社会稳定。全面实行财务公开和民主管理已经成为搞好农村财务管理工作的关键。

1997 年 12 月 16 日，农业部、监察部下发了《村集体经济组织财务公开暂行规定》（农经发［1997］5 号），对财务公开内容、公开时间、公开程序、公开形式及民主理财小组的监督权等作出了具体规定。财务公开的内容包括：①财务计划：包括财务收支计划；固定资产购建计划；农业基本建设计划；兴办企业及资源开发投资计划；收益分配计划。②各项收入：包括村提留、乡统筹费；发包及上交收入；集体统一经营收入；集资款；土地补偿费；救济扶贫款；上级部门拨款；其他收入。③各项支出：包括生产性建设支出（包括购建生产性固定资产支出）；公益福利事业支出（包括购建公益性固定资产支出）；村组（社）干部工资及奖金；招待费支出；集体统一经营支出；救济扶贫专项支出；上交乡统筹费；其他支出。④各项财产：包括现金及银行存款；产品物资；固定资产；对外投资；其他财产。⑤债权债务：包括农户往来；内部单位往来；外部单位和个人往来；银行（信用社）贷款；其他债权债务。⑥收益分配：包括收益总额；缴纳税金数额；提取公积金数额；提取公益金数额；提取福利费数额；投资分利数额；其他分配。⑦农户承担的集资款、水费、电费、劳动积累工、义务工及以资代劳等情况。村集体经济组织民主理财小组行使下列监督权：①有权对财务公开情况进行检查和监督；②有权代表群众查阅审核有关财务账目、反映有关财务问题；③有权对财务公开中发现的问题提出处理建议；④有权向上一级部门反映有关财务管理中的问题。按照农经发［1997］5 号文件规定，北京郊区普遍以区县为单位统一规定了公开内容、公开时间、公开程序、公开形式，财务公开的规范程度有了明显提高。据 1998 年 4 月全市摸底调查，在被调查的 3 902 个村中，能够按照《村集体经济组织财务公开暂行规定》的要求进行公开的 3 343 个村，占总村数 84.4%；一般公开的 509 个村，占 14.3%；未以任何形式进行公开的仅 50 个村，占 1.3%。通过实行财务公开，增强了村级财务的透明度，提高了群众参与监督管理的意识和主人翁责任感，消除了村民对村干部的怀疑，缓解了党群、干群关系，促进了农村经济发展和社会稳定。

1998 年 4 月 18 日，中共中央办公厅、国务院办公厅下发了《关于在农村普遍实行村务公开和民主管理制度的通知》（中办发［1998］9 号）。通知指出："村务公开要从农民群众普遍关心的和涉及群众切身利益的实际问题入手，凡属群众关心的热点问题，以及村里的重大问题都应向村民公开。如新上的经济项目，村里的财产和财务收支，征用土地和宅基地审批，计划生育指标，提留统筹方案及其他农民负担（包括劳动积累工和义务工），集体土地和经营实体的承包，救灾救济款物的发放，村干部年度工作目标、工资奖金和功绩过失情况及其他公共事务等等。村务公开的重点是财务公开。村级财务公开的内容，主要包括财务计划及其执行情况、各项收入和支出、各项财产、债权债务、收益分配、代收代缴费用、水电费、以资代劳情况以及群众要求公开的其他财务事项"。为贯彻落实中办发［1998］9号文件精神，同年5月29日，市委办公厅、市政府办公厅下发了《关于贯彻落实〈中共中央办公厅、国务院办公厅关于在农村普遍实行村务公开和民主管理制度的通知〉的通知》（京办发［1998］16号）。1999年5月26日，市委农工委、市政府农办、市民政局联合制定了《北京市村务公开民主管理工作暂行规定》（京农发［1999］17号），把财务公开作为村务公开的重点，对其作出了具体规定。多数区县制定了实施办法，并结合推行"村账双审"、"村账托管"和会计人员继续教育，对农村财会人员和民主理财小组成员普遍进行了轮训，财务公开和民主理财工作逐步走上制度化、规范化、经常化的轨道。

2002年下半年，根据农业部、国务院纠风办印发的《全国村级财务公开工作检查方案》（农经发［2002］6号），市农委、市政府纠风办及时制定了《北京市村级财务公开工作检查方案》，组织各区县对郊区村级财务公开情况进行了一次全面检查。全市14个区县194个乡镇的4 024个村，这次全部进行了检查，检查面达到100%。检查结果表明，几年来郊区各级党委、政府及有关部门为搞好村级财务公开做了大量工作，取得了显著成绩。全市已有4 006个村实行了财务公开，公开面达99.6%。其中：规范公开的3 659个村，达到90.9%；一般公开的347个村，占8.6%；没有公开的18个村，占0.5%。3 857个村建立了民主理财小组，占总村数的95.8%。

一是公开内容比较全面。各区县按照上级文件要求，结合自身实际，都确定了统一的公开内容。如房山区委组织部和区经管站共同制定了《村级财务公开管理办法》，并下发了《财务公开栏示范格式》，财务公开内容完整的村达到了99.8%。密云县按照现金、银行存款的收入、支出和结存逐笔进行财务公开，通俗易懂，受到群众的欢迎。他们还规定财务公开不设其他科目，有效地遏制了不合理的开支。

二是公开时间基本符合要求。在进行财务公开的村中，大部分村按照要求按季进行公开；部分村按月进行公开。还有部分村与一年两次的社员民主活动日结合，一年公开两次，但对有些项目，根据实际需要进行了临时性公布。

三是公开程序基本规范。财务公开内容在公开前，大部分村都经过了村民主理财小组的全面核实，由村集体经济组织或村委会负责人、民主理财小组负责人和主管会计签字盖章，并经乡镇经管站审核认可后，上财务公开栏予以公开。

四是公开形式基本实现专栏化。大部分村财务公开实现了专栏化，而且形式多样。另外，全市已有62个村利用电算化软件生成公开内容，其中昌平区北七家镇郑各庄、北七家、沟头3个村开始通过电脑触摸屏对村务、财务进行公开，群众非常满意。

五是对财务公开的监督措施比较有力。对财务公开中群众反映的问题，大部分村能够及时进行解决或耐心解释，如房山区对财务公开中群众反映的416个问题，已经答复和解决415个。对目前财务管理比较混乱、群众反映比较强烈的村，各区县有关部门和乡镇政府能够派出专人帮助进行清理整顿，有效地解决了一些村的财务混乱问题。全市3 857个村建立健全了民主理财小组，理财小组基本履行了监督职能，能够做到对村级财务公开内容进行核实并盖章。

郊区村级财务公开工作总体情况较好，但同时还存在一些问题，主要表现：①部分乡村领导在村级财务公开工作中还存在三个认识误区：一是有的认为乡村主要精力应放在发展经济方面，片面认为"只要经济搞上去了，农民手中有钱了，干群矛盾自然少了"；二是由于财务公开直接要面向群众，有的村干部感觉压力很大，怕工作不好开展，没有认识到财务公开作为村务公开的重点，是争取群众理解的一个重要手段；三是有的认为每年初召开了村民代表大会，做了公开报告就行了，没有意识到财务公开作为基层组织建设的一项长期工作，应当落实在日常工作当中。②部分村财务公开的内容不统一、不全面，尤其是国家征地补偿费等收支情况及个别上级主管部门的不合理摊派、借款等项目难以做到真正公开和完全公开。另外，公开用语不够通俗，不便于群众理解，没有很好起到公开的作用。③部分村没有按照要求按季进行公开，而是半年公开一次或一年公开一次。④部分村在财务公开前，没有按规定经过村民主理财小组的全面核实。另外，个别村民主理财小组成员全部由村干部担任，不符合上级有关规定，缺乏民主性。⑤一些村的财务公开栏设在村合作社院内，而不是按要求设在村民集中的街头巷口，再加上村合作社院内经常停放车辆，给村民观看公开栏造成了一种心理上和客观上的不便。这些问题需要在以后的财务公开工作中逐步加以解决。

（四）财务管理模式

改革开放以来，各级党委、政府及有关部门为加强农村财务管理做了大量工作，出台了相关规章制度，全市进行了四次大规模的财务整顿和清产核资工作，取得了明显成绩。但是，一些地方农村财务管理混乱的问题始终没有从根本上解决，财务管理不规范、财务公开和民主理财不到位、集体资产流失的现象比较普遍，由此引发的农民上访时有发生，造成干群矛盾紧张，影响了农村社会稳定。农村财务问题成为了郊区广大农民关注的热点、农村工作的焦点和基层干部工作的难点。这些问题之所以难以解决，主要原因就是缺乏有效的监督制约机制。在这种情况下，许多区县在加强财务管理和监督上进行了积极探索，创造并推行了以"村账托管"、"村账双审"、"会计电算化"为主要形式的财务管理新办法，较好地解决了农村财务"前清后乱"的老问题。

1. "村账乡代管"。"村账乡代管"，是指将各村的账簿集中到乡镇，由乡镇经管站代为管理。1999 年延庆县在珍珠泉乡搞了试点，直接动因是为了解决部分村财务管理混乱、财会人员素质低的问题。但由于其行政色彩较浓，市里就没有提倡进行推广，因此，采用这种管理模式的乡镇、村也不多。其中一些村后来通过补办托管手续而转为"村账托管"。截至 2002 年底，全市有 3 个区县 6 个乡镇、126 个村实行"村账乡代管"，占全市总村数的 3.1%。其中，大兴 1 个乡镇、53 个村，顺义 1 个乡镇、6 个村，延庆 4 个乡镇、67 个村。

2. "村账托管"。"村账托管"，即乡镇依托经管部门设立农村会计服务中心，接受村集体经济组织的委托代管村级会计核算工作。各村设财务专管员（或助理会计），负责村货币资金的收支等财务工作，并定期报账。1999 年，平谷县率先开展了"村账托管"的试点和推广，之后其他区县参照他们的做法，也积极开展了这方面的工作。截止 2002 年底，全市已有 7 个区县的 67 个乡镇、1215 个村实行了"村账托管"，占全市总村数 30.1%。其中海淀 7 个乡镇、58 个村，房山 9 个乡镇、67 个村，通州 11 个乡镇、483 个村，顺义 1 个乡镇、1 个村，昌平 13 个乡镇、252 个村，平谷 8 个乡镇、92 个村，密云

18个乡镇、262个村。

“村账托管”的主要做法：

一是坚持四项原则。①坚持村集体经济组织委托的原则；②坚持集体资金的所有权、使用权、审批权不变的原则；③坚持村集体经济组织独立核算的原则；④坚持因地制宜的原则。

二是建立服务体系。①乡镇依托经管部门设立农村会计服务中心，接受所辖村的委托开展会计代理服务；②村级设财务专管员（或助理会计），负责村货币资金的收支等财务工作；③建立健全村民主理财小组，负责对本村集体财务活动进行民主监督。

三是进行资产清理，做好账目交接。

四是签订委托协议。

五是建立三级监督机制。①群众监督。村民主理财小组在报账前对每一笔收入和支出实行审核监督，对符合财务制度规定的票据加盖民主理财专用章；②会计监督。乡镇农村会计服务中心专职会计对每一笔村级收支原始凭证在入账前进行严格审核监督，对不符合规定或手续不齐全的票据退回补办；③审计监督。区县、乡镇经管部门定期或不定期对村级财务进行审计或检查，同时监督乡镇农村会计服务中心专职会计是否履行职责。

六是实行“六项统一”。①统一财务制度。区县统一制定村级财务管理制度，以及乡镇会计服务中心内部管理制度。各乡镇制定相应的实施细则；②统一票据。实行收款收据的统一领用登记，定期核销；③统一审核。实行村财务主管、村民主理财小组、乡镇农村会计服务中心三级审核模式，统一审核的内容、标准和程序；④统一记账。村级收支原始凭证由村财务专管员（或助理会计）统一上报至乡镇会计服务中心，经专职会计审核后统一进行记账，定期编制会计报表；⑤统一公开。各村的财务公开表由乡镇会计服务中心统一打印或抄录，按规定在各村的公开栏进行公开；⑥统一建档。乡镇建立村级财务档案室，一村一柜，对村级财务资料统一建档管理。

七是采用电脑记账。应用全市统一开发的《北京农村管理信息系统》，配套推进农村会计电算化，提高“村账托管”的工作效率和管理水平。

推行“村账托管”取得了明显成效：一是规范了财务管理。实行“村账托管”后，统一了账簿凭证、会计科目、记账方法、核算内容、审批手续和档案管理，规范了财务管理和会计核算行为，有效地解决了集体财务“前清后乱”的问题。二是加强了财会队伍建设。通过“村账托管”，各乡镇公开招聘、择优录用、统一管理会计人员，负责村级会计记账等工作，不仅解决了换班子就换会计、换会计就不交账的老问题，而且造就了一支年轻、稳定、熟悉业务的专业会计队伍。各乡镇在选聘村财务专管员时严把质量关，规定了必备任职资格和条件，通过相关民主程序，使新任职的财务专管员素质也有了明显提高。三是减轻了集体负担。实行“村账托管”后，减少了村组财会人员，减少了村级管理费用。平谷县实行“村账托管”的村，过去每年需支付主管会计工资5 000元左右，而现在一个村每年只需交1 200元的托管费，年减少开支3 800元左右。四是减少了非生产性开支。实行“村账托管”后，堵塞了财务管理上的漏洞，减少了不必要的开支，避免了集体资金的流失，壮大了集体经济实力。五是促进了民主法制和党风廉政建设。通过“村账托管”，落实了财务公开和民主理财制度，推进了民主法制和党风廉政建设，密切了党群干群关系，维护了农村社会稳定。多年来，农村集体财务问题一直是引发农民上访的一个重要因素。据调查，从全市来看，2001 年农民上访总量仍呈上升趋势，由 2000 年的 4 512 件增加到 2001 年的 5 061 件，上升 12%。其中反映农村财务问题的上访明显上升，由 831 件增加到 1 264 件，上升 52%。从实行“村账托管”的 44 个乡镇和实行“村账双审”的大兴区来看，农民上访总量略有下降，由实行前一年的 220 件下降到 2001 年的 195 件，下降 11%。但其中反映农村财务问题的信访却明显下降，由 133 件下降到 23 件，下降 83%，而且大部分是反映以前的问题。

3. 村会计委派。村会计委派，是指乡镇经管机构设立的会计委派中心，对所属各村的会计人员实行统一考试、统一委派，村会计不再由村干部兼任，作为专业人员管理。这种管理模式比较适合经济发达的地方，也是今后的一个发展方向，但由于认识不一致等原因，全市只有大兴区西红门镇从 2001 年开始对所属 19 个村试行了会计委派制。

4. 村会计聘任制。村会计聘任制，是指村会计的任命和调换，一是由村合作社或村委会提名；二是由乡镇经管站进行资格审查；三是报乡镇政府审核同意；四是必须经过社员代表大会或村民代表大会讨论通过；五是将结果报区县经管站备案。截至 2002 年底，全市已有 4 个区县的 1 567 个村实行了村会计聘任制，占全市总村数的 38.8%。其中，房山 386 个村，大兴 456 个村、顺义 417 个村、延庆 306 个村，从而稳定了农村财会队伍。

5. “村账双审”。“村账双审”，概括起来就是“两级审核、集体办公、规范管理、民主理财”。两级审核：村民主理财小组与乡镇经管站对村合作社发生的经济业务进行双重审核，两级把关。集体办公：村合作社会计每月集中上站办公一次，统一记账。规范管理：按财务、会计制度的要求核算会计业务，做到账簿、凭证、记账方法、核算内容和审批手续的统一。民主理财：民主理财小组负责对村合作社经济业务进行审核，实现农民当家作主。1999 年，大兴区针对涉财问题上访，特别是群访增多的情况，开展了“村账双审”试点，并取得明显效果。2000 年，由区委、区政府发文，在全区加以推广。随后，其他区县学习他们的经验，陆续推行了这一制度。在此基础上，一些区县又实行了“村账托管”，并把“村账双审”这一机制作为其中的一项重要内容延续下来。截至 2002 年底，除 1 215 个“村账托管”村外，全市还有 5 个区县的 1 210 个村实行“村账双审”制度，占全市总村数 30%。其中，海淀 7 个村，大兴 538 个村，顺义 6 个村，怀柔 286 个村，延庆 373 个村。

6. 企业会计委派。企业会计委派，是指乡镇经管站按照乡镇、村集体经济组织的企业会计委派制方案，向社会或在本乡镇范围内公开招考会计人员，由乡镇、村集体经济组织从考核合格人员中确定被派人员，委派到所属企业。1999 年房山区开始进行企业会计委派试点，到 2002 年底，全市已有 2 个区县的 152 个乡办企业、278 个村办企业实行了会计委派制，其中朝阳区乡办企业 34 个，房山区乡办企业 118 个、村办企业 278 个。通过村企会计委派，使财会人员摆脱了人事由厂长任命、工资由企业决定的依附地位，避免了财会人员“站得住的顶不住，顶得住的站不住”现象的发生，村集体经济组织作为资产所有者，强化了对所属企业的会计监督职能。

7. 会计电算化。按照农业部《关于逐步推广农经电算化工作的意见》（农（经综）［2000］21号）要求，结合郊区实际，市经管站从2001年开始组织各区县首先从农村会计管理入手进行试点，并取得了初步成效。到2001年底，全市已有9个区县34个乡镇的329个村实现了农村会计电算化。为加快农村管理信息化建设步伐，市经管站从2001年10月开始，经过近一年的时间，研制开发了《北京农村管理信息系统》。2002年11月，市委农工委、市农委下发了《关于农村管理信息化工作的实施意见》（京农发［2002］49号），并在昌平区北七家镇召开了全市农村管理信息化工作现场会，对农村管理信息化工作作了全面部署。12月，市经管站制定下发了《北京市农村会计电算化管理办法》（农经字［2002］37号），使会计电算化工作有章可循。截止到2002年底，全市有3个区县13个乡镇的会计服务中心已使用《北京农村管理信息系统》对527个村财务会计工作进行了电算化管理，提升了农村财务管理水平。

第二节　农业企业财务管理

一、建立健全财会制度

改革开放前，郊区农业企业数量少，规模小，一般也没有单独建账。随着家庭联产承包责任制的完善和农业适度规模经营的普遍推行，从事农林牧渔生产和经营的各类农业企业大量涌现。由于这些企业脱胎于乡村合作经济组织这个母体，虽然调整了经营方式和利益分配关系，但并没有很好解决所有权与经营权分离的问题，绝大部分企业没有成为自主经营、自负盈亏、自我约束和自我发展的经济实体，导致农业企业经济核算不规范，甚至不核算，不计成本，管理粗放，经济效益低。

1989年3月，市经管站依据《北京市农村合作经济组织综合会计试行制度》又编写了《农业企业会计核算》分册，要求实体型农业企业，无论是农场、猪场、渔场，还是果园、菜园，都应按照“综合会计制度”规定，设置会计科目，处理会计业务，登记会计账簿，编制会计报表，及时、正确地反映和控制本企业的经济活动；非实体农业规模经营单位，应实行账内、账外相结合的核算方法，核算一定时期内的经济活动及经营成果。对于产品成本的核算，可以采取一次性或连续性调查方法进行。为加强规模经营单位的经济核算，1989年1月6日市委农工部、市政府农办制定了《北京市农业适度规模经营单位经济核算暂行办法》（京农［1989］1号），规定“具有一定规模、自主经营、独立核算的集体农场（专业队）、林场、畜禽场、渔场、果园、菜园以及农机、水电、种子、植保、防疫、科技等经营服务实体均适用本办法”。

1991年5月9日，市政府召开了全市农业企业化管理工作会议，并成立了农业企业化管理协调领导小组。根据这次会议精神，市财政局、市农研中心和有关业务主管局陆续制定了粮食、生猪、渔场和奶牛场成本核算规程，为加强农业企业的经济核算，提高成本管理水平奠定了好的基础。1991年底，市里统一举办了农业企业化管理指导员培训班，培训业务骨干160人。回去后，这些干部发挥了重要作用，培训工作普遍开展起来。据统计，

1992 年 1～5 月份，各区县共举办业务技术培训班 56 期，平均每期 6 天，共培训5 174人，其中场长（经理）1 850 人，财会人员 1 521 人，不少乡镇、村级主要领导也参加了培训。

1992 年 11 月 30 日，财政部颁布了《企业财务通则》和《企业会计准则》。随后又颁布了《农业企业财务制度》、《农业企业会计制度》等十大行业的财务会计制度。从此，郊区农业企业执行了全国统一的财会制度。

二、进行农业企业化管理试点

市县（区）各业务主管部门除抓了一批行业试点外，还同有关部门密切协作，搞了一些综合试点。如农业部门的吨粮田工程，农机部门机械化示范农场等。经管部门在发挥经营管理的技术特长的同时，主动与各专业部门配合，在企业化管理试点中取得了比较好的效果。1988 年，市经管站在全市各类农业企业中抽选出 100 个企业进行技术经济评价试点。1990 年，重点对 42 个企业进行了企业化管理的试点，总结了成绩和经验，召开了企业化管理现场会。“七五”期间，农业战线涌现出了一批企业化管理的先进典型。例如：房山区坨头农场通过搞规模经营，改革耕作制度，加强成本核算，健全岗位承包责任制，1989 年亩产突破吨粮，1990 年亩均利润达到 400 元，成为郊区规模经营农场中的高产、高效典型。顺义陈各庄猪场在中国农业科学院李炳坦先生和市县有关部门指导下，自 1987 年以来采用现代化养猪工艺和科学养猪配套技术，年产商品瘦肉猪从不足 2 000 头提高到 5 900 头，商品猪出栏达到 185%，肉料比达到 1∶3.21。昌平大辛庄果园，建园 9 年，坚持实行企业化管理，共获利 52 万多元，靠自身积累建起了 60.67 公顷标准化果园，固定资产总值达到 51.6 万元。怀柔县经管站与畜牧局密切配合，共同帮助西台下猪场加强企业化管理，一年时间，就使这个猪场的利润总额从 1989 年的 1.9 万元上升到 17.1 万元，增长了 8 倍。

根据市农业企业化管理工作会议精神，1991 年 9～12 月，市各业务主管部门、经管部门密切配合，对郊区农业企业进行了调查摸底，弄清了农业企业的数量、资产规模、人员素质、经济效益以及存在的问题，并提出了加快农业企业化进程，提高农业企业经营水平的实施意见。这次调查摸底，对独立核算、自主经营的实体型农业企业普遍进行了登记，全市共有 2 713 个，占郊区农业企业总数 16 271 个的 16.7%。市各业务主管部门和各区县、乡镇普遍开展了试点工作，试点单位总数达到 300 多个，市级综合试点单位完成 102 个，其中粮田农场（专业队）27 个，猪场 17 个，渔场 14 个，菜田农场（专业队）11 个，果园 9 个，蛋鸡场 8 个，奶牛场 6 个，农机站（队）6 个，肉鸡场 3 个，加工厂 1 个。建立了常年定期跟踪监测考核制度，总结探索出了一些好的经验，树立了好的典型。

三、开展农业企业达标升级活动

市各业务主管部门先后制定了牛场、规模猪场、规模鸡场、渔场企业升级与考核办法。1990 年，全市 948 个规模猪场经过考核评定，有 81 个猪场分别达到了一、二、三级企业标准。在养殖企业中连续几年开展了“五金杯”竞争活动。从 1988 年开始开展评选和表彰农民企业家、优秀经营者的活动。这些活动对推动农业企业上水平、上质量、求效益起到了明显的促进作用和鼓舞作用。

1996年以后，随着延长土地承包期30年政策的落实和乡村集体企业重组改制进程的加快，郊区集体农业企业，特别是粮田农场（专业队）数量大量减少，农业企业化管理试点等工作不再继续进行。

第三节　农村集体工商企业财务管理

一、财会制度的建立与完善

（一）农村工副业时期的财务管理

农业合作化前后，农村工副业的财务收支一般没有建账，有的也是记一些流水账，并在社队的农业会计账目中反映。随着农村工副业的发展，收支扩大，财产增多，社队集体内部逐步建立了简单的财产账、工副业收支账、现金日记账和工分账等。1960年中共中央发出《关于加强农村人民公社财务工作的指示》，纠正“一平二调”的“共产风”，清理企业旧账。这时，有些企业财务与农业财务分开，初步建立了财会制度，开始进行简单核算，但仍由公社、大队直接管理。不少企业长期不配备财会人员，管理和核算仍很粗放。职工的劳动报酬实行“劳动在厂，分配在队”的工分加补贴的办法，农村工副业没有统一的财会制度。这种情况一直延续到70年代中期。70年代后期，近郊区的社办企业开始参照城市集体企业的财会制度执行，初步建立了社办企业的财会制度。

（二）社办企业财务会计制度的建立

随着社队企业的发展，1980年4月，农业部与财政部联合颁发了《农村人民公社社办企业财务管理办法（试行草案）》和《农村人民公社社办企业会计制度（试行草案）》。从此，在全国范围内建立了统一执行的社办企业财会制度，村办企业参照执行，社队企业财务管理开始步入正轨。1981年4月，市政府农办、市财办和市经委联合批转了市人民公社企业局、市财政局制定的《关于人民公社社办企业财务管理办法（试行草案）的补充规定的通知》，决定社办企业从1981年1月1日起执行，队办企业参照执行。为了更好地贯彻落实社办企业财务和会计制度，市、区县人民公社企业局组织企业会计培训，帮助企业按新制度建账，尽快地按新制度加强财务管理，促进社队企业发展。当年就摸清了社办企业的家底，汇总了5 034家社办企业，占当年社办企业总数96.2%，拥有总资产11.1亿元，其中固定资产5.7亿元，实现收入达11.7亿元，利润3亿元，税收7 400万元。但是，当时大队、生产队办的企业，规模较小，尚未形成独立核算，同农业一起统一核算，统一分配，仍沿袭农业的“收入实现制”的核算办法，按新制度实行“权责发生制”的核算办法有一定困难。所以1981—1985年期间，集中精力，加强培训，在队办企业中贯彻执行新会计制度。随着队办企业的发展和农业双层经营的推进，一些规模较大的队办企业逐步实行了独立核算，并开始执行了新的财会制度。据不完全统计，到1985年已有2 989家企业，占当时村办企业总数的23.6%，参照执行了社办企业财会制度。

（三）进一步完善乡镇企业财务会计制度

随着农村经济体制的改革，政社分开，农村商品经济迅速发展，社队企业普遍实行多种形式的承包经营责任制和企业内部的经济责任制，使生产经营与职工的责、权、利挂钩，职工物质利益的增长取决于企业的管理水平和经济效益的提高。这时，国家对社队企业的财政、金融和税收政策也发生了一些变化，如税收由20%比例税改为八级超额累进税率。上述种种变化，都直接或间接地涉及社队企业财务管理和会计核算的内容、方法，要求对原有财会制度进一步健全、完善和创新。1986 年 9 月国家农业部、财政部联合下发了《乡镇企业财务制度》、《乡镇企业会计制度》和《关于乡镇企业成本开支范围的规定》，即“两个制度，一个规定”，自 1987 年 1 月 1 日起开始执行。从此，在全国范围内形成一个区别于国营、城市集体企业而又符合乡镇企业特点的比较完善的财会制度。1987 年 6 月，市乡镇企业局和市财政局、税务局根据北京市乡镇企业实际情况，在调查研究的基础上，对农财两部的“两个制度，一个规定”进行了补充，联合下发了《关于乡镇企业财务制度和乡镇企业会计制度的补充规定的通知》。在贯彻执行上述财会制度的过程中，乡办企业和部分独立核算的村办企业，经过培训会计后，积极地调整了账目，认真地执行了修改后的财会制度，财务管理得到了进一步加强。这次乡镇企业财会制度的健全与完善，有利于放权搞活，促进了企业发展。主要是在投入资金的形成核算上，不再划分“固定资金”和“流动资金”，摒弃了“买酱油的钱不能打醋”的“专款专用”的做法，所有资金可以混用，有利于企业发展。据统计，执行社办企业财会制度时，社办企业固定资产由 1982 年的 6.2 亿元增加到 1985 年的 11.7 亿元，增长了 90%。执行修改后的新财会制度，社办企业固定资产由 1987 年的 18.6 亿元增加到 1992 年的 47.3 亿元，增加了 1.6 倍。修改后的财会制度增加一项社会性开支（税前按计税利润 10%列支），上交乡村集体经济组织的纯利润有所减少，减轻了企业负担。据统计，1987—1992 年乡村集体企业累计实现利润总额 115.6 亿元，累计提取社会性开支 11.6 亿元，占累计上交乡村集体经济组织纯利润 34.1 亿元的 34%，相对地增加企业积累 11.6 亿元，增强了企业发展后劲。在贯彻落实修改后的财会制度时，村办企业是重点，但仍有 76.4%的村办企业未能独立核算，仍与农业混在一起，执行农业的会计制度，出现了乱挤成本、白条抵库，村集体经济组织抽调企业资金过多，企业发展后劲不足等问题。市、区县、乡镇主管部门积极地帮助村办企业落实修改后的财会制度，每年培训村办企业会计达万人次。到 1992 年已有 10 459家村办企业实行独立核算，按新财会制度建账，占当年村办集体企业总数的 72.6%。

（四）执行全国统一的《财务通则》和《会计准则》

随着社会主义市场经济不断发展，为了进一步适应改革开放和进入国际市场的需要，与国际惯例尽快接轨，国家对财政、税收和金融等进一步实行了重大改革。1992 年 11 月 30 日经国务院批准，国家财政部颁布了《企业财务通则》和《企业会计准则》。随后又颁布了工业、商业等十大行业的会计制度。“两则”规定不分所有制，不分企业的组织形式和经营方式，全国所有企业一律通用执行。并在五个方面进行了重大改革，一是资本金制度改革，二是实行制造成本法，三是改革了固定资产折旧制度，四是实行了权责发生制，五是改革了会计报表。1993年下半年，农业部和财政部从乡镇企业实际出发，下发了农财字［1993］49号文件，对乡镇企业财会制度作了适当调整。1993年4月，市乡镇企业局和市财政局举办了区县、乡镇主管财务的领导和重点企业会计182人参加的培训班，之后区县又举办了162期培训班，培训2万人次。到1993年8月已有5 500家企业建立了新账，占独立核算企业总数的47.3%。同年9月，市乡镇企业局、市农研中心联合下达了《关于要求11月底以前必须完成建成新账任务的通知》，乡镇企业积极行动起来，继续培训会计人员。据6个区县统计，又培训了6 616人。到1993年底，凡是独立核算的乡村集体企业完成了建新账任务，其中乡办企业达到100%、村办企业达到了89.7%。至此郊区乡村集体企业执行了全国各业统一的财会制度，对乡镇企业进一步提高财务管理水平打下良好的基础，并为迎接国家加入世界贸易组织做好准备。

二、加强成本核算，提高财务管理水平

在乡镇企业发展过程中，成本核算是伴随着企业生产经营管理水平的不断提高，特别是企业经济效益提高的要求，而逐步引起重视，不断开展起来的。1981年以前，企业不大讲求成本核算，不计算生产经营成本，采取全部收入减除全部支出而倒挤成本的方法，制约了经济效益的提高。1981年，尤其是1986年以后，乡镇企业两次修改并建立与完善符合其特点的财会制度，才开始讲求成本核算，并逐步有所提高。乡办企业好于村办企业，规模大的企业好于规模小的企业。但是还有相当部分企业，尤其是村办企业不进行成本核算或进行核算也达不到核算的要求，出现了成本核算无对象，不分项目，不提或少提折旧，库存实物与账面不符，乱摊成本，甚至发生亏损也无法查出原因，致使成本提高，经济效益下降等问题。1988年初，平谷县为了加强乡镇企业的成本核算，在100家乡镇企业中推行了“厂内银行”的结算办法，增强了企业内部消化能力，提高了经济效益。打破了过去“工人干，会计算”的传统核算办法，形成了一种干与算的统一、算与管的结合，人人关心成本，人人当家理财的新局面。出现了“三高、二低、一快”，即产品质量高、劳产率高、经济效益高，成本低、返修率低，资金周转快的效果。据实行“厂内银行”核算办法的87家企业统计，1988年与1989年相比，增加贷款利息达512万元，原材料涨价817万元，两项合计1 329万元。这些减利因素没有使企业滑坡，相反利润净增410万元。如平谷县大兴庄乡华兴衬衫厂，1989年1～6月份，在人员、设备没有变化的情况下，实现利润98.7万元，比上年同期增长了35.6%；产品返修率由上年同期的14%下降到10.6%；单件衬衫的可比成本降低了0.36元；资金周转天数由96天下降到66天。市乡镇企业局及时地总结推广了平谷县乡镇企业加强成本核算，实行“厂内银行”的经验，立即在郊区乡镇企业中掀起了实行“厂内银行”核算办法的高潮。到1990年，郊区乡镇企业已有400余家企业实行“厂内银行”，提高了成本核算水平。据平谷县和延庆县的统计，平谷县已有187家实行“厂内银行”结算办法，使全县乡镇企业资金利税率比上年增加了3个百分点，流动资金周转天数比上年加快了1.2次，自有流动资金占定额流动资金比重由上年的18%上升到21%。延庆县有50家乡镇企业实行了“厂内银行”，提高了经济效益，利润总额比上年增长11.6%，人均创利比上年增长12.2%。为了进一步

加强成本核算，提高经济效益，1992 年 4 月市乡镇企业局下发了《关于开展目标成本管理活动的意见》，要求每个县（区）每年选择一些财务管理较好的乡镇企业，按照市局拟定的目标成本管理办法，开展目标成本管理活动。到 1993 年已有 500 多家企业实行了目标成本管理办法，取得了较好的成果。据 1993 年乡镇企业财务年报统计，乡镇企业成本费用利润率由 1992 年的 9.7%提高到 9.9%，相应地降低成本达 5 162 万元，降低了 0.2 个百分点；资金利润率由 1992 年的 8.8%上升到 10.3%，提高了 1.5 个百分点；资产负债率由 1992 年的 65.9%下降到 65.3%，下降了 0.6 个百分点，使资产负债率过高得到了控制。到 1995 年，在郊区乡镇企业中除了推行“厂内银行”外，还有 1 200 多家企业实行了目标成本管理办法，使成本核算水平提高了一步。

为了进一步加强成本核算，强化企业会计基础工作，提高企业会计水平，充分发挥会计人员在提高经济效益中的作用，逐步实现会计工作规范化、科学化和现代化，1991 年市财政局、市乡镇企业局联合下发了《关于乡镇企业开展会计基础工作达标升级活动的通知》。《通知》中规定了会计基础工作达标升级的标准，考核办法和一、二、三级和达标四个等级。从 1991 年开展会计工作达标升级活动以来，到 1995 年经市、县（区）财政局认定了 24 家乡镇企业为会计工作三级企业，400 余家为会计工作达标企业。通过开展会计工作达标升级活动，收到了良好效果。一是健全了机构，充实了财会人员。房山区在 100 家企业开展会计工作达标活动中，充实了 43 名会计或出纳员，占财会人员总数的 21%。二是财务管理得到了加强，错账率较低。通县张家湾暖风机厂，复核会计凭证 5 480 张，账簿 34 册和报表 50 张，错账率在 5%以下。三是完善了财务管理规章制度。朝阳区洼里医疗器械厂在制定了流动资金管理制度后，1992 年流动资金周转天数比上年加快了 8 天。四是降低了产品成本，提高了经济效益。据 15 个会计工作达标的乡镇企业调查，平均降低率为 1.2%。为了贯彻执行《会计法》，进一步加强会计人员的管理，继续提高政治和业务素质，促进依法行使职权，提高经济效益，1991 年 6 月首批乡镇企业会计人员 7 559 人参加《会计证》考试，考试合格后取得《会计证》的达 7 431 人，占 98.3%。据 1993 年底调查，在 2.73 万名乡镇企业会计人员中，具有大专以上的有 1 681 人，占 6.1%；中专水平的有 5 461 人，占 19.9%；高中水平的有 9 040 人，占 33%；初中水平的有 11 142 人，占 37.3%。经过 20 多年的发展，乡镇企业已形成一支较好的财会队伍，为进一步加强经济核算，提高经济效益奠定了一定基础。

三、企业的利润分配与积累

乡镇企业利润分配原则是按照国家规定，兼顾国家、集体和个人三者利益，正确处理好国家、乡村、企业和职工四个方面关系。在 1983 年以前，社队企业利润分配实行统收统支，即利润全部上交乡村集体经济组织，统一安排使用，企业基本上没有支配权，在一定程度上制约了企业发展。1983 年以后，简政放权，进一步扩大企业自主权。1983 年 10 月市政府农办制定下发了《关于社队企业承包经营责任制若干问题的规定》中规定了乡镇企业利润分配与积累办法是按照 4∶3∶3 比例分配，即 40%留给企业扩大再生产、30%上交乡村集体经济组织、30%用于职工奖金和福利事业。据统计，1980 年社队集体企业纯利润达29 951万元，上交乡村9 032万元，占30.2%；用于企业扩大再生产资金12 115万元，占40.4%；用于职工奖金（低工资，高奖励）7 068万元，占23.6%。由于农业发展较快和农村公益事业的发展，到1984年社队集体企业利润达56 729万元，其中上交乡村集体经济组织的达30 933万元，占54.2%。这时，出现了乡村集体取之过度，干预过多，“两头实（上交实、职工分配实）、中间空（企业扩大再生产空）”的局面。1987年市财政局和市乡镇企业局共同制定下发了《关于落实国家农财两部〈财务会计制度〉的补充规定》中重申“乡村集体企业税后利润留给企业部分不少于40%，职工奖励部分不得超过25%”。1990年市政府农办为了贯彻落实农业部制定的《乡镇企业承包经营责任制规定》，制定了实施细则，明确规定乡村集体企业税后利润上交乡村集体经济组织的比例一般不得高于30%；税后利润不足50万元的企业，上交比例可提高到40%；少数贫困乡（镇）经县政府批准，上交比例可放宽到50%。职工工资总额要严格按照计税工资加税后利润的25%范围进行控制。乡镇企业在贯彻上述精神的过程中，随着乡镇企业不断发展，企业利润分配与积累水平逐步趋向合理，增强了企业发展后劲。上交乡村集体经济组织的比例不断下降，由1984年的54.2%下降到1988年的46.7%、1990年为41.9%、1995年为39.8%；用于企业扩大再生产不断上升，由1984年的23.7%上升到1988年的40.2%、1990年为41.5%、1995年为50.8%；用于职工奖励逐年下降，由1984年的26.7%下降到1988年10.9%、1990年为7.2%、1995年为6.7%。上交乡村集体经济组织中用于行政经费的补贴、会议费、招待费的比例也呈下降趋势，由1984年的15.7%下降到1988年的12.6%，1990年为9.6%，1995年为9.2%。

第八章 农村合作经济资产管理

农村合作经济资产是指归乡村集体经济组织全体成员集体所有的资产。包括集体所有的土地、山林、草原、荒地、滩涂、水面等自然资源；集体所有的各种流动资产、长期投资、固定资产、无形资产和其他资产。集体资产管理的目标是：通过建立产权清晰、责权明确、民主监督、科学管理的资产管理体制和运行机制，防止集体资产流失，实现集体资产的保值增值。

第一节 农村集体资产管理的由来

从50年代初建立农业生产合作社开始，到1978年党的十一届三中全会以前，在这二十多年中，由于农村合作经济主要从事以耕地为中心的种植业和养殖业生产，经营单一，土地山场等资源性资产不允许出租转让。经营收入除用于社员劳动分配以外，提取的积累一般占纯收入的10%左右，数额很少；国家建设征用农村土地数量有限，支付的土地补偿费用比较低，一般按土地生产的农产品前三年总产值计算。农村集体资产除资源性资产外，账内集体资产数额很少。因此对集体资产的管理，一般是包含在农村财务管理业务中，只是规定大型固定资产的变卖、报废等要经过政府业务主管部门审批。

党的十一届三中全会以后，随着改革开放的不断深入，农村合作经济经营领域不断拓宽，乡镇企业异军突起，城镇化进程加快，集体土地被大量征用，国营企事业单位租用集体耕地、山场也日渐增多，集体资产管理面临许多新情况和新问题。第一，集体账内资产存量迅速膨胀。据统计，到1992年底，北京郊区乡村两级集体资产总额达到297.5亿元，比1978年26.9亿元增长10倍多，其中乡级集体资产总额141亿元，占乡、村两级集体资产总额的42%，平均每个乡（镇）拥有4 700万元。村级集体资产总额156.5亿元，占58%，平均每个村拥有376万元。每个农村劳动力占有集体资产15 422元，比1978年的1 628元增长8.5倍，在乡村集体就业的农村劳动力有112.1万人，占农村劳动力总数的58%，农民劳动所得1 764元，其中从集体经营和承包经营得到1 164元，占66%。集体资产依然是农村经济发展和农民致富的重要物质基础。第二，农村合作经济通过与外商或企业法人及合作社成员联营、合资经营、合作经营、股份制，以及承包、租赁等改革开放措施的实施，使产权主体逐步出现了多元化的趋势，所有权和经营权分离。第三，实行农业联产承包责任制以后，农民摆脱了参加本合作社集体生产劳动单一的就业渠道，实现了自由流动，合作经济由按工分分配变成了“交够国家的，留足集体的，剩下都是自己的”，合作社成员对集体经济的关切度减小，监督意识淡漠，侵犯乡村合作社合法权益，侵占、损害集体资产的案件不断发生，集体资产流失日趋严重。针对上述实际情况，中共北京市委、市政府明确提出郊区农村合作经济经营管理工作要以加强农村集体资产管理为核心，通过加强集体资产管理实现集体资产保值增值。

第二节　健全集体资产所有者主体

农村实行家庭联产承包责任制以后，打破了人民公社三级所有队为基础的管理体制，作为集体资产所有者的乡、村合作经济组织，名称不统一，职能不明确，管理制度不规范，与其集体资产管理主体的地位很不相称。许多地方由于管理主体缺位，造成集体资产流失。为此，市委、市政府在调查研究的基础上，于1991年2月发出了《关于加强乡、村合作社建设、巩固壮大集体经济的决定》（京发［1991］2号）。《决定》主要内容有8个方面：①统一对乡村合作经济组织性质、地位的认识；②规范名称，健全机构；③明确乡村合作社的职能和主要任务；④实行统分结合、双层经营，搞好各业责任制；⑤加强财务管理，壮大集体经济实力；⑥认真实行民主办社；⑦社员、干部的权力与义务；⑧加强党和政府对合作社的领导、扶持和管理。《决定》共计40条。《决定》指出，乡、村合作经济组织在农村经济中居于主导地位，是党和政府联系农民的重要桥梁和纽带，在推进农业现代化，促进农村经济社会协调发展，以及在商品生产中争取和维护农民利益，带领农民共同致富等方面，具有不可替代的作用。加强乡、村合作经济组织建设，巩固发展集体经济，是各级党委和政府一项经常性的重要任务。明确农村基层合作经济组织一般以行政村为单位设置，名称为村经济合作社，简称村合作社。在乡（镇）范围内设村合作社的联合组织，名称为乡（镇）合作经济联合社，简称乡（镇）联社。乡联社和村合作社是经济合作、联合的关系，根据联合社章程履行各自的权利和义务，经济彼此独立，不得无偿调拨。乡、村合作经济组织依据民主集中制原则，由社员共同制定章程，实行民主管理，自主经营，自负盈亏。在行政主管部门登记后，取得法人资格。其职能和主要任务是：生产经营、合作服务、资源开发、资产积累，推进农业和农村现代化，逐步实现农民共同富裕。并可接受政府委托，完成某些行政任务。并规定，乡村合作社必须坚持民主办社的原则，定期召开社员大会和社员代表会议，民主选举乡村合作社管理委员会和监事委员会。管委会和监委会要定期向社员大会或社员代表会报告工作，接受社员监督。强调“发展农村合作制，巩固壮大集体经济，是在郊区农村建设具有中国特色的社会主义的重要任务和基本依靠。各级党委和政府要加强对郊区合作经济的领导。”“市、县（区）、乡（镇）政府和有关部门要继续加强对乡、村合作社和专业合作组织的支持和帮助，在财政、税收、信贷、物资供应等方面给予优惠，扶持农村合作经济的发展。市、县（区）财政要建立支持乡、村合作社发展基金，主要用于支持集体实力薄弱的穷社发展生产和培训干部”。“市、县（区）党委农村工作部门和政府农办、农委，根据本决定共同负责指导乡、村合作社的工作。乡（镇）政府负责本行政区域内经济合作社的行政管理工作。市、县（区）、乡（镇）农村合作经济经营管理站，是同级政府对乡、村合作社的经营管理进行综合指导的部门，办理乡、村合作社的法人登记工作；有关行业管理部门负责对乡、村合作社办的企、事业进行专业指导，要分工协作，共同为合作社建设和发展出力”。

按照《决定》提出的要求，市、县（区）、乡（镇）各级党委和政府下力量加强了乡、村合作社组织建设和制度建设，在郊区 4 000 多个村普遍建立了村合作社，200 多个乡（镇）普遍建立了经济联合社或农工商联合总公司。民主选举了村合作社管理委员会和监事委员会，统一了合作社名称，建立和健全了管理机构和规章制度。

1996 年 12 月 17 日，中共北京市委农村工作委员会、北京市人民政府农林办公室发出了《关于印发〈关于村经济合作社社员代表大会的若干规定（试行）〉的通知》（京农发[1996] 22 号）。《通知》要求"各县（区）党委和政府要切实加强对社员代表大会工作的领导，在统一召开社员代表大会之前，要认真研究布置，县（区）主要领导及各部门的负责同志，在会议召开期间，应当参加一个村的社员代表大会，倾听社员代表的意见，了解基层实际"。"乡镇党委要做好具体组织领导工作。要组织乡镇干部包村，具体帮助村里开好会议。同时要指导村合作社组织社员代表培训、学习、参观等，不断提高社员代表的参政议政能力。"《关于村经济合作社社员代表大会的若干规定（试行）》规定："村合作社要实行社员代表大会例会制度，每年至少召开两次，时间安排在 1 月和 7 月，7 月讨论上半年工作；1 月讨论上一年度工作，具体日期由区（县）统一确定。每次社员代表大会除选举事项外，合作社管委会、监委会必须向大会分别做出管委会工作报告、财务工作报告和监察工作报告。报告要形成书面材料"。按照《规定》的要求，各区（县）、乡（镇）认真抓了落实。据大兴县 1995 年 1 月、7 月和 1996 年 7 月 3 次村合作社社员代表大会统计，出席会议的社员代表 34 068 人（次），到会率达到 91%。提出的意见和建议 3 428 条，对实现民主管理，改进合作社工作起到很好作用。

第三节　制定集体资产管理地方法规

1990 年 4 月，在北京市乡村合作经济经营管理工作会议上，市委农村工作委员会明确提出"在合作社各项经营管理工作中，资产管理是核心"。对如何加强集体资产管理提出了具体要求。会后，市委农工委、市政府农办颁发了《北京市乡（镇）村合作经济组织资产管理办法》，依据上述会议和文件精神，北京市从 1990 年下半年到 1992 年上半年，利用 2 年左右时间，对郊区乡村合作社及所属企事业单位进行了清产核资。清产核资中所反映出来的由于决策失误，管理不善，造成集体资产大量流失的问题，引起了各级领导对集体资产管理工作的重视。为了使集体资产管理工作做到有章可循，有法可依，市委农工委、市政府农办、法制办、市人大农委、法制委、市农研中心等有关部门抽调人员，组成了《北京市农村集体资产管理条例》起草小组。经过一年多深入区县、乡村及所属企业调查研究，反复征求各方面意见，于 1993 年 5 月 7 日，经北京市第十届人民代表大会常务委员会第二次会议审议通过。《北京市农村集体资产管理条例》（以下简称《条例》），共有六章四十条，主要内容分为 5 个方面。

一、集体资产所有权

《条例》关于乡联社、村合作社集体资产的范围，写了十项。其中原来争议比较大的主要是3个问题，一是建国以来国家无偿支援农村兴修水利、购置农业机械、兴建规模养殖场等方面的投资，所形成的资产，其产权属于谁？争议颇多。有的认为，国家投资形成的资产，应当归全民所有，市水利部门曾经发出文件，要求乡（镇）水管站对国家支持资金形成的水利设施，按年度收取折旧费，上交乡（镇）水管站管理。顺义区农村建规模猪场，购置喷灌设施形成的资产，只把集体投资款入了账，汇入了资金平衡表，而对国家无偿支援部分，抛在了账外，没有纳入集体资产核算。对此，《条例》第九条第六项作了明确规定，乡村合作社的集体资产包括"国家无偿资助形成的资产"；二是国家对乡、村合作社及所属企业免税形成的资产，有人认为应该属于国有资产。对此，《条例》第九条第七项明确规定"国家对乡、村合作社及其所属企业免税形成的资产"，归乡村合作社所有。三是由于人民公社化以来，实行政社合一，社办企业（乡镇企业）形成的资产是属于国有资产还是属于集体资产，长期争论不休。《条例》对乡镇企业的产权作了明确界定，"乡联社、村合作社的集体资产属于该合作社劳动群众集体所有"。"乡联社、村合作社投资兴办的企业资产，归乡联社、村合作社集体所有"。

二、集体资产经营权

集体资产经营权，其着重点是通过对集体资产的经营，使其保值增值，在经营过程中发展壮大。为了实现这个目的，在认真总结农村集体资产经营上的经验教训，特别是在农村改革开放以来的新鲜经验的基础上，《条例》第三章作了七条规定。首先，明确规定了作为乡、村合作社有权决定集体资产的经营方式。可以实行承包经营、租赁经营；可以使集体资产参股、联营；也可以实行股份合作经营。只要对发展壮大集体资产有利，用什么方式都可以。过去农村集体资产经营方式单一，行政干预过死，束缚了农村经济发展，《条例》的上述规定，为深化农村改革和对外开放提供了法律依据。其次，针对农村集体资产承包、租赁当中较为普遍存在的承包经营负盈不负亏的问题，《条例》第十三条做了规定："集体资产实行承包经营或者租赁经营的，应当依法签订承包合同或者租赁合同。经营者的债务责任，按照合同规定承担；合同没有规定的，个人经营的，以个人财产承担，家庭经营的，以家庭财产承担"。针对许多地方承包集体资产时家底不清，没有把集体资产保值增值列入承包指标加以考核，企业承包后不提取折旧费，造成虚盈实亏等问题，《条例》在第十六条做了相应规定："实行承包经营或者租赁经营，应当进行资产评估，把资产保值增值纳入承包合同，建立固定资产折旧制度。经营者必须按照规定提取折旧费，折旧费归集体所有。"第三，针对一些地方在用集体资产进行参股、联营及合资经营中出现的集体土地不作价、财产随意报价造成集体资产流失问题，《条例》第十七条、十八条规定："用集体资产参股、联营、合资经营，应当清查资产，清查债权债务，由会计师事务所或者审计事务所进行资产评估"。"集体资产评估结果，报县（区）农村合作经济管理部门备案"。

三、集体资产的管理

集体资产管理，《条例》重点强调了三个方面，一是管理机构及职责，《条例》第十九条规定："乡联社、村合作社管理委员会负责集体资产的管理工作，主要职责是：（一）组织实施社员大会或社员代表大会关于集体资产管理的决定，保障集体资产保值增值；（二）依法制定、执行集体资产管理制度；（三）检查所属经营单位的经营管理工作；（四）派员参加联营企业、股份制企业、合资企业董事会；（五）集体资产管理的日常工作。”二是民主管理，加强监督。如《条例》第二十条规定，“农村集体资产实行民主管理，定期公布账目，接受社员监督”。第二十一条规定：“下列事项必须经同级社员大会或者社员代表大会讨论通过：（一）乡联社、村合作社年度财务预算、决算；（二）集体资产经营方式的确定和重大变更；（三）重大项目投资；（四）年度收益分配方案；（五）主要资产处置和其他重大事项。”第二十二条规定：“乡联社、村合作社监察委员会对本社集体资产管理进行监督，重点对财务计划、收益分配方案、专项基金的提取和使用，承包合同和其他经济合同的执行情况进行检查”。第二十三条规定：“乡联社、村合作社要建立健全固定资产登记和保管使用制度。对资产存量、增减变动情况要及时准确如实登记；建立固定资产明细账，定期盘点，做到账实相符”。三是管理制度。《条例》第二十三、二十四条对固定资产及未列入固定资产的一些生产材料、物资规定了管理制度；第二十五条对资金的管理制度做了规定，第二十七条对实行承包经营以后，合作社年终收益分配的程序做了规定，第二十八条对因土地被国家征用，合作社建制撤销的资产处理做了规定。

四、法律责任

在《条例》第五章做了8条规定。法律是调整自然人、法人之间社会经济生活中的各种关系的准则。分为民法体系、经济法体系、行政法体系、刑法体系，它们分别有各自的调整范围。这个条例调整的范围主要是财产关系，所以它属于民法的调整范围。但是，法律体系之间是相互联系、相互影响、相互渗透的。因此，这个《条例》也涉及到经济法、行政法和刑法。如《条例》对承包经营作了若干规定，承包经营基本上属于经济法；《条例》对行政机关如何加强对集体资产的管理和监督作了一些规定，它属于行政法范畴；这里面也规定了触犯刑律的要按照刑法办，因此也涉及了刑法。《条例》第38条规定：“市、县（区）农村合作经济管理部门对损害农村集体资产的行为，可以支持受损害的乡联社、村合作社向人民法院起诉”。这条规定赋予市、区（县）各级农村合作经济经营管理部门一项重要权力，也是国家保护集体资产的一种形式，它提供了法律地位上的支持。按照这条规定，在乡村合作社集体资产受到侵害时，市、县（区）、乡（镇）合作经济经营管理站可以代表国家支持乡村合作社出庭诉讼。

五、主管机关

随着农村分工分业的发展，各级政府涉及农村经济管理的部门和机构增多，这些部门和机构往往过分强调行业特点和部门利益，混淆了集体资产与国有资产的区别和界限，侵犯集体资产所有者的权益，政出多门，造成集体资产被分割、肢解的现象，有的甚至把属于集体的资产视为本部门所有。由于各级政府对集体资产监督、管理、指导的主管部门不明确，往往形成有些事情争着管，有些事情又谁都不管的局面，对农村经济发展十分不利。针对这种状况，《条例》第七条规定：“各级人民政府农村合作经济管理部门，负责农村集体资产管理的指导工作，对本条例的实施进行监督”，农村集体资产的所有者是乡村合作社，是管理资产的主体，直接承担管理资产的责任，各级政府农村合作经济管理部门代表政府对其管理进行指导，对《条例》实施进行监督，根据这个特点，要求农村合作经济管理部门对乡村合作社管理自己的资产提供各种切实有效的服务，尊重乡村合作社的所有权，避免不必要的行政干预，这一点，同国有资产管理部门管理国有资产的性质进行了严格的区分。

《北京市农村集体资产管理条例》的颁布与实施，为保护乡村合作经济组织的合法权益提供了法律保障，对促进北京郊区农村集体资产的保值增值发挥了巨大作用。

第四节　清产核资

一、第一次清产核资

90 年代初，农村集体资产管理提到农村合作经济经营管理重要议程，面临的突出问题是两个不清：一是随着对外开放的展开，乡村合作社用集体资产参股、联营、合作经营日渐增多，不同所有制之间相互渗透、融合；各级政府涉及农村合作经济管理的部门之间，所出台的集体资产核算和统计报表口径不一致，许多地方乡村合作社对所属企业直接投资部分，纳入账内核算，对企业经营过程中的增量资产，没有进行核算，造成农村集体资产家底不清。二是乡村合作社集体资产与国有资产及承包企业新增加的资产，产权关系不清。弄清集体资产家底，界定产权关系，成为加强集体资产管理的重要基础工作。为此，在 1990 年 4 月北京市乡村合作社经营管理工作会议上提出：“要对合作社资产进行一次全面清查核实。”同年 9 月 1 日，中共北京市委农村工作委员会和市政府农林办公室批转并下发了《关于开展乡村合作社清产核资工作的意见》，对清产核资的指导思想、基本原则、范围、内容、方法步骤和有关政策界限等，都做出了明确部署和规定。截止到 1991 年 10 月底，郊区 2.14 万个会计核算单位中，已有 1.86 万个完成了清产核资，占 87%。其中，村合作社完成了 4 063 个，占 94%；村办企业完成了 12 260 个，占 96%；乡联社完成了 75 个，占 26%；乡办企事业单位完成了 2 187 个，占 55%。

根据开展清产核资工作既要解决问题又要维护安定团结局面；既要依靠群众又不搞群众运动的指导思想，在实际工作中坚持了三个原则：一是清产核资工作与乡、村合作社建设相结合，着眼于巩固发展集体经济；二是清产核资工作与改进企业经营管理相结合，着眼于提高经济效益；三是清产核资工作与完善经营承包责任制相结合，着眼于进一步完善放权激励与约束监督相结合的经营机制。在具体工作方法上，实行了领导干部、专业人员清查与群众监督相结合；单位自查与上级派工作队帮助相结合；查清数量与评估质量、查清问题与解决问题相结合。由于清查目的明确，方法得当，措施有力，保证了清产核资工作的顺利进行，取得了一定成效。

一是初步摸清了集体家底。清查结果显示，截止到 1991 年底，全市乡村合作社共占用资金总额达到 200.2 亿元，劳均占有 1.02 万元，人均占有 5 066 元，分别比 1980 年增长6.7倍、5.8倍和6.1倍。其中，集体自有资金99.5亿元，比1980年的22.4亿元增长3.4倍，平均每个乡镇合作社拥有1 507万元，平均每个村合作社拥有142.2万元。清查结果向群众公布以后，使大家了解到改革12年来集体经济不断发展壮大的全貌，进一步坚定了依靠集体共同富裕的决心。社员普遍反映："集体家底雄厚，'八五'奔小康有了靠山"。一些集体经济比较薄弱的村，通过清查账外资产和自然资源，干部群众看到了本地发展集体生产的潜力，制订了改变面貌的规划，增强了集体经济的凝聚力。

二是对清产核资中查出来的损害集体经济利益的问题，根据不同性质，采取区别对待的政策做了适当处理。对一般群众私自占用集体财务的，实物在的原物归还；实物损害的作价赔偿。仅怀柔一个县就查明被个人占用的集体资产30 734件，价值571.42万元，收回实物692件，价值5.84万元，收回作价款269万元。对干部工作失误造成的经济损失，则主要通过分析原因，总结经验教训，一般不再追究个人责任。对个别干部贪污盗窃集体财产的，分别给予了党纪、政纪处分，构成刑事犯罪的，移交司法机关处理。

三是清理了债权债务，收回了部分欠款。在清产核资工作中，各合作社和企业认真清理了债权债务。据房山、密云、怀柔、大兴、昌平5个区县不完全统计，清产核资以来共收回社员拖欠款800万元，收回外单位欠款1亿元。合作社内部社员拖欠集体的款项，有偿还能力的及时交还了拖欠款项，暂时无力偿还的也制定了还款计划。

四是促进了开源节流增收节支，进一步发展了集体经济。一些合作社利用清查出来的闲置资产和收回的资金，兴办了新的集体生产项目，增加了集体收入。通县永乐店乡孔庄村，利用清产核资中收回的13.6万元的集体资金购置大中型农机两台，修建了机棚、油库，并新打机井一眼，开挖田间排水沟47条，进一步改善了生产条件。这个村还将已倒闭企业闲置不用的机床变卖，收回4.5万元，用此笔资金和闲置厂房办起了膨化玉米粉厂，年利润可达4万～5万元。

这次清产核资虽然取得了一定效果，但仍存在一些问题，一是少数区县、乡镇领导重视不够，工作粗糙，有的只是做了账表核对，没有进行实物清查；二是对资源性资产多数地方没有清查；三是许多地方没有进行产权界定。

二、第二次清产核资

1995年12月31日，国务院下发了《关于加强农村集体资产管理工作的通知》(国发[1995] 35号)，通知指出"清产核资是做好集体资产管理工作的基础。根据《中共中央关于加强农村基层组织建设的通知》(中发[1994] 10号)中提出的'搞好清理财务工作，把集体资产管理好、利用好'的精神，各地要结合农村基层组织建设，认真开展清产核资工作。清产核资的主要任务是：清查资产，界定资产所有权，重估资产价值，核实资产，登记产权，建章建制"。为贯彻落实国发[1995] 35号文件精神，北京市进行了第二次农村集体资产清产核资工作。1996年上半年，市经管站与有关区县配合，在朝阳区来广营乡和密云县新城子乡进行了清产核资试点，取得了经验。8月13日，市政府《转发国务院关于加强农村集体资产管理工作文件的通知》(京政发[1996] 20号)，通知决定："今、明两年，在本市普遍开展农村集体资产清产核资工作。"随后，市委农工委、市政府农办制定下发了《关于开展农村集体资产清产核资工作的意见》，并专门召开了全市农村集体资产清产核资工作会议，对清产核资工作做出了具体部署，规定这次清产核资的范围包括乡镇、村（队）两级集体经济组织本身及其所属企业、事业单位，内容包括经营性资产、非经营性资产和土地、山林等资源性资产，提出了用两年时间全面完成清查资产、界定资产所有权、重估资产价值、登记产权和建章建制、规范管理的目标要求。

在清产核资工作中，郊区各级党委、政府加强了组织领导。一是市、区县、乡镇普遍建立了清产核资领导小组，并从有关部门抽调 2 387 名业务骨干组成 221 个工作小组，采取了分工负责，分片包乡、包村的方法深入乡、村合作社及重点企业，具体帮助和指导工作。许多区县主要领导作动员报告，深入基层检查工作，定期听取汇报，及时研究解决工作中遇到的困难和问题。在领导方法上，先行试点，通过试点培训业务带头人和取得直接经验。二是搞好宣传，统一思想。各区县、乡镇针对农村基层干部和社员群众对农村清产核资工作的种种误解，通过召开动员大会，组织培训班，并利用有线电视、广播等多种形式开展了广泛深入的宣传发动。通过宣传发动，使广大农村基层干部和社员对这次清产核资的目的、意义、主要任务和有关政策有了基本的了解，提高了认识。三是边清边改，防止前清后乱。通过边清边改，调整了账目，规范了会计核算，提高了核算水平；通过边清边改，针对集体资产管理存在的问题，进一步改善经营管理，完善了承包经营制度，提高了管理水平；通过边清边改，加大了对违法、违纪、违规行为的处理力度，对发现的重大经济问题按程序移交司法机关，对白条抵账和社员拖欠款，特别是一些历史遗留问题，采取积极措施加以追缴和处理，维护了集体经济利益；通过边清边改，盘活了集体资产，推动了企业重组和生产要素优化配置。四是检查验收，保质保量。在清产核资后期，有些区县、乡镇因人事变动等原因出现虎头蛇尾、草率收兵的倾向。针对这个问题，市委农工委、市政府农办于 1997 年 10 月重新调整、加强了农村清产核资领导小组的组成人员，在认真总结分析前一段农村清产核资工作进展情况的基础上，召开了全市清产核资工作会议，总结交流了经验，明确提出了这次农村清产核资必须按照国务院和市政府的文件要求保质保量全面完成。为了保证这项工作善始善终，防止走过场，要求各区县农村清产核资工作要组织层层验收，并规定了验收的具体标准。按照这次会议提出的要求，各区县先后组织了检查验收，通过检查验收，做到缺什么补什么，使这项工作基本做到了善始善终。

全市农村集体资产清产核资工作从 1996 年 9 月开始全面铺开，到 1998 年底基本结束，完成了规定的任务，取得了明显成效。

一是清产核资覆盖面扩大，集体资产家底进一步得到核实。全市应进行清产核资的基本核算单位总共 16 564 个，其中乡镇合作经济组织 238 个，乡镇事业单位 2 823 个，乡镇办企业 3 192 个，村（队）合作经济组织 4 074 个，村（队）办企业 6 237 个。截止到 1998 年底，普遍完成了第二次清产核资工作。在清产核资工作中，各乡镇、村及其所属企业、事业单位，通过盘点、清查、丈量、账实核对、账账核对、账表核对等方法全面核实了集体账内资产和资源性资产的存量、分布、结构状况，集体资产的家底进一步得到核实。清产核资结果表明，截止到清查基准日（1998 年 3 月 31 日），全市农村集体资产总额 781 亿元，负债总额 439 亿元，净资产总额 342 亿元，资产负债率 56.2%。在集体资产总额中，乡镇级合作经济组织及其所属企、事业单位资产总额359亿元，占46%，负债225亿元，净资产132亿元，资产负债率62.7%；村（队）合作经济组织及其所属企业单位总资产422亿元，占54%，总负债214亿元，净资产208亿元，资产负债率50.7%。经过清查核实，全市农村集体所有的土地总面积为58.08万公顷，比清查前账目数多4.59万公顷，增加比例为8.6%；水面1.97万公顷，多0.086万公顷，增加4.6%；片林1.472万公顷，增加0.117万公顷，增加8.7%；山场5万公顷，增加0.118万公顷，增加2.4%；现有承包的山场面积3.938万公顷，租赁面积0.965万公顷，分别占山场总面积78.8%和19.3%。荒山荒坡面积9.086万公顷，现已承包荒山荒坡面积0.693万公顷，租赁面积0.507万公顷，分别占荒山荒坡总面积的7.3%和5.5%。

二是界定了产权。这次清产核资，各乡镇、村合作经济组织按照《北京市农村集体资产管理条例》和市委农工委、市政府农办《关于郊区农村清产核资工作中涉及产权界定几个问题的处理意见》（京农发［1997］18号）的规定，（见本章附件一）对集体资产的产权归属进行了合理界定，特别是对于争议较多的农民个人投资用集体名义注册和集体企业在承包经营过程中又有个人投资的企业的产权关系进行了界定。在产权界定的基础上，依据《北京市农村集体资产产权登记及其管理办法》（京农发［1997］26号）文件的要求进行了产权登记。在全市14个区县中，朝阳、昌平等11个区县政府分别给乡（镇）、村合作经济组织颁发了产权证书。

三是清理了债权债务，收回部分拖欠款。在这次清产核资工作中，各清查单位普遍把收回外单位及农户拖欠集体账款作为一项工作重点来抓。据统计，在清产核资过程中，全市共收回应收账款12 632笔，收回拖欠款达4亿元，占应收账款余额的5.4%；归还债务2亿元，占应付账款余额的2%。其中收回社员拖欠款6 195万元，占郊区农村社员拖欠款总额的68.8%。

四是纠正错账，处理呆账。在清产核资中，共查出有账无物总额7亿元，有物无账11.2亿元，分别进行了账务处理。同时纠正错账3 377宗，金额1.54亿元；处理呆账9 247宗，核销金额1.95亿元。

第五节　清理不良债务

1999年5月6日，国务院办公厅下发了《关于彻底清理乡村两级不良债务的通知》（国办发［1999］40号），提出："为了摸清乡村两级债务状况，明确债权债务关系，为消化解决业已形成的债务、遏制不良债务的增加奠定基础，各地要在今年内对1998年底以前乡村两级自身的各种债务、债权和担保形成的各种债务进行一次彻底清查。乡（镇）办和村办企业经营性债务、债权暂不列入清查范围"。"对已形成的乡村债务，要在清查的基础上，分类进行处理，采取以下主要途径逐步消化解决：一是收欠还债。各地要运用法律手段和行政手段催收单位和个人所欠乡村的款项，用收回的欠款偿还债务。二是核销减债。对于债权单位已撤销或债权人主动放弃追债要求的债务，可按规定程序予以核销。三是拍卖还债。以乡村名义为企业借（贷）款，企业已关、停的，要拍卖其财产，用于抵债。四是划转债务，以乡村名义为企业借（贷）款形成的债务，一律划转给企业由其负责偿还，企业已合并、转制的，由接收企业负责偿还。”为贯彻落实国办发［1999］40号文件，1999年8月18日，市委农工委、市政府农办召开了清理乡村两级不良债务工作会议，对清理乡村两级不良债务进行了全面部署。8月23日，市政府办公厅转发了《国务院办公厅关于彻底清理乡村两级不良债务文件的通知》（京政办发［1999］54号），并建立了联席会议制度，主管副市长为召集人，市政府农办、市财政局、市地税局、市审计局、人行市分行、市农研中心等部门、单位的主管领导同志参加，9月2日，市委农工委、市政府农办下发了《关于贯彻市政府办公厅转发〈国务院办公厅关于彻底清理乡村两级不良债务文件的通知〉精神，认真开展清理乡村两级不良债务工作的通知》，对清理乡村两级不良债务的任务、范围、内容、步骤作出了规定，并提出了具体要求。

经过郊区广大干部、群众的共同努力，到1999年10月底，清查工作基本结束。据全市246个乡、4 019个村清查结果反映，1998年底（清查基准日）郊区乡村两级债务总额111.5亿元，其中乡级51.3亿元，占46%；村级60.2亿元，占54%。借款总额71.39亿元，占债务总额的64%。逾期借款34.2亿元，占借款总额的48%。逾期三年以上借款为25.3亿元，占借款总额的35.3%，占逾期借款的73.7%。在借款总额中，银行贷款（本息）14.24亿元，信用社贷款34.6亿元，合作基金会借款2.15亿元，其他单位借款18.53亿元，个人借款1.87亿元。乡村两级债权总额74.3亿元，其中乡村所属单位欠款41.5亿元，占55.9%。清理债务情况反映出乡村两级债务沉重，偿还能力较低，担保形成的债务比重较大，所属企业贷款转嫁给乡村合作经济组织较多等问题。

2000年9月20日，国务院纠风办、农业部、财政部、中国人民银行、审计署、国家税务总局联合下发了《关于进一步做好乡村两级不良债务清理工作的意见》（国纠办发［2000］7号）。2000年12月19日，市委农工委、市政府农委下发了《关于开展郊区农村集体资产经营状况调查的通知》（京农发［2000］42号），要求进一步清理乡村两级不良债务，并将乡村集体企事业纳入了清理范围。

到2001年5月，全市的清查工作基本结束。这次清查共涉及全市14个区县216个乡镇、4 038个村、7 207家乡村集体企业。从清查情况看，两年来，各地为化解乡村债务采取了多种措施，做了大量工作，收到了一定成效。1999—2000年，通过收欠还债、核销减债、拍卖还债、划转债务、以资抵债等办法，全市乡村两级集体经济组织本身共归还债务17.2亿元。但问题依然存在：

一是不良债务比重较大。到2000年底，全市乡村两级集体经济组织及其所属企业债务总额为436.8亿元。其中向银行等金融部门借款145.1亿元，占33.2%，其他债务（包括应付未付款及其他借款等）291.7亿元，占66.8%。在债务总额中，乡镇集体经济组织负债59.7亿元，占13.7%，乡均2 764万元。村级集体经济组织负债96.7亿元，占22.1%，村均239万元。企业负债280.4亿元，每个企业平均389万元。在向金融部门的借款中，逾期2年以上的不良债务55.8亿元，不良债务比重为38.5%，比全国的33.6%高出4.9个百分点。

二是呆账、坏账较多，债权清收难度较大。到2000年底，全市乡村集体经济组织及所属企业拥有债权 200.8 亿元，30%已成坏账。

三是化解艰难。尽管一些地方化解债务在点上取得了积极成果，但是从面上看，多数地方化解债务工作还没有明显进展，其主要原因是，受经济发展水平限制，可用财力不足，无钱还债。也有的地方是没有责任约束，目标任务不明确，新官不理旧账。

第六节　集体资产日常管理

农业合作化以后，北京市农村集体资产的日常管理工作，在不同时期，重点有所不同。初级社、高级社和人民公社化时期，工作重点是强调“留”公共积累；改革开放初期，注重在生产关系变革过程中，保护已经形成的生产力，强调集体资产不可分割；在计划经济向市场经济转变的过程中，强调要转变集体资产的经营方式，即由生产经营为主转变到以资产经营为主。

一、合作化和人民公社化时期（1952—1982 年）

合作化初期，从事个体生产经营的农民，将土地、山场、林木、耕畜及主要生产工具（如大车）等，入社转为集体所有，虽有现金入股但数量很少，生产资金严重短缺，为解决合作社发展生产的资金问题，一方面国家给以信贷支持，另一方面，强调合作社自身的积累。据 1955 年郊区 703 个初级社统计，当年实现纯收入 2 157 万元，提取公共积累 168 万元，占纯收入的 7.8%。1956 年 9 月 4 日，中共北京市委农村工作部《关于郊区农业生产合作社 1956 年度秋收分配和年度决算中几个问题的处理意见》提出：“为了贯彻‘少扣多分’，争取百分之九十以上的社员增加投入，公积金和公益金两项合计一般不应超过实际收入的百分之八，收入多的社，可以适当多提，但最多不超过实际收入的百分之十二，收入增加不多的社，也可以适当少提。”据有关部门统计资料显示，1956 年和 1957 年（高级社时期），郊区合作社共实现纯收入 14 784.7 万元，提取集体积累 1 425 万元，占纯收入的 9.6%。从 1958 年到 1982 年（公社化时期），郊区农村集体累计实现纯收入 126.65 亿元，提取集体积累 24.2 亿元，占纯收入的 19.1%。对于乡村合作社形成的固定资产，如房屋、农业机械、水利设施、运输工具以及较大型农具等，按照市、区县农村合作经济主管部门的要求，所有者单位要建立财产登记簿，逐项登记造册，每年进行一次清理，账实核对。70 年代后期，农村合作经济财产管理逐步提到议事日程。怀柔县小辛庄村合作社管好集体财产的经验引起市农口领导的重视，并组织郊区专业干部参观、学习、推广。

高级社、人民公社化时期，农村集体资产管理的突出问题是，在乡村合作经济组织规模、体制频繁变动中（高级社的多数地方进行过三次调整变动，人民公社的核算单位从 1958 年到 1962 年也调整过三次），每次调整、变动都没有对原集体经济组织的资产进行清理、评估、作价，采取了简单“归大堆”的做法，实际上形成了一轮又一轮的平调。

二、农村经济管理体制改革初期（1983—1995 年）

在中国共产党十一届三中全会路线指引下，对农村合作经济高度集中的经营管理体制逐步进行了改革。1982年底，郊区多数村队实行了土地包干到户责任制，一些地方的干部和社员群众把包干到户误认为是分田单干，出现了平分集体财产的现象，在对集体经营收益的分配上，提取公共积累的比例也大幅度下降。针对这种情况，市委、市政府多次召开会议，明确提出建立农业生产责任制，是农村合作经济经营管理方式的改变，而不是不要集体经济。广泛深入地宣传具有中国特色的社会主义理论，组织各级干部反复学习领会邓小平同志1980年《关于农村政策问题的谈话》，对随着农户承包经营土地需要将集体饲养的牲畜及农具下放给农户的，强调要合理作价，不允许平分。对农户承包经营上交集体的承包费和集体统一经营收益的分配，又强调要提取适当比例的公共积累。1987年8月12日，中共北京市委农村工作部、北京市人民政府农林办公室在《关于转发市经管站〈关于二十四个村（队）1986年集体积累情况的调查报告〉的通知》（87京农6号），（市经管站的调查报告见本章附件二）指出："北京市农村合作经济经营管理站《关于二十四个村（队）一九八六年集体积累情况的调查报告》很好，现转发给你们研究。""这个调查报告说明，经过农村财务整顿和村级整党，适当增加集体积累，壮大集体力量，增加农业发展后劲问题，已普遍引起重视，几年来集体积累下降局面得到了好转。这是一个很大的成绩，但是，问题并没有完全解决。一方面，少数地方集体积累仍然偏低，甚至集体收不抵支，继续吃家底，在调查的24个点中，集体积累占纯收入5%以下的有5个村，当年没有积累的1个村，收不抵支的2个村，合计占三分之一，这是个不少的数量；另一方面，集体资金较多的村（队），仍有一部分管得不好，用得不当，用得不活，存在着资金沉滞现象。这两个问题，都应引起农村各级领导的应有重视。""今年中央五号文件指出：乡、村合作组织，均应承担生产服务职能。'有条件的地方，还要组织资源开发，兴办集体企业，以增强为农户服务和发展基础设施的经济实力。如何强化乡、村合作组织的积累职能，关系到能否完善双层经营，充分发挥集体和个人两个积极性；关系到能否加快农村经济专业化、商品化、现代化的进程；关系到'七五'期间郊区农村经济第二次腾飞能否实现。因此，我们必须继续高度重视解决一部分社队积累率偏低的问题，并且努力帮助社队把集体资金管好、用好、用活。""这件事要早抓，抓实，才能见到成效。请各区县都分析一下这方面情况，排排队，参照市经管站的四条意见，提出具体的目标和办法，认真加以落实。"按照上述《通知》提出的要求，各区县党委、政府在调查研究的基础上，针对本地存在的问题，采取了许多行之有效的具体措施，在一定程度上防止了在生产关系变革中集体资产的流失，并在农村年度经营收益分配中，注意提取适当比例的公共积累。据统计，1983—1995年，郊区农村实现集体经济纯收入1 172亿元，提取公共积累237亿元，占纯收入的20.2%。

三、计划经济向市场经济过渡时期（1996—2002年）

郊区农村土地家庭承包经营以后，乡村集体除为农户提供一些必要的服务以外，集中人力、物力、财力兴办集体企业，这一方面促进了农村经济发展，巩固壮大了集体经济实力，另一方面也潜伏着危机。一是集体企业多数依托城市工业搞来料加工或为城市工业搞零部件，科技含量低，独立产品少，这种从属于城市大工业的集体企业，在计划经济商品短缺的情况下，还能够赢利生存。随着计划经济向市场经济的转变，其产品逐步由卖方市场变为买方市场，而出现滞销；二是由于多数乡村集体资金不足，兴办企业主要靠银行贷款，造成资产负债率过高，信誉下降，逐渐失去银行信贷支持；三是政企不分，企业很难按市场规律运作，进入90年代中期，郊区农村集体企业陷入困境。据市农村合作经济经营管理站对监测的100家集体企业统计，1994年底，资产负债率为67%；收入增长率为9.5%；利润增长率下降30%；销售利润率仅为3.7%。全市1/5的乡村集体企业经营亏损，10%左右的集体企业停产，大量资产闲置。面对这种情况，市委市政府在深入实际调查研究、总结基层实践的基础上，明确作出对乡村集体企业进行重组转制的部署。经过几年的努力，到2002年底，全市11 726家乡村集体企业完成重组转制，占乡村集体企业总数的95%以上。通过重组转制，盘活资产近60亿元，引进资金140亿元。多数乡村集体经济组织由以生产经营为主转变到以资产经营为主。

在中共北京市委和市人民政府的正确领导下，郊区农村合作化以来，针对各个时期的实际情况采取有效措施，加强农村集体资产管理，取得了显著成效。到2002年底，郊区乡村二级集体资产总额达到1 380.2亿元，所有者权益611.4亿元，分别比1980年增长48倍、24.7倍，年均增长分别为19.4%和15.9%，全市农民人均占有所有者权益39 259元，比1980年增长61.8倍，年均增长20.7%。

在农村集体资产管理上，还存在一些问题，一是虽然经过两次清产核资，家底不清的问题依然存在，突出的是，用集体土地出资与法人、外商联营搞起来的建筑所形成的集体资产，普遍没有评估、作价、入账、核算。据1998年海淀区经管站的同志反映，玉渊潭乡集体资产总额不少于40亿元，而账内只有10个亿。二是乡镇级集体资产占乡村集体资产很大比重。据2002年底统计，乡镇级集体资产总额729亿元，占乡村二级集体资产总额的52.8%；所有者权益266.1亿元，占乡村二级集体所有者权益的43.5%。乡镇级政企不分，管理集体资产的机构不健全，所有者缺位的问题很突出。

附件一　关于郊区农村清产核资工作中涉及产权界定几个问题的处理意见

依据《农村集体资产管理条例》，按照“谁投资，谁所有”的原则，对目前郊区农村集体资产清产核资工作中所涉及的产权界定的几个主要问题，提出以下处理意见：

一、个人投资经营挂靠乡、村集体的乡镇企业产权界定问题。

1. 原始投资为现金的，按账面价值界定给原投资方。

2. 厂房、机器设备等实物投资，按账面价值界定给原投资者；实物投入时未入账的，合理议定价值；实物已更新的，按更新前原账面价值界定给原投资方。

3. 国家减免税款形成的资产全部界定为集体所有。

4. 承包者将承包合同明确应归个人所得的收入留在企业追加了投资的，原则上界定为个人所有。

5. 使用集体牌照，集体承担风险，原承包合同未明确归属的企业积累从中划出一部分给投资经营者，其余部分所有权界定给集体。划定比例由有关方面议定。

6. 上述界定给集体或个人的权益合计高于或低于企业净资产部分，按照各自所界定的资产比例分摊。

二、由乡（镇）村集体企业利润形成的资产及国家支援农业、农村无偿投资形成的资产归乡（镇）经济联合社或合作社所有。

三、国家在乡镇的行政事业单位所占用集体的土地，没有办理征用手续的，仍归乡、村合作社所有。在清产核资基础上，土地所有者与土地占用单位应依法办理土地使用权的租用或借用手续。

四、关于企业职工（含经营者）应分未分劳动报酬形成的资产，应通过股份合作制的形式把产权界定给职工。

附件二　关于24个村（队）1986年集体积累情况的调查报告

（87）农经字第3号

市委农村工作部、市政府农林办公室：

今年2月，我们组织三个小组对朝阳、昌平、顺义、通县、大兴、延庆六个区县的24个村（队）1986年集体积累水平和集体资金状况进行了调查。调查点的选择是每个区县4个村（队），中等偏上和中等偏下的各占半数。24个村（队）共计8 087户，24 436口人，11 556个劳动力。现将调查结果报告如下：

一、五个特点

从调查的情况看，经过村级整党和农村财务整顿，对巩固发展集体经济比较普遍地引起了重视。在收益分配中，注意兼顾国家、集体、个人三者利益，扭转了近几年来集体积累下降的局面，注重了增加工农业生产投入，合理使用集体资金。概括起来有以下五个特点：

第一，集体账内积累的比例，超过了集体纯收入增长的比例。据24个调查点统计，1986年集体总收入比上年增长7.5%；集体账内积累比上年增长41.5%；积累占纯收入的比重，从1985年的7.5%上升到9.9%；消费占纯收入的比重，从1985年的72.9%，降为72%。延庆县石河营大队1986年集体账内积累25万元，占集体纯收入的20%，比上年增加了7.8个百分点。

第二，实际积累水平超过上报数额，积累数据基本可靠。24个村（队）上报表所列集体账内积累191.4万元，经过查账核对，实际入账为217万元。入账比报表多13.4%。每村（队）积累平均9万元。24个村（队）年终存款现金余额363.8万元，平均每个村（队）15.1万元。

第三，集体积累渠道增多。过去，集体积累来源，唯一的是从各业承包上交收入中提取，1986年年终分配中，不少村（队）注意了从多渠道增加集体积累。主要是：（一）村办企业利润留成部分增加了用于更新改造和扩大再生产资金的比例。据调查点统计，1986年村（队）办企业留成资金，用于扩大再生产部分有33.9万元，占集体账内积累总额的15.6%；（二）按劳力上交提留。昌平县南邵乡张营村1986年根据各业劳力收入水平规定了上交提留的数额。全村211户，263名劳动力，共上交提留16 440元，占1986年集体积累总额的28%。

第四，注意把社员手中分散闲置的资金引向投入，形成新的生产力。昌平县百善乡东沙屯大队，今年新办的印刷厂、冰棍厂，集体资金不足，实行优惠办法，发动社员集资18.4万元。大队规定，借用社员个人资金使用期三年，按银行定期存款五年的利率付息；社员个人在银行、信用社的未到期的定期存款，借给大队办企业，大队补足利息差额。据算账，大队用这笔资金三年比用银行、信用社贷款，要少花利息6 650元，社员可多得利息5 600元。

第五，农业投入增加。据大兴县4个调查点统计，1986年农机设备、水利建设投入资金19.3万元，占当年集体纯收入的6.2%。平均每亩投入28.2元，每个劳力平均85.2元。通县、顺义8个调查点统计，1986年投向农业基本建设的资金达32.7万元，平均每亩投入33元，每个劳力平均85元。1987年计划再向农业投入38万元。通县大营大队，全村975亩耕地，计划今年投资12万元，平均每亩投入120元，“重新武装农业”，今年实现耕种、收割、脱粒、拉运机械化。

二、存在四个问题

从调查的情况看，在贯彻落实市委有关农村分配政策方面也存在一些问题。归纳起来，主要有四个：

第一，部分村（队）1986年集体经济收益分配中，积累率仍然偏低。个别地方收不抵支，继续“吃家底”。在24个调查点中，1986年集体账内积累低于百分之五的有5个村，占20.8%；当年没有积累的1个村，占4.2%；收不抵支的2个村，占8.3%。昌平县百善乡东沙屯大队3 860亩土地，1986年用于社员承包土地的机械作业、水电、植保、农家肥料等生产费用补贴达9.6万元，平均每亩补贴生产费用24.8元。由于集体企业上交利润用于补贴生产费用过多，造成积累率过低。1986年该村集体纯收入133.1万元，集体积累3万元，积累率只有2.3%。延庆县永宁乡孔化营大队1986年集体账内收入13.6万元，支出各项费用8.2万元，劳动报酬10.88万元，办公益事业1.5万元，支大于收8.47万元。大队统一经营的果园、砖厂、菜队、猪场、鸡场、机务队等生产项目没有严格的责任制，工资、生产费用统一由大队支付，经营者不承担经济责任，造成收入7.1万元，支出费用6.7万元，工资6.1万元，亏损5.7万元。

第二，资金占有极不平衡，资金在一定程度上存在沉滞现象。24个村（队）年终存款、现金，平均151万元。其中，存款在10万～20万元的有3个村（队），占12.5%；20万元以上的有5个村（队），占20.8%。这八个村（队），有一半（四个）村（队）没有进一步扩大商品生产的打算，思想上存在有“小富即安”观念。大兴县黄村镇大庄村，占据多种优势，但在横向联系上提出“五不谈”原则，即：个人联系的不谈，联系要“好处”的不谈，受对方控制的不谈，当年不受益的不谈等。在大兴、延庆调查的8个村（队）中，有7个不想向企业投资，缺少资金融通发展商品经济的热情。存款、现金余额在万元以下的还有16个村（队），其中千元以下的有2个村（队）。延庆县城关乡上水村只有23元。

第三，部分村（队）对所属企业“以包代管”，影响了经济效益和积累的提取。在大兴、延庆、朝阳12个调查点中，有7个村对所属企业实行经济承包责任制以后，“以包代管”，放松管理，效益下降。大兴县黄村镇前高米店大队，共有8个企业，去年实行利润上交包干责任制以后，大队干部认为省心了，很少过问。结果1986年比1985年纯收入减少1.5万元。原定10.9万元的包干上交任务，只完成5.7万元。

第四，一些地方非生产性建设支出比重较大。大兴县4个村，1986年支出公积金总额为49.1万元。其中用于扩大再生产部分21.3万元，占43.4%，非生产性公益事业投资27.8万元，占56.6%。延庆县孔化营大队，1985年投资10万元，建剧场和办公楼，可砖厂建轮窑需要投资3万元却未投入，造成产品低劣，积压卖不出去，1986年销售收入只有1 777元。

三、几点意见

积累是扩大再生产的源泉。也是郊区农村实现商品化、专业化、现代化的物质基础。随着集体经济的发展，适度扩大积累，把积累率提高到合理水平，为郊区农村经济“三化”积累资金，增强农村发展的后劲，提出以下几点意见：

第一，农村经济要实行多渠道积累，集体积累要实行计划管理制度。从目前农村多种经济成分、多种经营形式、多层次核算分配的现状考虑，不但要保证集体积累的提取和使用，更要注意从多渠道增加积累，才能保证增加收入，不断扩大再生产的需要。如研究试验建立建农基金制度；提高企业留成比例；按劳力提取公共事业费；严格土地征用补偿费的管理以及普遍实行民工建勤制度等。对集体经济必须严格实行账内收支计划管理制度。在开展增产节约、增收节支的基础上要量入为出，保证积累的足额提取。

第二，补贴农业要量力而行，由补费用转向改善生产条件。补农资金主要要用在改善农业生产的物质条件和增强农业服务手段方面，一般不应用集体资金补贴社员承包土地的生产费用。对于由集体统一进行的生产环节，要经过经济核算，按照有偿等价原则，实行服务收费。

第三，进一步落实社员建勤工制度，增加集体劳动积累。据调查，一些村，由于社员建勤工制度不落实，集体支付的勤杂工的劳动报酬，约占集体账内收入的10%左右，是个不小的数额。一定要坚持普及和完善建勤工制度。

第四，积极开展集体资金融通工作。根据去年中办发27号文件精神，“一些农村合作经济组织自愿把集体闲置的资金集中起来，采用有偿使用的办法，用于支持本乡、村合作经济组织和农户发展商品生产。这种办法，应当允许试行。”结合我市郊区农村集体资金存在沉滞流通不畅的实际状况，为了加速农村商品经济的发展，有必要开展资金融通。这是一项适应商品生产发展需要的新工作，各区县应积极试点，逐步推开。

以上报告如无不妥，请批转各区县参阅。

北京市农村合作经济经营管理站

1987年3月3日

第九章　农村承包合同管理

合同又称契约，是双方（或多方）当事人依法订立的有关权利义务的协议。1982 年以后，伴随着北京郊区农村多种形式的联产承包责任制的普遍建立，农村联产承包合同制应运而生。乡（镇）、村（队）集体经济组织与其承包经营项目的成员之间的权利义务关系，通过签订合同的形式确定下来。承包合同成为联结所有者（发包方）与经营者（承包方）的纽带。承包合同管理工作成为落实农村经济政策，巩固农村经济体制改革成果，正确处理国家、集体、农民个人三者利益关系，完善统分结合、双层经营体制的重要手段。

第一节　农村承包合同管理法规制度建设

在农村改革初期，合同制得到普遍运用。承包合同渗透到北京郊区各个生产、经营领域，签订了大量承包合同。据统计，1986 年底 14 个郊区县，各业共签订承包合同 771 790份。其中：农业承包合同 648 067 份，林果业承包合同 71 780 份，畜禽养殖业承包合同 4 898 份，水产养殖业承包合同 2 070 份，乡村工商企业承包合同 10 272 份，各种服务组织与乡村集体签订承包合同 34 703 份。但由于各级干部长期运用行政手段管理农村经济形成的惯性，而对于运用经济、法律手段管理农村集体经济很不适应，出现很多问题。

一是发包程序不规范。有的干部利用职权故意压低承包指标，将获利较大的生产经营项目承包给自己的家属亲友。如大兴县魏善庄乡集体在发包果园时，未经社员民主讨论，干部将承包指标压低 1 万元，承包给自己的亲属，并签订了承包合同。

二是承包方案和承包指标不合理。很多地方在确定承包方案时，没有认真核算，缺乏统筹安排，致使上交集体指标定得过低，偏顾个人一头，使集体积累下降，甚至收不抵支，“吃家底”。据大兴县北臧村 4 个村的调查发现，集体积累 1983 年为 7 万元，1984 年为 3.3 万元，1985 年为 1 万元，同 1983 年相比分别下降 52.9%、85.7%。其主要原因就是合同上交指标过低。又如大兴县安定乡杜庄屯村，把 16 公顷果园承包给 13 户，年收入 8 万元，合同规定上交提留 4 720 元，集体负担税收 6 160 元，水电费 2 400 元，两项合计为 8 560 元，减去上交提留，村集体每年要亏空 3 840 元。

三是合同条款不清，责任不明确。有的承包合同标的不明确，缺乏必备的条款；语言表述不准确；手续不完备，有的没有双方当事人签字、盖章；合同样式五花八门，很不规范。很多企业承包合同只有上交集体提留指标，对于资源的合理利用，集体资产的保值增值没有明确规定，造成资源浪费和集体资产流失。

四是合同履约率低，出现大量合同纠纷。据 1986—1988 年统计资料分析，郊区三年累计共有各业承包合同 2 127 369 份，兑现承包合同 2 023 926 份，兑现率为 95%。一些农民上访告状，甚至结伙团体上访，引起各级党政领导和新闻媒体的高度重视和关注。1987—1988 年《人民日报》、《农民日报》、《法制日报》、中央电视台等全国性新闻媒体介入的承包合同纠纷案件就有 5 起。这不仅影响到农村改革的继续深入，同时也影响到社会的稳定。

为了规范农村承包合同管理工作，市农村合作经济管理部门从 1988 年着手进行承包合同管理立法工作。

一、制定《北京市农业承包合同条例》

1988 年 9 月 5 日，北京市人民政府发布《北京市农村土地联产承包责任制合同管理暂行办法》。在总结《暂行办法》实施经验的基础上，1989 年 10 月 19 日，北京市第九届人民代表大会常务委员会第十四次会议通过《北京市农业联产承包合同条例》，并规定从颁布之日起实行。《条例》共 23 条，主要内容是稳定联产承包责任制，明确土地承包当事人双方的权利义务。这个《条例》颁布后，郊区土地承包及合同管理工作取得了明显成效。但是，随着我国计划经济向市场经济的转变，《北京市农业联产承包合同条例》已不能完全适应农村经济发展和深化改革的要求，主要表现在：对家庭联产承包政策体现不够充分，没有完整地体现以家庭联产承包为主的责任制和统分结合的双层经营体制，对承包经营的稳定保护不够有力；有的条款计划经济色彩较浓，限制了农民承包经营自主权，限制了承包土地使用权的合理流转；还有些条款的规定过于原则，可操作性差，承、发包方的法律主体地位、双方的权利义务不具体，对违反承包合同的行为法律约束力不够。1993 年初，由市委农工委、市人大农村工作委员会、市政府农办、市农村经济研究中心、市农村合作经济经营管理站组成了《北京市农业承包合同条例》起草小组。1998 年 7 月 31 日，经北京市第十一届人民代表大会常务委员会第四次会议审议通过，发布《北京市农业承包合同条例》，同时废止《北京市农业联产承包合同条例》。《北京市农业承包合同条例》共七章三十五条，包括总则、发包和承包、承包合同的订立和履行、承包合同的变更和解除、违约责任、承包合同纠纷的处理及附则。《条例》规定了实行“家庭联产承包的，土地承包期限为 30 年”。并对土地流转作出了相应规定。

二、制定《北京市农村集体所有荒山荒滩租赁条例》

北京郊区有荒山、荒滩面积 25.69 万公顷，占全市土地面积的 15.6%，其中荒地 1 万公顷，荒山 24 万多公顷，尚未利用的河滩约 0.49 万多公顷。荒山、荒滩资源中，宜粮地 1.97 万公顷，宜果地 1.258 万公顷，宜林地 15.018 万公顷，宜牧地 9.111 万公顷，宜渔地 0.015 万公顷。1993 年冬，按照市委、市政府关于土地经营形式放开，土地开发形式放开，土地生产经营放开的山区政策，在郊区推行荒山、荒滩租赁经营。据密云、昌平、平谷、门头沟等区县调查统计，到 1994 年底，集体已出租的荒山有 1.9 万公顷，形成了独立承租户经营、合作经营、股份合作经营等开发山区的多元投资结构，使长期闲置的资源得到利用，产生了良好的生态效益和经济效益。与此同时，在荒山开发中也出现了一些问题，如：对荒山、荒滩租赁的对象、范围缺乏法律界定，部分已开发利用的土地资源管理混乱；在租赁过程中民主原则坚持不够，有的低租金甚至无偿出让使用权；重出租、轻开发治理；部分农民对改革措施心存疑虑，担心政策变，影响了开发治理荒山的积极性。

针对上述问题，1994 年 3 月，中共北京市委、市人大、市政府提出制定北京市农村集体所有荒山、荒滩租赁管理地方法规，并由市政府农林办公室、市林业局和市农村合作经济经营管理站等有关部门组成起草小组。起草小组在对北京市山区荒山租赁进行全面调查的基础上，根据有关法律、法规的规定和山区实际情况，起草了《北京市农村集体所有荒山荒滩租赁条例》（草案）。1994 年 9 月 9 日，提交北京市第十届人民代表大会常务委员会第十二次会议审议通过，于 1994 年 10 月 1 日起实施。

《北京市农村集体所有荒山荒滩租赁条例》共分五章三十条，《条例》对荒山、荒滩租赁的原则、方式、出租方和承租方的权利、义务、租赁的程序、租赁期限、违约责任、租赁合同纠纷处理等都作出了明确规定。规定租赁期限一般为 50 年，最长不超过 70 年，承租集体荒山、荒滩的对象包括农村合作经济组织成员以及有开发能力的企业及个人。

改革开放以来，郊区农村集体企业广泛实行了承包经营责任制，对于调动企业经营者和职工的积极性发挥了重要作用，促进了企业持续、快速发展，但也出现了一些问题，突出的是：企业承包经营者行为短期化，负盈不负亏。为了规范企业承包，促进郊区乡镇企业健康发展，1994 年 1 月 14 日，经北京市第十届人大常委会第八次会议审议通过了《北京市乡村集体企业承包经营条例》。《条例》对签订承包经营合同的基本原则、发包方与承包方的权利义务、承包经营合同的设立、变更和解除、违约责任、承包合同纠纷的调解、仲裁以及管理机构等问题都作出了具体规定。

经北京市人民政府 1991 年 1 月 4 日批准，1991 年 3 月 1 日，北京市人民政府农林办公室发布《北京市农业联产承包合同纠纷仲裁办法》，并规定从发布之日起实行。

郊区各区县人民政府也相继出台了农村各业承包合同管理实施办法或细则，从而从根本上扭转了农村承包合同管理无章可循、无法可依的状况，逐步使承包合同管理纳入规范化、法制化轨道。

第二节　加强农村承包合同管理的主要措施

针对农村改革出现的新情况、新问题，中共北京市委、市人民政府在组织相关部门进行大量调查研究，摸清情况，探讨对策的基础上，在加强农村各业承包合同管理上，相继采取了以下措施：

一、建立、健全农村各业承包合同管理机构，落实承包合同管理人员

1988 年以后，北京市有关农村承包合同管理的政府规章和地方性法规明确了农村承包合同的主管部门。《北京市农业联产承包合同条例》第三条规定：“市、区、县、乡镇人民政府农村合作经济经营管理部门，主管本行政区域内承包合同的管理工作。”《北京市农

村土地联产承包责任制合同管理暂行办法》第三条规定："市、区、县、乡镇农村合作经济经营管理站，是同级人民政府主管承包合同的管理机构"；第四条规定："区、县应当成立承包合同仲裁委员会，负责本区、县承包合同纠纷的仲裁，其成员由同级人民政府有关部门组成，日常办事机构设在区县农村合作经济经营管理部门"。《北京市乡村集体企业承包经营条例》明确规定："乡村集体企业承包经营合同双方当事人发生纠纷，任何一方当事人均可以向区、县承包合同仲裁委员会申请仲裁。"北京市人民政府农林办公室下发的《贯彻实施〈北京市农业联产承包合同条例〉若干规定》第三条明确规定："为加强农业承包合同管理，区、县农村合作经济经营管理站要设置承包合同管理机构，乡（镇）合作经济经营管理站（科）要配备专职的合同管理人员"。还规定："村应建立承包合同管理小组，一般由村民委员会主任、经济合作社长、会计等有关人员组成，负责组织土地等生产资料的发包、承包合同兑现、调解承包合同纠纷、管理合同档案"。

依据上述具体规定，市、区、县、乡、镇、村各级着力加强农村各业承包合同管理的机构队伍建设。市、区、县农村合作经济经营管理站相继设立了承包合同管理科，配备了专职承包合同管理干部 46 名，乡镇农村合作经济经营管理站普遍配备了承包合同管理员，从业专职干部达到 531 人，平均每个乡镇 1.76 人。85%的村成立了承包合同管理小组，成员达到 6 806 人。区、县成立农村承包合同仲裁委员会，一般由主管农业的副区、县长任主任，成员由区县政府农业、林业、畜牧、水产、农机、水利、乡镇企业及合作经济经营管理等有关部门负责人组成。仲裁委员会在区、县农村合作经济经营管理站设置了办事机构，配置仲裁员 77 名，办理承包合同纠纷案件。

二、依法规范农村各业承包合同管理

着重做了以下几方面的工作：

（一）广泛宣传政策、法规，大力培训各级承包合同管理人员

为使广大农村干部知法、用法，1989 年《北京市农业联产承包合同条例》颁布后，市、区、县、乡、镇政府农业承包合同管理部门广泛运用有线广播、电视、报刊等各种新闻媒体及召开干部会议、举办培训班、开展宣传周、宣传月等多种行之有效的形式，对《条例》进行了广泛宣传，组织干部深入学习。北京市农村合作经济经营管理站举办了承包合同管理人员师资培训班，印发了《农业联产承包合同政策法规手册》。郊区各区县普遍印发《条例》，有的要求做到乡、村干部人手一册，还有的地方出动了广播宣传车，在农村集市上设立承包合同咨询站，很多地方对乡、村合作社干部进行考试，开展了承包合同管理知识竞赛活动。有些村合作社召开了承包农户座谈会。宣传形式多样，生动活泼。市、区、县政府领导带头学习、宣传《条例》，具体指导，参加承包合同执法检查活动。密云县县长下乡检查工作时带着《条例》，走到哪里，讲到哪里，村干部、社员说："县长衣袋里装着'法'呢！"仅《条例》颁布后两年统计，全市共印发《条例》及其宣传材料就达到 8 万多份，举办培训班 484 期，培训承包合同管理人员和乡村干部 2.6 万余人次，村合作社社员受教育面达到 80%以上。基本上做到了合作社干部掌握，社员明白。1991 年 7 月，在全市开展的《北京市农业联产承包合同条例》执法检查中抽查了 2 773 名乡、

村合作社干部、社员，对《条例》熟悉掌握的有 1 442 人，占 52%；对《条例》一般了解的有 1 201 人，占 43.2%。1998 年 7 月经北京市人大常委会重新修订的《北京市农业承包合同条例》颁布后，到 1999 年底统计，各区、县、乡、镇先后举办了承包合同培训班 393 期，培训区、县、乡、镇农村合作经济经营管理站长、承包合同管理员和村党支部书记、村委会主任、合作社长、村队会计人员共计 2 万多人。

（二）规范发包程序

为规范发包程序，各地在发包经营项目中，重点抓了四个环节：一是按照《北京市农业承包合同条例》第九条规定："发包项目和发包方案应当由集体经济组织成员大会或成员代表大会决定并公布"。以保证所签订的承包合同做到"公平、公正、公开"，避免少数干部仗权承包、人情承包等损害公共利益的现象发生。二是大力推行招标承包。村经济合作社除按人平均承包的土地以外的生产经营项目，引进公平竞争机制，广泛采用招标承包的方法，对于维护农民公共利益效果较好。房山区崇各庄乡有 11 家村办集体砖厂，1993 年以前承包给个人，每年上交村集体利润 87 万元。1994 年以后通过招标方式承包，每年上交村集体的企业利润达到 377 万元，相当于原年度上交利润的 4.3 倍。该乡大苑村 54.47 公顷责任田，通过招标竞价，有 27 户中标，年集体收入承包费 42 714 元，是招标前的 2.2 倍。果各庄村原有 6.7 公顷菜田，1993 年投产以来由集体统一经营，一直效益不高，1996 年上半年亏损 3 万元。下半年通过公开招标，参加竞标的 9 户中有 4 户获得承包经营权，当年上交村集体承包费 3 万元。三是统一合同文本。各区县农村合作经济经营管理部门，把规范合同文本当作提高承包合同规范性的一个重要环节来抓。经过深入调查研究，广泛征求各方意见，精心设计承包合同文本式样，统一印制，供乡、村合作经济组织使用。四是加强对村队承包合同承、发包过程中的具体指导，提高鉴证率，最大限度地减少或避免无效合同的出现。各区、县针对农村基层干部变动频繁，合同管理专业知识不足的实际，要求各乡、镇农村合作经济经营管理站承包合同管理人员加强具体检查指导。在发包、承包双方签字之前，对承包合同内容的合法性和双方权利义务关系是否明确等条款严格审查把关。通过审查，堵塞漏洞。在此基础上再由承包双方签字盖章，并予以鉴证。从而大大提高了农村各业承包合同的规范率和鉴证率。据 2001 年 1 月 7 日北京市农村合作经济经营管理站《关于对我市农村土地延包及承包合同管理情况进行检查的报告》显示：截止到 1999 年 12 月 31 日，郊区农村签订承包合同 632 616 份，其中规范合同588 675份，占 93.1%，进行了鉴证的承包合同有 479 298 份，鉴证率达到 75.8%。

三、承包合同的兑现

农村实行联产承包双层经营体制后，兑现承包合同就成为正确处理国家、集体、农民个人（或承包单位）三者利益关系的具体体现。因此，提高承包合同兑现率就成为承包合同管理的重要目标。联产承包初期，为纠正"红眼病"，"抹桌子"，市里领导要求各区县要保证承包合同兑现。市、区（县）、乡（镇）各级承包合同管理部门每年年终都要组织力量，深入村队，从调查研究入手，总结经验，发现问题，探索对策，具体指导承包合同兑现工作。从全市农村承包合同的兑现率来看，每年保持在 95%左右。不少地方在实践中创造了许多行之有效的办法。怀柔区渤海镇沙峪村，全村800多户，有各业承包合同2 500多份，承包合同规定承包农户上交村集体承包款10万多元。从1983年实行家庭承包经营为主的责任制到2000年底，18年以来，全村每年年终承包合同兑现最多7天，最少3天就全部交齐，无一户拖欠。这个村的主要经验：一是普及承包合同法律知识，增强农民遵纪守法意识；二是党员、干部带头，要求群众做到的党员干部首先做到；三是及时发现、解决承包合同履行过程中出现的问题，化解矛盾，不留隐患。

四、承包合同纠纷处理

从1983年郊区农村实行联产承包责任制到1989年《北京市农业联产承包合同条例》颁布之前，农村各业承包合同纠纷引起的上访，主要是由市、区、县、乡、镇各级经营管理部门（市、区、县党委农村工作部和市、区、县、乡、镇农村合作经济经营管理站）调解，由于无法可依，加之手段主要靠说服，工作难度大，效率低，许多纠纷案件双方当事人长期不能形成统一认识而久拖不决。怀柔县西庄村，1983年农民田才承包村集体一片果园，合同规定承包期为5年，履行了一年，村集体便毁约另行发包给另一户农民。发生纠纷后，经县经营管理部门多次反复调解，拖了两年才使原承包合同得到继续履行。1989年以后，《北京市农业联产承包合同条例》、《北京市农村集体所有荒山荒滩租赁条例》、《北京市乡村集体企业承包经营条例》相继颁布，郊区各区、县、乡、镇、村建立健全了承包合同管理机构，充实了人员，逐步走上了程序化、规范化、法制化的轨道，使农村各业承包合同纠纷得到及时公正处理。各业承包合同出现纠纷，首先由村承包合同管理小组调解解决，调解不成的由乡镇农村合作经济经营管理站调解解决，双方当事人也可以不经过上述程序，申请区、县农村承包合同仲裁委员会仲裁，或直接向区、县人民法院起诉。据统计，1993—2000年8年累计，乡镇以上承包合同管理机构及区、县人民法院受理合同纠纷上访申诉、起诉案件4 243起。其中乡镇调解解决的有3 237起，占76.3%；区、县农村承包合同仲裁委员会受理的有938起，占22.1%。其中调解解决的有650件，仲裁的有288件。向区、县人民法院起诉的68件，占1.6%。

从农村承包合同立法前后所发生的承包合同纠纷来看，立法后与立法前比较，农村各业承包合同纠纷出现大幅度下降趋势。据市农村合作经济经营管理站统计资料分析，1985—1988年，郊区农村共发生合同纠纷17 165起，平均每年发生4 291起；1989—2000年，12年共发生承包合同纠纷5 775起，平均每年发生合同纠纷481起。后12年年平均合同纠纷发案数只相当于立法前4年年均承包合同纠纷发案数的1/10。

从承包合同纠纷的行业来看，林果承包合同纠纷居多。1988—1995年，郊区农村承包合同纠纷统计资料显示：这8年共发生承包合同纠纷6 354起，其中林果业承包合同纠纷2 024起，占31.9%。林果业承包合同纠纷率为3.3%，高出其他各业3个百分点以上。

五、建立承包合同档案，加强承包合同档案管理

农村各业承包合同承包期一般都比较长，土地承包合同承包期多数村在30年以上，

荒山荒滩租赁合同，大多租赁期在50～70年。建立承包合同档案，管好合同文本及相关文件资料，保障其安全、完整，就成为合同履行、兑现的重要一环。据此，1990年12月1日，北京市人民政府农林办公室发出的《关于贯彻实施〈北京市农业联产承包合同条例〉若干规定的通知》中，对承包合同档案管理工作作出以下规定：①乡（镇）、村各业承包合同应由专人统一管理；②承包合同档案管理范围包括农业承包合同书、调整变更合同协议、纠纷调解仲裁书、年度承包合同兑现资料及与合同有关的资料；③承包合同一式三份，双方当事人各执一份，报上级合同管理机关一份；④承包合同书履行终结应保存一年，纠纷调解、仲裁案卷应保存三年。市、区、县农村合作经济经营管理部门通过抓试点、总结交流经验、召开现场会、相互观摩、争取县区、乡镇财政支持等多种方法，认真抓落实。据1999年底全市合同管理工作检查报告反映，在全市216个乡镇中，有210个乡镇建立了承包合同档案，占97%；3 947个村普遍建立了承包合同档案。大兴、密云等区（县）、乡（镇）、村三级承包合同档案管理工作，经过有关部门检查验收，达到区、县档案管理规范标准要求，实现了承包合同档案管理标准化、规范化。

第十章　农村合作经济收益分配管理

北京市农村经济收益分配由农村集体经济组织分配和农户家庭收益分配两个部分组成。在初级社、高级社、人民公社“三级所有、队为基础”时期的收益分配，都以集体统一经营为主。改革开放以后，随着家庭联产承包责任制的实行，收益分配从集体统一核算分配转变为集体经济组织和农户家庭“统分结合，双层经营”的收益分配；农户经济也由家庭副业上升为家庭经营，在农村经济中占有至关重要的地位。但在近郊区仍以集体统一核算分配为主。

第一节　农村集体经济收益分配

北京市农村集体经济的收益分配是指集体经济组织，一年的总收入扣除在生产过程中开支的各项费用后的收益，在国家、集体、社员三者中进行分配。

北京市农村集体经济收益分配，经历了农业合作社、人民公社和改革开放以后的统分结合、双层经营三个阶段，在建立农业合作社之前，是生产互助组的收益分配形式。

一、互助组时期的收益分配（1950—1952 年）

合作化的萌芽是互助组。北京郊区的第一批互助组是在 1950 年 3 月完成土地改革以后出现的。获得了土地的农民，由于生产能力极低，生产生活上仍有许多困难。为了帮助摆脱贫困，中共北京市委和市政府召开了郊区扩大干部会议，号召开展大生产运动，提出了当年粮食“增产一成”的口号，倡议把分散的农民“组织起来”，逐步向集体的方向引导。由此郊区农民在自愿互利的基础上，相继建立起临时的或常年的生产互助组，在春种、夏管和秋收中实行人畜换工、劳动互助。到 1952 年 5 月底，全郊区已组织互助组 3 617个，其中长期互助组 1 198 个，参加互助组的农民占郊区农民的 36.7%以上。

互助组的分配特点是：生产资料私有，农忙时联户帮工生产，农闲时各户自主经营。经济收益除交农业税（公粮）外，全部归农户自己所有。帮工换工的方式：一是人工换人工，农忙时互相派帮工，不算工钱。二是人工换畜工，无役畜农户向有役畜农户借畜耕田，然后以人工抵偿所借畜工。三是帮工，为孤独户帮工，不收工钱，也不还工。四是合工，进行农田基本建设时联合劳动，费用按人口或田亩摊派，收益按工分配。互助组虽然有共同劳动，但没有统一核算分配。

二、农业生产合作社时期的收益分配（1952—1957 年）

农业生产合作社的建立和发展分为初级农业生产合作社和高级农业生产合作社两个阶

段。初级社实行土地分红和按劳分配相结合的分配办法；高级社实行按劳分配，取消土地分红。

（一）初级农业生产合作社的收益分配

1952年春，京郊农村试办了第一批农业生产合作社，共10个，到1955年，郊区初级农业生产合作社发展到700多个，入社农户的比重达到46％。

初级农业生产合作社实行土地评产入社，耕牛、农具折价归社使用，统一经营，集体劳动，评工记分。收益分配方式是以土地劳动比例分配，按土地分配的比例，生产合作社之间有所不同。一般按土地分配的比例占40％，有的占50％，也有的占30％。其余收入按劳动工分分配。分配形式有实物分配和现金分配两种。实际上社员收入主要是粮食分配，现金分配比例很小。社员分配收入的差异主要体现在劳动工分的多寡上，以劳动工分作为计算劳动量和支付劳动报酬的统一尺度。

初级农业生产合作社时期，农业生产实行“包工包产，超产奖励”制度。其做法是：①合理定工。预先规定社内各种作物的种植、操作技术和每一操作的土地定额和报酬标准后，计算出各种作物每亩的需工数，再计算出各生产队全部作物的用工数，在此基础上确定各生产队的包工数。②合理定产，全面包产。根据每一块土地的土质等自然情况，确定出常年产量。③制定奖惩办法。各生产队因精耕细作或改进技术超产奖励；因管理不善减产受罚；因自然条件好、意外丰收，适当提高定产比例；受到不可抗拒的自然灾害，适当降低定产比例。

为调动农民的生产积极性，1955年9月，中共北京市委农村工作部对当年农业生产合作社秋收分配方案提出几项要求：①秋收分配前应做好准备工作。清理账目，核对工分。制定分配方案，提交社员讨论后加以修订，呈报区委审核批准。②扣留下年度生产资金。推广按劳力或地、劳比例分摊一定数目的生产股金，由合作社长期使用的办法。③公积金和公益金的提取比例，公积金一般可占纯收入的5％～10％，公益金占纯收入的1％～3％。④归还债务及社员投资。如期归还国家银行贷款，归还社员入股生产资料折价超出应摊金额、基金、生产资料部分及社员的自由投资等。⑤社员补缴股份基金的办法，应按每户实际能力，定出计划，从当年收入中扣除全部或一部分。⑥社内跨年度生产用工及基本建设用工的处理。生产用工，属于为下年做准备的，其工分在来年收获后分红；本年有收益的，可在本年度分红，基建用工，一般应在当年分红。⑦社内的粮食分配，按照“粮食三定到户”的产量，以社为单位，进行计划分配。⑧牛、羊、猪等畜产品应估产估价，其增值部分计入当年收入分配。

初级农业生产合作社这种按劳分配为主，兼顾土地分红的制度，比较适合当时生产力水平和农民的觉悟，调动了农民的生产积极性，大部分初级农业生产合作社实现了丰产丰收。据1955年统计，703个初级社中，有650个增产，占92.5％，产量持平的47个，占6.7％，减产的6个，占0.8％。从收入分配看，农副业总收入3 523万元，总支出1 366万元，占总收入的38.7％，纯收入2 157万元，提取公积金168万元，占纯收入的7.8％，社员缴纳股份基金477万元，其中公有化股份基金285万元，生产费股份基金192万元。公共积累不断扩大，公有股份基金和历年的公积金共计509万元，已占合作社资产总额的68.9%。

1955年，703个农业生产合作社中，收入增加的604个，占85.9%，收入持平的62个，占8.8%，收入减少的37个，占5.3%。平均每户纯收入361元，比1954年增长41%。

（二）高级农业生产合作社的收益分配

1956年，郊区农村有99.6%的农户和97.4%的耕地加入了高级社。高级社实行生产资料公有，土地无偿入社，耕牛和农具折价归社，作为入社股金。收益分配取消土地分红，全部按劳动工分进行分配。劳动工分评定以生产队为单位。确定了“统一经营，分级管理”，对生产队实行“三包一奖罚”（包产、包工、包开支、超产提成、减产扣分）的管理办法，一些深山区实行包产到组、到户。允许社员拥有自留地和搞家庭副业。做到“大的集中，小的分散”。生产队内社员劳动按定额计算和登记工分，有的计工到组，活评到人，有的按件记工分到人。高级社实行统一经济核算，具体分配办法有粮食分配和年终决算分配。年终决算分配是在扣除国家税收、集体提留后，全部按社员的劳动工分计算分配。根据当年全社分配给社员的收益总额和社员劳动工分总量，先计算劳动工分分值，再按每个劳动者全年完成的劳动工分数计算出实际应得的劳动报酬。

1957年，农村经济总收入实现12 657.6万元，比1956年增长22.5%，总支出为4 196.1万元，增长4.6%，纯收入为8 461.5万元，增长33.8%。上缴国家税金627万元，增长30.5%，积累1 095.5万元，增长2.3倍。社员分配总额6 597.9万元，人均分配达到82元，比上年增加15元，增长22.4%（见表10-1）。

表10-1 农村农业生产合作社时期收益分配（1955—1956年）

单位：万元、元、%

年份	总收入	总支出	纯收入分配				纯收入分配比重			
			国家税金	集体积累	社员分配	人均分配	合计	国家税金	集体积累	社员分配
1956	10 334.9	4 011.7	480.3	329.5	5 450.2	67	100	7.7	5.3	87
1957	12 657.6	4 196.1	627	1 095.5	6 597.9	82	100	7.5	13.2	79.3

粮食分配：1957年粮食产量17 724.5万千克，比1956年增产25.7%（1956年因受涝灾减产），比1955年增长10%，上交农业税2 031.9万千克，占总产量的11.5%，比1956年和1955年提高5.1个百分点。交售给国家3 113.6万千克，占总量的17.6%，分别比1956年和1955年提高11.5和11.2个百分点，生产留用2 216.9万千克，占总量的12.5%，比1956年和1955年降低0.5个百分点。分配给社员10 170.2万千克，占总产量的57.4%，分别比1956年和1955年降低14.6和15.1个百分点。平均每人分得粮食1955年为198.5千克，1956年为173.5千克，1957年为171千克。由于上缴农业税和出售给国家的比例增加，社员分配比例下降，因此社员人均口粮呈下降趋势（见表10-2）。

表 10-2 郊区农业生产合作社粮食分配

单位：万千克、%

项 目	1955		1956		1957	
	数量	比重	数量	比重	数量	比重
总产量	16 118.7	100	14 101.9	100	17 724.5	100
1. 交纳农业税	1 030	6.4	853.3	6.4	2 031.9	11.5
2. 出售给国家	1 031.2	6.4	854.7	6.1	3 113.6	17.6
3. 生产留用	2 095	13.0	1 843.1	13.0	2 216.9	12.5
4. 分配给社员	11 683.6	72.5	10 194.3	72.0	10 170.2	57.4
5. 其他	278.9	1.7	356.6	2.5	191.9	1.1

三、人民公社时期的收益分配（1958—1978 年）

1958 年 8 月，北京郊区掀起了人民公社化高潮。到 9 月 10 日，2 357 个高级社合并为 73 个人民公社。随之大刮“共产风”、“一平二调”，随意调配合作社的生产资料，生产上搞“大兵团”作战，按军队建制搞了营、连、排；建立了“公共食堂”，吃起了大锅饭，实行供给制和工资制相结合，以供给制为主的分配制度。不少地方还采取对衣食住行、生老病死、婚丧嫁娶、教育医疗等统包下来的办法，有所谓“七包”、“十包”、“十二包”等等，实行基本生活供给制。据统计，1958 年农村人均分配仅为 53 元，比 1957 年减少 29 元。除了供给部分外，每个劳动日值只有几分钱，不少劳动力甚至分不到钱。这种制度，严重挫伤了农民的生产积极性，阻碍了生产力和农村经济的发展。

1959 年 3 月后，农村人民公社体制调整，实行以生产大队为基本核算单位，刚刚建成 73 个人民公社，即调整为 2 275 个基本核算单位，基本上是原高级社的规模。取消了供给制，恢复了“三包一奖”和劳动定额管理，评工记分制度，重新分配给社员一定数量的自留地、饲料地。有的地方还分配给社员少量开荒地、菜地，山区分给社员少量自留山。大队对生产队实行“四固定”（即土地、劳力、牲畜、农具固定）和“三包一奖”（包产、包工、包支出、超产奖励）制度，生产队内恢复定额管理，评工记分。实行基本口粮和劳动粮相结合的粮食分配办法。这样的调整虽对调动社员积极性起一定作用，但由于“共产风”和自然灾害的影响，1960 年，粮食产量比 1957 年减少 29.6%，农民人均分配由 1957 年的 82 元减少到 1961 年的 65 元，下降了 17 元，平均每年下降 5.6%（见表 10-3）。

表 10-3 农村人民公社时期的收益分配（1958—1962 年）

单位：万元、元、%

年份	总收入	总开支	纯收入分配				纯收入分配比重			
			国家税金	积累	社员分配	人均分配	合计	国家税金	积累	社员分配
1958	30 055	11 506.9	2 292.5	2 059.3	14 602.6	53	100	12.1	10.9	77.0
1959	32 172	11 134.3	2 209.8	3 671.3	14 992.3	58	100	10.6	17.6	71.8
1960	36 258.4	15 414.3	2 079.4	2 074.4	15 380.7	62	100	10.6	10.6	78.8
1961	32 168.7	10 877.5	1 415.7	2 000.7	17 070.6	65	100	6.9	9.8	83.3
1962	39 140.5	12 436.3	1 516.8	2 571.4	21 705.4	77	100	5.9	10.0	84.1

1962 年 4 月，根据农村人民公社《六十条》，对公社体制进行再次调整。基本核算单

位绝大部分由大队下放到生产队，生产资料归公社、大队和生产队“三级所有”，由生产队组织生产和收益分配。全郊区共有 278 个公社，3 590 个大队，14 735 个生产队。其中，94.8%的大队实行了以生产队为基本核算单位的生产分配体制。

基本核算单位由大队改为生产队后，继续实行评工记分，按劳动工分分配制度。生产队内进一步改进劳动定额管理，实行地段包工，包产到人，超产奖励，减产受罚责任制，调动了社员的生产积极性，农村经济得到了恢复和发展。到 1965 年，郊区农村集体经济总收入为 48 598.5 万元，比 1962 年增长 24.2%，平均每年增长 7.5%。其中农业收入比 1962 年增长 22.6%，畜牧业增长 99%，副业增长 37%，林业下降 10.7%。总开支为 16 954.5万元，比 1962 年增长 36.3%。纯收入为 31 644 万元，比 1962 年增长 18.5%，人均分配为 77 元，与 1962 年持平。1965 年，国家、集体、个人三者之间的分配比例为 5.9∶20.7∶73.4，由于积累增加，集体经济得到了加强，见表 10 - 4。

表 10 - 4　农村人民公社收益分配（1962—1965 年）

单位：万元、元、%

年份	总收入	总开支	纯收入分配				纯收入分配比重			
			国家税金	积累	社员分配	人均分配	合计	国家税金	积累	社员分配
1962	39 140.5	12 436.3	1 516.8	2 571.4	21 750.4	77	100	5.9	10.0	84.1
1963	38 792.1	14 065.9	1 640.8	2 568.3	20 044.5	70	100	6.8	10.6	82.6
1964	42 130.6	15 897.1	185 404	3 545.1	20 350.7	70	100	7.2	13.8	79.0
1965	48 598.5	16 954.5	1 837.7	6 431.0	22 792.8	77	100	5.9	10.7	73.4

“文化大革命”时期，党在农村的各项政策遭到严重破坏，阻碍了农村经济的发展。家庭副业被当作资本主义的尾巴割掉，生产上出现了瞎指挥，分配中取消了劳动定额管理等生产责任制，实行平均主义“大锅饭”，严重挫伤了农民的生产积极性，农业生产长期徘徊。1966—1977 年的 12 年间，农村集体经济总收入平均每年仅增长 5.6%，纯收入平均每年增长 3.7%，集体积累年递增 2%，社员分配平均每年增长 4.3%。人均分配 1977 年比 1965 年仅增加了 22 元，平均每年增加 1.80 元（见表 10 - 5）。

表 10 - 5　农村人民公社收益分配（1965—1977 年）

单位：万元、%

年份	总收入	总开支	纯收入分配				纯收入分配比重			
			国家税金	积累	社员分配	人均分配	合计	国家税金	积累	社员分配
1966	5 053.3	20 293.4	1 900.9	3 730.2	23 673.3	70	100	6.5	12.7	80.8
1967	52 262.7	19 988.5	1 741.6	4 239.1	25 824.9	76	100	5.5	13.3	81.2
1968	54 823.4	20 812.3	1 863.7	4 624.7	26 905.0	83	100	5.6	13.9	80.5
1969	54 295.0	22 297.6	1 878.9	3 705.9	25 894.8	79	100	6.0	11.8	82.2
1970	61 340.8	23 560.6	1 953.9	5 495.5	29 465.3	88	100	5.3	14.9	79.8
1971	63 733.2	25 294.1	2 010.5	5 382	30 249	89	100	5.3	14.3	80.4
1972	66 853	30 734	2 205	3 798	29 978	81	100	6.1	10.6	83.3
1973	77 817	34 445	2 426	6 475	33 731	90	100	5.8	15.2	79.0
1974	87 149	38 659	2 479	8 691	36 492	96	100	5.2	18.2	76.6
1975	92 737	42 913	2 521	9 850	36 187	96	100	5.2	20.3	74.5
1976	92 064	43 640	2 444	8 821	36 408	96	100	5.1	18.5	76.4
1977	93 858	45 013	2 505	8 144	37 593	99	100	5.2	16.9	77.9

四、改革开放后的收益分配（1978—2002 年）

党的十一届三中全会以后，随着农村经济管理体制改革的不断深入，农村合作经济的分配形式发生了根本变化。

1978—1982 年，改革开放初期，郊区合作经济仍以集体统一核算工分分配为主，主要是以生产队为基本核算单位的分配形式，其次是以大队为核算单位的分配形式，还有少数以公社为核算单位的分配形式。在此期间，普遍建立了不同形式的生产责任制，农业结构得到调整，国家提高了农产品的收购价格，乡镇企业异军突起，各业生产全面发展，社员分配水平五年增长 1.9 倍，人均分配达到 288 元，见表 10 - 6。

表 10 - 6　农村改革初期收益分配

单位：万元、元

年份	总收入	总支出	纯收入分配				纯收入分配比重（%）			
			国家税金	集体积累	社员分配	人均分配	合计	国家税金	集体积累	社员分配
1978	188 273	97 755	7 843	25 130	51 095	132	100	9.3	29.9	60.8
1979	217 208	113 338	9 313	28 060	61 293	161	100	9.4	28.4	62.2
1980	250 797	130 976	9 711	31 006	76 373	201	100	8.3	26.5	65.2
1981	273 615	147 555	10 702	28 909	85 344	225	100	8.6	23.1	68.3
1982	336 099	180 707	15 003	31 079	119 338	288	100	9.6	20.0	70.4

1983 年，家庭承包经营责任制普及后，收益分配基本是集体统一核算分配与农户包干分配这样两种形式。农户包干分配是集体与农户通过签订承包合同而形成的一种契约式的分配关系。办法是：由生产队确定总包干任务，包括国家税金、集体固定资产折旧费、集体提留的公积金、公益金和管理费等，然后根据劳动力、人口等指标，将耕地发包给各承包农户，按承包耕地的标准产量规定包干上交数量，由农户自主经营，取消工分分配。

集体统一核算分配是指少数集体经济实力很强，集体直接经营的收益及农户承包上交的收入，在进行各种扣除后，还要对农户进行再分配；多数社队由农户上交的承包款和集体的经营收入，主要用于乡村集体经济管理费用和公共事业支出，没有农户再分配。这样就消灭了平均主义弊端，初步理顺了国家、集体和农民三者之间的利益关系，极大地调动了农民生产的积极性。

但是，由于乡村合作社各业承包责任制不完善，承包合同不规范，监督、约束机制不健全等原因，年终收益分配工作中仍然存在一些亟待解决的问题，主要表现在：一是一些地方经营成果不实，虚盈实亏，跨空分配；二是一些企业承包者负盈不负亏，职工报酬与效益结合不紧；三是一些单位违反分配政策，有的将国家减免款纳入分配，有的将国家征地款分给个人，有的滥发奖金实物，还有少数干部自定报酬标准，拿多头收入；四是一些村农业承包中平均主义的均补乱贴问题仍然没有解决；五是企业负担过重，不少乡镇机关臃肿，行政经费增长过多；有的铺张浪费，摆阔气讲排场，互相攀比。这些问题的要害是上缴税利和个人分配“两头实”，集体积累“中间空”，集体积累严重不足，有的甚至已经收不抵支，资不抵债。针对这些问题，市委、市政府相继采取了有效措施。

1985 年市委农村部和市政府农办发出了《关于整顿农村财务，搞好收益分配，进一步加强财务管理的意见》，明确规定乡办企业税后利润实行“三、三、四”比例分配，即：上交乡 30%；企业主管部门 30%；企业留成 40%。上交乡部分，用于扩大再生产和“以工补农”基金不得低于 40%；同时要求大队、生产队适当提高集体积累比例。以统一核算为主的队，积累比例一般应占集体纯收入的 16%以上，比例高的也不应再降下来。家庭承包经营为主的队，县乡主管部门要逐队调查测算，确定集体账内纯收入用于积累的比例，积累比例一般应占账内纯收入的 15%～20%，经营单一，群众收入较低的地方，集体积累占账内纯收入的比例可以低一些，但不应再出现收不抵支的村。1988 年，郊区农村集体积累占纯收入的比例达到 20.9%，比上年提高了 3.4 个百分点。

1991 年，市委农工委、市政府农办发出了《关于核实乡村合作社及其企业经营成果，搞好年终收益分配合同兑现工作的意见》，明确规定从 1991 年开始，在年终收益分配、合同兑现之前，各区县、乡镇都要组织力量对乡村合作社及其所属企事业单位的集体账内收入、开支（成本）、纯收入（利润）和可分配总额进行一次全面核实、审计，不经审查核实，不得进行分配，不得兑现合同。要形成制度，长期坚持下去。做到“两清、两实”，即：清家底，清经营成果，做到收支利润实，分配积累实。具体要求：一是要认真清查核实集体账内资产和资金。既要清查房屋、机器设备等固定资产和在产品、库存产品等流动资产，也要核实现金、银行（信用社）存款、应收货款等，同时对债权、债务进行清查。重点是对固定资产折旧核算的准确性、原材料消耗核算的准确性进行核查，对库存商品、发出商品、应收货款三项资金占用核算的准确性进行核查。通过核查，认真解决折旧不足，产品物资丢失损坏、变质、贬值，三项资金占用呆账损失等，完善资产管理制度，堵塞漏洞，加强管理。二是要认真核实各项收入。重点是核查各项收入的真实性。包括有无将预收货款、发出商品和库存产品转作销售收入，甚至虚报收入利润等经营成果的问题；有无擅自提高农副产品作价标准，虚增收入或将未出售的存栏（存塘）畜（水）产品算作收入的问题；有无将已实现的销售收入转移不解缴入账，“瞒产私分”，甚至贪污、挪用公款的问题及其他造成收入不实的问题。三是要核实各项费用开支和产品成本。重点检查各项费用开支的合法、合规性。包括应列入成本的各项费用开支是否全部计入，有无漏计、少计、错计现象；有无将不应列入当年生产费用的基本建设支出和社会福利支出等列入产品成本的现象；为农户垫付的生产费用是否已全部收回，有无列作集体账内支出，均补乱贴的现象和其他成本费用不实的问题。四是要正确计算可分配总额。乡村合作社的可分配总额包括统一经营收益（纯收入和利润总额）、农户承包上交收益、对内对外投资和从联营企业分得的利润、有关部门拨给的可用于分配的收入和其他可用于分配的收入等五项内容。通过核查和审计，解决存在的问题，做到家底清楚、收入实在、费用打足、可分配总额准确，账、表、实三相符，把分配基础搞实。

从 1983—2002 年，农村经济发生了翻天覆地的大变化，党的富民政策进一步落实，2002 年农民人均所得为 6 086 元，比 1983 年增长 12 倍，平均年递增 13.2%，农民生活基本达到小康水平，见表 10－7。

表 10-7 改革开放以来北京市农村经济收入与分配（1983—2002 年）

单位：万元、元

年份	总收入	总开支	纯收入分配			
			国家税金	积累	分配	人均分配
1983	511 910	251 722	23 016	42 273	192 136	506
1984	697 571	344 832	30 448	69 671	250 359	654
1985	883 702	490 360	44 533	56 241	286 991	746
1986	987 720	557 850	47 800	66 281	309 434	803
1987	1 238 439	723 889	61 102	89 868	351 568	910
1988	1 786 334	1 124 057	85 109	138 235	418 971	1 080
1989	2 192 091	1 404 707	104 034	174 366	486 108	1 237
1990	2 559 353	1 687 203	111 911	207 214	527 232	1 334
1991	3 039 698	2 069 030	127 847	237 188	575 866	1 456
1992	3 863 345	2 753 119	162 944	176 999	695 521	1 764
1993	6 142 052	4 605 607	240 436	284 307	882 299	2 255
1994	10 348 935	7 999 887	390 635	401 303	1 109 690	2 856
1995	7 127 985	5 556 526	198 907	250 719	1 089 956	2 887
1996	8 469 081	6 760 880	223 551	308 131	1 176 519	3 164
1997	9 477 455	7 400 155	249 397	292 435	1 309 524	3 567
1998	10 501 886	8 386 630	273 849	300 612	1 492 521	4 066
1999	11 619 463	9 285 086	305 636	352 505	1 622 918	4 459
2000	13 196 134	10 667 151	337 563	343 738	1 802 090	4 959
2001	14 904 562	11 182 770	407 334	483 072	1 995 931	5 528
2002	17 229 005	13 214 105	506 417	466 011	2 139 625	6 086

注：1. 1995 年的统计数字比 1994 年差距较大，其原因是市委农工委组织各区县对 1995 年的有关数字进行了全面的调整；调整后的数字更准确反映实际情况。

2. 1995 年对统计报表体系进行了改革，由过去的收支体系改为成本利润体系，积累口径与以前年度不一致。

第二节 农户经济收支

农户经济收支，反映的是农户在一定时期内（通常为一年）家庭生产经营情况，主要包括：总收入、生产经营支出和纯收入。它是农村经济的重要组成部分。1980 年以前，农户生产经营只是家庭副业，比重很小，改革开放以来，农户生产经营范围扩大了，包括农业、工业、建筑业、运输业、商贸服务业等，农户生产经营自然成为农村经济的重要组成。（本节数据来源于北京市统计局农户抽样调查，由于口径和方法不同，它与北京市合作经济经营管理站的统计数据有些差异。）

一、农户纯收入

农户纯收入，指农户在一定时期内（通常为一年）从各种渠道取得的全部实际收入。包括三个部分：一是从集体分配得到的收入；二是家庭经营收入；三是其他非生产性收入。新中国成立时，北京郊区农民年收入水平很低，农户人均纯收入不足 97 元。经过 46 年的发展，到 1995 年，达到 3 208.49 元，比新中国成立时增长 32 倍，比合作化初期的 1956 年增长 22.68 倍。

（一）合作化时期农户纯收入

新中国成立以后，经过土地改革和农业合作化运动，农村生产力获得了解放，农民发展生产的积极性高涨，农业生产得到迅速发展。1952 年，农户人均纯收入 105 元，1957 年为 136.03 元，比 1952 年增长 28.9%。其中从集体经济得到的收入 101.2 元，占 80.9%，家庭经营收入 16.03 元，占 12.8%，非生产性收入 7.8 元，占 6.3%。这个时期是北京市农业发展较快，农民得到较多实惠的时期。

（二）人民公社化到国民经济调整时期的农户纯收入

这个时期，由于“左”的政策影响，加上严重自然灾害，北京市农业生产遭受严重损失，农户收入有所下降。1960 年，全市农户人均纯收入为 76.6 元，比 1957 年下降 43.6%，从集体分配收入下降 45.7%。经过三年调整，农村经济得到了恢复和发展。到 1965 年，粮食生产首次过农业发展《纲要》指标。1964 年北京市农户人均纯收入达到 141.75 元，比 1958 年增长 13.4%。其中：从集体得到的收入 95.89 元，占 67.7%，家庭经营收入 24.16 元，占 17%，非生产性收入 21.70 元，占 15.3%。从集体中得到的收入比重呈现下降趋势，家庭经营收入和非生产性收入比重上升，见表 10-8。

表 10-8　农户人均纯收入（1956—1964 年）

单位：元

项　目	1956	1957	1958	1959	1960	1961	1962	1963	1964
1. 从集体得到的收入	100.74	103.9	101.20	81.64	56.38	82.91	132.27	110.45	95.89
2. 家庭经营收入	22.74	21.19	16.03	18.39	13.12	15.66	27.03	24.20	24.16
3. 非生产性收入	12.67	1 070	7.80	10.27	7.10	10.43	16.62	15.80	21.70
合计	136.15	135.79	125.03	110.30	76.60	109.00	175.92	150.45	141.75

（三）“文化大革命”时期农户纯收入

“文化大革命”十年浩劫，国民经济遭受巨大损失，党在农村各项政策遭到破坏，加之片面执行“以粮为纲”，家庭副业被当作资本主义尾巴割掉，使农村经济发展很慢，农户收入增加甚微。到 1976 年，农户人均纯收入只有 148.6 元，12 年平均每年只增加不足 0.6 元。粉碎“四人帮”的头两年，仍未摆脱徘徊局面。从 1965—1977 年的 13 年间，农户人均纯收入只增加 20 元，平均每年递增 1%。到 1977 年，农户人均纯收入仅为 162 元（这一阶段农户人均纯收入变化，见表 10-9）。

表 10-9　农户人均纯收入（1964—1977 年）

单位：元

项　目	1964	1975	1976	1977
1. 从集体得到的收入	95.89	109.66	116.36	115.42
2. 家庭经营收入	24.16	24.89	19.69	30.47
3. 非生产性收入	21.70	9.34	13.56	16.12
合计	141.75	143.89	148.61	162.01

（四）改革开放以来农户纯收入

中共十一届三中全会以后，随着家庭联产承包责任制的普遍推行和日益完善，农民的生产积极性充分调动起来，集体经济与家庭经营比翼双飞。到 1990 年，农户人均纯收入达到了 1 297 元，比 1978 年增加 1 072 元，12 年就翻了两番多。其中，从集体得到的收入由 1978 年的 165 元增加到 489 元，增长 1.96 倍；家庭经营收入由 33 元提高到 613 元，增长 17.6 倍；非生产性收入由 27 元增加到 195 元，增长 6.2 倍。到 1995 年，农户人均纯收入达到 3 208.49 元，比 1990 年又翻了一番多，增长 1.47 倍。从集体得到的收入达到 1 893.18 元，比 1990 年增长 2.87 倍，家庭经营收入达 1 080.1 元，比 1990 年增长 76.2%。2000 年，农户人均纯收入达到 4 526 元，比 1995 年增长 41%，平均年递增 7.1%。其中，从集体得到的收入为 2 081 元，占 46%，从家庭经营得到的收入为 2 198 元，占 48.5%，非生产性收入 247 元，占 5.5%。2002 年，农户人均纯收入达到 5 880 元。农户人均纯收入增长变化，见表 10 - 10、10 - 11。

表 10 - 10　农户人均纯收入（1978—2002 年）

单位：元

项　目	1978	1983	1985	1990	1995	2000	2002
1. 从集体得到收入	164.85	312.48	337.13	488.95	1 893.18	2 080.95	2 972
2. 家庭经营收入	33.35	153.40	349.22	612.97	1 080.10	2 197.52	2 158
3. 非生产性收入	26.60	53.60	84.79	195.17	235.21	247.15	750
合计	224.8	519.48	771.14	1 297.09	3 208.49	4 525.62	5 880

表 10 - 11　农户人均纯收入构成表（1978—2002 年）

单位：%

项　目	1978	1983	1985	1990	1995	2000	2002
1. 从集体得到收入	73.3	60.2	43.7	37.7	59	46	50.5
2. 家庭经营收入	14.8	29.5	45.3	47.3	33.7	48.5	36.7
3. 非生产性收入	11.9	10.3	11	15	7.3	5.5	12.8
合计	100	100	100	100	100	100	100

这一时期农户纯收入增长变化的特点是：

1. 多种经营全面发展，收入来源增多，农户收入增长加快。乡镇企业异军突起及多种经营的发展，农户就业门路拓宽，收入来源增多，增长速度加快。1978—2002 年，24 年间，农户人均纯收入水平提高 25 倍，年递增 14.6%；而 1952—1978 年前 26 年间，年递增只有 3.6%。这两阶段相比，快了 11 个百分点。

2. 农户家庭经营收入比重上升。1978 年，农户从集体得到的收入占 73.3%，从家庭经营得到的收入占 14.8%；到 2002 年，农户从集体得到的收入占 50.5%，从家庭经营得到的收入占到 36.7%。从集体得到的收入比重下降了 22.8 个百分点，从家庭经营得到的收入上升了 21.9 个百分点。

3. 商品经济发展，现金收入增加。长期以来，农村商品经济发展缓慢，农民现金收入很少。中共十一届三中全会以后，随着多种经营和商品经济的发展，农民现金收入有较快的增长，绝大多数农民比过去生活富裕了。农民购买力明显提高，存入银行、信用社和手持的现金越来越多。1995 年，农户人均出售各种农副产品收入达 692.75 元，比 1978 年增长 18.5 倍，连同农民从乡村工业、建筑业、运输业、生产性劳务、商饮服务业等部门得到的现金收入达到 3 138 元，比 1978 年增长 18.6 倍。2000 年，农户人均出售产品收入达到 873.11 元，比 1995 年增长 26%，农户人均现金收入达到 5 137 元，比 1995 年增长 63.7%。现金收入的增加，不仅使广大农民有可能大幅度地改善物质和文化生活，而且为积累生产资金，改善生产条件，进一步扩大商品生产打下了基础。农民人均现金收入的增长变化情况，见表 10 - 12。

4. 低收入农户逐步减少，高收入农户不断增多。改革开放前，由于生产收入分配上存在着严重的平均主义，挫伤了农民生产积极性，生产发展缓慢，农民收入较低，生活较困难。改革开放以来，农村全面落实联产承包责任制，既发挥了集体经济的优势，又调动了广大农民个体的积极性，取得了生产逐年发展，收入稳步提高。1980 年人均纯收入在 500 元以下的农户占 87.78%，1985 年降到 21.91%；2000 年，人均纯收入 500～3 000 元的为 28%，3 000～5 000 元占到 34.83%，5 000 元以上的占到 44.28%。2002 年，人均纯收入 2 000 元以下的占 7.8%，5 000 元以上的占到 51.3%。人均不同纯收入水平农户构成情况，见表 10 - 13。

表 10 - 12　农民人均现金收入表（1978—2000 年）

单位：元

	1978	1983	1985	1990	1995	2000
1. 现金收入	159.73	449.43	736.04	1 330.61	3 138.03	5 136.88
其中：出售产品收入	47.72	115.74	208.82	404.27	692.75	873.11
2. 手存现金		39.88	172.29	345.16	495.68	788.80
3. 存款余额		180.93	271.67	719.97	1 157.61	2 531.77

表 10 - 13　农户人均不同纯收入水平构成情况（1980—2002 年）

单位：%

	1980	1983	1985	1990	1995	2000	2002
500 元以下	87.78	48.75	21.91	3.27	0.86		
500～1 000 元	12.22	46.25	54.27	27.82	4.50	1.33	
1 000～2 000 元		5.00	22.18	55.73	23.50	8.93	7.8
2 000～3 000 元			1.64	10.73	26.09	17.74	12.6
3 000～3 500 元				1.45	11.86	9.45	7.8
3 500～4 500 元				0.64	14.41	18.27	13.8
4 500～5 000 元				0.09	4.55	7.16	6.7
5 000 元以上				0.27	14.23	37.12	51.3
合计	100	100	100	100	100	100	100

二、农户生产经营支出及构成

农户生产经营性支出，包括家庭经营费用支出和购买生产性固定资产支出两部分。改革开放以来，农户由单纯的消费单位变为消费和生产双重性质，农村逐步建立了投资多元化的新格局。农户家庭的生产费用和为实现扩大再生产进行的固定资产投资都不断增加。2002 年农户人均生产经营支出 777.06 元，比 1980 年增长 33 倍。

（一）家庭经营费用支出

改革开放前，家庭经营费用支出主要是家庭副业支出。农村实行联产承包责任制以后，家庭经营费用支出范围扩大，既包括原来的家庭副业支出，也包括承包经营支出。1995 年，农民人均家庭经营费用支出 398.65 元，比 1980 年增加 16 倍，平均年递增 21%。其中一产经营费用 291.52 元，比 1980 年增长 11.7 倍。二、三产业支出 107.13 元，比 1983 年增长 28.4 倍。

2000 年，农民人均家庭经营费用支出 631.24 元，比 1995 年增长 58.3%，平均年递增 9.6%。其中一产经营费用 382.54 元，比 1995 年增长 31.2%，二、三产业支出 248.7 元，比 1995 年增长 1.3 倍。

2002 年，农民人均家庭生产费用支出达到 777.06 元，其中一产支出 423.54 元，占 54.5%，二产支出 99.67 元，占 12.8%，三产支出 253.85 元，占 32.7%。

（二）购置生产性固定资产

1995 年农户人均购置生产性固定资产支出 46.38 元，比 1983 年增长 18.7 倍，占生产经营性支出的比重由 3%上升到 10.4%。2000 年，农户人均购置生产性固定资产支出 55.57 元，比 1995 年增长 19.8%。2002 年，人均购置生产性固定资产支出达到 68.19 元。农户生产经营支出人均水平，见表 10 - 14。

表 10 - 14　农户人均生产经营支出表（1980—2002 年）

单位：元

	1980	1983	1985	1990	1995	2000	2002
1. 家庭经营生产费用	22.90	74.55	143.87	276.94	398.65	631.24	777.06
其中：一产经营费用	22.90	70.91	117.62	234.36	291.52	382.54	423.54
二产经营费用			2.84	11.31	18.30	87.36	99.67
三产经营费用		3.64	23.41	31.27	88.83	161.34	253.58
2. 购置生产性固定资产支出		2.36	37.99	17.26	46.38	55.57	68.19
合　　计	22.90	76.91	181.86	294.20	445.03	686.81	845.25

第三节　农民生活

新中国成立以来，特别是改革开放以来，在生产发展的基础上，北京郊区农民的生活发生了翻天覆地的变化。随着农民收入的不断增加，生活水平全面改善，消费领域不断扩大，消费结构日趋合理，商品性消费已占主要地位，绝大多数农民完成了由温饱向小康的转变。

一、改革开放前的农民生活

新中国成立初期，国民经济正处在恢复时期，由于生产条件差，生产方式落后，农民生活水平很低，生活处于困难境地。1952 年，郊区农民人均年生活消费支出 64 元，平均每月仅 5 元。

第一个五年计划期间，社会主义制度在我国已基本建立，显示了优越性，农民收入增长很快，1957 年农民人均生活消费支出达到 121 元，比 1952 年增长 89%，生活得到初步改善。

第二个五年计划期间，由于“大跃进”中“左”的政策影响等原因，生产力遭到严重破坏，粮食等农产品急剧减产，农民基本生活都难以维持。1960 年，平均每个农民生活费支出由 1957 年的 121 元下降为 60 元，减少 50%。

1965 年，国民经济经过调整、恢复和发展，农民生活有所改善。农民家庭人均生活费支出达到 130 元，比 1960 年增加 70 元，增长 1 倍多。

“文化大革命”即十年动乱期间，国民经济遭到巨大破坏，生产停滞不前，农民收入增长缓慢。1978 年，农民家庭人均生活费支出 185 元，比 1964 年增加 55 元，增长 42.3%。14 年间平均每人每年只增加生活消费支出 3.9 元。改革开放前农民人均生活费支出变化情况，见表10－15。

表10－15　农民人均消费支出（1957—1978年）

单位：元

	1957	1960	1964	1978
1. 食品支出	61.50	35.60	76.49	116.65
2. 衣着支出	14.40	13.10	16.04	21.56
3. 用品支出	30.50	5.40	24.95	28.40
4. 住房支出	3.50	1.30		0.21
5. 燃料支出	7.20	3.50	10.25	10.63
6. 非商品支出	3.70	1.40	2.59	7.96
合　计	120.80	60.30	130.32	185.41

二、改革开放以来的农民生活

中共十一届三中全会以后，党和政府进一步明确了社会主义生产的目的，实现了一系列改善农民生活的政策和措施，使农民生活消费水平有了显著提高。从1978—1995年的17年间，农民人均生活消费支出就增加了2 247.58元，平均每年增加额是1952—1978年26年间的27.3倍。2000年，农民人均生活消费支出达到3 441.35元，比1995年增加1 193.77元，平均年增加额238.75元。生活变化之大，前所未有，显而易见。见表10－16。

表10－16　农户人均消费支出（1978－1995年）

单位：元

	1978	1980	1985	1990	1995
1. 食品支出	116.65	138.54	239.92	494.41	1 206.00
2. 衣着支出	21.56	33.79	53.64	91.57	263.57
3. 用品支出	28.40	34.38	98.28	141.09	442.37
4. 住房支出	0.21	26.49	88.23	142.62	173.36
5. 燃料支出	10.63	8.63	18.25	32.78	61.83
6. 非商品支出	7.96	14.93	11.71	78.21	285.86
合　计	185.41	256.76	510.03	980.68	2 432.99

恩格尔系数由1978年的62.9%逐步降低到2000年的36.7%，2002年又进一步降低到33%。随着农民收入的大幅度提高，在满足低水平温饱的基础上，生活消费向小康水平迈进。多数农民在追求提高消费质量的过程中逐步改变了传统的消费观念，各种生活物质的消费均表现出较为明显的优质化趋势。

（一）食物消费

改革开放以前，以粮食制品为主是农民食品消费的基本特征。改革开放以来在吃饱基础上食品消费向吃好转化已成为普遍现象。1978年，农民人均主食支出占食品支出的比重高达59.7%，到1990年这一比重下降到29.6%，下降了30.1个百分点。与此同时，人均副食支出占食品支出的份额由1978年的25.9%上升到1990年的41.9%。在主食内部构成中，细粮比重逐年提高，由1978年的50.7%提高到1995年的89.5%。农民人均食物消费内部各项支出水平，见表10－17。

表 10-17　农民人均食物消费支出（1978—2002 年）

单位：元

	1978	1980	1985	1990	1995	2000	2002
1. 主食支出	69.65	72.48	80.66	144.93	357.09	222.97	208.8
2. 副食支出	30.16	43.11	94.99	195.34	505.9	538.21	557.17
3. 其他食品	11.28	20.23	51.94	129.26	267.92	345.97	398.72
4. 在外饮食	5.56	2.72	12.33	24.88	75.09		218.91
合　计	116.65	138.54	239.92	494.41	1 206.0	1 263.62	1 386.6

从消费食物数量来看，主要食物质量明显变化，营养丰富的蛋白质类食物和享用性食物成倍增长。人均年主要食物消费量，见表 10-18。

表 10-18　农户人均年主要食物消费量（1978—2000 年）

单位：千克

	1978	1980	1985	1990	1995	2000
1. 粮食	255.5	271.7	213.7	213.3	192.4	141.4
其中：细粮	129.5	139.3	176.3	190.9	172.3	115.6
2. 蔬菜	153.0	201.2	180.5	176.3	112.27	106.1
3. 植物油	1.0	1.4	2.7	4.9	7.34	8.9
4. 猪牛羊肉	6.1	9.0	12.0	13.8	12.78	22.8
5. 蛋类	1.2	1.4	5.6	5.8	5.8	9.1
6. 食糖	0.8	1.1	1.6	2.0	1.49	1.7
7. 酒	1.8	2.5	5.4	10.1	27.77	17.9
8. 茶叶	0.2	0.2	0.3	0.5	0.6	0.8
9. 糕点	1.4	1.5	2.5	3.0	2.67	1.9
10. 瓜果	3.8	4.1	7.9	13	24.03	37.9
11. 卷烟	7.9	9.4	27.7	41.8	52.3	36.0

（二）衣着消费

多年来，农民的服装式样单一，色彩单调，料质粗糙、穿着水平比较低。而今，农民穿着正由保暖、实用、耐穿，向式样新颖、质量中高档发展。农户抽样调查资料表明，1995 年郊区农民人均穿着支出比 1978 年增长了 11.2 倍。从日常衣着类的消费来看，1995 年人均消费棉布 1.01 米，比 1978 年下降 82.5%；各种中高档化纤布的消费量达到 1.82 米，增长 1.6 倍。此外，呢绒、绸缎、皮鞋等均比 1978 年有较大幅度增长。同时，穿着打扮受城市影响较大，购买成衣较多，但其中主要是购买的化纤服装增加很多，并且款式和色调也趋向多彩艳丽。2002 年人均穿着支出与 1995 年相似，但品种呈现多样化、个性化发展趋势。人均年主要衣着购买消费量情况，见表 10-19。

（三）住房

历经改革开放的京郊农村，最直观、最明显的变化是广大农民的居住条件得到明显改善。农民在满足了基本生存温饱后，用于住房建设的支出额增加很多。2000 年，农民人均居住支出额同 1978 年比较，由人均 0.21 元增加到 414.7 元，增长 1 974 倍，2002 年，人均居住支出达到了 714.4 元。住房质量提高面积扩大，平均每人住房面积由 1978 年的不足 10 平方米增加到 2000 年的 28.91 平方米，增长了 1.9 倍。

表 10-19 农户人均购买消费品数量（1978—1995 年）

	1978	1980	1985	1990	1995
1. 棉布（米）	5.78	4.40	2.47	1.15	1.01
2. 化纤布（米）	0.70	0.51	3.29	1.94	1.82
3. 呢绒（米）		0.13	0.18	0.16	0.12
4. 绸缎（米）			0.12	0.08	0.03
5. 毛绒（米）		0.04	0.06	0.17	0.28
6. 尼龙衫裤（件）			0.16	0.15	0.08
7. 棉毛衫裤（件）		0.24	0.20	0.21	0.25
8. 卫生衫裤（件）		0.16	0.05	0.32	0.23
9. 鞋类（双）	0.95	1.10	1.44	1.41	1.64
10. 各种服装（件）			1.33	0.91	1.07

（四）家庭设备用品

农民生活消费中耐用物品的份额逐渐上升，已成为农民生活水平显著提高的又一重要标志。改革开放 17 年，全市农村人均家庭设备用品支出就增长了 14 倍。用品支出趋于高档化，购买数量成倍增加。其中自行车、缝纫机、钟表、收音机等老四件早已饱和有余，电视机、洗衣机、电冰箱、电风扇等新四大件越来越快地进入农民家庭。到 2002 年汽车、空调机、电话机、计算机等高档商品已开始走进农民家庭。主要耐用物品的百户拥有水平，见表 10-20、10-21。

（五）家庭消费品的商品化程度

在农民货币收入增多和购买力提高的基础上，农民生活消费支出额中，货币性消费不断增多。1995 年，全市平均每一农民的货币性生活消费支出额达到 2 220.74 元，比 1980 年增长 11.1 倍。货币性生活消费支出占生活消费支出总额的比重由 1980 年的 72%提高到 91.3%，上升了 19.3 个百分点。2000 年，平均每人货币性消费支出达到 3 352.94 元，比 1995 年增长 51%，货币性生活消费支出占生活消费支出总额的比重达到 97.4%，比 1995 年提高了 6.1 个百分点。2002 年，平均每人消费性支出达到 4 206 元，见表 10-22。

表 10-20 农户主要耐用物品百户拥有量

项　　目	单位	1978	1980	1985	1990	1995
1. 自行车	辆	109	123	182	235	251
2. 缝纫机	架	36	39	57	65	67
3. 钟	只	84	84	73	91	106
4. 手表	只	46	103	201	243	214
5. 电风扇	台			32	73	115
6. 洗衣机	台			23	63	81
7. 电冰箱	台			2	23	63
8. 沙发	个			62	128	231
9. 写字台	张			51	76	94
10. 收音机	台	62	89	77	53	56
11. 黑白电视机	台		5	53	65	46
12. 彩色电视机	台			7	29	74
13. 收录机	台			21	47	56
14. 照相机	架			2	8	21

表 10 - 21　1995—2002 年农村住户平均每百户拥有主要耐用消费品数量

项　目	单位	1995	1996	1997	1998	1999	2000	2002
自行车	辆	251	250	248	249	241	220	214
摩托车	辆	15	19	25	28	34	34	38
汽车	辆						3	6
缝纫机	架	67	68	68	70	69	69	
洗衣机	台	81	83	84	85	86	85	94
电风扇	台	115	117	127	133	143	143	152
电冰箱	台	63	67	72	75	81	84	91
空调机	台	2	2	3	5	9	20	35
抽油烟机	台	9	10	13	15	17	22	33
吸尘器	台	4	4	4	4	5	4	6
微波炉	台						8	16
热水器	台						17	29
电话机	部			36	53	68	79	96
移动电话	部						14	52
寻呼机	台						26	20
彩色电视机	台	74	79	85	92	101	107	116
黑白电视机	台	46	44	43	39	34	18	14
录放像机	台	12	12	14	15	15	16	15
摄像机	台						1	2
影碟机	台						23	30
组合音响	台						23	33
收录机	台	56	58	58	58	59	34	30
照相机	架	21	21	25	26	29	26	32
家用计算机	台						7	16
中高档乐器	件						1	2

表 10 - 22　1995—2002 年农村住户平均每人年生活消费支出情况

单位：万元

项　目	1995	1996	1997	1998	1999	2000	2002
合　计	2 432.99	2 655.5	2 795.36	2 945.45	3 132.46	3 441.35	4 206
1. 食品消费支出	1 206.00	1 233.07	1 248.42	1 241.86	1 253.47	1 263.62	1 386.6
其中：主食支出	357.09	331.03	291.07	286.2	263.3	222.97	208.8
副食支出	505.09	517.70	538.08	528.64	512.26	538.21	557.2
其他食品支出	267.82	291.99	318.81	311.31	336.46	345.97	398.7
2. 衣着消费支出	263.57	286.86	276.01	262.07	256.48	261.73	315.2
3. 居住消费支出	235.19	329.21	324.66	417.82	416.32	539.11	714.4
其中：燃料消费支出	61.83	86.10	106.05	100.03	104.38	124.41	179.6
4. 家庭设备、用品及服务支出	185.00	191.72	219.34	225.75	263.22	252.16	282.0
5. 医疗保健消费支出	117.87	140.05	163.87	174.67	223.01	276.11	372.5
6. 交通和通讯消费支出	99.95	117.36	145.83	147.85	165.53	217.46	354.7
7. 文教娱乐用品及服务支出	257.37	272.24	307.89	384.40	461.57	495.26	617.4
其中：学杂费	159.90	169.49	206.91	245.62	299.45	339.57	432.5
8. 其他商品及服务支出	68.04	84.99	109.34	91.03	92.86	135.90	163.3
生活消费支出构成（%）	100	100	100	100	100	100	100
1. 食品消费支出	49.57	46.43	44.66	42.16	40.02	36.72	33.0
2. 衣着消费支出	10.83	10.8	9.87	8.90	8.19	7.61	7.5
3. 居住消费支出	9.67	12.40	11.61	14.18	13.29	15.67	17.0
4. 家庭设备、用品及服务支出	7.60	7.22	7.85	7.66	8.40	7.33	6.7
5. 医疗保健消费支出	4.84	5.27	5.86	5.93	7.12	8.02	8.9
6. 交通和通讯消费支出	4.11	4.42	5.22	5.02	5.28	6.32	8.3
7. 文教娱乐用品及服务支出	10.58	10.25	11.01	13.05	14.74	14.39	14.7
8. 其他商品及服务支出	2.80	3.21	3.92	3.10	2.96	3.94	3.9

第十一章　农民负担监督管理

北京市农民负担具有以下六个方面的特点：一是农户直接承担的提留、统筹和“两工”任务较轻。二是由乡镇集体企业承担的农民间接负担沉重。三是在城市化过程中的农村集体土地征占、城市基础设施建设、房地产开发和城市管理等环节损害农民利益、加重农民负担的问题比较严重。四是在城乡结合部市政、市容管理中存在加重农村集体经济组织负担。五是在农村教育、报刊订阅、农村用电、无偿献血、农民建房等一些环节向农民和集体经济组织乱收费和摊派的问题时有发生。六是部分地方存在村提留和乡统筹费收取不够规范的问题。针对这些特点，在市委、市政府的领导下，1990 年以来，各级党委和政府建立了农民负担监督管理机构，制订了农民负担监督管理的法规和政策，健全了各项监督管理制度，全面清理了农民负担项目，开展了农民负担执法检查和专项治理，进行了农村税费改革。通过十多年坚持不懈地努力，调整和规范了国家、集体和农民个人之间的分配关系，向农民和农村集体经济组织乱收费、乱集资、乱罚款和各种摊派的行为得到遏止，多数地方农民直接负担实现了零负担。

第一节　农民负担监督管理的组织机构与法律依据

一、市级组织机构

1990 年 9 月 16 日，中共中央、国务院发出《关于坚决制止乱收费乱罚款和各种摊派的决定》（中发［1990］16 号）。为认真贯彻落实中央的指示，1990 年 10 月 16 日，北京市人民政府办公厅发出《关于切实做好减轻农民负担工作的通知》（京政办发［1990］61 号）。成立了北京市农村负担监督管理领导小组，由主管农业的副市长任组长，市委农工委、市政府农林办公室（农委）、法制办、计委、财政局、物价局、监察局、经管站等有关部门的主管领导为成员，领导小组办公室设在市经管站，负责日常工作。1998 年 12 月 16 日，市政府办公厅和市编办给市农村负担监督管理领导小组发出通知，决定根据第 24 次市长办公会议精神，将北京市农村负担监督管理领导小组作为予以保留的市政府非常设机构。非常设机构的职能为代表市委、市政府协调全市农民负担管理工作。市农村负担监督管理领导小组办公室建立了联席会议制度，参加联系会议的有市农委法制处处长和监察处长、市财政局综合处处长、市物价局收费处处长、市监察局执法监察室（纠风办）主任等。每个年度的农民负担监督管理工作计划、农民负担监督管理工作制度的制定、农民负担执法检查、涉及农民负担项目的审批等问题，先由联席会议进行研究，拿出意见提交领导小组决策。

二、区县和乡镇组织机构

按照市委、市政府的要求，京郊 14 个区县普遍建立了农民负担监督管理领导小组。由主管农村工作的副书记或者副区县长担任组长，区县农委书记或者主任担任副组长。区县财政局、经管站、法制办、监察局、物价局等单位主管领导为成员。领导小组办公室设在区县经管站。办公室主任由区县经管站长兼任。各区县经管站普遍明确了一名副站长负责具体工作。具体负责农民负担监督管理工作的科室多数为审计监督科。密云、大兴、通州三个区县经管站专门设立了农民负担监督管理科室。各个乡镇也普遍成立了农民负担监督管理领导小组，由乡镇党委书记或者乡镇长担任组长，主管副书记或者副乡镇长为副组长。乡镇有关部门领导为成员，领导小组办公室设在乡镇经管站。

三、农民负担管理机构的职责

1. 宣传、贯彻农民负担管理的法律、法规和政策。
2. 检查有关农民负担管理法律、法规的实施和政策的执行情况。
3. 按照管理权限审核涉及农民负担的文件。
4. 监督村提留、乡统筹费和劳务的使用情况。
5. 受理有关农民负担的检举和控告，协助有关部门处理涉及农民负担的案件。
6. 培训农民负担监督管理工作人员。

四、农民负担监督管理的法律依据

根据《国务院农民承担费用和劳务管理条例》，1994 年 5 月 19 日，北京市第十届人大常委会第十次会议审议通过了《北京市农民负担监督管理条例》，农民负担监督管理工作走上了法制化管理的轨道。

第二节　农民负担项目的清理

一、涉及农民负担收费项目清理

（一）由市农民负担监督管理部门直接清理的涉农收费项目

1993 年 11 月 12 日，中共北京市委办公厅、北京市人民政府办公厅发出《关于本市涉及农民负担项目审核处理意见的通知》（京办发［1993］20 号）。该通知取消了以下 20 项涉及农民、乡村集体经济组织和乡镇企业的收费项目。同时，要求市农林办公室和市财政局、市物价局对其他涉及农民、乡村集体经济组织和乡镇企业的部分收费项目进行修订。

市委、市政府确定取消的涉及农民负担的项目是：

1. 农村宅基地有偿使用收费；
2. 农村宅基地超占费；

3. 土地登记费在农村收取的部分（包括集体经济组织、农户和国有农场，下同）；

4. 农民看电影集资；

5. 农村教育集资；

6. 县、乡两级农村水利建设发展基金；

7. 村镇建设规划管理费；

8. 农机管理费；

9. 林政管理费；

10. 乡镇集体和个体矿管补充费；

11. 林木更改资金在农村收取的部分；

12. 中华女子学院集资；

13. 治安联防费在农村收取的部分；

14. 农田基本建设集资；

15. 房屋所有权登记费在农村收取的部分；

16. 农村水利建设劳动积累工；

17. 水面闲置费；

18. 饮食业、服务业、修理业、旅店业行业管理费在农村收取的部分；

19. 电站管理费在农村收取的部分；

20. 喷灌管理费。

根据中共北京市委办公厅、北京市人民政府办公厅《关于本市涉及农民负担项目审核处理意见的通知》（京办发［1993］20号）的要求，1994年7月25日，北京市人民政府农林办公室、北京市物价局、北京市财政局联合发布了《关于涉及农民负担部分收费项目的修改意见的通知》（京政农［1994］88号），对需要修改的涉及农民负担的17个收费项目进行了修改。这17项收费项目的修改结果是：

1. 公路养路费。将市交通局制定的《北京市公路养路费征收管理办法实施规定》第三章第三十四条修改为“对乡村集体经济组织和农民个人所拥有的农用拖拉机按拖拉机费额标准的33％计征”。

2. 农机监理费。取消对柴油座机和农副产品加工机械的监理收费，其他类别的监理费用按现行收费标准收取；取消安全教育收费；农机监理部门不收取农机事故处理费；取消农机监理费的层层上解部分。

3. 乡镇企业管理费。乡镇企业按销售收入（包括经营收入、劳务收入）的总额，目前以不超过0.5％的比例提取、缴纳管理费，在销售收入中列支。随着乡镇企业销售收入的增长，要逐步降低提取比例。

4. 征地管理费（原称土地管理费）。收取范围限定于国家建设用地项目，收取的对象仅限于国家建设用地单位。乡（镇）村建设用地属于占地，不属征地，不收取征地管理费。

5. 公路运输管理费。对北京市人民政府发布的《北京市公路货物运输管理暂行办法》（京政发［1985］163号）作如下补充规定：农村非营运性运输车辆临时（一年内连续不超过4个月）从事营运性运输的农（指大农业）用拖拉机和农用汽车，按营业额的0.7%征收。

6. 集市（含交易市场）**贸易管理费。**农民进集市经营自产自销农副产品，免交市场管理费；工业品、大牲畜的市场管理费收取标准修订为成交额的0.7%，其他商品按成交额的1.5%收取市场管理费，对在乡镇及乡镇以下集市上从事农副产品经营的个体工商户缴纳市场管理费按其成交额的0.7%收取市场管理费，工商部门不征收交易管理费，对在乡镇及乡镇以下农村地区的市场设施租赁费收取标准，由区县物价局和农民负担管理部门本着“收支相抵”的原则，从严制订。

7. 个体工商户管理费。在市政府认定的60个边远山区乡镇从事商品零售、饮食服务、修理等微利便民个体经营的，免收个体工商户管理费；在本市其他乡（镇）及乡（镇）以下农村地区从事购销、劳务活动的个体工商户，分别按营业额的0.5%和劳务收入的1%收取个体工商户管理费。

8. 畜禽及畜产品防疫费、检疫费。取消市级兽医卫生监督检验机构从防疫收入中提取平衡调剂费用。

9. 计划外生育费。由市计划生育委员会提出收取标准和管理使用办法，经市财政局、市物价局和市政府农办审核，报市人民政府批准后，公布执行。

10. 个体工商户登记费。对在市政府认定的60个边远山区乡镇从事个体经营的农户，只收取个体工商户注册登记证工本费6元（正副本合计），在其他乡（镇）及乡（镇）以下农村地区从事的农民申请个体经营的，开业登记及以后每四年重新登记均收费18元。

11. 婚姻证书工本费。各级民政部门办理婚姻登记，收取婚姻证书工本费，收费标准为精装本每对9元，简装本每对2元；离婚证、夫妻关系证明书、解除夫妻关系证明书统一使用精装本，每对9元。

12. 汽车维修管理费。对北京市人民政府发布的《北京市汽车维修行业管理办法》[1992（19）号令]作如下补充规定：凡是乡、村集体经济组织或农民个人（或合伙）在乡（镇）及乡（镇）以下农村地区兴办的经汽车维修管理部门批准的站级（含站级）以下汽车维修企业，由区（县）交通局按其营业额的2.5%征收汽车维修管理费，并取消上解市局部分。

13. 建筑工程许可证执照费（含建筑工程审核、技术服务费）。对北京市规划局制订的《关于城市建筑工程许可证执照费的具体实施办法》作如下补充规定：乡村集体经济组织和乡村集体企业，在市区和特定地区以外进行建设施工，一律按工程预算的1%征收建筑工程审核、技术服务费及许可证执照费；经区、县政府批准的扶贫工程和农村文教卫生、福利建筑以及农民个人建私宅，免收建筑工程审核、技术服务及许可证执照费。

14. 临时用地费和临时建设工程费。农民个人在市区、城镇规划范围及特定地区以外的农村地区临时占地建设免收临时用地费和临时建设工程费，乡村集体经济组织及其企业在市区、城镇规划范围及特定地区以外的农村地区占地建设，按原规定减半征收。

15. 施工管理费。经市政府第34次常务会议批准，决定予以取消。

16. 社会福利企业管理费。除经审计核实的亏损福利企业免收社会福利企业管理费，其他农村社会福利企业暂按0.5%提取交纳社会福利企业管理费。随着社会福利企业营业额的增长，由市物价、财政、民政和农民负担管理部门核定，要逐步降低提取比例。

（二）在市有关收费部门和区县自行清理后，由市政府颁布取消的涉农收费项目

从1993—1998年，北京市政府又分批公布取消了一大批收费项目。其中涉及农民、乡村集体经济组织和乡镇企业的有249项。包括：

1. 中、小学生课外补习费；
2. 课桌椅或教学设备押金；
3. 计算机操作上机费；
4. 学生转学提取档案费；
5. 对正常转学的学生收取的赞助费；
6. 农村中、小学生冬季取暖费；
7. 中、小学“校办产业”和其他修建项目向学生家长集资或摊派的费用；
8. 中专毕业书验印费；
9. 办理护照手续费；
10. 个体运输户和私有车主交通安全保证金；
11. 公民因私出境办理证件加急费；
12. 消防机关收取的消防业务咨询服务费；
13. 病人或病人家属乘医院电梯费；
14. 病人家属探视费；
15. 国内企业登记咨询费；
16. 代办代理国内企业登记费；
17. 录音制品经营企业年检费；
18. 内部录像数据翻录证工本费；
19. 内部录像数据验审费；
20. 劳动定额专业技术培训费；
21. 住宅电梯乘梯费；
22. 房屋拆迁表格工本费；
23. 建设用地批准书工本费；
24. 装修电话技协活动费；
25. 用户交换机年检费；
26. 不属于选号范围内的电话号码选号费；
27. 工程承包中的不合理收费；
28. 晚育保证金；
29. 审办营业执照婚育证明费；
30. 抱养婴幼儿入户证明手续费；
31. 贡献二胎生育指标领取奖励证明手续费；
32. 消防体育运动会费用；

33. 街乡计生办收取的一胎生育指标办理费；
34. 街乡计生办收取的二胎生育指标办理费；
35. 街乡向辖区单位收取的计划生育宣传费；
36. 街乡向辖区单位收取的计划生育赞助费；
37. 街乡向辖区单位收取的计划生育管理费；
38. 街乡向新婚夫妇收取的人口学校培训费；
39. 街乡向不到晚育年龄妇女收取的计划生育押金；
40. 计生办向二胎育龄妇女收取的计划生育二胎绝育保证金；
41. 乡政府向超生家庭收取的超生子女盖房费；
42. 规划部门收取的规划许可证镜框费；
43. 乡政府向乱倒垃圾单位收取的渣土消纳费；
44. 市容所向个体工商户收取的市容卫生管理费；
45. 区、县爱委会向辖区内单位收取的灭蝇费；
46. 乡镇劳动科向个人收取的用工管理费；
47. 县城工委向农转非人员收取的管理费；
48. 乡政府代办执照向企业收取的集体办照费；
49. 区、县工商局收取的经济合同咨询服务费；
50. 区、县民政部门收取的婚姻证明加价费；
51. 区、县公安部门出具各种证明收费；
52. 区、县公安部门向商贩收取的市场治安管理费；
53. 县安委会向单位收取的雇佣司机手续费；
54. 县安委会向单位收取的铝制宣传牌工本费；
55. 县公安局向辖区内驾校收取的驾校管理费；
56. 区交通大队向辖区内单位收取的新购车辆占地费；
57. 乡政府向报考司机者收取的手续费；
58. 区公安部门向单位或个人收取的因纠纷引起的治安案件调解费；
59. 区安委会向无单位零散司机收取的押金；
60. 区安委会收取的小单位安全工作抵押金；
61. 区公安部门向外地进京人员收取的申报户口费；
62. 学校向学生收取的职业高中预收培训费；
63. 学校向学生收取的清运垃圾卫生费；
64. 县教育部门向被高校录取的考生收取的赞助费；
65. 县教育部门向校办企业收取的办照手续费；
66. 县招生办向降分录取的学生收取中专录取费；
67. 县招生办向降分录取的学生收取大专录取费；
68. 区招生办向被录取的农村定向中专生收取的赞助费；
69. 区房管部门向交易单位和个人收取的房屋交易工本费；

70. 县房管部门向拆迁单位和个人收取的土地划拨手续费；
71. 县房管部门向拆迁单位和个人收取的拆迁许可证费；
72. 县地资办向办证者收取的采矿许可证滞办金；
73. 县交通部门向运输单位收取的运输服务费；
74. 县交通部门向客运经营单位和个人收取的短途客运管理费；
75. 县交通部门向辖区内机动车主收取的车辆管理费；
76. 乡镇政府向村民收取的卫生保健费；
77. 县防疫部门向入保儿童收取的计划生育免疫补偿费；
78. 县市政管委向开路口单位收取的开路口占地费；
79. 县人事部门收取的干部身份证明手续费；
80. 县人事部门收取的未经市物价、财政部门批准的各种培训费；
81. 县人事部门收取的农转非手续工本费；
82. 乡水产站向船主收取的封船保证金；
83. 县外经委收取的独资企业咨询服务费；
84. 县外经委向档案用户收取的档案管理费；
85. 县林业部门向辖区单位收取的林政管理建设费；
86. 县建委向自营企业收取的自营建筑业管理费；
87. 县法院向刑事轻微犯罪缓刑人员家属收取的帮教费；
88. 村队向入户人收取的入户登记费；
89. 街、乡、村、队收取的入户登记费；
90. 乡镇政府收取的村办企业管理费；
91. 村镇收取的学开车抵押金；
92. 乡、镇收取的盖章费；
93. 区园林部门对申请伐树单位收取的现场勘察费；
94. 区、县向个体工商户收取的占地押金；
95. 区、县消防部门向个体工商户收取的防火费；
96. 县安委会收取的出租车停车费；
97. 安委会收取的特种行业培训费；
98. 公安交通大队收取的驾驶员义务值勤费；
99. 公安交通大队收取的司机学习班收费；
100. 公安交通大队收取的季度检验费；
101. 公安交通大队收取的车辆安全抵押金；
102. 区、县计生办收取的计划生育合同书款费；
103. 区、县计生办收取的怀孕通知单费；
104. 区、县计生办收取的育龄妇女规划费；
105. 乡镇收取的农村文化活动管理费；
106. 县文化部门收取的未经市财政、物价部门批准的业务培训费；

107. 乡镇收取的兼职法律顾问费；
108. 县教育部门收取的属于二胎以上的学生的教育补偿费；
109. 乡镇政府向村民收取的文化事业费；
110. 乡镇向房屋翻建户收取的房屋翻建费；
111. 乡土地办向建房村民收取的建房管理费；
112. 乡土地办向建房村民收取的建房保险金；
113. 县土地局向纠纷当事人收取的土地权属纠纷调处费；
114. 乡镇政府向建房村民收取的建房许可证费；
115. 乡镇政府向村民收取的宅基地管理费；
116. 街乡收取的房产证遗失登记费；
117. 乡镇电管站向用电单位和村民收取的电力管理费；
118. 乡镇电管站向用电单位收取的电器管理费；
119. 乡镇电管站收取的电工年检年审费；
120. 乡镇电管站向村合作社收取的电工管理费；
121. 区、县统计部门收取的统计员培训费；
122. 区、县统计部门收取的统计员年审手续费；
123. 区、县饮食行业管理部门收取的核发经营许可证费；
124. 林业局向肇事单位或个人收取的扑救山林火灾费；
125. 县旅游局向境内已开放的旅游景点收取的行业管理费；
126. 乡镇武装部向村民收取的国防事业费；
127. 县建委收取的建筑工程放线费；
128. 医院向病人收取的麻醉保险等医疗保险费；
129. 医院医疗科室向病人出售（代销）各种生活用品；
130. 医院医疗科室向病人强行推销保健宣传材料费；
131. 医院向病人收取的诊断证明费；
132. 批发企业资格审查费；
133. 交通安全风险抵押金；
134. 文化市场年检费；
135. 举办生活用品展销会登记管理费；
136. 婚前教育保证金；
137. 计划生育长效措施保证金；
138. 公证文书特急费；
139. 驾驶员办班教育费；
140. 机动车季度检验费；
141. 办理机动车驾驶员报考盖章费；
142. 人防工程使用证书工本费；
143. 中专毕业生验证手续费；

144. 市人事局向单位收取的岗位培训证书工本费；
145. 临时工招工手续费；
146. 发票抵押金；
147. 发票类别鉴定卡；
148. 区县劳动部门收取的使用证明信收费；
149. 区县民政部门收取的抚恤证明书费；
150. 企事业单位法人登记证镜框费；
151. 区防疫站收取的卫生许可证押金；
152. 区卫生局收取的红医站管理费；
153. 区防疫站收取的死亡证明书费；
154. 区卫生局收取的个体行医起照费；
155. 区卫生局收取的个体行医换照费；
156. 区保健所收取的药物流产收费；
157. 区卫生局收取的审批医疗单位制剂外加工收费；
158. 县个体医协收取的社会办医执照费；
159. 县卫生局收取的劳工许可证费；
160. 乡镇政府向单位收取的献血费；
161. 县建委收取的外地施工队进京注册费；
162. 县建委向施工单位收取的工程开工许可证费；
163. 县建设总公司收取的乡村施工企业技术装备费；
164. 建筑总公司向乡村施工企业收取的管理费；
165. 区税务分局向协税员收取的协税员管理费；
166. 县税务局向出京机动车主收取的车船使用纳税卡费；
167. 学校向学生收取的高考补习费；
168. 学校向学生收取的片外生借读费；
169. 学校向学生收取的教材辅导费；
170. 学校向学生收取的统考以外的考卷费；
171. 聋哑学校向学生收取的助听设备折旧费；
172. 学校向学生收取的餐具折旧费；
173. 区教育局向学生收取的补考费；
174. 学校向学生收取的晚自习费；
175. 学校向学生收取的中学生管理费；
176. 工美附中收取的美术学校附加费；
177. 区房管局收取的房屋所有权登记表格费；
178. 区房管局收取的单位自管房产权登记费；
179. 区房管局收取的房产登记加征登记费；
180. 区房管局向单位或个人收取的房屋登记发证测绘费；

181. 区房管局收取的装修设备保管费；
182. 县房管局收取的租赁合同书工本费；
183. 县房管局收取的房屋出让费；
184. 乡政府收取的建房占地证明费；
185. 建房手续费；
186. 乡政府收取的建房保证金；
187. 地界石费；
188. 区工商所收取的对外查询企业登记手续费；
189. 企业公告费；
190. 租赁柜台管理费；
191. 区县环卫所向个体工商户收取的垃圾清运费；
192. 摊群市场垃圾清运费；
193. 法院收取的申诉案件受理费；
194. 喷灌咨询管理费；
195. 凿井队资格审查费；
196. 凿井队许可证审批费；
197. 打井管理费；
198. 向本乡劳动力收取的现役军人补助费（即优待金，应从乡统筹中解决）；
199. 乡财政办收取的村镇规划费；
200. 向育龄妇女收取的宣传服务会务费；
201. 计生办收取的办理独生子女证费；
202. 计生委收取的领取怀孕通知单费；
203. 计生委收取的再婚夫妇审批二孩工本费；
204. 计生委收取的除病残、再婚者外符合政策审批二孩工本费；
205. 乡财政办收取的独生子女奖励费；
206. 安委会向驻地单位收取的交通值勤费；
207. 特种行业制表费；
208. 特种行业治安管理费；
209. 向出租汽车公司收取的出租车治安管理费；
210. 市场治安管理费；
211. 举办各种活动批示审批表费；
212. 停车场管理费；
213. 治安费；
214. 处理事故车停车费；
215. 规划局收取的规划咨询服务费；
216. 规划局收取的建筑工程围墙费；
217. 地名标志牌管理费；

218. 经贸委收取的报关业务手续费；
219. 广播局收取的录像带销售管理费；
220. 违章司机培训费；
221. 办理出国服务费；
222. 赴台人员政审表工本费；
223. 向个体户收取的行业培训费；
224. 公证咨询费；
225. 汽车维修检验员年审费；
226. 汽车维修审验费；
227. 行车路单补签费；
228. 客货运输审验费；
229. 租赁柜台管理费；
230. 集资办电用电权款；
231. 电力超指标加价费；
232. 电力建设基金；
233. 岗位证书费；
234. 特种作业人员考核委托书费；
235. 出租汽车出租、借包公务车治安备案证；
236. 收费停车场占地执照费；
237. 渣土消纳登记表费；
238. 渣土消纳申请记表工本费；
239. 饮料准产证费；
240. 饮食服务修理行业管理费；
241. 本市临时工管理费；
242. 外地来京人员做工年检费；
243. 办理液化气用户转迁过户手续费；
244. 市地方煤炭发展扶持费；
245. 分散建设住宅配套商店补建费；
246. 招工手续费；
247. 求职登记费；
248. 城市容纳费；
249. 人力三轮车客运营业标志牌费。

第三节　专项治理

由于种种原因，一些单位和部门没有认真执行中央和市委、市政府的减轻农民负担的各项政策和规定，继续向农民和集体经济组织和乡镇企业乱收费。有的继续收取已经明文规定取消的收费项目。有的擅自扩大收取范围，有的擅自提高收取标准，有的擅自改变收取办法。针对这些问题，自1994年开始，市农民负担监督管理部门根据农民群众、乡村集体经济组织和乡镇企业反映强烈的热点、难点问题，有计划、有针对性地开展了专项治理。十多年来主要进行了以下十二个方面的治理工作：

一、治理农村教育乱收费

农村教育中的乱收费问题一直是农民群众反映强烈的问题。治理在农村教育中的乱收费也一直是农民负担监督管理部门的工作重点之一。在每年的农民负担管理执法检查中，都要对农村教育收费问题进行检查。如，坚决查处了少数区县政府违规收取农村教育基金的问题。中办发［1993］年10号文件明文规定取消农村教育集资。但是，少数区县政府却在1993年以后，在要求农民负担村提留和乡统筹费的同时，继续向农民、乡镇企业职工收取教育基金。市委、市政府在1997年3月6日，发出京发［1997］1号文件，明确规定："从今年开始，各区县不得在农民负担监督卡之外，再向农民（包括乡镇企业职工）收取教育基金"。通过取消教育基金，每年减轻农民负担1 000多万元。同时取消了学校向学生收取取暖费、存车费、补课费、课外活动费等费用。仅2001年就减轻农民教育负担503万元。制止了少数学校向农民摊派学校教学设备购置费的问题。如，1998年顺义区奉伯中心小学按不同年级，向每个学生摊派计算机购置费200～400元不等。接到农民举报，市农民负担监督管理领导小组办公室会同市监察局、教育局和顺义区区委、区政府立即对该校进行了严肃处理，不但向农民退了款，校长还写了检查。

二、治理征占农村土地过程中损害农民利益问题

市委把解决这个问题作为反腐倡廉的重点工作之一。2002年6月22日，市委副书记强卫、杜德印同志主持召开了市人民内部矛盾纠纷排查调处工作领导小组第二十一次会议。会议决定在解决工程建设拖欠占地补偿款问题时，要坚持优先解决拖欠农民和企业的补偿问题的原则。市国土资源和房屋管理局应严格履行职责，对拖欠占地款的工程进行清理，并逐个解决。有拖欠占地补偿款，特别是涉及农民转居转工现象的要先停工，补交了拖欠款后再复工。会议建议，由市政府确定一位副秘书长，组成清查小组，由市国土资源和房屋管理局牵头，市计委、审计、监察等部门组成，尽快将全市拖欠占地款工程清理出来。

经过市农民负担监督管理部门的认真清理，1991年以来农村集体土地征占中共拖欠农民款项约20亿元。在此基础上提出了解决办法，截止到2003年12月底，有关方面已向村集体经济组织偿还欠款15亿元。1992年昌平县房地产开发公司征用小汤山镇马坊村138.67公顷土地，长期拖欠应支付的补偿费2 000万元。农民群众多次上访告状。通过对闲置土地的重新转让，马坊村土地补偿费由原来的2 000万元增加到1亿元，增加收入8 000万元，农民群众非常满意。又如，2000年北七家镇政府对镇里截留村级土地补偿费的问题进行了全面清理，与各村签订了还款协议，当年归还村集体经济组织土地补偿费1 000万元。

三、治理在农村报刊订阅中的乱摊派

2002年之前，治理农村报刊订阅中的乱摊派问题，由于无章可循，尽管要求很严格，但几乎没有什么效果。农村集体经济组织报刊订阅有增无减。2002年，实行了村级报刊订阅费用限额制，才真正有了治理的标准。近几年来，通过对限额执行情况的监督，使得农民报刊订阅负担得到明显减轻。

四、治理在农民建房中的乱收费

中央和市委、市政府明文取消了农民建房中的各种收费。但是，一些乡镇和村却继续向农民收取建房管理费、建房抵押金等费用。针对这个问题，市农村负担监督管理领导小组办公室专门对农民建房中存在的问题进行治理。并对有关责任人给予了党纪政纪处分。

五、治理在农村电影放映中的乱收费

中办发［1993］年10号文件明文规定取消农民看电影集资。市有关部门却在中央有了明文规定之后，发出文件要求每个农民每年交纳一元的看电影费。钱虽然不多，但与中央规定不符。针对这个问题，市农民负担监督管理办公室专门向市委、市政府进行了汇报。取得领导支持，由有关部门自行发文进行了纠正。仅此一项，每年减轻农民负担300多万元。

六、治理在农村电网改造和农村用电方面的乱收费

在农村电网改造和农村用电中加重农民负担的问题，反映比较强烈。针对这个问题，市政府办公厅发出文件，明文规定：凡是列入国家农村电网的工程项目，全部工程费用应由电力企业投资建设，除经物价管理部门核准的入户电线和电表费可以按照标准向农户收取以外，不得要求农民和集体经济组织承担任何费用，不得要求农民和村集体经济组织出工出物。农村电网改造以后，电力部门应当逐户查表，按照分表显示的用电数额收取电费，不得要求村集体经济组织承担总表与分表差额电费。对在农村电网改造中，农民和集体经济组织承担施工费用和出工、出物的情况要进行全面清理，凡是应由电力企业或者施工单位承担的，要全部进行清退；凡是要求村级组织承担电力损耗费用的，要立即进行纠正。区县大多数村经过电网改造，电价已经实现的城乡同网同价，每度电0.48元。但也发现还有少数村电价超标。对检查中发现或者农民群众举报的在农村电网改造中超标准向农户乱收费加重农民负担的问题进行了处理。使农民用电负担得到切实减轻。如在2000年秋季执法检查中，密云县清退了农村电力增容费180万元。2002年秋季执法检查，这个县责成电力部门又向集体经济组织和农民清退了农村电网改造招待费30万元。

七、治理对乡村集体企业的乱收费

1997年下半年，市农村负担监督管理领导小组有关成员单位联合对市乡镇企业负担情况进行了一次调查。对涉及乡镇企业的收费项目进行了全面清理。1998年2月15日，

经市政府批准，有关单位联合发出了《关于印发〈我市向乡镇企业收费的取消项目和审核意见〉的通知》。通过专项治理，查处了市有关部门超标准收取农村福利企业管理费的问题，每年减轻农民和企业负担450万元。查处了市有关部门违规收取饮食服务行业管理费的问题，每年减轻农民和企业负担350万元。查处了乱收乡镇企业管理费的问题。仅海淀区在2000年度春季执法检查中就纠正了个别乡政府向村级和企业收取的职工教育基金、计划生育达标罚款、道路整治费、乡镇企业管理费等七项不合理收费，每年减轻负担60多万元。

八、治理在水资源费征收过程中的乱收费

中办发［1993］10号文件明确规定，水资源费和河道工程修建维护管理费在农村收取的部分缓收五年。缓收期满后，由主管部门向农业部、国家计委、财政部提出申请，经审核批准后，方能执行。但市有关部门却借口北京严重缺水，继续向农村地区特别是近郊区征收水资源费。1998年9月16日，在全市减轻农民负担工作大会上，副市长岳福宏代表市委、市政府对有关部门提出严厉批评，责成市有关部门进行整改。通过治理，每年减轻农民和企业负担270万元。

九、治理在农村排污费收取过程中的乱收费

排污费和超标排污费本来都是经党中央、国务院批准予以保留的合法收费项目。但在执行过程中，市主管部门却擅自改变收取办法，加重农民负担。1997年北京市有关部门发出文件，以增强对乡镇企业排污费征收工作可操作性为由，擅自改变征收方式，规定每头牛每月征收3.7元、每头猪每月征收1.5元，每只羊（狗）每月征收0.7元，每只鸡（鸭、兔）每月征收0.1元。此办法刚一实行，就遭农民群众抵制、举报，被市农民负担监督管理部门制止。1998年7月16日，北京市环境保护局发出《关于停止征收畜禽养殖业排污费的通知》（京环保监理字［1998］287号），每年减轻农民和企业负担0.9亿元。

十、治理在农用运输车牌照管理发放中加重农民负担的问题

随着农村机械化程度的不断提高，农户家庭购买农用车辆的越来越多。农用车主要用来田间作业和运输农副产品。由于公安交通管理部门和农机管理部门之间不协调，两家都要求农民到本部门领取牌照，造成农用车重复办牌照，重复收费，加重农民负担。1999年，部分区县拥有农用车的农民到区县政府上访，对政府部门重复收费表示强烈不满。针对这个问题，市农村负担监督管理领导小组办公室进行了协调，强调不得要求农民重复领取牌照，向农民重复收费。通过协调，明确了各自部门的职责，制定了防止出现类似问题的办法。

十一、治理在农村无偿献血中加重农民和村集体经济组织负担问题

义务献血改为无偿献血以后，应当遵循自愿、无偿的原则，不应当再向农民摊派任

务。但是，在实际工作中有关部门仍然继续向区县，区县向乡镇、乡镇向村层层下达献血指令性任务，并对完不成任务的单位实行经济处罚。集体经济实力比较强的村献血费用由集体经济组织负担了，没有向农户摊派，农民群众也没有什么意见。集体经济实力差的村，没有补助献血费的资金来源，只能向农户摊派，农民群众反映强烈。为认真解决向农民收取不合理的献血费问题。通过与有关部门的沟通、协调，2001 年减少郊区农民不合理献血任务 30%，约计减轻农民负担 1 225 万元。

十二、治理在农业生产资料供应中加重农民负担的问题

市和区县物价管理部门均建立了物价检查所，专门对价格违规行为进行查处。在每年的农民负担执法检查中，对违反价格管理规定的问题同时进行查处。如 1998 年，房山区物价部门查处了房山区石油公司擅自提高柴油零售价格的问题，减轻农用车耗油费用 200 多万元。

第四节　日常监督管理

自 1990 年，北京市开展农民负担监督管理工作以来，经过 15 年的艰苦努力，已经形成了一套相对完整的农民负担监督管理的日常监督管理机制，主要有以下十个方面：

一、实行农民负担监督卡制度，把政策交给广大农民群众

1995 年 12 月 22 日，市政府农林办公室和市监察局联合发出了《关于实施农民负担监督卡制度的通知》（京政农［1995］175 号）。按照法定的预算审批程序，把当年农民应承担的村提留、乡统筹费和农村义务工、劳动积累工以文书形式分解到户，明确了农民的权利义务，防止加重农民负担的行为发生。自 1996 年开始，全市共进行了五次农民负担监督卡的发放工作。第一次是 1996 年，实行一年一卡。郊区 14 个区县共发放农民负担监督卡 80 万份。第二次是 1997—1998 年，实行一定两年。共发放农民负担监督卡 80 万份。第三次是 1998—2000 年，实行农民负担监督卡一定三年不变，共发放农民负担监督卡 90 万份。第四次是 2002 年，实行一年一定。共发放农民负担监督卡 89 万份。第五次是在农村税费改革之后，实行一定五年不变（2003—2007 年）。共发放农民负担监督卡 118 万份。多年的实践充分证明，农民负担监督卡成为了农民手中的明白卡、农民合法权益的保护卡、农民群众维护自己利益的有效武器。

二、严格执行村提留乡统筹费的预决算制度

1995 年 12 月 27 日，市农村负担监督管理领导小组办公室发出了《关于印发农民合同内负担预决算审批表的通知》。要求各区县农民负担监督管理部门在区县党委和政府的领导下，结合年终收益分配，具体指导各乡镇和村经济合作社做好 1995 年度农民合同内负担决算、1996 年预算编制和向农民群众公布集体财务工作。从 1996 年开始，每个年度各乡镇和村都认真编制和执行了预决算制度。

三、制定村提留和乡统筹费的财务会计核算制度，严格会计核算与财务管理

1996年3月8日，市财政局和市农研中心联合发出了《关于颁发〈北京市乡统筹费财务制度〉和〈北京市乡统筹费会计核算制度〉的通知》。1995年9月28日，市农村负担监督管理领导小组办公室发出了《关于刻制乡镇经管站统筹费财务专用章的通知》。1997年7月3日，市农村负担监督管理领导小组办公室发出了《关于统一我市村提留和乡统筹费收取票据的通知》。规定自1997年7月1日起，各乡镇和村在收取村提留、乡统筹和以资代劳款时，必须使用市财政局统一印制的《北京市行政事业性单位统一银钱收据》。

四、制定农民负担专项审计制度，开展农民负担定期审计监督

依据1997年1月16日北京市第十届人民代表大会常务委员会第三十五次会议审议通过的《北京市农村集体经济审计条例》，建立了农民负担专项审计制度。农民负担专项审计的对象是农民承担费用和劳务的提取、管理、使用单位。其主要任务是对下列事项进行审计：①农民承担费用和劳务项目设置、提取标准是否合法，是否贯彻“定项限额、取之有度”的原则；②涉及农民承担的费用和劳务有无错误的分摊和提取方法；③农民承担的村提留、乡统筹的劳务的使用情况，有无平调挪用现象；④农民承担费用和劳务的财务收支、经费预决算制定与执行，是否合规、合法，财务会计数据是否完全、真实；⑤受当地人民政府的委托，会同有关部门审查涉及农民负担的行政事业收费、集资、基金的提取和使用情况等；⑥办理上级机关和当地人民政府交办的其他有关审计事项。从1997年以后，每年的3月份，市农民负担监督管理部门都要组织区县开展农民负担定期审计。通过审计，查处了一批村提留、乡统筹管理使用中的问题以及其他加重农民负担的问题。

五、建立涉及农民负担案（事）件责任追究制度，确实把减轻农民负担的责任落实到各级领导

2002年11月22日，中共北京市纪律检查委员会、中共北京市委农村工作委员会、北京市监察局、北京市农村工作委员会联合发出了《北京市实施〈关于对涉及农民负担案（事）件责任追究制度的暂行办法〉的意见》。责任追究对象是指：对发生涉及农民负担案（事）件负有责任的本市各级党政机关、人民团体、企事业单位和村级党组织、村民委员会、村经济合作社中的党员，以及国家公务员和国家行政机关任命的其他人员。

六、建立农村报刊订阅费用限额制度，切实解决在农村报刊订阅中加重农民负担的问题

2002年8月27日，中共北京市委农村工作委员会、北京市农村工作委员会、北京市新闻出版局、北京市监察局发出了《关于实行村级报刊订阅费用限额控制制度的通知》。规定：人均集体所有者权益在1 000元以下的村和享受市财政转移支付补贴的经济薄弱

村，每年报刊订阅费用限额为 3 000 元。人均所有者权益在 1 000～5 000 元的村，每年报刊订阅费用限额为 3 500 元。人均所有者权益在 5 000 元以上的村，每年报刊订阅费用限额为 8 000 元。凡是超过上述限额标准的村，须经村社员大会或者社员代表大会讨论通过，方可订阅。否则由责任人自己支付，村集体财务不予报销。为贯彻这个制度，市农民负担监督管理办公室向每个村发放了《北京市村级报刊订阅监督卡》。实行这个制度以后，全市村级公费报刊订阅费用下降了 30％以上。

七、建立农民负担监测制度，及时发现各种加重农民负担的行为

从 1998 年开始，农业部农民负担管理办公室在全国选择 300 个县进行农民负担监测。北京市密云县成为全国农民负担监测县。监测点分布在 2 个镇、6 个村、30 个农户。其他区县也采取不同方式建立了农民负担监测网络。

八、涉农收费及价格公示制度

从 2000 年开始，在全市实行了涉农收费与价格公示制。对涉及农民的收费项目及其收费标准，必须向农民群众进行公示。乡镇和村设立了公示牌或公示橱窗，并列入农民负担监督卡，做到公示到所有农户。每当涉农收费项目和服务价格发生变化，必须及时进行更新。涉农收费与价格公示制度由区县物价管理部门负责，农民负担监督管理部门负责监督。

九、农民负担电话举报制度

从 1996 年开始，市、区两级农民负担监督管理办公室专门设立了农民负担举报电话，并在《北京市农民负担监督卡》上进行了公示，设有专人职守。农民群众和村集体经济组织如对各项行政事业性收费、罚款、集资、摊派以及村提留、乡统筹和两工的收取有异议，均可通过农民负担举报电话进行举报或者咨询。自农民负担举报电话开通以来，全市共接到各类举报 2 700 件，接到咨询 5 700 起。

十、农民负担监督管理定期执法检查制度

按照《北京市农民负担监督管理条例》的规定，自 1994 年开始，市农民负担监督管理部门每年开展一次农民负担监督管理执法检查。根据《北京市委、北京市人民政府关于贯彻〈中共中央、国务院关于切实减轻农民负担的决定〉的通知》（京发［1997］1 号）文件的规定，自 1997 年开始，农民负担监督管理执法检查改为每年进行两次，其中春季和秋季各进行一次。每次检查之前，市农村负担监督管理办公室都要进行认真谋划，提出检查计划提交农村负担监督管理联席会议进行研究通过。检查计划通过以后，以农村负担监督管理领导小组办公室的名义向各区县政府办公室和农民负担监督管理领导小组办公室组织有关单位有针对性地对部分区县进行抽查。抽查采取明查与暗访相结合；查账与召开干部群众座谈会、深入到农民群众家庭访问相结合；发现问题与解决问题相结合的办法，收到了很好的效果。根据各区县检查情况，市农民负担管理办公室发出检查通知。各区县

接到检查通知以后，及时召开区县农民负担监督管理领导小组会议，进行部署并要求各乡镇和村进行自查自纠。在乡镇和村自查自纠的基础上，区县农村负担监督管理领导小组组成检查组对各乡镇进行抽查，并向市农村负担监督管理领导小组写出检查报告。

第五节　农村税费改革

根据党中央、国务院的指示，从2000年开始，北京市逐步进行了农村税费改革试点工作，经历了三个阶段。

一、试点阶段

2000年7月5日，北京市委、市政府发出了《关于郊区农村税费改革试点工作的意见》(京发［2000］19号)。市委、市政府决定以昌平区为农村税费改革试点。市委、市政府成立了农村税费改革工作领导小组，刘淇同志任组长，张福森、岳福洪、翟鸿祥同志任副组长，市委组织部等12个单位的负责同志为小组成员。领导小组下设办公室，先后设在市财政局和市农委。2001年8月21日，市委、市政府召开了昌平区农村税费改革方案实施动员大会。市委副书记张福森同志和副市长翟鸿祥同志分别在大会上做了报告。在市农村税费领导小组和市有关职能部门的领导和支持下，经过广泛动员，深入调研，2001年8月出台了《昌平区农村税费改革试点工作实施方案》和七项相关配套政策，并于当年的12月19日全部完成了本年度807万元农业税及附加的征收工作。2001年12月27日，北京市农村税费改革领导小组在昌平区召开了农村税费改革试点工作总结大会。翟鸿祥副市长出席大会，对昌平区的农村税费改革试点工作给予高度评价。通过在昌平区进行试点，摸索出了在郊区推进农村税费改革的经验，为制定全市农村税费改革的各项政策打下了基础。

二、巩固试点成果，在全市进行配套改革阶段

2002年3月27日，国务院办公厅发出《关于2002年扩大农村税费改革试点工作的通知》(国办发［2002］25号)。根据中央的要求，2002年5月25日，北京市农村税费改革领导小组发出《关于做好2002年农村税费改革工作的通知》(农税改［2002］2号)。2002年在进一步完善昌平区试点的同时，在全市范围内先行开展调整乡镇区划、精简乡镇机构和干部、调整农村中小学布局、改革农村教育管理体制，建立农村最低生活保障制度等与农村税费改革相关的配套改革。经过对乡镇区划的调整，北京市乡镇数量由改革前的257个调整为193个，减少25%；乡镇机关干部由2.1万人精简到1.6万人，减少了20%。村级干部人数由改革前的2.3万人精简到1.8万人，减少22%。对农村中小学校布局进行了合理调整。据8个区县统计，农村中小学校由1 168所，合并为958所，减少18%；教职工人数由5.79万人精简到5.37万人，减少了7%。在此基础上，将教职工工资和学校的正常运转经费上划到区县。农村教育投入稳中有增，确保了农村教育事业的正常发展。从2002年9月1日起，市政府免除了10个远郊区县的全体中小学生和近郊区的

困难户学生的学杂费。从2002年开始，全市建立了农民最低生活费保障制度。部分村建立了农民养老保障制度，农村新型合作医疗制度的推广工作开始起步。据8个区县统计，有2.48万农户、4.71万人领取了农民最低生活费；有1 970个村的41.12万农民领取了养老金。已有2 139个村的142.09万农民参加了新型合作医疗。

三、全面开展阶段

（一）税费改革的组织机构

根据党的十六大精神及2003年中央农村工作会议的部署，按照《中共中央国务院关于进行农村税费改革试点工作的通知》（中发［2000］7号）和《国务院关于全面推进农村税费改革试点工作的意见》（国发［2003］12号）要求，北京市在2003年在全市全面推进农村税费改革。在市委、市政府的领导下，建立了由市长王岐山同志、主管农村工作的市委副书记强卫同志、主管财政的副市长翟鸿祥同志和主管农村工作的副市长牛有成同志为召集人，有市委组织部、市委农工委、市教委、市政府研究室、市农委、市政府法制办、市财政局、市地税局、市国土房管局、市物价局、市农研中心、市民政局、市教委、市人事局、市编办、市粮食局等为成员单位。领导小组办公室设在市农委。

（二）税费改革的主要内容

北京市农村税费改革的主要内容是：①取消乡统筹费。②取消农村教育集资等专门面向农民征收的行政事业性收费和政府性基金、集资。除涉及农民的合法收费外，其他一切面向农民征收的行政事业性收费和政府性基金、涉农集资项目一律取消。③取消屠宰税。④取消统一规定的劳动积累工和义务工。从2003年起，取消统一规定的劳动积累工和义务工。⑤调整农业税政策。农业税按照农作物常年产量和规定的税率依法征收。常年产量以2001年以前连续5年农作物的平均产量据实核定，全市统一实行5%的比例税率，以玉米作为农业税主粮，农业税计税价格定为每千克0.98元。承包集体土地用于农业生产的，计税土地面积以落实京发［1997］14号和京农发［2000］8号文件后，村集体经济组织与农户、个人和其他农业生产经营组织签订的承包合同为准，不再重新丈量。⑥原征收农业特产税的土地改征农业税。⑦改革村提留征收使用办法。村干部报酬、“五保户”供养、办公经费三项费用，除原由集体经营收入开支的继续保留外，凡由村提留开支的，采用新的农业税附加方式统一收取。农业税附加征收比例为农业税正税的20%。

（三）税费改革的配套措施

农村税费改革的有关配套改革措施包括：①继续做好乡镇行政区划调整和乡镇机构改革工作。②核定村级干部数量，实行固定补贴，确保村级组织正常运转。按照不同地区、村庄规模和经济发展水平，由区县党委、政府按每村3～5人确定各镇（乡）村级干部补贴人数控制指标，各村具体人数由镇（乡）党委、政府核定。干部报酬每人每年补贴不超过5 000元，办公经费每人每年补贴不超过1 500元。③改革农村义务教育管理体制，把农村义务教育由民办公助改为以政府主办，把政府对农村义务教育的职责从以乡镇为主转到以区县为主。原由乡镇财政开支的九年制义务教育经费全部上划区县管理。建立农村义务教育经费保障机制。④大力发展集体经济。⑤逐步建立和完善农村社会保障制度。⑥规范农村税费征收和管理。⑦进一步健全乡镇财政管理体制。⑧修订制定有关地方性法规及政府规章。

（四）税费改革的过程

全市全面推进农村税费改革试点工作，自2003年第一季度开始，到2003年年底基本结束。大致以下分为六个步骤进行：

1. 准备阶段。这一阶段主要做好建立健全组织机构、进行全市有关数据的测算、制定政策文件等工作。在对全市有关数据进行汇总分析的基础上，制定了《北京市农村税费改革方案》。同时，制定了北京市农村税费改革配套政策文件。配套政策文件包括以下11个方面：《关于进一步规范农村收费，加强农民负担监督管理工作的意见》、《北京市农业税计税土地及常年产量核定办法（试行）》、《北京市农业税实施办法（试行）》、《北京市农业税附加实施办法（试行）》、《关于农村税费改革以后加强乡镇财政管理的意见》、《农村税费改革以后市对区县专项转移支付办法》、《北京市村级范围内筹资筹劳管理暂行办法》、《北京市村级干部报酬管理办法》、《关于调整郊区县乡镇行政区划的意见》、《北京市村级干部报酬管理办法》、《关于农村中小学布局结构调整的意见》、《关于做好远郊区县财政统一发放教师工资工作的意见》。

2003年3月20日，市委强卫副书记主持的全市农村税费改革联席会议，对市农村税费改革办公室起草的上述文件进行了审核，决定提交市委、市政府讨论。4月8日，市政府召开常务会议第三次会议，讨论通过了《北京市农村税费改革方案》及配套政策文件，决定提交市委常委会讨论。5月28日下午，市委召开常委会，讨论通过了《北京市农村税费改革方案》，决定将该《方案》报国务院审批后，下发执行。2003年6月19日，国务院办公厅发出《关于北京等9省份农村税费改革试点方案的复函》（国办函［2003］41号），批准了北京市农村税费改革方案。2003年7月16日，中共北京市委、北京市人民政府发出了《关于印发〈北京市农村税费改革试点方案〉的通知》（京发［2003］14号）。

2. 宣传和培训阶段。中央批准北京市方案后，市农村税费改革办公室和各区县充分利用电视、广播、报纸等传媒工具，采取印发宣传材料、召开会议等多种形式，宣传党中央、国务院和市委、市政府关于农村税费改革的一系列指示精神，使各级领导干部认识到进行农村税费改革的重要性、必要性和紧迫性；使农民对农村税费改革的政策、目的和意义家喻户晓，增强依法履行纳税义务的自觉性；使社会各界支持和理解税费改革工作。

2003年6月17～18日，市农村税费改革办公室召开全市农村税费改革干部培训电视电话会议，各区县设立了分会场，区县、乡镇干部500多人参加了培训。

为了充分调动农民群众参与改革的积极性，市农村税费改革办公室统一制定了农村税费改革宣传培训方案，采取了多种灵活多样的形式，使农村税费改革的方针政策宣传到千家万户。一是印制了110万份《关于农村税费改革试点工作致全市农民的一封信》，发到全市（除昌平区以外）的每个农户家庭，切实做到家喻户晓、人人皆知。二是印制了2.5万份《关于进行农村税费改革试点工作的通告》，张贴到每个行政村、自然村和集镇等人员集中、便于群众阅读的地方。三是印制了110万本《北京市农村税费改革宣传手册》，发到本市每个农户家庭。四是新闻单位和区县电视台、广播站开辟专栏或者专题节目，采取多种形式对农村税费改革工作进行全方位的宣传，做到电视有影像、电台有声音、报纸有文章。五是各乡镇和各行政村在主要街道和村级组织办公地点悬挂横幅，大力营造改革气氛。六是村级采取召开党员干部会、社员（村民）代表会议、党员干部入户宣传等多种宣传农村税费改革的方针。七是市、区县和乡镇都设立了有专人值守的农村税费改革热线电话，接受农民群众的咨询，解答农民群众提出的各种问题。八是出动巡回宣传车、编排文艺节目、税费改革政策赶集、开展知识竞赛等多种农民群众喜闻乐见的宣传形式。九是编印了2.5万本《北京市农村税费改革实务手册》，做到乡村干部人手一册。

2003年7月14日，市委、市政府召开了全市农村税费改革试点工作动员大会（电视电话会议）。市委副书记强卫和副市长牛有成同志分别在大会上做了讲话和动员报告。

在各区县自行组织学习和竞赛的基础上，2003年9月28日，市农村税费改革办公室举办了全市农村税费改革知识竞赛。13个区县选派代表队参加了竞赛。“十一”期间，知识竞赛录像在北京电视台三个频道进行了播放。据统计，在农村税费改革试点期间，全市共培训各级干部2.77万人次，其中区县干部0.3万人次、乡镇干部0.57万人次、村级干部1.9万人次。

3. 各区县测算和制定实施方案阶段。各区县认真进行本区县有关数据的测算工作，在2003年8月底拟订出本地区的农村税费改革方案。9月中旬，市农村税费办公室对各区县上报的改革方案进行了审批，并报经市政府批准后实施。一是实事求是地核实计税土地面积。改革前，全市账面计税土地面积为37万公顷。通过核实，核减了因城市基础设施建设和集体生产公益事业占地等造成的有税无地的计税土地面积。全市计税土地面积核定为24.08万公顷，比改革前减少34%。二是从轻确定农业税税率和附加征收比率。农业税税率为5%，比中央规定的上限减少2个百分点。农业税附加征收比率确定为正税的20%。三是合理确定农业税主粮和计税价格。选择玉米为北京市农业税主粮，并以2000年每千克0.98元的市场价格作为农业税计税价格。四是公平合理地核定计税常年产量。在区县上报方案的基础上，由市农村税费改革办公室进行严格审查，在对生产条件基本相同的区县进行平衡以后，确定全市平均亩产为377千克。全市农民和集体经济组织承担的农业税及其附加总额8 007万元。其中，正税6 405.6万元，附加1 601.4万元。每亩应纳农业税22.16元。各区县将经过市政府审批的改革方案具体落实到每个乡镇和村。村级组织负责将新的农业税及其附加任务，落实到每个农户和具体地块，并张榜公布。新的农业税的征收方案公布以后，得到农民群众的普遍认可，每一户农民都在《北京市农业税纳税人登记表》上签了字。

2003年，全市农民和集体经济组织承担的农业税及其附加总额8 007万元。其中，正税6 405.6万元，附加1 601.4万元。每亩应纳农业税22.16元。2003年度，全市有37个村进行了集体生产公益事业筹资筹劳，共筹资35.19万元。2003年全市农民负担总额8 042.19万元（农业税及其附加与村内筹资合计），按329.4万农业人口计算、农民人均负担24.41元，比改革前的农民负担总额2.72亿元、农民人均负担82.6元，下降了70.4%。

4. 实施配套改革阶段。按照农村税费改革实施方案，抓紧进行乡镇区划调整、乡镇机构改革、村级干部精简、乡镇财政体制改革、教育管理体制改革和农村中小学布局调整、精简优化教师队伍等配套改革。8月28日，市委、市政府召开了深化乡村集体经济体制改革工作会议，强卫副书记和牛有成副市长分别在大会上作了讲话和报告。9月下旬，市委组织部和市委农工委举办了乡镇党委书记培训班，重点学习农村税费改革、产权制度改革等内容。10月13～19日，市农村税费改革办公室举办了配套改革政策培训班，区县乡镇干部500多人参加了培训。

5. 兑现农民合法负担阶段。按照税费改革方案，将农民应当承担的农业税及其附加以及村内集体生产公益事业一事一议筹资、筹劳最高限额分解到户，向各户发放农民负担监督卡，并由地方税务部门从2003年开始按新的农业税政策征收。在农业税征收中，实行了定点、定时、定额征收，方便了群众，出现了农民群众踊跃交纳农业税的动人场面。2003年，全市应征农业税及其附加总额8 220.81万元，其中，农民和集体经济组织负担8 007万元。截止到12月26日，全市农业税及其附加的征收任务已经全部完成。实收农业税及其附加6 904.49万元，占应收总额的84%；因灾减免1 316.32万元，占16%。

6. 总结阶段。对农村税费改革进行认真总结，针对存在的问题，拟订改进、完善的办法。12月22～25日，市农村税费改革办公室分成两个检查组到各区县进行农村税费改革专项检查。12月30～31日，农业部经管司郑文凯司长率领国务院农村税费改革检查组到北京市通州、房山两区检查，对北京市农村税费改革工作给予了肯定。

第十二章　农村集体经济审计

第一节　历史沿革

早在20世纪50年代，郊区农村就普遍建立了农业生产合作社。为了核实农业社的经营收支，处理好各种经济问题，正确执行党和国家在农村的收益分配政策，由社员推选代表，组成民主理财小组，对合作社的财务收支、收益分配和财产管理，进行民主监督。当时，作为县区、乡镇政府的职能部门——财会辅导科、站，也经常派出专职人员对农业社的财产、物资及账目进行清查。人民公社化时期，随着郊区农村集体经济的发展，人民公社在进一步健全与加强民主监督的同时，又推行了财务互审制度或会计辅导站活动制度，对被审查的生产经营单位存在的问题作出互审记录，并写出互审报告向上级汇报，向社员群众公布，通过上级主管部门和社员的共同监督，达到纠正违反财经纪律行为，防止各种经济活动错弊现象的目的。同时，区县、公社两级经营管理部门也经常在年终决算前组织力量，对生产大队和生产队的财务进行治理整顿。但是，当时解决农村财务不清的主要方法是发动群众搞政治运动；党的十一届三中全会以后，郊区农村集体经济经过改革，经营方式、生产结构、管理办法、分配形式和积累机制等发生深刻变化。随着集体资产经营权与所有权的分离，经济活动范围的日益扩展，经济业务日益繁杂，给集体经济财务会计管理带来一系列新问题。改革初期，一些地方曾忽视和放松了对集体资产的管理，财务管理发生混乱，有些地方贪占、挪用、乱支乱借、挥霍浪费和无偿拖欠集体资金的现象较为严重。对此，根据党中央和国务院关于清理整顿社队财务的通知，在1980年和1986年，连续两次对郊区农村财务进行了清理。通过清理，使农村集体财务混乱状况有了一定好转，但由于缺乏经常性的监督机制，致使一些地方集体财务“前清后乱”、“边清边犯”。对此，1986年6月，中共中央办公厅和国务院办公厅在转发中共中央农研室和农牧渔业部《关于清理农村集体财产的意见》中，明确提出要“加强农村会计队伍建设，建立健全财务会计制度，逐步开展审计工作”。为此，1987年4月北京市政府办公厅批转了市审计局、市农业局“关于开展农村审计实行部门审计监督制度的意见”（京政办发［1987］60号），授权农经部门进行审计监督，农村集体经济审计工作在北京郊区逐步开展起来。1997年1月16日，在总结十年农经审计工作实践的基础上，北京市第十届人民代表大会常务委员会第三十五次会议审议通过了《北京市农村集体经济审计条例》，从法律上明确了农经审计的地位、任务、职能、程序和法律责任，自此，北京市农经审计工作走上了法制化、规范化的轨道。

第二节 审计机构和人员

一、审计机构

1987年，市经管站和部分区县经管站成立审计科。1988年，全市14个区县中，有12个区县经管站建立了审计科，其他2个区县经管站配备了审计专职干部。1989年14个郊区县经管站全部建立了审计科，同时开始组建乡镇农村集体审计机构，当年有14个乡镇建立了审计科或审计部。1990年有130个乡镇建立了乡镇农村集体审计机构，部分经济发达的地区，也开始在村一级设置了审计组织。到1997年全市263个乡（镇）有184个乡（镇）成立了农村审计机构，有514个村合作社建立了审计组织。其后由于各地开始撤乡并镇机构改革，乡镇村农村审计机构也进行了相应调整，至2002年底，郊区199个乡（镇）中有163个乡（镇）成立了审计机构，有660个村合作社建立了审计组织。

二、审计人员

1987—1990年，随着农村集体经济审计机构的建立，各地相应配备了审计人员，到1990年底，全市农经系统共配备审计人员1 317名，其中专职审计员302名。

1991—1997年农村审计人员稳步发展。到1997年底，全市农经系统共配备农经审计人员1 603人，其中专职审计人员500人。

1998—2002年农村审计人员快速增长。随着《北京市农村集体经济审计条例》的颁布和贯彻实施，农村审计工作得到进一步加强，到2002年底，全市共配备农经审计人员2 970人。同时由于乡镇机构改革精简人员，实行一人多职，专职审计人员有所减少，专职审计人员为376人。

第三节 审计业务

北京市农村集体经济审计业务主要开展了财务收支审计、财经法纪审计、经济责任和经济效益审计、联合审计调查等。

一、财务收支审计

北京市农村集体经济审计机构成立以来，将审查资产、负债和损益的真实、合法和效益性的财务收支审计作为农村审计工作的主要内容，加强审计定期化、制度化建设，从开始时期的事后审计逐步向事中审计、事前审计过渡。

1990年平谷县组成了一支包括42名县局级干部、359名县、乡、村干部组成的财务审计小分队。小分队深入乡、村企业，直接参与审计。这次财务审计实现了三个结合：即财务审计与清产核资相结合，财务审计与财务达标评比相结合，财务审计与干部评议相结合。通过审计，摸清了资产家底，健全了合作社财务制度，增强了社员参与合作社管理的意识。昌平县经管站审计某村财务后认定，该村总收入、纯收入、税金等经济指标与上报数据有30%～84%的差距。审计后县委领导亲自听汇报、解决问题。县委书记在全县经济分析会上为此发表了“实事求是”专题长篇讲话。

1991年朝阳区经管站审计科对东坝、太阳宫等10个村合作社进行常规审计，发现以下问题：①财务管理混乱，白条进账702笔，金额31.5万元，白条抵现62笔，金额3.2万元。②债权债务长期挂账不清理，形成呆账死账。③账务处理不规范。

1992年通县次渠镇通过对镇办企业每季度进行定期审计总结出三个“有利于”：一是有利于真实地反映企业的经营成果；二是有利于及时发现企业财务管理中存在的潜在问题；三是有利于体现审计的服务功能。对此，《通县情况》以《次渠镇对集体企业实行定期审计效果好》为题将其经验印发各乡（镇）。

1993年昌平县经管站审计科受昌平镇五街合作社的委托，对其村办企业纸制品厂进行审计，该企业账面利润为“0”，由于企业管理不善，非生产开支过大等原因实际亏损14.3万元。审计后，向委托单位汇报，厂长被撤职。

1996年为了妥善解决麻峪农工商公司农转居工作中集体资产处置的问题，石景山区政府成立了由区财政局农财科、农委审计科等部门组成的清查小组入户进行调查，经过深入细致的调查核实，把麻峪农工商公司农民转非后，按政策规定应由社员再分配的313万元资产落实，并张榜公布。这项工作稳定了民心，促进了麻峪农工商公司的稳定。密云县经管站对在全市乡村企业排名前10位的两家企业进行了专项清理审计，其中一家服装行业建厂20年来从未进行全面清理。通过清理，发现资产不实、效益不准，企业净资产与账面相差1 000多万元。

1998年朝阳区经管站审计科受小红门乡政府委托对乡属企业北京利华饲料厂等3个企业（一厂多照）的经营、资产状况进行审计，审计发现该企业造假现象十分严重，账实账表严重不符。1995—1997年销售收入报表比实际账面多出1 996万元，有34万元应由当年费用开支的大额贷款利息列入产成品科目后结转下年。

1999年延庆、大兴、怀柔等远郊区县针对部分乡农村财务会计人员业务素质差、管理水平较低的情况，推广了账前审计制度。到1999年底，延庆县已有83.2%的村实行了这种制度。账前审计把错弊问题解决在了入账之前，促进了农村财务规范化管理。

2001年大兴区在全区14个镇547个村普遍推行“村账双审”取得较好效果：一是强化了农村财务的管理，使村级财务管理进一步制度化、规范化。二是稳定了财会队伍，提高了财会人员的业务素质和法律意识。三是精简了人员，减轻了农民和村社的经济负担。四是有效地控制了非生产性开支。五是有效地解决了集体资产前清后乱的问题。

2002年通州区委、区政府在全县范围内推行“双层审计、村账托管、电算管理”，并制订了《村级财务预决算制度》、《村级财务开支审批制度》、《村级财务档案管理制度》、《农村财务服务中心记账人员管理办法》、《村级财务专管员管理办法》、《村级民主理财小组管理办法》等九项工作制度。丰台区实行村级财务例行审计制度，每年的审计面不得少于1/3，三年为一个审计周期。审计的内容包括村级财务制度的制定及执行情况、会计核算情况、财务收支情况、重大投资项目的决策及执行情况等。

二、财经法纪审计

北京市农村集体经济审计机构积极配合各级党委政府信访、纪检、监察、公安、司法等部门开展财经法纪审计，为化解干群矛盾，维护农村社会稳定，保护集体经济组织和农民的合法权益，促进农村经济改革、发展发挥了重要作用。

1990 年延庆县经管站受县委、县政府的委托，于 4～7 月历时三个月的时间对刘斌堡乡刘斌堡村财务收支情况进行了全面审计，共审计清查了 16 个会计核算单位，审计总金额 430 万元，查出违纪金额 27 万元，追回直接经济损失 4 万元，提出审计建议 11 条，移送司法机关立案 5 人，3 人被判刑，3 人被开除党籍。在此基础上在全县范围内开展了村合作社财务收支定期审计。

1991 年石景山农委审计科就人民来信反映砂石厂厂长杨某有经济问题进行审计。通过审计发现以下问题：①经杨某批准，砂石厂财务出让账户两次为他人套取现金，厂里从中收取 16%的好处，并促成远东设备安装公司一队队长李某贪污公款 4 182.50 元。②经杨某批准，由临时工梁某利用列假名单、假用途的手法六次领出现金 16 500 元，给有关单位行贿。③结回的砂石料款 3 801 元未交财务入账，私设账外小金库进行体外循环。审计后，农委做出了撤销杨某厂长职务的决定，追回了远东公司李某的贪污款。

1992 年朝阳区经营站审计科接受东风农场纪检委员会委托，对其所辖的综合商店的财务进行了专案审计。查出该店在不足一年的经营期内，违反财经法规、法纪金额达 90 多万元。

1993 年怀柔县审计科在对汤河口镇蔬菜办 1989—1992 年 3 月 20 日的原始凭证、现金日记账、银行存款日记账及有关证据材料进行审计发现该镇蔬菜办出纳员彭某利用收入不记账的方法贪污公款 10 000 元，审计后移交司法机关处理并被判刑。

1994 年延庆县经管站受永宁镇党委的委托，对孔化营村群众反映村合作社 1993 年以前集体经济账目不清问题进行了审计。审计小组查证了 10 年的账目，查出巧立名目虚报冒领、设立账外账、私设小金库等违法违纪金额 1.6 万元，提出了 5 条审计建议，维护了集体利益，缓解了干群关系。

1995 年石景山区农委审计科受北京市金鼎房地产开发公司的委托，对该公司张某担任会计、出纳期间货币资金情况进行审计。通过审计，发现张某在任期间采用各种手段贪污、挪用公款 12 万余元，审计后，张某被司法机关依法处理。延庆县经管站受靳家堡乡党委委托对靳家堡乡黄柏寺村财务收支情况进行了审计，查出违纪金额 5.2 万元，责成当事人退出保险公司理赔款 1.1 万元和退回投资款 3.1 万元。

1997 年门头沟区经管站利用 5 个月的时间对潭柘寺乡草甸村两名干部的违纪问题进行了审计查证。该村党支部书记用公款大吃大喝挥霍浪费集体资金 17 万元、认定侵占集体资金 2 000 元，该村煤矿主要领导侵占集体资金 9 000 元，两人均受到撤销行政职务、留党察看二年处分，退回违纪金额 1.1 万元。昌平县经管站与县纪委联合对群众状告流村乡上店和下店两个村领导违纪问题进行了审计，查出了上店村原任党支部书记贪污、挪用公款的事实，并向农民群众公布了审计报告。该村原党支部书记被开除党籍，在当地干部群众中产生了强烈的影响，维护了当地社会的稳定。他们还对群众举报南口镇某村原支部书记违纪问题进行了审计，查出该人受贿一万元的事实，县纪委对这个干部进行了党纪处分。

1998年密云县经管站对不老屯镇土地规划科的收费情况进行了审计，发现该科自立项目、自定收费标准收取17 394元，已公布取消的收费项目继续收取金额13 226元，超标准收费11 671元，变相乱收费1 800元，侵占集体资金1 500元，在县纪委监察局、物价局和县减轻农民负担监督管理领导小组等部门的监督下，如数退还了非法收取的款项，对直接责任人还追究了行政责任，维护了农民的合法权益。延庆县经管站配合县纪检委对沈家营村群众上访反映的13个问题进行了审计，审计金额526万元，发现违法违纪金额42万元，移交司法机关处理1人。

1999年4月15日，中共中央办公厅、国务院办公厅信访局主编的《群众反映》登载《滥占乱卖耕地之风何时了》一文，其中提到“北京市延庆县石河营村王士祥等165人联合来信反映，1993年该村以搞市场开发为名，将村民集体耕种的135亩稻田收回，但时至今日，其中的88亩仍然荒芜，不让村民耕种”。国务院副总理温家宝于4月25日批示“请国办将来信转请各地查处。一些地方乱征滥占耕地的问题，必须纠正处理；征而不用的耕地必须复耕；毁田建房必须制止”。5月17日，市委农工委经管处采取隐瞒身份到实地进行访谈后，报告市政府，经副市长批示和县委书记批示，5月27日，由县纪检委牵头，组织土地局、农工委、劳动局、农经站成立专门小组进驻该村分头开展工作。农经站负责有关财务事项的审计，对群众反映的有关问题进行了严格的审计核实。审计总金额873万元，审计出违法违纪金额22.4万元，移交司法机关立案一人。后期将审计结果公布于众，平定了群众的情绪。某区农委审计科在对7个单位进行经营成果审计中，发现北京虹艺玩具厂1997—1998年隐瞒31万元销售收入、利用从外省虚开增值税发票的手法套取15.75万元现金等违法违纪行为，并移交有关部门进行查处。

2000年某乡经管站对50个乡村企业进行了审计，审计总金额达到1.84亿元。通过审计，查出违法违纪金额980.5万元，查出损失浪费金额81.8万元，促进被审企业增收节支153万元。发现的主要问题有：①一些企业经营成果不真实；②一些企业实收资本和固定资产不实；③一些企业债权、债务核算不实；④一些企业存在偷税问题；⑤有的企业私设小金库；⑥对中外合资企业财务缺乏有效监督。为此，岳福洪副市长在市经管站《农经调研与信息》上批示要“充分发挥各级经管部门的作用，加大对集体经济和集体财务的审计监管力度”。怀柔县经管站积极开展财经法纪审计，共查出违法违纪金额1 040.7万元，移交司法机关处理6人，为国家和集体挽回经济损失412.7万元。受县委、县政府的委托，延庆县经管站与县纪检委、县公安局、延庆镇有关单位组成联合调查小组，对延庆镇司家营村群众反映村干部侵吞集体资金及物业小区财务管理混乱等30个问题进行调查核实。审计人员从进驻到结束历时3个月，查阅了大量的资料，并审计相关账目。经审计发现司家营村有关领导干部存在严重的违法违纪问题。从1994—2000年3月历经两任党支部书记、两任出纳员坐收坐支涉及票据2 416张，金额达999万元，补开收据套取现金、私开小金库等，审计后移交司法机关处理，两个主要村干部触犯刑律，分别被判处有期徒刑四年和一年又六个月。

2001年怀柔县经管站对红螺镇村、椴树岭村、老公营村等14个村进行了审计，查出违纪单位7个，违法违纪金额38.1万元，移交司法部门2件、2人，其中一人被撤销村书记职务，挽回经济损失22万元。密云县经管站根据县委、县政府的要求组成十里堡镇程各庄村审计组、西天各庄镇大辛庄审计组、溪翁庄镇东智西村审计组、太师屯镇黄土坎村审计组，对群众反映的村务工作不民主、财务不公开、财务管理不善、救灾粮款发放、贴息等诸多问题进行审计，共追回各种违规违纪金额20余万元，有5名村级干部受到党纪政纪处理，促进了农村社会的稳定。受县委、县政府委托，延庆县经管站配合纪检委对延庆镇胜利街村群众反映原村合作社社长有经济等30个问题进行财务收支审计，通过审查账目，走访相关人员，查阅相关资料等形式，对群众反映的问题逐一查实。审计发现该村财务管理混乱，存在账外账、公款私存、开发居民8号楼造价不实、开具假发票等问题。审计后将结果向农民群众公布，当事人受到党纪处分，挽回经济损失50万元。

2002年密云县经管站对溪翁庄镇溪翁庄村及所属企业进行了全面清理审计和村民信访反映问题专项审计中，查出违纪金额81.4万元，促进增收节支260万元，村支部书记陈增学受到了开除党籍、行政降职处分，孟祥明受到党纪处分。门头沟区经管站在对妙峰山丁家滩村犁刀厂上访案（事）件的审计中查出违法违纪金额12万元，纠正违纪金额10万元，移送司法机关处理1人，受到党纪处分5人。

三、经济责任和经济效益审计

经济责任和经济效益审计，是对经济责任人所承担的经济责任的执行情况进行的审查，找出经营管理中存在的问题，提出改进措施，提高经济效益。

密云县统军庄卫新综合印刷厂，1984年底投产以后，到1986年账面盈利8.5万元，被县、乡政府命名为决策快、设计快、见效快的先进企业。1987年9月，农村审计部门对该厂进行了经济效益审计，发现这个厂未按会计制度正确核算成本，造成虚盈实亏，两年共亏损16万元。审计人员帮助该厂分析了造成亏损的原因，制订了相应改进措施，当年实现税利1.8万元。红林果脯厂是怀柔县桥梓乡红林村的村办企业，于1983年筹建，1984年投产，当时有固定资产6.3万元，流动资产0.5万元，职工不足30人，由村合作经济组织直接经营，当年盈利4万元。1984年底开始实行个人承包经营，以包代管，承包后经营管理混乱，经营3年累计亏损12万元，到1987年底共负债33.5万元，企业资不抵债。全村人均承担债务1 037元，农民以抗交集体提留表示严重不满。1987年底村（大队）更换领导班子后，向县经管站申请审计，县经管站联合市、乡经管站共同组成五人审计组，对该企业进行了经济效益审计，基本查清了亏损问题：①承包者仗权承包，基本不懂果脯生产经营，却善于个人投机钻营。②原料和产品管理混乱，损失亏损严重。③物料耗费高，产成品率低，3年经营亏损26万元。④以包代管，承包关系不完善，缺少审计监督意识。并提出了改进意见，责成乡、村两级主管部门尽快改进，实现扭亏为盈。市委农村工作部、市政府农林办公室《农村情况简报》1988年5月9日第14期转发了市经管站的审计报告，并加了按语："从这份剖析材料中，得出的主要教训是，承包后要定期进行经济效益审计，绝不能以包代管。现在企业实行招标承包，引进竞争、风险、法律三个机制，同样也有这个问题。特别是乡镇企业，一定要建立定期审计制度。乡经管站要担负起审计任务。对于审计中发现的问题要及时处理。”

通县牛堡屯乡办渔场有 69.53 公顷水面，由于经营不善，1987 年只实现盈利 2.57 万元，平均每亩 24.6 元。1988 年春，县经管站审计科受乡农工商总公司委托，对该厂进行了效益审计。通过审计，查明了效益低的原因，并帮助建立了内部岗位责任制。到年底实现利润 10 万元。怀柔县三渡河乡华城矿泉水厂 1988 年由孙某承包经营，当年 8 月底，审计部门对这个厂的经营情况进行了审计。发现孙某承包仅 8 个月，就使该厂亏损 33 万元。根据审计人员的建议，乡里中止了这个厂长的承包合同，对该企业进行了新的组合，与北京武警总队联营开发矿泉水。

1989 年通县徐辛庄乡经管站审计科在对葛渠村办砖厂进行厂长承包离任审计时，发现由于承包合同不完善承包者个人应分利润高达 80.82 万元，社员群众意见很大。乡审计科干部主动深入到群众中去，听取群众的意见，耐心做好承包厂长的思想工作，实事求是合情合理做出了审计决定，为集体增加利润分成 40 万元，既维护了集体经济利益，增加了企业发展后劲，又保护了承包者的合法权益。大兴县黄村镇经管站审计组，在对乡办企业进行经济效益审计时，发现乡水泥制品厂原材料、现金管理混乱，1—7 月亏损 0.9 万元，而乡有色金属加工厂各项财务管理制度健全，1—7 月盈利 8 万元。审计组将对这两个企业的审计结果报告乡党委，并建议召开全镇集体企业经济分析会，把审计结果公布于众，发动各个企业结合各单位实际对比分析，推动乡镇改善经营管理提高经济效益。

1992 年朝阳区平房乡通过开展厂长离任责任审计，一是考核认定了厂长的经济责任，挽救了企业损失，维护了集体利益。他们在对某厂长进行离任审计时发现，该厂长在任职期间，企业管理混乱，产品、零部件出入库无手续，核算不清，而且还有公款私借、外单位费用在本厂报销和私设小金库、私分公款等经济问题。审计后，乡党委、总公司责令其负责追回私自外借公款 5.6 万元，追回厂长本人去外单位搞承包而在本厂报销的费用和私分的公款 2.7 万元。此外，将与厂长本人有关的 17 万元经济账款移交检察机关处理。二是客观公正地评价了干部，为主管部门用人提供了依据。某乡办企业厂长素有“大能人”称号，一人兼管四个企业。通过对其离任审计，发现其所管几个企业全部亏损，累计亏损额 31.6 万元。另外，库房内还有大量的滞销产品和残次品，在企业濒临破产、倒闭的情况下，该厂长却从两个企业拿工资，个人所得丰厚。问题查实后，乡党委、总公司当机立断，撤销了该厂长职务。三是查清了企业家底，暴露了问题，使新任厂长能够有针对性地加强企业经营管理。通过对乡采购站承包人离任责任审计，发现该企业财务制度不健全，会计账目混乱，财产丢失损坏严重，非生产性开支大，成本核算不实，商品库存滞销等问题，新厂长接手后，抓住重点问题逐个解决，使企业经营状况很快得以改观。其经验在全区进行了推广。

1993 年密云县经管站审计科受太师屯镇一路发联合发展公司的委托，对其所属的四个厂家进行常年审计，县审计科为该公司制定了 20 章 90 条的管理制度，并且做到了按月进行财务合规审计，按季进行效益审计，通过一年来的建章建制及规范化管理，该公司由上年亏损的 2.7 万元到本年扭亏为盈，实现利润 100 万元。

密云县巨各庄镇达峪选矿厂 1993 年亏损 122 万元，1994 年在县、镇经管站审计人员的帮助下，通过调整领导班子，加强企业内部管理，提高产量，降低消耗等措施，扭亏为盈，创利 54.3 万元。

1997 年门头沟经管站按照区委组织部的要求与区纪委联合对龙泉、军庄两个镇的党委书记兼总经理进行了离任审计，查清了他们应承担的财经法纪责任，其中一人离任后按降职处理。石景山区农委审计科对 6 个直属集体企业进行厂长（经理）离任审计后发现，除实行个人风险承包的一个企业资产实现保本增值外，其余 5 家企业均已资不抵债，共造成亏损 793.6 万元。审计后区农委对这 5 家企业进行了资产重组和转制。

2000 年房山区制定了《村干部任期经济责任审计办法》、《乡镇集体资产经营公司经理任期经济责任审计办法》、《关于对村级财务实行“村账乡审”的工作意见》、《村干部任期经济责任审计程序》和《审计文书示范格式及归档办法》等一系列审计工作制度。顺义区经管站配合组织部门考核农村基层六好支部，制定了《农村集体经济审计监督制度》，作为考核农村党支部的一项主要内容。

四、联合审计调查

在开展日常审计业务的同时，市农村集体经济审计机构围绕党和政府的中心工作，抓住各级领导和农民群众最关心的热点问题确定若干审计项目，开展全市或者全区县的联合审计，为领导决策提供建设性建议。

（一）财务管理审计调查

1988 年进行的年终决算审计，审计的内容包括：乡村企业经济效益、村级账内收支、集体积累、厂长离任经济责任、企业承包合同以及违纪案件六个方面。共审计了 555 个单位，平均每个乡（社）2 个。其中乡村亏损企业 90 个，集体经营的渔场、果园 204 个，账内收支审计 210 个，村级集体积累审计 160 个，厂长离任经济责任审计 9 个，企业经济承包合同审计 4 个，违纪案件审计 4 个。审计的范围以 1987 年度为主，亏损企业的审计一般追溯到投资建厂正式投产年份。乡村亏损企业审计由市县经管站审计的有 33 个企业，这些企业共有职工 2 234 个，平均每个企业近 68 人；资产总额 2 470 万元，其中，固定资金 1 426 万元，流动资金 1 044 万元，平均每个企业拥有资产 74.9 万元，平均每个职工占有 1.1 万元，借入资金共 1 483.6 万元，占企业资产总额的 60%。1987 年这 33 个企业实现销售收入 1 930.6 万元（企业每百元资产只创年收入 78 元），销售成本达 2 100.8 万元，销售税金 66.4 万元，产品销售亏损 236.6 万元，加上其他方面亏损，实际共亏损 251.8 万元，平均每个企业亏损 7.6 万元，比上年亏损企业年均亏损额多 1.5 倍。造成这些企业亏损有多方面的原因，从客观上来讲，有原材料价格上涨、市场需求发生变化以及横向联合产生新的矛盾等，但是通过审计发现，造成企业亏损的主要原因是企业投资经营机制不健全和经营管理不善。具体有以下几个方面：①由于投资决策缺乏可行性分析，盲目生产造成严重亏损；②财务管理混乱，产成品、原材料损失严重；③粗制滥造、质量低劣，产品大量积压；④企业经营大锅饭，没有经营责任制；⑤少数人仗权承包牟取私利。160 个村级积累状况的审计情况中报表积累数字与实际相吻合的有 111 个村，占审计村数的 69%，报表积累数字与实际不同程度地存在差异的有 49 个村，占审计村数的 31%，这 49 个村原报积累为 534.4 万元，审计核实数为 487.8 万元，多报 46.6 万元，虚报 9.6%。这些村积累率低于 10%的村 125 个占 78%，收不抵支的村有 3 个村占 1.9%，积累率在 10%～25%之间的有 19 个村，占 12%；积累率在 25%以上的有 13 个村，占 8.1%。通过对 1987 年年终收益分配审计，提出了以下审计意见：①必须进一步强化农村经济的审计监督；②乡镇企业的经营管理亟待加强；③要进一步完善合作经济的积累机制；④要进一步加强农村经济承包合同的管理。

经过十年改革，1988 年北京市村级集体经济比 1978 年增长 8.5 倍，社员人均劳动所得增长了 5.5 倍。但是，社员拖欠集体的超借支款却增加到 3 178 万元，比 1980 年翻了一番，同时有 368 个村集体账内收不抵支。针对这些问题，市经管站于 1989 年组织农村审计力量对 13 个区县的 72 个村的社员超借支进行了专项审计，对 10 个区县的 138 个集体账内收不抵支村进行了财务收支审计。审计结果表明，造成上述问题的根本原因是由于近年来一些干部、群众集体观念淡化，一些村、队财务管理松弛。一些人集体提留不交，拖欠集体借款不还，损公肥私，挖积累补分配。审计后提出了审计建议，受到市委农工委和市政府农办的重视。在 8 月份召开的农口务虚会上，转发了审计报告。郊区农村在社会主义教育中，普遍把解决社员超借支、增加集体提留、抑制消费、增加积累和勤俭办社作为巩固发展集体经济的重要措施来抓。到年底全市社员超借支收回 1 000 万元，增加农业承包提留 3 000 万元，增加集体积累 2 亿元。组织 14 个区县经管站采取随机抽样、突击检查的方法，对郊区 993 个乡、村集体经济组织及乡镇企业的现金管理情况进行了联审和互审，其中各区县交叉审计 105 个单位。通过审计发现郊区农村在现金管理中存在少数干部挪用公款损公肥私；库存现金超储逃避银行监督；白条顶现、白条支出数额多，漏洞大等严重问题。在分析造成这些问题原因的基础上，提出了严格现金管理、强化现金支出审计监督的建议，受到市农口领导重视，市委农工委、市政府农办《农村情况简报》（1989 年）第 29 期转发了审计报告。朝阳区来广营乡在审计中，揭露出了一个出纳员贪污公款 10 多万元的严重罪行。昌平县对全县所有会计单位的现金管理情况进行了全面检查，县政府发出第 55 号文件，要求把现金管理纳入基层干部业绩考核内容，并着手制定全县农村财务管理制度。

1990 年进行了 510 个乡、村骨干企业 1989 年度工资总额与利润分配的情况审计。审计结果表明：市农口的利润分配管理意见，市政府颁布的《关于在治理整顿期间促进乡镇企业持续、健康发展的若干规定》对适度抑制消费，增加集体积累，起到了很大作用：在这 510 个企业中有 225 个企业（占被审企业总数的 44%）消费基金控制在分配政策限度内；有 327 个利润增加企业（占 64%）1989 年税后利润增长了 40%而工资总额只增长了 17.9%。审计中也发现了不少问题：一是有 285 个企业（占 56%）人均多发奖金 259 元；二是部分企业负盈不负亏，企业亏损，职工增收；三是发现企业税后利润上交乡、村的比率高达 48%，平均每个企业当年实现利润可用于补充扩大再生产的资金只有 3.2 万元；四是个别企业干部违法乱纪。如某企业三个主要领导私分专用基金 27 448 元，个人所得

51 760 元漏缴个人所得税。乡村集体企业减免税款联合审计，共审计了 609 个企业，这 609 个企业从批准免税之日起到 1989 年底共享受减免税款 7 946 万元，占应纳税总额的 69%，平均每个企业减免税款 13.1 万元，其中 89 年享受减免税款 5 338 万元，平均每个企业减免税款 8.8 万元。审计结果表明，这些被审企业将 90%的减免税款用于扩大再生产和补充流动资金共计 4 781 万元，平均每个企业 7.9 万元，为企业克服资金短缺起到了雪中送炭的作用。在减免税款审计中发现的主要问题有：128 个企业未将 921 万元减免税款列入“国家扶持基金”，同时发现 63 个企业（占 10.3%）将 209 万元免税款（非福利企业）列入福利基金，用于职工福利或奖励，平均每个企业 3.3 万元。通过审计，对被非法挪用的减免税款及时进行了纠正，避免了被收缴和罚款的更大损失。

为了验证 1990 年农村集体积累的真实性，1991 年市经管站组织朝阳、昌平、大兴、门头沟、延庆五区县经管站对 126 个村合作社（含所属 280 个企业）的集体积累进行了联合审计。审计结果表明：实际积累额比报表数少 2.7%，积累率差 0.9 个百分点。造成集体积累实际与报表所反映数字不一致的原因，有以下四个方面：①报表时间与结账时间不一致；②会计人员失职，漏记、漏报收支项目；③会计人员业务素质差，造成会计核算有误；④少数村合作社管理干部违反财经法纪，影响了集体积累的真实性和合规性。此外，通过审计，发现少数合作社对所属企业监督控制不力，致使企业短期行为严重，不提或少提积累。提出以下审计建议：①改进报表方法，把农村经济统计报表和农村财务报表分开，财务报表要以会计核算资料为依据，必须准确无误。②在农村会计考核发证的基础上，加强农村会计人员岗位培训工作，不断提高在岗人员的业务素质。为了总结对村合作社干部报酬进行有效管理的经验，完善业绩考核指标体系，加强农村干部报酬管理，进一步调动广大干部办好合作社的积极性，市经管部组织九个区县经管站对郊区 132 个村合作社 499 名干部（其中村党支部书记、村民委员会主任、村合作社社长 294 名，村办企业厂长 205 名）1990 年领取报酬情况进行了联合审计。从总体上看，1990 年，郊区各乡镇在对广大农村干部进行社会主义思想教育的基础上，普遍加强了对村合作社干部的业绩考核和报酬审批制度，使干部报酬增长过快、报酬偏高的问题得到了有效控制，干部报酬趋于合理，进一步改善了干群关系。①村合作社干部报酬增长速度明显低于纯收入和农民劳动所得的增长速度。②与社员分配水平的差距缩小。③“专家”评议结果为接近合理。④一些村合作社干部自愿多做工作少取报酬，得到群众好评。但审计中也发现一些问题：①各地干部报酬标准不统一，不利于干部报酬的管理。②干部报酬实际数与报表数相差 11%，有的区县相差 20%以上。③干部报酬监督机制不健全，部分村合作社干部自作主张擅自多领报酬。④部分村合作社对村办企业干部报酬控制不严，干部报酬与企业经济效益不挂钩。⑤村合作社干部报酬透明度不够，不利于群众监督。为此，提出了以下审计建议：①进一步建立健全村合作社干部报酬考核审批制度，完善考核指标体系，干部报酬与工作实绩全面挂钩。②加强对干部报酬的民主监督。为增加可信性，干部报酬应由社员大会或社员代表大会民主选举的 3～5 人财务监督小组审查评议后向群众公布。③对村合作社干部报酬实施审计监督。建立干部报酬定期报表制度，时间定在干部报酬兑现之后，要明确政策，制定处罚办法，使审计出的问题能够得到及时处理。

1992年昌平县经管站通过对25个乡镇、578个会计核算单位现金管理审计，一是发现库存现金数额较大，平均每个单位6 185元，其中有99个单位超过万元，最多的单位高达10万多元；二是白条抵库现象严重，578个被审计单位中445个单位都有白条抵库现象，占77%，白条抵库金额共计达223.4万元；三是有46个单位出现长短款。通过审计，提高了被审单位现金管理的意识，及时纠正了白条抵库和超限额库存现金等违纪现象，查明了长短款的原因，对于因出纳人员利用职权贪污挪用而造成短款，及时作了处理。

按照市政协委员的提案和市委农工委、市政府农办的要求，1997年农经审计机构利用半年多时间，对自1991年1月到1996年12月集体土地向非农业转移和土地变价收入管理使用情况进行了审计调查。通过对12个区（县）审计调查结果汇总，五年时间共向非农业转移集体土地2.14万公顷，其中非法或越权批地0.98万公顷，占44.7%。征占土地单位应支付土地变价款31.53亿元，实际支付27.82亿元，占88.2%，拖欠3.71亿元，占应收总额的11.8%。征占土地单位已支付的27.82亿元中，被区县、乡镇有关部门截留1.82亿元，占6.5%。村合作社实际收到的26亿元土地变价款中，应归集体所有的25.02亿元。在已支出使用的20.53亿元中，既不合法也不合理的有7.23亿元，占35.2%，针对土地变价收入审计中存在的问题，及时向有关部门和领导提出了建议，受到了关注。

依据《北京市农村集体经济审计条例》和《北京市农村集体所有荒山荒滩租赁条例》以及《北京市村合作经济组织财务会计制度实施细则》的有关规定，农经审计机构对有荒山租赁收入的50个乡（镇）的254个村合作社所出租的2.39万公顷荒山的租金收入进行了联合审计。审计查明，这些村合作社从1994年到1996年共收到租金收入1 144.3万元，在提取、管理和使用环节存在四个问题：一是有些村合作社租金数额的确定没有经过法定程序；二是多数村合作社租金收入没有记入资本公积，而是记入收益科目，进入当年收益分配；三是在已支出的荒山租赁收入中，有57.4%没有按照规定用于荒山的开发治理，被挪作他用；四是有的政府部门违规从荒山租赁收入中提取管理费。这些问题，引起了有关方面的重视。昌平县长陵乡长陵村千亩荒山租赁后，承租方违约转租造成损失，该村合作社向人民法院提起诉讼，要求终止租赁合同。市农民负担管理办公室发文责令延庆县房屋土地管理局清退违规收取的农村四荒租赁登记费10万元。依据《北京市农村集体资产管理条例》对31家集体企业资产拍卖收入进行的审计结果表明：资产拍卖的多为高负债、亏损严重的劣势企业。拍卖方式因厂制宜、灵活多样，大体上有整体拍卖，债务移交；整体拍卖，债务保留；卖动产，不动产、债务移交；卖不动产，债务保留和只拍卖机械设备五种。企业拍卖资产收入使用较为合理，资产拍卖减少了集体经济组织债务，支持了优势企业发展和农村基础设施建设。通过审计，发现郊区农村集体企业拍卖工作中存在以下四个方面的问题：一是乡（镇）办企业拍卖决策程序不规范；二是近六成企业资产拍卖未经资产评估；三是多数企业资产拍卖集体经济组织只对有形资产的作价进行了约定，而对土地使用权等无形资产的作价未作约定；四是少数乡村对资产拍卖收入的会计核算有误。针对上述问题，提出了以下建议：①尽快建立健全乡（镇）集体经济组织的社员大会制度，明确集体资产所有者主体。②必须明确集体企业资产拍卖程序，规范集体资产拍卖行为。③必须规范资产拍卖收入的管理、使用。审计报告受到市委农工委和市政府农办的高度重视，将该项审计报告转发至各区（县）委和政府，要求结合集体企业资产拍卖工作中出现的问题，认真检查，进行整改。市经管站把加强集体资产产权变动中资产管理和监督工作作为1998年农经执法检查的重要内容。

为了强化乡（镇）集体经济组织财务管理，1998年市经管站组织13个区县经管站对24个乡（镇）财务管理情况进行了审计调查。审计结果表明，乡（镇）财务管理混乱，亟待整顿规范，主要表现在四个方面：一是财务管理体制五花八门；二是财务制度和会计核算方法各行其是；三是集体资金被挪作行政经费开支，乡镇企业负担沉重；四是财务管理效果差，集体资产损失浪费。为此提出了以下审计建议：①深化乡（镇）体制改革，健全乡（镇）集体经济组织管理机构。②统一乡（镇）财政、财务管理体制，建立健全各项管理制度。③强化对乡（镇）财政、财务收支的监督检查。

根据市委农工委和市政府农办发布的《北京市农村集体土地征用、占用收入管理使用办法》（京农发［1999］29号）第八条的规定，2000年市站组织11个区县经管站对33个村集体土地征用、占用收入进行了专项审计。通过审计，总结了集体土地征占收入管理、使用方面的经验，也发现了一些问题：①拖欠、截留和浪费村级集体土地使用、占用收入。②有的地方占地单位不承担农业税，加重了农民负担。③部分村土地征用、占用收入管理不规范。④非生产性开支过大。⑤土地征占费收入用于生产性开支比例偏低。为此提出以下审计建议：①各级领导要进一步提高对农村集体土地征用、占用收入管理重要性的认识。②进一步搞好集体土地征、占收入的审计监督。③各区县要按照《北京市农村集体土地征用、占用收入管理办法》，对审计出来的问题逐一解决，进行审计回访。

随着农村城市化建设进程的加快，农村集体土地被征用占用租赁数量不断增加，集体资源性资产随之转化为货币性资产。为了摸清集体土地征用占用租赁收入管理使用现状，发现和纠正存在的问题，切实保护农民群众和乡村集体经济组织的合法权益，维护农村社会稳定，2002年市经管站组织区县经管站对郊区51个村集体土地征用占用租赁收入的管理使用情况进行了联合审计调查。审计调查中发现的主要问题有：①农户从集体土地变价收入中直接得到的利益太少。②土地征占收入管理混乱。③土地变价收入资金使用不合理。④土地征占租赁合同管理不规范。⑤土地征占收入拖欠问题仍然存在。为此提出了以下建议：①提高认识，健全制度。②加强土地征用占用租赁收入的管理与核算。③强化土地征用占用租赁收入资金的使用监督。④规范土地合同管理。⑤进一步加强土地拖欠款的回收力度。

为了弄清乡镇财务收支的现状，2002年市经管站组织区县经管站对海淀苏家坨乡、丰台长辛店镇、门头沟妙峰山镇、通州于家务乡、昌平沙河镇、顺义北石槽镇、怀柔汤河口镇、房山张坊镇、密云东邵渠镇、延庆旧县镇乡镇一级的财务收支情况进行了审计调查，审计中发现的主要问题有：①事权财权不统一，支出压力大，建设资金不足。②国家资金集体资金不分，侵害农村集体经济利益。③人员过多，工资、管理费用大。④财务管理自行其是，资金使用把关不严。为此提出以下建议：①明确乡镇事权，实现事权与财权的相对统一。②统一规范转移支付制度，加大财政转移支付力度。③加强乡镇机构改革工作，进一步精简机构人员。④建立健全各项财政财务管理制度。

（二）农民负担审计调查

1989年京郊集体提留公积金、公益金和管理费共计138 952万元，人均354元，占当年人均纯收入的28.6%，占上年人均纯收入的32.8%，以上尚未包括乡、村两级统筹费和农村义务工与积累工，在全国处于较高的水平。但由于京郊集体经济占主导地位，集体提留绝大部分来自乡、村集体企业，真正由农民直接负担的土地提留和乡镇统筹费、义务工和劳动积累工并不很多。1990年组织的对369个村农民负担情况进行审计的结果表明：这369个村农民直接负担积累、提留1 069万元，乡镇统筹款107万元，其他部门摊派25.3万元，合计1 201.3万元，人均负担30.81元，占上一年农民人均纯收入的1.54%，低于国务院关于“以乡为单位，人均集体提留和统筹款，一般应控制在上一年人均纯收入的5%以内”的要求。劳均出义务工和积累工9个，也低于国务院“每个劳动力每年应出义务工和劳动积累工15～20个”的标准。尽管如此，仍有部分穷村农民负担相对较重。另外，乡镇统筹费及其他不合理摊派名目多，增长猛，这369个村1989年县、乡有关部门共向农民摊派25.3万元，比上年的11.33万元增长1.2倍。市委农工委领导对此次审计报告高度重视，指示研究室在此报告基础上向市政府和中央有关部门起草了情况报告。经市政府同意，1990年10月16日，成立了“北京市农村负担监督管理领导小组”（京政办［1990］61号文件），在市经管站设办公室，审计科担负日常工作并着手开展对有关涉及农村负担的文件进行清理。

1992年底前根据市农办、市法制办、市监察局、市农村经济研究中心的部署及要求，对国务院发布的《农民承担费用和劳务管理条例》在本市的执行情况进行了全面检查和审计，对本市农民负担情况进行了定性和定量分析。从整体上看，北京市农民直接负担未超过国务院《条例》的规定。1991年郊区农村农民直接负担16 603.4万元，人均42.1元，占上一年农民人均劳动所得的3.2%；1992年预算，北京市农民直接负担总额为15 874万元，人均40.1元，占上一年农民人均劳动所得的2.8%，明显低于《条例》规定不超过5%的限额。但通过这次农民负担检查和审计，也发现部分乡（镇）农民直接负担超标；一些乡（镇）农民直接负担不到位，村合作社和乡办集体企业社会负担过重；农村教育收费名目繁多；订阅报刊、杂志下指标、搞摊派，引起农民强烈不满；利用“达标”、“升级”活动乱收费和公安部门乱摊派较为严重等问题，针对这些问题提出了具体措施，向市政府提交了执法检查报告，为维护郊区农民的合法权益，切实减轻农民负担，较好地发挥了农村审计工作的监督职能作用。

为了摸清京郊农民负担现状，为制定北京市减轻农民负担的方针、政策提供依据，市经管站在1993年组织各区县、乡镇经管站对39个乡镇629个村120个企业7 109个农户1992年负担状况进行了审计调查。审计结果表明，1992年农民人均直接负担村提留、乡统筹费44.43元，占上一年农民人均劳动所得的3.0%，农民直接负担各种收费、集资、摊派264.6万元，人均102.30元，农民意见很大。通过审计，反映出京郊农民负担的真实情况，为清理涉农负担文件和起草《北京市农民负担管理条例》提供了依据。

1994年进行的农民负担专项审计，共审计了6个区县的12个乡镇、36个村、60个企业和360个农户。审计结果表明，在各级党政领导的重视和各有关部门的共同努力下，北京市减轻农民负担取得了明显成效。主要表现在：①农民合同内负担比上年有所下降；②农民社会负担有所减少；③农民群众运用法律手段保护合法权益的意识增强。存在的主要问题有：①少数部门拒不执行中央及北京市有关规定，继续向农民和农村合作经济组织乱收费；②乡统筹费管理混乱；③一些区县农民负担监督管理的基础工作薄弱。为此提出了以下审计建议：①严肃查处加重农民负担的案件；②认真落实乡（镇）经管站的三定方案，补充人员、加强培训；③继续建立、健全各种农民负担监督管理制度。包括农民负担动态监测制度、专项审计制度、举报制度、村提留乡统筹费预决算制度等。

为规范乡统筹费管理，依据中央［1996］13号文件和《北京市农民负担管理条例》，1998年组织10个区县（不含丰台、石景山、门头沟和通州）经管站审计科，对20个乡镇1997年度乡镇统筹费的提取、管理、使用情况进行了审计。审计结果表明：一年多来，各级党委和政府以及广大农村基层干部认真贯彻落实中央［1996］13号文件和市委、市政府［1997］1号文件，依照《北京市农民负担管理条例》加强了乡统筹的管理，取得了一定成绩，但也还存在不少问题。审计结果为：①乡统筹费计提的依据基本符合规定。②农民直接承担乡统筹费未超过规定限额，但预算执行情况不够理想。③提取使用乡统筹促进了农村“民办公助”事业的发展，但也存在违规挪用问题。④乡统筹管理、核算不够规范。通过审计提出了以下审计建议：①加强政策、法规的宣传教育。②因地制宜，采取切实可行的收取措施。③严格控制乡统筹使用范围。④进一步规范乡统筹管理和核算。市委农村工作委员会、市政府农林办公室向郊区各县（区）委、政府转发了市经管站审计报告，要求根据报告中提出的问题，对乡镇统筹费的提取使用情况进行一次全面检查，因地制宜，采取切实可行的措施，解决存在的问题，规范管理。

1999年市经管站组织10个远郊区县经管站对146个村1997、1998两个年度村提留款和管理费的提取、使用情况进行了专项审计。审计结果表明，北京市村提留在提取环节总体情况较好：一是绝大部分村提留款收取达到了规范化的要求；二是村提留由集体经济组织和农户共同承担；三是1998年农民直接负担控制在上一年人均纯收入3%以内，且未超过1997年的预算额。审计中发现的主要问题有：①管理费开支比重超标、干部报酬增长过多、生产投资比重下降。②少数村存在违反农民负担管理法规政策的问题。③部分村向农户收取村提留存在困难。为此提出以下审计建议：①要继续宣传贯彻党中央、国务院和市委、市政府关于减轻农民负担的法规、政策，增强干部、群众的法律、政策水平，提高认识，统一思想。②要开源节流，进一步壮大集体经济实力。③要对村级干部报酬问题进一步深入研究，制定切实可行的解决办法。

根据市农村税费改革领导小组办公室的要求，为深入了解北京市农民负担的实际状况，为制定北京市农村税费改革有关政策提供依据，2001年市经管站组织区县经管站对2000年度北京市农民承担农业税、农业特产税、村提留、乡统筹和劳务情况进行了一次全面审计调查。通过审计调查得出如下结论：①北京郊区农民直接负担水平不重，农村税费改革，只要不增加农民直接负担，农民群众就不会有太大的意见。②北京郊区农民间接负担较重，农村税费改革时，应充分考虑北京郊区这个特点，强调搞好各方面的配套改革，切实降低农民间接负担。③北京地区人多地少，农业（特产）税不多，按农业（特产）税的20%征收附加代替村提留，仅为2000年农户直接上交村提留的13.7%。直接向农户收取村提留的村级组织收入的大幅下降，难于维持这些村农村基层政权组织的正常运转，特别需要采取相应措施加以解决。④北京郊区农民负担村提留各地差异较大，对农业税附加征收比例不宜作统一规定。⑤北京郊区农民承担劳务很少，且绝大部分村农民未承担劳务。税费改革时，可考虑一次取消统一规定的劳务费用，实行“一事一议”。

根据农业部、国务院纠风办的部署和市农委和市纠风办《北京市农民负担专项审计工作方案》，2002年市经管站组织各区县、乡镇对2001年北京市农户直接承担的村提留和乡统筹费的提取、管理、使用单位进行了一次专项审计。除昌平农村税费改革试点区和石景山、丰台区未向农民直接收取村提留和乡统筹费的区县外，应进行专项审计单位有11个区县的3 659个单位，这次全部进行了审计，审计面达到100 %。审计结果以市农村负担监督管理领导小组文件上报农业部和国务院纠风办。

（三）经济责任和经济效益审计调查

密云县1988年由国家投资336万元、贴息贷款336万元建设了42个现代化猪场。为了保证这些资金的合理使用，县经管站抽调了40名审计干部对40个猪场建设工程进行了就地审计。发现在猪场建设中存在财物管理混乱、挪用国家专项投资、建设工程进度慢等问题。审计结束以后，县畜牧部门根据审计建议，及时举办了猪场管理人员业务培训班，制定了一系列猪场管理制度。

1989年进行的乡镇工业企业的库存产品和结算资金占用情况联合审计，共组织9个区县的农村审计力量，对114个乡镇工业企业进行了审计，其中库存产品审计了59个企业，结算资金审计了55个企业。审计结果表明，在这些企业中，73%的企业存在库存产品超储问题，产品积压率达到58%；有89%的企业存在销售货款未收回问题，被外单位逾期无偿占用的款项占应收货款总额的77%。这两项审计，共查出呆滞资金2 195.13万元，占这114个企业流动资金总额的27%，占这些企业流动资金货款余额的60.8%。如果解决资金呆滞问题，仅减少流动资金贷款利息费用一项，就可以增加利润249万元，相当于这些企业1988年税后利润的28.1%。针对这一问题，提出了根据市场需求调配产品方向；采取措施狠抓产品质量管理；完善产品供销合同，依法保护企业合法权益；落实收款责任制，千方百计催收销货款等四条建议。市委农工委和市政府农办领导对此十分重视，以（89）京农14号和京政农43号文件的形式转发各区县、各农口局（总公司），要求各区、县、局总公司“结合自己单位的实际情况，认真解决产品积压和结算资金呆滞问题，调整产品方向，加强质量管理，提高经济效益”。《首都经济信息报》、农业部《财务会计》等报刊都进行了报道。市、区（县）乡镇企业主管部门就这个问题先后召开会议，专门研究部署了压库存、收欠款工作。房山区审计的46个企业，有拖欠应收销售款144.2万元，到年底已收回71.3万元。通县张家湾一个乡就收回拖欠款457万元，对缓解乡镇企业资金供求矛盾起到重要作用。规模经营猪场投资效益审计，共组织12个区县经营管理站对166个猪场进行了投资效益审计。通过审计，发现这些猪场普遍存在流动资金严重不足，有关部门领导对审计结果十分重视。密云县畜牧部门根据审计建议，修改了饲料配方，解决了仔猪因营养不良造成大批死亡的问题。门头沟区畜牧局长亲自带领工作组，逐个猪场调查研究，制订改进措施。各区县畜牧局相继举办了猪场经营管理干部培训班，努力提高饲养水平和核算水平。

为正确评价“七五”期间乡、村集体企业承包经营责任的完成情况，全面、科学、合理地落实好新一轮承包经营责任制，促进郊区农村经济全面实现质的改造与提高，根据《北京市农村审计实施办法》和《北京市贯彻农业部〈乡镇企业承包经营责任制〉实施细则》的有关规定，北京农经审计系统自1990年11月1日至1991年3月底，集中力量对2 095个承包期企业进行了经营责任审计，占全郊区6 010个承包到期企业的34.86%。审计结果表明：乡村集体企业实行承包经营责任制，确实为“七五”期间乡镇企业腾飞发挥了重要作用。①企业资产全面增值。通过实行经营承包责任制，乡镇集体企业固定及长期资产净值增长21%，其中依靠企业自身积累实现的资产净值增长占45.5%。自有流动资金增长14%，其中依靠企业积累实现的自有流动资产增值占89%；②主要承包指标超额完成；③企业利润分配趋于合理。通过审计，发现了以下五个方面的问题：①有1/4的企业没有完成承包利润指标；②有1/5的企业没有完成利润上缴承包任务；③成本利润率大幅度下降；④村办企业发展与增长相对滞后于乡办企业；⑤部分企业弄虚作假、虚报产值利润，假盈实亏。审计中还发现少数承包者，利用承包之机，故意搞乱企业管理秩序，侵吞和蚕食集体财物，在这次审计中，有四个企业的主要承包人被移交司法机关追究法律责任。产生上述问题的主要原因：一是承包合同不完善，承包指标单一；二是以包代管现象仍较普遍，企业财务管理混乱现象较为严重；三是少数承包经营者素质不高，不懂管理、不善经营；四是客观上受市场疲软的影响，企业销售不畅，产品积压，增大了资金占用和债务负担。为此提出了以下审计建议：①要进一步强化乡村合作社对其所属企业的管理与监督，使企业承包标的与经营成果增大透明度，逐步实行承包经营责任的事前、事中、事后三个环节的定期审计工作，确保承包合同所确立的责权利关系能真正落到实处，从而解决以包代管等放弃监督的行为。②要进一步加强对乡村企业承包合同的管理，特别是要依照科学、合理、有效的原则，逐步规范乡村集体企业承包合同文本、防止和克服短期行为。同时要进一步从立法上对乡村集体企业的承包管理进行规范，明确管理主体与责任。③要进一步解决上一轮承包中的遗留问题，确保集体利益不受侵害。

改革开放以来，郊区农村合作经济组织普遍推行了“统分结合、双层经营”体制，实行了多种形式的经济责任制，克服了农村收益分配中的平均主义弊端，极大地调动了集体和承包者两个方面的积极性，促进了农村经济的迅速发展。但是，由于乡村合作社各业承包责任制还不完善，承包合同不规范，监督、调控、约束机制不健全等原因，农村收益分配工作中仍然存在经营成果不实，虚盈实亏，搞跨空分配以及企业承包者负盈不负亏和违反分配政策，偏重个人分配，滥发奖金实物，干部拿多头收入等问题，造成一些单位上交税利和个人分配“两头实”，集体积累“中间空”，集体积累严重不足，有的甚至资不抵债，严重制约农村经济的持续、稳定发展。为此，市委农工委、市政府农办发布了《关于核实乡村合作社及其企业经营成果，搞好年终收益分配合同兑现工作的意见》，要求各县

（区）、乡（镇）在收益分配合同兑现之前要对乡村合作社及其所属企事业单位的经营成果进行核实和重点审计。广大农村审计人员把经营成果审计作为1992年的工作重点，克服人员少、时间紧、任务重的困难，与有关各方面密切配合，一共完成了2 128个乡村合作社及其所属企业事业单位的集体账内收入、开支（成本）、纯收入（利润）和可分配总额的重点审计。通过这次重点审计，发现一些乡村收益分配工作中存在虚报浮夸、经营成果严重失实现象。据被审计单位审计资料反映，一是集体统一经营总收入多于实际，误差率达到16.6%，有的区县达30%；二是乡村企业多报利润，误差率达30%以上；三是集体积累虚数惊人，实际数比上报数低50.1%。针对这一问题，及时向市委农工委、市政府农办报告反映情况，并认真分析了产生这些问题的原因，提出了建议，引起高度重视，并将此报告转发至县（区）委、政府主要领导，为保证郊区农村经济的健康发展发挥了重要作用，同时也使各级领导和广大干部进一步认识到农村经济实行内部审计监督的重要性。密云县经管站通过对16个乡镇42个规模猪场的效益审计，发现这些猪场不同程度都存在着管理制度不健全，核算不严，内部控制不力和财务混乱等问题，以至造成经济效益低，甚至亏损。1989—1991年三年累计，这些猪场共亏损99.6万元，这一审计结果引起县政府高度重视，将审计报告在《密云情况》上作了刊发，为县乡有关部门和农业企业改进、加强管理提供了决策依据。

1993年各区县普遍开展了以核实收支为主要内容的承包合同兑现审计，为兑现承包合同奠定了基础。根据市站的统一要求，各区县经管站在当地党委、人民政府的领导下，开展了承包合同兑现审计，如通县根据县政府有关文件规定已连续五年以县经管站为主组织了承包合同兑现审计，1993年初，他们又组织审计了775个会计核算单位，占应审总数37.5%；房山区通过对241个会计核算单位的审计，对212个完成承包合同的企业及时兑现了合同；朝阳区经管站除了组织对14个乡78个村和2 100个企业进行审计外，区站还专门组织力量对14个村895个企业进行抽查，分别占审计单位数的18%和42.6%，保证了审计工作质量。

1994年市经管站组织部分区县经管站对郊区农村21个股份合作企业（通县9个，密云4个，大兴和平谷各3个，朝阳和房山各1个）1993年经济效益情况进行了联合审计。审计结果表明，实行股份合作制改造，对于优化企业产权结构，加强企业经营者责任感，提高职工对企业的关切程度，增强企业运营能力，促进生产发展起到了重要作用。主要表现在：①增加资金投入，扩大了企业再生产能力。②增强企业活力，提高了运营能力。③财务成果显著，收入、利润大幅度增加。通过审计，发现这21个股份合作企业发展很不平衡，从总体上来看主要存在三个问题：①部分企业利润减少，甚至出现亏损；②经济效益指标（获利能力）有所下降；③内部管理制度不够完善。为此提出了以下审计建议：①在进一步扩大试点的同时，下力气抓好改制企业的巩固、完善和提高工作。要认真总结经济效益好的股份合作企业加强经营管理，提高企业素质的经验，帮助经济效益不够理想的企业找出差距，堵塞漏洞，挖掘增收节支的潜力。②加强对股份合作企业财务会计工作的辅导，帮助建立健全各项管理制度，培训财会人员，提高管理水平。③对股份合作企业运行情况进行一次全面检查，督促企业按照章程规定开好股东大会、董事会和监事会，实行民主管理，增强决策的透明度。④对股份合作企业建立定期审计制度，更好地发挥农村合作经济审计机构在股份合作改革中的监督与服务作用。

1994年12月15日，市委农工委、市政府农办联合发出了《关于对郊区集体企业进行年终经营成果审计的通知》，成立了由段强副市长为组长的领导小组，设立了办公室。按照市里的统一部署，多数区（县）、乡镇也都成立了审计机构，组织了区（县）、乡（镇）经管站为主的审计力量开展审计工作，多数乡镇对乡村合作社自审自查情况进行了抽审，市经管站和部分区县开展了复审工作。审计中发现的主要问题有：①账表不符，为完成上级下达任务虚报经营成果。据四个区县复审汇总统计，共复审132个企业，报表经营收入3.88个亿元，审计核实只有3.29亿元，平均每个企业虚报经营收入44.5万元，虚报比例为17.9%；报表利润总额2 253万元，审计核实1 334万元，平均每个企业虚报利润总额6.96万元，虚报比例为68.9%。②部分企业账实不符，财务管理工作薄弱。包括销售收入、存货、制造成本、期间费用等账实不符。③一些经营者管理水平低。④自有资金短缺，债台高筑，发展后劲不足。⑤效益滑坡，亏损面增大。据复审企业统计，1994年销售利润率为4.5%，比上年的6.1%下降了1.6个百分点；成本费用利润率为5.1%，比上年的7%下降了1.9个百分点；亏损企业比例由上年的12.9%上升到21.6%，增加8个百分点。效益指标下降的原因一是成本费用上升，成本费用占销售收入的比例由上年的87.6%上升到89.2%；二是管理混乱，产品质量低，市场竞争能力差。

为了促进乡村集体企业深化改革，提高效益，富裕农民，在《北京市农村股份合作企业暂行条例》颁布实施一周年之际，市经管站于1998年组织9个区县经管站，对有乡村合作社集体股份的连续运营二年以上的25家股份合作制企业的经济效益进行了审计。从总体上看，被审企业经济效益良好：一是收入、利润双增长；二是合作社、企业、职工三得益；三是经济效益水平提高。股份合作企业实现盈利的原因：①股份合作制通过产权制度改革，使农民开始成为投资主体，极大地改善了企业财务状况，增强了企业发展后劲。②股份合作制通过治理结构改革，使农民开始成为决策主体，极大地调动了农民参与管理和决策的积极性，提高了企业经营管理水平。③股份合作制通过收益分配改革，使农民开始成为受益主体，极大地调动了农民群众对市场和科学技术的关切程度，提高企业市场竞争能力。通过审计，发现目前郊区农村股份合作企业还存在以下方面的问题：一是行政干预使少数股份合作企业难以有效地运行；二是集体股在总股本中比重偏高，职工个人股所占比重偏低，不利于企业转换经营机制；三是从收益分配来看，存在轻集体股，重个人股的现象。为此提出了以下审计建议：①进一步宣传贯彻《北京市农村股份合作企业暂行条例》；②对照《条例》，对农村股份合作企业进行一次清理整顿；③要把推行股份合作制作为乡镇企业资产重组工作的重点；④股份合作企业要进一步强化管理、狠练内功。

第四节　审计效果

1987年全市农经审计系统共审计了763个会计核算单位，共查出各种违法违纪金额212.7万元。

1988 年共审计了 1 190 个会计核算单位，审计总金额 18.9 亿元。通过审计，共查出各种违法违纪金额 904.5 万元，查出损失浪费金额 1 100 万元，帮助被审计单位改善管理增收节支 800 万元，揭露出有严重经济问题的 76 人，其中受到党纪行政处分的 45 人，移交司法机关处理的 31 人。开展社会委托审计 76 项，查证金额 1.1 亿元。对 81 个乡镇企业进行的厂长经理经济责任或离任审计，没有发现经济问题的 28 个，占 34.6%；有一般问题的 52 个，占 64.2%；有严重经济问题的一个，占 1.2%。

1989 年全系统共审计了 8 036 个会计单位，其中，农业企业 1 829 个，工交建筑企业 4 168个，商业饮食服务企业 612 个，乡、村合作经济组织及行政事业单位 1 427 个。审计内容包括财务收支、现金管理、企业经济效益、承包合同兑现、厂长经济责任、基建投资效益、结算基金、农业发展基金、违纪案件、社会委托审计等十多个方面。共查出损失浪费金额 961.1 万元，违法违纪金额 1 369.2 万元。违纪金额中包括：乱挤乱摊成本费用 212.6 万元，虚列和隐瞒销售收入 209.4 万元，私借和挪用公款 163.3 万元，截留挤占应交集体各项收入 82.6 万元，偷漏税款 71.8 万元，滥发奖金补贴实物 35 万元，贪污盗窃行贿 60.1 万元，其他违纪金额 534.4 万元。查处万元以上贪污案 12 件，贪污金额 39.3 万元，有 7 人受到党政纪律处分，有 19 人已移交司法部门审理；已纠正违纪金额 437.5 万元，帮助企业改善经营管理，促进增收节支 871 万元。

1990 年共审计了 6 590 个会计核算单位。其中农业企业 1 420 个，工交建筑企业 3 443个，商饮服务企业 159 个，地区合作组织及行政单位 1 568 个。审计内容包括工资总额、利润分配、农民负担、减免税款、合作社财务收支、亏损企业、承包经营责任及离任、违纪专案、清账、查账及审计咨询等。共查处违法违纪金额 2 203 万元，纠正违纪金额 832 万元，查出损失浪费金额 339 万元，促进增收节支 352 万元。审计的 544 个承包到期企业，有 50 个企业未完成承包指标，有 2 人受党政纪处分，1 人因贪污问题被追究法律责任。

1991 年全市农经审计系统共审计了 7 150 个会计单位，共查出各种违法违纪金额 1 361.6万元。

1992 年全年共对 7 374 个会计核算单位（农业企业 911 个、乡镇企业 4 079 个、地区合作经济组织 2 111 个、其他 273 个）实施了审计监督。通过审计，共查处违法违纪金额 883.7 万元，已纠正违纪金额 579 万元；促进被审单位增收节支 133 万元；揭露万元以上贪污案 5 件，金额 53.6 万元；查处有严重经济问题的直接责任者 18 人，其中有 6 人受到党纪政纪处分，有 12 人被移交司法机关处理。各级农村审计机构共完成委托审计事项 75 项，其中接受审计机关委托审计事项 16 项，接受人大、监察、纪检、企业委托审计事项 59 项。审计的内容包括：清账、查账、建账 56 项，提供咨询服务 9 项、鉴定鉴证 10 项。

1993 年全市农经系统共审计 5 093 个会计核算单位，其中，财务收支审计 2 285 个，经济效益审计 1 097 个，财经法纪审计 880 个，其他审计 831 个，共查处违法违纪金额 366.27 万元，纠正违纪金额 213 万元，促进增收节支 93.82 万元。接受鉴定、鉴证、查账、建账及会计咨询等社会化服务 76 项。

1994 年全年共对 6 548 个单位进行了审计。审计总金额达到 194.59 亿元。按被审计单位行业划分，工业和建筑企业 2 916 个，占 44.5%；农林牧渔企业 422 个，交通、运输、饮食、服务、商业企业 624 个，乡村合作社及其他企业 2 526 个，占 38.6%。按审计内容划分，财务收支审计 4 561 个企业，占 69.7%，经济效益审计 1 194 个单位，占 18.2%，财经法纪审计 580 个单位，领导干部任期目标审计 203 个单位。共查出被审单位违法违纪金额 151 万元，查出损失浪费金额 294 万元。接受鉴定、鉴证、查账、建账及会计咨询等社会化服务审计 367 项。

1995 年共对 6 739 个会计核算单位进行了审计监督。被审单位按行业划分，农业 565 个，占 8.4%；第二产业 3 308 个，占 49.1%；第三产业 435 个，占 6.5%；乡村合作社 2 431个，占 36%。按审计内容划分，财务收支经营成果审计 4 702 个，占 69.8%；经济效益审计 1 354 个，占 20.1%；财经法纪审计 267 个，占 4.0%；干部任期目标及离任审计 416 个，占 6.1%。通过审计，查出违法违纪金额 287 万元（其中，偷漏税款 49 万元，截留应交集体收入 4 万元，挪用公款 45 万元，贪污贿赂 3 万元，其他违纪 186 万元）；查出损失浪费金额 740 万元（其中，呆账损失 246 万元，存贷损失 481 万元）。通过审计，促进增收节支 108 万元。在完成年度审计计划任务的同时，农村审计人员还接受了 302 项委托审计，其中，财务决算审鉴 202 项，查账、清账、建账 77 项，鉴证 17 项，经济咨询 6 项。

1996 年全市农经审计系统共对 5 903 个会计核算单位进行了审计，发现违法违纪金额 6 312.4 万元，查出万元以上贪污案件 1 件，贪污金额 5.6 万元，受处分人数 2 人。

1997 年全年共对 6 652 个会计核算单位进行了审计，共查出损失浪费金额 1 615.1 万元，发现违法违纪金额 1 192.3 万元，促进增收节支 5 000 万元。查出万元以上贪污案件 4 件，贪污金额总数 37.7 万元，受到党纪政纪和司法处分 7 人。

1998 年被审计单位总数达到 7 596 个，比上年的 6 652 个增加 14.2%。这些单位按其性质划分，乡村合作社机关 1 121 个，占 14.8%；乡村事业单位 777 个，占 10.2%；乡村集体企业 5 698 个，占 75%。乡村集体企业中，农业企业 812 个、工业企业 3 585 个，商贸、建筑、运输、饮食服务等企业 1 301 个。从审计项目来看，共对 9 050 个（次）单位进行了审计，其中财务收支审计 4 820 个单位，占 53.3%；经济效益审计 2 513 个单位，占 27.8%；企业经营成果审计 971 个单位，占 10.7%；财经法纪审计 323 个单位、干部任期目标经济责任审计 222 个单位、干部离任审计 493 个单位、农民负担审计 200 个单位。全年共查出各种违法违纪金额 13 271.3 万元，查出万元以上贪污案件 5 起，涉及金额 146.9 万元，其中移交司法机关查处案件 4 起，移送司法机关处理的直接责任人 5 人。查出损失消费金额 930.8 万元，促进被审单位增收节支 870.1 万元。

1999 年，全年共对 9 772 个单位进行了审计，审计金额达 398.4 亿元，发现违法违纪单位 43 个，查出违法违纪金额 726 万元，纠正违纪金额 497.3 万元，查出损失浪费金额 735.1 万元，促进增收节支 226.7 万元。查出万元以上贪污案件 1 起，贪污金额 9 万元，移交司法机关查处案件 2 起，移送司法机关处理 3 人，受到党纪政纪处分 2 人。

2000 年共对 9 819 个单位进行了审计，审计金额 563 亿元，查出各种违法违纪金额 3 360.4万元，纠正违纪金额 1 851.2 万元，查出损失浪费金额 294.4 万元，促进增收节支713.7万元。查出万元以上贪污案件6起，贪污金额46.9万元，移交司法机关查处案件2起，移交司法机关14件，移送司法机关处理12人，受到党纪政纪处分5人。

2001年共对6 713个单位进行了审计，审计金额897亿元，查出违法违纪金额1 487.9万元，纠正违纪金额1 068.9万元，查出损失浪费金额102.6万元，促进增收节支81万元。查出万元以上贪污案件4起，贪污金额34.2万元，向司法机关移送案件4件，移送司法机关处理4人，受到党政纪律处分11人。

2002年全年共对9 389个单位进行了审计，审计金额545.6亿元，查出违法违纪金额1 076.4万元，查出损失浪费金额929.8万元，促进增收节支290.8万元。查出万元以上贪污案件2起，贪污金额8万元，向司法机关移送案件5件，移送司法机关处理4人，受到党政纪律处分10人。

第十三章　农村经济统计与动态监测

农村经济统计主要是客观反映农村经济发展概况，洞察农村经济发展态势，为市委、市政府及各级党委政府进行宏观决策提供支持；而固定观察点监测、农产品成本监测、乡镇企业经济运行动态监测则主要侧重于获取被监测单位及经营项目的第一手数据信息，为宏观决策和指导微观管理提供更加详细、具体的信息支持。农村经济统计与固定观察点监测、农产品成本监测、乡镇企业经济运行动态监测构成了农村经济信息体系的有机整体，各种方法既相互独立，又相互依托、相互补充，在农村经济经营管理过程中共同发挥着极其重要的作用。

第一节　农村经济统计

一、统计指标体系的建立和演变

20 世纪 50 年代初期，伴随农业合作社的出现，农经统计工作开始出现。这一时期农经统计的主要任务是反映合作社的规模，具体包括合作社的个数、入社户数、人口数、资产数及合作社的产值、开支情况等的统计。

到 1958 年，全市的 2 357 个高级社合并为 73 个人民公社。“四大管理加分配”成为京郊农村经营管理工作的主要内容。即：抓好集体经济组织的计划管理、劳动管理、财务管理、物资管理和收益分配。由此农村经济统计的主要内容演变为对农村收入、粮食产量及其分配、资产统计和人民公社集体经济组织的各种经济数据的统计。与当时的管理体制相适应，起报单位为人民公社。此时的统计报表主要有：①公社的组织机构、户数、人口、劳动力情况统计表；②总收入及分配和社员家庭副业纯收入情况统计表；③总收入及其构成情况统计表；④公社一级的收支分配情况统计表；⑤基本核算单位一级的收支分配情况统计表；⑥基本核算单位一级的总开支及构成情况统计表；⑦包产单位的收支及纯收入情况统计表。另外还有一些附表。

1959—1961 年，农村人民公社进行了体制调整，实行以生产大队为基本核算单位的分配制度。起报单位“下放”到大队级，统计层次变为由公社和大队两级组成。

1962 年 4 月，农村人民公社再次实行体制调整。绝大多数的基本核算单位由大队改为生产队，因而起报单位又由大队再次“下放”到生产队。这一时期的生产资料归公社、大队和生产队“三级所有”，由生产队组织生产和收益分配。当时全郊区共有 278 个公社，3 590 个大队，11 735 个生产队。与此相适应，农经统计的层次也相应的改为由公社、虚大队和生产队基本核算单位三级组成。同时还为社、队办企业增设了专门的报表。

"文化大革命"开始后，由于受极"左"思潮的干扰，北京市的农村经济统计工作曾一度被迫中断，至"文化大革命"后期才逐渐得以恢复。恢复后的农村经济收益分配统计，在原有指标的基础上，又增加了"农村人民公社组织情况"的统计，主要统计人民公社、生产大队、生产队和劳动力的个数，以及公社人口数和户数；由于当时农村实行"三级所有、队为基础"的经营体制，因此，对农村"人民公社三级经济"和"基本核算单位固定财产"也进行了统计；为了掌握人民公社基本核算单位的粮食产量、国家征购、集体提留、社员分配、个人和国家储备粮，以及国家奖售、返销、统销及超分配情况，又对粮食生产和分配情况进行了统计。

1975—1979年，农村经济统计报表主要以基本核算单位的收益分配和粮食分配以及三级经济和三级固定资产统计为主。当原有指标不能满足实际工作的需要时就增加新内容。1976年新增了"社员收入分配水平分组统计表"；1977年增设了"社员人均收入40元以下的队分组表"、人均口粮不足150千克（指原粮）的"社员人均口粮分组表"；1979年又增设了"人民公社基本核算单位会计科目年末余额表"。

进入80年代改革不断深入，各种不同形式的生产责任制如雨后春笋，在京郊农村相继登台亮相。不但克服了集体经济中长期存在的平均主义"吃大锅饭"的弊端，同时也带动了生产关系的重大变革。为了适应农村出现的新情况，对农村人民公社基本核算单位收益分配报表作了初步调整，即把集体经济划分为账内和账外两部分，同时将起报单位由生产队改为大队级。仍实行集体统一经营的单位，其统计数据仍从财务账上取得；实行包产到户、包干到户等不同形式责任制的核算单位，其上交部分在集体账内反映，统计数据仍从财务账上取得；而农户留存部分则未在集体账上反映，但其经济成分又是以前集体经济的组成部分，为便于对比，将其确定为集体账外经济，在报表中进行了单独反映。与此同时，针对当时经济格局出现的新变化，还在报表中增设了"新经济联合体"和"自营经济"两个层次。农经统计的报表体系增至5个层次。

伴随农村经济体制改革的不断深入，非农产业得到了迅速发展，由原来的副业很快变为支柱产业，成为农村经济统计的主要内容。与此同时，大包干生产责任制的分配体制也逐步向企业渗透，承包制逐步取代了过去的集体统一经营，企业职工工分分配也逐渐实行了工资制。体现集体经营成果的指标，由过去的纯收入变为利润。这意味着农村经济的格局及集体经济收益的分配对象正在发生质的变化。为了更有效地对农村集体财务、资产及其收益分配进行管理，面对新形势，市经管站决定对我市农村的会计核算和统计报表制度进行重大改革。改革后的报表及其指标体系使其对农村经济的反应更为全面、系统。改革后的报表主要有：①农村基本情况表；②农村经济收支分配统计表；③资金平衡表；④乡级合作经济组织自有资金收支分析表；⑤村级合作经济组织自有资金收支分析表等。

1993年，为了与国际惯例接轨，财政部在全国范围内对会计工作实施重大改革。与此相适应，北京市农村经济统计的报表种类和指标体系又进行了第二次重大改革。这次改革的主要任务是全面贯彻财政部会计改革精神，使统计报表指标体系与改革后的会计核算指标体系相衔接。因此，改革的重点是报表的指标体系。新的报表指标体系的建立是围绕会计基本平衡公式进行的，会计基本平衡公式有：①资产－负债＝所有者权益；②收入－

费用＝利润。新的报表指标体系具有意思表达更准确、简明的特点。在此后的一段时间里，根据农业部统一要求和新形势的需要，又对报表种类进行了适当增加。陆续新增的报表主要有：农村合作经济经营管理机构队伍情况统计表；农村合作经济组织内部资金融通情况统计表；农村承包合同情况统计表；农村专业合作组织情况统计表；农村合作经济审计表等。

伴随科技信息时代的到来，1995 年计算机开始在我市农经统计工作中发挥作用。使对农经统计报表的指标体系逐步进行完善和细化，丰富统计内容，加大信息输出量，提高为领导决策的服务质量创造了条件。1995 年底通过计算机对全市乡村两级集体所有者权益分别进行了排队，首次向市委市政府及有关部门提供了北京市农村集体经济人均所有者权益万元以上乡镇排队表和集体经济实力百强村排队表。1997 年新增了“乡镇级主要指标表”和“村级主要指标表”。主要指标有：各村集体经济资产、负债及所有者权益总额，集体及家庭经营劳动所得总额，人均所有者权益及人均劳动所得等指标。从此向市委市政府及有关部门提供了全市各年度“十强乡”、“十富乡”、“百强村”、“百富村”名单，深受各级领导好评。2001 年底对各种报表进行了重新设计，同时增加了报表封面、村级经济收益分配汇总表、劳动力分布情况统计表、私营企业资产负债表和合并资产负债表等。超级汇总所形成的农经统计报表数据库储存了郊区 14 个区县、198 个乡镇、4 038 个村和 11 758个集体、私营企业所有单位的所有报表指标信息，极大地丰富了农经统计的服务资源。在全面实现超级汇总的基础上，市经管站不断开拓服务范围，2003 年又开展了对农村劳动力就业情况按季实施动态监测、对低收入村农民收入状况按月实施动态监测工作。全面实现计算机超级汇总，是农经统计工作一次质的飞跃，具有划时代的历史意义。

二、数据的采集与汇总

（一）数据采集

从高级社到人民公社，直至改革开放初期，农村统一实行生产资料集体所有，限制乃至取消了社员家庭自营经济，实行集中统一的管理制度。社内各项经济活动均实行账内核算，农经统计各项数据全由账面取得。

改革开放后，农村陆续出现了集体账外经济、家庭自营经济和非公有制企业，新经济成分的大多数数据再无法按老办法取得。改革开放初期，基层统计人员对原有集体经济实行承包经营的账外部分，通过测产、调查加估计的办法进行统计。这种办法对解决改革开放初期种植业出现的新问题发挥了很好的作用。但随着家庭经营、个体工商户、私营企业的出现和发展壮大，农村经济的账外内容所涉及的范围越来越广，所占比重越来越大，测产调查加估计的办法已无法应对这样的情况。在这种情况下，出现了依据统计台账实行全面统计和按一定比例抽选家庭记账户，再依据记录结果推算整体的两种不同的统计方法。

1. 依据统计台账的全面统计。这种统计方法要求各村均须对形成的账外收入、支出各要素资料建立台账，再在支出、收入发生或实现时，依据调查结果及经验对其收支进行估计。主要的台账内容有：人口，劳力及其分布，耕地面积及其等级、种植品种，饲养畜禽头（只）数，出售畜禽产品数，果园面积及果树棵数等；个体工商户数及其规模、行业类型，私营企业个数、行业类型及规模等。这种方法的特点是简便易行，但对基层统计人员政治及业务素质要求比较高，对台账资料要求比较细，否则会产生较大误差。目前，我市大多数区县采用了这种方法。

2. 按一定比例抽选家庭记账户，再依据记录结果推算整体的统计方法。这种统计方法的具体做法是，首先在各村选择一定数量的农户进行记账，然后再定期根据这些记账户的记账资料推算总体数据。记账户的数量一般占全村总户数的10%～15%。为便于基层操作，我们还提供了参照标准。具体参照标准有：100户以下的村，记账户为10户左右；100～200户的村，记账户不得少于10户；200～400户的村，记账户为15～20户；400户以上的村，记账户不得少于30户，其中700户以上的村，记账户不得少于40户。记账户的选择方法我市普遍采取等距抽样方法，其具体做法是：一是编制排队表。将经过加工整理的每个农户上一年的人均劳动所得作为“抽样标志”，按户由低到高顺序排队。二是确定组距。用累计相加的人口数除以本村应抽样本户数，得出抽样距离。三是抽选样本户。处在抽样距离半距位置上的农户为第一个抽中户，以半距数字为起点，以后每隔一个抽样距离抽一个样本户，以此类推。私营企业和经营规模较大的个体工商户不在记账户抽选之列，对这些农户须逐个登记，全面统计。目前北京市有大兴、房山、延庆、怀柔等少数区县实行这种统计方法。

（二）数据汇总

1955—1994年，全市农经统计报表的汇总一直实行逐级上报手工汇总的方式。其具体含义和步骤是：①基层报表单位将原始报表报至乡（社）级农经统计部门，乡（社）级农经统计部门对基层单位原始报表审核修正后，汇总出全乡（社）数据，再将全乡（社）汇总的报表上报区县级农经统计部门；②区县级农经统计部门在对乡社级上报的汇总表进行审核修正的基础上，汇总全区县汇总数据，而后将汇总结果上报给市农经统计部门；③市农经统计部门对区县上报的汇总数据进行审核修正，然后进行汇总。这种汇总方法既费时费力，又极易造成人为的差错。而另一方面，全市农经统计系统全体人员用辛勤汗水形成的汇总结果所产生的信息量却极其有限。市级只能拥有区县一级的有关汇总信息，区县级只能拥有乡镇一级的汇总信息。

1995—2001年，全市农经统计报表的汇总处于手工与计算机并用阶段。1995年，市经管站首次使用计算机对区县上报的各种报表进行了汇总。此后，很快在各区县级得到普及，并逐步推广至乡镇级。1997年，在全市农经统计人员的共同努力下，首次向市委市政府按单位提供了全市十强乡、十富乡、百强村、百富村的主要经济指标。

为使全市经管系统农经统计报表尽快实现计算机超级汇总，市经管站作了长期的不懈努力和充分的准备，各区县、乡镇及相关合作单位也给予了很大的支持。2002年，全市农经统计报表汇总全面实现了计算机超级汇总。不仅克服了手工逐级汇总差错率高、费时、费力的弊端，更重要的是使北京市农经统计信息存储量得到天文数字的扩张，信息的可塑性极度增强。计算机超级汇总是从每一个基层单位的基础报表进行汇总，汇总数据库中存储了所有报表单位的所有报表指标信息。通过计算机强大的运算功能，可以依据使用者的需要对存储的信息任意进行各种运算，从而获得自己想要得到的信息。计算机超级汇总的实现极大的提高了我市各级农经统计的整体功能，是农经统计工作的一个里程碑。

三、分析利用

（一）是制定农村经济收益分配政策的依据

计划经济时期，每年的第四季度，市委都要根据全市近期农村经济收益分配统计的历史资料及三季度末汇总的农村经济收支试算大账，制定全市农村经济收益分配政策。全市的农村经济收益分配政策主要包括集体生产资金、集体积累和社员分配比例等。农村经济收益分配政策的制定，主要是协调国家、集体和个人三者之间的利益分配关系，确保集体经济不断发展壮大，人民生活水平稳步提高。在此基础上，每年年底各基本核算单位都要将各自的全年收支情况及分配方案报乡级经管部门审批，依据批准后的分配方案进行分配。进入80年代中后期，北京郊区也和全国其他省市一样，进行了轰轰烈烈的农村经济体制改革。尽管伴随北京郊区新的农村经济体制的出现，旧有的生产方式和分配方式发生了根本变化，不再需要市里制定统一的收益分配政策。但大量的农经统计信息仍然是市委市政府制定各类其他农村经济政策的主要依据。

（二）为山区发展规划提供决策支持

1978年党的十一届三中全会以后，市委、市政府把山区建设作为首都总体发展战略的重要组成部分和全市经济社会发展的突出薄弱环节，加强对山区工作的领导，充分发挥山区的区位功能，加快山区的发展。为此，市委、市政府认真贯彻落实中共中央关于农村一系列方针政策，深入推进山区改革，分阶段、有针对性地实施若干山区重点开发建设工程，增加投入，加强扶持，富裕山区农民，改变山区面貌。在各阶段山区发展建设规划中，农经统计信息都发挥了重要作用。

1985年11月，市政府在大量专题调查研究的基础上，依据经管部门提供的山区乡镇经济总量及农民收入状况指标确定了37个山区贫困乡，为其制订规划目标，实行优惠政策，采取有力措施，开展山区开发扶贫工作。经过四年的艰苦努力，到1989年，37个贫困乡提前一年全面实现了初步脱贫目标。当年，37个贫困乡实现农村经济总收入4.22亿元，纯收入1.98亿元，均比1985年翻了一番；人均劳动所得也从1985年的450元增加到699元，增加了250元；集体积累比1985年增长2.2倍。

1990年，市政府又根据当时山区经济发展水平，重新在调查研究的基础上，依据包括由经管部门提供的山区经济社会发展等指标，将重点扶持的山区贫困乡镇扩大到47个。经过三年扶持，既定目标如期实现。在此基础上，1991年初，市委、市政府再次组织市有关部门调研，提出了《北京边远山区乡村十年（1991—2000年）致富工程纲要》，并于1991年11月18日，北京市人大常委会通过了《关于北京市边远山区乡村十年致富工程纲要的决议》。再次把重点扶持贫困山区乡镇扩大到60个，在财力、物力和科技、教育方面的支持力度进一步加大。

“山区致富工程纲要”的奋斗目标是缩小山区与平原的差距，建设富裕、文明的社会主义新山区。经济目标实施分为两个阶段：第一阶段（1991—1995年），重点是综合治理，调整结构，合理规划，打好基础；边远山区乡镇的农村经济总收入及纯收入，在

1990 年的基础上翻一番，农民人均劳动所得根据各乡镇不同的基础分别达到 1 000 元、1 200元和 1 400 元。村（队）账内集体收入分别达到 2 万元、5 万元、8 万元。第二阶段（1996—2000 年），农村经济总收入及纯收入在 1995 年的基础上力争再翻一番，人均劳动所得分别达到 1 400 元、1 600 元和 1 800 元，从而使山区村（队）集体经济进一步发展壮大。

根据北京市 2002 年农村经济收益分配统计，截至 2002 年底全市还有 15 个村农民人均劳动所得不足 2 500 元，这 15 个村均分布于怀柔、平谷的九渡河、琉璃庙、汤河口、喇叭沟门、金海湖、黄松峪和镇罗营等 7 个边远山区乡镇。为使这些村尽快脱贫，市政府将 2003 年全面消除农民人均劳动所得低于 2 500 元的村列入了市政府 2003 年的 60 件折子工程。为使各级领导随时掌握这些低收入村农民的收入状况，受市农委委托，2003 年我们对 15 个 2002 年农民人均劳动所得不足 2 500 元的低收入村和 2003 年有可能返贫的 29 个低收入反弹村的农民收入情况按月实施了动态监测。通过监测确保了各级领导及时掌握情况，适时研究制定相应对策。在各级政府的正确领导下，在有关部门的大力协助下，经过各方共同努力，2003 年三季度末全面消除低收入村的奋斗目标圆满提前实现。

（三）为郊区村镇规划建设提供决策支持

2003 年市农委村镇处根据上级精神，开始对我市市级小城镇及新村进行规划。小城镇及新村建设需要集各级财政及乡镇、村自身的资金力量。因此，充分了解确定的规划建设单位的资金状况，对小城镇及新村建设的成败至关重要。为此，受市农委委托，利用我们的收益分配报表系统，及时向其上报了全市各乡镇、村的经济实力分组情况，为市政府科学确定市级小城镇及新村规划方案提供了有利的决策支持。

（四）发挥监督职能，遏制统计数字的虚报浮夸

改革开放后，各地的工作重点都相继转移到了以经济建设为中心的轨道上，发展经济成为各地各项工作的重中之重。工作重点的转移使我市郊区经济有了突飞猛进的大发展。但也有个别地方为了突出政绩，想方设法在统计指标上欺上瞒下、弄虚作假，以骗取荣誉。为了遏制虚报浮夸现象的蔓延，确保农经统计数据的真实准确，市经管站于 1985 年和 1996 年分两次抽调专门力量深入基层对上报的农经统计数据进行核实。通过核实发现并纠正了许多虚报浮夸现象，如延庆县旧县乡东羊坊村 1985 年农民人均劳动所得上报 665.8 元，核实结果为 238.5 元，虚报 57.4%；通县宋庄镇的大邓村上报农民人均劳动所得1 147元，而核实结果为 673 元，虚数达 41%。通过核实了解到，乡镇企业上报的经济总收入虚数最为严重，有的地方虚数高达 80%以上。针对核实收支中发现的问题，市经管站就加强农经统计基础工作作了进一步规定，同时以市农工委的名义下发了《关于对郊区农村经济运行情况进行定点监测的通知》，开始对郊区乡镇企业经济运行动态实施监测，有效的遏制了地方农经统计数据虚报浮夸现象的蔓延，保证了农经统计数据的真实可靠。

（五）为地方各级政府制定经济规划及长远发展目标提供决策支持

改革开放后，特别是伴随统计法的贯彻实施，统计系统的数据成为政府对外公布的惟一法定数据。这从一定程度上限制了农经统计作用的进一步发挥，农经统计数据的服务功能有所削弱。但由于统计系统的数据是通过抽样调查的方法取得的，数据只到区县，没有代表乡镇和村的统计数据。而农经统计数据则渗透到全市的所有区县、乡镇、村及其所属企业，这些数据为地方政府制定本地经济计划和长远发展目标规划提供了很好的支持。实践表明，长期以来区县及乡镇农经统计系统在为地方政府提供决策支持方面的作用正在得到进一步加强。

第二节　农村社会经济固定观察点

京郊农村社会经济固定观察点工作，是根据 1984 年 10 月 6 日中办发 37 号文件转发中央书记处农村政策研究室《建议开展农村社会经济典型调查的报告》和 1986 年 2 月 14 日中农研 7 号文件中央书记处农村政策研究室、国务院农村发展研究中心《关于建立农村调查长期固定观察点的意见》的指示，于 1986 年开展起来的，到现在（2003 年）已经坚持了 18 个年头。18 年来的工作，一直是按照中央书记处农研室、国务院农研中心农村社会经济调查领导小组（后为中央政策研究室和农业部农村固定观察点办公室）的统一安排和具体指导下进行的。其主要目的是了解和研究农村社会经济动态，为中央研究制定农村经济政策提供依据。

一、农村固定观察点的建立

（一）建立观察点的依据

1984 年 10 月 6 日，中央办公厅以中办发［1984］37 号关于转发中央书记处农村政策研究室《建议开展农村社会经济典型调查的报告》认为：党的十一届三中全会以来，我国农村经历着伟大的转折，发生了深刻的变化。继农村经济体制的初步改革之后，实践又提出了一系列新问题：如何加速发展农村商品生产，如何调整和建立农村新的产业结构，如何用现代科学技术武装农业，如何加强农村精神文明的建设等，这些问题要求我们作进一步的探索。

为此，建议各省、自治区、直辖市党委把搞好农村调查提到自己的议事日程上来。今冬明春，在全省（区、市）选择十个左右不同类型的村庄，进行一次深入、全面的调查；并在以后逐年了解这些村庄的发展变化情况，不断补充新的材料，坚持下去，形成制度。要求各省、自治区、直辖市党委应有领导同志分管此项工作，成立专门领导小组，由农村政策研究室或农村工作部牵头，把有关方面的力量组织起来共同进行。调查队伍要精干，应有熟悉农村工作的骨干、有关业务部门和研究单位的专门人员参加。这样，有利于统一认识，协同解决农村改革中的问题，并可通过调查培养一批年轻干部。调查结束之后，应由各省、自治区、直辖市党委调查领导小组汇总研究，向中央写出有情况、有分析、有见解的调查报告。

1986 年 2 月 14 日，中央书记处农村政策研究室、国务院农村发展研究中心在中农研［1986］7 号文件《关于建立农村调查长期固定观察点的意见》，根据中办发［1984］37 号文件的部署，1984 年冬至 1985 年春在全国 272 个村庄和部分县、乡进行了一次农村社会经济典型调查。为了今后继续了解这些村庄的发展变化情况，从中探索规律性的东西，决定将这次被调查的村庄作为固定观察点，进行长期观察。[1986] 7号文提出了：

1. 固定观察点的地位和作用。设置观察点的目的是：直接从农村基层了解农村改革和各项建设的新动态，以便于从各个方面发展和对比中进行有连续性的综合研究，为制定农村政策提供依据。

固定观察点定在村（即原大队），以村和农户为主要调查对象。通过观察点对农村社会经济进行全面长期的连续调查，掌握生产力、生产关系和上层建筑各个领域的发展变化，了解不同类型村庄和农户的动态、要求，从而取得系统周密的材料，这是其他专题调查或统计所不能替代的。它对研究农村社会经济和加强宏观指导十分重要。

2. 固定观察点的任务和调查内容。固定观察点的基本任务，是对被调查的村庄和农户进行长期连续的综合观察，积累材料，经常向领导机关和主管部门反映情况。

具体要求有两个方面：一是搞好数据统计。二是搜集和反映活的情况，并完成某些临时性的专题调查任务。

调查内容，包括农村的生产经营和农民的生活变化情况、经济体制改革、产业结构调整、技术改革、文化教育、基层组织、社会治安、农民思想动向等，综合观察农村“两个文明”建设的发展动态。

3. 固定观察点的工作组织。固定观察点的工作，在中央书记处农研室、国务院农研中心农村社会经济调查领导小组的统一安排和指导下进行，领导小组办公室负责日常具体工作。统计方案的设计，数据收集、汇总和计算分析，商请国家统计局农业司、农调总队、农牧渔业部经营管理总站等有关部门，协同进行。

省、自治区、直辖市党委的或政府的农村工作主管部门要负责此项工作的组织实施；观察点所在的县应有专人负责，以便经常检查指导，并解决工作中出现的各种问题。

调查人员，要坚持实事求是，如实反映情况，有喜报喜、有忧报忧。亲自动手，直接调查，接触各种人，与农民交朋友；要深入细致，追根求源，务必弄清问题的真实情形，积极主动圆满地完成各项调查任务。

4. 观察点和被调查对象。为了充分利用已有的调查成果，保证调查的连续性和资料的完整性，固定观察点在1984年度调查村点的基础上设置。为了使布点更具有代表性和科学性，各省、自治区、直辖市可以根据实际情况，进行个别调整和补充。

调查户的确定，应采取抽样的办法。可按人均收入水平抽样，也可按承包耕地面积抽样，还可按户口的顺序或居住的顺序抽样。不论采取哪种方法，都应力求准确地反映客观实际。为此，不同规模的村点，调查户可按不同的比例抽选。经征得农户同意，即可作为观察联系户。观察点中，户以外的其他经济实体，有一家调查一家。

5. 时间安排。固定观察点的工作，由1986年开始。统计指标方案统一拟订后，一般一年汇总上报一次，每年的统计数据在下年的第一季度汇总完毕（1985年的情况，不作统一调查的部署）。常规调查统计报表，不必分期上报。

6. 经费问题。为了保证固定观察点工作的正常开展，已向财政部申请划拨适当数量的补助专款。这项专款的额度确定后，将由农村社会经济调查领导小组办公室下达到各省、自治区、直辖市农村调查的主管部门。

各省、自治区、直辖市应根据当地情况，从地方财政中适当筹措一些经费，弥补中央补助经费不足，由调查主管部门统一调度使用。

（二）北京市农村固定观察点的建立

根据中央书记处农村政策研究室关于开展农村社会经济典型调查的部署和要求，结合本地实际，调查村的确定采用分类抽样的方法，按照平原和山区、近郊和非近郊、富裕地区和贫困地区，能反映本市总体水平和农村社会经济的基本面貌，抽取了通县梨园乡西小马村、延庆县清泉铺乡王家堡村和丰台区黄土岗乡樊家村大队辛庄村三个村作为全国固定观察点调查村。这几个调查点分别代表了平原产粮区、山区和近郊菜区三种不同类型的地区，经济发展均属中等水平，在北京郊区具有典型性。为了搞好调查工作，从市、区、县有关部门、大专院校和科研单位抽调 97 人，组成调查队伍，划分小组分别深入到点。并于 1985 年就着手进行了工作。

1. 三个点的基本情况。西小马村地处平原产粮区，全村 159 户，454 口人，191 名劳动力；耕地面积为 548 亩[①]，人均 1.2 亩；农业生产从 1982 年起，实行了口粮田和责任田相结合的“双田制”。当时村办企业发展迅速，产业结构发生明显变化，村合作经济组织不断壮大。

王家堡村地处山区，47 户，166 口人，80 名劳动力；全村总面积 7 000 亩，其中山场面积 4 655 亩，山场中有林地面积 2 000 亩，耕地面积为 298 亩，其中粮田 163 亩，人均不足 1 亩；农业生产从 1984 年开始实行了大包干责任制。由于自然条件差，生产结构单一，农民文化素质低，商品经济观念淡薄，经济发展比较缓慢。

辛庄村地处近郊城乡结合部，95 户，297 人，187 名劳动力，现有耕地 260 亩，以生产蔬菜为主，从 1985 年开始，实行承包到劳的生产责任制，专业化程度较高，见表 13-1、表 13-2。

表 13-1 调查村点基本情况（1986 年）

项　目	单　位	合　计	西小马	王家堡	辛　庄
地理位置			平原	山区	近郊
村总户数	户	301	159	47	95
村总人口	人	917	454	166	297
劳动力	人	458	191	80	187
耕地总面积	亩	1 106	548	298	260
其中：农户家庭经营	亩	1 036	548	228	260
机械总动力	马力	431	208	84	139
机耕总面积	亩	748	498	0	250
灌溉面积	亩	894	498	146	250
优肥施用量（折纯）	吨	97.5	65	12.5	20
使用农药总量	千克	1 025	450	75	500
农村用电总量	千瓦时	111 239	14 400	6 000	90 839

① 亩为非法定计量单位，15 亩=1 公顷。本部分为当年固定观察点数值，为忠实历史原貌，数据未作调整。

表 13-2 调查村点各业劳力构成情况（1986 年）

项　目	合　计	西小马	王家堡	辛　庄
合　计	100	100	100	100
1. 种植业	27.9	7.3	58.7	35.8
2. 林　业	0.7	—	3.8	—
3. 畜牧业	2.6	4.7	—	1.6
4. 工　业	56.1	78.5	15	50.8
5. 建筑业	2.4	5.8	—	—
6. 运输业	2.2	—	—	5.3
7. 商、饮、服	2.2	1.6	—	3.7
8. 其　他	5.9	2.1	22.5	2.8

2. 观察点调查户工作的实施。三个观察点村确定以后，在开展工作前，按中央书记处和市委要求，三观察点分别建立了县、乡、村领导小组，各观察点分别从县、乡、村三级抽调十名左右工作人员，到市里参加了为期三天的业务培训。之后各观察点所在的区县领导小组又召开由区、县农村部、统计局、经管站、区划办和有关乡、村领导参加的联席会议，学习有关文件，统一思想，提高认识，明确任务，为顺利开展工作奠定了基础，提供了组织保障。

一是按照等距抽样，随机的原则落实调查户。通县西小马村从全村 159 户中抽选 50 户农户为固定调查户，调查户占全村总户数的比例为 31.4%。延庆王家堡村从全村 47 户中抽选 20 户为固定调查户，调查户占全村总户数的 42.6%。丰台辛庄从 95 户中抽选 40 户为固定调查户，占全村总户数的 42.1%。

二是搞好追记，补齐数据。三个村 110 户调查户都按照农户调查表的统一指标和口径要求，县、乡、村的调查员集中时间，集中力量，逐户进行了现金、实物收支的回忆追记。由于宣传动员工作深入扎实，追记工作进行的比较顺利，数字真实可靠。

三是正式建账建制，走向正规。为了准确及时反映调查户的家庭经济收支情况，追记工作完成后，通州及时举办了培训班，详细讲解有关内容和要求，延庆和丰台采取逐户辅导的方式，各点分别给调查农户分发了账本、文具，均于 1986 年 12 月份开始正式记账工作。

四是按时汇总，保证质量。1986 年年终决算以后，各观察点及时组织力量，完成了村综合调查表、村办企业调查表、农户调查表的综合汇总工作。并及时将汇总数据上报中央书记处农村政策研究室，同时完成了《关于 1986 年北京农村调查三个固定观察点的综合报告》，为以后的连续常规调查打下了坚实基础。

二、观察点的发展、改进和完善的措施

（一）调查的组织及调整

1986—1989 年，农村固定观察点的工作，在中央农研室、国务院农研中心农村社会经济调查领导小组的统一安排和指导下进行，领导小组办公室负责日常具体工作。

1990 年以后，由中央政策研究室、农业部农村固定观察点办公室，负责固定观察点

工作的组织实施。

北京市委农村部研究室1987年2月11日给王光、黄超同志上报的“关于农村固定观察点工作的几点意见”中指出：各级都不单设机构，市级已组成调查领导小组。1994年以前，北京市农村社会经济调查领导小组，是以市委农村部为主。由王光同志任组长，赵树枫、王其楠同志任副组长，县（区）级也相应成立了领导小组。

1994年3月25日中共北京市委农村工作委员会在给市农研中心、通县、延庆县委、丰台区委的京农发［1994］1号《关于调整我市农村社会经济固定观察点领导小组的通知》对北京市农村社会经济固定观察点领导小组进行了调整。领导小组成员调整如下：组长：段强，副组长：王江渝、张石林、李明瑞。领导小组下设办公室，黄中廷同志任办公室主任。此后，对观察村点的具体指导工作一直由北京市农研中心经管站负责。

（二）统计指标

农村固定观察点的调查内容丰富，涉及面广，包括农村社会经济的各个方面，主要工作分两个部分：一是数据统计。要求按统一口径全面及时准确地收集各种数据，将调查内容的大部分转化为具体的统计指标后，填写上报各种调查表格。二是收集反映动态。同时根据需要与可能完成某些临时性的专题调查任务。

1986—1991年全国所使用的调查表有6种，包括村表、户表、企业表、联合体表、牧区表和牧户表，设置的指标总计1 100个。北京地区需要填报的有村表、户表、企业表，指标总计有800多个。1991年，增加了一部分社会指标和反映商品经济发展的指标。村表、户表和企业表指标增加到924个。

村综合调查表的调查内容主要包括：人口、农户、基层组织情况、劳动力情况、土地情况、生产性固定资产情况、农林牧渔业生产及产品出售情况、全村经营收入和经营费用、村集体财务收支情况和社会情况等（379个指标）。

农户调查表的调查内容包括：人口、劳动力情况、土地情况、固定资产情况、农作物播种面积和主要农产品产量、出售农产品情况、购买生产资料情况、家庭经营概况、家庭全年收支情况和全年主要食物消耗量和主要耐用物品年末拥有量（439个指标）。

企业表的调查内容包括：基本情况、资产情况、全年经营收入、费用及利益分配情况（106个指标）。

（三）数据资料的收集和整理

按照全国农村固定观查点领导小组的要求，北京根据自己的实际情况，在三个观察村点分别为调查户建立了家庭日记账，调查户发生的每一项经济活动均被完整地记录在日记账上，村里的辅助调查员定期对此进行整理检查，年底进行基础调查时对记账数据进行整理，填写统计表。统计表填写完成后上报市固定观察点主管部门，进行计算机录入并上报全国农村社会经济调查领导小组。

从1986—2000年，基础调查一般一年汇总上报一次，每年的统计数据在下年的第一季度汇总完毕。观察点上的新情况、新问题，一般一个季度做一次书面汇报，遇有紧急重大情况随时上报。

从2001年开始，为提高常规调查（基础调查）的时效性，及时为中央和地方党政部门提供决策依据，中央政研室、农业部发出通知，将年度常规调查的截止时间定为每年的11月30日。2001年12月的数据，根据2000年同期数乘以当年增减幅度确定预测值。今后每年以12月1日至翌年11月30日为一个统计年度，并于12月20日前，将数据汇总，通过磁盘（或因特网）报送全国农村固定观察点办公室。

（四）观察点的调整

从1986年确定了通州梨园西小马村、延庆清泉铺乡王家堡村（1997年7月清泉铺建制撤销，所属村并入永宁镇）和丰台黄土岗乡樊家村大队辛庄自然村（简称樊家村）作为长期固定观察点，一直年复一年的进行着跟踪调查。2000年，通州梨园西小马，由于城市化进程的加快，经济格局发生了重大变化，经全国农村固定观察点办公室同意调整为潞城镇（原胡各庄镇）大营村。调查农户由原来的50户调整为40户，至此北京市农村固定观察点调查农户由原来的110户调整为100户（大营40户、王家堡20户、樊家村40户）。

新调整的通州大营村，全村面积1.4平方公里，162户，463口人。农、林、牧、副、渔、旅游全面发展。大营村自1980年开始，在村党支部书记詹宝光的带领下进行旧村改造，建成十排排子房，全村街道整齐、美观、农民住上了宽敞明亮的新居。全村农户做饭实现了沼气化，洗澡用上了太阳能。在京郊第一个实行了老人退休金制度。1986年大营村在全乡第一个实现了农业机械化，率先实现了适度规模经营。先后建起了新奇特果园100亩、现代化绿色特菜园300亩、珍稀品种花卉苗木200亩、千头猪场一个、特种养殖场一处、兴办了印刷厂等企业，走上了共同富裕的道路。先后荣获市、区级综合治理样板村、文明村、先进党支部等光荣称号。1999年，实现工农业总收入1 200万元，人均收入5 200元，农民生活步入了小康。调整时大营村有粮田面积170亩，以种植优质小麦、玉米为主，年均亩产1 100千克，年均收入30万元。实现了收种管全过程的机械化。

（五）改进、完善的措施

1988年8月31日至9月3日，中央农研室和国务院农研中心在西安召开了有各省、自治区、直辖市农村固定观察点工作主管部门负责同志参加的座谈会，谢华同志主持。会议主要分析了农村固定观察点工作状况和存在的问题，讨论了今后如何加强和改进工作的意见。会议要求：①切实加强对农村固定观察点工作的领导；②进一步加强农村固定观察点的自身建设；③加强专题调查，不断充实固定观察内容；④改进调查材料开发利用和调研成果的输出办法；⑤加强对调查人员的业务培训，提高其素质；⑥上下共同负担，保证必要的经费开支。会后，中共中央农村政策研究室、国务院农村发展研究中心印发了中农研［1988］4号《关于加强和改进农村固定观察点工作的几点意见》的文件。文件指出：农村固定观察点作为中央和各地农村工作部门了解和研究农村动态的一个重要“窗口”，他的工作有进一步加强和改进的必要。应该本着长期坚持、改善方法、力争更好地为科学决策服务的精神，把这项工作坚定不移地进行下去，逐步解决工作中面临的一些问题，使之提高到一个新的水平。

根据中央会议精神市委采取以下改进措施：①明确主管单位。在市农村调查固定观察点领导小组下，建立农村固定观察点办公室，办公室设在市经管站。通县、延庆、丰台三个县（区）也相应明确经管站为主管单位；②设置专职干部。市经管站明确一名副站长负责这项工作，并确定一名具有研究生学历的干部专抓此事。有关县（区）经管站也要明确一专人负责，确保平时每个月及时反映一次动态，年度搞好分析研究；③保证经费来源，集中使用有限资金。所需经费列入每年度的财政预算（中央已列入预算），保证按时足额下拨；④建立农村固定观察点评比制度，年底对先进点、先进记账户、调查员和辅助调查员以适当奖励。

三、北京农村固定观察点取得的数据

农村固定观察点自1986年以来到2003年已经有18个年头，每年上报村、户、企业等常规调查表，数据总计达30多万个。同时还就农民改革意向、农村私营企业、粮食购销、双层经营体制以及农民职业分化、农户与市场、农村劳动力流动情况、农产品生产意向、调查户家族结构、农民市场、技术信息情况、劳动力外出情况和农民素质状况等问题作了专题调查。为中央和地方政府提供了大量的第一手材料，对于认识和把握农村经济发展的现状和规律，提高农村工作的决策水平，起了重要作用。

四、农村固定观察点的现状

农村固定观察点按照建点初期的设想，对村庄和农户至少要跟踪观察50年，到现在已连续跟踪调查了18年。正逐步发展成为集常规调查、动态反映、专项分析和系统研究于一体的农村信息采集处理系统，使之真正成为党中央、国务院和地方各级党委、政府了解农村社会经济动态以及检验各项农村政策的“窗口”。

为了加快信息、数据的调查、汇总和传递，北京市固定观察点主管部门已配置了较为先进的电脑，改善了调查手段和运转条件，提高了工作效率。

五、农村固定观察点的收获

（一）调查数据得以利用

农村固定观察点系统记录了农村社会经济的客观实际，掌握了农村改革与发展的大量第一手资料，这些来源于农村基层和农民群众的真实反映和数据资料，不同程度地进入了中央和地方有关领导机构的决策领域，成为决策的重要依据和参考。1992年，全国农村固定观察点办公室就民工问题所作的调查，引起了江泽民总书记的重视，为此作出了重要批示。原国务院农村发展研究中心运用对数万农户跟踪调查的资料，为联合国粮农组织完成“中国农户的家庭经营”的研究课题作出了贡献，被评为“在同类研究中处于领先地位”。这些成绩都与我们每一个调查农户的基础工作、提供第一手真实的数据资料分不开的，达到了为宏观决策服务的目的。

（二）观察点的作用得到进一步发挥

为使观察点工作更好地为各级党政机关决策服务，随时掌握各地农产品市场的价格动态。中央政研室、农业部农村固定观察点办公室以农调办［2001］26号《关于在农村观察点所在县进行农产品市场价格调查的通知》，决定从2002年1月起在每个观察点所在县选择当地最大的一个综合农贸市场，每个月进行一次主要农产品价格调查。在规定的时间内用传真、电话或电子邮件上报全国农村固定观察点办公室。为做好这项工作，2001 年 12 月 20 日进行一次试调查，2002 年 1 月开始，每月 15 日进行正式调查。

（三）培养了一批农村工作干部

18 年的连续跟踪调查，使从事观察点的调查人员得到了锻炼，工作能力得到了提高。他们热爱农村调查工作，努力掌握这门从事农村工作的基本功，学习和运用马克思主义的立场、观点、方法，了解和研究农村中的新情况、新问题，我们的调查员、调查村多次被中央政研室、农业部全国农村固定观察点办公室评为模范调查员、先进观察点，所写的调研报告被评为优秀，详见表 13-3。

表 13-3 1986—2003 年观察点在全国获奖情况

时间	获奖单位或获奖村	获奖个人	奖项	备注
1989 年		吴运中	优秀调研报告	《王家堡农民拥护党中央平息反革命暴乱》
1990 年	通州西小马庄		全国先进农村观察点	
1991—1993 年		吴运中	模范调查员	
1994 年		杨桂宏	优秀调查员	
1995 年		崔存利	优秀调查员	
1995—1997 年	丰台花乡樊家村		全国先进农村观察点	
1995—1998 年		吴运中	优秀调研报告	《王家堡村顺利完成延长土地承包期》
1995—1998 年		杨占忠	优秀调研报告	关于 1995 年王家堡村经济现状的调查
1995—1998 年		杨占忠	优秀调研报告	1997 年王家堡村调查报告
1995—1998 年		房一琦	优秀调研报告	从行业划分看樊家村地区经济发展状况
1995—1998 年		黄中廷 张寅梅	优秀调研报告	城市化进程加快，农户收入差距拉大
1995—1998 年		黄中廷	优秀调研报告	关于近郊城乡结合部城市化过程中若干政策问题的思考
2002 年	延庆王家堡村		全国先进农村固定观察点	
2003 年		黄中廷 鲁红云	优秀调研报告	关于积极推动郊区农村旧村改造的几点思考

（四）锻炼了记账农户

多年的记账调查，使广大的样本户也得到了锻炼，提高了家庭经营管理能力，改变了记账初期嫌麻烦、怕露富的思想，养成了记账的好习惯。他们当中不少人，视记账为荣誉，认为记好每一笔账都是“向党和政府汇报”自己的生产和生活情况，提供决策依据。有许多记账户，兢兢业业，一丝不苟，把每一笔细小的收入支出都登记在册。同时，记账也有利于家庭的和睦团结，解决了过去家庭成员之间经常为花钱多少闹矛盾的问题。1998 年 6 月，全国固定观察点办公室介绍日本京都大学两位教授到王家堡村进行考察，日本友人对王家堡观察点记账户的工作给予了高度的赞扬和肯定。

（五）观察点为农民办实事

自 1989 年延庆县经管站每年给 20 户记账户每户订北京日报郊区版报纸一份，增加农户获取信息的渠道。1988 年在市固定观察点领导小组关怀下，拨款 5 万元帮助王家堡村打了一眼机井。1995年5月又拨专款10万元解决机井配套工程（1996年10月机井配套工程完成），把自来水管道引进农户小院，从此结束了王家堡村47户农户128名社员人畜饮水困难的历史；同时使164亩旱地变为水浇地，在农业生产和农民生活中发挥了显著作用。

第三节　农产品成本、价格、效益监测

一、开展农产品成本核算工作的时间、背景

产品成本是指一定产品在生产过程中所支付和负担的费用总和。它包括物质费用、人工费用和其他费用。产品成本是一个综合性指标，产品成本的高低是衡量经营管理如何的尺度。加强成本核算，努力降低成本是促进增收节支、改善经营管理、提高经济效益的有效途径。产品成本核算是对一定成本对象在一定成本计算期内的生产经营过程中所支付的费用，按照一定方法计算出总成本和单位成本的一项重要工作。多年来，北京郊区农村合作经济组织对农产品成本是不单独进行核算的。

1980年根据国家农委和农业部的部署，按照国家农委（79）办字62号文件和98号文件的要求，开始了试点，到现在已经坚持了24年。20多年来，核算点及核算品种由少到多，课题内容不断丰富。为中央和市委了解农产品成本情况、制定农村经济政策提供了可靠的依据。

试点工作一直在国家农委、农业部的具体指导下进行的。

1. 方法。对农产品成本进行核算采用的是农业部统一要求的收支分配的核算方法。这种方法规定生产费用（后来改为物质费用）只包括生产资料消耗的货币表现，不包括劳动者的劳动报酬即人工费用，为了核算农产品的完全成本，就需要一方面将生产费用按一定种类一定数量的产品进行归集，另一方面将劳动用工按一定种类一定数量的产品进行归集、折价，与费用成本汇总，计算出该产品的总成本和单位成本。

2. 指标。1980年的核算指标有播种面积、产量、人工费用（包括用工数、工值），物质费用（包括种子、肥料、农药、机械作业费、排灌作业费、畜力作业费、其他直接费、农业共同费、管理费和其他支出）、作物总成本（包括主产品总成本、副产品成本）、主产品每斤成本、亩收入、每百斤主产品收入、亩成本、每百斤主产品成本、亩农业税、利润总额、亩利润、每百斤主产品利润、亩利润率、每百斤主产品利润率等，要求对成本、利润、利润率等指标分别“按本队实际劳动日值计算”和“按本社实际标准劳动日必需生活费计算”。

1984年，将“按本地工值计算”和“按本市工值计算”代替了1980年规定的“按本队实际劳动日值计算”和“按本社标准劳动日必需生活费计算”两个指标。随着核算品种的增加，农产品也进行了细分，除以种植为主的农产品外，还有果（茶）产品、水产品、肉畜（禽）产品、奶牛产品和蛋禽产品共六种。其中农产品将计算口径中的“按本市工值计算”改为“按统一工值计算”，同时对利润的计算分为“按实际收入计算”和“按国家定购价格计算”两种口径；其他产品的指标内容与农产品类似。

1987年，农产品的核算指标又增加了总销售量、百斤主产品的收入、成本、税金、利润情况、按国家定购销售数量、销售收入、按国家议价购销售数量、销售收入、市场出售数量、出售收入、主要生产物质投入量情况（包括化肥用量和种子用量，其中化肥又细分为尿素、氨水、碳酸氢氨、钙镁磷肥、硫酸铵、复合肥）；奶牛产品的核算指标主要有：饲养头数、产奶量、饲养头日、牛奶每斤成本、饲养日成本、销售数量、销售金额、已售产品成本、销售费用、销售税金、销售利润及物质费用7项内容；蛋禽产品的核算指标主要有：饲养只数、产蛋量、产蛋个数、活重量、饲养只日及与其他产品相同的人工费用和物质费用等。

3. 报表。1980年农业部人民公社管理局印制了《农产品成本核算报表及说明》一套，该表共分三部分：①农产品成本计算表；②农产品利润计算表；③典型户劳动力再生产必需的生活费调查表。要求由农产品成本核算的试点队填报，一式四份，一份留队、一份报县、一份报省（市、区）、一份由省（市、区）汇总后连同全省（市、区）汇总表一并送农业部人民公社管理局。1981年，农业部公社局又制定了一套“农产品成本核算报表”，表号为（81）农业（公）字第13号，该套报表内容涉及四个方面，即：农产品成本计算表、农产品利润计算表（按实际收入价计算）、农产品利润计算表（按国家收购牌价计算）、农产品成本核算单位分配和主要核算作物总产、亩产情况表。1982年，农牧渔业部统一印制了（82）农经总站（成）字第2号（基层表）一套，代替农业部公社局制定的（81）农业（公）字第13号报表，新报表保留了原报表的前三项内容，对原报表的第四项内容改为“农产品成本核算单位分配、责任制和生活费调查表”。

1985年以后北京市农产品成本核算报表形成了农产品、水产品、肉畜（禽）产品、果（茶）产品、蛋禽产品和奶牛产品六种产品成本核算报表，每种报表均分为基层表和汇总表。

二、组织机构体系

农产品成本核算工作最初的组织体系由农业部公社局、各省（市）财政局农村财务处、各区（县）财政局公社科、各乡（镇）人民公社有关部门和各生产大队农产品成本核算点构成。随着国家机构的不断改革和体制的变化，1983年，农业部农村合作经济经营管理总站成立后，该项工作由农业部公社局转到经管总站；北京市的农产品成本核算工作就由北京市财政局农村财务处转到了北京市农业局所属的北京市农村合作经济经营管理站负责；各区县的该项工作也由区（县）财政局转到了该区（县）农村合作经济经营管理站负责；各乡（镇）的农村合作经济经营管理站替代了过去人民公社的相关部门。

从市到区县、乡镇到核算点上下形成体系，核算点都有专人抓。为使这项工作能够顺利开展，1979年底，北京市财政局农村财会处开始对5个农产品成本核算试点区县的会计人员进行了有关的业务培训。1983年12月上旬，北京市经管站举办了第一期农产品成本和农业技术经济评价培训班，对来自全市各区县的81名办点干部和队会计进行了半个月的业务培训，并对所学的内容进行了理论考试。以后，每遇指标变化或农产品成本核算人员有变动时，都要采取多种形式对区（县）、乡（镇）两级农产品核算人员进行定期或不定期的集中业务培训，再由他们负责对本乡（镇）的村（组）、农户核算员进行业务培训。

三、农产品成本核算品种、试点的确定与调整

1980年，在全市集体所有制的农村人民公社建立了4个核算品种5个农产品成本核算试点，核算的品种是小麦、玉米、水稻和蔬菜，核算的内容是亩收入、亩成本、亩物质费用、亩用工、亩利润（税后）。5个试点单位分别是：顺义县后晏子大队四队、大兴县东芦大队一队和房山县窦店大队八队的粮食成本点；海淀区玉泉大队第十二队和朝阳区牌坊二队的蔬菜成本点。

1984年2月24日，北京市委农工部、市政府农林办以（84）京农20号文件下发了《关于转发市农业局〈关于郊区农村扩大农产品成本核算试点和开展农业技术经济评价工作的意见〉的通知》给各区、县人民政府、市有关局和有关单位，并成立了由北京市农业局副局长恽友兰为组长，市物价局研究室副主任刘侠和市经管站副站长谢金坪为副组长，市林业局、市畜牧局、市农场局、市水产局、市二商局、市粮食局、市供销社、市蔬菜办公室和市农科院等单位有关人员为成员的北京市农产品成本调查和农业技术经济评价协作组，负责抓好协调、配合、研究、指导工作。

当年，在5个试点的基础上，新增试点单位73个，使试点单位达到78个，其中核算到队26个，核算到组、场31个，核算到户21个。核算对象在原来的小麦、玉米、水稻、蔬菜4个品种的基础上增加了苹果、葡萄、桃、西瓜、花生、生猪、蛋鸡、淡水鱼和奶牛9个品种，使核算品种达到13个。成本试点涉及丰台、海淀、朝阳、门头沟、房山、大兴、通县、顺义、昌平、平谷、怀柔、密云、延庆、石景山14个区县和门头沟矿区、市国营农场管理局。从全市分布看，做到了县县有点、主要产品有点，此时北京市的农产品成本核算工作大大迈进了一步。

1985年，北京郊区农产品成本核算试点工作全面开展，核算品种在保持上年13个品种的基础上又增加了谷子、高粱、土豆、梨、红果、板栗、柿子、菠菜、生笋等累计达到35个，核算点由1984年的78个迅速扩大到271个，通过对有关人员进行多种形式的业务培训，使成本核算专业干部也由上年的94人增到292人，基本做到了乡乡开花、县成群体、市成网络，农产品成本核算工作全面铺开。

1986年确定了32个核算品种、287个成本核算点，同时将成本核算工作与技术经济评价工作结合起来。

1987年农产品成本核算试点工作本着为农业专业化、商品化服务，为加强宏观指导科学决策服务，核算点由上年的287个发展到312个，在区县已构成农产品成本信息网络，至此，北京市已形成独立的农产品成本信息系统。

1988年核算点由上年的312个发展到338个，成为最多的一年，核算单位由过去以分散经营的农户为主转为以适度规模经营的农场、专业队、专业户为主，农产品成本核算工作已成为郊区经营管理工作的重要内容之一。

1989年全市共确定了23个核算对象、330个核算点，农产品成本核算工作由“资料

型”向“应用型”发展又迈出了新的一步。

1990 年全市确定了 22 个成本核算对象、323 个核算点。

同年，采取等距抽样的办法，抽选出昌平、怀柔、顺义、朝阳四个区县为农业部的农产品成本调查县，确定了 1 名市级调查员、4 名县级调查员和 61 名调查点会计人员。

1991 年初，根据农业部经管总站关于在全国重新部署农产品成本核算试点工作的意见，结合北京市具体情况，北京市经管站对郊区成本试点布局从实际出发加以调整，把原来以户为主的农产品成本核算网络调整为以专业化适度规模经营的各类农业企业为主的成本核算网络。全市共确定了 15 个核算品种、241 个核算点。同时，确定当年农产品成本核算工作的重点是抓基础、抓培训、抓应用、抓报表质量，并要求各区县要切实加强领导，责成一名站领导亲自抓此项工作。

1991 年 7 月，国务院明确农产品成本核算工作由国家物价总局及各省、市物价局承担。因此农业部决定不再进行全国农产品成本核算资料汇总，同时取消了对各省、市的专项经费补贴。鉴于此，北京市经管站于 1992 年 3 月 18 日以（92）农经字第 4 号文件向市政府农林办公室递交《关于郊区农产品成本核算工作安排意见的请示》，提出“从 1992 年起，不再进行农产品成本调查工作……”。当时市农办领导指示：农产品成本调查是农口经济决策的一项重要的基础性工作，农产品成本监测资料是农口指导郊区农业生产的重要依据，必须继续进行。同意每年解决 6 万元的专项经费补贴，要求继续搞好此项工作。根据市政府农办的意见，1992 年，北京市经管站继续开展了对全市 18 个农产品品种、211 个核算点的农产品成本核算工作。

从 1993 年起，农产品成本核算结束了逐级手工汇表的历史，开始使用计算机。

1994 年，北京市经管站在搞好 19 个核算品种、228 个核算点的基础上，为了促进郊区副食品生产企业加强管理，降低成本，提高经济效益，及时掌握副食品生产成本与效益等经营状况，为政府宏观调控提供决策依据，根据北京市财政局和北京市农研中心京农研［1994］41 号《关于对郊区主要副食品生产成本与效益开展监测月报工作的通知》精神，决定自 1994 年 2 月开始在郊区抽选 100 个副食品生产企业作为固定监测点，进行按月考核分析。其中 40 个生猪监测点、20 个鸡蛋监测点和 20 个蔬菜监测点分布在除丰台、海淀、门头沟和密云之外的 10 个区县，20 个牛奶的监测点全部安排在农场局。

1995 年，北京市经管站对全市的 21 个农产品品种、211 个核算点进行成本核算。3 月，北京市经管站以（95）农经字第 6 号文件下发了《关于 1995 年郊区农产品成本核算试点工作和副食品生产成本与效益监测点工作的意见》，要求继续对 1994 年确定的 19 个品种、228 个成本点和 100 个副食品进行生产成本与效益监测工作，并提出了具体要求，对个别监测点进行了调整，将原延庆县的 4 个蔬菜点改在了海淀区。

1998 年，增加了对实行家庭经营的各类农户的成本核算。全市共确定了 22 个核算品种、215 个核算点。

1999 年，北京市共确定了 20 个核算品种、212 个核算点，在核算点中，有 109 个属于集体经营，占 51.4%，有 103 个属于家庭经营，占 48.6%。

2000 年，北京郊区的农业结构调整进一步深化，为配合全市结构调整工作，给产品经营者提供有价值的生产信息，北京市经管站在以往对小麦、玉米、水稻、西瓜、花生、蔬菜、苹果、淡水鱼、蛋鸡、肉鸡、生猪、奶牛等品种核算的基础上，增加了葡萄、砀山梨、红鳟鱼、小尾寒羊和肉牛5个品种，使核算品种达到25个，核算点为210个。

2001年在调整部分农产品及核算点的基础上，增加了对肉畜产品及与畜产品有关的农产品如兔、牧草产品的核算，同时增加了对药材品种的核算，全市共安排了20个品种191个核算点。

2002年在全市12个区县（丰台、石景山除外）确定了19个品种184个核算点。

2003年，在除丰台、海淀、石景山外的11个区县共安排了19个品种207个核算点。北京市农产品成本核算品种及核算点历年情况见附录三。

四、农产品成本核算点带来的经济和社会效果

（一）经济效果

随着党在农村的各项经济政策不断得到落实，我国农业几千年自给半自给的生产逐步地向着商品经济生产过渡和发展，尤其是社员承包、自营专业生产和新的经济联合组织成批出现以后，基层干部和群众经济核算观念有了进一步提高，通过对农产品进行成本核算，使生产者尝到了甜头，找到了想富不会富的根本原因。农民普遍反映："不算不比眼不明，一算一比心开窍，要想致富找门道。"成本核算使他们摸索出了进一步提高经济效益的方法和途径。

石景山的麻峪大队过去是个老菜队，1983年未经核算论证就挖建了50亩鱼池发展养鱼，1984年又续建了50亩鱼池，而且还想进一步扩大养鱼规模。但是利用成本资料进行综合对比分析后发现：每百亩商品菜收入4.05万元，每百亩鱼池收入只有2.9万元，每百亩鱼池比菜收入少28.4%，物质费用每百亩菜为2.65万元，每百亩鱼池为3.48万元，每百亩鱼池比菜多69.7%，纯收入每百亩菜为2万元，每百亩鱼池为0.58万元，每百亩鱼池比菜少1.42万元，说明养鱼不如种菜。引起了大、小队干部的高度重视，改变了大规模发展养鱼的计划。

1983年，平谷县王辛庄乡鸡场通过核算得出：购买饲料的费用在养鸡支出中占73.1%，而自制饲料比购买饲料每千克可节省0.04元，只这一项改变，每百千克鸡蛋就减少饲料费用13.80元，可直接增加收入，鸡场搞起了饲料加工，提高了管理水平。

同年，延庆县小河屯三队，运用当年的农产品成本数据，推算出种植苹果和小麦的每亩产量、成本、收入、效益情况对比，得出小麦的每亩纯收入只占苹果每亩纯收入的19.19%，进而提出要在搞好粮食生产的前提下，充分利用荒山、荒滩或部分坡地，发展林果生产，既美化环境又增加集体收入。

1985年，平谷县王辛庄乡鸡场在上年利用成本资料降低物质费用的基础上，重点研究了当年如何降低人工费用，他们通过对成本核算资料逐项分析，发现人工费用占总成本的10.2%，劳动力有浪费现象，经过研究，决定立即将职工从43人减少到32人，同时加强了各个岗位的责任制，使人工费用一年节省2万元，鸡蛋每公斤成本降低1.26元，提高了蛋鸡生产的竞争能力。

1988 年，昌平县小汤山镇大东流村赖马庄大队的刘素荣，通过成本核算和效益对比分析，总结出一些经验并应用于自家的肉鸡养殖中，她通过每天定量喂养和观察，发现如果在肉鸡正常饲养的 56 天再适当延长 5 天左右，将鸡料改为玉米渣加豆饼，则肉鸡会明显增重。这一发现使其肉鸡养殖的成本利润率比其他养殖户高出 30%以上。

1991 年，海淀区前沙涧渔场在全体职工中开展“收入增加一分钱，成本降低一分钱”活动，调动了职工增产节约的积极性，使单位成本同比降低，每千克淡水鱼的利润同比提高 71.3%。朝阳区洼里渔场通过成本核算资料发现精饲料消耗过大，立即实行“定额管理、以人定塘、单塘核算、纯收入提成分成”的承包办法，全场 53 个鱼池、8 眼电井全部安上电表。结果全年节支达 29.5 万元，相应地增加了收入。

朝阳区楼梓庄乡马各庄渔场是朝阳区确定的农产品成本核算试点，他们利用多年的成本资料，认真分析各种鱼的市场需求及其单位成本、价格，从中发现草鱼比鲤鱼每千克售价高 2 元左右，市场需求量大，且每千克饲料消耗低 0.40 元左右，于是增加该渔场的草鱼饲养量，使 1993 年的草鱼产量比上年增加 5 593 千克，仅此一项使渔场增加纯收入 22 372元。

顺义县北务镇小珠宝村的农民自 1999 年开始种植大棚蔬菜，其中一户农民每年坚持记录种植的品种、投入的人工费用、物质费用等，并对有关核算数据进行对比分析，摸索最佳投入产出比例。经过三年的尝试，逐渐摸索出规律，使亩生产成本由 1999 年的 1 577.99元降到 2002 年的 942.15 元，亩利润逐年上升，从 1999 年到 2002 年的四年里，分别为 1 273.81 元、1 530.93 元、1 576.86 元和 1 973 元。看到同伴从成本核算中得到了实惠，其他菜农也纷纷效仿，经济效益的不断增加使他们体会到了成本核算带来的好处。

（二）社会效果

1. 为市委、市政府和农业部制定农业政策提供依据。1986 年通过对平谷大华山乡农业科技进步作用的效益评价，得出近年来农业科技进步在农业的增长作用比例占 31.7%的理论，立即受到社会的广泛注意，市委常委、市科委主任陆宇澄在北京市农业科技工作会议上采纳了这个数据，充分肯定了科技在农业增产增收方面的作用。

1986 年 10 月 20 日，北京市经管站撰写的《京郊 1986 年 20 个小麦成本点经济效益分析》刊登在由农牧渔业部合作经济经营管理总站办的《农村合作经济经营管理问题》刊物的第 14 期上。同时，自 1984 年开始的农产品成本核算与农业技术经济评价相结合工作受到了上级政府和社会的承认和赞扬，取得了一批科研成果。如：1986 年通过对西瓜的及时分析，在当年西瓜大量上市前，北京市经管站及时向上级单位提供了西瓜三个主要品种的成本效益情况，为市委领导和有关部门最终制定我市西瓜每千克最低为 0.12 元保护价政策提供了依据，同时保证了瓜农的经济利益。

1987 年，为系统、深入地调查研究京郊蔬菜生产的成本效益，市经管站组织朝阳、海淀、丰台、石景山、顺义、平谷和昌平 7 个区县经管部门的成本核算专业干部，对 20 个蔬菜成本点进行了重点调查，用文字和图表对蔬菜生产的现状、存在的问题和发展趋势进行了分析，并提出在商品菜全面放开的基础上，如果再抓紧进行蔬菜生产的技术开发和改造，加强经济核算，改善经营管理，蔬菜生产的经济效益和社会效益一定会显著地提高。这份调查报告得到了市府领导及有关部门的充分肯定。

1988年，北京市经管站的《小麦成本效益分析报告》受到市委农村工作部和市政府农办领导的好评，同时被农业部经管总站转发到全国。

1993年3月，在汇总211个农产品核算点成本效益资料的基础上，分析出1992年郊区农产品生产的五个特点：一是多数农产品实现增产增收，单产水平进一步提高；二是种植类经济效益呈现回升势头；三是放开经营的苹果和水产类产品的经济效益呈现连续快速增长；四是畜牧业生产的经济效益滑坡局面尚未得到改变，并呈连续下降趋势；五是以土地为主要生产资料和效益考核指标的八种（类）主要农产品，其比较效益排序发生明显变化。针对上述问题，提请各级领导必须高度重视郊区农业目前面临的形势和问题，进一步加强对农业的领导，大力推进郊区农业向优质、高产、高效方向发展。提出一要依靠科技进步提高产品产量和质量；二要面向市场搞好流通；三要适当调整种植方式；四要增收节支严格核算。

通过对1993年农产品成本核算点的调查分析，提出“要提高郊区农产品生产的经济效益，必须强化市场观念，坚定不移地走‘三高’农业的道路。要千方百计降低单位产品成本，尽最大可能减小郊区农产品成本高的劣势，以增强与外地农产品的市场竞争力。要充分认识到首都农产品市场竞争越来越激烈的严峻形势，设法在品种优新、质量上乘方面采取切实可行的措施，从而开拓和占领新的市场，达到提高经济效益的目的。

根据1994年农产品成本效益情况，市经管站总结出农产品的变化总趋势是：农产品成本和价格呈同步增长的趋势，主要农产品的经济效益有较大幅度的提高。建议针对市场变化确定生产目标；调整产品结构，发展有特色、高效益的农产品生产。提出要提高京郊农产品的经济效益，必须进一步强化市场观念，针对市场变化确定生产目标，调整产品结构，发展有特色高效益的农产品生产。

1996年3月，北京市经管站的《关于1995年农产品成本效益的分析报告》资料显示：多数农产品单产水平下降，减产减收；农产品价格波动，成本上升；农产品、畜产品经济效益普遍下降，亏损面扩大。针对这种局面建议：①政府部门要进一步加强对农业的投入和保护；②企业自身要切实加强科学管理，想方设法在优化产品结构、提高产品质量、降低生产成本上下功夫，积极开拓国内外市场，增强郊区农业的竞争能力。

1997年，全市220个成本核算点的成本效益资料表明：多数农产品获得较好收成，收入有所提高；农产品价格波动，成本有下降趋势；以土地为主要生产资料和效益考核指标的农产品经济效益喜忧参半；畜产品经济效益呈回升态势，亏损面缩小。对我市提高京郊农产品生产经济效益提出了三点建议：①深化改革，转换机制；②开拓市场，建立健全农产品市场体系；③推进农业产业化经营，大力发展适合首都经济特点的现代农业。

从1998年全市215个成本核算点的资料分析得出：多数农产品获得较好收成，但收入普遍下降；农产品价格下跌，成本波动；主要种植业产品的经济效益呈下降趋势；畜牧业生产出现滑坡，经济效益大幅度下降；农户生产经营的经济效益高于集体经营的经济效益。造成京郊农产品生产经济效益不甚理想的原因，主要是农产品市场竞争激烈，价格下降。面对这种形势，报告提出一要继续加速对农牧企业的重组转制，实现投资主体的多元化和经营机制的转变；二要根据市场需求，调整生产结构；三要加大科技投入，增加农产品的科技含量，提高竞争力。

1999年，通过对全市农产品成本核算点资料的汇总和分析，发现农户家庭经营的效果高于集体经营。因此在2000年3月份上报的《关于1999年农产品成本效益的分析报告》中提出：①各级政府和有关部门要积极引导农民以市场需求为导向，调整和优化农业产业结构，大力发展京郊的设施农业、创汇农业、加工农业、精品农业、籽种农业和观光农业；②继续加大农牧企业重组转制力度；③增加科技投入，广泛运用先进的科学技术，提高农民的科技素质，增加农产品的科技含量，降低成本提高效益。

2000年底，全市农产品成本核算点的成本效益资料显示：通过几年的结构调整，北京市郊区的农产品价格在连续几年的低迷中开始缓慢回升，多数农产品的经济效益有所提高。具体表现在四个方面：①蔬菜、玉米、苹果及奶牛的平均亩（头）产量同比均有所增长，蔬菜亩均收入4 789.14元，达到“九五”期间亩收入最高的一年；淡水鱼亩均收入5 566.88元，首次突破5 500元大关；②从核算的9种主要农产品来看，除粮食、鸡蛋、牛奶外，蔬菜、花生、西瓜、苹果、淡水鱼、生猪6种产品的价格回升，平均每千克上涨0.07～1.45元，扭转了上一年农产品价格全面下跌的局面，而且淡水鱼和西瓜的价格创“九五”时期最高水平；③多数农产品的经济效益已经从低谷中摆脱出来；④畜产品中的生猪生产形势良好，实现了减亏增盈，牛奶的利润同比增长。所有这些都说明郊区农产品生产已从近几年效益不佳的阴影中走出了第一步，但还远未达到理想的目标。因此，报告提出要继续引导广大农民进一步调整农业产业结构，大力发展六种农业，搞好农产品深加工，使农业生产彻底摆脱传统的低效益发展模式，提高农产品生产的经济效益，进而增加农民的收入。

2001年的成本核算资料显示：随着产业结构和产品结构的调整，各区县大幅度调减了粮食作物面积，经济作物、饲草作物种植面积增加，畜牧养殖成了大农业的主体，特别是肉牛和奶牛的养殖呈现出良好的发展势头。针对中国加入世贸组织在农业方面将面临的种种机遇和挑战，报告提出应通过多种方式和途径，加强对农民的农业技术培训，引导农民按照市场需求组织和发展生产，尽快适应农产品市场竞争，发挥自身优势，培育支柱产业，走特色农产品之路；坚持以市场为导向，发展农民专业合作经济组织，有效地解决农户分散经营与大市场的连接问题，扩大农户经营外部规模，推进农业产业化经营。

2002年，全市的农产品在结构调整中生产效益平稳，成本下降，西瓜、蔬菜、蛋鸡、肉牛的生产效益明显提高。农民以市场为导向、以优化品种为目标的意识逐步增强，各种农民专业合作组织的作用日益显现。为此，提出各级政府要充分发挥职能作用，继续正确引导农民进行产业化经营，并积极提供全方位服务；同时，广大农民要依托科技创新，把已形成规模的产品做大做强，用足各项优惠政策和国内支持政策，让农产品走出国门，参与国际市场竞争。

2. 为区县、乡镇政府指导农业生产提供参考，为广大农户增收致富提供信息。1983年，朝阳区经管站利用生猪的成本资料对专业户、承包组、生产队三种养殖形式的经营效益进行了数据对比，结果表明专业户、承包组的生猪养殖成本低，经济效益明显好于集体养殖，建议农委大力发展专业户养猪。为该区委研究农村经济体制改革和完善联产承包责任制提供了参考资料。

1985年，延庆县经管站利用小麦成本资料，赶在全县小麦播种前，给县领导及时提供了套种与平播的经济效益对比资料，用事实证明小麦套种比一茬玉米平播每亩多产181千克，多收入31.52元，多获利润13.16元，县领导根据经管站提供的定量分析，做出了调整种植结构的决策，当年全县扩大了小麦套种面积400公顷。

1986年5月份，市经管站编印了《北京市1984年农产品成本核算和技术经济评价资料选编》约6.7万字，供各区县参阅。

随着京郊农村从点到面逐步实行农业专业分工、适度规模经营，提出了农业生产向专业化、商品化、现代化的方向发展。1986年，顺义县经管站利用农产品成本核算点的便利条件，通过对26个粮食承包大户不同生产经营规模的生产活动、成本效益状况进行定点记载，分析得出：在当地的生产条件下，劳均承包20～30亩粮田效益最高，顺义的粮田应向种田能手集中，搞适度规模经营经济效果明显。评价成果报告引起了县委领导的重视，下决心调整经营规模，使适度规模经营比例由原来的16%调整为39.6%，保证了该地区粮食的进一步增产增收。

1986年，北京市经管站根据对成本点的调查写出的《三十户笼养蛋鸡专业规模经济效益评价》在《北京日报》登载，受到郊区养鸡专业户的赞赏，纷纷索要材料并对照应用，该效益评价对全市的专业户养鸡起到了积极的指导作用。

1988年，延庆县经管站积极围绕本县农业生产发展中心和重点生产目标开展工作，以果、菜、粮为成本核算的重点对象，综合几年来的农产品成本核算资料汇编成经济效益明细表和分析说明，提供给县级领导、有关局、乡、村、重点生产经营单位以及农产品成本核算试点户。县农林办公室参考这份资料制定了县农作物种植的布局计划；县果品生产经营公司采用苹果资料作为县果品生产培训班的教材；县蔬菜公司利用蔬菜生产的成本资料引导菜农选择蔬菜种植的品种；一些重点乡、村参考该资料进行推算、验证各种农作物投入、产出数据；农产品成本核算试点单位和承包户运用成本资料提供的数据信息进行生产项目的决策和生产经营措施的实施。同时，由于该县经管站采用成本核算的理论知识，对农村财会队伍和农业科技队伍进行了培训，培养造就了一批宣传、运用成本核算的骨干队伍，使得农产品成本核算理论知识的普及面越来越大，在生产经营中实行成本核算的单位和农户越来越多。

1991年1月，北京市经管站写出了《关于1990年农产品成本效益的分析报告》，得出市农产品成本效益变化的结论是：农业投入增加，农产品全面丰收，主要农产品的效益有不同程度的增长，但粮食生产的经济效益呈下降趋势。提出粮食生产仍有潜力可挖，一是必须继续增加投入，二是加强企业管理，完善农业企业经营机制，发挥规模经济对粮食生产的主体作用。同年，北京市经管站还组织力量对近郊的现代化菜田生产、投资和经营情况进行了一次专项调查，调查采取随机的方法抽选出朝阳区南磨房乡楼梓庄种植一场、十八里店乡十里河一队一组、海淀区四季青乡曙光二队、四季青乡玉泉三队、丰台区卢沟桥乡东管头农场、卢沟桥乡小屯八队和石景山区八大处农业公司田启福组7个生产单位共

46.73公顷现代化菜田，对其在1990年的投资及经济效益情况进行了认真地调查和分析。通过调查得出：现代化菜田的经济效益呈现良好的发展势头，但总体水平仍明显偏低。在分析主客观因素的基础上，指出造成现代化菜田经济效益不高的根本原因是由于管理跟不上，具体表现在就业劳动力素质低；承包责任制不完善和核算不健全。建议在管理上多做文章，着重抓好理顺承包关系、完善承包办法，健全核算机制、强化核算功能，加强劳动管理、控制生产人员频繁流动，加强对管理人员和财会、技术人员的岗位技术培训四个方面的工作，以提高现代化菜田管理的整体素质。5月23日形成调查报告，以（91）农经字第18号文件下发各区县，对全市的蔬菜生产，特别是较大规模的菜田生产起到了指导和帮助的作用。同年10月份，由北京市经管站站长李明瑞、副站长熊文武为主编，任玉玲执笔编辑出版了《农产品成本信息手册》，该手册共分两大部分，一部分是自1984年以来各种农产品的成本、价格、利润等指标对比及其参数值；另一部分是历年农产品成本核算试点年度总结分析报告主要观点的精选。这本书对于各级政府科学地指导农业生产、调整产业结构，对于农户和农业企业更加合理的投入、提高经济效益起到了参谋、助手的作用。

（三）科研成果

1986年北京市水稻旱种节水经济效益评价项目，经过三年的连续试验示范取得了科研成果并通过了高级专家鉴定。

1989年，北京市经管站负责完成的《京郊农业科技进步在农业经济发展中的作用》综合研究报告，第一次定量地描绘了十年来京郊农业科技进步在农业经济发展中的作用为30%，同时表现出较大的动态、行业和地区差异，综合地反映了十年来农民从科技进步中得到的收益，揭示了当前农业科技工作中存在的问题。这项成果得到各级领导和广大农业科技工作者的重视，各大报纸、电台、电视台都以重要新闻刊登、播发，并首次入选为市级表彰的优秀项目，荣获市科委颁发的软科学研究优秀项目奖。

平谷县经过连续两年的研究试验，完成了《山区果树‘穴施肥水，地膜覆盖’技术经济效果评价》课题，1988年底通过了县级科技鉴定，向市农业局申报农业科技改进奖。这项成果研究表明，仅在平谷县缺水的山区推广这一新技术，增加农民收入100多万元。

门头沟区经过连续两年的试验，于1988年完成了《蔬菜（地芸豆）最佳施肥量的研究》，求得‘英国芸豆’的最佳施肥量为每亩50千克的结论。如果按最佳施肥量进行生产，按门头沟区现有芸豆面积推算，要比农民传统的施肥方法增加产量49.03万千克，增加投入2.3万元，增加盈利24.2万元。

北京市经管系统农产品成本核算工作自1980年以来已连续坚持了24年，市级试点单位从开始时的5个发展到目前的200多个；核算品种从开始时的4个发展到现在的20多个。整个农产品成本核算工作已经由试点、起步阶段迈入应用推广阶段。市、县、乡三级经管站已积累了大量有价值的农产品成本核算资料。20多年来，北京市经管站根据党在农村各个时期的政策和农村经济发展不同时期的不同需要，及时调整农产品核算对象和核算点，每一年都要在调查研究的基础上，认真布置此项工作。每年在小麦、西瓜收获后，都及时写出分析报告，年终写出全年的分析报告。为市委、市政府研究、制定农村经济政策提供了大量可供参考的信息，也得到了生产经营单位、经营者的支持和肯定。实践证明：搞好农产品成本核算点工作，不仅是各级政府从宏观上指导农业和农村工作的客观需要，也是企业和农户改进经营管理的需要。

第四节　乡镇企业经济运行动态监测

一、乡镇企业动态监测的背景

改革开放使农村经济经营主体多元化，农户承包经营及自营收益数据由账内转移到账外，传统的统计方法和手段使农村经济统计数字出现了失实，农村收支情况不准确。1985年经管系统对全市收支情况进行了核实，结果农村经济总收入和纯收入上报数与实际数均有15%～20%的水分。延庆县旧县镇东羊坊村人均劳动所得上报665.8元，核实为283.5元，虚数占57.4%；通县宋庄大邓村原报1 147元，实际673元，虚数占41%。从行业来看，数据失实的重点在乡镇企业，1992年各区县上报乡镇企业主管部门的郊区乡镇企业总收入竟然超过农村经济总收入。有些地方上报的企业虚数达到80%以上。1994年有一个村四家企业账上总收入614万元，而上报表上的数据是2 154万元，虚增1 540万元，上报数字的71.5%是虚数！统计数字失实的主要原因：一是体制问题。由于当时发展观与政绩观是相连的，对乡镇干部政绩考核的依据就是经济增长率，统计数字往往决定了干部的报酬、名利和官位，有些胆子大、报得高的县、乡、村干部得到了升迁、表彰，助长了虚报浮夸；二是缺乏有效监督机制。最初的统计法和会计法不完善、不系统、不严密，会计核算和统计数字失实根本不用负法律责任，为长官数字提供了方便；三是统计方法不科学。乡镇企业产值收入统计方法是先由企业上报所属乡、村，再由乡村汇总后上报有关单位，层层汇总，在合并报表中数字重复使用，数值虚增，基本没有按合并报表要求进行财务处理，不能真实反映企业的实际情况；四是农村财会统计人员业务素质差，账务处理不当。由于数据失实，为政府正确判断经济形势，科学决策造成困难。为了准确掌握郊区经济发展的现状，为政府科学决策提供依据，1994年4月21日，北京市委农村工作委员会发出《关于对郊区农村经济运行情况进行定点监测的通知》（京农发［1994］3号），企业动态监测工作正式开始。

二、企业动态监测的方法

企业动态监测的方法是通过对抽样企业的定点监测，以点带面，通过样本推断郊区乡镇企业的发展现状、特点和趋势。

企业动态监测工作主要围绕着“代表性”、“准确性”、“及时性”来开展的。

1. “代表性”。就是监测企业要能基本上反映整个郊区乡镇企业的经济发展状况，因此科学地选点是保证代表性的前提条件。从1994—2002年，企业监测点先后进行了四次全面调整，但始终坚持三项原则：一是由市经管站确定抽样标志值和各区县样本数，由区县经管站按照统计学等距抽样方法，先抽取监测乡镇，然后在监测乡镇中抽取定点企业。

二是对选中样本进行误差性检验，误差值在±3%以内为合格样本，否则要重新选点，直到合格为止。三是被抽中的企业，原则上不得变动，只有在财会人员素质较差，难以满足报表工作或交通条件太差，工作十分不便的情形下才能按经济水平与特点相当的原则进行必要的调换。

1994年选点以农村经济总收入为标志，选取了个10个县（区），20个乡（镇），40个村和100个乡、村集体企业为监测点。其中工业企业88家，农业企业4家，建筑企业4家，其他行业4家。企业平均产值规模480万元，平均资产规模550万元。其经营规模大体可以反映郊区乡镇企业中上等发展水平。

1995年，市委农村工作委员会领导提出对郊区乡镇企业的监测不仅要为市委市政府科学决策服务，也要为区县领导提供服务，要求各区县都要布点，搞监测。7月20日，市委农村工作委员会和市政府农林办公室发出《关于进一步加强农村经济运行动态监测工作的通知》（京农发［1995］17号），根据文件要求，企业监测范围扩大。各县（区）（含农场局）以资产总额为排队标志，用抽样方法选定3～5个乡镇，每个监测乡（镇）分别抽选9个乡镇企业。这次选点总共抽取了57个乡镇，171个村，513家企业。包括各行业企业和私营企业、股份制企业、股份合作制企业、“三资”企业等各种所有制企业。基本代表了不同规模、不同所有制形式的企业。

1998年以后，为更好地反映不同行业的发展状况，监测企业调整参照全市行业结构确定行业比例，并打破了在监测乡镇中平均抽取监测企业的格局，将监测乡镇所属所有企业按行业进行大排队，分行业抽选企业。1998年共抽取了83个乡镇640家企业。其中工业企业436家，占监测总数68.2%；农业企业36家，占5.6%；建筑企业38家，占5.9%；三产企业130家，占20.3%。1998年下半年，全市进行场乡体制改革，将农场局所属的集体乡镇划归到所在区县管理，原农场局下属集体企业也归属各乡镇，农场局系统监测企业取消，实际监测企业595家。2000年，按照全市产业结构比例，又一次对监测企业进行全面调整，抽取监测企业595家，其中工业275家，占监测企业总数46.2%，农业34家，占5.7%，建筑39家，占6.6%，三产247家，占41.5%。这两次调整较好地反映了全市各行业的发展情况。

2. “准确性”。就是保证报表提供的资料能准确、真实地反映企业实际经营情况，为领导正确决策提供可靠依据。为保证报表准确性，主要抓了三个方面的工作：

一是认真组织培训，准确理解监测内容。

一是报表业务培训。实行市经管站对区县经管站，区县经管站对各监测乡镇和监测企业两级培训。分别提出报表要求，讲解报表各项指标含义及表中平衡关系，计算机录入程序及要求，解答报表过程中存在的问题。二是理论知识培训。主要通过举办专题讲座，请专家讲解经济理论知识，提高监测工作人员理论水平。

二是用先进的计算机技术进行数据录入、上报、汇总、分析，以减少人为因素造成的误差，保证报表及时性和准确性。1994—1995年，半数区县没有计算机，各区县主要负责报表的收集和平衡关系审核，由市经管站负责录入工作，1996年10月在市计委的支持下，为各区县配备了计算机，实现了市县两级联网。2000年，对DOS操作系统软件进行了全面升级，做到计算机自动检验报表平衡关系，提高了报表准确性和时效性。

三是定期组织抽查，确保报表与财务报表的一致性。为减少政府的行政干预，解决报表数据不实的问题，这套监测体系最重要的一点就是监测企业与经管站实行点对点报表，不经过当地政府加工。这样就保证了报表的真实性。同时坚持审计抽查制度，1995 年委托市农村经济审计事务所对部分企业进行审计。1996 年以后实行定期抽查企业制度，要求各区县每年抽查面 1/3，共 15 家企业，分两次组织专业技术干部直接到企业进行财务报表审计，首先检查财务报表与监测报表的一致性，其次检查企业财务报表是否符合财务制度，对企业财务人员进行适时培训，保证了报表的准确性。

3. “及时性”。就是要求报表在一定的时间内完成上报、审核、录入、汇总和分析，上报市有关领导和部门。主要采取以下措施：

一是列入预算，为监测工作提供必要的物质保证。要求每个县（区）要专门拿出一笔专项业务经费列入年度预算，每个监测点不少于 1 000 元。业务经费用于培训、报表印刷、会议、组织报表抽查审计、专题调研和评比表彰等费用，保证此项工作正常运转。

二是定期评比奖励，提高报表工作积极性。1994 年北京市农村合作经济经营管理站发文《关于对监测点工作进行评选和奖励的意见》[（94）农经字第 24 号] 要求根据组织落实、报表、调研报告、综合等四项，采取打分的办法，按总分由高到低选拔先进，并给以适当奖励。保证了监测报表按时报齐，及时地满足了市领导的工作需要。1998 年以后，市经管站实行岗位责任制，乡镇企业动态监测纳入考核范围。

三、企业动态监测产生的效果

多年来，企业动态监测工作不断加强和完善，调查分析能力逐渐增强和提高，分析包括企业经济增长情况（营业收入增长率，利润总额增长率，盈利、亏损企业比例和盈亏额）；企业盈利能力（销售利润率，总资产报酬率，资金利税率）；企业资产管理水平（存货周转率，应收账款周转率，资产负债率，资本保值增值率）；企业资金变现能力（流动比率，速动比率，已获利息倍数）等各个方面，每年区县撰写、上报各种分析报告多达 170 余篇，为市县各级政府提供了大量的数据和企业发展情况报告，对各级政府决策起到了积极的作用。

（一）抑制了虚报浮夸，为各级领导科学决策提供了真实信息

由于监测体系以科学方法选点，注重真实性和及时性，注重调查研究，注重抽查和审计，有效地抑制了浮夸之风，基本准确地把握了企业发展的脉络，为市领导准确把握乡镇企业经济发展形势提供了有力依据。

1994 年 12 月，运用企业监测数据，撰写了《关于改进管理工作的几点建议》，北京市农村经济研究中心领导以此为题在北京市农村经济务虚会上作了发言，引起了市委农工委、市政府农办、各区县主要领导及有关专家学者的高度重视，认为这个发言对郊区乡镇企业的状况和发展阶段的判断实事求是，对存在的矛盾和问题分析准确可靠，提出的建议切实可行。对市委市政府的正确决策产生了积极的影响。市委农工委将 1994 年监测报告转发到各县（区）委和人民政府（京农发 [1995] 5 号），要求结合本县（区）实际认真

加以研究和解决。

1996 年，通过监测我们对乡镇企业发展现状的基本估价是京郊乡镇企业正处于低谷时期。主要依据：一是增长速度从 1994 年开始出现下滑趋势，到 1996 年已出现负增长。二是企业经济效益指标连续下降。三是企业财务状况日益恶化，债务沉重，相当一批企业陷入困境。监测报告《关于乡镇企业发展现状与对策的研究报告——京郊 500 家乡镇企业 1994—1996 年经济运行动态监测情况综述》，以市委农村工作委员会文件转发（京农发 [1997] 9 号）给郊区各县（区）委、县（区）人民政府，农口各局、总公司党委（党组）。

1997 年，面对众多乡镇企业发展已走出低谷的声音，监测结果反映：京郊乡镇企业的发展尚未摆脱徘徊局面，主要依据：一是增长仍在徘徊。二是效益继续下降。三是企业亏损面继续扩大。四是企业财务状况未见好转，发展仍然艰难。这篇报告《京郊乡镇企业尚未摆脱徘徊局面》得到了岳福洪副市长的高度重视，批示以人民政府农林办公室文件转发（京政农发 [1998] 001 号），同时被人民日报内参全文刊登，被市统计局评为优秀论文三等奖。

（二）推动了郊区乡镇企业改革和发展

通过监测不仅及时向各级领导反映了企业发展的特点、趋势，见证了企业发展历程，还根据企业发展中存在的问题提出了一系列对策和建议，得到了领导的重视，在一定程度上推动了郊区乡镇企业的产业结构调整和二次创业。

1994 年，根据企业增长速度不高，经济效益下降，运营情况不佳的特点，提出了进一步调整乡镇企业行业结构和产品结构，确立优势产业、支柱产业、拳头产品和重点企业；进一步完善乡镇企业承包制，转换企业经营机制，加快产权制度改革，积极推行现代企业制度等对策建议。1996 年，根据企业发展出现下滑趋势，提出了解困对策：一是调整乡镇企业经济结构。二是改革企业管理体制。三是强化企业内部管理。1997 年，根据企业发展尚未摆脱徘徊局面，提出应在四方面取得突破：一是要在思想大解放上取得突破。二是要在“政企分开、还权于民”上取得突破。三是要在经济结构的战略性调整上取得突破。四是要在置换乡镇企业经营者上取得突破。

（三）及时总结企业发展中的经验和问题

监测系统不仅按季度提供监测报表和分析报告，每年还进行大量的重点调查和典型调查，主要包括：一是根据需要进行专题调研。如进行了乡镇企业产权制度改革实效分析、乡镇企业发展的作用、郊区乡镇企业可持续发展、盈利企业运行机制和管理模式分析等。二是调查和总结绩优企业的运行机制、管理模式和值得推广的经验。三是调查和总结亏损企业的亏损原因、主要问题，提出意见和建议。

第五节　星火科技先导示范企业动态监测

一、背景及监测主要内容

1995 年，市科委农村处会同市有关部门推出了百家星火科技先导示范企业认证活动，为及时了解这些企业的经营状况，1999 年市科委农村发展中心委托市经管站按季度对百家企业进行动态监测。2001 年全市又进行了一次全面重点调查，2002 年底星火科技先导企业动态监测工作结束。

为了更好地反映星火科技企业的发展状况，便于与监测的 600 家乡镇企业进行横向对比，星火企业动态监测采用了与乡镇企业同样的监测报表、监测手段和方法，监测分析的主要内容包括：①全面反映星火科技先导示范企业经济发展状况；②按经营方式比较（包括集体经营、集体所有个人承包、股份制、股份合作制、公司制、租赁、三资、国营、私营、其他等十种形式）；③按企业经营时间分析（2 年以下、2～5 年、5～10 年、10 年以上）；④按经营规模分析；⑤按隶属关系（县办、乡办、村办、主管局办、无主办）分析。

二、监测效果

星火科技先导企业动态监测结果主要上报市科委，同时上报市委农工委、市农委主要领导和有关部门，并下发各区县科委和百家监测企业，既为领导及时掌握京郊科技企业的发展现状和特点，了解科技对企业发展产生的影响和效果，指导科技企业的发展提供了可靠的依据，又为企业及时掌握星火科技先导企业的总体发展水平和特点提供了窗口。

（一）由定性分析到定性定量分析相结合

在动态监测以前，科委只了解单个企业的基本情况，知道其科技含量，但对企业经济发展动态、趋势只能进行定性描述，不能进行定量分析，通过监测和重点调查，点面结合，定性与定量相结合，使科委和各级领导不仅能及时掌握星火科技企业的整体发展态势、特点、业绩和问题，而且能随时了解每个企业的经营情况，满足了需求。

（二）及时掌握企业发展情况和趋势

监测结果表明，科技是企业发展的第一生产力，这些企业在科技的带动下，经济持续增长，2002 年这些企业共实现营业收入 56.1 亿元，是 1995 年的 4.6 倍，年均增长速度 24.2%；实现利润总额 5.6 亿元，是 1995 年的 7.2 倍，年均增长速度 32.5%；实现净利润 4 亿元，是 1995 年的 7.4 倍，年均增长速度 33%。即使在 1997、1998 年乡镇企业总体滑坡时期，这些企业的平均发展速度也保持在两位数以上，显示了旺盛的生命力，可见北京市工业生产快速增长的主要动力来自高新技术产业。

（三）找到了与乡镇企业的差距

通过监测和对比分析，星火科技企业与乡镇企业相比具有明显的优势：一是体制优势。星火科技企业实现快速增长的根本原因是产权明晰，用现代企业制度来管理企业。二是设备先进，技术力量强。2/3 以上的企业拥有国内或国际先进设备，平均每家企业拥有技术人员 68 人，70%的企业拥有自己的研发机构，远远优于同步监测的乡镇企业。三是产品科技含量高，更新换代快。到 2002 年底，58.2%的企业拥有以自主知识产权生产的产品，企业技术性产品销售收入（即利用专利技术或自主知识产权生产的产品收入）占总收入的 70%以上，初步实现向科技要效益的局面，而同步监测的乡镇企业却仍以传统产品和技术为主，少有主导产品和专利技术。

（四）总结星火科技企业的社会效益

一是科技示范作用。不少星火企业成为当地龙头企业或重点企业，提升了当地产业水平和管理水平，带动了当地小城镇建设，增加了农村社会资产存量，产生了良好的经济效益，为地区经济发展做出了重要贡献。二是将更多的农村劳动力塑造成有专业技能的现代工人。随着企业的不断发展，更多的农村劳动力被吸收进企业并得到专业技能培训，使这些普通农民逐步成为有专业知识和技能的现代工人，为农民增收做出贡献。

（五）全面总结和分析企业持续增长的动因和存在问题

通过报表，走访企业与企业法人和管理技术人员座谈及针对性书面调查等手段，及时了解了企业持续快速增长的动因、存在的问题和如何可持续发展等，提供有关领导和部门，为制定相关政策提供了有力依据。

（六）为企业发展献计献策

通过监测和重点调查，深入地了解了企业的发展环境、管理模式、技术特点、人力资本等企业发展要素，对企业发展特点、经验及存在的问题有了进一步的认识，结合我们对国内外优秀企业的了解和认识及加入世贸组织后对企业的影响等，积极为企业发展献计献策，提出意见和建议。

第十四章　农村管理信息化

农村管理信息化，就是利用计算机与现代网络信息技术，以农村财务管理为切入点，以农村经营管理为核心，遵循农村经济、社会的内在联系，实现对农村管理事务的全面、综合、信息化、网络化管理。它是在农村会计电算化和农村经济统计电算化的基础上逐步发展起来的，是农经部门为适应农村经济和社会形势的发展，长期探索与创新农经管理工作方式与方法的结果。其实质就是适应经济全球化、信息化、网络化发展的客观形势和实现农业、农村现代化目标的客观要求，推动农村经营管理工作从传统方式转向现代化科学管理的新阶段。

第一节　历史背景

农村会计电算化是农村管理信息化的前身。随着市场经济的发展，北京郊区农村集体经济迅速发展，集体资产存量不断增加。农村集体经济日益成为广大农民群众关心的热点、焦点问题，单纯依靠手工记账已不能满足经济发展的客观需要。同时，其他行业会计电算化的蓬勃发展对农村财务会计走向电算化也起到了一定的促进作用。农村会计电算化首先从北京近郊海淀、朝阳、丰台等地兴起，其中海淀区四季青乡早在1984年底就开始用计算机管理固定资产及财务报表。但是，初期的电算化只限于对零星会计业务的处理，真正意义上会计电算化，即：使用财务软件、按照财政部有关规定进行会计电算化，开始于20世纪90年代，然而，受郊区县地域经济发展不均衡等因素的制约，到90年代末，实行会计电算化的区县多集中在近郊，且发展较缓慢。截止到2001年底，全市有10个区县的37个乡镇的329个村实行了农村会计电算化。

另外，农村经济统计电算化也是农村管理信息化的一个雏形。农村经济收益分配统计是经管系统的传统业务，是经管系统最先利用计算机开展分析汇总的业务，也是农村管理信息化的一项重要组成部分。北京市经管站从1989年开始对农村经济收益分配统计的手段与方法进行改革创新，变过去的手工逐级汇总为市级收益分配统计数据计算机汇总，将市经管站统计科5个人一周的工作时间缩短到2个人3天完成。到1995年实现了区县级计算机汇总并向市经管站上报软盘。1996年12月区县级统计数据采用拨号上网方式上报市经管站。2001年收益分配统计变逐级汇总为超级汇总，即市级可以收集到全市各区县、各乡镇、各村及各乡村企业的基础数据，这是农经统计在总结多年电算化管理经验的基础上的完善与创新，充分发挥了电算化管理的优势。农村经济统计的其他业务也随着计算机的普及，逐步实现了电算化管理。1990年，全国农村固定观察点数据统计实现电算化管理；1991年，市经管站对农村经济审计基本情况的统计分析实行电算化；1993

年，农产品成本核算采用电算化管理；始于1994年的全市乡镇企业动态监测工作在起步时就采用了计算机管理；农村集体资产、合同管理等工作的数据统计也先后实现了电算化。农经统计电算化为经管部门节省了大量的人力、物力，提高了工作效率，同时造就了一支既懂管理又掌握计算机技术的干部队伍，为农经部门开展农村管理信息化工作奠定了人才基础。

2000年7月，农业部在广东省南海市召开了全国农村经营管理工作电算化工作现场会，农业部农村经济体制与经营管理司、农村合作经济经营管理总站于2000年10月发出了《关于逐步推广农经电算化工作的意见》(农(经综)［2000］21号)。要求各省市在"十五"期间大力推广农村经营管理工作电算化，并对北京等大城市提出了更高的目标。文件中强调了农经电算化工作的重要意义：一是显著提高数据汇总与分析的能力；二是规范乡村财务管理，增强工作透明度；三是完善农经工作专项管理手段；四是档案管理科学化；五是为增加农民收入服务；六是提高工作效率、提高人员素质。并指出农经电算化工作的指导思想：以提高农经工作效率、提高农经工作质量为目的，从实际出发，在有条件的地区积极、稳妥、逐步地采用计算机和信息技术等现代手段，不断改进乡、村集体经济的管理工作，不断改进各级政府农经机构的业务工作，为提高农民收入、提高政府工作效率服务。文件中还确定了推广农经电算化工作要遵循因地制宜、稳步扩展；典型引路、示范推广；讲求实效、勤俭办事的基本原则。并要求各地农经主管部门在"十五"规划中，都要结合当地情况考虑农经电算化问题，有条件的地方，要制定规划、组织试点、逐步实施。力争到2005年，地市级以上农经部门实现电算化管理，全国有1/4的县基本实现电算化管理。各级农经部门都要积极扶持有条件的乡、村、组集体经济组织开展农经电算化管理。

北京市经管站按照农业部《关于逐步推广农经电算化工作的意见》(农(经综)［2000］21号)的要求，于2000年底确定了朝阳区太阳宫乡、门头沟区永定镇、通州区牛堡屯、昌平区北七家镇、怀柔区庙城镇、房山区城关镇和良乡等乡镇作为市级农经电算化试点单位。2000年12月5日农业部农村经济体制与经营管理司、农村合作经济经营管理总站同意将北京市朝阳区、房山区列为全国农村经营管理电算化试点(农(经综)［2000］28号文件)。

2001年2月，北京市经管站组织丰台区经管站、房山区经管站、通州区经管站、怀柔县经管站以及部分乡镇的主管领导和专业人员，赴广东省对农村经营管理工作电算化情况进行了考察。并撰写了题为《用计算机和信息技术推进农村经营管理工作现代化》的考察报告。

在学习借鉴外地先进经验的同时，市经管站还对北京郊区经济的发展现状做了大量深入细致的调研工作，调研结果表明：①北京市农村经济发展迅速。截至2000年底，全市农村经济总收入达到1 286.9亿元；农村集体资产总额达到1 057.6亿元；集体净资产总额达到475.2亿元；农民人均纯收入达到4 959元。②农村经济结构日趋复杂。由过去单一集体经济为主，转变为集体、个体、私营等多种经济成分和独资、联营、合资(合作)、股份制等多种经营方式共同发展。产权流动、资金流动、人才流动日益频繁。③农村城市化进程加快。一方面农村集体土地被大量征用、占用和集体企业搬迁、拆迁，导致集体土地和集体资产权属关系频繁变动；另一方面郊区农村外来流动人口的聚集速度加快，农村基层组织面临的人口、劳动力等管理工作越来越繁杂。④农民民主意识和产权意识增强。农民对农村集体资产和村级管理事务，特别是村级财务等问题的关切程度日益提高，要求农村基层干部在村级事务管理中实行公平、公正、公开的呼声越来越强烈。这种客观形势，对郊区农村经营管理工作，以至农村基层的整个管理工作，都提出了更新、更高的要求。只有适应形势发展需要，对过去传统的农村管理手段和方法进行改革创新，采用现代计算机技术和网络技术逐步实现农村管理信息化，全面提升农村管理工作的科学化水平，才能进一步促进郊区农村经济更快的发展，推动农村基层组织民主建设，保持农村社会稳定。

信息化水平是一个地区综合实力和现代化程度的重要标志。目前，首都信息化水平已在全国处于领先地位，但郊区农村信息化、特别是农村管理信息化水平相对滞后。因此，农村管理信息化是郊区实现农业现代化的关键环节，是农村社会经济发展的必然选择，它不是一般的新技术运用和革新，而是更高层次上的全新的管理革命，对于推动整个郊区经济社会发展具有重要而深远的意义。

基于以上认识，2001 年 10 月，北京市经管站根据建设“数字北京”的总目标，正式提出在郊区推行农村管理信息化的建议，并组织研制开发了《北京农村管理信息系统》。

第二节　发展过程

根据农业部和市委、市政府对信息化工作的要求，北京市经管站开始有组织、有计划、按步骤地在郊区推行农村管理信息化工作。

一、统一组织开发农村管理软件

北京市经管站从北京郊区实际出发，并经与多家软件公司谈判后，于 2001 年 10 月 22 日正式与广东金宇恒科技有限公司签订了项目开发协议书，决定联合开发《北京农村管理信息系统》。为做好开发研制工作，市经管站同时成立了《北京农村管理信息系统》的研制开发领导小组并明确其职责。

2001 年 11 月 8 日至 11 月 22 日完成系统开发第一阶段的需求调研，调研小组调查了怀柔县经管站及庙城镇、房山区经管站、密云县经管站及大城子镇等基层单位，还认真征求了市委农工委有关处室及市经管站业务人员的意见和建议，确保了调查工作的质量。经过反复修改，2001 年 12 月底，正式提出《北京农村管理信息系统总体设计方案》。

2002 年 1 月初，开始按照总体方案的框架作各功能模块的详细需求分析，到 2 月底，《系统需求说明书》完成。系统进入程序设计阶段。

2002 年 4 月初至 7 月，系统进入试运行阶段。以昌平区北七家镇郑各庄村实际资料为基础进行测试。

2002 年 9 月通过了中国软件评测中心产品鉴定测试。中国软件评测中心根据 GB/T

17544《软件包质量测试和要求》的国家标准、CSTC《应用软件产品测试规范》和软件用户手册，针对软件产品的完整性、实用性，分别对其功能度、安全可靠性、兼容性、可扩充性、资源占用率、易用性和用户文档等质量特性进行了全面、严格的鉴定测试。测试结论："《北京农村管理信息系统》的各子系统在功能处理方面较好地达到了软件用户手册要求，系统在模拟测试环境中，运行基本可靠，功能设计满足了当前农村事务的管理需要。《北京农村管理信息系统》通过中国软件评测中心软件产品鉴定测试。建议进一步提高系统的数据有效性检验，更加完善系统功能，加速推广应用。"至此，《北京农村管理信息系统》1.0 版正式完成，这个系统以农村财务管理为切入点，以农村经营管理为核心，遵循北京农村经济、社会的内在联系，共设置了经营管理、人口管理、资源管理、党群管理、社会事务管理、档案管理以及村务公开等八个模块，可以实现农村基层组织对人、财、物进行全面综合管理。

二、全面部署农村管理信息化工作

2002 年 11 月 5 日，市委农工委、市农委在昌平区北七家镇召开了全市农村管理信息化工作现场会，各郊区县主管区县长、农委主任、信息中心主任、经管站站长和市信息办、财政局、计委、科委、监察局、农研中心等有关部门领导、市新闻单位记者近 100 人参加了会议。市农委副主任赵根武作了工作报告，对全市农村管理信息化工作做了全面动员和部署。农业部经管司司长陈晓华出席并讲话。市经管站演示了《北京农村管理信息系统》。下发了北京市委农工委、市农委的《关于农村管理信息化工作的实施意见》(［2002］49 号)，明确了北京市农村管理信息化建设的指导思想、基本原则、具体目标和保证措施。文件中还要求统一组织开发《北京农村管理信息系统》进行农村管理信息化建设试点工作，将该项目作为北京市农口信息化建设重点项目"数字乡镇"的重要组成部分，在全市郊区范围内推广和应用。

三、落实农村管理信息化建设的组织机构

市委农工委、市农委负责农村管理信息化的组织领导，市经管站具体负责组织实施工作，并成立了农村管理信息化办公室。各区县也分别成立了由主管区县长亲自挂帅的农村管理信息化工作领导小组，办公室设在区县经管站。

四、加强农村管理信息化制度建设

为了加强管理，保证《北京农村管理信息系统》安全、稳定地运行，按照市委农工委、市农委的要求，2002 年 12 月，市经管站制定并下发了《北京市农村管理信息化管理办法》、《北京市农村管理信息化管理员、操作员、审核员岗位职责规范》和《北京市农村会计电算化管理办法》，制度中规范了北京农村管理信息化建设的机构、人员及其职责；统一了计算机的硬件配置和管理；明确了软件的使用与管理；并对农村管理信息化的档案资料的保管提出了要求，是针对农村管理信息化建设中存在的普遍问题制定的规范措施，使农村管理信息化工作有章可循。

五、加强人员培训，实行持证上岗

信息社会的竞争，归根到底是人才的竞争，高素质的信息化人才队伍是信息化建设的重要保障，北京市经管站在《北京市农村管理信息化管理办法》明确规定："管理员、操作员、审核员必须参加市、区县经管站组织的统一培训，经考试合格后，持有市经管站颁发的《北京市农村管理信息化上岗资格证书》，方可上岗工作。"市经管站先后举办农村管理信息化培训班 15 期，培训 443 人次，其中培训各区县领导干部 42 人。参加培训的人员全部获得《北京市农村管理信息化上岗资格证书》。

六、积极试点，稳步推进

2003 年底，全市 14 个郊区县都已制定落实了农村管理信息化建设方案，39 个乡镇被确定为试点，涉及 289 个村。截止到 2003 年底，全市已有 8 个区县 12 个乡镇的 114 个村使用《北京农村管理信息系统》进行村级日常办公和村级管理工作，占全市总村数 3%。其中昌平区北七家、顺义区后沙峪和李桥 3 个乡镇村村都实行了全面的信息化管理。有 12 个区县 65 个乡镇的会计服务中心已使用《北京农村管理信息系统》对 1 466 个村财务会计工作进行了电算化管理，占总村数的 36%。其中通州、密云、顺义 3 个区县的所有乡镇对村账托管村的财务进行了电算化管理。

七、出版发行《北京市农村管理信息化工作手册》

为了适应区县、乡镇、村搞好农村管理信息化建设的需要，市经管站组织编写了《北京市农村管理信息化工作手册》，并于 2003 年 5 月由中国农业出版社正式出版发行。该书共分为五部分。第一部分是农村管理信息化的有关政策文件，第二部分是农村管理信息化的有关领导讲话，第三部分是农村管理信息化的一些典型经验，第四部分是《北京农村管理信息系统》介绍，第五部分是农村管理信息化的相关知识。它是一本从事农村管理信息化工作的工具书，可为广大农村干部提供日常工作指南，为各级党政领导和有关职能部门指导工作提供依据，又可作为各级农村管理信息化工作人员的培训教材使用。

八、筹建北京农村经济数据处理中心

按照市委农工委、市农委《关于农村管理信息化工作的实施意见》（京农发［2002］49 号）的要求，要分级建立北京农村管理信息系统数据处理中心，到 2006 年初步达到市、区县、乡镇、村四级数据网络传输及信息共享。为了各区县搞好本地区的农村管理信息化数据处理网络传输建设，规范全市郊区农村管理信息系统网络建设，减少重复投资，实现资源共享，统一建设标准，实现标准化建设，市经管站决定全市统一组织开发市、区县、乡镇三级《北京农村经济经营管理数据处理系统》软件和农村经济数据处理中心的建设。

北京市经管站按照公平、公正、公开的原则，采取邀标的形式与多家计算机软件公司洽谈，经过综合评价，选定了设计方案、开发价格及对北京地区的了解程度均优于其他公司的广东金宇恒科技有限公司，进行《北京农经数据处理系统》的开发及对农经数据处理中心的建设。

2003年4月中旬，《北京农村经济管理数据处理中心总体方案》设计出台。

2003年6月，北京农村经济管理数据处理系统需求说明书确定。

2003年8月至12月，进行主要模块设计。

第三节　效　　果

农村管理信息化在实践中产生，在摸索中前进。信息化试点村通过电脑触摸屏对村务、财务进行了公开，广大村民反映强烈，实实在在感觉到信息化已到身边。

从更深层次上看，实现农村管理信息化有助于领导科学决策、农民增收致富。随着社会主义市场经济体制的进一步完善，各级领导需要掌握大量的第一手信息，做出科学决策，广大农民更需要及时了解市场、科技信息，实现增收致富。特别是加入WTO以后，农民都要参与国际竞争，传统的信息传播途径已经不能满足需要。必须适时推进农村管理信息化建设，为各级领导和广大农民提供全方位的信息服务。

北京郊区推行农村管理信息化以来，从实践效果看，从根本上改变了农村管理的观念和方式，初步实现了农村管理工作的民主化、科学化、规范化、高效化。归纳起来，有以下几点：

一、提高了农村管理水平和工作效率

通过实行农村管理信息化，提高了工作效率，减轻了工作负担，使农村管理工作上了新阶梯。北京市在农村管理信息化建设中统一组织开发的《北京农村管理信息系统》包括了农村人、财、物的所有信息资源，可以非常方便、快捷地查询、汇总和分析村一级的各种信息资料，大大提高了准确性，减轻了农村干部的劳动强度。昌平区北七家镇全镇21个村和顺义区后沙峪镇全镇16个村使用《北京农村管理信息系统》对村务、财务进行全面管理，收集了大量的基层原始信息，一方面满足了村级内部的各项管理，村干部们形象地说："现在是干部不出屋，便知全村事。过去找数到处跑，现在问电脑；过去村务一团麻，现在一点全知道；过去办公费时又费力，现在电脑全干了"。另一方面，基础资料经由信息网络传输至上级管理部门，通过数据处理系统的分类加工为各级管理层的各个部门提供准确、完整、及时的数据资料，解决了以往逐级上报、逐级汇总，决策者难以了解到基层全面情况的问题。目前，这两个镇均已将各村上报信息在镇和市级处理中心进行统一管理，各部门可按权限调用和访问数据，这也是机关政务实现办公自动化的重要基础。

二、规范了农村管理工作，堵塞了管理漏洞

实行农村管理信息化，首先是规范了农村财务核算。由于在农村财务管理系统中，对总账及部分明细科目都设置了统一的科目代码，同时按照有关法规和制度设置了科学的控制功能，因而账务处理必须规范、合法，否则系统不响应，有效解决了手工操作中存在的

不统一、不规范的老大难问题。其次是规范了管理行为。网络管理系统中根据各管理者的职能设置了相应的管理权限，实行内部牵制制度，各类人员必须各司其职、各负其责，从而有效地约束了不规范管理行为的发生。第三是规范了管理程序。系统按照每项业务工作的规程设置了相应的办事流程，管理者必须按照规范的操作流程来完成每一项工作，从而使办事程序规范化，减少人为因素。例如：实行农村财务电算化后，农村财会人员每月只需将当月发生经济业务的原始凭证录入到计算机系统中，审核、记账、结账、固定资产折旧的计提、应收款的转账、财务报表的生成等工作全部由计算机自动处理完成。

三、强化了民主管理与监督，促进了农村社会稳定

村务、财务公开是农村民主管理的具体体现，过去我们也进行公开，公开的内容数据都是村干部和管理人员从会计账目中抄录下来的，然后张榜公布，受人为因素的制约性较大，公布的内容是否全面、真实，群众对此很容易产生疑虑。实行信息化管理后，按照要求对公开的内容用程序设定下来，公开的数据资料从计算机的原始记录中直接导入到财务公开栏目中，通过查询机触摸屏或打印上墙公布，真正实现了公平、公正、及时、在线的公开。做到了给群众一个明白，还干部一个清白。实现了封闭式管理向公开式管理转变。过去，农村的村务只有相关的管理人员知道，村民连自己社区有多少集体资产和经营情况都不清楚，更谈不上参与经营决策和监督了，由此而引发的村民因误解而上访的情况时有发生，造成干群关系紧张。现在，农民只要一上网，或一触村委会大堂的村务公开查询机触摸屏，本地方方面面的情况就可以一目了然。昌平区北七家镇实行信息化管理后，对村级财务进行了镇村两级公开，对本村的财务公开内容，群众可以在本村查询，也可到镇政府大厅政务公开触摸屏上查看本村财务公开内容。群众对这种公开形式非常满意。前两年群众因财务问题上访告状的较多，自从实行信息化管理后，全镇因农村财务问题来信来访的比信息化管理前下降 91%，集体上访率下降 60%，上访人次下降 94%。通州区推行会计电算化后，由于村级财务方面问题上访案件的数量下降了 47%。

四、提升了农民素质，优化了管理队伍

把先进的科学技术引入农村管理，必须有高素质的管理和应用人才相配套。推行信息化管理促成管理人员的优胜劣汰，打破了“人情关系网”，引入了竞争机制。通州区实行会计电算化后，全区 11 个乡镇农村财务服务中心公开招聘记账人员 51 名，平均年龄为 35 岁，文化程度全部在高中、中专以上，其中 37%为大专以上学历。全区村级会计人员 50 岁以下的占 72 %，比电算化前增加 15%；文化程度为中专、高中以上占 56%，比电算化前增加 23%；具有中级职称（含农民会计师）人员占 45%，比电算化前增加 30%。信息化建设还推动了农村社会全民素质的提升。通过培训，提高了人们对信息技术的应用水平。通过应用，带来了观念和知识的更新，激发了对信息化的需求。据统计，顺义区后沙峪镇目前计算机拥有率已达 25%，每 4 户家庭中就有一台计算机。最初农村家庭购买计算机主要是为孩子们学习用，后来受推广信息化的影响，人们的意识和行为也逐步发生了改变，上网冲浪、收发电子邮件已经不再神秘，闲暇时围着麻将桌的人少了，坐在电脑

桌旁的人多了，形成一股人人学电脑、人人用电脑的热潮。

五、加快了城市化进程，缩小了城乡差别

应用现代信息技术，从硬件建设到软件管理，大大提高了农村小城镇的环境条件，提升了技术含量。先进的电话、电视、互联网络，缩小了城乡的区位差异；现代的信息处理技术，缩小了城乡在管理模式上的差异；信息技术的深入应用，缩小了城乡之间人员素质上的差异。

第三篇 农村合作经济管理机构与队伍

第十五章 经营管理机构与队伍

为了发展和管好北京市农村合作经济组织，根据上级要求，建立健全与之相适应的工作机构和专业化队伍，具有十分重要的意义。1950年12月中共中央发出《关于农业生产互助合作的决议（草案）》，并于1952年11月作出决定，在中央、各中央局和省委建立农村工作部。作为“各级党委在领导农村工作方面的助手”，“其任务是帮助党委掌握农村各项工作的政策方针，而中心任务是组织与领导广大农民的互助合作运动，以便配合国家工业化的发展，逐步引导农民走向集体化道路”。1954年8月31日，国家农业部发出《关于培养训练农业生产合作社会计和增设会计辅导员的通知》。依据中央决定和农业部通知，随着北京郊区农村合作经济的发展，逐步建立了市、区（县）、乡（镇）各级农村合作经济经营管理机构，并根据不同时期实际工作需要，配置和充实了各级管理人员。

第一节 市级农村合作经济经营管理机构与队伍

新中国成立初期，北京市郊区范围较小，只有朝阳、丰台、海淀、石景山、门头沟五个区，市政府郊区工作委员会主管郊区工作。1951年以前的工作重点是土地改革，1952年2月建立北京市农业委员会，工作重点转向发展农村互助合作，农业委员会设置了经营管理组（处级），主要任务是深入农村调查研究，进行互助合作试点。为了搞好农业生产合作社的财务管理和会计核算，市委农业委员会委托中国人民银行北京市分行责成专人负责郊区农业生产合作社建账、记账的指导工作。1953年市委成立农村工作部，农委经管组划归农村工作部建制，并从人民银行北京市分行借调了韩俊贤等3名财务会计方面的专业干部到市委农村工作部经营管理组办公。1954年北京市农林局成立互助合作科，承担郊区农业生产合作社的会计培训和财务会计业务指导方面的任务。

随着全国行政区划的调整变动，1955年以后，北京郊区的行政区划范围逐渐扩大，特别是1958年河北省通州地区撤销，原通州地区所辖县大部分划归北京市管辖，北京郊区增加到14个区、县。原通州地委农村工作部互助合作科的干部多数调到北京市农村工作部经营管理组工作。1963年初，北京市人民政府成立农林办公室，农村工作部经营管理组（处）划归市农林办公室建制。由于农村“四清”试点工作开始，经营管理组的干部多数到农村去搞“四清”，正常的经营管理业务工作基本上停止。1966 年“文化大革命”开始，市委、市政府从事农村合作经济经营管理工作的多数干部下放农村劳动。除农村合作经济收益分配统计报表工作以外的经营管理工作，基本上处于停滞状态。1974 年北京市革命委员会农林组（厅局级）设立经营管理组（处级）。1975 年北京市农林局设公社经营管理组，同市革委会农林组经营管理组（处级）合署办公，1979 年撤销。1977 年 8 月北京市革命委员会农林组撤销，成立中共北京市委农村工作部，下设人民公社经营管理处。1989 年中共北京市委农村工作部撤销，成立中共北京市委农村工作委员会，经管处划归农村工作委员会建制。

承担北京郊区农村合作经济财务会计指导工作的机构，虽然主管部门几经变动，但在“四清”、“文化大革命”运动中，却一直保存下来，以后还得到加强。1964 年市农林局互助合作科划归中国人民银行北京市分行建制；1968 年中国人民银行北京市分行同北京市财政局合并，成立北京市财金局，农村互助合作科划归北京市财金局建制；1972 年 8 月北京市财金局撤销，成立北京市财税局，财税局设立公社财务处，承担农村人民公社财务会计指导工作的任务；1975 年北京市财政、税务机构分设，成立北京市财政局，公社财务处划归北京市财政局建制。1983 年成立北京市农村合作经济经营管理站（处级）（属于北京市农业局建制），市财政局公社财务处撤销，农村合作经济经营管理工作的职能移交北京市农村合作经济经营管理站。根据中共北京市委办公厅［京办发（1989）31 号文件］，1990 年 7 月 1 日，北京市农村经济研究中心成立，北京市农村合作经济经营管理站由市农业局整建制划归北京市农村经济研究中心。2000 年 6 月市委农村工作委员会经管处撤销，其承担的农村合作经济管理职能移交北京市农村合作经济经营管理站。

从 1952—2000 年，近半个世纪的发展变化趋势看，市级农村合作经济经营管理队伍随着农村合作经济的发展和农村经济管理体制改革的深入，不断加强。其主要特点：一是农村合作经济经营管理工作人员逐步增加。1952—1957 年农业合作化时期，市级配置农村合作经济经营管理人员 6～9 名；1958—1978 年人民公社时期，市级配置农村合作经济经营管理人员 9～13 名；农村经济管理体制改革后市级农村合作经济经营管理专业干部（不包括后勤服务人员）增加到 18 名；二是知识化、专业化程度不断提高。合作化及人民公社化时期，市级从事经营管理工作的干部具有大学学历的干部有 4～6 人，占经营管理干部总数的 40%。多数是有农村工作经验和从事财务会计工作实践的经验型和实践型干部。改革开放后的 1983 年，市级从事农村合作经济经营管理的干部中具有大学本科学历以上的达到 12 人，占从事这项工作干部总数的 75%；2000 年具有大学本科以上学历从事经营管理业务的干部达到 15 人，占专业干部总数的 83.3%。从专业化程度看，具有中级以上职称的有 17 人，其中经济师 6 人，高级经济师 3 人；会计师 3 人，高级会计师 2 人；审计师 1 人；律师 2 人（同时具有经济师职称）。在有中级以上技术职称的 15 名专业干部中，有注册会计师、审计师 8 名，占 53.3%。从从事农村合作经济经营管理的经历来看，在 18 名专业干部中，有 12 名从事农村合作经济经营工作在 15 年以上，占 66.7%。三是由分散走向集中。市级农村合作经济经营管理干部从 1952 年到 1999 年长期分散在二、三个部门，1976—1978年，17名从事农村合作经济经营管理工作的干部分属市委农村部人民公社经营管理处，市农林局经营管理组、市财政局农村财务处等三个机关单位。虽然都在市委农村工作部统一组织协调下开展工作，但由于多家机关主管，不可避免的造成重复劳动或推委扯皮，影响工作效率的提高。2000年6月市委农村工作委员会经管处撤销，农村合作经济经营管理工作由北京市农村合作经济经营管理站一家主管，由分散走向统一。

第二节　区（县）级农村合作经济经营管理机构与队伍

为适应农村合作经济发展的需要，北京郊区从1952年搞互助组、初级农业生产合作社试点工作开始，各区、县陆续设立了农村合作经济经营管理机构。1953年朝阳、海淀、丰台、石景山等区党委普遍建立了农村工作部，主要任务是开展建立农业生产合作社试点，调查研究，制定政策。区政府农林局建立了互助合作科，负责农业生产合作社的会计培训，指导合作社的财务管理和会计核算。1966年5月"文化大革命"开始后，各区县农村工作部撤销。1964年以后区、县互助合作科（股）随着市级互助合作科主管部门的变动，划归农业银行区、县分行、财税等部门建制。1972年区、县财政局设立公社财务科，1977年底各区、县党委重新建立农村工作部。1983年3月2日，北京市人民政府办公厅发出：《关于农村社队会计辅导工作由财政部门转给农业部门主管、建立农村合作经济经营管理站的通知》，区、县财政局公社财务科撤销，郊区14个区、县普遍建立了农村合作经济经营管理站。（区为处级、县为副处级），由区县人民政府直接领导。1989年区县农村工作部相继撤销，建立区、县党委农村工作委员会，一般与区、县政府农业委员会（农林办公室）合署办公。

自从1952年郊区农村开展互助合作运动以来，随着农村合作经济的发展，区、县级农村合作经济经营管理机构逐步建立和完善，从事经营管理工作的职工干部队伍不断扩大。据统计，农业合作化时期（1952—1957年），郊区县（区）从事农村合作经济管理工作的干部职工有40～50名，平均每个区（县）8～10名；人民公社时期（1958—1982年）从事农村合作经济经营管理工作的职工干部有140～180名，平均每个区县10～14名；郊区农村普遍实行联产承包双层经营管理体制的1983—1990年，区县从事农村合作经济经营管理工作的干部职工有260～310名，平均每个区县18～22名；2000年区县从事农村合作经济经营管理工作的干部达到334名，平均每个区县24名。

区、县级经营管理队伍素质较高。据统计资料分析2002年14个区、县从事农村经营管理工作的专业干部中具有大专以上学历的有430人，占专业干部总数的72%；有技术职称的干部317人，占业务干部总数的24%。其中，有中级职称的169人，平均每个区县12人；有高级职称的12人。通过引进应届大学毕业生和对原有在职干部的培训，各区县基本上形成了以经济师、会计师、审计师为主体的经营管理队伍。

区、县级经营管理队伍的构成由以区、县党委所属部门为主转向以区、县政府所署部门为主。在1952—1990年，长达近40年的时间里，农村经济管理体制一直处于变革之中，与此相适应的农村合作经济经营管理工作主要任务是调查研究，为区、县党委制定政策服务；1990 年以后，随着农村合作经济管理地方法规的出台和日益完善，农村合作经济管理工作的重点逐步转移到以行政执法为主。区、县经营管理队伍由区、县委为主主管过渡到以区县政府主管为主。据统计，1952—1957 年，区、县农村合作经济经营管理干部分属党委（农村部）、政府序列的比例为 6∶4；1958—1982 年，分属党委、政府序列的经营管理干部比例为 5∶5；到 1983—1990 年，区县经营管理干部分属党委、政府序列的比例为 3∶7；2000 年，区县农村合作经济经营管理干部分属党委、政府序列的比例为2∶8。

第三节　乡（镇）级农村合作经济经营管理机构与队伍

乡（镇）级农村合作经济经营管理机构是 1958 年人民公社化时期建立的。人民公社初期实行政社合一，公社统一核算、统一分配。公社设立财务科（室），承担人民公社的劳动管理、财务管理、会计核算、收益分配等职能。1962 年中共中央颁布《农村人民公社工作条例（修正草案）》。人民公社规模划小，实行人民公社、生产大队、生产队三级所有，队为基础的经营管理体制，公社设立了会计辅导员，其职能由人民公社初期直接管理转变为培训村、队会计人员，指导村、队搞好财务管理、会计核算及收益分配等工作。1983 年经过农村经济管理体制的改革，农村普遍实行了以土地为核心的家庭联产承包、统分结合双层经营体制，农村合作经济经营管理的任务大量增加，郊区大多数乡镇先后建立了乡（镇）农村合作经济经营管理站。朝阳、海淀、丰台等城近郊区集体经济发达，乡（镇）级集体经济规模较大，这些地方的乡镇经管站不仅承担村、队集体经济管理指导的职能，还承担乡（镇）级集体经济组织的财务管理、会计核算、收益分配等直接管理任务。

1958 年人民公社化以后，在乡（镇）级设置了农村合作经济经营管理人员。公社（人民公社）化初期，人民公社的管理体制是“一大二公”，实行公社所有制，公社统一核算分配，经营管理任务很重，一个公社的财务会计室（科）有 10 多名工作人员。1962 年《农村人民公社工作条例（修正草案）》颁布后，公社规模划小，实行公社、生产大队、生产队三级所有，队为基础的管理体制，在公社一级设置了会计辅导员，负责培训大队、生产队会计，指导村队财务管理和会计核算工作。1983 年经过改革，随着农村联产承包双层经营管理体制的建立，承包合同管理成为农村合作经济经营管理工作的重要任务之一。在乡镇普遍增加了承包合同管理人员。1997 年 1 月 6 日，北京市人大常委会颁布《北京市农村集体经济审计条例》，在乡镇增加了审计员的设置。郊区各乡镇人民政府普遍建立了农村合作经济经营管理站，组成人员多数乡镇为“一长”：即经管站长，“三员”：即会计辅导员、承包合同管理员、集体经济审计员。据统计，2000 年郊区 216 个乡镇共有农村合作经济经营管理专职干部 746 人，平均每个乡镇 3 人。其中国家干部 209 人，占 28%；从农民中聘用干部 537 人，占 72%。

表 15-1　中共北京市委农村工作机构及领导人名录

（1949—2002 年）

机构名称	职　务	姓　名	任职时间
中共北京市委郊区工作委员会	书记	柴泽民	1949 年 5 月～1952 年 11 月
中共北京市委农村工作委员会	书记	柴泽民	1952 年 11 月～1955 年 3 月
		赵凡	1952 年 11 月～1955 年 3 月
	副书记	周凤鸣	1952 年 11 月～1955 年 3 月
中共北京市委农村工作部	部长	赵凡	1955 年 3 月～1965 年 10 月
		常浦	1965 年 10 月～1966 年 5 月
	副部长	常浦	1955 年 10 月～1965 年 10 月
		王宪	1958 年 3 月～1965 年 10 月
		史向光	1964 年 3 月～1964 年 12 月
北京市革命委员会农林组	组长	刘建勋	1967 年 4 月～1971 年 3 月
		刘耀民	1971 年 3 月～1976 年 10 月
	副组长	刘耀民	1967 年 4 月～1971 年 3 月
		张益三	1967 年 4 月～1974 年 10 月
		梁家瑞	1967 年 4 月～1971 年 3 月
		单昭祥	1967 年 4 月～1971 年 3 月
			1975 年 10 月～1976 年 10 月
		王宪	1971 年 3 月～1976 年 10 月
		赵守训	1972 年 5 月～1976 年 10 月
		王廷富	1974 年～1976 年 10 月
		杨培先	1975 年 2 月～1976 年 10 月
中共北京市委农村工作部	部长	刘耀民	1976 年 10 月～1978 年 6 月
		杨培先	1978 年 6 月～1979 年 12 月
		王景铭	1980 年 8 月～1983 年 3 月
		王桂冀	1983 年 3 月～1989 年 3 月
	副部长	王宪	1976 年 10 月～1977 年 11 月
		杨培先	1976 年 10 月～1978 年 6 月
		赵守训	1976 年 10 月～1978 年 6 月
		单昭祥	1976 年 10 月～1978 年 6 月
		王廷富	1976 年 10 月～1978 年 6 月
		张还吾	1977 年 7 月～1978 年 6 月
		刘拓	1977 年 7 月～1978 年 6 月
		王景铭	1978 年 1 月～1978 年 6 月
		杨益民	1978 年 9 月～1980 年 8 月
中共北京市委农村工作部	副部长	李瑜铭	1978 年 9 月～1980 年 8 月
		崔旭东	1978 年 9 月～1980 年 8 月
		张进霖	1980 年 8 月～1982 年 1 月
		赵树枫	1982 年 8 月～1983 年 3 月
		王桂冀	1982 年 8 月～1983 年 3 月
		赵有福	1983 年 3 月～1989 年 3 月
		杜法舜	1983 年 3 月～1984 年 12 月
		王其楠	1985 年 5 月～1986 年 3 月
		李永芳	1986 年 2 月～1987 年 7 月
		刘兴亚	1987 年 6 月～1987 年 10 月
中共北京市委农村工作委员会	书记	赵有福	1989 年 3 月～1991 年 11 月
		杨朝仕	1991 年 11 月～1994 年 3 月
		杜德印	1994 年 7 月～1997 年 7 月
	副书记	赵树枫	1989 年 3 月～1991 年 11 月
		杜德印	1989 年 3 月～1991 年 11 月
		刘福海	1993 年 4 月～1994 年 3 月
		王江瑜	1993 年 10 月～1994 年 3 月
		牛有成	1994 年 6 月～1997 年 7 月

（续）

机构名称	职　务	姓　名	任职时间
中共北京市委农村工作委员会	副书记	王海平	1996 年 9 月～1997 年 7 月
	书记	赵凤山	1997 年 7 月～2000 年 1 月
	副书记	刘福海	1997 年 7 月～2000 年 1 月
		牛有成	1997 年 7 月～1998 年 8 月
		王海平	1997 年 7 月～2000 年 1 月
		白仙畔	1998 年 7 月～2000 年 1 月
		聂玉藻	2000 年 1 月任职
	书记	赵凤山	2000 年 1 月～2001 年 6 月
	副书记	王海平	2000 年 1 月～2001 年 6 月
		白仙畔	2000 年 1 月～2001 年 6 月
		聂玉藻	2000 年 1 月～2001 年 6 月
	书记	赵凤山	2001 年 6 月～2002 年 2 月
		李进山	2002 年 2 月～2002 年 12 月
	副书记	白仙畔	2001 年 6 月～2002 年 12 月
		聂玉藻	2001 年 6 月～2002 年 12 月
		崔砚青	2001 年 6 月～2002 年 12 月

表 15－2　北京市农村合作经济经营管理机构队伍情况统计总表

2002 年　　　　单位：个、万元、人、人次

项　　目	数量	项　　目	数量
一、农经机构设置情况		2. 有专业技术职务人数	317
（一）地级	1	其中：（1）高级农经师及相应职称	12
其中：行政		（2）农经师及相应职称	169
（二）县级	14	（3）助理农经师及相应职称	173
其中：行政		（二）非国家编制人数	721
（三）乡（镇）级	202	其中：1. 中专及其以上学历人数	643
（四）未建机构已有人员的乡（镇）	11	2. 有初级以上专业技术职务人数	374
二、农经人员总数	1 319	三、农经培训人次数	49 173
（一）国家干部编制人数	598	其中：培训村组会计人次数	30 943
其中：乡（镇）级人数	284	五、村（组）会计人数	16 367
1. 中专以上有学历人数	544	其中：领取《会计证》人数	13 943
其中：大专及其以上人数	430		

中共北京市委农村工作委员会经管处历任处长、副处长名录：

1952 年成立中共北京市委农村工作委员会，下设互助合作组。

互助合作组组长：

石岩（1952—1955 年）

1955 年 3 月，撤销农村工作委员会，成立市委农村工作部，下设互助合作组。

互助合作组组长：

邵炜（1955—1957 年）

高凤岐（1957—1958 年）

1963 年成立市政府农林办公室，和农村工作部分开。农办下设经营管理组。

经营管理组组长：（正处级）

高玉杰（1963—1967年）

金振华（代理）（1963—1967年）

1967年市革委会下设农林组，无农村经营管理组织，直到1970年北方农业会议以后，农林组才下设农村政策调研小组。

组长：

李树仁、周全（1972年）

张仕俊、周全（1973—1975年）

张明勋（1976年）

1977年7月恢复市委农村工作部，下设经营管理处。

经营管理处处长：

罗益元（1976—1978年）

于英士（1978—1980年）

张明勋（1981—1982年）

范远谋（1982—1984年）

明世钧（1984—1985年）

王瑞华（1988—1994年）

陈涛（1995—2000年）

副处长：

张明勋（1977—1978年）

谢书成（1982—1984年）

明世钧（1982—1984年）

谭天鹰（1985—1988年）

王瑞华（1985—1988年）

郝　霞（1988—1994年）

袁汉青（1988—1990年）

陈　涛（1994—1995年）

何　畏（1994—1999年）

到1999年经管处撤销

北京市农村合作经济经营管理站历任站长、书记、副站长名录：

站　长：谢书成（1983年3月—1986年3月）
　　　　谢金坪（1986年3月—1990年8月）
　　　　李明瑞（1990年8月—1992年9月）
　　　　焦守田（1992年9月—1994年3月）
　　　　李明瑞（兼）（1994年3月—1995年12月）
　　　　熊文武（1995年12月—现在）

书　记：汪家惠（1983年3月—1985年8月）
　　　　李明瑞（1985年9月—1991年6月）

黄中廷（1991 年 6 月—现在）

副站长：

裴成顺（1984 年 10 月—1991 年 6 月）

黄中廷（1991 年 6 月—现在）

裴士章（1986 年 7 月—1989 年 4 月）

张　伟（1988 年 3 月—1990 年 4 月）

熊文武（1990 年 12 月—1995 年 12 月）

胡登洲（1991 年 6 月—1999 年 11 月）

张文华（1999 年 11 月—现在）

李笑英（1996 年 3 月—现在）

任玉玲（1999 年 11 月—现在）

第十六章　农经队伍培训

在北京郊区农村合作经济发展过程中，市、区（县）、乡（镇）各级农村合作经济管理部门，自始至终把农经队伍培训作为农村合作经济经营管理工作的重要任务来抓，逐步开展了农经管理人员岗位培训、合作经济管理干部学历培训、农经专业技术任职资格培训和评审，对于全面提升合作经济经营管理人员的政治、文化、专业技能等综合素质，逐步改进经营管理工作，促进农村合作经济健康发展，起到了显著的作用。

第一节　岗位培训

一、财务会计岗位培训

随着农村合作经济的发展和改革的深入，对财务会计人员的培训大体上可分为两个阶段：

（一）从农业合作化到农村改革开放初期

郊区农村合作经济的经营范围是以农业为主，财务核算比较单一，对财务人员的培训是以举办短期培训班，讲授会计记账、核算、分配以及统计报表等专业知识为主，辅之以通过辅导网站，相互交流学习，解决会计核算、分配中遇到的实际问题。

1954 年 8 月，北京市农委举办了为期 20 天的第一期农村财务会计人员训练班，在郊区 412 个合作社中有 307 个社的会计人员参加了学习。1955 年 11 月 22 日，中共北京市委农村工作委员会再次举办了农村会计人员培训班，有 251 个合作社的 315 名会计人员参加培训。从合作化初期到 1986 年，郊区合作经济核算制度先后有六次改进和变动，每次变动市农村合作经济经营管理部门都相应地对农村会计进行了培训。与此同时各区县也多次举办培训班，对农村合作社会计进行培训。如 1955 年秋，通县县委农村部连续举办二期会计培训班，每期 7 天，参加培训的会计有 200 多人，讲授内容包括固定资产、库存物资、农业收入、银行贷款、农业开支、应收款项、应付款项、副业开支、管理费、农业税、决算分配等 17 个科目。培训班结业前，对每个学员都进行了考核，并公布了考试成绩。

农业合作化以后，郊区各乡（镇）普遍建立了会计辅导网站，一般是以一个乡（镇）划分成若干片，就近定期组织村、队会计上站学习交流。海淀区以中心社为主建立了 7 个会计辅导站，每月组织村队会计上站学习交流 1～2 次。东郊区（现朝阳区）来广营乡规定每月 25 日为会计上站日，要求村队会计携带账簿上站，除学习交流会计记账、核算等业务知识外，还要相互检查账目，及时纠正会计核算中出现的问题。怀柔县范各庄乡（现雁栖镇）原有15个村，建立了范各庄、下庄、长园、下辛庄四个会计辅导站，每月25日为会计上站日，每次学习之前，公社会计辅导员都要召开辅导站长会，研究确定上站活动的具体内容和要求。对于上站活动的经费，县财政给予了适当补贴。

（二）进入20世纪80年代

随着农村产业结构调整和管理体制改革的深入，农村合作经济的经营范围由以农业为主变为农、林、牧、副、渔、工、商、运、建、服十业并举；管理体制由集体统一经营变为统分结合、双层经营；会计核算方式由收支分配体系变为成本利润体系。农村合作经济的规模日益扩大，财务会计核算越来越复杂，为适应农村经济发展的需要，郊区农村财务会计培训工作逐步向系统化、规范化转变。

1. 岗位证书培训。1987年，中共北京市委农村工作部、市人民政府农林办公室转发了北京市农村合作经济经营管理站《关于农村财会人员考核发证，加强管理的意见》（京政农78号），按照《意见》要求，1988年，市、区（县）对农村会计人员普遍进行了系统化、正规化培训，培训内容包括会计学原理、会计、会计法规制度以及会计报表等，每门课程的培训时间不得少于30课时，经考试合格有21 162人分别取得了一、二、三级会计人员岗位证书。

1991年，国家农业部发出《全国农村合作经济经营管理培训工作“八五”规划要点》[(1991）农（经）字第36号]，要求全面开展以《会计证》培训为主的村（社）会计培训工作。五年内，争取使80%左右的村（社）会计取得《会计证》，逐步实现持证上岗。同年，国家农业部、财政部发出《关于农村合作经济组织会计管理工作问题的通知》[(1991）农（经）字第12号]，明确农村合作经济组织会计证是农村合作经济组织会计工作的资格证明。农村合作经济组织会计证颁发对象是乡（镇）、村（组）合作组织的会计人员。包括财会机构负责人、总会计（主管会计）、记账人员、出纳人员、统计人员和从事财务管理工作的人员等。明确农村合作经济组织会计证由农业部和财政部统一印制。省、自治区、直辖市农经工作主管部门和财政部门共同部署，县级或县级以上农经工作主管部门和财政部门共同颁发和管理，具体工作可由农经工作主管部门承办。对须经专业知识考试合格后才能取得会计证的农村合作经济组织财会人员必须进行培训。专业知识考试由省、自治区、直辖市承担农村合作经济经营管理工作的农业行政主管部门或农村工作部门和财政部门统一部署，发证部门统一组织。考试科目定为：《财务会计法规》、《会计基础知识》、《农村合作经济组织会计》、《计算技术》四门课程。按照文件要求，在普遍进行培训的基础上，1991年4月7日，有25 576名农村会计参加了《会计证》考试报名，24 029人参加了考试，有23 344人考试合格，加上符合免试条件的688人，全市共有24 032名农村会计取得《会计证》。

从1992年以后，市、区（县）农村合作经济经营管理部门每年都对新上岗的农村会计人员进行一次培训，经过培训，考试合格的颁发《会计证》。截止到2000年底，郊区农村共有财会人员33 220人，累计有32 072人取得了会计证书，持证上岗的人员比例达到96.5%，并有9 440人取得了会计电算化证书，占29%，11 694人取得了珠算等级证书，占36%。

表 16-1　1991 年北京市农村领取《会计证》人员统计表

单位：人

序号	单位	参考人数	合格人数	免试人数	领证人数
1	朝　阳	3 589	3 516	116	3 632
2	海　淀	1 381	1 377	171	1 548
3	丰　台	1 665	1 649	30	1 679
4	石景山	366	346	19	365
5	门头沟	999	997	41	1 038
6	房　山	1 452	1 439	61	1 500
7	延　庆	918	894	17	911
8	昌　平	913	899	6	905
9	密　云	2 165	2 014	33	2 047
10	怀　柔	579	463	21	484
11	平　谷	776	729	3	732
12	顺　义	2 452	2 444	30	2 474
13	通　县	2 411	2 392	13	2 405
14	大　兴	1 088	947	8	955
15	矿　区	645	637	28	665
16	市农场局	2 630	2 601	91	2 692
	合　计	24 029	23 344	688	24 032

表 16-2　2000 年末北京市农村持证会计人员统计表

单位：人

区　县	取得会计证人数	取得电算化证人数	取得珠算证人数
丰　台	4 774	1 489	2 166
朝　阳	6 843	3 982	4 027
门头沟	1 481	406	140
顺　义	2 924	231	539
怀　柔	1 254	355	580
房　山	3 914	1 055	1 750
大　兴	3 174	1 141	1 036
通　州	4 158	537	925
平　谷	1 004	79	253
密　云	1 483	97	176
延　庆	889	19	60
其　他	174	49	42
合　计	32 072	9 440	11 694

2. 会计法规制度培训。1992 年 11 月 30 日，国家财政部颁发了《企业财务通则》和《企业会计准则》，并制定了十个行业的财务制度和十三个行业的会计制度，规定自 1993 年 7 月 1 日起在全国实行。按照北京市财政局的统一部署，北京市农村合作经济经营管理站发出《关于对农村合作经济组织所属企业人员进行新财务制度和新会计制度培训的通知》[(93) 京农字第 16 号]，通知要求，凡持有《会计证》的在职农村财会人员均要参加培训。全市共培训 30 000 多人，授课达到 40 学时以上。

2000 年 7 月 1 日，国家颁布的新《会计法》正式实施，市、区（县）经管站以《会计法》为内容对郊区 30 000 多名会计人员进行了培训。授课达到 72 学时。

3. 继续教育培训。1997 年 10 月 28 日，北京市财政局发出《关于印发北京市会计人员继续教育管理办法的通知》[京财会（1997）137 号]和《关于印发北京市会计人员继续教育管理办法实施意见的通知》[京财会（1997）974 号]，依据《通知》提出的要求，市农村合作经济经营管理站实施了农村财会人员继续教育培训。其中 1997 年培训 26 708 人，2000 年培训 26 700 人，2001 年培训 27 484 人，2002 年培训 27 750 人。

二、其他专业岗位培训

随着农村改革的深入，合作经济经营管理业务范围拓宽、机构扩大，工作岗位增加，除财务会计管理外，农村承包合同管理、合作经济审计监督、专业合作经济组织管理等成为农村合作经济经营管理工作的重要组成部分。在市、区（县）经管站增设了合同管理、审计等科室，在乡（镇），除会计辅导员外，增加了合同管理员、审计员等专业岗位设置。为适应这种变化，北京市农村合作经济经营管理部门相继对上述人员进行了岗位培训。

（一）承包合同管理人员培训

农村承包合同管理人员的岗位培训工作，是分级进行的，市农村合作经济经营管理站先后举办了三期承包合同管理师资培训班，每期 5～10 天，培训对象主要是区（县）农村合作经济经营管理站站长及合同科专业干部共计 168 人。培训内容主要是讲解有关农村承包合同管理的国家和地方法规，以及农村承包合同纠纷调解与仲裁。区（县）农村合作经济经营管理站负责培训乡（镇）农村承包合同管理专业干部、村（队）承包合同管理领导小组成员。从 1987—2002 年底累计培训 3 260 人次。

（二）审计人员培训

依照《北京市农村集体经济审计条例》，对农村集体经济实施审计监督，专业性、政策性很强，而从事审计工作的人员多数来源于农村财会人员，缺乏审计专业知识和技能，为此，市、区（县）农村合作经济经营管理部门采取多种形式对农村审计人员进行了岗位培训。从 1988—2002 年，共举办农村审计培训班 142 期，培训农村审计人员 9 383 人。

（三）专业合作经济组织管理人员培训

进入 20 世纪 90 年代，农民协会等农村专业合作经济组织有了较大发展，为建立健全农民专业合作经济组织内部规章制度，规范其运行机制，市、区（县）农村合作经济主管部门开展了对专业合作经济组织管理人员的培训工作。1995 年培训农协管理人员、协会会员 1 600 人；2001 年，市政府农委共举办专业合作经济组织管理人员培训班 3 期，培训 500 人；2002 年 10 月，市政府农委再次举办了农民专业合作经济组织培训班，培训区（县）农委、经管站主管农民专业合作经济组织的负责人，示范单位负责人及所在乡（镇）的乡（镇）长、经管站长等共 140 余人，培训内容为合作社基本理论，国内外农民专业合作经济组织发展的现状、趋势及前景展望，如何办好专业合作组织等。通过培训，学员增长了知识，开阔了视野。

第二节　农经技术职务资格培训与评审

根据《北京市农业和乡镇企业技术职称工作暂行规定》[经职改办字（1995）024

号]，从 1988 年开始，北京市农村合作经济经营管理部门陆续在郊区农村开展了会计、经济、审计三个系列的农民技术职称培训和评审工作。

一、会计专业

北京市农村合作经济经营管理站 1988 年委托北京市农学院举办了首批农民会计师培训班。参加培训学员具备的条件是：从事会计专业工作 15 年以上；具有培训初级会计人才的能力；在实际工作中能够正确贯彻执行财会工作方针政策；并经区（县）、乡（镇）逐级推荐选送的优秀在职财会人员。培训时间 3 个月，授课 405 学时。系统学习了《政治经济学》、《农业经济学》、《农业经营管理学》、《会计学原理》、《农业会计》、《乡镇企业会计》、《统计学原理》等七门课程，经学院统一命题考试，颁发结业证书。在此基础上，经北京市农民会计专业中级技术职务评审委员会评审确认，223 名学员获得农民会计师资格证书。

1992 年北京市经管站组织了海淀、朝阳、房山、通州、顺义、平谷、密云等区（县）进行了农民会计师职称培训工作。培训内容：《会计学原理及专业会计》、《中外合资企业会计》、《统计学原理及农业统计》、《经济法》、《政治经济学》、《股份制理论与实践》、《市场学》、《经济活动分析》共 8 门课程。培训时间 240 学时。经北京市农民会计专业中级技术职务评审委员会评审确认，824 人获得农民会计师资格证书。

1993—1997 年经区（县）组织培训，北京市农民会计专业中级技术职务评审委员会评审确认 1 431 人获得农民会计师资格证书。

1998 年 5 月 12 日，北京市农民技术职称工作领导小组办公室、北京市农村经济研究中心联合发出《北京市关于会计、经济专业农民技术职称评审办法的通知》[京农职办字（1998）002 号]，进一步规范了农民专业技术职务资格培训和评审工作，当年培训评审确认农民会计师 245 人。

1999 年北京市成立了农民经济、会计、审计高级专业技术职称评审委员会。对参加农民高级会计师评审条件做了规定：具有大专以上学历并在取得农民会计师职务后，从事农村财务会计工作五年以上的人员；熟练掌握、运用会计专业基础知识和基本技能，有丰富的理财经验，能担负起组织指导一个乡、村合作社或大、中型企业的财务会计工作，能起草财务会计制度办法，能进行财会工作专项调查，并撰写有较高水平的分析报告，能担任财会人员的培训工作。市经营管理部门着手进行农民高级会计师技术职称的培训和评审工作。

2000 年以后，农民会计专业技术职称考试使用教材全部改用由财政部注册会计师考试委员会办公室编写的当年度的注册会计师全国统一考试指定辅导教材。考试科目为：《会计》、《管理会计》、《财务管理》、《经济法》。2002 年，对农民专业技术职称考试科目作了一些调整，有《会计》、《财务管理》、《经济法》、《西方经济学》。

截止到 2002 年底，经培训、评审获得农民会计专业技术职称的人数有 17 663 人，其中高级会计师 36 人，会计师 4 184 人，助理会计师 1 049 人，会计员 12 394 人。

表 16-3　北京市农民会计专业技术职称人数统计表

统计日期：2002 年 12 月 30 日　单位：人

年　份	高级会计师	会计师	助理会计师	会计员
1987 年		65	467	12 394
1988 年		223		
1989 年				
1992 年		824		
1993 年		341		
1994 年		230		
1995 年		309	18	
1996 年		104	36	
1997 年		446	64	
1998 年		245		
1999 年	17	269		
2000 年		267	196	
2001 年	19	389	133	
2002 年		472	135	
小计	36	4 184	1 049	12 394
合　计	17 663			

二、审计专业

1989 年，经北京市审计局批准，北京市农村合作经济经营管理站成立了北京市农村审计人员专业技术职称评审委员会。制定了农民审计专业技术职务评审标准和实施办法。农村审计技术职务分为：农民审计师、农民助理审计师、农民审计员。参加农民审计师评审人员的条件是：凡在郊区乡村合作社及所属企业（包括农业企业）从事审计工作的人员，符合规定条件的，可以参加评审（不包括国家正式干部、职工）。

截止到 2002 年底，郊区农村共有 4 095 人取得审计专业技术职称证书，其中审计师 413 人，助理审计师 20 人，审计员 3 662 人。

表 16-4　北京市农民审计专业技术职称人数统计表

统计日期：2002 年 12 月 30 日　单位：人

年　份	审计师	助理审计师	审计员
1989 年	65		
1992 年	65		
1993 年	47	11	4
1997 年			600
1998 年	184		1 300
1999 年			800
2000 年			242
2001 年	52	9	170
2002 年			546
小计	413	20	3 662
合　计	4 095		

三、经济专业

1992 年 5 月 17 日，北京市农村合作经济经营管理站成立了北京市经济专业农民中级技术职称评审委员会。根据农业部《农民技术人员职称评定与晋升暂行规定》，制定了

《北京市农村经营管理人员技术职称评聘暂行办法》，开展了经济专业农民技术职称培训评定工作。农民经济技术职务分为：农民经济师、农民助理经济师、农民经济员。凡在郊区乡村合作社及所属企业（包括农业企业）从事经营管理工作的人员，符合规定条件的，可以参加评审（不包括国家正式干部、职工）。并对参评人员应具备的条件作了详细规定，同时明确了获得农村经济技术职称的人员应享有的权利义务。

1999 年，市农村合作经济经营管理部门建立了农民高级经济师技术职称评审委员会，制定了农民高级经济师的评审条件：①基本条件，具备大专以上学历并在取得农民经济师职称后，从事农村经营管理工作五年以上。②专业条件，掌握本专业的基础理论和专业理论知识，熟练运用专业技能，并有丰富的实践经验。能够独立主持一个部门、一个企业或一个事业单位的经营管理工作，并成绩显著；完成过较大型的经济建设任务，参加过较大项目的经济论证和经济理论研究；在生产经营实践中，具有开拓精神，在农村经济体制改革中有创新，并取得显著成效或经济效益；能够指导经济师开展经济管理工作，能够承担经管人员的培训工作。

1993—2002 年，经过 10 年的培训和评审，郊区农村有 2 012 人取得农民经济专业技术职称。其中高级经济师 14 人，经济师 1 819 人，助理经济师 179 人。

表 16-5 北京市农民经济专业技术职称人数统计表

统计日期：2002 年 12 月 30 日　　单位：人

年 份	高级经济师	经济师	助理经济师
1992 年		14	2
1993 年		648	50
1995 年		202	44
1996 年		163	14
1997 年		335	5
1999 年	7	152	
2000 年		80	16
2001 年	7	72	39
2002 年		153	9
小计	14	1 819	179
合 计	2 012		

此外，1993 年北京市农村合作经济经营管理部门受北京市职称改革领导小组办公室的委托，承担了全国经济技术资格农业经济专业的报名和考试工作，截止到 2002 年，参加市经营管理部门组织的农业经济专业考试的人数共计有 900 多人。

第三节　学历培训

一、财会人员中等学历教育

根据农牧渔业部“关于转发《中国农业会计函授学校筹备会议纪要》的通知”精神，1985 年 5 月，北京市农村合作经济经营管理站成立了北京市农业广播学校财会分校。主要承担北京市郊区农村财会人员中等专业学历教育，学制三年，学员完成教育大纲规定的全部课程，考试合格，由北京市农业广播电视学校统一颁发毕业证书。学校实行市、区（县）二级办学，市、区（县）、乡（镇）三级管理，14个区县经管站普遍建立了教学指导站，210多个乡（镇）建立了教学辅导站，共有专、兼职办学人员220多名。招生对象是具有初中毕业以上文化程度的劳动者和社会青年。1981年以后普通高中毕业生，中专学校毕业生，1983年以来的成人高中、中专毕业生，持有三年以内《北京市转岗人员培训结业证书》以及1979年以来农业户口初中毕业生，可以免试入学。采取录像授课、面授辅导和自学相结合的教学方式。课程设置，《语文》、《数学》、《政治经济学》、《计算技术》、《农村经济统计学》、《会计学原理》、《农村财政与金融》、《乡镇工业财务管理》、《乡镇工业经济活动分析》、《乡镇工业技术经济》、《经济法》等12门课程，共120学分，2 208学时。

北京市农业广播电视学校财会分校从1985年开始招生办学，到2002年累计招生11 946人，完成学业取得中专毕业证书的有10 613人。

表16-6 财会中专历届招生与毕业人数统计表

单位：人

年　级	注册人数	毕业人数
合　计	11 946	10 613
八五级	991	697
八六级	1 086	958
八七级	3 038	2 559
八九级	2 251	2 158
九一级	1 180	1 092
九二（春）级	1 079	986
九二（秋）级	367	316
九三级	631	572
九四级	457	442
九五级	311	299
九六级	203	196
九七级	221	211
九八级	79	75
九九级	52	52

二、农经大专专业证书培训班

1989年9月，市农村合作经济经营管理站委托北京农业大学经济管理学院举办了农经专业证书大专班，学期一年半。必修课《政治经济学》、《经济法》、《农业经济学》、《农业企业经营管理》、《会计原理与农业会计》、《统计原理与农业统计》、《农业技术经济学》、《计划学》、《农业市场学》、《外国农业经济》。自修课《畜产品加工学》、《果品加工学》，共900学时。招生对象是具有高中文化程度，年龄在30岁以上的农经管理系统业务骨干。学员学完教学计划规定的课程，考试合格，发给农经大专毕业证书。当年，参加入学考试的有161名学员，录取129名，经过一年半的培训，有128名学员完成了教学计划规定的学习课程，成绩合格，取得了北京农业大学农经学院颁发的大专毕业证书。

三、农村经济管理专修班

为了解决郊区村级干部文化素质偏低的状况，1992 年 7 月 13 日，经北京市高教局批准，北京市农村工作委员会、北京市人民政府农林办公室委托北京市农业学校、北京市农村经济研究中心培训部，举办农村经济管理专修班。培训对象是现任村支部书记、村合作社社长及后备村干部；课程设置突出了综合性、实用性、应用性，以满足村级干部提高领导全面工作综合素质的需要，主要课程设置有：《经济学基础知识》、《农村经济社会发展概论》、《股份制与股票原理》、《市场营销学》、《外向型经济与三资企业》、《企业会计与财务管理》、《农村企业经营管理》、《农村资源开发与利用》、《农村信贷与税收》、《农村干部领导艺术》、《经济法》、《应用写作》共 12 门。1997 年 7 月下旬，按北京市教委成教处要求，专修班调整教学计划，增加《语文》、《数学》、《邓小平理论》三门课程。调整后专修班共开设 15 门课程。办学方法采取市、区（县）二级办学，市、区（县）、乡（镇）三级管理，在乡（镇）设置教学班，采取电视面授与自学相结合的学习方式。为了鼓励学员完成学业，市、区（县）、乡（镇）分别制定了奖励办法，包括奖学金制度、学习期间报酬、奖金照发，集中听课就餐补助，规定学员的学习成绩与岗位责任制挂钩，农村干部选拔使用优先安排农经班毕业学员等。

1993 年 6 月，农村经济管理专修班首届招生，到 2000 年共招收了八届学员，累计 4 183人，有 3 666 人完成了学业，取得中专学历。其中有 55 名学员被选送到市委党校大专班深造。

表 16－7　农村经济管理专修班历届招生结业学员统计表

单位：人

年　级	注册人数	毕业人数
合计	4 183	3 666
93 级	613	527
94 级	587	511
95 级	524	510
96 级	462	413
97 级	697	596
98 级	401	352
99 级	388	312
2000 级	511	445

第四篇　区县篇

第十七章　朝阳区

朝阳区位于北京城区的东部和东北部，东邻通县，西与丰台、崇文、东城、西城、海淀五区接壤，北靠顺义，昌平，南为大兴。是北京市有着显著城乡结合部特点的城近郊区之一。在1950—1987年的三十余年中，区域面积几经调整和扩充，形成现规模的470.8平方公里。新中国建立初期，辖域内除朝阳门、建国门和东便门关厢外，广大地域都是农村。50年代以来，由于城市建设的发展，国家年年向农村征地，辖域内城区范围持续向东、向北、向南扩展，农村面积逐年缩减。1978年改革开放后，特别是90年代中、后期至2003年，农村城市化进程进一步加快。全市规划的10个边缘集团，有5个在朝阳区农村辖区范围内。从2000年开始，北京规划建设城市绿化隔离带，本区农村绿化隔离地区面积111.5平方公里，占全市总面积的46%。经过三年的努力，区域绿化任务已基本完成，并注重连线、连片、连带的绿化效果，达到板块绿化0.45万公顷。同时形成了一批集体育、旅游、休闲于一体的绿色产业。2003年，又开始启动以温榆河京杭大运河上游绿色生态走廊为重点的第二道绿化隔离地区建设。目前，城区面积已达200平方公里，占40%多；农村面积减至约270平方公里，不足60%。截至2003年末全区户籍人口160.7万，其中农民14万人，占全区总人口的8.7%。设24个乡，至2004年5月农村各乡全部更名为农村地区办事处，同时承担农村和城市双重管理职能。

第一节　朝阳区农村合作经济的现状与特点

一、农村合作经济的现状

朝阳区农村社区合作经济组织产生于1952年9月，本着自愿互利、典型示范、循序渐进的原则，组织农民走合作化道路。农民将土地和主要生产资料入社，从而形成了农村合作经济组织的最初积累。历经初级社、高级社和人民公社等发展阶段，于1983年撤销“政社合一”的人民公社，实行政社分开，全区24个乡均设立了乡级合作经济联合社（乡农工商总公司），183个村也先后成立了村经济合作社。分别行使经营、管理、服务、教育等职能。2001年，根据朝发［2001］34号文件精神，朝阳区24个乡的农工商总公司全部撤销。农工商总公司撤销后针对乡级集体经济组织主体缺位等问题，各乡积极探索，一是落实乡级集体资产管理主体，成立乡集体资产管理委员会，乡政府成立经济办公室和经管站，行使乡级集体资产的出资主体和管理主体职能；二是根据现代企业制度的要求，按照《公司法》组建投资公司（公司名称不具体限制），成为独立法人，行使集体资产的经营主体职能，进行资本运营。截至2003年底，全区共有乡级合作经济组织24个，村级合作经济组织163个，村以下合作经济组织492个。集体独资企业共912家。农村集体资产总额290.6亿元，其中村及村以下级集体资产107.4亿元。农村所有者权益100.9亿元，人均所有者权益5.6万元。农村户籍人口140 407人，劳动力118 835人，其中从事家庭经营47 974人，常年外出劳动13 362人。2003年农村经济总收入297.4亿元，上缴税金8.6亿元，农民人均所得10 894元，居各郊区县之首。有三个乡人均所得超过2万元。即：大屯26 049.2元、南磨房20 379.7元、太阳宫20 299.6元。全区163个村人均所得全部超过4 000元，没有市级贫困村。人均所得超过10 000元的村有64个，其中来广营乡立水桥村、东湖村、十八里店乡十里河村分别以人均所得4.2万元、3.4万元、2.7万元位居全区村级的第一、二、三位。全区农民人均生活消费支出6 813元，恩格尔系数为32.2%。农民人均住房面积46.19平方米，农民生活水平已经步入小康，正向更高水平的小康迈进。

表17-1　1958—2003年农民生活水平统计表

单位：元、平方米

年度＼项目	人均净资产	人均纯收入	人均分配	人均住房面积
1958	47	78	67	
1968		81	84	
1978	361	164	135	
1988	10 099	1 398	1 260	
1998	41 147	5 580	6 033	
2003	56 059	13 211	10 894	46.19

注：上表数字来源于区统计局统计资料。其中"人均纯收入"是指平均每个农村分配人口纯收入水平。计算方法是农民所得总额与转移性收入之和除以分配人口。"人均分配"是指每个农民当年从事各种生产和非生产经营活动得到的全部实际可分配收入。

二、农村合作经济的特点

（一）经济实力雄厚

朝阳区农村社区合作经济组织自从1952年9月创建至今，经济实力不断增强，到1978年，农村已有集体资产26.9亿元。改革开放以后，农村合作经济飞速发展，1995年以来广营乡为试点，在全区范围内开展清产核资工作，是年全区农村集体资产总额83.9亿元，其中固定资产27.8亿元。2000年全区集体资产总额达到178.5亿元。截至2003年底，全区集体资产总额已达288.9亿元，其中固定资产原值88亿元。所有者权益总计100.9亿元，人均5.6万元。其中，南磨房乡人均所有者权益高达32.6万元。

表 17-2　朝阳区农村 2003 年经济实力一览表

所有者权益在 10 万元以上的 4 个乡	人均所有者权益额（元）
南磨房	326 027
高碑店	188 460
太阳宫	186 387
来广营	123 028
所有者权益在 5 万元以上不足 10 万元的 7 个乡	**人均所有者权益额（元）**
大屯	96 617
洼里	69 602
三间房	68 448
管庄	65 209
十八里店	56 138
将台	54 053
平房	53 245

（二）以二、三产业为主

1949—1978 年，农村经济结构单一，主要成分是种植业、林业、畜牧业和渔业，只有少量副业和建筑业。1956 年，本区农村经济总收入 1 260.7 万元，其中第一产业收入 882.1 万元，占 70%；工副业收入 378.6 万元，占 30%。1978 年农村经济总收入 11 754 万元，其中第一产业 5 432 万元，占 46.2%；第二产业收入 4 684 万元，占 39.9%；第三产业收入 1 038 万元，占 13.9%。1995 年本区加快农村产业结构调整步伐，实行“强一、优二、兴三”的产业发展政策。农村产业结构和农村经济伴随农村城市化进程，进一步协调发展。全年实现经济总收入 1 024 841 万元，其中第一产业收入 75 516 万元，占 7.4%；第二产业收入 635 945 万元，占 62%；第三产业收入 313 389 万元，占 30.6%，农村经济形成的十业收入比重依次是：农业 3.6%、林业 0.05%、畜禽业 3.1%、渔业 0.6%、工业 49.3%、商饮业 8.4%、建筑业 12.7%、运输业 7.2%、服务修理业 6.3%、副业（及其他）8.7%。近几年，本区农村进一步调整一产、提升二产、发展三产，农村经济结构继续朝着良性化、合理化转变，产业结构进一步优化，2003 年农村经济一、二、三产营业收入分别实现 4.6 亿元、106.3 亿元、165.1 亿元，各占总营业收入的 1.7%、38.5%、59.8%。其中一产中的传统种养业逐渐淡出，特种种养业稳步发展，绿色产业蓬勃兴起，已经形成以精品农业、设施农业、创汇农业、观光农业、特种养殖业，绿色产业为特色的现代都市农业。朝来农艺园，通胜高科技农业园，金盏郁金香花园，莱太花卉交易市场，蟹岛度假村，霸新绿色种植园，黄港都市农业示范区，洼里五千亩片林，黑庄户观赏鱼产业带，楼梓庄乡和崔各庄乡农业出口创汇基地等各具特色的现代都市农业区相继建成，已投入运营并在发展、扩建、完善中。二产中汽配、金属加工等逐步萎缩，电子、医药等行业不断壮大。同时大力建设工业园区，调整发展方向，积极培育引进现代制造业，发展医药、机电等重点产业。三产中汽车销售、展示展销、房地产、物流、物业等新兴产业持续发展，提高了第三产业的整体质量。本区产业结构比例关系已基本达到发达国家水平。

（三）功能、地位和作用

长期以来，农村社区合作经济对农村社会和经济的发展起着重要的作用，至今，这种作用依然很大，主要表现在以下几个方面。

1. 发展经济的功能。农村社区合作经济在全区经济增长中一直占有较大比重。1978年改革开放前，农村社区合作经济占据统治地位。经过25年的改革开放，农村社区合作经济仍然占有较大比重。2003年本区农村经济总收入297亿元，其中公有经济收入219亿元，占73.7%；全区利润总额23.8亿元，其中公有经济实现利润11.3亿元，占47.5%。

表17-3　朝阳区农村2003年收入利润一览表

单位：万元

经济总收入		2 973 600	利润总额		237 801
其中	公有经济	2 192 730	其中	公有经济	112 986
	所占比重	73.7%		所占比重	47.5%

2. 资产积累的功能。据统计，1958年本区农村仅有固定资产原值867.3万元。经过几十年的积累，特别是改革开放的25年，农村社区合作经济规模越来越大。截至2003年底，全区集体资产总额已达288.9亿元，其中固定资产原值88亿元。所有者权益总计100.9亿元，人均5.6万元。

3. 农村社区合作经济是农民收入的重要来源。2003年农村户籍人口140 407人，劳动力总数118 835人，仍在社区合作经济组织就业的劳力有56 815人，占47.8%。2003年农民收入总额196 095万元，其中，从农村社区合作经济组织中获取的收入为77 782.9万元，占39.7%。

4. 为改善农村社区环境进行了大量基础设施建设和社会公益活动。几十年来，社区合作经济组织承担了大量社会功能，为减轻国家负担，改善农村社区环境发挥了重大作用。据统计，2003年本区农村共缴纳税金85 738.3万元，其中公有经济缴税66 347万元，占77.4%。在1999—2003年的5年间，农村共投入资金86 673.64万元，修建道路225条，长364.9公里，路面面积353.5万平方米，实现了农村道路与高速路、主干路、支次干路联网，解决了交通不便的问题，完善了农村地区道路网络，方便了群众出行；投资2 457.7万元，改造饮用水井193眼，很好地解决了群众吃水难问题；为解决农村地区环境脏乱，根治垃圾“顽疾”，投资2 904.2万元，建设垃圾房1 449座，建筑面积24 321.2平方米，投资3 295.6万元，建设垃圾中转站55座，实现农村地区生活垃圾密闭化管理、专业化清运、无害化消纳；投资4 106.44万元，新建、改建农村公厕681座。为加强农村环境管理，招聘保洁人员，购置清运车辆，配备保洁工具，建设环卫设施，组建清运保洁队伍，进行专业化培训成立保洁服务公司。截至2003年底，各乡共成立了24支、740人乡级保洁队，234支、4 993人的村级保洁队，16支、315人乡级清运队，205支、1 418人村级清运队，清扫保洁队伍全面负责辖区内垃圾的清扫、保洁、清运、消纳，显著提升了乡村环境面貌，改善了百姓的居住环境，受到群众的普遍欢迎。加强精神文明建设，引导农民摒弃传统陋习，全面开展建设学习型地区、乡（村）活动，启动“三个一”创建工程［10 个学习型地区、100 个学习型社区（居委会）、1 000 个学习型家庭］。加大文体设施建设力度，建成了 45 处宣传文化健身场所，实现了村村都有图书室，有 10 个达到万册图书标准。积极组织多种形式的文体活动。大力开展文明乡、村创建活动，在全区 24 个乡 166 个村（居委会）中有 18 个乡、149 个村达到区级文明乡、村标准。

第二节　国家占地及其资产处置

国家建设占用本区农村土地大体经历了以下三个阶段：第一阶段从建国初期至 70 年代后期，首都两大重点功能布局定位于朝阳区农村，一是 1950 年市政府规划在朝阳区辖域内新建工业重点区。二是 1955 年开始，在辖域规划建设驻华大使馆区。第二阶段，从 70 年代后期始至 1999 年。这一时期，随着我国对外改革开放，城市基本建设向农村辖区大规模扩张。一是第一阶段的工业基地、使馆的配套建设加大。二是文教卫生事业建设加快，特别是一批大专院校和科研机构落户朝阳区农村地区。三是大批新建居民住宅建在朝阳区的城乡结合部。四是城市基础设施建设加快，向郊区延伸。第三阶段，从 2000 年至今，朝阳区农村城市化迈入了跨越式飞速发展的新阶段。一是市政府决定加快绿化隔离地区的建设。二是 2008 年奥运会大批场馆和绿化建设规划在朝阳区的城乡结合部地带。

据初步统计，由于国家建设用地，自 1973—2003 年，共占用本区土地 20 632.87 公顷。1973 年以来共撤销 1 个乡（大屯乡），31 个村，247 个生产队，农转非 171 181 人，其中转工就业 119 579 人，老弱病残 17 802 人，自谋职业（或待业）33 800 人。这些乡、村、队撤制时的净资产总额约为 139 718 万元，其中，当年向社员分配金额 117 193 万元，上缴乡村合作经济组织 22 525 万元。

一、1985 年以前的占地撤制及其资产处置

新中国建立初期，辖域内除朝阳门、建国门和东便门关厢外，广大地域都是农村。由于首都两大重点功能区定位于朝阳区农村，即：1950 年市政府规划在朝阳区辖域内新建工业重点区和 1955 年开始在辖域规划建设驻华大使馆区。随着两大重点功能区的建设，朝阳区农村城市化开始起步，辖域内城区范围开始由朝阳门、建国门和东便门，向东、向北、向南持续扩展，离城近的南磨房、高碑店、东风（原星火公社）、太阳宫等乡的一些村队土地开始被征占。

本区在农业合作化前征用农村土地的补偿费由被征地农民个人领取。农业合作化后，土地补偿费作为股金投归合作社。1961 年《农村人民公社条例》发布后，为了巩固、发展、壮大集体经济，征地补偿费由人民公社作为农业发展基金使用。

1971 年后，本区对农村征地拆迁政策变通为撤销生产队，农民转为居民安排就业或退休养老。1971 年 12 月 25 日《北京市朝阳区革命委员会关于建国门外使馆用地方案的报告》即（71）京革朝字 184 号文中提出：近期因建罗马尼亚大使馆及北京电台等单位用地，需占用南磨房公社庆丰一队的耕地，参照三里屯地区使馆用地方案拟将该队土地全部由国家一次征购，社员全部转居。目前，庆丰一队有公共积累 14 600 元，除公益金部分

可以用于转户前后社员和五保户的生活安排外，公积金部分，不准动用，暂由公社代管。《北京市革命委员会（批复）》即京革发［72］055号文原则同意上述意见。

当时，土地不是商品，土地补偿费很低，农民只要转居转工就心满意足了。1977年5月，朝阳区农村组对全区国家建设征用土地和农民安置情况作出如下总结：自1971年至1977年上半年经市批准国家建设占用土地636件，679.16公顷，其中征地355件，占地510.43公顷，临时用地281件，168.73公顷（不包括兴修水利和社队占地）。为了解决群众的生产生活，主要采取了以下做法。①征地单位帮助社队改善生产条件。造地还田65.802公顷，平地近133.3公顷，兴修水利、打电井10余眼，建温室大棚4 000多平方米，建新房近千间。②帮助社队发展工副业生产，新建或扩建工副企业13家。③对9个撤制生产队的社员进行了妥善安置，转居818户，2 949人，转工2 563人。这反映了当时撤制村队和资产处置情况。

70年代后期，计划经济开始向商品经济转化，国家占用农村土地补偿费也不断提高。针对这种情况，1982年1月4日，中共朝阳区委农村工作部下发了《关于征用土地补偿费的使用意见》，提出：近年来，随着建设的发展，国家征用农村集体耕地的数量逐年增加，土地补偿费的标准及金额，也不断有所提高。征用土地单位拨入的土地补偿费的使用，以及生产队或生产大队因国家征用土地撤销后，集体财产和公共积累等的处理上，各公社章法不一，且存在一些问题。目前国家征用农村土地仍继续执行京革发［1974］147号文件，即北京市革命委员会《关于处理本市建设用地中几个问题的通知》精神。关于土地补偿费，文件中有如下规定："被征用土地类别（菜地、水地、水浇地、旱地等）按基本核算单位平均近三年的统计年报的产量，核算总值补偿。补偿费只能用于农田基本建设和购置固定资产。""征用人多地少社队的耕地时，要切实帮助被征地单位妥善安置社员的生产和生活。有条件的，由征地单位帮助被征地单位造地，变旱地为水浇地，发展农业生产。没有发展农业生产条件的，由征地单位帮助被征地单位开办社队企业，发展工副业生产。征地单位帮助发展生产的标准是，弥补上年因被征土地而减少的生产收入部分。发展生产必须的资金，先用征地补偿费，不足时再由征地单位给予补助。"区用地拆迁办公室根据上级有关指示精神，结合朝阳区的实际情况，关于土地补偿费的金额，已按如下原则处理：①撤队转工的队，按基本核算单位平均的近三年的统计年报产量，核算三年总值补偿。②零星征用土地以被征地单位平均近三年统计年报，核算十五至二十年总值补偿。关于土地补偿费的使用，以及撤队（包括生产队和生产大队）后，集体财产，公共积累等的处理问题，根据上述有关规定的政策和有关指示精神，提出以下意见：①征地单位拨入的土地补偿费和生产补偿费，按照1974年市革委会《关于处理本市建设用地中几个问题的通知》精神办理。不得参加社员分配。②土地补偿费和生产补助费由公社掌握。在妥善安置被征地单位社员的生产和生活的前提下，为着平衡公社、大队集体经济的发展，可由公社、大队分成使用。③征地范围内的地上建筑物，应按"谁投资归谁"的原则处理。撤队（包括生产队和生产大队）后的地上建筑物、各类生产物资和固定资产，应交大队或公社处理。生产队或生产大队不得自行处理，变相增加社员分配。④征地单位拨入的青苗补偿费，树木补偿费应作为可分配部分，记入其他收入，不得直接参加社员分配。⑤撤销核算单位的生产队和生产大队的固定资产，各类生产物资、公共积累和土地补偿费等要一并上缴。

根据中共朝阳区委农村工作部《关于征用土地补偿费的使用意见》，当时撤制村队的固定资产，各类生产物资、公共积累和土地补偿费等都一并上缴，撤制村队不得自行处理。1982 年 3 月 6 日，区委、区政府下发了《关于太阳宫公社在占地撤队的分配中违背政策的通报》。指出：按照北京市 1974 年 9 月 5 日京革发 147 号文件“关于处理本市建设用地中几个问题的通知”规定和朝阳区 1976 年 9 月 10 日《解决占地撤队转工有关政策问题的处理座谈会纪要》中明确规定：①在撤队分配中，对土地补偿费、生产补助费、固定财产、生产物资、公积金等均应上交大队或公社处理，不得参加社员分配。②青苗补偿费、公益金和生活储备金可以参加分配。社员入社的股金应予退还。上述规定和要求，必须认真贯彻执行。但是近一二年来，太阳宫公社在撤队转工分配中，存有片面群众观点，没有认真贯彻执行现行的有关政策规定，没有正确处理好国家、集体和个人三者之间的关系，把不该分配的款项进行了分配。为此，公社必须认真加以清理，并向区委、区政府写出书面报告，听候处理。希望其他公社，应从太阳宫公社发生的问题中吸取教训。根据本通报精神，认真检查，并在社队干部和群众中进行教育，提高政策观念，严格执行政策，坚决杜绝类似事件发生。

1985 年，中共北京市委农村工作部、北京市人民政府农林办公室转发市农村合作经济经营管理站《关于征地撤队后集体资产的处理意见》的通知即［京农 69 号］文件（以下简称［京农 69 号］）发布之前，从 1973—1984 年国家在本区共征用土地 4 244.53 公顷，撤销 7 个村和 41 个生产队建制，安置农转非人口 19 806 人，其中转工就业 18 232 人，老弱病残 1 574 人。据初步统计，这些村队撤制时的净资产总额约为 1 300 万元，其中，当年向社员分配金额 218 万元，上缴乡村合作经济组织 1 082 万元。当时，在计划经济条件下，农民从自身利益的角度对资产如何处置的关切度还不高，除了部分公益金和征地单位拨入的青苗补偿费、树木补偿费以及征地范围内的地上建筑物，本着“谁投资归谁”的原则作为可分配部分处理外。对土地补偿费、生产补助费、固定财产、生产物资、公积金等均上交大队或公社处理，没有参加社员分配。目前，要求分家底而上访的群众较多，由于乡村建制还存在，集体资产的处置问题尚未彻底解决。

二、1985—1999 年的占地撤制及其资产处置

1985 年［京农 69 号］文件的发布标志着北京郊区的占地撤制及其资产处置已步入规范化的轨道。当时，正处改革开放初始阶段，政策仍向集体经济倾斜。该文指出：征地撤队的集体资产处理，过去多由所属大队、公社自行解决，处理办法不一，出现了一些问题。处理征地撤队的集体资产，关系到维护集体所有制、巩固发展集体经济和农民的切身利益，政策性很强需要有一个原则规定。经反复调查研究，对征地撤队的集体资产处理提出以下意见：①在乡党委、政府和合作经济组织的领导下，成立撤销单位资产处理小组，进行清产核资。现有固定资产要清理作价；债权债务要全部结清，不留尾巴；联营、入股、投资等资金予以清理。在此基础上算清集体所有的资产总额。②集体的固定资产（包括变价、折价款）和历年的公积金余额，以及占地补偿费，全部上交给所属村或乡合作经

济组织，作为公共基金不准分给社员。③集体的生产费基金、公益金、生活基金和低值易耗品、库存物资和畜禽折款，以及国库券等，归原队社员合理分配。④青苗补偿费，本队种植的树木补偿费，以及不属于固定财产的土地附着物的补偿费，可以纳入社员分配。⑤属于社员自留地和承包田的青苗补偿费，自有树木补偿费，自有房屋折价补偿费，应全部归所有者所得。⑥社员入社股金应核实清楚，如数退还。⑦撤队的社员中，凡在乡（社）、村劳动或工作的人，可按同一尺度参加分配（如在队劳动年限）。⑧一个队部分土地被征用，部分社员转为居民的，可参照上述可分配资金的分配原则，予以妥善处理，一次了结。

［京农 69 号］文件发布之后至 1999 年 12 月 27 日北京市人民政府办公厅关于《北京市撤制村队集体资产处置办法》即京政发［1999］92 号（以下简称京政发［1999］92 号）文发布前，这一时期是改革开放跨越式发展阶段。一是城市基础设施建设加快，不断向农村延伸。环绕京城的三、四环路、为举办第十一届亚运会配套的亚运村、国家奥林匹克体育中心和大批体育场馆就是在这一时期修建的。二是大批新建居民住宅坐落在朝阳区的城乡结合部。全市规划的 10 个边缘集团，有 5 个在朝阳区农村辖域范围内。目前已建成和正在规划建设中的小区已达百余个，望京新城、石佛营、花家地、安慧里、八里庄、麦子店等居住区就是在这一时期建成的。三是文教卫生事业建设加快，特别是一大批大专院校和科研机构落户朝阳区农村辖区。

据初步统计，1985—1999 年因国家建设共占用农村土地 6 957.27 公顷，撤销 14 个村和 173 个生产队建制，安置农转非人口 108 200 人，其中转工就业 80 020 人，老弱病残 11 479 人，自谋职业（或待业）16 701 人。据初步统计，这些村队撤制时的净资产总额约为 37 400 万元，其中，当年向社员分配金额 26 180 万元，上缴乡村合作经济组织 11 220万元。均执行京农［1985］69 号，将集体的固定资产、历年的公积金余额、土地补偿费全部上交所属村或乡合作经济组织；将地上物补偿费、青苗补偿费、生产费基金、公益金、生活基金和流动资产变价款等归社员合理分配；自有财物补偿费全部归所有者所得。

例如：高碑店乡八里庄村位于呼家楼以东至高碑店村的朝阳路两侧，原有白家庄、小庄、道家坟、居民区、熏皮厂、慈云寺、陈家林和康家沟等 8 个生产队，共有耕地 266.99 公顷。从 1982 年开始，因纺织工业区扩建、修四环路和地铁等，该村土地先后被市纺织局、市政公司和地铁公司占用。撤制时涉及农民 1 488 户，2 623 人。生产队撤制时有净资产 511.7 万元，当年社员分配 279.6 万元，交乡、村 238.1 万元。

表 17-4　高碑店乡八里庄村撤队及其资产处理情况

生产队名称	撤制时间	占地单位	撤制时土地面积（公顷）	涉及户数（户）	涉及人数（人）	净资产总额（元）	当年社员分配额（元）	交乡、村金额（元）
白家庄	1978 年	房管局	18.67	3 219	500	80 000	110 000	30 000
小　庄	1982 年	纺织局	8.99	90	170	98 000	68 000	30 000
道家坟	1984 年	纺织局	6.32	80	150	90 000	60 000	30 000
居民区	1984 年	纺织局	9.77	27	27	27 000	17 000	10 000
熏皮厂	1998 年	建东四环	21.03	153	281	2 084 293	1 084 293	1 000 000
慈云寺	1998 年	建东四环	27.47	212	398	641 958	347 158	294 800
陈家林	1998 年	地铁公司	135.28	295	513	837 614	471 514	366 100
康家沟	1998 年	地铁公司	39.4	310	584	1 257 745	637 745	620 000
合　计			266.72	1 488	2 623	5 116 610	2 795 710	2 380 900

对撤制村队农民的安置先是沿用转居转工的作法，后又根据1993年10月6日北京市人民政府第十六号令，即《北京市建设征地农转工人员安置办法》对“符合转工条件的人员，自愿自谋职业的，建设征地单位将安置补助费一次全额付给本人，不再负责安置工作”。自谋职业安置补助费的标准为3万元，这3万元在1993年是个相当诱人的数目，不少农民领完补助费后却没有找到正当职业，产生不少后遗症。王四营乡反映：领过3万元安置费人员，①要求回村再次安排工作，理由是钱花光了。②这部分人中有的已到退休年龄，没有退休金，没有城市最低生活保证金，生活困难。③转工时是儿童、学生，现以成年，要求安置工作，要房基地结婚。该乡为解决上述问题所采取的措施：一是交集体5 000元者按临时工继续使用；二是30 000元全部交集体者按社员对待。

东风乡地处城乡结合部，1973年以来，陆续占地撤队，地域从二环路退至四环路以外，至今，共撤销3个村21个生产队。这些被撤制村队的社员不管资产已处置或未处置的，都多次到区、乡政府上访，要求对原生产队的资产进行分配。鬼王庵、东直门2个村的9个生产队均未进行家底分配，其中，东直门南、北两队当年青苗补偿费也没有分配。麦子店村的亮马桥队、枣子营队和豆各庄村的石佛营队已进行家底分配，但因乡村建制几经更迭没有留下档案资料。要解决历史遗留问题困难很大。

三、2000—2003年的占地撤制及其资产处置

1999年12月27日，京政发［1999］92号文发布。该文提出的撤制村、队集体资产处置的三条原则是：①有利于保护村队集体经济组织及其成员的合法权益；②有利于保护和发展生产力，促进股份合作经济发展；③有利于维护和促进社会稳定。进一步加强了资产处置的民主程序，规定：撤制村、队集体资产的处置方案，须经该村、队集体经济组织成员大会或者代表大会同意。京政发［1999］92号文还把发展股份合作制纳入了撤制村、队集体资产处置的一种形式，提出：集体资产数额较大的撤制村、队，要积极创造条件进行改制，发展规范的股份合作经济。可以将集体净资产划分为集体股和个人股。撤制村、队集体经济组织成员获得的股权，享有收益权，可以继承、转让，但不得退股。

京政发［1999］92号文发布以后，本区因国家占地共撤销1个乡（大屯乡）、10个村和33个生产队建制。安置农转非人口43 175人，其中转工就业21 327人，老弱病残4 749人，自谋职业（或待业）17 099人。据初步统计，这些村队撤制时的净资产总额约为101 018万元，其中，当年向社员分配金额90 795万元，上缴乡村合作经济组织10 223万元。在撤制过程中，为了保持政策的连续性，在执行京政办发92号和朝政办发［2000］30号文件的同时，结合本区实际，有的仍然沿用了京农69号文的相关政策。尤其是大屯乡的撤制，在全市还是第一个，无先例可循。所以，只能参照相关政策，结合当时当地的实际情况妥善处理。

（一）洼里乡羊房村撤制及其资产处置情况

羊房村位于奥运公园范围内，故于2003年3月将羊房村及其南、北两个生产队整建制撤销，农民全部转居。该村截至2003年3月10日撤制之前，共有农民605户，2 131人，土地210亩，账面总资产1 643.1万元，净资产1268.3万元，调账后总资产3 707.8

万元，其中：应付福利费 115.9 万元，资本公积 8.9 万元，实收资本 231.4 万元，盈余公积 3 051.6 万元。羊房村 1995—2000 年收支利润情况：总收入 2 401 万元，其中租赁收入 1 611.4 万元，占总收入 67%，青苗及地上物补偿收入 755.4 万元，占总收入的 31%，利息收入 34.2 万元。总支出：1 392.2 万元。其中：管理费支出 1 006.2 万元，分配 156.4 万元，补农支出 229.6 万元。利润：1 008.8 万元。其中：提取盈余公积 925.3 万元，转实收资本 77.6 万元，福利基金 3.6 万元。征占地补偿情况：北辰实业公司 6 701.5 万元，(已支付 3 767.9 万元)；北京技术研究院 394 万元；北苑路拓宽 589.2 万元。债权 122 万元。债务：374.9 万元。固定资产：979 万元，折旧 138.4 万元，净值 840.5 万元。应付福利费 115.9 万元。账外资产 0.7 万元。盈余公积 913.3 万元。村合作社及两个生产队的家底分配情况：家底可分配资金总计 3 080 万元。其中盈余公积 3 051.6 万元，按 80%参加分配，2 441.2 万元。房屋及建筑物拆除费 51 400 平方米，每平方米 100 元，计 514 万元。北队家底分配 56.7 万元，劳动年限 10 607 年，年均 53.47 元。南队：86.2 元，劳动年限 10 801 年，年均 79.80 元。股金分配：南、北队共计 175 股，每股 46 元，计 8 050 元。村自身可分配资金 2 936.3 万元，劳动年限 24 463 年，年均 1 200 元。预备家底分配善后备用金及上缴乡政府款 328.5 万元。

（二）大屯撤乡及其资产处置情况

大屯乡位于首都城乡结合部，是国家奥林匹克体育中心所在地。1990 年以来，该乡抓住北京市成功举办第 11 届亚运会的机遇，在积极推进绿化建设的同时，立足亚运村商圈整体开发战略，以房地产业为支柱，积极调整产业结构，着力建设现代商贸商居、购物休闲、奥林匹克公园观光等七大功能区，集体经济实力不断增强，1997 年底乡村集体净资产达 3.14 亿元。

长期以来，大屯乡一直沿袭以生产队为基本核算单位的“三级所有，队为基础”的体制。在城市化进程中，因城市建设征地，生产队和行政村的建制相继被撤销，越来越多的农民转为城市居民。截至 1997 年底，该乡集体土地已全部被征为国有土地，农民全部转为城市居民，但集体资产尚未处置。为了适应农村管理体制向城市管理体制转变的需要，大屯乡亟须设立街道办事处，以取代长期沿袭的乡级行政管理体制。然而，乡村集体资产归集体成员依法所有，街道办事处作为区政府的派出机构，不可能承担集体资产所有者代表的职能。

为了妥善解决城市化进程中出现的上述矛盾和问题，大屯乡本着政企分开、循序渐进的原则，积极开展乡村集体资产处置工作。2000 年 5 月，该乡依据北京市撤制村队集体资产处置政策，在对村级集体资产进行清产核资、产权界定的基础上，采取分家底的方式，向各村集体成员分配现金 2.35 亿元（其实质是乡集体对各村集体资产实施一次性整体收购），全面完成村级集体资产处置工作。此后，由于群众对乡级集体资产处置的呼声越来越高，但又缺少撤乡的成熟经验可资借鉴，大屯乡撤乡及其资产处置成为亟待解决的热点和难点问题。作为典型的城乡结合部地区、北京市最早的绿化隔离带开发建设区、乡域改造试点乡的大屯乡，从 2001 年开始启动乡级体制改革和集体资产处置工作。

大屯乡撤制及其资产处置工作分以下几个步骤：

1. 确定实施方案。2001 年 11 月 28 日中共大屯乡党委、乡政府制订了《大屯乡体制改革和集体资产界定处置的实施方案》。提出体制改革和集体资产界定处置的指导思想是：坚持以国家和北京市的有关法规、政策为依据，以市、区有关政策为指导，以改革为动力，以稳定为基础，以发展为目标，严格程序，扎实推进。注意保护所有者权益，保护农村地区发展成果，健全社会保障体系；做到思想不散，秩序不乱，资产不失，工作不断，积极推进大屯乡农村城市化进程。同时，对改革的思路框架，组建股份制集团，实行政企分开和时间安排做出了原则规定。12 月 17 日、24 日、26 日区政府区长办公会、区委书记办公会、区委常委会分别审议了《实施方案》。认为大屯乡进行体制改革和资产处置是朝阳区推进农村城市化的突破口，改革方案是可行的，时机已经成熟，应立即启动。为了全面执行《实施方案》，成立了由区委主管副书记为组长，主管副区长为常务副组长，区体改办主任、农委主任、大屯乡党委书记任副组长，区有关委、办、局负责人参加的大屯乡体制改革及资产界定处置领导小组。领导小组下设办公室，抽调 48 名乡干部组成政策研究宣传组、资产评估界定组、企业规划发展组和社会保障建设组具体执行《实施方案》，并陆续出台了十几项实施细则（见附件），不断充实和完善《实施方案》的内容。

2. 做好宣传工作。2002 年 3 月 6 日朝阳区大屯乡体制改革及资产界定处置领导小组制定了《关于大屯乡体制改革及资产界定处置工作的宣传提纲》。指出搞好大屯乡体制改革及资产界定处置工作是北京市农村城市化进程中规划建设的需要，是大屯乡自身发展的必然结果，是大屯乡干部和群众的迫切愿望。要采取各种方式，把大屯乡体制改革及资产界定处置工作的目的意义进行广泛深入地宣传，争取群众的理解支持，做到认识到位、教育到位，并把宣传教育和思想教育工作贯穿到乡体制改革和资产界定处置工作的各个阶段、各个环节。通过召开不同形式的动员会，深入学习有关政策规定，统一了大多数干部、群众的思想。同时，充分发挥司法部门在宣传咨询、涉法解释的职能，由地区司法所牵头，组成了由律师、公证员、法律工作者参加的法律服务组，对资产处置过程中涉及的法律问题、各类争议采取现场咨询等方式进行解答、调解，共接待和调解各类纠纷 780 人次。为产权制度改革扫清了思想障碍。

3. 确定可供分配的集体资产。为了摸清集体资产家底，2003 年 3 月 6 日大屯乡党委、乡政府制定了《关于大屯乡开展清产核资工作的意见》。对清产核资的范围、任务、时间安排、相关政策和加强领导等提出了具体意见。要求 3 月 18 日前做好准备工作，抽调得力人员，建立清产核资领导小组，并组织好工作人员的业务培训；3 月 19 日至 4 月 15 日前，要求各单位按规定的清查范围和要求全面盘点、清查债权债务，彻底搞清资产家底。同时，进行资产评估，调整账务，作到账实相符；4 月 16 日至 4 月 30 日为产权界定、建章建制和清产核资总结阶段。在摸清家底的基础上，根据“谁投资，谁所有”的原则，界定资产产权，同时，建立健全各项规章制度，实行规范化管理。在区、乡两级经管机构和各级干部及社员代表的共同努力下，经北京中喜会计师事务所对该乡资产进行界定评估，2001 年底乡级集体资产为 20.13 亿元，负债 12.5 亿元，净资产为 7.65 亿元，可供分配的集体净资产为 7.42 亿元。

4. 确定集体资产的分配对象。集体原始资产来自合作化时农民投入的生产资料，因此该乡确定的资产分配对象是从 1956 年合作社成立到农民全部转为城市居民为止，在乡村集体经济组织、企事业单位、乡机关和其他部门工作（劳动）的本乡农民。由于在乡集体资产处置中进行劳动年限统计工作没有经验借鉴，劳动分配年限统计难度较大。为此，大屯乡体制改革及资产界定处置领导小组制定了《关于已撤村（队）集体资产处理社员劳动年限统计工作的实施方案》。要求严格贯彻北京市京政字 69 号《北京市关于征地撤队集体资产处理意见》的有关规定，本着尊重历史、实事求是、统筹兼顾、妥善处理好各方面利益关系的原则，认真细致作好资产权益人劳动年限的统计工作，确保准确无误。此项工作由大屯乡体制改革及资产界定处置工作办公室负责，由资产界定评估小组负责具体实施操作。由原村队干部、财会人员和了解村队历史的社员组成工作组，负责原村队社员农龄统计工作。统计结果经张榜公布后由乡资产处置办公室逐村逐人核查认定。根据核定，共有 15 428 人享有集体资产分配资格，其中，1 972 人在乡属企事业单位、乡机关和其他部门工作，8 486 人因拆迁、调动等原因在乡域以外的单位或部门工作，3 562 人死亡，1 408人退休或自谋职业。

5. 确定集体资产的分配方式。现有的集体资产分配方式有两种，一种是在资产全部变现以后，以现金形式分配给每个集体成员，同时撤销集体经济组织，另一种是将全部资产折股量化到每个集体成员，保留集体经济组织。由于多数集体成员要求以现金方式分配，大屯乡本着尊重民意的原则，在资产难以全部变现的情况下，采取分配现金和量化股份相结合的方式。对于在乡属企事业单位、机关和其他部门工作的 1972 名人员，以股份的形式将资产量化到个人；对于在乡域以外单位或部门工作、及自谋职业者可自主选择持有股份或兑现等额现金，已经死亡的一律兑付现金。

6. 确定集体资产的分配依据。集体增量资产是由集体成员历年劳动积累形成的，因此该乡以分配对象的劳动年限（农龄）作为集体资产的分配依据，即 1956 年合作社成立时至 1997 年 12 月 31 日在本乡工作或劳动的时间。经过详细统计和逐一核实，分配对象的农龄共计 21.61 万年，人均农龄 14 年，每个农龄折合净资产 3 435.75 元，人均 48 118.22元。这次现金兑现涉及全乡原 7 个大队 30 个生产队的 13 397 人，总金额 6.3 亿元。为了确保兑现工作顺利进行，在乡党委、乡政府领导下，由大屯乡资产处置办公室具体实施操作，组成六个兑现工作小组和政策信访工作组、司法处置组、兑现保安组，周密组织实施兑现工作。对兑现中部分家庭的财产争议，由大屯地区法律事务所协同律师和公证员共同进行法律解释，妥善解决矛盾，确保资产权益人的合法权益。涉及兑现中的安全工作，由大屯派出所与乡综治办共同协防，确保兑现工作万无一失。在尊重权益人意愿基础上，在司法人员的监督协助下，2003 年 4 月 2—21 日进行了一次性分配兑现工作。

7. 对集体经济组织实施股份制改造。2003 年 3 月 3 日为了适应现代市场经济的发展要求，优化资产管理体制，大屯乡体制改革及资产界定处置办公室于 2003 年 3 月 3 日制定了《朝阳区大屯乡农工商公司改制方案》。本着同股同权的原则，积极鼓励个人和社会法人投资入股，组建规范的股份制企业。一是解决企业出资问题：除乡属单位和部门人员已享有的 10 502.69 万元净资产出资外，同时吸收 1 638.31 万元现金出资，以此组建“北京华汇亚辰投资有限公司”，注册资本为 12 141 万元。二是解决股东人数问题：《公司法》

规定有限责任公司股东数不得超过 50 名，而组建的股份制企业涉及 2 252 名出资者，为了解决这一问题，该乡借鉴国有企业在改制过程中设立职工持股会的做法，经民政部门同意，登记设立“华汇集体资产管理协会”和“亚辰集体资产管理协会”，其中，华汇集体资产管理协会注册资金 5 525 万元，会员 1 111 人，亚辰集体资产管理协会注册资金 6 616 万元，会员 1 141 人，分别设立理事会、监事会等组织机构，由协会代表所有者行使出资人职能。三是解决下属企业的改制问题：在明晰产权的基础上，华汇亚辰投资有限公司将对 50 家乡属企业分期分批进行重组，实施股份（合作）制改造，对原农工商公司及其所属企业在 11 家外资企业、联营企业或股份制企业的股权进行变更，改由华汇亚辰投资有限公司持有，由此形成以资本为纽带的母公司、子公司和参股公司的公司体制架构。

经过为期三年的积极探索和实践，大屯乡率先完成乡级集体资产处置工作，彻底实现了政企分开，使长期模糊的集体经济组织产权关系得以明晰，初步建立起适应市场经济发展要求的现代企业制度，这不仅为推进乡级行政管理体制改革创造了良好的条件，而且有利于经济持续发展和社会稳定。对于首都城乡结合部 20 多个乡来说，在今后处置乡级集体资产时，大屯乡的做法显然具有借鉴意义。

第三节 乡村专业化管理撤制村队及其资产处置

一、乡村专业化管理及其资产处置概况

据初步统计，本区由于乡村专业化管理共撤销 11 个村和 319 个生产队。这些村、队撤制时的净资产总额约为 73 453 万元，其中，当年向社员分配金额 25 584 万元，上缴乡村合作经济组织 47 869 万元。

80 年代后期，各种联产承包责任制的普遍实行和各项改革措施的贯彻落实，使农村经济有了突飞猛进的发展，产业结构也发生了深刻变化，原来那种“麻雀虽小，五脏俱全”的小规模、兼业化的经营方式和管理体制越来越不适应大规模商品经济发展的需要，因此，不失时机地推进乡、村专业化管理和适度规模经营已经成为农村经济继续发展的必然要求。

本区的乡村专业化管理是指打破人民公社“三级所有、队为基础”的旧体制，在全村或全乡范围内对生产力各要素进行合理配置，对所属各企业实行专业联合，按行业特点进行归口管理，组织专业公司或专业办公室，以节省人力物力，提高工作效率的一种科学组织形式。

本区乡村专业化管理工作，大体经历三个不同时期。一是“文化大革命”后期实行大队核算、简单撤并生产队时期。当时由于受“一大二公”左的思想影响，违背了生产关系一定要适合生产力状况的客观规律，对诸如金盏乡雷庄大队那样一些经济实力不具备向大队核算过渡的村也搞了“穷过渡”，最后又不得不退了回去。也有些大队如十八里店公社老君堂大队、洼里公社龙王堂大队由于经济实力强，且有一定分工分业基础，故保留下来。二是实行联产承包责任制，解体生产队时期。80 年代初期由于采取了土地联产承包

到专业队、专业组、专业户的生产责任制，生产队的工作量大大减少，为了精简机构，压缩管理费开支，有十几个村解体了生产队，由行政村直接对承包单位进行统一管理。三是推进适度规模经营，实行乡村专业化管理时期。80年代末、90年代初，本区农村经济十业并举、全面发展，产业结构发生了深刻变化，城市建设日新月异。“小而全”的村队经济，不利于生产要素在较大范围内优化配置，不利于企业上规模上水平。村队干部因权力过分集中也容易滋长不正之风。为了减少管理层次，合理利用土地资源，搞好“都市农业”、乡村工业小区、商饮服务区和居住区的规划建设，使企业摆脱过多层次的行政干预、自主经营，自我发展，成为市场的经营主体，中共朝阳区委、区政府本着积极、稳妥、成熟一个批准一个的精神大力推进乡村专业化管理。1987年7月31日～8月1日，中共朝阳区委、区政府召开农村工作会议。对推进朝阳区农村经济的专业化管理和适度规模经营作了部署。方法步骤有五条：一是加强领导，稳步推进，不搞“大拨轰”；二是层层宣传，讲明政策，统一思想；三是清产核资，承认差别，不搞平调；四是健全机构，安置干部，人尽其用；五是建章建制，权责明确，总结验收。由于客观需要，群众欢迎，政策对头，工作扎实，这项工作得以顺利进行。到2003年，全区163个行政村全部实行了村级专业化管理，南磨房乡还实行了乡级专业化管理。

二、南磨房乡的乡级专业化管理及其资产处置

南磨房乡是本区城乡结合部一个经济比较发达的乡。1991年12月17日，经中共朝阳区委、区人民政府批准，该乡开始实行乡级专业化管理，在认真搞好清产核资、存好财务档案的前提下，将原有的4个村和30个生产队撤销，在全乡范围内对资源进行合理配置，对所属各企业实行专业联合，按行业特点进行归口管理，组建了商业公司、建筑公司、运输公司、畜牧水产公司和工业公司。乡、村、队三级各企业分别归属乡各专业公司统一管理。

当时，南磨房全乡面积14.4平方公里，人口5.6万。其中，乡管人口9 275人，劳力4 615个。农业人口占总人口的14%，非农业人口占86%。人均耕地不足0.4亩。由于国家建设征用土地达266.67公顷，当时，国家还要在南磨房乡征地100公顷，届时该乡人口将减到4 500人，劳力将减到2 000多人，剩下耕地100公顷左右，除公园、绿化带外，基本上成为“无农乡”。由于该乡紧靠城市，城乡交叉，工农交叉，居（民）农（民）交叉，在行政管理上，乡政府肩负着街、乡两种管理职能，具有城乡结合部、农村向城市过渡的明显特征。南磨房乡集体经济实力雄厚，在三级集体经济中，乡级经济又占主导地位。1991年，全乡总收入1.68亿元，纯收入4 658万元，集体积累934万元。一产（前五业）占总收入12%，二、三产业占88%，人均收入2 211元，劳均收入4 444元。全乡固定资产原值1.2亿元，其中乡级集体经济占64%。在“三级所有，队为基础”以生产队为基本核算单位条件下，各村队兴办企业“队队点火、处处冒烟”，盲目上马，重复建设，管理混乱，企业规模小，技术落后，经济效益低下。为了加强对全乡经济的统一规划，统一管理，决定打破村队界限，在全乡范围内，按行业实行专业化管理。

南磨房乡实行乡级专业化管理的做法是：

1. 认真做好干部、群众的思想工作。首先，乡党委、乡政府领导成员统一思想、结合实际，调查研究，拿出方案。经区委、区政府批准后，立即召开全乡三级干部会，党员会，传达上级指示，研讨改革方案，在此基础上，召开乡十一届二次人民代表大会，通过了《实施方案》。全乡上下统一了认识，统一了思想，为推行乡级专业化管理打下了坚实的思想基础。

2. 认真进行清产核资，理清债权债务。推行乡级专业化管理，关系到原村、队之间的经济利益。因此，首先要进行清产核资。在区经管站的具体指导下，乡里组织了专门班子，对 18 个村、队合作经济组织，131 个经营单位进行了认真的清产核资。同时对 102 个具有资产租赁活动的企业进行了调查、理清债权 113 万元，债务 212 万元，并清理汽车转卖手续 30 余项，减少经济损失 10 多万元，村队两级资产全部界定、核实。通过清产核资，不仅摸清了而且解决了过去多年未能解决的集体资产不清，以及部分企业库存积压问题，堵塞了漏洞，防止和减少了集体资产的损失。

3. 调整乡级经济管理机构。乡建立农工商总公司，下设五大专业公司，对全乡各业经济按行业实行统一管理。五大公司是：乡商业公司，乡建筑公司、乡运输公司、乡畜牧水产公司，乡工业公司。原来的乡、村、队三级企业按行业划分，分别归属专业公司统一管理。减少了层次，精简了机构，节约了人力、物力、财力、提高了管理效能和管理水平，更重要的是实现了对三级企业和资源的统一开发和利用。对全乡粮菜生产，乡农工商总公司向各村民委员会派驻了农管员、电管员、水管员等，实行集中与分散相结合的服务性管理。

4. 严格执行党的政策。乡党委，乡政府为防止村、队之间的平调和“大锅饭”，制定了一系列具体政策、措施，确保乡级专业化管理的顺利实施。譬如在全乡清产核资的基础上，对原公共积累超过乡平均水平的独立核算单位，乡农工商总公司在今后的公共福利设施建设上将优先予以安排；对原劳动分配水平超过乡平均水平的独立核算单位，允许其在每年净收入增长的前提下，按正常比例提高其分配水平；一些企业、家庭、个人与原村、队两级签订的各项经济承包合同不变，继续执行；对一些长期经营不善或亏损的小型企业，抽回乡拨流动资金，采取招标形式，实行个人承包或租赁经营；企业实行定岗、定员、定额，干部、群众一律择优上岗。

5. 妥善安排原村、队两级干部。充分发挥他们的专业特长，做到人尽其才。实行乡级专业化管理后，对原村、队 200 多名干部，根据本人情况全部重新安排工作，有的充实乡经济合作联社和各专业公司，使他们在更大范围内施展自己的才华，有的则根据个人意愿，在做好思想工作基础上，分配到企业或生产第一线任职。

南磨房乡从 1992 年实现乡级专业化管理之后，经济持续快速发展。截至 2003 年，该乡经济总收入达到 31.62 亿元，比 1991 年的 1.68 亿元净增 27.92 亿元，是 1991 年的 18.8 倍，越居全区各乡首位。利润总额达到 2.1 亿元，税金总额达到 8 325 万元，人均劳动所得达到 20 380 元，各项经济指标均居各乡前列。

乡村专业化管理对打破人民公社“三级所有、队为基础”的旧体制，克服原有村队“小规模、兼业化”的种种弊端，在较大范围内整合集体资源，使企业摆脱过多层次的行政干预以便自主经营，自我发展，成为市场的经营主体；对精简机构，节约人力、物力、财力，提高工作效能和管理水平，都发挥了重要的积极作用。当然，也有其不完善的地方，主要是产权还不够清晰明确，还需要进一步实施产权制度的改革，变农民共同共有的集体所有制为农民按份共有的股份合作制。

附件一　朝阳区大屯乡集体资产处置及体制改革实施方案

一、指导思想和目标原则

以改革为动力，以稳定为基础，以发展为目标，搞好调查研究，做好扎实细致的工作，经过充分论证，经过必要的程序，稳步扎实地推进。具体操作要坚决果断，保持政策的一致性和权威性。应该特别注意的是：一要始终坚持发展经济为中心的目标，要以改革促发展；二要保持社会的稳定，充分考虑和照顾职工和各方面的利益关系，最大限度地调动其积极性；三要树立全局一盘棋思想，要处理好全地区整体利益和局部利益的关系。通过改革力争做到思想不散，秩序不乱，工作不断，资产不流失。

二、改革思路和框架方案

（一）乡集体资产处置

1. 对原乡集体资产在村、队资产处理的基础上，做全面清理、界定、评估、确认，核定资产占有量，搞清全乡现有总资产、总负债、净资产（所有者权益），特别是对潜亏、虚赢实亏、不摊成本、账实不符、报废产品等，要通过这次清产核资和评估工作，该核销的核销，该摊掉的摊掉，以求使资产搞准搞实。资产清理、界定、评估要由国家承认的具有法律资格的中介机构进行。评估结果是这次乡集体资产处置的重要依据，同时也是今后企业重组改制的基础。

2. 对集体资产进行产权界定。根据《中华人民共和国宪法》、《北京市农村集体资产管理条例》以及相关法律、法规和部门规章的规定，依法、合理界定乡级资产产权归属。原则上依法将大屯乡资产界定为全乡（合作社）劳动群众集体所有。同时，考虑到全乡资产特别是乡级资产，在形成和发展过程中得到了市、区政府间接投入和政策支持以及各方面形成因素影响，本着依法行事、实事求是、宜粗不宜细的原则，可将现有资产中划出一部分为国家所有（具体比例根据资产评估和产权界定结果再定）。

3. 建立社会保障基金。从乡集体资产存量中划出一定比例的资金（具体比例经过测算再定），建立社会保障基金。成立专门管理机构进行管理和运营，用于相关人员的各项基本保险费用开支（具体办法另行制定）。

4. 确定人员范围和分类。以村队集体资产处置方案中的分类方法为基础，统计、清理全乡集体资产分配当中牵涉的人员数量，包括已故、退休、转出和在职劳力以及户口转出本市和转为国家公务员的人员，可按此进行分类，划分出不同的人群和数量。

5. 在区委、区政府指导下，按照市、区有关政策精神，结合大屯实际情况，确定乡级集体资产应分配人员范围。

6. 按应分配人数和评估后的可分配的净资产量，确定人均占有股份数（可参照村、队集体资产处置方案中的计算方法进行计算），按股份落实到每个人头上。

7. 本着此次分配只量化股权，不对付现金的原则，将所有应分配人员一律作成股份，以股权形式体现到新组建的企业集体中。

8. 内部发股权证书，作为股权认定和股权转让的凭据。

9. 成立内部股权管理转让结算中心，作为股权证管理、转让的机构，今后股东之间的股权转让须在中心办理手续。

10. 死亡、退休和转出的劳力在此次作成股份的基础上，今后根据经济发展状况和融资情况，可根据本人意愿按每人拥有的股份进行股权有偿转让（具体办法另行制定）。

（二）组建集团，实行股份（合作）制改造

1. 成立大屯乡集体资产管理委员会，在改革过渡阶段，负责重大决策和资产运营监督职能。

2. 按照“产权清晰、权责明确、政企分开、管理科学”的原则，将大屯乡农工商总公司所属企业和北京华汇房地产开发中心合并重组为北京华汇亚辰集团公司。

（三）政企分开，撤乡建街道办事处

三、阶段划分和时间安排（略）

四、组织领导和工作要求（略）

五、需要解决和明确的几个问题（略）

中共大屯乡党委

大屯乡政府

2001年11月28日

附件二　北京市朝阳区大屯乡体制改革及集体资产界定处置工作领导小组关于大屯乡资产处置中劳动年限统计的实施方案

由于在乡集体资产处置中进行劳动年限统计工作没有经验借鉴，没有统一定式，劳动分配年限统计难度较大。为此，在乡资产处置时，劳动年限的统计要根据北京市京政字69号《北京市关于征地撤队集体资产处理意见》的有关规定统一认定，为保证工作开展，特制定以下实施方案。

一、指导思想

严格贯彻北京市京政字69号《北京市关于征地撤队集体资产处理意见》的有关规定，本着尊重历史、实事求是、统筹兼顾、妥善处理好各方面利益关系的原则，认真细致作好资产权益人劳动年限的统计工作，确保准确无误。

二、建立组织机构，加强领导

1. 此项工作由大屯乡体制改革及资产界定处置工作办公室负责，由资产界定评估小组负责具体实施操作。

2. 成立村、队工作组。由原村队干部、财会人员和了解村队历史的社员组成工作组，负责原村队社员农龄统计工作。

3. 由乡资产处置办公室逐村逐人核查认定统计到位。

三、劳动年限统计的基本原则

1. 按原撤队时参加家底分配已签过字取得报酬的人和年限为基准进行统计。

2. 有报酬数，没有年限的单位，以原撤队时参加家底分配已签过字取得报酬的人，按原撤队法规重新统计。

3. 核准后张榜公布，公布认定无误后，原则上不再变动，作为最后确认的分配劳动年限。

四、实施年限统计工作步骤

第一阶段：（2002年3月1～5日）

召开各村队工作小组会：动员、统一思想，贯彻有关乡资产处置的政策法规、具体实施方案和其他有关事宜。

第二阶段：（2002年3月10～30日）

核实资产权益人劳动年限及上报审批。

第三阶段：（2002年4月1～5日）

进行阶段性小结和统计材料整理存档。

五、统计工作的具体要求

由于全乡劳动年限面广量大，历时长，历史原因和情况比较复杂，为了做好统计工作，特提出以下要求：

1. 搞好统计中的信访工作，各种问题，按信访有关条例，通过正当渠道反映、宣传和答复。

2. 所有工作人员要加强组织性、纪律性，严防按个人意愿随意宣传，任何人不得随意许愿，出具不负责任的证明，避免给群众带来不良影响，增加工作难度，影响资产处置的真实性和严肃性，一经发现问题要严肃处理。

3. 在统计工作期间，各工作组要树立艰苦奋斗、为人民服务、扎实认真的良好工作作风，做到认真、准确、无误。

4. 各级领导要高度重视，关心和支持此项工作，以确保统计工作的顺利实施。

5. 所有工作人员，要有高度的责任感，抱着对组织、对集体和资产权益人负责的态度，积极努力工作，保证劳动年限统计工作的圆满完成。

朝阳区大屯乡体制改革及集体
资产界定处置工作领导小组
2002年1月8日

附件三　北京市朝阳区大屯乡体制改革及集体资产界定处置工作领导小组办公室关于大屯乡资产处置中社会保障工作的报告

领导小组：

大屯乡体制改革资产界定工作于2001年12月经区委、区政府审批后全面启动。办公室下设的社会保障建设组于2002年1月开展工作。经过“制定社保实施方案、开展基本情况调查、政策研究咨询、召开各种会议和广泛听取意见、建议”四个环节的工作，实现了“基本情况掌握，政策基本清楚，各种倾向性意见基本明晰”的阶段性工作目标。具备了研究决定下一步社保工作意见的条件。为此，社会保障建设组提请办公室主任会议讨论、研究，形成了下一步社会保障工作的意见和建议，报请领导小组审定。为此，特将前一阶段的工作情况简要汇报如下：

一、制定了社保工作实施方案

实施方案明确了指导思想、工作原则、工作方法和工作步骤，划定了社保对象的调查范围，即大屯乡自管残疾人、自谋职业人员、超转老人、转居不转工人员。

二、开展了基本情况调查

社会保障建设组得到了市区乡有关部门和单位的大力支持，从查阅档案、调查走访等不同渠道开展了基本情况调查。如区公证处、亚运村、小关街道办事处、有关的征地开发建设单位、农转工的接工单位，以及大屯乡华汇亚辰集团等各部门、各单位、各居（家）委会和监督顾问组的顾问等都给予了大力支持。汇总的基本情况如下：

（一）大屯乡自管残疾人39名。

（二）自谋职业人员1 008名（指1993年市政府16号令执行后的自谋职业人员，不含转工后在接工单位办理的自谋职业人员）

（三）超转老年人1 403名左右。

（四）转居不转工人员50名。

共约2 500人。

三、进行了政策研究咨询

在工作人员认真学习社会保障的有关政策和征地、撤村队、农民转居转工、自谋职业人员、超转老人、转居不转工人员安置的有关政策基础上，我们多次邀请市区有关部门给予指导，如市体改办、区劳动和社会保障局、区民政局、区农委、区体改委、区研究室。走访了历史上办理征地、撤村队、农民转居转工和家底分配的领导干部。经过反复调查核实，证明社保对象调查范围这部分人都是根据当时政策安置的，不存在遗留问题。

四、召开各种会议，广泛听取意见、建议

我们召开了各种会议，广泛听取各方面意见、建议。汇总如下：

（一）大屯乡自管残疾人，属于1997年大屯乡华汇房地产开发中心征地时按政策应该安置的，自1997年开始一直委托大屯乡敬老院代管。

（二）自谋职业人员、超转老年人、转居不转工人员、不能列入本次社保范围。

1. 绝大多数大屯乡的农转居人员的人均家庭收入都已超过国家规定的低保标准。国家规定的现行低保标准为325元/人月，目前大屯乡的农转居家庭只有极个别人享受低保。超转老年人现在的最低生活费为396元/月，由民政部门按时发放。自谋职业人员当时都领取了3万元安置费，单位内部办理的自谋职业人员有的领取了5万元安置费。转居不转工人员也按政策进行了处理。社保对象调查范围中的一部分又重新就业，一部分人有租房收入。

2. 社保对象调查范围中的人都享受了大屯乡按政策进行撤村队家底分配的经济利益。这次进行乡

的资产处置，这部分人也将得到股权。

3. 大部分群众对少数人享受社保持反对意见。近期到乡上访的大部分群众认为大屯乡的净资产是属于1956年入社以来参加农村生产劳动约16 000农民共有的，从净资产中划出社保资金给少数人，是侵犯大多数人的利益。

4. 缺乏政策支持。超出政策搞社保，社保标准、范围不好确定，不好操作。如劳动部门办理社保有很多条件和规定的限制；群众评议不很科学，困难户的确认不好掌握，容易造成分配不公留下后遗症。

5. 容易引发新的矛盾，造成不稳定。也会给其他乡带来负面影响。

五、下一步社保工作的意见和建议

鉴于以上情况，3月27日办公室主任会议对社保工作进行了认真的分析和慎重研究，形成一致意见和建议如下：

1. 设立社保基金。从乡净资产中划出一定比例的资金（10%左右），用于乡自管残疾人的安置费、资产界定工作中的不可预见费，剩余资金划归大屯乡集体资产管理委员会滚动使用。单独列账专款专用。乡的建制撤销以后，剩余资金可由企业集团管理。

2. 将目前大屯乡自管残疾人39名委托民政局安置。

3. 自谋职业人员，超转老年人和转居不转工人员不再纳入本次社保范围。

4. 建议区政府请示市领导和市劳动和社会保障部门，给予政策上支持大屯乡自谋职业人员纳入城市社会保障体系，由个人申请并交纳社保费用，以保证这部分人员老有所养。

以上意见、建议报请朝阳区大屯乡体制改革、资产界定工作领导小组研究决定。

朝阳区大屯乡体制改革及集体资产
界定处置工作领导小组办公室
2002年3月28日

第十八章　海 淀 区

第一节　概　　述

海淀区是北京市市辖区之一，位于北京市城区西北部。周边与朝阳区、西城区、宣武区、丰台区、石景山区、门头沟区以及昌平区接壤。面积 426 平方公里，2000 年底常住人口 224 万，农户 58 099 户，农村人口 155 040 人，农村劳动力 69 406 人，先是首都的近郊区，后是首都的建成区。

1948 年 12 月海淀解放以来，海淀区农村经营管理工作，在计划经济时期，主要为集体经济服务；在由计划经济向市场经济过渡时期，在为集体经济服务的同时，还为多种经济成分、多种承包形式、多种经营方式服务。调动一切积极因素，发展生产，搞活经济，走出一条适合海淀区情、适应不同生产力水平的社会主义农业发展道路。52 年来，虽然经历人民公社化初期工作上的失误，三年国民经济困难时期和十年“文化大革命”的严重挫折，经过各级干部、广大群众的共同努力，在“服务首都、富裕农民”两个方面，仍做出突出贡献。

一、海淀区农村合作经济的演变与现状

海淀区农村合作经济，从个体、分散、落后的小农经济，在“土改”以后，经过互助组、初级社、高级社，全区农民组织起来，走上了农业合作化道路，完成了对小农经济的社会主义改造，实现了生产资料为劳动群众集体所有。1952 年 8 月李墨林联络 6 户过去给地主当雇工的贫苦农民，率先在羊坊店成立了李墨林温室（蔬菜）生产合作社。12 月 14 日《北京日报》对李墨林温室生产合作社作了报道，赞扬了温室生产合作社在生产蔬菜方面取得的成绩。1953 年春天温室生产年度结束时，李墨林和他的伙伴在一亩半土地上，用 108 间温室，生产出价值 2 亿元（旧币 1 万元等于新币 1 元）的蔬菜，本年初李墨林温室生产合作社转为高级社。1954 年 1 月，李墨林温室生产合作社农民满怀丰收的喜悦心情，精心挑选出 20 条顶花带刺的黄瓜和 15 个一样大小的西红柿，由李墨林送到中南海。第二天上午，社员们收到中共中央办公厅的回信：

李墨林暖室生产合作社：

你们送给毛主席的礼物——自己生产的黄瓜和西红柿都收到了。谢谢大家的盛意。你们组织起来，走互助合作的道路，在提高生产上获得了显著成绩，这给首都人民树立了良好的榜样，希望你们更加提高生产技术，改进经营方法，巩固与扩大合作社组织，为生产更多更好的蔬菜，供应首都人民的需要而努力！

中央的回信极大地鼓舞了合作社的每一个社员，李墨林牢记“改进经营方法，巩固与

扩大合作社组织，为生产更多更好的蔬菜，供应首都人民的需要而努力”。同年为了解决本社土地少，光经营温室蔬菜每年要“歇夏”，而另有3个社的人手少，夏季收菜忙不过来，大秋后又没啥活可干，只好“歇冬”的问题，李墨林把这3个社与自己的温室合作社合并在一起，扩大到56户，解决了“歇夏”、“歇冬”，不分春、夏、秋、冬都能生产出大量的新鲜蔬菜，实现了四季常青，由此，合并后的合作社定名为“四季青农业生产合作社”。到1956年又经过几次并社，四季青农业生产合作社总户数达到780多户，温室1 080间，“四季青”成为名副其实的首都蔬菜生产基地。

1956年1月30日，在全国政协二届二次会议上，全国农业劳动模范、四季青农业生产合作社主任李墨林代表实现合作化的五亿翻身农民向毛泽东主席、刘少奇主席报喜。同日会议期间，陈云、邓小平亲切接见了李墨林。

李墨林温室生产合作社（1954年以后更名为四季青农业生产合作社）从1952—1957年连续六年被评选为北京市农业模范单位。四季青农业生产合作社获中央农业部授予的“1955年全国农业增产模范单位”的光荣称号。

四季青农业生产合作社取得的成绩，带动了全区农业合作社的大发展，对本区的互助合作工作起到示范和推动作用。从1952年4月在东北旺乡试办第一个初级社——王启山初级农业合作社开始，到1954年春，出现全区农业生产合作化的第一次高潮，经过秋后大发展，农业生产合作社从48个发展到了106个，1955年发展到了115个，实现了农业合作化。1955年10月28日，《北京日报》发表介绍东冉村远大农业生产合作社的文章，《一个从初级形式过渡到高级形式的合作社》。毛泽东在《中国农村的社会主义高潮》一书中对收入该书的这篇文章写了编者按，对远大农业生产合作社由初级形式到高级形式的经验给予肯定。农民在实践中感受到合作化的优越性。1955年全区实现农业合作化以后，实行扩乡并社，迅速将初级社全部转为54个高级社，走上共同富裕的道路。到1956年12月，全区成立54个高级社，入社农户达到23 516户，占总农户的99.68%，完成了农业社会主义改造。1958年初，在大跃进推动下，农村进一步扩大高级社的规模，全区基本上实现了一乡一社，最大的社是西山农业生产合作社，农户达2 132户，耕种15 629亩地。农村经济走上了社会主义集体化道路。1958年8月30日全区实现了人民公社化。人民公社成立后，土地、生产资料，一律归公社所有。农村合作经济，从单一的农业生产，在农业走上合作化道路以后，多种经营，全面发展。

（一）农业发展

海淀区的农业是服务型的农业，海淀区作为首都的近郊区，长期以来坚持“以菜为主，服务首都”的生产方针，为国家生产出大量的蔬菜、水果、肉类、禽类等农副产品，成为保证首都城市居民副食品供应的重要基地。为确保首都市场蔬菜的数量、质量、品种和均衡上市，海淀区人民做出了巨大的努力和贡献。从50～80年代，海淀区蔬菜的播种面积尽管只占全市15%左右，但蔬菜上市量约占全市25%左右。70～80年代，瘦肉型猪的供应量占全市的第一位。随着改革的深入，海淀区作为首都的副食品生产基地的方针相应得到了调整。

农村经济在调整中发展。1994年，海淀区第七次党代会确定本区农业发展方向为

“发展精品高效农业”，以国内先进水平的现代化农业为标准，以市场为导向，以经济效益为中心，以科技开发成果转化为手段，广泛吸引资金、技术和人力，走依靠科技发展农业的道路。重点建设好四季特菜、优质大米、鲜肉禽蛋、特色果品、直销市场、良种繁育、花卉工程和旅游观光农业等8项精品高效农业工程。精品高效农业发展目标的确立，标志着海淀区的农业跨入了市场经济发展的新阶段。在重视农业基础地位的前提下，围绕籽种、精品、观光等6种农业进行地区农业结构调整，突出发展精品高效农业的总体目标，发挥“锦绣大地”农业示范项目的作用，努力提高农业经济的质量和效益。

1999年中共海淀区第八次党代会确定“发展知识经济，建设中国‘硅谷’”的宏伟目标。同年6月5日，国务院对建设中关村科技园区做出批复。为配合中关村科技园发展区的需要，海淀区加快农业结构调整步伐，对北部地区土地的功能进行重新定位，逐步压缩传统农业的规模，减少并取消水稻种植，大力发展绿色产业、观光旅游农业和高科技农业。农业耕地面积逐年减少，到2000年，海淀区的耕地面积由1978年的1.53万公顷减少到0.82万公顷，减少了0.712万公顷。

（二）乡镇企业发展

乡镇企业从手工作坊、修理加工开始，利用厂下蛋、滚雪球等办法，从无到有，从小到大，由土变洋，逐渐发展起来。十一届三中全会以来，在党的“社队企业要有一个大发展”的方针鼓舞下，对外开放，对内搞活，异军突起，迅速发展。按行业来说，有电子电脑、锅炉除尘、金属结构、五金工具、轻工化工、纺织服装、饮食服务、机械加工，还有商业、运输业、建筑业、旅游业。按企业来说，大多数达到一定生产规模，具有一定的技术水平。生产的产品主要是为城市人民生活服务，为首都建设服务，为大工业配套服务，为旅游事业服务，为外贸出口服务。还充分利用区内大专院校、科研单位的优势，“外引内联”、“横向联合”，引进资金、技术、设备、人才，改造传统工业，调整产业、产品结构，充实企业力量，加强企业管理，提高企业素质，大大增加了产品技术含量，不少产品荣获部优市优，远销全国各地。乡镇企业已经发展成为农村经济的重要支柱，成为提高农民生活、改善农村面貌、建设新型农村的重要资金来源，以及今后农村继续发展的重要经济力量。

1978年以后，海淀区的农村商业、饮食、服务业逐步发展起来。1981年4月海淀公社办起乡镇集体商业企业——飘香综合门市部，当年实现销售收入55万元。当年底，全区有乡镇集体商业、饮食、服务业9个，从业人员510人，实现总收入300.9万元。1984年玉渊潭乡兴办北京市第一家农民投资经营的紫玉饭店，1985年四季青乡和中国五矿产进出口总公司与香格里拉集团合资兴建五星级的香格里拉大饭店。1986年东升乡大钟寺自筹资金创建全国第一家由农民集体主办的集贸批发市场——大钟寺农副产品批发市场，随后四季青、东升乡陆续建起一些宾馆、饭店，如西直门饭店、清华园宾馆、蓟门饭店等。随着旅游事业的发展，东升、四季青和玉渊潭乡分别兴建东方旅行社、京西旅行社和信达雅旅行社，均为二类旅行社，占区内旅行社总数的43%。到1988年海淀区属涉外饭店共11家，其中乡办的就有9家，客房数2 254间，床位数4 106张，均占区属涉外饭店的93%。

进入90年代，第三产业的快速发展，优化产业结构，促进乡镇工业企业结构调整，逐步成为农村繁荣区域经济、富裕农民、改善就业结构的新的经济增长点。2000年，三产成为全区经济发展的一大支柱产业，年底三产总收入为30亿元，实现利润总额2.1亿元，增加值6.5亿元。通过调整产业结构，乡镇第三产业显现多层次、多元化、多形式的发展格局，企业不断上规模、上水平。在2 538家（含个体私营）三产企业中年收入500万元以上的企业已达到45家，三产企业向拓展文化内涵方面发展，企业的适度规模效益也得以体现。北部（北安河、温泉、苏家坨）各乡镇教育文化等项目（21世纪学校、新东方外语学校、齐鲁音乐学院）相继建成。随着城镇化进程的加快，乡镇三产中仓储业、物业管理的出现，社区服务业，休闲旅游等成为三产经济中新的亮点。南部东升乡根据农业结构调整的需要，引进资金、合建、组建了两个大型花卉市场，经营面积共达30 000万多平方米，使该地区没有大型花卉市场的状况成为历史。四季青乡成立了四佟文化园、沿四环路建成了多个大型专业市场，逐步实现着专业化、规模化经营理念。使传统企业重新焕发了生机。为乡镇三产适应新时代要求，以“建设中关村科技园区为核心”的总体思路，成为乡镇三产经济的重要增长源。2000年，全区乡镇企业总收入达94.9亿元，占农村经济总收入的95.5%。

由于农工商综合经营、一、二、三产全面发展，集体个人、内资外资几个车轮一起转，农村经济发生了深刻变化。2000年，全区农村经济总收入完成99.3亿元，纯收入完成18.7亿元，一、二、三产增加值完成18.8亿元，税金23 813万元，积累46 891万元，公益金17 991万元，人均劳动所得6 313元。

二、海淀区农村合作经济的特点

1956年，海淀区农民参加了高级农业生产合作社，完成对农业的社会主义改造，农村经济走上集体化道路。40多年来，海淀区坚持从实际出发，因地制宜，形成了有海淀特色的农村集体经济。

（一）完善农村合作经济组织

海淀区，经过互助组、初级社、高级社，1958年8月30日全区实现了人民公社化。由原来的18个乡、镇、办事处，19个农业生产合作社和一个农场（巨山农场）合并，分别组建了四季青、万寿山、玉渊潭、东升、海淀、清河6个人民公社。10月，原属昌平县的苏家坨、永丰和白水洼三个乡划入海淀区，加上东北旺、西郊、西山三个农场和温泉、北安河两个乡组成永丰人民公社，全区又重组形成四季青、玉渊潭、东升、海淀、清河、永丰6个人民公社。

1990年3月8日，海淀区温泉乡太舟坞村和辛庄村进行完善农村合作经济组织试点，3月底两村正式改称合作社。4月24日成立温泉乡联社。到1991年11月海淀区直管8个乡的乡、村两级集体经济组织全部改称为经济合作社。山前四个乡（四季青、玉渊潭、东升、海淀）基本上是乡级统一经营、统一核算，改称为合作总社，所属32个大队（村）改称为合作分社；山后四个乡（永丰、温泉、苏家坨、北安河）基本上是大队级统一经营、统一核算，改称为合作联社，所属32个大队（村）改称合作社。村合作社与乡联社在合作经济组织内部是领导与被领导的关系，在经济上是相互独立的经济实体。保留原农工商（总）公司的名称，与乡总（联）社是“一套班子、两块牌子”；专业队、专业场的名称不变。经过组织完善，增强了广大干部的民主意识，提高了广大社员关心集体、当家作主的集体主义思想，进一步密切干群关系。

（二）农村合作经济组织的特点

人民公社成立后，土地、生产资料，一律归公社所有，公社核算。主要实行“五统一”。公社统一计划、统一种植、统一劳动力、统一收支、统一分配。每年的生产、经营、建设、发展计划，菜、粮、果的种植安排，劳动力的使用、调配、管理，财务收支大账，年终决算方案，都由公社统一制定、分级落实。1978 年以后逐步演变为公社所有、分级承包、分级核算，给二级单位留有发展基金，采取上交下拨的形式体现。

自 1958 年公社成立以后，玉渊潭公社一直实行公社统一核算、基本社有制。经过 10 多年的发展，该社由单一的农业经济，到工农并举，初步实现了公社工业化；农业生产以菜为主、多种经营，成为首都的副食品基地之一；随着工农业生产大幅度增长，集体经济力量日益雄厚，社员生活显著提高，成为北京郊区最富的公社。1976 年跨入学大寨先进社的行列。同年，在中央召开的第二次全国农业学大寨会议上介绍了经验。1978 年《北京日报》刊登了题为《一个向公社工业化农业现代化进军的人民公社》的文章，介绍了玉渊潭公社 20 年的发展变化。随着农业生产力的不断发展，专业化程度不断提高，集体经济的发展壮大；为了集中财力，统筹发展，让有限的人财物发挥最大的效益，1978 年 1 月四季青公社由大队核算过渡到公社核算。1979 年 10 月 10 日，北京市革命委员会办公厅正式批复海淀区四季青、海淀、东升三个公社实行公社核算。至此，山前四个公社均以公社为基本核算单位（玉渊潭公社自 1958 年以来一直实行公社一级核算）。

公社核算的作用具体体现在：一是体现“政社合一”、“一大二公”；二是缩小队与队之间的贫富差别；三是集中资金发展工副业，解决人多地少的矛盾；四是可以集中财力，搞农田基本建设，改变生产条件。用先进技术装备农业，搞好农业机械化；五是有利于逐步实行生产专业化。

公社核算存在的主要问题是：权力过分集中，没有经营权、自主权，很难体现民主；在乡级范围内，实行“一平二调”、大兵团作战、吃大锅饭、搞平均主义等等。因此，限制了各级生产经营者的积极性。

1995—2000 年，海淀区直管 8 个乡中，山前的四季青、玉渊潭、海淀、东升四个乡实行以乡为基本核算单位；山后的永丰、温泉、北安河、苏家坨四乡，基本上实行以大队为基本核算单位。这些不同的基本核算单位，反映着生产力发展水平不同的集体经济。调整基本核算单位，使其生产关系基本上适应生产力发展水平，把发展集体经济的基础打牢。

（三）农村集体经济的主体地位

1956 年，海淀区农村经济走上社会主义集体化道路以来，随着经济发展农村集体经济组织不断壮大，经济实力年年增强。1958 年，海淀区农村集体财产总额 834.4 万元。中共十一届三中全会以后，农村经济迅猛发展，1978 年，财产总额达到 31 914 万元，是

1958年的38倍。2000年，集体资产总额达到134.08亿元，是1958的1 606.8倍，1978年的42倍。其特点是乡级占主体地位：山前四乡实行乡级核算，资产总额达118.52亿元，固定资产净值24.64亿元，所有者权益总额46.06亿元，分别占全区总额的88.4%、86.7%和87.1%；山后四乡实行村级核算，资产总额、固定资产净值和所有者权益总额，分别占全区总额的11.6%、13.3%和12.9%。

随着农村集体经济收入不断增加，集体家底不断雄厚，海淀区农民生活水平逐年提高，居住条件不断改善，逐步城市化，农民逐渐富裕起来。1957—1977年，农民人均所得由101元提高到155元，21年增长53.5%，平均每年增长2.7%。1978年以后，农民人均所得快速增长，特别是1993年以后，农民收入每年以几百元的绝对值增加，2000年农民人均所得达到6 313元，比1957年增长61倍，比1978年增长37倍。其特点是：①集体劳动所得占主体地位。2000年全区农民人均劳动所得6 313元，其中集体人均劳动所得4 129元，占劳动所得的65.4%。②自营劳动所得迅速增长。1990年农民人均劳动所得1 500元，其中人均自营劳动所得109元，占劳动所得的7.3%；2000年人均自营劳动所得达到2 184元，占劳动所得的34.6%。

（四）农村集体经济的产业特点

海淀区从单一的农业生产，在农业走上合作化道路以后，多种经营，全面发展。人民公社化以后，农工商综合经营、一、二、三产全面发展，集体个人、内资外资几个车轮一起转，农村经济发生了深刻变化。

1957—1967年，海淀区的农、林、牧、副、渔五业是波浪形缓慢向前发展阶段，10年间总收入由2 144万元增加到4 278万元，增长不足一倍；农、林、牧、渔业收入占总收入由73.7%降为65.4%，副业收入占总收入由26.3上升到34.6%，10年只上升8.3个百分点。1968—1978年五业发展呈逐年上升趋势，副业发展尤为明显，特别是召开中共十一届三中全会的1978年，总收入是1967年的3.1倍；副业收入是1967年的5.3倍，副业收入占总收入的58.5%。1979—2000年，海淀区乡镇企业在多种经营的基础上，逐步实现工、商、运、建、服全面发展，大农业比重逐年降低，2000年底，工、商、运、建、服、其他收入达到94.85亿元，占总收入的95.5%，大农业仅占4.5%。

1994—1998年，海淀区进一步优化农村产业结构，第三产业蓬勃发展。各乡镇充分利用区位优势，抓住机遇，乘势而上，制定了“强三高二、优二兴三、退二进三”等积极主动的产业调整政策，通过搬迁、停产高耗能、高污染的传统企业，关闭一批小、散、低、微、企业等有力措施，加快了乡镇企业产业结构调整步伐，形成了具有城郊型经济特征的三、二、一产业序列。一、二、三产业的比重由1993年的12%∶70%∶18%，发展成为1998年的9%∶43%∶48%；2000年发展成4.5%∶35%∶60.5%。第三产业的快速发展，优化了产业结构，促进了乡镇工业企业结构调整，逐步成为农村繁荣区域经济、富裕农民、改善就业结构的新的经济增长点。

（五）农村经济中存在问题

从1958年成立人民公社到2000年，经过40多年的发展，海淀区的农民依靠集体经济，生活发生了巨大变化，逐步达到小康水平。但是，仍然存在一些问题，主要是：①农民就业与增收仍是突出问题；②农村集体经济组织发展动力不足；③集体资产管理上还存在一些漏洞；④在依法管理土地方面还存在一些值得注意的问题；⑤农业结构调整、发展绿色产业、生态旅游农业、高科技农业的任务还很艰巨，农业产业化链条尚未形成，提高农业增加值的工作还很艰巨。

第二节　农村合作经济经营管理

一、农村财务管理与会计核算

1949—1952年期间，财务工作主要是为翻身农民和互助组服务，支持购置牲畜农具，发展农业生产。从1952年试办初级社开始，近五十年来，农村财务一直围绕农村集体经济开展管理工作，为各业生产经营不断发展服务。在培训人员、建立制度、改革记账方法、建立核算体系等方面都走在了北京市的前列。

（一）培训财务队伍

合作化运动时期，1954—1957年，会计培训着重是组织人力参加市里举办的财会训练班。公社化以后逐步由本区自己培训。1962年，人民公社体制调整权利下放时期，农村急需大批财会人员，区财政局克服重重困难，在极端简陋的工棚里，举办了第一期大型会计训练班，一次培训455人。随后根据不同时期的要求举办了不同专业的培训班，如保管员训练班、出纳员训练班、农产品核算训练班、承包土地核算训练班、年终决算分配训练班、社办企业会计训练班，等等。为搞好社办企业管理，提高企业核算水平，1978年聘请大专院校老师举办了为期半个月的企业管理专题讲座班。特别是改革开放以来，为适应农村经济蓬勃发展的需要，在上级领导和四季青乡的大力支持下，于1981年建成财会人员培训基地，改善了教学条件，基本上满足了农村不同层次不同行业培训财会人员的要求。1987年，成立财会中专函校，通过全市统考招生，经过三年的学习有627名学员取得了国家承认的财会中专学历。

从1962年到1987年4月，海淀区共编写各种教材讲义26份。举办培训班56期，培训财会人员10 357人次。同时搞了珠算通级考核，有力地促进了珠算技术的提高。1988—1995年期间，区农经站每年组织对全区农村财会人员进行培训、考核，累计为1 655人发了证。同时配合会计改革，相继为乡村两级1 852个核算单位培训主管会计和负责财务工作的干部达9 113人次，顺利完成了新旧会计制度接轨，会计核算工作走上正轨。1996年以后，农村会计培训工作由区财政局统一组织，1996—2000年度累计培训农村财会人员18 067人次。

（二）建立各种制度

为正确、及时、全面地反映农村的财务活动情况，海淀区相继建立完善了各项财务会计制度。从1958年至1963年，先后制定了人民公社会计制度、财务管理制度、财产物资保管制度、资金审批制度、财务计划制度、开支审批制度、现金管理制度、预分、借支制度、公布账目制度、财务检查制度和奖励制度等。1972年，制定了海淀区农村人民公社基本核算单位财务管理制度（试行草案）。1987年12月，区经委、财政局、税务局、农经站联合制定的《海淀区农村集体经济会计制度实施细则》，巩固了农村会计改革成果，提高了农村会计核算水平，达到了统一会计科目、统一使用借贷记账方法、统一记账凭证、统一会计报表、改革基金核算的预期目的。从1988年，开始着重抓乡村两级财务管理制度的建设和完善，初见成效。1992年初，针对8个乡和66个村级单位在清产核资中暴露的问题，通过建章建制，加强了固定资金、流动资金、生产成本、销售收入、企业纯收入以及专用资金五个方面的管理，强化了财务管理手段。1996年，全区1 852个核算单位建立了新的核算体系，逐步做到财务管理和会计核算相配套，实现了会计制度双接轨。到2000年，海淀区南部四乡全部建立健全了乡统一的财务管理制度实施细则，北部七乡镇建立了乡级和村级财务管理制度实施细则。同时各乡镇建立健全了财务制度、集体资产管理制度。

（三）农村财务管理

财务管理主要是通过健全制度，加强检查、监督等手段进行管理。从1952年试办初级社开始，由于解放了的农民识字不多，为了农业互助合作运动的需要，手把手地帮助培养记工员、记账员。随着初级社、高级社、人民公社的进程，一支为农村集体经济服务的财务管理机构和队伍逐步建立成长壮大起来。坚持“勤俭办社”、“民主办社”，围绕农村分配抓好财务管理。

合作化初期，由区政府有关部门和银行抽调人力兼管财会辅导工作，随着农业合作社的发展壮大，区委决定抽调人力组建财务组，专职从事财会辅导工作，财务组设在区政府农林科。1958年秋，在公社化运动发展初期，根据市局要求区财政局设置了公社财务管理科，原农林科财务组亦与之合并，财务服务队伍亦由财务组的5个人发展到20人。1972年，为加强公社财务管理工作，根据市财税局部署，海淀区财税局为公社配驻财务辅导员10人，这对贯彻执行党在农村的经济政策，制定各公社的财务制度和办法，及时解决存在的问题都起到重要的作用。在实践中多数辅导员还主管乡财务管理工作。

1964年，为解决财务管理上个别社、队出现的公社没人管，大队没人抓，生产队乱当家，收入无计划，开支没制度，产生开支大、超支多、积累下降、社员分配减少的现象，制订了海淀区财务管理制度，以区政府名义印制布告贴到各村生产队及企业等基层单位。此法一是便于群众监督，二是约束了干部，受到群众的欢迎，市有关部门来海淀区总结了经验。同年制订了符合实际的固定资产折旧方法，在对全区各类固定资产逐项调查的基础上，比照国家有关规定，逐项列出清单，制定了每一项财产的折旧年限，实行按件折旧的办法。全区统一印制了卡片式的固定资产明细账，逐项登记固定资产的原值和折旧，此法一直延续使用至今。同时确定了待摊费用和低值易耗品的具体摊销年限，最长不超过5年，并设置了多栏式专用账页，分别记入各年应摊销的数额。这样弥补了平均摊销法和按比例摊销法年限较长的缺陷，此做法得到了市里的支持，并推广到其他区县。

1971年，针对农村铺张浪费和开支占收入比重增长过快的问题，进一步贯彻落实“勤俭办社”和“民主办社”方针。在健全财务管理制度，加强财务管理的同时，多方采取增产节约措施，促进增收节支。深入实际总结了四季青远大七队勤俭办社的经验，并召开了全区农村干部现场会，提高思想认识，学习远大勤俭办社经验，努力提高经济效益。在市委大力支持下，《北京日报》及时发表了远大七队“勤俭办社十九年”的经验。《人民日报》转载了这一经验，极大地鼓舞了全区社队干部增收节支的信心，抑制了非生产性建设的漫延。

1990年，全区农村开展了以落实“勤俭办社”和“民主办社”方针为中心内容的财务管理活动，在建立健全财务管理制度，加强集体资产管理，提高会计管理水平，恢复民主理财，搞好财会队伍建设等方面，取得了很好的效果。

1999年，根据国务院办公厅《关于彻底清理乡、村两级不良债务的通知》要求，组织力量对全区农村11个乡镇、78个行政村，在1998年底以前乡、村两级（乡镇政府、乡、村集体经济组织及乡属二级公司、事业单位）借款、贷款、集资、担保、抵押为下属企业借款形成的不良债务进行了全面清理。同时，化解老债务，制止新的不良债务继续增加，为农村社会稳定，经济发展创造良好的环境。2000年5月，清理基本结束。清查结果是：乡镇、村两级债权总额为15.5亿元，其中不良债权1.1亿元；乡镇、村两级债务总额10.4亿元，逾期三年以上的不良债务约占25%左右；乡镇、村两级担保债务总额8.2亿元。

2000年9月，完成对北部地区49个村级集体经济组织财务大检查，规范了财务制度，有效地防止了集体资产流失，结束了农村财务7年无人监管的局面，为推行“村账托管”奠定了基础。

海淀区的财务管理实行了严格的报表制度，各个队、村、乡镇都自下而上地根据本单位的生产计划，制定了年度的财务收支计划，并且逐月逐层地开展了经济活动分析。每月有收益分配、损益、负债、增加值等月报表，每季度有自营经济统计等季报表，年报表有25种。这些，为海淀区分阶段的经济分析提供了详实的数据。每年的10月，对全年各项指标完成情况进行试算，根据不同情况，采取不同措施，为完成、超额完成全年任务提供数据。

（四）农村会计核算

50年代初期，农业生产合作社采用的是收付式的订本账。会计人员不足，文化水平低，能力比较差，经常出现账目混乱现象。个别会计由于不会记账，把卖一种产品的收入包一个包，买东西支款时也从包里拿，因而群众称之为“包包会计”。从1954年开始，农业生产合作社的财会辅导工作由区农林科、银行、税务等部门派人兼管。1955年，农业生产合作社猛增到115个，财会辅导力量严重不足，为防止账目混乱，保证年终分配兑现，将全区115个生产合作社划分为七片，组成7个会计互助网进行相互审查，相互帮助，保证了账目日清月结。1957年，推举东冉村片互助网出席了北京市劳模大会，受到市里的奖励。1956年，改订本账为活页账，并设计了“劳动手册”、“劳动报单”，全区统一设置印发账表至各社，做到了及时、实用、节约，提高了工作效率。为了适应农村群众的要求和会计易学易懂的需要，1970年，海淀区在摸索的基础上，把商业上用的增减记账法结合海淀区实际推向农村，统一使用“增减记账法”，同时自编教材，培训会计，彻底改变了账目不统一的现状。1973年以后，海淀区把企业会计核算纳入工作日程，工业、商业、农业专业会计应运而生，并编制专业会计核算教材，分专业进行培训，从而形成了本区的会计核算体系。特别是对企业成本管理和成本核算，采取培训人才、专题讲座、培养典型示范等多种形式提高干部和会计人员的成本管理意识和成本核算水平。并将玉渊潭矿产加工厂和四季青液压件厂的成本管理、成本核算经验向全区推广，从而扭转了收支无计划、成本不核算、糊涂一年明白一天的混乱状况。对促进企业的发展和提高经济效益发挥了积极作用。1986 年，制定的《海淀区农村会计改革意见》，要点是“三个统一”和“一个中心”，即统一会计科目，统一记账方法，统一与之相适应的记账凭证和报表；一个中心是改革基金核算。经过实践，提出调整会计科目、改进基金用途核算办法、建立投资基金辅助账、简化无形资产核算手续、旧账结转新账有关基金的账务处理五条简化和修改意见，使会计核算实现了会计科目、记账方法、记账凭证、报表四统一。1987 年，在玉渊潭乡进行会计制度改革试点，随后在全区普遍推行。改革的基本点是把农村体制改革后形成的多层次、多行业、多样化的会计核算，建成统一的、综合的农村会计核算，实行统一会计核算体系，统一会计科目，统一记账方法，统一报表，统一资金核算。年内，全区农村统一使用一套会计科目，各行业通用一张资金平衡表。

1993 年，为落实国务院颁发的《财务通则》、《会计准则》，10 月，集中对乡、村两级财会骨干人员就新旧账对接的具体操作程序和方法进行培训。同时印发新旧账对接表、说明材料，对乡、村两级对接进行具体指导，11 月完成新旧会计制度接轨。

1995 年，通过区、乡两级对 1 852 个核算单位的 4 000 多名财会人员分年培训，使会计核算走上正轨。

1997 年，全区农村有 1 942 个核算单位按《企业会计总则》和分行业会计制度，相继建立起新的会计核算体系。

（五）农村集体经济审计

1983 年以前，海淀区对区内农村集体经济的审计工作由区财税局负责实施。1983 年 11 月，海淀区财税局一分为四，成立了财政局、税务局、审计局和农村合作经济经营管理站（以下简称农经站），农村集体经济审计由区农经站负责实施。每年进行全区联合检查、春秋季检查、决算前检查，对农村集体经济的审计成为财务管理工作的重要组成部分。1987 年，按照上级要求，农村集体经济审计由财务中分离出来，成立部门审计，建立健全区、乡、村审计体系。建立农村内部审计制度，培训审计人员。1998 年 9 月，对全区 525 名审计人员进行了业务培训，并签发审计证，使区、乡镇两级审计人员全部持证上岗。90 年代后期，不断加大集体经济审计监督力度，坚持不懈地搞好集体经济经营成果、财务收支、经济效益、干部离任、土地变价款、转制企业、农民专业合作经济组织审计，加大对各级乡村审计人员的培训力度，提升业务水平。培育建立区乡两级审计体系，完善审计制度，使全区农村审计工作逐步走上规范化、法制化的轨道。

海淀区农村集体经济审计的任务随形势的发展而变化。总的目的是维护海淀区农村的社会稳定，打击经济犯罪，提高经济效益，为农村经济体制改革保驾护航。1988 年开始财务收支和财经法纪审计，90 年代初曾查处几件在全区很有影响的案件，海淀乡审计科科长何玉亮同志因此被评为北京市内审工作先进个人。1989年，开始对各乡镇干部分配进行审计。每年通过对全区各乡乡机关上一年干部分配情况进行审计核实，有效地控制了分配增长速度。到2000年，全区11个乡镇实际分配水平基本上与区批准方案相符，从未发现严重超分配现象。1993年开始，对村提留和乡统筹费的提取、管理、使用等情况进行定期专题审计，确保符合政策规定，数据真实可靠。1999—2000年对东北旺乡唐家岭村、苏家坨乡林业站等单位的审计得到海淀区委、区政府各级领导的重视。1999年3月针对东北旺乡唐家岭村人民来信对土地补偿费使用情况提出的质疑，区纪委、区农委、区农经站、东北旺乡纪委组成联合调查组，对东北旺乡唐家岭村土地补偿费使用情况进行全面审计，审计期间，区委书记深入该村并亲自解答干部群众提出的问题。经过详细调查核实，调查组为该村追回擅自用土地征用补偿费为私营企业担保质押款本金458.51万元；擅自借给私营企业进行经营活动款本金203万元。其结果受到村民的好评，由于成绩突出，该调查组荣获市纪检委授予的集体二等功。

从1988—2000年，海淀区农村各级审计机构进行专项联合审计216个单位，经营成果审计1 538个单位，财务收支和财经法纪审计1 583个单位，经济责任审计365个单位，共审计3 702个单位。审计总金额304.54亿元，查出违规违纪金额2 426.2万元。为海淀区农村经济的健康发展创造了良好的经济环境和社会秩序。

（六）农村财务电算化

1984年，海淀区开始推行农村财务电算化，在北京市居于领先地位。经过16年对财务软件不断的改进、更新、换代，2000年，山前四个乡总公司及其所属二级公司和乡直属企业已全部实行电算化，实现了记账、报表审核和汇总、固定资产管理、工资核算等全部微机处理。

1984年，四季青乡财务电算化的运行环境为DOS操作系统，使用DBASEⅡ、DBASEⅢ数据库，应用于报表汇总、固定资产管理、存款往来账等。1997年，该乡投资400多万元用于网络工程及软件开发；1998年3月，又投资70多万元，购入“用友财务软件”57套，应用于记账、报表账中取数、报表汇总、固定资产管理、工资核算等。同年，海淀乡投资约15万元，在乡总公司及乡属二级单位配置使用计算机，在使用用友、万能两种财务软件的同时，还通过有关人员设计了报表上报总软件，用以弥补上述两种软件的不足。玉渊潭乡从1992年开始使用“用友财务报表软件”，到1995年，乡总公司所属企业使用率达70%，直属企业使用率达90%。2000年，东升乡总公司财务科已做到专用电脑人手一台，12个二级公司财务科每科至少两台，各二级公司与乡总公司之间财务报表全部网上报送，微机处理。四季青乡拥有微机（含教学用微机）660多台，乡政府的10个科室、部门和乡属31个企事业单位已完全使用微机记账，甩掉了手工账；全乡15 000多件固定资产已全部纳入计算机管理。为熟练掌握运用新软件、解决实际操作中出现的问题，有针对性地对相关人员进行培训699人次；海淀乡所有会计人员约450人经过会计电算化培训，约90%的财会人员取得了电算化证书，做到持证上岗。

会计电算化是会计管理现代化的主要标志和主要内容之一。其作用主要有：①减轻会计人员劳动强度，提高会计工作效率。实行电算化后，由计算机代替了手工进行的大量的数据计算、分类、归集、存储、分析等会计核算工作，计算机的计算速度是手工的几十倍、几百倍。②保证会计核算质量，促使会计工作规范化。实现会计电算化后，在很大程度上解决了手工会计核算中的记账不规范、不统一、容易错记、漏记等问题。③提高会计人员素质，强化会计管理职能。实现会计电算化后，一方面广大财会人员通过学习计算机操作，学会会计核算软件的使用，逐步提高自身素质；另一方面，可以充分利用计算机的优势与特点，进行会计预测，决策，控制以及会计分析活动，从而真正实现会计的管理职能。④加快会计信息流速，促进管理现代化。乡镇、村各级实现会计电算化后，大量的会计信息可以得到及时记录、汇总、分析。并通过网络迅速传递，为农村管理信息化的实现奠定了重要基础。

二、联产承包责任制与承包合同管理

（一）农业联产承包责任制

初级社成立以来，在集体经济内部围绕如何体现“按劳分配”新课题，实行“按劳分等，以等定分”、“定额管理”、“小段包工”、“评工记分”等办法，都没有从根本上解决“多劳多得”、“同工同酬”的问题。中共十一届三中全会以后，推行“联产承包”，按最终劳动成果计算报酬，困扰多年的难题，从此得到解决。海淀区从自己的实际情况出发，联系产量产值，实行专业承包。山前四乡，蔬菜，基本是承包到队，队内两头统、中间包。东升乡的7个村实行总收入或纯收入买分的办法，年底统一核算。山后四乡实行联产计酬。粮食，均实行按劳承包，按能承包，联产承包。果树，承包到队，队内管理到组，责任到人。畜牧、水产，承包到场，场内再联系到组到劳。其特点概括为“统、专、包、联”四个字。在承包过程中，各乡各队、各行各业，以至不同的作物，因地制宜采用多种承包形式，并用承包合同的形式固定下来。90年代初，逐步形成以“统一经营、专业承包”为主要内容，以“层层承包”为基本管理体系，多层次、多形式具有海淀区特色的联产承包责任制。1997年苏家坨乡实行按专业劳力生产经营能力进行承包的家庭经营，承包期一定5年不变，土地经营权完全交给农民，使农民真正成为经营主体、投资主体和承担风险的主体。90年代后期，山前四乡的农业只占3%左右，责任制形式基本没有变化。山后各乡，菜、粮、果各业改变了过去单一的承包模式，多种责任制形式并存。粮田基本上采取联产到劳、包干到劳的办法；菜田实行承包、租赁、留壳卖瓤等形式；果树采用承包、招标、竞价和土地租赁、果树买断的地树分离等多种形式；畜牧采用承包、拍卖、租赁等形式。不管是哪一种形式，都以调动农民投资的积极性，发展壮大集体经济为核心，确保农业增产，农民增收，社会稳定。

（二）乡镇企业责任制

海淀区的社队企业随着首都建设占地，农村有了更多的剩余劳动力，利用占地补偿、农业支持和自身积累，从无到有，由小变大，从山前发展到山后，由副业变成主业。中共十一届三中全会以来，对外开放、对内搞活、外引内联、横向联合，充分利用区内高等院校、科研单位、高新技术试验区的优势，引进资金、技术、设备、人才，异军突起，迅速发展。

50 年代后期至 60 年代中期，在管理上有条件的企业开始实行生产经营责任制和低工资制。中共十一届三中全会以后，以定额管理、班组建设为基础，建立起以经济责任制为中心的各项规章制度。工业：对生产稳定、产供销有保证的，利润递增，一定几年不变；对生产不稳定、产供销不畅通的，利润包干，超额分成；对规模小、利润少、产品没有发展前途的，利润包干，超额归厂；对亏损企业，限期扭亏。商业：对门市部利润包干，超额分成；门市部内部联系营业额到组到人。建筑业：包干到队，超额分成；队内按工程质量，联系成本、利润，奖优罚劣。服务业：利润包干到企业；企业内部联系服务质量，经营成果，有奖有罚。运输业：单机核算，承包到人。1986—1988 年，区政府制定《关于深化企业改革，加快企业发展的若干规定》，在企业中推行投入产出总承包和税后利润递增包干等形式的承包经营责任制。把竞争引入企业，开始试行向社会招聘企业经营者，推行厂长（经理）负责制，优化劳动组合，打破平均主义。使企业逐步具备自主经营、自负盈亏、自我约束、自我发展的条件和能力。1988 年在四季青锅炉厂抓股份制试点，探索产权制度改革，但当时条件不成熟，试点没有结果。1992 年初到 1998 年，一方面转换企业经营机制、下放权力、改进各种形式的经营承包责任制和加快企业内部制度改革；另一方面探索产权制度改革。对集体工业企业下放经营权和投资决策权。在经营承包上采取以公司（社）为单位实行投入产出总承包，对区财政包死所得税基数，定比增长，超收返还，一定四年不变。部分乡镇企业可重点试行所得税和利润两包到企业，超包多留，歉收自补的办法，一定三年不变。1993 年海淀区在集体乡镇企业内开始股份合作制的试点工作，首先在东升砂布厂、永丰风机厂、苏家坨丝绸厂和温泉内燃机配件厂实行股份合作制。企业总股本 1 358.2 万元，其中集体股 1 232.7 万元，职工个人股 125.5 万元。打破投资主体单一的格局，调动了企业职工和经营者的积极性，取得良好效益。东升砂布厂经过股份制改造 2000 年实现销售收入 2 837 万元，比 1993 年提高 75.1%，利润总额 171 万元，比 1993 年提高 26.7%，分配总额 311 万元，比 1993 年增长 1.8 倍，职工年人均分配 10 224元，比 1993 年增加 6 727 元。企业改制的新突破，北京绅士衬衫厂改为北京绅士服装有限公司，大钟寺农工商公司参加北京农业科技股份有限公司重组上市。企业成为规范的公司制和股份合作制，由职工个人和法人单位等为主体，形成多元投资结构；建立起科学规范的法人治理结构，企业的股东会、董事会、监事会（或监事）及经理等组织结构健全；企业的资本投入者对资产依法行使资产收益、重大决策和选择管理者的权利；建立工效挂钩工资制度，逐步与市场接轨；形成乡镇改制企业自身的养老保险、失业保险和退休管理体系；建立了一套资产管理办法；制定了各项企业规章制度，重点加强了成本管理、资金管理和质量管理。

到 2000 年底海淀区乡镇改制企业（有限责任公司和股份合作制）75 家，股本总额 5 953.3万元，其中：有限责任公司 25 户、股本总额 3 780 万元，股份合作制 50 户、股本总额 2 173.3 万元。乡镇企业完成产权制度改革的面为 91.94%。

（三）农业承包合同管理

1979 年，海淀区开始实行承包合同，以承包合同的形式规范承包责任制。但起初的承包合同，农林牧副渔一个模式、一种办法，差不多都是“四定一奖”，缺乏行业特色。承包任务、承包指标、奖罚办法，有轻有重，有忽视积累、追求分配的倾向。在文字上不严密，在数据上不准确，在奖罚上模棱两可、怎么理解都行。承包形式、合同签订，民主协商不够，不少地方干部说了算。这些问题的存在，年年出现都因合同纠纷引起上访，甚至起诉告状，给承包责任制的落实带来困难。经过二十多年的工作实践，通过认真总结，探索新的管理办法。

1. 制定科学合理的承包合同。①确定承包形式，尊重干部、社员自己的选择，符合各业的实际情况；②承包任务留有余地，承包指标有产可超，奖罚办法论功行赏，多劳多得、少劳少得、不劳不得；③国家、集体、个人三者利益兼顾，不能只顾个人一头。④承包期适度，根据各业不同情况，承包单位和承包者个人的经营情况、技术水平和稳定程度，实事求是地加以规定；⑤承包双方的权利和义务简要明确，便于分辨是非；⑥承包合同内容双方同意；⑦变更合同民主协商；⑧没有特殊情况按合同兑现；⑨如遇特殊情况，双方协商，调整合同，按调整后的合同兑现；⑩每年还要根据暴露出来的问题修改、补充合同内容，使之更加完善。

1998 年，依据市区的有关文件精神首次制订了菜、粮、果、畜及租赁业的全区统一合同文本和外地劳动力承包协议统一文本。从合同（协议）的条款、内容、格式、文字表述等方面进行了完善和规范。1998 年底，着手全区大农业承包合同文本统一工作。对于未到期但内容规范的合同，继续履行；未到期和存在问题较大的合同，更换统一文本，重新签订承包合同；已经到期的合同，全部使用统一文本。

1999 年 5 月，全区更换使用统一合同 6 004 份，占全区农业承包合同总数的 85%。对于承包期未到，条款、内容增加补充协议后可以继续履行的合同，增加了补充协议作为合同的附件附到原合同的后面继续履行。11 月，全区共更换使用统一合同文本 56 030 份，农业承包合同规范率达 100%。通过签订大农业承包合同全面稳定了集体与农民的承包关系。

2000 年，全区共签订大农业承包合同的 10 630 份，外劳协议 1 350 份，其中蔬菜 4 645份、粮食 4 817 份、果树 1 005 份、畜牧 18 份、水产 55 份、其他 90 份。经过区农委、农经站联合检查，均确定为有效合同（协议）。全区合同文本统一、内容完整、手续规范，合同签订率、规范率达到双 100%。

2. 承包合同管理规范化。从 1979 年实行承包合同开始，农业承包合同管理工作一年至少抓四次。年初抓制订、修改、补充、完善；制订以后抓验收，各乡自查，区里抽查，一年二次；年中抓执行情况，发现问题，及时解决，不能年底算总账；年终抓兑现，取信于民。

中共十一届三中全会以后，全国农村逐渐兴起了以联产承包责任制为主要形式的农村经济体制改革。北京市从 1982 年开始，在种养业较普遍地实行了联产承包责任制。这是农村生产关系的一次根本性的调整，极大调动了农民生产积极性，促进了农村经济发展。为了保护这一改革成果，使农村承包合同的订立和履行，变更和解除以及违约责任的处理逐步规范化、法制化，北京市九届人大常委会于 1989 年 10 月，颁布了《北京市农业联产承包合同条例》。为规范农业承包合同管理、及时有效地调处承包合同纠纷，同年海淀区成立海淀区农业承包合同仲裁委员会，8个乡分别成立农业承包合同调解委员会，并于1990年出台了《［北京市农业联产承包合同条例］海淀区实施细则》。1998年7月31日，市十一届人大常委会，根据农村经济发展和深化改革的要求，颁布了《北京市农业承包合同条例》。与此相对应，海淀区于1999年11月，公布了《海淀区农业承包合同若干规定》，于11月15日，以政府行政措施的方式公布实施。《决定》以党的十五届三中全会决议和市区有关文件精神为指导，以落实党在农村的“以家庭承包经营为基础，统分结合的经营制度”的基本政策为目标，结合海淀区农村实际情况，把《条例》中的一些条款和内容进一步细化，提高实际操作性，使之成为海淀区加强、规范农业承包合同管理工作，稳定农村形势，促进农村经济发展的依据之一。

2000年，海淀区农业承包合同管理工作逐步法制化、规范化。实现了农业承包合同文本、农业承包合同鉴证、土地流转和纠纷处理案卷全部归档管理。合同档案管理遵循“以乡镇管理为主、乡镇和村双层管理的原则”。乡镇级档案管理的基本内容包括：本乡的土地承包和租赁合同；土地流转合同和协议；上级及当地党委、政府有关土地承包的重要文件；调整、变更合同的协议，纠纷调解和仲裁的有关资料等。村级档案的基本内容大体包括：本村的土地承包和租赁合同；土地流转合同和协议；调整、变更合同的协议，纠纷调解和仲裁的有关资料；乡镇下发的文件；承包方案和乡镇批示；土地使用权证书登记；村民（代表）大会讨论决定发包方案的会议记录；土地重新测量的记录；各户承包土地的明细表和汇总表等。合同档案的技术要求达到：第一，分业组卷成册，根据合同编号编写统一的案卷目录，组卷有封面，内容完整齐全，书写规范；第二，合同档案装入档案盒、档案柜，东北旺乡实现了承包档案资料原件归档和微机输入相结合的形式。合同档案管理实现部门人员两落实：乡镇经管站是承包合同的管理部门；乡镇经管站合同管理人员、村会计担任专兼职档案管理员。

3. 认真处理合同纠纷，保障合同双方正当权益。1989年，海淀区成立农业承包合同仲裁委员会，各乡成立调解委员会，各村（大队）设立调解小组。根据《北京市农业联产承包合同纠纷仲裁办法》海淀区制订了具体实施细则，并处理了几起纠纷。90年代，温泉乡白家疃鸡场因合同内容不严密，没有完全按合同计算兑现，经过调解解决。南安河果树队因合同双方在履行承包权利义务方面发生争执，区乡两级出面协商均无结果，最终由法院裁决。2000年，海淀区农经站接待咨询和来访86人次，农民电话上访、咨询9次；站领导亲自带队到乡镇、村进行调解9次。至年底止，全区发生的合同纠纷都在区、乡两级的调解下得到解决，最终按合同兑现，其结果集体和个人双方都比较满意。

2000年底，海淀区签订农业承包合同（协议）11 980份，其中菜田4 645份、粮田4 817份、果树1 005份、畜牧18份、水产55份、其他90份。兑现率100%。

三、农民负担监督管理

海淀区委、区政府认真贯彻落实党中央、国务院和市委、市政府减轻农民负担的各项方针、政策，始终把减轻农民负担工作作为落实党在农村基本政策的一项重要工作来抓。1994年9月，成立区减负领导小组，各乡（镇）成立农民负担监督管理领导小组，从组织上保证对农民负担管理工作的领导。《北京市农民负担管理条例》出台后，区委、区政府制定了《贯彻执行〈北京市农民负担管理条例〉的实施意见》。每年对全区农民负担状况进行春、秋两次执法检查，监督区属涉农收费单位、乡（镇）、村面向农民个人的直接、间接收费，维护农民的利益。各乡（镇）、村都建立了“村提留”“乡统筹”预决算制度，全区“村提留”“乡统筹”数额从未超过上年人均纯收入的5%，一直保持在上年人均纯收入的1%～3%。

（一）农民负担的特点

海淀区农民负担的特点，一是农民直接负担不重，二是集体负担过重。

1. 农民直接负担不重。1991年，海淀区村提留人均29元，仅占上年农村人均纯收入的0.9%。2000年，全区有75个行政村，由农户直接负担：农业税29个村，特产税17个村，村提留22个村，其余村均由集体全额代农户承担；乡统筹由农户直接负担9个村，农户与集体共同负担3个村，由集体全额代农户承担的63个村。“村提留、乡统筹”，一般粮田每亩在30～80元之间，实物是亩上交稻谷40～50千克（北安河粮田农场）或20～30千克优质大米（温泉乡辛庄村）；菜田露地每亩100～300元，大棚和温室每亩380～1 500元。均在上年人均纯收入的5%以内。

2. 农村集体负担过重。海淀区集体负担过重主要表现在以下几个方面：①支付的中小学费用过多。仅四季青乡6所中学、18所小学1987—1991年上交教育附加费537.5万元，投入教育费用1 000万元。②国家征、占用的土地补偿款拖欠数额大。截至2000年底，土地有偿征、占用租赁的面积1 665.43公顷，拖欠金额42 408.3万元，占应支付金额的72.5 %。③土地被征、占用后，未核减土地应税面积。截至2000年底，全区有521.4公顷被国家征、占用的土地仍在上缴农业税或特产税。④城乡结合部地区的农村（特别山前乡）实行城市化建设与管理，但不享受城市化待遇，市政、市容建设所需资金均由乡里承担。一是农民与居民混居的地方乡村集体经济组织承担了居民管理，垃圾清运，市容管理等工作，1996年，南部的玉渊潭、四季青、海淀、东升4乡共支出1 448万元。二是山前四乡农居混居，地区内福利设施投资、管理费用都由乡里承担，居民负担转嫁在农民身上，加重了农民负担。仍以1996年为例，玉渊潭乡涉及五个街道，乡域内农业人口1万人，不足居住人口的10%，东升乡涉及六个街道，乡域内农业人口1.3万人，只占居民常住人口38万人的3.4%，四季青、海淀两乡也存在类似的情况。三是社会保险机制、福利制度方面的不健全，使各乡相继建立的合作医疗、退休养老制度，兴办的幼儿园，托儿所，养老院等福利事业加重了集体负担。

截至2002年底，国家征、占用土地拖欠的土地补偿款还差10 633万元。

（二）农民负担预决算制度

1992年，海淀区村提留、乡统筹费由村集体经济组织和乡（镇）政府依法组织收提；村提留、乡统筹费的管理、使用，由乡（镇）、村集体经济组织统一管理和核算，单独建账专款专用，接受农民负担监督管理部门定期的财务监督和审计。区政府要求全区各涉农部门，要严格执行市政府16号令规定的农民直接向集体经济组织缴纳村提留、乡统筹二项费用的标准，以乡为单位不得超过上年农民人均纯收入的5%，乡统筹最高限额不得超过村提留和乡统筹费总额的40%。

1994年，依据《北京市农民负担管理条例》，区政府制定了《贯彻落实〈北京市农民负担管理条例〉的实施意见》，《意见》明确规定：遵循《条例》要求，规范村提留、乡统筹费的使用与管理，村提留属村集体经济组织全体成员所有，不得平调出本村使用；乡统筹属乡集体经济组织范围内全体成员所有，不得平调出本乡的使用，也不得作为本乡开支。村提留、乡统筹费的提取分别计算到村、企业、农户，并纳入经营承包合同，确保提取兑现，对农村个体经营户，也应按规定收取相应的统筹费。乡、村两级都要建立健全村提留、乡统筹费的预决算制度，实行专款专用，并提交乡人民代表大会审议，张榜公布，接受群众监督。区乡两级每年要在自查的基础上搞两次大检查，进行专项审计。

1996年，减轻农民负担工作的重点放在建立村提留、乡统筹及“两工”预决算制度上，山前4个一级核算乡建立了乡统筹制度，山后4个乡在建立乡统筹制度的基础上建立了村提留制度。

按照1997年村提留、乡统筹及“两工”预决算标准，1999—2000年，全区11个乡（镇）及其所属行政村的“村提留”与“乡统筹”之和均没有超过上年人均纯收入的5%，一般控制在3%左右。

（三）全面清理涉及农民负担收费项目

1993年11月，完成对全区行政性收费的清理工作，对清理出无法定依据未办收费许可证的130项，分两批取消37项，合并21项，排除非行政事业收费14项，改由乡里统筹2项，自行废止3项，有依据保留办证26项，其余25项提请市审定。1993—1997年12月底，累计清理项目133项，金额1 404.4万元，清理25项、修改11项、取消达标升级18项。1997年6月，区农民负担监督管理领导小组会同市农场局管理处，在东北旺乡召开现场办公会明令取消个别乡仍在继续收取（1993年京发20号文）明令取消的宅基地管理费、农民建私宅管理费两项违规收费。至2000年底，分别取消了个别乡每年向企业职工每人收取的教育基金费；计划生育达标罚款；村委会主任、村支书培训费；治安集资、电影集资；对农民出租房屋双倍收取电费（每千瓦时0.82元）的规定，按国家规定每千瓦时0.41元收取；向各乡提取的水利积累工费用。

（四）积极查处加重农民负担案件

1997—1998年，在全区农民负担情况春、秋两次执法检查的基础上，对全区43家乡（镇）企业1994—1998年7月负担的合理与不合理收费进行了抽查，对水资源费和国家占地及加重负担情况进行了专项调查。针对存在的各种加重农民负担的案件，加大查处力度，并对查处的各类涉农案件按其性质分别给予取消、停止、清退。截至2000年底清退的有：①超标准向农村福利企业多收取的146万元管理费，从1994年1月起，管理费按0.5%收取。②（1994－1998年间）向海淀区43家乡镇企业多收的水资源费138.5万元；清退奶牛场、鸡场水资源费14.7万元。③清退未达标单位的罚款7 235元；向农民收取的建房押金。④退还村级占地款分成1 062万元。

第三节　农村专业合作经济

一、合作基金会

（一）合作基金会的发展及作用

根据党中央和北京市委“办好农村合作基金会”的多次指示精神，为把集体资金管好用活，促进农村集体经济发展，海淀区从1988年6月27日成立第一个农村合作基金会——东升乡合作基金会，到1990年7月，四季青乡、玉渊潭乡、温泉乡、海淀乡也相继成立了合作基金会。基金会按照农业部和市农工委文件要求，规范融资行为，加强内部管理、民主监督，增强风险意识和抵御风险的能力，经过整顿、申报、登记工作，1996年，四季青、玉渊潭、东升、温泉4个基金会领到了经营许可证。1998年，两次对基金会存放款和各项基金提取等情况进行审计检查，进一步规范基金会经营方向，建立健全基金会章程和财务管理、会计核算、工作人员岗位责任制等制度，使吸收发放款有章可循。在组织制度方面，建立了基金会会员代表大会、理事会和监事会制度。会员均为集体单位，不吸收农户资金。使海淀区农村基金会始终沿着健康有序的方向发展。同年6月底止，5个基金会会员户数发展到1 557户，资产总额达到15.99亿元，占全市85个基金会27.5亿元资产总额的58%强。5个合作基金会自开办之日起，坚持以服务为宗旨，不以营利为目的，加强资金管理和调剂，利用集体资金的时间差，在会员之间调剂资金余缺，缓解乡内部分企业资金短缺的困难，在存、放利息方面扶植企业发展。同时，基金会缓和了银行和信用社资金供应不足、贷款手续繁琐、时间长的问题，能及时解决内部成员小额短期的资金需求，在农村集体经济发展中发挥了金融机构不可替代的作用。

合作基金会坚持以服务为宗旨，不以营利为目的。会员存款高于国家银行、信用社利率，会员贷款低于国家银行、信用社利率。让利于民，优惠服务。东升乡合作基金会1988年成立的当年就投放给八家大队18万元低息贷款，及时解决了该大队10公顷现代化菜田建设资金短缺的难题。这个基金会还制定了“贴息奖励”和“让利返还”政策，对平均存款余额在10万元以上的企业，让利20万元作为优秀会员奖返还给企业。东升砂布厂、塔院泡沫塑料厂分别得到7.8万元的贴息奖励，八家、小营大队分别得到24.7万元和21.3万元的无息贷款。1989年玉渊潭乡合作基金会支持乡畜牧机械厂105万元，使该厂当年实现销售收入298.1万元，比上年增长67.2%，实现利润74.4万元，比上年增长82.8%；为从事商业服务的海玉工贸公司放款2 490万元，完成了紫玉饭店的一、二期工程，同时把低档的玉渊潭旅馆改造成较高档的玉都饭店，取得较好的社会效益和经济效益。1992年、1993年温泉乡合作基金会支持乡办企业，促进其资金快速周转，赢得销售市场，收到良好效果，使全乡经济总值及利润大幅度提高。

（二）合作基金会的清理整顿

1999年，根据国务院办公厅［1999］3号和京政发［1999］11号文件精神要求，同年3月开始对温泉镇、海淀乡、东升乡、玉渊潭乡、四季青乡五个基金会进行清理整顿。

4 月底东升、玉渊潭、四季青、温泉四个基金会完成清产核资，清理会员单位 1 566 户，资产总额 15.99 亿元。其结果：四家基金会吸收的融资总额 8.42 亿元和投放的 3.68 亿元，全部转入信用社；呆账 231 万元，从基金会利润中核销；基金会的固定资产 1 739.42 万元和历年留下来的准备金、积累、利润 3 921.02 万元，由各乡总公司收回；应收款 2 639.8万元，债权转移到各乡总公司。同年 12 月，温泉镇、东升乡、玉渊潭乡、四季青乡四家基金会撤销。海淀乡基金会，2000 年仍在清理整顿中。

二、农民专业合作经济组织

（一）农民专业合作经济组织的发展

1998 年以前，海淀区的农民专业合作经济组织处于一种自发状态。从 1999 年开始，农口有关部门对农民专业合作经济组织进行系统管理，农民专业合作经济组织有 11 个。按区域分：温泉镇 1 个，东北旺乡 2 个，永丰乡 2 个，上庄乡 2 个，苏家坨乡 3 个，聂各庄乡 1 个。按主导产业分：种植业 4 个，养殖业 6 个，其他 1 个。

2000 年，农民专业合作经济组织有 37 个。按区域分：温泉镇 2 个，东北旺乡 6 个，永丰乡 2 个，上庄乡 11 个，苏家坨乡 11 个，北安河乡 2 个，聂各庄乡 3 个。按组织类型分：会员制型 24 个，契约型 7 个，出资型 6 个。按主导产业分：种植业 16 个，养殖业 13 个，加工运输业 1 个，其他 7 个。按合作形式分：生产为主型 16 个，加工为主型 6 个，销售为主型 15 个。

（二）农民专业合作经济组织的效果

在现有农民专业合作经济组织中，上庄乡种植协会 是 1999 年由上庄乡农技站和农民在自愿互利的基础上共同组建的契约型合作经济组织。组织设成员大会。协会选举产生的 7 人理事会，有 4 人是农民代表。理事会负责合作组织的日常经营和管理。建立健全了组织章程，内部管理制度、财务制度及利润分配制度。合作组织主要经营种植业。主打产品有鲜食甜糯玉米、大粒型食荚毛豆、芦笋及特菜、食用菌、冬枣等。协会为农户垫支籽种，协调种植，提供技术支持，以委托的方式回购农产品，提供销售服务。推广无土栽培技术，用契约的方式为农户提供专门技术服务。协会带动农户 164 户。2000 年，种植鲜食甜糯玉米 80.67 公顷，大粒型食荚毛豆 33.33 公顷，芦笋 36.67 公顷。2000 年产销甜糯玉米鲜棒 66.5 万千克，平均亩产 550 千克，亩纯收入 417 元，比种水稻增加收入 167 元。产销大粒型食荚毛豆 27.5 万千克，平均亩产 500 千克，亩纯收入 450 元，比种水稻增加收入 200 元。2000 年协会购销效益 7.4 万元。带动农户户均增收 3 000 元。协会产销的甜糯玉米，以品质好、货源稳定、供货期长等优势，在北京市场上占有了一定的份额。它的组织机构、运行方式、管理模式都比较规范，经营状况也比较好。2000 年被评为北京市农民专业合作经济组织先进单位。

农民专业合作经济组织在发展中依托海淀区的科技、区位和市场优势，形成了自己的特点。不少合作经济组织与科研院所或大专院校合作，引进和实施一些有相当科技含量的农业生产新技术，提高自身经济效益。聂各庄乡车耳营农业观光服务社，利用位于凤凰岭风景区的优势搞郊区农家民俗游服务，是北京市最早涉足旅游业的农民专业合作经济组织之一。还有一些组织利用海淀区地处近郊区，区内集团消费比例大，大宗农副产品采购量大的市场优势，搞中间服务，取得很好效果。

2000年底，全区农民专业合作经济组织带动农户4 656户，其中带动社外农户716户；入资总额3 558万元，其中农户入资1 846万；资产总额3 206万元，净资产3 181万元；销售收入6 491万元，户均增收2 350元；技术人员166人。这些农民专业合作经济组织在北部地区，起着组织和引导农民适应市场经济的要求，增加农民收入的作用。虽然不是经营效率最高的组织，但这些组织把社会上的弱势群体——农民，也纳入了可持续发展的过程中，因此成为社会的“稳定器”和“安全阀”。从初期发展看，农民专业合作经济组织所产生的社会效益要大于其经济效益。

（三）农民专业合作经济组织政策出台

1. 相关政策。根据北京市政府办公厅下发的《北京市人民政府办公厅转发市农委关于发展本市农民专业合作经济组织意见的通知》，2000年3月1日，海淀区农业委员会和区财政局联合下发《关于鼓励发展农民专业合作经济组织的意见》。明确农民专业合作经济组织的管理部门及其工作职责和主要工作内容。指出农村合作经济管理部门负责对农民专业合作经济组织实施组织指导和管理服务。1999年，由区农管局负责，2000年3月以后，由区农经站负责。管理部门对农民专业合作经济组织进行财务监督和民主监督；对合作经济组织的有关原则落实情况，各项管理制度的执行情况，协议、合同的订立和执行情况，经营活动的运作情况进行管理和检查。

2. 对农民专业合作经济组织的扶持标准和奖励办法。海淀区对农民专业合作经济组织，实行先干后帮，一次性奖励的原则。出资型合作组织，凡入社农户在10户以上，视其在农产品加工、销售等环节的投入及效益情况，择优给予一定的奖励。契约型合作组织，凡带动50户以上，与农户签订购销合同，实行保护价收购的农产品加工企业和贸易组织，择优给予奖励。会员制型合作组织，为农户提供生产资料、技术服务、新品种推广、产品销售，能带动农户在25户以上的，按其对农民致富的带动能力，择优给予奖励。文件要求政府有关部门对农民专业合作经济组织在工商注册、税收登记等有关手续方面要提供方便。在水电、土地等基础设施方面，应给予倾斜和扶持，为合作经济组织发展创造一个良好的外部环境。

1999年，区财政对11个农民专业合作经济组织进行奖励，奖励总额84万元。2000年奖励6个，奖励总额21万元。

第十九章　丰 台 区

丰台区位于北京西南，属于近郊区。东临朝阳区，南临大兴区，西与房山、门头沟区接壤，北同崇文、宣武、海淀、石景山区相邻。2002 年末，辖 6 个乡、16 个街道办事处；总面积 305.87 平方公里，其中农村地区 180 平方公里，约占 59%；在人口、经济等方面，农村所占比重较小。全区常住人口 143.4 万人，其中农村人口 14.4 万人，占 10%；总户数 83 2849 户，其中农村 60 114 户，占 18.3%。2002 年全区实现国内生产总值 83.4 亿元，其中农村各业为 17.3 亿元，占 20.7%，在税收总额 9.9 亿元中，农村 3.5 亿元，占 35.3%。

第一节　农村体制演变与经济发展

一、从互助组到合作社

土地改革后，农民为了调节农业生产劳动力和生产工具的余缺，自发地组织起帮工组、换工组、劳动互助组。1950 年榆树庄村在王金珍带动下，组织起 15 个劳动互助组，年底全区有互助组 102 个。1951 年秋，有 27 个村组织起 177 个互助组。1952 年互助组发展到1 585 个，入组 7 419 户，占农户总数的 56.9%。这年春天，黄土岗村殷维臣、陈留村刘庆常分别办起了完全按劳分配的高级农业生产合作社。殷维臣社粮食比 1951 年增产 54.3%，示范田的白菜亩产 9 000 千克，土豆亩产 2 561.5 千克，创全国丰产记录。1953 年，白盆窑等 12 个村办起 14 个农业生产合作社，入社农户有 232 户，占全区总户数的 1.6%。1954 年，全区 42 个乡镇办起了 54 个农业生产合作社，入社农户达到 1 738 户，占全区农户的 12%。1955 年春，高级农业生产合作社发展到 88 个。针对合作社经营管理上出现的实际问题，区委对合作社进行了整顿和调整，将大田区、半菜区的 70 个高级社改为初级社，保留了 18 个高级社，强调自愿原则，有 354 户自愿退出合作社。11 月，贯彻中共七届六中全会精神，批判“小脚女人”，形势急转直下，到年底，全区发展到 92 个社，入社农户扩大到 13 616 户，占农户总数的 92.6%，实现了农业合作化。1956 年 3 月，按一乡一社的原则，将全区 92 个社合并为 12 个高级社，入社总户数达到 17 004 户，占全区农户总数的 99.4%，最大的社2 500户，最小的 500 户，平均 1 417 户。《白盆窑农业生产合作社是怎样办成高级社的》、《张郭庄合作社的政治工作》、《合作社自己可以解决生产资金》三个材料，被《中国农村的社会主义高潮》一书收录，毛泽东主席加了按语。1958 年 6 月，石景山区、南苑区和河北省良乡县建制撤销，所辖 44 个农业生产合作社划归丰台区管辖，全区共有 56 个社。8 月 31 日，毛主席视察了岳各庄乡红十月和小屯两个农业社。

二、人民公社时期

1958年8月，贯彻中共中央政治局北戴河会议精神，将56个高级社合并，成立了南苑等5个人民公社。1959年10月1日，长辛店公社命名为中捷友好人民公社，1960年4月3日，黄土岗公社命名为中匈友好人民公社，1964年8月20日，卢沟桥公社命名为中罗友好人民公社。由于人民公社实行一大二公、高度集中的管理体制，随意平调农民财产，强迫命令、瞎指挥等“五风”泛滥，严重挫伤了农民劳动生产积极性，使农村生产力遭到破坏，粮食减产，农民减收。1961年，贯彻中共中央《关于人民公社当前政策问题的紧急指示信》和《农村人民公社条例（草案）》，纠正“五风”和“一平二调”，公社退还平调大队资金122万元，牲畜45头，胶轮车22辆，动力机械33台。退还社员现金35.8万元，房屋1374间。撤销公共食堂，划分社员自留地472.27公顷，鼓励农民开展家庭副业，划小基本核算单位。农业生产得到恢复和发展，农民生活也得到改善。“文化大革命”期间，在政治上实行“以阶级斗争为纲”，在生产上实行“以粮为纲”，限制农民搞家庭副业。农业生产和农村经济发展受到影响，农民生活陷入贫困状态。

三、改革开放以来

党的十一届三中全会以后，开始进行农村经济管理体制改革，首先是建立农业生产责任制，1980年，有317个生产队（占62.6%）划分了作业组，对作业组实行定产量、定用工、定收入、定开支、定奖惩。其次是推行家庭联产承包，1984年，有106个生产队实行了包干到户或包产到户。第三是推行适度规模经营，到1990年，有280个生产队（占55.5%）实行农业适度规模经营。其中经营粮田4 186.67公顷、果园1 346.67公顷、集体猪场81个、鸡场43个。第四是延长土地承包期，1997年，贯彻中办发［1996］16号文件，对农业承包形式进行了调整，在全区81个村中，有49个村实行了土地包干到户，对土地承包期限也做了延长。

农村改革的深入和对外开放政策的实行，城市化进程加快，产业结构得到调整和优化，农村经济得到快速发展，农民收入水平大大提高。2002年，全区实现农村经济总收入116.6亿元，比1978年增长113倍，上缴税金3.5亿元，比1978年增长101倍，农民人均纯收入7 594元，比1978年增长39倍。在农村经济快速发展的同时，集体经济不断壮大，实力增强。2002年，农村集体资产总额达到144.6亿元，比1978年增长168倍。所有者权益72.5亿元，比1978年增长145倍，农民人均占有4.6万元（不含土地等资源性资产）。

第二节　社区股份合作制

一、背景

改革开放以来，城市建设进程加快，大量农用土地被国家征用，在给乡、村集体经济带来许多发展机遇的同时，也引发了一些新的矛盾。突出的问题是：①按照1985年9月30日市委农村工作部和市政府农办转发的北京市农村合作经济经营管理站《关于征地撤队后集体资产的处理意见》（京农［1995］69号文件），对撤制村队集体资产进行了处理。据1999年底统计，全区97个生产队（其中蒲黄榆、马场、南蜂窝、齐庄子4个村的25个生产队是整建制撤销）因土地被征用，村队合作经济组织撤销，其集体固定资产全部移交给了上一级合作经济组织及政府有关部门。在这种情况下，使面临城市化进程中土地被征用，村队建制撤销的地方，干部群众对发展集体经济丧失了信心，不愿再进行固定资产投资，制约了农村经济的发展。②当时的农转非就业及生活安置政策，使多数转居转工人员收入减少、生活水平下降，这部分人对转居时置留在农村合作经济组织的资产诉求强烈，群体上访不断，成为影响社会安定的一个重要因素。③社区合作经济组织产权制度不清晰，产权虚置，名义上归集体所有，人人有份，实际上没有具体数额。这种产权虚置的状况难以形成民主管理和自下而上的约束机制，失去了凝聚力。面对农村经济发展中出现的问题，有些村对集体经济产权制度开始了大胆改革。地处南三、四环之间的南苑乡果园村，有1 657口人，劳动力766个，1995年，对合作经济产权制度进行了改革，将全村8 188万元集体净资产的3 622万元（占32%），按其成员在合作经济组织的劳动工龄量化给个人，作为农民个人股，同时按9：1的比例吸收了社员投资股497万元。量化给社员的个人股份和社员投资的股份均有继承权和转让权。改制后的村合作经济组织成立了股东大会，民主选举了董事会、监事会，董事会聘用了管理人员。制度创新为合作经济发展注入了新的活力，到2000年，累计投入3亿元，开发建成了大红门服装商贸城，建筑面积100 000平方米。2000年全村实现国内生产总值5 587.3万元，上缴国家税金596万元，分别比1995年增长了3倍以上。集体经济不断壮大，到2000年底，集体资产总额达到5亿多元，比1995年增长了4倍多，农民生活水平不断提高，1997年，农民人均分配达到9 700元（其中股份分红1 940元）。村合作社先后投资2.8亿元，进行了旧村改造，建成农民住宅楼14.4万平方米，到2000年，全村半数以上的农户入住新居。

二、做法

在推进村合作社股份合作制改革工作中，有一个不断总结经验，逐步深化的过程。1993—1994年，丰台区首先在南苑乡东罗园等村，进行社区股份合作制改革试点。将集体资产的30%左右，按照村合作社现有成员的劳动工龄，量化为个人股，其余70%左右作为集体股。量化给个人的劳动贡献股，只享有收益分配权，没有所有权，不能继承和转让；1995—1998年，进行股份合作制改革的村合作社，量化给个人的劳动贡献股，不仅享有收益分配权，而且享有所有权，明确规定可以继承，可以在合作经济组织内部进行转让；1999—2002年，进行股份合作制改革的村，在两个方面又有突破，一是在集体资产股权分配上，一般集体净资产量化给个人的股份，占到70%左右，集体股一般占30%左右。二是享受股权分配的成员，不仅是现有的合作社成员，还包括参加过合作社集体劳动，已经转居、转工的原合作社成员。

在分析城市建设引发出的新矛盾、新问题以及总结群众制度创新经验的基础上，区委区政府把农村社区合作经济产权制度改革提到了农村工作的重要议程。①加强组织领导，建立了由主管农村工作的区委、区政府领导牵头，农委、经管站、体改委、区财政局等部门领导组成的农村社区股份合作制改革领导小组，在农委设立了办公室，负责股份合作制改革的指导和协调工作。各乡、村也相应成立了改革领导小组，并抽调专业干部负责改制的具体工作。②制定政策，2001年4月，区委、区政府相继出台了《关于实行农村社区股份合作制的意见》（附件1）、《关于贯彻实施〈北京市撤制村队集体资产处置办法〉有关问题的通知》（附件2）、《关于加快推进和完善农村社区股份合作制的意见》（附件3）。这些文件对村股份合作社设立的程序、股权设置、农龄股、普通股、优先股的计算方法以及农民入社原始股金归还比例等问题，都作了明确规定。③制定实施方案，抓好落实，到2002年底，完成改制的有21个村，占全区总村数的30%，还有11个村正在进行中。

三、效果

村合作社通过明晰产权，实行股份合作制，极大地调动了农民发展合作经济的积极性和创造性，投资力度加大，经济发展速度加快，效益提高，农民收入增加。

1. 投资力度加大，经济发展速度加快。改制前合作社干部和社员担心在城市化进程中，随着土地被征用，固定资产被平调，不敢投资办企业发展经济，改制后，实现了撤村不撤社，社员成为合作社股东，消除了资产被平调、“共产”的顾虑，放心大胆地引进各方面资金、技术和人才，投资兴办企业，经济发展速度大大加快。据统计，已经完成改制的21个村，2002年完成长期投资20.4亿元，比1999年的13.2亿元增加7.2亿元，增长54.5%。从经济发展上看，完成改制的21个村，2002年实现总收入35.3亿元，比1999年的22.9亿元增加了12.4亿元，增长54%，比未改制的50个村高出24个百分点。从经济效益上看，完成改制的村也好于未改制的村。据统计，已完成改制的村2002年实现利润总额5.5亿元，比1999年的3.2亿元增加了2.3亿元，增长74.4%，高出未改制的村11.8个百分点。

2. 合作经济组织实力增强。据区经管站提供的丰台区村合作经济组织资产负债表分析，完成改制的21个村2002年底集体资产总额达到44.9亿元，比1999年的31.2亿元增加了13.7亿元，增长43.9%；而没有改制的50个村，2002年底集体资产总额为65.5亿元，比1999年的76.4亿元减少了10.9亿元，下降了14.4%。从所有者权益上看，完成改制的21个村2002年底所有者权益总额为23.7亿元，比1999年的14.9亿元增加了8.8亿元，增长59.1%，而没有改制的50个村2002年底所有者权益总额为33亿元，比1999年的37.1亿元减少了3.9亿元，下降12%。

3. 合作社成员真正成为合作社的主人。在共同共有的产权制度下，没有明晰合作组织成员的产权份额，民主管理往往留于形式，导致干群关系紧张，内部凝聚力不强。通过产权制度改革，合作社成员从关心自己的切身利益出发，关心合作经济的发展，使民主管理真正落到了实处。已经完成改制的21个村注册登记的股本总额为19.26亿元，量化给合作社成员13.05亿元，占股本总额的68%，平均每个股东5.38万股（按每股1元计算）。股东按所持有的股份对合作经济组织的资产拥有实实在在的所有权。因此，对合作经济的关切度和参与民主管理的积极性大大提高，有效地防止了决策失误和集体资产的流失。南苑乡马家堡村在召开村合作社改制总结大会时，村干部按以往惯例，提议为参加会议的人员每人赠发一份礼品，这个提议被多数股东否决，从而改变了用集体资金随意送礼的陋习。

4. 缓解了合作经济内部利益分配上的矛盾，促进了社会稳定。改制前许多村队失地农民团体上访不断，有的因征占地问题上访，有的因转居转工后生活水平下降上访，有的为资产处置问题上访，也有的为集体财务和收益分配问题上访。严重干扰了区、乡（镇）政府的正常工作。通过产权制度改革，普通社员与干部一样凭借劳动贡献股拥有股权，妇女与男子一样凭借劳动工龄拥有股权，儿童与成年人一样凭借土地经营权拥有股权，原集体经济组织成员凭借其投资和贡献得到集体资产份额，普通农民与干部一样凭借股权拥有集体经济经营管理权，长期以来存在的党群矛盾、干群矛盾、转居人员与未转居人员的矛盾得到有效化解，完成改制的村团体上访明显减少，出现了社会安定、团结和谐的新局面。

5. 合作社成员收入增加、生活水平提高。据统计，完成改制的 21 个村 2002 年农民人均劳动所得达到 11 174 元，比 1999 年的 6 836 元增加了 4 338 元，增长 63.5%，而没有改制的 50 个村，2002 年人均劳动所得为 6 276 元，比 1999 年的 5 366 元增加了 910 元，改制村增长幅度比未改制村高出 46.5 个百分点。

附件一　中共北京市丰台区委文件

丰发［2001］13 号

中共丰台区委、丰台区人民政府
关于实行农村社区股份合作制的意见

为了保护和发展社会生产力，保护农村集体经济组织和成员的合法权益，维护和促进社会稳定，根据有关法律、法规和《北京市撤制村队集体资产处置办法》（京政办发［1999］92 号），结合丰台区实际，就实行农村社区股份合作制，提出以下意见：

一、实行农村社区股份合作制的意义

农村社区股份合作制，是以合作制为基础，实行社区内成员劳动联合与资本联合相结合的集体经济组织形式。这种经济组织形式有利于明晰农村集体资产产权，使集体经济组织成员成为投资主体，实现投资主体向多元化转变；有利于调动农村集体经济组织和农民的投资积极性，促进社会生产力的发展和精神文明建设；有利于促进农村集体经济组织决策、管理的民主化、科学化和规范化；有利于解决农村在城市化发展进程中产生的多种矛盾，维护和促进社会稳定。

二、实行农村社区股份合作制必须坚持的原则

以党和国家的有关法律、法规和方针政策为依据的原则；

坚持民主协商、尊重多数人意愿的原则；

坚持利益共享、风险共担、同股同利的原则；

坚持公开、公正、可行的原则；

以村为单位的原则。

三、股权设置

实行社区股份合作制的村，将集体净资产划分为集体股和个人股。集体股所占比例由改制村集体经济组织成员大会或者代表大会讨论决定，但不应低于30%；其他净资产量化到个人。

1. 集体股：是指集体净资产划归集体经济组织成员共同所有的股份。

2. 个人股：是指集体净资产量化给个人的股份。个人股包括基本股、普通股和优先股。

基本股：是指集体经济组织成员的资格股权，以享有土地资源收益权为依据。以改制之日为基准日，凡本村农业户口的人员和因国家征地转居就地安置（未领劳动安置费、未参加集体资产分配）的人员，按人平均量化。基本股的比例一般不超过集体净资产量化到个人股份的20%。

普通股：企业经营过程中享有收益分配请求权、经营参与权；企业终止清算剩余财产请求权的股份。以批准改制之日为基准日，凡本村农业户口和因国家征地转居就地安置（未领劳动安置费、未参加集体资产分配）的人员，享受普通股。普通股的量化以农龄为依据。

优先股：是企业收益分红或剩余财产分配上比普通股享有优先权的股份。优先股要固定股息，持股人不参与企业的经营管理。批准改制之日前的转居转工人员（含超转人员），享受优先股。优先股的量化以农龄为依据，在量化时要扣除已分配资产的数额。

3. 个人股享有收益权，可以继承、转让，但不得退股。集体股由资产管理委员会或村委会管理，与个人股享受同等收益权。

4. 有下列情况之一的，不能参加集体资产的股权量化：

(1) 改制之日前已经死亡的；

(2) 改制之日前户口迁出本市的；

(3) 改制之日前已是国家工作人员的。国家工作人员是指国家机关和参照公务员管理单位的工作人员。

四、农龄、普通股和优先股的计算

1. 自建立农村集体经济组织（农业合作社）至被批准改制之日止，户口在本村的劳动力参加集体劳动的时间（含义务兵服役时间）或者经批准从事个体生产经营活动并依有关规定按时、按量履行了各项应尽义务的时间，计为农龄。

对乡级集体经济组织工作的人员，在股权量化时，要扣除在乡级集体经济组织劳动期间的劳动积累数额（即年乡级劳均劳动积累×工作年限）。

2. 没有参加集体劳动且未按有关规定履行各项应尽义务的人员，补齐按有关规定应交纳的款项后，可以计算农龄。

3. 征地转居后就地安置，没有领取劳动安置费并未参加集体资产分配的人员，参加集体劳动的时间计为农龄。

4. 农龄的计算时间以年度为单位，超过六个月的按一年计算。农龄股权量化可以根据不同时期的净资产数量分段计算，但必须计算利息。

5. 按农龄计算普通股和优先股：

（1）计算按农龄量化的资产：是指集体净资产扣除集体股金、基本股金和入社原始股返还股金等的剩余资产。

（2）确定分段系数：根据各阶段的净资产数额、银行存款利息和资产构成等因素，按照民主协商、科学合理的原则确定分段系数。

（3）分段计算个人标准农龄：个人某阶段农龄乘该阶段系数。

（4）计算个人标准农龄总和：各阶段个人标准农龄之和。

（5）计算个人按农龄量化的资产份额：

$$\text{普通股金额}=\frac{\text{全村按农龄量化资产数额}}{\text{全村标准农龄总和}}\times\text{个人标准农龄总和}$$

$$\text{优先股金额}=\frac{\text{全村按农龄量化资产数额}}{\text{全村标准农龄总和}}\times\text{个人标准农龄总和}-\text{已分配资产的数额}$$

五、改制程序

1. 改制村提出改制的书面申请，由乡人民政府批准。

2. 召开改制村集体经济组织成员大会，宣传学习有关法规政策，成立改制工作小组，制定改制计划。

3. 改制村对集体资产进行清产核资和产权界定，由具有评估资格的评估机构进行评估。评估结果，报乡人民政府和区农村合作经济经营管理站审核、认定。

4. 核实在册人口，审查可享受股权的人员资格并张榜公布，三榜定案。

5. 制定股权量化方案和企业章程等文件。

6. 召开集体经济组织成员大会，确认资产评估的结果，通过企业章程及有关文件。

7. 量化股权。

8. 推选股东代表。

9. 召开股东代表大会，选举董事会和监事会成员，通过有关决议。

10. 经乡人民政府批准的社区股份合作制企业，到工商部门登记注册。

11. 改制工作结束后，改制工作小组要及时将改制的有关材料整理归档，分别送乡人民政府和区农村合作经济经营管理站备案。

六、相关问题处理

1. 没有处理的原始入社股金，可按15倍左右的比例以股权形式量化给个人。

2. 各村根据实际情况，对有突出贡献的个人，经集体经济组织成员大会或代表大会讨论决定，可以给予股份奖励。

3. 对原生产队之间劳动积累形成的资产差额，在量化个人股时，可以体现差别。土地转化形成资产的差额和现有土地资源，在量化个人股时，要尊重多数人意愿，统筹考虑。

4. 已实行社区股份合作制的村，根据本意见进行调整和完善，解决撤制村、队集体资产处置中的遗留问题。

七、在执行过程中的具体问题，由丰台区农业委员会负责解释。

八、本意见未做具体规定事项，依照《北京市农村股份合作企业暂行条例》规定办理。

附件二　中共北京市丰台区委文件

丰发［2001］14号

中共丰台区委、丰台区人民政府关于加快推进和完善农村社区股份合作制的意见

为了贯彻执行《北京市撤制村队集体资产处置办法》（京政办发［1999］92号）和《中共丰台区委、丰台区人民政府关于实行农村社区股份合作制的意见》，现就加快推进和完善农村社区股份合作制改革，提出如下意见：

一、加快推进和完善农村社区股份合作制的重要性和必要性

农村社区股份合作制，是以合作制为基础，实行社区内成员劳动联合与资本联合相结合的集体经济组织形式，是公有制的一种实现形式。实行农村社区股份合作制，有利于加快城市化的进程，实现农村管理体制向城市管理体制的转变，通过农村社区股份合作制改革，实现集体资产产权制度的创新，逐步建立起“产权清晰、权责明确、政企分开、管理科学”的新型集体经济组织；有利于实现投资主体的多元化，保护和发展社会生产力，促进区域经济的发展；有利于保护集体经济组织和成员的合法权益，解决撤制村队的遗留问题，化解农村城市化进程中产生的矛盾，维护和促进社会稳定；有利于实现农村集体经济组织管理的民主化、科学化和规范化。因此，必须提高认识，加快步伐，大力推进农村社区股份合作制的改革。

二、工作目标和应处理好的各种关系

加快推进和完善农村社区股份合作制改革的具体工作目标：卢沟桥乡、花乡和南苑乡要两年基本完成。长辛店乡、王佐乡和老庄子乡具备条件的村，也要积极推进社区股份合作制改革。

推行农村社区股份合作制改革，是对现有集体经济产权制度的一次重大变革，涉及各方面的切身利益，必须严格按照有关法律、法规和政策进行，切实处理好各种关系，确保改革工作顺利推进。

要处理好集体与个人的关系。由于集体经济组织要承担社区的一些管理职能和公益事业建设，要合理保留集体股，保证社区建设和发展所需的资金。集体股要由资产管理委员会或村委会管理，与个人股享受同等收益权。

要处理好基本股量化与农龄股量化的比例关系。基本股集中体现社区性，是以土地收益权为根据设置的社区成员资格股份；农龄股集中体现农村集体经济组织成员的劳动贡献。要按照公平、公正的原则，合理确定两者的量化比例。

要处理好现有社员与已转居转工人员的关系。充分理解已转居转工人员对集体经济组织净资产的合理要求，认真解决集体资产处置中的遗留问题，切实保护已转居转工人员的合法经济利益。

要处理好新老社员之间的利益关系。由于不同历史时期的资产增量不同，可以采取分段计算的方法，科学合理地确定阶段系数，注意保护好老社员的合法经济利益。

要处理好在村、队工作的社员与在乡级单位工作的人员和从事个体劳动人员的关系。在乡级单位工作的人员和从事个体劳动的人员，通过在乡级单位工作和履行应尽的义务，对本村、队经济发展做出了一定的贡献。在量化基本股和普通股时，要考虑他们的利益。

要处理好队与队之间的经济利益关系。由于改制以村为单位，队与队之间存在资产、资源差异，对劳动积累形成的资产差额，在量化个人股时，可以体现差别；土地转化形成资产的差额和现有土地资源，在量化个人股时，要尊重多数人意愿，统筹考虑。

三、加强对社区股份合作制改革的领导

提高认识，统一思想。区委、区政府有关部门和乡、村各级领导干部，要充分认识改革的重要性、紧迫性和必要性，本着对党和人民群众高度负责的精神，认真落实《中共丰台区委、丰台区人民政府关于实行农村社区股份合作制的意见》，把推进和完善社区股份合作制作为深化改革、促进经济发展的一件大事抓紧抓好。

加大学习宣传和教育培训的力度。各乡、村要深入宣传社区股份合作制改革的有关法律、法规和政策，提高干部群众的法律意识和政策水平。各乡要对乡、村干部和工作小组成员进行专门培训，保证改革工作扎扎实实地开展。

加强思想政治工作。农村社区股份合作制的推进，涉及面广，政策性强，工作量大，时间紧迫。在推进过程中，必须始终贯彻公开、公正、可行的原则，做好广大群众的思想政治工作，调动群众关心和参与改革的积极性，形成改革的良好氛围。

总结经验，加快改革步伐。要认真总结试点工作的经验，求实创新，从本乡、村的实际出发，努力实现社区股份合作制改革的工作目标。

健全组织机构，落实领导责任制。加强对改革的领导，成立丰台区社区股份合作制改革领导小组，办公室设在农委，具体负责改制工作的指导协调。各乡、村要成立改革工作领导小组，抽调专门人员负责改制的具体工作，各乡党委、政府和村总支、村委会要切实履行各自的职责，保证《中共丰台区委、丰台区人民政府关于实行农村社区股份合作制的意见》的贯彻落实。

附：丰台区农村社区股份合作制改革领导小组成员名单

丰台区农村社区股份合作制改革领导小组成员名单

组　长：王云峰　区委副书记
副组长：沙松平　副区长
成　员：杨敬功　农工委书记
　　　　菅卫东　农委主任
　　　　霍益民　体改委主任
　　　　王跃进　政研室主任
　　　　宋德岭　信访办主任
　　　　董化斌　法制办主任
　　　　孔令斌　财政局局长
　　　　王凤华　劳动和社会保障局局长
　　　　方世成　工商分局局长
　　　　谭　军　乡镇企业局局长
　　　　张　山　经管站站长
办公室主任：菅卫东
办公室副主任：霍益民　张山　都义

附件三　中共北京市丰台区委文件

丰发［2001］15号

中共丰台区委、丰台区人民政府关于贯彻实施《北京市撤制村队集体资产处置办法》有关问题的通知

《北京市撤制村队集体资产处置办法》（京政办发［1999］92号）已经颁布实施。现结合我区实际，就集体资产处置中有关问题的处理意见通知如下：

一、撤制村、队的集体资产处置，必须严格按照国家有关法律、法规和政策执行，不准擅自处置。

二、在撤制村、队集体资产处置中可享受分配的人员是：自建立农村集体经济组织至批准撤制之日止期间，参加乡、村、队集体劳动一年以上，户口在村、队和因国家征地转居就地安置（未领劳动安置费、未参加集体资产分配）的集体经济组织成员。

三、撤制村、队将可分配资产的5%～10%交上一级主管部门管理，用于解决撤制工作中的遗留问题。待遗留问题解决后，剩余资产可进行二次分配。解决遗留问题的期限为两年。

四、撤制村、队在集体资产处置时还不能收回的债权，不得列作可分配资产，待收回后再进行分配。

五、撤制村的社员中，在乡集体经济组织工作的，回本村参加资产分配。其在乡集体经济组织工作期间，按对乡级劳动积累的贡献，由乡集体经济组织付给撤制村一次性补偿费（即平均每年乡级劳均劳动积累×工作年限），计入撤制村的可分配资产。

撤制队的社员中，在乡、村集体经济组织工作的，回本队参加资产分配。其在乡、村集体经济组织工作期间，按对乡、村劳动积累的贡献，由乡、村集体经济组织付给撤制队一次性补偿费（即平均每年乡、村劳均劳动积累×工作年限），计入撤制队的可分配资产。

六、撤制村、队的劳动力中未参加集体劳动且未按乡、村有关规定履行各项应尽义务的人员，补齐按有关规定应交纳的款项后，视同参加集体劳动。

七、撤制村、队要核实在册人口、农龄和入社原始股金，审查可享受资产分配的人员资格并张榜公布，三榜定案。

八、北京市丰台区人民政府1994年第3号令《丰台区关于国家征地撤村、队后集体资产的处置办法》，自即日起废止。

九、在执行通知过程中的具体问题，由丰台区农业委员会负责解释。

第二十章　石景山区

石景山区位于北京市西部，东部、东北部与海淀区相接，西部、西北部与门头沟区相连，南部与丰台区接壤。

石景山区因境内有石景山而得名。地理坐标为北纬39°53′～39°59′，东经116°07′～116°14′。石景山1949年3月划归北平市第二十七区，同年7月改为北平市第十九区，1950年8月改为北京市第十五区，1952年9月命名为石景山区。1958年5月撤销石景山区建制，其辖地分别划归丰台区、海淀区和门头沟区。1963年7月从丰台等区分出成立区级政府——石景山办事处，1967年8月正式恢复石景山区建制。

全区总面积86平方公里（1995年）。地势西北高而东南低，以低山丘陵为主体的北部山区约占34.8%，最高峰克勤峪海拔797.60米。中部和南部为永定河冲积平原，约占65.2%。最低点为东南部的石槽，海拔58.10米。

石景山区处于北温带，属温带半湿润季风型大陆性气候。旅游资源丰富，自然环境优美，文物古迹众多，有全国重点文物保护单位法海寺。市级重点文物保护单位八大处公园、八宝山革命公墓和模式口第四纪冰川擦痕。区级重点文物保护单位慈善寺、承恩寺、田义墓、龙泉寺、万善桥、皇姑寺、石景山、雍正御制碑、八大处冰川漂砾、隆恩寺等四纪冰川擦痕等古迹。在沿山地区广泛分布着众多历代古迹。改革开放后，建成现代化大型游乐场所——石景山游乐园，西山八大处公园增设了高空索道和高山滑道，加上风格各异的古城公园、雕塑公园、银杏宝宝乐园、希望公园、八角公园等多处公园点缀以及完善的配套设施，构成优美的旅游休憩的环境，是北京小西山及永定河游览区的重要组成部分。

石景山区是北京市一个历史较久的工业区。区境内有首都钢铁公司、石景山发电厂、北京锅炉厂、北京重型电机厂、北京燕山水泥厂等数十家中央和市属大中型工业企业，是北京市以冶金、电力、机械、建材为主的工业基地。区属工业以机械、针织、服装、轻工、建材为主。辖区内驻有北京军区机关、机械电子工业部工程设计院、北方工业大学、中国科学技术大学研究生院等军事、教育和科研单位。

新中国成立初期，石景山区农村以农业为主，1950年耕地面积3 510公顷，党和政府一直把农业放在重要地位，农业生产不断发展。1956年后，城市建设不断扩展，农村耕地不断减少，到1978年耕地面积减少到1 479公顷。中共十一届三中全会后，城市建设迅猛发展，耕地大幅度减少，农村劳动力大批转移，二、三产业发展速度加快。1990年耕地面积减至927公顷，在农村经济总收入中，农业占12.7%，第二产业占50.5，第三产业占36.8%。1992年走上城乡一体化发展道路，农村进一步走向为城市建设发展服务。到1995年，农村耕地仅剩528公顷。石景山区农村由单纯农业经济发展为二、三产业占主体的城市化经济。

第一节　农村合作经济的演变与经济发展

一、合作经济的演变过程

解放前，土地为私有制，石景山地区土地集中在少数地主、富农手中。官僚军阀、地主占有大量土地，用于出租或种植果木。兼营工商业地主在一村或数村占有土地，并拥有大量房产，出租或雇工经营。中小地主雇工经营土地，并兼营运输业。广大农民少地或无地，租种土地或当长工、打短工或外出谋生。土地改革前夕，全区共有 66 971 亩（此部分为 1949 年以前数据，计量单位未做调整），其中，辖区内各阶层占有土地 56 960 亩，辖区外各阶层占有石景山地区土地 10 011 亩。辖区内各阶层占有的 56 960 亩土地中，地主，富农占有 21 397 亩，人均 8.42 亩；中农占有15 796亩，人均 1.85 亩；贫雇农占有 8 874亩，人均 0.73 亩；其他成分占有 3 930 亩，人均 0.32 亩；公产（含庙产）占有 6 963亩的土地。辖区外各阶层占有石景山地区的10 011亩土地中，地主，富农占有7 137，资本家占有 531 亩，中农占有 79 亩，贫农占有 58 亩，其他劳动者占有 2 206 亩。1949 年 10 月开始进行土地改革，2 233 户贫雇农分到土地（人均 1.83 亩），1 539 户贫雇农及其他成分户分到房屋。1950 年 4 月向农民颁发了国有土地使用证。

（一）农业互助组

土地改革后，广大农民有了土地，生产热情高涨，为解决劳动力不平衡的困难和生产工具的短缺，自发地组织起“伙工组”、“换工组”、“劳动互助组”。1950 年初，古城村率先成立郝德斌伙工组，在生产劳动中自愿互助。区委对这种初级互助组形式给予肯定，并在全区推广。1950 年底，黑石头、五里坨、三家店、高井、衙门口、鲁谷、田村、古城等 8 个村组成 54 个互动组，参加互助组的有 200 多户，其中采用记工方式的 14 个组。1951 年 12 月，区委贯彻中共中央《关于农业生产互助合作的决议（草案）》，坚持“自愿互利”的原则，开展互助合作运动，互助组不断增加，互助规模不断扩大。1952 年，互助组发展到 295 个，1 403 户参加互助组，占农户总数的 54.3%。互助组户数不等，一般为五六户，由以工换工逐步改为评工记分，有的实行人畜换工，一般一个畜工顶 2 个人工。互助组土地归个人所有，农业税自负。

（二）初级农业生产合作社

1952 年 4 月，中共北京市第十五区委员会派人帮助八角村和杨庄村成立梁贵和于贵两个初级农业生产合作社，入社 38 户。八角村梁贵社入社 23 户，是当时北京市郊区试办的 10 个社中户数最多、规模最大的社。1953 年 6 月，辖区行政村改为 13 个乡（田村、恭村、西黄村、古城、鲁谷、麻峪、下庄、刘娘府、模式口、白庙、八角、庞村、衙门口）。有初级社 5 个，入社 110 户，其中：八角乡梁贵社最大，入社 43 户；白庙乡水屯社最小 11 户。中共中央《关于发展农业生产合作社的决议》发布后，初级社稳步发展。1954 年，初级社发展到 16 个，入社 506 户，占全区农户总数的 14.8%。1955 年 5 月，

13 个乡合并为 11 个乡。11 月，贯彻中共中央七届六中全会《关于农业合作化问题的决议》，迅速掀起农业合作化高潮。到年底，经合并和新建，初级社发展到 16 个。入社 3 130户，占农户总数的 86.9%。其中，300 户以上的社 3 个，100 户以上的社 2 个，100 户以下的社 11 个。

初级农业生产合作社的管理体制和分配方式是：民主制定社章，坚持“自愿互利”，入社自愿，退社自由。土地评估入股，劳动力股金入股，牲口、大车作价入股，由合作社按年限还清。社员选举产生管理委员会，下设生产队。统一制定生产计划，统一种植，劳动力统一调配。实行定额管理，评工记分。粮食产量按“地三劳七”（土地占三成，劳力占七成）分成，收入按工分分配。

（三）高级农业合作社生产社

1956 年 1 月，初级农业生产合作社转为高级农业生产合作社。同年 3 月，全区由 11 个乡改为 6 个乡（镇）（八宝山、古城、田村、西黄村、五里坨、北辛安），16 个初级农业生产合作社合并为 10 个高级农业生产合作社，其中，五星、金星、胜利 3 个初级农业生产合作社合并，被中苏友好协会和北京市人民委员会命名为中苏友好高级农业生产合作社。年底，入社户数 6 068 户，占农户总数的 98.6%。千户以上的社 2 个，500 户以上的社 3 个，200 户以上的社 4 个，100 户以上的社 1 个。

高级农业生产合作社的管理体制和分配方式是：土地和生产资料归集体所有。社员大会或社员代表大会选举产生管理委员会和监察委员会，下设生产队，分级管理。统一制定生产计划，统一调配劳动力，统一收益分配，取消土地入股分红，实行“各尽所能，按劳分配”。

合作化初期，部分富裕农户没有入社，他们有牲口大车，拉脚跑运输，每天可赚到二三十元。1955 年下半年，毛泽东《关于农业合作化问题的报告》，批判了“右倾保守思想”，掀起了农业合作化高潮，单干户被“劝”进了社。在年底的一天晚上，石景山区委书记、工作队队长孙振英召集衙门口、八宝山 2 个乡未入社的农民开扩社会议，会上宣布：谁赞成合作化道路，赞成社会主义道路，跟共产党走，谁就马上入社，限 20 分钟内，把牲口大车交到社里。当晚就集中了 200 多辆大车，紧接着工作组又把 2 个乡 4 个社合并成一个高级社。这些农户入社后失去了“车轱辘一转，香油白面”的实惠，感到吃了大亏。1956 年，武洪波、武洪涛兄弟从合作社饲养处把入社的马车拉走，说：“这是我的产业，我要退出。”赶上马车到天津去做买卖。建国社、胜利社也有人闹退社。据统计，衙门口村 3 个社共有 50 来户闹退社，占 3 社总户的 7%～8%，其中强行把马车拉走的就有 7 户。

面对这种情况，石景山区委连夜召开基层党组织会议，研究对策。安排民兵值班巡逻，看守饲养处、大车队。同时向区法院起诉武家兄弟。北京市公安局向全市发出通缉令，追捕武氏兄弟，公安人员专程到天津抓回了武家兄弟，并召开了群众大会，区人民法院以“抗拒社会主义改造，破坏合作化运动”罪判处武洪波、武洪涛有期徒刑八年。同时宣布，给五、六户闹退社的富裕中农戴上“新富农”的帽子。从此历时一个多月的“拉马退社”风波平息了，但“入社自愿，退社自由”成了一句空洞的口号。

（四）人民公社

1958年8月，在中共北京市委的具体指导下，建立起北京市第一个工农结合的石景山人民公社（又称中苏友好人民公社）。公社由5个农业生产合作社（八宝山、古城、西黄村、五里坨、北辛安）、4个街道办事处（北辛安、金顶街、苹果园、广宁坟）和1个居民区（新古城）组成，面积76平方公里。社内有石景山钢铁公司、石景山发电厂、北京锅炉厂、北京特殊钢厂等大型企业和地方企业，人口11.2万人，其中，农业人口2.4万人，非农业人口8.8万人。公社既包含农民，又包含大企业的职工和家属，具有一般农村人民公社和一般城市人民公社所没有的特点。为加强公社领导，协调工农之间、居民与农民之间、非农业生产和农业生产之间的矛盾，逐渐消灭工农差别，探索建立新兴的城市大工业区和大城市近郊区人民公社的路子，中共北京市委决定公社管委会主任由石景山钢铁公司经理周冠五兼任，公社党委书记由石景山钢铁公司党委书记肖平兼任。公社设农业部、工业部、商业部、卫生部、政法部、武装部、教育部、居民工作部等办事机构，下设居民大队、农业生产大队（以原5个高级农业生产合作社为基础）和生产队。

按照"一大二公"的原则，公社实行政社合一，工、农、商、学、兵相结合，农、林、牧、副、渔综合经营，以"一平二调"的方式集中高级农业生产合作社，在全公社实行统一核算、统一分配。取消社员自留地和家庭副业，提出"组织军事化、行动战斗化、生活集体化"的口号，宣传"人有多大胆、地有多大产"，以"大兵团作战"的方式搞农业生产。在分配形式上，从1958年10月开始实行半工资、半供给的分配制度。社员工资由基本工资和奖励工资组成，基本工资按劳动力强弱、技术高低、劳动态度分为5个等级。最高的每月工资12元，最低的4元。奖励工资由社员评比确定。生活实行供给制，吃公共食堂，伙食标准每月5～5.5元；穿衣按国家规定成人19尺布票，15岁以下14尺布票，每尺按0.4元计价发钱5.6～7.6元。对农户实行包看病、包丧葬、包生育、包教育、包养老、包结婚、包托儿、包理发、包洗澡、包看戏看电影的十包制。

人民公社成立后，兴办福利食堂和福利事业就被当作人民公社的新生事物一哄而起。居民入伙根据职工三班倒的实际情况自愿参加，农民则必须参加。一些地方曾发生干部到社员家中强行停火做饭的事情。至1958年9月，农民、居民生产大队建立公共食堂59个，5 775户、24 169人在公共食堂吃饭。公共食堂的举办，无偿平调社员群众的房屋、炉灶、自留地、锅碗瓢勺。由于公共食堂全部实行供给制，用粮无计划，生产队自产的菜不计斤、不计价，随便吃用，从而出现粮食亏空、开支过大、饭菜单调、老弱病人用餐不便等问题。区委、区政府针对公共食堂管理混乱、浪费严重等越来越突出的问题，多次召开经验交流会，完善食堂的管理制度和用餐方法。1960年，"公共食堂"开始实行"以人定量，凭票吃饭，指标到户，节约归己"的办法，并适当压缩供给部分，增加按劳分配的指标。至1960年底，全公社的公共食堂发展到143个，其中：农村114个，入伙户数5 171户，占农村总户数的93%；居民食堂29个，入伙居民占参加生产人数的43.4%。公社建立托儿所109个，其中，农村90个，入托儿童3 285人，占应入托儿童的74%；街道托儿所15个，入托儿童3 600人。办敬老院4所，医务所11个。公共食堂的兴办，脱离农村生产及消费水平，也违背了广大人民群众的生活习惯。1961年，公共食堂停办。

试办全民所有制（国营农场）公社。1959年12月21日，按照北京市制定的《关于转发全民所有制的公社的经营管理若干问题的意见》，石景山人民公社农村部分首先过渡为全民所有制的人民公社，公社挂国营农场的牌子，下设的4个生产大队（1959年北辛安生产大队与古城生产大队合并）建成4个分场。从1960年起，农场为总核算单位，统一供给和发放工资，对下属各分场实行“四定一奖”（定产量、定收入、定上缴利润、定工资总额，超产奖励）。

改革开放后，1982年8月，改革人民公社管理体制，实行政社分开，建立石景山乡政府，保留人民公社集体经济组织和中苏友好人民公社称号。1983年10月，区人民政府设农业委员会，负责管理农业和农村的工作。1984年3月，根据《中华人民共和国宪法》第一百一十条，按农民居住区设立村民委员会的规定，结合石景山区一区一社、工农混居，以城镇为主的特点，撤销石景山乡政府，以原来公社的生产大队为单位设村民委员会。是年5月，撤销农业生产大队建制，改称农工商公司管理村级经济。同年7月，成立石景山区农工商总公司，实行一套班子，三块牌子（农委、公社、总公司），其性质为自负盈亏集体所有制经济组织。1985年，农工商公司实行职工代表大会制度，两年一届，选举产生农工商公司管理机构。1986年农委推广八宝山农工商公司企业化管理和经营承包责任制、一定五年不变的做法。之后，各农工商公司不断调整、完善经营机制，提高企业管理水平，适应社会主义商品经济的要求，及时调整内部产业结构，广引人才、技术、项目，形成良好的经营环境。农工商总公司和各农工商公司逐步将所属生产单位转变为自主经营、自负盈亏、自我发展、独立核算的实体企业，明确承包双方责权利关系，农工商公司和各实体企业自我积累、自我发展的能力得到增强。至1995年，经过10年的农业管理体制改革，农工商公司得到发展壮大，农业经济已初步形成以第二、三产业为主，第一产业为辅的经济结构。石景山区传统的农业生产、生活方式不断向城市生产、生活方式转化，逐步走上城乡一体化的发展道路。1993年，中苏友好人民公社改称为中俄友好农工商总公司。

二、经济发展状况

石景山地处近郊，农业生产一直以种植蔬菜及其他副食品生产为主，供应首都市场。在农村经济发展上，利用靠近北京市重型工业基地的有利条件，工商业起步较早，大体上经历了四个阶段。

（一）起步阶段

在1957年农业合作化过程中，把手工业者和农村工匠组织起来成立了5个手工业合作社，从业人员260人，当年完成产值186万元；根据1958年12月中共八届六中全会通过的《关于人民公社问题的决议》“人民公社必须大办工业”的精神，创办了农机、玻璃、砂石、炼焦、耐火材料等7个企业，从业人员达到570人，完成产值255.3万元，实现利润63.6万元；1970年，在国务院召开的北方农业会议精神指引下，加快了工业生产的步伐，1974年社队企业发展到21家，从业人员2 052人，完成产值809万元。

（二）发展阶段

1978年党的十一届三中全会提出社队企业要有一个大发展，北京市出台了扶持社队企业发展的优惠政策，乡镇工业发展加快，到1987年，全区乡村企业发展到632家，职工10 491人，完成产值8 091.8万元，实现利润1 560.3万元。

（三）提高阶段

1988年北京市人民政府发出了《关于进一步支持乡镇企业发展的若干规定》，区政府制定了《关于村级重点企业实行计划单列重点扶持的通知》，乡村集体企业开始进行“双上工程”（上规模、上水平）。1993—1995年，完成技术改造项目21个，投资3 955万元，开发新产品33个，普遍开展了岗位培训，先后举办培训班38期，培训干部、职工2 667人次，考评初、中级管理和技术人员283人。普遍开展了全面质量管理活动，在企业规模扩大、数量增加的同时，产品质量不断提高。到1995年，乡村集体企业发展到302家，从业人员12 775人，完成产值7.5亿元，实现利润0.41亿元。

（四）重组转制，制度创新

从市场经济的客观要求出发，不断加大改革力度。到2001年底，集体企业实行重组转制的有183家，盘活存量资产3.7亿元，引进资产1.7亿元。八角、古城、八宝山等农工商公司已全部或基本完成了对所属企业的转制工作，充分发挥了股东会、董事会、监事会的作用，职工的主人翁意识进一步增强，企业经营状况好转。

第二节　深化改革，融入城市

石景山区一乡一社，15个村，农业人口在辖区内所占比重不足10%。全区属于北京城市总体规划以内，改革开放以后，随着城市建设的加快，农用土地日益减少，不少农民已转居转工。在城乡之间和转居人员与没有转居人员之间存在不少矛盾，群体上访不断。为了在城市化进程中化解社会矛盾，使农村更好地融入城市，实现城乡一体化，区委区政府首先是从户籍管理上改革城乡分割的二元体制，经过市政府批准，2002年12月1日，把全区农业户籍人口15 430人全部转为城市居民户口；其次是对村经济合作社进行产权制度改革，明晰产权；第三是妥善解决村经济合作社成员就业和社会保障问题。

一、改革村合作社产权制度

合作社的生命力在于实现社员控制，实现社员控制的核心是承认社员个人所有权的产权制度。2003年首先在八角、刘娘府两个经济合作社进行了股份合作制试点。试点经过清产核资、资产评估、量化股权、起草章程、民主选举股东代表、召开股东大会，通过章程，民主选举董事会、监事会等合作组织管理机构，最后，经过注册登记，宣布股份制合作社成立。

在合作社集体资产量化过程中，比较突出的矛盾是，在过去国家征占地过程中已经转居转工的合作社成员（以下简称原成员），与2002年12月1日一次性转居的合作社成员（以下简称现成员）之间的利益分配问题。通过试点单位反复讨论，广泛征求原成员与现成员的意见，制定了股权分配方案。

八角村合作社净资产12 434万元，农龄总计27 649年（其中原成员21 445年，现成员6 204年），涉及人员2 075人（其中原成员1 782人，现成员293人）。农龄价值计算分为2个阶段，第一阶段从1955—1978年，每年10分（428元/分），年劳龄价值4 280元；第二阶段从1979—2003年，每年11分（428元/分），年劳龄价值4708元。刘娘府村合作社净资产7 047万元，农龄总计23 891年（其中原成员10238年，现成员13653年），涉及人员1 703人（其中原成员907人，现成员796人）。劳龄价值计算共划分为两个阶段，第一阶段从1955—1982年，每个劳龄价值1 800元（其中招工安置人员年劳龄价值500元）；第二阶段从1983—2003年，每年劳龄价值4 000元。

两个试点单位对过去转居转工（原成员）的合作社成员所享有的股权全部按退社处理，以现金方式进行了兑现，一次性与合作社了断了关系。刘娘府村兑现26 606 150元，八角村兑现92 269 804元。

二、建立社会保障制度

农民转居后，全区15个村合作社全部按照《北京市转居人员参加社会保险试点办法》，补交和趸缴了基本养老保险、基本医疗保险、失业保险应缴纳的金额。2002年，在全区15个村一次性转居的15 430人中，有退休人员2 672人，16岁以下在校生及学龄前儿童3 215人，劳动力9 543人。参加三项保险的人员共计8 825人，占应参保人数的96%。（未参加三项保险的人数350人，均属于自愿放弃参保）。趸缴补缴三项保险金12 540.8万元。

三、劳动力就业

2002年底，全区农村共有劳动力7 088人，在岗就业的有2 936人，占劳动力总数的41.4%，不在岗的劳动力中，除自谋职业者外，有就业要求的2 000人，占劳动力总数28.2%。为妥善解决这些劳动力的就业问题，第一，区农委成立了劳动力就业领导小组，设立了办公室，各村也责成一名干部负责劳动力就业工作；第二，建立了转居劳动力就业补贴和奖励基金，对安置劳动力就业的单位给予适当补贴；第三，村合作社积极创办经济实体，增加就业岗位，博古艺苑古玩市场、龙泽建材市场、五里坨八大处塑料厂等扩建项目，可以安置1 000人就业；第四，加强培训，举办培训班，提高转居劳动力的技能与素质。

第二十一章　门头沟区

第一节　概　述

一、概况

门头沟区位于北京市西部，北与昌平区、河北省怀涞县为邻；东与海淀区、石景山区接壤；南与丰台区、房山区相连；西与河北省涞水县，涿鹿县交界。东西长约62公里，南北宽约34公里，呈扇面形状。总面积1 455平方公里，其中山地面积占98.5%。

永定河是区内最长的过境河流，境内河道长100公里，流域面积1 368公里。清水河是永定河官厅山峡段最长的支流，河道长28公里。源头有两支，北支源于东灵山，南支源于百花山，于青白口处汇入永定河。在清水河、永定河上建有斋堂、落坡岭和珠窝三座水库，三家店拦河闸，将河水引入北京。永定河是门头沟区的母亲河，是农业之命脉，是北京水资源供给地。

境内有丰沙及支线两条铁路贯穿南北，京源（109）、京拉（108）两条国道横贯东西。乡镇、村，均通公路。

门头沟区山场广阔，山场面积占全区总面积的98.5%。高千米以上的灵山、黄草梁、笔架山既是天然的季节牧场，山上也储藏着大量的木材。20世纪六七十年代，曾是首都肉羊供给地，也为村集体提供了大量木材，增加生产队工分分值，提高社员分配水平做过贡献。百花山、小龙门森林公园，是天然的植物乐园，也是国家动植物科研场所。浅山区蜜源植物丰富、储蜜量大，花期长，为蜂业发展提供了得天独厚的自然条件。境内矿藏20多种，煤、石灰石、花岗石、紫砚石储藏丰富。其中，煤炭分布面积700平方公里，旧时是京津及周边地区煤炭供应地，也为农村合作经济组织就地取材、发展工副业提供了保障。特殊的地理位置和气候条件，孕育了东山白梨、陇架庄的盖柿、妙峰山的玫瑰、樱桃沟的樱桃、田庄的香椿的生产与发展，均成为京郊名特优产品。太子墓的苹果，以味道好，色泽好上了国宴，而闻名京城。

门头沟区有农户32 028户，农业人口91 692人，占全区常住人口的38.2%。

门头沟区农村合作经济组织走过了合作化、人民公社化和农村改革开放三个阶段；经历了社会主义计划经济和市场经济两种经济形态，从合作化初期算起，合作经济已经走过了50个年头，门头沟人目睹了“大跃进”的“狂热”，饱尝了“三年自然灾害”的苦涩，也享用了农村改革开放带给人们的实惠。这50年是合作经济发展艰难曲折，饱经沧桑，与时俱进的50年。纵观门头沟区农村合作史，在组织机构上，合了分，分了又合，机构变革频繁的历史；在合作经济制度上，对原集体企业，社、队经济实施改造，“土地承包制”专业合作制的推行与探索，又是一个制度创新的历史。农村合作经济在改革中前进，在探索中发展，经济实力逐步得到加强，农民生活得到改善。

二、合作组织机构，变革频繁

1958年，将区内18个乡，248个自然村，99个农业生产合作社并入三个人民公社；1961年，区委决定缩小人民公社规模，将斋堂、门头沟、大台三个人民公社划为14个人民公社；次年1月，撤销灵山人民公社，成立黄塔、齐家庄两个人民公社；同年4月，成立色树坟、北岭、煤窝、上苇甸4个人民公社。至此，人民公社规模调整工作基本结束，全区共设19个人民公社，157个大队，477个生产队，468个基本核算单位。1966年，撤销煤窝人民公社，并入军响人民公社；1973年和1980年，分别将大台、北岭、色树坟3个人民公社划归北京矿务局领导。1983年，改革人民公社体制，建立乡镇人民政府。至此，人民公社制度结束。同年，农村实行土地联产承包制，撤销309个生产队，改以大队为核算单位。1993年开始，改革乡镇机构，精简分流人员，先后撤销黄塔、齐家庄、沿河、军响、大村、田庄、北岭和上苇甸8个乡，到2003年，形成：清水、斋堂、雁翅、王平、妙峰山、军庄、龙泉、永定和潭柘寺9个镇的格局。村级合作组织186个，基本没有大的变化。在合并过程中，乡与乡，村与村，队与队之间，无论经济工作搞的好与差，资产拉平，多次出现“平调”和“共产”的现象。

三、改造集体企业制度、企业走“四自”道路

乡镇级合作经济，其主体是乡镇办的企业，是农村合作经济的重要层次。

70年代初，门头沟区革命委员会，在农业生产“四五”规划中，就明确提出：“提倡社队办集体企业，要求1975年底，每个公社因地制宜地办一些小型企业。”就地取材，以当地原料为主，积极争取中央和市属下放的扩散产品，机械设备及技术人员；社办工业用的农民工，仅给工分加点补助，回村分配，进行原始积累。人民公社设管理委员会，代行公社对企业实施经济管理职能；产权与经营权统一，在经营上采取统收统支，企业盈亏由公社包揽的管理制度。到1978年，社队集体企业达到142家，从业职工5 781人。固定资产原值916.7万元，总产值1 702.2万元。

80年代中期，门头沟区政府贯彻中共中央关于《经济体制改革的决定》，提出了八条政策性意见，开始取消集体企业统收统支，建立新的管理制度，实行企业承包制，厂长选聘制，工人合同制，工资浮动制等一些报酬与经济利益直接挂钩的责任制度，并注入1 290.5万元资金，对门头沟橡胶厂，军庄锅炉配件厂，大峪化工厂等9家企业进行技术改造。企业规模扩大，收入增加，降低了成本、费用，效益提高。这种企业承包经营权的改革，也呈现出一些负面影响。在乡镇政府与企业分配关系上，出现乡镇企业无节制的上交利润，来弥补国家财政拨款不足，“给政策，不给钱”，乡镇干部的工资、奖金和社区福利、公益事业的开支，导致企业流动资金不足，运转不畅的现象。在企业的内部也出现了“企业搞承包，小头归集体，大头进腰包（指利润）”的现象。

煤炭行业，是门头沟区的主导产业，也属特殊行业。1995年，全区注册地方煤矿148

座，其中，清水镇有44座。清水镇洪水峪村，党支部书记王国庆，家人和亲戚说他为集体“六亲不认”，群众称他依章办事，铁面无私的活“包公”。该村煤窑仍坚持矿长负责，集体承包，各项开支，费用定额管理，采掘进尺定出比例，本村农民上窑干活优先，村口设立运煤检查站的办法。利润分配十余年一直保持在国家（税）、集体（留利）、职工分配各占1/3的水平上。国家增了税，集体增积累，农民增了收。军响乡张家村，采取同样办法，巩固、壮大、发展了集体经济。1995年，人均净资产达到16 117元，高出同期地处城镇中心的大峪村1 347元，称为集体经济京西第一村，进入北京市百强村行列。

在同期，煤炭行业生产也要“国家、集体、个人一齐上，三个轮子一起转”，“有水快流”的口号，大部分地区采取个人承包，利润上交一个死数，承包人坐地吃利，疏于管理，乱采乱挖，开采与掘进失调，不顾工人安全，从而导致资源浪费，国家漏了税，集体积累挖空。老板和工人收入趋向两极化。有的亏了本，负了债；有的发了国家资源财，成了百万富翁。个别地区社会治安恶化，一渡欲“亡羊补牢”，为时已晚矣。

90年代中期开始，乡镇企业进入产权制度改革阶段。集体企业产权，名义上属于社区农民集体所有，其实人人无责，资产不连心，经营不贴心，亏损不痛心。解决问题的出路放在实施企业产权制度的改革上来。1994年，在妙峰山化工厂、雁翅锻造厂等28家乡镇企业中搞了股份合作制的试点，取得初步成效。如：化工厂，职工以500元为一股，共募集811股，职工入资40.6万元，当年股金回报率为30.8%，企业凝聚了职工。1997年，在35家乡镇企业中，搞了股份合作制、股份制、租赁制试点，对那些规模小又长期亏损的企业实行了拍卖试点。通过试点在全区推开。改制后的企业普遍建立了董事会、监事会和职工代表大会等民主管理、民主监督、民主决策制度。政府直接干预企业事务现象趋于弱化，企业逐渐走上了自我管理、自负盈亏、自我发展、自我积累的“四自”道路。90年代后期，企业利用国家技改贴息政策，投入资金4.3亿元，完成新老企业技改项目262项，引进或自行研制新产品282个，使企业的规模再次扩大，整合能力进一步加强。90年代末，房地产业掘起，拉动建材业，建筑业资质水平、装备水平提高，形成了集团化作战。

四、改革村、队合作经济，稳定土地承包关系

1983年，推行《门头沟区生产队“大包干”责任制试行办法》，废除人民公社时期，统一计划，统一种植，劳力统一调拨，年终统一分配的“四统一”旧体制，取消劳动生产工分制。实行“交够国家的，留足集体的，剩下全是自己的”新的分配制度。这年底，全区312个核算单位，包干到户的252个，联产到组的39个，联产到劳的21个，包干到户责任制成为门头沟区的主要形式。大包干责任制，坚持了土地公有，农户自主经营，实行了土地所有权与经营权的分离。在生产队与农户的关系上，用集体提留和对农户的服务作为联系集体与农户的纽带，而进行的新型合作。这种制度，是对原村、队集体合作进行的改造和扬弃。它的进步性是还原了农民的自主经营权和利益直接的要求。农民腾出更多的空余时间搞养殖，购汽车、买手扶，搞运输。同年底，农村专业户重点专业户达到了2 793户，调动了农民的生产积极性。

90 年代初期，农村出现了“包干到户”后，农户土地没规模，劳力兼业化，部分土地撂荒等问题。部分村干部在旧体制的“惯性”拉动下，要收回农民的承包地。中共中央、国务院连续下发“一号”文件，要求稳定承包制这块“基石”。1994 年，沿河城乡各村，率先将农民土地承包合同延长 30 年不变。1997 年 10 月，门头沟区委制定《关于延长土地承包期工作的意见》后，有 161 个村，11 681 户，3 511.07 公顷土地，延长承包期 30 年不变，并印刷和下发了统一合同文本和土地使用权证书。签订农业承包合同 10 815 份，颁发土地使用权证书 10 815 份，果树所有权证书 1 747 份。从此，土地承包制稳定了下来。

2000 年开始，门头沟区鼓励农民土地使用权流动、转包或转让。均因农民持有土地数量少、且瘠薄，产出少，流动的速度缓慢。

五、与市场对接，农民对专业合作的探索

在社会主义市场经济条件下，一家一户的生产，有诸多不便，产品进入市场，与市场对接更有困难。创建产业型、销售型、产销一体型专业合作社成为必然。到 2000 年，门头沟区农村专业合作组织达到 81 个，农户 5 000 户。按组织类型划分：契约型 18 个，出资型 24 个，会员型 36 个，其他 3 个；按产业类型划分：种、养业 64 个，加工业为主 7 个，产销一体，以销为主的 10 个。

门头沟专业合作组织，有以下特点：①依托原村、队合作社的土地、山场资源，水、电、路公共设施组建起来的。如：泗家水村，85 户农民出资。利用原野菜加工厂，组建了生产、销售野菜、香椿合作社。②依托广阔山场，发展种养业。种植玫瑰花、樱桃、核桃、蔬菜等名特优产品。养殖蜜蜂、奶牛、鹅、兔、鸡等品种。如：潭柘寺鲁家滩村，仙潭珍禽养殖合作社，由村内 195 户农民，又带动外村农户 50 户，成为产、供、销一条龙服务的，跨县乡的专业合作组织。③依托旅游资源，发展专业合作社。门头沟区的“三寺”，“三山”和底蕴丰富的人文环境，使门头沟旅游业成为新型产业。专业合作与旅游密切结合起来。如：清水镇优质核桃发展协会，完成干果基地生态工程 317.13 公顷。成为灵山脚下林木风景，为灵山旅游再添绿色。

门头沟区专业合作组织，是非政府包办，但取得政府政策和奖金支持，坚持了入社自愿，退社自由，民主办社，利润返还和民办、民营、民受益等项原则组织起来的。但初始阶段，规模还小，经验还少、还缺乏常效的资金支持。它的巩固、壮大和发展需要农民继续探索。

六、受山区空间的制约，合作经济仍很薄弱

门头沟区的农村合作经济，经历了 50 年的发展，特别是农村改革开放 25 年来，对农村集体企业，村、队集体经济实施了改造，一个经济体制多元化，经营模式多层次，农林牧副渔，工交建商服各业得到了全面发展。经济实力增强，农民收入逐年增加。2000 年，农村经济总收入达到 28.8 亿元，比 1978 年增长了 70 倍，人均所有者权益达到 6 860 元，比 1983 年增长了 13 倍；人均分配达到 3 703 元，解放初不足百元，1983 年仅有 435 元，

农村个人储蓄总额，2000年达到5.1亿元，是1978年的350倍。

门头沟区是纯山区，出门见山，耕地资源匮乏，人均一亩田，有“百里行程，不见耕地”之说。矿产资源减少，特别是煤炭资源，国矿与地方争夺激烈，往往农民又处于劣势，地方可开采、利用的资源基本上枯竭，不少煤矿被迫关闭。深山区经济发展空间狭窄，造成集体经济十分薄弱。1999年，全区村一级人均净资产为4 320元，在186个村中，超千元的有103个村，主要分布在平原和浅山区；人均净资产千元以下的有83个村，占村总数的44.6%，其中不足300元的17个村，不足百元的有5个村，零资产及资不抵债的有11个村。

第二节 “三荒”地的开发与管理

一、政策沿革

门头沟区是纯山区，山场总面积8.12万公顷，可利用的荒山、荒地和荒滩1.65万公顷。

早在1951年1月，宛平县清水小区试办造林合作社。其运行方式是：公私合营，群众入股，订合同发股票，按股分红（一个劳力、一斤种子为一股）。同年1月24日，黄安坨村，在共产党员任成龙的带领下，成立了第一个林业合作社。有股198个，社员295人，管护荒山34.73公顷，沙荒地6.67公顷，林地5.63公顷，当年造林完成6.93公顷。燕家台村在赵永城的带领下，合作造林6.93公顷。

初级社时期，人民政府号召广大群众在清明节前后，将树苗栽在自家房前屋后，坟地，自栽自有；在私有的耕地、荒山上种核桃、杏各种果木树和用材树，树权归已。采取互助合作，群营合作和国家出种，群众出工，谁造谁有的政策。从1952—1955年，荒山造林共325.93公顷。

1956年，进入高级社时期，农民自己家的林果和山场林木，大树作价，小用材树（直径2寸）无偿入社归集体。采取荒山统一营造，每年春季，雨季和秋季开展群众性的造林周活动。当年全区完成荒山造林15 107.67公顷。

1960年7月16日，北京市委召开电话会议，要求开小片荒地，增加粮食和蔬菜，以备度荒。1962年2月19日，门头沟区委召开第十四次常委会，研究了林权问题。对个人片林，采取每亩留15棵归已，其余归集体的政策。当年计划荒山造林333.3公顷。1963年6月，针对农村毁林开荒，陡坡开荒，乱砍滥伐等问题，门头沟区人民委员会发布了《一号布告》。《布告》规定了七条，对林权归属，林木的保护，均做了规定。其中第四条规定：砍伐林木，要逐级审批，无论谁伐一棵，要补栽成活三棵。第五条规定：严禁在25度以上陡坡开荒，毁林种地，违者惩处。

“文化大革命”期间，荒山造林基本停滞。

1968年后，门头沟区农业学大寨，大搞农田基本建设进入高潮。1971年，门头沟区革命委员会提出：“为革命、为人民，建设永定河畔”和“为革命，战天斗地，建设斋堂川”的口号。于是，在“两河”流域掀起整滩造地群众运动，1971—1978年间，开发荒滩万余亩。其中1971年就完成了936公顷。上清水大队向荒滩开战，在大西峪口和田寺口，投入推土机两台、大拖拉机、汽车五台（辆）、手扶、马车10余台（辆），手推车200辆，人力250人，三个冬春整滩、垫地千亩。

1981年3月开始，门头沟区开展了稳定山权、林权，划定自留山、责任山，确定林业生产责任制的林业“三定”工作。通过斋堂公社试点，门头沟区委调查处理了国营与集体、大队与大队、大队与国家机关之间林权矛盾218件，重新明确了山权、林权归属。同年5月4日，在妙峰山公社召开划分自留山试点现场会。已有8个公社划分自留山0.187万公顷。会上对划分自留山工作中，自留山选地，自留山山场内，现有树木的处理政策做出了规定。

1983年4月26日，门头沟区委、区政府发出了《关于下放荒山（即责任山），绿化造林，完善林果生产责任制的决定》。规定：①各社、队要再次审定荒山造林规划。②将宜林荒山（荒沟、荒滩）的80%划分承包到户。③荒山划分到户，山权归队，效益分成，集体得小头，个人得大头。另对自主经营，拓荒的补助和奖励均做出了规定。到同年8月30日，已划分责任山0.54万公顷，颁发责任山使用证书9342张。到1985年，全区累计完成“两山”下放1.45万公顷。其中，自留山0.26万公顷，责任山1.19万公顷。分到“两山”的农户9 700户，其中千亩以上的18户，100～499亩的116户，百亩以下的有1 431户。

1994年，门头沟区委依据《北京市农村集体所有荒山荒滩租赁条例》，制定了《关于门头沟区“三荒”开发经营的规定（草案）》。鼓励村合作社集体统一开发荒山，也允许社会单位，社会自然人，外商开发经营；经营方式既可以承包，也可以租赁经营；承租年限可以30年，也可以更长一点时间，至此，荒山开发政策进一步放宽。到2000年4月，承租面积达1.01万公顷，荒地0.11万公顷；承包、租赁合同共1 107份，其中社会单位14份、社会自然人38份，区内农民9份，本村农民1 046份，租金298万元。承租人投资1 900万元，已栽各种果树18.8万株，营造松柏10万株，修简易公路174公里。承租人收入达1 100万元。

二、开发主体多元化

1. 社会单位开发。有北京力德贸易公司、北京市殡葬处、北京地龙管理处、北京市科学技术委员会、门头沟区教育局等14家单位。其中，北京市科学技术委员会，于1997年租赁上苇甸村荒山、荒地31.67公顷，修盘山公路2公里，开荒山6.67公顷，种银杏树1万棵；投资2000万元，建办公楼一座。实行科研、旅游和职工避暑度假为一体的开发目标。门头沟区教育局在岭角村租赁荒山186.67公顷，荒地13.3公顷，建成办公楼一座，修水坝七处，修简易路1.8公里，已建成教育科技基地。北京电视台，租赁斋堂镇原大三里（水库库区，搬迁）村土地、山场431.27公顷，已建成电视剧影视基地。

2. 村合作社集体开发。妙峰山镇涧沟村，樱桃沟村和雁翅镇大村村，均为集体开发荒山、荒滩的典型。其中，涧沟村规划了万亩玫瑰园工程。采取国家部分资助，村合作社统一领导，组建80人的专业队常年施工，派原老支部书记当质量监理的办法，1999年整地种花66.67公顷，2000年又完成80公顷。工程标准高，质量好，成活率在95%以上。受到市、区领导的好评，给予了奖励。大村村合作社在口子沟，整滩造地106.67公顷，要建成优质核桃、大杏扁基地。

3. 农民开发。 到2000年，有1 055户农民开发“三荒”地。其中，本村农民1 046户，跨社区农民9户。承租总面积0.81万公顷，占全区总面积的80%。涌现“三荒”典型户100余户，其中区级典型有：赵连基、王修金、李德普、李振东、任保和、张兴荣等31户。1994年，清水镇杜家庄村农民赵连基，承租了一条荒沟——崇按沟。他发动儿子，儿媳全家一齐上阵，6年内累计投资25万元，整修梯田13公顷。其中恢复撂荒地0.87公顷，新开垦荒地4.67公顷。嫁接种植大杏扁1万多株，枣树2 000株，恢复和新植核桃2 300株。完成蓄水池两个，可蓄水1 040立方米，完成节水工程配套1 500米，控制灌溉面积4.67公顷。购买羊120只，购置拖拉机一台，四轮车两台，三轮车三台。每年杂粮、核桃、杏等果品收入已经达到3万元。

4. 退休工人开发。 曹振田、王永凤、王永清、李德普等，均为退休工人或退休干部。其中，曹振田是妙峰山景区退休工人。1998年，在桃园村异地承包荒山40公顷，其中可利用面积27.3公顷。已开发14公顷，嫁接杏扁、鲜杏1万株，种植香椿树0.67公顷。投入6.5万元（贷款5.5万）建水池3个，可蓄水300立方米，购水泵，买塑料管，引水上了山。2000年，初见成效，收入5万元。田庄村机关补贴干部王永凤，退休后，闲着没事，想找点事做，为田庄村的荒山开发起个带头作用的念头，1998年承租荒山1公顷，种了香椿树，年可收入5 000元。“三荒”地承租中，妇女也不甘心落后，涌现出卢子强、史秀玲、杨翠敏、宋兆润等一批妇女典型。雁翅镇杨村村民杨翠敏，1994年承包了4公顷荒山，在亲朋好友的帮助下，当年边开荒、边栽树。自筹资金2万元，引水上山。从河北省引进优质杏扁苗2 000余株，成活率达95%以上。到2003年，收入可达2万元。清水镇张家庄农民宋兆润，丈夫因病，离开了人间。她成为四口之家的顶梁柱。她承包了2公顷荒山，栽上了大杏扁，决心使自己的生活越过越好，还要供两个学生完成学业。

三、经营面积规模化

在“三荒”地承租中，农民因人而异、因地制宜，来确定自己的承租面积。全区农民个人承包共1 055户、面积为0.81万公顷，户均百余亩。区级典型户31户、面积为357.8公顷，户均12公顷。其中，超过千亩的1户；200～600亩的6户；100～200亩的12户；100亩以下12户，其中50亩左右的有7户；50～100亩左右的户数占31户的55%。据有关资料显示：户均百亩左右投入力度大，商品产出率高，规模效益佳。泗家水村，张兴荣老汉，70多岁，独自一人生活。1983年租赁荒山荒坡8公顷，发展香椿树5.3公顷，8 000多棵；利用野酸枣接大枣2公顷，1 500棵；还有0.67公顷核桃树。1998年香椿产量1 250千克，大枣产量1 000千克，核桃500千克，总收入1.1万元。陇驾庄村任保和，早在1989年，承包荒地8公顷，建桃园4.67公顷，建杏园3.3公顷。近几年来，年果品产量均在10万千克，收入达到20万元。

另外，农民在选择承包、还是租赁的方式上，呈现出“喜租不喜包”的心态特征，认为承包不牢靠，容易变。租赁才有把握。于是，1997 年泗家水村，91 户农民要求将承包经营改为租赁经营。在租赁时间上，“喜长不喜短”，合同期均在 30 年以上，有的达 50 年不变，个别合同达 70 年。

四、经营管理科学化

1. 用知识武装头脑。现代农民承租人，经营什么，就学习什么，积极地参加各种实用技术培训活动。以订报纸，订杂志，学科技，最为时尚，军响村李德石，订有《京郊日报》、《北京农业》、《西山果树》等专业杂志三四种。

2. 生产布局讲科学。有 50%的承租农民，种养结合，以短养长。用养殖业产生的有机肥料，肥田壮树。如：上清水村王修金，1994 年，承包大西域一条荒沟，开荒种树 3.3 公顷，山杏接大扁 500 棵，栽种梨树 200 余棵。购买肉牛 29 头，猪 35 头，山羊 212 只，骡子 6 头。走可持续发展，良性循环的道路。

3. 发展、引进优良品种。果树品种有：核桃、杏扁、枣、苹果、梨、桃、葡萄、柿子、红杏、樱桃等几十个品种。其中，东山京白梨，火村的红杏，樱桃沟的樱桃均属当地名特优品种。涧沟的玫瑰花曰金顶玫瑰，驰名中外。从日本和河北、山东等省新引进了薄皮核桃、大杏扁、樱桃、玫瑰等新品种。苹果采用并推广了套袋新技术，提高了果品的品质。

4. 兴修水利。打井、建池、挖水窖，引水上山。保人畜用水，保幼苗成活，保果树茁壮成长。如：军庄镇东山村李振东，1996 年承租了荒山、荒地 68 公顷，计划恢复和发展有着悠久历史的名特优产品——京白梨。经过几年的努力，大平大整土地，开垦撂荒地总共 60.67 公顷。累计更新改造、嫁接和新植梨树 66.67 公顷。修蓄水池 12 座，可蓄水 4 600 立方米，安装管道 8 700 米。可灌溉 13.3 公顷，喷灌 13.3 公顷，滴灌 6.67 公顷。李振东的京白梨基地，已初见成效，1999 年总产达到 60 万千克，总收入 40 万元。是年 2 月 28 日，北京市市长刘淇等前往视察，对基地给予充分的肯定。

五、社会效果

“三荒”地的开发与发展，经济效益和社会公共效益都很明显。“三荒”承租户，户均纯收入万元以上，人均增收 3 000 元，拉动全区农民人均纯收入 5 个百分点。促进了旅游事业的发展，绿化祖国，加速了京津地区风沙源治理的进程。

1. 促进了旅游业的发展。樱桃沟村坐落在妙峰山下，是去妙峰山旅游景区的必经之地。1999 年 4 月，23 户农户承包了荒山 66.67 余公顷，挖坑栽树种樱桃；村合作社，建了停车场、鱼塘、喷泉，用碎石铺设甬道，通向凉亭等公共设施。建成千亩樱桃园。在四月樱花满坡雪，五月樱枝玛瑙红的美景中，游人可赏花，采摘。沿着蜿蜒公路，行 7 里，则到了涧沟村。涧沟万亩玫瑰花规划已完成 200 多公顷，平地、山腰、山顶都种花。农历四月是玫瑰花盛开的季节，踏上涧沟村，十里玫瑰香。从恢复传统的北京金顶妙峰山庙会以来，踏青，观花，赶庙会的游人络绎不绝。永定河、清水河畔，旧时为荒滩，70 年代变良田。90 年代，搞农业产业调整，变成了葡萄园、苹果园、大杏扁和核桃基地，为灵山、百花山旅游增了绿，添了彩。

2. 绿化了荒山。1983年黄塔乡双涧子村农民于甫亮，积极响应门头沟区委、区政府关于下放荒山，绿化造林的号召，带头承包了距村3公里的26.67公顷荒山。他率领全家三个劳力上了山。他说："我不怕政策变，就是将来造的林，收归了集体，也有我一份。"当年造林5.3公顷。其中，抚育、补种杏树1.3公顷，种杂树3亩，种落叶松0.67公顷。他每年用三个月的时间，四年累计完成造林26.9公顷，成活率在90%以上。在他的带动下，黄塔乡1987年承包荒山26.93公顷以上的专业户达到167户，造林500.73公顷。1984年，上苇甸乡炭厂林退休工人李德普，承包了荒山100公顷，二十年如一日，上山造林、护林。种植松柏8.8万株，荒山变森林。按合同约定：预期收益2∶8分成，个人拿大头，他已经成为拥有绿色森林的"百万富翁"。

六七十年代，市属化工、冶金、纺织、建材等国家单位，在灵山、百花山、马栏山和九龙山山脉绿化造林，已经郁闭。人民公社时期，集体土地在村前村后，沟沟港港的绿化已见成效。1989年，门头沟区人民政府调整造林政策，实现"四个转变"，即从远山向前脸转变：从一般向工程造林转变；从栽小苗向栽大苗转变；从低水平向高水平转变。加快了京兰（109）公路两旁、永定河、清水河，"两河"峡谷荒山的工程绿化的步伐。90年代呈现出国家、集体、农民个人绿化造林的新局面。当北京城的七八月，烈日高照，酷暑难耐之时，驱车西行百里，呈现在游人眼帘的是水秀、山青、万亩果园；登上北京之巅——灵山，天然"空调"为游人早已打开。

第三节　农村审计

1990年2月，在门头沟区经管站成立了农村审计科，定编三人。各乡镇也相应确定了一名兼职审计员。审计科的审计性质为：农村系统内部审计。职责、任务是：在市站业务部门的指导下，完成市、区领导交办的联审、专项审计任务；农村集体经济收支、经济效益审计等。1996年底，中共门头沟区委农工委决定：乡镇主要领导离任，任期内财务、经济效益审计任务由区经管站承担。至此，审计范围为：离任审计、委托审计、联合审计和专项审计四种。1997年，《北京市农村集体经济审计条例》出台。审计人员以《条例》和《会计法》作为审计的法规依据，在审计过程中，坚持了客观公正、实事求是、廉洁奉公为委托人保守秘密的原则。1997—2000年，培训乡镇专、兼职审计人员118人次，在乡镇中，广泛开展村干部换届、厂长（经理）离任的审计活动，成绩突出的是雁翅镇和龙泉镇。为镇党委、政府提供了信息。到2000年底：区审计科完成乡镇主要领导干部离任审计14人，被审跨年度累计为32年零4个月。承接完成委托审计8件，即4个村，3个企业和1个物业管理公司。完成联合审计和专项审计10件。区审计科在任务重、人员少的情况下，出色完成了各项审计任务，被北京市经管站连续多年评为先进单位。

一、离任审计

乡镇主要领导任职期内经济责任离任审计，始于1996年底。在门头沟区区属部门，几位主要领导干部在任职期间，犯有严重经济违法、违纪行为而受到党纪、政纪处分的背景下，中共门头沟区委，以书记赵久河为班长的领导班子，从严肃法纪，教育、挽救、爱护干部的目的出发，采取区属部门主要领导离任由区审计局，乡镇主要领导离任由区经管站负责审计，作为加强廉政建设，干部队伍建设的一项重要举措。任职期内，财务收支和经济效益状况如何，也作为区组织部门任用、提拔、使用干部的重要参考依据之一。

（一）基本状况

离任审计由经管站审计科承担。审计科三人组成，设科长一人，工作人员二人。任务重时，从外科室调配业务骨干。从1997年初至2000年底，被审单位和人员有10个乡镇，14任党委书记，其中：1997年两任，1998年两任，1999年最多为7任，2000年3任。按区委委托和审计实施时序排列：军庄、龙泉、潭柘寺、妙峰山、永定、上苇甸、雁翅、斋堂、军响、清水10个单位，其中：潭柘寺、永定、上苇甸和妙峰山为两任，两次审计。其性质为：主要领导已经调离，已重新任职，属于任职期满，事后财务、经济审计监督。乡镇设财政、政府、总公司（乡联社），又分为账内、账外6套账户，山里四镇又增设小康基金账户，成了7套。被审年度累计为32年零4个月，其中跨度5年的1个镇，4年的2个，3年的3个，1～2年的6个，不足一年的2个。审计耗时，累计31个月，折合约2 232个工作日，其中耗时最长的为龙泉镇，耗时5个月。四年中共撰写离任审计报告书14份，共81页，提出审计意见和建议共53条。调查、核实材料，资金收支分析文字，表格累计长达750余页（张），20余万字。审计暴露出来的问题呈现：①山外经济较发达的地区多些，山里乡镇少些。②如果以1998年3月为界，前期查出的问题多些，后期少些。③在同一单位，前任审计工作量大些，后任审计工作量小些，且易查。

（二）几个主要问题

审计显示：14任党委书记，在任期内未发现违法、违纪问题，但有违规、违章现象。财权集中一人，经济效益低下，资产流失等几个问题比较突出。乡镇财会人员业务水平参差不齐，核算不准，错记、漏记等业务差错屡有发生，有待提高。

1. 一人管，一支笔的问题。14任书记中，财务管理一人管，审批一支笔的有11任，占78.5%。其余3任由镇长管的2任，由书记主管，授权财政所所长按制度规定审批执行的有1任。审计组在向区纪律检查委和区委的审计报告中，多次陈述书记一人管、一支笔的管理办法，弊大利小。其理由：一是历史上、现时中，无惯例。对此，提出了质疑。其次，书记管财，监督不好。实践证明：下级监督不了，上级鞭长莫及，监督不了。三是，不懂业务，不会管。审计组认为党委书记是同时代的人才，而不是全才。有的不了解财务法规，会计知识。应收、应付长期不清理，十几年，乃至几十年前的应收款还在账上趴着；固定资产该入不入，该销不销；不知年终按规定应该召开会议，对一些大的财务问题进行研究，做出决定，该处理的要处理。四是，门头沟区人民政府关于财务管理分权制有明文规定。1998年，门头沟区人民政府《关于加强农村财务管理的规定》，第七条第二款规定："乡联社（总公司）和村合作社设一名副职主管财务工作……，总经理（党委书记，支部书记）通过财会报表对财务实行监督。"其目的是防止权力集中一人，在制度上把好关口，防患于未然。

2. 镇办企业经济效益低的问题。对龙泉镇审计显示：审计期末，即1996年，镇企23家，总收入1.4亿元，利润总额207万元，利润率为1.4%；其中8个重点企业，利润率为0.7%。23家企业总资产1.6亿元，总负债1.4亿元，资产负债率为86.7%；其中8个重点企业负债率为88%，2个资不抵债，2个接近资不抵债，2个超过正常警界线(50%)。

对永定镇应收款清理中发现：审计期末，即1996年，历届和本届形成的应收款有96户，应收对所属企业投资23户，总计达1 300万元。其中有22家企业倒闭，已不复存在。如果连同其他陈旧债权一并清理，估计有1/2收不回来，成为呆、死账，大约有600万元，占总资产1 631万元的37%。

经查：军庄镇1996年末，10个镇办企业，总资产1 742万元，总负债1 414万元，资产负债率高达81.2%，其中6个企业资不抵债。10个企业利润亏损。镇领导规定：不管企业有无利润，必须上交承包规定利润，不交免职。党委书记在1993—1996年，任期四年中，开发8个企业，全都倒闭。

审计组认为：企业倒闭，生产不景气，效益低下，其原因是多方面的，是复杂的。就企业工作指导、管理而言，有深刻的社会背景。上边在企业产值、收入增长方式上，存在压指标，重速度，重投入，重开发的倾向，并采取了一系列奖励机制，追求政绩，把“蛋糕”做大。下边就饥不择食，盲目上马。财政资金包干，拨款不足，上边定年终奖，下边掏腰包，乡镇为维持机关和公共福利事业的运转，就包一上交死数，“有利润无利润，必须上交，不交就免职”。明知对企业釜底抽薪，杀鸡取卵为下策，无可奈何而为之。党委书记的苦衷，只能心领，难以言表。因此，过分的指责被审人的责任，是不客观的，也是不公正的。

3. 奖金和补助问题。经查：龙泉镇1994年，奖金补助发放量大，比重高、名目多、差距大。三年累计发放200万元，占同期总支出（工资、管理费和其他支出）587.3万元的35%，占同期工资总额411.3万元的48.1%。其中，1996年最多，发了107.2万元，占当年支出总额的42%，机关干部人均达1.25万元，主要领导是人均的三倍以上。名目有：月奖、季奖、半年奖、年终奖、出勤奖、效益奖、目标管理奖、岗位津贴、下乡补助、公休补助。另设借、贷款两项引资奖和有功人员重奖，十三个名目。能够为乡镇集体借款，贷款的当然是镇领导。如：1993年6月，从北京前门饭店借入资金20万元，五人获奖金5 333元，其中书记得2 000元；从农行贷款30万元，书记得奖金1 400元；1995年设镇机关门前改造工程奖，书记得奖金2 100元。1996年，建职工住宅楼，奖励22人次，共发资金67 975元，另奖售楼人楼房一套（折合人民币10余万元），在奖有功人员中，也有无功受禄的不合理现象，引发并激化了干群矛盾。资金来源，主要靠财政分成，收缴企业利润及管理费，其中截流三家店二队占地补偿费40万元。对此，当事人不服，上诉区委，审计组一度陷入窘境，经区审计局二审，中共门头沟区委以“评语过激，事实存在，引起注意”而告终。

审计组认为：在重奖之下，必有勇夫的社会背景下，镇党委建立一套对干部奖励、激励机制是无可厚非的。但在执行过程中，伴有随意性，奖项过多，差距过大，过滥是不妥的。“引起注意”，引以为戒，对人对己，有益而无害。

4. 建、购房问题。以集体资金为主，财政拔点，个人拿点，为职工建房、购房已成为一种社会现象。经查：军庄镇动用集体资金62万元，为领导购房。龙泉镇动用128万元，为职工建住宅楼。审计组认为：社区集体资金为社区全体农民所有的规定，只有法律上的意义，失去了实际意义。“铁打的衙门，流水的官”，干部流动频繁，产权是谁？集体资产明流，已成不争的事实，此问题为农村法规制定部门和农村政策研究部门提出了一个新的课题。

5. 乡镇级财会制度亟待改革。审计表明乡镇级财务管理设有：财政所、镇政府和总公司（乡联社）三套账户，三套内部又设账内、账外两套核算，共6本账目。山里乡镇又增加了小康基金账目，等于7套账目。在财务核算体系上也不统一，财政和镇政府采用收、支、余体系，总公司采用的是成本利润体系。在财务工作指导上、监督上是两个部门，财政所、镇政府由财政局管，总公司由区经管站管。财务混乱程度与村级比较，有过之而无不及，出现一笔业务，几个账户中来回转移。造成多门类，多账户，复杂化。账外核算，弊端很大，“机密”支出往往在账外藏身。审计组认为：按资金性质讲，财政是国家、政府的财政，总公司是社区性，集体资金；按核算对象讲，财政核算的职能、对象是收缴、下拨、节余。总公司的任务是核算企业成本、利润。因此，设财政、总公司两套账户足矣。为便于监督，增加财务的透明度，建议废除账外核算，从制度设立上，堵住漏洞；在业务指导上，归一个部门，出了问题，板子打在一人身上。

2000年后，离任审计在继续进行之中。

二、委托审计

委托审计始于1997年8月，到2000年底，承接镇、村委托审计共8个单位，即：四村、三企、一个物业管理公司。四个村是：潭柘寺镇的草甸水、阳坡元、桑峪村和永定镇的上岸村；三个企业：龙华（大峪）无机料加工厂（场），斋堂镇汽车队，康利建筑工程公司；永定冯村物业管理公司。审计会计账目累计44年零3个月，最长的是桑峪村，查了13年的账目，少的为1个年度。查出村干部贪污一人，金额2 000元；挪用公款等违纪村干部三人，金额150 398元；提出审计建议16条，提供需追查、核实的疑问问题或线索百余个。向委托单位撰写报告书8份，64页。形成文字、表格、会议记录等文字材料1 417页。

（一）村级审计

1997年8月5日，受潭柘寺镇人民政府的委托，承接该镇草甸水村的审计工作。经查：①该村村合作社和村办煤矿，混收混支，两个账户均由村支部书记一人控制，采取一年向出纳、会计报一次账的办法，以支定收，造成财务混乱，从中渔利。②支部书记在镇茜苑餐厅就餐，一年结一次账，授意老板多开餐费，贪污人民币2 000元。③违纪、违规。以村合作社的名义，贷款10万元，不进村账，游离于账外个人管理，挪用公款4 398元。④追缴、收回售煤款、管理人员多领工资款合计1.45万元。审计报告建议：村委会向检察院起诉，立案侦查，继续追缴煤矿承包人，按合同约定，应付甲方煤款 4.65 万元的经济责任。

同年 12 月 22 日，受该镇阳坡元村委会的委托，承接了该村合作社及村办煤矿，1994—1997 年度的财务收支审计。审计显示：①1994—1997 年，区财政局拨入险村搬迁费 159.75 万元，收支清楚，账实相符，解除了村民和部分村干部的疑惑，缓解了干群矛盾。②挥霍、铺张浪费。经查：1994—1997 年，4 年中招待费支出为 135 279 元，占总支出的 4%（制度规定在 2%以下），其中两位村主要领导，在茜苑餐厅就餐达到 53 827 元。500 多口人的小村，人均负担招待费，年均合 65 元，群众对村干部吃吃喝喝意见大。小汽车费用 24.83 万元，占总支出的 7%，其中 1996 年达到 8.6 万元。③审计报告中建议：应继续追缴、追查应收城子综合加工厂账款 3.3 万元的下落，查找当事人，并追究其有关经济责任。

1998 年 8 月，受潭柘寺人民政府的委托，承接该镇桑峪村支部书记李锁任职期 13 年的财务审计，审计结果当众公布，还了干部一个清白，给了群众一个明白。

2000 年 8 月，受永定镇人民政府和门头沟区驻上岸工作组（工作组由区纪委、农工委、检察院、公安、区经管站、永定镇 6 单位组成）的委托，对上岸村 1991—2000 年 8 月，9 年零 8 个月的财务收支进行审计。经 4 个月的工作，查出村主要领导挪用公款，私设小金库，编造、伪造、自制会计凭证，挥霍集体资金等七个方面的问题。经工作组核实、追查，最后认定：村主要领导挪用公款 10 万元，判刑一年；会计挪用公款 4.6 万元，被撤销会计职务，建筑队有关有经济问题的人员，也做出了相应的处理。从而，上岸村群众上访、告状的“内乱”被平定下来。

（二）企业审计

1999 年 5 月，受龙华实业公司原大峪村委托，对公司所属无机料加工厂（场）1994—1998 年度的财务进行审计。经查：该企业 5 年中，累计亏损 172.3 万元；累计成本占（不含税）收入的 97.6%；实发工资占营业成本的 29.4%；1998 年末，资产负债率 98.3%。从而揭穿了一个年年上报盈利，实际年年亏损的虚假面纱。审计中发现：开收据不入账 19 笔，偷漏税金 20.1 万元；免税期内，免税应收积累，而被分配 57.2 万元等违规金额达 216.3 万元。审计组提出应继续追查的问题 21 项。

同年 9 月，关于永定镇康利建筑工程公司财务收支的审计报告称：公司本身财务收支无问题。

同年 11 月，受斋堂镇人民政府的委托，承接了该镇汽车运输队及源盛西贸易公司的财务审计，跨年度 7 年。经查：该企业 7 年中，亏损 79.3 万元。资产负债率高达 107%，权益负 78 万元，审计组建议，变卖固定资产，以减少损失。

（三）物业审计

2000 年 3 月，受托对永定镇冯村物业管理公司财务进行审计。经审计：冯村物业管理公司存在 9 个疑点问题待委托方核实追查。

2000 年后，委托审计工作在继续当中。

三、联审和专项审计

北京市经管站，根据北京郊区普遍存在的问题，确定一个中心内容，统一部署，限期调查，审计完成任务。1990—2000 年，进行了 5 次。1990 年初，进行了“关于乡镇企业上年度工资总额及利润分配使用状况”的审计；1991 年第三季度，进行了“关于农村干部报酬”的审计；1996 年第二季度，进行了“关于上年度乡村集体企业年终成果”的审计；1999 年第四季度，进行了“关于集体土地征用后占用收入”的审计；2000 年进行了“村级财务”审计。通过联合审计，了解、掌握了下边的情况，为北京市制定政策，提供了信息和依据。

专项审计始于 1988 年。是按着市、区统一部署，对农村集体经济某一事项专门审计的一项工作。1988—1992 年共进行过 5 次审计，1992 年后专项审计基本停止。1988 年区站抽查斜河涧、西胡林、双塘涧三村，对收不抵支的状况进行了审计；次年，进行了军庄镇三个规模猪场经济效益审计。1990 年第四季度进行了 15 个乡镇企业，1～9 月与上年同期经济效益对照审计；1992 年对滑石道、万佛堂等 5 村进行了上年末集体收支与积累的审计。通过审计，解剖了典型，给市、区撰写了审计报告，为市、区领导指导农村工作、制定农村政策提供了依据。

四、资产评估

1994 年，门头沟区人民政府，在乡镇企业中，搞股份合作制、股份制试点；1998 年，搞企业产权制度改革。责成区经管站搞资产评估，共完成资产评估企业 63 家。

第二十二章 昌 平 区

第一节 农村合作经济现状、特点

昌平区（1999年9月国务院批准撤县设区）位于北京西北部，是以高教、科技、旅游为主的首都卫星城，距北京德胜门34公里。全区总面积1 352平方公里，其中平原552平方公里，占40.8%，山区半山区面积800平方公里，占59.2%。常住人口62万人，其中农业人口25.7万人；总户数15.8万户，其中农户8.8万户。山前暖带和山地沟谷是果品主产区，其中苹果、燕山板栗、十三陵大盖柿享有盛名。昌平地理自然环境优越，历史悠久，资源丰富，交通便利，文物古迹众多，区内有国家级文物明十三陵、铁壁银山、居庸关3处；市级文物3处；区级文物72处。旅游业成为全区支柱产业，年接待旅游人数1 600多万人次，旅游收入5亿多元。

据县志记载，昌平始于汉武帝元封元年（前110年），置昌平县、军都县，属上谷郡。1948年12月12日昌平解放。1949年4月，称昌平县，属察哈尔省南口专署。1949年8月，属河北省通县专署。1956年2月24日，昌平划归北京市，称昌平区。1960年1月7日，复称昌平县。1990年、1997年经过两次区划调整，到2000年全区共辖3个街道办事处、3个地区办事处、11个镇、312个村民委员会、124个居民委员会。

昌平农村合作经济的发展演变，大体经历合作化、人民公社化和改革开放以后三个阶段。

1949年全县共组织各种形式的临时互助组7 459个，参加农户40 074户，占全县总农户的63.2%。1950年县委发出《关于两个典型互助组》的通报，介绍悼陵监村“应士珍互助组”和大东流村“张凤林互助组”。1951年末全县建立互助组7 026个，其中长期互助组134个。1952年秋，全县互助组发展到5 123个，其中长期互助组2 104个，占互助组总数的41.1%。长期互助组已不仅是季节性简单的劳动互助结合，有简单的生产计划，有的组逐步购置一部分公共农具和牲畜，积累少量公有财产。到1954年3月底，全县有互助组5 873个，入组农户36 397户，占全县总户数的54.9%；入组土地37 523.26公顷，占全县土地总数的61.2%，互助组绝大部分增产增收。

1952年初，大东流村农民刘国强组织的东光社是全县第一个初级农业生产合作社。全社有5户、13名劳动力、6.6公顷耕地。到1954年3月，新建初级社109个，加上原有16个，共125个。入社农户1 814户，人口7 691人，劳动力3 645个，耕地1 686.6公顷，分别占全县总数的2.9%、2.99%、3.28%和2.7%。到1955年春，初级社总数达到622个，入社农户19 084户，占全县总户数的28.5%。1955年冬，建立12个高级社和23个联合社。由于当时批判“右”倾情绪，在初级社大发展的基础上，很快又出现初级社转高级社，小社并大社，办联村社、联乡社高潮。到1956年2月，全县（区）由原来的1 034个初级社合并成122个高级社，入社农户61 610户，占全县总户数的99.87%。高级社取消土地分红，土地和生产工具等生产资料归集体所有，实行各尽所能按劳分配原则。高级社通过民主选举设管委会，下设生产队。高级社制定生产计划，统一经营农、林、牧、副各业，对各生产队实行“三包一奖”，年终分配是总收入扣除开支，交足国家农业税，留5%～8%的公积金和公益金，然后按“三包一奖”分配到队，生产队按工分分配到户。

1958年夏，党中央号召搞人民公社化运动，从8月到9月，全县共设五个大公社：红旗（驻沙河）、东风（驻兴寿村）、先锋（驻阳坊）、前进（驻南口镇）、十三陵（驻县城）。1961年县委根据党中央制定的《农村人民公社工作条例（草案）》简称《六十条》调整公社规模，5个大公社分设为25个公社和一个国营农场（中越友好人民公社），核算单位由原来的22个增加到247个。1962年县委根据中央《关于改变农村人民公社基本核算单位的指示》确定三级所有（公社、大队、生产队）、队（生产队）为基础的核算体制。经过20年的撤销、合并的变动，到改制前1983年，全县共有24个公社、1个农场（南口农场）、323个生产大队、998个生产队、998个基本核算单位，农业户80 069户，农业人口282 328人，整半劳动力142 823名。人民公社建立初期，实行“工农商学兵”五位一体，组织上实行军事化，按营、连、排编制；生产上实行战斗化，劳动力统一调配，搞大兵团作战；生活上实行集体化。1962年确定“三级所有、队为基础”后，全县有897个生产队成为独立核算单位，占总队数的92%；有805个生产队（占89%）实行“三包一奖”（包产、包工、包开支，超产奖励）定额管理和评工记分办法。1973年春，百善公社狮子营大队实行“田间管理，责任到人”生产责任制；11月10日中共北京市委农林组《农村情况简报》刊登《坚持无产阶级政治挂帅，坚决反对个别队“包工到户”的错误做法》，否定狮子营大队的做法，认为是“倒退”、“复辟”，公社、大队、生产队干部受到批判。1979年2月28日，市委农工部对狮子营大队生产责任制予以平反的决定做出后，县委要求普遍推广“四定一奖”生产责任制。全县实行“四定一奖”责任制的生产队786个，占总数80%。从此，昌平县拉开了农村改革的序幕。

1982年底，县委分别下发《昌平县农村人民公社联产承包责任制试行条例》、《关于进一步完善农业生产责任制的意见》，要求责任制形式可以多样，但要在“包”字上做文章。对实行什么样责任制，县委强调要从实际出发，不搞一刀切。到1983年2月，历时四个月的农业生产责任制调整工作结束。全县993个生产队（基本核算单位）实行专业承包的772个，占77.7%；大包干的104个，占10.5%；包干到组的86个，占8.7%；联产到劳的13个，占1.3%；联产到组的17个，占1.7%；小包工的1个，占0.1%。家庭承包期一般15年。随着农村体制改革的深入，家庭联产承包责任制的实行，生产队组织生产的职能逐渐消亡。到1985年初，全县323个村、1 001个生产队中，有664个生产队自行解体，占66.3%。生产队解体以后，为加强对承包户及承包单位的产前、产中、产后服务，县委农工部下发《关于我县农村服务工作的意见》，乡、村两级普遍建立农林、科技、水电、农机、畜禽防疫等服务组织2 002个，服务人员7 255人。

1986 年全县有 27 个村由“家家种地”改为“按业分工，专业承包”；试办 7 个小农场，使土地向种田能手集中，实行适度规模经营。

1988 年，规模经营务农劳力由原来的 18 704 人减少到 16 459 人，劳均承包规模由原来 0.91 公顷，扩大到 1.1 公顷，把集体统一经营和承包者分散经营有机地结合起来，形成统分结合的双层经营体制。

1997 年，中央明确土地承包期再延长 30 年不变。到年底山区 91 个村有 78 个村、11 742户农民签订了全县统一印制的《农村土地经营权证书》，承租耕地、果园 17 万亩，收取租金 280.88 万元，承包期一律延长到 30 年。1999 年，平原土地延包大体分为四种形式：①实行“土地股权制”办法的村 8 个（即以全村农业人口人均占有土地面积作为一股确定股权，年终按农业收益的一定比例进行分红，确定农民的收益权）；②合作经营的村 4 个（采取股份制农场的办法，对原有农业企业进行改制，实行农民入股）；③采取确权不分地的办法（确定农民享有长期的土地使用权，但不人人分地，愿意种地的户，可以自己联系户，通过土地自由流转达到一定种植面积）；④整顿“双田制”（将口粮田和责任田改成承包田，一定 30 年不变）。到年底，全县有 270 个村完成土地延包工作。延包土地 1.2 万公顷，承包农户 4 万户。

1989 年底县农委在上苑乡秦屯村、上西市村完善村合作社试点，工作历时一个月。1990 年 6 月，县委在上苑召开乡合作经济联社成立现场会。到年底，全县完善合作经济组织工作，村建起经济合作社，乡建立经济联合社，分别制定《昌平县村合作社社章》和《昌平县乡合作经济联合社章程》，规定乡、村社的管理机构、任务，对经营方式、劳动管理、财务管理等也做出详细规定。成立村合作社后，按章程规定，各村合作社积极发展经济，加强管理，每年 1 月和 7 月的 12 日为全县统一民主活动日，各村都召开社员代表大会。1995 年 7 月 12 日，全县 314 个村召开社员代表会，与会代表 7 800 多名，代表们提出各种意见和建议 750 条，会后根据具体情况分别落实，进一步促进民主办社。存在的问题是：“乡（镇）经济联合社”有名无实。先是“农工商总公司”代行职能，后由乡、镇政府代行职能。1997 年区划调整时，两三个乡合并为一个镇，财务的简单合并，造成新的“一平二调”。

经过改革开放的昌平农村合作经济充满生机与活力，是加速发展的二十年。2000 年农村经济实现总收入 78.2 亿元，比 1980 年增长 45.1 倍，平均每年递增 21.1%；纯收入 19.6 亿元，增长 21.9 倍，年平均递增 17%。集体经济实力增强。2000 年全区农村集体固定资产总额 26.4 亿元，比 1980 年增长 23.5 倍，年平均递增 17.1%；所有者权益 40.1 亿元，农民人均所有者权益 15 150 元。农民收入水平大幅度提高。2000 年，全区农民人均劳动所得 4 902 元，比 1980 年增长 22.6 倍，年平均递增 17.1%。

2000 年农民人均收入水平以镇为单位（18 个单位）分组：

3 000～4 000 元的镇 4 个（长陵、南口、流村、十三陵）；

4 000～5 000 元的镇 4 个（百善、兴寿、马池口、北企）；

5 000～10 000 元的镇 10 个（小汤山、北七家、崔村、昌平镇、南邵、沙河、东小口、阳坊、回龙观、城区镇）。

2000 年农民人均收入水平以村为单位（313 个单位）分组：

2 000～2 500 元的村 6 个（西李庄、陈庄、德胜口、响潭、东李庄、虎峪）；

2 500～3 000 元的村 36 个；

3 000～3 500 元的村 47 个；

3 500～4 000 元的村 44 个；

4 000～5 000 元的村 77 个；

5 000～10 000 元的村 99 个；

10 000 元以上的村 4 个（郑各庄、二街、王庄、西沙屯）。

2000 年税金以镇为单位（18 个单位）分组：

2 000 万元以上的镇 4 个（北七家、昌平、沙河、回龙观）；

1 000 万～2 000 万元的镇 5 个（百善、小汤山、南邵、马池口、南口）；

1 000 万元以下的镇 9 个（兴寿、崔村、长陵、东小口、阳坊、流村、十三陵、城区镇、北企）。

2000 年全区资不抵债的村有 7 个（狮子营、胡庄、悼陵监、东沙屯、上东廓、小赴任庄、二德庄）。

债务最多的是百善镇，债务总额 12 921 万元，其中组织类债务 2 479.2 万元（镇政府本身 745 万元），企业类债务 10 442 万元，全镇 12 170 人，人均债务 10 617 元。

人均所有者权益最多的村是昌平镇凉水河村，人均 215 213 元。村资产总额 10 569 万元，负债总额 4 005 万元，所有者权益 6 564 万元，其中企业法人 6 229 万元，占 95%，村集体所有者权益是 335 万元，占 5%。

2000 年无借款镇 3 个（昌平镇、阳坊镇、回龙观镇）；无借款村 69 个，占全区总村数的 22%。

2000 年对全区 313 个村按好、中、差三类划分，经济发展格局成枣核型，两头小、中间大。发展较快的 52 个经济大村占全区总村数的 16%。农村经济总收入、纯收入分别占全区的 33%和 30%；有 46 个村收不抵支，占全区村数的 15%，收不抵支额 559.3 万元；其余 215 个村，占全区村数的 69%，是经济发展中等村，基本上能够解决为农民的产前、产中、产后服务和社会生产公益事业的开支。

昌平农村合作经济有以下几个特点：

一、依托改革开放大环境，依靠区位优势，大力发展乡镇企业

1978 年，有社队企业 211 个。从业人员 1.3 万人，固定资产 1 514.5 万元，社队两级企业收入 3 965.5 万元。

从 1988 年起，在发展外向型经济推动下，乡镇企业开始走向世界，积极发展各种形式的中外合资企业和与港、澳、台商合资企业。

1992 年 3 月，中共昌平县委七届三次全会提出鼓励乡镇企业发展的“六倾斜”政策：一是向高科技产业产品倾斜；二是向技术改造项目倾斜；三是向外向型企业倾斜；四是向旅游项目倾斜；五是向企业集团倾斜；六是向中央市属单位、大专院校、科研单位搞联营

的企业倾斜。

1993年全县乡镇企业进入上规模、上水平、抓管理、再发展时期。到1995年底，全县乡镇企业1 234家，职工51 142人，总产值23.72亿元；企业总收入20.28亿元；企业纯利润9 013万元；上缴税金4 725万元；外贸出口1.13亿元。产品上千种，有30种产品获部优、市优。年产值千万元以上或年利润50万元以上的骨干企业58家。三资企业62家，外商累计投资2 455万美元。

二、依靠科学技术发展昌平农村经济

1989年昌平县在“科教兴昌”科技规划中，确立了以“一三五”工程为龙头的发展方向和重点。“一”即1个新技术产业开发区（北京市新技术产业开发试验区昌平园区）；“三”即3个科技示范乡（东小口乡、南邵乡、上苑乡）；“五”即50个科技示范厂、队、场或村。其中科技示范厂（队）30个；粮食高产示范村5个：马池口村、丰善村、东二旗村、香堂村、东营村；畜牧水产示范场5个：黑山寨南庄肉牛场、昌平县种鸡场、崔村乡麻峪猪场、昌平镇旧县奶牛场、大东流常兴庄渔场；科技示范果园5个：北七家乡八仙庄梨园、南邵乡东营村果园、高崖口乡小水峪果园、崔村乡大辛峰果园、崔村乡真顺果园；蔬菜高产示范园5个：崔村乡大辛峰村、亭子庄乡北小营村、南口镇燕磨峪村、昌平镇南关村、昌平镇介山村。同年，“一三五”工程开始规划、定点、布局、成立领导班子、制定管理办法。1990年“一三五”工程全面展开。到1992年底成效显著：科技园区昌平园建成并开始招商。东小口、南邵和上苑三个科技示范乡工业总产值达到4.9亿元，比1989年的2.7亿元增长83%；粮食总产达到2 900万千克，比1989年的2 500万千克增产16%；上交税金总额1 145万元，比1989年的908万元增长26%。5个粮食高产示范村粮田面积533.9公顷，1992年平均亩产1 014.6千克，总产808.07万千克，比实施前的1989年单产提高310.86千克，总产增加38.1%，三年累计增加经济效益256万元。五个科技示范果园1992年果品总产量365万千克，实现产值520万元，总产值比1990年提高2倍，销售收入增加3倍。5个蔬菜高产示范园总面积78.53公顷，1992年蔬菜总产量1 004万千克，销售收入213万元，比1990年总产提高192.7万千克，增收56.65万元。5个畜牧水产科技示范场，除黑山寨南庄肉牛场因销售不畅于1990年底停业外，其余均取得较好的经济效益，其中旧县奶牛场人均创效益达到全市同行业最高水平。30个工业企业分布在建筑、建材、机械加工、轻纺等20多个行业中，三年中进行百万元以上技改项目15项，开发新产品184个，推广应用新工艺、新技术91项，获部优产品8个、市优产品19个，企业职工培训率达到98%，经济效益增长中技术含量占41%。1992年共完成产值5.4亿元，实现利税5 200万元，分别比1989年增长126%和50%。

三、依靠资源优势，发展农村经济

昌平区盛产沙石，是首都建材供应地。1980年社队两级有7个沙石厂，职工352人，年产值111.6万元，利润36.7万元；1985年，除建筑用沙石外，又增加各种规格的白云石和大理石、花岗石荒料的细加工。1990年，乡、村二级生产厂家63个，职工2 717名。

年产粗沙 7.36 亿吨，花岗石荒料 5 154.6 立方米，大理石荒料 1 200 立方米，石渣 9.44 万吨，石料 13.47 万吨。产值 12 115 万元，利润 1 070.4 万元。

林果收入成为集体经济和家庭经济主要收入之一。到 1995 年，全县果品基地建设有苹果 2 767 公顷、柿子 1 920 公顷、板栗 853 公顷、杏 495 公顷、小枣 299 公顷，成为北京市“富士苹果基地县”。林果年产量 5 000 万千克以上。

利用小汤山地热资源，种植引进美国、日本、以色列等国的蔬菜品种，生产“地热特菜”。利用小汤山地热，引进繁育奥尼罗非鱼，成为全市罗非鱼供应基地。

利用生态资源优势，开展民俗旅游，成为山区新的经济增长点。2000 年，全区有麻峪房、碓臼峪、西湖、菩萨鹿、龙潭、德胜口等 18 个山区村，开展了“住农家屋、吃农家饭、交农家友、观山区景、享农田乐”的民俗旅游，是年底，全区从事民俗旅游业已达 460 户，日接待能力 5 000 人，累计接待 23.5 万人次，总收入 500 万元。

四、利用旧村改造，开发房地产业

改革开放后，农村出现农民建住宅楼的热潮。1982 年国家建设部和北京市政府在昌平搞新农村建设试点，踩河新村、马连店新村、马池口新村建成。随后又利用旧村改造建新村的，有南郝庄村、霍营村、四合庄村、香堂村等。

香堂村是半山区村，有 602 户，1 840 口人。过去，村民们“吃粮靠返销、花钱靠贷款”。到 2000 年，全村经济总收入 8 210 万元，纯收入 1 578 万元，人均劳动所得 6 415 元，上缴国家税收 300 万元。凭借村党支部书记张文山与文艺界知名人士的交往，香堂村在富裕之后成了文化新村。一大批文化界、新闻界的名人落户香堂村，增加了香堂村的知名度。随后，香堂公园、香堂影剧院、香堂文化活动中心、香堂东方书画研究院，香堂陈氏太极拳馆等文化景点和场地先后落成，香堂村的房地产业也热了起来。占地 800 亩的 6 个文化小区的近千套商品房，基本上都有了归属。

城乡结合部地区，依靠回龙观、北苑两大边缘集团开发“安居工程”，农村土地被占后，农村劳动力转移到二、三产业，促进了农村城市化。如：回龙观、南店、北店、二拨子、三合庄、太平庄、陈营等村的农民居住条件得到改善，住进了楼房，成了“居民”。

五、有一批农村基层领导干部，结合本地实际，致力于发展农村经济，成为致富带头人

他们是：冯祥瑞（小汤山村）、朱光瑞（泥洼村）、张文山（香堂村）、王槐（白浮村）、左权（马池口村）、谷士华（邓庄村）、刘福祥（南口村）、梁永祥（沙河南一村）、赵永田（鲁疃村）、黄福水（郑各庄村）、张启明（真顺村）等。他们都在 1980—2000 年担任村党支部书记期间，同时获得全国劳模或是北京市劳动模范称号，为昌平农村经济发展做出贡献。郑各庄村黄福水就是一例。

北七家镇郑各庄村有 470 个农户，1 290 口人，耕地面积 110 公顷。1986 年，先后办起针织厂、饼干厂和土石方工程队三个村办企业。1990 年针织厂、饼干厂关闭。1991 年土石方工程队走入北京城，挂靠他人经营运作。后村民集资 144 万元购买 5 部运输车辆，

使企业在滚动中发展壮大，基本摆脱了挂靠式经营，企业已具有40部大型运输车辆，资产已达到1 000万元。1993年3月，由原土石方工程队注册为宏远机械施工公司，当年即实现收入900万元。1996年2月，以具有3 600万元资产、100部“太拖拉”运输车的宏远机械施工公司为龙头的12家企业联合组建“宏福集团”。黄福水是村党支部书记又是“宏福集团”董事长，通过管理变革和产业结构调整，“宏福集团”逐步从劳动密集型向技术密集型过渡，并取得良好的经济效益。2000年实现收入9 478.5万元，净利润1 753.5万元，资产总额1.749亿元，净资产1.238亿元，人均劳动所得11 980元。2000年郑各庄村被北京市农委评为京郊百强村排列第47位，党总支书记兼宏福集团董事长黄福水同志被北京市政府评为劳动模范。

六、债权、债务数额较大，需要积极化解

截止到2000年底，全区集体经济组织和集体企业债权总额达到11.3亿元，其中组织类6.3亿元，企业类5亿元。从债权的构成看，应收账款5.3亿元，其他应收款4亿元，内部欠款2亿元；从应收账款的年限划分，三年以下的3.5亿元，三年以上的1.8亿元。从以上情况看，债权总额数额较大，占资产总额的19.2%，这表明集体资金被别人占用，不能参与自身的循环，在一定程度上制约了经济的发展。

截止到2000年底，775个集体单位债务总额达到24.6亿元，其中借款9.4亿元，其他负债15.2亿元，债务总额占资产总额的41.8%。从借款总额9.4亿元的构成看，银行、信用社占74.5%，单位个人占25.5%；从借款用途看，兴办企业投资1.3亿元，基础设施建设0.8亿元，公益事业支出0.1亿元，弥补日常支出0.2亿元，扩大再生产支出3.9亿元，技术改造及新产品开发0.8亿元，其他2.3亿元；从借款时间看，1970—1980年形成的0.1亿元，1981—1990年形成的1亿元，1991—2000年形成的8.3亿元。在借款总额9.4亿元中，有逾期金额4.8亿元，占51%，其中逾期2年以下金额1.7亿元，2～10年金额2.5亿元，10年以上金额0.6亿元。

第二节　农村税费改革

一、背景

改革前，昌平区面向农民征收的税费主要有：农业税及农业税附加、农业特产税、屠宰税、乡统筹和村提留。此外，按规定每年要为集体公益事业提供一定数量的劳动积累工和义务工。农业税税率为1958年确定的15%，农业特产税税率按不同品目确定在8%～31%之间。长期以来，实际征收状况是：农业税实际税赋要远远低于名义税率，农民交纳的乡统筹和村提留数额同样低于国务院《农民承担费用和劳务管理条例》规定最高限不超5%的水平。1998年，全区农民按合同规定应缴纳农业税费总额3 144.6万元，实际缴纳税费总额1 082.4万元，只占应缴纳税费总额的34%。在农民负担管理上存在的问题主要有：应由农民依法承担的税费因各种原因分担不够合理，收费比较困难，有的镇村农民直

接负担转由集体经济组织代为承担；由于乡、镇管理机构和农村基层机构重叠，冗员过多，使经费来源入不敷出，加重了乡、村集体经济和乡、镇企业的负担。

存在上述问题的主要原因是：农村税费制度不规范，分配制度改革滞后；基层政权机构庞大，养人过多，支出需求膨胀；现行管理制度和监督制度不完善；农民的纳税意识不强等。要从根本上解决这些问题，需要对现行农村税费制度进行改革。

中央、市委、市政府决定进行农村税费改革试点，是符合昌平区农村实际情况和民意的。通过改革，努力探索建立规范的农村税费制度，从根本上减轻农民负担。规范农村的分配制度，遏制面向农民的乱收费、乱集资、乱罚款和各种摊派。有助于正确处理国家、集体和农民的关系，保障农民的利益，在农村实行休养生息的政策，让农民得到更多的实惠，调动农民的生产积极性，加快全区农村经济的发展。通过改革，把基层干部从收粮、收款事务性的工作中解脱出来，让基层干部有更多的时间，更大的精力，去思考当地经济社会发展的重大问题，促进农村基层政权转变职能，精简机构。通过改革，改善党群、干群关系，缓解农村人民内部矛盾，密切党与人民群众的血肉联系，维护农村社会稳定。

二、做法

（一）组织领导

为切实加强对农村税费改革试点工作的领导，首先，成立昌平区农村税费改革试点工作领导小组：区长任组长，主管农业的副书记和副区长任副组长，成员单位由农委、财政局、经管站等17个职能部门组成。领导小组下设办公室（设在财政局），并从区财政局，农委、经管站抽调5名同志专门负责具体组织、协调工作。全区各镇、街道办事处都成立了领导小组，由党委书记任组长。《昌平区农村税费改革试点工作实施方案》批复后，为做好方案落实工作，建立了区主要领导联系镇、镇主要领导联系村制度。

2000年9月30日区委、区政府召开了全区农村税费改革试点工作动员大会，翟鸿祥副市长参加了会议，区委、区政府主要领导，区税费改革试点工作领导小组成员单位，各镇镇长、街道办事处书记、财政所所长、经管站站长、各村支部书记共400人参加了大会。会议传达贯彻了中央，国务院、市委、市政府关于农村税费改革的有关文件精神，对全区税费改革试点工作进行了部署。动员会后，各镇也相继召开了动员会进行动员部署。区广播电视、新闻周刊等新闻媒体对农村税费改革的重大意义进行了广泛宣传，区政府印制下发了8.8万册《昌平区农村税费改革试点工作宣传手册》，发到每个农户，使广大农民了解了税费改革的有关政策规定。

2000年11月1日，区农村税费改革试点工作领导小组组织全区各镇的财政所所长、经管站站长和各村的会计就昌平区农村税费改革试点调查报表工作进行了专项培训。

2001年8月21日召开了全区税费改革试点工作实施动员大会，对税费改革实施工作进行了全面部署。

领导小组成员单位结合各自情况承担起草配套政策，也走访了农村，开座谈会，征求干部、群众的意见，开展了专题调研。经过全区各部门的共同努力，在市财政局有关处室的直接参与下，2000年底完成了税费改革试点测算工作，共提出9套测算方案。在市农委、市经管站的帮助下，区经管站完成了税费改革7个配套政策的初稿，为昌平区制定出台农村税费改革试点实施方案和各项配套政策打下了良好的基础。

（二）制定方案及配套政策

经过认真细致的研究分析，结合昌平区山区、半山区、平原的实际，2001年7月底《昌平区农村税费改革试点工作实施方案》和《昌平区关于精简优化农村中小学教师队伍和规划农村学校布局的方案》、《昌平区关于一事一议的村内集体生产公益事业用工管理办法》、《昌平区关于一事一议的村内集体生产公益事业筹资管理办法》、《昌平区村级干部报酬管理办法》、《昌平区农村以工补农办法》、《昌平区关于加强村级财务管理的若干规定》、《昌平区农村集体教育资产管理办法》等7项配套政策制定完毕并上报市农村税费改革领导小组。2001年8月17日市农村税费改革领导小组正式批准了《昌平区农村税费改革试点工作实施方案》和7项配套政策（详见附件一、二）。

（三）组织实施

1. 认真做好计税面积调查和农作物常年产量确定工作。在计税面积调查工作中，对有税无地的原计税面积，昌平区确定了三项核减原则：一是对2000年以前，中央、市属单位和区属国有、集体企业占用耕地已经办理相关手续的土地面积，给予核减。二是对2000年以前，区、镇、村三级用于社会公益、福利事业而占用的计税土地给予核减。包括：区、镇政府为改善群众生活条件建设的公园、绿地；区、镇、村三级用于学校、敬老院及文化设施的建设；区、镇两级道路建设占用的土地；经区主管部门批准的有合法手续的农民宅基地面积。三是属于全市统一建设的绿化隔离带、五河十路绿化工程的占地按市有关部门的规定办理。

按照制定的有税无地核减原则，昌平区在实际工作中将可核减的有税无地分为中央、市属单位和区属国有、集体企业占地、公路、绿化占地等11类，共核减原农业税计税面积2 701.08公顷。改革前昌平区农业税计税面积33 393.83公顷，改革后全区农业税计税面积为30 892.73公顷。

在农作物常年产量的确定工作中，昌平区对山区、半山区及平原各镇农业生产条件和农业生产形式进行了认真的调查、分析，确定了山区、半山区倾斜、优惠，平原地区适当调整的原则。一是二轮承包地区常年产量的确定方法。按照《改革实施方案》，二轮承包地区的税收确定工作要与二轮承包合同相衔接。根据昌平区实际，二轮承包签订过程中集体经济组织与农户签订的耕地面积或占有果林株数可以作为改革后的计征依据。而各村在二轮承包工作中评定的产值、产量不能作为改革后的农业税计税产量，需要重新进行评定。经区税费改革领导小组审批确定，全区二轮承包地区（山区、半山区）改革后亩均常年产量确定为137.29千克。二是平原地区农作物常年产量的确定工作是以1994—1998年五年平均常产为基础。一般按前五年平均常产80%计算，并结合各镇现有的农业生产条件、状况，经区税费改革领导小组各成员单位共同研究确定的。改革后平原地区亩均常年产量确定为384.6千克。

2. 确保农村税费改革试点工作按时按质完成。为做好《昌平区农村税费改革试点工作实施方案》及配套政策的落实工作，区委、区政府又一次召开了实施动员大会。区农村税费改革试点实施工作动员大会后，区税费改革领导小组办公室组织了由主管镇长、财政所长、经管站站长及农税员参加的税费改革实施方案及各项配套政策学习班，并多次召开税费改革试点工作汇报会，对各镇提出的问题进行认真地分析、研究，督促各镇进度。

各镇结合本地区实际在规定时间内制定了本镇的税费改革具体实施方案。2001 年 10 月 18 日和 21 日，区税费改革领导小组分别召开了山区、半山区和平原地区各镇税费改革具体实施方案审批会，认真听取了各镇制定落实方案的工作思路和具体落实措施，指出了落实方案中存在的问题。审批会后各镇对本镇的改革方案进行了进一步修改，经区税费改革领导小组办公室审核后正式下发了批复。各镇实施方案确定后，区税费改革领导小组办公室及时对各镇进行税收任务分解，建立农业税微机台账，并进行培训，为各镇税费改革具体实施方案的顺利实施奠定基础。

3. 积极探索符合昌平实际的农业税征管方式。为保证农业税及附加的足额征收，昌平区确定农业税及附加由区地方税务局负责征收管理，采取地方税务局委托授权镇级财政所代征的办法。在具体征管工作中做到“三定一公开”即定点、定时、定额，集中缴纳，分户开票，向群众公开。由于税收任务分解工作体现了“公平、公正、公开”的原则，得到了广大农户的理解和支持，征收方式简便易行，加上广泛深入地宣传教育，有效地提高了农民的纳税意识，确保农业税及附加及时足额上缴。

（四）完善农民负担监控机制，规范农村收费管理

在农村税费改革中，以村为单位将每个农户应承担的农业税及附加进行了张榜公布，印发了新的农民负担监督卡，每个农户应缴纳农业税及附加和村内集体生产公益事业筹资筹劳数额等都要按有关规定填入监督卡。对涉及农民的行政事业性收费项目进行了清理整顿。转发了市农村税费改革领导小组办公室《关于农村税费改革试点地区清理整顿涉农收费切实减轻农民负担的通知》。共取消专门面向农民的行政事业性收费和政府性基金、集资 11 项，内容是：承包合同鉴证费；承包合同纠纷仲裁费；农民临时工管理费；乡（镇）范围内的农民自产自销农副产品的集贸市场管理费；社会福利企业管理费——农村部分；向农户收取的建设工程许可证执照费；向农户收取的建筑节能与发展新型墙体材料专项费；向农户收取的动物及动物产品防疫检疫费；向农户收取的土地登记费；向农户收取的土地权属调查地籍测绘费；政府性基金、集资。

三、效果

（一）减轻了农民负担

税费改革后，全区应缴农业税及附加 826.6 万元。其中：农业税正税 691.9 万元，附加 134.6 万元，与改革前农民负担总额 1 082.4 万元相比，下降 255.8 万元。改革后农民人均负担为 33.81 元，比改革前的 44.27 元下降 23.63%。其中：山区半山区改革后人均负担 17.23 元，比改革前的 29.53 元下降 41.66%。平原地区改革后人均应负担 39.59 元，比改革前的 49.41 元下降 19.88%。1997 年农村义务工 23.2 万个，农村劳动积累工 22.4 万个，税费改革后，劳务用工都要通过“一事一议”来解决，减轻了农民劳务负担。

（二）促进了农业产业结构调整

税费改革后，将原征收的农业特产税，改征为农业税。此项改革虽然是使镇级财政每年减收150万元左右，但调动了农民种果树的积极性，有利于山区、半山区退耕还林。

（三）解决了历史遗留问题

在尊重历史、尊重事实的基础上，对区内中央市属单位、区属国有、集体占地，公路、绿化占地等11类占地共计2 701.8公顷核减了原农业税计税面积，解决了多年遗留的占地不减税的历史问题。

（四）保证了镇级事业支出

取消了统筹费后，镇级的计划生育、优抚和民兵训练支出由镇级财政预算安排，镇级道路建设资金由镇级政府负责安排，农村卫生医疗事业逐步实行有偿服务，由区、镇两级政府补助。本着事权与财权相结合的原则，区委、区政府决定改革后的农业税收入全额划为镇级财政收入，保证了以上事业的发展。

（五）精简了镇、村干部，减轻了农民间接负担

昌平区进行区划调整，由原来的34个乡镇合并调整为17镇（办事处），机关工作人员由原来2 380人，调整为1 857人，减少22%。2001年2月，全区完成了312个村的村民委员会换届选举工作。其中：村支委以上干部交叉任两职的共216人，交叉任三职的共150人。全区村级固定补贴干部人数为1 095人，年补贴费用合计711.8万元（工资补贴5 000元/人·年；办公经费1 500元/人·年）。

（六）促进了农村教育事业的发展和布局调整

税费改革后，原由镇政府开支的九年义务教育的教师工资和正常办公经费上划区管理，减轻了镇级政府财政压力。完成了全区临时代课人员的清退工作，共清退416名临时代课人员，并按劳动部门的有关规定发放了辞退费（每人每年补贴412元，最多12个月）。2002年，结合机关机构改革有关政策，采取竞争上岗，双向选择的方式对教师队伍进一步精简优化。按照积极创造条件，成熟一个调整一个的原则，推进了农村中小学布局规划调整工作。已经撤并中学2所，小学11所，预计在十五规划期间将全部完成调整工作，实现全区农村中小学布局的科学化、合理化。

总之，通过实施农村税费改革试点工作，达到了发展农村经济、增加农民收入、减轻农民负担、规范农村财务管理、保持农村稳定的目标。

附件一　昌平区农村税费改革试点工作实施方案

根据《中共中央、国务院关于进行农村税费改革试点工作的通知》（中发［2000］7号文件）、《国务院关于进一步做好农村税费改革试点工作的通知》（国发［2001］5号）和《中共北京市委、北京市人民政府关于郊区农村税费改革试点工作的意见》（京发［2000］19号）精神，结合我区实际，制定本方案。

一、农村税费改革试点工作的指导思想和原则

农村税费改革是按照社会主义市场经济发展的要求，调整农村分配关系，保护农民利益，加快经

济发展，维护农村稳定的一次重大改革。农村税费改革试点工作的指导思想是：贯彻党的十五大和十五届三中全会精神，根据社会主义市场经济发展和推动农村民主法制建设的要求，规范农村税费制度，从根本上治理对农民的各种乱收费，确实减轻农民负担，进一步巩固农村基层政权，促进农村经济健康发展和农村社会长期稳定。

按照上述指导思想，我区农村税费改革试点工作的基本原则是：

（一）从轻确定农民负担水平，并保持长期稳定。通过改革要使我区的农民负担水平在1998年的基础上降低20%左右，并保持长期稳定。坚决取消对农民的各种乱收费、乱集资、乱罚款和各种摊派，切实保护农民的合法权益。

（二）妥善处理改革力度与各方面承受能力的关系。要在确保农户、集体经济组织和乡镇企业负担都有所减轻的前提下，兼顾其他方面的承受能力，使镇级政府和村级组织能够正常运转。

（三）实行科学规范的分配制度和简便易行的征收方式。采取以农业税收为主的方式，把农民负担纳入规范化、法制化的管理轨道。农业税征收范围要保持相对稳定，征收方法要符合农民意愿，便于基层操作和群众监督。

（四）统筹安排，抓好改革试点的配套工作。在推进农村税费改革试点工作的同时，要结合进行镇级行政区划调整、精简机构和人员，改革镇村集体经济组织产权制度、大力发展集体经济，改革农村教育管理体制、调整农村中小学布局、精简优化教职工队伍，完善区镇财政体制、加大财政转移支付力度，逐步建立健全农村社会保障制度，健全农民负担监督管理机制等配套改革。

（五）坚持思想工作先行，采取多种形式教育农民增强履行合法负担的自觉性。要通过多种方式向基层干部和农民群众宣传在我区进行农村税费改革试点的重大意义，调动起基层干部和农民主动参与改革的积极性，增强依法纳税的意识，自觉履行合法义务。

二、农村税费改革试点的主要内容

（一）取消乡统筹费。取消乡统筹费后，原由镇级财政开支的九年制义务教育的教师工资和正常办公经费上划区管理。镇级的计划生育、优抚和民兵训练支出，由镇财政预算安排。镇级道路建设资金由本级政府负责安排。农村卫生医疗事业逐步实行有偿服务，由区镇两级政府适当补助。

（二）取消农村教育集资等专门面向农民征收的行政事业性收费和政府性基金、集资。所有专门面向农民征收的行政事业性收费、政府性基金和涉及农民的集资项目，要一律取消。有关行政事业单位由此出现的经费缺口，通过调整财政管理体制、转移支付和精简机构、压缩支出等办法解决。

（三）取消屠宰税。

（四）将原征收的农业特产税，改征农业税。

（五）逐步取消统一规定的劳动积累工和义务工。2001年每个农村劳动力负担“两工”不超过20个，2002年不超过15个，2003不超过10个，2004年以后全部取消。经济发达的镇、村也可以从2001年开始一步取消“两工”。

取消“两工”后，区、镇两级政府要积极采取措施调整投资结构，保证生产公益事业、水利工程修建和维护所需建设资金。小型农田水利基础设施建设资金，由区和镇两级政府在安排基本建设计划时解决。除防洪、抢险、抗旱等紧急任务，经区以上人民政府批准，可以临时动用农村劳动力外，一般不得动用农村劳动力。如确需动用，应坚持自愿有偿的原则。

村内进行农田水利基本建设、修建村级道路、植树造林等集体生产公益事业所需劳务，采取“一事一议”的办法，由本村有劳动能力的农民负担，每年每个劳动力不得超过10个标准工日。采取“一事一议”的办法向农民筹劳，应由村民委员会在年初提出用工计划，确定具体用工项目，经村民会议或村民代表会议讨论通过后，报镇级政府批准执行。村内集体生产公益事业“一事一议”用工，以农民出工为主；经本人申请，也可以以资代劳，但必须坚持自愿的原则，按实际用工量负担有关费用，不得强迫农民以资代劳，不得按计划用工量向农民收取以资代劳资金。

（六）调整农业税政策。农业税按照农作物的常年产量和全区统一税率依法征收。

1. 农业税计税土地面积，以落实京发［1997］14号和京农发［2000］8号文件后，村集体经济组织与农户、个人和其他农业生产经营组织签订的承包合同为准；其他单位和个人从事农业生产的，计税土地面积为实际用于农业生产的土地，计税土地发生增减变化，应及时进行调整。

2. 农业税计税常年产量，以1998年前5年农作物的平均产量核定，并保持长期稳定。

3. 以玉米作为我区农业税主粮，对生产农业特产品及其他作物的，按一定比例折算。2001年计税价格为每公斤0.98元。以后年度，实际价格与上述计税价格之间波动幅度未超过5%的，保持上述计税价格不变，遇有国家价格政策重大调整除外。

4. 调整农业税税率，全区统一按5%执行。

5. 现行农业税减免政策基本维持不变。

6. 对撂荒的土地照常征收农业税。

全区重新核定的农业税计税土地面积及计税常年产量，报经市农村税费改革领导小组办公室和市财政局、市地方税务局批准后执行。

（七）改革村提留征收使用办法。村干部报酬、五保户供养和村级办公经费，除由原集体经营收入开支的继续保留外，凡由村提留开支的，采用新的农业税附加方式统一收取。新的附加比例按农业税正税的20%征收。用农业税附加方式收取的村提留属于集体资金，实行镇管村用，不足部分由镇级财政统筹解决。

国有农场以及在非农村集体土地上取得农业收入的机关、部队、企业、学校等，不征收农业税附加。

村内兴办其他集体生产公益事业所需资金，不再固定向农民收取村提留，实行一事一议的办法，按人口筹集。每年每个农业人口负担额不得超过本村上年人均劳动所得的1%。村内一事一议的集体生产公益事业筹资，应由村民委员会在年初提出筹资计划，经合法程序由农民讨论通过后，报镇级政府批准执行。对确有困难无力缴纳的农户，可以适当减免。

（八）均衡农村不同从业人员的税费负担。原集体经营农业由集体经济组织负担的有关税费，改革后继续由集体经济组织缴纳，不能将负担转嫁给农民。对不承包集体土地的务工经商农民，按照权利义务对等的原则，经过村民会议或村民代表会议讨论确定，可以在新的农业税附加的负担水平内向其收取一定数额的资金，用于村内集体生产公益事业。经村民会议或村民代表会议讨论通过，对承包（承租）较多集体土地的农户、个人和其他经营组织，按照承包（承租）合同的约定，落实双方的权利与义务。

三、农村税费改革试点的主要配套措施

（一）改革和精简镇级机构、压缩人员，转变镇级政府职能。镇级政府要按照政企分开和精简效能的原则，结合农村税费改革，认真做好机构和财政负担人员的清理工作；按照有关法律、法规和本地具体情况，合理确定内设机构和人员编制，做好人员分流工作。镇级党政机关和事业单位人员精简幅度，在1995年“三定方案”所确定的编制人数基础上不低于20%。区有关部门要从改革的大局出发，在镇级确保有关管理工作有人负责的前提下，不得强求区、镇机构上下对口。要切实重视人口和计划生育工作。大力加强和改革、完善农业技术推广工作体系。要按照社会主义市场经济发展的要求，科

学界定镇级政府职能，减少政府对经济社会事务的直接干预，逐步把工作重点转移到行政管理和发展公益事业上来，强化为农业、农村和农民服务的功能，并努力提高行政效率。

（二）改革农村教育管理体制，调整中小学校布局，精简优化教职工队伍。

将原镇级财政开支的九年义务教育的教师工资和正常办公经费纳入区级财政管理后，要进一步完善农村义务教育经费保障机制。加强区政府对教师管理和教师工资发放的统筹职能，将农村中小学教师工资的管理上收到区，由区财政按国家规定标准及时足额发放。农村中小学公用经费按照《北京市普通教育事业公用经费定额标准》中的中小学公用经费定额标准予以核定，学校的学杂费收入纳入预算计划。农村中小学日常维修、基建、布局调整等投入仍按原投入渠道解决，鼓励社会各界自愿捐资助学。

农村中小学布局调整工作在“十五”计划期间完成。在调整农村中小学布局工作中，要确保国有资产和农村集体资产不流失，努力提高现有校舍等教育资源的使用效益。用2年时间，完成农村中小学教职工队伍的编制核定、调整和精简优化工作。

（三）加强农村基层组织建设和民主管理，大力发展镇村集体经济。

在农村税费改革试点中，要通过小村并大村、村干部交叉任职等办法，精简村级干部人数，压缩村级管理费用开支。改革后，按照平原、山区不同地区和大、中、小不同规模以及不同经济发展水平，每个行政村配备固定补贴干部3～5人。具体人数由镇级党委和政府核定到村。根据需要确需增加固定补贴干部的，由镇党委、政府确定，报区政府审批。

为稳定村级干部队伍，建立财政对村级干部报酬实行固定补贴的制度。补贴额度由镇级党委和政府根据各村劳均收入水平合理确定，报区政府批准。区财政按照经区政府审核批准的干部人数和每人每年最高不超过5 000元的补贴标准，通过转移支付方式由镇级财政负责发放到村。为确保村级组织正常运转，财政对村级办公经费按照不超过村级干部固定补贴额度30%的标准予以补助。

在农村税费改革中，要结合“三个代表”重要思想的学习，教育农村基层干部牢固树立全心全意为人农民群众服务的思想，改进工作作风，提高依法治村的水平。要以村为单位将每个农户应承担的农业税及附加、村内集体生产公益事业筹资酬劳数额等张榜公布，做到公平、公正、公开，接受农民群众监督。加强村级财务管理，建立有农民代表参加的民主理财小组，实行财务公开，村民监督，上级审计，防止村级三项费用资金被截留、平调和挪用。

农村税费改革以后，镇、村两级出现的资金缺口，除实行财政转移支付外，主要靠大力发展镇、村集体经济来解决。要制定优惠政策，扶持和鼓励镇、村集体经济的发展。采取股份制、股份合作制等多种形式，深化村集体经济组织产权制度改革，拓宽投资渠道，健全激励约束机制，提高集体资产经营效益。取消镇农工商总公司以后，要建立健全镇集体资产经营管理机构，规范镇集体资产的投资、经营和收益的分配，确保集体资产保值增值，提高镇集体经济组织为农业和农民群众服务的能力。

（四）完善区、镇两级财政管理体制，确保转移支付资金落实到基层。按照分税制财政体制的要求，明确划分镇级政府的事权和财权。新征的农业税收入原则上留给镇级财政。遵照中央有关转移支付文件精神，在市级安排转移支付的同时，按照以区为主，市级适当补助的原则，转移支付资金重点向山区倾斜。要加强对财政转移资金使用的监督管理，防止截留挪用，保证转移支付资金及时足额落实到基层。

（五）规范征收行为，加强农业税征管。农业税及附加，由区地方税务局负责征收管理。农业税征收过程中要防止发生随意扩大或减少计税土地面积、人为提高或降低常年产量等不规范行为。要从简化手续、便于操作入手，为广大纳税农户及其他纳税人提供方便。要通过法制宣传和政策教育，让农民依法履行纳税义务。征收机关在征收中要对农业税征管程序、征收方式、强制执行措施、征管执法主体的权力与责任等问题制订具体措施。

（六）逐步建立农村社会保障体系。通过农村税费改革，要逐步建立和完善农村社会保障体系。原由乡统筹、村提留开支的农村优抚对象的优待金、社会救济范围内的困难户补助和五保户供养资金，改革以后，由镇级财政预算解决。

（七）规范农村收费管理，进一步健全农民负担监督管理机制。

对涉及农民的行政事业性收费项目进行清理整顿。今后任何地方和部门都不得设立面向农民的行政事业性收费和政府性基金、集资项目；不得向农民和镇村集体经济组织摊派；不得开展要求农民和镇村集体经济组织出资出劳的各种达标升级活动。认真执行中央和市委有关党报党刊征订的政策，严禁行业性报刊向集体经济组织、乡镇企业和农民摊派征订。大力压缩非生产性开支，规范水费、电费等生产性费用的征收。进一步规范农村经营服务性收费。为农民提供服务应坚持农民自愿原则，不得强制服务，强制收费。对经批准保留的涉农收费项目，要向农民张榜公布，做到家喻户晓，接受广大农民和社会各界的公开监督。

要继续落实好党政领导亲自抓、负总责和农民负担监督卡、信访举报等各项农民负担管理工作制度和专项治理的部门责任制，加强对农民负担的执法检查和社会舆论监督，加大对违反规定加重农民负担行为的查处力度。

四、农村税费改革试点工作的领导

农村税费改革试点，事关农村稳定与发展的大局，必须精心组织，认真实施。为确保改革试点工作顺利进行，区委、政府已成立领导小组，负责领导全区的农村税费改革试点工作。各镇也要成立相应机构，各镇党委书记作为第一责任人，各镇镇长作为直接责任人。全区各级领导干部都要认真学习和领会中央和市委、市政府关于农村税费改革试点工作的方针和政策，统一思想，提高认识，掌握方法，扎扎实实做好方案的落实工作。有关职能部门要从大局出发，服从改革需要，积极配合做好工作，保证各项改革政策落到实处。

本方案自 2001 年起实行，夏粮上市预征部分农业税及其附加，秋粮上市以后按新的农业税进行清算。

二〇〇一年八月十五日

附件二　昌平区农村税费改革配套文件

昌平区关于精简、优化农村中小学教师队伍和规划农村学校布局的方案

为了贯彻落实中共中央十五届五中全会精神，适应农村税费改革和农村教育改革与发展的需要，合理配置教育资源，全面提高教育投资效益和教育质量，促进农村教育事业健康发展，现就调整我区农村中小学布局和精简优化教职工队伍工作提出如下方案。

一、昌平区农村教师队伍和农村学校布局的现状

我区共有农村中小学 147 所，教学班 1 186 个（其中高中班 2 个，职业高中班 11 个，初中班 338

个，小学班835个)。农村中小学共有正式教职工4 133人，其中中学教职工1 547人，小学教职工2 586人，全区共有临时工409人（其中农村中小学临时工266人）。

按照北京市编办、北京市教委联合下发的中小学教职工编制标准，经核算，我区农村中学共需教职工1 529人，现超编164人（含临时工146人)，农村小学共需教职工2 140人，现超编566人（含临时工120人)。根据中小学生入学情况预测，今后几年内中学处于增班趋势，中学超编教师将有所减少，随着小学入学人数的减少，小学教师超编人数还将有所增加。

二、精简、优化农村教师队伍的方案

1. 核定机构编制，加强中小学编制管理。区编办、教育局要严格按照编制标准配备教职工，力争用2年时间，完成教职工队伍的编制核定，调整和精简优化工作。

2. 将全区农村中小学教职工的工资（含职务工资、各种津贴、补贴、结构工资）上划区财政统一解决，由区财政按国家规定的标准及时、足额发放。

3. 一次性辞退所有中小学使用的代课人员和临时工。要认真做好这些人的思想工作，并按照劳动部《违反和解除劳动合同的经济补偿办法》（劳动部发［1994］481号）文件，由区财政拨出专款，支付一次性辞退费。具体办法是：按被辞退人员在本单位工作的年限发放辞退费。工作时间每满1年发给相当于一个月工资（每月412元)，最多不超过12个月，工作不满1年的按1年的标准发给。此项工作，城镇、农村中小学一并解决，辞退后的岗位由在职公办教师顶替。

4. 对超编中小学的教职工按区机关机构改革的政策办理。

5. 进一步深化完善学校内部管理体制改革，加大改革力度，实行教职工聘用合同制，在编制范围内，双向选择，竞争上岗，凡未被聘用的教职工待聘期间停发结构工资，由学校提供1～2次上岗机会。

6. 依法辞退不合格教师和不合格人员。根据国务院《教师资格条例》和教育部《〈教师资格条例〉实施办法》及北京市教委有关规定，全面实施教师资格制度，只有取得教师资格的人，才能聘任为教师。对学历不合格，能力又低，经考核、考试认定不具备教师资格又未被聘任的人员，予以辞退，交区人才交流中心自谋职业。

7. 认真做好宣传动员和思想政治工作，取得教职工的理解和支持，以保证教育系统的稳定，调动教职工教书育人的积极性，促进教育质量的提高。

三、关于规划农村学校布局的方案

1. 昌平区农村学校规划布局的必要性

昌平撤县设区后，乡、镇由33个合并为17个，原一乡一镇一所中学一所小学中心校的布局未做调整。又因近几年来小学入学人数明显减少，一些村小、完小开班困难。为便于区、镇对学校的管理，有利于农村税费改革，合理利用教育资源，进一步提高九年义务教育质量，有必要对农村中小学布局进行适当调整。

2. 农村学校布局调整的原则

在保证完成九年义务教育阶段任务的前提下，从农村实际出发，科学规划，合理布局，适度推进。此次调整的原则是：第一，相对集中，适度规模办学；第二，体现立足建设，规模发展，调整一所达标一所；第三，分步实施，稳步推进。

3. 具体调整方案

长陵镇：撤销黑山寨中心小学、望宝川小学、北庄小学，小学与黑山寨中学合并为黑山寨学校；

撤销庆裕陵小学、昭陵小学，合并到长陵中心小学。

十三陵镇：撤销西山口小学、小官门小学、大官门小学、果庄小学、康陵园小学，合并到十三陵中心小学。

南口镇：撤销陈庄中学、桃洼中学，合并扩建南口学校。撤销桃洼中心小学，更名为桃洼小学，隶属南口中心小学；撤销居庸关小学，合并到南口中心小学；南口镇小学隶属南口中心小学。

流村镇：撤销老峪沟中学、高崖口中学，合并扩建流村中学。撤销老峪沟中心小学，更名为老峪沟小学，隶属流村中心小学；撤销高崖口中心小学，更名为瓦窑小学，隶属流村中心小学；撤销黑寨小学、新建村小学，合并到古将小学。

马池口镇：撤销红冶中学，合并到亭自庄学校和马池口中学。撤销亭自庄小学，合并到亭自庄学校。

阳坊镇：撤销东贯市小学，合并到西贯市回民小学；西贯市回民小学隶属阳坊中心小学；撤销马坊小学，合并到四家庄小学；撤销前白虎涧小学，合并到后白虎涧小学。

沙河镇：撤销巩华中心小学，更名为沙河中心小学；撤销北二村小学，合并到沙河中心小学；沙河中心小学更名为丰善小学；撤销于辛庄小学，合并到丰善小学；撤销七里渠中心小学，更名为七里渠小学，隶属沙河中心小学；撤销豆各庄小学、七里渠南村小学，合并到七里渠小学。

回龙观镇：撤销史各庄中学，合并改扩建回龙观中学；撤销史各庄中心小学，更名为史各庄小学，隶属回龙观中心小学；撤销二拨子小学，合并到回龙观小学，回龙观小学隶属回龙观中心小学。

东小口镇：撤销霍营中心小学，更名为霍营小学，隶属东小口中心小学；撤销马连店小学，合并到霍营小学。

北七家镇：撤销平西府中心小学，更名为白庙小学，隶属北七家中心小学；撤销平西府小学，合并到白庙小学；撤销北七家小学，合并到北七家中心小学。

小汤山镇：撤销大东流中心小学，更名为大赴任庄小学，隶属小汤山中心小学；撤销大东流小学，合并到大赴任庄小学；撤销前吝沟小学，合并到土沟小学；撤销阿苏卫小学、后牛坊小学、大汤山小学，合并到小汤山中心小学。

兴寿镇：撤销上苑中心小学，更名为上苑小学，隶属兴寿中心小学；撤销半壁店小学，合并到上苑小学；撤销香屯小学、秦城小学、桃林小学，合并到兴寿中心小学；撤销上庄小学、花果山小学，合并到下庄学校。

崔村镇：撤销南庄小学、麻峪小学、八家小学，合并到崔村中心小学。

南邵镇：撤销九里山小学、张各庄小学，合并到南邵中心小学。

百善镇：撤销孟祖小学，合并到东沙屯小学；撤销吕各庄小学，合并到牛房圈小学；撤销上东廓小学，合并到百善中心小学。

昌平镇：撤销水屯小学，合并到昌平镇中心小学。

通过以上布局的调整，全区可减少中小学45所，布局相对合理。

以上中小学校布局调整，要在区政府领导下，由教育局和各镇政府组织分步实施，到2005年底前完成。

昌平区关于一事一议的村内集体生产公益事业用工管理办法（试行）

第一条 为了规范取消统一规定的农村义务工和积累工后一事一议的村内集体生产公益事业用工，减轻农民负担，保障村内集体生产公益事业发展，根据本区实际情况，制定本办法。

第二条 本办法所称一事一议的村内集体生产公益事业用工系指全体村民共同受益的道路、农田水利、植树造林和文化教育卫生等公共福利设施的建设及维修所需用工。

第三条 农村税费改革后，农村劳动积累工和义务工采取“三步走”的办法。即2001年每个劳动力出工不超过20个，2002年每个劳动力出工不超过15个，2003年每个劳动力出工不超过10个。2004年以后全部取消“两工”。取消“两工”后，村内集体生产公益事业用工实行一事一议的办法，每年每个劳动力（男18～60周岁，女18～55周岁，下同）不得超过10个标准工作日。

第四条 集体生产公益事业用工由村委会在年初编制本年度的用工项目、用工数量和筹劳范围的计划，报村民大会或村民代表会议讨论通过。农户应承担的用工数额，应纳入农民负担监督卡。

第五条 集体公益事业用工由村委会负责安排使用，以出工为主。符合出工条件的村民应履行出工义务。由村民出工形成的生产公益事业设施，归全体村民集体所有，由全体村民共享。

除村民大会或村民代表会议决定免除出工义务的劳力以外，经本人向村委会书面申请，可以以资代劳。以资代劳标准为本村上年劳均日收入（年劳均所得除以300天）。收取以资代劳的金额为劳均实际用工量乘以本村上年劳均日收入，不得按计划用工量收取以资代劳资金。以资代劳资金用在该项工程上。

第六条 遇到特大防洪、抢险、抗旱等紧急任务需动用义务工，不受本办法限制。需经区人民政府批准定额定时动用农村劳动力，除此特殊情况外，任何地方和部门均不得无偿使用农村劳动力。

第七条 村内集体生产公益事业用工应建立健全出工、计工制度，以资代劳资金纳入集体账内核算。

第八条 对拒绝履行出工义务的，经村民大会或村民代表会议讨论决定，按村民自治章程办理。

第九条 区、镇农民负担监督管理部门对村内一事一议的集体公益事业用工进行监督，用工结束后，村委会应向镇农民负担监督管理部门报告用工情况。

第十条 禁止任何单位以检查、评比、考核等任何形式要求农民、乡镇企业、农业生产经营组织、农村集体经济组织出工出劳。

第十一条 违反本办法规定强制农民出劳的，区人民政府农民负担监督管理部门，应当责令其限期将违反规定的用工，按照当地平均工值给予农民相应的补偿。

第十二条 本办法实施中的具体问题，由区农村经济经营管理部门负责解释。

第十三条 本办法自发布之日起施行。

昌平区关于一事一议的村内集体生产公益事业筹资管理办法（试行）

第一条 为了规范一事一议的村内集体生产公益事业筹资，减轻农民负担，保障村内集体生产公益事业发展，根据本区实际情况，制定本办法。

第二条 本办法所称一事一议的村内集体生产公益事业筹资系指向村民筹集全村农民共同受益的道路、农田水利、植树造林和文化教育卫生等集体公益事业设施的建设及维修所需资金。

第三条 村内集体生产公益事业筹资实行一事一议的办法，按人口筹集，每人每年不得超过本村上年人均劳动所得的1%。对确有困难，无力缴纳的农户，经村民代表会讨论，可以减免。

第四条 集体生产公益事业筹资由村委会在年初组织编制筹资项目、筹资数量和筹资范围的计划，报村民大会或村民代表会议讨论通过。每户应承担的筹资数额，应列入农民负担监督卡。

第五条 村内集体生产公益事业筹资的使用和管理必须遵循勤俭节约和民主公开的原则。所筹资金的使用应专款专用，所收款项纳入盈余公积二级科目公益金部分。不得用于干部报酬、补贴、招待费等管理性支出，也不得用于与筹资项目无关的支出。所筹资金要按照财务会计制度，严格管理，筹资所建项目完成后，应及时向村民公布，接受镇农村集体经济审计机构的监督。

第六条 村民应按照村民大会或村民代表会议的决议，履行其出资义务，拒绝履行集体生产公益事业出资义务的，经村民大会或村民代表会议讨论决定，按村民自治章程办理。

第七条 区、镇农民负担监督管理部门对村内一事一议的集体公益事业筹资的管理使用进行监督，村委会应将筹集、管理、使用情况向镇农民负担监督管理部门报告。

第八条 禁止任何单位以检查、评比、考核等任何形式要求农民、乡镇企业、农业生产经营组织、农村集体经济组织出资，开展任何形式的达标升级活动。

第九条 违反本办法规定，强制农民出资的，区人民政府农民负担监督管理部门，责令其将所筹集的资金限期退还给农民，逾期不退还的，可以依照有关规定给予单位经济处罚。

第十条 本办法实施中的具体问题，由区农村经济经营管理部门负责解释。

第十一条 本办法自发布之日起施行。

昌平区村级干部报酬管理办法

第一条 为规范对本区村级干部报酬的管理，保障村级干部的合法利益和村务工作的正常进行，减轻农民负担，密切干群关系，根据本区实际情况，制定本办法。

第二条 本办法所称村级干部是指村级固定补贴干部。

第三条 村级固定补贴干部人数由镇党委和镇政府根据村的规模大小核定。村常住人口平原在1 000人（含1 000人）以内，山区在500人（含500人）以内，补贴干部不得超过3人；村常住人口平原在1 000（不含）～2 000人（含2 000人），山区在500（不含）～1 000人（含1 000人）不得超过4人；平原在2 000人以上的不得超过5人。提倡村党支部（总支）和村委会主要干部交叉任职。村级补贴干部人数，根据本村人口规模，原则上确定3～5名，根据工作需要，确需增加的固定补贴干部，由镇党委、政府合理确定，报区政府批准。

第四条 村级干部报酬的来源：

1. 本村农业税附加中用于干部报酬的部分，不得超过其总额的50%；

2. 各级政府财政转移支付中用于村级干部报酬补贴的部分；

3. 村级集体经济组织负担的村级干部的报酬部分。

第五条 村级干部的报酬标准是：

村级干部报酬，掌握在村劳均所得不超过2倍（不含奖金），交叉任职干部不能重复领取工资。

对村级干部的奖励由镇党委和政府核定。

第六条 村级干部从农业税附加中取得的报酬及从集体经济组织中取得的报酬和政府财政转移支付中取得的报酬，要统一考虑、平衡，实际发多少，要根据当地农民实际收入水平，由镇党委、政府批准确定。

第七条 镇党委和政府应当加强对村级干部的政治思想教育和村级管理业务的培训，不断提高其依法治村水平。定期对村级主要干部进行考核，根据其工作实绩予以奖惩。

第八条 对违反本办法规定，擅自提高工资水平及乱发钱物的，应追回不当所得，并视其情节轻重交由有关部门及时处理。

第九条 镇政府对财政转移支付资金，不得以任何理由拖欠，不得挤占、挪用。

第十条 村级干部报酬（含奖金）应在年末或次年初张榜公布，接受村民监督。

第十一条 村内其他从事村务管理工作人员的数额及其报酬标准本着精简、高效的原则，由村民大会或村民代表会议讨论后决定，并报镇政府备案。

第十二条 镇农村集体经济审计机构应当对村级干部报酬情况进行年度审计。

第十三条 本办法实施中的具体问题，由区农村经济经营管理部门负责解释。

第十四条 本办法自发布之日起施行。

昌平区农村以工补农办法（试行）

第一条 为保障农业和与农民相关的农村社会公益事业的投入，促进农业和农村社会的发展，改善农业条件和农民生活环境，根据本区的实际情况，制定本办法。

第二条 本办法所称以工补农系指：(1) 镇集体经济组织将企业收入的一部分用于全镇范围内的农田水利建设、农用机械购置、农村产业结构调整等农业基础设施建设和兴办农村社会公益事业。(2) 村集体经济组织将企业收入的一部分用于本村范围内的农田水利建设、农用机械购置、农村产业结构调整等农业基础设施建设和兴办农村社会公益事业。(3) 乡镇企业按照《中华人民共和国乡镇企业法》的规定，履行其支农义务，兴办农村社会公益事业。

第三条 镇村集体经济组织用于农田水利建设等支农资金应当注重效益的原则，分别召开镇人代会、村民代表会议，民主决定。

第四条 镇村集体经济组织用于社会公益性支出应当量力而行，各级政府和其他任何单位和个人不得强迫和干涉。

第五条 镇、村集体经济组织要设立以工补农专项资金，按不低于镇、村集体经济组织年净利润10%的比例提取。

第六条 以工补农资金要专款专用，单独核算，提取和管理使用情况定期张榜公布。

第七条 以工补农资金不得用于补贴镇政府的经费开支；不得用于镇、村干部的报酬及补贴；不得用于招待费。任何单位和个人，不得挤占和挪用。

第八条 镇农村集体经济审计机构应对以工补农资金的提取、管理和使用情况进行审计监督。

第九条 本办法应用中的具体问题，由区农村经济经营管理部门负责解释。

第十条 本办法自发布之日起施行。

昌平区关于加强村级财务管理的若干规定（试行）

第一条 为了规范本区村级财务管理，提高村级资金的使用效率，维护集体经济组织和农民的合法权益，根据有关法律、法规的规定，结合本区具体情况，制定本办法。

第二条 村级财务管理应严格遵守《中华人民共和国会计法》、《北京市集体资产管理条例》、《村合作经济组织财务制度》和《村合作经济组织会计制度》等有关法律、法规和规章的规定。

第三条 村级财务管理包括村委会的财务管理和村集体经济组织财务管理，根据村集体经济组织发展水平，可以统一管理，也可以分别管理。

第四条 村委会的财务管理，是指应由村委会管理使用，用于村民自治和村务管理的资金。其资金来源：

1. 归本村农民所有的农业税附加下拨的资金。
2. 用一事一议办法筹集的村内公益事业资金。
3. 用一事一议办法筹集的村内以资代劳资金。
4. 国家拨付的救灾、救济等款项。
5. 社会各界捐赠的用于村内公益事业资金。

6. 财政部门拨付的转移支付的资金。

7. 村集体经济组织或村农业生产经营组织自愿支持村委会工作的资金。

8. 村委会合法取得的其他资金。

第五条 村民委员会的财务管理由村委会设立的民主理财小组负责。村委会应当指定一名负责人按照村民会议赋予的权限主持村日常财务管理工作。村民委员会的财务管理的会计核算工作可以根据不同情况，选择以下方式：

1. 由村委会任命财会人员单独管理；

2. 村委会财务、本村集体经济组织财务，统一管理，分别记账；

3. 委托镇农村合作经济经营管理部门管理；

4. 委托其他具有社会法人资格的会计服务机构管理。

第六条 村委会的各项财务收支应当实行计划管理，年初应编制财务预算，年底应当编制财务决算，并定期向村民公布，接受村民监督。

村委会的财务支出应当贯彻节约高效，专款专用的原则，量入为出。

任何单位和个人不得平调、挪用和挤占村委会资金。

第七条 村集体经济组织的财务管理，是指依法属于本行政村范围内的农民集体所有资产及其收益的管理。

村集体经济组织的财务管理包括：

1. 村集体资产运营收入；

2. 村农业生产经营组织上缴的资产承包费和利润；

3. 集体土地征用、占用收入；

4. 国家拨付的支农资金和设备；

5. 本村撤制生产队后上缴的固定资产；

6. 镇集体经济组织拨付的用于村扩大再生产的资金；

7. 社会组织和个人捐助给本组织的资金和物资；

8. 村集体经济组织依法取得的其他收入。

第八条 村集体经济组织的管理机构对本组织的财务管理工作负责，并指定单位主要负责人主管，按照村民代表大会赋予的权限对本组织的财务收支进行审核。

第九条 村集体经济组织应当按照社会主义市场经济原则和有利于生产、富裕农民，确保集体资产保本增值，依法、合理、有效地经营集体资产，防止集体资产流失。任何单位、组织和个人不得无偿平调、划拨、挪用、挤占集体资金。任何组织和个人不得以任何名义要求集体经济组织出钱、出物、出工，用于与生产经营无关的活动。

村集体经济组织应当拒绝、抵制任何组织和个人以任何名义进行的集资、摊派的行为。

第十条 村集体经济组织应按照《北京市农村集体经济审计条例》的规定，对本组织的财务进行审计，并接受区、镇农村合作经济经营管理部门审计机构的监督。

第十一条 村级财会人员应实行持证上岗制度。村级领导干部的亲属不得在本级组织内从事会计工作，领导干部不得阻挠财会人员依法履行职责。村集体经济组织和村委会财会人员的任免应当及时向镇农村合作经济经营管理部门备案。

第十二条 本办法执行中的具体问题由区农村经济经营管理部门负责解释。

第十三条 本规定自公布之日起施行。

昌平区农村集体教育资产管理办法

第一条 为了加强对我区集体教育资产的管理，防止农村集体资产的流失，改善农村现有的办学条件，促进农村教育发展，根据《中华人民共和国教育法》、《北京市农村集体资产管理条例》，结合我区农村税费改革后的新情况，制定本办法。

第二条 本办法所称集体教育资产系指由镇、村集体组织筹资在农民集体所有的土地上兴建的中小学校中属于农民集体所有的部分。

第三条 农村集体教育资产的产权界定，由镇、村集体组织与教育行政主管部门按国家有关法律、法规共同确定。有争议的，可申请区农村合作经济经营管理部门和国有资产管理部门共同裁定。

第四条 农村税费改革和教育管理体制改革后，国家投资在属于农民集体所有的原校址上翻建、新建的校舍归国家所有，其所占土地国家未征用的仍归农民集体所有。

由国家投资另辟新址建校的，其所占土地应当依法办理国家征地手续，其土地所有权归国家所有。

第五条 镇、村集体教育资产，根据《北京市农村集体资产管理条例》进行清产核资、建立台账，实施资产管理。

第六条 教育行政主管部门使用镇、村集体教育资产用于义务教育的，双方应签订无偿使用协议，并建立农村学校资产管理台账，健全对学校资产管理使用制度和管理使用责任制度，确保资产的安全、完整。

第七条 镇、村集体教育资产不得随意改变其用途，未经镇村集体组织同意，不得随意处置。教育部门改变镇、村集体教育资产的义务教育用途的，应当另签有偿使用协议。

第八条 对因农村教育布局调整后腾出、不再用于义务教育的校舍和土地，资产界定后，权属归镇、村集体的由镇、村集体组织收回。归两个以上村集体共同所有的，由出资各方协商解决处置办法。权属归国家所有的，可用于其他教育事业发展的项目，也可进行置换，所得资金要全部用于保留学校或新建校舍的建设，为今后农村教育事业发展留有必要余地。

第九条 违反本办法规定造成镇、村集体教育资产流失，依照有关法律、法规处理。

第十条 本办法执行中的具体问题由区农村经济经营管理部门负责解释。

第十一条 本办法自发布之日起施行。

第二十三章　通　州　区

通州区位于北京市东南部，京杭大运河北端，西汉初置县，名路县，后称通路亭、潞县、通州、通县，至今已有2000多年历史，1948年12月14日通县解放，分置通县、通州市。1958年3月由河北省划归北京市称通州区。1960年2月撤区建县。1997年4月撤县建区。

通州区地处环渤海经济区腹地，属永定河、潮白河冲积平原，平均海拔20米，地势由西北向东南倾斜。年平均气温11.2℃，年均降水量620毫米，无霜期185～190天，境内有运河、潮白河等13条河流，全长245.3公里。

通州区总面积912.34平方公里，常住人口59.7万人，其中农业人口40.7万人，经济比较发达。2000年国内生产总值57.1亿元，人均9 564.5元（折合1 099美元），其中，农村国内生产总值10.7亿元，占全区国内生产总值18.7%。

第一节　农村合作经济的发展与现状

一、社区合作

1950年前东仪村党支部书记吕忠办起了有11家农户参加的互助组，全组有70多亩地、三头半毛驴，插具搭套，人畜换工、互助合作，家家增产增收。1951年县委根据中共中央“组织起来，发展生产”的方针，遵循自愿、互利原则，引导农民走互助合作道路。1954年全县长年互助组发展到4 125个，参加农户3 5501户，占农户总数的44.3%，临时互助组3 440个，参加农户23 287户，占农户总数的26%。

在发展互助组的同时，1952年前东仪、四合庄、后马坊等村，试办了四个农业生产合作社。土地折股入社，实行土地、劳动按股分红，有的劳六地四、有的劳五地五，也有的劳五五地四五。到1955年底，全县初级农业生产合作社发展到1 267个，入社农户21 818户，占全县农户总数的60.9%。

1956年1月贯彻中央《征询对农业十七条意见》和《关于农业合作化运动指导思想保守的检查报告》，县委召开了办高级农业社积极分子动员大会。2月，全县共建立高级农业生产合作社129个，入社农户81 808户，占全县农户总数的98%。1957年高级社的规模有所调整，由129个调整到313个，入社农户也有所增加，年底占全县99.9%的农户入了社。1958年8月，中共中央发布《在农村建立人民公社的决议》，将全县的高级社合并成宋庄等8个人民公社，实现了人民公社化。平均每个公社有10 500户，50 000口人。人民公社实行政社合一，公社下设管理区、生产大队、生产队三级，由公社集中领导，统一经营，统一核算分配，实行组织军事化、生活集体化。共产风、浮夸风、命令风、干部特殊化风、生产瞎指挥风泛滥。这种一大二公的体制，管理出现混乱，造成减产减收，农民生活陷入困境。1961 年，贯彻中共中央《关于农村人民公社当前政策问题》的紧急指示信，纠正“五风”，清理退赔平调农民的财产，解散公共食堂，并对公社规模作了调整，以村为单位建立生产大队，生产大队下设生产队，以大队（村）为基本核算单位。同年 7 月，贯彻中共中央《农村人民公社工作条例（草案）》，对公社体制又作了进一步调整。实行公社、大队、生产队三级所有，队为基础，以生产队为基本核算单位。并在坚持以集体经济为主的情况下，按生产队耕地面积 5%的比例划分社员自留地，鼓励农户养猪、养鸡，发展家庭副业。这些政策措施的实施，使农业生产和农村经济得到恢复和发展，农民生活也有了改善。1970 年，贯彻国务院北方农业会议精神，县委发出了《关于进一步开展“农业学大寨”群众运动的决定》，进行了以平整土地、兴修水利为主要内容的农田基本建设，改善了农业生产条件。

“四清”和“文化大革命”中，推行以阶级斗争为纲的极“左”路线，整“党内走资本主义道路的当权派”，不少社队领导骨干被打倒、受批判，强调以粮为纲，“车马归队，劳力归田”，割“资本主义尾巴”，限制农民搞家庭副业。农业和农村经济停滞不前，有些地方甚至出现倒退。

1979 年 1 月贯彻中共中央十一届三中全会精神，县委制定了发展农业的 25 条政策措施，开始进行农村经济管理体制改革，建立农业生产责任制。当年全县有 602 个生产队实行包产到组。1982 年底，按照市委统一部署，在全县普遍推广家庭联产承包、包干到户责任制，极大地调动了农民劳动生产的积极性，农业和多种经营实现了超常规发展。

随着农村经济的快速发展和产业结构的调整，农民就业渠道增加，农业比较效益下降，部分农户对耕作土地失去热情，出现了农业投入下降、土地荒芜等现象。1986 年 7 月，县委发出《关于完善和改进农业生产责任制的意见》，要求有条件的村队，要逐步改变按人分地，户户种田的局面，实行专业承包、适度规模经营。1989 年 7 月，县委又发出《关于积极推进土地适度规模经营的意见》。到 1990 年，多数村队实行了以两田制（按人划分口粮田、自愿承包责任田）为主要形式的规模经营。集体经济实力较强的村办起了集体农场 114 家。

1997 年根据中共中央办公厅（中办发 1996 年）16 号文件和市委、市政府（京发 1997）14 号文件，县委提出对经营管理不善、效益差的集体猪场、鸡场、渔场、果园采取承包、租赁、拍卖等形式，改为农民个人经营，对效益不好的集体农场，可以解散，把土地承包给农户。到 1998 年底，全县 110 个集体猪场，168 个集体渔场，全部转为个人经营。有 457 个集体菜园承包给个人（占集体菜园总数的 80%以上）。并对农户经营的土地进行了延长承包期工作，其中承包期延长到 30 年的土地 2.65 万公顷，占全县农户承包土地总面积的 73%。随着改革的深入，农村社区合作经济实力增强。到 2002 年，全区 11 个乡镇级合作经济组织，拥有集体资产总额 36 亿元，所有者权益 13.6 亿元；483 个村级合作经济组织，拥有集体资产总额 62 亿元，所有者权益 30.3 亿元。乡（镇）村二级集体所有者权益人均近 1.1 万元，比 1980 年增长约 10 倍。农民收入逐年增加，到 2002 年农民人均纯收入 5 977.5 元，比 1980 年增长 35.5 倍。

二、专业合作

实行土地家庭联产承包制以后，农民家庭成为经营主体和市场主体，农户分散经营与统一市场的矛盾日益显露。为解决这个矛盾，一些地方农民自愿组织起来，成立专业协会，对一家一户不好办或办不了的生产经营环节提供服务，保护自身利益，增强了市场竞争能力。胡各庄乡是商品菜生产基地，1984 年种菜农户联合成立了蔬菜协会，为会员提供市场信息、优良品种选购、栽培技术培训指导、产品销售等方面的服务，增强了种菜农户的市场竞争能力，蔬菜种植规模迅速扩大，经济效益明显提高。到 1998 年，全乡种菜面积达到 866.67 公顷，比 1985 年增加了 533.3 公顷，亩效益达到 2 000 元。东堡村时常松的 3.18 亩温室蔬菜实现纯收入 12 209 元，亩均达到 4 154 元。

为了推动农村专业合作经济组织发展，1999 年，建立了以区政府主管农业的领导为组长，农委、财政、经管站等部门领导为成员的农村专业合作组织领导小组，并在区农村合作经济经营管理站设立了办公室。在对农村专业合作经济组织进行普遍调查的基础上，2001 年 7 月，以区人民政府办公室名义发出了《关于发展农民专业合作经济组织的意见》，要求乡镇政府对专业合作经济组织加强组织领导，帮助专业合作经济组织建立健全规章制度，规范运作，并在财政、信贷等方面给以支持。规定对销售、科技、加工型的专业合作经济组织，带动农户在 200 户以上，年销售额 200 万元以上、销售产品的 80%来自本地区的农民专业合作组织，给以《农业信贷资金担保》，并择优给以 5 万～10 万元奖励。

到 2002 年底，全区农民专业合作经济组织发展到 239 个，入社农户 29 005 户（占全区农户总数的 28%），带动社外农户 9 846 户，吸收资金总额 28 680 万元。其中：社员入资 18 998 万元，占 66%；集体经济组织入资 2 513 万元，占 9%；企业单位入资 3 451 万元，占 12%；其他入资 3 060 万元，占 11%；政府支持资金 658 万元，占 2%。实现销售收入 75 627 万元，销售利润 15 965 万元，入社农户户均增收 1 884 元。

三、乡镇企业

1955 年通县人民政府发出了《关于私营工商业、手工业调查工作的几点意见》，提出对资本主义工商业和手工业进行社会主义改造。先后成立了铁业社、料器厂、综合厂、木器厂。1956 年，从事工副业生产的合作社达到 36 个，从业人员 800 人，年收入 185.8 万元。1958 年在大办工业的浪潮中，农村兴办起一批生产化肥、水泥、机械等小型工厂。社办企业达到 579 家，从业人员 10 000 多人，产值 1 000 万元。1961 年，贯彻中央对国民经济实行"调整、巩固、充实、提高"的方针，对社队企业关、停、并、转，保留下来的社办企业还有 35 家。1970 年，国务院召开的北方农业会议提出努力发展"五小工业"、"加快实现农业机械化"。1975 年，中共中央在《关于加快工业发展的若干问题》中，又提出工业支援农业，促进农业机械化的要求，社队工业有了发展，相继建起了台湖坩埚厂、胡各庄铸造厂、牛堡屯熔炼厂、漷县雨刷厂等十几家乡办企业。1978 年底，社队企业发展到 524 家，从业人员 22 994 人，实现产值 6 151 万元。进入 80 年代，随着农村改革的深入和对外开放政策的实施，乡镇企业异军突起，到 1995 年，全县乡镇企业发展到 12 494 家，从业人员 13.44 万人，实现产值 69.37 亿元，利税总额 5.08 亿元，出口创汇 4.7 亿元人民币。由于计划经济逐步过渡到市场经济，乡镇企业生产的产品由卖方市场转为买方市场，其生产发展资金的来源过分依赖银行信用社贷款，融资渠道单一，到 90 年代中期，许多企业出现资产闲置，生产经营陷入困境。宋庄铸造厂 1971 年建厂，生产球磨铸铁、灰铸铁压力管件及配件等 300 多个品种，2 500 种规格。1996 年针对企业经营中出现的问题进行了重组转制，经营者和职工出资买断了企业资产，形成了股份合作制企业，重现生机。转制后三年年均产量 39 879 吨、销售收入 1.93 亿元，产品出口创汇2 611 万美元，实现利润 1 179 万元，交纳税金 1 388 万元，分别比转制前 6 年年均（1990—1996）增长 96%、38%、20%、39%、76%。2000 年区委、区政府举办了乡镇企业重组转制培训班，推广宋庄铸造厂等乡镇企业改革产权制度、重组转制的经验，并制定了鼓励、扶持企业制度创新的政策和措施。年内，全区有 187 家企业实现转制，其中，股份合作制企业 79 家，有限责任公司 41 家，联营合作企业 46 家。到 2002 年有 1 752 家企业进行了产权制度改革，占企业总数的 96%以上。制度创新促进了乡镇企业健康快速发展，2002 年实现销售收入 54.7 亿元，利润总额 2.3 亿元，产品出口创汇 5 192.8 万美元。

第二节　农村财务管理

随着农村合作经济的发展和演变，合作经济的财务管理大体经历了四个阶段。

一、起步阶段

20 世纪 50 年代初，对于由一家一户单独进行生产经营的农民组织起来的农业生产合作社，怎么样管好合作社财务，怎么样核算经营成果，实现公平分配，成为合作社经营管理工作的一个突出问题。这不仅关系到合作社成员的切身利益，而且关系到合作经济的巩固和发展。为解决这个问题，县委、县政府重点抓了合作社财务会计人员的培训。1955 年秋，县委农工部在贾后疃村举办了初级社会计人员培训班，先后办了两期，有 200 多人参加。培训班以河北省农业厅任介英编写的《农村会计》为基本教材，讲授内容包括固定资产、库存物资、农业收入、银行贷款、农业开支、应收款项、应付款项、副业开支、副业收入、管理费、农业税、决算分配、社员分配等 17 个科目。当时记账不要求平衡，只要求家底清楚，收支清楚，年终分配决算清楚。参加培训班的多是二十来岁的年轻人，不少是刚小学毕业的学生。培训班里，七十多岁的谷占熬最显眼，他是马驹桥北堤的，走道都有些困难，报到那天是背着铺盖卷顺着凉水河大堤去的，只会写商业码，但学得很认真，教员手把手地教会了他写阿拉伯数字。培训班进行了结业考试，并公布了考试成绩。

为适应高级农业生产合作社发展的需要，1956 年 1 月，县里又举办了农村财会人员培训班。这次培训的内容是借贷记账法，强调平衡原理，会计科目也由原来的 17 个增加到 30 几个。

合作化时期，县委要求合作社都要制定财务计划，增产节约，实行勤俭办社的方针。1955年10月，新华社记者撰写的高楼金村爱国社实行“财务包干”的经验，见诸报端，受到毛泽东主席的赞扬，选编进《中国农业社会主义高潮》一书，毛主席为此写了批语“这篇文章写的很好，这是执行勤俭办社这个原则的具体办法之一，一切合作社都可以仿行”。1958年7月7日，中华人民共和国主席刘少奇亲临高楼金村视察。

二、缓慢发展阶段

经过“四清”、“文化大革命”的冲击，一些乡村干部怕伤人，管理松弛，再加上农业生产和农村经济发展缓慢，甚至停滞，农民从集体分到的口粮和收入几乎没有增加，生产生活困难，超支欠款逐年增加。据统计，1972年底全县农户累计超支、借款700万元，借粮350万公斤。这一方面造成挤占集体生产资金，影响了农业生产的正常进行，另一方面，大量的集体资金和粮食被部分农户占用，农民应分得的劳动报酬不能按时兑现，挫伤了他们集体生产劳动的积极性。1973年，县委从有关部门抽调干部深入社队调查研究，制定并提出了解决农户超支、借款、借粮问题的措施。①把收回超支、借款作为年终分配工作的一个重要环节。要求欠粮、欠款户先还款后兑现。公社把收缴超借支列入审批村队年终分配方案的一项内容。②用社员入社投资余额抵顶欠款。③有工资收入的欠款户要制定计划，按月归还。④对少数建新房，购置电视机、收音机等非生活必需品的欠款户，责令限期归还，拒不归还的，要破产还债。另外，对孤、寡、老、弱、人多劳少等生活确有困难的欠款户，经社员民主讨论同意，可以减免。经过几年的努力，到1981年，累计收回超支、借款595万元，占欠款总额的85%。

在解决农户超支、借款问题的同时，县里制定了《农村财务管理办法》，以村队为单位建立了民主理财小组，其成员经社员民主选举产生，一般3～5人，对集体发生的费用按月进行逐笔审核，合理的加盖民主理财专用章后，方可入账，对于改善农村财务管理，增收节支，密切干群关系起到一定作用。

三、扩展阶段

改革初期，乡镇企业承包合同很不规范，指标单一，一般只规定了企业完成上交乡、村集体的利润数额，对承包期间企业资产的增值、减值没有列入考核内容。许多村队以包代管，一包了之，而经营者以扩大企业经营自主权为由，拒绝接受所有者对企业的管理和监督。张家湾镇枣林庄村1985年把4家集体企业承包给经营者，承包合同规定了上交集体利润指标和超额提成比例，承包后集体放弃了对企业会计的管理权和企业财务的监督，先后有5名会计、出纳（占企业会计、出纳总人数的62%）被撤换。企业编造假账，虚增利润，骗取奖金4万多元。实践使村干部认识到，财务是合作经济的命脉，放弃对企业会计人员的管理和财务的监督，就等于放弃了财权，“大权旁落”，针对出现的问题，村合作社明确企业财会人员的任免权归村合作社管理委员会，村合作社设置了会计科，企业会计集中到会计科办公，其报酬标准由村合作社统一制定。会计科对企业财务进行定期检查，及时解决出现的问题，加强了对企业财务的监督。这些措施的实施，使作为投资者的村合作社的权益得到保障，1989年村集体提取公共积累达到210万元，比1986年增长15.7倍。县委、县政府及时总结了枣林庄的经验，并在全县推广，乡村合作经济组织对企业财务人员的管理和对企业财务的监督得到加强。

随着改革的深入，农村合作经济经营的内容，由生产经营转变到资产经营，资产的增值逐步成为乡村合作经济组织财务管理的核心内容。为了适应这一转变，加强农村集体资产管理，按照市委、市政府的统一部署，县委、县政府于1991年、1997年先后两次从县及乡镇各部门抽调300多名干部指导和帮助乡村合作经济组织进行了全面清产核资。通过清产核资，进一步摸清了乡村合作经济集体资产的家底，并根据清产核资中揭露出来的问题，建立健全了集体资产管理制度。集体资产管理得到加强，农村集体资产逐年增加，乡村合作经济组织的经济实力不断增强，到2002年底统计，农村集体资产总额和人均所有者权益分别比1995年增长39%和81.5%。

四、提升阶段

（一）正规系统培训，持证上岗

对外开放和改革的深入，农村合作经济所经营的产业，由以农业为主变为以工商业为主，会计核算由收支分配体系变为成本利润体系。这种变化对财务管理人员提出了更高的要求，为适应这种要求，县农村合作经济管理部门对农村财务人员进行了系统、正规培训，并实行了持证上岗制度。1989年举办了农业广播电视学校财务会计中专班，到1995年先后有512名农村财务人员入校学习，并取得了中等专业学历证书。1991—2000年，通过大规模培训、考核，有4 000多名农村财会人员取得了农村会计岗位证书。1992—1998年有424人经过培训考核，取得了农民会计师资格证书。

（二）民主监督与审计监督相结合

从70年代中期开始实行的村队合作经济民主理财制度，对控制不合理开支、堵塞财务漏洞起到一定作用。但随着合作经济经营领域的拓宽，财务核算日趋复杂，在这种情况下，只靠理财小组对票据的审核已不能满足对农村财务实行有效监督的需要，因财务问题引发的干群矛盾和农民团体上访不断。针对这种情况，2000年初，县政府发出通知，规定对农村财务要实行群众监督与乡镇经管站审计机构审计监督相结合，对村合作社理财小组审核的票据，乡镇经管站审计人员要进行逐票审核，并加盖审计专用图章，方可入账。对农村财务的监督进一步强化。据统计，2002年全区乡镇经管站审计人员共审核村合作社收支票据248 922张，涉及金额137 243万元。其中违反财务制度规定的票据有511张，金额299.5万元，使农村财务出现的问题得到了及时纠正，因村级财务问题上访案件数量下降了47%。

（三）村账托管

土地承包到户和集体企业重组转制，村合作社由生产经营转变到资产经营，经过税费改革，市区财政对村干部报酬和村级管理费用给以补贴，村集体财务收支核算的业务量大幅减少，这种变化再以村为单位设置财务机构已不适应。2002年初，按照区人民政府通政发［2002］48号文件要求，设立了乡镇农村财务服务中心，村级财务由乡镇农村财务服务中心托管，当年在全区483个村中有459个实行了托管制，占95%，对改进和加强农村财务管理，取得较好效果。一是提升了农村财务管理人员素质，乡镇农村财务服务中心经过公开招聘所选拔的工作人员素质明显提高。其中具有高中以上文化程度的占56%，比原来高出23个百分点；具有会计师以上技术职称的占45%，提高了30个百分点；具有助理会计师职称的占31%，提高了19个百分点。乡镇农村财务服务中心工作人员平均年龄为35岁，比原来下降了约8岁（其中50岁以下的占72%）。二是提高了工作效率，降低了费用。2002年，托管村支付的管理费用比上年同期减少了345万元，下降14.2%。

（四）管理手段现代化

实行村级财务托管制以后，乡镇财务服务中心投资200万元，配置计算机55台，2002年6月，在北京郊区率先普遍采用《北京市农村管理信息化系统》软件，实现了会计记账、核算电算化，大大提高了工作效率，规范了会计记账核算程序，为及时准确地向群众公开财务信息提供了保障。

第二十四章　大 兴 区

大兴区位于北京市南部，北连朝阳、丰台两区，西、南以永定河为界与房山区、河北省涿县、固安毗邻，东与通州、河北廊坊接壤。全区总面积 1 030.57 平方公里，辖 14 个镇、3 个街道办事处，有 526 个自然村，553 个村民委员会，70 个居民委员会；总人口 54 万，其中农业人口 35.6 万人，非农业人口 18.4 万人。

大兴区历史悠久，建制始于秦始皇二十六年（公元前 221 年），始名蓟县。新中国成立后，大兴属河北省通县区，1958 年 3 月大兴县划归北京市，2001 年改为大兴区。历史上大兴区无县城，元、明、清均“附郭东城”，有“天下首邑”之称。1954 年 5 月县政府迁至黄村镇。黄村镇成为全区政治、经济、文化中心。1984 年经国务院批准为首都卫星城，规划城市建设面积 54 平方公里，常驻人口 45 万人。

永定河从区西至南沿区界流经大兴 55.25 公里，流入河北省界。永定河造就了大兴的地貌，加上低海拔条件下的地下水和季风气候的作用，形成了大兴特有的自然条件和资源状况。

新中国成立后，大兴农业生产条件不断改善，按照田、渠、井、林、路统一布局的原则进行了系统的农田基本建设。改革开放以来，以提高综合生产能力为目标，对农业基础设施进行配套建设，使生产条件又有了较大改善和提高。一是坚持造林固沙，形成网、带、片、点四位一体的防护林体系。全县林木保有量 1 900 多万株，人均 40 多株，林木覆盖率 25.49%，农田林网、苗木生产、村镇四旁绿化居京郊第一位，1971 年首次获“全国林业先进县”称号，1991 年被列入全国高标准平原绿化试点县，1994 年被列入全国首批科技林示范县和全国生态农业试点县。二是完善了节水灌溉、除涝防碱、拦蓄回补三位一体的农田水利体系。三是完善农机配套，提高机械化水平，农机总动力达到 30.1 万千瓦，亩均动力 5 千瓦。四是大力发展设施农业，蔬菜保护地栽培已发展到 2 000 公顷，西瓜、花生地膜覆盖已普及。五是推广了农、林、牧配套生产技术，如吨粮生产技术、标准化果园配套栽培技术、生猪规模化生产配套技术、蛋鸡笼养配套技术等，还引进了组培育苗高新技术。

改革开放以来，大兴区经济取得长足发展。1980 年起，大兴县农业进入高速增长期，农业总产值达到 3.6 亿元，到 2000 年增至 15.5 亿元，平均每年增 7.7%。初步建成为北京市的农副产品生产基地，2000 年西瓜、蔬菜、鲜蛋、鲜奶产量居京郊第一位，果品产量居第二位，生猪出栏居第三位。在发展商品生产过程中，已初步形成区域化种植、规模化生产、集约化经营的格局。全区已有专业村 210 个，形成了三个蔬菜专业乡、两个蔬菜带、十个千亩园，水果生产形成梨、桃、苹果、葡萄四大生产带格局和以庞各庄为核心的西瓜连片种植区域。曾为明、清贡品的“庞各庄西瓜”和“金把黄鸭梨”近年来实行科学栽培，品质提高，驰名全国。

大兴区生态农业建设取得突出成绩。1983 年开始在留民营搞试点，1985 年 5 月李鹏总理到留民营视察并指出留民营经验可以推广。大兴县开始实施了第一个生态建设五年规划，1994 年被国家六部委定为全国 50 个生态农业试点县之一。留民营生态农场在中国第一个获得“全球 500 佳”称号。

第一节　农村合作经济组织的发展历程

一、农业合作化

新中国成立以前，大兴的一些老解放区就有劳力换工和劳畜换工等形式的农业生产互助组，积累了一些互助合作经验。新中国成立以后，北京郊区出现的第一个农业生产互助组，是 1949 年春鹿圈村霍凤岐互助组。当年春天天旱少雨，播种困难，贫农霍凤岐响应党和政府“组织起来，抗旱点种”的号召，联合本村 20 多户贫农和中农组织了一个临时互助组，打井抗旱，战胜了干旱灾害，获得了农业好收成。

1950 年 4 月，全县土地改革结束。农民分得土地后，由于牲畜，农具等主要生产资料匮乏，要求组织起来的愿望十分迫切，因而自发地组成互助组，积极投入爱国增产大生产运动。到 1951 年互助组发展到 4 309 个。1952 年互助合作运动进一步发展，全县互助组达到 6 128 个，其中：季节性的临时互助组 3 579 个，常年互助组 2 549 个。入组农户 21 968 户，占全县总户数的 44.1%。互助组一般 3～5 户，规模大的不过 7～8 户。这些互助组，在农民的生产资料和收获农产品均属私有的基础上，实行劳力、牲畜、农具使用上的换工互助，是带有社会主义萌芽性质的劳动互助合作组织。临时互助组，主要特点是根据农时季节，劳力、畜力临时变工生产，自愿结合，互助互利。常年互助组，主要特点是组内有某些分工和简单的生产计划及管理办法，实行常年互助合作，“齐工找价”互助互利。但因亲朋、弟兄关系，不少互助组“找价”徒有虚名，只求人与人之间的利益大体趋于合理，坚持团结互助。由于互助组实行自愿互利原则，尽管劳动组织较为松散，制度也不够健全，但对解决个体农民生产中的困难，培养集体意识，起了很大的作用，使国民经济恢复时期土地连年增产。

1952 年春，大兴县委在青云店区赵庄子村，试办起全市第一个初级农业生产合作社。入社农户 5 户，24 口人，男劳力 7 名，女劳力 5 名，入社土地 9.5 公顷，耕畜 3 头。

这个初级社的具体建社办法是：

一是坚持私有，以产评价，以价款作为股金入社；牛、驴耕畜与土地一样，折价入股。二者作价价款，超出应交股金部分作为向社投资，由合作社分别记在账下，分期偿还；并且按总土地面积的 5%，划分自留地，由社员家庭自主经营。

二是男女整半劳力，按身体强弱和技术专长，评出等级工分，整劳力定为 10 分，半劳力评为 9.5 分、9 分、8 分不等。“死分活记”，按平均劳动的数量和质量记工，每月计算工分。

三是合作社订有生产计划，实行土地统一经营，并且逐地块制定增产措施，如改换新籽种和合理施用肥料等。

四是合作社以经营土地为主，也搞多种经营，忙时种田，闲时开油坊，或搞其他副业。

五是实行民主办社，社章由社员大会民主讨论决定；社长由社员大会选举产生；生产计划、分配方案、重大建设投资和农具购置，都由社员讨论确定。社员的各项生产活动，都由社长统一派工。除了检查农活质量外，社长坚持和社员一起参加集体生产劳动。合作社独立核算，自负盈亏。实行夏收预分，秋后决算，按劳分配与股份分红相结合，即按社员入社股份及社员当年工分，以劳五、地（股）五进行分配，并按当时国家政策分配粮食。

赵庄子村合作社组建后，社员劳动热情很高，积极投入爱国增产运动，不仅各项农事活动进度快，建社当年挖土井两眼，打砖井两眼，从而夺得了农业丰收。粮食平均亩产超过计划的27%，超过上年亩产84%。赵庄子合作社试点，树立了全县农业合作化的第一面旗帜，对于1953年以后农业合作社的发展起到了重大的示范作用。

1953年1月，县委制定《关于1953年互助合作发展计划》，要求全县各级党组织，推广赵庄子农业生产合作社经验，再建立农业生产合作社30个。强调发展农业生产合作社要坚持“积极领导，稳步发展”的方针。并提出建立农业生产合作社的条件是，群众在生产中迫切需要，有组织起来的要求；有互助合作的基础；有坚强的领导骨干；农民真正自愿；要经过充分地思想酝酿。当年7月下旬，县委召开互助合作代表会议，重点解决互助组、合作社领导及农活安排、评工记分、齐工找价和发动妇女参加劳动等问题。通过具体帮助、指导，是年成立初级合作社20个，参加互助组织和合作社的农户达22 350户，占农户总数的44.7%。

1953年冬至1954年春，贯彻党在过渡时期总路线，农业生产合作社由试办进入发展阶段。1953年12月22日，县委在《关于今冬明春发展互助合作工作计划（草案）》中提出，要争取发展70个初级农业生产合作社，做到区区有样板，乡乡有社。1954年1月中旬，县委举办建社骨干训练班，合作社社长、互助组组长及乡、村干部270余人参加训练。是年2月10日，县委又在《关于年前建社情况总结和春耕前建社工作意见》中提出建立合作社的几个步骤：即全面宣传贯彻互助合作政策，确立入社对象，培养领导骨干；成立建社委员会，制定社章，登记生产资料并搞好“四评”（评土地、劳动力、牲畜、农具）；召开社员大会，通过社章，选举社领导；建立经营管理机构，制定生产计划。同日，县委还在《关于今后领导农业生产合作社的初步意见》的文件中强调，县、区党委书记要亲自动手、全党办社，坚持把农村工作中心转移到互助合作方面来。至3月底，全县农业生产合作社总数达到112个，入社农户1 794户。1954年9月8日，县委制定《关于今冬明春发展农业生产合作社的计划》，提出要在巩固现有阵地的基础上，将合作化运动向前推进一大步。10月2日，县委还在《关于开展合作化运动的修改意见》文件中向各区分配了建社数字，号召把全县的合作化运动推向高潮。到1954年底，合作社发展到604个，入社农户占全县农户总数的31%。

1955年初至当年8月，县委根据省、地委坚决停止发展、合理进行收缩的指示精神，针对合作社运动存在的问题，集中力量分批进行整顿工作。至8月底，整顿工作基本结束，全县634个合作社（含固安县划过来的30个社），收缩为541个社，整顿中有214户农民自愿退社。1955年9月中旬，县委召开县、区、乡三级干部会议，贯彻省第四次党代会精神，再次讨论农业合作化发展问题，将建新社指标提高到280个。1955年冬，合作化运动迅猛发展。至1955年底，全县建成半社会主义性质的初级农业生产合作社905个，入社农户44 872户，占农户总数的99%，实现了初级合作化。

初级农业生产合作化的内部管理，经历了一个由粗到细的发展过程。一般合作社根据自身的不同情况，拟定了如下内部管理制度：①初级社的土地除农民享有使用权的国有土地外，仍然保持社员私有，但耕地要评产入社，统一经营，并按不超过土地总面积5%的标准，划出自留地，由社员家庭自主经营。对农民私有耕畜和大农具实行折价入社，保本付息，分期偿还。经过社员讨论同意，也可以价款作为入社股金，根据应交股金数额，不足部分由社员补足，超过部分由合作社还清或作为向合作社的投资，先记在社员名下，以后再由合作社分期偿还。②农业合作社以经营农业生产为主，有条件的也可以经营畜牧业、林业、手工业和其他副业。同时，允许社员经营家庭副业。③规模较小的初级社，每天由社长派工。规模较大的，合作社将土地、劳力、耕畜和大型农具固定到生产队或生产小组，实行生产队派工，小组具体组织生产劳动。有的实行包工包产到户，按户计算工分。④农业社实行自主经营、独立核算、自负盈亏。夏收后预分，秋收后决算，实行按劳分配与按股分红相结合，按照社员各自入社股份及社员劳动工分，确定分配比例，一般合作社实行劳五、地（股）五或劳六、地（股）四，也有实行劳七、地（股）三的。

高级农业生产合作社，始建于农业合作化初期。1952年秋，原属北京市南苑区的姜家场、中立堂、三槐堂和钱庄子4个自然村建立了“红星集体农庄”（于潮凯为农庄主席）。当时，农庄有63户农民，占4个自然村总户数的60%。农庄有劳动力117人，土地101.2公顷，耕地、牲畜、农具全部归集体所有，取消土地分红，实行按劳分配制度。在生产劳动管理方面，实行小包工、地段责任制。这是京郊最早成立的具有一定规模的高级农业合作社。1954年初，红星集体农庄扩大到瀛海、怡乐、四海等3个乡、30多个自然村，社员增加到850户。1955年农庄又有新发展，社员达到1 000户。1955年10月30日，《北京日报》刊登由中共北京市委农村工作部、北京市农林水利局联合规划工作组整理的《红星集体农庄全面发展的规划》，毛泽东主席为《规划》写了按语。1957年《按语》和《规划》全文载入《中国农村社会主义高潮》一书。《按语》写道：“这是一个全乡一千多户建成一个大合作社（他们叫做集体农庄即是合作社）的七年远景规划，可作各地参考，为什么要有这样长远计划，人们看一段它的内容就知道了。人类的发展有了几十万年，在中国这个地方，直到现在方才取得了按照计划发展自己的经济和文化的条件。自从取得了这个条件，我国就将一年一年地起变化。每一个五年将有一个较大的变化，积几个五年将有一个更大的变化。”

在这一《按语》的鼓舞下，大兴县转建高级社的工作加快了步伐。1955年12月25日，县委召开初级社转高级社座谈会，46名初级社社长参加，并确定在黄村和赵场村进行转建试点。12月29日，县委提出《关于怎样办好完全社会主义性质农业生产合作社的意见》。1956年初，转建高级社工作开始起步。1月底，全县905个初级社合并为62个高级社，入社农户占全县农户总数的99.7%。2、3月份县委对部分高级社的典型调查表明，社员中完全自愿加入高级社的占75%，基本上自愿的占20%，存有某些疑虑、勉强加入高级社的占5%。1956年冬至1957年春，县委统一部署，全县普遍开展整社工作，高级社由62个调整为367个，基本形成了一村一社的格局。

高级农业生产合作社，实行生产资料集体所有，社员各尽所能、按劳分配。不少高级社，是初级社建立不久，在很短时间内转化升级的，存在要求急、变化快，工作粗和形式简单划一等问题。因而高级社的内部管理，经历了一个由简到繁、由乱到治的发展过程，大部分高级社延用了初级合作社的管理制度，并且参照中共中央农村工作部提出的示范章程草案，结合各自的实际情况，拟定社章和如下内部管理制度。

1. 资产管理。高级农业生产合作社主要生产资料包括土地、耕畜和大型农具，实行集体所有，但社员的宅基地不入社，并按不超过土地总面积5%的标准划出自留地，由社员家庭经营。入社土地、牲畜、农具与初级社相同，一律作价归集体所有，所折价款除应交股金外作为社员投资，在账簿上记在各户名下，由合作社分期偿还。集体生产资料，合作社一般都建立了保管、使用制度。小农具（包括镰、镐、斧、锄等）仍归社员所有。

2. 生产管理。农业社以经营农业为主，有条件的社也开展林、牧、副、渔和其他副业生产，但是不准经营商业。不少社都定有年度生产计划，包括全年的生产指标、重大生产措施、劳动力安排等。管理水平较高的合作社还作出“一年早知道”，即将全年财务收支、劳动用工、劳动日值和钱粮分配等试算到每个社员，做到社员心中有数，以调动群众劳动生产的积极性。

3. 劳动管理。规模较小的合作社，由社干部每天派工，或是实行小段包工。规模大的社，建立土地、劳力、耕畜、大农具固定使用的生产队或生产小组，实行生产队小段派工，生产小组劳动作业。搞得好的合作社还实行了劳动定额或生产责任制。生产责任制包括了3个层次：第一层是合作社对生产队实行“三包一奖”、“四固定”，即对生产队包产量、包工分、包费用，超产奖励；并将土地、劳力、耕畜和大农具固定给生产队，由生产队调剂使用。第二层是生产队把田间管理农活包工到组或到人。第三层是生产队把少量的经济作物包工或包产到户，按产量计算工分。这种责任制形式，各社执行情况也不尽相同。

4. 收益分配管理。农业合作社实行自主经营，独立核算，自负盈亏。分配制度是夏收后预分，秋收后决算。高级社土地不分红，完全实行按劳分配，分配方案经社员民主讨论后，报上级审批兑现。具体办法是：①扣留下年度生产资金或按劳力与地劳比例分摊一定数量的生产股金，由社统一使用。②按纯收入5%～10%提取公积金，按纯收入的1%～3%提取公益金。③归还国家银行贷款和社员入社生产资料折价超出股金部分的欠款及社员的自由投资。④正确处理社内跨年度生产用工和基本建设用工以及畜牧产品估价计入当年收入问题。⑤按照“粮食三定到户”的数量，以社为单位进行粮食分配，留足籽种、饲料后，缴纳公粮和向国家交售余粮。⑥丰产丰收年，要留有一定数量的生活储备金，以备荒年补欠或照顾军烈属和困难户。

以上一些管理制度和管理办法，直至人民公社化后还在许多大队延续实行多年。

二、人民公社体制变化及改革措施

1958年9月4日，大兴县委全体会议在传达中央《关于在农村建立人民公社问题的决议》后，正式通过了《关于小社合并大社升为人民公社的决定》，决定将全县现有的20个乡、347个农业社、6个国营农场划为6个人民公社。即：采育、长子营、凤河营、青云店4个乡和永合庄农场合并为采育公社（13 800户），社址设在采育镇；魏善庄、安定、礼贤3个乡合并为安定公社（10 021户），社址设在安定镇；庞各庄、北顿垡、定福庄、北藏村4个乡和庞各庄苗圃合并为庞各庄公社（11 114户），社址设在庞各庄镇；黄村、西红门、芦城3个乡和前辛庄、团河农场合并为黄村公社（8 035户），社址设在黄村镇；南郊农场与红星、鹿圈、旧宫、金星4个乡合并为红星公社（7 717户），社址设在五里店；榆垡、南各庄2个乡合并为榆垡公社（7 763户），社址设在榆垡镇。9月中旬，各公社相继召开成立大会，全区实现了人民公社化。

人民公社化初期，实行公社一级所有制，其主要特点是政社合一，既是集体经济组织，又是政权基层单位，一切生产资料归公社所有，实行高度集中统一的经营管理制度，“组织军事化，生产战斗化，生活集体化”，集体劳动“大兵团作战”，分配上实行工资制与供给制相结合制度，取消社员家庭自营经济。

1958年10月各公社相继实行以11～18包（即：包吃饭、包穿衣、包医疗、包婚嫁、包生育、包上学、包取暖、包灯油、包住房、包养老、包丧葬……）为内容的生活供给制，村村办起公共食堂，吃饭不要钱。这种“供给制”包不起，又改为粮食供给制和工资制相结合的分配办法，即：按国家留粮标准，把粮食留在食堂，免费供给社员消费，再发给社员少量的工资。工资部分分为基本工资和奖励工资，基本工资占工资总额80%，按月发放；下余20%作为奖励工资，以社员实际劳动情况，按月或季发放。为了体现“一大二公”，原农业社的集体财产和社员自留地、房基地、自养牲畜、自营林木统一收归公社所有。并且，在办公共食堂、托儿所、幼儿园的过程中，平调社员的房子、粮食、砖瓦、木料等私人财产。据统计，全区刮“共产风”，无偿占用、调拨、剥夺社员房屋21 118间，小农具37 012件，家具13 088件，树木90 186棵，猪羊43 741头（只），鸡鸭36 453只。社与社和队与队之间，无偿调拨粮食及物资、劳力现象更为严重。为了大办水利、深翻土地，大搞军事化、战斗化，将农民编成班、排、连、营、团，组织跨村、跨乡“大兵团作战”，平调农民的劳动。在这期间，乡、村干部强迫命令严重，有的甚至打骂群众。同时对干部、党员和群众进行评比划类，“好”的插红旗，“差”的插白旗，有的甚至被批斗。

“公社化运动”中，出现过违背科学的深耕密植、农具改革。宣扬“人有多大胆，地有多大产”，有的公社搞亩产万斤小麦“卫星”，有的搞亩产万斤水稻“卫星”，虚报浮夸风严重。农具改革片面强调轴承化，发动群众做滚珠。生产上的瞎指挥，造成人力、物质上的很大浪费。

1958年，各种农作物长势成熟很好，是新中国成立以来最好的年景。但由于劳力被调出去修水利，搞深翻，或去炼钢铁、办工厂，农村劳力不足，致使大量庄稼收不回来。

1959 年 1 月，大兴区委根据上级指示精神，开展了整顿、巩固人民公社工作，并且制定《关于人民公社若干问题处理办法的意见》，提出“人民公社统一经营，分级管理，实行大权集中，小权分散的管理方法”，解决公社权利过于集中，“统”得过死的问题。

1959 年 5 月区委决定重新分给社员自留地，每户 1 亩左右，总数最多不得超过核算单位总耕地的 5%。至 7 月 20 日，全区分给社员的自留地达 2 166 公顷，占全区耕地面积的 3.53%。

1960 年，大兴区改为大兴县。11 月中旬，县委向全县传达中央紧急指示信（即十二条）和中央《关于纠正“五风”问题的指示》，并组织社员、干部进行讨论，解决存在于干部中的共产风、浮夸风、命令风、特殊化风和生产上的瞎指挥风。是年冬天，开展整风整社运动，至 1961 年 3 月下旬“运动”结束，落实偿还平调折价款 499.2 万元，其中偿还社员 389.3 万元。1958—1959 年两年积欠社员分配 118 万元，兑现了 101 万元，占应兑现总数的 85%。

1961 年 6 月，中共中央公布了《农村人民公社工作条例》（草案），县委按照《六十条》的政策精神，搞体制下放。南 5 大公社划分为 15 个公社，加上红星公社全县共 16 个公社。除红星公社继续以公社为基本核算单位外，其他 15 个公社分别调整成以大队为基本核算单位的 408 个，以生产队为基本核算单位的 1 301 个。

至此，“三级所有，队为基础”的人民公社体制基本稳定下来。以后，除个别大公社划出小公社（采育公社分出大皮营、朱庄两个公社，青云店公社分出垡上公社；魏善庄公社分出半壁店公社）外，再无大的变化。在下放基本核算单位的同时，对土地、牲畜、大车等农具的所有权及林权的划分、债务的处理、大队和生产队职权分工等问题，也作了适当地调整。

1961 年冬，彻底取消供给制，解散了食堂，高级社的定额管理、小段包工很快得到恢复，并成为全县的主要责任制形式。是年，在 1 149 个生产队中，实行定额管理、小段包工的有 1 029 个，占生产队总数的 95%，执行“卯子工”的有 57 个队，占生产队总数的 5%。

小包工和评工记分，当时有以下几种形式：①作业组固定，地段不固定，生产队按地段对作业组包工；②作业组固定，地段也固定，生产队按地段对作业组包工；③作业组固定，牲畜、大农具不固定，生产队对作业组固定地块包田间管理用工，不包种植和收获农活；④男女整半劳力自由结组，常年固定，但地段不固定，实行按段小包工；⑤临时作业组，临时小包工；⑥农事生产活动由生产队统一派工，实行按月、按季“底分活评”。但是，有的生产队包工到组，再由作业组对社员实行评工记分时，由过去的“大拨轰”变成了“小拨轰”。

70 年代初，开展“农业学大寨”和“普及大寨县”运动，搞“大批促大干”，大兴县的各个社、队推行了大寨式的“自报公议工分”办法，使本来已经坚持定额管理收效较好的生产队，又改成了每年一次的“底分活评”，不少地方不是以劳动的数量和质量作为记分依据，而是以男女性别，以人缘关系，以“文化大革命”宗派来评“大概分”。

1978年1月，县委在《关于加强人民公社经营管理的意见（草案）》中，强调建立健全劳动组织，“生产队要把全部劳力按作物、按摊建立专业队（作业组）”。专业队（作业组）根据生产任务可以分为“常年、季节或临时的几种不同类型”；实行生产责任制，“有的责任到组，有的责任到人。”“实行底分活评办法的队，可以实行定额到组、评工到人”。这个文件下发后，各社、队落实很快，高级社时的管理办法，在多数生产队重新恢复起来。但是，仍有部分大队、生产队干部由于“左”的影响较深，依旧沿袭“队长乱点兵”、社员下地干活“卯子工”，因而农业生产长期落后。据1978年统计，人均分配不足百元的穷队，全县还有30个生产队。1982年10月，中共中央总书记胡耀邦同志点名批评的石佛寺大队，就是大兴县最为贫困的典型。这个大队地处永定河北岸，有3个生产队，523口人，68.13公顷耕地。由于永定河决口，土地沙化，土壤贫瘠。又因为生产队组织社员生产搞“大拨轰”，分配上搞“大拉平”，所以农业生产长期落后，农民生活很穷。1976—1978年，粮食平均亩产一直停留在150千克左右，社员年人均分配在40元上下徘徊。最为贫困的1981年，人均分配只有2.63元，人称劳动日5分钱的“冰棍队”，实际还不足1分钱。

1983年7月，撤销人民公社建制，建立乡（镇）政府。

三、统分结合、双层经营体制的建立与发展

（一）实行家庭承包为主的联产承包责任制

农村改革是从实行联产承包责任制突破和发展起来的，大兴区推行联产承包责任制经历了联产计酬和包干分配两个阶段：

1. 联产计酬阶段。1977年，县委在东磁各庄、赵场等大队进行“三定一奖”（定产、定工、定开支，超产奖励）生产责任制试点，取得显著增产效果。1978年，县委推广试点经验，全县937个核算单位中，实行“三定一奖”责任制的达到400余个。这种责任制形式，在推广过程中，各村“三定一奖”的内容基本一致，但是具体指标各不相同，多数村队定得符合实际，少数村队定得偏高或偏低。据调查，有260个核算单位定得指标比较合理，措施也比较得力，改变了过去“大拨轰”、“卯子工”的落后管理方式，因而增产效果也比较显著。东方红（现北臧村镇）公社有42个核算单位，实行“三定一奖”责任制，1978年粮食总产量达到2 100多万千克，比上年增长25%，比历史最高年产量的1975年增长10%；社员分配水平也由上年的80元，提高到121元。这个公社的赵场大队，有78户社员，64.2公顷耕地。1979年实行“三定一奖”责任制，46.67公顷水稻分别包给28个社员，平均每人承包1.67公顷；3.2公顷西瓜包给2个作业组；4公顷花生包给3个社员；3.3公顷桃园包给14个社员。70%的劳动力落实了责任制，其余50个老弱劳动力编成机动队，由大队统一安排活茬，实行定额记分。有专业承包责任制生活岗位的社员，如有剩余劳动时间，也可以参加队里的其他农业劳动，多劳多得。这个大队“三定”和奖励的具体办法是：①定工，按管理每种农作物所需的工序和农田、水源条件确定。如每亩水稻需锄3遍草用2.8工，浇水用1工，施肥用0.2工，总计每亩水稻管理为4工。②定产，按大队可供给的肥料和除草剂等物质条件，以及耕地的土壤、地力，参照上年的实际

产量和本年播种或插秧的早晚时间，逐地块确定每亩产量。③定开支，根据大队当年所需提供的物质条件，折价确定。再如水稻，每亩定粗肥 3 方，磷肥 15 千克，碳酸氢氨化肥 65 千克，农药 0.5 千克，共计折款 30.8 元，定为每亩开支。④定奖罚：超产，一般奖励超产部分的 20%左右，以现金兑现；减产，罚减产部分的 10%。后勤社员根据具体工作，“量化”几条任务确定工分和奖励办法。如电磨由 1 人承包管理，全年定纯收入 400 元，每天记标准工 10 分，超额部分 50%奖励给个人。会计、出纳、保管员、大队医生等，定出每人各自的职责，最后根据完成任务情况记分或评定综合奖。实行这种责任制后，集体掌握着生产资料所有权、产品分配权和劳动力调配权，还根据农作物的不同生长期提出技术管理要求，并定期进行检查，不符合管理标准要求的限期返工，不返工的由大队另派社员帮助，用工由承包人负担。赵场大队对这种责任制总结出 4 点好处：①社员生产积极性高，挖掘了劳动潜力，1979 年仅水稻一项就比往年节省 700 多个工日，并将节省下来的劳动力，先后平整土地 44.67 公顷，还开挖了 900 多米渠道，改善了生产条件。②提高了劳动效率，保证了农活的质量。过去这个大队年年出现草荒，年年集中劳力“突荒”。实行这种责任制后，社员精工细作，把草消灭在萌芽期，连续两年无草荒。前三年队里一半土地施不上农家肥，实行“三定一奖”责任制这年，比以前多用粗肥4 000立方米。③便于人尽其才，促进了科学种田。队里 40 多名有技术专长的社员，都被安排在适当的岗位上，有效地发挥了他们各自的技能。1979 年，大队组织水稻专业社员探讨用大水压草的管理方式，较好地解决了浇水和水稻分蘖的关系问题，既灭了草又促进了水稻分蘖。④节约了开支。由于“定开支”，社员在保证产量的前提下尽量节省生产费用，是年全队费用开支比上年下降 3.6%，仅饲养室就节约干草 2 500 千克和粮食 850 千克。1979 年赵场全队粮食总产量达到 27.5 万千克，比 1978 年增产 4 万千克，平均每亩增产 50 千克；纯收入与上年相比增加 2.2 万元；集体积累增加 0.6 万元；社员人均分配达到 200 元，比上年增加 55 元。

“三定一奖”生产责任制，从 1978 年以后的 4 年中，已经成为全县的主要责任制形式，到 1982 年实行这种责任制的核算单位已有 488 个，占核算单位总数的 53%。这一期间联产到组的有 313 个核算单位；联产到劳的有 175 个核算单位。它们二者相同的地方，都实行按超产或减产的比例奖罚。

包产到户责任制，始于 1981 年。当时，由于“左”的影响较深，实行这种责任制，一时难以打开局面。1981 年初，采育公社前甫大队率先搞起了“包产到户”，即联产到劳、全奖全罚的责任制。他们实行这种责任制，坚持了“三不变”、“四统一”的原则。“三不变”是：生产资料集体所有制不变；基本核算单位不变；按劳分配原则不变。“四统一”是：统一计划、统一经营、统一分配、统一调配劳动力和使用农机具。具体办法是，在按劳力平均分包耕地的基础上，实行“三定一奖”即：定产、定工、定开支。粮食按前三年的平均数，每亩定产 200 千克；每亩定工 19 个，多耗工不补，少用工归己；机耕、水电和籽种费集体统一支付，农家肥、化肥和农药开支社员自己负担。定产部分集体统一分配，超产部分全部奖励给社员个人。机井实行以机划组，排号浇水，牲畜、大车由集体统一管理，分配各户使用。犁耙、耘锄等农具，按先后顺序归社员使用，丢失损坏按价赔偿。以上责任制由集体与每个劳力签订合同，一定两年不变。这种责任制，使社员劳动与个人的经济利益联系得更为紧密，人们的生产积极性得到充分地发挥，经济效果明显。1981年，虽然遭受了旱灾，全年粮食产量仍达到40万千克，比1980年增加10万千克，增长38%，比历史最高年产量增长29%。全队纯收入11万元，比上年增长64%；集体提留积累1.3万元。社员人均分配达到202元，比上年增长1倍多。三分之一的社员户，当年收入超过千元。45户社员盖了270间新房，相当于新中国成立以来30年建房的总和。前甫实行的包产到户责任制，引起了强烈的反响，许多村队积极效仿，实行不同形式联产承包责任制的村不断涌现。是年全县888个基本核算单位中，实行联产计酬责任制的达到655个，占核算单位总数的74%，其中：包产到户的21个，联产到劳的187个，联产到组的447个。

1982和1983两年，实行包产到户责任制的一直稳定在243个核算单位，占核算单位总数的26%。

2. 包干分配阶段。“包干到户”（或称大包干）责任制。始于1982年，推广于1983年。礼贤公社田营大队，于1982年搞起了“包干到户”。他们的具体办法，概括起来是“三不变”、“四统一”和“五定”。“三不变”：一是基本核算单位不变，坚持以队为基础；二是生产资料公有制不变，土地、耕畜、车辆、农机和水利设施等主要生产资料，仍归生产队集体所有，不能分散和损坏；三是按劳分配的原则不变，以人劳比例分包土地，不搞以人口平均分包耕地。“四统一”：一是大队、生产队统一组织社员民主讨论，制订包干方案，与承包农户签订合同，并负责组织实施，解决大包干责任制中出现的矛盾，协调集体与个人、社员与社员之间在生产中的各方面关系。二是统一种植计划。粮食按国家计划规定的亩数种足，经济作物属于国家收购计划部分（含油料和棉花），由承包农户与生产队订好合同，保证按时完成。三是统一耕种。按照生产队农作物品种的区域，统一耕种，分户管理。四是统一使用主要生产资料。土地、牲畜、农机和水利设施等，由生产队集体管理，统一分配使用。“五定”：一是定承包地块。根据本队的土地远近、水源条件和土质、地力，将全队土地分成几片，用抽签办法确定各户承包地块。二是定上交。各户承包土地，每亩粮田上交生产队60千克，其中小麦15千克，经济田每亩上交生产队100元。三是定开支。大田水电费、机耕费，由集体统一开支。化肥、农药、籽种开支由社员自己负担。四是定集体用工。县、社、队三级水利工程用工和其它义务工，按劳力承包土地亩数摊派。集体临时活茬轮流抽调社员出工，由生产队付给报酬。五是定干部和后勤人员补贴。干部和后勤人员除承包一份土地外，按照他们的工作任务确定补贴标准，每人每月补贴18～30元。田营大队制定包干到户责任制方案时，首先算了三笔账：一是土地和劳动力账。这个大队社员共161户，810口人，268个整半劳动力。有157.3公顷耕地，按户平均0.97公顷，按人平均0.19公顷，按劳动力平均0.59公顷。经过社员讨论确定承包劳力为：男15～55岁，女15～45岁。以此为标准，本着既保证社员口粮又体现按劳分配的原则，按“劳四人六”的比例分包土地，呆傻社员和困难户可以少包，也可以不包。二是粮食缴纳账。国家全年征购任务包括超购包干2.5万千克必须完成，饲料粮、社队企业工人口粮6.5万千克，再加适当的储备，全队一年需要粮食11万千克。由此确定承包农户80%的粮田每公顷向集体上交60千克粮。三是费用摊派和集体积累提留账。参照前三年的实际费用开支，确定包干责任制实行后统一支付的各项费用标准。机耕费、耕畜费、小型财产购置及维修费、水电费、折旧费，以及干部、后勤人员补贴和农业税全年共计需要开支5.4万元，再加1.3万元集体积累，全队共需在总土地中摊派提留款6.7万元。因此，决定除各户交粮款外，15%的经济田每公顷上交集体100元。另外，这个队还决定集体提留部分，每年递增5%，承包合同一定三年不变。与此同时，他们还经过民主讨论，制订了《大包干责任制实施条例》四十条，对许多可以预见的具体问题作了明确规定，以保证大包干责任制的顺利实行。田营实行包干到户责任制使集体经济和社员个人“两个积极性”都得到充分发挥，当年便收到显著效果。1982年粮食总产量达到51.5万千克，比上年增长43%；集体总收入28.8万元，比上年增长1倍；社员人均分配达到247元，与上年相比增长1.5倍。集体积累也由上年的300元，增加到3万元。

田营大队实行“大包干”引起很大反响，1982年全县有27个村（队）积极效仿，开始实行这种责任制。礼贤公社将86个核算单位实行不同形式责任制的增产效果与上年做过比较：实行联产到劳的50个核算单位，粮食产量平均增长1.5%，经济收入平均增长1.8%，人均分配平均增长129元；实行包产到户的27个核算单位，粮食产量平均增长43%，经济收入平均增长138%，人均分配平均增长180元；实行包干到户的9个核算单位，粮食产量平均增长72%，经济收入平均增长795%，人均分配平均增长277元。

1983年，县委在全县大力推广“双包”（包干到户和包产到户）责任制，当年928个基本核算单位中，实行“双包”责任制的达到878个，占核算单位总数的94.6%。其中，实行大包干责任制的核算单位有516个，占核算单位总数的55.6%。集体牲畜、大车管理使用方法开始改革，42个队承包到组为社员提供服务，93个队作价下放到组或户，其余的队仍由集体统一管理使用。该年度全县粮食总产量达到2.583亿千克，比上年增产3 500万千克，增长17%，超过历史最高水平。

1984年，县委提出，农业生产责任制要按照“包要稳定、统要加强、专要发展”的原则健全和完善。要求抓好林、牧、副、渔各业及后勤责任制的健全、完善工作，搞好农机、水利、运输和各种专业性服务。原来实行联产到劳、联产到组责任制的一些核算单位，“完善”成了大包干责任制，使其成为全县的主要责任制形式，实行包干到户责任制的核算单位，占全县核算单位总数的90%。1985年红星区120个大队也全面推行了包干到户责任制。全县554个农村大队中，397个大队将牲畜、大车作价下放到户，157个大队坚持集体统一管理，供社员有偿使用；科技、植保、农机、水电、畜牧防疫、运输等为农户服务的网点达到1 125个，初步形成了县、社、队三级社会服务体系，使包干到户责任制进一步稳定下来。

（二）完善“统分结合，双层经营”体制和发展农业适度规模经营

经过几年的改革，大兴县“统分结合、双层经营”体制，进一步得到了健全与完善。但是小部分社、队也出现一些问题，主要是：一些队土地分包过于零散，队干部觉得“分了、完了、没事了”，出现了不愿管、不会管的现象。由于集体统一服务跟不上，使承包农户在生产、经营上遇到一些困难。有的因为少数农户在粮田里“开天窗”种经济作物，使小麦无法及时播种；有的集体不统一保管籽种，出现了种子混杂；有的农户粗放管理，

科技退步；有些队提留垫支款收不上来，超支现象大量增加，再加无偿服务补贴过多，集体积累大幅度下降，出现了吃家底，集体经济组织越来越空的问题。另有些队由于耕种、浇水等服务滞后，发生不少承包合同纠纷。

针对以上问题，县、乡两级从1984年开始，连续抓了两年完善统分结合、双层经营的工作，主要解决3个问题：①纠正把家庭承包当成分田单干的错误认识，明确统分结合，双层经营的方向是为发展集体经济和引导农民增加收入，乡、村合作经济组织要发挥经营、管理和服务三位一体的职能作用；农村党员、干部要带领群众共同致富。②加强承包管理和服务，在种植业上坚持统一种植计划、统一机械作业、统一良种、统一排灌、统一植保。并要完善承包合同，明确双方的权利、义务，逐步建立和健全以集体经营为主的服务体系，包括县、乡村三级，农、林、牧、副、渔各业职能部门都要建立形式多样、内容不同的服务组织，解决农户经营和专业队经营自己办不了或办不好的各种困难问题。③对财务进行清查整顿，解决集体积累偏低和财务管理混乱及统计数字浮夸不实的问题。由于“完善”工作抓得及时，做得细致，大兴县的双层经营体制进一步得到了充实，集体和农民个人经营相互促进，为促进专业化生产和农业适度规模经营奠定了基础。

1986年，以“统分结合、双层经营”为特征的农村经营管理体制，开始向“规模经营”方向发展。县委在《关于完善和发展农业生产责任制的意见》中提出，要根据各村队不同的经济发展水平，选择适合本地实际的责任制形式，不失时机地促进土地适度规模经营，鼓励土地向种田能手集中。是年，创建队办农场1个，经营土地13.3公顷；建立种植专业队106个，承包土地0.25万公顷；种植专业大户191户，承包土地618公顷，户平均3.23公顷。又经5年的持续努力，到1991年，全县554个村中，有154个村兴办集体粮田农场，161个村实行粮田专业队经营，239个村实行“双田制”，即集体粮田农场和专业队经营并存，分别占村社总数的28%、29%和43%。农场经营粮田面积0.69万公顷，专业队经营粮田面积1.23万公顷，“双田制”村经营粮田面积1.64万公顷，分别占全县粮田总面积的20%、34%和46%。从1997年起，贯彻落实延长土地承包期30年的政策，至2000年底，全县土地已延长承包期的达到2.55万公顷，占应延长承包期面积的78%。在已经延长承包期的土地中，有粮田1.37万公顷，果树0.57万公顷，菜田0.4万公顷，还有其他经济田0.21万公顷。

第二节　改革开放后的农村经济合作社民主管理

一、改革开放后的农村合作经济组织建设

（一）农村经济合作社制度的健全

改革开放以来，大兴县农村逐步实行了联产承包责任制，农村发生了很大变化，“生产大队”管理模式已不适应新形势下农村集体经济发展的需要，新旧体制之间的矛盾逐渐暴露出来。新的民主管理制度的改革势在必行。

1989年大兴县委农工部开始在芦城乡东芦城村进行合作社建制试点，年底在全县推

开，556个村全部将原来的“生产大队”更名为“村经济合作社”。农村经济合作社建立后，县委农工部于1990年在大皮营进行“大兴县村经济合作社示范章程”的调研起草工作，同年向全县各村社下发《大兴县村经济合作社示范章程》。章程涉及总则、社员、社员代表、社员代表大会、管理委员会、监察委员会、经营管理、财产管理、精神文明建设和附则共十章四十条。对农村经济合作社坚持党的领导、坚持四项基本原则、坚持改革开放、执行党和国家政策、遵守法律法规、坚持社会主义方向等方面进行了强调。同时，对合作社的性质、任务、职能；对社员和社员代表的权利、义务；对社员代表大会、管理委员会、监察委员会的职能、工作原则等进行了规范和明确。要求村经济合作社根据各自的具体情况，参照示范章程制定本社章程，经社员代表大会讨论通过。

村合作社的最高权利机构是社员代表大会。社员代表大会每届任期三年，社员代表大会由社员代表组成，社员代表由全体社员民主选举产生。代表名额一般占社员的7%左右，但最多不超过60名，最少不低于20名。

社员代表大会的职权主要是通过和修改社章；选举和罢免社长、副社长、管委会委员、监委会主任和委员；审查批准管委会工作报告；讨论并决定合作社的经济发展规划、经营决策、经营方式、承包方案、年度收支计划等一切重大事项。代表大会须有三分之二以上代表参加，代表大会决议须有半数以上代表通过方能生效。

管委会和监委会是代表大会选举产生的执行结构和监察机构。管委会由社长、副社长及委员组成，其主要职权是召集社员代表大会并报告工作；向社员代表大会提交需要讨论的重大议题；执行社章和社员代表大会决议；主持和处理合作社的生产、经营、管理、服务等日常工作。监委会由主任和委员组成，其职权主要是监督社员代表大会决议和规章制度的执行情况；资产的使用管理情况、管理人员的执法情况；向社员代表大会作监察报告等。

（二）社员代表大会制度

社员代表大会是农村经济合作社的基本政治制度。大兴县委、县政府把每年1月11日和7月11日规定为全县统一的社员代表例会日。此外，如遇重大问题随时召开。每次社员代表大会前，县乡两级抽调干部下到村社，帮助组织和指导社员代表大会并听取代表对村社、乡镇及县有关部门的意见。县四套班子领导成员届时直接到村社列席社员代表大会。每次社员代表大会例会召开之前，县委都提出具体要求和主要议题，对大会作详尽的安排部署。

“三个报告”是社员代表大会的核心。首先是管委会工作报告，其主要内容包括经济发展状况，如产量、利润、收入、分配、服务、经营管理和村办企业等情况；巩固发展集体经济采取的措施、经验和存在的问题；下一步工作任务、奋斗目标和具体措施；上次社员代表大会决议落实情况等。第二是财务工作报告，主要内容是公布集体资产状况；财务核算情况；村办企业财务情况；资金占用构成、债权、债务的发生和结算情况；干部报酬和奖金发放情况；财务制度的执行情况；财务收支计划和增收节支的具体措施等。第三是监察工作报告，主要内容包括社章和各项制度的执行情况及存在的问题；干部廉洁自律情况；监察工作的计划、任务和措施等。

社员代表大会的议题注重经济建设和农民切身利益。如1993年社员代表大会的主要议题是土地承包期、农业经营方式、承包费的收取和财务管理及村镇建设等。据记载，1993年1月11日的社员代表大会实到代表10 348人，列席代表2 366人，四套班子领导及县委办局参加137人，镇参加694人。社员代表提出意见和建议1 328条。

完善各项制度，实行代表监督。村干部提出议题，社员代表大会通过，社员代表监督执行是社员代表大会的一个基本程序。群众能够有效地监督干部，干部也能够利用代表会的决策放心大胆地开展工作。庞各庄镇小营村在社员代表大会上通过了用电管理新规定，得到了群众的理解和支持，解决了多年存在的收电费难的问题，每月电费由过去的上万元下降到4 000元，群众十分满意。

长子营乡李家务村，准备投资70万元建食品厂。投资这么大，干部拿不准。他们在社员代表会上介绍了建厂的想法，并对投资规模，市场效益进行了分析，请代表讨论。经过社员代表会的讨论，达成共识，支持村委会筹建食品厂。代表说："只要大家决定的事，你们就放心大胆去干"。干部心里有了底，工作进展很快。

黄村镇海子角村是个大村，又地处黄村卫星城的边缘，每年转非、占地、拆迁等群众关心的敏感问题不断，如果不能很好地解决这些问题，每件事都有可能成为上访告状的理由。村干部坚持遇到重大问题随时召开社员代表大会的做法，没有发生一起集体上访事件。

近几年来，大兴区按照村民委员会组织法的要求，建立了村民代表会议。大兴区委、区政府把社员代表大会和村民代表会议融为一体，共议村中大事，各司其职，共谋发展，使农村民主制度建设得到进一步增强。

二、农村财务管理制度的完善

随着农村民主制度建设的不断深入，农村财务管理增加了许多内容。多年来，尽管县委、县政府在加强农村财务管理上下了很大功夫，做了大量工作，但农村财务管理混乱的局面没有得到根本转变，仍然存在很多问题，有制度不落实，缺乏有效的监督制约机制。县委，县政府针对农村财务管理中存在的问题，在管理体制上进行了积极探索。1996年率先在榆垡镇抓了"村账双审"的试点，取得了明显的效果。2000年7月，县委、县政府下发了《关于加强农村财务管理实行"两级审核、集体办公、规范管理、民主理财"制度的意见》，于当年10月底，全县500多个村庄，全部实行了"村账双审"制度。

（一）"村账双审"制度的基本内容

"村账双审"即两级审核、集体办公、规范管理、民主理财。两级审核：即由村社民主理财小组与镇经管站对村经济合作社发生的经济业务进行双重审核，两级把关。集体办公：即村经济合作社会计每月集中上站办公一次，统一记账。规范管理：即按财务、会计制度管理的要求，实行统一账簿、统一凭证、统一会计科目、统一记账方法、统一审批手续、统一上站办公，实现农村财务管理的规范化。民主理财：即由村经济合作社社员代表选举产生民主理财小组，一般3～5人，由村会计、合作社监委会成员和社员代表组成。民主理财小组负责对本村经济合作社财会业务的审核，并定期将审核结果公布于众，接受群众的监督。

（二）"村账双审"的具体做法

各镇政府统一制定了村级财务管理制度。各村经济合作社结合本村实际按照镇统一的财务管理制度，制定具体管理办法。在制度中明确规定了各级财务管理机构和人员在生产性和非生产性开支方面的审批权限。

镇政府统一制定了财会人员岗位责任制和责任追究制度，明确规定了各级管理人员的责任、权利和义务。

区委、区政府制定了统一"民主理财日"制度。规定每月 26 日为"民主理财日"，即由村领导班子和村民主理财小组集体办公，逐笔审查本月发生的所有收支票据，对符合规定的票据加盖"民主理财专用章"，对违规票据退回业务承办人，不予报销。同时实行审核登记制度，村民主理财小组审核后填写一张"村民主理财情况登记表"，参加理财的成员在表上共同签字，每次镇审时交镇经管站备案。

全县统一制定了上站办公制度。规定每月 27 日至次月 5 日为镇级审核时间。在此期间内，各村会计将本月发生并经民主理财小组审核通过的票据带到镇经管站，由镇财务辅导员对各村社收支票据进行逐笔复审，符合规定的加盖"镇审专用章"，由辅导员签字盖章后方可入账。

实行了全镇统一的财务档案管理制度。各镇政府统一建立了村级财务档案室，实行一村一柜，统一管理村级账簿和凭证。

实行财务公开制度，坚持每半年公开一次财务。每次公开前对公开的内容均由村民主理财小组先行审核，然后由镇经管站把关后方可公布。

（三）"村账双审"制度的明显效果

1. 加强了农村财务制度化、规范化管理。全县推行了"村账双审"后，落实了农村财务管理"六统一"制度，使农村财务管理混乱现象得到有效扭转，避免了以前农村的"包包账"、"账外账"、"白条抵库"等现象的发生。

2. 提高了财务人员的整体素质。"村账双审"实行统一上站、集体办公，为农村财务人员互相交流，互相学习提供了机会，加之有镇经管站的及时指导，使农村财务人员业务素质明显提高。另外，实行两级审核、集体办公、规范管理、民主理财，避开了财会人员与村社干部远近亲疏的关系，稳定了财会人员队伍，提高了财会人员依法办事、照章办事的自觉性。

3. 精减了财会人员，减轻了农民和村社的经济负担。实行"村账双审"制度，取消了生产队会计，实行联队会计，精简了人员，节约了开支。据统计，榆垡镇减少会计近 40 人，每年可减少人员开支 10 万元，庞各庄镇减少生产队会计 56 人，每年节约开支 16 万元。

4. 严格控制了非生产性开支。实行"村账双审"后，加强了村级财务审批监督力度，大大降低了非生产性开支，乱开支乱报销的现象得到有效遏制。据统计，榆垡镇对非生产性开支，实行了定额限量管理后，2000 年村级非生产性开支与上年同期相比下降了 30%。

5. 加强了农村民主政治建设，促进了农村社会稳定。实行"村账双审"制度，由社员代表大会选举产生的民主理财小组理财，并由村镇两级审核，使民主管理、民主监督落到了实处，强化了监督制约机制，不但增强了村干部的民主意识和廉洁自律意识，而且增强了农村财务公开的可信度。榆垡镇党委、政府针对农村征用和租赁土地收入管理中存在的问题，规定各村租赁和征占用土地一次性取得的大额收入，必须单独建账，由镇经管站统一代管，动用这笔资金时，必须经社员代表大会讨论通过，并报经镇政府批准。几年来几乎没有因财务问题而引发上访现象，群众高兴地说："有村镇两级把关，民主管理，干部花钱有人管了，我们放心了"，增加了财务公开的可信度，维护了农村社会的稳定。

第二十五章　房　山　区

房山区地处华北平原与太行山交界地带，全区总面积 2 019 平方公里。地势西北高、东南低，西北部是山地、丘陵，约占全区总面积的 2/3。属温带大陆性气候，年平均气温 11.6℃，无霜期 185 天。

房山区东北与丰台区相邻，东与大兴区以永定河相隔，南、西南与河北省涿州市、涞水县接壤，北与门头沟区毗邻。区政府设在良乡镇，距北京广安门 27 公里，是首都的西南门户。全区总人口 81.4 万，其中农业人口 49 万，居住着汉、回、满、蒙、白等 24 个民族。有耕地 4.07 万公顷，主要农作物有小麦、玉米、水稻等；主要干鲜果品有磨盘柿、苹果、猕猴桃、核桃、花椒等。

房山区资源丰富，有“京西煤仓”、“建材之乡”之称。特别是汉白玉、花岗石储量大、质地优良，开采历史悠久。北京的故宫、人民大会堂、毛泽东纪念堂等建筑用的汉白玉石材取于房山。旅游资源丰富。在人文方面，境内有世界文化遗产——周口店猿人遗址、燕都遗址、云居寺石经等。自然景观方面，有石花洞、银狐洞、仙栖洞以及十渡自然风景区等。

境内交通便利，铁路、公路纵横交错。京广、京原两条铁路大动脉从东南、西北穿境而过，京周、京保、京原、京石等九条公路干线过境房山区。

房山境内有全国著名的燕山石化公司、中国原子能科学研究院、北京发电设备修造总厂、北京送变电公司、北京煤矿机械厂、北京琉璃河水泥厂等 50 多家大中型企业，团以上驻军单位 30 多个。

房山区的行政区域，新中国成立后经历了多次变化。1958 年 3 月，河北省管辖的原房山、良乡两县划归北京市，合并建立周口店区。1960 年 1 月改称房山县。1980 年，房山县内的燕山石化公司区域划建燕山区。1980 年，河北、大安山等五个乡，周口店乡五个村，史家营乡的金鸡台村划归北京矿务局。1987 年 1 月，撤销房山县、燕山区，建立房山区。1993 年，原划归北京矿务局的乡村重归房山区管辖。

第一节　农村合作经济发展、演变及现状

一、农村合作经济的演变过程

新中国成立后，房、良两县按照“自愿互利”的原则，开始在农村组织互助组。1949 年，组织起互助组 2 997 个，入组农户 15 592 户，占农户总数的 22.7%。到 1952 年，互助组发展到 6 599 个，入组农户 39 222 户，占总农户的 55.3%。

1952 年，房山县在北正村、半壁店村，良乡县在岗上村试办农业生产合作社。到 1954 年 12 月，合作社发展到 215 个，入社农户 5 877 户，占两县农户总数的 8%。

1955 年 11 月良乡县岗上村出现了第一个高级农业生产合作社，并得到推广。到 1956 年 3 月底，两县高级农业生产合作社发展到 208 个，入社农户 74 199 户，占总农户的 98.5%。1957 年发展到 273 个，入社农户 75 004 户，占农户总数的 99.5%。合作社有公积金 3 000 多万元，公益金 900 多万元，集体饲养大牲畜 45 948 头，生猪 9.5 万头，山羊、绵羊 8.8 万只。

1958 年 9 月，响应毛主席"人民公社好"的号召，把高级农业生产合作社合并成立了城关、良乡、琉璃河、长沟、百花山、花果山、马安、霞云岭八个"政社合一"的人民公社。11 月，百花山、花果山两社合并为河北人民公社。其中最大的是良乡，20 180 户，最小的是霞云岭，2471 户。1958 年 10 月 15 日，中共周口店区作出《整顿巩固人民公社的初步意见》。《意见》主要有 3 个方面的内容：①加强组织建设。各企业、事业单位和国家行政单位的下层机构，凡是应当由公社统一管理，公社也能够管理的，一并下放给公社；人民公社最高权力机关是社员代表大会。②所有制问题。人民公社由集体所有制转为全民所有制，普遍建立公共食堂。自留地交公社所有，以食堂为单位经营，解决集体吃菜问题；鱼塘、林木、果树等生产资料应无偿归社，对原价未还清的不再归还。③分配问题。全区范围内推行半供给半工资制的分配制度。1959 年 4 月，按照中央一般账要算的指示，区委提出纠正"一平二调"。5 月 4 日，区委做出了《关于人民公社管理体制问题的规定》，明确了公社、管理区、生产队（村）三级的职权范围，在坚持人民公社集体所有的前提下，实行三级管理、三级核算、各记盈亏；实行组织军事化、生活集体化，办起了公共食堂 1 437 个，托儿所 2 125 个，幼儿园 670 个，敬老院 39 处。1960 年 2 月 2 日，根据县委制定的《人民公社由基本队有制向公社所有制过渡的规划（草案）》，七个公社的所有制形式分为四种：即良乡为全民所有制，马安为公社所有制，霞云岭、河北为管理区所有制，长沟、房山、琉璃河为管理区所有制或生产队（村）所有制。12 月 8 日，县委制定并下发了《关于今冬明春开展整风整社方案》，纠正"一平二调"、"共产风"解散公共食堂。1961 年 7 月，贯彻《农村人民公社工作条例》，调整了公社规模，人民公社增加到 31 个，划小生产队规模（一般 20～30 户），实行"三级所有（公社、大队、生产队）、队为基础"。以生产队为基本核算单位，恢复自留树、自留地，允许社员经营小片荒地，鼓励社员经营养猪养鸡等家庭副业。农业生产和农村经济得到恢复和发展，农民生活得到一定改善。

1964 年，贯彻毛泽东"以阶级斗争为纲"的指示，在农村分期分批开始"四清"（清思想、清政治、清组织、清财务），整党内走资本主义道路当权派，到 1966 年演变成史无前例的"文化大革命"。在"四清"和"文化大革命"运动中，许多乡村干部被冠以"四不清"、"走资派"，"靠边站"或打倒；一些有利于生产发展的管理制度、办法被当成资产阶级"管、卡、压"而否定；家庭副业被当成资本主义"尾巴"砍掉；"按劳分配"被当成资产阶级法权受到批判；实行了所谓的"大概分"。农业生产和农村经济发展停滞甚至是倒退，农民生活陷入困境。

1976年，粉碎“四人帮”以后，按照中共北京市委的部署，认真进行了拨乱反正工作，相继为“文化大革命”中受到诬陷、打击的南韩继大队等15个先进集体恢复名誉，为徐庆文等11名劳动模范平反昭雪，确立了发展壮大集体经济坚持走社会主义道路的方向。

党的十一届三中全会以后，开始进行农村经济管理体制改革。首先是建立农业生产责任制。据1980年3月统计，全县1 485个生产队，建立生产责任制的有1 419个，占核算单位总数的95.6%。其中实行包产到组的有1 038个，占73.1%；以产计工的223个，包工到组的36个，其他形式的122个。

1982年秋，按照市委统一部署，在试点的基础上，推行家庭联产承包。截止到1982年11月，实行土地包干到户的生产队达到898个，占62.4%。1983年底，增加到1 334个，占生产队总数的92.8%；林业、养殖、社队企业等集体经营项目，也建立了承包经营为主要形式的责任制。

家庭承包经营，极大地调动了农民劳动生产的积极性，生产效率大大提高，再加上产业结构的调整，社队企业异军突起，农业生产和农村经济实现了超常规增长。据统计，1985年全县粮食总产达到47 534.1万千克，比1980年增长25.1%；农村经济总收入实现8.4亿元，纯收入4.2亿元，农民人均劳动所得达到701元，分别比1980年增长474%，373%，338%。随着乡镇企业和多种经营的发展，农民收入来源渠道增加，特别是经济比较发达的村队，农民从土地经营中得到的收入所占比例越来越少，有些农民失去经营土地的热情，出现耕作粗放，投入减少，甚至土地荒芜的现象。针对这种情况，1985年县委在总结窦店、南韩继等村实践经验的基础上，开始推行土地规模经营。到1990年，在全区404个村中，实行不同形式的规模经营的村有225个，占55.7%。其中全部粮田实行专业承包的41个村，粮田占耕地总面积的20%；实行“两田制”的有86个村，耕地面积0.842万公顷，占粮田总面积的37%；部分粮田专业承包的128个村，耕地面积0.98万公顷，占粮田总面积的43.1%；仍实行家庭经营包干分配的151个村，耕地0.88万公顷，占粮田总面积的38.8%。1991年以后，农业适度规模经营力度加大，并实行股份合作制，实行产业化经营。到1995年，房山区适度规模经营粮田面积1.47万公顷，其中农场199个，经营面积1.2万公顷，百亩以上农场42个。

1998年，贯彻中共中央办公厅和国务院办公厅关于《延长土地承包期的通知》（中办发［1997］16号）和中共北京市委、北京市人民政府《关于进一步深化农村经济体制改革落实农村经济政策若干问题的通知》（京发［1997］14号）文件精神，土地承包经营方式又发生了较大变化，土地以家庭承包经营为基础的政策得到了进一步落实。到2002年底，在全区463个村中，有185个村（占总村数的40%）进行了土地确权到户，承包期延长到30年不变。

在对农村土地经营制度进行改革的同时，对乡镇级集体经济组织也进行了相应改革。1983年，实行政社分设，建立乡镇人民政府，同时，建立了乡镇农工商联合总公司，行使乡镇集体资产的经营管理权。1997年，在试点的基础上，相继撤销了乡镇农工商联合总公司，建立起乡镇经济管理委员会，下设集体资产经营公司，负责乡镇集体企业和乡镇级集体资产的经营和管理。改革虽然在某些方面取得了一些效果，但是乡镇级集体资产产权模糊的问题并没有从根本上得到解决。

为了进一步规范房山区农村乡镇一级集体资产管理，2001年2月，房山区人民政府下发了《房山区乡镇集体资产运营与管理试行办法》。《办法》中，明确提出区、乡人民政府农村合作经济管理部门负责乡镇集体资产运营与管理的指导工作，并对乡镇集体资产运营操作程序、收益分配以及乡镇经济管理委员会、集体资产经营公司等机构职责和职能做了规定。

二、合作经济的现状

截止到2002年底，全区共有乡镇级农村合作经济组织21个，村合作社463个。乡（镇）村两级拥有集体资产99.5亿元，其中，所有者权益47.6亿元，资产负债率为52.1%，农民人均所有者权益10 110元；乡镇级集体资产总额26.4亿元，其中所有者权益10.3亿元，资产负债率为61%，农民人均所有者权益2 186元；村合作社集体资产总额为73.1亿元，资产负债率为49%，农民人均所有者权益7 916元。

在全区463个村合作社中，合作经济实力较强（人均所有者权益在5 000元以上）的96个村，占合作社总数的20.7%。这些村由于集体经济实力强，在农民就业、生产生活等多方面提供了有效服务。如南韩继村，从1999年起累计投入1 000多万元建了5栋高层住宅楼和20多栋具有特色的二层小楼，全村300多户村民全部入住楼房。为解决居民住楼取暖的问题，投资300万元，铺设管道1 500米，利用水泥窑尾余热为村民冬季供暖；成立了物业管理公司，免费为村民提供水、暖、沼气、电、保安等项服务；建起了村甲级卫生所，购进了B超等现代化医疗设备，解决了群众看病难的问题，并投资100多万元建起了公共浴池，做到了村民洗澡不出村；为全村550名劳动力上了养老保险，解决了他们的后顾之忧，并对65岁以上的老人给予每人每月100元生活补贴，给老党员、老干部每人每月150～200元的补助，使他们体会到党的温暖；对军烈属、孤老病残人员更加关心照顾，对两户烈属每年发给每户5 000元，还每年拿出20 000元对孤老病残人员给予困难补助。合作经济实力一般（人均所有者权益在2 000～5 000元）的90个村，占合作社总数的19.4%。这些村，都根据自身实际情况，拿出一部分资金在村民生活福利方面给予一定补助。如青龙湖镇焦各庄村，每年都要给60岁以上老人20～50元不等的补助，独生子女户参加养老保险给予50%补助；村民浇地、提留统筹、低压整改资金都由村集体负担，2002年这些资金投入就达到了40余万元；此外，每年春节，村里还要拿出资金，为村民购置米、面、油等。合作经济实力薄弱（人均所有者权益在2 000元以下）的277个村，在合作社没有经营项目或者经营项目很少，特别是其中有66个村人均所有者权益为负数，这些村几乎没有安排就业的能力，在农业生产和农民生活方面难以为农民提供有效服务。如周口店镇黄元寺村，2002年人均所有者权益－3 879.2元，当年收不抵支金额9.3万元。由于集体经济实力较差，无法为村民提供有效服务。

在由计划经济向市场经济转变的过程中，农民为了提高自身应对市场的能力，解决一家一户不好办、办不了、办起来不经济等方面的困难，在区政府和有关部门的指导和支持下，相继组建了一批专业合作社。据统计，到2002年底，全区共有各类专业合作社282个（其中当年新增25个）。按专业合作社的类型划分，契约型的45个；按产业划分，一产183个，占65%。参加专业合作社的农户共有8万户，占全区农户总数的近50%。实现销售收入16.4亿元，纯收入6.6亿元，户均增收1 500元。

第二节 房山区农村集体资产管理

一、农村集体资产管理的发展过程

从乡村合作社建立以来，随着外部经济社会环境和内部经营体制的变革，集体资产管理的重点有所不同，大体上可分为三个阶段：

（一）合作化时期（1956—1982年）

从合作社建社之初到全区各村普遍地实行农业家庭联产承包责任制前，乡、村合作社底子薄，发展资金匮乏。因此，这个时期，农村集体资产管理的重点是在收益分配上正确处理公共积累和社员个人分配之间的关系，强调在生产发展、收入及社员分配增加的同时，增加公共积累。县政府明确规定合作社的年度收益分配方案，都要经过乡政府（指人民公社成立以前）或人民公社管理委员会审查批准，才可兑现，严格控制“分”与“留”的比例。经过长期坚持不懈的努力，这个时期虽然经历了“三年经济困难”和“四清”、“文化大革命”的冲击，乡村合作社集体资产仍在不断壮大。据区经管站农村经济收益分配统计资料分析，1957—1982年全区农村经济累计总收入20.9亿元，农村劳动所得10.5亿元，提取公共积累1.99亿元，积累占收入的比例为9.5%。

（二）合作经济管理体制变革时期（1983—1994年）

这一时期，许多地方的干部和社员把家庭承包经营混同分田单干，对合作经济的前途失去信心，平分甚至哄抢集体财产的现象屡有发生。有的村队在承包经营项目时，承包合同规定了上缴利润，集体资产保值增值没有规定；有的村队用集体积累补贴承包农户生产经营费用，浇水用电不要钱，免费为农户提供种子、化肥等；有的村队，干部报酬只同农民收入挂钩，而没有同集体资产的增减相联系，造成虚报农民收入多从集体领取报酬的现象。针对这些情况，县委县政府从90年代初开始，在农村普遍开展了社会主义教育活动，明确指出实行家庭联产承包是合作经济内部经营机制的转变，不是不要合作经济。同时，对损害集体经济的案件和行为进行了及时处理。结合贯彻中共北京市委、北京市人民政府《关于加强乡村合作社建设，巩固壮大集体经济的决定》和《北京市农业联产承包合同条例》、《北京市农村集体资产管理条例》、《北京市乡村集体企业承包条例》等重要文件和地方法规，采取具体措施巩固壮大集体经济，使全区农村集体积累保持了一定比例。房山县农村经济收益分配统计资料反映，1983—1994年农村经济实现纯收入381.1亿元，提取公共积累17.1亿元，积累占纯收入比例为4.5%。乡村集体资产大幅度增加，1994年，全区农村集体资产总额达到39.7亿元，所有者权益达到14亿元，分别是1982年的27.2倍和11.67倍。

（三）计划经济向市场经济转型期（1995—2002 年）

改革开放以后，迅速发展起来的乡村集体企业，多数自有资金不足，是依靠举债起家的，所谓“借鸡下蛋”。在计划经济向市场经济转变过程中，出现了许多新情况：①随着银行商业化运做，许多企业由于资产负债率过高失去了继续贷款的资格；②许多乡镇企业的产品由卖方市场变成了买方市场，出现产品滞销；③随着改革开放的不断深入，外资企业、民营企业、个体私营企业蓬勃发展，与之相比乡镇企业在管理体制、经营机制等方面相对落后，社会性负担也比较重，在激烈的市场竞争当中处于劣势。上述种种原因，造成许多乡镇企业开工不足甚至停产倒闭，大量厂房设备闲置。面对这种情况，区委区政府在深入调查研究，认真进行试点的基础上，对乡镇企业分期分批进行了重组转制。到 2002 年，全区完成重组转制企业 1 149 家，占乡镇企业总数的 86.8%。到 2002 年底全区累计兴建乡镇工业小区 16 个，村级工业大院 45 个，作为农村经济支柱的乡镇企业再现生机与活力。随着乡镇企业重组转制的完成，乡村合作社从以生产经营为主逐步转变到以资产经营为主。

二、清产核资

弄清农村集体资产的现状是加强集体资产管理的基础。按照北京市人民政府的统一部署，房山区于 1991—1992 年、1996—1997 年先后在全区范围内进行了两次农村集体资产清产核资工作。第一次清产核资由于缺少经验、组织不够得力，多数乡村完成了前期的清查工作，后期产权界定、完善制度等方面的工作做得不细，成效不够显著。第二次清产核资认真总结了第一次清产核资的经验教训，首先是领导重视，加强了组织领导。区政府发出了《关于加强农村集体资产管理工作的通知》，成立了由主管区长为组长，农委、财政局、国资局、经管站等有关部门领导为成员的清产核资工作领导小组，并在区经管站设立了办公室。各乡镇也相应地成立了清产核资工作领导小组，设立了办公室。其次是先行试点，取得直接经验。区清产核资工作领导小组针对清产核资工作前期资产清查、后期产权界定两个重点，分别组织工作组到阎村镇大紫草坞村和窦店镇进行试点，通过试点取得了对面上工作指导的主动权。第三是举办清产核资培训班，对乡镇经管站长、统计科长等业务骨干进行了系统培训。第四是集体资产清产核资在面上铺开以后，清产核资办公室加强了巡回检查，及时掌握情况，协调解决出现和存在的问题。

从总体上看，这次清产核资进展比较顺利，基本上达到了预期目的，取得了显著效果。①摸清了农村集体资产家底，截止到 1997 年 10 月底，全区 28 个乡镇、465 个村、2 011个乡村集体企业共有资产总额 64.53 亿元，负债总额 43.86 亿元，资产负债率为 68%。其中，乡镇级集体资产总额为 19.23 亿元，负债总额 14.69 亿元，资产负债率为 76.4%；村级集体资产总额为 45.3 亿元，负债总额 29.17 亿元，资产负债率为 64.5%。从所有者权益来看，乡村两级总额为 20.67 亿元，农民人均占有 4186 元。村合作社所有者权益 16.13 亿元，农民人均占有 3 266.6 元；乡镇级所有者权益 4.54 亿元，农民人均占有 919.4 元。从资源性资产来看，村合作社共有耕地 34 376.9 公顷，林地 32 955.1 公顷，山场53 222.6公顷，荒滩2 016.6公顷，水面595.5公顷，散生树木2 693 469株。②界定了产权，明确了财产归属。清产核资前，产权权属不清的主要问题一方面是乡村中小学、敬老院、卫生院、兽医站、科技站等事业单位的建设既有乡村集体的投入，也有地方财政的拨款，在产权界定工作中原则上按照谁出资谁所有的精神，明确了财产归属；另一方面是个人承包的集体企业和以集体名义领取执照，集体出名，个人出资兴办的企业，所形成的资产，产权归属不清，在产权界定中按照《北京市农村集体资产管理条例》的有关规定，组织有关方面协商，得到妥善解决。③边清边改，对清产核资中揭露和发现的问题，及时做了处理。如已经报废的固定资产仍在账上的销账，重新评估确定了无形资产进了账，纳入了账面核算。经过清查，盘盈盘亏按清查后的结果调了账。对清产核资中所揭露出的白条抵现、贪污挪用等违规违纪问题也分别做了处理。④建立健全了集体资产管理制度。一是建立了产权登记制度。按照市委农工委京发［1996］12号文件提出的要求，在界定产权的基础上，进行了集体资产产权登记，区人民政府向产权单位颁发了产权证书，并规定每年由区集体资产管理部门进行一次审核验证。二是指导帮助集体经济组织建立健全集体资产民主管理制度。

三、村集体资产经营状况调查

2000年，根据中共北京市委农村工作委员会、北京市农村工作委员会《关于开展郊区农村集体资产经营状况调查的通知》（京农发［2000］42号）要求，为了进一步摸清农村集体资产现状和集体经济运行情况，理清发展思路，促进农村经济健康发展，利用两个多月对全区乡村两级集体经济组织（以下称组织类）、乡村两级企业（以下称企业类）的资产经营状况、债权债务情况、不良债务化解情况、农村集体所有土地等资源性资产开发、利用和管理情况进行了全面调查。

为了保证此项工作顺利进行，提高对调查工作的认识，确保调查数据真实可靠，房山区以区政府名义于2001年2月8日召开了“房山区农村集体资产经营状况调查会”，并拨出专款开展此项工作。成立了农村集体资产经营状况调查工作领导小组，组长由房山区人民政府副区长任全胜担任，成员单位包括区委农工委、区农委、区经管站、区财政局、区审计局、区地税局、区纪委、区经委、区农村信用合作社、农业银行房山区支行。房山区经管站起草了《关于开展农村集体资产经营状况调查的工作意见》，以房山区人民政府办公室（房政办发［2001］6号）文件的形式下发到各乡镇人民政府，区政府各委、办、局，区直属各公司。各乡镇也都成立了相应的领导小组，由各乡镇的乡镇长为组长，乡镇财政所、经管办、税务所、资产经营公司等单位参加工作组，组织力量负责具体清查工作。

清查的时点分别为1995年12月31日和2000年12月31日。清查结果显示：2000年全区共有28个乡镇，463个村级合作经济组织，集体企业848家，其中乡级企业276家，村级企业572家。1995年全区共有28个乡镇，465个村级合作经济组织，集体企业858家，其中乡级企业277家，村级企业581家。

截止到2000年12月31日，全区乡村集体总资产80.5亿元，总负债46.2亿元，净资产 34.3 亿元，净资产率 42.6%。其中：组织类资产 30.5 亿元，负债 14.3 亿元，净资产 16.2 亿元，净资产率 53.1%。企业类资产 50.0 亿元，负债 31.9 亿元，净资产 18.1 亿元，净资产率 36.2%。

截止到 2000 年 12 月 31 日，债权总额 18.6 亿元（其中组织类 4.9 亿元，企业类 13.7 亿元）。应收账款 5.7 亿元（其中组织类 1.2 亿元，企业类 4.5 亿元），占债权总额的 30.6%，3 年以上的应收账款 1.9 亿元（其中组织类 0.7 亿元，企业类 1.2 亿元），占应收款的 33.3%。内部往来 5.2 亿元（其中组织类 1.7 亿元，企业类 3.5 亿元），占债权总额的 28.1%。债务总额 41.2 亿元（其中组织类 12.8 亿元，企业类 28.4 元），其中借款总额 21.3 亿元（其中组织类 8.0 亿元，企业类 13.3 亿元），占债务总额的 51.7%；借款中银行借款 7.8 亿元，信用社借款 9.4 亿元，单位借款 2.9 亿元，个人借款 1.2 亿元。1990 年及以前形成的借款 3.2 亿元（组织类 2.0 亿元，企业类 1.2 亿元），占借款总额的 15.0%；1991—2000 年底形成借款 18.1 亿元（组织类 6.1 亿元，企业类 12.0 亿元），占 85.0%。债权债务相抵后，债务大于债权 22.6 亿元。另外，乡村两级集体经济组织为所属企业担保债务总额 4.8 亿元（组织类 3.6 亿元，企业类 1.2 亿元）。

到 2000 年末，农业用地 6.30 万公顷，其中耕地 3.21 万公顷，园地 0.59 万公顷，林地 2.34 万公顷，牧草地 0.13 万公顷，渔业养殖面积 0.02 万公顷；山场面积 9.22 万公顷，其中承包面积 0.79 万公顷，租赁面积 0.65 万公顷，拍卖经营权面积 0.02 万公顷，其他面积 7.75 万公顷。

此外，清查过程中也处理了部分债务。共处理债务为 0.93 亿元。其中收欠还债 0.3 亿元，核销减债 0.1 亿元，拍卖还债 0.03 亿元，划转债务 0.12 亿元，其他方式 0.38 亿元。如周口店镇利用本次清查机会，加大清查力度。经过对所属企业进行认真核实、清理，共清理出两年以上的呆账 1 719 万元，死账 88.2 万元，“账外账” 98.8 万元，企业内部压欠 4.6 万元，共挽回经济损失 232.9 万元，减少了企业的债务负担，减轻了由债务引起的对企业的压力。城关街道处理债务 0.1 亿元，为全区最多。

四、产权制度改革试点

乡（镇）村合作经济组织是农村集体资产的所有者，处于集体资产管理的主体地位。因此，深化改革，建立起与市场经济相适应的、产权清晰的财产制度，实现社员对合作社的控制，社员才能从关心自己物质利益出发，真正把集体资产管好。

2002 年 5 月，区经管站和良乡镇政府在良乡镇夏庄村进行了产权制度改革试点。夏庄村 172 户，548 口人，集体资产净额（所有者权益）310.05 万元。股权设置：集体股 126.02 万元，占所有者权益的 40%；户籍股（按在册现有人口计算）32.04 万元，占所有者权益的 10.3%；劳动贡献股 139.28 万元，占所有者权益的 44.9%。户籍股和劳动贡献股合计为 171.32 万元，两项合计占所有者权益的 55.3%，其余 11.71 万元（占所有者权益的 5.62%）作为预留股。在量化产权的基础上，先后召开了股东大会和股东代表大会，审议通过了合作社章程，选举产生了合作社管理机构和监察机构，聘任了合作社管理人员。

第二十六章　顺 义 区

顺义区位于北京市东北部，距北京城区 30 公里，东与平谷区相邻，南与河北省三河市及北京市通州区接壤，西依朝阳区和昌平区，北界怀柔区和密云县。由于潮白河纵贯顺义全境，把顺义分为东西两部分。顺义区地理位置优越，自然资源丰富。境内 97%的面积为平原，3%的面积为矮山丘。顺义区现有耕地 86 万亩，发展农业生产有得天独厚的条件。早在东汉时期就成功引潮白河水种稻，成为我国历史上北方种植水稻和农业水利的重要文明成果。解放后农业生产发展很快，成为首都重要的农产品副食供应地，号称北京市的“乌克兰”。现辖 19 个镇、2 个街道办事处、422 个行政村、总人口 55 万，包括 16 个民族，其中汉族人口占 98.4%。

改革开放以来，顺义综合实力不断增长，曾三次跻身于全国综合实力百强县前列，并位居全国科技百强县第 7 位，1994 年在全国 80 个基本实现小康县（市）中名列第 3 位。目前，顺义区已经成为首都现代化建设重要的发展新区。临空经济蓬勃发展，现代制造业不断加强，现代服务业发展快速提升，都市型现代农业方兴未艾，城乡一体化发展格局正在形成。2002 年地区生产总值达到 149.7 亿元，比上年增长 8%，农民收入稳步提高，2002 年已经达到 6 116.5 元，比上年增长 7.8%。

在顺义区的经济社会发展中，农村合作经济发挥了重要作用，特别是党的十一届三中全会以来，不仅成为改变农村面貌，促进农村经济社会发展的重要基础，实现农民增收致富的组织载体，它自身的体制机制也在不断的改革完善。

第一节　农村合作经济发展演变的历程和现状

截止到 2002 年，全区 19 个乡镇，424 个行政村，农户总数 126 913 户，分配人口 410 291 人，农村劳动力 197 012 个。

2002 年，全区农村社区性合作经济总收入 149.7 亿元，比 1983 年增长 8.9 倍；农民人均纯收入达到 6 117 元，比 1983 年的 667 元增长 9.2 倍；提取各项积累 3.3 亿元，比 1983 年增长 11.9 倍；资产总额达到 103.2 亿元，比 1983 年增长 35.2 倍。

一、农村合作经济的渐进发展

顺义区农村合作经济大体经历了合作化、人民公社和改革开放三个发展时期。

（一）合作化时期

1. 发展农业生产互助组。1949 年 4 月，在农民自愿互利的原则下，县委引导农户采取拨工换工、等价计工等方式，开展耕地、送粪、收秋等生产互助活动，较好地解决了农户生产难的问题。土地改革以后，由于一家一户的小生产，有的农户劳力少，老弱病残，农民在生产中也深感力量单薄，特别是遇到水旱虫灾，更是难于自救，认识到组织起来的必要性。1950年10月，农民自发组织了农业生产互助组。诸如顺义三区东沿头村张志忠互助组、七区后桥村郭跃先互助组、六区后町村张丛互助组、五区杨镇侯淑兰互助组。对于这些最早成立的互助组，县委及时总结经验，并向全县推广。1951年春季干旱，农田不能下种，县委及时领导全县人民发挥互助组合作优势，担水种田，开展抗旱保苗运动。如焦庄户村37个互助组打石井3眼，砖井1眼，土井33眼，点种186.67公顷地，浇苗2次，补苗3次，使秋后稳获增产。到1953年7月，全县互助组发展1万多个，其中长期互助组有136个。短期互助组3 303个，临时互助组6 800个，参加农户共5.53万户，占农户总数的71.8%，组织劳动力达80%。互助组内部实行互助记工、以工票找价或以粮赎工等形式进行分配，较好地解决了生产中的难题和用工补偿问题。

2. 组建初级农业生产合作社。由于互助组在生产中发挥了重要作用，得到了农民的认可，随之又开始探索新的合作方式。1952年3月，农民自发组建初级农业生产合作社。主要用土地、牲畜、车辆等农用生产资料，经过评估作价入股。当时，顺义区第一个生产资料私有伙用的初级社由张志忠互助组转化而成。该社由10户组成，44口人，137.4亩土地，有牲畜3头，大车1辆，猪7头，家具4件，副业作坊2处，实行统一经营，统一支配劳力，评工记工，按劳取酬，土地按远近好坏，结合正常年景定产量，按劳4地6分配。当年6月，县委根据中央和地委精神，号召全县“组织起来，大力开展互助合作，开展轰轰烈烈的农业增产运动”。同年12月，2 000个短期互助组发展为长期互助组，而40个长期互助组则发展成初级农业生产合作社。1954年12月，顺义县初级农业生产合作社发展到1 221个。

3. 组建高级农业生产合作社。1955年在全国农业合作化高潮中，顺义县实行小社并大社，并逐步转成了取消土地分红的高级社，还出现了联村、联乡社。年底加入高级社的农户达7.54万户，占全县总农户的99.4%。

（二）人民公社时期

农业互助合作，反映了农民的意志和愿望，调动了广大人民群众的生产积极性，有效地促进了农村生产力的发展。但是，在这种新的管理体制还没理顺、还没完善、还没巩固的情况下，党内却滋生了急躁冒进的“左”倾思想，提出了“总路线、大跃进、人民公社”三面红旗，在全国搞起了人民公社化运动。顺义县委按照上级指示，于1958年8月将全县19个乡、414个农业生产合作社规划成8个政社合一的农村人民公社。头脑发热的搞“一大二公”，“一平二调”和食堂化的所谓共产主义，再加上瞎指挥，极大挫伤了农民的积极性，破坏了农村生产力的发展。

1961年5月，根据《农村人民公社工作条例（草案）》，将8个公社划为24个，1962年5月增为26个。1966年“四清”运动后期，又将26个人民公社调整为15个公社和1个镇。1970年到19个，1976年10月则上升到30个人民公社。

1983年4月，撤社建乡（镇）。根据市委和市政府的文件精神，顺义县将全县30个人民公社，改建成1镇29个乡。

（三）改革开放时期

自党的十一届三中全会召开后，从建立完善农村集体经济内部生产责任制入手，在管理体制和经营机制上进行改革，最终使以家庭经营为基础，统分结合双层经营体制得到确立。并在此基础上进行了以市场需求为导向的农村产业结构调整，使农村生产力得到解放，农村经济得到发展。

1. 农村集体统一经营下的农业生产责任制。党的十一届三中全会以来，顺义县在原来小段包工的基础上，实行联产计酬责任制。1982 年全县有 1 179 个基本核算单位实行了联产计酬责任制。其中联产到劳的 946 个核算单位，占 65.1％，联产计酬到组的 233 个核算单位，占 16％，还有 274 个核算单位继续实行定额包工，占 18.9％。

2. 发展家庭承包经营（大包干）。1982 年 11 月 12 日，顺义县委农村工作部向各公社发出通知，转发了尹家府公社石各庄大队和北务公社王各庄大队实行大包干责任制的典型经验。这种责任制就是坚持以家庭承包经营为基础，实行“包干分配”，即本着“交够国家的，留足集体的，余下是自己的”原则，把劳动成果如何直接决定家庭收入，无疑促进了生产力的发展。

3. 发展农业规模经营。1986 年秋，顺义县为适应乡镇企业发展后农民大量转移的新形势，推进农业专业化，集约化，规模化经营，对生产中的人力、土地资源、农机设备、水利设施、科技手段等诸多要素进行优化配置，收到了劳动生产率、土地产出率和农产品商品率同步提高的效果，开创了农业现代化的新局面。受到中央和市委市政府的肯定，但也存在对农业适度规模经营的不同认识。

4. 深化农村合作经济产权制度改革。进入 90 年代前期，顺义县委大力倡导发展农村股份合作经济，并派工作队深入基层予以指导。发展股份合作经济，目的在于打破旧的经济体制，让农民持币参股，或以劳动参股，把农民的利益融入企业，实现“资产集体所有为社员按分共有”，建立新型合作经济。这样做，不仅缓解生产资金不足的问题，而且增强了股民对企业的关切度。赵全营镇北郎中村就是一个典型的范例，该村十几家企业，均实行了股份合作制，社员参股率占 75％以上。

5. 发展农民专业合作经济。进入 90 年代后期，顺义县按照市委、市政府的要求，大力发展农民专业合作经济组织。其发展思路是：组织形式求新，合作领域求宽，发展规模求大，带动能力求强，运作质量求高，增收速度求快。按照这个思路，围绕搞活流通，发展销售型合作组织；围绕加工增值，发展加工型合作组织；围绕科技兴农，发展服务型合作组织。截止 2000 年，顺义区发展农民专业合作组织 147 个，大体分为三种类型。一是出资型合作组织 47 个，占 29％；二是契约型合作组织 41 个，占 28％；三是会员制型合作组织 63 个，占 43％，这三种类型的合作经济组织，带活了农村合作经济，带动了8 000多户农民走向富裕。

第二节　实行适度规模经营　加快农业现代化

顺义县（1998 年改为顺义区）地处京郊平原，改革开放前是一个以粮食生产为主的农业县，素有“京郊粮仓”之称。改革开放以来，顺义县委、县政府坚持以邓小平同志建设有中国特色社会主义理论和党的基本路线为指导，依据自身条件和优势，不断深化农村改革，积极推进农业适度规模经营，为加快农业现代化进行了有益的实践和探索。

一、实行农业适度规模经营的背景

顺义县农业适度规模经营是在实行家庭联产承包责任制的基础上，农村生产力有了新的提高，特别是乡镇企业兴起后，农村商品经济迅速发展，劳动力大批转移到非农产业，农业比较效益低，农民种粮积极性下降的背景下，按照农村经济专业化、商品化、现代化的目标，依据自身条件和农民的愿意进行的改革。

党的十一届三中全会以后，顺义县积极推进以家庭联产承包责任制为中心的农村改革，破除了人民公社管理高度集中，劳动“大拨轰”、分配“大锅饭”的旧体制，极大地调动了广大农民的生产积极性，不仅增加了粮食产量，而且改变了农村单一经营的局面，促进了农村多种经营的发展和乡镇企业的崛起，大幅度提高了农民的收入水平，是农村生产力的一次大解放、大发展。从 1978—1984 年，全县粮食总产量由 2.9 亿千克增加到 4.2 亿千克，平均每年递增 6.4%；农村经济总收入由 2 亿元增加到 8.9 亿元，增长了 3.5 倍；农村人均劳动所得由 114 元增加到 859 元，增长了 6.5 倍。随着改革的深入、开放的扩大，顺义县农村产业结构、农民从业结构和农户收入构成都发生了很大变化。到 1984 年，在顺义县农村经济总收入中，非农产业所占比重由改革之初的不足 20%提高到 60%；22 万名农村劳动力已有 13 万人进入乡镇企业；种粮收入在农户全年收入中所占的比重，也由改革初期的 60%以上降到 20%以下。伴随着上述变化，以平均分地为基础的土地经营方式，出现了一些新的矛盾和问题：

一是兼业化生产与增加粮食生产的矛盾。农村劳动力转移到非农产业以后，但“人人分地，户户种田”形成的小规模“均田制”，使他们原来承包经营的土地依然存在，形成了兼业化生产。在比较效益的驱动下，农民满足于粮食“够吃就得”，缺乏追求高产赢利的动机，不肯多投入，不肯下功夫，出现了大量土地粗放经营甚至撂荒的现象，与加强农业基础地位形成矛盾。与此相反，那些没有从农业转移出来而又善于种田的农民，却由于土地规模小，“有劲没处使”，潜力得不到发挥，不得不寻求其他生财之道，也把土地作副业兼营。越是商品经济发展较快的地区，这种矛盾就越显得突出。

二是狭小的土地规模与推进农业现代化的矛盾。农业机械化是农业现代化的基础。土地平均分配形成的狭小分散的格局，比较适合低下的生产力水平。但随着生产力的发展，农业生产过程中绝大部分手工劳动和畜力作业被机械作业或先进的农业技术措施取代后，土地分户承包的经营方式，使集体拥有的农业机械在为农户提供社会化服务时很难发挥机械效率，推广新的农业技术也受到制约。这种“大机器”与小地块的矛盾，实际上就是狭小的土地规模与推进农业现代化的矛盾。

三是农业生产与农村经济协调发展的矛盾。当农村二、三产业发展成为农村经济主要支柱以后，农民种田积极性下降，农业生产存在着萎缩的危险。为了调动农民种粮的积极性，顺义县采取了“以工补农”的措施，即从乡镇企业的利润中抽出资金，给种地农民补贴。1984—1986 三年中，全县以工补农资金每年达到 3 000 万元，亩均 40 多元。这些资金大部分补在化肥、水电、农机作业等生产费用上，不但没补出农民种粮的积极性，反而拉了二、三产业的后腿，形成了农业生产与农村经济协调发展的矛盾。

这些矛盾的直接表现，是粮食生产缺乏活力与后劲，1984—1986 年，顺义县粮食产量增长速度由前 6 年的 6.4%下降到 1.2%，陷入了徘徊不前的困难境地。面对挑战，顺义县自 1986 年 8 月份进行粮田适度规模经营的探索，并于 1988 年被国务院批准列入农村改革试验区。

二、农业适度规模经营的进展

实施农业适度规模经营这项改革，是适应农村商品经济发展、产业结构调整、务农劳动力转移新形势的选择，是生产力发展到一定阶段的产物，关键在于具备相应条件，即取决于劳动力转移程度、物质技术装备程度、社会化服务体系健全程度和基层干部的管理水平等。从总体上看，顺义县当时已经具备了这样几个条件：

一是农村乡镇企业迅速发展，70%的农村劳动力已经从土地上转移出去，为推行农业适度规模经营创造了前提条件。

二是乡村集体经济实力较强，具备了实行适度规模经营的物质条件：一方面，原有的农业机械化水平较高，且分田到户时，大型农业固定资产都完整地保存下来，形成了由集体为农户服务的社会化服务体系；另一方面，乡镇企业的发展积累了资金，使乡村集体具备了用最先进的物质技术装备农业的经济实力，解决了搞农业机械化国家财力有限，个人又不愿意投入的问题。

三是土地平坦，种植的作物以小麦、玉米为主，自然条件和种植的作物品种都适合于机械化作业，有利于大幅度提高劳动生产率。

四是乡村基层组织健全，党组织在农村改革和经济发展中一直发挥着领导核心作用，形成了一支熟悉农业和农村改革的干部队伍，使推进改革的顺利进行有可靠的组织保证。

顺义县在推进适度规模经营的实际工作中坚持从自身条件出发，因地制宜，并随着农业和农村经济的发展情况，不断完善提高，逐步深化改革，有效地加快了全区农业现代化的步伐。

顺义推进农业适度规模经营，大体经历了四个阶段：

第一阶段：依靠农村集体经济，发展粮田适度规模经营（1986—1990 年）

发展粮田适度规模经营的主要目的，是面对乡镇企业发展，如何解决粮食生产面临萎缩的危险，从而进一步巩固和加强农业的基础地位。具体说，有以下几层含义：一是在发展商品经济的基础上，积极推进农村经济的专业化分工，使乡镇企业职工逐步与土地分离，为农业适度规模经营创造前提条件；二是增加农业投入，大力发展机械化，对土地、劳动力、设施等生产要素进行优化配置，大幅度提高劳动生产率；三是提高科技在农业增长中的贡献率，使农业由传统的粗放经营转变到集约经营，提高资源利用率，推动粮食生产再上新台阶；四是增加种粮农民的收入，进一步调动农民种粮的积极性，使粮食生产成为务农劳动力致富的途径；五是农业生产主体由分散的小规模农户向规模经营的农业企业和专业种粮农户转变，形成企业化管理的农业生产经营方式，实质上就是按照市场经济的要求，实现农业的工业化和商品化。

顺义发展粮田适度规模经营从1986年开始进行试点，在试点成功的基础上，1987年以后不断发展完善，全面推广。

尽管顺义县整体上具备了实行适度规模经营的条件，但考虑到乡村之间生产力水平不同，各方面条件差异较大，所以顺义县委、县政府在推进这项改革中始终坚持从实际出发，因地制宜，区别不同情况，采取不同的规模经营形式，充分尊重群众意愿和选择的基本原则。经过几年改革实践，全县粮食生产形成了以村办集体农场为主，专业承包到劳和家庭联产承包多种形式并存的适度规模经营格局。

集体农场：在那些二、三产业发达，农民就业门路广泛，集体经济实力较强，农民种粮积极性不高的地区，形成了村办集体农场的规模经营形式。村办集体农场是村合作经济组织下属的一个相对独立的经济实体，实行企业化管理。1986年试办了78个集体农场，1987年全面铺开，成立了613个集体农场。农场一般经营33.3公顷左右，劳均经营1.67公顷左右。

专业队：在那些二、三产业比较发达，农民就业门路较多，但集体经济实力相对较弱的地区，形成了专业承包到劳的规模经营形式，即劳动力承包一定规模的土地，以种粮为职业，由农户投入生产资金并进行经营管理，集体兴办社会化服务体系，为承包土地的农民提供有偿服务。全县以专业承包到劳形式经营的粮田占粮田总面积的30%。这实际上是典型的由种粮大户与集体进行双层经营的模式。1986年试办专业队314个，1987年达到594个。粮食种植专业队一般规模26.67～33.3公顷，劳均承包1～1.67公顷。

专业户：在那些二、三产业不太发达，农民对土地的依赖程度较高，集体的经济实力又相对较弱的地区，则以家庭经营的形式实现规模经营，主要是打破“人人分地，户户种田”的土地平均分配的办法，由集体统一向农户发包土地，分为责任田和口粮田。并为农户提供农机、水电等社会化服务。1988年全县以家庭承包形式经营土地的村还有28个。

当时，全县从事粮食生产的劳动力仅剩2万多人，占农村劳动力的10%左右，粮食生产初步走上了专业化、商品化、现代化的发展道路。

顺义推进粮田适度规模经营的一个突出特点，妥善处理好与农民的利益关系。主要表现在三个方面：

一是依靠集体调节，保证农民就业。改革开放以来，顺义县乡、村两级集体投资兴办了大批工业企业和农业企业，包括猪场、鸡场、农场、渔场等。这些企业是顺义经济发展支柱，也是广大农民就业的主要门路。在这种条件下，当时的想法是土地和厂房、机器设备、农业生产设施等一样，都是集体拥有的重要生产资料。集体以推进合作经济组织内部专业分工的方式，允许每个成员自由选择职业，让那些从事非农产业的劳动力放弃兼业经营的土地使用权，使土地向务农劳动力集中。1988年7月31日顺义县委、县政府在《关于推进农业适度规模经营的实施计划》中明确规定：“对转让出土地使用权的剩余劳动力给予妥善安置，保证就业，保证收入。凡符合招工条件的，可以进入乡镇企业，工资标准按照熟练工对待。不符合条件的，乡村负责开辟新的就业门路。今明两年由乡、村两级投资，开发一批鱼池、果园、蔬菜大棚，发展养牛、养猪、养鸡等事业，吸收消化剩余劳动力，使他们的经济收入不因转让土地而减少，以投资完成对农民土地使用权的赎买。”这实际上是对农民转让出土地使用权的一种补偿，也就是按照社会主义市场经济的要求，有组织地调配各种资源，优化配置生产要素，让每个成员都能公平地占有一份属于集体的生产资料，实现共同富裕，从而彻底改变了长期以来土地的福利性质，引导农民放弃土地，加快土地流转，推动农村经济的全面发展。

二是依靠集体调节，保证口粮供应。当时粮食价格还没放开，粮食产品差价还比较大。为了解除农民的后顾之忧，县委、县政府明确制定了粮食供应政策，以促使农民自愿放弃土地承包经营权，加快土地流转。当时县委、县政府在文件中明确规定：“对转让土地使用权的劳动力及其家庭成员，由乡或村集体经济组织统筹解决口粮问题，总的原则是数量自报、品种自选、价格合理、够吃有余。”按照这个政策，凡实行粮田适度规模经营的村，都制订了具体的农民口粮供应办法，保证农民吃上平价口粮，解除了农民吃粮的后顾之忧，引导农民自愿放弃土地使用权，这样就以集体调节的方式，成功地实现了土地的流转。

三是建立起以集体为主，国家、集体、个人共同投入的农业投资新体制。顺义县实行适度规模经营以后，粮田农业固定资产总额由2.5亿元增长到6.4亿元，提高了1.6倍，亩均达到1 000元以上；农机总动力60万千瓦，亩均1千瓦，粮食生产从种到收的全过程基本上实现了机械化，灌溉实现了喷灌化。据统计，全县购买农机的资金总额达到3.07亿元，其中从中央到地方的国家直接投资0.72亿元，占23.5%；乡村集体投入2.1亿元，占68.4%；农民个人投入0.25亿元，占8.1%。国家投入的资金虽然有限，但带有导向性，主要是以补贴、贴息等方式，引导乡村集体把资金投入转向农业。乡村集体是投资的主体，资金主要来源于两个方面：一是乡镇企业的利润向农业投入，由原来的“以工补农”转向“以工建农”；二是农业的自身积累，包括集体农场的资金积累和种植专业户向集体交纳的土地承包费。当时资金不足由乡村集体借贷的部分贷款，也是通过这两个途径逐年归还的。实行适度规模经营以及对农场进行股份合作制改造，进一步调动了农民投入的积极性，他们联合起来打井、买机器，改变生产条件。这样顺义县通过实行粮田适度规模经营建立起适合我国国情的农业投入新体制，从根本上改变了种粮分散、落后、靠天吃饭的小生产方式，走出了一条适合顺义县情的农业现代化发展道路。

第二阶段：规模经营向各业发展，加快农业内部结构调整（1991—1994年）

顺义在积极推进粮田适度规模经营的基础上，充分发挥本县的区位优势和“甜水绿野”优势，从“服务首都，富裕农民”出发，积极稳妥地将粮田适度规模经营的改革成果推广到农业其他领域，加快农业产品结构调整，大力发展“菜篮子工程”。依托首都这个大市场，顺义提出了“围绕市场调品种，围绕效益调结构，围绕农户（企业）搞服务”，以适应市场、追求规模效益和品种效益为重点，积极从布局区域化和经营一体化上进一步发展适度规模经营。经过几年的不懈努力，顺义农业内部产业结构得到较好调整，已由昔日的“京郊粮仓”、转变为首都重要的副食品生产基地。

在布局区域化上推进适度规模经营，营造大基地，带动大市场。在蔬菜生产上，顺义提出了“实行区域化种植、一体化经营、社会化服务、营造大菜园、建设大基地”的发展战略。采取政策引导，培植特色蔬菜专业村，发展种植大户和依靠先进科学技术，实行反季节种植，大力发展保护地等方法，按照“建设一个基地，发展三条线，突出五个点”的总体思路，从布局区域化上推进菜田适度规模经营。结果全县形成了0.73万公顷高标准菜田，其中发展保护地0.27万公顷。形成了以北务镇、尹家府乡、大孙各庄镇等为重点的0.4万公顷蔬菜生产区。建起了沿河乡万亩特菜、北务镇万亩大棚等四个基地和27.7公顷高科技蔬菜示范园区。培植起了72个特色蔬菜专业村和632个种植大户。投资600万元，兴建了占地2公顷、建筑面积3 617平方米、年加工能力8 000吨的绿源蔬菜加工厂。另外，在淡水养殖、果品生产上，努力推进“万亩鲫鲂鱼”和“万亩砀山梨”基地建设。积极引进了甲鱼、河蟹、河虾、新世纪梨等名、特、优、新品种。

在经营一体化上推进适度规模经营，提高农业整体效益。一体化经营是一种地区性、行业性的专业合作，一头连着大市场，一头连着农业企业和农户，使农民不再以单独生产者的身份进入市场。这样有利于增强农民在市场中的竞争能力，增加农民收入，保护农民利益，提高规模经营整体效益。在畜牧业生产上，顺义依据自身优势，采取政策倾斜，资金扶持等措施，积极发展和培植农产品加工企业，培植和壮大了鲲鹏食品集团、前鲁鸭场、大发和华都产加销“三条龙”：

一是猪产加销一条龙。根据顺义养猪历史长，基础好，市场占有率高的优势，提出了生产和加工销售商品猪各100万头的“双百万”工程，积极组建了以县肉联厂为龙头，以规模猪场为依托，以直销网点为窗口的鲲鹏食品集团，从而使全县生猪生产走上了产加销、贸工农一体化的发展道路。由于不断加大投入，全县建起了600多个规模猪场（每个规模100头种猪，年出栏1 500头商品猪），发展了10个养猪专业村，形成了年出栏百万头商品猪的生产能力，鲲鹏食品集团成立后，在肉联厂增加投资6 000万，增强了屠宰能力并扩建了二熟车间，形成了年屠宰加工百万头商品猪的能力，结果使市场占有率达到北京自产量的25%，集团的发展有力地促进了全县养猪业的大发展。

二是鸭产加销一条龙。顺义前鲁鸭厂是个村办企业，在县委、县政府和有关部门的支持帮助下，村办鸭厂不断发展壮大，为保证充足货源，并带动农民致富，鸭场采取“辐射饲养”的办法，先后带动了本县和周边六县十一个乡的1 100多个农户及集体鸭厂，形成了年饲养肉鸭500万只的能力。其运行方式是：前鲁鸭厂为饲养者有偿提供雏鸭、饲养和防疫，无偿提供技术指导和培训，育成鸭全部收购，走出了一条龙头企业外联市场、内联农户的产加销一体化发展之路。

三是肉鸡产加销一条龙。大发和华都都是市属处于顺义境内的农产品（鸡）加工企业，并以养鸡协会为中介组织，培植了一大批养殖大户。抓住这个优势，全县先后建起了22个百万只规模鸡厂，养鸡协会上连企业，下连农户，分头与企业和农户签订协议，将企业雏鸡交给农户饲养并提供饲料和技术服务，育成全部企业收购，加快了全县养鸡迅速发展，同时增加了农民的收入。

粮田适度规模经营向各业的扩展，使顺义农业内部结构迅速调整，由一个单纯生产粮食的农业县，迅速转变成首都“米袋子”和“菜篮子”工程的重要支柱，不仅为繁荣首都市场，维护社会稳定做出了贡献，也成为当时增加农民致富的重要途径，还为以后农业产业化的发展创造了良好条件。

第三阶段：按照农业产业化要求，进一步提高农业适度规模经营水平（1995—1998年）

在大市场、大流通环境下，单个的农业生产者处于不利的竞争地位，面临巨大的市场风险。如何进一步提高农业适度规模经营的水平，使千家万户的小生产适应市场经济，引导全县农民进入市场，成为顺义县委、县政府抓农村工作的重点。为此，1994 年以来，全县连续四年组织县、乡党政领导、村级干部及专业大户，赴山东学习农业产业化经验。以山东为榜样，以首都市场为依托，以抓农副产品基地建设为重点，按市场需要和产业化要求不断调整农业内部结构。经过几年的努力，顺义农副产品生产基本实现布局区域化、生产专业化、经营一体化、服务社会化。

1. 基地建设不断完善，生产水平不断提高。顺义县在副食品生产上，充分调动集体和个人两个积极性，不断加大农业投资力度，积极推广和引进农业科技，提高了基地生产水平。到 1996 年底，全县形成了年产蔬菜 8.5 亿千克，年出栏、加工商品猪 100 万头，年出栏肉鸡 3 000 万只，年产商品蛋 3 000 万千克，年出栏商品鸭 500 万只的生产能力。经过多年的发展，顺义县基本形成了粮食、肉类、瓜菜、水果和水产五大类农产品的生产基地，成为首都重要的副食品供应基地。

2. 龙头企业得到加强，带动作用日益明显。改革开放以来，农民虽然对市场经济有所认识，但在联产承包责任制下，亿万农户与开放的大市场连接有困难。单个农户进入市场存在信息不灵、交易成本高和市场风险大等困难。而农副产品加工企业、收购企业长期从事农产品的加工贸易，与一般农户相比较，有市场信息灵，市场意识强的优势，随着转向市场经济的逐步深入，这类企业得到发展壮大，逐步成为带动千家万户进入市场的龙头企业。顺义鲲鹏集团就是其中典型的一例。1994 年初成立的北京鲲鹏食品集团公司是以顺义县肉类联合加工厂为龙头，以畜牧场、食品站、兽医站、饲料厂等 61 个紧密层企业为依托的生产、加工、销售一体化，牧工商结合的大型肉食品企业集团。通过专业化、规模化生产、科学化管理，使生产要素合理配置，提高产品的精加工、深加工和综合利用水平，提高产品的竞争能力、市场占有率和出口创汇能力。到 1996 年底，拥有固定资产 2.8 亿元，年屠宰加工能力 120 万头，冷储能力 1 万吨，熟食加工能力 4 000 吨。正是鲲鹏这样的生猪产加销龙型企业的良好运行，使大家对产加销一体化企业在市场经济中的地位和作用有了一定的认识，开始按照市场经济规律，以优势互补、手段互补、利益互补的原则，组建龙形企业集团，实现千家万户的小生产和大市场的对接，联合农户共闯市场，把产加销三个环节有效地结合起来。

3. 一体化经营组织得到发展，服务体系日益健全。顺义县制定了《关于加强农业科技服务体系建设，大力推进农业科技进步若干问题的规定》，利用在乡镇政府机构中设有的农技、农机、水利、水产、经管、畜牧、林业和蔬菜等农业八站，在农业发展中的作用，为生产者提供产前、产中、产后服务，有的乡镇站发展成为产加销一体化的服务组织。另外，顺应市场需求，支持农民自行组建服务组织，并吸引民营科技企业进入农业产业化服务和市场中介领域，使之成为推动农业产业化进程的一支生力军。

4. 市场网络建设得到加强，农产品商品率提高。为了使农产品顺利进入市场，顺义县提出了“挤占首都市场、开拓全国市场、登陆国际市场”的市场发展战略，到1996年底，全县累计开拓乡村集贸市场、便民小区市场和农副产品批发市场等各种市场销售网点1 300个，其中市内网点1 100个，外埠网点198个，海外网点2个。不仅使沿河乡的“沿特”牌蔬菜成为北京高级宾馆、超市的首选净菜，尹家府的山药、北京田野食用菌公司的香菇、前鲁养鸭中心的分割鸭和鲲鹏集团的鲜肉还分别打入了日本和俄罗斯市场。

经过十几年的实践和探索，顺义农业发生了重要变化，呈现出以下四个明显特征：

1. 生产过程专业化。1986年以后，顺义按照农村经济专业化、商品化、现代化的发展目标，推进农业适度规模经营，探索农业现代化发展道路，使整个农村经济全部走上了专业化发展的轨道。不仅从事二、三产业的劳动力不再经营土地，也不再经营其他农业生产项目，就是搞种养业的，一般也是专业从事一项生产，不再兼营他业。专业化分工，是商品经济发展的基础。生产过程的专业化，打破了小农经济自给自足的生产方式，在较大范围内实现了生产要素的优化配置，大幅度提高了农产品的商品率和农业劳动生产率，奠定了农业走向市场经济的基础，也为社会的发展和进步创造了条件。

2. 经营形式多样化。改革开放以来，顺义牢牢汲取了历史上的教训，在经济发展中坚持不刮风，不搞“一刀切”。由于各个地区的社会经济发展及自然技术等条件不同，农业生产经营方式也不可能只有一种模式。即使是在同一地区，不同的生产内容也会形成不同的经营形式。某一种经营形式，还会随着生产的发展和条件的变化而改变。农业形成生产经营形式多样化的局面，是顺义多年来在经济发展中，坚持因地制宜、尊重农民意愿、按经济规律办事的结果，也是顺义经济能够快速发展的重要因素。

3. 生产手段现代化。改革开放以来，顺义不断增加农业投入，兴修水利，发展喷灌，建立保护地，购置先进农机具，培养高层次农业生产经营管理人员，引进优秀农业科研成果，普及先进农业科技措施，基本上实现了农业生产手段的现代化，极大地改善了农业生产条件，提高了农业劳动生产率和土地产出率。这样，从事农业的劳动力越来越少，但创造的财富却越来越多，农业获得了较好的效益，从事农业的劳动力获得了较高收入，农业生产真正成为务农劳动力致富的一大产业。这表明顺义农业已经摆脱了传统的粗放经营方式，步入了现代化发展新阶段，这正是邓小平同志指出的农业集约经营之路。

4. 产品结构市场化。适度规模经营进一步调动了农民生产和投资的积极性，促进了农业结构的战略性调整和农民向二、三产业的转移。一是种植结构得到了较大调整，多年来以小麦、玉米为主的种植业结构已被打破，加大了蔬菜、林果、牧草及优质粮食的种植面积，粮食和经济作物种植面积的比例已经调整到5.2∶4.8。二是调整了养殖业结构，以奶牛、优质肉牛、肉羊为主的食草动物和特种养殖得到了较大发展。三是大力发展六种农业，即：籽种农业、创汇农业、观光农业、设施农业、加工农业和精品农业。六种农业表现出的高品质、高效益，已经成为顺义农业新的经济增长点。

顺义农业结构调整的突出特点是市场化，即把面向市场作为调整农业产品结构的出发点，而提高农业效益，增加农民收入则是农业结构调整的落脚点。

以上四个特征表明，顺义农业已经初步实现了由传统农业向现代农业的转变，进入了一个新的发展阶段。

第四阶段：确保农民权益，不断规范完善农业适度规模经营（1999—2002年）

农业、农村和农民问题，始终是关系到我们党和国家全局的根本性问题。党的十五届三中全会通过的《中共中央关于农业和农村工作若干重大问题的决定》中明确指出，要长期稳定以家庭承包为基础、统分结合的双层经营体制，关键是稳定完善土地承包关系，坚定不移地贯彻执行土地承包期再延长三十年的政策，同时还提出少数确实具备条件的地方，可以在提高农业集约化程度和群众自愿的基础上，发展多种形式的适度规模经营。顺义地处大城市郊区，农村商品经济比较发达，自1986年开始推进适度规模经营，已经取得了明显的成效，但在推进这项改革试验的过程中，也有很多不尽如人意的地方，特别是在土地集中的方法上，歧义较大。顺义采取了政策引导加行政推动的方式集中土地，即针对当时大多数农民的吃粮顾虑及对放弃土地农民的补偿问题，制定了“口粮供应政策”、“就业政策”等，鼓励农民放弃土地，使土地向务农劳动力集中。在农村商品经济迅速发展，农业比较效益相对较低的情况下，农民本已不愿意经营土地，加上政策的引导推动，大多数农民都自愿放弃了自己承包经营的土地。这种做法，虽然加快了土地的流转集中，但却不利于稳定家庭联产承包，不利于保护农民权益，这也是顺义推进农业适度规模经营进程中尚未解决好的一个重要弊端。

党的十五届三中全会以后，区委、区政府主要领导十分重视，多次组织区级领导成员认真学习《决定》和中央16号文件，并结合全区农业改革和发展的实际展开讨论，大家深深感到过去在推进适度规模这项改革的过程中，还没有完全按照中央的要求，把属于农民的土地承包经营权直接交给农民，真正让农民按照自己的意愿决定是否经营土地，这次必须通过落实土地延包政策“还权于民”，把过去不完善的环节弥补上。因此，区委、区政府决定下大力量搞好土地延包政策的落实工作，并在稳定承包关系的基础上，建立起土地流转机制，使农业适度规模经营与家庭承包经营“接轨”，确保农民权益。

为了做好这项工作，区委、区政府主要领导亲自召开农业主管部门领导、乡镇党委书记、农村党支部书记、农业企业负责人、各业承包经营者等不同类型的座谈会，倾听各层次人员的意见。与此同时，区政府农委抽调人员组织了8个调查组，全面了解土地承包经营的有关情况。在深入调查研究的基础上，区委、区政府精心制定了《关于坚持以家庭承包经营为基础统分结合的经营制度，稳定土地承包关系的实施意见》，经多方面征求意见并反复修改后，于1999年底以区委35号文件下发，并利用几个月时间抓好落实。主要工作包括以下三个方面：

1. 土地确权，稳定承包关系。按照土地承包经营权是属于农民的，必须稳定承包关系的要求，这次全区把土地承包经营权按照现有农业人口和土地面积，确定到每个农户，并按中央16号文件规定，由区政府统一印制颁发《土地承包经营权证书》，把30年的土地承包经营权落实到每一个农户。根据不同地区基础条件不同，在实践中坚持保护生产力和因地制宜的原则，采取三种方式落实承包权。对农民要求种地的采取确权确地，对农民不愿意种地的采取确权确利，对已经形成规模生产的在农民同意的情况下，可以把自己应该承包的土地折合成股份，叫确权确股，落实结果，全区有 303 647 人领取了《土地承包经营权证书》，占全区农业人口的 73.1%；确权土地面积 921.2 公顷，占全区耕地总面积的 83%。通过土地确权，农民得到了稳定的土地承包经营权。

2. 建立流转机制，搞活土地使用权。土地确权后，不是简单地搞人均分田，而是先建立土地流转机制，使不愿意种地的农户可以自愿、有偿、依法把自己拥有承包经营权的土地，通过转让、转包、入股等多种形式流转给他人或集体经营，在获得土地承包经营权的农户中，有 63 159 户将土地流转给他人或集体经营，占土地确权农户的 70.9%。

3. 加强合同管理，依法保护农民的合法权益。在土地承包经营和流转的过程中，为了保护发包方、承包方、转包方、接转方等各方面的合法权益，顺义区委、区政府在这次落实土地延包政策的过程中，提出了统一合同文本，规范合同管理的要求：①全区统一印制《土地承包合同书》和《土地使用权流转合同书》；②凡直接承包经营自己拥有承包经营权的土地，集体和承包户必须签订《土地承包合同书》，并由乡镇经管部门直接管理；③土地流转，转出方和接转方必须签订《土地使用权流转合同书》，村经济合作社建流转台账，报乡镇经管站备案。初步实现了承包合同管理规范化。

顺义通过贯彻十五届三中全会精神，认真落实土地延包政策，进一步明确了土地的集体所有权，稳定了农民的土地承包经营权，搞活了土地使用权，让土地按照农民的意愿和市场机制实现了流转，既调动了农民投入和进行结构调整的积极性，又使农业适度规模经营进一步得到完善，真正植根于家庭承包经营的基础之上，广大农民群众和农村基层干部都比较满意。

三、顺义县推行适度规模经营的效果

顺义县在农村工业发展，农村劳动力大部分转移到非农产业以后，根据不同生产力水平实行不同形式的适度规模经营，对增强农业发展后劲，加快农业现代化进程都收到了较好的效果。

首先是调动了农民种田积极性。农村中适合、喜欢种地的劳动力通过扩大经营规模，可以得到不低于一般非农就业劳力的收入。也使国家一系列支农惠农政策产生更大效应。

其次是促进国家和经营者对农业的投入。顺义县在推行农业适度规模经营以后，连续三年对农业投入 1.8 亿元，改善了农业生产条件。

第三是促进了农业现代化进程。基本实现了农业机械化，初步实现生产手段的现代化，根据市场需求进行经营决策，初步实现经营方式的现代化；提高了农业企业化管理水平，初步实现了管理手段的现代化；加大机手、技术员等专业技术人员投入，培训农民学习科技知识，初步实现农业生产者的现代化。

第四是促进了农村专业化分工。基本改变了户户种田，人人种地的小农经济生产格局，初步使农村劳动力各尽所能，各得其所。

四、实行农业适度规模经营引起社会广泛关注

顺义县推行农业适度规模经营，始终得到市委市政府的坚强领导和大力支持，也得到

国家有关部门和中央领导的肯定，同时引起社会的广泛关注。

1987年7月11日中央农村政策研究室主任杜润生同志到顺义听取汇报，指出“要结合中国特点探索农业发展道路。顺义县的农业适度规模经营是很好的尝试，应该坚持下去。”不久，将顺义县纳入全国改革实验区。

1987年10月4日，时任中共中央总书记的赵紫阳同志、国务院副总理田纪云同志，在中南海听取了顺义县委书记张金铎同志、县长吴桂云同志关于推行农业适度规模经营的工作汇报。

1988年6月13日，彭真同志来顺义视察，就中国农业的发展道路问题指出，中国农业社会主义道路怎么走，我在顺义看到了，就是搞规模经营，加上发展乡镇企业。搞适度规模经营在适度上要下工夫，要根据实际，不能搞一刀切，也不能一成不变。

1987年5月北京市委农村工作部、北京市农村经济研究会召开京郊适度规模经营理论研讨会，一百多名专家、学者、实际工作者参加了会议。

期间《人民日报》等新闻单位对个别农村土地承包纠纷问题作了报道，进而认为顺义县的粮食产量有折扣。后经市、中央两级调查组的核实，认为没有大的问题。1989年11月9日，《人民日报》在第一版显著位置刊登《顺义县粮食生产跃上新台阶》的报道。阐述了顺义县从自己的实际情况出发，稳步推进适度规模经营，增加农业投入，使今年粮食生产突破五亿千克，居北京郊区之冠。

第二十七章　怀 柔 区

怀柔区位于北京市东北部。据县志记载，于明洪武元年（1368年）12月建县。称怀柔县。1948年12月6日解放，新中国成立后属河北省通州专区，1958年4月划归河北省承德专区，同年10月划归北京市。2002年4月撤县建区。

怀柔区南北狭长，形似哑铃，南北长128公里，东西最宽处37公里，最窄处仅11公里。全区总面积2 128.7平方公里，常住人口26.5万人。境内多山，有名称的山峰500多座。山区面积占总面积的88.7%，平原面积占11.3%。全区土地面积21.29万公顷，其中耕地面积1.49万公顷，占7%，林地11.76万公顷，占55.2%。水资源丰富，境内四级以上河流17条，有涌量稳定的山泉261处。

山场资源广阔，是北京郊区重要的果品生产基地，主要果品有板栗、大扁杏仁、核桃、苹果、梨、柿子等。山多、水多、林木多为旅游观光开发提供了丰富的自然资源。全区共有各类旅游资源58处，其中自然旅游资源8类32处，人文旅游资源10类26处。已开发的慕田峪长城、红螺寺、雁栖湖等旅游风景区，吸引了大批中外游人。旅游业已成为全区的支柱产业之一。

第一节　农村合作经济演变、现状及特点

一、合作经济的演变

怀柔农村合作经济的发展演变，经历了农业合作化、人民公社化和改革开放以后三个阶段。

农村土地改革结束后，中共怀柔县委贯彻党中央“组织起来发展生产”的方针，引导农民走互助合作道路。1950年全县有临时互助组275个，一般每组3～5户。大活集体干，小活分散干，忙时互助，闲时单干。互助组是农村最早的合作形式，其经营管理特点是：相互帮助，实行以工换工的方式结算。1951年全县临时互助组发展到459个，长期互助组66个，入组农民2 625户，占总农户的8.8%。1952年底，全县5个区192个村，共组织3 789个互助组，其中长期互助组1 575个，占互助组数的40%，参加农户为21 624户，占全县总农户的66.5%。

1952年初，县委试办两个农业生产合作社，入社农民有18户。年底有13个互助组转为合作社，农业合作社数目达到15个。1954年农业社发展到91个，入社农民1 361户，占全县农户的4.2%。1955年出现入社高潮，到年底，全县90%以上农民入社，建成382个农业生产合作社。初级社实行土地入股，由社统一使用土地、农具，社员共同劳动，分别记

工，按劳五地五比例进行分配，适当留些公共积累。1953年5月县委对合作社的调查报告中写道："土地伙营、农具伙用，经济上合作，集体生产，打井、修水利、抗旱播种，抢农时，都好于单干农民"。也有个别社在分配比例上有所调整。如苏峪口蔡守田社年初定"劳五地五"，年末实际落实为"劳六地四"，果园"劳四树六"，社员较为满意。

1956年初，合并小社，办高级社，全县建立高级社121个，其中联乡社1个，1乡1社80个，联村社1个，1村1社39个。到1957年底，全县共建成高级社155个，后又调整208个。高级社取消土地入股分红，全部收益实行按劳分配。具体在执行中经营形式不尽相同。比较典型的有黄坎乡九渡河社实行果树包工包产；刘各长乡西三村农业社推行小段包工按件计酬办法；凯甲坟乡峪口社实行以产定工的计酬办法；杨宋庄乡张各庄社推行"五定"即定地块、定产量、定措施、定工分、定麦田奖惩。高级社的内部管理机制及分配程序是：社员原有土地一律归集体所有（集体耕地的5%作为社员自留地、地权也属集体）。高级社通过民主选举设管委会，下设生产队。高级社制定生产计划，统一经营农、林、牧、副各业，对各生产队实行"三包一奖"（包工、产、投资、超产奖），年终分配是总收入扣除开支，交足国家农业税，留5%～8%的公积金和公益金，然后按三包一奖分配到队，生产队按工分分配到户。

1958年8月，全县208个高级社合并为5个人民公社，即：八一人民公社（桥梓）、东风人民公社（王化）、红光人民公社（琉璃庙）、钢铁人民公社（汤河口）、红旗人民公社（长哨营）。1960年10月，全县5个人民公社又合并为桥梓、青石岭、城关3个人民公社，后又新建了王化公社。人民公社的劳动组织实行军事化、劳力编成班、排、连；生活实行集体化，搞大兵团作战，生产管理搞大协作，打破队界、村界、社界，劳力统一调配；对原高级社的生产资料及公共积累，实行公社统一调用。分配上扩大按需分配、缩小了按劳分配。人民公社成立不久，"一大二公"的体制暴露出许多问题，社员思想一度混乱。

1959年3月，贯彻中共八届六中全会决议精神，实行公社、大队（管理区）、生产队（村）三级核算，各计盈亏的制度，普遍推行"三包一奖四固定"管理体制。

1960年3月，怀柔县进一步作出了"三包"落实到队、措施落实到田，责任落实到人的决定，提出既要以粮为纲，搞好粮食作物的"三包"，又要对林、牧、副、渔全面进行"三包"。在具体做法上，对畜牧采取以畜定产；对林业、蔬菜，既要包产量，又要包产值；对副业定件计产值。

1961年4～5月，由彭真带领的工作组在怀柔县的一渡河、驸马庄、梭草等村就人民公社体制和政策问题进行调查研究，邓小平曾到梭草村召开社队干部及社员座谈会，听取各方面意见。之后，怀柔县认真贯彻中央《农村人民公社工作条例》（即《六十条》）的各项规定，将全县4个人民公社调整为21个人民公社，辖245个大队、766个生产队，以大队（村）为核算单位。在分配上，取消了供给制，实行社员评工记分按工分计酬。

1962年后，基本核算单位下放到生产队，实行三级所有队为基础。全县劳动组织形式主要有四种：一是生产队长直接带班，既组织生产又带头劳动；二是临时作业组；三是固定作业组；四是分散小山庄以片为单位设立常年作业组。在计酬方法上，主要有常年定额包工、小段包工，死分活评和按劳动底分记工等。

1965年11月，县委针对生产队分配核算及干部补贴出现的一些问题，出台了《关于劳动管理工作意见（草案）》，要求“公社会计要加强对大队、生产队会计人员的辅导监督检查，不断帮助其提高政策和业务水平”。“文化大革命”中，农业学大寨、割“资本主义尾巴”，取消自留地，限制农民开展家庭副业，批判“物质刺激”、“工分挂帅”，实行大寨式评工记分等一系列“左”的政策，使农民的生产积极性受到抑制，1976年粉碎“四人帮”后，人民公社体制下的经营管理工作重新列入重要议事日程。在加强财务管理上，推广了范各庄公社马家坟大队实行民主理财的经验。在加强劳动管理上以怀发（78）29号文件印发了杨宋庄公社《关于加强劳动管理若干问题的试行办法》。

1978年党的十一届三中全会以后，贯彻《中共中央关于加快农业发展若干问题的决议（草案）》，怀柔县开始实行农村经济体制改革。1980年长哨营公社西石门村实行土地承包到户，1981年沙峪公社北沟村实行土地、果树包干到户，1982年全县普遍推广家庭承包经营，到年底实行土地、果树包干到户的生产队占全县生产队总数的97%。1983年实行政社分设，建立乡（镇）政府，乡（镇）级合作经济组织改称农工商联合总公司。1984年撤销生产队建制，以村为单位建立经济合作社。与此同时，相继对乡（镇）企业的管理体制进行了改革，先后推行了企业承包经营、租赁经营、联合经营、股份合作及产权重组转制。

二、现状

经过半个世纪的发展、演变，到2002年底统计，全区共有乡（镇）级合作经济组织14个，村级合作经济组织286个。在区委、区政府的领导和支持下，经过改革的怀柔农村合作经济充满生机和活力。经济发展速度加快。2002年农村经济实现总收入124.2亿元，比1980年增长118.6倍，平均每年递增24.3%；纯收入19亿元，增长36.5倍，年平均递增17.9%。集体经济实力增强。2002年全县农村集体资产总额85亿元，比1980年增长75.1倍；所有者权益38亿元，增长39.9倍；农民人均所有者权益20 347元，增长43.1倍。农民收入水平大幅度提高。2002年全县农民人均劳动所得5 776元，比1980年增长35.9倍，平均年递增17.7%。农村经济的快速发展，集体经济实力的增强，农民收入水平的提高，拉动了城市发展建设，推动了城市化进程。1980—2002年怀柔城区居住人口由2.6万人增加到10.6万人，20多年时间城市规模扩大了4倍；在增加的城市居住人口中，有80%以上来自本县农村。尤其是怀柔县北部深山区5个乡镇，1980年人口总数为6万人，到2000年减少到3.5万人，加上20年自然增长的人口约1万人，向城镇转移的人口达到3.5万人，也就是说有50%的人口转移到城镇居住，不仅为城市发展做出贡献，而且对于改变山区生态环境产生了巨大影响。

三、特点

经过二十年的改革开放，怀柔农村合作经济呈现以下三个特点。

（一）乡（镇）、村合作经济由以生产经营为主逐步转移到资产经营和为农民提供生产、生活服务为主

怀柔镇新贤街村原有集体企业30多家，除天联热力公司仍属村集体企业，实行承包经营以外，其余集体企业全部拍卖，重组改制，仍属集体所有的商铺、厂房、场地等资产，实行租赁经营，年收益140万元。村合作社对年满女50岁、男55岁的社员发放退休养老金，每人每年6 600元（含600元过节费），退休社员因病住院医疗，合作社报销住院医疗费每年2 500元。

（二）乡（镇）村合作经济实力发展不平衡，乡（镇）级合作经济实力高于村级

根据2002年底统计资料分析，全区286个村合作社中，集体经济薄弱，人均所有者权益不足1 000元的村合作社有135个，占村合作社总数的47.2%；经济实力一般，人均所有者权益1 000～5 000元的村合作社有88个，占村合作社总数的30.6%；经济实力较强，人均所有者权益在5 000元以上的村合作社有63个，占村合作社总数的22.2%。琉璃庙镇得田沟村59户，160口人，1983年实行土地家庭承包经营后，在党支部书记、村合作社社长马连科带领下，在为承包农户提供服务的同时，坚持发展集体经济。到2002年底，全村集体资产总额共计2 612.2万元，其中所有者权益2 557.2万元，人均152 214.29元。1995—1996年集体投资250万元，帮助农户翻建房屋，整修街道，改善了农民住宅条件；全年免费供应社员每人口粮100千克（其中大米50千克、面粉50千克），白酒一箱、水果一箱、食用油一桶（10千克），中秋节发过节费100元，60岁以上的老人每月发养老金50元，免费为农户提供生活用水。实现了共同富裕，2002年全村人均纯收入1.3万元，农民存款2 000多万元，户均30多万元。

乡（镇）、村两级集体经济实力相比，乡（镇）级强于村级。2002年乡（镇）、村两级集体拥有净资产379 526.1万元，人均占有20 349元，其中乡（镇）级集体净资产为249 028.5万元，农民人均13 352元，占65.6%；村集体净资产130 497.6万元，农民人均6 997元，占34.4%，乡（镇）级高于村级32.2个百分点。

（三）在农民收入来源中，乡（镇）村合作经济集体分配收入的比重下降，但仍是主要渠道之一

农业合作化和人民公社化时期，农民除利用早晚时间经营少量自留地和家庭养殖业外，几乎全年参加集体生产劳动，其收入来源绝大部分依靠集体统一经营分配，年收入中来源于集体分配收入一般占80%以上。1983年实行土地承包经营后，乡镇企业异军突起，农民进厂务工，其务工工资收入曾占农民收入的一半以上。进入90年代后期，乡镇企业重组转制，农民收入来源构成中，来自集体经济分配收入的比例下降。据区经管站财务科统计，1990年全区农民人均纯收入1 309元，来自乡（镇）村集体企业和合作经济组织的分配收入323元，占34.7%；1995年农民人均纯收入2 405元，其中来自集体分配收入672元，占28%；2002年全区农民人均纯收入5 776元，来自集体分配收入618元，占农民人均年纯收入的比例下降到10.7%。

第二节　建立和完善农业生产责任制

1978年党的十一届三中全会以后，在“解放思想、实事求是”思想路线指导下，怀柔县对农村合作经济以“集体统一经营、集中劳动、工分分配”为特征的高度集中的管理模式不断进行改革，逐步实行了以“土地家庭联产承包为基础的双层经营”体制，解放了农村生产力，促进了农村集体经济的发展和农民收入的增加。

怀柔县农业生产责任制形式的改革与演变，概括起来经历了六个阶段：

（一）田间管理责任到劳，定额计酬

1979 年在全县 832 个基本核算单位中，有半数以上的基本核算单位实行了田间管理责任到劳，定额计酬，对改变“出勤大拨轰，劳动一窝蜂”的劳动组织形式和大寨工分的平均主义计酬方法有所改进，对提高劳动生产效率，发展农业生产起到了一定促进作用。

（二）联产承包到作业组

田间管理责任到劳、定额计酬责任制形式的计酬标准是社员从事田间作业的数量和质量，由于农业生产具有经济再生产和自然再生产交织在一起的特殊性，而自然再生产的过程有许多不确定的因素，因此制定劳动定额的尺度很难把握，检查农活质量又很复杂。1979 年实行这种责任制形式的核算单位坚持下来的只有 20%，多数地方流于形式，中途夭折。与此同时，有的基本核算单位划分作业组，对作业组实行包工包产联产奖励责任制。长哨营公社杨树湾大队（以大队为基本核算单位），全队有 50 户，1979 年划分 3 个作业组，实行作业组承包，当年粮食平均亩产和全村集体纯收入增长幅度都达到 30%以上，高于所在公社增长幅度的一倍，人均生产粮食达到 1 吨。1980 年全县推广了这个村包产到作业组的经验，实行承包到作业组的有 538 个基本核算单位，占全县基本核算单位总数的 64.7%。

（三）联产承包到劳到户

联产承包到作业组，劳动组织缩小了，实行包工、包产、包费用开支，作业组有一定范围的经营自主权，组与组之间相互竞争，对于发展生产起到了促进作用。但是这种责任制在作业组内仍是集体劳动，组内社员之间干好干坏分配仍无明显差别，而且社员没有支配劳动时间的自主权。从 1979 年建立农业生产责任制开始，山区个别地方就出现了包产到户。长哨营公社榆树湾村，1979 年春把离村五华里的两条山沟地分别承包给居住在附近的朱元枝、马桂有等两户农民，当年就收到奇效。这两条山沟共有 3.07 公顷耕地，往年村集体统一种植管理。年产粮食只有 2 000 千克左右，而承包到户当年就产粮食 5 800 千克，增长 1.8 倍。承包户劳均当年获得纯收入近千元，相当在生产队劳动年分配收入 3～4 倍。小山庄包产到户的实践，引起了当地农民的极大关注和兴趣，许多村干部、农民自动去参观考察，要求效仿。在广大群众迫切要求之下，1980 年这个乡 60 个生产队中，有 6 个生产队实行了包产到户，普遍取得了大幅度增产增收的效果。西石门村地处深山沟，共有 2 个生产队，60 多户，220 人，人均 1 亩耕地，分布在十多条山沟里，有 3 200多块，最大的地块不足 2 亩，小的地块只有几厘。面对如此零碎、分散的耕地，农业合作化后，以生产队为单位统一种植、集中劳动，生产效率极低。全村年生产粮食只有 3.5 万～4 万千克，人均生产粮食在 150～175 千克左右徘徊，农民人均分配水平只有30～50 元，长期处于吃粮靠统销、花钱靠救济的极度贫困和饥饿状态。包产到户当年，全村粮食总产量达到 8 万千克，人均产粮达到 350 千克，实现口粮自给有余。承包农户在承包土地上间种瓜菜，自给有余，人均纯收入成倍增长，包产到户一年解决了农民长期渴望的

温饱问题。秋收后，怀柔县委书记张满同志到该村调查访问，农民像见了亲人一样感谢党给他们的好政策，许多农民指着自己的粮仓对书记说："过去好多年总吃不饱饭，腰杆总弯着，直不起来，这回可吃上饱饭，腰杆直起来了。"1980 年秋杨宋庄公社解村大队从冬小麦播种开始，把土地承包到劳动力，实行按劳承包，增产增收效果也很明显，1981 年全村粮食产量比上年增长 1 倍，农民人均分配由上年的 96 元增长到 228 元。这些经验从 1981 年开始逐步在全县推广。1981 年实行联产到劳和包产到户责任制的有 220 个基本核算单位，占全县基本核算单位总数的 25%，1982 年增加到 523 个，占 59%。

（四）包干到户、家庭经营

联产到劳到户责任制形式，农民由集中统一劳动变为分散独立劳动，可以自由支配劳动时间，家庭辅助劳动力的作用得到发挥；在分配上联系最终成果计算报酬，体现了多劳多得，因而有利于调动农民的生产劳动积极性，促进了农业生产发展。但一般联产到劳责任制超产奖励偏低，承包者所付出的超额劳动得不到相应的补偿，对于调动农民生产积极仍有很大局限。就是实行包产到户的地方，包产以内的产品或收入还要交队记分，用工分统一分配，这样经营管理上的浪费，干部多吃多占都可以成为工分分配的扣除，社员交给集体的产品和收入，依所得到的工分分得的实物和现金，大大低于交给集体的产品和收入作了合理的扣除之后应得到的报酬。这就是说包产到户，还存在工分分配，仍然存在平均主义"大锅饭"。对此，农民还是不满意，县委农村部对榆树湾大队作了调查，社员交队产品所得到的工分，再用工分从集体分得实物和现金，比应得的劳动报酬少 20%左右。该村农民彭明山，1982 年承包生产队 1.21 公顷土地，实产粮食 11 165 千克，包产指标 8 000千克，按这个队的粮食价格，交队的 8 000 千克粮食，价值 2 400 元，扣除集体提供的生产费用 700 元，还有 1 700 元，按纯收入 20%扣除国家税金、集体积累、管理费用共计 340 元，彭明山应得到劳动报酬 1 360 元，实际上彭明山交队 8 000 千克粮食，记了 6 400分，日值 1.2 元，得到劳动报酬 768 元，比应得少得 632 元，占应得报酬的 46.4%，少得部分就是工分分配和管理浪费所做的不合理的扣除。群众从关心自己的物质利益出发，要求取消集体统一分配，"交够国家的，留足集体的，剩下都是自己的。"但当时对于取消统一分配的"大包干"责任制形式认识很不一致，有的把"大包干"误认为是分田单干。1982 年 7 月中共北京市委召开了有区县委主要负责人参加的农村工作会议，在统一思想认识的基础上，对在郊区推行农村家庭承包包干分配责任制作了部署。根据市委农村工作会议精神，怀柔县委、县政府从农口部委办局抽调 20 多名有农村工作经验的干部，分别深入到平原、丘陵、山区不同类型的大队进行大包干责任制试点，取得直接经验的基础上，县委下发了《关于建立和完善农村生产责任制的意见》，并转发了县委农村工作部《关于专业承包、包干计酬责任制试行办法》，从县乡两级抽调近 700 名干部组成工作组深入实际帮助村队落实家庭联产承包、包干分配责任制。据县委农村工作部《关于一九八三年农村建立生产责任制情况的报告》显示：到 1983 年底，全县 885 个基本核算单位实行大包干责任制的有 860 个，占 97%。

在推行家庭联产承包包干分配责任制过程中，确定"统"还是"分"，坚持以提高经济效益为标准。县委工作组在北宅村进行"大包干"试点工作中，遇到的一个突出问题是，大队、生产队集体猪场是统还是分，争论很激烈，多数村队干部群众认为，过去集体猪场没有单独核算，是由集体统收统支，集体养猪赔钱是通过减少社员工分分配来补偿的，如果实行家庭联产承包取消了集体分配，维持集体养猪，集体经济难以承受。要求把集体母猪下放到户，“队繁户养”改为“户繁户养”。公社领导和部分村干部担心犯错误，主张仍坚持“队繁户养”。面对这种情况，工作组进行了认真调查、分析、比较，其结果是：当时该村有7个集体养猪场（其中：大队1个，6个生产队每个生产队1个），1981年共养成年母猪130头，平均每头母猪出售仔猪8头，每头平均个体重4千克，每头母猪出栏仔猪总重量32千克，只相当盈亏平衡点的21.3%。同年，社员家庭饲养的14头成年母猪，平均每头母猪年出售仔猪14.4头，每头仔猪个体重8千克，平均每头母猪年出栏仔猪总重量115.2千克，高出集体养猪的2.6倍。县委书记赵诚在听取工作组和社队干部大包干试点情况汇报时明确指出，处理统与分的标准是经济效益，既然集体饲养母猪赔钱，家庭养母猪赚钱，有利可得，就应该支持多数干部群众把集体母猪下放到户去饲养的要求。这个村在土地果树承包到户的同时，7个猪场全部解散，所有母猪全部出售给农户去饲养。这样就避免了集体经济的损失。

（五）专业承包适度规模经营

实行包干到户家庭经营大大解放了生产力，推动了农业生产和农村经济的发展。1986年与1982年相比全县粮食总产增长7.8%，油料总产增长19.4%，干鲜果品总产增长60.4%，农村经济纯收入增长2.4倍，农民人均纯收入增长1.53倍。随着农村经济的发展，农村劳动力就业结构和收入来源发生了深刻变化，从事农业与非农业劳动力的就业比例从1982年的8∶2变为4.8∶5.2，农民人均纯收入来源农业与非农业的比例由1982年的7.6∶2.4变为6∶4。1986年，平原九个乡镇在乡镇企业就业的劳动力占劳动力总数的比例已经达到54.9%，从事农业生产的劳动力下降到20.2%；农民人均纯收入963元，来源于种植业207元，只占21.5%。随着农村劳动力向非农产业的转移和农民收入来源中非农比重的增加，农民对土地的依赖程度减小，种粮积极性下降。据平原地区15个村103户调查，有8户不愿种地，占7.8%，有30户只愿种口粮田，不愿承包责任田，占29.1%，有22户要不要责任田两可，占21.4%。这些农户不愿继续在土地上投入，满足于“够吃就得”。从1987年开始县委县政府在平原经济比较发达的村，推进专业承包，适度规模经营。到1990年全县实行规模经营的粮田1.38万公顷，占全县粮田面积的26.3%，经营粮田集体农场18个，种粮专业队37个，种粮专业户3 306户。全县商品菜636.2公顷，均实行规模经营，其中种植蔬菜的专业队81个，专业户651户。实行规模经营的果园面积2 975.8公顷，占全县果园面积的32.8%，建立果树专业队74个，专业户1 271个，对于提高农业劳动生产率和促进乡镇企业的发展均起到积极作用。

（六）延长土地承包期

1983年开始全面推行家庭联产承包，包干分配责任制时，一般承包期比较短，农民承包地块变动频繁。据1997年底统计，全县1.34万公顷粮田，平原地区承包期多数为3～5年，山区5～10年；菜田1 198公顷，承包期5年以下的有0.11万公顷，占89.2%；6～15年的812公顷，占6.8%；16～29年的46.67公顷，占3.9%；30年以上的2公顷，占0.2%。果园面积0.78万公顷，承包期在5年以下的有0.34万公顷，占43.5%；承包期6～15年的0.27万公顷，占34.2%；承包期6～30年的0.17万公顷，占21.4%；承包期30年以上72.73公顷，占0.9%。散生果树面积2.41万公顷，承包期在5年以下的0.43万公顷，占18.1%；6～15年的0.86万公顷，占35.8%；16～30年的1.07万公顷，占44.6%；30年以上的383.4公顷，占1.6%。土地承包期长短直接关系到农民对土地投入的积极性。三渡河乡四渡河村430口人，耕地11.47公顷，散生果树157.67公顷，1983年土地果树全部包干到户，承包期为50年，农民积极栽树管树。1997年果品产量达到23万千克，收入140多万元，分别是1983年的7倍和10倍。沙峪乡沙峪村1992年把果树承包期延长到30年，并将延长果树承包期写进了社章，极大地调动了农民发展果树的积极性。到1997年全村95%以上的承包农户所承包的地段全部栽满种严，共植树30万株。党支部书记李宗义说："稳定土地承包关系是民心所向"。

1997年8月27日，中共中央办公厅国务院办公厅发出《关于进一步稳定和完善农村土地承包关系的通知》（以下简称中办［1997］16号文件）。1997年11月11日，中共北京市委、北京市人民政府发出《关于进一步深化农村经济体制改革，落实农村经济政策若干问题的意见》（以下简称京发［1997］14号文件）。1997年12月9日中共怀柔县委办公室、怀柔县人民政府办公室发出《关于转发县委农工委、县农委〈关于贯彻落实党在农村基本政策若干问题的意见〉的通知》。明确农民家庭承包的土地要延长30年不变，集体农场经营效益好的要继续坚持，经营效益不好的可以变为家庭承包经营。荒山治理和农业开发性承包，承包期可以更长。通过县委县政府召开乡镇领导干部会议部署，举办村干部培训班，从县乡抽调干部深入乡村具体帮助指导，反复抓落实。到2000年底，全县实行家庭联产承包经营的271个村，普遍延长了土地承包期，承包期延长到30年以上的有240个村，占实行家庭承包经营数的88.6%，承包耕地面积9 706.7公顷，占家庭经营总面积的91.9%；承包期15～29年的4个村，占1.5%，承包土地面积73.87公顷，占0.7%；承包期5～14年的22个村，占8.1%，承包土地面积664.73公顷，占6.3%；承包期5年以下的5个村，占1.8%，承包土地面积114公顷，占1.1%。全县有散生果树的村161个，已完成延长承包期工作的151个村，占97.5%。其中：承包期延长到30年以上散生果树面积占总面积的92%。全县254个村有果园，完成延长承包期的247个，占97.2%；承包期延长到30年以上的果园有0.12万公顷，占44%。

通过贯彻中办［1997］16号文件和京发［1997］14号文件，进一步确立了以家庭联产承包为基础的双层经营体制。据统计，到2000年底，全县实行家庭联产承包的村达到271个，占全县有耕地村数的97.1%；家庭承包的粮田面积10 559.3公顷，占粮田总面积的89.7%。

第三节　改革村合作经济组织

一、背景

1983年在全县293个行政村中实行大队统一核算的有108个，有185个大队是以生产队为基本核算单位，有生产队776个。家庭联产承包责任制的普遍实行，生产队组织生产经营的功能已经转移到农户。为农户进行生产、生活服务的功能，因生产队规模过小（一般只有30～40户），服务成本高、不经济，很难形成专业化和职业化，难以提高服务质量。原有的服务设施，如：农业机械、水利灌溉设施、粮食加工设备、科技植保组织等，一般是由大队统一购置和设置，因此，服务组织设置在大队一级较为适宜。由于受资金、劳力、技术、管理等条件的限制，生产队办企业很困难，而大队一级则发展较快。1983年与1982年相比，全县大队级集体收入增长75.9%，生产队级增长28.4%，大队比生产队级高出47.5个百分点，一些已经取消了生产队的大队效果是好的。精简了干部，减少了管理层次，提高了工作效率，经济增长明显加快。庙城乡彩各庄村原有三个生产队，实行“大包干”责任制后，根据群众普遍要求，在乡农村合作经济经营管理站的帮助下，取消了生产队一级，成立了村合作社。村合作社设置了农机、水电、财务会计三个组，原由生产队统一进行的农机作业、灌溉、植保等生产环节和各种承包合同的管理和结算，分别由农机、水电服务组和财务会计组承担，对原生产队的财产、物资进行了清理、登记、作价，再加上库存现金按1984年8月31日在册人口折算到户，作为社员的股金，实行按股分红。这项改革成效很显著，一是精简了管理人员，减轻了农民负担。生产队解体前，彩各庄村大队、生产队两级共有管理及后勤人员37人，年工资总额18 218元，农民人均负担31.58元。取消生产队以后，管理和后勤人员减少到15人，年工资总额减少到11 952元，人均负担减少10.76元。二是积聚了集体资金，促进了产业结构调整。生产队解体后，共积聚资金42 406元，投资8万元建起了三个村办集体企业，安排劳动力40人。三是改善了对承包农户的服务。八道河乡共有6个大队，1984年初，有3个大队取消了生产队建制，这三个大队原有享受固定补贴的干部29人，取消生产队后，只留下15人，减少了48.3%，全年干部补贴总额下降23.1%，1～9月份人均纯收入比上年同期增加145元，而保留生产队的3个大队，同期人均纯收入只增加61元。

经过调查研究，分析比较，县委县政府领导认识到，在农村普遍实行家庭联产承包责任制以后，有必要对农村合作经济组织进行相应的调整和改革。

二、做法

（一）搞好试点，取得指导改革的直接经验

1984年6月，县委派出工作组深入到西庄乡河防口村进行村合作经济组织改革试点。河防口村500户，1 800口人，6个生产队、8家村办企业，农业以粮食、果树为主，经济比较发达。根据中央几个1号文件精神和农民的意愿，试点工作首先从稳定家庭承包入手，把农民承包的土地、果树承包期分别延长到16年和30年。其次，建立村经济合作社，取消生产队，把生产队原有集体资产净值按原生产队人口量化到农民个人，发给农户股权证书，作为农户向村经济合作社的投资股份，享有所有权和收益分配权。村合作社章程规定，社员所持股份可以在本合作社内部成员之间转让。第三，建立健全村合作社农机作业、水利灌溉、科技植保、畜禽防疫、粮食加工等服务组织，为农户生产生活提供必要的有偿服务。

（二）统一部署，集中一段时间，抓改革措施的落实

1984年11月8日，中共怀柔县委召开了由乡镇主要负责人参加的深化农村改革工作会议。会上，八道河乡党委、河防口村支部、彩各庄村合作经济组织，分别在会上介绍了改革村合作经济管理体制，取消生产队的做法和经验，县委对改革村合作经济组织做了具体部署。县委、县政府主要领导指出，建立村经济合作社，取消生产队建制，是与农村土地家庭联产承包相配套的改革，是深化农村改革的必然趋势，各乡镇党委和政府必须尊重农民群众的意愿，切实加强组织和领导。强调取消生产队建制，关键是妥善处理原生产队所有的资产，不能平调，不准平分；妥善安排生产队干部，作好精简下来村队干部的思想工作，保持社会安定团结。要求各乡镇要相对集中一段时间，抓好这项政策措施的落实，防止集体资产流失。与此同时，县委转发了县委农村工作部《关于农村生产队解体后，原有财产处理意见的请示》，要求各乡镇遵照试行，在试行过程中要注意总结经验。同年11月17日，县委农村工作部发出《农村生产队解体后原生产队资金处理的补充意见》。同年12月8日，中共怀柔县委农村工作部发出《关于农村生产队解体情况和进一步搞好各项工作的意见》。

各乡、镇从乡机关抽调150名干部组成工作组，深入到村帮助抓改革措施的落实。各村在进行这项改革工作时，一般是首先组织干部群众认真学习中共中央1984年1号文件，传达县委深化农村改革工作会议精神，统一认识，制订改革方案。在此基础上，组织清产核资小组，清理原生产队的资金、财产和债权债务，起草村合作社章程，选举村合作社领导班子，然后根据本村实际需要，建立健全服务组织。

这项改革，由于顺民心合民意，得到基层干部和群众的普遍欢迎和支持，进展顺利。到1985年3月23日统计，全县776个生产队取消的758个，占原有生产队总数的97.7%。

（三）妥善处理原生产队的资产

在建立村合作社取消生产队的过程中，原生产队所有的资产如何处理，是农村干部群众最关心的问题。在这个问题上，主要倾向有两个：一是部分社员要求平分，特别是一些家底较多的生产队，担心资产归村合作经济组织得不到实惠，经济上吃亏；二是村干部主张归“大堆”，认为农业合作化后，核算单位几次变动，每次变动都是把资产归“大堆”，社员一时有些意见，过一段时间就忘了。

针对这些思想倾向，县、乡党委、政府通过反复组织干部、群众，学习中央［1984］1号文件和有关农村经济政策，一方面使干部群众认识到，取消生产队，以行政村建立地区性合作经济组织，是完善农村合作制，而不是解散集体。今后，合作经济组织仍是多层次的农村经济主体。另一方面，通过总结历史经验教训，认清“一平二调”给农村经济发展造成的破坏，反复强调，在解体生产队中，对原生产队的物资财产资金，必须坚持：一不能分掉；二不能平调的原则。

怎样做到“不平分，不平调”，在做法上，首先，组织清产核资小组，对大队、生产队的财产、物资、现金、债权、债务、合作化投资、股金进行清理登记，然后逐队逐项核实，按现价进行评价，最后按照计价的财产资金总额，以原生产队为单位，按现有人口，

折算到户，财产现金移交村合作社，作为社员向合作经济组织投入的股份基金，发给各户股份基金手册。合作经济组织对社员的股份基金周转过程中的增值，采取四种分配办法：①全部股金付息分红；②按社员的全部股金分红，高于最低标准的差额部分股金付息；③按全部股金分红；④高于最低标准的差额部分股金分红。

上述四种办法中，前两种办法，对社员全部股金和差额部分股金付息，一方面保护了原资金、财产较多的生产队社员的物质利益；一方面有利于今后地区性经济组织集中社会上的资金，有利于促进合作经济组织改善经营管理，加强经济核算，加快资金周转，发展农村合作经济。凡是经济比较发达，有承担能力的合作经济组织都应实行。后两种办法，对社员全部股金和差额部分股金分红则适用于经营比较单一，以家庭经营为主，统一经营项目较少，集体账内收入很少，没有稳定收入来源，无力承担偿付股金利息的合作经济单位。

对于社员投入股金增值利润的分配，用于付息、分红两项资金的总和，一般不要超过股金增值部分的60%，积累一般不少于40%。

生产队解体工作在面上全面展开以后，在计算社员股金时，县委农村工作部针对工作中提出的一些政策性问题，又作了十条补充规定。

据18个乡149个大队解体的659个生产队统计，股金2 162万元，实行全部股金付息分红的有25个大队，股金248.7万元，占11.5%；高于最低标准的差额部分付息的有7个大队，股金110.1万元，占5.1%；按股金分红的104个大队，股金1 710.2万元，占79.1%；按高于最低标准的差额部分分红的有20个大队，股金93万元，占4.4%。

（四）妥善安排生产队干部，做好精简下来的村队干部的思想工作

在建立村合作社取消生产队建制的改革过程中，各村对原生产队干部一方面根据他们的专长安排适当的工作和劳动岗位。西庄乡河防口村，撤销的5个生产队，原有干部23名，8名有一定工作能力的在村合作社担任了村合作社的领导职务和财务会计工作，4名担任了水电、林业专业队负责人，1名担任了村合作社粮食保管员，其余14人根据本人专长和意愿在村合作社和村办企业安排了劳动岗位，大家比较满意；另一方面，对于精简下来村集体没有安排工作劳动岗位的生产队干部，普遍召开了座谈会，肯定他们在发展农村合作经济中所起的作用和成绩，做好思想政治工作。范各庄、宝山寺等乡还向原生产队干部赠发了纪念品。

三、效果

（一）规范了村合作经济组织

统一了村合作经济组织的名称，建立了村合作社章程，健全了村合作社民主制度和财产制度，为农村集体经济发展奠定了组织基础。

（二）建立健全了村服务组织，增强了村合作社为农户提供产前、产中、产后服务的功能

据县委农村工作部、县农村合作经济经营管理站《关于建立健全农村服务组织的总结》显示：至1986年8月全县建立服务组织372个，服务人员近4 000人，其中乡级服

务组织 5 个，从业人员 32 人，村级服务组织 367 个，从业人员 3 890 人。

（三）精简了干部，减少了农民负担

据 1985 年 3 月 17 个乡、镇统计，原有享受固定补贴的村队干部共计 2 549 人，全年报酬总额 163 万元。建立村合作社取消生产队后享受固定补贴的村干部 1 236 名，减少 51.5%，全年干部报酬 100 万元，下降 38%。

1989 年冬，以巩固壮大集体经济为主要内容，在全县农村开展了社会主义教育工作。全县有 283 个行政村建立健全了合作经济组织，占总村数的 96.9%。选举产生了社员代表大会和管理委员会，制定了合作社章程，完善了各项制度，为进一步巩固壮大集体经济提供了组织保证。

1991 年，为贯彻市委、市政府《关于加强乡村合作社建设，巩固发展集体经济的决定》（京发［1991］2 号），县委下发了《关于批转农工部〈关于开展村级合作社达标评比活动的报告〉的通知》（［1991］18 号），开展了村经济合作社达标评比活动。在合作社建设上，着重抓了两个方面的工作：一是民主建设，建立了社员代表大会制度。1991 年 6 月，县委以怀发（1991）29 号文件下发了《关于开好村经济合作社社员代表大会的通知》，规定“每年一月十日至十七日、七月十日至十七日为全县村级合作社民主办社周。在此期间，利用一天时间认真开好社员代表大会，逐步形成例会制度。”二是 7 月中旬，全县 21 个乡镇的 289 个村经济合作社有 281 个召开了社员代表大会，8 个经济合作社召开了社员大会，共选出监察委员 840 名，代表提批评建议 637 条，答复 572 条，答复率 89.8%。社长工作报告经大会审议全部通过。

1995 年，县委以 23 号文件重新修订并下发了《关于开好村经济合作社社员代表大会的通知》，规定每年的 1 月 20 日和 7 月 20 日为村合作社代表例会日，要求社员代表大会做到“五有”，即有会场、有会标、有报告材料、有讨论记录、有总结；提出了财务账目张榜上墙的主要内容；规定了基本议事日程；要求县委、政府、人大、政协的领导干部及县直部、委、办、局负责人，到乡村参加社员代表大会。

第四节　改革乡、村集体企业

怀柔县乡、村集体企业的改革从建立企业职工岗位责任制、承包经营制、股份合作制到产权重组转制，从而确定了企业的市场主体地位，推动了乡镇企业的健康、快速发展。

一、建立企业职工岗位负责制

1979 年在县公社企业局指导和帮助下，北宅乡北宅砖厂开始试行“五定一奖”责任制，即：定人员、定产量、定质量、定消耗、定成本、超额奖励，克服了企业内部职工干好干坏一个样的平均主义“大锅饭”的弊端，调动了职工生产积极性。1980—1982 年在全县得到普遍推广，还有些企业实行了计件工资制，把企业利益与职工个人利益联系起来，取得较好效果。

二、实行经营承包制

从1983年起，把农业联产承包经营责任制引入了乡镇企业，乡、村合作经济组织，对所属企业逐步推行了承包经营责任制，承包形式主要有“利润包干，超额分成”、“包干上交，超额归己（企业）”、“费用包干，自负盈亏”、“个人承包，包干上交”等四种。1983年全县915家社队企业同乡、村集体签订承包经营合同的达到93%。其中，企业集体承包的占83%，个人承包的占12%。1984年企业内部岗位责任制进一步加强，90%的乡镇企业和80%以上的村办企业将经济责任层层分解落实到车间、班组、个人，拉开了职工之间分配档次，进一步调动了干部职工的积极性。1985年县委、县政府对全县214家重点乡、镇企业的承包经营责任制进行了完善提高，重点解决了承包指标不全，承包期短，企业上交过多，缺乏发展后劲，以及以包代管等问题。1987年10月县委、县政府从县直17个委、局、公司抽调近百名干部深入乡、村帮助落实企业承包经营责任制，到11月底，有620家企业落实了1988年承包经营责任制，占投产企业的81%，其中：实行厂长任期目标责任制的企业达到221个，占工业企业的40%。承包期在两年以上的企业有530个，占已实行承包经营责任制企业的57%；企业税后留利在60%以上企业有400个，占实行承包经济责任制企业的65%。1989年全县95%以上的企业实行了承包经营责任制，其中实行厂长任期责任制的企业达到330个，占乡镇企业总数的46%。有396个企业进行了优化劳动组合，占企业总数的55.1%，通过优化劳动组合，厂级干部减少4.2%，职工减少30%。有495家企业实行了全员风险抵押制度，交纳抵押风险金的职工近3万人，收抵押金492万元。有71家亏损企业采取招标、租赁、拍卖、兼并等形式进行了治理，治理面达到90%以上。1990年对109家规模较小的工业企业和商业服务网点实行了经营者个人承包和租赁经营，占全县乡镇集体企业总数的15.4%。

三、试实行股份合作制

1992年北京市政府农林办公室发布了《关于郊区乡镇企业进行股份合作制试点工作的意见》，1994年4月中共怀柔县委、县政府下发了《关于加快步伐、大力推进股份制和股份合作制改革工作的意见》。县体改办批准股份制和股份合作制企业93家，总股本13亿元，其中股份合作制企业85家。在生产经营过程中，充分发挥股东参与管理的积极性，取得了较好的经济效益。

四、重组转制

由于长期受“左”的思想束缚和计划经济体制的制约，乡镇企业所有制结构单一，投资渠道依赖乡、村集体，融资主要靠向银行借款，渠道狭窄。90年代中期，在我国计划经济向市场经济转变的过程中，乡镇企业面临资金短缺，经营风险加大。据统计，1994年全县乡镇企业资产负债率高达74.1%，超出合理比例24.1个百分点，流动资金严重不足，大量厂房、设备闲置，全县闲置厂房达10多万平方米。为了摆脱企业发展的困境，1995年以雁栖、渤海两个镇为主，进行资产重组试点，当年有52家企业实行了转制、改制。其中：出售（拍卖）、转让企业 7 家，租赁企业 39 家，兼并企业 6 家；盘活存量资产 6 000 万元；利用闲置厂房 45 000 平方米，电力 4 500 千瓦；引进资金 1 400 万元，收取租金 470 万元。1996 年在全县铺开。在乡镇企业重组转制操作上，坚持以“引进增量、盘活存量、扩大总量、优化生产要素配置”为目标，采取增量调整与存量调整相结合，引进与输出相结合，行政推动与市场引导相结合的工作方针，坚持了四条标准：一是集体经济实力是否增强；二是对国家贡献是否增大；三是企业自身总量是否扩大，综合素质是否提高；四是当地农民的就业、农民收入是否增加。坚持了三项原则：一是坚持实事求是，质量坚持高标准，形式不搞一刀切；二是要坚持高起点、宽领域、大范围实施重组。三是要坚持从资产重组入手，突出解决结构矛盾，促进企业经营机制转换。

截止到 2000 年底，全县共有 697 家乡镇企业通过租赁、出售、联营合作、独资、股份制和股份合作制等主要形式实施了重组转制，占改革前企业总数的 87.6%。转为个体私营的 147 家，占重组转制企业总数的 21.1%；盘活利用存量资产 7.5 亿元，占改革前资产总额的 35.8%；共签约并实施各类项目 697 项，实际完成投资总额 24.76 亿元，其中：引进县外资金 21.26 亿元。

经过深化改革，特别是企业重组转制，使全县乡镇企业综合素质大大提升，摆脱了困境，走出低谷，取得了显著成效。

（一）培养了一批规模大、起点高、产品新的企业

1996 年 3 月，雁栖镇将连年亏损的雁南饲料厂以 800 万元出让给大北农集团公司，并更名为北京科高大北农饲料有限公司，当年建成投产。1997 年，被北京市政府农委、市乡镇企业局评为北京市百强企业。1997 年 4 月，庙城镇盘活大钿文具厂 600 万元闲置资产，引进北京汇源果汁项目，投资 300 万元，一期工程开始投产运行。到年底，该企业固定资产总值达 13 651 万元，职工达 100 人，完成产值 15 679 万元，销售收入 14 331 万元，实现利润 1 937 万元。在重组转制过程中，通过培育优势骨干企业，重组转制企业对乡镇经济增长贡献率逐年持续攀升，1996 年为 47%，1997 年为 62%，1998 年上升到 70%。重组转制后的汇源果汁、大北农饲料等骨干企业，1999 年前 9 个月，就新增工业产值 3.59 亿元，收入 3.35 亿元，利润 1 994 万元，分别占全县乡镇工业产、收、利净增部分的 58.18%、45.45%和 30.2%，成为拉动全县经济增长的主要力量。

（二）实现了投资主体多元化，降低了投资风险

1996—1998 年三年间，乡镇企业实际投入增量资金 6.5 亿元，其中：县外各类所有者投入 4.8 亿元，企业自筹 7 500 万元，银行贷款 9 500 万元，分别占总投资的 73.9%、11.5%和 14.6%，企业投资对信贷资金的依赖度大幅度下降。到 1999 年，投资主体两个以上的企业达 373 家，占企业总数的 50.8%。投资主体的多元化，不仅拓宽了筹资渠道，缓解了供求矛盾，而且分散了投资风险，强化了投资者的责任意识和风险意识，为进一步转换企业的经营机制，实现政企分开创造了条件。

（三）资产总量迅速增加，资本结构、资产负债比例趋向合理

到 2000 年底，乡镇企业资产总额达 50.36 亿元，是 1994 年的 2.4 倍，年均递增

15.7%；固定资产原值23.33亿元，是1994年的2.88倍，年均递增19.3%。企业资产负债率大幅度下降，2000年底企业资产负债率为50.9%，工业资产负债率为51.6%，分别比1994年下降23.3和22.4个百分点，达到较为合理状态。企业所有者权益占资产的比重由1994年的25.9%上升到49.1%，提高了23.2个百分点。

(四) 主要经济指标快速增长

到2000年底完成工业收入51.97亿元，是1994年2.44倍，年均递增16.0%；完成工业利润3.25亿元，是1994年的2.34倍，年均递增15.2%；完成企业总收入81.73亿元，是1994年的2.42倍，年均递增15.9%；完成企业利润总额5.32亿元，是1994年的2.47倍，年均递增16.3%；实现企业增加值14.7亿元，是1994年的2.62倍，年均递增17.4%。

乡镇企业综合实力明显增强，地位更加突出。一是怀柔县乡镇企业经济总量、综合实力在全市乡镇企业中的位置明显上升，主要经济指标绝对额从14个区县中第11位上升到第5位。二是乡镇工业在全县工业中的比重呈上升趋势。2000年乡镇工业产值、工业收入、工业利润、工业增加值、出口交货值，分别占全县工业的58.9%、57.9%、76.9%、63.5%和71.8%。三是乡镇企业成为农村经济的主要力量，农民增收的重要来源，农村劳动力就业的主渠道。2000年乡镇企业完成企业总收入81.73亿元，占农村经济总收入的86.4%；完成企业增加值14.7亿元，占农村国内生产总值的60.3%；吸纳农村劳动力就业46 603人，占农村劳动力总数的56.9%；支付职工工资3.19亿元，农民人均从乡镇企业得到的收入，占全年人均纯收入的42%。

第五节　转变政府对农村合作经济的管理方法

伴随着农村经济管理体制改革的不断深入，政府对农村合作经济的管理逐步由以行政手段为主转变到运用经济手段和法律手段为主。

一、农村承包合同管理

依据《北京市农业承包合同条例》、《北京市集体所有荒山荒滩租赁条例》、《北京市乡、村集体企业承包条例》，在加强农村各业承包合同管理上，县委、县政府重点抓了三项工作：

(一) 宣传、普及承包合同管理法律知识

一是培训干部。自1989年以来，先后举办农村承包合同管理培训班20期，培训乡（镇）村干部3 780人次。二是宣传群众。印发农村承包合同法规文本、《承包合同法规、政策手册》等各种学习材料4 238份，并利用广播、电视、报纸等各种新闻媒体广泛持久地进行宣传活动。通过培训和宣传基本上达到了乡（镇）、村干部掌握，社员明白。

(二) 建立承包合同管理机构，健全管理制度

1990年4月成立怀柔县农村承包合同仲裁委员会，办事机构设在县农村合作经济经

营管理站。县经管站设立承包合同管理科，负责农村各业承包合同管理工作。各乡（镇）成立了农村承包合同管理领导小组，成员由主管乡（镇）长、经管站站长及有关部门负责人组成，设立了专职承包合同管理人员。各村成立了承包合同管理小组，一般由村合作社社长、副社长、主管会计等人员组成。形成了县、乡（镇）、村三级承包合同管理网络，共有承包合同管理人员900人。

在健全农村承包合同管理制度上，从1989年到2000年县政府依据相关法规，结合本县实际，先后出台了《怀柔县农村土地联产承包合同管理的规定》、《关于深入贯彻〈北京市农业联产承包合同条例〉的意见》。1999年针对延长土地承包期中存在的问题，下发了《怀柔县合同管理工作意见》、《关于做好延包合同鉴证工作的通知》、《关于在延长土地承包期工作中合同管理应注意问题的解决意见》。2000年县委21号文件，对于建立土地流转机制做出具体规定，使农村各业承包合同管理做到了有法可依，有章可循。

（三）为实现农村承包合同管理规范化，县承包合同管理部门着重抓了五个环节

一是规范发包程序。严格实行发包方案必须经过社员代表大会或户主会讨论确定，杜绝“人情承包”、“仗权承包”等现象发生。二是由县农村合作经济经营管理站统一印制农村各业承包合同文本，供各村使用，避免承包合同指标不全，条款不清。三是搞好鉴证，减少或避免无效承包合同出现。四是及时调处承包合同纠纷，保护承包双方当事人的合法权益。1990—2000年县农村承包合同仲裁委员会共受理各业承包合同纠纷816起，其中：调解达成协议的787起，占96.4%；通过仲裁程序的29起，占3.6%，结案率达到100%。在调处承包合同纠纷工作中，各级承包合同管理机构和人员坚持以事实为依据，以法律为准绳，力求做到公平合理。七道河村于福财承包集体散生果树666.7公顷，承包后放弃管理，造成荒芜，两年未向集体上交承包款，村合作社申请乡农村合作经济经营管理站调解无效后，申请县仲裁委员会裁决，经县仲裁委员会调查核实，裁决解除于福财与七道河村所签订的承包合同，由村集体把山场收回另行发包，为集体挽回经济损失3万多元。县农村承包合同主管部门除调处承包合同纠纷外，处理涉及农村承包合同的信访606件，接待来访咨询1 352人次。渤海镇南冶村在1999年延长土地承包期工作中，有近百名村民、干部上访，反映该村142户的承包合同为前任乡、村干部越权发包，经县农村承包合同仲裁委员会派人调查核实，确认9份为无效承包合同，其他133份为有效承包合同，维护了承包双方的合法权益，使矛盾得到合理解决，干部群众都比较满意。新丰村刘长富、常久仓等个别农户多年拒交承包款，1998年村合作社向县人民法院起诉，经法院开庭审理，判决刘长富、常久仓等承包农户限期交齐承包款，不仅维护集体经济组织的合法权益，而且提高了农民的法律知识。通过规范承包合同管理，提高了农村各业承包合同的规范率和兑现率。2000年全县共有农村各业承包合同65 825份，通过鉴证的规范合同有64 903份，规范率达到98.6%；兑现承包合同63 268份，兑现率达到96.1%；兑现金额3 678万元，占应兑现金额的94.2%。五是建立县、乡（镇）、村三级承包合同管理档案。

二、农村集体资产管理

党的十一届三中全会以后，随着改革开放路线的逐步深入和实施，为农村合作经济带来了巨大的发展机遇，与此同时，由于投资主体多元化和对农村合作经济管理政府部门的分割，造成村集体资产核算办法不一致，家底不清。县委、县政府按照市委、市政府的统一部署，分别于1991年、1997年先后两次组织力量，对农村集体资产进行了清产核资，通过对乡（镇）、村及其所属企业进行清产核资，界定产权，统一核算口径，逐步摸清了农村集体资产的家底。

1994年《北京市农村集体资产管理条例》颁布后，县委、县政府针对清产核资中揭露出来的农村集体资产管理上出现的主要问题，依据条例的规定，采取切实有效措施，加强集体资产管理。

（一）把集体资产保值增值列入乡（镇）、村集体企业承包合同的承包指标，纠正乡（镇）、村集体企业“挖家底”的现象

在企业实行承包经营责任制初期，承包合同只规定完成产值、销售收入、利润指标及上交村集体利润数额，对企业使用的集体资产的保值增值没有规定。有些企业利用贷款或变卖集体财产的资金上交乡（镇）、村集体，兑现承包合同，造成集体资产流失。针对这个问题，县委、县政府明确规定，在完善企业承包过程中，必须把集体资产的保值增值的指标列入企业经营承包合同，年终兑现企业承包合同必须考核企业使用的集体资产存量的增减变化，决不能“挖家底”完成上交利润指标。

（二）核实收支，准确反映农村合作经济年度经营成果，纠正用集体家底补贴乡、村干部报酬

农村家庭联产承包制的实行，合作经济的年度经营成果部分由集体账内转移到账外，给经营成果准确统计带来难度，而乡（镇）村干部报酬标准的确定一般都与本单位的经营成果挂钩，少数干部为显示政绩和多得报酬，虚报经营成果，使农村经济统计出现“水分”。为纠正这种不良倾向，县委农村工作部和县农村合作经济经营管理站从1983开始，每年都组织专业干部深入到村，用抽样调查的方法对乡（镇）、村上报的经营成果统计进行核实，并对反映干部虚报，多得报酬“挖家底”的信访认真调查处理，使改革开放后的农村经济统计数据基本保持了准确可靠。

（三）正确使用集体积累资金，纠正“平贴均补分家底”

农村实行家庭联产承包制以后，有些干部、群众把分田到户误认为“散社单干”，把农村合作经济多年形成的集体积累资金用于对农户购置电视及生产工具的补贴，还有的干部为完成上级行政指令规定的任务，用积累资金对农户进行“奖励”，还有的实施所谓“几不要钱”工程，如农户浇地不要钱，米面加工不要钱，用电不要钱等，平贴均补的项目五花八门，变相把集体积累分光吃净。针对这种情况，县委、县政府明确指出土地承包到户，不是分田单干，集体积累资金必须用于公共项目建设和公共服务设施的购置。对于违反农村财务管理规定的干部进行了严肃处理。1984年七道河乡七道河村动用集体积累资金，补助农户购置电视机，支持挪用集体资金的代理乡长被免职。

（四）规范土地变现收入的管理，严格控制非生产性开支，纠正用土地补贴费购置卧车及吃喝招待等挥霍家底的现象

改革开放后，城市化进程加快，农村集体的土地被大量征用。加强对土地补偿费的管理成为集体资产管理的重点之一。据县农村合作经济经营管理站1994年调查，农村集体土地补偿费用于发展生产的支出占47.6%；用于公益事业的支出占22.4%；用于非生产性支出占21.3%。在调查基础上，县农村合作经济经营管理站向县政府报送了《怀柔县征占用农村集体土地各项补偿费和安置补助费的使用管理情况报告》，并根据有关规定，拟定了《关于国家、集体建设征用、占用土地补偿费的使用管理办法》，经县政府1994年第十次常务会议讨论通过，以怀政发〔1994〕29号文件印发各乡（镇），规范了土地补偿费的管理和使用。为了加强合作经济组织成员对集体财务收支监督，减少和避免不合理开支，县委、县政府大力提倡和推广民主理财工作。1999年县委组织部、县农村合作经济经营管理站下发了《关于村级财务账前审核的若干规定》，明确规定村集体各项经济业务，首先由村民主理财小组审核，月末到乡（镇）经管站审查，符合财务制度的入账，违反财务制度的不准入账，责令限期改正。对于减少和避免少数干部挥霍集体"家底"的现象起到了显著制约作用。

三、农村集体经济财务审计

根据1987年4月北京市农业局和审计局联合下发的《关于开展农村审计，实行部门审计监督的意见》要求，同年8月，县委县政府决定在农村合作经济经营管理站增设农村审计科，具体负责农村财务审计业务，年末全县22个乡镇经管站也相应配备了专兼职审计干部。1988年开展正常审计和社会委托审计13个单位，审计金额0.4亿元，查出违纪金额19.8万元，挽回经济损失10万元，保护了集体经济的安全和完整。如在对桥梓镇红林村果脯厂1985—1987年的会计账表进行审计核实时发现，该企业由个人承包三年期间，累计亏损额16.5万元，违纪金额100 219元，其中个人贪污挪用76 673元，占违纪金额的79.7%。经审计共追回各种违纪金额61 074元，协助村合作社与该企业兑现合同款项30 548元，重新调整了企业班子，完善了责任制，强化了内控制度。该案所涉及有关责任人员共5人的违法事实移交县检察院处理，依法追究了涉案人员的刑事责任。1997年1月《北京市农村集体审计条例》的颁布，进一步明确了农村集体审计的内容、职权和程序，标志着农村审计工作步入有法可依、有章可循的轨道。到2000年，累计完成包括以经济效益、合同兑现、厂长（经理）任期目标责任等为主要内容的农村内部正常审计和社会委托审计共4 469个单位，审计金额596亿元，违纪金额8 276.1万元，挽回经济损失2 053.5万元，移交司法部门处理39件39人（1988—2000年农村审计情况详见表27-1）。1993年结合全县乡村企业体制改革工作，为拍卖、改造、组建股份合作制企业，对镇乡、村两级企业进行资产评估70个单位，从1994年至2000年共为23个单位发放股权证17 583张，3 365.295万元。自1993年始配合县委组织部对乡（镇）长、乡（镇）党委书记进行离任审计35人次。十多年中，怀柔县农村集体经济审计作为审计体系的重要构成部分，充分发挥了其特有的独立经济监督作用。

表 27-1 1988—2000 年农村审计情况一览表

年度	审计单位（个）	审计金额（亿元）	违纪金额（万元）	挽回损失（万元）	移交司法部门	
					（件）	（人）
1988	13	0.4	19.8	10	4	6
1989	1 497	12.5	48.7	9.2	2	4
1990	415	2.8	226.4	4.6	3	3
1991	1 189	11.5	2.3	2.3	1	1
1992	74	6.4	3	3	1	1
1993	315	5.9	—	—	—	—
1994	142	6.5	100	5	1	1
1995	37	3	2.7	2.7	4	—
1996	59	2.4	—	—	—	—
1997	328	2.9	194	184	3	3
1998	50	2.2	6 520.8	1 028.7	9	9
1999	48	1.9	117.7	60	2	2
2000	302	1.2	1 040.7	744	9	9
合计	4 469	59.6	8 276.1	2 053.5	39	39

四、农民负担监督管理

进入 90 年代，随着形势发展，减轻农民负担成为各级政府高度关注的课题。1991 年 3 月 26 日怀柔县农村负担监督管理领导小组成立，明确其办公室设在经管站，具体负责农民负担的日常监管工作。1991 年 12 月国务院《农民承担费用和劳务管理条例》颁布，1994 年 6 月《北京市农民负担管理条例》颁布实施，使农民负担监督管理工作纳入法制化轨道。

（一）多种形式开展政策宣传

依据国务院和市政府办公厅关于切实做好减轻农民负担工作的文件精神，县委县政府以怀政发［1991］18 号文件出台了《关于减轻农民负担有关问题的意见》。1997 年县农负办编印《农民负担监督管理政策法规汇编》一书，发至县有关部门和镇乡人民政府及镇、村合作经济组织（包括企业）；将《十三条》（即中办发［1996］13 号文件中的“三个稳定、五个禁止、三减、二加强”和“十要十不要”）以布告形式发到各乡、镇、村及农村企业，并在公共场所张贴公示。1998 年县委县政府以怀办发［1998］32 号文件出台了《关于进一步做好减轻农民负担工作的意见》，利用县广播站开辟减负政策宣传专栏，进行了为期 6 个月专题讲座；同时组织乡镇、村干部培训班，学习中办发［1996］13 号《关于切实做好减轻农民负担工作的决定》，先后共培训 2 124 人，由乡镇组织社员分散学习，参加学习的有 58 667 人。2000 年根据国务院关于减轻农民负担电视电话会议精神，将“坚持一项制度，八个禁止”的政策以简报形式下发至镇乡、村各基层组织。

（二）实行村提留乡统筹及两工预决算制度

自开展农民负担监督管理工作至 2000 年，全县始终坚持村、乡（镇）、县自下而上的逐级预决算制度，每年的年初逐级作出村提留、乡统筹及两工（农村义务工、积累工）的预算，年末根据预算实际执行情况作出决算，这样便于对农民负担情况进行比较、分析、监管。

（三）实行农民负担监督卡制度

根据北京市人民政府［1995］京政农 175 号《关于实施农民负担监督卡制度的通知》精神，全县从 1996 年 1 月 1 日起开始执行农民负担监督卡制度。在沙峪乡试点成功的基础上，全县 287 个行政村除免交提留统筹的村外，实际发卡 242 个村，发卡 6 万册。从 1999 年开始执行农民负担监督卡一定三年不变的政策。

（四）执法检查制度

根据市农负办统一部署和本县农民负担实际情况，每年开展春、秋两季执法检查和专项检查，强化了监督管理力度。如 1995 年通过执法检查，庙城镇、长哨营乡等 6 个镇、乡主动退还农民“计划生育押金、保证金”等款 100 万元；1997 年秋季执法检查，清理不合理收费和重复收费项目 127 项，决定取消 34 项，降低收费标准 21 项，在取消的 34 个项目中，减轻农民负担 90.5 万元；2000 年秋季执法检查中结合山区经济状况，提出边远山区中小学可以不统一着装的建议，减轻农民负担 10.4 万元。历年农民负担检查情况见表 27 - 2。

表 27 - 2　怀柔县 1990—2000 年农民负担检查情况统计表

年度	人均负担提留统筹款（元）	占上年人均纯收入的比例（%）	人均负担两工（个）
1990	39.60	3.5	20
1991	36.57	2.79	17.5
1992	25.14	1.92	9.2
1993	20.59	1.49	6.7
1994	20.95	1.22	13
1995	21.71	1.1	9.27
1996	63.59	2.64	15.3
1997	35.04	1.34	10.6
1998	46.00	1.49	12
1999	60.39	1.61	12.6
2000	57.98	1.38	10.6

表中数据显示，怀柔县自开展农民负担监管工作以来，农民负担占上年人均纯收入的比例，低于规定比例近 50%，一直没有超过上年人均纯收入的 3%。

（五）实行重点联系村制度

为进一步加强农民负担的监督管理，从 1998 年开始，从全县 287 个行政村中选出三个具有代表性的重点联系村，平原区（前茶坞）、果区（六渡河）、山区（杨树下），以促进农民负担监管工作。

（六）处理农民负担信访案件

1991—2000 年，怀柔县农负办共接待农民负担信访案件 51 件，已全部结案，做到事事有结果，件件有落实。如 1999 年北房镇两个农民反映 1998 年农业排灌水电费高，群众有意见，县农负办和镇政府十分重视，组织专人进行调查核实，最后由村集体将超标部分退还给农民 2 万多元。

第六节　加强培训，提高乡、村合作组织管理干部素质

改革开放初期，乡、村合作经济组织的管理干部普遍存在着年龄偏大，受教育程度低的问题，与实现农村合作组织科学管理的要求极不适应。为了提高乡、村合作组织干部的科学文化素质，实现农村合作组织的科学管理，县委、县政府依托农村合作经济经营管理部门，着力加强对乡、村合作经济管理干部的培训工作。

县委农村工作部（农村工作委员会）、县农村合作经济经营管理站，按照县委、县政府的要求，对乡、村合作经济管理干部的培训工作是从三个方面进行的：

一、学历培训

1985 年 4 月 5 日，中国农业会计函授学校怀柔指导站成立，当年通过入学考试，录取学员 214 人，在乡镇设立了 13 个辅导站。1986 年中国农业会计函授学校怀柔指导站更名为中央农业广播电视学校怀柔财会分校，设立 30 个辅导班。采取电视教学与面授辅导相结合的办法，到 1998 年办学 13 年，累计招收 10 届学员，招生 1 448 人，入学 1 234 人，培训中专毕业生 1 076 人，结业生 35 人。

1992 年 12 月 30 日，市委农工委、市政府农办、市高教局批准委托北京市农业研究中心培训部、北京市农业学校开办《合作经济经营管理》专修班，对郊区村级主要干部实施岗位中专学历教育。受怀柔县委组织部委托，怀柔县农村合作经济经营管理站设置了教学班，当年招收学员 59 名。1994 年 9 月经北京市高教局批准，《合作经济经营管理》专修班更名为《农村经济管理》中专班，学制三年，修《农村企业经营管理》、《股份制与股票原理》等 12 门课程，学业期满成绩合格，发给中专毕业文凭，国家承认学历。为了方便广大村级干部人员学习，县农村合作经济经营管理站先后在县经管站、汤河口、桥梓、怀北、雁栖、九渡河、琉璃庙、长哨营、喇叭沟门、宝山寺、碾子等乡镇设置教学班，运用自学、面授相结合的教学方式，办学 8 年，累计招收学员 604 人，入学 502 人，至 2000 年底累计毕业学员 309 名，在校学员 151 名。

二、岗位资格证书培训

（一）会计证及继续教育

按照北京市财政局、市政府农林办公室“农村合作经济组织、乡镇企业会计人员必须持证上岗”的规定，县农村合作经济经营管理站对乡村合作组织及企业财务人员进行了培训，先后有 2 094 名财会人员经培训考试合格取得会计证书。按照财政部《会计人员继续教育暂行规定》，从 1999 年开始，每年组织全县农业系统财会人员参加会计人员继续教育，累计培训 3 期，参加培训人员 2 100 人次。

（二）电算化培训

为适应会计从业资格考试的要求，1998 年开始，县农村合作经济经营管理站积极与市财政局、市经管站联系，取得电算化培训许可证，分三期对 800 人次进行了培训，并取

得财政部颁发的《初级会计电算化合格证书》，合格率达100%。

（三）绿色证书培训

1998年根据怀柔县科委实施“绿色证书工程”的要求，县经管站成立“怀柔县农民技术人员经管专业职称评审委员会”。评审委员会对通过“企业财务会计”、“农村经济管理”专业中专班的培训及岗位培训的乡、村合作经济管理人员在全面考核，评审的基础上，向975人颁发了“绿色证书”。县经管站被评为“绿色证书工程”先进单位。

（四）农民会计职称培训

按照市站统一部署和要求，对全区符合条件的乡、村财务人员进行专业技术职称培训、考评，经市经管站考核96名农村会计人员取得农民会计师职称，58人取得助理会计师职称，经县经管站培训考核，66人取得一级会计职称，127人取得二级会计职称，32人取得三级会计职称。

（五）审计证书培训

为了提高县、乡、村审计人员的业务素质，加强执法力度，于1998年分批对三级审计人员129人进行了培训，颁发了北京市人民政府农林办公室签发的“北京市农村集体经济审计员证”。

三、短期业务培训

（一）会计制度改革培训

1986年，按照市经管站会计制度改革的要求，县经管站分三期，每期20天，对村及村企业会计398人进行了系统的培训。培训主要内容是：第一，统一记账方法，由收付记账法改为借贷记账法；第二，统一会计科目体系；第三，统一会计报表；第四，统一了生产经营基金的管理与核算。1993年为贯彻国务院颁布的会计工作“两则”和“两个制度”，县经管站对村经济合作社及村办企业会计分两期548人进行了培训。

（二）合同管理条例宣传培训

为了使广大农村干部群众知法、守法、用法。自1989年《北京市农业联产承包合同条例》，颁布实施后，县经管站印制400多份《条例》发放到乡、村、农村专业队和县有关部门，并由县合同仲裁委员会主任在社教广播会上向全县600多名工作人员和1 500名乡、村干部进行讲解；在普遍宣传的同时，有计划地举办了农业承包合同管理培训班。到1991年6月底，共举办县、乡两级合同管理培训班13次，培训乡、村干部3 000人次。其中：培训主管副乡（镇）长、仲裁员、合同管理人员200人次；培训农场、专业队、猪场、果林、专业队队长100人次。1998年7月市人大常委会通过的《北京市农业承包合同条例》颁布后，利用广播、电视、报纸、举办培训班、印发宣传材料等多种形式，在全县范围内开展大规模的宣传活动。1998—2000年，先后三次组织由各乡（镇）主管乡（镇）长、经管站站长、合同管理员参加的培训班三期150人次；组织村级主管人员及会计参加的合同管理业务等培训班四期630人次。到2000年底全县各乡镇，村参加学习人数达68 828人次。

（三）审计条例宣传培训

1988年县农村合作经济经营管理站对乡镇经管站专职人员和村合作经济组织的审计

人员进行了培训，培训资料是《中国审计学》，内容主要是正常的审计业务培训，先后有454人参加培训。

（四）农民负担管理条例培训

1992年根据国务院〔1992〕92号令《农民负担费用和劳务管理条例》对全县各乡镇主管领导及经管站长和具体工作人员343人次进行培训，主要内容是：农民负担村提留和乡统筹费的比例如何计算，劳务的标准与使用范围、提取和管理的方法及其他项目的监督管理、奖励与处罚等。

四、建立村干部养老保险制度

1991年1月16日县委、县政府作出《关于建立农村干部养老保险制度的决定》，规定党支部、村委会、合作社副职以上干部以及主管会计、计划生育专职干部为被保对象，采取县乡（镇）政府补贴村、合作社自筹、被保人交纳多渠道筹集的办法，到2000年共筹集村干部养老保险金1 109万元。1991—2000年已经有1 100多名退休村干部领取养老金460万元，对于稳定村级领导班子，提高村干部整体素质起到了重要作用。

乡（镇）、村合作组织管理干部的整体素质明显提高。到2000年全县287个村正副职（含支委）1 272人，具有高中、中专以上文化水平的达到761人，占50.2%；村合作社和集体企业的会计人员85%达到中专以上水平，90%以上实现持证上岗。

第七节　财政支持

改革开放以后，随着县级综合经济实力的增强，县委、县政府逐步加大了对农村合作经济改革与发展支持的力度。

一、划拨土地，建立山区工业小区

70年代初期，在市委、市政府工业支援农业方针指引下，市政府组织国营企业对口支援社队办工业。在支农厂家支持下，怀柔山区公社普遍办起了农机修配厂，以及一批工业加工企业。进入80年代，在计划经济向市场经济转变过程中，由于山区交通不便，运输成本高，信息不灵等原因，企业生存发展陷入困境。为支持山区乡、村合作组织企业发展，县政府把70年代划拨给县属中学的30公顷土地重新划拨给北部山区乡（镇）和部分山区村合作社办企业（每亩收费40元），并组织县属有关部门在道路、通讯、供水、供电等基础设施建设上给予支持，逐步形成了面积约两平方公里的雁栖工业区。到2000年入区的集体企业有67家，就业职工达到5 096人，实现工业产值11.44亿元，销售收入10.52亿元，利润总额0.6亿元。集体企业为山区合作经济壮大、调整产业结构、农民致富提供了发展空间。

二、财政支持

党的十一届三中全会以来，县政府支援农村建设项目和发展生产的支出逐年增加，到

2000 年累计达到 42 375.4 万元。其中：支援农村合作组织的资金达到 21 995.2 万元，占各业支农资金的 50%以上（见表 27－3）。

表 27－3　怀柔区 1979—2000 年“支援农村生产”情况统计表

单位：万元

年份	小型农田水利和水土保持补助	支援农村合作组织资金	农技推广和植保补助	农村造林和林木补助	农村草场和畜禽保护费	农村水产补助	农业发展专项资金	发展粮食专项资金
1979		137.0						
1980	237.8	55.7						
1981	204.9	38.6						
1982	200.0	76.3						
1983	140.9	189.6		88.8		29.7		
1984	220.3	316.7		118.4		19.9		
1985	264.0	101.1		79.4	0.2	33.2		
1986	123.6	156.2		93.7	0.2	54.4		
1987	111.5	247.6		126.4	0.8	23.8		
1988	225.6	919.0		110.7	4.0	10.6		
1989	291.0	476.8	0.7	78.9	0.2	23.6	114.7	62.2
1990	237.4	392.3	7.8	103.8		10.7	453.5	90.9
1991	307.5	467.6	3.0	273.9		53.7	839.1	149.1
1992	233.1	543.9	20.0	285.8		80.3	848.4	51.8
1993	292.0	633.8	6.2	319.5	2.4	59.0	697.1	81.0
1994	371.7	963.0	43.8	306.7	5.0	62.6	834.1	48.2
1995	268.0	1 253.0	83.0	262.0	2.0	38.0		144.0
1996	570.0	1 980.0	62.0	360.0		49.0		191.0
1997	425.0	3 038.0	106.0	361.0		60.0		196.0
1998	1 575.0	1 950.0	85.0	425.0				123.0
1999	1 937.0	3 146.0	10.0	224.0	2.0			
2000	1 749.0	4 913.0	176.0	622.0	2.0			
合计	9 985.3	21 995.2	603.5	4 240.0	18.8	608.5	3 786.9	1 137.2

三、加强农村合作经济管理的职能部门建设

改革开放前，负责全县农村合作经济管理的机构是县委农村工作部和县财政局公社财务科。1978 年配备专业干部 10 人左右。为适应农村合作经济改革发展的需要，1983 年撤销县财政局公社财务科，成立县农村合作经济经营管理站，归县政府直接领导，并充实和加强了县委农村工作部，管理农村合作经济的专业干部增加到 20 人。进入 90 年代，农村合作经济管理法制体系逐渐形成，行政执法任务加重，农村合作经济经营管理站得到加强。至 2000 年专业干部增加到 42 人，其中：具有初级以上经济、会计、审计等专业技术职称的干部 27 人，占 64.3%（其中：有高级职称的 1 人，中级职称的 9 人）。在县政府的支持下，县经管站开发商业街危改小区 39 700 平方米，办公条件得到改善，有办公用房 3 911 平方米，业务科室配备了计算机，并同乡镇进行了联网，初步实现了数据处理电算化和信息传递网络化。

第二十八章　平谷区

平谷位于北京东北部，因其东、北、南三面环山，中间为平原谷地，故得名平谷。于汉高帝十二年（公元前195年）置县，迄今已有近2200年的历史。境内资源充裕，物产丰饶，山川秀美，人杰地灵。已经发掘的6000～7000年前的“上宅文化遗址”，填补了北京地区新石器时代早期文化的空白。境内群山叠翠，万里长城环绕北部山间，泃、泇两河映带左右，萦回境内。地处京、津、唐要冲，交通便利，通讯发达。西距首都机场40公里，南距天津新港130公里，大秦电气化铁路穿越全境，融于首都经济圈和环渤海经济带之中。建有北京海关平谷办事处，大大方便了本县及毗邻地区对外经济的交流与合作。北与密云县、西与顺义区接壤，南与河北省三河市为邻，东南与天津市蓟县、东北与河北省兴隆县毗邻。平谷境域南北长30.5公里，东西宽35.5公里，面积1 075平方公里，其中平原329平方公里，占30.6％，丘陵102平方公里，占9.5％，深山475平方公里，占44.2％，浅山169平方公里，占15.7％。

2002年全区设置17个乡（镇），275个村。共有127 999户，391 366口人，其中农业人口289 652人，占人口总数的74％。

历史上平谷是农业县，有精耕细作的传统，1968年粮食单产达到300千克，1973年达到400千克，在北京郊区一直处于领先地位，成为京郊农业的旗帜。水资源丰富，且水系独立，无污染。矿产资源丰富，特别是黄金，群采多年来一直居全国之首。

改革开放以来，平谷县始终坚持以经济建设为中心，不断深化改革，努力扩大对外开放，形成了以农业为基础，工业为主导，商贸、建筑、旅游等共同发展的经济格局。1992年，平谷跻身全国百强县行列，1994年，荣获全国小康先进县称号。到2002年，全县国内生产总值41.2亿元，人均10 528元，农村经济总收入924 966万元，人均31 934元。其中第一产业占15.6％；第二产业占57.5 ％；第三产业占26.9 ％。农民人均纯收入5 102元。到2002年底，农村人均储蓄余额18 381元。

第一节　合作经济的发展

一、农业合作化

平谷县农业合作化经历了互助组、初级社、高级社、人民公社等阶段。

（一）互助组

平谷县是革命老区，互助合作起步早。1945年3月，平三蓟联合县政府领导和组织军民开展大生产运动，在自愿原则下组织拨工队。1946年春，为解决劳动力、耕畜、农具不足，全县共组织搭套组 1.04 万个，参加人数 6.2 万人，牲畜 2.24 万头；组织拨工组 316 个，参加人员 3 298 人，拨工 1.63 万个。1948 年，开始建立农忙临时互助组，又称变工组，实行以工还工，农忙则助，农闲则散；1950 年开始出现长期互助组，自愿结合，入组户固定，选有组长，定有会议制度和生产计划，组内实行评工记工、以工还工和计价结算。1951 年，全县有互助组 3 345 个，其中长期互助组 260 个，临时互助组 3 085 个，入组农户 1.9 万户。1952 年，全县有互助组 6 779 个，其中长期互助组 1 654 个，短期互助组 5 125 个，组织起来的农户 3.1 万户。同年 8 月，县委抽调 37 名干部分赴各区，培训互助组组长 2 821 人。1953 年秋，互助合作运动转向发展农业生产合作社。

（二）初级农业生产合作社

1952 年 3 月，一区张各庄建立全县第一个初级农业生产合作社，社长吕诚，入社农户 7 户，劳动力 15 名，有耕地 5.63 公顷。1953 年 3 月有初级社 17 个，实现区区有社。1954 年底，有初级社 147 个，入社农户 2 965 户。1955 年，全县初级社发展到 369 个，入社农户 1.66 万户。初级社采用自愿互利，土地入股，统一经营，产品按土地、劳动分红。具体办法是：土地按好坏、肥瘠、远近等折成股份入社，允许农民留下少量土地作为自留地。果树、山林、水面、河滩、零星树木及社员入社前典当分收的土地，由双方协商解决。对牲畜、农具等根据社内需要确定是否入社。牲畜入社及饲养使用，一般为私有伙用或伙有伙用。大中型农具一般折价归社，小农具社员自备自用。化肥由社购买，农家肥依质定价，由社收购。对农作物种子，新社按社员入社土地均摊，秋后由社归还，老社从收入中提留，下年归集体使用。建社初期，多用死分死记，以后改为死分活评，进而改为劳动定额，按件记工。建立大队、小队、作业组等劳动组织，实行包工包产，并建立了民主办社制度。

（三）高级农业生产合作社

1955 年 12 月，张各庄农业生产合作社转成平谷县第一家高级农业生产合作社。1956 年 3 月，全县初级社全部转成高级社，共成立高级社 87 个，生产队 113 个，入社农户 4.51 万户，占全县农户总数的 99.5%，入社耕地近 3.27 万公顷。其中联村社 68 个，4.14 万户；一村一社 17 个，3 517 户；一村多社 2 个，171 户。由于匆忙转入高级社，不仅许多干部、社员的思想跟不上，土地、耕畜、农具入社的政策也没有得到落实，干部缺乏组织大社和管理集体生产的经验，经营管理出现混乱，农民的生产积极性受到挫伤。10 月底，对农业生产合作社开始进行整顿，培训农业社干部，划小高级社规模。1957 年春，调整为 166 个。年底，又调整为 260 个。高级农业生产合作社的管理办法是，入社农民的土地归社所有，耕畜、大型农具等折价入社。实行民主管理，最高权力机构为社员代表大会，选出管理委员会、监察委员会管理、监察社务。

（四）人民公社

1958 年 9 月，中共平谷县委召开庆祝人民公社成立大会，将 260 个高级社合并为 5 个人民公社。下辖 16 个管理区，258 个大队，1 029 个生产队。人民公社实行“政社合一”，一切生产资料归公社所有，公社统一核算，在分配上实行半供给、半工资制。半供给制，即“十二包”：包吃饭、包穿衣、包居住、包治病、包生育、包教育、包结婚费、包丧葬费、包取暖费、包洗澡、包理发、包看戏。半工资制，是把劳动力分成4等，全公社按统一标准发工资，1等6元，2等5元，3等4元，4等3元。这种分配方法实行后，由于入不敷出，又改为部分供给和部分工资的分配方法，其标准为：工资部分按1、2、3、4级，工资数额人均每月4元，供给部分每人每月伙食费4元。同时，大办公共食堂、幼儿园、托儿所、幸福院。取消社员自留地、自留树。期间，共产风、浮夸风、命令风、干部特殊化风和生产瞎指挥风泛滥，农民生产积极性受到严重挫伤。1959年1月，整顿人民公社，体制改为公社、管理区、生产队、生产小队4级，统一领导，分级管理，以生产队（村）为基本核算单位。实行土地、劳动力、耕畜、农具四固定和包工、包产、包成本，超产奖励等管理制度。生产队的种植计划、包产指标、公共积累、提留由公社统一制定分配。恢复社员自留地，自留地的数量为生产队人均占有土地的5%。1960年12月，贯彻中共中央《关于农村人民公社当前政策问题的紧急指示信》。1961年3月，公社规模划小，由5个变为21个，村为生产大队，原生产小队改称生产队，撤销公共食堂。同时，开始纠正“一平二调”的“共产风”，全县清退平调农户物资折款466.69万元，房屋2.29万间。由于公社管理体制的调整，社员生产积极性提高，到1965年，农业生产有了较大发展。

“文化大革命”中，很多办社骨干被当成“走资派”打倒，一些行之有效的管理办法被当成“物质刺激、管、卡、压”加以批判，片面强调以粮为纲，多种经营受到限制，造成农村经济停滞不前。

二、农业生产责任制的建立

在党的十一届三中全会路线指引下，开始进行农业生产管理体制的改革。1979年，全县有213个生产队实行包产到组，1980年，有187个生产队实行联产到劳。1981年，有143个山区生产队将235公顷零星地块承包到户。1982年底，推广包干到户。1983年底，实行土地包干到户的生产队达到899个。

1986年冬，开始搞农业适度规模经营，到1988年，建立集体农场61个，鸡场611个，猪场555个，鱼池73个，菜园3 100个，果园146个。1997年，贯彻中共中央办公厅16号文件，延长土地承包期30年不变。到1998年底，全县共有2.9万公顷土地承包期延长到30年以上，县人民政府向7.9万户农民（占全县农户总数的95%）颁发了土地使用权证书。

三、乡镇企业发展

党的十一届三中全会以后，随着改革的深入和对外开放政策的实行，乡镇企业异军突起。到1996年底，全县乡镇企业实现销售收入23亿元，占全县农村经济总收入的93.5%；上缴国家税收9 362万元，占农村上缴税收总额的78.7%。从业人员5万多人，占农村劳动力总数的35.9%。

四、农民专业合作

平谷县最早的农民专业合作经济组织，是1993年3月成立的门楼庄乡农民蔬菜协会。

到2002年底，农民专业合作经济组织总数发展到310个，其中：依托县、乡政府农业部门组建的50个，依托供销社组建的20个，依托科技单位组建的10个，依托农产品加工企业组建的40个，农民自己组建的190个。按行业划分：种植业95个，养殖业70个，加工业40个，运销业105个。共带动30 000农户，户均增收2 500元。

第二节　果树经营体制

一、责任到队（组），定额计酬

从合作化到改革开放前，果树生产同其他各业生产一样，社员“出工大拨轰，劳动一窝蜂，计酬卯子工”，干多干少、干好干坏一个样，劳动报酬没有与劳动成果挂钩，生产效率低，果树生产发展缓慢。

1978年《中共中央关于加快农业发展的若干问题的决定（草案）》中明确提出“社队可以定额计工”。后北宫、大华山、山东庄、峪口等一些果树较多的村队，开始设立了果树生产专业队或专业组，村队集体对专业队（组）实行定果园、定产量、定用工、定收入、定开支、定奖惩。在专业队（组）内部，计酬方式上将果树生产各个环节可以量化的如锄草、剪枝、采摘等，实行小段包工，定额计酬，对提高生产效率、促进果品生产起到了一定作用。

二、承包经营，包干到户

1982年底，随着土地包干到户责任制的普遍实行，树随地走，大部分果树也实行了包干到户，家庭经营。

1983年7月，县委、县政府制定了《关于进一步完善提高包干责任制的意见》，对果树承包做出了明确规定。①延长承包期。可延长15年以上。散生果树实行所有权归集体，使用权归个人，长期不变，允许继承；新栽果树谁栽谁用；已经包下去的果树，要发放《果树长期使用证》，以县政府的名义，把使用权确认下来。②成片果园搞专业承包。可以承包到组，也可以承包到户，承包期要长一些。③成片幼树可以专业承包，也可以分包到户，当年开展了对山地散生果树和林业的确权工作，发放《果树长期使用证》1.5万份。证书明文规定“果树所有权归集体，使用权归个人，新栽果树谁栽谁用，允许继承”。

三、统分结合双层经营

1989年县委、县政府从农村工作部、政策研究室、农办、经管站、林业局等部门抽调干部组成调查组，对全县果树经营体制进行了深入调查。这次调查历时3个月，从调查情况看，果树实行承包经营以后，大体有3种情况：一是家庭承包经营，村队集体以包代管；二是村队集体统一经营；三是统分结合，双层经营。

从效果上看，统分结合、双层经营，明显优于其他两种情况。大华山镇后北宫村有900多户，3 000多口人，1985年初，把全村占地180公顷、7 500棵果树包干到户。村集体建立了果树技术咨询组、物资供应站、水电服务组、虫情测报组、果品批发站以及百吨鲜果冷藏库。对一家一户不好办、办不了的生产经营环节，提供有偿服务，成效显著。到1988年，农户新栽果树85 000棵，果树占地面积达到286.7公顷；全村人均占有1.25亩、果树48棵；果品总产达到550万千克，比1984年增长3.2倍；果品收入比1984年增长7.8倍；农民人均果品纯收入1 594元，全村有130户果品收入在10 000元以上。与后北宫相邻的大华山村3 000多口人，有果园200多公顷，果品是农民收入的主要来源之一。从1984年到1989年，该村果树经历了三分三收，折腾几年，也没有摆脱集体经营的模式，造成果园荒芜、产量下降、收入减少，农民从果树经营中得到的收入，仅相当后北宫村的3成。王辛庄乡熊耳营村有果园49.3公顷，1983年实行包干到户，村集体一包了之，以包代管，效益也不好，1988年，果树亩收入仅50元。

依据这次调查提供的资料，县委、县政府陆续出台了完善果树双层经营体制的有关政策。

平谷县委、县政府在不断完善果树生产经营责任制的同时，县财政投入也向果品产业倾斜。1998年在平谷县城以北大桃集中产地建立全国规模最大的大桃专业批发市场，占地19.4万平方米，全县70%的大桃在此销往全国各地。年交易量1亿千克，交易额1.5亿元。2000年，建成了建筑面积5 000平方米的北京市平谷大桃产学研究中心。建立果品加工企业，形成产供销、科工贸一体化的产业化链条。成立了果品产业协会，下设15个分会，为果品产供销提供社会化服务，各种形式的服务组织已经达到1 000多家。

四、“三荒”资源实行租赁制

镇罗营乡关上村，612户，1 950口人，有山场100公顷，过去村里曾贷款十几万元，为村民买树苗开发荒山，村民不买账。1991年上半年，把承包制改成租赁制，租赁合同规定：“谁开发，谁受益、谁所有”。租赁期50年，可以继承、转让。并对租赁开发荒山户给予补贴奖励，如建一个容水40立方米的水窖奖2 000元，开发一亩荒山奖化肥一袋、树苗十棵等，当年承租荒山的有10几户；1992年超过了300户；到1993年底，有400多户租赁了荒山。熊儿寨乡老泉口村，有标准化果园3.3公顷，由集体统一管理，产量低、效益差，挂的果到秋后收的没有丢的多。1989年秋，村里把2.5公顷栗树连同3.3公顷果园以每亩年200元租金招标租给一户社员，租期15年，次年亩收入达2 000多元。

1993年县政府发出了《关于“三荒”开发经营的规定》：荒山、荒沟、荒坡可以租赁给单位或个人开发经营，承租方不受地域和所有制的限制，国家、集体、个人都可以租赁，同时允许外商承租开发，承租方享有自主经营权、收益权、转让权和继承权。在租赁期限上，为鼓励租赁者增加投入，租赁期最长50年不变。

《规定》出台后，县政府召开了县直和乡镇主要领导参加的动员会，会议提出要进一步解放思想，把山区资源优势转变为经济优势。要求利用两到三年时间，把能够开发利用的“三荒”资源租赁下去。

会后，县（乡）村各级狠抓了落实。据县委农工委、县经管站1995年底统计，全县宜林荒山1万公顷，租赁面积0.69万公顷，（其中包改租面积0.12万公顷）。租赁年限

30 年以下的 0.1 万公顷，30～50 年的 0.41 万公顷，50 年以上的 0.18 万公顷，已开发面积 0.6 万公顷，占租赁面积的 87.3%，投入资金达 1 500 多万元，已开发面积中用于造林 133 公顷，用于养殖业的 0.087 万公顷，用于旅游的 0.18 万公顷，栽植各种果树 140 余万株。从租赁主体看，外商 1 家，国内法人 21 家，股份合作 8 家。农户 3 577 户，农户租赁面积是历年累计总和的 9 倍。刘家店乡万庄子村，共有宜林荒山 333 公顷，从 1990 年开始，用了三年时间，采用集体投资、社员投劳的办法，组织社员用建勤工、义务工进行开发建设，栽植果树 16 万棵。开发后，全部按人均划片租赁到户，经营状况良好。镇罗营乡五里庙村王怀立等三户社员 1993 年联合出资出劳，劳资结合，合股开发荒山 7.33 公顷，其经营收入按劳四资六的比例分红。到 1994 年底投资 7 万多元，投工 700 多个，栽果树 5 000 余棵。租赁制实行较早的镇罗营乡关上村，在租赁的 100 公顷山场上栽果树 12 万棵，1994 年租赁山场经营收入户均达 1 000 元以上，最高的户达到 7 000 元。全村总收入 40 万元。租赁较早的刘家店乡北吉山杨永祥 20 公顷板栗收入达到 4 万多元。

果树双层经营体制的建立和完善，使农户、合作经济组织和县（乡）政府相关部门的积极性都得到发挥，在管好已有果树的基础上，在山区、半山区的岗地、坡地、荒地、河滩上大面积栽植果树，由散植混作发展到成片果园，果树种植面积向区域化、产业化、基地化、标准化发展，逐步形成了以大华山为中心的 6 万亩大桃基地，以金海湖为中心的柿子基地，以镇罗营为中心的万亩杏基地，以王辛庄、峪口为中心的 1 666.6 万公顷优质苹果基地，以刘家店为中心的万亩蟠桃基地。果品专业村 108 个，年果品收入超 20 000 元的专业户 2 691 个。到 2002 年，全区果树发展到 2.37 万公顷，果品总产量达到 19 万吨，总收入 3.3 亿元，比 1982 年增长 32 倍。大桃是平谷果品生产中的主导品种，创下了七项全国之最：一是种植面积最大，全区大桃基地化种植面积达到 1.47 万公顷，总产 1.75 亿千克，大桃销售收入达到 3.1 亿元，从事大桃生产的农户 3.9 万户，户均收入 8 000 元。二是品种最多，有白桃、黄桃、油桃、蟠桃四大系列，共有 218 个品种。三是上市时间最长，从 5 月中旬开始上市，一直持续到 11 月底，实现了三季有鲜桃；四是设施桃单产最高，大棚桃亩产达到 3 650 千克；五是出口量最多，年出口量 1 800 万千克，出口范围遍布欧、亚、美 20 几个国家和地区；六是出口合格率最高，近几年的出口果品合格率均达到 100%；七是口味最佳，在香港电视台开展的大陆大桃评比中，公认“平谷大桃口味最佳”。先后被农业部、国家林业局、中国经济林协会等授予“中国优质桃基地县”“中国名特优经济林桃之首”、“全国经济林建设先进县”和“全国生态示范县”的荣誉称号。2002 年被上海大世界吉尼斯总部授予“世界种植桃面积最大的县”。

第二十九章　密　云　县

密云县1948年解放，隶属河北省通州专区，1958年划归北京市，全县有18个乡镇，339个行政村，常住人口42万人，其中农村人口41.8万人。地处华北平原与燕山山脉交界处，由东南至西北依次与平谷、顺义、怀柔相接，北部和东部与河北省的滦平、承德、兴隆毗邻，是华北通往东北、内蒙古的重要门户，故有“京师锁钥”之称。总面积2 229.45平方公里，东、北、西三面群山环绕、峰峦起伏，中部是碧波荡漾的密云水库，西南是冲积平原，地形以山地、丘陵为主，其面积占全县总面积的80%以上，平原仅占约10%，其余为水面，故有“八山一水一分田”之称。境内林地较多，森林覆盖率超过70%。

第一节　农村合作经济的发展、演变与现状

一、农村合作经济的发展演变

在中共中央“组织起来，发展农业生产”的号召指引下，1951年新城子乡龙王庙村9户农民办起了全县第一个互助组，以创办人李秉均命名。当年粮食平均亩产达到125千克，比单干时增产1倍。1952年底农业生产互助组发展到5 186个，参加互助组的农户达到2万多户。

1953年初，以李秉均互助组为基础，建立了全县第一个农业生产合作社，即龙王庙农业生产合作社。合作社采取农民土地入社，土地收益按比例分成，牲畜、农具作价入社，劳动力由合作社统一安排，按出勤劳动工分参加收益分配，多数农业生产合作社实现了增产增收。到1953年3月农业生产合作社发展到38个，入社农户达到592户。1955年由于毛泽东批判“小脚女人”，合作社发展步伐加快，到年底全县农业生产合作社发展到1 000多个，入社农户占全县农户总数的76%，并试办了7个高级农业生产合作社。

1956年1月，全县1 108个农业生产合作社合并为416个，其中有163个高级农业生产合作社。高级农业生产合作社取消了土地分红，收益全部按劳分配。2月，入社农户占全县农户总数的99.4%，实现了农业合作化。

1958年9月6日，县委响应毛泽东主席“人民公社好”的号召，把全县244个高级农业生产合作社合并为城关等12个人民公社。8日又将12个公社调整为城关、西田各庄、塘子、东田各庄、新城子、高岭、冯家峪、张家坟8个公社。人民公社实行政社合一，工、农、商、学、兵一体，劳动力由公社统一安排调用，收入由公社统一核算分配。各村办起了公共食堂，吃饭“食堂化”。这种“一大二公”的管理体制，在农村引起了极

大混乱，导致“共产风”、“浮夸风”、“命令风”、“瞎指挥风”、“干部特殊化风”泛滥，群众情绪低落，生产遭到严重破坏，农产品产量下降，物质极度匮乏。1959年下半年，由公社核算改为以大队为基本核算单位。1961年贯彻中共中央《农村人民公社工作条例（草案）》，实行三级所有队为基础，纠正“一平二调”等错误做法，解散公共食堂，恢复社员自留地，允许社员经营小片荒地，鼓励社员饲养家禽家畜。农民情绪趋于稳定，农业生产得到恢复和发展，农民生活也得到一定改善。

1963年按照市委统一部署，县委在河南寨公社进行农村“四清”试点，清账目、清财务、清仓库、清工分，称为“小四清”，到1965年，发展到清政治、清思想、清组织、清财物，称为“大四清”。“四清”的重点是“整党内走资本主义道路的当权派”，由于矛头直指社队干部，许多有所作为的基层干部被冠以“四不清”的罪名置于“楼上”，有的被当成走资派而打倒。对“四清”反映出的问题又追根挖源，认为问题在下面，根子在上面，这样，就演变成“文化大革命”，从中央到地方到处揪“走资派”，形成史无前例的十年浩劫。“文化大革命”中，许多社队干部“靠边站”，甚至被“打倒”，一些发展生产行之有效的政策和管理方法被当成“资产阶级法权”，“管、卡、压”而受到批判，农村经济和生产发展再次遭受严重挫折。

党的十一届三中全会以后，县委从建立农业生产责任制入手，着手进行农村经济管理体制改革。1979年2月开始推行以联产承包责任制为主要内容的农业生产责任制，截止到1981年3月，全县1 351个基本核算单位，有1 061个实行了作业组联产计酬责任制，占核算单位总数的75.2%。山区单家独户实行联产计酬、责任到户和田间管理责任到人的生产责任制。另外，全县有24户实行了包产到户。据县委农村工作部统计，到1982年底，全县1 467个基本核算单位，实行包干到户责任制的1 309个，占89%；到1984年末，有1 460个生产队实行了土地分户承包、包干分配，占生产队总数的98.8%。

从1993年开始，县委、县政府在农村推行荒山租赁，在2001年村队集体经济组织同农户签订租赁合同9 602份，租赁山场面积达到375 715.8亩，促进了全县荒山、荒滩的开发利用。1997年县委贯彻中共中央办公厅、国务院办公厅关于延长土地承包期的通知，（中办发［1996］16号）文件和市委、市政府1997（14）号文件精神，进行了延长土地承包期工作。截至2002年末全县有279个村将土地承包期延长到30年以上，占全县总村数的84.3%。农业实行家庭承包以后，劳动效率大大提高，大批劳动力从农业生产中解放出来，转移到二、三产业，乡镇企业异军突起。到2002年末全县农村企业发展到11 489家，资产总额40.278 8亿元，从业人员76 029人，营业收入56.296 8亿元，实现利润3.008 1亿元。

二、农村社区合作经济现状和特点

2002年，农村经济总收入达到83.1亿元，比1980年增长72倍，占全县经济总收入的58.4%，其中农业18.7亿元，占22.5%；工业、建筑业44.8亿元，占53.9%；商饮服务业19.7亿元，占23.6%。农民人均劳动所得4 991元，比1980年增长32.6倍。

2002年，密云县私营经济共实现总收入68.5亿元，农民从私营经济中取得劳动所得总额达到14.7亿元，人均4 715元，占人均劳动所得总额的94.5%。全县劳动力就业状况良好，全县154 209名劳动力，就业151 854人，就业率达98.5%，其中，从事家庭经营的132 980人，外出务工的18 874人。

集体经济实力从总体上看不断增强，但发展很不平衡。据统计到2002年底，全县乡、村二级集体资产总额达到21亿元，其中所有者权益10亿元，农民人均占有2 928.4元，比1980年增长6.6倍。在全县344个村合作社中，农民人均所有者权益3 000元以下的有25个村，占7.3%，集体账内资产是负数，资不抵债的有72个村，占21%。

农村合作经济组织从农民生产生活实际需要出发，努力提供各种公共服务。以2002年为例，为老年人提供就医、食品等方面的补助支出1 362 474元，修筑道路支出6 769 500元，供水、供电的设备维修支出1 858 739元，教育支出2 853 987元，其他公共事业支出7 662 679元，以上共计支出20 507 429元。

三、专业合作经济发展状况

随着计划经济向市场经济的转变，一家一户小规模生产经营受到技术、销售等方面的制约，很难适应国内外大市场的变化和需求，一些地方农民自愿组织起来，成立了果树、畜禽养殖等专业性合作社，如大城子乡肖梨协会、番字牌绒山羊协会等。到2002年底，全县共建立专业合作社162个，入社农户近20 000户，入资总额1.3亿元，实现销售收入3.7亿元，户均增收4 700元。

第二节　农村承包合同管理

一、农村承包合同管理中出现的问题

由于乡村干部长期以来一直用行政手段管理农业生产和农村经济，对于运用经济和法律手段很不适应，因此在80年代农村实行承包制初期，出现了许多问题。

1. 发包程序不规范。农业承包合同是农村合作经济组织与其成员之间以承包土地、果树等生产资料，明确双方权利义务关系而签订的契约。签订承包合同，不仅要遵守国家法律、法规，还必须符合农村合作经济组织章程，执行合作经济组织成员民主决议。但有的村、队以支部会、党员会、队委会或少数干部做主代替民主决议，引发合同纠纷。穆家峪镇阁老峪村，少数干部随意将一些果树承包给少数农户，造成群众不满，引起农民上访告状。

2. 有的地方在确定发包方案时，标的不清，指标不合理。偏顾个人一头，上交集体指标过低，甚至不收承包款，造成集体收不抵支，挖积累，吃家底，集体积累呈下降趋势。1983年全县提取积累2 027.5万元，1986年提取1 843万元，下降184.5万元。1984年34个村收不抵支，占349个村的9.7%；1985年增至68个村，占19.5%；1986年又增加到92个村，占26.4%。翁溪庄镇1984—1986年有8个生产队3年未收承包费，集体收不抵支15 1367元。大城子乡1982年实行土地承包到户时地随树走，全乡147.3万棵

果树均分到户，年上交承包费 139 000 元，平均每棵果树只有几分钱。巨各庄乡塘子村一队，1985 年 3 月与本村社员齐兴之、张长福等 7 户社员签订的果树承包合同规定承包期 15 年，共上交承包费 21 200 元。实有果树 1 977 棵，合同书上只填 999 棵，并规定，新栽果树合同期满集体给以补偿。如红果树一寸粗的补偿 5 元，二寸粗的 15 元，三寸粗的 30 元。以此标准，承包合同中遗漏的 978 棵果树，至少要补偿 30 000 多元，集体不仅收不到钱，反而要搭出上万元。

3. 条款不全，手续不完备。许多地方的承包合同只有一张表，违约如何处理没有文字表述。承包项目家底不清，如有的村承包给农户的鱼塘有存鱼，但合同上没有记载。许多集体企业承包时没有进行清产核资，只规定了上交利润指标，没有把资产的保值增值列入承包内容，造成一些企业用贷款、变卖家底等办法完成上交任务。大城子乡一家企业 4 年累计形成利润 8 919 元，而实际上交利润达到 119 471 元。有的村同承包者签订的承包合同没有甲方代表签字。

4. 单方随意变更承包合同。卸甲山乡牛盆峪村 1983 年与社员袁福来签订果园承包合同，承包期 5 年，承包期未满，村干部未经承包者同意，就将果园的一半承包给他人，并增加了上交承包指标，引起合同纠纷。

二、加强承包合同管理的措施

（一）建章建制，健全机构，充实人员

1988 年 7 月 30 日，密云县第九届人民代表大会常务委员会第九次全体会议审议通过了《密云县农业承包合同管理措施》。为贯彻实施《北京市农村集体所有荒山荒滩租赁条例》，在深入调查研究的基础上，1994 年 11 月 26 日，县委、县政府出台了《关于推行山区土地租赁制的意见》，对租赁程序、租赁主体、租赁期限以及承租者开发建设的期限等，都作了明确规定。县农村合作经济经营管理站设立了农村承包合同管理科，建立了由主管农业副县长为主任，农村工作部部长为副主任，农业局、林业局、乡镇企业局、经管站等部门领导为成员的农村承包合同仲裁委员会，调配专（兼）职仲裁员 8 名。各乡镇也相应成立了农村承包合同管理小组，共有成员 110 名，乡镇经管站调配农村承包合同专职管理人员 26 名，每个乡镇 1～2 名，各村成立了由经济合作社社长（或村委会主任）、主管会计等 3～5 人组成的承包合同管理小组，共有成员 1 158 人。

（二）培训干部，普及合同管理法律知识

《北京市农业联产承包合同条例》、《北京市乡村集体企业承包经营条例》、《北京市农村集体所有荒山荒滩租赁条例》颁布以后，县委、县政府对乡村干部及各级农村承包合同管理人员进行了大规模的培训，从 1990 年到 2000 年，举办合同管理培训班 180 多期，共培训 17 217 人次，举办各业承包户培训班 13 期，参加培训的有 2 000 多人次。

与此同时，通过开展宣传周、宣传月，举办承包合同管理法律咨询等活动，广泛利用有线广播、电视、报刊等各种媒体，宣传有关农村承包合同管理的法律法规，普及承包合同法律知识。据统计，从 1990 年到 2000 年共向县广播电台“法制园地”投稿 20 多件，利用县、乡镇、村广播站广播 2 000 余次，在县政府、乡镇政府机关门前、繁华街道、公

路两侧张贴标语 1 884 条，编写宣传材料 1 100 余份。县委农工委、经管站还多次开展承包合同法律、法规咨询活动，印制《北京市农业联产承包合同条例》、《北京市农村集体所有荒山荒滩租赁条例》4 700 余册，发给乡镇村干部及合同管理人员人手一册。县委、县政府主要领导带头学习、宣传《北京市农业联产承包合同条例》等地方法规，具体指导并参加承包合同管理执法检查，县长下乡检查工作带着《条例》，走到哪讲到哪，村干部社员都说：县长衣袋里装着法呢！通过这些生动活泼、形式多样的宣传教育，使乡村干部受教育面达到 100%，群众受教育面达到 80%左右。

（三）依法规范农村承包合同管理

1. 规范承包合同发包、履行程序。主要抓了以下几个环节：

一是根据《条例》第九条“发包项目和发包方案应当由集体经济组织成员或代表大会决定并公布”的规定，对承包合同从签订、履行、变更、解除等全过程进行了依法规范。并依法完备各种履行手续，统一印制了发包项目记录本，检查合同履行情况记录本，变更、解除合同通知书、协议书。兑现合同登记簿，调解合同纠纷调查笔录用纸，调解书，授权委托书，法定代表人证明书，授权委托书，送达回证，还印制了 4 种承包合同档案专用纸，发给乡镇使用。

二是推行招标承包。特别是在荒山租赁中，为实现公平、公正、公开，引进了公平竞争机制，收到了良好效果。东邵渠乡石峨村李子基地实行竞标承包，根据地质、树龄、树势每亩果树经过争标达到 80～350 元。还有一个村 200 亩机动地，招标起价 70 元，经过竞争每亩达到 165 元。

三是规范承包合同文本。从 1990 年上半年到年底，县、乡镇两级普遍检查了 1989 年以前签订的各业承包合同。通过检查，对不规范的承包合同，帮助村、队完善承包合同 7 034份，并发出通知，要求各村、队今后一律不准使用自制的承包合同书，由各乡镇结合本地实际印制统一格式的合同文本。当年各乡镇共印制承包合同书 66 648 份，并在完善和新发包时使用 22 893 份。通过一年的实践，发现各乡镇印制的合同文本仍然存在着不够规范、全县各业承包合同仍然不统一的问题。为此，通过广泛征求意见、精心设计，由县经管站统一印制各业承包合同文本。到 2000 年共印制土地、果树、荒山荒滩承包、租赁、拍卖等各业规范合同文本 351 030 本，其中：土地、果树承包合同 300 000 本，租赁合同 41 000 本，拍卖合同 10 030 本。累计提供乡镇、村使用各业承包、租赁、拍卖合同文本 340 000 本。

四是提高承包合同的规范率和鉴证率。为了提高承包合同的规范率和鉴证率，加强了承包合同管理人员在发包、承包过程中的指导，要求各乡镇、村经管站、承包合同管理人员在发包，承包过程中，对民主决议、合同条款、内容、双方权利义务等进行严格把关，堵塞漏洞，避免无效合同的出现。在此基础上由发、承包双方签字盖章后予以鉴证，从而大大提高了承包合同的规范率和鉴证率。据 2001 年初统计全县各业承包合同 79 633 份，经县、乡镇经管站鉴证 61 492 份，鉴证率 77.2%。当年新签合同鉴证率和使用规范合同文本均达到 100%。

2. 各村和乡镇经管站签订承包合同管理目标责任制。为了加强承包合同管理，从

1993年开始各村与各乡镇经管站签订“五率”管理目标责任制，即：当年新签合同规范文本使用率、当年新签合同鉴证率、合同纠纷当年结案率、承包合同兑现率、承包合同建档率，作为年终考核指标。每年年底之前县委农工委、经管站都进行一次承包合同法律、法规宣传和承包合同管理目标责任制的落实情况大检查。以上措施收到了良好的效果。从1992年到2000年不仅完善更换了以前村、队自制的不规范合同，而且连续9年新签合同使用规范合同文本100%，当年新签合同鉴证率100%，合同纠纷当年结案率100%，承包合同建档率100%，承包合同兑现率从1989年86.6%提高到95%左右。

（四）承包合同兑现

实行家庭联产承包双层经营体制初期，各业承包经营者基本上能够正确处理国家、集体、个人三者利益关系。据1987年统计全县各业承包合同91 489份，年终兑现合同86 602份，合同兑现率94.7%。随着时间的推移，承包合同兑现率呈下降趋势。据1996年清产核资显示，1995年底各业承包合同75 997份，应交承包费2 447.2万元，实际兑现2 055.9万元，兑现率84%。其中土地承包合同56 290份，应交承包费为419.9万元，实交357万元，兑现率85%；林果承包合同19 059份，应交承包费580万元，实交477.4万元，兑现率82%；村办企业承包合同308份，应交承包费1 135.6万元，实交936.8万元，兑现率82%；其他各业承包合同共340份，应交承包费311.7万元，实交281.7万元，兑现率90%；租赁合同2 450份，应交租金434万元，实交430.5万元，兑现率99%。兑现率低的原因：一是在履行承包合同过程中，双方发生纠纷，因问题尚未解决，承包者不交承包费；二是互相攀比，有的人不交承包费，群众互相观望，你不交我也不交；三是确有个别困难户，暂时交不上承包费；四是有的村、队干部不负责任，坐等群众上门交费，对不交承包费的也不追缴，时间一长群众对欠缴承包费也就习以为常了。对此，县委、县政府十分重视，在乡镇党委书记会上强调指出，要加强领导，向群众宣传《条例》，采取各种措施，狠抓承包合同兑现。并在农村工作会上，由农工委作“关于承包合同兑现状况、问题及对策”的专题发言，还在村党支部书记培训班上进行专题讲课。各乡镇党委、政府也都采取了不同措施，加强承包合同兑现。新城子乡1995年底村级各业承包合同4 720份，应交承包费69.2万元，实际兑现54万元，兑现率仅为78%。乡党委、政府针对承包合同兑现率低的问题，提出：“狠抓当年合同兑现、收陈欠、堵新欠”，要求村干部、党员、乡干部家属带头交承包费，驻村乡干部协助村干部开好承包合同兑现大会，对欠交承包费的要登门到户，宣讲政策，收缴承包费。对个别承包户暂时无力缴纳的要做出还款计划。通过上述措施，仅半个多月时间就收回欠款30多万元，不仅收回了当年承包费（除个别困难户），还收回陈欠款十几万元。由于各乡镇党委、政府的重视，1997年全县承包合同兑现率达到92%。此后，每年承包合同兑现率都保持在95%左右。

（五）承包合同纠纷处理

1989年以后，《北京市农业联产承包合同条例》、《北京市农村集体所有荒山荒滩租赁条例》、《北京市乡村集体企业承包经营条例》相继颁布，从根本上改变了承包合同纠纷处理无章可循、无法可依的状况。县、乡镇、村建立健全了承包合同管理机构，充实了承包合同管理人员，使农村承包合同管理走上了规范化、法制化的轨道。各业承包合同纠纷，首先由村承包合同管理小组调解，调解不成由乡镇经管站调解，双方当事人也可以不经过上述程序，向县仲裁委员会申请仲裁，或直接向人民法院起诉。据统计，1984—2000 年全县共受理承包合同纠纷 628 起，其中乡镇调解 448 起。从承包合同纠纷行业来看，林果承包合同居多，1984—1997 年，县、乡镇共调解、仲裁各类合同纠纷 551 件，其中林果合同纠纷占 85%。其主要原因是，少数人承包集体果树，利益分配不公平。1983 年全县干鲜果品总产 1 618 万千克，1996 年达到 6 000 万千克，产量增加 3.7 倍，果产收入8 000 万元，按当年农村分配人口 345 860 人，果产收入人均 231.3 元，占当年农民劳动所得 2 322元的 9.96%，且分布不均，果树资源多分布在库北山区，果产收入成为山区农民收入的主要来源，山区农村的支柱产业。但在第一轮发包时不是资源共享，人人有份，除少数集体专业队经营外，其余大多数为大户承包。据统计，全县 1.77 万公顷 586 万棵果树，除散生果树树随地走、大城子乡（果产区）地随树走外，其余 1.55 万公顷，419.9 万棵果树，专业队集体经营 0.25 万公顷，果树 119.3 万棵，分别占 16.3%和 28.4%。大户（联户）承包 1.3 万公顷果树 300.6 万棵，分别占 83.7%和 71.6%。此外，在第一轮发包时，没有考虑到价格变动因素，采取一次定准多年不变的办法。进入 80 年代末，果品价格大幅度上涨，如板栗在第一轮发包时每市斤 0.6 元，到 90 年代初已涨到每市斤6～8 元，价格上涨 8～10 倍，而承包费却一成不变，集体栽植的果树少数人受益，引起群众强烈不满，加之签订承包合同存在种种问题，造成合同纠纷。

1. 发包程序不合法。穆家峪镇下峪村，在山场招标发包中，开了党员大会、生产队干部会、广播会，也贴出了招标榜，但召开社员代表会的“代表”是干部指定的。因此，社员赵学文、张广才各自中标承包的 13.3 公顷山场，引起群众上访。经县仲裁委员会裁决，判定为无效承包合同。

2. 变更合同不依法。太师屯村第二生产队 1986 年 1 月与王永洪等 5 户签订 140 棵果树承包合同，承包期 10 年，合同履行到 1988 年原任队长离任，新任队长以该合同未经群众讨论、承包指标低为由，在双方未达成协议的情况下，于 1988 年 4 月将果树转包他人，双方发生纠纷，申请县经管站调解。经调查，甲乙双方在签订合同时，因缺乏经验、核算不准，存在着承包费指标偏低，但发包方案是经过社员大会民主讨论通过的，应属有效合同。甲方单方调整指标，另包他人属违约行为。经调解，新签合同无效，适当调整上交承包费指标后，原合同继续履行。

3. 发包方案不合理，承包指标低。1984 年卸甲山乡西庄户大队与本村社员孙仲起签订果园承包合同，承包期 15 年，前 3 年甲方向乙方投资各种费用折款 11 624 元，1988 年自负盈亏，1989 年开始按每年果产总收入的 10%上交大队承包费。由于乙方改接换头，加强管理，加之果品涨价，果园不仅不需要大量投入，而且年末还有一定盈利。据此，甲方于 1986 年与乙方协商，上调承包费指标，双方发生争议，甲方把每年上交承包费从 3.7 万元，下调至 3 万元，乙方仍不接受，并当场宣布退出承包。甲方给乙方 3 天考虑时间，如同意此基数优先乙方承包。第 4 天乙方仍未答复，甲方将果园每年上交承包费 3 万元另包他人。乙方反悔，要求继续承包，双方发生纠纷，经县经管站调解认为，甲方调整承包指标是合理的，双方在协商过程中，甲方做出了一定让步，下调了承包费指标，在乙方提出退出承包后，仍给乙方3天考虑时间，在3天后未作答复的情况下，甲方才另行发包，乙方原承包合同作废，新签合同有效。

4. 单方私改合同，造成无效合同。1986年2月1日，西田各庄乡鱼家台大队与本村社员聂任如签订渔船承包合同，年上交承包费1 500元，承包期1年。1987年3月甲方以承包合同到期为由要求终止合同，乙方称承包期3年，尚未到期，应继续履行。双方发生纠纷，经乡经管站调解无效，申请县经管站调解。经调查，乙方中标后，由大队会计朱光有将起草的合同书交给大队长朱继奎，甲方代表朱继奎在和乙方签订合同时，乙方提出："承包一年还不够购置网具钱呢，是否多包一年。"朱继奎未经合法程序，个人口头答应可以。乙方将合同书上的1987年的"7"字改成"9"字，承包期一年的"一"字改成"三"字。调解意见认为，合同确属个人更改，原合同承包期一年有效，并于1987年7月20日前乙方将欠交的承包费归还甲方。

5. 文字表达不清，造成合同纠纷。番字牌乡北栅子村2公顷地生产队社员郭维本1983年与生产队签订土地承包合同，1988年3月郭维本因身体不好，经生产队同意将自己承包土地转让给本队社员郭秀生0.585亩，并签订了转让合同，但合同并未注明是长期转让或临时转让年限。1989年3月郭维本向郭秀生要回转让土地时，双方发生争议，经乡经管站调解无效，申请县经管站调解。经调查，1988年3月郭维本以自己身体不好要求少种点地，生产队答复自己找主。郭维本找到本队社员郭秀生种自己的承包地，由生产队丈量土地，核定产量。1989年3月郭维本往回要承包地时，郭秀生认为这块地已转让给我，并让大队联队会计把这块地填到自己的承包合同中。由于文字表达不清楚，双方各执一词，发生纠纷。经调解认为，转让合同无转让期限，属内容不完备、文字表达不清。但郭秀生让联队会计将转让土地填入自己的承包合同是不合法的，郭维本与生产队签订的土地承包合同有效，鉴于今年已由郭秀生耕种，待秋后将转让土地退还给郭维本。

（六）建立承包合同档案，规范承包合同管理

根据农村各业承包合同承包期限长，土地承包合同30年以上，荒山荒滩租赁合同租期多在50～70年的特点，建立承包合同档案，管好合同文本及相关资料，保障其安全、完整，就成为合同履行、兑现的重要环节。据此，1990年12月1日，北京市人民政府农林办公室发出《关于贯彻实施〈北京市农业联产承包合同条例〉若干规定的通知》中，对承包合同档案管理工作做出如下规定：①乡（镇）、村各业承包合同应由专人统一管理；②承包合同管理范围包括农业承包合同书、调整变更协议、纠纷仲裁书、年底承包合同兑现资料及与合同有关的资料；③承包合同一式三份，双方当事人各执一份，报上级合同管理机关一份；④合同书履行终结保存一年，纠纷调解、仲裁案卷应保存三年。根据通知精神，县经管站在穆家峪镇抓了试点，并召开了个乡镇主管副乡镇长、经管站站长、主管承包合同工作人员参加的现场会。会议交流了经验，参观了档案室的管理，并要求各乡镇在规定的期限内建立档案室。1991年全县24个乡镇有23个乡镇建立起承包合同档案室。到1999年各乡镇、村都建立了档案室，有的乡镇还为村购置了承包合同档案专用柜，实现了承包合同管理标准化、规范化。

三、规范承包合同管理的效果

由于深入贯彻党的稳定土地承包关系和延长土地承包期的政策，大力宣传、贯彻和执行《北京市农业联产承包合同条例》等一系列法律、法规，维护了农村承包合同甲、乙双方的合法权利，不仅得到农村各级干部的支持，也赢得了广大群众的拥护和信任。穆家峪乡羊山村一位农民给县经管站合同科送去“当代包青天”的匾。由于加强承包合同管理，稳定了农村承包关系，农民吃了“定心丸”再也不怕政策变和干部换了，极大地调动了他们对土地、果树生产、投入的积极性。1999 年全县五小工程完工 2 164 处，铺设饮水管路 218 391 米，有 9 955 农户，投资 1 511.24 万元，投工 39.69 万个，新增和改善灌溉面积 0.716 万公顷。其中 10 个边远山区乡镇完成水利富民工程 1 329 处，铺设引管路 188 878 米，投资农户 6 307 户，投资 949.64 万元，投工 28.61 万个，新增和改善灌溉面积 0.41 万公顷。全县完成综合开发面积 58 828 公顷，其中整地 4 995 公顷，老果园更新改造 166 公顷，坡旱地改造 372.4 公顷，其中 10 个山区乡镇，开发经济沟 20 条，1 500 公顷，发展果树面积 3 974.4 公顷，改造更新果树面积 633.07 公顷。大城子乡有 450 户农民，投资 74.5 万元，联户或单户购进山地泵 213 台，解决果树浇水问题。石城乡西湾子村共 285 户，有 250 多户投资 50 万元，以单户或联户建蓄水池 12 个，打井 2 眼，衬砌渠道 2 000米，整修管路 3 500 米，改善灌溉设施 2 处，建小泵站 80 多座，累计完成蓄水保墒工程 18 处，实现全村 10 余万棵果树的灌溉，扩大耕地水浇面积 13.3 公顷。到 2000 年全县果树面积达到 2.44 万公顷，果树 1 461 万棵。在连年干旱、数遭风、雹灾害的情况下，干鲜果品总产量仍然达到了 5 000 万千克。

第三十章　延 庆 县

延庆县位于北京市西北部，属于长城以北的塞外地区。地处燕山沉降带西端，地势东高西低，东南北三面环山，西临官厅水库，中部有广阔的平原。地形分为山地和盆地两大部分，总面积1 992.5平方公里，山区占72.8%，川区占27.2%。耕地面积3.36万公顷，林地15.1万公顷，园地1.15万公顷，水域0.32万公顷，牧草地及宜林地4.5万公顷。夏季温和多雨，冬季寒冷干燥，年平均气温8.7℃，降水量438.1毫米，无霜期165天左右。

延庆境内，有举世闻名的八达岭长城；有五千年前炎黄阪泉之战故地；有烟波浩淼的官厅水库及其湖畔辽阔的康西草原；深山峡谷中，有誉为“小漓江”的龙庆峡九曲平湖；蜿蜒深邃的仓米古道；清泉流水、奇峰怪石、树高林密的松山和玉都山；千古之谜的古崖居；北京市第二高峰的海陀山。山川风光秀丽，四季分明、光照资源丰富、特殊的冷凉气候，加上星罗棋布的果、菜、园林，良好的人文环境，顺畅便捷的交通，到20世纪末，延庆已成为一个生态观光旅游大县。

延庆县古临朔漠，明代隆庆元年（1567年）改为延庆州。从此，延庆一名沿用至今。民国二年（1913年），降州为县，属察哈尔省。1952年撤察哈尔省归属河北省。1958年划归北京市。

1958年9月1日撤销乡镇，划分为人民公社，1983年7月人民公社体制解体，各公社改为乡。到2002年，全县辖15个乡镇。即：延庆、康庄、大榆树、张山营、沈家营、八达岭、永宁、井庄、旧县、四海、千家店11个镇，珍珠泉、刘斌堡、大庄科、香营四个乡。全县设376个行政村（24个城镇居民委员会），30万人，其中农村人口20万人。

延庆县是一个农业大县，农村经济在县域经济中占主要地位。农村合作经济组织及其经济发展，经历了一个漫长而曲折的过程。

第一节　农业合作化的发展和农村集体经济制度的变革

新中国成立后，中央人民政府于1950年6月30日颁发了《中华人民共和国土地改革法》，废除封建的土地制度，实现农民土地所有制。是时，县域内全部完成了土地改革，广大农民群众分到了土地，农民生活有了改善。但是小农经营方式和落后的生产技术，仍然制约着农业生产的进一步发展。在这种情况下，中共延庆县委、县政府，认真贯彻执行中共中央的方针政策，在全县农村组织开展了农业互助合作运动。

一、农业互助组、合作社与人民公社

延庆县初期的合作化与全国一样，包括生产合作、供销合作和信用合作。生产合作又

经历了互助组、初级社、高级社和人民公社四个互相衔接的阶段。

互助组是农户自愿组织起来的生产协作组织，由几户或十几户组成，有临时性和常年性两种。组员的土地和其他生产资料及产品属各户私有、独立经营，组员之间通过劳力、耕畜、农具等的交换使用，彼此解决生产中的困难。1951 年，在延庆县的一些村里出现了互助组或拨工组。

初级社是在互助组的基础上建立起的合作经济组织，规模一般 30～40 户。社员以土地入股，耕畜和大型农具归合作社有偿使用，实行统一经营，共同劳动，收入在做了各项必要扣除后，大部分分配给社员作为劳动报酬，少部分按社员入股土地分红。1952 年 11 月，延庆县第一个初级社——米粮屯乡白草洼村“李明农业生产合作社”成立。到 1955 年，全县初级社发展到 389 个。1957 年全县农村经济总收入达到 874.1 万元，比 1949 年总收入增长 45.7%；农民人均劳动所得达到 33 元，比 1949 年的 16 元增 106%。初级农业生产合作社从总体上来看，办得是比较好的。但是由于办社经验不足，也遗留下一些问题，虽然经过检查整顿，有些问题还没有得到解决，随后即转成了高级社。

高级社实行土地集体所有，耕畜和大型农具作价入社，集中进行劳动生产，统一经营，统一分配。规模一般是初级社的 4～5 倍。1955 年 12 月 18 日延庆县第一个高级农业合作社——“田宋营乡高级农业生产合作社”成立。到 1956 年 1 月底，全县成立了 61 个高级社。高级社由于并社升级过快，违背了自愿互利原则，加之规模较大，实行指令性管理，社员对自己收入的底数不清，生产积极性不高。不少合作社一度出现“上班急敲钟，派活乱点兵，出工一窝蜂，干活乱呼隆，越急越窝工”的混乱状态。通过教育整顿，批判“资本主义”言行，打击了所谓破坏活动，使高级社的管理有所改善。1957 年，全县粮食总产量达到 4 523.9 万千克，比 1955 年增长 11.1%。

高级社使农村生产资料所有制由农民私有变为集体所有，标志着农村集体经济制度的建立。由于办高级社违反了自愿互利原则，农产品统购统销制度又使农业社的生产经营自主权受到损害，因而遗留了不少问题。

在发展生产合作社的同时，发展了供销合作社，建立了农村信用合作社。后来在高度集权的计划经济体制下，这两种合作社逐步失去了“民办”性质。

1958 年，全国农村掀起了大规模的人民公社化运动，在短短的几个月内，就把高级社合并改组为人民公社。原高级社的财产一律划归公社所有，收入平均分配。1958 年 8 月 16 日，延庆县第一个人民公社——“灯塔人民公社”在延庆县城成立。到 8 月 24 日又建立了八达岭、东风（永宁）、四海、千家店四个公社，下辖 51 个大队，全县实现了人民公社化。从此，延庆县农村进入“一大二公”的人民公社时期。

从 1958 年人民公社化到 1965 年，中间经历了三年经济困难时期，后来由于贯彻落实了“三级所有、队为基础”的管理体制，全县农业得到了持续稳定增长。1965 年全县粮食总产达到 6 080 万千克，蔬菜总产 2 609 万千克，果品产量 391 万千克。粮食亩产由 1958 年的 110 千克增到 216 千克。农村经济总收入由 1958 年的 1 202 万元增长到 2 098 万元。农民人均劳动所得也由 1958 年的 41 元增长到 57 元。“文化大革命”的十年，农村经济发展缓慢，到 1976 年，农村经济总收入 3 848 万元，农民人均劳动所得只比 1965 年增21元，年均增2.1元。

二、农村经济体制改革与家庭承包经营制的确立

1978年底中共十一届三中全会以后，农村走上改革之路。首先从改变农村人民公社的生产经营方式开始，实行家庭联产承包责任制这样一种管理和经营制度。这种制度把合作社的管理与经营分为两个层次，一个是集体统一经营层次，一个是家庭经营层次。因此，农村出现了新的社区性合作组织，这种合作组织的职能是：管理集体资产，服务社员，分配与积累，兴办集体企业。家庭经营层次主要以农户家庭为基本的生产经营单位，也有的是以专业队、组或其他劳动组合为经营单位，自主地、相对独立地从事生产经营活动。

延庆县坚持改革开放和以经济建设为中心，从1979年开始在全县推行“包工到组、联产计酬”的农业生产责任制。到1982年，责任制主要是“包工到组”、“专业承包”、“定额管理”三种形式。对个别居住分散的山区队和领导班子弱、吃粮靠返销、生产靠贷款、花钱靠救济的穷队，开始实行“包产到户”。全县26个公社，929个基本核算单位中，已经建立各种生产责任制的923个，占总数的99.4%。1983年7月人民公社体制废除，撤社建乡。1984年，各生产队相继取消了工分，实行包干到户。至此，以家庭承包经营为基础、统分结合的双层经营体制在延庆得以确立。

通过家庭承包经营，农户个体生产的积极性充分调动起来。家庭经营收入在总收入中的比重日益增大，农民人均劳动所得从家庭经营中取得的份额也在逐步上升。1983年在农村经济总收入21 504万元中：集体统一经营收入17 629万元，占82%，农户家庭经营收入3 875万元，占18%。到2002年，在农村经济总收入565 947万元中，集体统一经营收入257 539万元占45.5%，家庭经营收入308 408万元占54.5%。更突出的是农民人均劳动所得，1983年时，农民人均劳动所得502元，其中从集体获得的所得427元，占85%，到2002年，农民人均劳动所得5 458元，其中从集体获得854元，只占15.6%。

实行农民家庭承包，统分结合的双层经营体制以来，农民的个体积极性得到了充分的发挥，但村集体经济日趋薄弱。①从各村的经济实力看：到2002年，在全县376个村中，除土地外的人均所有者权益在万元以上的村只有10个，最高的是延庆镇东关村36 414元。其中4 000～10 000元的村有23个，2 000～4 000元的村24个，1 000～2 000元的村43个，1 000元以下的村259个，人均所有者权益为0的村4个，资不抵债村13个。②从村集体的经济收入看：到2002年，全县村集体经济总收入36 078万元（其中村办企业收入26 250万元），村级人均可支配收入只有57.4元。在全县376个村中，集体无收入的村23个，占全县总村数的6.1%；集体账内无收益的村102个，占全县总村数的27.1%。

社区合作社即村合作社是农村深化改革的产物，其发展还不完善。有的村建立后与村委会“两块牌子、一套班子”，有的村建立后又取消，真正成为独立经济组织的也是少数。特别是《村民委员会组织法》颁布和实行后，村民委员会取得了法定的名称和身份，村合作社却未能得到相同的法律承认，所以村组织除党支部外，村民委员会就成了具有法律地

位的管理组织形式。再加之村合作社内部管理不规范，其地位的确立和作用的发挥就受到了影响。据统计，全县376个行政村中，全部建立了村经济合作社，由社长独立行使村合作社职能的有51个村，由支部书记代行社长行使村合作社职能的有245个村，由村委会主任代行社长行使村合作社职能的有49个村，有31个村没有村合作社社长。从总体上看，凡是有一定经济实力的、或领导成员组织能力强的、或领导成员服务意识强的合作社，办得就好，充满活力。

在人民公社体制废除以后，乡镇级都设立了农工商联合总公司，代行乡经济联合社职权。但随着乡村两级企业的迅速发展，乡镇总公司职能和服务方向完全转向企业；原来行使的乡经济联合社职能逐步淡化直至消失。2000年底，在乡镇机构改革中，农工商联合总公司被撤销。现在，乡镇级只有党委、政府，没有经济联社。

50多年来，尽管农村合作经济组织走过一段曲折的道路，但是，在各级政府和农民的共同努力下，农村的合作事业依然取得了巨大的成就，为农村走向现代化、农民步入小康社会打下了坚实的基础。农村合作经济组织将农民融入合作社事业中，保持了农村社会的稳定，加快了农业生产条件的建设与完善，促进了农村经济的稳步发展，提高了农民的收入和生活水平。以家庭经营为基础、统分结合的双层经营体制的巩固与发展，特别是随着农村改革的深化，使农村生产关系发生了进一步变化，多层次、多形式的新型合作经济组织形式脱颖而出，给农村合作经济赋予了新的生命和活力。

第二节　农民专业合作经济组织的发展

一、农民专业合作经济组织的产生与发展

农村联产承包责任制的实行，使农民摆脱了“大拨轰”的桎梏，成为相对独立的商品生产者。一些有专长、善经营的农民，率先突破封闭式的格局，迅速发展为各种专业户，继而形成了有一定规模的农产品生产基地。但是，一家一户的生产规模小，难以经受住大市场风险的冲击，而且面对产、供、销不衔接的现实，遇到了难以逾越的障碍。于是，在农民对技术、资金、信息、销售、加工等服务的呼唤中，专业性合作组织作为专业生产和农村改革深化的必然产物应运而生，成为农村又一个具有旺盛生命力的合作组织资源。

到1983年5月，延庆县农村在种植、畜牧、工副业、商业、饮食、服务等方面，出现了新的经济联合体，共有18个。新经济联合体的出现，实际是农民专业合作经济组织的萌芽，是自发组织的阶段，其发展极其缓慢，且分布不均衡。

1993年，原二道河乡成立了肉鸡养殖协会。1995年初，原二道河乡窑湾村成立了有8户农民参加，以销售自产苹果为主的“小筐协会”。这是以农民为主体，农户自愿参加、农民自我组织形成的新型的农民专业合作组织，以销售自产苹果的同时还收购本村或本乡的苹果，直接与市场对接，解决了一部分没有运输工具和一些小户卖果难的问题，成为连接农户与市场的有效中介和纽带。

农民专业合作经济组织在各级政府政策的引导、帮助、扶持下得到了较快的发展。1998年，中共延庆县县委、县政府以经济建设为中心，积极适应市场经济发展的需要，提出了“推进产业化，迎接十六大”的主题思想。引导农民群众以市场需求为导购，以增加农民收入为目的，充分发挥基层党组织的作用，使农民专业合作经济组织得到更快的发展，各种新的合作关系应运而生。到了90年代后期，在总结实践经验的基础上，市政府提出：提高农民专业组织化程度，发展专业合作经济组织，并给予政策扶持。

特别是从1999年开始，市委农工委、农委每年召开一次专业会。县委、县政府授权组织部、农委、农经站三个单位负责农民专业合作经济组织的发展。其中：组织部负责合作组织的党建工作，农委负责合作组织的发展，农经站负责合作组织的规范。另外，工商局、民政局为合作组织发展提供便捷、周到、热情的注册服务。全县确定了每年的重点支持项目，增加了对农民专业合作经济组织的扶持政策，从而促使农民专业合作经济组织得到进一步发展。

到2002年底，全县共有农民专业合作经济组织162个，带动农户3 4176户，拥有总资产83 092万元，其中固定资产净值49 282万元；入资总额23 948万元，其中：农户入资13 339万元，集体经济组织入资3 024万元，政府支持资金3 688万元，其他入资3 897万元；销售各种农产品54.7万吨，实现销售收入59 059万元，销售利润39 062万元，户均增收1.14万元。在这些合作组织中，种植业39个，林果业23个，畜牧养殖业77个，农机服务业2个，民俗旅游业10个，其他11个。这里面以产销综合服务为多，其中生产销售综合服务为主的119个，运销服务为主4个，加工服务为主的2个，技术信息服务为主的25个，其他12个。农民自己组建的57个，占35.2%；依托集体经济组织组建的46个，占28.3%；依托龙头企业组建的14个，占8.6%；依托农技服务组织组建的19个，占11.7%；依托基层供销社组建的2个，占1.2%；依托其他形式组建的24个，占15%。

二、农民专业合作经济组织的合作方式

龙头企业带动型。即由龙头企业牵头发起，成立专业合作组织，以“龙头企业＋协会＋基地＋农户”为合作方式。如沈家营镇以生产“王致和”牌腐乳为主的市级农业产业化龙头企业——沈家营镇庆和食品有限公司为龙头，组建了庆和兴农合作社，合作社一头连着企业、一头连着基地和农户，走“龙头企业＋合作社＋基地＋农户”的路子。庆和公司通过合作社与6个乡镇签订黄豆种植订单400万千克，种植面积达0.2万公顷，带动了3 500个农户种植黄豆，平均每亩增收200余元，每年可增加农民收入400万元。其特点是，充分依靠龙头企业的优势，发挥合作组织的桥梁与纽带作用，连接基地、农户与市场，结成紧密的产加销一条龙的生产经营体系。

依托涉农部门型。即由各级政府的涉农部门发起创建的“部门＋协会＋基地＋农户”为合作模式的专业组织。其特点是，发挥县、乡两级农口部门在技术、信息、人才和组织管理经验等方面的优势，成立各种种植、养殖、销售协会和专业合作社。如延庆县果树协会，依托县果品服务中心，定期组织基地成员及农户开展技术培训，推广新品种，开发产

品包装，拓宽销售渠道。目前，基地成员和农户会员共3 000余名，已成为果品生产、销售的骨干力量。再如，大庄科乡供销社围绕当地丰富的野生药材和仁用杏资源，利用供销社系统的经营渠道，创办了中药材产销专业合作社，带动农民700户，实现销售收入80万元，销售利润60万元，户均增收860元。

依托社区组织举办型。即由村党支部、经济合作社、村民委员会的领导班子，根据当地农业生产布局和产业化经营的要求，以社区合作经济组织为载体，以农民增收为核心，积极做好宣传、组织、服务农民的工作，使党的工作与农村经济发展有机结合融为了一体，积极领办、创办了一批合作组织，成为"村合作社＋协会＋农户"的专业合作模式。其特点是，通过组织、参加、发展农民专业合作经济组织，充分体现基层组织的凝聚力、战斗力和干部的示范带头作用，走共同富裕之路。例如：小丰营村的蔬菜产销协会、里炮村的果树协会、大柏老村的奶牛合作社、四海镇的大吉祥奶牛合作社等，就是由村党支部、村经济合作社、村民委员会领导班子牵头成立的，班子成员既是村领导又是合作社骨干，既起示范作用，又带领大家共同致富。这种专业合作的形式以社区的经济和组织资源为依托，面向广大社员，深受群众欢迎。

能人领办型。即农村能人牵头，围绕某一产业或产品，自发组建创办"能人＋协会＋基地＋农户"合作模式的合作组织。其特点是，依靠能人的技术、管理经验、资金、设备、销售网点等优势合作发展。这些好典型，大部分领导骨干是原来集体经济组织的好干部，如：为适应奶牛产业化发展的需要，旧县镇大柏老村原党支部书记、72岁的老党员唐成厚同志，自筹资金建成了牛奶收购储运站，在经过近两年发展的基础上，由其牵头，222户社员共同出资125.8万元入股，组建了延庆县第一家民营股份合作制经济组织——北京市延庆县大柏老聚八方奶牛合作社，完全体现出"民办、民管 、民受益"的办社原则，实现了决策民主化和利益、风险共享共担的紧密合作性质。合作社销售鲜奶从最初的每天二三百千克发展到现在40吨左右，由最初几十户，发展到带动了周边20多个村、700多户、7 000头奶牛养殖，把农民有组织地带入了市场，有效地促进了农民增收，提高了农民的组织化程度和谈判地位。

三、农民专业合作经济组织的作用

分散经营的千家万户农民组成专业合作组织，与千变万化的市场打交道，从而提高了农民进入市场的组织化程度，解决了分散经营的农户与市场的有效对接，防范了市场风险，取得了生产经营的规模效益。香营乡的龙安山蔬菜服务中心，依托东白庙等7个村万亩蔬菜基地，建立起蔬菜批发交易市场，引来外埠菜商来此交易，使1 200户农民通过专业合作经济组织进入了市场。他们根据合作组织提供的栽培技术及反馈的市场信息，及时调整、种植产销适路的品种，同时，他们根据产销情况建立了蔬菜保鲜库，有效地缓解了市场风险、自然风险和技术风险，带动基地农民走上了致富路，2002年实现销售收入640万元，户均增收5 800元。

全县大部分农民专业合作经济组织都是以一种农产品或一个产业为纽带建立的，通过产业政策支持，合作经营发展，使产业由无到有、由小到大、由弱到强，促进了区域主导产业的形成与发展。旧县镇大柏老村是一个传统的奶牛养殖专业村，农民有着丰富的饲养经验，奶牛养殖业已成为旧县镇农民增收的主要途径，但随着市场经济的发展，分散经营的农户难以适应千变万化的鲜奶市场需求，特别是2000年，鲜奶价格由于无序竞争，严重影响了奶农利益，奶牛业发展受阻。此时大柏老村奶牛合作社应运为而生，较好地解决了鲜奶的销路与价格，保护了奶农的积极性，促进了该镇奶牛饲养业的发展。在他们的带动下，在县有关政策的扶持下，各乡镇纷纷成立奶牛合作社，奶牛饲养业得到了快速发展，已成为全县农业的主导产业。截止到2002年，全县共有奶牛合作社35个，有奶牛养殖户3 493户，奶牛存栏2.4万头，全年出售鲜奶5.7万吨，销售收入13 500万元，农民收益2 660万元。

农民专业合作经济组织的发展，把一家一户分散的农民有效组织起来，成为产业链的一分子，从而较好地实现资金、技术、劳动力、运输、设备等生产要素的优化配置，提高农业生产的比较效益，实现了农业产业化经营。小丰营村是蔬菜生产专业村，有耕地256.67公顷，其中蔬菜面积220公顷，通过协会把市场和菜农结合起来，把产品和国内外市场结合起来，形成了集蔬菜生产、初级加工、运输、仓储、销售为一体的蔬菜产业化经营格局，不仅推动了蔬菜主导产业的快速发展，还促进了养殖、饮食、运输、包装、民俗旅游等二、三产业的发展，延长了产业链，真正起到了为农民致富架桥梁的作用。

农民专业合作经济组织的成立，有效地解决了农产品市场流通不畅、农产品销售渠道信息不灵等一系列问题，在一定程度上提高了农民收入。如里炮村果树协会，为解决苹果的销售途径与价格问题，他们从市场着眼，从特色着手，从科技着力，狠抓红富士苹果的产业化生产。2002年该村注册了“里炮”牌商标，取得了北京市食用农产品安全认证。在协会的带动下，如今里炮村已成为集观光采摘、休闲娱乐于一体的综合性度假村。

各类农民专业合作经济组织的建立，在农业技术推广中显示出独有的优势，促进了农业新技术、农产品、新品种的推广，从服务手段、方法及服务内容等方面为农户提供了全方位的服务。如张山营镇前黑龙庙村葡萄产销协会，积极与中国农学会葡萄分会联系，组织葡萄专家到葡萄园进行技术咨询和指导；请县果品服务中心的专家进行技术指导，使果农生产技术和管理水平有了明显提高，葡萄质量也有了明显提高。

品牌是农民专业合作经济组织产品的标志，是参与市场竞争的无形资产。品牌即代表合作社的形象和产品质量，也蕴涵着巨大的经济价值和竞争优势，有利于实现品牌效应，促进“品牌农业”的发展。经有关部门初步调查统计，截至2002年全县至少有7家专业合作经济组织创建出了自己的产品品牌，提高了产品的知名度，提高了农产品的市场竞争力，扩大了农产品的销售渠道。如珍珠泉乡的“珍珠泉鸭蛋”、千家店镇的“千家牌古道特产”、刘斌堡乡的“刘宝柴鸡蛋”、里炮村的“里炮牌”苹果、永宁的“永宁牌豆腐”等，他们利用原有的农产品资源，注册商标，从生产、加工、包装，到市场销售各环节，均采用行业标准进行引导、管理和控制，初步形成规模化生产，促进了品牌产品和主导产业的兴起，提高了农产品的市场竞争力。

第三节　从若干典型看社区合作组织与专业合作组织的发展趋势

延庆县社区性合作组织与农民专业合作经济组织的现状呈以下四种态势：一是只有社区性合作组织，没有农民专业性合作组织；二是两种合作组织部分重合，部分农民同时是两种合作组织的成员；三是两种合作组织完全重合，所有社员同时是两种合作组织的成员；四是跨地域的专业性联合，社区性合作组织的社员同时是另一个专业性合作组织成员。随着专业性生产的发展和市场组织化程度的提高，两种合作组织同时并存，相互渗透，纵横交织，共同发展，将是今后发展的总趋势。这种趋势，可以从若干合作组织典型经验中看得比较清楚。

一、小丰营村经济合作社及其蔬菜产销协会

康庄镇小丰营村，位于县城南 6 公里，延康公路西侧，距延康公路 1 公里，交通便捷。共有 736 户，2 273 口人，全村耕地面积 256.7 公顷，蔬菜面积已达 220 公顷。2001 年全村经济总收入 7 200 万元，其中蔬菜收入 5 800 万元。蔬菜生产带动相关产业如劳务、运输、包装、餐饮、仓储等收入 2 000 万元。2001 年全村人均收入 8 000 元。

小丰营村蔬菜生产历史悠久。50 年代生产的大白菜，虽亩数不多，但在延庆、怀来一带就小有名气。80 年代初，就率先开始了大棚菜的生产。90 年代初，蔬菜面积仅百余亩，由于种植蔬菜没有形成规模，销路也就成了难题。国家“八五”计划以来，延庆县被确定为首都的“北菜园”后，该村的蔬菜生产得到进一步发展。1991 年蔬菜面积发展 100 公顷，但品种多为大路菜，主要销往首都市场，以供应八、九月份“淡季菜”（北京蔬菜生产市场供应的淡季，恰是延庆县蔬菜生产供应的旺季）为主。随着我国市场经济的发展，农副产品统一大市场态势的逐渐形成，全国各地的蔬菜，特别是山东、河北、内蒙古等地的蔬菜涌入首都市场。京郊生产的蔬菜，包括延庆县生产的淡季菜，在首都市场上遇到了严峻的挑战，小丰营村的蔬菜面积开始减少。

1994 年，有些南方菜商来延庆收购蔬菜，小丰营村经济合作社出面积极与菜商合作，免费为菜商提供占地和服务设施。由于村干部的诚信合作，赢得了商家的信赖，并有建立冷库进行长期合作的意向。1995 年，为配合县妇联在小丰营村搞“双学双比”活动，建了一个“千亩三八蔬菜基地”。至此，小丰营村的蔬菜生产走上了规范化的道路。当年，每亩收入就达到了 4 000 元，是种玉米收入的 5 倍。基地内有 5 户菜农仅种菜收入就达到了人均万元。村民尝到了种菜的甜头，种菜的积极性提高了。村干部们也看到了发展蔬菜，富裕农民的决策是大有希望的。更好地组织和服务农民生产，维护好农民的切身利益，成了小丰营村领导集体当时想得最多的事情。通过多次召开党员会、社员（村民）代表大会进行研究分析，决定以本地的龙头产业——蔬菜为支柱成立小丰营村蔬菜产销协会，并积极发挥村经济合作社在其中的核心作用，真正解决实行家庭承包经营制后，分散的小农户在市场经济运作中遇到的各种困难，解决日益显现出来的一家一户独立自主经营

与推进产业化的矛盾，以适应和深化农村改革与发展。

1996 年 6 月，小丰营村注册成立了小丰营蔬菜生产销售协会。党支部、村经济合作社和村委会干部和蔬菜种植大户成了协会的第一批会员。协会“以家庭承包经营为基础，以增加农民收入为目标，服务农民，维护农民利益，改善农民地位，提高农民的组织化程度，提高市场竞争能力为出发点和落脚点”，本着“民办、民管、民受益”的原则，充分发挥专业合作组织在农业产业化经营中的组织、服务和带动作用，利用和发挥本地区的资源优势，以此来培育和壮大小丰营村乃至一个地区的蔬菜产业。协会对协会章程作了多次补充和完善，制定了《协会管理责任制》、《蔬菜市场运营，卫生管理责任制》等管理制度。他们还有计划地安排协会的主要负责人参加各类培训和学习。1995 年，党支部书记哈云潮参加了市劳模大专班的学习。1996 年县农经站在小丰营开办中等专业学历班，学员 34 名，其中小丰营村蔬菜协会骨干 27 名，占总数的 79.4%。小丰营蔬菜生产销售协会在加强内部管理的同时，进一步强化技术服务和信息服务。产前提供生产要素服务，产中提供技术指导，产后组织加工和运销。协会组织开展科学技术培训，利用农闲时间，组织菜农学习种植蔬菜的科学技术知识，推广蔬菜先进实用技术，大力发展无公害蔬菜，积极协调，进行各类实验和论证，通过安装高压杀虫灯、吸虫板、性诱器等物理灭虫的方法，减少了 40%左右的农药使用量。协会聘请北京农科院教授和本县蔬菜专家进行授课，已有 320 名菜农拿到了绿色证书。2002 年，协会共有管理人员 60 余人，其中 37 名具有中专、大专以上文化程度。由于产业的不断壮大，现在通过协会安排各类就业人员 640 余人，解决外地民工就业 350 余人，协会还安置 30 多名企业下岗职工。小丰营村蔬菜产销协会共有固定会员 3 000 多人，带动农户 1.5 万户，并辐射内蒙古、河北、山西等周边省区，更多的菜农通过协会实现了跨区域合作。

在 1995 年“千亩三八蔬菜基地”的基础上，小丰营村种菜面积，每年以 20～33 公顷的速度递增。1997 年底全村菜田面积 120 公顷，1998 年 140 公顷，1999 年 180 公顷，2001 年 220 公顷。在基地的建设中，该村严格执行国家绿色发展中心和市农业局、市技术监督局的要求。1997 年，通过监测，绿菜花获得了“绿色食品”的称号。2001 年，获北京市食用农产品安全认证，达到了 A 级标准。到 2002 年，在 220 公顷菜园中，有 120 公顷被列入“北京市标准化蔬菜生产示范基地”。小丰营村的农民严格按照操作规程生产无公害放心蔬菜，经市标准化办公室抽查验收基地合格。

小丰营村蔬菜产销协会，抓住时机创建了小丰营村蔬菜交易市场（即八达岭蔬菜交易市场）。交易市场初建于 1997 年，是由地头市场转化而来。随着小丰营村蔬菜生产规模不断扩大，蔬菜产量大幅度增加，原有的地头市场已难以适应。为此，建立小丰营蔬菜批发市场把菜商请进来收购蔬菜，已成当务之急。蔬菜产销协会看准这一点，首先创建市场，建立辅助设施。1997 年，建起了一个设施齐全、占地 3.3 公顷的蔬菜交易市场，还专门建立了生活区，为菜商提供生活服务，创造舒适宽松的工作和生活环境。近几年来，交易市场已由原来不足千平方米的交易棚，发展到现占地 4 万平方米，2 700 平方米交易棚，2 300平方米菜商生活区，3 000 吨保鲜库。新建市场商务楼 2 200 平方米，市场总资产达 1 400万元（政府为市场投资 505 万元）。1999 年，市场交易量 1.08 亿千克，交易额 1.1

亿人民币。2000年市场交易量达1.9亿千克，交易额2.017亿元。2001年市场交易量达2亿千克，交易额2.88亿元。2002年交易量4.2亿千克，交易额2.65亿元。

小丰营蔬菜交易市场主要以批发蔬菜为主，品种有：绿菜花、团生菜、荷兰豆、日本白萝卜、甘蓝等40余种，商品菜出口东南亚及韩国、日本等国家和港澳地区，形成了蔬菜生产、粗加工、销售一条龙。

蔬菜市场具有较好的辐射效益。前来市场交易的菜农不单单是小丰营村及本乡镇的农民，全县0.78万公顷菜，90%由该市场进行销售，部分蔬菜来自河北、内蒙古、山西等部分地区，已成为较大的出口集散中心。

小丰营蔬菜交易市场正在实施第三期工程，第三期工程占地1.9万平方米。主要是：保鲜库2 000吨、交易棚3 360平方米、场地硬化34 520平方米、菜商服务中心3 600平方米、透视墙850米。

蔬菜市场的建立和完善，吸引了大批客商，解决了蔬菜生产和流通二者相互脱节的矛盾，使一家一户的小生产与统一开放的大市场结合了，形成了市场加基地、加农户的产、供销一体化格局。

蔬菜产业化的发展给小丰营村带来了新变化。小丰营村在1991年底，只有601户，1 825口人。20世纪末，山区搬迁一次性安置70余户，300余口人。嫁出去的姑娘陆续回迁。到2000年，全村已达736户，2 273口人。

1990年，全村经济总收入504.5万元。其中集体经济收入434.5万元，农民人均劳动所得911元，其中从集体获得734元。1995年全村经济总收入2 709万元。其中集体经济收入1 745.3万元，农民人均劳动所得2 390元，其中从集体获得865元。2002年，全村经济总收入8 142.3万元。其中集体经济收入162.3万元。农民人均劳动所得8 012元，其中从集体获得150元。

1997年底，全村蔬菜面积达到了120公顷，占全村耕地面积的48%。1998年达到140公顷，占全村耕地面积的57%。1999年达到180公顷，占全村耕地面积的73%。2001年达到220公顷，占全村耕地面积85%。全村736户，有588户种菜，占全村总户数的80%。蔬菜品种由原来的大白菜发展到现在的40余个品种，常年上市的十几个品种。2001年蔬菜总收入达6 500万元，至此，蔬菜生产已成为小丰营村主导产业。

农民收入增加，快速致富，种菜户越来越多。菜农刘桂兰在1997年就对市领导说过："靠种菜，上半年给大儿子买了一辆130汽车，下半年又给二儿子买了一辆农用车"。山区搬迁到小丰营村的李富荣逢人就说："在老家，一家人吃饭都困难，来到小丰营村后，五年盖了十二间大北房，三个儿子娶了媳妇"。

蔬菜生产带动了其他相关行业的迅速发展。首先是解决了农村剩余劳动力就业问题，在市场做劳务的人员有600多人；促使了养殖业的发展——每天几十万千克的菜叶为养牛、养猪、养鸵鸟、养鱼等专业提供了大量的青饲料。其次是促进了二、三产业的发展，如包装、餐饮、运输、劳务等行业。村内有百余辆汽车长期在小丰营村市场从事运输工作，二、三产业年创产值2 000多万元，为农民增收拓宽了领域。

小丰营村靠蔬菜创造了自己的名牌效应。蔬菜专业村的发展，不仅带动了相关产业的发展，也创出了自己的名牌效应。1998 年春节，国务院总理李鹏来给小丰营村村民拜年。1 月，国际友人爱尔兰总理光顾小丰营村考察。几年来，很多外国领导人相继来小丰营考察，联合国粮农组织安排了 46 个国家，160 位官员到小丰营考察。

二、里炮村经济合作社及其果树协会

八达岭镇里炮村坐落在八达岭西 6 公里处的南荒滩上，全村 110 户，310 口人，耕地面积 75.3 公顷。改革开放之前，这里吃粮靠返销，花钱靠救济，是个远近闻名的贫困村。1975 年全村经济总收入只有 3.8 万元，人均收入 70.9 元，每个劳动日值 0.25 元。而到了 2002 年全村经济总收入 1 768 万元，人均劳动所得 10 600 元。小村在短短的二十几年间发生了翻天覆地的变化。

（一）因地制宜调整结构，走发展果树之路

改革开放后，村支部、村合作社、村委会一班人依据该村自然条件，扬长避短、因地制宜，选择了发展果树的致富之路。在 60 年代，该村有果树面积 6.67 公顷，由村集体进行经营，由于管理不善，技术落后，经济效益不好。1981 年对果园进行了分户承包，但由于短期承包的制度本身的弊病，使承包者只注重眼前利益，对果树进行掠夺性经营，一年后，果树死伤严重，剩余面积总数不到 4 公顷。村集体发现这一问题后及时进行了调整，收回了承包的果园，继续由村集体进行经营。后来他们认识到：要走发展果树之路，目前的发展状况是不行的，必须由农民自发地改变产业结构参与到果树业的发展之中。而要达到这一目的，一是解决土地规模问题，村集体花钱平整了村边的大沙丘，整出了 13.3 公顷土地；二要解决承包制度问题，取消农民的后顾之忧。1984 年，村集体将平整出的 13.3 公顷土地的经营权永久性地交给农民，要求必须栽种果树，果树苗由村集体统一购买无偿提供给农民。这一承包制度明确规定果园的承包期长期不变，给果农吃了“定心丸”，使果农自身不但注重短期经济效益，更注重未来的长期利益，从而鼓励农民增加投入。1988 年又利用此方式平整出 13.3 公顷土地，此时该村果树业有了初步的规模。这种永久性出租方式虽然给农民吃了“定心丸”，农民敢于投入，但仍然对于长远利益觉得摸不准把握不住，因为果树从栽种到挂果需要 4～5 年，在此期间只有投入没有产出，对于个体果农来说有一定的风险，直接造成的结果就是：由于不懂技术对果树的初期管理不力，又制约了果树业的发展。认真总结经验教训的里炮村，1991 年正式启动了“交钥匙工程”——集体搭台、群众唱戏、滚动发展果树业。即：集体投资，按新技术规范，统一栽植优质果树；到挂果见效益后，一次性作价卖给果农；收回资金后，集体再进行开发，这样滚动发展。1991 年集体开发的 8 公顷果园，到 1995 年挂果时，作价 40 万元卖给了果农，一个星期之内收回了全部资金；又利用收回的资金进行新一轮开发，又栽种了 13.3 公顷果园。到 2002 年，该村果树已达 73.3 公顷，果品总收入 280 万元，在人均劳动所得 10 600 元中有 90%来自果品收入，成了名副其实的果树专业村。

为了进一步创造有利于果树发展的新的自然环境，该村先后平整了村周围的 5 座大沙丘，填平了三道大沟，建起了一道长 800 米、高 8 米的防风土坎。为了解决干旱缺水的问题，村集体累计投资 200 多万元打深水井 11 眼，其中 4 眼出水，用来供果园浇水，现在

73.3 公顷果园每 10 天就可以轮浇一次水。为了实行节水灌溉，又铺设地下管道 49 300 米，小管储流 42 000 米，立出水杆和防冲池 50 套，安装 U 型槽 1 700 米。这些基础设施的建成，有力地保证了果树业的发展。

（二）因势利导，加强服务

果树承包后，村里并没有放手不管，而是因势利导加强服务。为此成立了“里炮村果树协会”，坚持生产中的统一指导、统一防虫防病，做好果树生长过程中的技术指导工作。针对村民从粮田走向果园后很多人是门外汉的情况，一是组织全体果农到外地参观学习，使大家认识科技在生产中的重要作用。二是同市林业局签订技术咨询合同，开办农民技术学校，自编通俗易懂的果树管理手册，使果树实用技术走进家家户户。三是请有关专家讲课，学习先进的技术，实行了果品套袋、覆膜及高接换优技术，提高了果品质量，增加了收益。2002 年他们又申办了绿色食品证书和安全食品证书，对里炮村红苹果进行了特色包装。为了避免果农之间的恶性竞争，破坏里炮村“红苹果”的品牌，果树协会无偿进行一条龙式的配套服务，参与到各户的产前、产中、产后服务中，给果农一个保证。这极大地调动了果农的积极性，使之取得了良好经济效益。

里炮村的千亩果园建成了，果树的经济效益有了，但村集体并没有满足。他们决定依托八达岭长城旅游区的旅游资源的优势，发展观光旅游业，以果园的观光采摘吸引游客。村集体用集体积累出资 356 万元，对全村的 73.3 公顷果园及村容村貌进行了观光包装，硬化果园循环道 8 080 平方米，安装果树护栏 3 000 米，护网 2 000 米，在观光果园中建立了 10 座欧式休憩室，并对达到标准要求的民俗户果农给予资金上的支持。对村容村貌和观光果园进行的基础设施建没以及对民俗户的支持，招来了大批的旅游观光者，2002 年该村已发展民俗户 10 家，旅游及采摘收入达到 40 余万元。果农高兴地说，“多栽果树搞旅游，收入更上一层楼”。

通过这些年的实践、摸索，产权制度的不断改革，里炮村合作社走出了一条特色发展之路，自 1998 年连续 4 年被评为“首都文明村”。

三、大柏老村的奶牛业和奶牛合作社

延庆县旧县镇大柏老村，713 户，2 230 口人，其中养殖专业户 470 户，占全村总户数的 65.9%。农村经济总收入达到 9 013 万元，其中养殖业收入 4 804 万元，占总收入的 53.3%。2002 年人均劳动所得 10 209 元，而 1975 年人均收入只有 103 元，1985 年人均收入不过 451 元。该村的经济之所以能够迅速发展，主要得益于养牛业的兴起和发展。

1975 年，大柏老村党支部一班人为摘掉穷大村的帽子，一心发展农业生产，为多打粮食，千方百计搞积肥，为此想发展奶牛。村干部唐成厚的想法，得到了当时县委副书记赵飏的支持，他帮助协调，1975 年 12 月 21 日延庆农场以每头奶牛 950 元的价格卖给大柏老村奶牛 30 头。

1985 年生产大队解体后，牛场没有解散，仍由集体经营，奶牛存栏发展到 270 头。农民在种地之余也养起牛来，当时村集体向农户承诺：村牛场为农户提供牛源，集体负责收奶、防疫、治病、配种等服务。有许多农户陆续养殖奶牛或肉牛 3～5 头，从此农户开始走上探索性的养牛之路。经过不断学习和总结经验，加上外部畜牧专业人员的技术指导，一般户都获得了可观的经济效益，促使该村的养牛业迅速发展起来了。

1998年4月份，由村党支部、经济合作社牵头筹办，奶牛养殖专业户自愿参加，成立了旧县镇大柏老奶牛合作社。到2000年，有470多户实现了主业养牛，占全村总户数的78%；出栏肉牛3 000头，成奶牛存栏3 000余头。

90年代初，针对农户原有场地（房前屋后）小，想多养牛没有牛圈的问题，集体开始为农户筹划建设养殖小区。为不占农田，村集体出资平整了沙滩荒地，首先建起了一个规模500头的养牛小区，以后，随着养牛数量的不断增加，到2000年共建养牛小区7个，合作社发展为7个分社，占地面积达到53.3公顷，小区的牛存栏达到3 000头。

奶牛合作社为各分社即各养牛小区备齐了相应水、电、路设施和牛棚，养殖户入驻小区的，按占地亩数，村集体每亩每年只收40元的占地费，为养殖户提供了优质低价的服务。

几年来，该村所产粮食主要用于饲料加工，全镇的玉米、秸秆在牛场实现了过腹还田，现在很多农民开始试种牧草，直接用于奶牛饲喂。2002年种植牧草面积达110公顷，从发展趋势看该村的玉米种植将会被牧草所替代。

大柏老奶牛场完善的配套设施，先进的管理技术，集体的全方位服务功能，吸引了外乡镇养牛专业户，他们看准了大柏老奶牛场的发展前景，要求入驻小区养牛的都已被接纳。外地打工人员也到该牛场去做工，经商人员也到该村去开办饭店、商店等服务行业，截止到2002年该村有外来劳动人口达800～900人左右。大柏老村2000年获北京市“奶牛专业村”奖，北京市农委奶牛示范村奖。

四、张山营镇前黑龙庙村的葡萄产销协会

前黑龙庙村位于延庆县城西北，距县城20公里，北依海坨山，南临官厅湖。全村现有耕地77.3公顷，156户，519口人。从1992年起开始栽植葡萄，经过10多年努力，目前以红地球为主要品种的优质鲜食葡萄面积达到73.3公顷，占耕地总面积的94.8%，葡萄总产量达到85万千克，年产值320万元。

在大力发展葡萄的过程中，广大葡萄种植户尽管做出了很大的努力，但是生产效果不理想，效益不高。集中体现在果农技术素质低、技能差，实际操作在时间要求上不统一，使产品质量不统一，以及产品销售等方面。为此从1997年起部分果农自发组织葡萄协会，由会员选出了会长和副会长等领导及工作班子，会员已发展到142户，占全村总户数的91%，还带动了全镇600户、0.17万公顷葡萄的发展。

协会在组织会员从事葡萄生产技术管理、技术培训和产量销售方面进行了卓有成效的工作。在各级领导的大力支持和帮助下，积极与中国农学会葡萄分会秘书长晁无疾教授联系，组织了5批30多位葡萄专家到葡萄园进行技术咨询和指导。县果品服务中心和张山营镇政府大力支持，每年举办3～5期技术培训班和现场会，通过培训使果农技术素质和生产管理水平有了明显提高，葡萄产量由10万千克提高到85万千克。

协会积极参加全国葡萄质量评比。1998年在全国第五届葡萄品种鉴评会上，前黑龙

庙村选送的红地球、黑奥林、里扎马特三个品种全部获得优质产品金奖。1999 年该村的葡萄还上了国宴。

从 2001 年起，协会在县农委帮助下推进葡萄标准化生产，制定了绿色安全食品生产管理标准，使葡萄生产从投入品使用、生产各个环节管理和产品的采收、分级包装都有了统一的标准。同时进行了优质葡萄观光园建设，修建了进村牌楼、进村路、围栏、长廊和协会培训学校，以及 11 个微型保鲜库，使葡萄园面貌焕然一新。2003 年荣获市政府颁发的绿色食品生产基地证书，吸引了大批游客到果园观光采摘，据统计，2001—2003 年来共接待观光采摘游客 1 300 人，采摘收入 23 万余元。

几年来，协会积极组织销售：通过上网推销，南下广州、广西等渠道，为会员销售葡萄达 250 万千克，仅 2003 年销售葡萄达 46 万千克。

协会在县民政局进行了正式登记，成为京郊第一个正式登记的村级社团组织。在原有基础上，积极与华邦公司合作搞有机葡萄生产，利用三年时间取得有机食品认证，成为中国第一个千亩有机葡萄生产基地。

五、蜂产品专业合作社

养蜂人吴永生，从 1986 年开始从事养蜂，干了几年以后，觉得一家一户的南来北往即孤单又有风险，所以于 1992 年 6 月，在工商税务部门的支持下，带领几户蜂农办起了初期的养蜂合作社。当时，全县共有 3 000 群左右的蜂，零散的分布在南方的多个省市。创业之初既无市场又无资金，困难重重，艰难维持。

1997 年 5 月，当时的县林业局领导了解到吴永生合作社情况后，给予了大力的支持。委托吴永生以原有的合作社为基础，把养蜂扶贫作为重点，以蜂农脱贫致富为目的，组织筹建起了有县域内 140 户蜂农参加的北京市第一个“蜂产品专业合作社”。合作社成立后，吴永生采取以老带新、以富扶贫（即以老蜂场带动新蜂场，以养蜂富裕户帮助新入社的贫困户）方式，大力发展养蜂业。合作社统一组织、协调，为蜂农提供优良种蜂、生产资料及配套技术服务。1997 年的旱灾使全县大部分蜂场出现严重困难。“蜂产品专业合作社”在林业局领导的支持下，向农业银行申请了 20 万元贷款，为全县的蜂农提供蜂用越冬饲料、糖等急需物资和现金 6 万元，使全县蜂群免受更大损失，此一项就为蜂农补贴利息 2 万元。影响全县蜂业发展的主要原因首先是蜂具短缺，1998 年春，吴永生特意去皖南山区联系定做 4 000 套蜂具。同时为蜂农提供其他生产用具 20 多种 12 000 多件，总投资近 40 多万元。生产期间，合作社负责技术指导，扩建 300 群规模种蜂场，免费为蜂农提供种王，上门解决实际问题。合作社负责蜂产品销售，采取的方法是在市场价格的基础上加保护价每吨 400 元，为新养蜂户加保护价每吨 1 400 元，而且尽可能筹备资金及时为蜂农兑现。1999 年，在蜂蜜出口受阻、价格下滑，北京和外地两大企业停止收购的情况下，吴永生为首的延庆县“蜂产品专业合作社”独立撑起了北京蜂业的半边天。接受消化了北京 60%以上的产品，到 11 月底实际接受入库蜂蜜达 1 400 吨。

又经过了两年多的艰苦努力，到 2000 年，全县蜂业已由原来的 3 000 群发展到13 000 群，并以每年 30%的速度递增。合作社不仅发展了全县的蜂业，也带动了北京市北部山区蜂业的发展。合作社有本市入社社员 900 户，蜂群 50 000 群，间接带动非入社农户 800 多户。

“蜂产品专业合作社”不仅带动了京北地区蜂业的发展，自身也有了很大的发展。2000 年 3 月成立并注册了“北京夏都蜂业有限责任公司”。基地面积发展到 16 000 平方米，新建 4 000 平方米的办公大楼一座，新的厂房也正在建设当中，其中有日加工蜂蜜 20 吨的生产线一条。合作社资产总额已由建社初期的不足 1 万元上升到 1 500 万元。2000 年为蜂农销售蜂蜜 1 500 吨（库存 500 吨），销售王浆 10 吨、花粉 3 吨，总产值 980 万元，实现销售额 823 万元，销售利润 123 万元。现在正在运作与河南长葛市吉祥蜂产品公司联营，组建“北京夏都吉祥股份有限公司”。

六、井庄镇养鸡协会

井庄镇的养鸡协会起源于原西二道河乡，原名为“西二道河乡养鸡协会”。2000 年撤乡并镇时，西二道河乡撤销并入井庄镇。

原西二道河乡是个只有 18 个行政村、4 460 口人的小山区乡，行政区域 72 平方公里。由于山多地少，过去农民除了种地和少量果树收入外，没有其他致富门路，在 90 年代初期被北京市列为贫困山区之一。

如何引导山区农民尽快脱贫致富奔小康，这是摆在西二道河乡党委政府面前的一道难题。办企业、种果树、种蔬菜、饲养牲畜的条件都不优越，很难形成规模和气候。这里的优越条件就是较为充裕的劳动力、部分空闲的房屋以及总数不大的闲散资金。

1993 年，北京大发畜产总公司派人来到西二道河乡，寻找饲养肉鸡合作伙伴。西二道河乡领导认为，有“大发公司”这样的大企业作龙头和后盾，解决了农民最担心的产品销路问题，也可以将农民拥有的优势发挥出来，是一个不可多得的机遇，于是便动员农民饲养。当时一些农民抱着“家有千万，带毛的不算”旧观念，任凭乡里花钱购鸡雏、购饲料送到他们家中，农民们也不愿冒险饲养以前他们从来没有养过的肉鸡。为了调动农民养肉鸡的积极性，他们决定走典型引导的路子。乡畜牧公司租用东沟村废弃的旧礼堂，办起了示范养鸡场，由技术人员把关，雇佣农民饲养肉鸡。1993 年秋天，乡畜牧公司共出栏肉鸡 1.2 万只，除去各项开支，获得纯利 1.2 万元。成功的事实摆在乡亲面前，1994 年在乡肉鸡场打工的农民辞去工作，回家办起了家庭肉鸡场，并且动员他们的亲戚朋友一同饲养肉鸡。西二道河乡领导决定趁热打铁，于 1994 年成立了由乡畜牧公司牵头的乡“肉鸡协会”，用成功的事实号召农民饲养肉鸡，由协会负责统一管理。这一年，协会共发展养鸡户 16 个，出栏肉鸡 24 万只，销售收入达 360 万元，农民获纯利 16 万元。1995 年，加入协会的养鸡户达 58 个，并且辐射到延庆全县 15 个乡镇，全年出栏肉鸡 75 万只。1996 年，二道河乡将饲养肉鸡纳入党委和政府议事日程，号召全乡党员干部开展“百名党员联民心，一帮一养肉鸡”活动。同时乡里还利用下乡工作队包村入户的有利时机，多方为养肉鸡农民筹集贷款，并制定奖励政策。养鸡协会依托乡政府解决了个体协会难以解决的贷款问题，1995 年，乡里为养鸡农民解决贷款 80 万元，1996 年为养鸡户解决贷款 200 万元，为农民解决了至关重要的启动资金，这对于个体协会来说是很难办到的。协会取之于民用之于民，成立以来先后拿出100多万元补贴养鸡农民。为了鼓励农民进入肉鸡小区建立上规模的鸡舍，他们对每栋鸡舍实行1 500～3 000元的补贴，协会已引导农民建立了9个小区，建立鸡舍110栋。每年冬天为了鼓励农民养鸡，农民每养一只鸡，协会补贴供暖费0.2～0.3元。通过这一系列活动和措施，干部群众坚定了养肉鸡的信心。1996年，西二道河乡养鸡协会在一些集体养鸡场倒闭转制的情况下，出栏肉鸡80万只。西二道河乡的成功肉鸡饲养之路，被人们形象地概括为“公司＋协会＋农户”的西二道河模式。这是一个“三和一”的模式，它解决了大公司与分散的个体农户难以接轨的矛盾，乡肉鸡协会是连接公司和农户的纽带和桥梁。形象一点说，大发公司是龙头，农民养鸡户是龙身龙尾，协会则是至关重要的龙脖子。

西二道河乡肉鸡协会是一个规范的农民专业合作组织，建立健全了各项的规章制度，确立了不受社区限制，坚持以农民投资为主体，以家庭经营为基础，实行产、供、销一条龙服务，通过协会把分散的养鸡农户与北京大发正大肉鸡公司结合起来，解决了农民想发财缺乏引路人的困难，从而把农民和自己一起带进了市场。

乡肉鸡协会将自己与农户捆绑在一起，对农户实行一包到底的有偿服务。养鸡协会与北京大发正大有限公司签订购销合同，公司保证鸡雏和饲料的供应，保证毛鸡的及时回收。协会具体负责把饲料和鸡雏按时送到各个养鸡户，毛鸡出栏时负责派车运输。不论白天黑夜、刮风下雨都能按时给养鸡户进鸡、送料、出鸡，解决了农民一家一户解决不了的困难。协会对养鸡户实行每只鸡收取服务费0.3元。此项服务费一方面用于养鸡协会人员工资、办技术培训班、发技术材料、聘请顾问、通讯等费用支出；另一方面是增加硬件投入、提高服务质量和用于各项补贴。养鸡协会有运鸡雏车辆一部，服务车辆一部，拉料车一部，实行了计算机管理，传真机、电话通讯、化验仪器室都已配齐。同时还用于养鸡户的补贴，如每建一栋鸡舍补贴1 500元，冬季饲养每只鸡补贴供暖费0.3～0.5元。协会与农民是利益共同体之间不同环节的关系，农民的收入与协会的收入密切相关，否则，不要说收不到服务费，就连协会借给农民的贷款也收不回来。因此，协会除了向农民提供优质全方位的服务外，没有其他的选择。

协会分为四个组，即计划发展组、购销联系组、技术指导组和资金筹措组；协会坚持服务五到位，即鸡舍规划设计到位、送雏送料到位，防疫送药到位，成鸡收购车到位，解决贷款及时结算到位。也就是对养鸡农民实行从头到尾的一条龙服务，农民只要按要求精心饲养肉鸡，就可以稳稳当当地挣钱了。孟家窑村的农民侯金花，1995年丈夫下岗又患病，两个孩子还要念书，家里只靠几亩土地的收入实在难以维持。这种情况下，她想通过饲养肉鸡改变家里的贫困状况，乡肉鸡协会得知后，及时为她提供贷款，帮设计鸡舍，为她提供全面技术服务，结果，侯金花头一批肉鸡便赚了5 000元。从此，侯金花不断扩大养殖规模，近几年她家每年养鸡收入都达到2万元。过去，侯金花出门上延庆都舍不得买饭吃，如今全家人都喝上了鲜牛奶。这巨大的变化让侯金花感慨万千，她打心眼里感谢乡肉鸡协会帮她家摆脱了贫困，走上了致富之路。

协会拥有一支包括大学生在内的防疫服务队伍，定期防疫、消毒，一天24小时服务，杜绝了疫情的产生，确保了养殖户的利益。协会每年还定期举办培训班，近些年来共举办培训班 32 次，培训 3 500 多人次，发放材料 1 万多份，并且聘请 2 名高级畜牧师为常年技术顾问。

由于协会周到的服务和政策上的扶持，农民才敢放心养肉鸡，协会才不断发展扩大，他们的养鸡规模和水平才不断得到提高。1995 年，为了便于统一管理和提高养殖水平，小区养鸡开始替代分散和卫生条件较差的家庭养鸡；1996 年，农民们打破冬季不能养肉鸡的旧观念，形成了冬夏均衡养鸡的新格局；1997 年，成本低可预防疾病的网上养鸡得到推广；1998 年，肉鸡喝上了“三株口服液”——微维宝光合菌液；1999 年，协会又投资建立鸡病防治化验室。协会从规模到水平都达到了相当高的水准。西二道河乡肉鸡协会在市场经济大潮中经过艰难的磨练，终于站稳了脚跟，走出了一条带领农民脱贫致富奔小康的成功之路，同时也带来了一系列喜人的辐射效应。

通过饲养肉鸡，受益农民逐渐摆脱了贫困，走上了勤劳致富之路。1994 年以来，协会共发展乡域内外养鸡户 400 多个，饲养肉鸡 650 万只，销售收入近亿元，农民获利 800 多万元。

西二道河乡肉鸡养殖协会的成功经验在全县得到迅速推广普及，他们的养鸡户也成了各乡镇的示范户，带动起当地的养鸡事业。延庆县山区办、康庄镇、永宁镇、大榆树乡等单位，在学习西二道河乡经验的基础上，也纷纷建立起自己的肉鸡协会，发展会员近千户。饲养肉鸡成了延庆县农民增收的一个新的经济增长点。

附　录

附录一　北京市农村合作经济经营管理大事纪要[①]

1949 年

1 月 31 日　北平和平解放。

3 月 19 日　北平市人民政府第一次政务会议决定，成立市政府郊区工作委员会，负责郊区生产建设和行政管理事宜。

5 月 20 日　中共北平市委成立市委郊区工作委员会。

5 月 31 日　北平市军事管制委员会发布《关于北平市辖区农业土地问题的决定》。《决定》提出“在城市郊区，虽需要和一般农村一样废除封建和半封建的土地制度，即没收地主的土地和富农出租的土地，却不能和乡村一样实行土地的平分和土地平分后的一般私有制。”据此，《决定》规定了北平郊区土地改革的十二条政策。

6 月 7 日　中共北京市委郊区工作委员会召开郊区区委书记会议，布置土地改革准备工作。随后，开始进行土改试点。

10 月 12—17 日　中共北京市委郊区工作委员会召开郊区扩大干部会议，部署郊区土地改革和冬季生产。当时郊区辖区的土地改革，在试点的基础上，先后分三批进行，至 1950 年春耕前全面完成。

1949 年　春季，郊区干旱少雨，春播困难，政府号召组织起来抗旱点种，当时出现了一些季节性的临时互助组。南苑区鹿圈村贫农霍凤岐互助组，是郊区最早的互助组之一，而且秋收后没有解散，互助组坚持了下来，后被市政府评为模范互助组。

1950 年

4 月　市委、市政府召开郊区扩大干部会议。市委郊委领导同志在《关于开展 1950 年农业生产运动的报告》中提出：“郊区土地改革基本上已告完成，摆在我们面前的唯一任务，就是领导与发动群众开展大生产运动。”为开展大生产运动，《报告》提出了“组织劳动互助，克服生产困难”；“发展供销合作社，帮助发展副业生产”；“发放贷款，解决农民一部分困难”；“加强副业生产，增加农民收入”等项措施，并对兴修水利、增施肥料、推广新品种、保护和增添大牲畜等项工作提出了要求。

① 为便于了解北京郊区农村合作经济和经营管理工作的发展历程，《纪要》在选编本市相关大事的同时，也选编了中央和中央有关部门的相关大事。

4 月 11 日　市政府发出《府郊字第一号布告》。《布告》明确："农民私有土地或使用国有之土地，皆向政府缴纳农业税。农业税按土地常年固定产量计征。因变工互助、精耕细作而增加产量时，其超过部分免征。"同时还规定"为保证城市人民供应，凡经营菜园、果园、鱼塘、藕塘者，一律按其常年产量，减半计征农业税。"

1951 年

1 月 13 日　市委郊委发出《关于加强农村供销社工作的指示》，指出当时郊区辖区已有25%的农业人口加入供销合作社，要求 1951 年争取发展到 50%的农业人口加入供销社。

9 月 20 日　中共中央召开全国第一次互助合作会议。会议通过了《关于农业生产互助合作决议（草案）》。

12 月　1951 年，当时郊区辖区内组织起互助组 4 426 个，其中常年互助组 1 709 个。不少互助组在发展生产中走在前面，树立了榜样，如南苑鹿圈村霍凤岐互助组、丰台黄土岗殷维臣互助组、门头沟栗元庄赵德森互助组等。1951 年，丰台区小井乡还试办了郊区第一个农村信用社。

1952 年

4 月　市委郊委发出《关于开展互助合作运动的指示》。这一《指示》提出的互助合作运动的方针是：①有领导地大量地发展临时性的简单的劳动互助组；②在有基础的村庄，逐步推广结合改进技术、发展副业生产的常年互助组；③选择互助较久、骨干较强、有公共财产的互助组，在完全自愿的条件下，重点试办农业生产合作社。同时提出，经市委郊委批准，每个区可试办一个农业生产合作社（无条件者可不办），并要求指派较强干部领导，只许办好，不许办坏。

4 月　市政府郊委发出《关于开展菜区互助合作运动的几点意见》。《意见》提出："菜区产品的推销是很重要的问题。目前菜区试订了一些供销合同，虽然执行中有些问题，农民还是愿意和供销社订立合同的，这对巩固互助组大有好处。"

7 月　市政府郊委举办互助合作干部训练班，参加训练班的共有 438 人，其中区干部137 人，村干部 242 人，互助组长 50 人，农业生产合作社主任 9 人。学习内容是农村经济发展方向，发展和巩固互助组的办法，农业生产合作社的性质等。

7 月　原属河北省通县专区的宛平县全境和房山县、良乡县的部分村庄划入北京市，与郊区的门头沟区合并成立京西矿区。

7 月　市委郊委办公室《关于郊区互助合作运动领导中的问题及解决意见的报告》记载：郊区已有互助组 3 617 个（其中常年互助组 1 198 个），农业生产合作社 10 个（即丰台区黄土岗殷维臣社、陈留村刘庆常社，南苑区瀛海庄曾昭佐社、刘洵社，海淀区东北旺村王岐山社、东冉村刘广伦社，石景山区八角村梁贵社、杨庄于贵社，京西矿区何各庄村何振社、黄塔村杨永山社）。这 10 个农业生产合作社，由于所处地区、生产水平不同，因此，一开始就采取了不同的经营、分配方式，其中：殷维臣社、刘庆常社实行土地不分红，完全按劳分配；梁贵社、于贵社、曾昭佐社、何振社、杨永山社，以查田定产产量的三成或四成进行土地分红，其余部分按劳分配；刘洵社、王岐山社、刘广伦社，以当年土地产量和劳动工分，按比例分红。

9月 为适应郊区发展的需要，市委决定撤销市委郊区工作委员会和市政府郊区工作委员会，分别成立市委农村工作委员会和市人民政府农林局；前者以抓农村互助合作为主，后者以抓农、林、水利生产建设为主。

11月19日 《北京日报》报道：郊区互助合作运动有很大发展，组织起来的农户已占总农户的56%，有互助组1.3万多个，农业生产合作社35个。

1953年

1953年春 为了取得机械耕作大面积农田合作的经验，在南苑区海子里的姜场、钱庄子、中立堂三个村的基础上，建立了红星集体农庄。当时，红星集体农庄共有63户社员，112公顷土地，并试办了农业拖拉机站。

5月17日 市委农委《关于检查整顿农业生产合作社的报告》记载：为贯彻中央"积极领导，稳步发展"的办社方针，市委农委和郊区各区区委共同抽调干部，检查整顿了问题较多的2个老社、18个新社。这些农业社在经营管理上存在的问题是，生产无计划，分工不明确，劳动组织不健全，财务管理差。

6月3日 市委农委召开郊区11个大社社主任会议，推行生产责任制和定额管理。会议介绍了石景山区八角村农业社实行劳动定额管理的经验，要求大社克服管理混乱现象，划分生产队，固定作业区，实行生产责任制，逐步推行劳动定额管理、季节包工、按件计工。

6月15日 毛泽东主席在中共中央政治局会议上作了关于过渡时期总路线的重要讲话。讲话提出："从中华人民共和国成立，到社会主义改造基本完成，这是一个过渡时期。党在这个过渡时期的总路线和总任务，是要在一个相当长的时期内，逐步实现国家的社会主义工业化，并逐步实现国家对农业、手工业和对资本主义工商业的社会主义改造。"

9月16日 《北京日报》报道：郊区各区在六、七、八月份，先后召开了农业互助代表会议，进一步贯彻中共中央《关于农业生产互助合作决议》，批判和纠正了互助合作运动中的形式主义和急躁冒进的做法，以及放任自流的倾向，经过学习和交流经验，着重贯彻了自愿互利原则，解决互助组内等价互利问题。

11月27日 市委农委召集郊区区、乡干部1 400多人进行集训，其中区干部400多人，乡党支部书记272人，乡长和团支部书记777人。集训的主旨是学习过渡时期总路线，贯彻粮食统购统销政策，在农民中进行总路线教育。

12月 1953年郊区组织起来的农户4.7万户，占当时辖区总农户的38%。其中农业生产合作社64个（包括一个集体农庄），入社农民1 004户；常年互助组2 843个，入组农民2万多户；其余为临时互助组。

1954年

1月 市委农委制定《1954年互助合作运动计划》，指出1954年互助合作运动的方针是：①大量发展临时季节性互助组与常年互助组，积极领导稳步发展农业生产合作社，为1955年大量发展合作社打下基础；②根据城市郊区的特点，互助合作运动应以菜区为重点，新建社应以蔬菜社为主，并注意建立以大田作物为主的合作社，农林牧相结合与农副业相结合的社也要有重点地发展，以便创造经验，进一步引导山区、半山区走向合作化。

2月9日 市委农委制订《北京市郊区发展农业互助合作运动五年计划》。《计划》提出，分期分批建立新社，逐步扩大老社，第一个五年计划结束时，菜田区应完全合作化，近郊大田区基本合作化，山区近半数农民参加农业生产合作社。

8月 国家农业部发出《关于培训农业生产合作社会计和增设会计辅导员的通知》。根据农业部的通知，随着郊区农村合作经济的发展，本市逐步建立了市、区、乡（镇）农村合作经济经营管理机构，并根据不同时期工作的需要，充实了工作人员。

8月 市委农委举办了为期20天的第一期农业生产合作社会计人员培训班，当时郊区辖区内，有307个农业社的会计人员参加了学习。

12月 1954年，郊区通过宣传过渡时总路线，实行粮食统购统销，积极稳步地发展农业互助合作。到年末，当时郊区辖区共建立农业生产合作社412个（其中土地不分红的高级社114个，土地分红的初级社298个），互助组8 625个（其中常年互助组5 394个，季节性互助组3 231个），参加农业社、互助组农民7.1万户，占总农户的58.9%。

12月 适应农业生产合作社的发展，在市委、市政府领导下，市农林局开展了农业社技术和财会人员的培训工作。一年中，通过短期培训、季节性传授、互教互学、经验交流等多种形式，共培训农业社会计1 900多名，农业技术员2 100多名。同时，市农林局还派出干部常年住在百户以上的大社，帮助建立技术小组和会计互助网。同期，为贯彻同工同酬，加强劳动管理，市委农委还会同各区，在216个农业社推行了红星集体农场的“个人劳动计件”、“小组包工计件”等按件计工办法。

1955年

2月9日 市委农委《关于当前京郊农业生产合作化发展情况和有关问题的报告》记载：郊区农业生产合作社已由412个发展到705个。《报告》在肯定成绩的基础上，指出郊区发展农业合作社存在过早过急地组织高级社、大社办得过多以及有些地方生产资料入社作价过低的问题，提出组织力量深入乡社进行检查、整顿，重点解决不具备条件的高级社、没把握办好的大社和生产资料作价入社问题。

5月 市农林水利局从年初开始，先后举办了农业合作社技术人员和财会人员训练班，共培训蔬菜、果树、农田、畜牧、水利等技术员1 200多人，会计1 036名。

12月 1955年是郊区农业合作化大发展的一年，据当年秋收前统计，有互助组2 262个，农业生产合作社703个（其中土地不分红的高级社76个）。当年入社农户有5.4万户，占郊区总农户的54%，农业生产合作社已成为郊区互助合作的主要形式。这一年，农业生产合作社的财务会计工作开始进入正轨，各社年终都按财务管理要求，进行了决算和分配。

1956 年

1 月 12 日　《人民日报》一版头条报道："北京市近郊区半社会主义的农业生产合作社，全部转为完全社会主义的高级农业生产合作社。"

1 月 15 日　北京市在天安门广场举行有 20 万人参加的大会，庆祝社会主义改造的伟大胜利。全国农业劳动模范、丰台区白盆窑农业生产合作社主任李宗和，登上天安门，代表郊区农民向毛泽东主席报喜。

1 月　市农林水利局为适应郊区农业生产合作社发展的需要，加强农业社的财务管理工作，编写了《北京市郊区农业生产合作社会计规程》、《北京市郊区农业生产合作社生产计划和财务计划的编制》、《北京市郊区农业生产合作社公共财产的保管与使用办法和统计工作》、《怎样做好农业生产合作社的记工工作》，印发郊区各农业社。这些文件，对规范当时郊区农业社经营管理工作起了重要作用。

2 月　河北省通县专区的昌平县和通县的 7 个乡，划入北京市，昌平县改为昌平区，通县的 7 个乡划入东郊区。

2 月 27 日　《北京日报》报道：本市私营牛奶业的 1 116 户中，除少数有奶牛 20 头以上的户实行公私合营外，其余 1 044 户先后分别加入郊区的 25 个农业社，共入社奶牛 3 534头。

3 月　1955 年冬至 1956 年春，市农林水利局先后举办了大田、蔬菜、畜牧、果树、林业技术和财务、会计人员训练班，郊区农村共有 4 800 多名农业技术和财会管理人员参加。

5 月 28—30 日　市委召开郊区乡党总支书记会议，贯彻中共中央、国务院《关于勤俭办社的联合指示》，要求郊区广泛深入地宣传贯彻勤俭办社方针，并提出农业社应把总收入的 60%～70%分配给社员，要使 90%的社员增加收入。

9 月　市委农村工作部发出《关于郊区农业生产合作社 1956 年度秋收分配和年度决算中几个问题的处理意见》。《意见》指出："为了贯彻'少扣多分'，争取 90%以上的社员增加收入，公积金和公益金两项合计一般不应超过实际收入的 8%；收入多的社可以适当多提，但最多不超过实际收入的 12%，收入增加不多的社，也可以适当少提。"

11 月 11—15 日　市委召开郊区乡党委书记会议，中心议题是开展冬季农、副业生产运动，全面安排和做好农村各项工作，进一步巩固农业生产合作社。

12 月　1956 年底统计，当时郊区辖区共有 427 个农业生产合作社，全部转为高级社。其中菜田社 48 个，大田社 150 个，农林牧社 206 个，农业手工业社 23 个。

1957 年

1 月 25 日　市委农村部发出《关于北京郊区 1956 年办社工作总结和改进 1957 年办社工作意见》。《意见》指出，1956 年郊区在合作化运动高潮中掀起生产建设高潮，取得了很大成绩。同时指出，在办社工作中一度出现主观主义的急躁情绪，在生产上造成一些损失；大社办得多了一些，由于缺乏经验，还有很多困难；在经营管理方面，对生产队限制太死，缺乏责任制度，劳动报酬不尽合理。要求从改进生产、劳动和财务管理等方面，解决农业生产合作社在经营管理上存在的问题。

8月9—11日 为加强郊区农业生产合作社的经营管理，市委农村工作部召开了“三包”（包工、包产、包开支）专业会议。

12月 1957年底，郊区共有农业生产合作社429个，其中蔬菜社55个，大田社152个，农林牧社196个，农业手工业社26个。在429个社中，经营管理实行包工、包产、包财务“三包”管理办法的142个社；实行包工、包产“两包”的168个社。

1958年

3月 经国务院批准，河北省通县专区所辖的房山、良乡、大兴、顺义、通县5县和通州市划入北京市；8月和10月，经国务院批准，河北省通县专区的怀柔、密云、平谷3县和张家口专区的延庆县也先后划入北京市，从而形成了现今全市的辖区面积。

8月17日 中共北京市委在天坛召开“农业大跃进誓师大会”。郊区各区、乡、社、队干部和市级、城区干部共1.5万多人参加。会议提出农业要大跃进，力争郊区农业生产站在全国最前列。

9月 郊区实现人民公社化，在原2 647个农业合作社的基础上，组建了73个人民公社，下辖1 626个生产大队，9 156个生产队。随后，人民公社出现了以“吃饭不要钱”为主的“八包”（包吃饭、穿衣、教育、生育、医疗、婚、丧、养老）的“供给制”或“半供给制”，并办起了食堂、托儿所、幼儿园、敬老院等。

12月27日 市委发出《关于大力整顿和巩固人民公社的意见》。《意见》要求按照中共八届六中全会《决议》精神，对郊区人民公社进行整顿和巩固工作。

12月 1958年郊区73个人民公社中，实行公社统一计算收支、统一提留积累、统一进行分配的有39个公社；实行公社统一计算收支、统一提留和供给部分，其余以大队或小队为单位进行分配的24个公社；按公社规定上缴公共积累，其余部分以原农业社进行决算分配的10个公社。

1959年

4月21日 市委关于郊区整风整社向中共中央的报告记载：在整风整社运动中，解决了三级核算、以原高级社为基本核算单位的问题，并对1959年收入分配、包工包产以及选举社队干部等问题提出了整改办法。

8月15日 市委农村工作部关于郊区整风整社情况报告记载：①郊区人民公社调整为76个，共有基本核算单位2 275个，在此基础上实行了“三包”和定额管理；②清理了公社化以来的经济账目；③贯彻了生产上的大集体下的小自由，88%的基本核算单位社员有了自留地，社员养鸡、养猪的数量上升；④调整了分配上社员的工资与供给的比例；⑤整顿了干部作风；⑥初步整顿了农村公共食堂。

11月 郊区公社化一年来，兴办了公共食堂等集体福利事业。据统计，共办食堂10 876个，入食堂的农户占总农户的83.5%；托儿组织21 636处，收托幼儿占幼儿总数的

52%；敬老院270处，入院老人5 069人；缝纫厂、组1 500多个；医疗机构1 800多处。

1960年

5月中旬 市委发出《北京市郊区人民公社1959年度决算分配工作情况及1960年度夏收分配的意见》。对1960年的分配工作，《意见》提出："社员收入要有所增加"，"确定供给与工资比例时，要做到除了供给外，使社员平时有必要的零钱用，年终有钱分。小麦的分配，指标分到户，实物分到食堂。对于未入食堂的社员，可将他们的粮食送到他们自己手中。"

12月 1960年底统计，郊区有人民公社68个，辖449个大队，3 733个生产队，1 090个基本核算单位。

1961年

4月8—20日 中共中央总书记邓小平到顺义县进行调查研究，就公社体制、公共食堂、集市贸易和多种经营等问题，听取了县委的汇报，与县、公社、管理区干部进行了座谈，进行了深入的探讨。

5月 市委第一书记彭真到怀柔县农村进行调查研究，并指示市委组织三个调研小组分别到丰台区芦沟桥公社、海淀区四季青公社、朝阳区朝阳公社，每个公社调查一个大队，就社队规模和集体食堂问题进行调查。

8月 市委《关于郊区农村整风整社运动的总结》记载：通过整风整社，贯彻《六十条》，纠正"共产风"，进行了退赔；对社队规模、供给制和集体食堂等问题进行了解决。郊区的人民公社由68个调整为277个，生产大队由1 150个调整为3 313个，生产队由5 495个调整为11 355个；在分配上全部社队都改变了过去的"三七开"平均主义的供给制办法；在劳动管理上推行了定额管理，改进了"三包一奖"。

10月22日 由中共中央华北局、北京市委、房山县委组成的联合调查组，通过对房山县吉祥大队及其所属的7个生产队进行调查，写出《关于吉祥大队基本核算单位问题的调查报告》。《报告》认为，实行以生产队为基本核算单位的好处有：①划小核算单位，生产队有了分配权；②社员利益直接，心明眼亮；③生产队在经营上，有了自主权；④便于生产队干部参加劳动，指挥生产。这个大队经过群众讨论，由原以大队为基本核算单位，改为以生产队为基本核算单位。

1962年

4月 郊区农村贯彻中共中央《关于改变农村人民公社基本核算单位的指示》后，当时的3 590个大队中，有3 406个大队（占94.8%）改为以生产队为基本核算单位；有184个大队（占5.2%），由于生产搞得好，收入水平高，大队建设的农业基础设施较多，而且生产队之间的差别逐渐缩小，经群众讨论同意，保留以大队为基本核算单位。

6月 市财政局制定《北京市农村人民公社生产队（基本核算单位）试行会计制度》。

7月 市委提出加强生产队工作、巩固集体经济的十项措施，其中第七项为加强生产队的财务工作。针对核算单位下放后，新的财会人员多，少数基本核算单位尚未建立账目等情况，要求加强对财会人员选配和培训，提出除去闲时集中培训外，要恢复和加强会计辅导网，进行经常性的业务指导，帮助解决财会工作中的实际问题，教育队干部和财会人员贯彻勤俭办社方针，精打细算，节约开支，严格财务制度，定期公布账目，接受群众监督。

12 月 1962 年年终，郊区有人民公社 285 个；基本核算单位 13 274 个，其中以生产队为基本核算单位的 12 626 个，以大队为基本核算单位的 648 个。

1963 年

4 月 1 日 副市长万里在北京市第四届人民代表大会第二次会议上作《关于郊区农村形势和任务》的报告。《报告》在提出 1963 年任务后，提出要做好九方面的工作。其中，第八项是加强社队建设，提出了建设好生产队的五项要求：执行政策好、集体生产好、支援国家好、民主作风好、勤俭办社好；第九项是加强城乡、工农之间的相互支援。

10 月 市委从市级各单位抽调干部 3 395 人，从区县、公社抽调干部 2 069 人，另有中央单位干部 510 人，共计近 6 000 人，组成社会主义教育工作队，到郊区农村贯彻“前十条”，开展了第一批社会主义教育运动，共涉及 48 个公社，774 个大队，4 284 个生产队。

12 月 1963 年年终统计，郊区农村有人民公社 285 个，基本核算单位 13 469 个。

1964 年

4 月 15 日 市委农委《关于当前郊区农业生产情况和问题的报告》记载：为争取 1964 年农业全面丰收，郊区开展了学大庆、学大寨活动，自下而上总结农业生产经验，树立标兵旗帜，一个比学赶帮竞赛运动已经开展起来，几项主要春耕生产活动，都比去年同期进度快，质量好。报告指出的存在问题的第二项是：“一部分社队的劳动管理很差，没有划分作业组，没有坚持定额管理，早晨打钟集合，队长临时派活，‘拉大队’、‘卯子工’现象又有所恢复”。要求“发动群众，认真改进社队的经营管理工作，搞好劳动管理、财务管理和生产计划管理。”

11 月 全市农业工作会议召开，会议提出了“学大寨”、“为革命种田”和“两纲一化”（以阶级斗争为纲、实现农业发展纲要、革命化）口号。

12 月 1964 年年末统计，郊区共有人民公社 271 个，基本核算单位 13 028 个，其中以大队为基本核算单位的 684 个。

1965 年

1 月 25 日 市委召开社会主义教育运动广播大会，宣传贯彻《二十三条》。

6 月 通县社会主义教育“会战”结束，各工作队先后撤出，随后，郊区各区县普遍开展社会主义教育运动。

8 月 5—8 日 市委、市人委在怀柔县召开小麦生产会议。市委第一书记彭真在 8 日讲话中，提出了“比、学、赶、帮、超”口号。

9月中旬 本市召开郊区农村副业生产会议，贯彻中共中央、国务院《关于大力发展农村副业生产的指示》，号召各公社大力发展农林副业生产。

10月中旬 国家农业部、财政部和中国农业银行联合召开全国农村人民公社生产队会计制度改革会议。会议提出，为了加强和改善农村人民公社财务管理，必须把烦琐、难学、难懂的会计制度改革成简明适用，易学易懂的会计制度。

1966年

12月10日 在“文化大革命”极度混乱的情况下，北京市召开了农村分配工作会议。会议要求在分配工作中认真贯彻“备战、备荒、为人民”指示，兼顾国家、集体、个人三者利益，正确处理积累和分配的关系，并提出9项具体政策。

12月 当年郊区农村有人民公社243个，生产大队3 637个，生产队13 654个。

1967年

2月末 北京市“抓革命、促生产第一线指挥部”建立，郊区14个区县也相应建立了“抓革命、促生产第一线指挥部”。

4月20日 北京市革命委员会成立。

12月 由于“文化大革命”造成社员思想混乱，郊区农村出现借支现象，有的地方借支借粮情况严重。据几个农场统计，南郊农场社员借支、借粮款达150多万元，北郊农场吃过头粮25万千克，双桥、东郊农场有的社员已借吃1969年的口粮。

1968年

8月29日 北京市贫下中农代表会议举行大会，庆祝人民公社成立10周年。会议提出，进一步发挥人民公社“一大二公”的优越性，深入持久地开展革命大批判，改革一切不合理的规章制度，改革一切不适应社会主义经济基础的上层建筑。此后，市革委会有关领导指示各区县，要选择从生产队核算向大队核算过渡的对象。

12月 年终，郊区农村有人民公社241个，生产大队3 744个，生产队13 184个，基本核算单位12 124个。

1969年

4月11日 市革委会转发农林组《关于京郊农村部分生产队改变核算单位的报告》。《报告》提出：已改为大队核算，群众意见不大的，可以固定下来；已经实行了大队核算，群众意见很大的，经过社员讨论，可以恢复生产队核算；尚未改变核算单位的，一律不再改变。

12月 丰台区农村社队干部大量超借支。全区社队干部3 719人中，超借支的达3 523人，占社队干部总数的94.8%，共超借支99.5万元，人均282元，其中超借支千元以上的186人，占干部总数的5%。

12 月 当年，人民公社基本核算单位的总收入比上年减少，总开支却比上年增加，总开支占总收入的比重高达 41.4%（为历史最高），从而影响了社员收入，当年郊区社员平均收入 79 元，比上年减少 4 元。

1970 年

9 月 1968 年 8 月至 1970 年 9 月，郊区有 402 个大队，由生产队核算转为大队核算。连同原有的 648 个大队核算的，郊区共有 1 050 个大队以大队为基本核算单位，占大队总数的 26%，这一比重在全国居第二位。

1971 年

4 月 2 日 市革委会发布《严格控制征用农村耕地补充规定》。《规定》明确“今后征用农村耕地，一律报市建设局签署意见后，报市农林组审查，报市革委会审批，任何单位、部门都不得以土地作交易。”

9 月 16—18 日 市革委会在朝阳区来广营召开养猪会议。会议根据国务院北方地区农业会议精神，明确郊区养猪方针是“积极发展集体养猪，继续支持社员养猪”，并提出要恢复国家对集体和社员户养猪的饲料粮补助和社员自留地、饲料地政策。

12 月 4 日 市委转发市财贸组、农林组对农村粮油征购分配工作的意见，要求认真完成粮食征购任务，执行“一定五年不变”政策。

1972 年

3 月 市革委会农林组借调一些下放农村的干部，帮助农村社队搞劳动管理、评工记分、多种形式的小包工。

5 月 9 日 市委召开工业支援农业大会，贯彻“以农业为基础、工业为主导”方针，要求把工业支援农业做得更好。

5 月 26 日 《北京日报》发表《以路线为纲，搞好劳动管理》长篇通讯，介绍通县麦庄公社丁庄大队坚持政治挂帅，贯彻“以粮为纲，全面发展”方针，健全劳动组织、建立专业组、加强责任制、搞好评工记分的经验。

6 月 市财金局向市革委会作出《关于加强郊区农村信用社工作的报告》。根据这一报告，从 1972 年开始，郊区农村信用社除保留“贫下中农管理信用社”这一形式外，其他管理权限收归银行。

9 月 26 日 市革委会批准本市《国营农场座谈会纪要》。《纪要》明确：有集体所有制生产队的国营农场，实行统一领导、统一计划、分别核算的原则，农场国营企业和集体所有制的生产队各计盈亏。集体所有制部分，实行以生产队为基本核算单位，承认生产队的自主权，公积金归生产队所有。

1973 年

3 月 9 日 市农林局和市财金局发出《北京市征收育林基金管理办法》。《办法》规定：凡收购国有的、社队集体所有的林木的单位和出售木材的社队，须一律交纳育林基金；国营采煤单位，每生产1吨煤炭，提出0.1元矿柱林育林费，营造矿柱林，专款专用；各级农林部门为育林基金的征收部门；育林基金用于发展林业。

4月 昌平县百善公社狮子营大队，根据县革委会《关于改进和加强劳动管理的试行办法》精神，搞起了"包工到户，责任到人"，并在全县大队党支部书记会议上介绍了经验。

8月22日 市委农林组负责人在市委召开的小麦生产会议上的总结讲话中，在讲到加强经营管理时提出，在劳动报酬上要全面贯彻各尽所能，按劳分配原则，可以实行"定额到组，评工到人"或"定额计工"，解决"卯子工"、"大拨轰"的平均主义倾向；在收益分配上，要正确处理积累和分配的关系，兼顾国家、集体、个人三者利益，坚持自力更生、艰苦奋斗。

10月13日 市革委会发出《关于知识青年上山下乡若干问题的规定》，对在郊区插队知识青年的口粮、自留地、同工同酬等问题，作了具体规定。

11月10日 市委农林组《农村情况简报》以《坚持无产阶级政治挂帅，坚决反对个别队"包工到户"的错误作法》为题的文章，批判昌平县百善公社狮子营大队"包工到户、责任到人"的劳动管理办法，说这一办法是"复辟回潮"。

1974年

1月8日 市委农林组召开本市国营农场党委书记以上干部会议。会议针对1973年17个国营农场中13个农场粮食减产的情况，提出：要解决是以农业为基础还是盲目发展工副业；是以粮为纲还是以钱为纲；是教育社员坚持社会主义道路还是引诱社员走资本主义道路；场办企业是坚持社会主义经营方针还是搞资本主义歪门邪道等问题。

4月15日、24日 市委农林组《农村情况简报》先后发出题为《狮子营大队批判"克己复礼"，联系本队一度执行"包工到户"回击修正主义路线回潮》、《百善公社党委联系实际，狠批"克己复礼"，解决正确对待无产阶级文化大革命问题》的文章，批判昌平县百善公社狮子营大队"包工到户、责任到人"的劳动管理办法。当年，并专门召开批判会，公开批判狮子营大队这一做法（1979年2月18日，市委农村工作部作出决定，为狮子营大队平反）。

9月22日 《北京日报》发表平谷县许家务大队小麦高产低成本的经验。报道说，这个大队69.3公顷（1 040亩）小麦，1973年平均亩产344千克，每千克成本为0.086元，1974年平均亩产提高到394.5千克，每千克成本降为0.059 8元。主要经验是"实行科学种田，适量播种，精心管理；节约种子和水电，大搞农家肥，节约化肥；加强各环节的经营管理，坚持勤俭节约"。

1975年

3月2日 《北京日报》报道：平谷县张各庄公社马各庄大队，1964年全年粮食平均亩产825.5千克，每千克粮食生产成本为0.111 6元，成为郊区坚持勤俭办社、粮食高产稳产低成本的典型单位。

4月21—22日 市委农林组召开勤俭办社经验交流会。

6月4—6日 市革会召开北京国营农场会议。会议要求各国营农场贯彻以粮为纲、全面发展方针，种好饲料，增产牛奶，加强企业经营管理。同时明确，农场主要由区、县领导；市农林局负责管好国营农场企业部分的生产计划、基建投资、财务预决算、劳动工资、物资供应以及家畜良种分配、调拨等业务。

7月 1973年以后，郊区出现由生产队核算向大队核算的“过渡”。到1975年7月，又增加200个以大队核算的单位，连同原有的大队核算的单位，郊区共有1 251个大队以大队为基本核算单位，占大队总数的31%。

11月 市委组织1.1万多名干部组成普及大寨县工作队，深入郊区社队贯彻全国农业学大寨会议精神，开展农业学大寨、普及大寨县运动。

12月2—8日 市委召开扩大会议，贯彻落实全国农业学大寨会议精神，并提出全党动员、苦干三年、提前两年在郊区普及大寨县。

12月9日 《北京日报》发表《以阶级斗争为纲，尽快在郊区普及大寨县》的社论。

12月 郊区各区县分别召开会议，贯彻市委扩大会议精神。在农业学大寨、普及大寨县运动中，提出了许多“大批资本主义”的内容，如反对农副产品自由出售和自由采购；反对农机“脱轨转向”；反对劳动力自由外流和“五匠”单干；反对高工分、高补助、高奖励；反对重副轻农，以及劳力归田、车马归队，等等。

12月 1975年郊区农村有人民公社265个，生产大队4 015个，生产队13 096个，基本核算单位12 474个，其中大队核算的1 251个。

1976年

4月 郊区农村普及大寨县运动中，在“大批资本主义”、“割资本主义尾巴”的口号下，对农村社员自留地、家庭副业进行了批判。

7月28日 唐山大地震波及北京郊区，使郊区人民的生命、财产及水利设施受到不同程度的损失。在郊区14个区县中，灾情较重的有通县西集公社、大兴县采育公社、平谷县门楼庄公社等32个公社、125个大队。北京市成立了抗震救灾指挥部，市农林组组织干部分别到灾情较重的县、社、队进行慰问，发动群众抗震救灾。

10月 市委组织的市、区县、公社三级干部参加的第二批普及大寨县工作队，从10月中旬开始陆续进驻郊区农村社队，先后进驻到18个公社、1 124个大队。连同第一批工作队进驻的大队，共有2 494个大队进驻了普及大寨县工作队，占郊区大队总数的60%。

1977年

1月 市农林组批准郊区109个公社为农业学大寨先进公社，1 206个大队为学大寨先进大队。同月，郊区7个区县被评为学大寨先进县，这7个区县是平谷县、密云县、顺义县、通县、朝阳区、怀柔县、海淀区。

2月 为贯彻第二次全国农业学大寨会议精神，郊区各区县陆续召开四级干部会议，进一步开展农业学大寨，普及大寨县运动，争取农业更大丰收。在这一过程中，开展了批判资本主义倾向，解决人心向农、劳力归田问题，有些社队还制定了社员定勤、干部定工、奖勤罚懒的劳动管理制度。

10月 贯彻第二次全国农业学大寨会议后，市农林组提出，由生产队核算转为大队核算的方针是成熟一个过渡一个；批准权限由市下放到区县，报市农林组备案。到1977年10月，郊区又有80个大队改为以大队为基本核算单位，连同原有大队核算的单位，共有1 331个大队以大队为基本核算单位，占当年大队总数的33.1%。

10月 农村部在平谷县召开全国农村人民公社经营管理工作座谈会。会议集中讨论"如何加强人民公社经营管理工作"，"着重研究解决分配上出现的增产不增收、多劳不多得、分配不兑现"问题。会议强调要"加强集体生产责任制，实行定额管理"，"认真搞好劳动计酬，实行合理的奖励制度，反对平均主义"，坚决纠正"社员不管做活多少，不论质量好坏，都记一样工分"的倾向。会议还对随意调用生产队劳力、增加非生产人员、非农产业用工过多等问题，提出了解决意见。会后，郊区各区县不断加强了人民公社经营管理工作。这一年，昌平、大兴两县70%的生产队进行了"包产到作业组，联系产量计算报酬，超产奖励"责任制的试验。

10月 市委派出由市、区县、公社干部组成的第三批学大寨工作队，进驻1 174个大队和26个社办企事业单位。

12月19日 中共中央将《普及大寨县工作座谈会向中央政治局的汇报提纲》，转发各地研究执行。

12月19—30日 市委召开农村工作会议，研究如何高质量学大寨和高速度发展农业生产问题。

12月 1977年郊区农村有人民公社272个，基本核算单位12 665个。

1978年

1月中旬 市委召开农村工作会议。会议提出，北京郊区要高速度地发展农业生产，深入开展农业学大寨、普及大寨县运动。在工作部署中提出，进一步解决干部参加生产劳动问题，整顿人民公社的经营管理。

2月 市革委会计委、农办联合发出《关于农村信用社人员转为集体所有制正式职工的通知》。根据《通知》，郊区农村信用社中的1 308名农村户口的人员转为城市户口，全部职工转为城镇集体所有制正式职工，纳入集体劳动工资计划，由区县人民银行管理。

7月 为贯彻落实中共中央对湖南省湘乡县委《关于认真落实党的政策，努力减轻农民不合理负担的报告》的批示，本市对农田基本建设平调问题，农机实行包修包换包退问题，社办企业平调生产队劳力问题；队办教师补贴等问题，分别确定了具体政策，并检查督促各区县局贯彻落实。

10月 郊区普及大寨县运动告一段落，派驻社队的工作队陆续撤离。

1979年

3月20日 市委决定，为探索蔬菜产销体制改革，海淀区8个有蔬菜上市任务的公社，试行蔬菜自产自销，由社员直接上市卖菜。改变由商业部门批发站收购，商业零售单位零售；由区划定供应范围，按照国家统一牌价出售，亏损由国家补贴的办法。海淀区8个公社共派出480多名社员，进入140个蔬菜门市部经营蔬菜。但试行50天，即告终止。

4月下旬　市委召开农村工作会议。会议指出，郊区农业要坚持为城市服务的方针，逐步建成首都现代化的副食品基地。会议针对当时郊区农村的新情况，提出了具体政策措施：①在切实保证生产队统一核算和分配的前提下，生产队实行“包工到作业组，联系产量计算劳动报酬，超产奖励”的办法，但不允许包产到户、分田单干；②认真贯彻多劳多得、多贡献多奖励的原则，决不搞平均主义；③在生产发展的基础上，逐步改善社员生活，在分配上要瞻前顾后，留有余地，以丰补歉；④在自愿互利、等价交换原则下，开展必要的协作，坚决反对“一平二调”；⑤在巩固和发展集体经济的前提下，鼓励、引导和帮助社员开展家庭副业；⑥在坚持社会主义方向，遵守国家法律，接受国家计划指导的前提下，使社员的自主权得到保障；⑦坚持勤俭办社、勤俭办一切事业的方针，实行经济核算，定期进行经济活动分析，注重投资效益，降低生产成本。

5月　市委作出《关于贯彻试行中央〈关于加快农业发展若干问题的决定（草案）〉和〈农村人民公社工作条例（试行草案）〉的决定》，具体部署落实十一届三中全会关于农业的方针政策。

12月　市委、市政府召开郊区各区县和市农口各局主要负责干部会议。会议指出：当前郊区农村的中心任务是落实生产责任制，各级领导要作为一件大事来抓，使农村干部管理水平有一个新的突破，进一步调动社员的积极性，夺取明年农业大丰收。

12月　1979年，郊区社员人均收入151元，比上年增长25元。从1978年起，社员收入两年迈了两大步，两年人均收入共增加52元，比1958—1977年20年人均收入增长的总数还多。同时，出现了一批冒尖社队。1979年，海淀区玉渊潭公社全社人均收入377元，是郊区人均收入最高的公社；丰台区南苑公社花园大队全队人均收入448元，是郊区人均收入最高的大队。

1980年

1月17日　《北京日报》发表题为《顺义县抓农业内部的五项调整，探索加快发展农业的途径》的报道。报道顺义县集中力量抓好农业五个方面的调整：①调整各业之间的比例关系，促进农林牧副渔全面发展；②调整农业基本建设和当年生产的关系，把发展当年生产放在优先位置；③调整发展集体经济与鼓励、支持社员搞好家庭副业的关系；④调整劳力分布比例关系，充分挖掘人力资源；⑤逐步调整干部队伍结构，把懂生产、懂管理的干部选拔到领导岗位上来。《北京日报》在《编者按》中指出：“郊区各级党组织都应运用辩证唯物主义的思想路线，根据党中央的方针政策，从全局需要和本地的实际情况出发，认真搞好调整工作，促进农业内部各项生产的协调，持续高速度地发展。”

1月18日　市委、市政府召开山区建设工作会议。会议指出，山区建设还没有引起各级领导的足够重视，山区农田基本建设还不过硬，山区农民生活仍很贫困。会议要求，把山区建设当作一个大的战略方针认真抓好；要克服片面强调粮食生产、忽视林业和多种经营的偏向；要落实经济政策，搞好经营管理；要科学治山，抓好林业技术队伍的培训，从实际出发搞好当地的建设规划。

1月21日 《北京日报》报道："郊区7个公社和8个大队万名社员享受退休金或退休生活费补贴。"实行退休制度的7个公社是：海淀区的四季青、东升、海淀公社，丰台区的南苑、芦沟桥公社，朝阳区的太阳宫公社。

2月26—28日 市委召开农村工作会议，传达全国农村人民公社经营管理会议精神，部署1980年郊区农业战线的工作。会议在提出继续贯彻中共中央十一届三中全会两个农业文件，进行农业的调整、改革、整顿、提高，加快首都副食品基地建设，千方百计夺取全面增收的任务后，要求进一步落实党的农村经济政策，改善和加强经营管理；建立健全生产责任制，大力搞好"包工到作业组、联系产量计算报酬、超产奖励"责任制；明确各级干部承担的经济工作的责任和义务，推行合同制；加强财务管理，提高经济核算水平，争取生产成本有一个较大幅度的下降；在有利于巩固集体经济、有利于发展生产的前提下，鼓励和支持社员发展家庭副业。

5月3日 《北京日报》报道郊区农村收回超借支的情况：1972—1979年底，郊区农村共收回超借支款5 293万元。

9月中旬 市委召开农村工作会议，中心议题是解放思想，发挥优势，使郊区尽快富裕起来。会议要求：①进一步巩固、发展生产责任制，克服无人负责现象；②坚持按劳分配原则，纠正平均主义；③积极搞好粮、油购销包干试点；④切实尊重生产队的所有权和自主权；⑤积极发展社队工副业。会议提出，在郊区开展尽快富裕起来的大讨论。

11月中旬 市委、市政府召开农业会议。会议传达了国务院批转的昌平县沙河公社财务整顿试点工作的情况报告和国务院的通知，要求郊区社队学习沙河公社的经验，普遍开展财务整顿，健全财务管理规章制度。会议提出，1981年郊区农村改革的重点是：继续推广专业承包、联产计酬责任制；在劳动组织上，根据各业的具体情况，分别建立专业队、专业组、专业户、专业工；计酬形式，在联产计奖罚的基础上，发展以产量计工、以产值计工、以纯收入计工等多种计酬形式。会议明确，允许社队兴办商业，经营自己生产的农副土特产品；继续进行粮油购销包干试点，调整粮食购销政策。

12月 1980年，郊区农村做到了"七增两降一提高"。七增是：粮、油、副食品产量增产，向国家交售的商品量增长，总收入和纯收入增长，上缴国家税金增加，集体积累增加，社员分配增加，社员口粮增加；两降是：总开支占总收入的比例下降，社员超借支下降；一提高是劳动生产率提高。

12月 1980年，郊区农村有人民公社266个，基本核算单位11 329个，其中公社核算的4个，大队核算的1 518个，其余的为以生产队为基本核算单位。这一年，郊区推行农业生产责任制取得初步成效，在基本核算单位中，已建立农业生产责任制的占97%，其中实行联产计酬的占79%，经过一年的实践，联产计酬坚持下来的占62.3%。

1981年

3月 北京市召开林业工作会议，贯彻中共中央、国务院《关于保护森林发展林业若干问题的决定》，研究推行林业责任制，划分自留山、责任山问题。

7月20日 《北京日报》报道：本市自1980年试行签订农业技术服务合同，至1981年6月，市农业科学技术单位与生产单位已经落实和正在协商的技术服务合同有250项。这批合同中，既有综合的也有单项的，既有成果应用示范的也有承接生产单位委托试验研究的，既有技术培训的也有提供咨询的。

7月 为改革蔬菜购销体制，进一步做好蔬菜产销工作，丰台区黄土岗公社与崇文区菜蔬公司成立农工商联营菜蔬公司，进行蔬菜产销联合经营试点。参加联营的有黄土岗公社的黄土岗、白盆窑两个生产大队15个生产队和崇文区菜蔬公司的天桥、永定门外、天坛南里、郭公庄4个基层商店、23个菜点。联营菜蔬公司是国营经济和集体经济联营的联合体，双方原有生产资料所有制不变，在国家下达的蔬菜产销计划指导下，通过内部经济合同，实行产销直接挂钩。联营公司在完成商品菜供应任务、执行国家规定的价格政策的前提下，享有经营自主权，独立核算，自负盈亏。

7月 市委、市政府作出《关于进一步把郊区农业搞活，加快发展农业生产的决定》。《决定》提出：自1981年起，市财政对郊区9个远郊县试行“财政包干”，由过去的“统收统支”管理体制，改为“财政包干”管理体制；在5个县试行粮油购销包干，对部分农副产品确定购留比例；决定扩大农工商一体化试点，进行蔬菜产销体制改革。

9月 郊区推行专业承包联产计酬责任制又有发展。在大田种植业中，据对12 119个基本核算单位统计，已有11 753个单位建立了责任制，占97%；仍实行评工记分的还有366个单位，占3%。在建立了责任制的核算单位中，实行专业承包联产计酬的8 626个，占73.4%；实行小段包工、定额计酬的3 127个，占26.6%。专业承包联产计酬的形式，多数是承包到组（占74.8%）；部分是到劳力（占23.6%）；少数是到户（占1.6%）。联产计酬的办法是搞“四定”或“五定”，其中联产计奖罚的占61%；以产量、产值计工的占34%；以纯收入记工的占5%。

10月 顺义县人民政府和北京市农科院作物所，在自愿互利的基础上，签订了1982年小麦、玉米、水稻三种作物共百万亩的科研生产技术咨询合同，合同规定了双方承担的责任和相应的奖罚办法。

12月 1980年市委在丰台区黄土岗公社和昌平县沙河公社，进行了政社分设改革试点。

12月 郊区农村有人民公社268个，生产大队4 030个，生产队12 555个；有基本核算单位11 760个，其中公社核算的4个，大队核算的1 431个，生产队核算的10 325个。

1982年

1月 市委召开农村工作会议，贯彻全国农村工作会议精神。会议提出，郊区农村完善责任制的重点，要由联产到组转向联产到劳。以后，联产到劳责任制迅速发展。

3月 市委农村部、市政府农办发出《关于整顿公社级财务的意见》，部署整顿郊区人民公社公社级财务工作，主要任务是清查财务，健全制度，加强和健全财务管理机构。

5月 市财政局制定出《农村社队会计核算办法》。

8月 市财政局制定出《北京市人民公社公社级会计核算暂行办法》。

9月17日 中共中央总书记胡耀邦对北京日报《内部参考》第2 848期《一个“冰棍队”的上和下》作了批示。《一个“冰棍队”的上和下》反映：大兴县南各庄公社石佛寺大队，由于没有根据本队实际情况落实生产责任制，即使已定的责任制也不按合同兑现，严重影响社员的积极性，1981年全队人均分配只有2.63元，劳动日值仅合2分钱，社员劳动一天还买不了一根冰棍，因而被称为“冰棍队”。胡耀邦同志批示：“这是一个值得严重注意的材料”，“据我看，北京郊区还有一些干部对责任制不通，甚至以各种借口来抵制，这一定要教育过来。”

10月8日 市委发出《印发胡耀邦同志对〈一个“冰棍队”的上和下〉一文的重要批示的通知》。《通知》指出：胡耀邦同志的批示“指出了北京市工作中存在的一个突出问题，对各条战线、各行各业都有指导意义。”“我们一些干部至今还没有从‘左’的枷锁中挣脱出来，思想很不解放，对某些形式的生产责任制，特别是大包干式的责任制，顾虑重重，思想不通，不能从当地生产力水平和群众意愿出发选择适宜的责任制形式，或者定了联产承包合同不严格信守，动不动就‘抹桌子’，走回头路。致使一些单位责任制推不开，不落实，‘吃大锅饭’的平均主义没有彻底克服，严重挫伤了群众的积极性。这种现象，不仅农业方面存在，工业、建筑、商业以及文化事业等方面也存在”。《通知》要求：“切实检查一下各种形式的责任制落实情况，对那些不落实的单位迅速进行整顿；对本系统、本部门存在的那种‘冰棍队’式的落后单位采取有力措施；对那些实行责任制思想不通的同志，进行耐心的教育，帮助他们转变思想，跟上形势。”

10月、11月 市委先后在西苑饭店和东风农场召开郊区区县负责人会议。会议提出，进一步解放思想，有领导、有组织地推行在集体经济“几统一”下的大包干责任制。同时指出，在一些经济比较发达，已经出现专业分工的社队，要积极试行专业化、企业化经营和管理，这些地区不搞包干到户。会议强调，不准损害集体财产，不准乱砍滥伐树木，不准陡坡开荒，不能不交集体提留，不能不执行国家计划。

11月 通县牛堡屯公社南大化大队共产党员毕德山，承包2公顷“赖地”，全年粮食产量2.15万千克，平均亩产700多千克，成为郊区粮田承包大户高产先进典型。

12月 1982年郊区农村涌现出48 572个专业户、重点户，出现了一批专业队、专业组和其他形式的新的经济联合体。

1983年

1月 市委在平谷县召开农村工作会议，学习、贯彻中共中央1983年1号文件。这次会议提出：“服务首都，富裕农民，建设社会主义现代化新农村”是郊区农村工作的指导方针。会议对进一步放宽政策，搞活农村经济，作出了规定：①进一步加速荒山绿化，除可扩大自留山外，还可以由户或联户承包责任山；②允许农村集体和个人发展手工业、商业、饮食业、服务业、运输业、采集加工业等；③大力发展专业户、重点户和多种形式的经济联合。会议决定：在昌平县、怀柔县和丰台区，进行基层供销社恢复合作商业性质，增强民主性、群众性、灵活性的改革试点。

3月29日 根据农牧渔业部、中国农业银行《关于农村社队会计辅导工作由农业银行转给农业部门主管的通知》，市政府决定在市农业局建立农村合作经济经营管理站，下设财务调查统计科、会计辅导科、生产责任制管理科和办公室。当年5月，将原由市财政局农财处承担的农村社队财务管理工作转交市农业局。

7月 根据市政府办公厅《关于农村社队会计辅导工作由财政部门转给农业主管部门、建立农村合作经济经营管理站的通知》，市和区县、乡镇农村合作经济经营管理站相继正式成立。

10月 本市召开农村财务工作会议。会议的中心议题是改革和加强郊区农村合作经济财务工作，为发展农村经济服务。重点讨论和研究了三个问题：承包合同兑现和收益分配；进一步加强农村财会统计工作；加快推行会计专业化，加强经营管理机构建设。

12月23日 市政府召开落实国务院《关于制止买卖、租赁土地的通知》大会，发布《关于抓紧处理租赁、买卖社队土地的通知》。据统计，本市自1979年以来，发生非法租赁、买卖农村土地事件1.4万多起，共占地2.44万亩，其中耕地1.64万多亩，大部分是近郊区的菜田。

12月 继1981年远郊区县财政管理体制改革后，1983年对近郊区财政管理体制进行了改革，即由过去对近郊各区财政收入实行"固定比例分成加超收分成"改为"定收、定支、定上缴（或定补贴），超收留用，一定一年"。

12月 1983年，郊区农村保险事业有较大发展，保险范围从少数乡镇企业扩大到机动车、人身、财产保险，并开始向种植业、养殖业扩展。

12月 1983年，郊区农村各类专业户有很大发展。年终统计，共有专业户22.36万户，其中种植业7.75万户，饲养业11.28万户，工交运输业1.77万户，第三产业0.92万户，其他0.63万户。

12月 1983年是郊区农村建立健全责任制发展较快的一年，形成了"统分结合、双层经营"的新格局。据统计：有24.8%的队实行专业承包、联产计酬；56.2%的队实行专业承包、包干分配；17.8%的队实行"几统一"下的包干到户；另有1.2%的队仍实行定额管理、小段包工。

12月 1983年郊区农村展开了政社分设改革，到年底已有241个人民公社实行政社分设，建立了274个乡政府，有2 575个村建立了村民委员会。

1984年

1月19—22日 市委召开农村工作会议，学习贯彻中共中央《关于1984年农村工作的通知》。会议提出，进一步解放思想，继续深化改革，大力发展商品生产。并且提出，1984年郊区农业要全面完成国家计划，实现"两个保证"、"六个突破"："两个保证"是保证完成调市商品菜和交售生猪的任务；"六个突破"是粮食、牛奶、鲜蛋、淡水鱼、干鲜果产量和社队企业总收入要有新的突破。

2月 市委农村部、市政府农办转发《市农业局关于郊区农村扩大农产品成本核算试点和开展农业技术经济评价工作的意见》。根据这一《意见》成立了北京市农产品成本调查和农业技术经济评价协作组，负责协调、指导相关工作。

3月 市委农村部、市政府农办发出《关于放宽林业政策、加速郊区荒山绿化的意见》。《意见》要求，大抓荒山承包，切实把自留山、责任山落实好。

4月 市政府农村经济顾问团成立。顾问团共有顾问11人，北京农业大学教授安希伋任团长。

7月 市政府批转《市科委关于改革本市科技体制的请示》。《请示》中关于农村科技体制改革的主要内容是：组织区县、乡镇技术服务组织；按自然区划建立专业开发服务机构；大力推广技术承包制等。

8月 北京市农村经济研究所成立。

9月 市政府发出《关于改革信用合作社管理体制的通知》。《通知》提出，全市农村信用社要在1985年上半年，完成恢复"三性"（组织群众性、管理民主性、经营灵活性）的改革。

10月12日 市委农村部、市政府农办发出《关于进一步加强和改进农村工作的通知》。《通知》是市委农村部、市政府农办为贯彻执行国家《统计法》和国务院《关于加强统计工作的决定》，会同市统计局、市社队企业局、市农业局农村合作经济经营管理站及郊区各区县有关部门，针对郊区农村经济统计工作中存在的问题，共同商讨后拟定的。《通知》包涵五项内容：①适应新情况，改革统计报表制度；②健全统计机构，建立统计网络；③严格遵守《统计法》，反对弄虚作假；④加强对统计工作的领导。在健全统计机构中，要求郊区各区县尽快建立健全区县统计局，配齐乡（公社）专职统计员、大队专职或兼职统计员；区县农村合作经济经管站和公社经管站机构要稳定不变，公社会计辅导员、经营管理员要专职专业，大队要设专职会计。在稳定、充实、提高统计队伍中提出，调动专职统计、会计人员，要同上级主管部门商定；要按照统一部署，做好统计、会计、经营管理工作者的技术职称评定工作。

10月 市农业局发出《关于改进郊区农村经济财会统计的补充规定》。《补充规定》包括八项内容：①变更起报和综合统计单位；②加强对经济联合体和各类联营企业的财会统计工作；③认真做好农民家庭自营收支数字的汇总和考核；④加强账外核算管理，提高账外核算质量；⑤明确几个新兴行业的统计口径；⑥真实统计反映各层次积累状况；⑦实事求是地统计反映农民劳动所得；⑧加强核算，正确反映农村合作经济多层次之间的经济往来。

11月29日 市八届人大常委会第十次会议通过《北京市农村建房用地管理暂行办法》。《办法》共7章29条，包括总则、村镇建设规划、住宅用地、乡镇企事业单位用地、管理机构、奖励与惩罚、附则。《办法》规定：村民住宅用地每户不得超过0.3亩；严格控制乡镇机关和企事业单位建房用地。

11月 郊区人民公社政社分设体制改革全面完成。原263个公社建立了350个乡政府、4个区公所、新建1个镇，在村级建立了4 423个村民委员会；原公社级经济组织，大部分组建为农工商联合总公司。

12月 1984年郊区农村涌现出一批承包土地大户。年终统计，承包土地30亩以上的有800多户，其中承包土地100亩以上的有70多户。

12月 随着乡镇企业崛起，产业结构变化，1984年郊区农村经济呈现出新的形势：①大批农业劳力向非农产业转移，新增务工、经商人员18万多人；②非农产业收入已占农村经济总收入的70%，乡镇企业成为了农村经济的支柱；③专业户、重点户发展到30多万户，并有2 600多个农民组织的新经济联合体，生产专业化、社会化有新的发展；④国有、集体、个体经济进一步搞活，呈现农、林、牧、副、渔和工、建、运、商、服十业并举新格局。

1985年

1月14—19日 市委、市政府召开农村工作会议，学习、贯彻中央1号文件。会议就进一步解放思想、开展致富大讨论；改革统派购制度，搞活农产品流通；调整产业结构、发展商品生产；做好规划、加快郊区城乡建设等项工作进行了部署。

5月5日 市政府转发市蔬菜领导小组《关于改革蔬菜产销体制的试行办法》。《办法》提出：改蔬菜生产指令性计划为指导性计划，取消统购包销，实行以合同订购为主的多渠道、多形式购销。

5月 市经管站根据农牧渔业部《关于转发〈中国农业会计函授学校筹备纪要〉的通知》，于5月成立了北京市农业广播学校财会分校。

6月11日 市八届人大常委会第二十一次会议通过《北京市农村村民委员会暂行组织条例》。自1985年10月1日起实行。《条例》共14条，分别对村民委员会的性质、设置、任务，组成人员的条件、数量、任期、选举办法，以及村民委员会与乡、镇政府的关系等项作了规定。

7月17日 市委农村工作部发出《关于完善和发展农业生产责任制，防止农业萎缩的意见》。《意见》针对郊区一些地方非农产业发展快、来钱门路多，而“户户分地、家家种粮”承包土地规模狭小、农业效益低，因而农民忽视农业，特别是忽视粮食生产，导致粮食产量徘徊不前的问题，提出要完善统分结合、双层经营，在具备条件的地方要积极引导土地向种田能手集中，鼓励种田大户、专业队或兴办农场承包粮田，从而取得规模效益，防止粮食生产萎缩。

8月 市委决定在顺义县进行市对县放权改革试点。放权内容包括财政、税收；机构设置和劳动、人事管理；商业、服务业管理；计划、规划等四个方面。目的是适应以城市为重点的经济体制改革，促进郊区农村经济发展，更好地发挥县级政权的领导和管理职能。

9月28日 市委农村部、市政府农办转发市经管站《对郊区农村部分生产队撤销后资产处理的意见》。《意见》针对郊区农村由于联产承包、专业化生产和合作经济的发展，有些地方合作经济改由村（大队）统一组织经营，生产队因失去作用而自然撤销后的情况，对原生产队集体资产及债权、债务的处理问题，提出了解决意见。

9月30日 市委农村部、市政府农办转发市经管站《关于征地撤队后集体资产的处理意见》。《意见》针对因城市建设征用农村土地，有的地方土地全部或大部被征用，农民转为居民，大队、生产队相应撤销后的情况，对原大队、生产队的集体资产、债权、债务以及农民自有房屋拆迁、自留地和承包地青苗补偿等问题，提出了解决意见。

11月 市委农村部、市政府农办发出《关于整顿农村财务，搞好收益分配，进一步加强农村财务管理的意见》。《意见》要求：结合整党整顿农村财务，对农村干部和群众进行形势政策教育，克服有的地方片面追求分配、忽视提取积累等问题。

12月 本市从5月份起放开了鱼、蛋、禽等副食品价格，同时对蔬菜产销体制进行了改革，经过半年多的实践，市场出现了可喜的变化。主要表现在：突破了副食品统购包销，由国营商业独家经营的流通体制；打开了城门，鼓励郊区和外地农民贩运副食品进京，改变了多年来的封闭状态；形成了多渠道、多形式经营的局面，改善了首都副食品供应。

1986年

1月23日 市政府农办召开会议，研究进一步落实山区退耕还林、还果问题。会议提出：山区25度以上的坡耕地，要有计划有步骤地还林还果；果粮、林粮间作地，遮荫面积超过50%以上的，核减粮田面积；退耕还林还果后，出现的缺粮，由市粮食局调拨，按统购价供应。

1月21—26日 市委召开农村工作会议，学习贯彻中央1986年1号文件，部署郊区农村工作。会议提出：1986年郊区农村工作总的要求是：继续贯彻“服务首都，富裕农民，建设社会主义现代化新农村”方针，深入改革，完善合作，城乡结合，搞活流通，使郊区农村经济向专业化、商品化、现代化方向迈进，在“七五”期间更上一层楼。

1月 根据市委提出的“立足本市，稳定提高近郊，大力发展远郊，充分利用外地优势”的方针，市蔬菜领导小组研究决定，在远郊区县发展调节商品菜菜田。

1月 据对郊区10个区县的11个乡、7个大队农民负担情况的调查，1985年平均每个农民负担75元。农民负担的主要项目是：干部报酬，占30%（其中近郊占的比重小，远郊比重大）；行政经费，占25%；公益事业费（如教育、计划生育、卫生、征兵、文化站、敬老院、儿童乐园、民兵训练、献血等）占43.5%；其他摊派，占1.5%。

2月6日 市委农村部、市政府农办发出《关于认真搞好一九八五年农村经济收支核实工作的通知》，同时附发了市经管站提出的《当前核实收支中应注意的一些问题》。农村部、农办的《通知》指出：“六五”期间，随着党的政策的落实和改革的深入，郊区农村经济持续、稳定、协调发展，工农业总产值、农村经济总收入和纯收入成倍增长，农民生活有很大改善，农村形势之好，是多年来未曾有过的。但是，伴随农村多种经济成分、多种经营方式的发展，农林牧副渔、工建运商服十业并举局面的形成，也使农村经济统计核算工作更为复杂、更为艰巨，相当一部分财会统计人员一时还难以适应。再加上其他一些原因，各区县都发现有一部分乡、村经济统计核算工作数字不实，程度不同地含有“水分”，个别的也有少报现象。《通知》在指出虚报浮夸的危害后，要求：①区县、乡镇两级主要领导要把收支核实工作作为端正思想路线和改进领导作风的重要事情来抓；②各区县农村部、经管站要有针对性地对社队两级财务人员进行一次专门培训；③恢复和发扬财务公开、民主理财的优良传统，把收支核实工作置于群众监督之下；④各乡（镇）要严格把关，逐队审核，把问题解决在基层；⑤各级在兑现年终干部岗位责任制合同时，要同时考核“两个文明”的发展水平，不能只看某一项经济指标。《通知》申明：以前数字不实的，一般不再追究；对1985年农村经济收支，经过核实工作后，仍虚报浮夸的，必须追究责任，严肃处理。市经管站在《关于当前核实收支中应注意的一些问题》中，对集体经济收入和费用支出、农民自营收入和支出、人均劳动所得等方面核算统计的口径、计算方法以及抽样调查应该注意的问题等，分别作了说明，提出了要求。

3月 市经管站完成了《北京市农村合作经济综合会计核算（试行教材）》的编撰工作。编撰这一试行教材的目的，是适应郊区农村经济体制改革的发展，经济形式、产业结构、经营方式、核算分配格局出现的新形势，为培训财会人员，建立健全郊区农村合作经济会计核算制度服务。参与试行教材编撰的，有市、区（县）经管站的实际工作者和中国人民大学、北京经济学院的教授，还邀请了有关农业学院的教授教师审稿。在编撰工作中，曾征求了市财政、税务、统计、农业银行、乡镇企业等部门的意见，并得到了财政部农财司、农牧渔业部经管总站相关负责同志的指导和帮助。

6月 市经管站先后编制完成了《北京市农村合作经济组织会计制度（试行）》、《北京市农村合作组织会计制度》和《农业企业会计核算》。

7月 市农口组织郊区区县主要领导干部，系统学习1982年以来中央5个1号文件和邓小平《关于农村政策问题》的谈话。会后，各区县又组织乡、村干部逐级学习讨论。通过学习，郊区各级干部进一步加深了对十一届三中全会以来党的农村政策的理解，进一步明确农村改革的方向是由低水平的集体化，通过发展生产力，转变为高水平的集体化，农业要实现现代化，需要改变“人人分地、户户种田”的状况，逐步走上适度规模经营的道路。

8月8日 市委、市政府发出《关于印发〈房山县窦店村建设社会主义现代化新农村的经验〉的通知》。《通知》指出，窦店村经验的可贵之处在于：改革坚持从实际出发；尊重科学、尊重知识、尊重人才；坚持以农业为基础，不断增加对农业的物质、技术投入；在大力推进物质文明建设的同时，高度重视精神文明建设。

8月15日 市政府提出《“七五”期间发展粮食生产的若干规定》。《规定》共15条，其中包括：坚持“稳定面积，主攻单产，增加总产”的方针，保持粮田面积相对稳定；认真贯彻执行国家《土地管理法》和本市的有关规定，加强土地管理，严格控制占用耕地；增加农业投入，坚持“以工补农”；进一步完善统分结合、双层经营管理体制，逐步发展适度规模经营。

11月 经国务院批准，本市撤销房山县和燕山区，所属辖区合并成立房山区。

12月 市农口向市委、市政府上报了《关于完善种植业责任制，推进适度规模经营的情况报告》。《报告》指出完善种植业责任制、推进适度规模经营的主要收获是：明确了不断完善生产责任制是实现农业专业化、商品化、现代化的要求；农业承包合同逐步规范化，服务工作进一步加强，种植业规模经营取得较大进展；“以工补农”逐步转向“以工建农”。

12月 为农业和农村现代化服务的“星火计划”开始实施。

12月 改革开放以来，郊区农村横向经济联合有长足发展，到1986年，已建立紧密型、半紧密型和松散型的联营单位1 700多个，共引进国内外资金9亿多元。

1987年

2月 市委召开农村工作会议，贯彻中共中央1987年5号文件。会议指出，1987年郊区农村工作的总任务是：坚持四项基本原则，进一步解放思想、深化改革，全面发展农村商品经济，继续推进农村经济专业化、商品化、现代化。

4月1日 根据《中华人民共和国耕地占用税暂行条例》，结合本市具体情况，决定对在本市行政区域内占用耕地或从事其他非农业建设的单位和个人，均按规定缴纳耕地占用税；税额根据郊区各区县的不同区位，每平方米分别为9元、8元和7元；耕地占用税由财政机关负责征收。

4月21日 市政府办公厅发出《转发市审计局、农业局〈关于开展农村审计实行部门审计监督制度的意见〉的通知》。审计局、农业局的《意见》明确：“农村经济的审计监督，暂由农村合作经济经营管理部门承担”，并对农村审计的对象和主要任务、农村审计机构的主要职权等问题作了规定。市政府办公厅的《通知》指出：“在农村实行审计监督制度，是加强农村财务管理和严肃财经纪律的重要措施，对进一步完善合作制，搞好农村经济体制改革具有重要意义。”要求：“各区县人民政府和有关经济部门切实加强对这一工作的领导，支持各级农村合作经济经营管理站尽快配备审计工作人员，依法开展审计工作，并教育督促农村经济组织主动接受审计监督。”

4月30日 市委农村部、市政府农办发出《批转市经管站〈关于郊区农村财会人员考核发证、加强管理的意见〉的通知》。《通知》指出：“农村财会人员是搞好农村经济体制改革、发展商品经济的一支重要力量。为了稳定财会队伍，提高业务素质，充分发挥他们的积极性，对郊区财会人员实行考核评定，颁发会计证书是十分必要的。”并且明确：“今后，农村合作经济和其他形式的农民经济组织，必须聘任持有会计证书的专业会计担任财务会计工作。”市经管站的《意见》对郊区农村财会人员考核、发证范围；农村财会人员专业技术职称序列及任职条件；考评方法和内容；农村专业会计的责、权、利等分别作了具体规定。

7月 市农口召开第二季度经济分析会，副市长黄超在《深化改革，积极推进农业的专业分工和适度规模经营》的报告中，总结了郊区农村实施农业适度规模经营的成效：①适度规模经营防止了农业萎缩，使粮食产量提高到了一个新水平；②取得了规模效益，使农业增强了扩大再生产能力；③促进了农村各业生产的发展，专业化程度有新的提高；④现代化农业的雏形在郊区农村出现，农业生产走向了现代化的新阶段。《报告》并对发展、完善农业适度规模经营，提高经营管理水平，提出了具体意见。

7月 郊区自1985年开始科技体制改革，1986年实施“星火计划”，到1987年上半年已取得很大进展。郊区14个区县中，80%以上的乡镇建立或充实了科技服务组织，发展了482个农民技术研究会，兴办了314个各类民办研究机构；安排“星火项目”125项，“小星火”项目276项；与中央单位建立交流合作项目1 812项，其他层次的交流合作项目1 250项，兴建了398个科研（或教学）、生产联合体；引进各类人才11 126人，已有科技人员领办或承包的企业55个。同期，远郊区县还与首都高等院校联合在郊区兴办了11所大学分校，设有农学、农产品加工、机械、电子、建筑、师范和经济管理等18个专业。

9月16日 市审计局、农业局转发市经管站制定的《北京市农村审计实施办法》。《办法》对本市农村审计的对象、农村审计工作的程序、审计人员的职责、对违规单位和个人的处理等项作了规定。规定：市经管站是本市农村多种形式合作经济部门审计工作的主管机关；区县、乡镇经管站在同级政府领导下建立内部审计机构，独立开展审计工作，同时接受上一级经管站的业务指导；市、区县经管站的审计机构，业务上受同级国家审计机关的指导。

11月13日 市经委、市农办印发《北京市农业经济专业人员实施经济系列〈试行条例〉和〈实施细则〉的补充规定试行稿的通知》。这一补充规定对农业经济专业技术职务的岗位设置、任职条件、任职资格评审等问题，作出了具体规定。规定：市政府农办是全市农业经济专业职称改革工作的牵头单位；各区县、局、总公司农业经济专业职称改革工作，在区、县、局、总公司职称改革工作领导小组领导下、在市经济系列和市农业技术系列职改领导小组指导下进行。

12月 经过三年实验，郊区农业适度规模经营有较大发展。据对顺义、通县、大兴等9个县的2 690个平原村的统计，1987年种植业实行专业承包、适度规模经营的村有2 204个，占上述平原村数的81.9%；适度规模经营的土地197.7万亩，占上述平原村土地面积的61.5%。土地适度规模经营的形式主要有4种：专业化农场831个；专业队1 724个；以乡镇企业工厂或农机队带地的50个；务农劳力承包的有1.2万人。

1988年

2月8—10日 市委召开农村工作会议，部署1988年郊区农村工作。会议提出，认真贯彻中共十三大精神，深化改革，扩大开放，继续推进郊区经济的商品化、专业化、现代化。要求郊区各区县和各有关部门围绕“开放、开发、联合、组织”四个方面，着重抓好完善、发展专业化生产和适度规模经营，积极稳妥地把适度规模经营推广到农村各业；切实抓好几个农业开发系列和农产品产销一体化；推进乡镇企业向大群体方向发展；大力发展外向型经济和创汇农业。

4月 市委农村部、市政府农办发出《关于办好集体农场的几点意见》。《意见》对伴随适度规模经营的发展而出现的集体农场的组织形式、内部责任制、利用农闲开展综合经营、加强经济核算、建立考核制度以及加强社会化服务等，提出了具体指导意见。

4月 本市召开合作经济与规模经营研讨会，《北京农村经济》为此次研讨会出了专刊。

5月 由部分省、市农村工作部门联合举办的发达地区农业规模经营与合作经济研讨会在顺义县召开。会议的发言及收到的论文，编印了专题论文集。

5月13日 在个别记者的导演下，顺义县长林庄农民高宗云举行"家庭新闻发布会"，利用承包合同纠纷，制造假象，传播对适度规模经营不满的谎言。首都几家主要新闻单位对此事作了报道。

5月28日 在市"三夏"会议上，副市长黄超作了《坚持改革，总结经验，进一步把郊区农业的规模经营推向前进》的讲话。《讲话》对上年种麦以来郊区农业适度规模经营的实践进行了总结，结论是：①专业承包、适度规模经营在夏粮生产中体现出了优越性，有力地保证了夏粮增产；②适度规模经营继承了联产承包责任制的优点，发育了具有活力的新的农业经营主体；③适度规模经营成为了农业现代化的新起点，推动了整个农村经济的专业化、社会化、商品化；④规模经营代表了农民的利益，得到了广大农民群众的拥护。

6月28日 市农业局、财政局发出《关于批转市经管站制定的〈北京市农村合作经济组织综合会计试行制度〉的通知》。《通知》指出：这一试行制度是适应郊区经济体制改革和商品经济发展，为健全农村合作经济组织财务会计工作、加强成本利润核算而制定的。并且明确：这一试行制度自1989年1月1日起施行，原市财金局1972年批准的《北京市农村人民公社生产队（基本核算单位）试行会计制度》同时废止。市经管站制定的《北京市农村合作经济组织综合会计试行制度》包含四方面内容：一、总则；二、会计科目；三、会计报表；四、附则。

6月 国务院批复，同意本市在顺义县建立农业改革试验区，进行土地适度规模经营实验。

6月14日 市职称改革领导小组转发《北京市贯彻执行〈经济专业实施细则〉的补充规定》，同时，以附件形式附发了《关于农业经济专业职务设置范围、任职条件和考试科目的规定》。这一文件对农业经济专业职务的设置范围、设岗原则、任职条件、不具备规定学历人员的考试科目、任职资格的评审等问题，做了具体规定。

7月15日 市农口召开第二季度经济分析会。会议对郊区推进适度规模经营情况，进行了比较系统的总结，概括出六条经验：①坚持生产力标准；②坚持从实际出发，发展多层次、多形式的规模经营；③坚持现代化的目标，规模经营和集约经营一起抓；④坚持调动集体和个人两个积极性；⑤坚持把群众自愿和积极引导结合起来；⑥坚持把规模经营推广到农村各业，继续深化农村改革。

9月5日 市政府发布《北京市农村土地联产承包责任制合同管理暂行办法》。《暂行办法》指出：这一办法是为加强土地联产承包合同管理，保护合同双方当事人合法权益，根据国家有关规定，结合本市实际情况制定的。《暂行办法》对适用范围、合同应具备的条款、合同的签订、合同纠纷的仲裁、合同的解除等项作了规定。并且明确：市、区县、乡镇农村合作经济经营管理站，是同级政府主管承包合同的管理机构。

10月26日 《人民日报》发表记者的文章《我们不过是要种地——北京顺义县一起承包土地合同纠纷纪实》。文章歪曲顺义县半壁店村一起土地承包合同纠纷，影射顺义县以及整个郊区的土地适度规模经营实验。

11月26日 《人民日报》发表署名“本报记者”的采访报道《“丰收”的折扣——北京市顺义县部分乡村采访实录》，说顺义县夏粮产量“浮夸虚报甚为严重”。市委、市政府对此事极为重视，30日派出由市粮食局、统计局、审计局、监察局和北京日报社等单位组成的联合调查组赴顺义进行调查。联合调查组经过调查核对，认为《“丰收”的折扣》一文严重歪曲事实，是通过否定顺义县的夏粮产量，进而否定顺义县的土地适度规模经营。

12月5日 市委常委扩大会议听取市赴顺义县联合调查组关于顺义县粮食产量情况的调查报告。根据大量的调查事实，市委同意调查组的结论：《“丰收”的折扣》是一篇严重歪曲事实的报道。14日市委、市政府向中共中央、国务院报告，提出“丰”文严重歪曲事实，造成了恶劣影响，建议《人民日报》公开更正，澄清事实，挽回影响。

12月16日 市委、市政府批转了市委研究室、市政府研究室的调查报告《农业生产方式的深刻变革——顺义县土地适度规模经营的调查》。这一调查报告，分析了1979年以来顺义县粮食生产“六年增长、两年徘徊、两年突破”的历程，对土地适度规模经营的成效与作用，实行适度规模经营的做法与认识，进行了总结。市委、市政府在批转调查报告的《通知》中指出：随着农村商品生产的发展，农村产业结构、农民就业结构、农户收入结构发生了很大变化。在新形势下，如何解决出现的农业比较效益低、种粮农民收入低、粮食生产徘徊不前，是农村经济发展的一个重要问题。顺义县的实践证明，以非农产业发展和农村劳力转移为前提的粮食专业生产、土地适度规模经营，提高了劳动生产率和土地产出率，取得了规模效益，增加了种粮农民收入，保证了粮食持续增产，为解决上述问题找到了一条有效途径，对郊区农村改革和发展的全局具有重要意义。《通知》同时指出：郊区各区县情况不同，山区平原差别很大，即使平原地区经济发展水平也很不一样。一定要坚持从实际出发，坚持生产力标准，在深化农村改革中不断探索适合本地特点的推进农村各业向商品化、专业化、现代化发展的具体途径。

1989年

1月6日 市委农村部、市政府农办转发市经管站制定的《北京市农业适度规模经营单位经济核算暂行办法》。《暂行办法》对农业适度规模经营单位的财务管理、财会人员条件、资金筹集、低值易耗品消耗、固定资产折旧、人工劳动报酬、出售农产品计量和价格、经营成果审计等项作了规定，强调规模经营单位实行成本利润核算，保证经营成果的真实性。

1月14—16日 市委、市政府召开农村工作会议。会议在回顾1988年郊区农村工作取得的成绩和经验的基础上，提出今明两年农村经济工作的指导思想是：继续深化改革，提高专业化、商品化、现代化水平，在治理、整顿中求得新的发展，抓好副食品和粮食生产，完善适度规模经营，增加有效供给，坚持服务首都。会议对完善农业适度规模经营、乡镇企业改革、农产品流通体制改革等项工作，进行了部署。

1月16日 市委、市政府发布保证郊区农业稳步、协调发展的十项政策：增加资金投入，建立农业基金制度；保证化肥和其他农业生产资料的供应；安排好饲料供应；加强农田基本建设；进一步提高机械化水平；加快开发农业的步伐；加强农产品基地建设与配套的基础设施建设；继续实行“以工补农”、“以工建农”政策；充分发挥科学技术在农业发展中的作用；积极组织农民进入市场，逐步理顺流通渠道。

1月24日 中央调查组到顺义县，对顺义县1988年夏粮产量进行调查。

2月8日 国务院总理李鹏走访昌平县。他指出：农业经营形式，最终以生产力为标准，目前主要完善联产承包，有的地方可以搞规模经营。

3月11日 市委、市政府向中共中央、国务院上报报告，对《人民日报》为《“丰收”的折扣》一文作的辩解，提出看法和意见。

3月14日 中央赴顺义县调查组通知北京市和《人民日报》社：经中央调查组调查核实，顺义县1988年夏粮产量统计符合实际，没有发现大的问题。

3月31日 市政府召开农业企业化管理经验交流会。副市长黄超到会讲话指出：推进农业的企业化管理，是推进农业专业化、商品化、现代化的需要，是农业发展进入新阶段的新课题。抓好农业企业化管理，才能巩固和发展农业经营体制改革的成果；才能提高农业资源的利用效果，改善农产品供给；才能提高农业投资的经营效益，增强农业自我发展的能力。

4月6日 市委召开会议，宣布农口体制改革方案：市委农村工作部改建为市委农村工作委员会；市政府农办改建为市政府农村经济委员会（需经国务院批准后执行）；组建北京市农村经济研究中心。

5月6—9日 市委农村工作委员会、市委党校、市社会科学联合会、市社会科学院等单位召开农业适度规模经营理论研讨会。北京、天津、上海、江苏、浙江、山东、辽宁、山西、贵州等省、市的理论工作者和相关同志，100多人出席会议，会后编印了《规模经营研究文集》。

10月19日 市九届人大常委会第十四次会议通过《北京市农业联产承包合同条例》。《条例》共二十三条，分别对农业联产承包合同的适用范围、签订承包合同的基本原则、应具备的条款、发包与承包双方的责权利、合同的变更与解除、合同纠纷的调解与仲裁以及违约责任等项作了规定。《条例》规定：“市、区县、乡镇人民政府农村合作经济经营管理部门，主管本行政区域内承包合同的管理工作。”

11月9日 《人民日报》刊发《顺义县粮食生产跃上新台阶》的文章，正面报道顺义县粮食生产的情况。

1990年

1月12日 市委、市政府发出《关于进一步加强农业的若干意见》。《意见》包括十方面内容：①坚持以农业为基础的方针，切实加强对农业的领导；②确保粮食持续、稳定增产；③搞好副食品生产，努力增加有效供给；④绿化造林，改善环境，加速山区综合开发和治理；⑤坚决保护耕地，严禁乱占耕地；⑥依靠科技进步，推动农业发展；⑦持久地开展农田基本建设；⑧提高农业机械化水平；⑨切实增加农业的资金和物质投入；⑩巩固、完善农业适度规模经营，发展壮大集体经济。

1月16—19日 市委召开农村工作会议。会议提出，1990年京郊农村工作的指导思想是：坚定信心、迎战困难；适应形势，主动调整；眼睛向内、挖掘潜力；提高素质，积蓄后劲；稳定大局，多做贡献。强调郊区农村经济要“增粮、保副、稳工”，即千方百计增产粮食，确保副食品稳定增长，继续促进乡镇企业稳步健康发展。市委领导同志在讲话中提出，全市各行各业都要牢固树立以农业为基础的思想，郊区农业要大力抓好“米袋子”、“菜篮子”两个工程。市政府领导同志在讲话中提出，发展郊区农业和农村经济，要正确处理十个关系：①农业与整个国民经济的关系；②大城市与小郊区的关系；③农业和农村其他各业的关系；④农村经济量的增长与质的改造的关系；⑤经济发展与计划生育的关系；⑥经济发展和教育的关系；⑦服务首都和富裕农民的关系；⑧集体经济为主和多种经济成分并存的关系；⑨农村经济文化发展与全市总体规划的关系；⑩经济发展与党的领导和政治建设的关系。

2月17日 市委农工委、市农办批转《关于加强乡镇农村合作经济经营管理站建设的意见》。《意见》明确了乡镇经管站的性质和任务，要求加强经管站建设，把农村联产承包合同管理、财务管理、审计监督和农业综合咨询服务等，作为乡镇经管站的主要职责。

4月2日 本市召开乡村合作经济经营管理工作会议。会议指出，加强合作经济的经营管理，是农村改革和发展的组成部分，强调“在合作社各项经营管理工作中，资产管理是核心”，并部署了在京郊乡、村经济合作社开展清产核资工作。会后，举办了乡村经济合作社社长培训班，并将培训班教材汇编成《办好农村经济合作社》一书，发到乡、村合作社。

4月25日 本市召开养猪工作会议。会议的中心议题是发展并办好现代化规模猪场。会议提出，现代化的猪场要有完善的配套设备、工艺标准和管理制度，要求所有猪场都要建立健全责任制，加强经营管理。

5月25日 《北京日报》报道：京郊已建立起农民专业技术研究会1 071个，拥有会员1.6万多人，并涌现出一批由专业协会、研究会牵头的蔬菜专业村。

6月15日 彭真同志在市委书记李锡铭、市顾委主任王宪陪同下，到顺义、怀柔、平谷县视察。视察中，他指出：京郊农业适度规模经营是个方向，要从实际出发，加以巩固发展；要办好乡镇企业；做好思想政治工作。

6月23日 经国务院批准，农业部成立农村合作经济指导司。农村合作经济指导司及其归口管理的农业部合作经济经营管理总站，是农业部主管全国农村合作经济的行政职能部门和事业单位。

6月27日 市委农工委、市政府农办发出《北京市乡（镇）村合作经济组织资产管理办法》并开始试行。《办法》对本市农村合作经济组织的资产产权、资产运用、资产积累、资产管理及社会性开支统筹等项，作出了规定。

6月 市委农工委编辑出版了《京郊洪流——北京市农村合作经济史资料记事》。这一《资料记事》记录了1949—1989年京郊农业合作经济发展历程中的大事资料。

7月 北京市农村经济研究中心成立，原隶属于市农业局的北京市农村合作经济经营管理站，整建制地划归市农村经济研究中心。

9月6—8日 市农研中心、市农村经济研究会联合召开合作经济理论研讨会。中共中央、国务院有关部门的同志，大专院校的学者，市和区县有关部门的代表，120多人出席。会议重点研讨了坚持发展集体经济的方向、联产承包和双层经营体制、合作经济与集体经济的关系、中国特色社会主义合作经济的特点等问题。会后，对论文进行了遴选，编辑出版了《合作经济研究文集》。

9月 市政府农办发出《北京市贯彻农业部〈乡镇企业承包责任制规定〉的实施细则》。《细则》对乡镇企业承包经营发包方和承包方的权利、义务，承包指标的范围和内容，企业上缴乡村集体利润的比例，职工报酬增长应低于企业利润增长，企业承包者离任必须进行离任审计等项，作出了规定。

10月 市政府办公厅发出《关于切实做好减轻农民负担工作的通知》。根据这一《通知》，成立了北京市减轻农民负担监督管理小组，监督管理小组办公室设在市经管站。

11月 市委农工委、市政府农办发出《关于在村办企业承包责任制中保持集体性质的意见》。《意见》包括三项内容：①明确村办企业与合作社的关系，坚持村办企业的集体经济性质；②明确村合作社与承包方的关系，充分体现村合作社对企业的领导、监督职能；③明确承包方代表与企业全体职工的关系，真正体现集体承包、厂长负责和民主管理。

12月 郊区4 176个行政村中，已有3 744个村的合作经济组织定名为“经济合作社”。

1991年

1月15日 市委、市政府召开农村工作会议。会议回顾总结了“七五”期间郊区农业和农村工作，部署了“八五”期间的奋斗目标和1991年的任务。会议提出，1991年郊区农村经济工作的指导方针是：稳粮、保副（副食品）、调工（调整乡镇企业）；对乡镇企业提出的方针是：广开放、抓调整、增效益、促发展。

1月22日 市委、市政府作出《关于加强乡村合作社建设，巩固发展集体经济的决定》。《决定》指出：“现在的乡、村合作经济组织，是在原来农业生产合作社和人民公社的基础上经过改革形成的，是社会主义劳动群众集体所有制的合作经济组织。”“乡、村合作经济组织在农村经济中居于主导地位，是党和政府联系农民的重要桥梁和纽带，在农业现代化、促进农村经济社会协调发展，以及在商品生产中争取和维护农民利益，带领农民共同致富等方面具有不可替代的作用。加强乡、村合作经济组织建设，巩固发展集体经济，是各级党委和政府的一项经常性的重要任务。”《决定》包含八项内容：①统一对乡、村合作经济组织性质、地位的认识；②规范名称，健全机构；③明确乡、村合作社的职能和主要任务；④实行统分结合、双层经营，搞好各业责任制；⑤加强财务管理，壮大集体经济实力；⑥认真实行民主办社；⑦社员、干部的权利与义务；⑧加强党和政府对合作社的领导、扶持和管理。

1月25日 市委、市政府召开农村工作会议。会议提出：提高农村各业首先是农业的综合生产能力；继续搞好基础设施建设；大力搞好农副产品深加工；大力发展郊区外向型经济；突出抓好科学技术和人才培训；抓好村镇建设和规划布局。会议强调，1991 年郊区工作的重点，是抓商品流通，落实科技兴农，办好集体经济。

3 月 1 日　经市政府批准，农林办公室发布了《北京市农业联产承包合同纠纷仲裁办法》。这一《办法》是为正确、及时解决农业联产承包合同纠纷，维护农村集体经济组织及其成员双方的合法权益，根据《北京市农业联产承包合同条例》制定的。《办法》共有 21 条。其中第 3 条规定：区、县承包合同仲裁委员会，负责本区、县承包合同仲裁；区、县农村合作经济经营管理站为区、县仲裁委员会的日常办事机构。

4 月　市委农工委党史征集委员会编辑出版了《京郊丰碑——北京市农业劳动模范事迹选编》。《选编》编辑了中华人民共和国成立后至“文化大革命”前这一时期中，北京市的全国农业劳动模范和市农业劳动模范的事迹。

5 月 9 日　市委农工委、市政府农办召开农业企业化管理工作会议。会议提出：农业企业化管理要优化劳动组合，推广配套技术，健全服务体系，加强经济核算，改善经营管理，挖掘增产增收潜力。

6 月 5 日　市委农工委、市政府农办、市农村经济研究中心联合发出《关于开好村合作社上半年社员代表大会的通知》。《通知》要求：京郊各村的村合作社，在七月上旬前，普遍召开一次社员代表大会，向代表报告上半年的工作和财务收支，提出讨论，并决定下半年生产、经营和管理的重大问题。《通知》提出：区、县领导要参加和帮助村合作社开好社员代表大会；今后要按规定，村合作社每年召开两次社员代表大会。

6 月　市委农工委编辑出版了《沃野丹心——北京郊区优秀党员事迹》。本书记述了中共十一届三中全会以来郊区 25 位优秀共产党员的事迹，从不同侧面反映了郊区发生的重大变化。

7 月　市委农工委完成了承担的市哲学社会科学规划办公室的课题，编辑出版了《京郊农村合作经济的改革与发展》一书。

11 月 8 日　市委、市政府发出《关于印发〈北京市边远山区十年（1991—2000 年）致富工程纲要〉的通知》。《通知》指出：“北京市山区面积占全市总面积的 62%，实施山区致富工程纲要，是保证山区走共同富裕的社会主义道路的战略措施，是实现首都总体发展战略的重要组成部分，是全市人民的共同任务。”《纲要》包含十四项内容：一、开发建设山区的必要性和可能性；二、指导思想、步骤、重点和奋斗目标；三、调整边远山区村镇布局；四、综合治理，全面发展；五、发展乡镇企业；六、加强流通服务体系建设；七、完善山区经营体制，逐步壮大集体经济；八、加强公路、通讯等基础设施建设；九、推动科技进步，引进适用人才；十、发展山区教育、卫生、文化事业，搞好计划生育；十一、增强山区区县经济实力；十二、加强乡（镇）、村基层组织和干部队伍建设；十三、各行各业支援边远山区；十四、加强党的领导。

1992 年

1 月 21 日　市委、市政府召开农村工作会议。会议提出：“郊区农村工作要进一步解放思想，深化改革，扩大开放，推动农村经济转入提高质量、增加效益的轨道。”

3月 市农口召开第一季度经济分析会。会议在学习邓小平同志视察南方重要谈话的基础上，修订了京郊农村工作方针，把“服务首都、富裕农民，建设社会主义现代化新农村”，修订为“服务首都，面向全国，走向世界，富裕农民，建设社会主义现代化新农村。”

3月 市委发出《贯彻〈中共中央关于进一步加强农业和农村工作的决定〉的意见》。《意见》包含七项内容：一、正确分析郊区形势，进一步明确90年代的主要任务和奋斗目标；二、继续推进专业化、商品化、现代化，全面发展农村经济；三、坚持改革的正确方向，巩固壮大社会主义集体经济；四、抓好农村商品流通，促进商品生产发展；五、全面落实科技兴农战略，加速农村科技进步；六、稳步增加农业投入，各行各业支援农村建设；七、加强农村基层组织建设和思想政治工作。

5月 市委农工委、市农村经济研究中心举办“农村股份合作制讲习班”，邀请北京市体改委、山东省淄博市体改办、清华大学的专家、教授作报告，郊区各区县委农村工作部、农村合作经济经营管理站、乡镇企业局的领导和骨干参加了学习。

7月 经北京市高教局批准，市委农工委、市政府农办委托北京市农业学校、市农村经济研究中心共同举办“农村经济管理专修班”，学制三年，对京郊农村基层干部进行正规化学历培训。

8月27日 本市召开农村保险和农业企业化管理工作会议。会议总结了农业保险和农业企业化管理试点单位的经验，交流了集体农场、果林场、猪场、渔场及农机站实施企业化管理的经验。

9月 市委农工委、市政府农办召开农业股份合作制座谈会。会上，农业大学的专家和大兴、平谷、密云、通县的同志作了发言。同月，举办了股份合作制培训班、资产评估培训班。

12月16日 市委农工委发出《关于进行农村股份合作制试点的意见》。《意见》对进行股份合作制试点的指导思想、目的、类型、股权设置、收益分配、组织管理、方法步骤、相关外部政策和加强领导等，作出了规定。

12月 市农业局史志办公室编辑出版了《北京农业生产纪事》。《纪事》对北京郊区1949—1990年行政区划和建置的变革、生产力的发展和生产关系的变化等重要事项作了记述。

1993年

2月4日 市民政局、市土地管理局、建设银行北京市分行，根据市政府第36次常务会议的决定，联合发出《关于提高建设征地农转居中超转人员生活补助费接收标准的通知》，对建设征地农转居中有人赡养的超转人员、无人赡养的超转人员每人每月生活补助标准，以及应补到的年龄标准，均作了上调。

3月2日 市委、市政府召开农村工作会议。会议提出1993年郊区农业和农村工作的主要任务是：①坚持以农业为基础的方针，大力发展高产、优质、高效农业；②抓紧副食品市场建设，积极发展第三产业；③调整结构，提高质量，促进区县工业和乡镇企业再上新台阶；④大力发展外向型经济，进一步开创对外开放的新局面；⑤依靠科技，加强人才引进和培训，提高农村经济的整体素质；⑥认真实施山区致富工程纲要，加快山区开发建设步伐。

4 月 1—2 日 市委农工委、市政府农办、市农村经济研究中心召开市场建设研讨会。市有关部门负责人、各区县主管市场建设的负责人、部分乡镇负责人、部分大市场经理和学者、专家，应邀参加会议。研讨会围绕市场建设的目标和模式，郊区市场建设的导向和阶段，以及市场建设中需要解决的问题，进行了讨论和交流，并收到论文 32 篇。

4 月 7—8 日 北京市城乡规划工作会议召开。会议根据北京城市总体规划确定的方针，提出了“两个转移”，即“引导城市建设从市区向远郊区转移”，“引导市区建设从新区开发向调整改造转移”。

5 月 7 日 市十届人大常委会第二次会议通过《北京市农村集体资产管理条例》，自 1993 年 7 月 1 日起施行。《条例》共六章四十条：第一章总则；第二章农村集体财产所有权；第三章农村集体财产经营权；第四章农村集体财产管理；第五章法律责任；第六章附则。《条例》第七条规定：“各级人民政府农村合作经济管理部门负责农村集体资产管理工作的指导，对本条例的实施进行监督。”

5 月 27—29 日 市农口召开社会主义市场经济和农业适度规模经营研讨会。市和区县有关部门的 100 多名同志参加，交流和讨论了适应市场经济发展、完善农林牧渔各业适度规模经营问题。

7 月 13 日 市委、市政府召开郊区农村股份合作制经验交流会。会议指出，股份制和股份合作制，是农村体制改革的重要内容，是对公有制新的实现形式的探索。会议要求，实行股份合作制，要调动各方面的积极性，促进生产力的发展，要注重民主管理，向广度和深度发展。

8 月 5 日 市委农工委、市政府农办发出《关于深化改革，把农业适度规模经营提高到新水平的意见》。《意见》包含八项内容：①经营目标从产量为主转向效益为主；②经营规模从小到大；③农业用工从多到少；④经营者素质从低到高；⑤经营内容从一业到综合；⑥经营形式从相对单一到多样；⑦完善市场体系和服务体系，为规模经营创造良好的外部环境；⑧继续加强对农业的扶持，切实改善宏观管理。

9 月 16 日 市农村经济研究中心召开农村股份合作制理论研讨会。中央有关部门领导和专家、市和区县有关领导应邀到会，共同对股份合作制在农村改革、发展中的作用和地位，股份合作制与股份制、合作制的区别与关系等问题，进行了研讨和交流。

11 月 16 日 市委农工委、市政府农办发出《关于转发北京市经管站〈北京市乡、村合作社集体资产评估暂行办法〉的通知》，要求各区县加强对乡、村合作社集体资产的管理，贯彻执行这一《暂行办法》。《北京市乡、村合作社集体资产评估暂行办法》对乡、村合作社集体资产评估的对象及范围、评估机构的资质及职责、评估的程序及方法等项，作了具体规定。

12 月 23 日 市委、市政府召开农村工作会议，贯彻中共十四届三中全会和中央农村工作会议精神。会议提出，1994年郊区经济工作的指导思想是，坚持解放思想、实事求是思想路线，围绕建立社会主义市场经济的目标，努力探索新途径、新举措，通过深化改革，扩大开放，推动郊区经济上一个新台阶，加快致富奔小康步伐。会议提出了1994年郊区农村经济各项奋斗目标和相应的政策措施。

1994年

1月8日 市土地管理局发出《关于实施〈北京市建设征地农转工人员安置办法〉有关问题的规定》。《规定》明确：根据《北京市建设征地农转工人员安置办法》，农转工人员及经批准自愿自谋职业者，安置补助标准为：朝阳、海淀、丰台、石景山四区每人2.5万元至3万元；其他区县每人1.5万元至2万元。同时规定：符合农转工条件的人员，首先由建设征地单位尽量自行安置；建设征地单位确实自行安置不完或自行安置有困难的，应向市、区县土地管理局提出申请，经同意后，由市、区县土地管理局会同劳动局，组织被征地单位、被征地的乡镇政府及有关单位，多渠道进行安置。

1月14日 市十届人大常委会第八次会议通过《北京市乡村集体企业承包经营条例》。《条例》共6章41条：第一章总则；第二章发包与承包；第三章发包方、承包方的权利和义务；第四章承包经营合同；第五章法律责任；第六章附则。《条例》规定：乡村股份合作制企业实行承包经营的，参照本条例执行；市、区县乡镇企业行政主管部门和乡镇人民政府负责本条例的组织实施和监督。

1月 本市召开乡镇企业工作会议。会议提出：郊区乡镇企业要牢固树立“外向带动、科技驱动、改革推动”的思想，促进乡镇企业在上规模、上水平上迈出更大步伐。

1月 市委、市政府召开山区工作会议。会议提出：进一步放宽山区政策，山地山场政策实行三放开，即经营形式放开，开发形式放开，生产方针放开。在经营形式放开中明确：山场山地实行承包的，要适当延长承包期，也可以实行租赁和拍卖，使经营者有长期稳定的使用权，使用权允许继承和转让。

3月14日 市农口召开郊区部分亿元村党支部书记座谈会。参加会议的亿元村党支部书记，分别介绍了各自的经济发展情况、主要特点和基本经验。

3月25日 市农口召开全市农口系统股份制、股份合作制工作会议。至1993年底，本市农口已有股份制、股份合作制企业1 137家，分布在集体农场、林果、工业、运输和餐饮业。会议在交流情况、总结经验的基础上，提出了加大产权制度改革力度，搞好资产评估，盘活存量资产，合理配置“贡献股”和土地实行有偿使用等要求。

3月30日 市长办公会议决定：成立市“菜篮子”和粮棉油工作领导小组；确保粮食种植面积和总产量不减少，扩大菜田种植面积；制定适应市场经济发展的有关政策，粮、油、肉、蛋、菜要有足够的储备；保持副食品生产、供应的稳定和发展。

4月26日 市委七届四次全会举行。会议审议通过了市委研究室、市委农工委和顺义县委《关于顺义县完善、提高和发展粮田适度规模经营的调查报告》。5月9日，市委、市政府批转了这一《报告》，在批转报告的《通知》中指出：“顺义县和郊区其他区县平原发达地区，实行以集体经济为主导的粮田适度规模经营，是在家庭联产承包为主的责任制的基础上，随着农村商品经济发展、乡镇集体企业崛起、农民致富门路增多，具备了有组织地转移农村劳动的条件，针对粮食生产比较效益低、农民种粮积极性下降的问题，依据自身条件和农民意愿进行的改革。实践证明，这一改革提高了劳动生产率、土地产出率、粮食商品率和农业的积累水平，在新的条件下，增加了粮农的收入，提高了农民种粮的积极性，促进了粮食的增产和效益的提高，巩固了农业的基础地位，推动了粮食、多种经营和乡镇工业的全面发展，使京郊平原发达地区适时地向'第二个飞跃'迈进。"《通知》同时指出："完善、提高和发展农业适度规模经营，一定要坚持从实际出发，尊重农民意愿，依据不同条件，采取不同形式。从各区县行之有效的经验来看，可以兴办各类集体农场；可以在强大的集体经济坚强领导和社会化服务体系的有力支持下，实行专业户或专业劳动力承包；也可以创造更多的形式。""在经济还不够发达的地区，应继续稳定和完善家庭联产承包责任制；比较贫困的边远山区，政策应该更灵活、放开。总之，决不搞'一刀切'，不搞一种模式，尊重群众的首创精神。"

4月　市委农工委发出《关于对郊区农村经济运行情况进行定点监测的通知》，并开始了农村经济运行情况定点监测工作。

5月21日　市十届人大常委会第十次会议审议通过《北京市农民负担管理条例》，自1994年6月1日起施行。《条例》共6章36条：第一章总则；第二章村提留、乡统筹费和劳务；第三章集资、收费和其他项目；第四章监督管理；第五章法律责任；第六章附则。《条例》规定：市、区、县人民政府农办是本行政区域内的农民负担监督管理部门；乡、镇人民政府负责本乡、镇的农民负担监督管理工作；日常工作由同级农村合作经济管理部门负责。

6月21日　市委、市政府召开山区建设工作会议。会议指出：在市场经济加快发展的新形势下，各种生产要素向高效益地区流动，增加了山区发展的不利因素。为此，市委、市政府决定，在继续实施《北京市边远山区致富工程纲要》的基础上，实施《北京市边远山区"四四"奔小康攻坚计划》，即用四年时间，使边远山区40万人民，人均劳动所得达到1 600元以上，基本上消除人均劳动所得1 500元以下的乡镇和1 200元的村，与此相应，在边远山区实施资源开发、工业小区、搬迁、基础设施和"一帮一"等五项工程。

9月9日　市十届人大常委会第十二次会议审议通过《北京市农村集体所有荒山荒滩租赁条例》，自1994年10月1日起施行。《条例》共五章三十条：第一章总则；第二章出租与承租；第三章当事人的权利和义务；第四章租赁合同；第五章附则。《条例》规定："本条例所称的租赁是指在不改变土地所有权的前提下，农村集体经济组织将集体所有的荒山使用权出租给承租人，用于林果业、种植业、养殖业生产的开发和经营，并由承租人支付租金的行为。""出租荒山使用权，不包括地下资源、埋藏物和农用农田水利设施。"《条例》规定："荒山租赁，出租方和承租方必须签订书面合同。""租赁合同签订后，当事人可以向农村合作经济管理部门或者公证机关申请鉴证或者公证，确认租赁合同的真实性、合法性。"荒山租赁"合同管理的具体工作由农村合作经济管理部门负责。"

12月23日　市委、市政府召开农村工作会议。会议提出：1995年郊区工作的指导思想是：解放思想抓转变，开拓市场促发展；在组织社会化大生产上重点突破，集中力量发育大市场，建设大基地，发展大企业，形成大集团；把郊区经济建设推向新的发展阶段。

1995 年

11 月 10 日 市委农工委、市政府农办发出《关于加强管理、保障农村合作基金会健康发展的意见》。《意见》指出：北京郊区自 1985 年成立第一家农村合作基金会以来，目前已发展了 110 个，其中县级联合会 3 个，村级基金会 3 个，乡镇级基金会 104 个（占郊区乡镇总数的 41%）；到 1994 年末，融通资金 8.25 亿元，其中集体资金 4.2 亿元，农户股金 3.17 元；1994 年末投放资金 5.06 亿元。

12 月 21 日 市政府办公厅发出《转发〈市民政局关于提高征地超转人员生活补助费标准的请示〉的通知》。《通知》指出：市政府同意市民政局的请示，自发文之日起执行。解决好征地超转人员生活困难问题，关系到国家建设征地的顺利进行和首都的社会稳定，各区县政府和市政府有关部门要密切配合，共同做好这项工作。市民政局的《请示》包含以下内容：①发放生活补助的对象及其性质；②征地超转人员接收标准；③适当提高征地超转人员生活补助费发放标准；④进一步加强对征地超转人员的管理；⑤加强对征地超转人员补助经费的筹集、管理和监督。

1996 年

1 月 24 日 市委、市政府召开农村工作会议，贯彻中共十四届五中全会和中央农村工作会议精神，总结“八五”期间郊区农村工作，提出“九五”奋斗目标和 1996 年工作重点。会议要求：郊区农村要认真实行“两个转变”，推动经济社会协调发展；以改革为动力，大力培育市场主体，发育市场体系；继续调整农村经济结构，加强第一产业，提高第二产业，积极发展第三产业；加强科技工作，发挥区位优势，提高经济运行质量。

7 月 23 日 本市召开乡镇企业工作会议。会议提出：京郊乡镇企业要从追求产值、数量转向追求利润、税收和就业、富民；从乡镇政府和集体经济直接投资转向社会投资；从乡镇直接经营转向经营社会化。

8 月 13 日 市政府发出《转发〈国务院关于加强农村集体资产管理工作的通知〉的通知》。市政府的《通知》指出：党的十一届三中全会以来，本市农村经济迅速发展，1995 年农村集体资产总额累计达到 613 亿元，农民人均拥有集体资产 1.6 万元。但是，由于一些地方集体资产管理薄弱，以致发生集体资产被贪污、挪用、拖欠、损坏、挥霍浪费和将集体资产低价承包、变卖、折股等现象。农村集体资产严重流失，不仅使农村生产力受到破坏，而且导致一些地方党群、干群关系紧张，增加了农村不安定的因素。为加强对郊区农村集体资产的管理，《通知》根据国务院《关于加强农村集体资产管理工作的通知》和本市《农村集体资产管理条例》，提出了四项要求：①提高认识，高度重视农村集体资产管理工作；②认真开展农村集体资产清产核资工作；③加强农村集体经济的审计工作；④加强农村合作经济组织建设，建立健全农村集体资产管理制度。《通知》要求：本市农村集体资产清产核资工作，要在 1997 年底全面完成，做到清查资产，界定和明晰集体资产所有权，重估资产价值，核实资产存量，登记产权，建章建制。同时，要积极探索农村集体资产合理流动和优化配置的新路子，规范集体资产产权交易行为，确保集体资产保值增值。《通知》指出：各级农村合作经济经营管理部门，作为各级政府对农村集体资产实施管理的职能部门，要认真履行对农村集体资产管理工作的指导和监督职能，并会同有关部门切实加强对农村集体经济组织审计工作的指导和管理。

9月6日　市十届人大常委会第三十次会议通过《北京市农村股份合作企业暂行条例》，自1997年1月1日起施行。《暂行条例》共八章六十三条：第一章总则；第二章设立；第三章股份；第四章组织机构；第五章财务会计与收益分配；第六章合并、分立与解散清算；第七章法律责任；第八章附则。《暂行条例》规定："农村股份合作企业是以合作制为基础，实行农民群众劳动合作与资金联合相结合的企业组织形式。""农村股份合作企业实行以下原则：①劳动合作与资金联合相结合，按劳分配与按股分红相结合；②资金共筹，积累共有，利益共享，风险共担，同股同利；③自主经营，独立核算，自负盈亏，民主管理。"

12月17日　市委农工委、市政府农办发出《关于印发〈关于村经济合作社社员代表大会的若干规定（试行）〉的通知》。《通知》指出：京郊农村自1991年健全村级经济合作社以来，坚持了社员代表大会制度，对推进民主办社、改善干群关系、发展集体经济、维护社会稳定，起到了重要作用，受到了基层干部和广大群众的欢迎。但是，村级社员代表大会还存在地位不明确、职能不到位、民主监督力度不够以及与其他基层组织协调运转机制尚未很好建立起来等问题。《通知》要求：区县党委和政府要切实加强对社员代表大会工作的领导，乡镇党委要帮助村级经济合作社开好社员代表大会，做好具体的组织领导工作。《若干规定（试行）》共三十条，分别对村社员代表大会的地位、职权、代表选举、代表条件、代表职责、代表大会例会制度、代表大会期间应公布的财务账目，以及村社员代表大会与村基层党组织、村合作社管委会的关系，作出了规定。

12月31日　据第一次全国农业普查资料，北京市从事农业生产经营的农户103.5万户，耕地面积83 878公顷。

1997年

1月14—17日　市委、市政府召开农村工作会议。会议部署了1997年郊区经济工作和精神文明建设的任务要求。会议提出，切实推进农村经济体制和农业增长方式的转变，加快农村改革步伐，加大农业科技推广力度，加强农田水利基本建设，调整农村产业结构，确保农业增长、农户增收、农村稳定。

1月16日　市十届人大常委会第三十五次会议通过《北京市农村集体经济审计条例》，自1997年4月1日起施行。《条例》共六章三十三条：第一章总则；第二章审计机构；第三章审计机构的任务和职权；第四章审计程序；第五章法律责任；第六章附则。《条例》规定：市和区县农林办公室是本行政区域内农村集体经济审计工作的主管机关，日常工作由同级农村合作经济管理部门负责。同时规定：农村集体经济审计工作接受国家审计机关的指导和监督。

1月 市经管站会同市财政局编纂印发了《北京市村合作组织财务会计制度实施细则》。

3月6日 市委、市政府发出《关于认真贯彻落实〈中共中央、国务院关于切实做好减轻农民负担工作的决定〉的通知》。《通知》指出：认真贯彻落实中央《决定》，切实减轻农民负担，绝不是单纯的经济问题，而是关系农村改革、发展和稳定，密切党和政府与群众的联系，涉及基层政权的巩固和国家长治久安的政治问题。《通知》包含六项内容：①认真学习、宣传中央《决定》，提高认识，统一思想；②坚决贯彻《决定》中“五严禁”的要求，继续治理农村“三乱”；③认真执行《决定》中“三稳定”的政策，按照公平合理的原则，进一步落实农民应承担的合法义务；④认真研究解决涉及农民负担的深层次问题，切实减轻集体经济组织和乡镇企业负担；⑤加强领导，加强监督检查，实行党政一把手负责制；⑥加强执法检查，严肃查处加重农民负担的违法违纪行为。《通知》提出：今后每年都要组织两次全市性的农民负担执法检查，每次检查，在乡镇自查和区县复查的基础上，市委、市政府有关部门要组织联合检查组，对各区县、乡镇进行抽查。同时决定，今年4月份首先进行一次农民负担春季执法检查。检查内容：一是学习、宣传中央《决定》情况；二是1997年度农民负担监督卡落实和村提留、乡统筹费预算及1996年决算情况；三是1996年农民负担执法检查中发现问题的整改情况。

4月29日 经国务院批准，撤销通县，设立通州区。9月28日，通州区召开撤县设区挂牌大会。

7月 市政府农办、市计委、市建委、市房屋土地管理局、市工商行政管理局、农业银行北京市分行联合发出《关于郊区企业重组转制有关政策问题的若干规定》。《规定》对重组转制的乡镇企业获取银行贷款担保、资产评估收费、变更企业登记以及变更土地权属性质等十个问题，作出了规定。

8月14日 市乡镇企业工作会议召开。会议提出，加大重组转制力度，加快结构调整步伐，引导京郊乡镇企业持续、稳定、快速发展。

11月11日 市委、市政府发出《关于进一步深化农村经济体制改革、落实农村经济政策若干问题的意见》。《意见》要求认真落实党的十五大和中共中央办公厅、国务院办公厅《关于进一步稳定和完善农村土地承包关系的通知》精神，高举邓小平理论伟大旗帜，深化农村经济体制改革，进一步全面落实党在农村的基本政策，充分调动集体经济组织和农民家庭两个积极性，特别是要充分调动农民家庭投资的积极性。《意见》包含三项内容：①稳定和完善土地承包关系，确立双层经营体制。对稳定家庭联产承包为主的责任制、做好延长土地承包期工作、建立土地流转机制、认真整顿“两田制”、继续发展和完善农业适度规模经营工作，进行了部署。②鼓励农民投资，确立农民家庭投资的主体地位。对鼓励农民进行生产性投资、经营家庭种养业、兴办农业生产和服务项目，搞活集体农业生产设施的经营，吸引社会资金进行农业深度开发等项工作，提出了要求。③深化集体经济改革，发展农村合作经济。对发展壮大集体经济，探索集体经济的多种实现形式，改革原有集体经济，乡镇企业进行重组转制，多种公有制经济共同发展，推进农业产业化经营，提高农业组织化程度，以及建立健全集体经济的基本管理制度等项工作，进行了部署，提出了要求。在“建立健全集体经济基本管理制度”项内，要求乡村经济合作社要建立健全财务管理制度、资产管理制度、审计监督制度、劳动积累制度和社员代表大会等项制度。

1998年

1月 本市召开1998年郊区农经工作会议，市农村经济研究中心副主任在会上作了《关于做好农村合作经济管理工作的几点意见》的报告。

2月7—8日 市委、市政府召开农村工作会议。会议贯彻中央农村工作会议精神，总结1997年郊区各项工作，从稳定和落实党在农村的基本政策、调动农民积极性等六个方面，部署了1998年郊区农村工作，要求确保农业增产、农民增收、农村稳定。会议对获得全国农业综合开发先进单位的顺义县和获得京郊百富村、农业百富户等称号的先进集体和先进个人进行了表彰。

3月3日 经国务院批准，撤销顺义县，设立顺义区。12月16日，顺义区召开撤县设区庆祝大会。

4月 市经管站根据中共中央《关于进一步稳定和完善农村土地承包关系的通知》精神，开始对郊区农业承包合同的签订和执行情况，进行检查。

4月 市财政局、市地方税务局发出《关于对股份制和股份合作制企业个人股份分红征收个人所得税有关问题的通知》。《通知》规定：股份制和股份合作制企业向个人分红的股息红利，凡月息红利收益率低于银行一年定期储蓄存款利率的部分，免征个人所得税；超过部分按规定征收个人所得税。

5月15日 市政府令第四号发布《北京市会计管理办法》，自1998年7月1日起施行。《办法》共六章三十七条：第一章总则；第二章会计核算；第三章会计监督；第四章会计机构和会计人员；第五章法律责任；第六章附则。《办法》规定：凡本市国家机关、社会团体、企业、事业单位、个体工商户和其他组织办理会计事务，必须遵守《中华人民共和国会计法》和本办法；市和区县财政局负责管理本行政区域内的会计工作；各单位的业务主管部门管理本单位、本系统的会计工作。

5月29日 市委办公厅、市政府办公厅发出《关于贯彻落实〈中共中央办公厅、国务院办公厅关于在农村普遍实行村务公开和民主管理制度的通知〉的通知》。市委办公厅、市政府办公厅的《通知》包括六项内容：①按照党章、宪法和有关法律、法规的规定，建立健全民主选举制度；②通过村民会议或村民代表会议，民主讨论决定村级重要事项，建立健全民主决策制度；③制定和完善村民自治章程，建立健全民主管理制度；④实行村务公开，建立健全民主监督制度；⑤充分发挥党支部在村级民主制度建设中的领导作用；⑥加强领导，明确责任。

6月12日 市委、市政府召开农村民主管理制度建设工作会议。会议交流总结了郊区农村村务公开、民主管理工作的经验，部署了市委、市政府关于贯彻落实《中共中央办公厅、国务院办公厅关于在农村普遍实行村务公开、民主管理制度的通知》的意见和要求。

6月15日 市委农工委、市政府农办发出《关于建立北京市农村集体土地承包经营权流转机制的意见》。《意见》包括七项内容：①土地承包经营权的流转范围；②土地承包经营权流转要坚持的几项原则；③因地制宜地确定土地承包经营权的流转形式；④合理确定土地承包经营权流转的规模；⑤土地承包经营权流转要按规定程序进行；⑥加强土地承包经营权再次转包的管理；⑦加强对土地承包经营权流转工作的领导。《意见》指出："建立农村集体土地经营权流转机制，是落实党在农村的基本经济政策、稳定和完善家庭联产承包责任制的重要措施，是大力发展农村商品生产、完善郊区市场经济体制建设的重要环节，有利于调动农民生产积极性和投资积极性，有利于运用市场机制搞活土地承包经营权。""各区县可以结合自己的实际，制定具体规定和办法。"

7月31日 市十一届人大常委会第四次会议通过《北京市农业承包合同条例》，自1998年9月15日起施行，1989年10月19日市第九届人大常委会第十四次会议通过的《北京市农业联产承包合同条例》同时废止。《北京市农业承包合同条例》共七章三十五条：第一章总则；第二章发包和承包；第三章承包合同的订立和履行；第四章承包合同的变更和解除；第五章违约责任；第六章承包合同纠纷的处理；第七章附则。《条例》规定：市和区县及乡镇农村合作经济经营管理部门负责本行政区域内承包合同的管理工作；区、县农业承包合同仲裁委员会负责本区、县承包合同纠纷的仲裁，日常办事机构设在区、县农村合作经济经营管理部门。

9月 市经管站举办《北京市农业承包合同条例》培训班。

10月 市政府批转市计委、市体改委、市工商行政管理局等单位《关于鼓励本市个体私营经济发展的若干意见》。《意见》从实行公平的市场准入原则、改善生产经营条件等十一个方面，提出了鼓励个体、私营企业发展的具体政策。

1999年

1月30日 市委、市政府召开农村工作会议。会议提出：全面落实党在农村的基本政策，推进农村改革；加快科技进步，推动农业现代化建设；增加农民收入，保持农村社会稳定。

1月 市委农工委、市财政局联合下发《关于扶持和鼓励发展农民专业合作经济组织的意见》。《意见》提出了对农民专业合作经济组织扶持的标准和办法。

3月 市政府办公厅转发国务院办公厅印发的《清理整顿农村合作基金会工作小组关于整顿农村合作基金会的工作方案》。同时，成立了由市长、主管副市长任正、副组长的市清理整顿农村合作基金会工作小组，设立了工作小组办公室，决定对本市农村合作基金会进行清理整顿。随后，市清理整顿工作小组制定了《北京市清理整顿农村合作基金会工作实施意见》，提出了本市整顿农村合作基金会的指导思想、目标任务、主要原则、具体措施和方法步骤，要求全市清理整顿工作在1999年8月底前完成。

5月26日 市委农工委、市政府农办、市民政局联合发出《北京市村务公开民主管理工作暂行规定》。《暂行规定》是为贯彻落实《中共中央办公厅、国务院办公厅关于在农村普遍实行村务公开和民主管理制度的通知》和市委办公厅、市政府办公厅为贯彻上述《通知》而发出的通知精神，依据《中华人民共和国村民委员会组织法》及有关法律、法规制定的。《暂行规定》共五章二十五条：第一章总则；第二章组织领导；第三章村务公开的内容、时间、程序；第四章村务公开的形式；第五章村务公开的管理与监督。《暂行规定》明确：村务公开的内容包括财务收支公开，其中常规性收支每季度公开一次，专项收支在项目完成后及时公开。并规定：村级“成立民主监督理财小组，具体负责村务公开的监督工作。”

8月2日 市委农工委、市政府农办发出《北京市农村集体土地征用占用收入管理使用办法》。《办法》是为加强郊区农村集体土地征用占用收入管理，提高使用效益，保护集体经济组织和农民的合法权益，依据国家有关法律、法规和规章制度制定的。《办法》对集体土地征用占用收入包含的内容及权属，使用的范围及决定、批准程序，以及账目公布、会计核算、审计监督等事项，作了规定。

8月6日 市委、市政府召开农村经济工作会议。会议提出，加大郊区改革力度，改善郊区投资环境，加强对乡镇企业二次创业的领导。强调要以市场为导向、效益为中心、农民为主体，进行农村经济结构调整，在调整中要坚持高起点、高科技含量、高科技带动，以有利于区域经济、新兴产业和主导产业的形成与发展。

8月 市政府办公厅转发《国务院办公厅关于彻底清理乡村两级不良债务的通知》。同时，建立了由主管副市长为召集人，市政府农办、市财政局、市地税局、市审计局、市农研中心等单位主管领导参加的清理乡村两级不良债务工作联席会议制度。

9月2日 市委农工委、市政府农办发出《关于认真开展清理乡村两级不良债务工作的通知》。《通知》对清理乡村不良债务的范围、内容、方法步骤等事项，作出了规定，提出了要求。

9月16日 经国务院批准，撤销昌平县，设立昌平区。12月28日，昌平区举行成立大会。

12月1日 市委农工委、市政府农办发出《关于印发〈北京市农村集体土地承包费收取使用管理办法〉的通知》。《通知》指出：“加强和规范土地承包费的收取、使用和管理，是落实党的农村基本政策，稳定和完善以家庭承包经营为基础的统分结合、双层经营体制的重要措施，对于维护集体和承包者的合法权益，密切农村党群、干群关系，”具有重要意义。《通知》要求：“今冬明春，各区县要集中一段时间，对土地承包费收取、使用和管理情况进行一次全面检查，针对存在的问题，制定具体的改进、完善措施。”《北京市农村集体土地承包费收取使用管理办法》包含十八项内容，对集体土地承包费的性质，确定土地承包费数额的依据，收取和缴纳土地承包费的时限，集体经济组织使用土地承包费的原则和范围，以及定期公布账目、审计监督等事项作出了规定。

12月27日 市政府办公厅发布《北京市撤制村队集体资产处置办法》。《办法》是为合理处置依法撤制村、队的集体财产，保护和发展生产力，维护农村集体经济组织和农民的合法权益，根据有关法律、法规和本市实际情况制定的。《办法》共二十二条，对撤制村、队集体资产的产权界定、处置原则、处置方案的认定和批准、处置资产的分配，以及帮助和支持撤制村、队进行股份合作制改造、发展股份合作经济等事项，作了规定。《办法》并规定：“撤制村、队应在所在乡镇人民政府的指导下，成立由乡镇农村合作经济经营管理站工作人员、村队集体经济组织负责人以及集体经济组织成员代表参加的撤制工作小组，负责具体工作。”

2000 年

1 月 14 日 市委、市政府召开农村工作会议。会议确定 2000 年全市农村工作的重点是：①大力推进郊区农村经济的战略性调整，促进农民增收和农村经济的快速发展；②加强小城镇建设，推进农村城市化进程；③做好基层基础工作，保持社会稳定。

3 月 市政府召开北京市农民负担监督管理领导小组成员单位联席会议，讨论 2000 年农民负担管理工作要点和实施方案。市农委、市纪委、监察局、财政局、物价局、法制办公室等单位的相关同志出席会议。

4 月 4 日 市委、市政府发出《关于做好 2000 年农业和农村工作的意见》。《意见》指出：2000 年郊区农业和农村工作，要紧紧围绕率先基本实现农业现代化的目标，以富裕农民为主线，抓好经济结构调整，推进小城镇建设，保持农村稳定，努力走出一条“富裕郊区农民，改善生态环境，为城市发展服务”的道路，迎接新世纪。《意见》在对 2000 年郊区农村经济总收入、农业和乡镇企业增长率、农民人均纯收入增长率等项提出指标要求后，提出了十项政策措施：①大力调整农村经济结构；②高标准发展“六种农业”；③大力推进乡镇企业二次创业；④加快小城镇规划建设；⑤继续搞好水利富民综合开发；⑥加快农业科技进步；⑦加强农产品市场建设；⑧加强农村基础设施和生态环境建设；⑨深化以产权制度为重点的农村经济体制改革；⑩加强农村基层组织建设、民主法制建设和精神文明建设。

4 月 市经管站完成农村会计年检及会计人员信息库工作，录入信息库的会计人员共计 30 726 人。

5 月 19 日 市委、市政府上报《关于北京市农村税费改革试点工作的情况报告》。《报告》提出：成立市农村税费改革工作领导小组，确定昌平区为本市试点单位。

5 月 19 日 市委召开乡镇政务公开工作座谈会。迄今，郊区已有 143 个乡镇（占乡镇总数的 63%）实施了政务公开。会议指出：对群众普遍关心的热点问题，如房基地审批、占地补偿款的收取和使用、招工和农转非指标的分配、支农资金的使用、优抚款的发放、各种税费的收缴等，必须及时公开。会议要求：进一步实施乡镇政务公开，要完善规范，深化提高，突出重点，强化监督，积极推进，增强实效。

5 月 23 日 市委农工委、市农委发出《北京市农口信息化 2000—2010 年发展规划（纲要）》，这一《纲要》是根据《首都信息化 1998—2010 年发展规划（纲要）》确定的目标，结合郊区实际情况制定的。《纲要》包括四部分，即指导思想和规划目标；2000—2002 年的重点任务；指导原则；对策措施。在“2000—2002 年的重点任务”项下提出：①建设具有权威性、系统性、先进性、实用性的北京市农口综合信息服务平台；②建设八个信息数据库，即农业与农村经济动态，农业与农村经济资源，农业与农村经济统计，粮食、蔬菜、水果和畜禽产品的生产与销售，农口高级专门人才，农业生产实用技术，农口重点企业，农业与农村经济政策法规的信息数据库；③建设三项重点工程，即京郊信息服务体系工程，农产品销售电子商务工程，京郊社会保障和社区信息服务示范工程。

5 月　市经管站根据市委农工委《北京市农村集体资产产权登记及其管理办法》的规定，组织郊区各区县经管站，开展了 1999 年度农村集体资产产权登记证的年检工作。此项工作从 1 月底开始，至 5 月份顺利完成。

6 月 14 日　市委办公厅、市政府办公厅发出《印发〈中共北京市委农村工作委员会、北京市农村工作委员会职能配置、内设机构和人员编制规定〉的通知》。《规定》指出：市委农工委是负责本市农口系统党的建设、思想政治工作和干部管理的市委派出机构，市农委是负责本市农村经济、农村工作的市政府组成部门；市委农工委与市农委合署办公。

6 月　市委农工委经营管理处撤销，原由经管处承担的郊区农村合作经济经营管理工作，移交市经管站承担。

7 月 5 日　市委、市政府发出《关于郊区农村税费改革试点工作的意见》。《意见》共有四项内容：①充分认识在郊区农村进行税费改革试点工作的重要意义；②农村税费改革试点工作的指导思想、基本原则和主要内容；③试点单位与步骤；④加强对农村税费改革试点工作的领导。《意见》指出：农村税费改革试点的主要内容是“四取消、两调整、一改革”，即取消乡统筹，取消农村教育集资等专门面向农民征收的行政事业性收费和政府性基金、集资，取消屠宰税，取消统一规定的劳动积累工和义务工；调整农业税和农业特产税政策；改革村提留征收和使用办法。《通知》明确：昌平区为本市试点单位，试点工作从 7 月开始。

8 月 10 日　市委农工委召开郊区农民专业合作经济组织经验交流会，会议提出要进一步发展农民专业合作经济组织。

8 月 11 日　农业部发出《关于加强农村集体财务与资产管理工作的通知》。《通知》指出：“近年来，各地在农村集体财务与资产管理方面做了大量工作，取得了一定成效。但是农村集体财务与资产管理工作混乱的问题，在一些地方仍未得到解决。”《通知》提出：“当前，农业部门开展指导和监督农村集体财务与资产管理工作的重点是：指导乡村集体经济组织建立健全财务会计、财务公开、资产管理等方面的规章制度，并监督实施；开展农村集体经济的审计监督，维护乡村集体经济组织的资产所有权。”《通知》从七个方面提出了具体要求：①全面履行指导和监督农村集体财务与资产管理工作的职责；②认真执行农村集体财务会计制度；③扎扎实实开展农村财务公开工作；④以建立台账为重点，切实加强集体资产管理；⑤深入开展农村集体经济审计工作；⑥总结探索农村集体财务与资产管理的经验与做法；⑦加强领导，落实工作措施。

9 月 12 日　市委、市政府召开北京市减轻农民负担电视电话会议。自 1999 年以来，郊区农村通过召开村民代表会议、乡镇人民代表大会，编制了 1999—2001 年农民负担项目预算，一定三年不变，并将农民应负担的项目和费用，登记农民负担监督卡，全郊区发卡率达 90%以上。电视电话会议要求，巩固发展已取得的成果，进一步做好减轻农民负担工作，维护农村稳定。

12 月 5 日　市政府第 93 次市长办公会讨论进一步加强土地管理问题。会议提出：要依法管地，依法用地，依法批地，依法合理利用土地和切实保护耕地；把依法利用土地和保护耕地作为政府工作的考核内容，对违法用地的责任者要给予党纪、政纪处分。

12月 市委农工委、市农委发出《关于开展郊区农村集体资产经营状况调查的通知》。《通知》要求进一步清理乡、村两级的不良债务，并将乡、村集体企业事业单位纳入了清理范围。

12月 根据农业部《关于逐步推广农经电算化工作的意见》，市经管站于2000年底确定朝阳区太阳宫乡、门头沟区永定镇、通州区牛堡屯镇、昌平区北七家镇、怀柔区庙城镇、房山区城关镇和良乡镇为市级农经电算化试点单位。朝阳区和房山区被列为全国农村经营管理电算化试点单位。

2001年

1月13日 市委、市政府召开农村工作暨农村“三个代表”重要思想学习教育活动工作会议，对2001年郊区农村工作和在农村开展“三个代表”重要思想学习教育活动进行部署。会议强调：要把增加郊区农民收入作为农村工作的中心任务。为此，一要有新思路，要面向市场，因地制宜，突出特色，发挥优势，不断提高郊区农业的素质和效益。二要有新动力，坚持深化改革，加快农业科技创新步伐，使科学技术成为增加农民收入的重要支撑。三要有新空间，大力开拓国内外市场，大力发展二、三产业，积极推进郊区城市化，转移农业富余劳动力，为农民增收拓展市场空间、产业空间和就业空间。四要有新投入，以农民投入为主体，同时逐步增加财政对农业的投入。

2月23日 市政府办公厅转发市委农工委《关于发展本市农民专业合作经济组织的意见》。《意见》指出：农民专业合作经济组织是在农民自愿基础上建立的，以对成员提供服务为宗旨，以生产、经营活动为纽带，以销售、加工环节为合作重点，以维护成员利益、增加成员收入为目的，实行自主经营、自负盈亏、自我管理、自我积累的经济组织。《意见》包括三项内容：①发展农民专业合作经济组织的重要性；②发展农民专业合作经济组织的基本原则；③发展农民专业合作经济组织的主要措施。《意见》指出：为加强引导、管理和服务，各级农村合作经济经营管理部门，要充分发挥组织指导和管理服务的职能，为农民专业合作经济组织的发展提供保障，不断提高经营管理水平。

3月 市长办公会、市委常委会先后讨论通过本市农村税费改革工作方案。

3月 市经管站发出《关于推进我市农村经营管理工作电算化的意见》。

4月12日 市委农工委、市农委、市总工会联合发出《关于2001年厂务公开工作的意见》。《意见》要求开展厂务公开工作，并要求通过工作使国有、集体控股企业厂务公开率达到95%以上。

5月 市政府召开农民专业合作经济组织暨农业结构调整工作会议。迄今，郊区已建立专业合作经济组织1 855个，有22.3万户农民（占郊区农户的30%）参加。专业合作经济组织使分散生产的农户组织起来，进入市场，参与竞争。2000年以来，专业合作经济组织销售了郊区46%的蔬菜、40%的果品、35%的瓜类；郊区出口的农产品中，95%是由专业合作经济组织提供服务、组织出口的。这次会议要求，发展专业合作经济组织要做到“五个结合”，即与完善家庭承包、双层经营体制相结合，与农业结构调整相结合，与农业产业化相结合，与农民增收相结合，与促进农村现代化相结合。

7月31日 市农口召开半年经济形势分析会。会议在分析上半年经济形势的基础上，强调下半年要抓好五个方面的工作：①坚持深化改革，扩大开放；②进一步调整产业结构，使郊区经济的整体规模和水平尽快上到新台阶；③大力搞好四级城镇体系建设，加快郊区城市化进程；④加强首都生态屏障建设，搞好水环境治理，加强绿化美化和环境治理，建设绿色郊区，迎接绿色奥运；⑤加强精神文明建设，推进社会进步，保持农村稳定。

7月 市委农工委纪工委、市财政局农财处、市经管站联合召开郊区农村财务管理工作座谈会。会议就农村财务管理体制、管理内容和管理方法进行了座谈和研究。参加会议的有市有关部门的同志和郊区7个区县的经管站站长。

8月14日 市农村税费改革领导小组召开会议。会议原则通过了《昌平区农村税费改革试点工作实施方案》，《方案》明确了取消乡统筹费、屠宰税、农业特产税等8项农村税费改革试点工作的内容，同时提出了精简乡镇机构、压缩人员、转变乡镇政府职能、改革农村教育管理体制、调整中小学校布局、精简优化教职工队伍等7项配套改革措施。

9月21日 市委农工委、市农委发出《关于在郊区开展实践“三个代表”实施“便民工程”活动的意见》。《意见》指出：通过开展这一活动，要认真解决郊区群众关心关注的热点、重点和难点问题，以“知民情、解民困、暖民心”为主题，重点解决六个方面的问题：一、假冒伪劣农业生产资料问题；二、拖欠征占土地补偿款问题；三、医疗和农民养老问题；四、农民就业难问题；五、山区农民出行难问题；六、群众信访反映的问题。《通知》强调：对这项活动要加强领导、落实责任、实事实办，并指出对需要资金量大的农村基础设施建设等问题，区县要多方筹资，增加投入。

10月16日 市人大常委会发布根据市十一届人大常委第三十次会议《关于修改〈北京市统计管理条例〉的决定》第二次修改的《北京市统计管理条例》。《条例》包括7章：一、总则；二、统计机构和统计人员；三、统计调查表管理；四、统计资料管理；五、统计检查和监督；六、法律责任；七、附则，共计37条，自2001年12月1日起施行。

2002年

1月9日 市政府办公厅发出《转发市国土房管局〈关于解决本市各项工程建设拖欠占地补偿款问题的意见〉的通知》。《通知》指出：近年来本市一些工程建设项目拖欠占地补偿款，影响了被占土地群众的利益，不利于首都的稳定。有关部门和单位，要从实践“三个代表”重要思想和维护首都稳定的大局出发，高度重视和切实做好解决各项工程建设拖欠占地补偿款的工作。市国土房管局的《意见》对解决拖欠占地补偿款问题的原则、解决拖欠占地补偿款问题的措施、防止新的占地拖欠补偿款行为的发生，提出了具体意见。

1月 市经管站召开本市农经系统老干部座谈会。出席会议的有郊区各区县农经系统离退休的老同志代表和各区县经管站站长。

3 月 13 日 市政府办公厅转发市委农工委《关于 2002 年本市减轻农民负担工作意见》。《意见》根据国务院办公厅转发农业部等部门《关于 2002 年减轻农民负担工作意见》，对本市郊区减轻农民负担工作做了七项部署：一、进一步提高对减轻农民负担工作重要性的认识；二、继续执行“一项制度、八个禁止”，对提留统筹款的收取和使用情况进行一次专项审计；三、加强农村税费改革试点地区农民负担的监督管理；四、深入开展专项治理，逐步规范农民负担管理；五、认真开展农民负担执法检查；六、加强农村集体资产管理，坚决纠正各种损害农村集体经济组织利益的行为；七、加强减轻农民负担工作的领导。

3 月 27 日 国务院办公厅发出《关于做好 2002 年扩大农村税费改革试点工作的通知》。《通知》指出：根据中央经济工作会议和中央农村工作会议精神，国务院决定 2002 年进一步扩大农村税费改革试点范围。《通知》提出了七项要求：一、国务院确定河北、内蒙古、重庆等 16 个省、自治区、直辖市为 2002 年扩大农村税费改革试点地区；二、对农村税费改革转移支付资金实行包干使用；三、努力做到“三个确保”（确保农民负担明显减轻、不反弹，确保乡镇机构和村级组织正常运转，确保农村义务教育经费正常需要）；四、扎实推进各项配套改革；五、加强干部教育和培训工作，切实改进工作作风；六、认真做好未扩大改革试点地区的有关工作，加强对试点工作的监督检查。

3 月 市经管站召开北京市 2002 年度农经工作会议。郊区各区县经管站的同志和农业部、市农委、市农研中心有关领导参加会议，市经管站站长作了题为《全市农经系统 2001 年工作总结及 2002 年计划安排》的工作报告。

4 月 16 日 怀柔举行撤县设区大会。

4 月 18 日 平谷举行撤县设区大会。

4 月 市农委产业化办公室、市经管站共同组织召开了农民专业合作经济组织专家研讨会。

4 月 市经管站、昌平区经管站、北七家镇政府联合召开了“北京市农村管理信息系统”测试工作情况汇报会。农业部经管司、站有关领导参加会议，并提出了指导意见。

5 月 15 日 市农村税费改革领导小组发出《关于做好 2002 年农村税费改革工作的通知》。《通知》指出：本市自 2000 年下半年开始在昌平区进行农村税费改革试点，取得了阶段性成果。根据中央农村税费改革领导小组的部署，经市委、市政府批准，2002 年本市农村税费改革，要进一步完善昌平区试点，同时在全市范围内开展与农村税费改革有关的配套改革。《通知》提出了四项要求：一、继续搞好昌平区农村税费改革试点；二、在全市范围内开展与农村税费改革有关的配套改革；三、继续做好减轻农民负担的工作；四、加强对农村税费改革工作的领导。其中“在全市范围内开展与农村税费改革有关的配套改革”的内容有：一、继续搞好乡镇机构改革，建立村级干部固定补贴制度；二、完善农村义务教育管理体制，把农村义务教育的责任从主要由农民承担转到主要由政府承担，把政府对农村义务教育的责任从以乡镇为主转到以区县为主；三、健全乡镇、村集体资产管理体制，强化乡镇、村集体资产管理；四、逐步建立农村社会保障体系，建立农民最低生活保障制度；五、核实有税无地或有地无税的土地面积，研究解决办法。

5月15日 市委农工委发出《关于进一步加强农村集体经济审计工作的意见》。《意见》指出：《北京市农村集体经济审计条例》施行五年来，本市农村集体经济审计工作力度不断加大，取得了明显成绩。但是，这项工作开展得还很不平衡，有些地方还存在集体经济秩序混乱、集体财务得不到有效监督、集体资产流失等问题。为全面贯彻《北京市农村集体经济审计条例》，巩固和发展农村集体经济，维护农村集体经济秩序，保护农民合法权益，促进农村社会稳定，《意见》对进一步加强本市农村集体经济审计工作提出了四项要求：一、强化农村集体经济和村级财务审计工作；二、依法切实搞好农民负担专项审计工作；三、积极开展农村干部任期经济责任审计工作；四、加强对农村集体经济审计工作的领导。

6月5日 市农业产业化办公室、市经管站联合发出《关于印发〈北京市农民专业合作经济组织示范章程（试行）〉的通知》。《通知》指出：根据《北京市农民专业合作经济组织示范工作方案》提出的要求，市经管站拟出了《北京市农民专业合作经济组织示范章程（试行）》，供各区县制定示范性合作组织章程时参考。《北京市农民专业合作经济组织示范章程（试行）》的内容有七章五十二条：第一章总则；第二章成员；第三章组织机构；第四章职能；第五章财务；第六章合并、分立、解散和清算；第七章附则。

6月10日 市经管站发出《关于印发〈农村干部经济责任审计程序〉的通知》。《通知》指出：《农村干部经济责任审计程序》是根据《北京市农村集体经济审计条例》和市委农工委《关于进一步加强农村集体经济审计工作的通知》制定的，目的是为了规范本市农村干部经济责任审计工作，请各区县经管站遵照执行。《农村干部经济责任审计程序》包括十项内容：一、立项；二、送达审计通知书；三、任职单位报送有关资料；四、被审计人员提交《述职报告》；五、调查取证；六、经济责任评价；七、提出审计报告；八、提出处理意见；九、建立审计档案；十、后续审计。

7月4日 市农委、市信息化工作办公室联合发出《关于建设农口综合信息平台的意见》。《意见》是根据《首都信息化1998—2010年发展规划（纲要）》和《北京市农口信息化2000—2010年发展规划（纲要）》的部署制定的，目的是适应首都信息化建设发展的新形势，充分利用现代信息技术，为郊区经济发展、农民增收致富和农口各项管理工作服务。《意见》包含四部分：一、建设农口综合信息平台的意义；二、农口信息平台的功能和建设原则；三、农口平台的建设内容和基本目标；四、农口平台的建设管理和运行维护。在第四部分“农口平台的建设管理与运行维护”中指出：农口信息平台由市委农工委和市农委主办和建设，并负责平台建设、维护的组织和领导；市委农工委办公室和市农委办公室是农口信息化建设管理的主管处室；市城乡经济信息中心为农口信息平台的专业主管部门，负责农口平台运行的技术组织和协调工作。

8月27日 市委农工委、市农委、市新闻出版局、市监察局联合发出《关于实行村级报刊订阅费用限额控制制度的通知》。《通知》指出：为加强对本市村级报刊订阅费用的管理，切实减轻农民负担，根据中央相关指示和规定，决定在全市实行村级报刊订阅费用限额控制制度。《通知》包含五项内容：①按照村级集体经济发展水平确定不同限额标准；②实行严格的报刊订阅费用监控制度；③村级报刊费用要首先用于党报党刊的订阅；④规范行业性报刊订阅；⑤定期组织检查，加大处罚力度。在“按照村集体经济发展水平确定不同限额标准”项下规定：人均集体所有者权益在1 000元以下的村，每年报刊订阅费用限额为3 000元；人均所有者权益在1 000～5 000元的村，每年订阅报刊费用限额为3 500元；人均所有者权益在5 000元以上的村，每年报刊订阅费用限额为8 000元。同时规定，人均年劳动所得在2 500元以下的村，每年的报刊订阅费用不得超过1 000元。

8月 本市首家农民合作经济组织网站——北京房山农民合作经济组织网正式开通，市、区有关领导同志参加了揭牌仪式。

9月4日 市农委召开山区消除低收入村工作汇报会。会议在交流七个山区区县消除低收入村情况、分析面临形势的基础上，提出了八项要求：①围绕绿色生态屏障建设，做好退耕还林工作，搞好产业结构调整；②继续深入搞好水利富民综合开发工程，改善和提高生产条件；③加大对低收入地区发展二、三产业的扶持力度，培育龙头企业，提高带动低收入村、户发展的能力；④发挥小城镇的集聚作用和拉动作用，促进农民就业和增收；⑤加大信贷支持力度，发放农户小额信用贷款，解决生产、经营的投入问题；⑥对生存条件差的山区村、户实施搬迁工程，解决这类村、户增收难的问题；⑦充分利用山区生态环境资源，大力发展山区休闲旅游业；⑧加强山区乡、村领导班子建设，加大各界帮扶的力度。

9月4日 本市召开贯彻全国减轻农民负担会议精神电视电话会议。会议提出：要认真实行涉及农民负担案件责任追究制度，落实中央关于村级报刊订阅费用限额控制制度和农村中小学收费“一费制”制度，搞好农村税费改革试点和相关配套改革。

9月11日 市委农工委、市农委发出《关于农村管理信息化工作的实施意见》。《实施意见》是根据农业部《关于逐步推广农经电算化工作的意见》和《北京市农口信息化2001—2010年发展规划（纲要）》的要求制定的。《实施意见》指出：推行农村管理信息化，把现代信息技术引入农村管理，是农村管理工作的重大变化和全面升级，对建设“数字北京”、“数字郊区”，加强农村基层民主建设，提高科学决策水平，促进郊区农村经济、社会发展，保持农村稳定，具有重要而深远的意义。《实施意见》包含四部分内容：①充分认识搞好农村管理信息化建设的重要性；②指导思想和基本原则；③建设目标；④保证措施。在“保证措施”项下，提出要加强组织领导，郊区各级党委、政府要把农村管理信息化建设工作摆到重要议事日程。并且明确：市委农工委、市农委负责此项工作的组织领导，市经管站具体负责组织实施工作。要求郊区各区县、乡镇明确分管领导，配备专门力量，切实组织领导好农村管理信息化建设。

9月20日 市农口对农民负担开始专项审计。这次审计主要针对四个方面的问题：①村提留、乡统筹费的预决算制度是否建立并有效执行；②农民直接承担的村提留、乡统筹费的数额是否超标；③收支是否符合国家和本市的相关规定和财务制度；④使用中有无平调、挪用等现象。这次审计分两个阶段进行，9月底以前为乡镇、区县审计阶段；10月份为市级抽查、总结阶段。

9月28日 市政府批转市公安局《关于推进小城镇户籍管理制度改革的意见》，这一

《意见》是根据《国务院批转公安部〈关于推进小城镇户籍管理制度改革的意见〉的通知》精神，结合本市实际情况制定的。目的是探索适应社会主义市场经济体制的新型户籍管理制度，加快郊区小城镇经济发展和城市化进程，促进城乡协调发展。

9月 经市委农工委、市农委批准，决定编修《北京市农村合作经济经营管理志》，并召开了这一志书编撰提纲讨论会，市委农工委、市农委、市农研中心和市经管站有关领导和工作人员参加会议。

10月11日 市农口召开郊区农民专业合作经济组织经验交流会。会议指出：郊区已有各类农民专业合作经济组织2 030个，其中纳入规范化管理范围的专业合作经济组织1 595个；入社农户已达31.9万户，占郊区农户总数的28%。会议提出：郊区各级党委、政府要充分认识发展农民专业合作经济组织的重要性和紧迫性，把这项工作作为农村工作的一件大事抓紧、抓好、抓实。为此，会议要求：①要转变政府职能，为农民专业合作经济组织的发展创造良好条件；②落实政策，尊重农户和专业合作经济组织的经营自主权，特别是要尊重农户的土地承包经营权；③改进作风，深入实际，帮助农户和专业合作经济组织解决实际困难。

10月25日 市委农工委举办“北京市农民专业合作经济组织培训班”。市农口有关单位领导，各区县农委、经管站负责人，乡镇主管领导和农民专业合作经济组织规范化管理示范单位负责人，共140多人参加了培训。培训内容主要有：合作社的基本原则；国内外农民专业合作经济组织发展的现状、趋势及前景展望；我国加入世贸组织后农民专业合作经济组织面临的机遇与挑战；如何建立专业合作经济组织内部的管理制度等。上述课程，分别邀请中国社科院、中国农科院、北京大学、农业部经管总站、市人大农委等单位的教授、专家讲授。

10月 市经管站与广东金宇恒科技有限公司联合研制开发的《北京农村信息管理系统》，通过国家级鉴定测试。《北京农村信息管理系统》是为适应京郊农村社会经济发展的新形势，提升农村基层工作管理水平，加快郊区农村现代化建设步伐，在市委农工委、市农委领导下，市经管站与广东金宇恒科技有限公司联合研制开发的。经中国软件评测中心测试，鉴定结论是：《北京农村信息管理系统》的各子系统在功能处理方面较好地达到了软件用户手册的要求，系统在模拟环境中运行基本可靠，功能设计满足了当前农村事务管理的需要。

11月5日 市委农工委在昌平区北七家镇召开全市农村管理信息化工作现场会。郊区各区县主管区县长、农工委主任、信息中心主任、经管站站长和农业部经管司、市信息办、市计委、市科委、市财政局、市监察局、市农研中心等有关部门的领导和相关同志近100人参加了会议。会上，市经管站站长作了《北京农村管理信息系统》运行汇报演示。会议对市经管站开发京郊农村管理信息系统和北七家镇试点工作，进行了总结，给予了肯定。同时，对在全市郊区推进农村管理信息化工作进行了部署，提出力争在5年内全市100%的乡镇和90%的村基本实现农村管理信息化，初步达到市、区县、乡镇、村四级数据网络传输和信息共享的总体目标。农业部经管司的领导同志对本市农村管理信息化工作取得的进展给予了高度评价，并表示农业部经管司、经管总站将继续加强与北京市的合作，尽可能地给予支持，以加快京郊农村管理信息化建设的步伐。

11月11日 市委农工委、市农委发出《关于认真做好〈农村土地承包法〉学习宣传和贯彻实施工作的通知》。《通知》指出：《中华人民共和国农村土地承包法》将于2003年3月1日起实施，这是国家为促进和保障农业发展、农民增收和农村稳定而采取的重大举措，是农村政治经济生活中的大事。为确保《农村土地承包法》在京郊的贯彻落实，《通知》提出了四项要求：①充分认识贯彻实施《农村土地承包法》的重要意义；②深入学习和宣传《农村土地承包法》；③摸清情况，找准问题，积极稳妥地予以纠正；④研究新情况，开拓新思路。在第三项“摸清情况，找准问题，积极稳妥地予以纠正”项下，要求各区县对前段土地延包情况进行认真全面的检查，逐村逐队地摸清延包情况、合同执行情况、土地流转情况、土地使用情况、土地承包租赁收入使用情况，找准存在的问题，分析产生的原因，按照《农村土地承包法》和中央有关政策，积极稳妥地予以解决。在第四项“研究新情况，开拓新思路”项下提出，总的思路是：既要不折不扣地贯彻《农村土地承包法》，又要积极探索农民对农村土地承包权的有效实现形式，做到既保证农民对集体土地的承包权、收益权，确保农民的利益不受侵害，又有利于郊区的城市化、现代化。

11月22日 市委纪检委、市委农工委、市监察局、市农委联合发出《关于印发〈北京市实施关于对涉及农民负担案（事）件责任追究制度的暂行办法〉的意见》。《意见》是为贯彻中共中央、国务院和市委、市政府关于减轻农民负担的各项方针政策，强化减轻农民负担责任追究制度，切实减轻农民负担，进一步密切党群、干群关系而制定的。《意见》包括六方面内容：①追究工作适用范围及对象；②追究涉及农民负担案（事）件责任的依据；③涉及农民负担案（事）件的责任；④追究工作程序；⑤追究工作的标准和纪律；⑥追究工作组织实施机关。《通知》明确：本市涉及农民负担案（事）件责任追究工作，分别由市委农工委、市农委和各区县农工委、农委牵头，协调纪委、监察、组织、人事部门共同实施。

11月28日 市委农工委组织的社区产权制度改革高级研修班结业。这一研修班，是列入市人事局本年度实施1 000名高级人才培训计划、由市委农工委组织的。对京郊进行社区产权制度改革的区县、乡镇、村三级主管领导干部148人，进行了产权理论和相关法律、政策的培训。

11月 市委农工委、市农委召开《北京市农村合作经济经营管理志》编撰工作会，有关人员70余人参加会议。

12月2日 本市召开2002年度减轻农民负担工作总结会议。门头沟、通州、大兴、平谷、密云、怀柔、延庆等区县作了大会发言，介绍了各自在减轻农民负担、维护农村稳定方面所做的工作，取得的经验。会议在对京郊减轻农民负担工作进行总结的基础上，进一步提出：①认真学习贯彻中共十六大精神，切实提高对减轻农民负担工作的认识；②全面贯彻落实减轻农民负担的各项法规和政策；③继续开展减轻农民负担的专项整治工作；④稳定土地承包政策，加强农村集体资产管理；⑤加强领导，健全机构，提高农民负担管理干部的素质。

12月2日 市经管站向各区县经管站发出《关于印发〈北京市农村管理信息化管理办法〉、〈北京市农村管理信息化管理员、操作员、审核员岗位职责规范〉、〈北京市农村会计电算化管理办法〉的通知》。《通知》指出：上述三个文件是根据市委农工委、市农委《关于农村管理信息化工作的实施意见》制定的，要求各区县经管站结合本地实际情况贯彻执行。在《北京市农村管理信息化管理办法》中明确：市委农工委、市农委是全市农村管理信息化工作的主管部门；区县委农工委、区县农委是本区县农村管理信息化工作的主管部门；乡镇人民政府是本乡镇农村管理信息化工作的主管部门；市、区县、乡镇经管站负责农村管理信息化的日常工作。同时明确，各级农村管理信息化工作管理部门的主要职责是：负责本地范围内农村管理信息化工作的组织协调、规章制定、软件升级、网络建设、人员培训等工作，并负责农村管理信息化工作的检查、指导、交流、监督、考核和奖惩。

12月 市经管站举办了“农村管理信息化培训班”。举办这一期培训班的目的，是贯彻落实市委农工委、市农委《关于农村管理信息化工作的实施意见》和市经管站制定的《北京市农村管理信息化管理办法》、《北京市农村管理信息化管理员、操作员、审核员岗位职责规范》、《北京市农村会计电算化管理办法》。各区县经管站站长、主管业务副站长和主管科长，共40余人参加了培训。

附录二　北京市地方法规、政府规章、重要文件及部门文件（制度）

一、地方法规

北京市农村集体资产管理条例

（1993年5月7日北京市第十届人民代表大会常务委员会第二次会议通过。根据1998年11月5日北京市第十一届人民代表大会常务委员会第六次会议《关于修改〈北京市农村集体资产管理条例〉的决定》修正）

第一章　总　　则

第一条　为了加强农村集体资产管理，保护集体资产所有者、经营者的合法权益，促进农村社会主义市场经济健康发展，根据国家有关法律规定，结合本市实际情况，制定本条例。

第二条　本条例适用于本市乡（镇）合作经济联合社和村经济合作社（以下简称乡联社、村合作社）集体所有的资产的管理。

第三条　农村集体资产受法律保护，禁止任何组织或者个人侵占、哄抢、私分、破坏、平调或者非法查封、扣押、冻结、没收。

第四条　乡联社、村合作社应当加强集体资产管理。

第五条　任何组织和个人都应当爱护集体资产。乡联社、村合作社及其成员有保护集体资产的权利和义务。

第六条　农村集体资产可以按照所有权和经营权分离的原则，采取多种经营方式，实行有偿使用。

第七条　各级人民政府农村合作经济管理部门负责农村集体资产管理工作的指导，对本条例的实施进行监督。

第二章　农村集体资产所有权

第八条　乡联社、村合作社的集体资产属于该合作社劳动群众集体所有。

社员大会或者社员代表大会选举产生的乡联社、村合作社管理委员会依法行使集体资产所有权。

第九条　乡联社、村合作社的集体资产包括：

（一）乡联社、村合作社集体所有的土地、山场、森林、草原、水面等自然资源；

（二）乡联社、村合作社投资形成的建筑物、构筑物、机械、设备、产畜、役畜、林木和农田水利设施等；

（三）乡联社、村合作社投资兴办的企业资产；

（四）在股份制企业、联营企业和中外合资、合作企业中，乡联社、村合作社按照协议占有的资产份额；

（五）乡联社、村合作社出资兼并的企业资产；

（六）国家无偿资助形成的资产；

（七）国家对乡联社、村合作社及其所属企业减免税形成的资产；

（八）乡联社、村合作社拥有的著作权、专利权、商标专用权等无形资产；

（九）乡联社、村合作社出资购买的股票、债券等有价证券；

（十）依法属于乡联社、村合作社所有的货币资产和其他资产。

第十条 乡联社、村合作社的土地、企业和其他资产实行承包经营或者租赁经营的，资产的所有权不变。

第十一条 集体资产所有权争议，除法律、法规另有规定的以外，由当事人协商解决；协商不成的，由人民政府处理。当事人对人民政府的处理决定不服的，可以在接到处理决定三十日内向人民法院起诉。当事人也可以直接向人民法院起诉。

第三章 农村集体资产经营权

第十二条 乡联社、村合作社依法决定集体资产的经营方式。可以实行承包经营、租赁经营；可以以集体资产参股、联营；也可以实行股份合作经营。

第十三条 集体资产实行承包经营或者租赁经营的，应当依法签订承包合同或者租赁合同。经营者的债务责任，按照合同规定承担；合同没有规定的，个人经营的，以个人财产承担，家庭经营的，以家庭财产承担。

第十四条 集体资产经营者的合法权益受法律保护。

经营集体资产的集体或者个人，享有合同规定的经营权和收益权，有管理、保护和按照合同规定的用途合理利用集体资产的权利和义务。

第十五条 集体资产实行承包经营的，应当合理确定承包款；实行租赁经营的，应当合理确定租金。承包经营或者租赁经营集体资产的集体或者个人必须按照合同规定及时交纳承包款或者租金。

第十六条 实行承包经营或者租赁经营，应当进行资产评估，把资产保值增值纳入承包合同，建立固定资产折旧制度。经营者必须按照规定提取折旧费。折旧费归集体所有。

第十七条 用集体资产参股、联营、合资经营，应当清查资产，清查债权债务，由会计事务所或者审计事务所进行资产评估。

第十八条 集体资产评估结果，报县（区）农村合作经济管理部门备案。

第四章 农村集体资产管理

第十九条 乡联社、村合作社管理委员会负责集体资产的管理工作，主要职责是：

（一）组织实施社员大会或者社员代表大会关于集体资产管理的决定，保障集体资产保值增值；

（二）依法制定、执行集体资产管理制度；

（三）检查所属经营单位的经营管理工作；

（四）派员参加联营企业、股份制企业、合资企业董事会；

（五）集体资产管理的日常工作。

第二十条 农村集体资产实行民主管理，定期公布账目，接受社员监督。

第二十一条 下列事项必须经同级社员大会或者社员代表大会讨论通过：

（一）乡联社、村合作社年度财务预算、决算；

（二）集体资产经营方式的确定和重大变更；

（三）重大项目投资；

（四）年度收益分配方案；

（五）主要资产处置和其他重大事项。

第二十二条 乡联社、村合作社监察委员会对本社集体资产管理进行监督，重点对财务计划、收益分配方案、专项基金的提取和使用、承包合同和其他经济合同的执行情况进行检查。

第二十三条 乡联社、村合作社要建立健全固定资产登记和保管使用制度。对资产存量、增减变动情况要及时准确如实登记；建立固定资产明细账，定期盘点，做到账实相符。

第二十四条 乡联社、村合作社及其经营单位生产经营的农工副产品、半成品、种子、化肥、农药、燃料、原材料、机械零配件和未列入固定资产的低值易耗品等，应当明确专人保管，建立健全产品物资入库、出库、保管、领用制度。

第二十五条 乡联社、村合作社及其经营单位必须严格执行国家财务制度和现金管理制度，建立健全开支审批制度，严格审批手续，保障货币资产的安全完整。

会计人员必须及时准确地核算收入、支出和结存，对违反国家财政制度、财务制度规定的收支，不予办理。

第二十六条 办好农村合作基金会。乡联社、村合作社集体资金在不改变资金所有权前提下，按照自愿互利、有偿使用的原则由合作基金会管理，提高资金使用效益。

第二十七条 乡联社、村合作社年终收益分配，应当结清全年的收入和支出，清理财务和债权、债务，兑现承包合同。

第二十八条 乡联社、村合作社的土地被国家全部征用、行政建制被撤销的，其集体资产处置办法由市人民政府规定。

第二十九条 建立农村集体资产报告制度。乡联社、村合作社应当按照规定填报统计报表，定期向乡（镇）农村合作经济管理部门报告。

第三十条 乡联社、村合作社及其经营单位主要干部离任、年终收益分配、社员代表大会提出要求或者乡（镇）人民政府认为需要时，应当对集体资产进行审计。

第五章　法律责任

第三十一条　违反本条例规定侵占集体资产的，应当返还财产，不能返还财产的，应当折价赔偿。

损坏集体资产的，应当恢复原状或者折价赔偿。

受害人因此遭受其他重大损失的，侵害人并应当赔偿损失。

第三十二条　违反本条例规定，侵犯乡联社、村合作社合法权益，造成集体资产损害的，应当依法赔偿或者承担其他民事责任。

第三十三条　承包经营或者租赁经营农村集体资产，不按规定提取折旧费，或者不按时交纳承包款、租金的，应当依照合同约定或者法律规定承担违约责任。

第三十四条　集体资产管理人员失职，造成集体资产损失、损坏的，由乡联社、村合作社追究责任。

第三十五条　违反本条例规定，依法应当由行政主管部门给予行政处罚的，由行政主管机关依法处理。情节严重构成犯罪的，依法追究刑事责任。

第三十六条　当事人对承担本章规定的民事责任有争议的，可以向乡（镇）人民政府申请调解。有关承包、租赁经营集体资产引起的民事责任纠纷，可以向县（区）承包合同仲裁委员会申请仲裁，仲裁委员会应当在接到仲裁申请书二个月内作出裁决。当事人对裁决不服的，可以在收到仲裁决定书三十日内向人民法院起诉。当事人也可以直接向人民法院起诉。

第三十七条　仲裁机构的仲裁决定发生法律效力后，一方当事人不履行，他方当事人可以向人民法院申请执行。

第三十八条　市、县（区）农村合作经济管理部门对损害农村集体资产的行为，可以支持受损害的乡联社、村合作社向人民法院起诉。

第六章　附　　则

第三十九条　本条例具体应用中的问题，由市人民政府农林办公室负责解释。

第四十条　本条例自 1993 年 7 月 1 日起施行。

北京市农业承包合同条例

（1998 年 7 月 31 日北京市第十一届人民代表大会常务委员会第四次会议通过）

第一章　总　　则

第一条　为了稳定和完善农业承包经营责任制，保护农业承包合同当事人的合法权益，根据本市实际情况，制定本条例。

第二条　本条例适用于本市农村集体经济组织与其成员之间为从事种植业、林业、畜牧业和渔业生产经营活动，以承包的方式明确相互权利义务关系而订立的农业承包合同

（以下简称承包合同）。

第三条 本市农村实行以家庭联产承包为主的责任制和统分结合的双层经营体制。

农业承包经营方式应当根据当地生产力水平和集体经济组织成员的意愿确定。

第四条 农村集体经济组织成员对本集体经济组织所有的土地享有承包权。任何组织和个人不得非法剥夺农民的承包权。

第五条 依照法律属于农民集体所有的土地和其他生产资料，承包后所有权不变。

第六条 市和区、县以及乡、镇农村合作经济经营管理部门负责本行政区域内承包合同的管理工作。

第七条 区、县农业承包合同仲裁委员会负责本区、县承包合同纠纷的仲裁，日常办事机构设在区、县农村合作经济经营管理部门。

第二章 发包和承包

第八条 承包合同的发包方是拥有土地和其他生产资料所有权的农村集体经济组织。承包方是该集体经济组织内部的农户、个人或者生产经营组织。

第九条 发包项目和发包方案应当由集体经济组织成员大会或者成员代表大会决定并公布。

第十条 承包期限应当按照有利于发展生产，提高经济效益，调动承包者积极性，保护自然资源的原则确定。实行家庭联产承包的，土地承包期限为30年。

第十一条 发包方的权利和义务：

（一）制定土地利用规划和区域种植规划；

（二）依照承包合同约定，收取承包金；

（三）制止承包方损害农业资源和其他资产的行为；

（四）依照承包合同约定，为承包方提供生产、经营、技术服务；

（五）维护承包方的正常生产经营秩序；

（六）法律、法规规定和承包合同约定的其他权利和义务。

第十二条 承包方的权利和义务：

（一）依照承包合同约定，享有经营自主权、产品处分权和收益权；

（二）依照承包合同约定和区域种植规划，合理使用和保护农业资源及其他资产；

（三）依法缴纳税款，依照承包合同约定交纳承包金，完成国家的农产品定购任务；

（四）法律、法规规定和承包合同约定的其他权利和义务。

第三章 承包合同的订立和履行

第十三条 实行农业承包经营的，当事人双方应当签订承包合同。

订立承包合同必须遵守法律、法规和国家政策，符合集体经济组织章程，执行集体经济组织成员大会或者成员代表大会决议，坚持公开公正、自愿互利、协商一致、诚实信用的原则，兼顾国家、集体、个人三者利益。

第十四条 承包合同应当采用书面形式。发包方和承包方就承包合同条款协商一致，签字盖章，合同即为成立。

承包合同依法成立，即具有法律约束力，当事人必须全面履行承包合同规定的义务，任何一方不得擅自变更或者解除。

承包合同签订后，当事人可以向农村合作经济经营管理部门申请鉴证，也可以向公证机关申请公证。

第十五条 承包合同应当具备以下主要条款：

（一）承包项目名称；

（二）发包方、承包方名称及双方代表人姓名；

（三）发包方提供的资源和其他资产的方位、数量、质量、等级；

（四）承包期限和起止时间；

（五）承包方应当缴纳的税款、承包金及缴纳时间，应当完成的国家农产品定购任务；

（六）发包方提供的生产条件和服务；

（七）因不可抗力的原因造成减产、减收或者绝产、绝收的处理办法；

（八）承包合同存续期间资产增值、减值处理办法；

（九）违约责任；

（十）双方议定的其他事项。

第十六条 发包方分立或者合并、承包合同仍然有效。发包方的权利、义务由分立或者合并后的集体经济组织行使和履行。

第十七条 实行家庭联产承包的，在承包期内，在不改变土地所有权和用途的前提下，承包方对其承包土地的使用权，可以有偿转包、转让或者互换、入股。

第十八条 承包方将承包土地的使用权转包、互换、入股，原承包合同有效。承包土地的使用权转包他人时，原承包方应当与第三方签订转包合同。

承包土地的使用权转让他人时，原承包合同解除，由发包方与第三方签订承包合同。

第十九条 承包方将承包土地的使用权转包、转让、互换、入股的，应当经发包方同意。

第二十条 承包人在承包期内死亡，其继承人可以继续承包，并履行原承包合同约定的权利和义务；没有继承人或者继承人不愿继续承包的，发包方可以收回承包项目重新发包。

第二十一条 有下列情况之一的，为无效承包合同：

（一）违反法律、法规和国家政策的；

（二）损害国家、集体利益和社会公共利益的；

（三）发包方违背集体经济组织章程，违背集体经济组织成员大会或者成员代表大会决议越权发包的；

（四）采取欺诈、胁迫及其他不正当手段签订的。

第二十二条 无效承包合同从订立时起，就没有法律约束力。确认承包合同部分无效的，如果不影响其余部分的效力，其余部分仍然有效。

无效承包合同由农业承包合同仲裁委员会或者人民法院确认。

第二十三条 承包合同被确认无效后，当事人依据该承包合同所取得的财产，应当返还给对方。有过错的一方应当赔偿对方因此遭受的经济损失；如果双方都有过错，各自承担相应的责任。

发包方与承包方恶意串通，实施损害国家、集体或者第三人利益的行为，造成经济损失的，应当由双方负责赔偿，并追缴非法所得，收归国家、集体所有或者返还第三人。

第四章 承包合同的变更和解除

第二十四条 发生下列情况之一的，允许变更或者解除承包合同：

（一）当事人双方经过协商一致，并且不因变更或者解除承包合同而损害国家、集体利益和社会公共利益的；

（二）承包的土地依法由农用地转为建设用地的；

（三）因不可抗力的原因，致使承包合同部分或者全部不能履行的；

（四）一方违约，致使承包合同无法履行或者没有必要继续履行的；

（五）承包方改变土地用途，或者进行破坏性生产经营，或者弃耕撂荒，或者拒交承包金，经发包方制止无效的；

（六）承包方丧失承包经营能力或者转营他业无力经营的；

（七）签订承包合同所依据的国家政策发生重大变化的。

变更或者解除承包合同，应当不违农时，避免造成损失。

第二十五条 承包合同当事人一方要求变更或者解除承包合同，应当及时书面通知对方；对方应当自接到通知书之日起 15 日内予以书面答复。

当事人双方就变更或者解除承包合同达成书面协议，报乡、镇农村合作经济经营管理部门备案。

第二十六条 因变更或者解除承包合同使一方遭受损失的，除依法可以免除责任的以外，应当由造成损失的责任方负责赔偿。

第二十七条 在承包期内，发包方不得随意调整承包方承包的土地。因承包土地依法由农用地转为建设用地或者自然灾害，需要对土地承包方案作调整的，应当经集体经济组织成员大会或者成员代表大会通过。

第五章 违约责任

第二十八条 由于当事人一方的过错，造成承包合同不能履行或者不能完全履行的，由有过错的一方承担违约责任；双方都有过错的，由双方分别承担各自应负的违约责任。

第二十九条 当事人一方由于不可抗力的原因不能履行承包合同的，应当及时向对方通报不能履行或者需要延期履行、部分履行承包合同的理由，在取得有关证明以后，允许延期履行、部分履行或者不履行，并可根据情况部分或者全部免予承担违约责任。

第三十条 当事人一方违反承包合同，应当向对方支付违约金；违约金不足以弥补损失的，应当对超出的损失部分进行赔偿。对方要求继续履行承包合同的，应当继续履行。

第三十一条 发包方有下列行为之一的，应当采取补救措施，给承包方造成损失的，应当负责赔偿：

（一）擅自变更或者解除承包合同的；

（二）未按承包合同约定提供生产经营条件和服务的；

（三）非法干预承包方正常生产经营活动的；

（四）未履行承包合同约定的其他义务的。

第三十二条 承包方有下列行为之一的，应当采取补救措施，给发包方造成损失的，应当负责赔偿：

（一）改变承包土地用途，或者进行破坏性生产经营，或者弃耕撂荒的；

（二）承包的生产设施毁坏或者丢失的；

（三）未按承包合同约定缴纳税款、承包金或者未完成国家农产品定购任务的；

（四）未履行承包合同约定的其他义务的。

第六章 承包合同纠纷的处理

第三十三条 承包合同发生纠纷时，由当事人协商解决，也可以向所在乡、镇农村合作经济经营管理部门申请调解，调解达成协议的，应当制作调解书。

当事人双方协商一致，可以不经前款程序，向所在区、县农业承包合同仲裁委员会申请仲裁。仲裁作出裁决，由仲裁委员会制作裁决书，对仲裁不服的，可以在接到裁决书之日起 30 日内向人民法院起诉。当事人一方期满不起诉又不履行裁决的，另一方可以向人民法院申请执行。当事人可以直接向人民法院起诉。

第七章 附 则

第三十四条 本条例具体应用中的问题，由市人民政府负责解释。

第三十五条 本条例自 1998 年 9 月 15 日起施行。1989 年 10 月 19 日北京市第九届人民代表大会常务委员会第十四次会议通过的《北京市农业联产承包合同条例》同时废止。

北京市农民负担管理条例

（1994 年 5 月 21 日北京市第十届人民代表大会常务委员会第十次会议通过）

第一章 总 则

第一条 为减轻农民负担，保护农民的合法权益，调动农民的生产积极性，促进本市农村经济发展，根据《中华人民共和国农业法》、《农民承担费用和劳务管理条例》，结合本市实际情况，制定本条例。

第二条 凡在本市行政区域内向农民或者向农村集体经济组织征收、筹集、提取资金费用，要求提供劳务的，必须遵守本条例。

第三条 依照法律、法规向国家缴纳税金，完成国家农产品定购任务，承担村提留、乡（包括镇，下同）统筹费、劳务以及其他依法应当缴纳的费用，是农民的合法负担。承担合法负担是农民应尽的义务，不得拒交和拖欠。除前款规定之外，要求农民无偿提供其他任何财力、物力、劳务的，均为非法行为，农民有权拒绝，有权向人民政府及其有关部门检举和控告或者向人民法院起诉。

第二章　村提留、乡统筹费和劳务

第四条　农民直接向乡、村集体经济组织缴纳的村提留和乡统筹费总额（不含乡村集体所有制企业缴纳的利润），应当根据当地经济状况确定标准，以乡为单位，以国家统计局批准、农业部制定的农村经济收益分配统计报表和计算方法统计的数字为依据，最高不得超过上年农民人均纯收入的5%，其中乡统筹费不得超过总额的40%。

第五条　村提留和乡统筹费主要按农民从事的产业、经济收入承担。

实行家庭联产承包责任制，承包耕地的农民缴纳的承包款即为村提留和乡统筹费。

在乡村集体所有制企业从业的本乡、镇农民和承包集体山林、果园、水面、畜牧场等从事种植业、养殖业的劳动力，由集体经济组织按照乡、镇人民政府规定的数额，在上缴利润或者承包款中统一扣留村提留和乡统筹费。个体工商户、私营企业和从事其他劳务的，应当缴纳村提留和乡统筹费，提取比例由区、县人民政府制定，但不计算在本条例第四条规定的限额比例内。

第六条　对于收入水平在本村平均线以下的革命烈军属、伤残军人、失去劳动能力的复员退伍军人和特别困难户，经村社员代表大会讨论评定，可以适当减免村提留。

第七条　村提留包括公积金、公益金（含村合作医疗经费）、管理费。管理费不得超过村提留的40%，特殊情况需要提高管理费比例的，由乡、镇人民政府批准。

乡统筹费用于安排乡村两级办学、计划生育、优抚、民兵训练、修建乡村道路等民办公助事业和“五保户”供养。乡村两级办学经费（即农村教育事业费附加）用于本乡、镇范围内乡村两级民办教育事业仍然不足的，可以从乡统筹费中适当追加。

任何单位和部门不得在村提留、乡统筹费中另立项目或者扩大范围，不得平调出本村、本乡、镇使用，不得挪作乡、镇财政开支。

第八条　村提留和乡统筹费，分别由村和乡、镇实行全年统算统收制度，村提留由村集体经济组织提取和管理，乡统筹费由村集体经济组织收取，交乡、镇农村合作经济管理部门统一管理与核算。

第九条　村提留和乡统筹费，分别由村集体经济组织和乡、镇人民政府在每年年底作出决算报告，并提出下一年度预算方案，经村社员代表大会或者乡人民代表大会审查通过，并张榜公布，接受群众监督。

村提留预决算应当报乡、镇人民政府备案；乡统筹费预决算应当报区、县农村合作经济管理部门备案。

第十条　村提留、乡统筹费属于该乡、村集体经济组织范围内全体成员所有，不得改变其集体资金的性质和用途。应当严格财务制度，专款专用，当年结余可结转下年使用。

第十一条　每个农村劳动力每年承担5至10个农村义务工，主要用于植树造林、防汛、公路建设、修缮校舍等，由乡、镇以上人民政府统一安排用工计划。因抢险救灾，需要增加义务工的，由乡、镇人民政府统筹安排。

每个农村劳动力每年承担10至20个劳动积累工，主要用于农田水利基本建设和植树造林，用于农田水利基本建设的不得少于75%。需要增加劳动积累工的，由区、县人民政府批准。

对因病或者伤残不能承担农村义务工、劳动积累工的，经村社员大会或者社员代表大会讨论通过，可以减免。

第十二条 农村义务工和劳动积累工可以出劳，也可以以资代劳。任何单位和个人不得强迫农民以资代劳。

第三章 集资、收费和其他项目

第十三条 面向农民和集体经济组织的行政事业性收费，其项目的设置、标准的制定和调整，按照《北京市行政事业性收费管理条例》的规定执行。

收费单位必须持《收费许可证》，并使用市财政部门统一制发或者监制的票据收费。没有《收费许可证》、未持证收费和未使用规定收据收费的，农民和农村集体经济组织有权拒绝。

第十四条 向农民和农村集体经济组织集资必须在法律、法规和国务院有关政策允许的范围内进行，遵循自愿的原则，在集资活动中，坚持适度、出资者受益、资金定向使用。集资项目的设置和范围的确定，须经市人民政府计划主管部门会同财政主管部门、农民负担监督管理部门批准，重要项目须经市人民政府批准。

第十五条 在农村建立各种基金，需要报经国务院财政主管部门会同农民负担监督管理部门和有关部门批准。

第十六条 向农民和集体经济组织发放牌照、证件和簿册，必须依照法律、法规的规定，或者经市人民政府批准。

向农民和集体经济组织发放牌照、证件和簿册，只准收取工本费，工本费标准按照有关规定核定。

第十七条 乡、镇人民政府的各项行政经费开支不得向农民摊派。

第十八条 国家机关工作人员在农村执行公务，所需经费不得向农民或者集体经济组织摊派。

第十九条 农业生产资料经营部门，不得截留计划内供应的农业生产资料，并应当严格执行国家价格政策。

第二十条 农用水费和电费必须执行国家和本市规定的价格标准。不得擅自提高收费标准，不得随水费、电费加收其他费用。

第二十一条 禁止强制农民认购有价证券、定购报刊和书籍；禁止强制农民参加保险，法律、法规另有规定的除外；禁止非法对农民罚款和没收财物；禁止强制向农民募捐和摊派；禁止未经市人民政府批准要求农民或者农村集体经济组织出钱、出物、出工的达标升级活动。

第二十二条 国家和本市各级人民政府提供给农民的各种贷款、补贴、预购定金、专项投资、农产品收购资金、救灾救济款、扶贫资金、收购农产品的挂钩优惠物资和返还的减免税，任何单位和个人不得截留、挪用。有关部门和农民负担监督管理部门应当对上述款项的拨付使用情况进行检查、审计。

第二十三条 企业、事业单位或者团体为农民和集体经济组织提供经济、技术、劳务、信息等服务，不得违背自愿原则，收取服务费用应当按照国家有关规定执行，国家没有规定的，由双方协商。

第二十四条 农民交售农副产品，收购单位应当及时兑付，不得拖欠。不得为任何部门代扣各种费用，国家另有规定的除外。

收购农副产品，应当严格执行等级标准和相应的价格，不得压级压价，也不得抬级抬价。

第四章 监督管理

第二十五条 市、区、县人民政府农林办公室（农委）是本行政区域内的农民负担监督管理部门。

乡、镇人民政府负责本乡、镇农民负担监督管理工作。

日常工作由同级农村合作经济管理部门负责。

第二十六条 各级农民负担监督管理部门的主要职责是：

（一）宣传、贯彻国家有关农民负担管理的法律、法规和政策；

（二）检查有关农民负担管理法律、法规的实施和政策的执行情况；

（三）按照管理权限审核涉及农民负担的文件；

（四）监督村提留、乡统筹费和劳务的使用情况；

（五）受理有关农民负担的检举和控告，协助有关部门处理涉及农民负担的案件；

（六）培训农民负担监督管理工作人员。

第二十七条 区、县农民负担监督管理部门应当每年对农民负担情况进行一次监督检查，并向市农民负担监督管理部门报告。

第二十八条 农民负担监督管理部门及其他有关部门应当受理有关农民非法负担的检举和控告。从受理之日起二个月内作出处理决定。

第二十九条 区、县人民代表大会常务委员会和乡、镇人民代表大会应当加强对农民负担情况的监督，根据当地情况听取并审议同级人民政府的报告。

第五章 法律责任

第三十条 违反本条例规定设置的收费、集资和基金项目，由农民负担监督管理部门或者有关部门报请同级人民政府予以撤销。

第三十一条 凡违反本条例规定增加农民负担的，由农民负担监督管理部门或者有关部门提请同级人民政府责令停止违法行为，限期如数退还非法收取的款物；造成经济损失的，予以赔偿。

第三十二条 违反国家法律、法规和本条例规定，非法加重农民负担的，可以由人民政府给予单位负责人和直接责任人员行政处分；因非法加重农民负担而引发恶性案件，致使国家和人民利益遭受重大损失，构成犯罪的，依法追究刑事责任。

第三十三条 对拒绝承担非法负担或者检举、控告非法摊派的当事人进行打击报复的，由上级主管机关依法处理；构成犯罪的，依法追究刑事责任。

第三十四条 农民负担监督管理部门工作人员不认真履行职务，玩忽职守、徇私舞弊的，由所在单位或者有关机关给予行政处分；构成犯罪的，依法追究刑事责任。

第六章 附 则

第三十五条 本条例具体应用中的问题，由市人民政府农林办公室负责解释。

第三十六条 本条例自1994年6月1日起施行。

北京市农村集体经济审计条例

（1997年1月16日北京市第十届人民代表大会常务委员会第三十五次会议通过）

第一章 总 则

第一条 为了加强农村集体经济的审计监督，巩固、发展农村集体经济，保护农民合法权益，根据有关法律、法规的规定，结合本市实际情况，制定本条例。

第二条 本条例适用于本市农村集体经济组织（即乡镇合作经济联合社、村经济合作社以及其他农村合作经济组织，以下简称合作社）及其所属企业事业单位的财务收支等有关经济活动的审计监督。

第三条 市和区、县人民政府农林办公室是本行政区域内农村集体经济审计工作的主管机关（以下简称主管机关），日常工作由同级农村合作经济管理部门负责。

农村集体经济审计工作接受国家审计机关的指导和监督。

第四条 农村集体经济组织设立的审计机构依照本条例规定，独立行使审计监督权，并向本级集体经济组织社员大会、职工大会或者其代表大会报告工作。

第五条 审计人员依法行使职权，受法律保护，任何人不得打击报复。

审计机构和审计人员办理审计事项，应当客观公正，实事求是，廉洁奉公，保守秘密。

第二章 审计机构

第六条 合作社应当设立审计机构，但经济规模较小的村经济合作社及其他农村合作经济组织经区、县主管机关批准可以不设，其审计工作由乡镇合作经济联合社审计机构负责。

第七条 规模较大的集体企业和事业单位应当设立审计机构，但规模较小的集体企业和事业单位经合作社管委会同意可以不设，其审计工作由合作社审计机构负责。

第八条 审计机构应当配备相应的专职或者兼职审计人员。

审计人员应当具备与其从事的审计工作相适应的专业知识和业务能力，经考核合格，持证上岗。

第三章 审计机构的任务和职权

第九条 审计机构对合作社按以下内容进行审计：

（一）财务管理等内部控制制度；

（二）财务收支计划执行情况；

（三）财务会计报表、凭证、账簿的完整性、真实性和合法性；

（四）集体资产、负债、损益；

（五）建设项目的预算、决算及投资效益；

（六）承包费、租金、土地征用补偿费、公积金、公益金及其他收入的收支情况；

（七）村提留、乡统筹费、义务工、积累工、以资代劳资金的提取使用和管理情况以及其他农民负担；

（八）决算及收益分配；

（九）其他需要审计的事项。

第十条 审计机构对乡镇、村集体企业事业单位按以下内容进行审计：

（一）本条例第九条第（一）、（二）、（三）、（四）、（五）、（八）项规定的审计事项；

（二）经济指标完成情况和经济效益；

（三）承包合同履行情况；

（四）其他需要审计的事项。

第十一条 审计机构对即将离任的合作社主要负责人和集体企业厂长、经理应当按下列内容进行任期内的经济责任审计：

（一）财务收支的合法性；

（二）经济指标、经营成果等任期目标完成情况的真实性；

（三）集体资产、负债、损益；

（四）其他需要审计的事项。

第十二条 审计机构对农村合作基金会按下列内容进行审计：

（一）本条例第九条第（一）、（二）、（三）项规定的审计事项；

（二）资金、资产、负债、损益；

（三）其他需要审计的事项。

第十三条 审计机构应当对合作社及其所属企业事业单位的下列事项进行年度审计：

（一）经营成果；

（二）农民负担；

（三）年度审计计划列入的其他事项。

第十四条 合作社审计机构对本合作社及其所属企业事业单位和合作社占控股地位的农村股份合作企业进行审计。

乡镇合作经济联合社审计机构可以对村经济合作社及其所属企业事业单位进行审计。

第十五条 根据法律、法规的规定或者必要时，农村合作经济管理部门可以对合作社及其所属企业事业单位进行审计。

第十六条 合作社及其所属企业事业单位可以委托会计（审计）师事务所进行审计。

第十七条 审计机构在审计过程中有下列职权：

（一）要求被审计单位提供财务收支计划、预算执行情况、决算、财务报告、经济合同以及其他与财务收支有关的资料，被审计单位不得拒绝、拖延、谎报；

（二）检查被审计单位的会计报表、凭证、账簿以及其他与财务收支有关的资料和资产，被审计单位不得拒绝、阻挠；

（三）就审计事项的有关问题向有关单位和个人进行调查，被调查的单位和个人应当如实提供有关资料和证明材料；

（四）有权制止正在进行的损害集体经济组织利益、违反财经纪律的行为；

（五）对转移、隐匿、篡改、毁弃会计报表、凭证、账簿等有关资料的，有权予以制止。

第四章 审计程序

第十八条 审计机构应当编制年度审计计划，报其主管领导批准后执行。

审计机构应当根据审计事项组成不少于二人的审计组，于实施审计三日前向被审计单位送达审计通知书。

第十九条 审计组根据审计项目工作方案审查会计报表、凭证、账簿，查阅有关文件资料，检查现金、实物，向有关单位和个人进行调查并取得证明材料。证明人提供的书面材料应当由其本人签名或者盖章。

审计人员向有关单位和个人进行调查时，应当出示有关证明文件。

第二十条 审计组在审计过程中，应当听取社员或者职工的意见。

第二十一条 审计组对审计事项审计后，应当向审计机构提出审计报告。审计报告在报送前，应当征求被审计单位的意见。被审计单位在收到审计报告之日起十日内提出书面意见送交审计组。

审计机构审定审计报告后，出具审计意见书，报其领导机构批准后，通知被审计单位。审计意见书自送达之日起生效，被审计单位必须执行。

审计意见书应当报上一级审计机构备案。

第二十二条 对同一审计对象进行审计，上级审计机构与下级审计机构的审计意见不一致时，以上级审计机构的审计意见为准。

第二十三条 审计机构应当对办理的审计事项建立统一的审计档案。

第五章 法律责任

第二十四条 违反本条例规定，拒绝、拖延提供与审计事项有关资料的，或者拒绝、阻挠审计工作的，由审计机构责令限期改正；逾期不改的，由审计机构建议其上级主管部门或者有关部门对直接责任人员给予处分。

第二十五条 违反本条例规定，转移、隐匿、篡改、毁弃会计报表、凭证、账簿及有关资料的，由审计机构建议其上级主管部门或者有关部门对直接责任人员给予处分；构成犯罪的，依法追究刑事责任。

第二十六条 转移、隐匿违法取得的资产的，由审计机构建议其上级主管部门或者有关部门责令退还财产或者赔偿损失，并对直接责任人员给予处分；构成犯罪的，依法追究刑事责任。

第二十七条 侵占、侵吞集体资产或者因失职、渎职造成集体资产损失的，由审计机构建议其上级主管部门或者有关部门责令退还财产或者赔偿损失，并对直接责任人员给予处分；构成犯罪的，依法追究刑事责任。

第二十八条 违反财务会计管理规定的，由审计机构责令改正；情节严重的，由审计机构建议其上级主管部门或者有关部门对直接责任人员给予处分。

第二十九条 打击报复审计人员，构成犯罪的，依法追究刑事责任；不构成犯罪的，给予行政处分。

第三十条 审计人员滥用职权、徇私舞弊、玩忽职守、泄露秘密的，由其上级主管部门或者有关部门给予处分；构成犯罪的，依法追究刑事责任。

第三十一条 对审计机构提出的审计意见书，其领导机构不作出决定的，审计机构可以提请上一级主管部门责令改正；拒不改正的，按照法定程序对直接责任人员给予处分。

第六章 附 则

第三十二条 本条例具体应用中的问题，由市人民政府农林办公室负责解释。

第三十三条 本条例自1997年4月1日起施行。

北京市农村股份合作企业暂行条例

（1996年9月6日北京市第十届人民代表大会常务委员会第三十次会议通过）

第一条 为了规范农村股份合作企业的组织和行为，保护企业、合作股东和债权人的合法权益，促进农村经济发展，根据国家有关法律、法规的规定，结合本市实际情况，制定本条例。

第二条 本条例适用于本市行政区域内乡、镇合作经济联合社或者村经济合作社及其社员共同投资，并可依法吸纳其他投资，按照本条例设立的农村股份合作企业。

第三条 农村股份合作企业是以合作制为基础，实行农民群众劳动合作和资金联合相结合的企业组织形式。

农村股份合作企业的投资者称合作股东。

第四条 农村股份合作企业实行以下原则：

（一）劳动合作与资金联合相结合，按劳分配与按股分红相结合；

（二）资金共筹、积累共有、利益共享、风险共担、同股同利；

（三）自主经营、独立核算、自负盈亏、民主管理。

第五条 农村股份合作企业是依法享有民事权利，以其全部资产独立承担民事责任的企业法人。合作股东以其所持股份为限为企业债务承担责任。

第六条 农村股份合作企业享有合作股东投资形成的全部法人财产权，其合法权益受法律保护。政府和任何组织及个人不得干预农村股份合作企业的合法经营活动，不得平调、侵占企业财产，不得要求企业承担法律、法规规定以外的义务。

第七条 农村股份合作企业不得向负无限责任的经济组织投资。向其他经济组织投资的，其投资总额不得超过本企业净资产的百分之五十；在投资后，接受被投资经济组织以利润转增的资本，其增加额不包括在内。

农村股份合作企业向其他经济组织投资、为合作股东或者他人提供经济担保，必须由理事会决定。

第八条 农村股份合作企业享有和承担法律、法规对乡镇集体企业规定的权利和义务，享受国家对乡镇集体企业规定的待遇和优惠政策。

第九条 农村股份合作企业必须遵守国家法律、法规，接受政府依法进行的管理和监督。

第十条 农村股份合作企业经工商行政管理部门依法核准登记成立。

第二章 设 立

第十一条 设立农村股份合作企业必须坚持自愿原则。

第十二条 设立农村股份合作企业可以采取改建或者新建的方式：

（一）改建方式是指：

1. 将乡、镇合作经济联合社或者村经济合作社（以下简称合作社）原有集体企业资产折成股份，并吸纳新的投资设立的股份合作企业；

2. 将合作社原有集体企业资产部分出售，按产权折成股份，并吸纳新的投资设立的股份合作企业；

3. 按照本条例规定的原则，采取其他方式将合作社原有集体企业改组设立的股份合作企业。

（二）新建方式是指合作社及其社员共同投资，并可吸纳其他投资设立的股份合作企业。

第十三条 设立农村股份合作企业（以下简称企业），应当由合作社作为发起人。设立企业的方案，必须经合作社社员大会或者社员代表会议批准。

改建设立的，应当事先经企业职工大会或者职工代表大会讨论通过；有外部投资的，应当事先征得投资方同意；出售部分原有集体企业资产的，应当经合作社社员大会或者社员代表会议批准。

第十四条 合作股东可以用货币入股，也可以用实物、工业产权、非专利技术和土地使用权作价入股。在农业企业工作的合作社社员，可以用其劳动积累作价入股。

以工业产权、非专利技术作价入股的金额不得超过企业注册资本总额的百分之二十，国家另有规定的从其规定。以土地使用权作价入股的，必须是经依法批准的建设用地。

除货币外，以其他资产入股的，必须出具产权证明，并办理产权转移手续。

第十五条 集体资产的产权界定依照《北京市农村集体资产管理条例》的规定执行。

第十六条 以实物、工业产权、非专利技术和土地使用权作价入股的，必须由具有资产评估资格的机构进行资产评估。集体资产评估结果应当经社员大会或者社员代表会议确认。

禁止将集体资产低价折股、低价出售。

农村合作经济管理部门要加强对集体资产评估工作的指导和监督。

第十七条 企业的注册资本为合作股东实际缴纳的股本总额。

企业的注册资本不得少于3万元人民币。

第十八条 企业应当制定章程。企业章程由合作股东大会讨论通过。

企业章程应当载明下列事项：

（一）企业的名称和住所；

（二）企业的宗旨和经营范围；

（三）企业的设立方式；

（四）合作股东的权利和义务；

（五）企业注册资本、股份种类、各类股金总额、每股金额；

（六）收益分配及亏损分担办法；

（七）企业组织机构及其产生办法、职权、议事规则；

（八）企业法定代表人；

（九）企业终止的条件和程序；

（十）企业章程修订程序；

（十一）企业章程设立日期；

（十二）法律、法规规定的其他事项。

第十九条 设立企业的筹备工作结束后，由合作股东大会指定的代表或者共同委托的代理人向当地工商行政管理部门申请注册登记，领取营业执照，并报乡镇企业主管机关备案。改建设立的，应当在筹备工作结束后，报区、县人民政府的经济体制改革部门或者政府授权部门批准，再向工商行政管理部门申请注册登记。

第三章 股 份

第二十条 企业应当设置集体股、职工个人股。社员个人股、社会法人股和其他种类股份的设置由企业章程规定，但不得违反国家法律、法规的有关规定。

第二十一条 集体股是指合作社投资或者将集体资产折股后形成的由该合作社社员集体所有的股份，经社员大会或者社员代表会议同意，可以在本合作社内部转让，也可以向法人转让，但不得因转让股份而改变企业股份合作的性质。

第二十二条 职工个人股是指本企业职工投资购买或者投劳形成的股份，可以继承，可以在本合作社内部转让。

第二十三条 社员个人股是指在合作社内部募集的非本企业职工购买的股份，可以继承，可以在本合作社内部转让。

第二十四条 社会法人股是指法人向企业投资形成的股份，可以向其他法人或者合作股东转让。

第二十五条 企业办理工商登记手续后，所有合作股东都不得抽回出资，不得退股。

合作股东依法转让股份，须经理事会批准。

第二十六条 企业应当在登记注册后签发股权证书，作为合作股东享受权利和承担义务的书面凭证。

股权证书应当载明以下事项：

（一）企业的名称、住所；

（二）企业登记日期；

（三）编号；

（四）合作股东名称或者姓名、住所及其股份种类、数额；

（五）合作股东缴纳的出资额和出资日期；

（六）核发日期；

（七）企业签章、理事长签名；

（八）其他需要载明的事项。

第二十七条 企业应当置备合作股东名册。

合作股东名册应当载明以下事项：

（一）合作股东姓名或者名称和住所；

（二）合作股东的出资额、股份种类和股份数额；

（三）股权证书编号；

（四）取得股份的日期。

第二十八条 合作股东转让股份应当变更股权证书和合作股东名册。

第四章 组织机构

第二十九条 企业设立合作股东大会、理事会、经理和监事会。

第三十条 合作股东大会是企业权力机构，行使下列职权：

（一）决定或者罢免理事会、监事会成员；

（二）审议批准企业年度财务预算、决算方案；

（三）审议批准企业利润分配和亏损弥补方案；

（四）审议批准企业股份调整方案；

（五）审议批准企业增减注册资本方案；

（六）审议批准企业合并、分立、变更组织形式、解散和清算方案；

（七）决定修改企业章程；

（八）企业章程规定的其他职权。

第三十一条 合作股东大会实行一人一票制。

合作股东大会作出决议必须经全体合作股东半数以上通过。

第三十二条 企业成立理事会，组成人员一般不少于五人。理事会成员由各类合作股东代表理事组成，各类代表理事名额参照各自股份比例确定，代表理事人选分别由各类合作股东推荐。

理事任期由企业章程规定，任期届满可以连选连任。

第三十三条 理事会对合作股东大会负责，行使下列职权：

（一）审定企业的发展规划、年度生产经营计划；

（二）确定企业的经营方针和管理机构的设置；

（三）批准企业的规章制度；

（四）听取并审查经理的工作报告；

（五）审查企业年度财务预算、决算方案和利润分配方案；

（六）对企业增加或者减少注册资本，分立、合并或者清算等重大事项提出方案；

（七）聘任或者解聘企业经理，根据经理提名，聘任或者解聘副经理和财务主管；

（八）决定对企业经理、副经理和财务主管的奖惩；

（九）本条例和企业章程规定的其他职权。

理事会的决议须经全体理事半数以上同意方可通过。

第三十四条 理事长是企业的法定代表人，由理事会选举或者罢免。

理事长行使下列职权：

（一）召集和主持合作股东大会和理事会会议；

（二）检查合作股东大会决议和理事会决议的实施情况；

（三）企业章程规定的其他职权。

第三十五条 企业经理对理事会负责，行使下列职权：

（一）根据企业章程和理事会授权负责企业的日常经营管理；

（二）组织实施合作股东大会和理事会的决议；

（三）拟定企业的发展规划和年度生产经营计划草案；

（四）提出企业经营方针和管理机构设置及规章制度草案；

（五）提出企业年度财务预算、决算方案和利润分配方案；

（六）提请聘任或者解聘企业副经理及财务主管，任免企业其他管理人员；

（七）决定对企业副经理（不含副经理和财务主管）以下员工的录用、辞退和奖惩；

（八）列席理事会会议；

（九）企业章程或者理事会授予的其他职权。

第三十六条 企业设立监事会，组成人员不得少于三人。其中，半数以上成员应当由职工股东出任。

企业的理事、经理及财务主管等高级管理人员不得兼任监事。

第三十七条 监事会行使下列职权：

（一）列席理事会会议；

（二）监督理事、经理的工作；

（三）检查企业经营和财务状况；

（四）必要时，建议召开临时合作股东大会；

（五）企业章程规定的其他职权。

监事会的决议必须经全体监事半数以上同意方可通过。

第三十八条 企业的合作股东和理事、经理、监事等高级管理人员，不得从事与本企业竞争或者损害本企业利益的活动。

第三十九条 有下列情形之一的，不得担任企业的理事长、理事、监事、经理：

（一）无民事行为能力或者限制民事行为能力；

（二）因犯有贪污、贿赂、侵占财产、挪用财产罪或者破坏社会经济秩序罪，被判处刑罚，执行期满未逾五年，或者因犯罪被剥夺政治权利，执行期满未逾五年；

（三）担任因经营不善破产清算的公司、企业的董事或者厂长、经理，并对该公司、企业的破产负有个人责任的，自该公司、企业破产清算完结之日起未逾三年；

（四）担任因违法被吊销营业执照的公司、企业的法定代表人，并负有个人责任的，自该公司、企业被吊销营业执照之日起未逾三年；

（五）个人所负数额较大的债务到期尚未清偿。

企业违反前款规定选举、委派理事长、理事、监事或者聘任经理的，该选举、委派或者聘任无效。

第五章 财务会计与收益分配

第四十条 企业应当依照法律、法规和国家有关部门的规定，建立财务、会计制度，定期向合作股东公布账目。

第四十一条 企业的税后利润，应当按照下列顺序分配：

（一）弥补被依法没收财物损失，支付各项税收的滞纳金和罚款；

（二）弥补亏损；

（三）提取公积金；

（四）提取公益金；

（五）按照企业章程规定的比例，提取职工积累基金；

（六）向合作股东分配股利。

第四十二条 企业当年没有利润时不得分配股利和提取职工积累基金。

第四十三条 公积金用于弥补亏损、增加股本、扩大生产经营和企业章程规定的其他用途。

第四十四条 公益金用于本企业职工的集体福利。

第四十五条 职工积累基金按照按劳分配原则，划归职工个人名下。

第四十六条 企业应当建立内部审计制度，加强对企业财务及其他经济活动的审计监督。

第六章 合并、分立与解散清算

第四十七条 企业合并或者分立，应当由理事会提出方案并编制资产负债表和财产清单。

企业合并或者分立的方案，应当由合作股东大会作出决议。

企业作出合并或者分立的决议后，应当通知债权人，签订清偿债务协议，达不成协议的，企业不得合并或者分立。

第四十八条　企业合并，应当由合并各方签订合并协议。企业合并时，合并各方的债权债务，应当由合并后的企业承继。

第四十九条　企业分立时，应当由分立各方签订分立协议，明确划分分立各方的财产、经营范围、债权债务。

第五十条　企业的合并或者分立，应当由工商行政管理部门办理注册登记。

第五十一条　企业被依法撤销或者因其他原因解散的，应当成立清算组织，进行清算。清算时，应当由具有资产评估资格的机构对企业资产进行评估。

第五十二条　清算组织在清理企业财产、编制资产负债表和财产清单后，应当制定清算方案，并报合作股东大会确认。用土地使用权抵偿债务，必须符合土地管理法律、法规的规定。

第五十三条　清算组织在支付清算费用后，按照下列顺序清偿债务：

（一）欠付职工的工资和劳动保险费用；

（二）欠缴国家的各项税款；

（三）企业其他债务。

企业清偿后的剩余财产，按照合作股东的股份分配。

企业财产不足以清偿债务的，经债权人协商一致，由清算组织按照债权数额比例分割企业财产。企业财产不足以清偿同一顺序债务的，按照同一顺序偿还率清偿。债权人达不成协议的，由债权人或者企业向人民法院申请破产还债，人民法院裁定企业破产后，原清算程序终止。

第五十四条　清算结束，清算组织应当提出清算报告，经合作股东大会确认后，报送工商行政管理部门申请注销登记，公告企业终止。

第七章　法律责任

第五十五条　违反本条例第六条规定的，由企业所在地乡、镇或者区、县人民政府责令改正和赔偿经济损失；企业也可以直接向人民法院起诉，要求侵权者承担法律责任；构成犯罪的，依法追究其刑事责任。

第五十六条　违反本条例第七条规定的，由企业所在地乡、镇或者区、县农村合作经济管理部门责令改正；给企业造成损失的，由法定代表人或者直接责任人承担赔偿责任。

第五十七条　违反本条例第十四条规定，合作股东未交付货币、实物或者未转移财产权、虚假出资，或者在企业成立后又抽逃出资的，由企业所在地乡、镇或者区、县农村合作经济管理部门责令改正；对拒不改正的，可以向人民法院起诉。

第五十八条　违反本条例第十六条规定，将集体财产低价折股、低价出售的，由企业所在地乡、镇或者区、县农村合作经济管理部门责令改正。

第五十九条 违反本条例第三十八条规定的，由企业所在地乡、镇或者区、县农村合作经济管理部门责令其将获得的非法利益交归企业所有，给企业造成损失的，应当承担赔偿责任。对拒不承担责任的，企业可以向人民法院起诉。

第六十条 违反本条例第四十一条、第四十二条规定的，由企业所在地乡、镇或者区、县人民政府予以纠正。

第六十一条 利用分立、合并和解散、清算抽逃资产、隐匿财产、逃避债务的，由工商行政管理部门依法处理。

第八章 附 则

第六十二条 本条例具体应用中的问题，由市人民政府农林办公室负责解释。

第六十三条 本条例自 1997 年 1 月 1 日起施行。

北京市农村集体所有荒山荒滩租赁条例

（1994 年 9 月 9 日北京市第十届人民代表大会常务委员会第十二次会议通过）

第一章 总 则

第一条 为加快荒山、荒滩开发利用，促进农村经济发展，保护荒山、荒滩租赁双方当事人的合法权益，根据国家有关法律、法规的规定，制定本条例。

第二条 本条例适用于本市行政区域内集体所有的荒山、荒滩（以下简称荒山）的租赁开发。

本条例所称的租赁是指在不改变土地所有权的前提下，农村集体经济组织将其集体所有的荒山使用权出租给承租人，用于林果业、种植业、养殖业生产的开发和经营，并由承租人支付租金的行为。

出租荒山使用权，不包括地下资源、埋藏物和公用农田水利设施。

第三条 租赁双方当事人必须遵守有关法律、法规。

第四条 荒山租赁必须坚持公开、公正、公平和自愿的原则。

第二章 出租与承租

第五条 荒山租赁的出租方是农村集体经济组织；承租方是有承租能力的农村集体经济组织成员、企业事业单位、社会团体或者其他个人。

第六条 农村集体经济组织必须根据社员大会或者社员代表会议决定的出租方案组织荒山租赁。

农村集体经济组织应当成立有社员代表参加的评议小组，拟定租金数额或者租金标底，并经社员大会或者社员代表会议讨论通过。

第七条 制定荒山租赁方案，应当兼顾国家、集体、个人三者利益，按照经济效益、生态效益、社会效益相结合的原则，因地制宜，综合治理，山水林田路统一规划，科学开发。

第八条 已经植树造林的责任山、义务植树责任区不得纳入租赁范围。

没有植树造林的责任山，可以由集体经济组织收回，另行出租。

在国家批准的矿井井田范围内，出租方应当向地下资源开发单位了解地下资源开采对地上安全的影响，不安全区域的荒山不得出租。

第九条 荒山租赁前已有的零星树木，可以合理作价出售给承租方，也可以出租给承租方。

承租方在所承租荒山上栽植的林木，在承租期内归承租方所有。租赁期满，林木的处置由租赁合同约定。

承租方所有的林木，按照《北京市农村林木资源保护管理条例》规定的程序审查批准，可以采伐、更新。

第十条 荒山租赁期限最长不超过70年；开发限期一般不超过5年。

第十一条 承租方必须按照租赁合同约定的用途和期限开发利用荒山，逾期不开发利用的，由集体经济组织无偿收回。

第十二条 荒山租赁的租金可以一次计租，也可以分段计租；租金可以一次交付，也可以分期交付。

第十三条 荒山租赁可以采取协议、定价招租和招标等方式。

第十四条 在租赁合同约定的期限内，荒山使用权及承租方所有的林木、地上财产可以依法继承和转租。

转租须经出租方同意，并由转租方与承租方签订转租合同。

第三章 当事人的权利和义务

第十五条 出租方的权利：

（一）对荒山开发利用活动进行检查，保护资源不受破坏；

（二）检查荒山开发项目和限期等履行情况；

（三）按照合同约定收取租金。

第十六条 出租方的义务：

（一）保证承租方的自主经营；

（二）不侵犯承租方的合法收益；

（三）按照合同约定提供生产、技术等项服务。

第十七条 承租方的权利：

（一）按照合同约定的用途自主开发经营承租的荒山；

（二）享有承租荒山的收益权和按照合同约定的财产所有权；

（三）享受国家有关政策规定的优惠。

第十八条 承租方的义务：

（一）按照合同约定的用途、期限开发利用所承租的荒山；

（二）保护自然资源和公用农田水利设施，搞好水土保持；

（三）按期交付租金。

第四章　租赁合同

第十九条　荒山租赁，出租方和承租方必须签订书面合同。订立租赁合同，应当遵循平等互利、协商一致的原则。

第二十条　租赁合同应当具备以下主要条款：

（一）荒山的位置、面积；

（二）用途；

（三）租赁期限和开发限期；

（四）出租前和合同期满后地上物的处置；

（五）租金及其交付方式；

（六）双方当事人的权利和义务；

（七）违约责任；

（八）合同纠纷的解决办法；

（九）双方当事人协议的其他事项。

第二十一条　出租方和承租方就租赁合同条款协商一致，签字盖章，合同即为成立。

租赁合同具有法律效力，任何单位和个人不得随意变更或者解除。

第二十二条　租赁合同签订后，当事人可以向农村合作经济管理部门或者公证机关申请鉴证或者公证，确认租赁合同的真实性、合法性。

第二十三条　租赁合同、转租合同应当报乡、镇人民政府和区、县人民政府备案。

合同管理的具体工作由农村合作经济管理部门负责。

第二十四条　凡有下列情况之一的，允许变更或者解除租赁合同：

（一）由于不可抗力的原因，致使租赁合同无法履行的；

（二）因国家建设，租赁的荒山被征用的；

（三）当事人双方协商一致，并且不因变更或者解除租赁合同而损害国家、集体利益的；

（四）由于一方当事人在合同约定的期限内没有履行合同的。

因变更或者解除合同，使他方遭受损失的，除依法可以免除责任的以外，应当由责任方负责赔偿。

第二十五条　出租方出租不属于其集体所有的荒山，给承租方造成损失的，应当承担相应的责任。

第二十六条　租赁合同一方当事人要求变更或者解除合同，应当及时书面通知对方；对方应当在接到通知书30日内予以书面答复。

双方当事人就变更或者解除租赁合同达成书面协议后，应当在协议书上签字盖章，并报乡、镇人民政府和区、县人民政府备案。

第二十七条　租赁合同期满后，可以续租。续租需经双方当事人协商一致，并重新签订合同。

第二十八条 租赁合同发生纠纷时，当事人可以通过协商或者由人民政府调解解决。当事人不愿通过协商、调解解决或者协商、调解不成的，可以依据合同中的仲裁条款或者事后达成的书面仲裁协议，向所在区、县农业承包合同仲裁委员会申请仲裁。当事人没有在租赁合同中订立仲裁条款，事后又没有达成书面仲裁协议的，可以向人民法院起诉。

仲裁作出裁决，由仲裁委员会制作仲裁裁决书。对仲裁委员会的仲裁裁决，当事人应当履行。当事人一方在规定的期限内不履行仲裁委员会的仲裁裁决的，对方可以申请人民法院强制执行。

第五章　附　　则

第二十九条 本条例具体应用中的问题，由市人民政府农林办公室负责解释。

第三十条 本条例自 1994 年 10 月 1 日起施行。

北京市乡村集体企业承包经营条例

（1994 年 1 月 14 日北京市第十届人民代表大会常务委员会第八次会议通过）

第一章　总　　则

第一条 为保护乡村集体企业（以下简称企业）所有者和经营者的合法权益，完善承包经营，增强企业活力，提高经济效益，根据国家有关法律、法规的规定，结合本市实际情况，制定本条例。

第二条 本条例适用于本市行政区域内乡（镇）村兴办的工业、建筑业、运输业、商业、饮食服务业等在集体经济组织内部实行承包经营的集体企业。

第三条 承包经营，是在不改变企业资产所有权的前提下，实行所有权与经营权分离，以承包经营合同的形式，确定所有者和经营者权利义务关系的经营方式。

第四条 企业实行承包经营，必须兼顾国家、集体、个人利益，确保国家税收，保障所有者、经营者和企业职工的合法权益。

第五条 企业实行承包经营，必须遵守国家法律、法规和政策，接受政府有关部门的监督。

第六条 市、区、县乡镇企业行政主管部门和乡（镇）人民政府负责本条例的组织实施和监督。

第二章　发包与承包

第七条 承包经营的发包方是企业所有者，即乡（镇）村合作经济组织，其负责人应当根据社员代表大会或者管委会决定的方案组织发包。

承包方是企业的经营者，即承包企业的集体或者单位、个人。

第八条 承包经营的形式：

（一）厂长（经理）负责的集体承包经营（以下简称集体承包）；

（二）二人以上承包经营（以下简称合伙承包）；

（三）一人承包经营（以下简称个人承包）；

（四）企事业单位承包经营（以下简称法人承包）；

（五）其他形式的承包经营。

第九条 承包方必须提供下列担保：

（一）集体承包的，厂长（经理）或者全体职工必须交纳一定数额的风险抵押金；

（二）个人承包或者合伙承包的，必须按照承包合同的约定，以与所承包企业资产成一定比例的个人财产作为担保，并有相应资产可供担保的保证人。其中必须有部分现金，由发包方专款存入银行。

（三）法人承包的，必须按照承包合同的约定，以与所承包企业资产成一定比例的资产作为担保。

第十条 厂长（经理）是承包方的代表，也是企业的法定代表人，对企业经营全面负责。

厂长（经理）应当具备下列条件：

（一）坚持党的基本路线；

（二）遵纪守法；

（三）相应的文化知识、专业技术知识；

（四）必要的企业经营管理能力；

（五）发包方提出的其他合法条件。

第十一条 承包经营的主要内容是企业利润、企业资产的保值增值、企业技术改造任务和根据实际情况确定的其他承包内容。

第十二条 承包利润应当按照投入产出比、同行业平均水平、企业生产能力以及发展潜力、市场前景、资金条件科学预测确定。

第十三条 承包利润是依法缴纳国家税费后的利润净额。

罚没款项和弥补以前年度亏损的责任承担方由承包经营合同约定。

第十四条 发包方与承包方承包利润的分配方式：

（一）全额分成；

（二）基数包干，超利分成；

（三）基数递增包干；

（四）定额包干；

（五）减亏包干；

（六）双方约定的其他方式。

承包利润分配前应当进行审计。

第十五条 发包方的分利归企业所有者所有，其中留给该企业用于扩大再生产的比例不得低于40%（含法定公积金）；承包方的分利归承包企业的集体或者单位、个人所有。

第十六条 企业职工劳动报酬总额同企业经济效益挂钩，增长幅度应当低于企业利润增长幅度和劳动生产率增长幅度。承包方不得克扣合同约定的职工劳动报酬总额。

厂长（经理）的劳动报酬根据企业规模大小和经济效益高低由合同约定。对有突出贡献的厂长（经理），发包方可以给予奖励，奖金由发包方拨付。

第十七条 承包期限一般为3至5年。承包期满，双方协商一致，可以连续承包。

第十八条 实行承包经营的企业应当按照责、权、利相结合的原则，建立健全企业内部经营管理责任制。

第十九条 实行承包经营的企业应当加强民主管理，健全职工大会或者职工代表大会制度，切实保障职工的民主权利。

厂长（经理）应当定期向职工大会或者职工代表大会报告工作。

第三章 发包方、承包方的权利和义务

第二十条 发包方享有以下权利：

（一）对企业资产拥有所有权；

（二）考核企业资产保值、增值、损耗，对企业生产经营活动进行监督，并提出改善经营的建议；

（三）对承包方履行承包合同情况进行定期审计；

（四）决定企业厂长（经理）人选；

（五）决定承包方提出的企业分立或者合并；

（六）按照合同规定的权限，批准投资项目和非生产性开支；

（七）审批企业资产的报损、冲减、核销，以及按照合同规定权限批准资产的出租、抵押或者出售；

（八）合同约定的其他权利。

第二十一条 发包方应当履行下列义务：

（一）发包前对企业的资产进行清理，登记造册；

（二）保障承包方依法行使经营权，不干预企业合法的生产经营活动；

（三）协助承包方解决生产经营中的困难；

（四）维护承包方和企业的合法权益，如期兑现承包经营合同；

（五）合同约定的其他义务。

第二十二条 承包方享有以下权利：

（一）生产经营决策权。根据市场需求和国家宏观政策指导，自主作出生产经营决策。

（二）资金支配权。依照国家财政、金融的有关规定，自主确定企业资金的运用。非生产性开支在承包合同约定的限额内可以自主支配。

（三）投资决策权。依照承包合同约定的限额，有权决定增加企业生产性投资，有权决定以企业的货币资金、实物、工业产权和非专利技术等向其他企业、事业单位投资。

（四）资产处置权。按照承包合同约定的限额，可以决定对企业资产的出租、抵押或者出售。

处置企业资产，必须经有关部门进行资产评估。出售所得，属发包方所有，不得列入

承包利润。

（五）劳动用工权。按照企业章程规定的用工条件，自主决定录用职工，有权按照用工合同和企业章程终止、解除劳动合同，辞退、除名、开除职工。

（六）人事管理权。副厂长（副经理）及其以下管理人员由厂长（经理）决定，报发包方备案；主管会计任免必须经发包方同意。

（七）劳动报酬分配权。在承包合同约定提取的报酬总额和承包分利数额内，有权按照贡献确定分配形式和数额。

（八）内部机构设置权。自主确定内部机构的设置及其人员编制，有权拒绝任何部门和单位对企业设置机构和编制的要求。

（九）合法收益权。按照承包合同约定，有权获得合法承包分利，任何单位和个人不得截留。

（十）承包合同约定的其他权利。

第二十三条 承包方应当履行下列义务：

（一）贯彻执行有关法律、法规和政策；

（二）全面履行承包经营合同规定的各项任务；

（三）未经双方协商，不得擅自转包；

（四）按照合同约定上缴发包方应得利润；

（五）管好用好企业资产，保障企业资产不受侵占、损坏、损害，确保企业资产保值增值；

（六）加强企业管理，保证产品质量；

（七）做好劳动保护，确保安全生产和职工健康，防止和治理污染，保护环境；

（八）保护职工合法权益，关心职工生活，接受职工监督；

（九）如实向发包方提供企业生产经营情况，按规定编报统计、财务报表；

（十）开展专业技术培训，提高职工素质；

（十一）合同约定的其他义务。

第二十四条 企业有权拒绝任何单位和个人违法向企业摊派人力、物力、财力或者违法无偿调拨企业资金。

第四章 承包经营合同

第二十五条 实行承包经营，必须由发包方与承包方订立书面承包经营合同。

第二十六条 订立承包合同，合同双方必须坚持平等、自愿和协商的原则。

第二十七条 承包经营合同应当具备以下条款：

（一）发包方和承包方；

（二）承包期限；

（三）企业资产金额；

（四）各项承包指标；

（五）承包利润分配的比例和方式；

（六）债权、债务及亏损的处理；

（七）资产保值、增值及资产折旧；

（八）双方的权利和义务；

（九）保护环境，治理污染；

（十）本条例规定由合同约定的事项；

（十一）双方约定的其他事项；

（十二）违约责任。

第二十八条 承包合同依法成立，即具有法律效力，任何一方不得擅自变更或者解除。

第二十九条 有下列情况之一的，为无效承包经营合同：

（一）违反法律、法规和政策的；

（二）损害国家、集体利益和社会公共利益的；

（三）采取欺诈、胁迫和其他不正当手段签约的；

（四）未经双方协商而擅自转包的。

前款无效承包经营合同从订立之时起，就不具有法律约束力，经承包合同仲裁委员会或者人民法院确认后，予以废除。

第三十条 发生下列情况之一的，可以变更或者解除合同：

（一）当事人双方协商一致，并且不因变更或者解除合同而损害国家或者集体利益的；

（二）由于不可抗力或者由于一方当事人虽无过失但无法防止的外因造成合同部分或者全部不能履行的；

（三）国家对税种、税率和价格等政策进行重大调整，致使当事人一方收益遭到较大影响的；

（四）承包方违约或者经营管理不善，使承包经营合同无法履行的；

（五）承包方进行破坏性、掠夺式经营，经劝阻无效的；

（六）发包方违约使承包经营合同无法履行的；

（七）企业产权制度发生变化，使承包经营合同无法履行的。

第三十一条 承包合同当事人一方要求变更或者解除合同时，应当及时通知对方，一方当事人接到另一方的书面通知后，应当自接到通知之日起 15 日内作出书面答复。双方未达成书面协议，原合同仍然有效。

变更或者解除合同，致使一方遭受损失的，除依法可以免除责任的以外，应当由责任方负责赔偿。

第五章 法律责任

第三十二条 承包方违反本条例规定，有下列行为之一的，由发包方责令改正，追回不当得利，并由承包方赔偿损失和承担其他民事责任：

（一）违反合同约定，擅自进行固定资产投资，致使企业财产遭受损失的；

（二）不具备偿还能力，盲目借贷，致使企业财产遭受损失的；

（三）违反合同规定，擅自处置企业资产造成损失的；

（四）违反财务制度，造成企业利润虚增或者虚盈实亏的。

第三十三条 承包方未完成承包合同的，应当依照合同约定承担违约责任：

（一）未完成承包利润的，扣减厂长（经理）工资。实行集体承包的，还应当以全部或者部分风险抵押金补偿承包利润；实行法人承包的，还应当以承包法人资产补偿全部或者部分承包利润；实行合伙承包或者个人承包的，还应当由承包人以其个人资产补偿全部或者部分承包利润。

（二）完成承包利润，但未完成其他承包任务指标的，应当扣减承包方承包分利。

第三十四条 在承包经营期间，企业资产被侵占、损坏、损害的，承包方应当依法赔偿或者承担其他民事责任；构成犯罪的，依法追究刑事责任。

第三十五条 发包方违反合同规定，干预承包方合法经营权或者抽调企业设备、资金，影响企业生产经营，造成承包方利益损失的，发包方应当承担违约责任，赔偿损失或者承担其他民事责任。

第三十六条 对违法向企业摊派的单位和个人，企业可以向农民负担监督管理部门或者有关主管部门举报。农民负担监督管理部门和有关主管部门接到举报后必须及时查处或者提请同级人民政府依法处理；对直接责任人员，由其所在单位或上级主管部门根据情节轻重，给予行政处分。

对拒绝摊派的企业进行打击报复的，由上级主管机关依法处理。构成犯罪的，依法追究刑事责任。

第三十七条 承包经营合同双方当事人发生纠纷时，应当协商解决；协商不成的，由乡、镇人民政府进行调解；调解不成，任何一方当事人均可以向区、县承包合同仲裁委员会申请仲裁。仲裁委员会在接到申请书二个月内作出裁决。当事人对裁决不服的，可以在收到仲裁决定书30日内向人民法院起诉。当事人也可以直接向人民法院起诉。

第三十八条 当事人对仲裁机关的仲裁决定逾期不向人民法院起诉，仲裁决定即发生法律效力，一方当事人拒不履行的，他方当事人可以向人民法院申请执行。

第六章 附 则

第三十九条 乡村股份合作制企业实行承包经营的，参照本条例执行。

第四十条 本条例具体应用中的问题，由市乡镇企业行政主管部门负责解释。

第四十一条 本条例自公布之日起施行。

北京市农村村民委员会暂行组织条例

（1985年6月11日北京市第八届人民代表大会常务委员会第二十一次会议通过）

第一条 根据中华人民共和国宪法第一百一十一条的规定，结合本市农村情况，制定本暂行组织条例。

第二条 各区、县农村按照村民居住地区设立村民委员会。村民委员会是基层群众性自治组织。

第三条 村民委员会在乡、民族乡、镇人民政府指导下进行工作。

第四条 村民委员会的任务如下：

（一）教育村民自觉遵守和执行宪法、法律、法规、政策，自觉遵守和执行人民代表大会的决议、人民政府的决定；

（二）向村民进行理想教育、道德教育、文化教育和纪律教育，组织村民制定村规民约，建设社会主义文明村；

（三）办理本居住地区的公共事务和公益事业；

（四）调解民间纠纷；

（五）协助公安机关维护社会治安；

（六）协助乡、民族乡、镇人民政府做好本居住地区的民政、文教卫生、计划生育、住宅建设规划以及生产建设等工作；

（七）向人民政府或它的派出机关反映群众的意见、要求和提出建议。

第五条 村民委员会一般按照自然村邻近的几个自然村设立。村民委员会设置的变更由乡、民族乡、镇人民政府报请区、县人民政府批准。

第六条 村民委员会由主任一人、副主任一至三人和委员若干人组成。组成人员的名额，一般五至十一人。各村民委员会的具体名额由村民讨论决定。村民委员会组成人员中，妇女应有适当名额；有一定数量少数民族的村，少数民族也应有适当名额。村民委员会组成人员由村民直接选择产生。年满十八周岁的村民都有选举权和被选举权；但是依法被剥夺政治权利的人除外。

第七条 村民委员会下设若干村民小组。组长由村民小组选举产生。

第八条 村民委员会设人民调解、治安保卫、文教卫生、计划生育、社会福利等工作委员会。人口较少的村，也可以由村民委员会组成人员分工负责人民调解、治安保卫、文教卫生、计划生育、社会福利等项工作。各工作委员会主任由村民委员会委员分别兼任，其他成员由村民委员会召集有各村民小组组长参加的会议协商决定。

第九条 村民委员会每届任期三年。村民委员会组成人员，因故不能担任职务的，可以随时补选。对违法乱纪或严重失职的，经有选举权的村民过半数通过，可以罢免。

第十条 村民委员会进行工作，应当贯彻群众路线，充分发扬民主，重大问题应当召开村民大会讨论决定。村民应当执行村民委员会有关公共利益的决议，遵守村规民约。

第十一条 村民委员会组成人员必须密切联系群众，办事公道，作风正派，遵纪守法，不强迫命令，不以权谋私。

第十二条 机关、企业、事业等单位须派代表参加当地村民委员会召集的与它们有关的会议，并遵守村规民约。

第十三条 区、县所属各部门不得直接向村民委员会布置工作，如需村民委员会协助工作，须经乡、民族乡、镇人民政府统一安排。

第十四条 本暂行组织条例自 1985 年 10 月 1 日起施行。

北京市统计管理条例

（1994年9月8日北京市第十届人民代表大会常务委员会第十二次会议通过；根据1997年9月4日北京市第十届人民代表大会常务委员会第三十九次会议《关于修改〈北京市统计管理条例〉的决定》第一次修改；根据2001年10月16日北京市第十一届人民代表大会常务委员会第三十次会议《关于修改〈北京市统计管理条例〉的决定》第二次修改）

第一章 总 则

第一条 为加强统计管理，保障统计资料的真实性、准确性和及时性，根据《中华人民共和国统计法》及其实施细则，结合本市实际情况，制定本条例。

第二条 本条例适用于本市行政区域内的国家机关、社会团体、企业事业单位、其他组织和个体工商户。基层群众性自治组织和公民，有义务如实提供国家统计调查所需要的情况。

第三条 市统计局是本市统计工作的主管部门，负责本条例的实施。

第四条 统计机构和统计人员依法独立行使统计调查、统计报告和统计监督的职权不受侵犯。

第五条 各级人民政府、各部门和各单位的领导人对统计机构和统计人员依法提供的统计资料不得自行修改；如果发现数据计算或者来源有错误，应当提出，由统计机构、统计人员和有关人员核实订正。

各级人民政府、各部门和各单位的领导人不得强令或者授意统计机构、统计人员篡改统计资料或者编造虚假数据。统计机构、统计人员对领导人强令或者授意篡改统计资料或者编造虚假数据的行为，应当拒绝、抵制，依照统计法律、法规和统计制度如实报送统计资料，并对所报送的统计资料的真实性负责。

统计机构、统计人员依法履行职责受法律保护。各级人民政府、各部门和各单位的领导人不得对拒绝、抵制篡改统计资料或者对拒绝、抵制编造虚假数据行为的统计人员进行打击报复。

第六条 各级人民政府、各部门和各企业事业单位，对统计工作应当加强领导，为统计工作提供必要的条件。

各级人民政府、各部门和各企业事业单位应当加强统计信息自动化系统建设，根据统计任务的需要配备数据处理和数据传输设备，建立健全现代化统计信息管理系统。

第七条 各级人民政府、各部门和各企业事业单位对统计工作成绩显著，执行统计法律、法规表现突出的单位和个人，应当给予表彰和奖励。

第二章 统计机构和统计人员

第八条 市和区、县统计局，乡、镇人民政府和街道办事处的统计机构，对本行政区域内的统计工作负有组织领导、管理协调和监督检查的职责。

各级人民政府统计机构，受同级人民政府和上级人民政府统计机构的双重领导，统计业务以上级人民政府统计机构领导为主。

居民委员会和村民委员会等基层群众性自治组织的统计机构或者统计人员，负责本居住地区的综合统计工作，统计业务受街道或者乡、镇统计机构的指导。

第九条 市和区、县人民政府各部门的统计机构或者指定的统计负责人，对本部门的统计工作负有管理、协调、监督和检查的职责，统计业务受同级统计局的指导。

第十条 企业事业单位、其他组织的统计机构或者指定的统计负责人，对本单位的统计工作负有管理、协调、监督和检查的职责，统计业务受上级主管部门统计机构和所在地政府统计机构的指导。

第十一条 市和区、县统计局应当有计划地对统计人员进行法律、法规和职业道德教育，加强专业培训，提高统计人员的综合素质。

统计人员必须取得市统计局统一制发的《统计证》方可从事统计工作。对统计人员的培训、考核、发证和验证工作，按照分级负责的原则，由市统计局制定具体办法。

第十二条 统计人员应当保持相对稳定。各级统计机构主要负责人和具有中级以上统计专业技术职务人员的调动，应当按照法律、法规的有关规定办理；调换统计人员时，必须先补后调。

第三章 统计调查表管理

第十三条 市和区、县统计局应当加强对统计调查的管理，政府统计调查、部门统计调查应当互相衔接，不得重复。

全市性的地方统计调查表，由市统计局制定，或者由市统计局会同有关部门制定。

区、县的地方统计调查表，由区、县统计局制定，或者由区、县统计局会同有关部门制定，报市统计局备案，并将统计资料报市统计局。

市和区、县人民政府各部门制发到本部门管辖系统内单位的统计调查表，由本部门负责人批准后，报同级统计局备案，并将统计资料报同级统计局；市和区、县人民政府各部门制发到本部门管辖系统外单位的统计调查表，由本部门负责人签署，报同级统计局审批，并将统计资料报同级统计局。

市人民政府各有关部门为完成市人民政府部署的紧急调查事项，市统计局又无此项资料的，可以制发一次性专项统计调查表，报市统计局备案，并将统计资料报市统计局。上述第三款、第四款、第五款中的统计调查表，未经审批或者备案，不得擅自制发。市和区、县人民政府的非常设机构，不得制发统计调查表。

第十四条 制发统计调查表必须附有说明书，说明调查目的、调查内容、调查对象、调查时间、指标涵义、计算方法、分类目录和统计编码等。分类目录和统计编码必须执行国家标准，没有国家标准的执行本市标准。

第十五条 制发各类统计调查表，必须在调查表的右上角标明制表机关名称、表号和执行期限。应当审批、备案的，必须标明批准、备案机关名称及批准、备案文号。

不符合前款规定或者超过执行期限的统计调查表是非法报表，任何单位或者个人均有权拒绝填报，并向市和区、县统计局举报。

第十六条 本市行政区域内的国家机关、社会团体、企业事业单位、其他组织和个体工商户，在批准成立或者领取营业执照之日起30日内，建设单位在固定资产投资新开工项目开工前，必须到市或者区、县统计局办理统计登记，并按照规定报送统计调查表。

已办理统计登记的，隶属关系、经营范围和地址等发生变化，应当自变更之日起30日内，到原登记的统计局办理变更或者注销登记。

市和区、县人民政府工商行政、编办、民政、人事和其他有关部门，在其职能范围内所记录的国家机关、社会团体、企业事业单位、其他组织和个体工商户等统计调查对象的设立、变更、注销等资料，应当及时提供给同级统计局。

第四章　统计资料管理

第十七条 本市建立健全统计数据质量监控和评估制度，加强对市和区、县国内生产总值等重要统计数据的监控和评估。

第十八条 各部门和各单位必须依法建立和健全原始统计记录、统计台账以及统计资料的审核、交接、档案和保密等项管理制度。

第十九条 各部门、各单位必须按时提供真实的统计资料，不得迟报、拒报或者提供不真实统计资料。上报的统计资料必须经本部门或者本单位领导人审核、签署。

第二十条 全市性统计数据以市统计局公布的数据为准。

市和区、县人民政府及其各部门，制定政策、计划，检查政策、计划执行情况，考核经济效益、社会效益和工作成绩，进行评比、表彰和奖励时所使用的统计资料，应当以市和区、县统计局提供或者核定的统计资料为准。

第二十一条 市和区、县统计局负责审定、公布和出版本市或者本地区的基本统计资料，并及时发布统计公报及其他各类统计资料。

市和区、县人民政府各部门公开发布本系统的统计资料，应当与同级统计局有关统计资料核对一致，并自公布之日起10日内报同级统计局备案。

宣传、新闻和出版单位需要发表尚未公布的国民经济和社会发展统计资料，全市性的，必须经市统计局核准；地区性的，必须经有关区、县统计局核准。所发表的统计资料应当注明提供单位。

第二十二条 财政、税务、工商行政、海关以及其他负责专业性统计的部门和银行、保险、证券等单位，应当向市或者区、县统计局无偿提供开展政府统计调查需要的各项资料。

第二十三条 各级统计机构应当利用统计信息资源为国民经济和社会发展以及社会公众服务，实现统计信息资源社会共享。

第二十四条 属于国家秘密的统计资料，必须保密。属于私人、家庭的单项调查资料，非经本人同意，不得泄露。

统计机构、统计人员对在统计调查中知悉的统计调查对象的商业秘密，负有保密义务。

第五章 统计检查和监督

第二十五条 市和区、县统计局的统计检查机构，在本行政区域内依法行使统计检查监督的职权，负责组织本行政区域内的统计检查和查处统计违法行为。

市和区、县人民政府各部门统计机构的兼职统计检查员，在同级统计局的指导下，负责组织本部门或者本系统的统计检查工作。

乡、镇人民政府和街道办事处的统计机构的兼职统计检查员，在区和县统计局的领导下，负责组织本行政区域内的统计检查工作。

第二十六条 统计检查员由市统计局统一组织培训，经考核合格后发给《统计检查证》。

统计检查员在执行统计检查监督任务时，应当出示《统计检查证》，不出示证件的，被检查单位有权拒绝接受检查。

第二十七条 统计检查机构或者统计检查员在执行公务时，被检查单位和个人应当协助检查，如实提供原始统计记录、统计台账、统计调查表以及与统计有关的其他资料。

第二十八条 任何单位和个人，有权对违反统计法律、法规的行为检举、揭发和控告，并受法律保护，任何人不得打击报复。

第六章 法律责任

第二十九条 各级人民政府、各部门和各单位的领导人自行修改统计资料、编造虚假数据或者强令、授意统计机构、统计人员篡改统计资料或者编造虚假数据的，依法给予行政处分，市或者区、县统计局予以通报批评。

各级人民政府、各部门和各单位的领导人对拒绝、抵制篡改统计资料或者对拒绝、抵制编造虚假数据行为的统计人员进行打击报复的，依法给予行政处分；构成犯罪的，依法追究刑事责任。

第三十条 企业事业单位和其他组织违反本条例规定有下列行为之一的，由市或者区、县统计局予以警告，可以并处罚款：

（一）提供不真实统计资料的，可以处 2 万元以下罚款；情节严重的，可以处 2 万元以上 5 万元以下罚款。

（二）拒报或者屡次迟报统计资料的，可以处 2 万元以下罚款。

个体工商户有前款违法行为之一的，由市或者区、县统计局予以警告，可以并处 1 万元以下罚款。

第三十一条 利用统计调查损害社会公共利益或者进行欺诈活动的，由市或者区、县统计局责令改正，没收违法所得，可以并处违法所得 1 倍以上 3 倍以下罚款；没有违法所得的，可以处 3 万元以下罚款。

第三十二条 对提供不真实统计资料骗取荣誉称号、物质奖励或者晋升职务的，由有关部门取消其荣誉称号、追缴物质奖励和撤销晋升的职务。

第三十三条 统计调查对象中的国家工作人员，有《中华人民共和国统计法实施细则》第三十二条所列行为之一的，市或者区、县统计局可以提出建议，由其所在单位或者其主管机关、监察机关给予行政处分。

第三十四条 各级人民政府统计机构的统计人员和统计检查人员，玩忽职守、徇私舞弊和滥用职权尚未构成犯罪的，其所在部门或者上级主管机关应当给予行政处分。

第三十五条 违反统计法律构成犯罪的，依法追究刑事责任。

第七章 附 则

第三十六条 在本市行政区域内开展涉外社会调查活动，按照国家有关规定执行。

第三十七条 本条例自 2001 年 12 月 1 日起施行。

二、政府规章及市委、市政府（含办公厅）重要文件

北京市农村土地联产承包责任制合同管理暂行办法

京政发［1988］77 号

第一条 为加强农村土地联产承包责任制合同管理，保护合同当事人双方的合法权益，根据国家有关规定，结合本市实际情况，制定本办法。

第二条 在本市行政区域内，农村集体经济组织与其成员签订的承包集体所有的土地从事粮食、蔬菜、经济作物、林果种植或者水产养殖等生产经营的农村土地联产承包责任制合同（以下统称承包合同），均适用本办法。

第三条 市、区、县、乡、镇农村合作经济经营管理站，是同级人民政府主管承包合同的管理机构。

第四条 承包合同的发包方为农村集体经济组织。发包的项目和承包经营办法，由农村集体经济组织社员大会或代表大会民主讨论决定。

第五条 承包合同应具备以下主要条款：

（一）承包土地的面积、范围、规模。

（二）承包经营项目。

（三）承包经营期限。

（四）土地、果树、鱼塘以及其他生产资料的质量等级评价。

（五）承包指标。

（六）发包方提供的生产、服务条件；承包方应采取的生产、技术措施，保护地力、树势及农田设施的责任及措施。

（七）承包收益的分配办法。

（八）因不可抗力等原因造成减产、减收或绝产、绝收的处理方法。

（九）违约责任和奖惩办法。

（十）双方议定的其他事项。

第六条 发包方和承包方就承包合同条款协商一致，签字盖章，合同即为成立。

合同签订后，当事人一方或者双方均可向承包合同的管理机构申请鉴证，确认承包合同的真实性与合法性。

第七条 以下承包合同为无效：

（一）违反国家法律、法规、政策和本市法规、规章的合同。

（二）损害国家、集体利益和社会公共利益的合同。

（三）采取欺诈、胁迫及其他不正当手段签订的合同。

（四）集体经济组织的干部营私舞弊，违背民主议定原则签订的合同。

（五）发包方无权发包的合同。

（六）未经发包方同意的转包合同。

承包合同确认无效，有过错的一方应当赔偿对方因此遭受的经济损失，如果双方都有过错，各自承担相应的责任。

第八条 发生下列情况之一的，允许变更或者解除承包合同：

（一）当事人双方经过协商一致，并且不因变更或者解除合同而损害国家、集体利益的。

（二）承包经营的土地被国家征用的。

（三）因自然灾害等不可抗力的原因，致使合同部分或全部不能履行的。

（四）一方违约，致使合同无法履行或者没有必要继续履行的。

（五）承包方进行破坏性、掠夺性生产经营，经发包方劝阻无效的。

（六）因税收、市场价格发生重大变化，致使合同当事人一方收益受到较大影响的。

（七）承包方转营他业，并有稳定收入，承包者本人不按合同从事生产的。

（八）因生产经营规模不适度，造成土地产出率下降的。

（九）土地、果树划分过于零散，不利于耕作或管理的。

（十）根据发展生产提高劳动生产率的需要，在劳动力得以合理安排，生产技术等条件又具备的情况下，实行专业承包适度规模经营的。

因本条第（六）、（七）、（八）、（九）、（十）项变更或解除承包合同的，应当经农村集体经济组织社员大会或代表大会民主讨论决定。

变更、解除承包合同的通知或协议，应采用书面形式。

第九条 解除承包合同，承包方在原承包的土地上打井、修渠、平整土地、培植幼树以及改良土壤效果明显而增加的投资，由发包方给予补偿。

第十条 承包合同争议，合同当事人应当本着有利于生产经营、有利于团结的原则，协商解决；协商不成的，任何一方均可向当地承包合同管理机构申请调解或者仲裁，调解不成或者对仲裁不服的，可以向人民法院起诉。

第十一条 农村土地联产承包合同性质的协议书、任务书，参照本办法管理。

第十二条 本办法具体执行中的问题，由市农村合作经济经营管理站负责解释。

第十三条 本办法自1988年9月15日起施行。

中共北京市委、北京市人民政府
关于加强乡村合作社建设，巩固发展集体经济的决定

京发［1991］2号　1991年1月22日

北京郊区乡、村合作经济组织，经过实行政社分设和联产承包责任制的改革，扩大了自主权，增强了内部活力，促进了商品经济发展，巩固和加强了集体经济在农村经济中的主体地位。但是，乡（含镇，下同）、村合作经济的组织还不健全，双层经营体制还不完善，一部分乡、村合作经济组织实力比较薄弱。为了继续深化改革，健全乡、村合作经济组织，发展壮大集体经济，加快农村现代化建设步伐，特作如下决定。

一、统一对乡村合作经济组织性质、地位的认识

（一）现在的乡、村合作经济组织，是在原来农业生合作社和人民公社的基础上经过改革形成的，是社会主义劳动农民集体所有制的合作经济组织。

乡、村社区的土地，除法律规定为国家所有的以外，属于乡、村合作经济组织全体成员集体所有；宅基地和自留地、自留山也属于集体所有；集体资产，包括村办和乡办企业资产，分别属于村合作经济组织和乡合作经济组织全体社员集体所有，任何单位和个人不得无偿调拨或侵占。乡村合作经济组织实行种植业、林业、畜牧业、渔业全面发展，农业、工业、建筑业、运输业、商业、服务业综合经营，并在本乡、本村范围内，兴办各种公益事业。因此，它是具有综合性和社区性的合作经济组织，与专业性合作经济组织相区别，亦与社区性的村民自治组织相区别。

乡村合作经济组织依据民主集中制原则，由社员共同商定章程，实行民主管理，自主经营，独立核算，自负盈亏。在行政主管部门登记后，取得法人资格。

（二）乡、村合作经济组织在农村经济中居于主导地位，是党和政府联系农民的重要桥梁和纽带，在推进农业现代化，促进农村经济社会协调发展，以及在商品生产中争取和维护农民利益，带领农民共同致富等方面，具有不可替代的作用。加强乡、村合作经济组织建设，巩固发展集体经济，是各级党委和政府的一项经常性的重要任务。

二、规范名称、健全机构

（三）农村基层合作经济组织一般以行政村（原人民公社的生产大队）为单位设置，名称为村经济合作社（国营农场内的集体所有制生产大队名称为农村工商合作社），简称“村合作社”。原各基本核算单位的财产不得无偿调拨。如社员议定不改变一村多队的体制，可以保留有自己土地和财产的生产队，作为村合作社的下属组织，也可以建村合作社分社。

在乡范围内设村合作社分社的联合组织，名称为乡合作经济联合社，简称“乡（镇）联社”。乡联社和村合作社是经济合作、联合的关系，根据联合社章程履行各自的权利和义务，经济彼此独立，不得无偿调拨。改称村合作社和乡联社以后，原同级的农工商公司和农工商联合总公司签订的经济合同继续有效，需要时也可以公司名义，继续对外进行业务联系。

（四）村合作社的最高权力机构是社员大会或社员代表大会。

村合作社的最高权力机构是社员大会或社员代表大会选举产生的管理委员会，简称“管委会”。管委会由社长、副社长和委员组成。管委会根据社章和社员大会或社员代表大会决议，负责处理日常社务工作。管委会一般任期三年，可以连选连任。村合作社和村民委员会的干部可以交叉任职，规模小，经济不发达的村，也可以两块牌子，一套班子。

（五）村合作社设监察委员会（规模过小的社可以只设监察员），由社员大会或社员代表大会选出监察委员会成员，监察委员会或监察员 3 年改选一次，可以连选连任。

（六）乡联社的最高权力机构是团体社员代表大会。团体社员代表大会代表由各村合作社在本村的社员即在乡办企业工作的社员分别选举。为了便于议事，可以选举村合作社社长及乡办企业的厂长（经理）等担任代表。其管理机构是由代表大会选举产生的管理委员会。管委会对代表大会负责，处理乡联社日常工作，任期三年，可以连选连任。管委会设社长 1 名，副社长 1～3 名，根据工作需要，设置若干职能机构。

三、明确乡、村合作社的职能和主要任务

（七）乡、村合作社均应承担生产经营、合作服务、协调管理、资源开发、资产积累等职能；并可受政府委托，完成某些行政任务。

（八）村合作社和乡联社的基本任务是推进农业和农村现代化，逐步实现农民的共同富裕。具体任务是：

（1）遵守国家政策法令，接受国家计划指导，完成国家订购任务，照章纳税，维护合作社和农民的合法权益，服务首都，富裕农民。

（2）合理开发利用和保护土地、山林等资源，开展农田水利等基本建设，搞好农业生产；发展多种经营，兴办集体企业，扩大就业门路，壮大集体经济实力。

（3）发展专业分工、适度规模经营，推进技术进步，努力提高土地产出率、劳动生产率和农产品商品率。

（4）加强合作服务，为生产经营单位和农户提供信息、良种、肥料、机械、灌溉、植保、防疫、饲料、加工、贮运、销售等项服务；支持和帮助社员发展家庭经济。

（5）加强经济核算，实行企业化管理，努力提高经济效益；管好用好集体资产，确保集体财产的更新和增值；正确处理国家、集体、个人三者利益关系，逐步提高社员收入水平，不断增加公共积累。

（6）会同乡政府、村民委员会兴办社会公益事业，搞好精神文明建设。

（7）在乡、村党组织领导下，经常对社员进行社会主义教育，组织社员学习文化知识和科学技术。

（8）乡联社除完成以上任务外，要着重搞好本社范围的生产建设规划和合理布局，搞好对村合作社的指导、协调、服务，发展各专业的系列化、集团化生产。

四、实行统分结合、双层经营，搞好各业责任制

（九）乡、村合作社实行统分结合、双层经营，搞好责、权、利相结合的生产责任制，坚持发挥集体的优越性和生产单位与个人的积极性。同时积极发展各种形式的引进、联合，以实现生产要素的优化组合。

（十）农业经营一般实行联产承包责任制。方式应当因地制宜，根据生产力水平和合作社社员的意愿确定。在条件具备的地方，应当实行适度规模经营的专业场、队、组、户联产承包；在经济不发达的地方，要稳定完善家庭联产承包，或者实行适合当地特点的其他承包方式。

（十一）乡、村集体企业，一般实行集体承包、厂长负责的办法。少数小型、微利、亏损企业可以承包给个人，也可以实行租赁经营。企业承包要制定科学的指标体系，注意承包者的资格审查，搞好企业资产的核算评估和效益审计。企业利润留成用于积累部分，所有权归乡、村合作社。基数包干的企业，承包后新增的资产，除个人投资部分外，归集体所有；个人投资，可以作为借款或股金处理。

（十二）新办、扩建企业或开发性项目，可以集体投资，也可以社员集资入股或与外单位合资兴办。

（十三）实行承包经营的集体生产项目，都要签订书面合同。农业联产承包合同的签订、变更、解除应严格执行《北京市联产承包合同条例》，集体工商、建筑企业承包合同也应参照此条例的有关规定办理。

（十四）乡、村合作社及其所属企业要建立内部劳动管理制度，制定劳动定额和报酬标准，克服劳动报酬的平均主义或分配不公；开展专业技术岗位培训，逐步建立任职资格认定制度；开展社会主义劳动竞赛，定期总结评比，对表现突出者给予表彰奖励。

（十五）集体经营的生产项目，应优先安排本社社员就业。本社劳动力外出须经合作社批准，并承担合作社规定的义务。合作社培养的管理人员、技术人员要求到社外谋职，应提前 6 个月向合作社提出申请，经批准离开的，要交纳培训费。

有条件的地方，应逐步实行合作养老制度。

五、加强财务管理，壮大集体经济实力

（十六）不断壮大集体经济实力，是乡、村合作社存在和发展的基础，是发挥其职能作用的物质保证。因此，必须坚持勤俭办社的方针，加强集体资产管理，健全财务制度，实行经济核算，搞好收益分配。

（十七）乡、村合作社对集体资金、财产要建立使用、维护、管理和折旧的制度，确保资金保本增值。固定资产必须足额提取折旧，未经上级主管部门批准，不许少提或不提。实行综合折旧的，折旧率不低于 8%，有条件的，应当实行单项折旧。流动资金要实行计划管理，加速周转，严格控制非生产性开支，杜绝长期拖欠、挪用、贪污、浪费。合作社及其企事业每年要对资金、财产清查、盘点一次，换届离任时要进行清产核资，根据资产增减状况予以奖罚。

（十八）乡、村合作社及其农工商企业，都要推行企业化管理，加强经济核算，努力提高劳动生产率，降低消耗，提高效益。乡、村集体以工补农、建农资金应主要用于改善农业物质技术条件。集体对承包者和农户提供服务，要按等价有偿、不低于成本的原则合理收费。

（十九）乡、村合作社的收益分配，要兼顾国家、集体、企业和个人四者的利益，要保证国家税收，按期归还贷款，逐步增加积累和企业后劲，稳步提高社员生活水平。反对分光吃净，严禁跨空分配。各业的劳动报酬，既要同经济效益挂钩，又要坚持按劳分配原则，保持大体平衡。

（二十）乡、村合作社实行多渠道积累。各业承包必须合理确定上交集体提留的比例，集体积累的增长速度应高于个人收入增长速度；建立农业发展基金制度；国家征用集体土地的补偿费、国家减免的税款，要留作集体积累，不得用于个人分配。

健全劳动积累制度。合作社符合劳动力标准的社员（包括个体工商户、外出劳动者）每人每年出劳动积累工 15 个，用于农田水利基本建设；出义务工 5 个，用于植树造林、防汛抢险、公路建勤、修缮校舍等。不能出工的以资顶工。

（二十一）为加强集体积累的管理，提高资金使用效益，乡、村合作社可以按照自愿互利原则建立合作基金会，资金所有权不变，由合作基金会对集体闲散资金集中管理并采取有偿使用办法，用于支持本乡、本村合作社及其企业和农户发展生产，但不得办理个人存款和对外发放贷款。合作基金会不设金库，现金余额存入信用社。

未建立乡合作基金会的地方，必要时可以实行集体资金“村有乡管”的办法，由乡经管站对村合作社的资金使用进行审查控制。

（二十二）在乡、村合作社实行专业会计制度。会计要经过培训，凭会计证书上岗。乡、村合作社主管会计的任免和调动要分别经过县（区）、乡合作经济经营管理站批准；乡、村合作社所属企事业主管会计的任免调动，要经过本社管委会的批准。专业会计发现支出或收入违犯财务制度，在申明理由以后，有权拒付拒收。有争议时，分别由乡、村合作社管委会和县（区）、乡经管站处理。

（二十三）在乡、村合作社逐步实行审计监督制度。对乡、村合作社及其企事业的监督审计，由各级人民政府农村合作经济经营管理部门设立的农村审计机构组织实施。乡、村合作社根据需要也可以建立审计机构，实施经常的内部审计。

六、认真实行民主办社

（二十四）村合作社的经济发展规划、重大经营决策、经营方式、承包方案、年度收支计划、分配方案等重要事务，都应通过社员代表大会或社员大会讨论确定。村合作社的社长和管委会、监委会委员通过社员代表大会或社员大会选举产生。

（二十五）村合作社社员代表大会或社员大会实行例会制度，每年至少召开两次。社员代表大会须有 2/3 以上的代表参加，社员大会须有半数以上的社员参加，决议方为有效。社员代表大会或社员大会一般由社长召集，会议决定的事项应及时传达到全体社员。但罢免管委会成员的会议须经党支部同意，由监察委员会或监察员召集。

村合作社实行财务公开，至少每半年向社员公布一次账目。

（二十六）管理委员会要经常征求社员意见，并负责落实、答复社员的建议、批评和质询。

（二十七）监察委员会或监察员负责监督管委会成员执行社章和社员代表大会或社员大会的决议，遵守工作规则，检查合作社财务制度是否严格执行等。监察委员会或监察员，可以列席管委会会议。

（二十八）乡联社团体社员代表大会至少半年召开一次，行使以下职权：（1）制定和修改乡联社章程；(2) 选举乡联社社长、副社长和管委会委员；(3) 决定乡联社重大企业事业项目的开办、联营和关闭；(4) 讨论通过乡联社利润分配原则、企业承包原则和责任制形式；(5) 审查和批准乡联社管委会提交的工作报告、经济发展规划、年度收支计划和年度决算报告；(6) 决定乡联社其他重大事项。

七、社员、干部的权力与义务

(二十九) 凡年满16周岁的本村农民，要求入社并承认社章、承担相应义务者，经管理委员会同意，均可成为户籍所在地经济合作社的社员。户口迁出者，其社员资格自然取消；其权力、义务，在办理终止承包合同、清理债权债务等有关手续后，同时终止。

社员有退社自由，社员退社不能带走土地和集体积累资金。社员重新入社或转让（嫁娶除外），原则上应提交一定数额的积累基金。

(三十) 社员有以下权利：(1) 承包合作社的生产项目，按合同规定行使经营自主权；参加社内劳动，取得劳动报酬。(2) 监督集体财产的管理使用，监督管理人员的工作，向管委会提出批评、质询和建议。(3) 享受集体提供的生产生活服务和劳保福利。(4) 行使表决权、选举权，有被选举权。此外，社员可以个人身份从事社外经营，参加其他经济组织。

(三十一) 社员必须履行以下义务：(1) 遵守合作社章程和各项制度，执行合作社决议。(2) 爱护国家和合作社财产，按时交纳集体提留（包括公积金、公益金和管理费），出劳动积累工和义务工。(3) 完成国家农产品定购任务。(4) 服从合作社领导，维护合作社团结。

(三十二) 乡、村合作社的干部应遵守以下工作规则：

(1) 办事公道，不以权谋私；

(2) 作风民主，不脱离群众；

(3) 工作认真，不玩忽职守；

(4) 廉洁奉公，不损公肥私。

(三十三) 建立干部任期目标责任制，干部报酬要同完成的工作任务和经营成果相联系。乡、村合作社干部不得从事同本社集体经营项目有竞争性的私人经营。

(三十四) 国家职工经社员代表大会选举，可以担任乡、村合作社及其企事业单位的管理和技术职务。国家仍保留其职工身份，在其任满返回后继续分配工作。

八、加强党和政府对合作社的领导、扶持和管理

(三十五) 发展农村合作制，巩固壮大集体经济，是在郊区农村建设具有中国特色的社会主义的重要任务和基本依靠。各级党委和政府要加强对郊区合作经济的领导，在加强乡村社区合作社建设的基础上，积极发展专业性的合作与服务；在坚持以集体所有制为主体的同时，继续发展多种经济成分，并依靠国营和集体经济，引导个体经济更好地为社会主义建设服务。

(三十六) 根据国家支持公有制经济发展的原则，市县（区）、乡（镇）政府和有关部门要继续加强对乡、村合作社和专业合作组织的支持和帮助，在财政、税收、信贷、能源、物资供应等方面给予优惠，扶持农村合作经济的发展。市县（区）财政要建立支持

乡、村合作社发展基金，主要用于支持集体实力薄弱的穷社发展生产和培训干部。

（三十七）努力减轻乡、村合作社的负担。任何组织和部门未经主管部门审核并报经市县（区）政府批准，不得对乡、村合作社及其企事业单位随意摊派。农村教育、计划生育、优抚救济、征兵献血、民兵训练、修路建桥等各项公共事业经费，由乡（镇）人民代表大会定项限额并提出预算，报县（区）人民政府批准，经乡（镇）政府统筹，再由该地域内的国营企事业单位、专业合作组织、经济联合体、私营企业、个体户和乡、村合作社共同负担，而不应全部由乡、村合作社承担。乡政府的财政与乡联社的财务要逐步分开，需用乡联社收入补贴的行政事业支出，要按比例或限额提取，不得随意追加。

（三十八）乡（镇）党委和村党支部要在乡、村合作社建设和经济发展中发挥核心领导作用，结合实际贯彻党的路线、方针、政策，对重大问题党内要先进行讨论，要向合作社推荐主要干部，抓好思想教育工作，同时要模范遵守合作社章程，尊重社员民主权利，支持社干部的工作，教育党员在发展农村合作经济中发挥模范带头作用。

（三十九）市县（区）要组织党校、干校和农业院校为经济合作社培训干部和专业会计，逐步建设一支有较高政治、业务水平的办社骨干队伍。

（四十）市县（区）党委农村工作部门和政府农委、农办，根据本决定共同负责指导乡、村合作社的工作。乡（镇）政府负责本行政区域内经济合作社的行政管理工作。市县（区）、乡农村合作经济经营管理站，是同级政府对乡、村合作社的经营管理进行综合指导的部门，办理乡、村合作社的法人登记工作；有关行业管理部门负责对乡、村合作社办的企、事业进行专业指导，要分工协作，共同为合作社建设和发展出力。

北京市会计管理办法

（1998 年 5 月 15 日北京市人民政府令第 4 号发布）

第一章　总　　则

第一条　为加强本市会计工作的管理，根据《中华人民共和国会计法》和有关法律、法规，结合本市实际情况，制定本办法。

第二条　凡本市国家机关、社会团体、企业、事业单位、个体工商户和其他组织（以下统称“单位”）办理会计事务，必须遵守《中华人民共和国会计法》（以下简称《会计法》）和本办法。

第三条　市和区、县财政局负责管理本行政区域内的会计工作。

第四条　各单位的业务主管部门管理本单位、本系统的会计工作。

第五条　单位领导人领导会计机构、会计人员和其他人员执行《会计法》和本办法，保证会计资料的合法、真实、准确、完整，保障会计人员的职权不受侵犯。任何单位和个人不得对依法行使职权的会计人员打击报复。

对认真遵守和执行会计法律、法规和本办法，忠于职守，做出显著成绩的会计机构、会计人员，予以表彰和奖励。

第二章　会计核算

第六条　下列事项，应当办理会计手续，进行会计核算：

（一）款项和有价证券的收付；

（二）财物的收发、增减和使用；

（三）债权、债务的发生和结算；

（四）资本、基金的增减和经费的收支；

（五）收入、费用、成本的计算；

（六）财务成果的计算和处理；

（七）其他需要办理会计手续、进行会计核算的事项。

第七条　会计凭证、会计账簿、会计报表和其他会计资料必须符合国家统一的会计准则、会计制度的规定。不得伪造、变造会计凭证、会计账簿，报送虚假的会计报表。

用电子计算机进行会计核算的，对使用的软件及其生成的会计凭证、会计账簿、会计报表和其他会计资料的要求，应当符合国务院财政部门的规定。

第八条　办理本办法第六条规定的会计事项，必须填制或者取得合法的原始凭证，并及时送交会计机构。

会计机构、会计人员必须对原始凭证进行审核，并根据经过审核的原始凭证编制记账凭证。不得填制不符合国家统一的会计准则、会计制度规定的发票、收据等原始凭证。

第九条　各单位应当按照国家统一的会计准则、会计制度的规定，设置会计科目和会计账簿。会计机构、会计人员应当根据经过审核的原始凭证和记账凭证以及国家统一的会计准则、会计制度的有关规定记账。对各单位设置的总分类账、现金日记账、银行存款日记账，财政部门应当实行监管制度。

第十条　各单位采用的会计处理方法前后各期应当一致，不得随意变更；确需变更的，应当将变更的情况、变更的原因及其对单位财务状况的影响，在财务报告中予以说明。

第十一条　各单位的开支必须符合国家规定的范围和标准。核算成本必须按照国家规定的成本核算办法计算，不得以估计成本、定额成本、计划（预算）成本代替实际成本或者任意调整成本。

第十二条　各单位应当建立、健全财产清查制度。在编制年度财务报告前，应当对全部资产进行清查，清查中出现的盘盈、盘亏、报废、削价损失等情况，应当按照国家和本市的有关规定处理。

第十三条　各单位必须按照国家统一的会计准则、会计制度的规定，根据账簿记录编制财务报告，并按期报送财政部门和有关部门。

财务报告由单位领导人和会计机构负责人、会计主管人员签名或者盖章。设置总会计师的单位还应有总会计师签名或者盖章。

单位领导人对财务报告的合法性、真实性承担法律责任。

第十四条　各单位应当建立、健全内部财务管理制度，对本单位的财政收支、财务收支及财产物资实行严格的监督控制。

第十五条 会计凭证、会计账簿、会计报表和其他会计资料，应当按照国家有关规定建立档案。会计档案的保管和销毁，应当按照国家有关规定处理。

第三章 会计监督

第十六条 各单位的会计机构、会计人员对本单位实行会计监督。

第十七条 会计机构、会计人员对不真实、不合法的原始凭证不予受理；对记载不准确、不完整的原始凭证应当退回，并要求其更正、补充。

第十八条 会计机构、会计人员认为是违法的收支，应当制止和纠正；制止和纠正无效的，应当向单位领导人提出书面意见，要求处理。单位领导人自接到书面意见之日起10日内作出书面决定，并对决定承担责任。

对严重违法损害国家和社会公众利益的收支，会计机构、会计人员应当向主管单位或者财政、审计、税务机关报告，接到报告的机关应当负责处理。

第十九条 各单位应当加强内部审计监督，建立健全内部审计制度。

第二十条 各单位必须依照法律和国家有关规定接受财政、审计、税务机关的监督和检查，如实提供会计凭证、会计账簿、会计报表和其他会计资料以及有关情况，不得拒绝、隐匿、谎报。

第二十一条 各级财政、审计部门应当加强对企业年度会计报表审计制度的管理。

第二十二条 各级财政、审计部门应当加强对会计师事务所、审计事务所的监督检查，每年应当抽查一定数量由注册会计师出具的企业年度会计报表审计报告。

第四章 会计机构和会计人员

第二十三条 各单位应当根据会计业务的需要设置会计机构，或者在有关机构中设置会计人员，并指定会计主管人员。不具备设置会计机构或者会计人员条件的，可以委托经批准设立的会计咨询、服务机构进行代理记账。

第二十四条 会计机构应当建立健全会计人员岗位责任制度和内部稽核制度。

会计机构中的出纳人员不得兼管稽核、会计档案保管及收入、费用、债权、债务账目的登记工作。除出纳人员外，会计人员不得经管现金、有价证券和票据。

第二十五条 会计人员实行持证上岗管理制度。

各单位任用的会计人员应当持有《会计证》。任何单位不得任用未取得《会计证》的人员独立担任会计工作。

第二十六条 各单位依法设置总会计师，应当由具有会计师（含会计师）以上专业技术任职资格的人员担任。

第二十七条 单位任用或者变动总会计师及会计机构负责人，应当依照国家规定执行，并同时向同级财政部门备案。

第二十八条 一般会计人员的任用或者变动，应当事先征求本单位总会计师或者会计机构负责人的意见。

第二十九条 会计机构、会计人员的主要职责是：

（一）按照《会计法》和本办法的有关规定进行会计核算和会计监督；

（二）拟定本单位财务收支计划，编制年度决算及制定单位内部财务会计管理制度；

（三）拟定本单位办理会计事务的具体办法；

（四）参与拟定经济计划、业务计划，考核、分析预算、财务计划的执行情况；

（五）参与本单位的重大投资、产权变动、资产处置等经济活动的论证、决策与管理工作；

（六）检查本单位和所属单位的会计核算、财务收支、资金使用和财产保管、收发、计量、检验等工作情况以及财经纪律执行情况，并提出意见和建议；

（七）办理其他会计事务。

第三十条 会计人员工作调动或者离职，必须按照国家有关规定，在30日内与接管人员办清交接手续。

单位被依法撤销、合并、分立，会计人员应当会同有关人员编制单位的资金、债权、债务以及其他财产的移交清册，向有关部门或者组织办理交接手续。

办理以上交接手续，必须执行法定的监交制度。

移交人员对所移交的会计凭证、会计账簿、会计报表和其他会计资料的合法性、真实性承担法律责任。

第五章 法律责任

第三十一条 单位领导人有下列违法行为之一的，应当给予行政处分；构成犯罪的，依法追究刑事责任：

（一）违反或者胁迫、指使、授意他人违反《会计法》和本办法有关会计核算规定的；

（二）接到会计人员要求对违法收支作出处理决定的书面意见后，无正当理由逾期不作出处理决定的；

（三）对按照《会计法》及本办法履行职责的会计人员进行打击报复的。

第三十二条 会计人员有下列违法行为之一的，应当给予行政处分；构成犯罪的，依法追究刑事责任：

（一）违反《会计法》和本办法有关会计核算规定的；

（二）对违法的收支予以办理的；

（三）对违法的收支不制止，不纠正，又不向单位领导人提出书面意见或者报告的；

（四）对严重违法损害国家和社会公众利益的收支不向主管部门或者财政、审计、税务部门报告的。

第三十三条 单位领导人、会计人员和其他人员伪造、变造、故意毁灭会计凭证、会计账簿、会计报表和其他会计资料的，或者利用虚假的会计凭证、会计账簿、会计报表和其他会计资料偷税或者损害国家利益、社会公众利益的，由财政、审计、税务机关或者其他有关主管部门依据法律、行政法规规定的职责负责处理，追究责任；构成犯罪的，依法追究刑事责任。

第三十四条 对会计师事务所、审计事务所和注册会计师违反《会计法》、《中华人民共和国注册会计师法》或者审计准则、规则，有意隐瞒真实情况，甚至通同作弊的，由市财政局依法取消其注册会计师的执业资格；情节严重的，由工商行政管理部门依法吊销该会计师事务所或者审计事务所的营业执照。

第六章 附 则

第三十五条 各级人民政府及有关综合部门，应当协助、配合做好会计工作。

第三十六条 本办法执行中的具体问题，由市财政局负责解释。

第三十七条 本办法自1998年7月1日起施行。

北京市农业联产承包合同纠纷仲裁办法

（1991年1月4日北京市人民政府批准，1991年3月1日北京市人民政府农林办公室发布）

第一条 为正确、及时解决农业联产承包合同纠纷，维护农村集体经济组织及其成员双方的合法权益，根据《北京市农业联产承包合同条例》（以下简称《条例》），制定本办法。

第二条 本办法适用于本市行政区域内农业联产承包合同纠纷的仲裁。本办法所称农业联产承包合同（以下简称承包合同），是指本市农村集体经济组织与其成员之间为从事粮食、蔬菜、林果、畜牧、水产等种植业和养殖业生产经营活动，以承包的方式明确双方权利义务关系而订立的协议。

第三条 区、县承包合同仲裁委员会（以下简称仲裁委员会）负责本区、县承包合同纠纷的仲裁。仲裁委员会由区、县人民政府有关部门负责人组成。区、县农村合作经济经营管理站为仲裁委员会的日常办事机构。仲裁委员会设仲裁员，办理承包合同纠纷案件。

第四条 仲裁委员会仲裁承包合同纠纷，必须以事实为根据，以法律为准绳，当事人双方在适用法律上一律平等。

第五条 仲裁承包合同纠纷，实行回避、公开处理和一次裁决制度。

第六条 当事人认为仲裁员与本案有利害关系或者有其他关系可能影响公正仲裁的，有权申请其回避。

仲裁员认为自己与本案有利害关系或者其他关系，应当申请回避。仲裁员的回避，由仲裁委员会决定。

第七条 当事人向仲裁委员会申请仲裁，应当从其知道或者应当知道权利受侵害之日起1年内提出。

第八条 农村集体经济组织作为当事人参加仲裁，其负责人为法定代表人。集体经济组织成员以家庭作为当事人参加仲裁，其户主为代表人；集体经济组织成员以专业场（队、组）作为当事人参加仲裁，应当推选1人为代表人。承包合同纠纷当事人，可以委托1至2人代理参加仲裁。委托他人代理参加仲裁的，必须向仲裁委员会提交授权委托书。授权委托书应当载明委托事项和权限。

第九条 承包合同发生纠纷，当事人应当协商解决；协商不成的，可以向所在乡、镇农村合作经济经营管理站申请调解；10日内未达成调解协议的，任何一方当事人均可向所在区、县仲裁委员会申请仲裁。

第十条 当事人申请仲裁，应当提交仲裁申请书、承包合同、鉴证书或公证书以及有关证据。仲裁委员会收到仲裁申请书后，应当在7日内作出是否受理的决定。申请仲裁的一方是申诉人，被申请仲裁的一方是被诉人。

第十一条 有下列情况之一的，仲裁委员会不予受理：

（一）经济合同纠纷、民事纠纷等非承包合同纠纷。

（二）未经乡、镇农村合作经济经营管理站调解，或正在调解尚未满10日的承包合同纠纷。

（三）超过时效的承包合同纠纷。

（四）人民法院已经受理的承包合同纠纷。

（五）人民法院的判决、裁定已经发生法律效力或者仲裁已经终结，当事人又申请仲裁的。

第十二条 仲裁委员会决定受理后，应在5日内将申请书副本送达被诉人。被诉人应当自收到申请书副本之日起15日内，向仲裁委员会提交答辩书和有关证据。被诉人不提交答辩书的，不影响案件的处理。

第十三条 复杂的承包合同纠纷案件，由仲裁委员会指定3名仲裁员组成仲裁庭处理。仲裁庭评议案件，实行少数服从多数的原则。简单的承包合同纠纷案件，可以由1名仲裁员处理。

第十四条 承包合同纠纷仲裁实行开庭处理。开庭时，仲裁庭或仲裁员应当认真听取申诉人陈述和被诉人答辩，严格审查核实有关证据，征询当事人双方的最后意见，并依法作出裁决。疑难案件由仲裁庭评议提出意见，报仲裁委员会依法作出裁决。经两次书面通知，当事人无正当理由拒不到庭参加仲裁的，仲裁委员会可以缺席裁决。

第十五条 仲裁委员会仲裁承包合同纠纷，应在2个月内作出裁决，并制作裁决书送达当事人。

第十六条 仲裁委员会收集与案件有关的证据、进行现场勘察或者对物证进行技术鉴定时，有关单位或个人应当予以协助。

第十七条 因承包合同纠纷停止生产活动的，仲裁委员会在处理承包合同纠纷时，可裁定先行恢复生产，然后解决纠纷。

第十八条 当事人对仲裁委员会裁决不服的，可以在接到裁决书之日起15日内向人民法院起诉。当事人一方期满不起诉又不履行裁决的，另一方可以向人民法院申请执行。

第十九条 承包合同纠纷当事人可以不经调解或者仲裁，直接向人民法院起诉。承包合同纠纷案件仲裁过程中，申诉人或被诉人一方或双方向人民法院起诉，并经人民法院受理的，仲裁即告终结。

第二十条 本办法执行中的具体问题，由市人民政府农林办公室负责解释。

第二十一条 本办法经市人民政府批准，自1991年3月1日起施行。

中共北京市委、北京市人民政府关于认真贯彻落实《中共中央、国务院关于切实做好减轻农民负担工作的决定》的通知

京发［1997］1号　1997年3月6日

各区、县委、各区、县政府、市委、市政府各部委办局，各总公司，各人民团体，各高等院校：

《中共中央、国务院关于切实做好减轻农民负担工作的决定》（中发［1996］13号，以下简称《决定》）中指出，近几年来，减轻农民负担工作取得了一定的成效，但是，农民负担重的问题还没有从根本上解决。减轻农民负担，事关重大，决不是单纯的经济问题，而是关系农村改革、发展和稳定，密切党和政府与群众联系，涉及基层政权的巩固和国家的长治久安的政治问题。北京作为首都，做好减轻农民负担工作，对于更好地履行"四个服务"职能具有重要意义。为了认真贯彻落实《决定》，结合本市实际，特通知如下：

一、认真学习、宣传《决定》，提高认识，统一思想

各级党政领导要组织干部群众，认真学习《决定》，制订出本地区、本部门、本单位的贯彻措施，并以此为标准检查自己的工作，把切实减轻农民负担，增加农民收入和实惠，作为本单位精神文明建设的实事抓紧、抓好，每年年底向市委、市政府写出书面报告。

以乡镇为单位，组织村党支部、村委会、村合作社全体干部，进行集中学习和培训，充分认识做好减轻农民负担工作的重要性和紧迫性，坚决按照中央13项政策和"十要十不要"去做，做到令行禁止，违者必究。

各县（区）、各乡（镇）要将《决定》传达到全体社员群众，并通过召开各种类型座谈会，征求群众对减轻农民负担工作的意见和建议。

新闻宣传单位要给予支持和配合，通过报纸、电台、电视台和有线广播、黑板报等宣传工具，向群众反复宣传，真正做到家喻户晓。

二、坚决贯彻《决定》中"五严禁"的要求，继续治理农村"三乱"

各地区、各部门、各单位对自行制定的各种涉农收费的文件和规定要进行全面清理，凡与《决定》和中办发［1993］10号、京办发［1993］20号、京政农［1994］88号文件以及市政府公布的有关取消涉农收费的其他文件不符合的，均以《决定》及上述文件为准；对在农民建房、中小学生就学、行业管理、结婚登记、办理户口、用电以及发证、发照、发牌等工作中向农民多收费、乱收费的问题，进行专项治理；对有令不行、有禁不止的单位和个人要依照有关党纪、政纪严肃处理，决不能姑息迁就。凡自1994年1月1日以来违反规定向农民非法收取的款项要全部清退；对于自己不能自行检查、认真清退的，一经发现，还要在新闻媒体上曝光。

"九五"期间，停止审批一切面向农民的新的收费项目。严禁对农民乱收费、乱涨价、乱罚款，严禁一切要求农民出钱、出物、出工的达标升级活动，严禁搞法律规定以外的任

何形式的集资活动，严禁各种摊派行为，严禁动用专政工具和手段向农民收取钱物。从今年开始，各区县不得在农民负担监督卡之外，再向农民（包括乡镇企业职工）收取教育基金，也不得另行收取献血费、征兵费，这几项工作所需的费用，全部从村提留和乡统筹中解决。税务部门要对农业税收情况进行一次全面检查，坚决纠正重复征收、擅自提高税率和摊派税收等不规范行为。

三、认真执行《决定》中“三稳定”的政策，按照公平合理的原则，进一步落实农民应承担的合法义务

坚持现行农民合理负担的基本政策稳定不变。包括国家的农业税收政策稳定不变，提留统筹费不超过上年人均纯收入5%的政策稳定不变，农民承担义务工、劳动积累工的政策稳定不变。要认真凭农民负担监督卡收取五项乡统筹、三项村提留，搞好“两工”结算，编制好1996年决算。要集中一段时间，大力宣传党和国家有关法规和政策，造成声势，讲情道理，教育农民积极履行应尽义务。要结合目前正在开展的农村集体资产清产核资工作，认真做好社员与集体债权债务的清理。

在编制1996年决算方案的同时，要认真编制好1997年预算方案。1997年全市农民直接承担的提留统筹原则上控制在上年人均纯收入的3%左右。要认真做好各村人均纯收入的统计调查、测算核实工作，防止虚报多收。村提留与乡统筹各占60%和40%的比例不变。农民各项直接负担都要列入农民负担监督卡。1997年农民负担监督卡的入户率力争达到应发卡农户总数的90%以上。

村提留的使用情况要定期张榜公布，并允许村民查账；乡统筹费必须移交乡（镇）经管站统一管理核算，实行一个“漏斗向下”的监管办法，改拨付制为报账制；村提留和乡统筹收取时要使用市级统一印制的专用票据。使用情况要接受专项审计。坚决禁止在提留统筹收取、管理、使用环节中“上打支”等十种不规范行为，不允许非法采取回收承包地等错误做法，胁迫农民交钱交物。“两工”要以出劳为主，原则上不得以资代劳。农民自愿以资代劳的，必须由本人提出申请。

四、认真研究解决涉及农民负担的深层次问题，切实减轻集体经济组织和乡镇企业负担

努力压缩机构改革确定的乡镇机关编制以外的人员。各区县今年要抓出两个乡镇的试点，使乡镇机关干部总数不超过全乡总人口的3%。村级也要实行精兵简政，减少行政管理费开支。

建立健全乡镇集体经济组织社员代表会等组织机构，明确乡镇集体资产所以者主体，实行乡镇政府财政与集体经济财务公开，防止集体资产流失，间接加重农民负担。

实行民主办社、民主理财，提高乡村集体经济组织民主决策程度。强化内部管理，厉行节约、勤俭办社，提高资产经营效益。凡是合作社重大事项都应经过社员群众民主讨论决定。在城乡结合部和有条件的地方，进行社区股份合作改造试点，认真解决国家征用农民土地后集体资产处置问题。

认真清理乡镇企业社会负担，严禁在法律、法规或承包合同规定之外向企业额外索取任何款项。

对于一时难以解决的涉及农民负担的深层次问题，要开展深入的调查研究，探讨比较可行的解决办法，同时向市农民负担监督管理领导小组报告。

五、加强领导，加强监督检查，实行党政一把手负责制

按照党政领导一把手要亲自抓，负总责，一级管一级的要求以及县、乡领导干部“三不原则”，落实减轻农民负担领导干部责任制。

明确市、县（区）、乡（镇）三级党政一把手与分工主管农民负担工作的领导同志及主管部门的责任和权利，层层签订责任状。做到党政一把手负总责，分管领导具体抓，主管部门负责落实。要把减轻农民负担工作作为考核和任用各级领导干部特别是县、乡两级领导干部的一项重要指标。

各级政府在组织上要建立健全农民负担监督管理机构，稳定干部队伍，加强培训，提高素质；在物质上要从财政拨出专款，列入预算予以保证，不断改善农民负担监督管理工作条件和办案手段。乡镇经管站要结合“三定”明确职责，充实人员，落实经费。市农民负担监督管理领导小组是代表市委、市政府协调全市农民负担管理工作的机构，各地区、各部门、各单位要认真贯彻执行领导小组布置的各项任务，做到思想一致，步调一致，政策一致。

六、加强执法检查，严肃查处加重农民负担的违法违纪行为

今后每年都要组织两次全市性的农民负担执法检查，每次检查，在各乡镇自查和区县复查的基础上，市委、市政府有关部门要组织联合检查组，对各区县、乡镇进行抽查。市、县（区）各有关涉农收费部门同时对本单位执收、执罚情况进行自查，并向市农民负担监督管理领导小组报告情况。市委、市政府决定，今年 4 月份首先进行一次农民负担春季执法检查。检查的内容：一是学习、宣传《决定》情况；二是 1997 年度农民负担监督卡落实和村提留、乡统筹预算及去年决算情况；三是去年农民负担执法检查中发现问题的整改情况。

要发挥人大、政协的监督作用。坚持农民负担和专项审计制度，加强群众的民主监督和舆论监督。对加重农民负担的违法违纪行为，各级纪检监察部门要按党纪、政纪严肃查处。对涉及农民负担的诉讼案件，司法机关要及时审理。

各地区、各部门要将学习、宣传、贯彻、落实《决定》情况及时报告市农民负担监督管理领导小组。

中共北京市委、北京市人民政府
关于进一步深化农村经济体制改革，落实农村经济政策若干问题的意见

京发［1997］14 号　1997 年 11 月 11 日

改革开放以来，通过落实党在农村的各项政策，促进了农村经济的发展和农民的富裕。现阶段农村工作的主要任务仍是发展生产力，增加农民收入、富裕农民奔小康。实现这一目标，必须认真贯彻党的“十五大”和中办发［1997］16 号文件精神，高举邓小平理论的伟大旗帜，进一步全面落实党在农村的基本政策，深化农村经济体制改革，充分调

动集体经济组织和农民家庭两个积极性，特别是要充分调动农民家庭投资积极性。为此，提出以下意见：

一、稳定和完善土地承包关系，确立双层经营体制

（一）稳定家庭联产承包为主的责任制，完善统分结合的双层经营体制。实行以家庭联产承包为主的责任制和统分结合的双层经营体制，是现阶段我国农村的一项基本制度，也是党在农村的一项基本政策，必须长期保持稳定，并在实践中不断完善。这一基本政策完全符合郊区农村的实际情况，必须不折不扣地认真贯彻落实。

（二）认真做好延长土地承包期工作。稳定土地承包关系是党在农村政策的核心内容。已经实行家庭经营的土地，不论是粮田还是经济作物田，都要坚持长期稳定，认真落实中央将土地承包期再延长 30 年的政策。营造林地、“四荒”地治理等开发性生产的承包期可以根据实际需要更长一些。承包期再延长 30 年是在上一轮土地承包基础上进行的。开展延长土地承包期工作，要使绝大多数农户原有的承包地保持稳定。不能将原来的承包地打乱重新发包，更不能在全村范围内平均承包。已经做了延长承包期工作的地方，承包期不足 30 年的，要延长到 30 年。

城近郊区、县城周边地区和小城镇地区的土地承包期，要适应城市化进程的要求，科学合理地确定，但一定要有利于调动农民的生产经营积极性。

承包期内，一般应提倡实行“增人不增地，减人不减地”的办法。由于人口变动较大或其他因素，造成农户之间人均承包土地差距过于悬殊的，可以通过集体预留不超过总量 5%的机动地、动账不动地等多种途径解决。承包合同尚未到期、农户进行正常生产经营的，不得以任何借口收回农民家庭承包的土地。

土地承包要坚持“大稳定、小调整”。“大稳定、小调整”的前提是稳定。小调整只限在人地矛盾突出的个别农户之间进行，不能将原来的承包地打乱重新发包，进行普遍调整。不能利用“小调整”，随意提高承包费，加重农民负担。不能违背群众意愿硬性规定在全村范围内几年重新调整一次承包地。

（三）山地和集体“四荒”地积极推行租赁制。租赁期限一般应在 30～50 年之间。租金可以一次计租，也可以分期计租；可以一次交清，也可以分期支付。实行包改租的，土地租金原则上不得低于本地区同类土地的承包费标准。要注意科学合理开发，保护环境，实现可持续发展。

（四）粮田以外的蔬菜、瓜果、花卉、鱼塘、“四荒”地等生产项目，可以实行竞价承包或租赁。竞价承包，一般应在土地承包期满后进行，并经社员代表大会充分讨论，做出决议。多数群众要求保持稳定，延长承包期的，不得强行收回土地搞竞价承包。竞价承包要兼顾公平和效率的原则，要鼓励专业承包、规模经营，同时要注意防止由少数人占有过多的土地使用权，引发新的矛盾。竞价承包的规模，一般不超过本村户均规模的 3～5 倍，个别的不超过 10 倍。现有规模过大的，要待承包期满后，进行调整。在竞价承包中，对经济条件较差，但又有种田积极性的困难农户，一定要给予适当照顾，以保证他们基本的生活来源。

（五）建立土地流转机制。随着农村二三产业的发展，要鼓励更多的农民放弃土地，

从农业中转移出来，使粮田向种田能手集中。新一轮承包，要尊重农民的意愿，可以少承包或不承包土地，也可以相应地多承包土地。在承包期内农民可以将土地使用权交回集体另行发包，也可以本着自愿有偿的原则转包给其他农户。要通过土地正常流转，解决农民对土地的需求，解决土地的规模经营问题。承包方进行破坏性、掠夺性生产经营，造成生产下降或弃耕导致荒芜的，经教育无效，提请社员代表大会讨论通过，集体有权收回土地使用权。

（六）认真整顿“两田制”。没有实行“两田制”的地方，不要再搞；已经实行的，必须按照中央的土地承包政策进行认真整顿。

对原来为了平衡农户负担或解决农民口粮而实行“两田制”的，无论“口粮田”，还是“责任田”，承包权都应当到户。

对于随意提高土地承包费，收回部分承包地高价发包，或违背群众意愿强行从农户手中收回“责任田”实行集体规模经营的做法，要予以纠正。

少数经济发达的地区，农民愿意将部分或全部“责任田”的使用权交给集体实行适度规模经营，这属于土地使用权的正常流转，应当允许，并实行集约化经营。

（七）继续发展和完善农业适度规模经营。在机械化程度高、班子好、二、三产业发达、劳动力转移多的村，要不失时机地积极推进适度规模经营，规模经营可以多种形式，可以集体集中经营，也可以统分结合双层经营。绝不能不顾客观条件和农民意愿，用行政命令的办法强行推行规模经营。

（八）加强土地承包费和租金的管理，确保集体土地收益。土地收益是集体收入的基本来源。村经济合作社要依据承包（租）合同，切实加强土地承包费和租金的收取和管理；要加强对农民进行有关法律、法规的教育，履行应尽的义务，按时足额上交。凡是向外单位出租集体土地获得的收益，要用于开发性生产项目，不得用于非生产性开支。集体收取的土地承包费和租金，要和生产费用分开，不要均贴乱补，不得按人或土地面积进行平均补贴，也不得用于支付应由承包（租）人负担的水费、电费等生产性开支。

（九）发放土地经营权证书。延长土地承包期后，乡镇人民政府农业承包合同主管部门要及时向农民颁发由县（区）人民政府统一印制的土地承包经营权证书。

二、鼓励农民投资，确立农民家庭的投资主体地位

（十）鼓励农民进行生产性投资。农民向农业和二、三产业投资形成的资产应受到尊重和法律保护，谁投资，谁所有，谁受益，资产可以继承、转让。任何组织和个人不得随意侵犯农民的财产权。

（十一）鼓励农民投资经营家庭种养业。在集体统一规划的前提下，农民在承包（租）集体土地上自己投资发展种养业归个人所有。可以实行地物分离的形式，即土地实行租赁，地上物可以租赁，也可以出售给社员。土地租赁期限，一般不得低于30年。作价要履行民主决策程序，力求做到科学合理。也可以采取竞价招标的办法，进行竞价出租或出售。

（十二）搞活集体农业生产设施的经营。集体在工副业、林果、蔬菜、畜牧、水产等项目中的生产设施，可以采取租赁、出售的办法，由农民自主经营，兴办家庭农牧企业或

工商企业；也可以采取集体资产作价入股，实行股份合作制经营，共同管理。出售和出租集体资产，必须进行资产评估，并经社员代表大会认定，面向社会竞价招标，提高透明度，防止集体资产流失，确保集体资产保值增值。

（十三）鼓励农民兴办农业生产和服务项目。农民家庭可以自己投资、经营水利设施，购置农业机械，兴办农机企业等各项农业生产服务项目。鼓励农民家庭承包、租赁或收买集体经营不善的各类生产、服务项目。

（十四）广泛吸引社会资金，进行农业深度开发。财政、金融等部门要支持农民家庭经营，与合作经济组织一视同仁。鼓励农民联合起来，进行农业投资。积极帮助农民引进外资，兴办农业合资企业。

（十五）建立农民投资补偿机制。变更土地承包关系，要承认原承包人在土地上的投资。无论以何种方式调整农民承包（租）土地，都要按照谁用地谁补偿的原则，对农民在土地上的投资进行全面评估，实行全额补偿。补偿标准和方法由社员代表大会讨论决定。

三、深化集体经济改革，发展农村合作经济

（十六）坚持发展壮大集体经济。已经兴办的集体事业要引入市场机制，强化管理，优化经营者，千方百计把它办好。同时要继续创造条件，兴办新的集体事业。兴办集体事业的出发点和落脚点是富民，不应影响农民利益，不能把农民的承包地收回来“归大堆”，要积极寻求新的发展门路，培育新的经济增长点，开发新的农业资源，开展对农业的生产、加工、运输服务等，乡镇企业是农村经济的支柱，要继续大力发展。

要积极探索集体经济的多种实现形式，一切反映社会化生产规律的经营方式和组织形式都可以大胆利用。对目前郊区大量出现的多种多样的股份合作经济、合伙企业、各种形式的联合体等，都要积极支持、引导和大力发展，不断总结经验，使之逐步完善。劳动者的劳动联合和劳动者的资本联合为主的集体经济，尤其要提倡和鼓励。

（十七）采取多种形式改革原有集体经济。集体统一经营的粮田农场、渔场、饲养场、果园、菜园及农业服务组织，经营管理不善、经济效益低下的，要强化管理，重组转制，限期扭亏，长期不能转变的，经过调查研究，可以改为以家庭经营为主的双层经营，也可以租赁给农民经营。

乡镇企业进行重组转制。通过重组解决结构性问题；通过转制解决体制性问题。通过重组转制，在更大范围内，引进资金、技术、人才，优化经营者，进行生产要素的优化配置，生产要素向优势企业、优秀经营者流动，在重新组合中建立新的企业制度。重组转制要坚持因地制宜、形式多样，不搞一刀切。可以联营、兼并、委托经营，也可以租赁、出售、抵押承包，还可以搞股份有限公司、有限责任公司、股份合作制等等。要加大重组转制的力度，不断扩大重组转制的范围。

（十八）坚持多种所有制经济共同发展，调整和完善所有制结构。非公有制经济是郊区农村经济的重要组成部分，在富裕农民、增加就业等方面发挥着积极作用。在继续鼓励、引导个体、私营等非公有制经济、混合所有制经济，使之健康发展。对原来集体企业中的“红帽子”企业，要在界定产权的基础上，采取措施妥善处理。

（十九）积极推进农业产业化经营。要在坚持家庭经营的基础上，把农业的生产、加工、销售结合起来，发育一体化组织，形成利益共同体。通过龙头带基地、基地联农户这种产业化经营体制，把千家万户小生产纳入专业化、社会化大生产的轨道，进入广阔市场。产业化经营的主体是农民，要积极引导农民参与龙头和基地建设，实现农产品增值，农民增收。产业化各个环节要充分体现互利互惠原则，并通过合同契约等形式规范各个环节的行为。

（二十）发育农业服务产业，提高农业组织化程度。努力办好现有服务组织。各级服务组织，都要改进管理、改善服务，实行企业经营。要合理收费，减轻农民负担。推广科技承包、服务承包，努力提高服务组织的效率和效益，但不能以任何理由进行垄断性经营。

发展民营服务组织。郊区已出现一批由农民家庭独资或农户联合出资办的服务实体，进行产前、产中、产后等服务，初步显示出机制好、成本低、效益高的优点。各区县要制定具体措施，引导、扶持这类服务组织的发展，并注意协调好与原有服务组织之间的关系。

在大宗农产品的集中产地，按照会员制，发育专业合作组织。要打破乡村界限，按大宗产品发育跨乡、甚至跨县的服务组织。

（二十一）建立健全集体经济基本管理制度。乡村经济合作社，要建立健全财务管理制度、资产管理制度、审计监督制度、劳动积累制度和社员代表大会等项制度，这些是农村合作经济的基本管理制度，对于加强集体经济基础管理，提高集体资产的经营效益，坚持民主办社，密切干群关系，促进农村集体经济的发展，增强集体经济的凝聚力和吸引力具有极其重要的基础性作用，各级干部对此要高度重视，认真抓好落实。

以上意见，各区县要认真贯彻落实，传达到村。贯彻执行情况以书面形式报市委、市政府。

中共北京市委、北京市人民政府
关于郊区农村税费改革、试点工作的意见

京发［2000］19号　2000年7月5日

为贯彻落实中共中央、国务院《关于进行农村税费改革试点工作的通知》精神（中发［2000］7号），探索建立规范的农村税费制度、从根本上减轻农民负担的有效办法，现结合本市郊区农村实际，就农村税费改革试点工作提出如下意见：

一、充分认识在郊区农村进行税费改革试点工作的重要意义

近年来，本市认真贯彻执行党中央、国务院关于减轻农民负担的一系列指示，在深化农村改革、大力发展农村经济、增加农民收入的同时，清理压缩涉及农民的收费项目，规范提留统筹及“两工”（劳动积累工和义务工），建立健全农民负担管理制度，使农民个人直接承担的各项费用和劳务严格控制在中央规定的限额之内，农民群众基本满意，农村社会稳定。

但现行的农村税费制度和征收办法还不尽合理，由乡村集体经济组织和乡镇企业承担

的农民间接负担较重，农民个人应承担的合法税费征收困难；面向农民和乡村集体经济组织的乱收费、乱集资、乱罚款和各种摊派还时有发生；在城市建设、农村教育、社会公益事业和土地征占过程中加重农民负担的问题仍然存在。这些问题，严重侵害了农民的物质利益和民主权利，影响了党群、干群关系，不利于郊区农村经济的健康发展，必须通过深化改革加以解决。

推进农村税费改革，事关郊区360万农民的切身利益，是规范农村分配制度，遏制面向农民的乱收费、乱集资、乱罚款和各种摊派，从根本上解决农民负担问题的一项重要措施。各级党委、政府务必从政治和全局的高度充分认识进行农村税费改革的重大意义。

二、农村税费改革试点工作的指导思想、基本原则和主要内容

农村税费改革试点的指导思想是：贯彻党的十五大、十五届三中全会精神和中央税费改革文件精神，根据社会主义市场经济发展和推进农村民主法制建设的要求，规范农村税费制度，从根本上治理对农民的各种乱收费，切实减轻包括乡镇企业负担在内的农民负担，进一步巩固农村基层政权，促进农村经济健康发展和首都郊区农村社会长期稳定。

农村税费改革试点的基本原则是：

（一）针对本市农民直接负担较轻，而由乡村集体经济组织和乡镇企业承担的间接负担较重的实际情况，从轻确定农民直接负担水平，采取有力措施，把乡村集体经济组织和乡镇企业负担减下来。

（二）针对本市部分地区农民承担合法负担的思想意识较为淡薄的问题，在改革中坚持思想工作先行，采取多种形式，教育农民增强履行合法负担的自觉性。

（三）针对乡镇机构和人员过多造成乡村集体经济组织承担的农民间接负担较重的问题，在进行税费制度改革的同时，积极推进乡镇机构改革，转变政府职能，精简机构，压缩人员，量入为出，减少政府开支。

农村税费改革试点的主要内容是："四取消、两调整、一改革"，即：取消乡统筹；取消农村教育集资等专门面向农民征收的行政事业性收费和政府性基金、集资；取消屠宰税；取消统一规定的劳动积累工和义务工；调整农业税和农业特产税政策；改革村提留征收使用办法。

三、试点单位与步骤

昌平区为本市试点单位。整个试点工作，从今年7月开始到明年3月结束，分六个阶段进行：

（一）统一思想阶段。通过认真学习《中共中央、国务院关于进行农村税费改革试点工作的通知》等中央文件，使试点单位各级领导提高认识，统一思想。

（二）培训干部阶段。对参与试点的干部和广大基层干部进行有关法规、政策的培训，确保农村税费改革工作顺利进行。

（三）调查摸底、测算收支、编制预算、制定配套政策措施阶段。

1. 调查内容：

（1）村提留、乡统筹、农业税、农业特产税及其他农民负担征收使用现状；

（2）乡（镇）机构设置、人员编制和经费收支情况；

(3) 农村中小学校布局、教师队伍和教育经费收支情况；

(4) 村级干部设置、干部报酬情况；

(5) 专门面向农民的行政事业性收费和政府性基金、集资的项目及收取情况等。

2. 测算内容：

(1) 新的农业税具体适用税率；

(2) 农业税计税土地面积；

(3) 1998年前5年农作物平均产量、平均价格及亩收益；

(4) 费改税以后农业税和农业特产税年征收总额；

(5) 农业特产税的税率和征收地区；

(6) 农业税附加的征收比例；

(7) 乡（镇）干部人员编制及乡（镇）财政收支预算；

(8) 农村中小学校布局方案和教师队伍整顿压缩方案；

(9) 村级干部补贴人数和补贴标准等。

3. 制定11项管理办法：

(1) 农业税征收办法；

(2) 农业特产税征收办法；

(3) 农业税附加征收管理办法；

(4) 农村税费改革以后以工补农办法；

(5) 向不承包土地但从事工商活动的农村居民收取村内公共事业资金的办法；

(6) 原民办公助的农村学校资产管理办法；

(7) 村级补贴干部及其报酬管理办法；

(8) 一事一议的村内集体生产公益事业用工管理办法；

(9) 一事一议的村内集体生产公益事业筹资管理办法；

(10) 关于取消专门面向农民的行政事业性收费和政府性基金、集资的决定（公布具体项目）；

(11) 对违法加重农民负担行为的处罚办法。

（四）宣传、动员阶段。采取多种方式向社会特别是广大农民进行深入宣传，做到家喻户晓，使这项改革得到全社会的理解和支持。

（五）组织实施阶段。向农户收取农业税及其附加、农业特产税，向不承包土地并从事工商活动的农村居民收取村内集体公益事业资金。要通过重新核发农民负担监督卡将上述合法任务分解落实到村和农户，并采取多种形式使农民群众接受，自觉自愿地缴纳新的农业税及其附加。

（六）总结经验完善政策阶段。认真总结试点单位的经验和教训，进一步完善有关政策，并制定出全市税费改革方案。

四、加强对农村税费改革试点工作的领导

搞好郊区农村税费改革试点工作意义重大。各级党委、政府要统一思想，充分认识农村税费改革的重要性、紧迫性和复杂性，态度要积极，步伐要稳妥，方案设计要周全，干部群众思想工作要深入细致。要充分估计试点工作的难度，切实加强对试点工作的领导。党政一把手要亲自抓，负起全面责任。各部门、各单位要积极支持和配合。

为加强对农村税费改革试点工作的领导，市委、市政府决定成立北京市农村税费改革工作领导小组，刘淇同志任组长，张福森、岳福洪、翟鸿祥同志任副组长，市委组织部、市委农工委、市农委、市政府研究室、市政府法制办、市财政局、市地税局、市物价局、市农研中心、市民政局、市教委、市人事局等12个单位的负责同志为小组成员。领导小组下设办公室，设在市财政局。昌平区也要成立相应机构。在深入调查研究、广泛听取基层和农民意见的基础上，按照中央通知精神，制定切实可行的具体改革试点方案，将各项政策措施落到实处。

全市农村税费改革工作，要在试点的基础上总结经验，制订方案，精心组织，逐步推开。暂未实行农村税费改革的地方，要继续严格执行国家现行有关税费政策和中央关于减轻农民负担的各项规定，进一步减轻农民负担。

北京市人民政府转发国务院
关于加强农村集体资产管理工作文件的通知

京政发［1996］20号　1996年8月13日

各区、县人民政府，市政府各委、办、局，各市属机构：

现将《国务院关于加强农村集体资产管理工作的通知》（以下简称《通知》）转发给你们，为认真贯彻落实《通知》精神，切实加强本市农村集体资产管理工作，根据本市实际，现就有关事项通知如下，请结合《通知》一并贯彻执行。

一、提高认识，高度重视农村集体资产管理工作

党的十一届三中全会以来，本市农村集体经济迅速发展，1995年，农村集体经营收入达582亿元，占农村经济总收入的83.6%；农村集体资产总额累计达613亿元，农民人均拥有集体资产1.6万元。但是，在农村集体资产总量迅速增长的同时，一些地方集体资产管理还相当薄弱，以致发生集体资产被贪污、挪用、拖欠、损坏、挥霍浪费和将集体资产低价承包、变卖、折股等现象。农村集体资产的严重流失，不仅使农村生产力受到破坏，而且导致一些地方的党群、干群关系紧张，增加了农村的不安定因素。对此，各级政府和各有关部门要予以高度重视，并认真加以解决。

农村集体资产是广大农民多年辛勤劳动积累的成果，是发展农村经济和实现农民共同富裕的重要物质基础，管好集体资产必须依靠农民的积极参与和支持。当前，要组织广大干部特别是农村基层干部认真学习《通知》和《北京市农村集体资产管理条例》（以下简称《条例》），开展多种形式的宣传教育活动，使广大干部和农民真正认识到管好、用好农村集体资产，对于壮大集体经济实力，改善农业生产条件，促进农业和农村经济发展，增加农民收入，增强农村基层组织的凝聚力，保持农村社会稳定的重要意义，从而提高广大农民参与管理的积极性和自觉性。

二、认真开展农村集体资产清产核资工作

搞好清产核资是加强农村集体资产管理工作的前提和基础。根据《通知》要求，市政府决定：今、明两年，在本市普遍开展农村集体资产清产核资工作。清产核资的主要任务是：清查资产，界定和明晰集体资产所有权，重估资产价值，核实资产存量，登记产权，建章建制。清产核资的重点是明晰和界定下列产权关系：一是乡（镇）政府与乡级集体经济组织的产权关系；二是国营农场系统国有资产与集体资产的产权关系；三是挂靠企业和个人承包企业资产的产权关系；四是生产队解体后遗留下来的资产产权关系；五是城乡结合部地区行政村撤销后的资产产权关系；六是国家设在乡（镇）的事业单位国有资产与集体资产的产权关系。

农村集体资产清产核资工作涉及面广，政策性强，情况复杂，搞好这项工作必须加强领导，统筹安排，分步实施。市政府农林办负责制定全市农村集体资产清产核资的具体工作方案并组织实施；各有关区、县政府、市政府各有关部门、市属有关公司要根据全市的统一部署制定本地区、本部门、本单位的工作方案，并抽调专业骨干人员组成专门班子，在先行试点、取得经验的基础上，开展全面清查。全市农村集体资产清产核资工作在1997年底全面完成。清产核资工作以集体经济组织自查为主，自查面必须达到100%。在自查的基础上，市政府农林办要组织有关部门进行重点检查。各级农村合作经济经营管理部门作为各级政府农村集体资产管理的职能部门，要认真履行对农村集体资产管理工作的指导、监督职能，会同检察、财政、审计等有关部门切实加强对这项工作的协调、组织、指导和检查。对集体资产管理混乱的集体经济组织及群众反映强烈的问题，区县、乡镇、市属有关公司要派出工作组重点帮助清理和解决。各有关区、县政府和市政府各有关部门，市属有关公司应在清产核资工作结束后，写出工作报告，由市政府农林办汇总后，于1998年3月前报市政府。

三、加强对农村集体经济的审计工作

加强对农村集体经济的审计工作是搞好集体资产管理的重要手段。各级农村合作经济管理部门要会同有关部门切实加强对农村集体经济组织审计工作的指导和管理，建立健全各项审计规章制度，同时要加强农村集体经济审计人员和财会人员的岗位培训。

在对集体经济组织的经济活动进行全面审计的基础上，对占有、使用集体资产的单位进行专项审计。坚持开展农村集体企业年终经营成果审计、厂长（经理）离任经济责任审计、企业经济效益审计和财经法纪审计，妥善解决审计出来的问题。对贪污、挪用、平调、私分、无偿占用及挥霍浪费集体资产等违法、违纪的单位和个人，要依法或按有关规定严肃处理；被侵占的集体资产必须如数归还，不能归还的，应作价赔偿。

四、加强乡村合作经济组织建设，建立健全农村集体资产管理制度

各区、县政府要认真贯彻执行《中共北京市委、北京市人民政府关于加强乡村合作社建设巩固发展集体经济的决定》（京发［1991］2号），指导集体经济组织切实加强组织建设和制度建设。农村集体经济组织要按照民主管理的原则，建立健全成员大会或成员代表大会制度，涉及集体资产管理的重大事项，必须经过民主讨论决定，切实保证集体经济组织成员有效地行使对集体资产的监督权、决策权。要积极探索农村集体资产合理流动和优化配置的新路子，规范集体资产产权交易行为，确保集体资产保值增值。

北京市人民政府《北京市撤制村队集体资产处置办法》

京政办发［1999］92号　1999年12月27日

第一条　为了合理处置依法撤制村、队的集体资产，保护和发展生产力，保护农村集体经济组织和农民的合法权益，根据有关法律、法规，结合本市实际情况制定本办法。

第二条　本办法适用于经批准撤制村、队的集体资产的处置，但实行乡镇一级核算的撤制村、队除外。

第三条　撤制村、队集体资产的处置原则是：

（一）有利于保护村、队集体经济组织及其成员的合法权益；

（二）有利于保护和发展社会生产力，促进股份合作经济发展；

（三）有利于维护和促进社会稳定。

第四条　撤制村队的集体资产归该村、队集体经济组织全体成员共同所有，受法律保护。任何单位和个人不得侵占、平调、私分、哄抢。

第五条　撤制村、队应在所在乡镇人民政府的指导下，成立由乡镇农村合作经济经营管理站工作人员、村队集体经济组织负责人以及集体经济组织成员代表参加的撤制工作小组，负责具体工作。

第六条　撤制村、队对其集体资产产权的界定，应当依照《北京市农村集体资产管理条例》进行。

第七条　撤制村、队对其集体资产必须进行清产核资，并将清产核资结果报区县农村合作经济经营管理站审核、认定。

第八条　撤制村、队对其集体资产的清产核资结果，应当向该村、队集体经济组织成员大会或者代表大会报告并得到确认。

第九条　撤制村、队集体资产的处置方案，须经该村、队集体经济组织成员大会或者代表大会讨论同意，报乡镇人民政府批准，送所在区县农村合作经济经营管理站备案。

第十条　集体资产数额较大的撤制村、队，要积极创造条件进行改制，发展规范的股份合作经济。可以将集体净资产划分为集体股和个人股。集体股所占比例由该村、队集体经济组织成员大会或者代表大会讨论决定，但不应低于30%；其他净资产量化到个人。

第十一条　撤制村、队集体经济组织成员获得的股权，享有收益权，可以继承，转让，但不得退股。

第十二条　各级政府要积极帮助和支持撤制村、队进行股份合作制改造，发展股份合作经济。

第十三条　撤制村、队集体资产数额较少，或者没有条件继续发展规范的股份合作经济的，集体资产按下列规定处置：

（一）固定资产（包括变价、折价款）和历年的公积金（发展基金）余额，以及占地补偿费，全部交由所属村或者乡镇合作经济组织管理。待村或者乡镇合作经济组织撤制时再行处置。

（二）公益金、福利基金和低值易耗品、库存物资、畜禽的折款以及国库券等，兑现给集体经济组织成员。

（三）青苗补偿费、村队种植的树木补偿费和不属于固定资产的土地等附着物的补偿费，可以兑现给集体经济组织成员。

第十四条 撤制村、队集体经济组织成员最初的入社股金，可按 15 倍左右的比例返还。继续发展规范的股份合作经济的，以股权形式返还；不能继续发展规范的股份合作经济的，以现金形式返还。

第十五条 撤制村、队在处置集体资产之前，应当按照有关政策进行当年收益分配。分配方案报所在乡镇人民政府批准。

第十六条 在撤制村、队集体资产处置中可享受分配的人员是：自建立农村集体经济组织（农业生产合作社）至批准撤制之日止期间，户口在村、队并且参加村、队集体劳动三年以上（含三年），或者经批准从事个体生产经营活动累计三年以上（含三年）并依有关规定按时、按量履行了各项应尽义务的集体经济组织成员。但有下列情况之一的除外：

（一）撤制之日前已经死亡的；

（二）撤制之日前户口迁出本市的；

（三）撤制之日前已是国家工作人员的。

第十七条 撤制村、队集体资产的分配，以可以享受分配的人员在村、队参加劳动的时间为依据。参加劳动的时间以年度为单位计算，不满六个月的不计算，超过六个月的按一年计算。

第十八条 撤制村、队撤制工作小组，应当设法通知可以享受分配的人员参加资格确认和登记，必要时可在权威的媒体上发布公告。

第十九条 撤制村、队的撤制工作小组，要在撤制工作结束后，及时将有关材料整理归档，移交乡镇人民政府指定的部门保存。

第二十条 撤制村、队因产权界定、资产处置等引起纠纷的，由区县农村合作经济经营管理站进行调解；调解无效的，应当依法按法律诉讼程序解决。

第二十一条 本办法自发布之日起施行。此前撤制村、队集体资产已做处置的，不再重新处置；其上交村或者乡镇合作经济组织的集体资产，待村或者乡镇建制撤销时一并处置。

第二十二条 本办法执行中的具体问题，由北京市人民政府农林办公室解释。

北京市人民政府办公厅转发市审计局、农业局《关于开展农村审计实行部门审计监督制度的意见》的通知

京政办发［1987］60 号

郊区各区、县人民政府，市政府有关委、办、局，有关总公司：

市审计局、农业局《关于开展农村审计实行部门审计监督制度的意见》，已经市政府同意，现转发给你们，请研究执行。

在农村实行审计监督制度，是加强农村财务管理和严肃财经纪律的重要措施，对进一步完善合作制，搞好农村经济体制改革具有重要意义。望各区、县人民政府和有关部门切实加强对这一工作的领导，支持各级农村合作经济经营管理站尽快配备审计工作人员，依法开展审计工作，并教育督促农村经济组织主动接受审计监督。

1987 年 4 月 21 日

关于开展农村审计实行部门审计监督制度的意见

一年多来，本市郊区农村集体财务工作经过整顿，收到较好的效果。为进一步加强农村财务管理工作，防止"前清后乱"，进一步完善合同制，促进农村经济健康协调发展，根据《中共中央办公厅、国务院办公厅转发（关于清理农村集体财产的意见）的通知》（中办发［1986］27 号）中关于"加强农村会计队伍建设，健全财务会计制度，逐步开展审计工作"的要求，我们意见，在农村财务整顿的基础上，开展农村审计工作，对农村合作经济及个体经济单位，实行部门审计监督制度。

一、农村经济的审计监督，暂由农村合作经济经营管理部门承担

目前，在农村经济持续增长和体制不断改革的同时，也出现一些问题，如集体财产损失严重、私人挤占集体资金问题突出、农村合同纠纷事件屡有发生、乡镇企业管理薄弱、有些村队财务管理混乱、违法犯罪的经济案件增多等等。事实说明，在农村经济呈现多经济成分、多层次经营、多承包形式和外引内联、纵横交错的格局下，仅采取集体经济内部财务检查办法，已不能适应形势要求。建立部门审计监督制度，可以及时纠正一些违法乱纪行为，防止财务混乱，有利于巩固和促进农村经济改革。1983 年经市政府同意建立的各级农村合作经济经营管理站，是农村合作经济财务管理的主管部门，对集体经济、联合体经济、个体经济的财务管理负有指导、帮助和监督的职责。因此，我们建议市、县（区）人民政府授权各级农村合作经济经营管理站，在同级审计机关的指导下，开展农村审计工作。市农业局农村合作经济经营管理站和各县（区）农村合作经济经营管理站，可先配备必要的审计工作人员，负责农村审计工作的组织协调和指导，所需编制由市农业局和各区、县内部调剂解决。

二、农村审计的对象和主要任务

农村审计的对象是农村各种形式合作经济组织（包括乡镇企业）和个体经济单位。

农村审计的主要任务是：

1. 对资金，财产的完整和安全进行审计监督。

2. 对财务收支、外汇收支、信贷收支计划和经济合同的执行情况及其经济效益进行审计监督。

3. 对会计资料、报表、决算的完整、真实、合法性进行审计监督。

4. 对内部控制制度及其执行的有效性进行监督与评价。

5. 对严重违犯财经法纪行为进行专项审计。

6. 办理上级单位和当地人民政府交办的审计事项。

7. 接受干部主管部门或政府审计机关的委托，对有关经济组织的负责人进行离任经

济责任审计。

8. 受理农村合作经济组织委托，进行资金鉴定，建立财务会计制度，审查承包合同，评价经济效益。

三、农村审计机构的主要职权

1. 有权检查被审计单位的资金、财产、会计资料，查阅有关文件。任何单位和个人不得拒绝、阻挠。

2. 有权参加被审计单位有关会议；对审计中发现的问题，有权向有关单位、个人进行查证，并索取证明材料。

3. 有权制止、纠正违犯财经法纪的行为和提出处理意见；对严重触犯刑律和由于失职造成重大经济损失的主要负责人员，向有关部门提请追究责任行为的建议。

4. 对阻挠、拒绝和破坏审计工作正常进行的，必要时，经主管单位领导批准，有权采取封存账册和资财等临时措施，并提出追究有关人员责任的意见或建议。

5. 审计中发现的重大问题，有权向上级主管部门、审计机关反映。

四、农村审计工作程序参照中华人民共和国审计署《关于内部审计工作的若干规定》中有关条款执行

以上意见如无不妥，请批转各县（区）及有关部门实行。

北京市审计局

北京市农业局

1987 年 3 月 12 日

中共北京市委办公厅、北京市人民政府办公厅关于贯彻落实《中共中央办公厅、国务院办公厅关于在农村普遍实行村务公开和民主管理制度的通知》的通知

京办发［1998］16 号　1998 年 5 月 29 日

各区、县委、各区、县政府，市委、市政府各部委办局，各总公司，各人民团体，各高等院校：

近年来，郊区农村大力加强以村党支部为核心的村级基层组织配套建设，村级民主制度建设取得了很大进展。为贯彻落实《中共中央办公厅、国务院办公厅关于在农村普遍实行村务公开和民主管理制度的通知》（中办发［1998］9 号，已公开发表）的要求，进一步发展和规范郊区农村以民主选举、民主决策、民主管理、民主监督为主要内容的村级民主管理制度建设，特作如下通知：

一、按照党章、宪法和有关法律、法规的规定，建立健全民主选举制度

民主选举，包括按照党章和《中国共产党基层组织选举工作条例》的规定，按期进行村党支部换届选举；按照宪法和《中华人民共和国村民委员会组织法（试行）》以及其他有关法律、法规的规定，由村民直接选举村委会；按照有关章程的规定，民主选举村合作

经济组织和村团支部、妇代会的干部。

民主选举要按期进行，未经区、县委批准，无故拖延选举的，要追究乡镇党委和村党支部、村委会主要负责人的责任。在选举中，要坚持公开、公正、平等和无记名投票的原则，严格按规定程序办事，做到候选人条件、选举程序、选举办法、选举结果公开，尊重选举人意志，切实保障选举人的合法权利，注意防止和及时纠正以不正当手段干扰选举的行为。

二、通过村民会议或村民代表会议民主讨论决定村级重要事项，建立健全民主决策制度

民主决策，就是村级经济、社会事务等方面的大事以及村民关注的热点、难点问题的处理，都要先召集党员大会讨论，再提交村民会议或村民代表会议（建立村级合作经济组织的同时为社员代表会议）民主讨论，按大多数人的意见实行民主决策。村民会议或村民代表会议民主讨论决定的重要事项包括：

1. 家庭联产承包责任制落实方案；

2. 集体粮田、菜田、果园、山场的合同招标方案，集体企业及其房屋等财产的承包方案和变卖、租赁方案；

3. 集体独资、台资、参股经营的项目投资方案；

4. 集体大型固定资产的购置和处理方案；

5. 集体经济的年度财务预算和收益分配方案；

6. 集体土地的出租以及征地费和租金的收支方案；

7. 村庄建设规划和公共设施建设项目的确定；

8. 干部功绩过失情况的民主评议和干部自律情况的检查监督；

9. 村民自治章程的制定及执行情况的检查监督；

10. 其他涉及全村村民利益的事项。

村民会议或村民代表会议实行例会制度，每年一月和七月由各区、县统一时间，分别召开。遇有重大经济事项或其他重要事项，可根据需要召开。

召开村民会议或村民代表会议讨论决定重大事项要按照以下程序进行：

1. 需要讨论决定的事项，应先交党员大会进行讨论，通过后提交村民会议或村民代表会议讨论决定。

2. 预先将会议的主要内容及有关情况通知村民或村民代表，以便做好准备。

3. 村党支部、村委会、合作经济组织的负责人向大会报告工作，回答村民或村民代表质询。

4. 村民会议或村民代表会议经过民主讨论形成决议，村党支部、村委会、合作经济组织要认真组织落实；对提出的建议和要求，要及时解决和答复。

5. 在本村适当的地方建立专门的村务公开栏。代表会议通过的事项需要向村民公开的，以公开栏形式予以公布。

三、制定和完善村民自治章程，建立健全民主管理制度

民主管理，就是按照国家的法律、法规和有关政策，由村民自己管理自己的事务。实行民主管理，首先要坚持村民会议或村民代表会议制度，同时要从本地实际出发，经村民

会议或村民代表会议讨论，制定村民自治章程，共同遵守，实行依法治村和村民自治，促进两个文明建设。

村民自治章程要有以下内容：村民会议或村民代表会议；村民委员会的工作制度和职责；村民的权利和义务；集体经济发展、自然资源、土地、承包合同的管理；社会治安、村民风俗、社会公德和外来人口的管理；村民依法服兵役、义务献血、义务教育、计划生育、缴纳统筹提留。村民自治章程不得与宪法、法律和法规相抵触。

制定和执行村民自治章程，要经过以下程序：

1. 由司法部门指导，按照国家法律、法规和政策，经村民会议或村民代表会议讨论通过，确定村民自治章程。

2. 村委会同村民签订遵守《村民自治章程》协议书，明确干部和村民双方的权利和义务。

3. 建立村民档案，将村民执行章程的情况记录在案，并与奖惩挂钩。

4. 组成由村干部代表、村民代表和党员代表参加的监督小组，制定工作制度，定期检查干部、群众执行章程情况并向村民会议或村民代表会议报告。

四、实行村务公开，建立健全民主监督制度

村务公开，就是村党支部、村委会、村集体经济组织把所进行的政务、经济、生产、财务等各项涉及到村民切身利益的事项和村民关心的事情，定期向村民公布，让村民了解实情，实行监督。村务公开的主要内容是：

1. 财务账目公开。包括集体经济组织（村委会）开展各种经济活动，按财务制度或政策规定所发生的各项收入和支出、各项财产、债权债务、收益分配、代收代缴费用、水电费等财务事项和明细账目。

2. 干部收入公开。包括干部的工资奖金标准、应领取工资奖金数额和实际领取数额。

3. 集体资产经营状况公开。包括集体企业和集体资产的经营承包、拍卖、租赁所得情况。

4. 村民宅基地审批情况公开。包括村庄建设规划、允许建房条件、标准和村民建房位置。

5. 转工转非和计划生育指标审批公开。包括转工转非的政策、指标、条件和转工转非对象，计划生育政策、生育指标、落实对象。

6. 农民负担费用的收缴及使用情况公开。包括按政策应负担费用、实际负担费用收缴使用情况。

7. 根据本单位实际情况，认为有必要公开的其他事项。

实行村务公开要按照以下程序进行：

(1) 将需要公开的事项通过村务公开栏、有线广播、召集村民会议或村民代表会议等方式公布。

(2) 村务有关事项公布后，村党支部、村委会、合作经济组织、会计和民主理财小组负责人，要安排时间接受群众的查询，广泛听取群众的反映和意见，并做核查、纠正和解释工作。

(3) 村务的常规业务要坚持定期公开，至少每季度公布一次，专项业务可以根据需要和群众要求，随时公布。

要切实加强群众对村干部的民主监督。每年要结合年终工作总结，对村干部进行一次民主评议或民主测评。对村委会班子及其成员的民主评议，由村民会议或村民代表会议进行；对村党支部班子及其成员的民主评议，由支部党员大会并吸收部分村民代表进行。经民主评议和乡镇党委考核认定，两年被评为不称职的，要进行组织调整。

五、充分发挥党支部在村级民主制度建设中的领导作用

党支部是村各项事业的领导核心，加强村级民主制度建设要由党支部统一领导，有组织、有计划地进行。

党支部要严格遵守国家的法律法规，充分发扬民主，广泛听取村民的意见，从实际出发，制定各项民主制度，并加强督促检查，建立切实可行的保证措施，使村级民主制度落到实处。

村党支部要按照民主集中制原则，建立健全议事规则和决策程序，充分发扬党内民主，坚持重要事项先经支委会集体讨论和党员大会通过。同时要大力加强民主法制教育和培训，提高干部、党员和村民对民主制度建设重要意义的认识，增强依法办事的观念和能力。要教育党员模范遵守和执行各项制度规定。

六、加强领导、明确责任

各区县党委和政府一定要把实行村务公开和民主管理，加强村级民主制度建设，作为农村工作的一项重要任务和农村基层组织建设的一项重要内容，列入重要议事日程，建立明确的责任制，加强对这项工作的领导。

1. 加强村级民主管理制度建设的总体目标是：经过三年努力，到 2000 年，使郊区 80％的村建立健全民主选举、民主决策、民主管理、民主监督制度，做到“依法建制，有制可依，按制办事”。村级民主管理制度建设是一个渐进过程，既要高度重视、狠抓落实，又要稳步推进分阶段组织实施。1998 年的工作目标是：（1）以村民委员会换届为契机，建立健全民主选举制度，使村级干部的任免使用做到有章可循；（2）以 30％基础较好的村为主要对象，抓好民主决策、民主管理、民主监督三项制度的建设，年底抓出成效，建成基层民主管理制度建设示范村。各区县党委和政府要据此制定分阶段工作目标和措施。

2. 加强村级民主管理制度建设，区县委书记是第一责任人，乡镇党委书记是直接责任人。日常工作由区县农村基层组织建设联系会议负责组织协调，由组织、民政部门牵头，纪检监察、人事、司法、经管、群团等有关部门积极配合，做到分工协作，齐抓共管。各区县和乡镇都要建立健全领导干部包村责任制，做到责任到人，责任到村。郊区各乡镇党委要将此项工作作为创建“六好”乡镇党委的重点内容。每年统一召开两次村民代表会议，县乡两级干部要深入到村参加会议，加强工作指导。

3. 县乡两级在推进村级民主管制度建设中要结合领导干部包村制度，注意总结经验，抓好典型，适时交流，推进工作。

4. 加强督促检查，区县委要建立巡回检查制度，组织有关部门，对村级民主管理制度建设的进展情况进行监督检查，了解群众的反映，加强具体指导，逐步完善村级民主管理制度。

北京市人民政府办公厅转发市农委《关于发展本市农民专业合作经济组织的意见》的通知

京政办发［2001］13号 2001年2月23日

各区、县人民政府，市政府各委、办、局，各市属机构：

市农委《关于发展本市农民专业合作经济组织的意见》已经市政府原则同意，现转发给你们，请结合实际，认真贯彻执行。

关于发展本市农民专业合作经济组织的意见

（市农委2001年1月8日）

近年来，本市郊区认真贯彻落实党和国家的各项农村政策，实行以家庭承包经营为基础、统分结合的双层经营体制，农民作为投资主体、经营主体和市场主体的地位进一步确立。在当前农业结构调整步伐不断加快、专业化分工不断深化的形势下，郊区农民为了提高市场竞争能力，保护自身经济利益，自愿成立了形式多样的农民专业合作经济组织，对内提供各种服务，对外参与市场竞争，显示了良好的发展势头。为了进一步规范和引导本市农民专业合作经济组织的发展，根据近年来中央和市委对农业和农村工作的一系列指示精神，提出以下意见：

一、发展农民专业合作经济组织的重要性

农民专业合作经济组织是农民在自愿基础上建立的，以对成员提供服务为宗旨，以生产经营活动为纽带，以销售、加工环节的合作为重点，以维护成员利益、增加成员收入为目的，实行自主经营、自负盈亏、自我管理、自我积累的经济组织。实践证明，农民专业合作经济组织在推动农业产业化经营，加快农村现代化进程等方面发挥了积极作用，主要表现在：连接市场和农户，发挥中介作用，解决千家万户分散经营与统一大市场的矛盾；提高农民的组织化程度，增强农户抵御市场风险的能力；优化配置资金、技术、人才、劳动力等生产要素，有利于发展壮大乡村集体经济。同时郊区各级政府和农业管理部门通过农民专业合作经济组织指导农业生产经营，更有针对性和时效性，有利于对郊区经济的调控。

二、发展农民专业合作经济组织的基本原则

发展农民专业合作经济组织，既要积极借鉴国内外的成功经验，又要从实际出发，充分尊重农民的选择和创造；既要积极实践，勇于探索，多样化发展，又要坚持规范化的制度建设，防止一哄而上，随意无序。本市农民专业合作经济组织的发展要坚持以下原则：

（一）坚持以家庭承包经营为基础的原则。发展农民专业合作经济组织，不得动摇农民家庭经营的基础地位，不能侵犯农民家庭经营的自主权，不能改变农民财产的所有权，坚决防止借发展农民专业合作经济组织之名，将农民财产集中归大堆的错误做法。在家庭承包经营的基础上发展农民专业合作经济组织，可以突破区（县）、乡（镇）和行政村的界限，实行跨区域合作。

（二）坚持农民自愿的原则。成立农民专业合作经济组织，必须充分尊重农民的意愿，坚持自愿加入、退出自由的原则，实行“民办、民管、民受益”的运行机制。农民根据自身需要和意愿可以参加一个或同时参加几个农民专业合作经济组织，组织类型要突出专业，因地制宜，不强求统一模式。各级政府和各有关部门要给予积极引导和扶持，不得对农民专业合作经济组织强制命令、强行捏合，更不能以各种行政手段干扰、刁难甚至解散农民专业合作经济组织。

（三）坚持民主管理、照章办事的原则。农民专业合作经济组织必须严格遵循民主管理的原则，按照章程实行民主选举、民主决策和民主监督。农民专业合作经济组织的生产经营计划、盈余分配方案和投资决策等重大事项必须经过成员大会或成员代表大会审议决定，经营情况和重大事项要定期向全体成员公布。农民专业合作经济组织的章程应当明确发展目标，规范运作程序，载明组织的名称、住所、业务范围、宗旨和原则、成员的加入和退出、成员的权利和义务、股金数额及缴纳办法、盈余和亏损处理办法、机构组成和职责、议事规则、表决方式、合并（分立）和终止程序、章程修改程序等必要事项。

（四）坚持对内提供服务、对外参与市场竞争的原则。农民专业合作经济组织要牢固树立服务意识，把为成员服务作为基本宗旨，积极创造条件，为成员提供产前、产中、产后的各种服务以及政策法规、科学技术等方面的培训，充分发挥一个组织带动一片农户的作用。农民专业合作经济组织还要积极参与市场竞争，在提高农产品的附加值上下功夫，实现成员利益的最大化。

（五）坚持合作制分配方式的原则。农民专业合作经济组织的盈余和积累归其全体成员共同所有，对于年度可分配盈余，在留取必要的公共积累以后，可以按照交易额比例返还给本组织成员。农民专业合作经济组织可以对成员股金进行分红，但一般不得超过当年1年期存款利率的110%。

（六）坚持紧密利益关系的原则。农民专业合作经济组织要以资金合作或劳动合作为纽带，使组织成员之间形成紧密的利益共同体，增强组织的凝聚力、带动力以及抗御市场风险的能力。同时，还要通过共同经营和共同积累，不断提高农民专业合作经济组织的技术、设施水平，并向二、三产业延伸，增强市场竞争能力。

三、发展农民专业合作经济组织的主要措施

（一）确立农民专业合作经济组织的法律地位。具备企业法人条件、对外开展经营活动的农民专业合作经济组织，应到工商行政管理机关办理登记手续，取得企业法人资格；具备社会团体法人条件或者民办非企业单位条件、不从事营利性经营活动的农民专业合作经济组织，应到民政部门进行登记，取得社会团体法人资格或民办非企业单位登记证书。各有关部门对农民专业合作经济组织的登记应简化手续并加快办理。

（二）加大财政、税收和信贷支持的力度。郊区各级政府要在财政支农预算中安排一定资金，用于支持农民专业合作经济组织的发展。税务部门要按照财政部、国家税务总局的有关规定，对农民专业合作经济组织为其成员提供技术服务或劳务收暂免征收企业所得税；从事农业机耕、排灌、病虫害防治、植保、农牧保险以及相关技术培训业务，家禽、牲畜、水生动物配种和疾病防治的收入免征营业税；对农业生产者销售自产的农业产品，按照财政部、国家税务总局《农业产品征税范围注释》规定的范围免征增值税；对于农民专业合作经济组织兴办的经营性企业，经主管国税机关认定为增值税一般纳税人的，其加工生产、销售的产品，属于增值税按13%税率征税范围的，按13%的增值税率计算缴纳增值税，其购进的免税农产品凭主管国税机关批准使用的收购凭证，按收购凭证上所注明的价款依10%的扣除率计提进项税额。农业银行、农村信用合作社等金融部门要积极安排贷款，为农民专业合作经济组织提供信贷支持。

（三）准许从事农业生产资料的经营。农民专业合作经济组织可以根据成员的直接生产需要，从事化肥、农药、农膜等生产资料的购销业务，实行零利润经营。

（四）加强组织引导和管理服务。本市农民专业合作经济组织目前尚处于探索发展阶段，各级农村合作经济经营管理部门要充分发挥组织指导和管理服务的作用，为农民专业合作经济组织的发展提供保障，不断提高经营管理水平。

（五）处理好与集体经济组织的关系。通过大力发展农民专业合作经济组织，促进乡村集体经济改革，进一步壮大集体经济实力。乡村集体经济组织要在土地、资金、技术、人才等方面，对农民专业合作经济组织给予积极支持和帮助，实现多种合作经济组织的相互促进和共同发展。

（六）充分发挥先进典型的示范作用。郊区各级政府和各有关部门要大力扶持和培育农民专业合作经济组织的先进典型，充分发挥其示范和引导作用。发展较快的地区，要对农民专业合作经济组织的运行机制、制度建设、扶持措施等进行探讨和研究，促进农民专业合作经济组织规范、健康发展。

北京市人民政府办公厅转发市农委《关于2002年本市减轻农民负担工作意见》的通知

京政办发［2002］15号　2002年3月13日

各区、县人民政府，市政府各委、办、局，各市属机构：

市农委《关于2002年本市减轻农民负担工作的意见》已经市政府同意，现转发给你们，请结合实际认真贯彻执行。

关于2002年本市减轻农民负担工作意见

根据《国务院办公厅转发农业部等部门关于2002年减轻农民负担工作意见的通知》（国办发［2002］10号），现就2002年本市减轻农民负担工作提出如下意见：

一、进一步提高对减轻农民负担工作重要性的认识

随着我国加入世界贸易组织，2002年本市调整农业结构、深化农村改革、增加农民

收入的任务很重，需要进一步维护农民利益，做好减轻农民负担工作。各地区、各部门要以江泽民同志“三个代表”重要思想为指导，从政治的、全局的高度充分认识做好减轻农民负担工作的重要性和紧迫性，采取切实有效措施，加大工作力度，抓好减轻农民负担方针政策的贯彻落实，真正把思想和行动统一到国务院文件精神上来。

二、继续执行“一项制度、八个禁止”，对提留统筹费的收取和使用情况进行一次专项审计

继续抓好“一项制度、八个禁止”规定的落实。严格执行提留统筹费的预决算制度。未进行农村税费改革试点的地区，2002 年提留统筹费一律不得超过 2001 年农民人均纯收入的 5%和 1997 年的预算额，也不得改变提留统筹费的比例结构。继续落实好“八个禁止”的规定，禁止平摊农业特产税、屠宰税；禁止一切要农民出钱出物出工的达标升级活动；禁止一切没有法律、法规依据的行政事业性收费；禁止面向农民的集资；禁止各种摊派行为；禁止强行以资代劳；禁止在村里招待下乡干部，取消村组招待费；禁止用非法手段向农民收款收物。对违反“一项制度、八个禁止”规定的，必须追究责任，严肃查处。

进一步加强农民负担监督卡的发放和管理工作。农民承担的提留统筹费及“两工”，必须通过农民负担监督卡分解落实到户。凡未将监督卡发放到户的，农民有权拒绝缴纳款物和出工。要维护农民负担监督卡的严肃性，规范卡内项目，严禁加项加码或在卡外乱收费。在认真落实农民负担预决算和监督卡制度的基础上，市农民负担监督管理部门会同有关部门对提留统筹费的收取、管理和使用情况进行一次专项审计。审计的重点是：提留统筹费的数额是否超过 2001 年农民人均纯收入的 5%和 1997 年的预决算；使用中有无平调、挪用现象；财务收支、预决算方案制定与执行是否符合有关规定等。对审计出来的突出问题，要依法或按有关规定严肃处理。对提留统筹费管理混乱的乡村，上级有关部门要组织力量帮助整顿，制定规范化管理制度。

三、加强农村税费改革试点地区农民负担的监督管理

昌平区作为本市农村税费改革的试点，要始终把减轻农民负担作为改革的基本出发点。不得在改革前突击收费和集中清欠，不得通过人为抬高收费基数加重农民负担。在确定计税土地面积、常年产量、计税价格时，应张榜公布，征求农民意见，得到农民的认可。同时，抓紧乡镇机构、农村教育体制、乡镇财政体制、农业税收征管、村级筹资筹劳等配套改革。市农民负担监督管理部门要加强对农村税费改革试点地区农民负担的检查监督。检查监督的重点是：农业税、农业特产税及两税附加是否按规定征收，其他违反国家规定专门面向农民的收费是否一律取消，村级范围内筹资筹劳是否符合“一事一议”的规定，农民负担是否真正减轻。农民负担监督管理部门要按照《中共中央国务院关于进行农村税费改革试点工作的通知》（中发［2000］7 号）和《国务院关于进一步做好农村税费改革试点工作的通知》（国发［2001］5 号）的规定，加强对农业税附加、农业特产税附加、“一事一议”筹资等集体资金的监督管理。抓紧建立健全农民负担监测、信访举报、检查监督、案件查处等项工作制度，尽快建立适用新的农村税费制度的、有效的农民负担监督管理体制，防止农民负担反弹，巩固农村税费改革成果。

四、深入开展专项治理，逐步规范农民负担管理

继续抓好对农村中小学乱收费、报刊摊派、农村用电乱收费、农民建房乱收费等专项治理。要按照已有的部署，进一步抓好各项专项治理的实施、检查、督促工作。没有进行专项治理的地方和部门，要限期开展。已经开展专项治理的地方和部门，要进一步抓好整改工作，完善制度、规范管理。普遍推行农业税收和涉农价格、收费“公示制”。凡是向农民收取的农业税收，按照中央和省两级审批权限和程序批准的涉及农民的行政事业性收费和重要商品及服务价格，均应向社会公示。通过公示栏、公示牌、公示墙、价目表等形式，向农民公开税收、价格、收费的文件依据、项目名称、征收标准、对象范围、举报电话等内容。凡是按规定应该公示而没有公示的，农民有权拒绝缴纳。“十五”期间，继续停止审批新的专门面向农民的行政事业性收费，原批准的收费项目也一律不得提高收费标准。

五、认真开展农民负担执法检查

按照国务院的规定，本市2002年度继续组织两次农民负担执法检查。执法检查的重点是农村中小学乱收费、农村报刊征订摊派、农村用电乱收费和农民建房乱收费等。郊区各级政府和各有关部门要将检查情况逐级上报，并对正反两方面的典型及时予以通报。

六、加强农村集体资产管理，坚决纠正各种损害农村集体经济组织利益的行为

严禁无偿征占农村集体土地，严禁拖欠和截留农村集体土地征占补偿费，严禁任何部门从村经济合作社土地补偿收入中提成。农村集体土地征占收入实行专款专用。

七、加强减轻农民负担工作的领导

减轻农民负担工作是各级政府的重要职责。各有关区、县要进一步加强对减轻农民负担工作的领导，强化农民负担监督管理部门的职能，采取切实措施，稳定队伍，保证工作经费。各级农民负担监督管理部门要认真履行职责，努力改进工作，不仅要与有关部门一起搞好农民负担项目审核、来信来访、案件查处等日常监督管理，还要在当地党委、政府的领导下，加强对基层干部的政策培训工作。要定期组织基层干部进行农民负担政策培训，促使他们增强群众、政策、法制和全局观念，做好减轻农民负担工作，切实维护农民利益。

三、委、办、局文件（制度）

关于进一步加强和改革农村经济统计工作的通知

（84）京农105号

郊区各县（区）委、政府和市有关局（总公司）：

当前，京郊农村商品经济蓬勃发展，经济统计工作越来越引起各级领导的重视；然而，目前的统计制度、办法、机构、队伍都不适应迅速变化的农村经济形势，难以全面、

准确、及时地反映农村经济动态，满足各级领导加强经济管理的需要。

农村经济统计工作存在的问题主要是：

(1) 统计指标、范围不适应新情况，统计口径不一致，重统、漏统的现象不少；

(2) 统计机构不健全，渠道不畅通，多头要数，无人抓总，迟报、拒报，信息不灵；

(3) 一些地方思想作风不端正，有的为了主观的需要任意改数、凑数，虚报、瞒报；

(4) 统计、会计力量薄弱，变动频繁，新手多，素质差。

为了适应新的形势，进一步加强和改革农村经济统计工作，经过市统计局，市社队企业局，市农业局农村合作经济经营管理站和各县区有关部门共同商量，决定采取以下措施：

一、适应新的情况，改革统计报表制度

1. 增加综合指标的统计。为了反映向十二大提出的总目标迈进和发展商品生产的情况，除了坚持原有的区县工农业总产值、农村经济总收入等指标外，再增加四个综合指标，即农业商品产值，农村工业产值（包括社办、队办、社员联合体办和个体办的工业），区县国民经济总产值（即社会总产值，包括工业、农业、建筑业、交通运输业和商业的产值）和国民收入。以上综合指标的统计，从今年年末开始执行，今后每年于上半年和全年编报两次。

2. 改进专业专项统计。主要是：①扩大乡镇企业的统计范围，由原来只统计社办、大队办两级，改为社办、大队办、生产队办三级一起统计，并对社员联合办企业和家庭工业进行调查统计；②对于集体经济参加的跨地区、跨单位、跨行业的联营企业，其基本情况和季度收支由企业所在地的行政单位汇总，年终决算分配时，参加联营的社队将分得的利润和按利润分成比例分摊的收支，分别汇入本单位的决算报表之中；③专业户的统计，由各级统计部门负责，并按经营规模分若干档次，以观察专业化生产发展的情况。

3. 扩大农民家计调查，搞好自营经济收支统计。农民家计抽样调查网点由原来的四百八十户扩大为一千一百户，已分布到各个区县，从今年十月开始记账和进行一次性调查，年底提出分区县的农民住户生产经营和生活收支数据资料。从今年起，考核各区、县农民自营收入水平，以统计部门上述家计调查的数据为主；由经管部门组织的农民自营收支调查，仍要坚持，以保证逐级考核和汇总报表的需要。

4. 明确统计口径。主要是：①统计乡镇企业时，要按企业标准进行，不能把不属于独立企业的劳务、运输、副业收入统计在内；②要按照已有的规定，划清集体账内收支和账外收支、集体收支、社员联合体收支和自营收支的界限；③社办企业净利润和公社级积累不能混同，乡镇企业的净利润和纯收入不能混同。

5. 统一乡镇企业和农村财务结账及报表时间。为了及时提供数据，满足经济分析的需要，月报、季报一律以月末、季末二十五日为结算时间，年报以十二月三十一日为结算时间。月报于次月八日、季报于次季首月十日、年报于次年二月底前报市。

二、健全统计机构，建立统计网络

1. 健全机构，配齐人员。根据国务院《关于加强统计工作的决定》提出的“在地方机构改革中，要大力加强和完善统计监督部门，各级统计机构和力量只能加强，不能削弱，特别要注意加强市、县统计局的力量”，“充实各级业务主管部门的统计力量”，“加强基层单位的统计力量”的要求，郊区各县（区）统计局要尽快建立健全起来，乡（公社）专职统计员、大队专职或兼职统计员必须配齐；县（区）农村合作经济经营管理站和公社经营管理站的机构要稳定不变，公社财会辅导员、经营管理员要专职专业，大队要设专业会计；县区和公社的乡镇企业主管部门，必须建立健全统计机构，配备专职统计人员，企业设专职或兼职的统计员、会计员。市农口各局和县区业务主管部门，以及企业事业组织都必须设立和配备与任务相适应的统计机构、统计人员。

2. 加强综合统计，疏通统计渠道。为了及时掌握统计信息，做到不重不漏，避免“多头要数，无人抓总”、“数出多门，重复劳动”的现象，必须实行条块结合，以块为主的原则，加强综合统计，建立市、县（区）、乡（公社）三级综合统计报告系统。县区统计局（科）是政府综合统计部门，负责组织领导和协调本行政区域内的统计工作，组成整个农村统计网络。市、县（区）和公社的经管站，是农村合作经济财务收支统计的综合部门，各级乡镇企业统计部门要按照统一的要求定期向同级经管站提供乡镇企业的财务收支报表。各级乡镇企业主管部门要设立综合统计机构；乡镇企业按专业分为几个部门主管的，由县（区）政府和公社指定一个部门负责综合统计，其他部门要定期向它报告有关数据，以便统一汇总；县（区）乡镇企业综合统计部门要按照规定向市乡镇企业局提供报表。市农村建设总公司主管的农村建筑企业的有关数据，报市乡镇企业局汇总。

3. 市农场局所属各农场的有关经济统计报表，要同时分别报送所在县区和市农场局，由所在县区汇总，并以其中数表示出来。

三、严格遵守《统计法》，反对弄虚作假

保证数字的准确性，是统计工作的根本要求。如果数字失实，就会妨碍正确决策，损害党的威信，败坏社会风气，影响相互团结。目前，郊区农村在统计数字上虚报、瞒报、随意改数、凑数的现象虽然是个别的，少数的，但是值得我们严重注意。要普遍组织各级干部和统计人员学习《统计法》，并严格遵守，认真执行，做到有法必依，执法必严，违法必究。各级领导人既要领导和监督统计人员的工作，又要尊重统计人员的职权，支持统计人员坚持原则，坚持实事求是，向弄虚作假的行为作斗争。对有意弄虚作假，沽名钓誉、骗取奖励的行为，要抓住典型，严肃处理。同时，要提请各级领导机关注意，不要硬压指标，不要滥发表报，不要轻易要数，以免下级说假话，报假数，应付上级。市、县（区）统计局要加强对统计报表、统计标准的管理、协调工作，各类统计人员要加强对统计数字的审核、监督。

四、稳定、充实、提高统计队伍

适应新的形势，农村统计力量需要有一个大的加强。为此，要尽量动员那些具有统计知识和实践经验的同志归队；要逐渐从大中专毕业生中选拔统计人才；还可以实行招聘制，物色高中毕业生进行专门训练，经考试择优聘用。对现有统计人员要结合工作进行短期培训。要切实改变统计、会计人员调动频繁，训一批、换一批的状况，今后调动专职统计会计人员，要同上级主管部门商定。要热情帮助解决统计部门和经营管理部门工作人员在工作、学习、生活中的实际困难。并按照统一部署，积极认真地做好统计会计工作者、经营管理工作者的技术职称评定工作。

五、加强对统计工作的领导

统计，是社会管理和经济管理的重要组成部分，是经济预测、经济决策、经济计划、经济监督的重要工具。统计资料，反映了经济规律，经济发展速度、经济成果和效益，体现了党的方针政策，是判断是非、评比优劣、研究制定政策的重要依据。我们有些同志轻视统计工作，胸中无数，满足于“大概齐”；有的只知临时要数，不注重抓统计基础建设，这些都是同发展商品化、专业化、现代化的农村经济不相适应的。各县区、公社，以及各部门，要加强对统计工作的领导，责成一名懂行的领导分管统计工作，纳入议事日程，当成一件大事来抓。要根据本通知的要求，研究加强农村经济统计工作的具体措施。要搞好统计队伍的思想建设、组织建设、业务建设、计算技术建设。争取两三年内，县区统计局、农村合作经济经营管理站，社队企业管理部门，配上电子计算机，建立现代化的统计信息计算体系。使管理和统计工作同步，跟上经济发展的步伐。

有关进一步改革农村经济统计工作的若干具体规定，由市统计局、农业局、社队企业局分别颁发。

中共北京市委农村工作部
北京市人民政府农林办公室
一九八四年十月十二日

关于改进郊区农村经济财会统计的补充规定

(84) 京农字第 19 号

为了适应郊区农村经济深入改革和商品经济蓬勃发展的新形势，当前需要进一步改进财会统计工作，为此做以下补充规定：

一、变更起报和综合统计单位

1. 从今年收益分配年终决算起，均以生产大队（或相应的经济单位）为起报单位。以生产队为基本核算单位继续行使职能的，仍可按过去规定填报财会统计报表，但生产大队要将两级数字汇总到一起，作为一个起报单位上报。大队为第一级综合统计审核汇总单位。

2. 市农场局所属农村合作经济的财会统计，从一九八四年决算报表起，改由所在区、县统计汇总。各农场将农村合作经济各种财会报表同时分别报送区、县经管站和市农场局经管处。今后，全市按十五个郊区县反映郊区情况，同时把市农场局所属农村合作经济数字列为其中数。其他财会管理不变。

3. 区、县一级兴办的农工商总公司直接生产经营的收益不属于农民劳动所得的，不在农村合作经济收益分配统计报表中反映。

二、必须加强对经济联合体和各类联营企业的财会统计工作

经济联合体收益分配的指标解释，仍按一九八三年《农村财会统计报表说明》不变，需要明确的是：经济联合体是指农民劳动者之间自行联合的经济组织，是农村合作经济的一个单独的层次，所在的生产大队必须认真统计，如实反映；不能与三级集体经济、农民家庭自营收支、乡镇企业收支相重相混。各类联营企业是乡镇企业的组成部分，要按企业的要求进行财会统计，其统计归属：

1. 在本区、县范围内的各类联营企业，均由企业按规定要求报财会统计基础表。生产队与生产队和大队与大队的联营企业，均由企业所在生产大队统计；社与社的联营企业，由企业所在公社统计；各层次、单位、农户间办的联营企业，由主管单位的所在行政块统计。

2. 在本区、县范围内，凡由三个以下单位联营的企业，季度和年终统计按利润和利润分配比例，分单位反映收支和收益分配情况。凡三个以上单位的联办企业，季度统计报表，报所在行政单位汇总。年终决算分配，将各联营单位分得的利润和按利润分成比例分摊的收支，分别统计在各单位的决算报表之中。企业的基本情况和资金状况必须由当地统计反映。

3. 与农村合作经济有关的中外联营企业、市外联营企业、县（区）外联营企业，只要在本地区实际发生的生产经营，就算本地区的收支，均由所在公社负责统计。社队凡在外地投资办联营企业，投资单位只统计利润，不统计收支。

4. 农村合作经济与全民所有制厂矿、科研、大专院校等单位联营的企业，除国家计划、统计部门有特殊规定者外，原则上都按利润分配的比例分别反映收支，但企业的基本情况和资金状况仍应由所在社队负责统计。

三、关于农民家庭自营收支分配数字的汇总和考核问题

从今年起，市考核各县、区农民自营收入水平，以市统计局分布在各县、区的 1 100 个农户家计记账调查的数据为主，层层抽样调查的数据只作参考。反映公社、大队两层的农民自营的收支分配数字，由各区、县在原抽样调查户中精选出少数有代表性的记账调查户（一般不少于总农户的百分之一），由经管部门负责组织汇总，以保证逐级考核和汇总报表的正常进行。

专业户的收支分配数字，从今年决算起由统计部门作为专项统计。

四、加强账外核算管理，提高账外核算质量

承包账外核算在整个经济核算中占十分重要的地位，加强账外核算是全面地真实地反映农村合作经济的全部生产经营成果，监督各项经济活动和经济合同的执行情况的有效手段，为此：

1. 合作经济承包项目，凡不由集体结算的承包收支，都算账外收支。有账外经济活动业务的，必须建立详细的账外核算登记簿，由会计员逐月核算登记。

2. 账外核算的数据来源，应从实际出发，统计方法灵活多样。但必须做到有根据、有记载、有基础、有验证，实事求是，防止漏记重记，严禁弄虚作假。要采取各种有效措施，制约一些人利用账外核算搞虚假、浮夸等不正之风。

3. 账外核算要推广采用标准定额、科学推算的办法，即由每个记账单位登记核实承包账外经济活动的基本情况和生产基数，如承包作物亩数、畜禽头数、农机或运输车辆数

等等，然后以公社为单位，在广泛调查研究的基础上，民主讨论，制定出一定时间内带有一定弹性、比较符合实际的平均单位产量、费用定额、平均纯益、工作定额以及其他定额标准，报区、县经管站备案后，直接加以推算或作为账外核算的参考。

五、明确几个新兴行业的统计口径

参照国家统计局对国民收入生产、积累、消费的计算方法，对郊区农村新兴的交通运输业、建筑业、商业饮食业的收入统计口径规定如下：

1. 交通运输业收入：通过转运活动为物质产品增加的一部分价值叫交通运输业总产值。其总产值就是交通运输业的货运收入。社队填报陆运、装卸、搬运所得的实际收入。

2. 建筑业收入：应包括农村建筑公司、建筑专业队、房屋修缮队、活动房安装企业、设备安装队以及零星建筑队、组从事建筑生产活动的实际收入。有的承包各种建筑物的工程物料费和人工费，应按全额记收入。有的只承包人工费不管物质消耗的，人工费即是实得收入。

3. 商业收入：指商业通过采购和销售等活动为物质产品增加一部分价值，商业总产值与商业收入基本相同，就是一般所说的商业附加费，也就是商品流转费、税金和销售利润（亏则为负数）的总和。社队经营商业，一般可以按毛利润（即销售差价）计算商业收入。

4. 饮食业收入：计算方法有两种：一种是按饮食业产品的全价（包括被加工的原料如米面、肉类、蔬菜的价值）计算，即饮食业的营业额；另一种是与商业收入计算方法相同，只计算饮食业的附加费，而不计算被加工的原料价值。凡实行单独成本核算的饮食企业应按第一种办法统计收入，其余均按第二种方法计算。

六、必须真实统计反映各层次积累状况

1. 公社级积累，应从社办企业年终已实现净利润中（包括联营企业分得的利润），减去公社当年用于行政经费和下拨给生产队的直接分配和间接分配部分，再减去社办企业从利润分成中用于当年的报酬和奖金，其余额部分就是应填报的公社级积累，即可以用在当年或下年扩大再生产的资金。

2. 大队级积累，必须填报从大队、生产队两级的当年收益分配中提留出来的扩大再生产的资金和所提生产费基金，不能把队办企业的纯收入填报成积累。

今年决算报表将社队企业净利润与积累严格分清，分别填列。

3. 农家生产经营积累，一般以大队为单位，选择一个有代表性的生产队，年终采取一次性调查方法，或在抽样户进行调查，然后合理推算。计算口径：农民自己当年购置的生产性固定资产和基本建设的投资，以及投人生产经营上的流动资金，统称为生产投资总额，其中当年收入投资部分叫农家生产经营积累。

4. 农民集资，纯属农民个人集资兴办的生产经营项目和各类企业，大队统计应单独反映。今年决算增加两个附加指标：(1) 农民集资总额；(2) 其中入股金额。

七、必须实事求是地统计反映农民劳动所得，不要混淆农民消费水平与农民劳动所得水平的界限

1. 农民劳动所得是指农民通过生产经营劳动所创造的新价值和一部分级差收入，经过正确处理三者关系以后，从各层次得到的收入总和。包括：从合作经济分配的收入，从社队办企事业单位得到的报酬，从承包账外核算得到的收入，以及从家庭自营得到的纯收

入。这些收入都属于劳动报酬性质，都通过收益分配报表统计反映。

2. 农民消费水平除包括上述劳动所得外，还包括：社员从公益金中得到的收入，从国家财政得到的收入，城市汇、带款、物收入、侨汇收入、其他收入等等。农民消费水平是通过统计部门的家计记账户调查反映。

3. 为了分别正确反映两个“水平”，决定今年决算报表增两个指标：在“分配情况”栏中增一个（十）项。“从公益金中支付文教卫生福利事业职工的报酬、奖金”加到分配水平上，使地区之间口径一致；在收益分配表的附注栏项下，附加一个参考指标：即“农民从公益金中得到的补助、补贴收入”，一般包括五保户、军烈属的补助、退休金、献血、计划生育以及购买高级耐用消费品等项的补助、补贴，以便如实反映情况。

八、加强核算，正确反映农村合作经济各层次之间的经济往来关系

1. 各经营层次、各经济单位相互经济往来关系，应遵循等价交换、平等互利的原则，有的收支重复现象是不可避免的，在正确核算的基础上，收支多少就统计多少。

2. 公社、大队给所属生产队或承包单位直接分配或间接分配的款项，特别是各种生产补贴、多出售商品的奖励等等，双方都应分清收支的性质，记清收支的来龙去脉，认真核算经济效益，如实反映社员分配水平。

3. 为了加强对公社、大队直接下拨分配或间接分配款项的统计分析，从今年决算报表起，每年都要统计一次直接下拨分配的项目、金额和受益人数；间接分配属于补贴粮食生产、蔬菜生产、养猪生产三方面的项目、金额、平均百斤补款以及经济效益等情况。

九、根据农牧渔业部一九八四年农村经济收益分配报表的要求和本补充规定，设计了北京市一九八四年农村经济收益分配全套报表，要求各级经管部门按规定认真填报。

北京市农业经济专业人员实施经济系列（试行条例）和（实施细则）的补充规定（试行稿）

为了贯彻执行《经济专业技术人员职务试行条例》和北京市贯彻执行该条例的《实施细则》，现将农业经济专业人员实行专业技术职务聘任工作中若干具体问题，提出以下补充规定。

一、组织领导

根据北京市职改工作领导小组京职改领字［1987］032号文件，市政府农林办公室是全市农业经济专业职改工作的牵头单位。主要职责是根据《北京市贯彻执行（经济专业技术人员职务试行条例）实施细则》制定农业经济专业岗位设置的原则和各级职务的具体任职条件；拟定对不具备规定学历人员的考试科目及考试复习大纲；负责组建农业经济专业高级职务评审组织并进行任职资格的评审。

各区（县）、局（总公司）农业经济专业职称改革工作，在区（县）、局（总公司）职称改革工作领导小组统一领导下，在市经济系列和市农业技术系列职改领导小组的指导下进行。

二、岗位职务设置

农业经济专业技术职务是根据农业经济专业工作的实际需要设置的专业技术工作岗

位。凡直接从事农业经济经营管理、农业企业管理、农业经济计划、农业生产规划、农村经济调查研究等工作的岗位，可以设置农业经济专业职务。

从我市各级农业经济工作的实际需要出发，同时考虑到事业的发展，区（县）属局级及其以上单位，一般可设高、中、初级农业经济专业技术职务；其他单位一般可设中、初级农业经济专业技术职务，如确需要设置高级农业经济专业职务的，需经上级主管部门批准。

三、任职条件

担任各级农业经济专业技术职务的人员，应具备《经济专业技术人员职务试行条例》和北京市贯彻执行该条例的《实施细则》中规定的相应的学历和从事经济工作的资历，同时，还应具备下列履行相应职务职责的实际能力和业务水平。

高级农业经济师：具有坚实的农业经济专业理论和丰富的农业经济管理工作实践经验，掌握较系统的农业技术知识；熟练地掌握现代化农业经济管理方法；了解国内外农业经济发展趋势，能主持或参与制定本部门或本地区农业发展规划及其实施方案，结合实际进行经济效益评价和论证，并指导或主持实施，解决实施中有关农业经济方面的重大技术问题；能主持本部门或本地区全面的农业经济业务技术工作，提出有价值的政策性意见；能研究、设计新的业务工作项目；撰写业务水平较高的总结或报告；指导培训中级农业经济专业人员。

农业经济师：具有系统的农业经济专业理论；有较丰富的农业经济工作的实践经验；掌握一定的农业技术知识；掌握现代化农业经济管理方法，了解国内外农业经济发展动态；参与制定本部门或本地区农业发展规划及其实施方案，并参与实施；解决实施中有关农业经济方面的一般技术问题；能主持专项农业经济业务技术工作，独立地解决较复杂的业务问题；主持开展并参与先进的农业技术经济措施和经营管理方法的试验，并进行分析，做出结论，提出利用和推广的意见；组织或参与实施，解决实施中的技术问题；组织农村经济调查，撰写有一定业务水平的调查报告或总结；主持开展本专业的技术咨询服务工作，对初级专业技术人员进行指导、培训。

助理农业经济师：具备较系统的农业经济专业理论和有关农业技术知识；能帮助制定生产经营计划和管理方法，并参与实施；组织开展经济核算，参与农业技术经济效益评价；组织并参与推广先进农业技术经济措施；能独立进行农村经济专项调查，并进行综合、分析、撰写调查报告和专项业务总结；能向群众传授一般的农业经济知识。

农业经济员：具有农业经济专业和农业技术的基础知识。初步掌握农业经济业务工作的基本方法和技能；能参与进行成本核算和经济活动分析；帮助乡、村合作经济组织制订承包合同，并参与实施；参与推广先进的农业技术经济措施；参与农村经济调查研究；对农村经济资料进行搜集、整理，并进行初步分析，提出具体实施意见。

四、任职资格的评审

各级农业经济专业技术职务的任职资格，按《经济专业技术人员职务试行条例》及北京市贯彻执行该条例的《实施细则》，由相应的农业技术职务评审委员会评审，可在农业技术职务评审委员会下设农业经济专业评议组，进行同行评议。专业技术力量集中，具备条件的单位，也可单独组建相应的农业经济专业职务评审委员会，进行任职资格的评审。

高级农业经济师的任职资格，由北京市高级农业技术职务评审委员会评审。

申报各级农业经济专业职务的具体办法，按照市农业技术系列职改领导小组印发的《关于申报农业技术和农业经济职务有关事宜》的规定办理。

现从事农业经济专业工作的原农业技术人员（含已取得农业技术职称的），根据实际情况，可以申报评审农业经济专业技术职务，也可以申报评审农业技术职务。

从事农业经济专业工作的其他专业技术人员（含已取得技术职称的），一般应从事农业经济专业工作一年以上，可按有关条例的规定，申报评审相应的农业经济专业技术职务

五、外语问题

担任农业经济师，高级农业经济师职务的农业经济专业人员，一般应能够阅读或笔译本专业的外文资料。鉴于历史原因和农业经济专业队伍的现状，在首次专业技术职务聘任工作中，拟聘高级农业经济职务人员的外语考试，采取培训、补习的办法，促其达到一定的外语水平，不作为晋升的必备条件。在区（县）及区（县）以下基层单位从事农业经济专业工作的人员，在评审中级职务时，外语可暂不要求。

六、不具备规定学历的农业经济专业人员，凡具备《北京市贯彻执行（经济专业人员职务试行条例）实施细则》第三章任职条件中有关规定，并按规定的科目考试成绩合格者，可申报评审相应的技术职务。考试科目为：政治经济学、农业经济学、农业企业管理（或会计原理及农业会计学、统计原理及农业统计学）。申报中、初级农业经济专业职务的考试，由有关区（县）、市局（总公司）分别按大专、中专水平的要求组织进行，试题报经济系列领导小组审核。

北京市审计局、北京市农业局
关于转发市经管站制定的《北京市农村审计实施办法》的通知

（87）市审行字第228号　（87）京农计字第77号

各区、县经管站，各区、县审计局：

现将市农村合作经济经营管理站拟定的《北京市农村审计实施办法》转发给你们试行。请各区、县尽快建立健全农村审计机构，配备农村审计人员，依法开展农村审计工作。

1987年9月16日

北京市农村审计实施办法

第一条　为落实党的农村经济政策和有关法令，加强农村财务管理，及时有效地实施部门审计监督，根据中办发［1986］27号《中共中央办公厅、国务院办公厅转发（关于清理农村集体财产的意见）的通知》中关于“逐步开展审计工作”的指示精神。和京政发

[1987] 26 号《北京市内部审计工作实施办法》、京政办发 [1987] 60 号《关于开展农村审计实行部门审计监督制度的意见》，结合本市农村合作经济财务管理的实际情况，特制定本实施办法。

第二条 本实施办法适用于本市农村集体（合作）经济组织（包括乡镇企业和经济联合体）及个体经济单位。

第三条 市农村合作经济经营管理站（以下简称市经管站）是本市农村各种形式合作经济部门审计工作的主管机关，负责本办法的实施。

第四条 各区、县、乡、镇农村合作经济经营管理站（以下简称经管站）在本区、县、乡、镇人民政府领导下建立内部审计机构，独立开展审计工作，同时接受上一级经营站的业务指导。对本级人民政府和上一级经营站负责并向其报告工作。

第五条 市、区、县经管站的部门审计机构，业务上受同级国家审计机关的指导。重大的审计报告，在报送本级人民政府的同时，报告同级国家审计机关。

集体企业较多的村（大队）合作经济组织设专职审计人员，在本单位主要负责人的直接领导下实施内部审计监督。业务上接受乡（镇）经管站内部审计机构的指导，并负责向本单位和上一级内部审计机构报告工作。

第六条 市、区、县经管站审计机构负责农村审计工作的组织和协调，必要时可组织下属审计人员完成有关审计项目。承担对所属审计人员的业务培训，考核合格的审计人员由市经管站颁发农村审计工作证。审计人员凭审计工作证开展工作。

第七条 农村审计人员应选派具有一定财会、经济管理、生产技术和法律等专门知识和经验并有一定政策水平和分析能力的人员担任。对从事农村审计工作的专业人员，按照国家规定，评定专业职称，聘任专业职务。

第八条 农村审计机构的主要任务：

（一）对资金、财产的完整和安全进行审计监督。

（二）对财务收支、外汇、信贷收支的执行情况及经济效益进行审计监督与评价。对经济合同的合法性及其执行情况进行审计监督。

（三）定期审计会计报表，决算以及有关核算凭证账簿的真实性、正确性、合规性和合法性，进行审计监督。

（四）对内部控制制度及其执行的有效性进行监督与评价，协助被审计单位建立、健全有关内部控制制度。改进内部核算，加强财务管理。

（五）对严重偷税抗税、严重损失浪费的渎职行为和贪污、盗窃、行贿、受贿及其他严重违反财经法纪的行为进行专案审计，并向有关部门提出建议或必要的处理意见。触犯刑律的，由司法机关依法追究刑事责任。

（六）办理上级主管部门内审机构和当地人民政府交办的审计事项。

（七）办理本部门、本单位和上级国家审计机关委托的审计事项。

（八）按照国家规定接受有关部门委托或授权，对有关经济组织的负责人进行离任经济责任审计，包括任期内财务收支是否符合国家规定；盈亏是否属实；经济效益是否达到任期目标；积累与分配的关系是否符合国家有关政策与合同规定；有无严重渎职与损失浪费等。

（九）受理农村合作经济组织委托，进行资金鉴定，建立财务会计制度，审查承包合同，评价经济效益。

（十）接受经济联合体和个体专业户的委托，帮助其建立必要的章程和财务管理制度，提供服务。

第九条 农村审计机构依法行使下列职权：

（一）有权检查被审单位的资金、财产、会计资料，查阅有关文件。任何单位和个人不得拒绝、阻挠。

（二）有权参加被审单位的有关会议；对审计中发现的问题有权向有关单位，个人进行查证、召开调查会并索取证明材料。

（三）有权制止、纠正违犯财经法纪的行为和提出处理意见。包括向被审单位提出纠正和处理违反财务制度和国家经济政策的意见；改进经营管理，提高经济效益的建议，对违反财经法纪的单位和有关责任人员，向当地政府及有关部门提出经济制裁。通报批评，纪律处分或撤销职务等处分建议。对触犯刑律的责任人员，由司法机关依法追究刑事责任。

（四）对阻挠、拒绝和破坏审计工作正常进行的，必要时，经审计主管单位领导批准，有权采取封存账册和资财等临时措施，并提出追究有关人员责任的意见或建议。

（五）对审计中发现的问题，有权向上级主管部门和国家审计机关反映。

第十条 农村审计工作的主要程序：

（一）各级农村审计机构应根据上级部署和本单位的具体情况，编制年度审计工作计划或工作要点，报本单位主管领导批准，并报送上级主管部门内部审计机构和同级国家审计机关备案。

（二）各级农村审计机构根据领导批准的年度审计工作计划和临时交办的审计事项、制定审计方案，确定审计范围、内容和时间，根据具体情况，采取就地审计、报送审计、委托审计、联合审计和审计调查等不同方式组织实施，并在实施前采用书面形式通知被审计单位。审计通知书应写明审计的内容、方式、要求和时间等。委托审计应写明受托单位。

（三）审计过程中审计人员要做详细记录。向有关人员调查时，一般应有二人以上（含二人）在场，记录谈话内容，并经被调查人审阅签署，或者要求被调查人写出书面证明材料，经本人签字。审计人员可根据需要复印或复制有关证明材料并要求有关人员或单位签证。

（四）审计终了，对审计过程中发现的各种问题，各种证明材料及有关资料，进行综合分析，向领导提出书面审计报告。审计报告应包括被审计单位（审计项目），审计范围和内容，审计中发现的问题，处理意见和建议，并附证明材料和有关资料。审计报告中审计负责人签章并征求被审计单位的意见，要求被审计单位在限期内提出书面意见。

（五）审计小组的审计报告，应由其派出机关充分考虑被审计单位的意见进行审定，并做出审计决定，通知并监督被审计单位执行。重要的审计报告，审计结论和处理决定在报请本级政府领导批准时，应同时报送上级主管部门内部审计机构和同级国家审计机关。

第十一条 被审计单位对内部审计机构审计结论和处理决定如有异议，可在接到审计决定后十五日内，向上一级内部审计机构提出申诉。上级主管部门内部审计机构应在接到申诉后三十日内进行复审。复审期间，仍按原审计结论和处理决定执行。上级审计部门有权纠正下级不适当的审计结论和决定。

第十二条 被审计单位应在限期内向内部审计机构报告执行审计处理决定的情况，根据执行情况，内部审计机构在必要时可以进行后续审计。

第十三条 审计事项结束后，审计人员应及时整理审计资料，并按国家规定建立审计档案。审计档案要定期保管，非经批准，不得任意销毁。

附：审计文书格式（略）

第十四条 乡（镇）审计人员可以由社调干部担任，其工资、奖金和所需经费由乡政府统筹。也可以由区县统一调配解决。

第十五条 农村审计人员要坚持原则、勇于斗争、忠于职守、秉公执法。不得滥用职权、徇私舞弊、泄漏机密、玩忽职守。

农村审计人员依法行使职权受法律保护，任何人不得打击报复。

第十六条 农村审计人员要实行岗位责任制，定期考核，根据其完成任务的优劣，分别给予奖励或惩处，并据以决定其是否继续聘任。解聘时，应收回审计证件。

第十七条 对违反本办法有关规定的单位和个人，按照情节轻重，经领导批准，予以经济制裁、通报批评、纪律处分；触犯刑律的，提请司法机关依法惩处。

第十八条 本实施办法执行中的具体问题，由市经管站负责解释。

第十九条 本办法自1987年10月1日起施行。

关于农业经济专业职务设置范围、任职条件和考试科目的规定

京职改领字［1988］019号

一、职务的设置范围

凡直接从事农业经济经营管理、农业经济计划、农业生产规划、农业企业管理、农业经济调查研究等专业工作的专职干部，属于评聘农业经济专业职务的范围。

首次聘任的最低层次只限于乡一级业务职能部门中的专业干部。

二、设岗原则

区（县）属局级及其以上单位，可以设置高级农业经济专业职务；其他单位一般只设中、初级农业经济专业职务，如确需要设置高级农业经济专业职务的，需经上级主管部门批准。

三、任职条件

1. 经济员

（1）具有农业经济专业和农业技术的基础知识，初步掌握农业经济业务工作的基本方

法和技能。

（2）能参与进行成本核算和经济活动分析。

（3）帮助乡、村合作经济组织制订承包合同，并参与实施。

（4）参与农村经济调查研究，对农村经济资料进行搜集整理，并进行初步分析，提出具体实施意见。

2. 助理经济师

（1）具备较系统的农业经济专业理论和有关农业技术知识，能帮助制定生产经营计划和管理方法，并参与实施。

（2）组织开展经济核算，参与农业技术经济效益评价。

（3）组织并参与推广先进农业技术经济措施。

（4）能独立地进行农村经济专项调查，并进行综合、分析、撰写调查报告和专项业务总结。

（5）能向群众传授一般的农业经济知识。

3. 经济师

（1）具有系统的农业经济专业理论，有较丰富的农业经济工作的实践经验，掌握一定的农业技术知识。

（2）了解现代化农业经济经营管理方法，了解国内外农业经济发展动态。

（3）参与制定本部门或本地区农业发展规划及其实施方案，并参与实施。解决实施中有关农业经济方面的一般技术问题。

（4）能主持专项农业经济业务技术工作，独立地解决较复杂的业务问题。

（5）能主持开展并参与先进的农业技术经济措施和经营管理方法的试验，并进行分析、做出结论，提出利用和推广的意见，组织或参与实施，解决实施中的技术问题。

（6）能组织农村经济调查、撰写有一定业务水平的调查报告或总结、能主持开展本专业的技术咨询服务工作，对初级专业技术人员进行指导、培训。

（7）初步掌握一门外语。

4. 高级经济师

（1）具有坚实的农业经济专业理论和丰富的农业经济管理工作实践经验，掌握较系统的农业技术知识。

（2）掌握现代化农业经济经营管理方法，了解国内外农业经济发展趋势。

（3）能主持或参与制定本部门或本地区农业发展规划及其实施方案，结合实际进行经济效益评价和论证，并指导或主持实施，解决实施中有关农业经济方面的重大技术问题。

（4）能主持本部门或本地区全面的农业经济业务技术工作，提出有价值的政策性意见，能研究、设计新的业务项目，撰写业务水平较高的总结或报告。指导培训中级农业经济专业人员。

（5）熟练掌握一门外语。

四、不具备规定学历人员的考试科目

《政治经济学》、《农业经济学》等两门。

《农业企业管理》、《农业会计学》、《农业统计学》等，结合工作内容自选一门。

五、任职资格的评审

各级农业经济专业职务的任职资格，可由该级农业技术职务评审委员会评审。本市高级农业经济师的任职资格，统一由北京市高级农业技术职务评审委员会评审。

中共北京市委农村工作部、北京市人民政府农林办公室《关于郊区农村财会人员考核发证、加强管理的意见》的通知

(87) 京农10号 (87) 京政农78号

郊区各县（区）委和人民政府：

现将市农村合作经济经营管理站《关于郊区农村财会人员考核发证、加强管理的意见》转发到县（区）、乡（社）和有关部门，请结合实际，参照办理。

农村财会人员是搞好农村经济体制改革、发展商品经济的一支重要力量。为了稳定财会队伍，提高业务素质，充分发挥他们的积极性，对郊区财会人员实行考核评定，颁发会计证书是十分必要的。在考核发证的基础上，明确会计的责、权、利，加强对会计队伍的统一管理，也是大有好处的。

为了促进这项工作的顺利开展，保障国家、集体、个人以及投资者的利益，今后，农村合作经济和其他形式的农民经济组织，必须聘任持有会计证书的专业会计担任财务会计工作。开始执行的时间，由各县（区）人民政府按实际情况确定，但最晚不超过一九八八年。明确执行期限以后，对拒不配备持有技术职称证书会计的农村经济组织，经县（区）人民政府批准，可责成各行政主管部门收回其营业执照，冻结其账户和发货票。

中共北京市委农村工作部
北京市人民政府农林办公室
一九八七年四月三十日

关于郊区农村财会人员考核发证、加强管理的意见

(87) 农经字第1号

市委农村工作部、市政府农林办公室：

为了适应郊区农村深化改革，全面发展商品经济的新形势，需要进一步加强农村财会工作，稳定队伍，提高素质，充分发挥广大财会人员的积极性，创造性，逐步建立一支专业化管理、社会化服务的农村财会队伍。根据市委农村部、市政府农办《关于整顿农村财务、搞好收益分配，进一步加强财务管理的意见》，结合具体情况，我们对郊区农村财会人员考核发证工作和会计队伍管理提出以下意见：

一、郊区农村财会人员考核发证的范围

凡属北京郊区乡（社）、村（队）、乡镇企业、联营企业、联合体，以及按规定必须建账的专业户、个体户等经济组织，其现职专业会计和主要从事财务会计工作的人员（不含国家干部在农村工作的农经、财会人员），均应开展技术职称的考核发证工作。

目前，由于乡村集体企业财务管理，有的由企业部门主管，有的由经营部门主管，乡村集体企业财会人员由谁考核发证为宜，由县、区人民政府决定。

二、农村财会人员专业技术职称分为

会计师、助理会计师、一级会计员、二级会计员、三级会计员和见习会计员。

会计师为中级专业职称，助理会计师和各级会计员为初级专业职称。见习会计员为见习合格职称，一般见习期为一年。

三、任职条件

会计专业人员必须拥护中国共产党的领导，热爱祖国，坚持四项基本原则，按照法律、法规、制度办理会计事务，进行会计核算，实行会计监督，完成各项工作任务，积极为社会主义建设事业服务。

（一）见习会计员

1. 初中毕业或相当初中文化水平，经乡经管站进行短期会计业务培训，结业考试及格。

2. 初步掌握财务会计知识和技能。

（二）三级会计员

1. 在财务会计工作岗位上见习会计员见习一年期满，基本完成了全年业务工作。

2. 初步掌握财务会计知识和技能，能够担负一个岗位的财务会计工作。

3. 能按照有关财务会计法规、制度和办法，处理日常财会业务。

4. 会计学原理及专业会计统考分数达到60～74分，珠算测验达到八级以上。

5. 高中毕业并达到第4项标准的。

（三）二级会计员。

1. 初步掌握财务会计知识和技能，能够担负一个村（大队）合作经济组织的财务会计工作。

2. 熟悉并能按照有关财务会计法规、制度和办法，处理日常财会业务。

3. 在统考中，会计学原理及专业会计的得分达到75～89分，珠算测验达到七级以上。农村财会统计知识80分以上。

4. 高中毕业，在财务会计工作岗位上工作二年以上。

（四）一级会计员

1. 熟练掌握财务会计知识和技能，能够圆满地担负一个村（大队）合作经济组织系统的财务会计工作。

2. 熟悉并能按照有关财务会计法规、制度和办法，处理日常财会业务。

3. 在统考中，会计学原理及专业会计的得分达到90分以上，珠算测验达到七级以上，农村财会统计和政治经济学达到80分以上。

4. 中等会计专业或财会职业高中学校毕业，在财务会计岗位上见习一年期满。

（五）助理会计师

1. 掌握一般的财务会计基本理论和专业知识，能担负一个经济发达的村合作社（大队）或一个行业或某个重要岗位的财务会计工作，并具备培训会计员的实际经验。

2. 熟悉并能正确执行有关财经方针、政策和财务会计法规、制度。

3. 在统考中，所有要求考试、考查内容的综合得分在90分以上，或一级会计员在财务会计工作岗位三年以上。

4. 大学专科毕业，并从事财会工作二年以上，或中等会计专业学校毕业，并担任会计员职务四年以上。

（六）会计师

1. 较系统地掌握财务会计基础理论知识，能担负一个乡（公社）、地区、一个系统的财务会计工作，并具备全面培训初级会计人才的水平。

2. 掌握并能正确贯彻执行有关的财经方针、政策和财务会计法规、制度。

3. 大学本科或大学专科毕业，并担任助理会计师职务二年以上；中等会计专业学校毕业，并担任助理会计师职务四年以上；一九六六年底前高中毕业生或相当于高中文化程度，从事财务会计工作累计年限在二十年以上，在统考中成绩优异，并具备上述1、2条件，可在首次评定会计专业职称时，经相应的评委会考核认定。

四、考评方法和内容

1. 考评内容，包括专业理论知识考试；工作业务水平考核；日常工作表现评定等三方面。专业理论知识考试统一按市经管站制定的《北京市农村财会人员技术职称考核复习提纲》和指定的必读书目的范围。助理会计师以上专业职称，由市统一命题统一考试，一级会计员以下专业职称，由县（区）经管站按职称高低分别命题。工作业务水平考核和日常工作表现评定由县区经管站结合实际，制定实施方法。

（1）对相当于中等专科会计专业水平（即助师以上）的考试科目定为：政治经济学常识、经营管理常识、会计学原理及专业会计、农村财会统计、计算技术、农村承包合同管理和当前农村经济政策七门。

（2）对一级会计员的考试科目定为：政治经济学常识、会计学原理及专业会计、农村财会统计和计算技术四门。

（3）对二级会计员的考试科目定为：会计学原理及专业会计（自选一类）、农村财会统计和计算技术三门。

（4）对三级会计员的考试科目定为：会计学原理及专业会计（自选一类）和计算技术二门。

2. 在经教育部门批准的电大、函大、夜大、业大等大专和中专学校以及全国农业会计函授学校学习财经、财会专业并取得毕业证书的，承认其学历，有关科目考试合格者，可以免考。

3. 对以前已由县、区主管部门考评发证的会计员，可视同见习会计员继续担任原岗位工作。在考评其技术职称时，工作业务水平考核和日常工作表现评定可予以免验，专业理论知识要统一参加考试。一九八六年经市、县、区主管部门采用《北京市农村合作经济综合会计核算（试行教材）》，经过系统培训并经考试达到规定分数的，予以承认，这一门可以免试。

4. 会计技术职称证书由市经管站统一印刷，助理会计师、会计师技术职称证书由市经管站签发；各级会计员技术职称证书由县区经管站签发。

5. 农村财会人员技术职称考评一般每三年进行一次，考评成绩作为聘任或连任的依据，也作为技术级别升降的依据。

五、对农村专业会计，要明确其责、权、利，充分发挥其积极性、创造性

（一）农村专业会计主要职责是：

1. 按照法律、法规和制度规定，办理会计事务，进行会计核算，搞好会计服务。

2. 坚持实事求是，如实反映情况，及时准确完成各种统计报表。

3. 指导农民家庭经营记账户、农产品成本核算试点、农业技术经济评价试点的记账、整理、报表和分析工作，逐步开展经营咨询服务。

4. 认真贯彻中央和市颁发的农村承包合同管理条例和办法，搞好农村经济各项承包合同全过程的服务。

5. 接受上级主管部门或本单位领导的委托，开展审计、融资、信息、培训以及代办保险等服务。

6. 开展定期的经济活动分析，全面考核经济效益，努力促进本单位增收节支，做到账务公开，搞好民主理财。

（二）农村专业会计的主要权限：

1. 有权按照法律、法规和制度实行会计监督。

2. 有权参与本单位财务计划的编制和经营管理方面的会议。

3. 有权检查指导本单位所属经济组织的收支、资金和财务成果的状况；有权制止不合理的开支、借支、垫支，并大力收回超支、拖欠款。

（三）农村专业会计的报酬（包括工资、奖金、补贴）应该实行按劳分配、多劳多得原则，与其业务水平、承担的责任和工作成果挂钩。一般情况下：

1. 一级会计员应相当于同级主要干部的报酬水平，二级和三级会计员可比同级主要干部的报酬略低一些。

2. 助理会计师以上的专业会计人员除相当于同级主要干部的报酬水平外，还应根据本单位的经济情况，给予适当的技术津贴。

3. 实行乡管会计形式的专业会计的报酬，应根据其承担服务任务的轻重，工作质量的好坏，技术级别的高低和实际贡献的大小加以评定，但一般不少于上述规定的数额。

4. 对做出显著成绩的专业会计人员，应另外给予精神的或者物质的奖励。

六、加强对农村专业会计的统一管理

为稳定队伍，提高素质，强化管理，完善服务，要继续推行专业化会计，社会化服务的体制。乡（公社）对农村专业会计的管理形式可以因地制宜，多种多样，但都必须把专业会计的任免审批权、报酬审定权和业务指导权由乡（公社）统一管起来。

搞好农村会计的考核发证，使农村会计做到权、责、利结合，充分发挥积极性，加强对农村会计队伍的管理，是农村发展商品经济，提高经营管理水平的一项基础工作。各级政府要高度重视，加强领导，具体制定本地区实施方法步骤，并责成经管部门具体落实，力争经过两三年工作，建成一支素质好、懂经营、会管理、善核算的农村专业会计队伍。

以上意见如无不妥，请批转给郊区各县（区）人民政府，参照执行。

北京市农村合作经济经营管理站

一九八七年二月三日

北京市农业适度规模经营单位经济核算暂行办法

一、为了完善农业适度规模经营单位的经营机制，增加农产品产量，提高经济效益，增强自我运转，自我发展的能力，特制定本办法。

二、具有一定的规模、自主经营、独立核算的集体农场（专业队）、林场、畜禽场、渔场、果园、菜园以及农机、水电、种子、植保、防疫、科技等经营服务实体均适用本办法。

三、凡农业适度规模经营单位都应根据钱、账、物分管的原则，配备专职的财会人员。经营规模较小、业务量不多的单位也可以由其他财会人员兼管。规模经营单位的主管会计，由区县经管站考核发证，凭证上岗。

四、农业适度规模经营单位要执行《北京市农村合作经济组织综合会计试行制度》，实行成本利润核算体系，使用借贷复式记账法，建立会计账簿，设置会计科目，编制会计报表，及时、正确地反映和监督本单位资金进人和退出，资金在生产经营过程中的使用和循环周转，以及利润的形成和分配。以每年的 1 月 1 日到 12 月 31 日为一个会计核算年度。

五、农业适度规模经营单位应拥有一定数量的经营资金。资金的来源，一是乡村合作经济组织投入的资金；二是本单位自身积累的资金；三是国家拨入的支农资金。此外，还可以采取发展横向联合引进资金、向金融组织借贷、农场职工集资等方式，多渠道筹集资金。

六、单位价值在 200 元以上，使用年限在一年以上的财产应列入固定资产账进行核算。并根据管用合一的原则，坚持谁占用，谁核算，做到有账有物，账实相符。

乡（村）合作经济组织投入的农业机械、水电设备、厂房、库房、场院设施等固定资产应合理作价，划拨适度规模经营单位长期使用。果树应按营造支出列入固定资产账内核算。

固定资产要按有关财务制度规定计算提取折旧，列入产品成本，计算折旧要依据固定资产原值，采取平均年限法，单项或分类计算（单项或分类折旧年限可参考附表），实行综合折旧的，一般年折旧率不能低于 8%。未使用和待处理的财产可不折旧。

七、对种子、化肥、农药等生产资料以及其他低值易耗品的采购、计量、验收等环节要实行有效的会计监督，完善盘点、审核制度。并依据先进合理的原则制定消耗定额，实行定额管理，做好成本核算的基础工作，保证核算的准确性。

八、农产品成本要通过编制凭证，设置科目和账簿等方法，在会计账内进行系统的成本核算，并算出盈亏。

种植业以每种产品的一个生产周期为成本计算期。具体成本项目包括（1）种子和种苗；（2）肥料费；（3）植保费；（4）工资及福利费；（5）机械作业费；（6）畜力作业费；（7）灌溉费；（8）其他直接费；（9）共同生产费；（10）企业管理费等十项。林、牧、渔业成本项目按有关规定进行核算。要正确划分费用性质，严格遵守成本开支范围和各项费用开支标准。

本单位所有的农机，为本单位作业不计收入，按不同作物的作业量和实际消耗，列入产品成本。农机单独核算的，根据农机主管部门规定的收费标准和实际作业量计算收入。生产单位按实际支付的农机作业费列入产品成本。

九、农业适度规模经营单位的人工费用应按实际支付的职工劳动报酬（工资、奖金、补贴）列入成本，核算种植业各种作物的产品成本，按实际工值及承包合同规定的用工量在各成本对象之间进行分摊。

十、按国家规定计算自产自用农产品的价格，如实反映经营成果。

已出售的粮食（包括其他农产品），按实际售价计算收入；集体用粮和留粮按国家规定的合同定购价计算收入，没有合同定购价格的，按该产品大宗上市时的市场平均价格计算；其他自产自用的农副产品，有合同定购价的，按合同定购价计算，没有合同定购价的，按该产品大宗上市时的市场平均价计算；供应本单位社员的口粮应执行国家合同订购价格；对于不按合作组织规定上交积累的工商个体户、自营专业户的口粮应执行市场价格。

农业适度规模经营单位的农产品产量，应按检斤过秤的实际产量进行账内经济核算，如实反映经营成果，不得以测产代替实产，假账真算。

十一、农业适度规模经营单位的年利润总额包括销售利润和营业外收支净额两部分，在利润分配中要依法纳税，联营企业要保护投资者利益，按联营协议规定分利；按照同乡村合作经济组织签订的承包合同，上交利润。规模经营单位留利应主要用于增加自身积累，不断壮大经营资金，增强自我发展能力。

十二、规模经营单位要按规定及时报表，正确反映一定时期经营成果和资金活动情况。重点考核土地产出率、劳动生产率、商品率和积累率。

年度会计报表：利润计算表、资金平衡表、利润分配表和产品成本表。

半年会计报表：企业利润计算表、总账科目余额表。

每季度要按上级主管部门规定编报生产成果、财务成果报表，并进行一次经济活动分析。

农业适度规模经营单位经营成果的真实性，应经乡经管部门审计。必要时，县（区）经管部门可以直接进行审计。

十三、本规定自1989年1月1日起执行。

北京市农村合作经济经营管理站

1989年1月1日

北京市农村合作经济组织综合会计试行制度

第一章　总　　则

一、为了加强郊区农村合作经济组织的会计工作，适应农村深化改革和向专业化、商品化、现代化发展的需要，特制订本制度。

二、本制度为综合会计核算，实行成本利润体系，它适用于乡、村合作经济组织及其企事业单位、联办企业和经济联合体。

三、凡农村合作经济组织应建账的单位，均应在贯彻《中华人民共和国会计法》的原则下，按照本制度的规定设置会计科目，处理会计业务，登记会计账簿。编制会报计表，及时、正确地反映和控制经济组织的经济活动。

四、农村合作经济组织会计工作的基本任务是：执行财务计划，组织合同兑现，加强成本核算，力求增收节支，提高经济效益，并提供经营管理所需的会计资料，实行会计监督，保护集体财产，认真贯彻党和国家的财经政策和法令。

五、本制度规定使用借贷记账法。

六、会计年度采用公历制，自每年一月一日起至十二月三十一日为止。会计核算的货币量度为人民币“元”，元以下记到“分”，分以下四舍五入。实物量度以国家颁布的新计量制为准。

第二章　会计科目

七、为便于综合反映农村多层次、多行业的经济情况，统一规定了五十个会计科目。科目名称表如下：（略）

八、本制度规定的一级科目（简称科目）由农村合作组织根据各层次、各行业的经济特点选用，但不得随意增加或修改，二级科目（简称子目）可在本制度规定外，区县主管部门根据需要自行增设。

九、科目使用说明

（一）资金占用类

1．“固定资产”科目：农村合作组织（含所属企业，下同）所拥有的劳动资料，一般需同时具备两个条件：①使用年限在一年以上。②单位价值在规定限额以上的为固定资产。固定资产限额是：农业为100元以上，商业为200元以上，工业为200元或500元以上（固定资产总值在100万元以上的骨干企业限额可定在800元以上）。

①固定资产的增加与减少应按原始价值核算。

②核算单位应按固定资产的类别、名称和不同规格进行明细核算。

③科目借方反映固定资产的增加，贷方反映固定资产的减少，余额反映现有固定资产的原值。

2．“固定资产购建支出”科目

①农村合作组织所有自建、自制、自繁、自育和购入固定资产所发生的各项支出，必须通过本科目核算。

②本科目应按购建种类、名称、工程项目以及入库的基建材料进行明细核算。

②科目借方反映购建固定资产的各项支出；贷方反映购建固定资产完成已交付使用的固定资产价值；余额反映尚未完成的基建项目的支出额。

3.“无形资产”科目

①本科目核算农村合作组织所有的专利权，商标权等无形资产的价值。

②科目借方反映取得无形资产时的各项费用支出；贷方反映已摊入成本的无形资产价值（无形资产价值一般可在二至十年内分期摊入成本）；余额反映本单位无形资产尚未摊入成本的价值。

4.“对外投资”科目

①本科目核算农村合作组织所有对外单位的投资。

②应按接受投资单位进行明细核算。

③科目借方反映对外投资的金额；贷方反映回收投资的金额；其余额反映现有对外投资的总额。

5.“对所属单位投资”科目

①本科目核算乡村级合作组织对所属单位投资业务。

②应按接受投资单位进行明细核算。

③科目借方反映对所属单位投资金额；贷方反映收回投资的金额；余额反映现有对所属单位投资总额。

6.“有价证券”科目

①本科目核算农村合作组织购买的国库券、金融债券、股票、地方建设债券等有价证券。

②应按证券种类进行明细核算。

③科目借方反映购买证券的金额；贷方反映收回证券的本金数，余额反映现存证券的总金额。

7.“材料采购”科目

①本科目为乡镇工业企业使用科目，适用于材料日常收发按计划成本计价的企业核算材料的采购成本。

②应按材料的种类、名称、规格设置材料采购明细账。

③科目借方反映材料采购的实际成本。贷方反映材料的计划成本。月终结转材料采购账户的成本差异，其节约或超支额应结转到“材料成本差异”账户。月末余额反映已经付款，尚未到达或验收入库的在途材料。

8.“在途材料”科目

①本科目为乡办工业企业和村办骨干工业企业使用科目，适用于材料日常收发以实际成本计价的企业。核算货款已支付，材料尚未到达或尚未验收入库的在途材料。

②科目借方反映已支付的在途材料的货款；贷方反映已收到的在途材料价款；余额反

映尚未收到的在途材料的价款总额。

9.“材料（产品物资）”科目

①本科目为乡镇企业使用科目。

（1）核算企业所有材料的实际成本。包括原材料、辅助材料、燃烧以及在途材料、委托加工材料等。材料收发一般应按实际价格计算。

（2）村办一般企业可设在途材料、库存材料和委托加工材料三个子目。

（3）库存材料应按材料的类别、品名和规格设置带有数量、金额的明细账，委托加工材料应按加工单位设立明细账。

（4）科目借方反映购入、盘盈、委托加工回收入库的材料等；贷方反映领用、出售、盘亏材料等业务；余额反映现有材料的金额。

（5）材料发出的成本要求在一个会计年度内用一种统一的方法计算。

②乡、村合作组织及集体农场使用时改称“产品物资”科目。核算所有产品、物资和委托加工材料的入库、出库和结存情况。

10.“低值易耗品”科目

①本科目核算不符合固定资产条件的各种劳动资料的实际成本。

②科目余额反映在库和在用低值易耗品未摊销部分的总额。

11.“委托加工材料”科目

①本科目为乡办工业企业和村办骨干工业企业使用科目。用来核算企业委托厂外加工的实际成本，包括加工中发生的运杂费。

②应按照委托加工单位和材料品种规格以及加工合同等设置明细账。

③科目借方反映厂外加工的实际成本和运杂费等；贷方反映加工验收入库的材料的实际成本；余额反映尚在加工过程的材料的实际成本和已支付的运杂费用。

12.“材料成本差异”科目

①本科目为乡镇工业企业使用科目，适用于材料的日常收发按计划成本核算的企业，核算日常发生各种材料的实际成本与计划成本的差异。

②科目借方反映实际成本大于计划成本的超支额；贷方反映实际成本小于计划成本的节约额以及发出材料应分配的成本差异结转数额，应负担的超支额用蓝字结转，节约额用红字结转。本科同月末借方余额反映库存材料的实际成本大于计划成本的超支额；贷方余额反映库存材料的实际成本小于计划成本的节约额。

13.“工资”科目

①本科目乡镇企业使用时，核算支付给职工属于工资总额范围的各种工资、奖金和津贴。借方登记实发工资数额，贷方登记工资分配的数额。

②乡级合作组织使用时，核算本单位实际支付给乡级集体干部、职工的工资、奖金和津贴。借方登记实发工资数，贷方登记年终转入“盈亏决算一本年盈亏结算”科目的数额和应由其他方面负担的数额。

③村级合作组织使用时，核算实付给本单位劳动者的劳动报酬总额。借方平时登记予分和年终应付报酬的数额，贷方登记年终转入“盈亏决算一本年盈亏结算”科目的报酬总

额和应由其他方面负担的报酬数额。

④本科目年终应无余额。

14.“生产经营费用”科目

本科目为各层次、各行业综合使用的科目，方法是：

①生产经营费用：

（1）乡镇企业使用时，核算企业在生产经营过程中所发生的各种生产经营费用。

（2）应按生产经营的业别、成本核算对象和成本项目设置明细账进行归集和分配。

（3）科目借方反映生产经营过程中发生的各种费用；贷方反映转出产品的实际成本；余额反映在产品的成本数额。

②营业成本：

（1）本科目核算交通运输、建筑及商业、饮食、服务企业的经营成本。

（2）交通运输企业的成本项目包括：燃料、工资及福利费、管理及其他费；建筑企业的成本项目包括：材料、工资及福利费、管理及其他费，商业企业的营业成本主要核算销售成本和代加工成本；饮食企业核算材料成本（包括：主食类、副食类、调味类）、代加工成本；服务业企业核算材料成本和代加工成本。

（3）各业应按其成本经营特点，进行明细核算。

③各业支出：

（1）本科目为乡、村级合作组织使用科目，核算农、林、牧、渔、工、交、建、商、饮、服等十业支出及折旧费、管理费。

（2）应按各业支出及折旧费、管理费设子目。

（3）年终结转“盈亏决算”科目后，应无余额。

④基本生产：

（1）本科目为乡办工业企业及村办骨干工业企业使用科目，核算生产车间进行产品生产所发生的生产费用。

（2）应按成本核算对象和成本项目进行明细核算。

（3）生产车间不能直接计入产品成本对象的各种间接费用，应在车间经费、企业管理费科目予以汇集，月份终了再按规定的分配标准，分别计人有关成本对象中去。

（4）月终，要按成本核算规定，正确计算产成品和在产品的成本。生产车间已验收入库的“产成品”，应按实际成本进行转账。

（5）发生“三包”（包修、包换、包退）损失，不在本科目内核算应计入“企业管理费——三包损失”科目。

15.“辅助生产”科目

①本科目为乡办工业企业及村办骨干工业企业使用科目，核算企业辅助生产车间进行产品生产和劳动服务（如机修、运输等）所发生的生产费用。

②应分别按照辅助生产车间和成本计算对象进行明细核算。

③本科目借方反映辅助生产车间所发生的各项费用；贷方反映转出完工的产品和劳务应负担的成本；余额反映辅助生产车间的产品成本。

16.“车间经费”科目

①本科目为乡办工业企业及村办骨干工业企业专用科目。核算企业各车间为组织和管理生产而发生的各种管理费用以及不能直接计入产品成本中的费用（包括车间管理人员的工资和提取的职工福利费、办公费、耗用的机物料、折旧费、修理费、保险费、低值易耗品摊销、劳动保护费、在产品盘亏和毁损（减盘盈）、水电费、取暖费以及其他）。

②科目借方反映车间发生的各种管理费用。贷方反映月末按一定标准分配到有关产品成本中去的费用；结转后本科目应无余额。

③应按车间分别设账，并按费用项目进行明细核算。

17.“企业管理费”科目

①本科目为乡办工业企业和村办骨干工业企业使用科目。核算企业为管理和组织全厂生产而发生的管理费用、业务费用和其他费用［包括管理部门的工资和职工福利费、办公费、差旅费、折旧费、修理费、保险费、低值易耗品摊销、运输费、仓库经费、产品“三包”损失、材料、产品盘亏和毁损（减盘盈）、警卫消防费、利息支出（减收入）、水电费、罚款、取暖费、会议费等］不包括逾期贷款罚息和挪用贷息。

②应按各费用项目进行明细核算。

③科目借方反映发生的企业管理费；贷方反映月末按一定的标准在各种产品之间进行分配的数额；月终应无余额。

18.“幼畜及育肥畜”科目

①本科目为实行分群核算的养殖企业的使用科目。核算养殖企业所有的幼畜及育肥畜的实际成本。实行混群核算的企业，其幼畜和育肥畜费用应在“生产经营费用”科目内核算，期末存栏的幼畜及育肥畜作为在产品处理。

②应按幼畜及育肥畜的种类和群别进行明细核算。

③科目借方登记幼畜及育肥畜的实际成本，贷方登记结转到各有关账户的幼畜及育肥畜的实际成本，其余额反映幼畜及育肥畜的圈存价值。

19.“待摊费用”科目

①本科目核算农村合作组织已经支付，但应分期摊销的各项费用，企业一般应在一年内摊销完毕，数额较大的最长也不要超过两年；乡、村两级一般应按数额大小在三年之内摊销完毕。

②应按费用的种类设子目。

③科目借方反映已支付的待摊费用，贷方反映已经分期摊销的费用，余额反映尚未摊销的费用。

20.“产成品”科目

①本科目核算企业全部库存产品。产成品的入库、出库均按实际成本核算。

②产品发出、对外销售时应根据不同结算方式分别处理；企业自用部分应视同对外销售处理。

③应按产成品的品种、名称和规格设置有数量、金额的明细账，核算各种产成品的入

库、出库的金额及结存情况。

④余额反映企业全部库存产成品的价值。

⑤建筑安装企业使用时可将科目名称改为“已完代建工程”。

21.“库存商品”科目

①本科目为商业企业的专用科目，核算企业外购待销的库存商品的实际进价。

②应按商品的名称、品种、规格设置有数量、金额的明细账，详细核算各种库存商品的入库、出库和结存情况。

③科目借方反映入库商品的实际成本，贷方反映出库商品的实际成本；余额反映库存商品的总值。

22.“门市部商品”科目

①本科目核算商品门市部按零售价格控制的商品价值。

②科目借方反映门市部的库存商品价值；贷方反映门市部实销商品价值；余额反映门市部商品的实有额。

③门市部应建立“门市部商品进、销、存日报表”，并定期盘点。

23.“发出商品”科目

①本科目核算企业采用不同结算方式进行销售而发出的产成品实际成本，还核算企业代购货单位垫付的商品包装、运输等费用，以及企业委托外单位销售发出产品的实际成本。

②应按购货单位或代销单位设置明细账，进行明细核算。

③本科目余额，反映已发出产品尚未收到货款的实际成本和代垫的包装、运输等费用。

24.“商品流通费”科目

①本科目核算企业商品在流通过程中发生的各种费用。不同行业使用本科目时可改为以下适用名称。

种植企业、养殖企业和工业企业使用时应改名为销售费用；饮食服务企业使用时，改名为饮食费用或服务费用。

②应按商品流通费项目进行明细核算。

③期终结转销售科目应无余额。

25.“其他支出”科目

①本科目为乡、村级合作组织使用的科目，核算各业支出以外的各种支出。

②年终结转“盈亏决算”科目后应无余额。

26.“现金”科目

①本科目核算本单位的库存现金。

②余额反映库存现金的总额。

27.“银行（信用社）存款”科目

①本科目核算本单位存入银行、信用社的款项。

②余额反映存入银行、信用社款项的总额。

28.“应收款”科目

①本科目核算本单位各种应收及暂付款项。

②应按单位或个人设置明细账。

③余额反映本单位应收而尚未收回的账款。

④乡镇企业使用时应设置（1）应收销货款（2）应收单位借款（3）其他应收款等子目。乡、村合作经济组织使用时，应设置（1）应收单位或个人借款（2）应收工程款（3）其他应收款。

29.“农户往来”科目

①本科目为村级与农户往来结算的专用科目。

②科目借方余额反映农户欠集体的款项；贷方余额反映集体欠农户的款项。

③应按户建立明细账。

30.“应弥补亏损”科目

①本科目核算企业待弥补亏损的款项。

②余额反映企业待弥补的亏损金额。

31.“待处理财产损失”科目

①本科目核算企业已查明的财产物资盘亏和毁损的价值。

②财产物资盘亏和非常损失，应按规定程序报经批准后进行转销。

③余额反映企业尚未报批处理的财产损失。

32.“税金”科目

①本科目为乡村合作组织的专用科目，核算向国家交纳的各种税款。

②交纳时，记入本科目借方；年终转入对应账户时，记入本科目贷方，结转后应无余额。

33.“利润分配”科

①本科目为乡镇企业的专用科目。核算企业按照规定进行的利润分配和亏损的弥补。

②本科目设置六个子目

（1）“税前利润分配”子目：核算在计征所得税前，进行分配和扣除的各项内容。

（2）“上交和减免所得税”子目：核算依法上交或减免的所得税。

（3）“税后利润调整”子目：核算对税后利润进行调整的各项内容。

（4）“税后净利润分配”子目：核算对税后净利润的分配或亏损的弥补。

（5）“本年利润结算”子目：核算本年利润与本年利润分配的结算事项，年终应将“税前利润分配”、“上交和减免所得税”、“税后利润调整”、“税后净利润分配”四个子目的余额转入本子目，然后将“利润”科目的余额也转入本子目，以相冲销。

（6）“上年利润调整”子目：核算在年度终了后，发生的应调整上年利润的事项。

③本科目年终分配后应无余额。

（二）资金来源类

34.“投资基金”科目

①本科目核算实际投入本单位的投资。这项基金不得随意增减。

②应按投资单位和个人进行明细核算。

③科目余额反映本单位投资基金总额。

35.“折旧”科目

①本科目核算本单位固定资产的折旧。

②一般应按月初或年初的固定资产账面原值计提折旧。当月或当年增加的固定资产，当月或当年不提折旧；当月或当年减少的固定资产，当月或当年照提折旧。

③科目余额反映本单位固定资产的累计折旧额。

36.“银行（信用社）借款”科目

本科目核算向银行或信用社借入的款项，余额反映尚未归还的借款。

37.“其他借款”科目

本科目核算向财政部门、主管部门、其他单位以及向个人集资借入的款项，余额反映尚未归还的借款。

38.“预提费用”科目

①本科目核算按照规定对已经发生但尚未实际支付允许列入成本预先提取的费用。

②应按预提费用的种类进行明细核算。

③科目的借方反映实际支付的预提费用，贷方反映已提取的预提费用；余额反映已经预提但尚未支付的费用。

39.“应付工资”科目

本科目为企业的专用科目；核算企业应付的工资。余额反映尚未支付的工资。

40.“应付款”科目

①本科目核算应付和暂收款项。

②应按单位或个人进行明细核算。

③余额反映应付未付的款项。

41.“应交款”科目

本科目核算按规定应上交的各种款项，余额反映应交未交的款项。

42.“待处理财产溢余”科目

本科目核算已经查明等待处理的财产物资溢余事项。各种盘盈和溢余的财产物资应按规定报经批准后进行转账。

43.“门市部商品差价”科目

①本科目核算门市部商品的进销差价，当门市部进货时一面按零售价计入门市部商品科目，一面将商品零售价与进价的差额计入本科目。

②应按进销差价率相近的商品分大类或按柜、组进行明细核算。

③月份（或季度）终了时，应根据全部或分类商品的存销比例计算差价率，用以计算本期商品销售的进销差价，然后进行结转。

④在期末编制资金平衡表时，应将本科目的余额与“门市部商品”科目余额冲销后按“门市部商品”实际成本填列。

44.“销售（各业收入）”科目

①本科目为乡镇企业的专用科目，贷方核算企业对外销售产品、商品、材料，提供加工劳务、进行建筑安装、交通运输、饮食服务等所发生的销售及营业收入；借方核算销售及营业成本、销售税金（包括应交纳的产品税，增值税和城市建设维护税）、上交管理费、销售利润（或销售亏损）等事项。

②期末将科目余额结转“利润”科目后，应无余额。

③乡、村合作组织使用本科目时，改名为“各业收入”，核算农、林、牧、渔、工、交、建、商、饮、服等十业收入。年终将各业收入余额全部结转“盈亏决算”科目。

45.“其他收入”科目

①本科目为乡、村合作组织的专用科目，核算各业收入以外的各项收入。

②年终全部结转到“盈亏决算”科目。

46.“国拨经费收支”科目

本科目为乡、村合作组织专用科目，借方核算国拨经费的实际支出情况；贷方核算国拨经费的收入情况；年终一般应无余额。

47.“收缴下拨款项”科目

本科目为乡、村合作组织的专用科目，核算收缴和下拨款项。

科目借方反映支付的各种下拨款项；贷方反映所属单位按规定上缴的各种款项；其余额年终一并转入“专用基金—发展基金”科目。

48.“利润”科目

①本科目为乡镇企业专用科目。核算企业实现的利润（或亏损）总额。包括销售利润（或亏损）、营业外收入、营业外支出三部分。

②科目贷方反映企业实现利润总额和营业外收入；借方反映企业发生亏损总额和营业外支出；年终决算时转入“利润分配”科目后，应无余额。

③本科目设置以下三个子目：

（1）销售利润；

（2）营业外收入；

（3）营业外支出。

49.“盈亏决算”科目

①本科目为乡、村合作组织的专用科目，借方反映上交管理费、上交扶助基金、外来投资分利，以及从税金、各业支出、其他支出、工资等科目转来的款项；贷方反映拨入分配款、投入生产费、对外投资分利以及年终由各业收入、其他收入转来的款项。

②余额为利润留成。

50.“专用基金”科目

①本科目核算按规定提取并按专门用途使用的各种基金。

②设七个子目：

（1）“发展基金”：由利润留成中提取作为生产发展基金的部分，以及固定资产变价收入、乡、村合作组织的占地款收入等都在本子目核算。

（2）“福利基金”：核算企业按工资总额（扣除副食补贴和奖金）的百分之十一提取以

及企业留利中提取用于福利的基金。乡、村合作组织是由利润留成中提取。

(3)“奖励基金”：实行计件工资制度的企业，核算按基本工资的百分之十二从成本中提取的奖励基金。

(4)“企业基金”：经乡村企业主管部门核定，核算按工资总额（扣除副食补贴和奖金）的百分之五从利润中提取的企业基金。

(5)“教育基金”：核算企业按工资总额（扣除副食补贴和奖金）百分之一点五，从成本中计提的教育基金。

(6)“大修理基金”：凡实行大修理基金制度的企业按规定的范围和比例从成本中提取大修理基金。

(7)“生活储备金”：为乡、村合作组织专用，核算由利润留成中提取的生活储备金。

第三章　会计报表

十、会计报表是反映一个会计单位在一定时期内经济活动情况的书面报告，是考核生产财务计划执行情况，进行经济预测和决策的重要依据。会计单位应按规定准确、及时、完整地编制会计报表。

十一、乡村合作组织规定的会计报表：

1. 乡镇企业应编制：

(1) 月份报表：资金平衡表、利润计算表。

(2) 年度报表：资金平衡表、利润计算表、利润分配表、产品成本表。其中，产品成本表除工业企业必须编制外，其他各业是否编制将由上级主管部门另行规定。

2. 乡、村合作组织应编制：

(1) 季度报表：利润表、科目余额表。

(2) 年度报表：利润表、资金平衡表、收缴下拨款项明细表。

3. 新经济联合体的会计报表将由市主管部门另行制订。

4. 乡、村合作组织和乡镇企业的会计报表规定格式（略）。

十二、会计报表应根据账簿记录和有关资料编制。单位账目要求日清月结，年终应进行全面的财产物资清查盘点，做到账实相符。当年发生的会计事项，必须在编制报表以前处理完毕，农村合作组织的年度会计报表应附送财务情况分析报告，报出的会计报表应由合作组织或企业领导人和企业财务主管人签章，并加盖公章。

企业的月份和年度报表，应分别送乡、村主管部门和乡经管部门，同时抄送财政、税务和农业银行各一份。

第四章　附　　则

十三、本制度由市农村合作经济经营管理站解释和监督贯彻执行。在具体执行中各级经管部门协同各行业主管部门共同负责保持制度的统一性。

十四、本制度自 1989 年 1 月 1 日起执行。各区、县经管部门可根据本地区实际，制定实施细则颁发实行，并报市经管站备案。

对郊区农村部分生产队撤销后资产处理的意见

随着联产承包制、专业化生产和大队经济的发展，郊区有一部分地方，改由大队（村）合作经济统一组织经营和服务，生产队失去作用而自然撤销。这样做，是为了完善双层经营，发展集体经济，更好地为承包者服务，绝不是要拆散集体经济，散伙搞单干；同过去搞“穷过渡”、刮“共产风”也有原则区别。但是，有的地方由于对这项体制改革放松领导，出现了一些问题。今后，凡要撤销生产队的，必须经区县批准。生产队已经解体的，除了加强大队经济服务外，对原生产队资产的处理，要本着维护集体所有制，保护和发挥已经形成的先进生产力，发展联合，加强服务，进一步完善双层经营、尊重各队资产所有权，又不过分斤斤计较的精神进行。要严防贪污、盗窃、多占、平分、损坏、哄抢集体资产的现象发生，严禁乱砍乱伐树木。具体意见是：

（一）凡适宜集体管理使用的大中型财产和其他生产资料，转归大队（村）合作经济组织统一管理使用；适宜农户管理使用的小型财产和其他生产资料，作价后优先卖给原生产队农民。

（二）原生产队财产物资，应根据现状按同一标准作价，不得随意贬值，也不准以渔利为目的转手高价倒卖。

（三）房屋、仓库、圈棚等建筑物，不经乡批准，不得任意拆毁平分。集体用不着的可由大队租赁给联合体、专业户使用。

（四）果树、用材林归大队（村）合作经济组织，承认原承包合同；凡由原生产队投资建设的果园，各队占有悬殊的，可以作为财产合理作价。

（五）土地、水利设施转归大队（村）合作经济组织所有并管理，原承包合同由大队（村）继续监督执行。

（六）原生产队的企业若多数群众不愿交大队（村）合作经济组织，可留下来作为原队农民的合作企业处理。

（七）债权、债务必须认真清理，积极归还，尽力结清销账。实在结不清的必须有合法的手续和结账的限期。瞎账、呆账应责成原队当众注销。过去入社的股金一律不退还。股金以外的社员投资，抵顶超借支后有余额的偿还本人，无力偿还的，转归大队（村）合作经济组织分期偿还。

（八）在清产核资的基础上，计算出原生产队的资产总值。由大队从总值中扣除国家、公社、大队以前的投资基金，其余以人均资产值最低队或全大队平均值为水平线。水平线以下的数额转归大队（村）合作经济组织作为公共基金；水平线以上部分，可按三种情况分别处理。

第一，各队相差不多，群众意见不大，本着宜粗不宜细的精神，直接归大队（村）合作经济作为公共基金。

第二，各队人均值相差明显的超额部分，在统归大队（村）合作经济组织后，可以从大队（村）合作经济组织的企业利润中逐年用以工补农的形式补给农户；可以视为生产投资，由大队（村）合作经济组织逐年偿还农户。

第三，负债大于资产值的队，不宜分债到户，债务由大队（村）合作经济组织承担，今后从生产发展中逐步解决。

为了搞好撤队资产的处理工作，乡党委、政府和乡经济组织要加强领导，做好思想教育工作，由大队（村）合作经济组织组成有干部、财会人员和农民代表参加的清产核资小组，按规定进行清查、核实，经乡审查批准后，办理接交、并账等一系列手续，建立档案，不留后遗症。要重新建立健全财务管理制度，落实责任，搞好民主理财，搞好服务。

各县（区）可参照上述意见，结合本地实际，制定实施细则。

北京市农村合作经济经营管理站

一九八五年九月二十六日

北京市乡、村合作社集体资产评估暂行办法

加强乡、村合作社集体资产管理，促进其有效地使用和合理流动，提高集体资产的运营效益，是深化郊区农村改革，发展社会主义市场经济的一个重要内容。为了防止集体资产在流动中受到损失，必须在产权变动时进行资产评估，正确反映集体资产的价值量，并以此作为确认产权归属、实行有偿转让和衡量经营者责任的依据。

根据《中共北京市委、北京市人民政府关于加强乡村合作社建设，巩固发展集体经济的决定》、《北京市乡（镇）村合作经济组织集体资产管理办法》、《关于加强乡（镇）企业经营责任制工作领导的通知》以及国家农业部 1991 年 59 号令和国家农、财两部制定的财务制度、会计制度，现对郊区乡村合作社集体资产评估的有关问题规定如下：

一、乡、村合作社、乡、村集体企业及其他占用集体资产的单位（以下简称被评估单位）在下列涉及资产产权主体变动或经营使用资产的主体发生变动的经济行为中，必须按照本规定进行资产评估工作。

（一）实行租赁、联营、股份经营和出售集体企业（包括资产折股出售）、破产清理、企业结业清理以及中外合资、合作经营。

（二）涉及产权变动的当事人认为需要进行资产评估的经济行为。

二、北京市农村合作经济经营管理站（以下简称市经管站）负责组织、指导和监督郊区乡、村合作社集体资产的评估工作。

三、集体资产评估工作由下列资产评估机构具体承担：

（一）经市经管站许可的有一套评估操作程序和办法，配备各类资产评估技术人员并能对评估结果承担法律责任的会计师事务所和审计师事务所。

（二）经市经管站许可的其他资产评估机构。

（三）企业进行资产评估时，请企业的县（区）、乡主管部门的财务部门参加。

四、集体资产评估机构由市经管站颁发《北京市乡、村合作社集体资产评估证书》（以下简称评估证书）。凡申请领取评估证书的单位，需向市经管站提供如下资料：

（一）申请报告和申请登记表。

（二）评估工作人员名单、工程技术、经济、财会、审计人员职称证明复印件（其中房屋、建筑物类评估员不少于2人；机器设备类评估员不少于2人；会计审计类评估员不少于2人。各类评估员中，中级以上专业技术职称人员不少于50%）。

（三）资产评估操作程序、方法。

（四）法人“营业执照”复印件。

未经市经管站批准发证的单位，不得承办集体资产的评估工作，进行的评估不予立项，评估的结果不予确认。

五、乡、村合作社及其所属企事业单位，需要进行资产评估时，必须向主管机关申请立项，并积极配合资产评估机构工作，如实反映资产情况和提供资料。资产评估机构在进行资产评估时必须遵循真实性、公平性、科学性和可行性的原则，维护资产所有者的合法权益。资产评估机构违反本办法，造成不良影响以致资产损失的由市经管站根据情节轻重分别给予警告、罚款、暂停使用或吊销评估证书的处分。

六、资产评估机构应对被评估单位进行资产、债务清查的基础上进行核实，然后进行评定核算。评估结束以后，应及时向县（区）、乡（镇）经管站报送资产评估报告，评估报告应明确以下内容：

（一）资产评估的原因、评估工作的依据以及作价原则、方法。

（二）被评估资产的范围、所属时期、地点。

（三）资产评估的结果及评估后的企业资产负债情况。

（四）其他需要说明的问题。

（五）附件：

1. 各类资产评估明细表；

2. 资产评估的资产增减情况说明。

七、资产评估报告应由具备资格的各类专业技术人员亲笔签名和资产评估机构加盖公章方可生效。

县（区）、乡（镇）经管站在接到有关单位报送的要求确认资产评估结果报告等资料后，应组织审核、验证、协商，确认资产评估价值，并向有关单位下达确认通知书。乡合作社的资产评估价值由县（区）经管站确认，村合作社的资产评估价值由县（区）经管站会同乡（镇）经管站确认。

八、被评估单位接到资产评估价值确认通知书后，应向社员或社员代表大会公布评估结果，并根据评估目的和有关会计制度进行账务处理。对兼并、出售集体企业，由乡、村合作社以经确认的评估价值为依据确定底价。

九、集体资产评估可以采取下述方法：

（一）收益现值法，即按被评估资产预期获利能力和平均资金利润率，计算出资产的现值，并以此确定评估价值。

（二）重置成本法，即根据估价时该项固定资产在全新情况下的市场价格或重置成本，减去按重置成本计算的已使用年限的累积折旧额，再考虑资产功能变化等因素，确定重估价值。

用重置成本法对流动资产中的原材料、在产品、库存商品、低值易耗品和其他资产评估时，应根据该项资产现行市场价格、购置费用、产品完工程度、损耗等因素制定重估价值。

（三）现行市价法，即参照市场上同一的或类似的资产交易价格，确定重估价值。

（四）清算价格法，即按企业破产清算时其资产可变现的价值，确定重估价值。

十、对流动资产中的现金、银行存款，直接以账面价值确定重估价值。

对有价证券的评估，按市场价格确定重估价值；没有市场价格的，依据票面价值、预期收益等因素，确定重估价值。

对无形资产，按购入（或自制时所耗费）的实际成本及该项资产具有的获利能力，确定重估价值。

十一、企业评估后的净资产等于固定资产价值＋流动资产价值＋无形资产价值＋有价证券＋能收回的债权－债务。

十二、集体资产评估工作实行有偿服务。资产评估机构应根据统一的计费标准和评估工作的难易程度合理收费。凡有产权转让收入的，由被评估单位在产权转让收入中扣除；无产权转让收入的或实租赁、联营、股份经营以及中外合资、合作经营所进行的资产评估，所需费用在管理费中列支。

十三、本办法由北京市农村合作经济经营管理站负责解释。

十四、本办法自公布之日起试行。

北京市农村合作经济经营管理站

一九九三年十一月十二日

关于征地撤队后集体资产的处理意见

随着城市建设的发展，国家在农村征用土地日趋增加，土地全部被征用的地方，社员转为居民，大队、生产队建制即相应撤销。征地撤队后的集体资产处理，过去多由所属大队、公社自行解决，处理办法不一，出现了一些问题。处理征地撤队的集体资产，关系到维护集体所有制、巩固发展集体经济和农民的切身利益，政策性很强，需要有一个原则规定。经反复调查研究，对征地撤队的集体资产处理提出以下意见：

一、在乡党委、政府和合作经济组织的领导下，成立撤销单位资产处理小组，进行清产核资。现有固定资产要清理作价；债权债务要全部结清，不留尾巴；联营，入股、投资等资金予以清理。在此基础上算清集体所有的资产总额。

二、集体的固定资产（包括变价、折价款）和历年的公积金余额，以及占地补偿费，全部上交给所属村或乡合作经济组织，作为公共基金，不准分给社员。

三、集体的生产费基金、公益金、生活基金和低值易耗品、库存物资和畜禽折款，以及国库券等，归原队社员合理分配。

四、青苗补偿费，本队种植的树木补偿费，以及不属于固定财产的土地附着物的补偿费，可以纳入社员分配。

五、属于社员自留地和承包田的青苗补偿费，自有树木补偿费，自有房屋折价补偿费，应全部归所有者所得。

六、社员入社股金应该核实清楚，如数退还。

七、撤队的社员中，凡在乡（社）、村劳动或工作的人，可按同一尺度参加分配（如在队劳动年限）。

八、一个队部分土地被征用，部分社员转为居民的，可参照上述可分配资金的分配原则，予以妥善处理，一次了结。

以上原则意见，由文到之日起按此执行。过去因征地资产已做处理了不再重新处理。各区、县可以结合实际制定具体实施细则。

北京市农村合作经济经营管理站

一九八五年九月三十日

市委农村工作委员会、市政府农林办公室关于印发《关于村经济合作社社员代表大会的若干规定（试行）》的通知

京农发（1996）22号

郊区各县（区）委、人民政府：

现将《关于村经济合作社社员代表大会的若干规定（试行）》发给你们，请结合当地实际贯彻落实，并将试行中的情况、问题和建议及时向市委农工委反映。

郊区农村1991年健全村级经济合作社以来，普遍坚持了社员代表大会制度，对于推进民主办社，改善干群关系，发展集体经济，维护社会稳定，起到了重要作用，受到了基层干部群众的欢迎。但是应当看到，社员代表大会工作也还存在一些不容忽视的问题，主要表现在：地位不明确；职能不到位；民主监督力度不够；社员代表大会与其他基层组织衔接配套、协调运转的机制还没有很好地建立起来。这些问题要作为当前完善社员代表大会制度的重点，认真加以解决。

各县（区）党委和政府要切实加强对社员代表大会工作的领导，在统一召开社员代表大会之前，要认真研究部署，县（区）主要领导及各部门的负责同志，在会议召开期间，应当参加一个村的社员代表大会，倾听社员代表的意见，了解基层实际。

乡镇党委要作好具体组织领导工作。要组织乡镇干部包村，具体帮助村里开好会议。同时要指导村合作社组织社员代表培训、学习、参观等，不断提高社员代表的参政议政能力。

中共北京市委农村工作委员会

北京市人民政府农林办公室

1996年12月17日

关于村经济合作社社员代表大会的若干规定（试行）

第一条 为了加强村经济合作社制度建设，健全社员代表大会职能，充分发挥其作用，根据有关法律、法规和《中共北京市委、北京市人民政府关于加强乡村合作社建设，巩固发展集体经济的决定》，结合郊区农村集体情况，制定本规定。

第二条 村经济合作社是以行政村为单位建立起来的社区性合作经济组织，它为巩固发展农村集体经济，带领农民实现共同富裕发挥了其他经济组织不可代替的重要作用。

社员代表大会是农村经济合作社的最高权力机构，是合作社实行民主办社、民主监督、民主决策的基本制度。

第三条 社员代表大会由社员直接选举的代表组成，对全体社员负责，接受社员监督。

社员代表大会每届任期三年，任届期满后应及时进行换届。

第四条 社员代表名额比例一般占本村社员的6%～8%，可根据合作社规模大小适当调整，代表人数一般控制在20～60人。

社员代表出现缺额时，应及时补选。

第五条 社员代表候选人可按居住区域、行业、单位提名，或经5名以上社员提名，由全体社员民主选举产生社员代表。代表构成应兼顾不同年龄、性别、经历、行业及不同经济成分，以保证代表的广泛性。

第六条 社员代表应遵守国家法律、法规和合作社章程；关心集体，作风正派；学习党的方针、政策和科学文化知识，提高议事能力；密切联系社员群众，听取、反映群众的意见和要求，维护社员群众的正当权益；认真执行社员代表大会的决议，向社员群众做好宣传、解释工作。

第七条 社员代表在合作社内享有选举权和被选举权；有权参加社员代表大会，发表意见，行使表决权；有权监督合作社管理委员会（简称管委会）、监察委员会（简称监委会）工作，参与重大经济问题决策。

10名以上代表联名，可以向社员代表大会提议罢免不称职的管委会、监委会成员。

第八条 社员代表大会行使下列职权：

1. 制定、修改合作社章程；

2. 选举合作社社长和管委会、监委会委员；

3. 决定合作社经济发展规划；

4. 决定合作社年度收支计划；

5. 决定兴办企业、重大项目投资、各业承包方案、村提留预算和决算方案、集体资产经营形式等事项；

6. 决定公益事业投资；

7. 决定年终分配方案；

8. 合作社章程规定的其他事项。

第九条 社员代表大会实行例会制度，每年至少召开两次。年初1月和年中7月的两次社员代表大会必须全县（区）统一时间召开，作为农村阶段性中心工作。合作社遇有重大经济事项，应随时召开社员代表大会。

第十条 社员代表大会一般由管委会召集，社长主持。社员代表大会须有三分之二以上的代表参加，始得举行；决议必须有占全体代表半数以上的代表通过，方为有效。会议决定的事项要及时传达到全体社员。

第十一条 合作社管委会是社员代表大会的执行机构，在社员代表大会闭会期间负责处理合作社的日常事务，对社员代表大会负责。管委会由5～7人组成，设社长1名，副社长1～3名。

第十二条 合作社监委会是社员代表大会决议执行情况的监督机构。监委会一般由3～5人组成。管委会成员不得兼任监委会成员。规模较小的合作社可以只设监察员。

监委会的主要职能是，监督管委会执行社员代表大会决议，检查管委会成员是否有违反国家政策、法令和社员代表大会决议的行为；是否有营私舞弊、铺张浪费、侵占破坏公共财产等行为。

第十三条 合作社社长及管委会、监委会成员应由社员代表大会选举产生。由5名以上代表联合提名候选人，社长候选人名额一般应多于一人，进行差额选举；如果提名的候选人只有一人，也可以等额选举。管委会、监委会成员候选人应当比应选名额多一至三人，实行差额选举。

社长、管委会、监委会组成人员，经社员代表提名，由村党支部确定候选人名单，提交社员代表大会选举产生。

第十四条 选举社长及管委会委员、监委会委员采取无记名选举方式，代表对候选人可以投赞成票，可以投反对票，可以另选其他社员，也可以弃权。

每次选举所投的票数，等于或少于投票人数有效；多于投票人数无效。

每一选票所选人数，等于或少于规定应选名额的有效；多于应选名额的作废。

第十五条 社长及管委会、监委会委员候选人获得全体代表半数以上的选票始得当选。

获得半数以上的候选人数超过应选名额时，以得票多者当选。如遇票数相等，不能确定当选人，应当就票数相等的候选人重新投票，得票多者当选。

第十六条 社员代表大会通过决议，可以聘任非本合作社社员担任社长及管委会成员。监委会委员不得由非合作社社员担任。

第十七条 合作社管委会、监委会和党支部、村委会成员可以交叉任职。

第十八条 坚持党支部（总支）对村内事务的核心领导地位。在召开社员代表大会例会之前，应先召开支委会和党员大会，对会议内容和要决定的事项进行充分讨论。

第十九条 管委会、监委会应在例会前召开会议，讨论通过向社员代表大会提交的工作报告以及要决定的事项。

第二十条 在每年两次的社员代表大会例会上，合作社管委会、监委会必须向大会分别作出管委会工作报告、财务工作报告和监察工作报告。报告要形成书面材料，有条件的应在会前打印发给社员代表。

第二十一条 三个报告的主要内容是：

管委会工作报告主要内容包括：合作社经济发展状况及主要经验教训；承包合同指标确定，合同履行、兑现情况；上次社员代表大会决议的落实情况；下步工作目标及具体措施；其他社员关心的重大事项。

财务工作报告主要内容包括：集体资产（包括村办企业）的经营、负债情况；财务收支核算情况；合作社及其企业主要干部的报酬和用于对外交往中的招待费用支出情况；财务管理制度的执行情况和今后改进完善的具体措施。

财务工作报告应经乡经管站审核。

监察工作报告主要内容包括：检查社章和各项规章制度执行情况；合作社干部廉洁自律情况；今后监察工作的任务和措施。

第二十二条 社员代表大会例会期间，要在村内较为醒目的位置，张榜公布财务账目，内容主要有：合作社财务收支情况；干部报酬情况；村办企业经营状况及其他社员关注的重大事项。公布账目要实事求是，简明易懂。

第二十三条 社员代表大会例会须在召开前一周通知代表，并通报主要会议内容及有关情况，以便代表做好准备。

第二十四条 召开社员代表大会要做到“四有”。有签到；有会标：统称“××村经济合作社第×届第×次社员代表大会”；有记录；有档案；社代会所有有关材料都应作为档案保存，以备社员代表查阅。

第二十五条 社员代表大会的一般程序为：

1. 宣布开会；
2. 公布代表出席缺席情况；
3. 由合作社社长作工作报告；
4. 由主管财务的副社长作财务工作报告；
5. 由监委会主任作监察工作报告；
6. 代表分组讨论和大会发言；
7. 干部解答代表提出的质询、意见和建议；
8. 通过大会有关决议；
9. 大会总结；
10. 宣布闭会。

第二十六条 为了充分发扬民主，让社员代表畅所欲言，会议应留出足够的代表发言时间，会上发不了言的，应允许代表会下反映或写出书面意见。

第二十七条 合作社管委会对社员代表大会形成的决议，要抓紧落实，并在下一次会议上向社员代表报告落实结果。

第二十八条 对社员提出的建议和要求，特别是事关群众切身利益的热点、难点问题，要进行归纳整理，认真研究，能解决的解决，能答复的答复；一时解决答复不了的，要向代表说明情况。

第二十九条 为调动代表关心集体事业的积极性，代表提出的建议被合作社采纳，应依据产生效益情况，给以适当表扬奖励。

第三十条 实行企业经营的村合作社，按照本规定执行；实行社区股份合作制的村合作社，参照本规定执行；实行乡级核算的合作经济组织，参照本规定执行。

中共北京市委农村工作委员会、北京市政府农林办公室关于建立北京市农村集体土地承包经营权流转机制的意见

京农发［1998］17号 1998年6月15日

建立农村集体土地承包经营权流转机制，是落实党在农村基本经济政策，稳定和完善家庭联产承包责任制的重要措施，是大力发展农村商品生产、完善郊区市场经济体制建设的重要环节，有利于调动农民生产积极性和投资积极性，有利于运用市场机制搞活土地承包经营权。为了更好地贯彻中办16号文件和市委14号文件精神，促进土地承包经营权流转健康有序地进行，保护各方面的合法权益，特提出以下意见：

一、土地承包经营权的流转范围

实行家庭联产承包责任制的，农户可以将其承包的土地经营权转给其他单位和个人。实行专业承包、规模经营的农场、专业队、专业户，其土地承包经营权不得擅自转让。

土地承包经营权的流转，一般应在本村范围内进行。如果因引进农业高新技术而需要将土地承包经营权转让给本村以外的单位或个人的，需经村经济合作社管委会集体讨论通过。

土地承包经营权的流转，只在原承包合同规定的期限内有效。承包期满后，转让合同或协议与原承包合同同时终止。

二、土地承包经营权流转要坚持的几个原则

1. 坚持土地集体所有长期不变的原则。土地是农民最基本的生产资料，依照法律属于农民集体所有。土地承包经营权流转，不得改变土地集体所有的权属关系，必须接受集体的监督和管理。接转方必须按原承包合同约定的用途经营土地，不得改变土地使用性质。

2. 坚持自愿和有偿的原则。土地承包经营权的流转，必须是双方自愿；同时提倡有偿流转，流转价格由双方商定。

对经济条件较差的困难农户，在流转过程中，各级政府和村集体要给予适当照顾。各区县可根据不同情况制定具体办法。

3. 坚持公平和效率的原则。土地承包经营权的流转要保障社会公平，保护农民的合法权益；同时使种田能手经营较多的土地，提高土地产出率和经营效益。

三、因地制宜地确定土地承包经营权流转形式

农村集体土地承包经营权的流转，可以采取以下形式：

1. 转包。承包户将其土地承包经营权转给第三方，仍由承包户对集体履行原承包合

同规定的义务。

2. 转让。承包户将其土地承包经营权转让给第三方，原承包合同解除，由村集体与第三方重新签订承包合同。

3. 互换。承包户之间为了便于耕作，本着自愿互利的原则相互交换土地承包经营权。

4. 入股。承包户在不改变土地使用性质的前提下，将其土地承包经营权参加农业股份制企业或股份合作制企业。

5. 承包土地的农户无力经营，又难以流转给其他农户时，可以将土地承包权交回集体另行发包。将土地承包经营权交回集体的农户，一般不得在规定的一个调整周期内重新向集体申请要地。

当承包户不履行承包合同，出现拒交承包费、弃耕、撂荒、转为非农业建设用地、破坏性经营等情况时，经制止无效，村集体有权收回土地承包经营权，另行发包。

提倡实行多种流转形式，允许农民根据各自的实际情况，选择和创造不同的流转形式。

四、合理确定土地承包经营权流转的规模

土地承包经营权的流转，要鼓励土地向种田能手集中，发展专业承包，规模经营。同时要防止少数人占有过多的土地，引发新的矛盾。农户经营规模的确定，要以农户自身经营能力为标准，活劳动投入要以农户自身为主。具体标准由乡村依据实际情况确定。

五、土地承包经营权的流转要按规定的程序进行

1. 土地承包经营权的流转，流转双方应根据具体的流转方式，签订书面协议，明确双方的权利、义务。

2. 流转协议签订后，一般应由村集体进行中证，可以由乡（镇）农业承包合同管理部门进行鉴证，也可以由公证机构进行公证。

3. 本村范围内的土地承包经营权流转，流转协议经双方签字后报村集体备案；向本村以外流转土地承包经营权的，须报乡（镇）农业承包合同管理部门备案。

4. 在流转过程中发生纠纷的，可以由村集体进行调解，可以由农业承包合同管理部门调解、仲裁，也可以直接向人民法院提起诉讼。

六、加强土地承包经营权再次转包的管理

接转的土地承包经营权，如果进行再次转包，必须在原接包协议签订生效一年之后方可进行，防止出现炒作渔利的现象。

本村范围内接转的土地承包经营权，在承包合同规定的期限内，可以再流转给本村其他农户。

本村以外的接转方，在无力经营土地时，应将土地承包经营权退还给原承包户，不得私自进行二次转包。

七、加强对土地承包经营权流转工作的领导

农村集体土地承包经营权的流转，涉及千家万户，关系到郊区农业的发展和农村社会的稳定，各级党委和政府必须给予高度重视，切实加强对这项工作的领导。各级主管部门要经常深入基层，加强调查研究，了解和掌握土地承包经营权流转动态，发现问题及时解

决，并给予必要的支持、引导和帮助，避免土地承包经营权流转纠纷的发生和蔓延。

各区县可以结合自己的实际，制定具体规定和办法。

市政府农办、市民政局
关于《北京市村务公开民主管理工作暂行规定》

京农发［1999］17号　1999年5月26日

第一章　总　　则

第一条　为认真贯彻落实党的十五届三中全会精神和中办发9号文件以及京办发16号文件关于在农村普遍实行村务公开和民主管理制度的通知精神，全面推进村民自治，把农村基层民主政治建设提高到新水平，积极推动村务公开、民主管理工作深入开展，根据《中华人民共和国村民委员会组织法》以及有关法律、法规和政策，制定本规定。

第二条　村务公开、民主管理是村民行使民主权力，依法管理村务的有效方式，是依法建制，以制治村，村民自治的重要内容。

第三条　村务公开、民主管理工作应以群众最关心、利益最密切的问题为重点，保证村民充分行使民主管理、民主监督的权利，进行自我管理、自我教育、自我服务，逐步实现村民自治，促进农村经济的全面发展和社会稳定。

第四条　村务公开工作在村党支部、村党总支或村党委领导下，由村民委员会和村经济合作社具体实施。

第二章　组织领导

第五条　各级党委和政府要从农村改革发展和稳定的大局出发，把推行村务公开、民主管理工作列入年度工作目标，实行责任制，做到责任到人、责任到村。区县委书记是第一责任人，乡镇党委书记是直接责任人。

第六条　村务公开、民主管理的日常工作由区县农村基层组织建设领导小组负责组织协调，由组织、民政部门牵头，各有关部门积极配合，做到分工协作，齐抓共管。

第三章　村务公开的内容、时间、程序

第七条　凡属涉及到村民利益的大事，群众要求公开的事项原则上都要予以公开。

村务公开的范围包括村务决策、办理过程、办理结果。

村务公开的主要内容包括：财务账目公开；干部收入公开；集体资产的经营管理状况公开；村民宅基地审批、征用、租用土地情况和土地发包情况公开；转工转居和计划生育指标审批公开；农民负担费用的收缴及使用情况公开；电费收缴公开；救灾救济款物发放公开；有必要公开的其他重要事项。

第八条 财务收支公开分常规性收支公开和专项收支公开两种。常规性收支每季度公开一次，专项收支在项目完成后及时公开。主要内容：

（一）财务计划，包括财务收支、固定资产购建和拍卖、农业基本建设投资、兴办企业及资源开发投资、收益分配等；

（二）各项收入，包括村提留、乡统筹、发包及上缴收入、集体统一经营收入、土地补偿费、计划外生育费、救济扶贫款项、上级部门拨款及其他收入；

（三）各项支出，包括生产性建设支出、公益福利事业支出、招待费支出、集体统一经营支出、救济扶贫专项支出、上交乡统筹及其他支出；

（四）债权债务，包括各类往来款项、其他借款、还款等；

（五）收益及其分配情况，包括本年度收益、分配、缴纳税金、公积金、公益金、福利费、投资受益等；

（六）代收代缴情况，包括经批准代收代缴征购粮及农业税、水电费和其他款项；

（七）农户承担的劳动积累工、义务工及以资代劳情况。

第九条 村干部的收入、年度工作目标和民主评议情况，年底公开一次。

第十条 现行计划生育政策，生育指标，生育证审批，计划外生育费的征收、管理、使用情况，每半年公开一次。

第十一条 国家、各级政府、企事业单位征用、租用土地的数量、土地补偿费、劳动力安置补助费、收益和支出情况。村庄建设规划、允许建房条件、标准、宅基地审批情况，原则上每半年公布一次，重要问题和特殊情况可随时公开。

第十二条 农业税、农业特产税计征标准、交纳情况；乡统筹、村提留、农村义务工、劳动积累工决算情况及下一年预算审批情况；其他面向农民的收费情况等，年初公开一次，重要问题和特殊情况随时公开。

第十三条 主管部门核定的各种电价标准、全村购电量、用电量及村民用电交费情况，每半年公开一次。

第十四条 政府下拨救灾救济款物的项目、数量，发放的原则、条件，确定的发放名单、数量要及时公开。

第十五条 集体和个人对经济项目的承包（承租）方式、承包（承租）指标、竞标情况、承包费和租赁费上缴情况年初公开一次，经营情况原则上每半年公开一次，重要问题和特殊情况随时公开。

第十六条 村务公开须按规定的程序进行。公开内容必须由村党支部、党总支或村党委，民主监督理财小组审核，重大事项的公开要经过村民（社员）代表会议或村民大会讨论通过。村务有关事项公布后，村党支部、村委会、村经济合作社、会计和民主理财小组负责人，要安排时间接受群众查询，广泛听取群众的反映和意见，并做好核查、纠正和解释工作。

第四章　村务公开的形式

第十七条 村民委员会要在本村醒目、便于群众观看的地方，设置固定的村务公开栏。

公开栏的设置要以区县或乡镇为单位，统一规格，能够长期保留，便于群众观看。公开栏旁要有意见箱。

第十八条 村务公开的内容还可以通过有线广播、闭路电视或刊物等形式公开。同时，村党支部、村委会和经济合作社要坚持每年两次召开村民（社员）代表会议或村民大会进行公开，并可以设立村民接待日，听取群众意见。

第五章 村务公开的管理与监督

第十九条 成立民主监督理财小组，具体负责村务公开的监督工作。

第二十条 民主监督理财小组的职责：

定期检查村政事务公开落实情况，每季度审核财务收支情况，向村民（社员）代表会议或村民大会报告检查审核结果，反映村民的意见和要求，及时督促村委会和村经济合作社整改。

第二十一条 民主监督理财小组成员的产生和调整：

民主监督理财小组一般由3人组成，从有威望、坚持原则、办事公道，具有一定文化和财会专业知识，非村民委员会和村经济合作社管委会成员的村民代表中选举产生，任期三年。小组成员出现空缺时，要及时补选。对任期内不能正确履行职责或难以胜任工作的，要及时调整。

第二十二条 建立村务公开定期或不定期督查通报和情况反馈制度。

第二十三条 村民委员会和村经济合作社不及时公布应当公布的事项或者公布的事项不真实的，村民有权向乡镇人民政府及其有关部门反映；对弄虚作假欺骗群众的要按党纪政纪严肃处理，经查证确有违法行为的，要依法承担责任。

第二十四条 区县党委和政府要切实负起领导责任，把村务公开、民主管理工作列入重要议事日程，加强领导，精心组织，明确目标要求，制定配套措施，建立监督检查制度和领导干部包村责任制度，定期了解检查各乡镇的工作进展情况，及时发现和解决问题。

第二十五条 乡镇党委和政府要把抓好村务公开、民主管理作为创建先进党委的重要内容，制定实施规划，总结推广经验，进行分类指导，帮助村级组织建立健全有关制度，并做好经常性的检查监督工作。要把村务公开、民主管理工作纳入乡村干部岗位责任制，作为考核干部政绩的重要条件。对不能按要求实行村务公开的干部，要及时采取措施，限期改正，效果不明显的要进行调整。

北京农村集体土地征用占用收入管理使用办法

京农发［1999］29号　1999年8月2日

一、为加强郊区农村集体土地征用占用收入管理，提高使用效益，切实保护农村集体经济组织和农民的合法权益，依据国家有关法律、法规和制度，制定本办法。

二、本办法所称集体土地征用占用收入，包括以下内容：

（一）国家因建设征地支付给农村集体经济组织的土地补偿费、地上物和青苗补偿费、劳动力安置补偿费；

（二）乡（镇）集体经济组织兴办企业和进行公共设施、公益事业建设占用村集体经济组织土地所支付的土地补偿费、地上物和青苗补偿费；

（三）农村集体经济组织将农民集体所有的场所、房屋或其他建筑设施向本集体经济组织以外的法人或自然人转让、出租收取的土地使用费；

（四）农村集体经济组织将农民集体所有的农用土地或“四荒”地承包、出租给本集体经济组织以外的法人或自然人所取得的收入；

（五）其他归农村集体经济组织所有的土地征用占用收入。

三、集体土地征用占用收入按照谁所有、谁投资、谁受益的原则进行分配。土地的权属由县级以上土地行政主管部门依照有关法律、法规进行界定。

区县、乡镇不得无偿征用占用农民集体所有的土地，不得侵占或挪用集体土地征用占用收入。

四、集体土地征用占用收入按以下规定使用：

（一）青苗补偿费全部归承包经营该土地的农户、个人或者生产经营组织所有，任何人不得以任何理由侵占、截留、挪用。

（二）地上物补偿费，集体经济组织、各类生产经营组织、农户、个人按照产权明确归属。属于农村集体经济组织所有的地上物补偿费冲销固定资产原值后，列入资本公积金，不得参与收益分配。

（三）劳动力安置补偿费，自谋职业的，按国家规定标准分配给个人；由集体安置就业的，列入集体经济组织实收资本，作为扩大再生产资金，不得列入收益分配。

（四）土地补偿费由集体经济组织列入资本公积金，作为扩大再生产资金，不得列入收益分配。

（五）农用土地和“四荒”承包、出租收入，按年度收取的，可以列入当年收益分配；集中收取的，应分摊到各个受益年度，不得提前支用以后年度的收益。所得收入除村提留、乡统筹部分外，一律归全体农民所有，参与分配。任何个人、组织不得多占、多用和挪用、截留。

（六）土地补偿费和集体所有的地上物补偿费、劳动力补偿费，不得用于发放干部报酬，不得用于招待费和购置小轿车、购买移动电话、建造办公楼等非生产性支出。

五、使用列入所有者权益的集体土地征用占用收入，须经本集体经济组织社员大会或社员代表大会民主讨论决定，并报上一级人民政府批准。

六、集体土地征用占用收入的收取、使用情况，要每年向社员公开发布，上一级人民政府要逐年进行检查，并对所辖村的收入支出情况负责。

七、农村集体经济组织收取土地征用占用收入，应遵照或参照《北京市村合作经济组织财务会计制度实施细则》进行会计核算。明确界定为集体所有的土地补偿费、地上物补偿费、劳动力安置补偿费，应及时列入所有者权益类科目核算，不得长期以其他应收款等形式反映为债务。

八、农村集体经济审计机构要对土地征用占用收入的管理使用情况及其效益进行审计监督，并将审计结果向社员公布。

九、因国家建设征地，行政建制及集体经济组织撤销，土地征用占用收入的管理使用办法另行规定。

十、本办法自公布之日起执行。

中共北京市委农村工作委员会、北京市农村工作委员会、北京市新闻出版局、北京市监察局关于实行村级报刊订阅费用限额控制制度的通知

京农发［2002］43号

郊区各区（县）委、区（县）人民政府，市有关部门：

为了加强对本市村级报刊订阅费用的管理，切实减轻农民负担，根据《国务院办公厅转发农业部等部门关于2002年减轻农民负担工作意见的通知》（国办发［2002］10号）和《农业部、新闻出版总署关于全面实行村级订阅报刊费用限额控制制度的通知》（农经发［2002］3号）的规定，现决定在全市实行村级报刊订阅费用限额控制制度。现就有关问题通知如下：

一、按照村级集体经济发展水平确定不同限额标准

人均集体所有者权益在1 000元以下的村，每年报刊订阅费用限额为3 000元；人均所有者权益在1 000～5 000元的村，每年报刊订阅费用限额为3 500元；人均所有者权益在5 000元以上的村，每年报刊订阅费用限额为8 000元。凡超过上述限额报刊订阅费用，须经村社员大会或社员代表会议讨论通过，方可订阅。否则由责任人自己支付，村集体财务不予报销。对市级低收入（年人均劳动所得在2 500元以下）村，每年的报刊订阅费用不得超过1 000元。

二、实行严格的报刊订阅费用监控制度

为了加强对村级报刊订阅费用额的监督管理，由市农村负担监督管理领导小组办公室向各村发放《北京市村级报刊订阅费用监督卡》，村级报刊订阅费用开支情况要在每年的年底向全村农民群众公布，接受群众监督。农村集体经济审计机构要对村级报刊订阅费用开支情况进行审计监督。

三、限额内的村级报刊费用要首先用于党报党刊的订阅

《人民日报》、《求是》杂志、《北京日报》和《前线》杂志是中央和本市的重要党报党刊，承担着宣传党的路线方针的重要任务，对指导农村经济发展发挥着极其重要的作用。要切实做好党报党刊的发行工作，尤其要把做好中央党报党刊发行工作放在首位，凡未完

成党报党刊任务的村，一律不得订阅其他报刊。

四、规范行业性报刊订阅

除《人民日报》、《求是》杂志、《北京日报》和《前线》杂志四种党报党刊以外，其他凡是通过党政部门进行面向农村征订的行业性报刊，应坚持自愿的原则，一律不得下达指标，搞硬性摊派，或列入工作考核评比条件。对于根据本地实际需要征订的，由区县农委、宣传、监察等部门研究确定各部门宣传征订的1～2种报刊，但不得下达订阅数量，其他行业性报刊如工作需要，可由主管部门订阅后向下赠阅。

五、定期组织检查，加大处罚力度

在每年进行的春季农民负担监督管理执法检查中，各区县对村级报刊订阅限额控制制度执行情况进行认真检查，并将检查结果上报市农村负担监督管理办公室。市农村负担监督管理办公室要组织有关单位进行抽查。任何单位和部门不得利用职权和工作之便向农村集体、农民强行摊派征订报刊，凡发现向农村强行摊派征订报刊的，各有关部门要视情节轻重，追究当事人和有关领导的责任；新闻出版部门将按照有关规定给予停办报刊的处罚。

中共北京市委农村工作委员会、北京市农村工作委员会关于农村管理信息化工作的实施意见

京农发［2002］49号　2002年9月11日

为加快我市农村管理信息化建设步伐，提高农村管理水平，促进农村经济发展和社会稳定，推进农业和农村现代化建设，根据农业部《关于逐步推广农经电算化工作的意见》和《北京市农口信息化　2001—2010年发展规划（纲要）》的要求，就我市农村管理信息化工作，提出如下实施意见：

一、充分认识搞好农村管理信息化建设的重要性

信息化水平是一个地区综合实力和现代化程度的重要标志。目前，首都信息化建设在全国处于领先地位，但郊区农村信息化水平相对滞后。郊区农村村务管理和财务管理不规范、财务公开和民主管理不到位的现象比较普遍，一些地方集体资产流失比较严重，重要原因就是现行的管理手段与方式不适应农村改革与发展的客观要求。推行农村管理信息化，把现代信息技术引入农村管理，可以从根本上改变农村管理的观念和方式，实现农村管理工作的民主化、科学化、规范化、高效化。它不是一般意义上的技术创新，而是农村管理工作的重大变革和全面升级，对于建设“数字北京”、“数字郊区”，加强农村基层民主建设，提高科学决策水平，促进郊区农村经济社会发展，保持农村稳定，具有重要而深远的意义。各级党委和政府要充分认识搞好农村管理信息化建设的重要性和紧迫性，积极主动地搞好农村管理信息化建设。

二、指导思想和基本原则

农村管理信息化建设的指导思想是：紧紧围绕郊区率先基本实现农业农村现代化的目标，立足郊区基础和实际需要，以农村财务电算化为切入点，以全面提高农村管理水平为

核心，积极、稳妥、高效地推进农村管理信息化工作，为经济发展、农民增收、社会稳定提供有效服务。

基本原则是：

（一）统一规划，分级负责。农村管理信息化建设全市统一规划，包括统一建设目标、统一开发软件、统一上岗资格、统一管理制度。以“四个统一”为基础，市、区县、乡镇和村明确职责，分级负责，共同担负农村管理信息化建设工作。

（二）实行资源共享，避免重复建设。农村管理信息化建设要立足于我市特别是农口信息化建设的基础和条件，充分利用已经具备的硬件设备、软件条件和技术能力。要把农村管理信息化建设作为农口信息化建设的切入点和重要组成部分，通过农村管理信息化的实施，推动“数字郊区”的逐步实现。

（三）因地制宜，分类实施。农村管理信息化建设根据当地实际需要和发展水平，因地制宜，分类实施。经济较发达的乡镇和村实行较高标准，并先行一步，不但财务、村务实行信息化管理，还应逐步实行网上办公，开展电子商务等；一般的乡镇和村以满足一般的信息管理为目标，先实行财务管理电算化，再逐步延伸到村务管理信息化；经济不发达的村可以创造条件，待条件具备时再搞。最终实现农村管理信息化。通过以点带面，循序渐进，推动农村管理信息化工作的扎实进行。

（四）多方筹资，保证投入。农村管理信息化建设的投资分级负担。软件开发、研制、技术培训、市级试点和市级数据中心建设经费由市里解决，其他费用谁使用谁投资，对特别困难的村，由区县、乡镇适当补贴。

三、建设目标

农村管理信息化建设从实际出发，分阶段进行，具体目标如下：

2002 年，统一组织开发《北京农村管理信息系统》实用软件，进行农村管理信息化建设试点工作，年底前建成市级信息化系统数据处理中心。

2003 年，在经济发达的乡镇和村推广农村管理信息化工作，并建成区县农村管理信息系统数据处理分中心，实现市、区县两级数据网络传输。

2004—2005 年，在乡镇和经济水平一般的村推广农村管理信息化工作，并建成乡镇数据处理站，实现市、区县、乡镇三级数据网络传输。

2006 年，在郊区经济相对落后的村推广农村管理信息化工作，力争全市 100％的乡镇和 90％的村基本实现农村管理信息化，初步达到市、区县、乡镇、村四级数据网络传输和信息共享。

四、保证措施

（一）加强组织领导。各级党委、政府要高度重视农村管理信息化建设工作，把其摆到农业和农村工作的重要议事日程。市委农工委、市农委负责此项工作的组织领导，市经管站具体负责组织实施工作。各区县、乡镇要明确分管领导，配备专门力量，切实组织领导好农村管理信息化建设。

（二）抓好人员培训。培训对象包括负责信息化工作的领导同志和工作人员、系统操作员、审核员、系统管理员等。培训内容包括计算机基础知识、系统操作技能和系统维护管理知识等。通过统一培训后，人员持证上岗。

（三）建立、健全信息化建设的制度和标准。为了保障农村管理信息系统安全可靠运行，必须加强管理，规范制度，包括农村管理信息系统的工作制度、操作制度、系统维护制度、从业资格制度、信息采集及使用制度等。逐步建立起完善的运行体系，确保系统的安全、准确、高效。

2002年9月25日

北京市农村税费改革领导小组关于做好2002年农村税费改革工作的通知

农税改［2002］2号　2002年5月15日

郊区各区（县）委、区（县）政府，市有关部门：

按照市委、市政府的部署，我市从2000年下半年开始，在昌平区进行了农村税费改革试点。经过一年多的工作，昌平区的农村税费改革试点已经取得了阶段性成果。根据中央农村税费改革工作小组的指示精神，经市委、市政府批准，今年我市要进一步完善昌平区试点，同时在全市范围内先行开展与农村税费改革有关的配套改革。现将有关事宜通知如下：

一、继续搞好昌平区农村税费改革试点

搞好昌平区的农村税费改革试点工作，对于全市农村税费改革工作的顺利进行具有重要的指导意义。昌平区的试点工作虽然已经取得了重要成效，但还没有全面完成。要进一步搞好有税无地土地面积核减工作。落实村内集体生产公益事业筹资、筹劳一事一议政策，完善镇级集体资产管理体制，加强村级资产管理，消化村级债务，精简镇村干部，调整农村中小学学校布局，优化农村教师队伍，完善财政转移支付政策。确保今年年底之前完成试点工作，为全市农村税费改革提供成熟、完整的经验。

二、在全市范围内开展与农村税费改革有关的配套改革

（一）继续搞好乡镇机构改革，建立村级干部固定补贴制度。减少乡村两级管理费用支出，是减轻农民负担的重要途径。要继续搞好乡镇机构改革工作，精简机构，压缩人员，实行定员。使乡镇政府管理费用开支切实有所减少。村级干部按照人口规模和经济发展水平，以乡镇为单位，由区（县）党委和政府确定村级固定补贴干部人数控制指标。各村具体人数由镇（乡）党委、政府核定。在此基础上，财政对村级干部的工资和办公经费实行定额补助。补助实行全市统一标准。村干部工资暂定每年每人5 000元，办公经费暂定为每人每年1 500元，由市和区县财政比例负担。

（二）完善农村义务教育管理体制。按照《国务院办公厅关于完善农村义务教育管理体制的通知》精神，把农村义务教育的责任从主要由农民承担转到主要由政府承担，把政府对农村义务教育的责任从以乡镇为主转到以区（县）为主。各区县要全面清理临时代课人员，精简优化农村教师队伍，调整农村中小学校布局，将农村教师工资和学校正常经费

上划到区（县）管理，确保教育经费的投入，减轻农民负担，保证农村义务教育的健康发展。

（三）健全镇（乡）村集体资产管理体制，强化镇（乡）村集体资产管理。加强农村集体资产管理，发展壮大集体经济是推进地区经济发展、减轻农民负担、保持社会稳定、实现共同富裕的需要。要健全镇（乡）集体资产管理体制，建立镇（乡）集体资产管理委员会，行使对镇（乡）集体资产的管理职能。要加强对村级集体资产的管理，健全资产管理、财务公开、审计监督等各项制度。重点要加强对集体土地征占收入、集体对外承包、集体投资、集体企业拍卖资金和集体经济组织债权债务的管理，提高集体资金使用效益，切实防止集体资产流失。要大力推进农村集体经济产权制度改革，近郊城乡结合部地区要加大改革力度，继续抓好改革试点，保护和发展生产力，加快城市化进程。

（四）逐步建立农村社会保障体系。建立农民最低生活保障制度已经作为今年市政府为市民办的60件实事之一。各级政府和各有关部门要认真做好落实工作，确保低保资金及时足额发到低保对象手中。各级政府和村级组织要采取有力措施，对有劳动能力的低保对象给予扶持，支持他们通过劳动脱贫致富。有条件的地方要积极进行大病医疗保险试点。

（五）核实有税无地或有地无税的土地面积。计税土地面积是核定农民承担的农业税及其附加数额的重要依据。各区县要对有税无地或有地无税的土地面积进行核实，并研究解决办法，报市地税部门批准并报市农村税费改革领导小组办公室备案。

三、继续做好减轻农民负担的工作

除已经进行了农村税费改革的昌平区以外，其他区县要继续认真贯彻中央关于减轻农民负担“一项制度、八个禁止”的规定。各乡镇和村要按照法定程序，认真编制2002年度的村提留、乡统筹和“两工”预算，并通过农民负担监督卡落实到户。要实行农业税和涉农价格、涉农收费的公示制。搞好春秋两季农民负担执法检查，认真查处在农村教育、农民建房、农村电网改造、农村电费等环节加重农民负担的案件。继续配合有关部门解决在农村集体土地征占中加重农民负担的问题。

四、加强对农村税费改革工作的领导

搞好农村税费改革试点和配套改革，是发展农村经济、实现农民增收、保证社会稳定的重要举措。各级党委和政府一定要高度重视，切实加强领导，采取有力措施，确保工作到位、改革成功。各级党委、政府要一把手亲自抓、负总责，成立专门工作班子，切实把试点和配套改革工作落到实处。昌平区试点要认真安排，抓紧进行，确保年底前完成全部试点工作。其他区（县）要在5月底之前把配套改革任务落实到具体责任部门。6月底之前制定出工作计划。9月底之前完成核实村级固定补贴干部人数、核实农业税计税土地面积、核实最低生活保障对象工作，拿出精简优化农村教师队伍、调整农村中小学布局方案。11月底之前，完成建立镇（乡）级集体资产管理委员会工作。12月底之前，要把用于干部固定补贴的资金落实到村。各级领导要深入基层，对农村税费改革试点和配套改革工作进行具体指导，对遇到的实际问题认真研究解决。对从事具体工作的区县、乡镇干部要进行认真培训，使他们了解情况，熟悉政策，依法办事。要认真做好宣传工作，使广大农民了解改革，支持改革，参与改革，确保农村税费改革的顺利进行。

中共北京市纪律检查委员会、中共北京市委农村工作委员会、北京市监察局、北京市农村工作委员会关于印发《北京市实施〈关于对涉及农民负担案（事）件责任追究制度的暂行办法〉的意见》

京农发［2002］56号　2002年11月22日

为贯彻实施党中央、国务院和市委、市政府关于减轻农民负担的各项方针政策，强化减轻农民负担责任追究制度，切实减轻农民负担，进一步密切党群、干群关系，维护首都社会稳定，结合本市实际，制定本意见。

一、追究工作适用范围及对象

（一）本办法适用于本市行政区域内的党政机关、人民团体、企事业单位和村级党组织、村民委员会、村经济合作社。

（二）追究对象是指：对发生涉及农民负担案（事）件负有责任的本市各级党政机关、人民团体、企事业单位和村级党组织、村民委员会、村经济合作社中的党员，以及国家公务员和国家行政机关任命的其他人员。

二、追究涉及农民负担案（事）件责任的依据

追究涉及农民负担案（事）件责任工作是一项涉及国家法律法规及有关政策规定的严肃事情，必须严格按国家法律法规和党纪政纪的规定执行。追究涉及农民负担案（事）件的主要依据是：《中国共产党纪律处分条例（试行）》、《中共中央办公厅国务院办公厅关于印发〈关于对涉及农民负担案（事）件实行责任追究的暂行办法〉》、《中华人民共和国行政监察法》、《中华人民共和国农业法》、《国家公务员暂行条例》、国务院《农民承担费用和劳务管理条例》、国务院《违反行政事业性收费和罚没收入“收支两条线”管理规定行政处分暂行规定》、《北京市农民负担管理条例》及其他有关法律法规和政策规定。

三、涉及农民负担案（事）件的责任

区县委书记、区县长、乡镇党委书记、乡镇长，负有对保障党中央、国务院和市委、市政府有关减轻农民负担的方针政策和法律法规在本行政区域内全面贯彻实施的领导责任。

区县和乡镇党委、政府主管减轻农民负担工作的领导，负有保障本行政区域内农民直接负担不超限额、农村集体负担得到有效控制、不发生面向农民和农村集体经济组织的乱收费、乱罚款、乱集资和各种摊派行为或者发生后能够得到及时有效制止和纠正的直接领导责任。

区县、乡镇党委和政府的各部门负有确保本部门不出现因违法违规行为而增加农民和集体经济组织负担的直接责任。

区县农委、纪检、监察、财政、物价和经管等部门负有宣传贯彻和组织实施有关减轻农民负担的方针政策、法律法规，定期开展农民负担管理的执法检查，认真受理涉及农民负担的群众来信、来访和电话举报并依法查处的责任。

区县司法机关负有以事实为依据、以法律为准绳及时审理涉及农民负担的诉讼案件，保障事实认定准确、适用法律正确、判决或裁决公正、公平的责任。

村党支部、村委会和村经济合作社的主要负责人，负有保证不因村内部原因增加农民和集体经济组织负担，保障涉及农民负担的案（事）件举报人不受打击报复的责任。

四、追究工作程序

（一）市和区县农村负担监督管理领导小组办公室在受理农民或者集体经济组织的举报以后，要及时调查取证，提出处理意见。凡确属加重农民负担的，责令被举报单位停止违法行为，限期如数退回非法收取的款物；造成经济损失的，由被举报单位予以赔偿；触犯党纪、政纪的，移交纪检、监察部门处理；构成犯罪的，移交司法机关依法追究刑事责任。

（二）对违法、违纪加重农民负担负有直接责任和领导责任的个人，要追究责任，由纪检、监察、组织、人事等部门根据各自的职责具体执行。

五、追究工作的标准和纪律

（一）追究领导责任时，要围绕案（事）件找原因，围绕原因找责任，查清存在的隐患，针对存在的问题，帮助发生问题的地区、单位落实整改措施，坚持做到“三个必须”，即必须查清事实；必须处理负有责任的干部；必须落实整改措施。

（二）发生问题的地方、部门、单位的主要领导、分管领导及有关人员须向调查组实事求是讲明情况，不准掩盖事实，推诿责任，更不准弄虚作假。

（三）要把重大问题领导责任追究制度执行情况作为年度考核的一项重要内容。对应当进行追究的案（事）件不调查处理，或查处不力的，上级部门要责令其认真查处。

（四）各级组织、人事部门要把减轻农民负担工作作为考核和任用各级党政领导人员特别是县、乡两级党政领导人员的一项重要依据和内容，在涉及区县、乡镇领导人员晋职、晋级时，按照干部管理权限和规定的程序，征求有关方面的意见。

六、追究工作组织实施机关

（一）涉及农民负担案（事）件责任追究工作分别由市委农工委、市农委及各区（县）农工委、农委牵头，协调纪委、监察、组织、人事部门共同实施。

（二）实施中的具体问题由市农委负责解释。

北京市农村工作委员会
关于进一步加强农村集体经济审计工作的意见

京政农发［2002］33号　2002年5月15日

郊区各区县人民政府、市农口各有关局（单位）：

《北京市农村集体经济审计条例》颁布施行已经五年多了。五年多来，本市农村集体经济审计工作力度不断加大，取得了明显成绩。但是，就全市而言，农村集体经济审计工作开展得还很不平衡，从总体上看，还不能完全适应农村集体经济改革和发展的需要。有的地方对农村集体经济审计工作重视不够；有的地方农村集体经济审计机构不健全，工作制度不完备；有的地方农村集体经济审计人员工作变动频繁，业务素质偏低。这些问题的存在不利于农村集体经济审计工作的正常进行，导致一些地方集体经济秩序混乱，集体财务得不到有效监督，集体资产流失。此外，随着农村经济和社会发展，农村集体资产和财务管理手段也发生了一些新变化，出现了一些新情况。为解决上述问题，适应已经变化了的新情况，全面贯彻《北京市农村集体经济审计条例》，巩固和发展本市农村集体经济，维护农村集体经济秩序，保护农民合法权益，促进农村社会稳定，现就进一步加强本市农村集体经济审计工作提出如下意见：

一、要强化农村集体经济和村级财务审计工作

加强农村集体经济资产管理，及时发现和解决在农村集体资产管理上存在的问题，促进集体资产保本增值，使农民群众从集体资产的经营中得到实惠，是农村集体经济审计工作的主要任务之一。为此，一是要开展经常性的定期审计。农村集体经济审计机构要对乡村集体经济组织固定资产增减变动情况、集体土地征占收入管理使用情况、应收账款的回收情况、集体资产对外投资收益情况等开展定期审计监督，防止集体资产流失。二是要开展事前的可行性审计。对集体经济组织及其所属企业对外举债，要开展事前的可行性审计。三是要开展效益跟踪审计。对集体企业拍卖收入的收款、使用情况进行全过程监督。四是要对村级财务实行“财务公开”、“村账托管”和“村账双审”。农村集体经济审计机构要适应村级财务管理体制改革的新情况，切实搞好村级财务审计工作。村级组织在向农民群众公布年度财务情况以前，有关报表要报送乡镇农村集体经济审计机构进行审计确认。实行村账委托乡镇管理的地方，区（县）农村集体经济审计机构要对乡镇经管站或者会计服务中心代管村级财务情况进行定期或者不定期的抽查。实行村账双审的地方，要注意处理好专业审计与村民理财小组审查的关系，既不能用专业审计替代村民理财小组的审查，也不能用村民理财小组替代专业审计。农村集体经济审计机构要认真做好财经法规和政策的宣传工作，提高村级理财小组的政策法规水平，同时做好审计结论的征求意见和审计结果的公示工作。

二、要依法切实搞好农民负担专项审计工作

区县、乡镇要认真贯彻农业部《关于开展农民负担专项审计工作的通知》精神，健全农民承担费用和劳务的专项审计制度。每年的第二季度，应当结合农民负担春季执法检查，对本地区上年农民承担的提留统筹和以资代劳资金决算情况进行审计。农村税费改革以后，应当对农民承担农业税和农业税附加情况、一事一议的村内集体生产公益事业筹资情况以及村级财政转移资金的使用情况进行专项审计，进一步规范农民合法负担，制止非法负担。对村级组织报刊订阅开支情况和村级公务招待费情况以及其他农民群众关心的热点问题也要进行认真审查。农民负担专项审计工作开展情况，应作为考核各级农民负担监督管理工作的重要依据。

三、要积极开展农村干部任期经济责任审计工作

各地要认真贯彻党的十五届四中全会关于建立企业经营业绩考核制度和决策失误追究制度的要求，积极开展农村干部任期经济责任审计制度，强化农村干部管理和监督机制，加大从源头上预防和治理腐败的工作力度。农村干部任期经济责任审计的对象，包括乡村集体经济组织主要负责人和集体独资企业或者集体控股企业的厂长（经理）。农村干部任期经济责任包括干部在管理使用集体资金方面应承担的财务责任、干部在有效地组织经营活动、提高经济效益方面应承担的经营责任以及干部应承担的财经法规责任。乡镇集体经济组织主要负责人的经济责任审计由区县农村集体经济审计机构负责。村级集体经济组织（村经济合作社）和乡镇所属企业主要负责人的经济责任审计由乡镇农村集体经济审计机构负责。村级集体企业主要负责人的经济责任审计由村经济合作社审计机构负责，也可以委托社会审计服务机构进行审计。农村干部任期责任审计一般应在干部任期届满之时进行，农村审计力量较强的地方也可以按年度开展经济责任审计。农村主要干部离任之前必须进行任期责任审计。农村干部经济责任审计的结果应当作为考核评价干部的主要依据。

四、要加强对农村集体经济审计工作的领导

各区、乡镇要把农村集体经济审计工作作为农业和农村工作的重要内容，列入党委、政府的议事日程，定期研究，听取有关部门的汇报，认真解决农村集体经济审计工作中的问题。要按照《北京市农村集体经济审计条例》的要求，建立健全各级农村集体经济审计机构，配备相应的专职或者兼职审计人员，支持农村集体经济审计机构和审计人员依法开展审计工作，保护审计人员的合法权益，督促有关单位或部门认真落实审计意见或者审计建议。区县和乡镇农村集体经济审计工作所需经费，应列入同级政府财政预算，实行专款专用。村级审计经费由村集体经济组织承担。允许农村集体经济审计机构在完成领导机关下达的年度审计工作计划的前提下，按照市场经济原则，开展审计服务业务。要加强对农村集体经济审计人员的政治思想教育和业务培训，切实提高审计人员的政治业务素质，不断提高审计工作水平。

四、管理制度、办法

北京市农民专业合作经济组织示范章程（试行）

第一章　总　　则

第一条　为适应社会主义市场经济要求，发展农村经济，组织农民共同致富，由____发起并召开创立大会，经____批准，成立本专业合作经济组织。本专业合作经济组织定名为____（以下简称本组织）。

第二条　本组织是以从事____生产经营的农户为主体，按照自愿互利原则建立起来的

专业性合作经济组织。为成员提供生产经营服务，依法维护成员的合法权益，增加成员的经济收入。在本组织内部不以营利为目的。

第三条 本组织兴办的原则是“民办、民营、民受益”，实行民主管理，利益共享，风险共担，成员享受平等权利，加入自愿，退社自由。

第四条 本组织遵守国家的法律法规，依法组织生产经营，接受主管部门的指导和监督，在经济活动中承担有限责任。

第五条 本组织自____年____月____日成立，办公地点：北京市____区（县）____乡（镇）____村。

第二章 成 员

第六条 本组织成员分为个人成员和团体成员。

凡从事与本组织相同或相关业务的农民和组织，承认本组织章程，经本人申请，理事会批准，报本组织备案，均可成为本组织成员。从事相关事业的非农民身份的个人也可以加入本组织。

第七条 成员享有下列权利：

（一）参加成员大会，并有表决权、选择权和被选举权；

（二）享有本组织提供的各种经济和技术服务、利用组织内设施的权利；

（三）享有组织内购买物资和销售产品的权利；

（四）享有共有成果的受益和分配权；

（五）有权对本组织的工作提出质询、批评和建议，进行监督；

（六）有权建议召开成员大会或成员代表大会；

（七）享有参加本组织股息分配和按产品交易量返还盈余的权利；

（八）有权提出退出本组织的申请；

（九）本组织规定的其他权利。

第八条 成员应当履行下列义务：

（一）遵守本组织章程，执行成员大会或者成员代表大会及理事会的决定；

（二）维护本组织利益，保护本组织的共有财产，爱护本组织的设施；

（三）积极参加本组织活动，支持理事会、监事会履行职责；

（四）发扬互助协作精神，共同发展本组织生产；

（五）不从事同本组织相竞争或与本组织利益相对立的活动；

（六）严格履行与本组织签订的各种合同；

（七）按规定交纳股金或会费；

（八）本组织规定的其他义务。

第九条 成员退出须在年终决算前一个月，以书面形式提出申请，经理事会讨论通过方可退出。

成员退出时，本组织应于年终决算后两个月内退还其股金。本组织经营亏损时，按成员应承担部分从股金中扣除；本组织有盈余时，按第五章第三十七条的规定处理。

成员退出组织，不退会费。

第十条 成员有下列行为之一的，理事会可视情节予以除名：

（一）违反章程，无故不履行义务，给本组织造成严重损失的；

（二）超过两个经营年度不与本组织发生业务往来的。

理事会应将开除成员的情况向成员大会或者成员代表大会报告。

第十一条 成员死亡的，其法定继承人须在 6 个月内提出申请，经理事会审查批准后继承被继承人的成员资格和股金，否则视为自动弃权。

第三章 组织机构

第十二条 成员大会或者成员代表大会是本组织的最高权力机构。

成员人数超过 50 人的，可以设置成员代表大会行使成员大会职权。代表人数不应少于成员人数的五分之一。代表任期____年，可以连选连任。

第十三条 成员大会必须有半数以上成员参加，成员代表大会必须有三分之二以上的代表参加，始得举行。

本组织表决实行一人一票制。成员因故不能到会，可书面委托其他成员代理，一个成员最多只能代理两名成员。出席人数半数以上成员同意，决议方为有效。

第十四条 成员大会或成员代表大会每年至少召开两次。遇有下列情形之一时，可以召开临时成员大会或成员代表大会：

（一）理事会认为有必要时；

（二）监事会建议时；

（三）五分之一以上成员或三分之一以上成员代表提出。

第十五条 成员大会或者成员代表大会行使下列职权：

（一）制定、修改本组织章程；

（二）决定本组织的发展规划、经营方针和年度计划；

（三）决定本组织的重大项目投资；

（四）审查批准本组织财务决算、收益分配方案及亏损处理方案；

（五）审议通过理事会、监事会报告；

（六）决定理事会、监事会成员；

（七）决定本组织合并、分立、解散和清算方案；

（八）决定本组织其他重大事项。

第十六条 理事会是成员大会或者成员代表大会的执行机构。

第十七条 理事会由理事长、副理事长和理事共____人组成，任期____年，可连选连任。

理事长是本组织的法定代表人。

第十八条 理事会行使下列职权：

（一）组织召开成员大会或者成员代表大会；

（二）执行成员大会或成员代表大会决议；

（三）按期向成员大会或者成员代表大会报告工作；

（四）提出并组织实施年度计划、财务预决算方案、收益分配方案及亏损处理方案；

（五）管理经营本组织资产；

（六）决定本组织内部管理机构的设置，制定本组织具体管理制度；

（七）依法接受新成员、办理成员退出组织手续和开除成员；

（八）任命、聘任本组织的管理人员；

（九）组织成员的教育培训；

（十）成员大会或者成员代表大会授予的其他职权。

第十九条 理事会实行协商一致原则，重大事项由理事会集体讨论，并经三分之二以上理事同意方可形成决定。理事会由理事长主持。理事个人对某项决议有不同意见时，须将其意见记入会议记录。

第二十条 监事会是本组织的监督机构。

第二十一条 监事会由3名监事组成，规模较小的专业合作组织可以不设监事会，只设监事1人，代行监事会职权。监事任期____年，可以连选连任。

理事会成员和财务人员及其近亲属，不得担任监事会成员。

第二十二条 监事会行使下列职权：

（一）监督理事会对本组织章程和决议的执行情况；

（二）对理事会成员执行职务时遵守有关法规和章程的行为进行监督；

（三）监督本组织财务收支情况；

（四）本组织章程规定的其他职权；

监事会人员列席理事会会议。

当理事会成员的行为侵害本组织利益时，监事会有权要求理事会予以纠正，必要时提请成员大会或者成员代表大会讨论。

第二十三条 成员代表大会代表、理事会成员、监事会成员由成员直接选举产生和罢免。

过半数成员投票，选举有效，候选人获得参加投票成员的过半数选票，始得当选。

罢免成员代表大会代表、理事会成员、监事会成员须经成员过半数通过。

第二十四条 有下列情形之一的，不得担任理事会、监事会成员：

（一）无民事行为能力或者限制民事行为能力；

（二）因犯有贪污、贿赂、侵占财产、挪用财产罪或者破坏社会经济秩序罪，被判处刑罚，执行期满未逾五年，或者因犯罪被剥夺政治权利，执行期满未逾五年；

（三）担任因经营不善破产清算的公司、企业的董事或者厂长、经理，并对该公司、企业破产负有个人责任的，自该公司、企业破产清算完结之日起未逾三年；

（四）担任因违法被吊销营业执照的公司、企业的法定代表人，并负有个人责任的，自该公司、企业被吊销营业执照之日起未逾三年；

（五）个人所负数额较大的债务到期尚未清偿。

第四章　职　　能

第二十五条　本组织根据自身条件和能力，为成员提供以下全部或部分服务：

（一）提供技术指导和服务，引进新技术、新品种，进行技术培训、示范，开展技术交流，组织内外经济技术协作；

（二）组织供应成员所需的生产资料和生活资料；

（三）收购和销售成员生产的产品；

（四）兴办成员生产经营所需要的贸易、加工、运输、储藏等经济实体；

（五）向成员提供有关经济、技术信息；

第二十六条　提高本组织产品质量，努力开拓新的品牌。

第二十七条　接受与本组织专业有关的单位和部门的委托，办理代销、农贷等业务，帮助成员实行资金互助，把闲散资金投入扩大再生产。

第二十八条　对外签订合同，开展与经济部门、科研单位及其他经济组织的合作。

第二十九条　办理本组织成员的文化、福利事业，培养互助合作精神。

第五章　财　　务

第三十条　本组织用于服务的自有资金来源包括以下几项：

（一）成员交纳的会费、股金；

（二）本组织每年度从结余中提留的公积金、公益金；

（三）其他非返还的收入；

（四）接受的损赠款；

（五）政府扶持的资金；

（六）其他资金。

第三十一条　本组织初次交纳的会费定为每个成员____元。会费不足时，经成员大会或成员代表大会讨论决定，可以补交一定数额的会费。

第三十二条　成员可以以货币入股，也可以以实物、工业产权、非专利技术、劳务、土地使用权等作价入股。

第三十三条　本组织初次筹集的股金总额为____元，每股金额为____元。每个成员最多只能认购____股。

第三十四条　本组织接纳外部无偿资助，均按接收时的现值入账，作为本组织的共有资产。经成员大会或成员代表大会讨论决定，本组织可以按决定的数额和方式参加社会公益捐赠。任何单位与个人无权平调本组织资产。

第三十五条　成员向组织投入的股金，可以依法继承或转让。继承人或受让人是非成员的，愿意加入本组织的，按第二章第六条规定办理手续；不愿意加入的，按退出组织处理。

第三十六条　本组织是独立核算单位，实行民主理财制度，财务收支状况至少每半年向成员张榜公布一次。

第三十七条 本组织的税后盈余按照下列顺序进行分配：

（一）弥补以前年度亏损；

（二）提取公积金；

（三）提取公益金；

（四）提取教育基金；

（五）股息；

（六）按交易量返还盈余。

第三十八条 公积金用于弥补亏损、增加股本、扩大生产经营和章程规定的其他用途。

第三十九条 公益金用于本组织成员的集体福利。

第四十条 教育基金主要用于成员的技术经济培训。

第四十一条 股息参照当年银行存款利率计算，最高不得超过当年银行1年期存款利率的110%。本组织当年没有税后盈余，不得分配股息。

第四十二条 按交易量返还盈余是根据成员与本组织的交易量的比例进行分配。

第四十三条 分配方案由理事会提出，经成员大会或者成员代表大会通过后执行。

第六章 合并、分立、解散和清算

第四十四条 本组织的合并或者分立，应当由成员大会或者成员代表大会作出决议。

第四十五条 本组织合并时，合并各方的债权、债务应当由合并后存继的专业合作组织继承。

第四十六条 本组织分立时，其财产做相应分割。分立前的债务由分割后的专业合作组织按分割财产的比例分担。

第四十七条 本组织遇下列情况之一时，可以解散：

（一）无法继续经营的；

（二）经营期满不再延期经营；

（三）人数过少无法开展活动；

（四）本专业生产消亡的；

（五）成员大会决议通过。

第四十八条 本组织决定解散时，应由成员大会或成员代表大会选出____人的清算小组，对本组织的资产、债权、债务进行清理，并制定清偿方案，报成员大会或成员代表大会批准。

本组织的清算财产在优先拨付清算费用后，按照下列顺序清偿：

（一）支付所欠工资；

（二）支付所欠税款；

（三）支付所欠债务；

（四）归还成员股金；

（五）按照本组织存续期间成员与本组织的交易量的比例进行分配。

财产清算不足清偿同一顺序的清偿要求的，按照比例分配。

第四十九条 本组织合并、分立、解散，应当进行清产核资和资产评估，编制资产负债表和财产清单，报成员大会或者成员代表大会确认。

第五十条 本组织合并、分立、解散，应当报原登记机关办理变更或者注销登记。

第七章 附 则

第五十一条 本章程如有未尽事宜，由理事会负责补充或修订，经成员大会或成员代表大会讨论通过。

第五十二条 本章程经成立大会表决通过后生效，本章程由理事会负责解释。

北京市经管站关于印发《农村干部经济责任审计程序》的通知

农经字［2002］27号 2002年6月10日

各区县经管站：

为了规范本市农村干部经济责任审计工作，根据《北京市农村集体经济审计条例》和市农村工作委员会《关于进一步加强农村集体经济审计工作的通知》，市经管站制定了《农村干部经济责任审计程序》，现印发你们，请遵照执行。

农村干部经济责任审计程序

一、立项。根据区县或者乡镇党委、政府或者乡村集体经济组织的委托，农村集体经济审计机构应首先对农村干部经济责任审计进行立项，纳入审计工作计划。

二、送达审计通知书。审计机构应当于实施审计七日前向被审计单位和干部本人送达审计通知书。

三、任职单位报送有关资料。包括账表、凭证、资产盘存表及债权债务清单等资料。

四、被审计人员提交《述职报告》。《述职报告》应包括以下内容：①任期目标计划（包括分年度的计划）及其制定的依据和完成情况；②任职前后所在单位的资产、财务收支、经营成果、经济效益和债权债务的变化情况；③任期内内部控制制度的建立、执行情况，在主要规章制度废立、增删等重大问题上所作的决策，以及取得的成效；④工作中取得的突出成绩，存在的主要问题，以及受到的奖惩；⑤遵守财经纪律的情况，对出现违纪问题应承担的责任。

五、调查取证。审计组根据审计项目工作方案审查会计报表、凭证、账簿、查阅有关文件资料，检查现金、实物，向有关单位和个人进行调查并取得证明材料。证明人提供的书面材料应当由其本人签名或盖章。

审计人员向有关单位和个人进行调查时，应当出示有关证明文件。审计组在审计过程中，应当听取社员或者职工的意见。

六、经济责任评价。农村干部经济责任审计评价，应当从以下三个方面来进行：

（一）财务责任。指干部在管理、使用集体资金方面应承担的责任。包括：是否依法组织财务收支；是否照章纳税；是否及时清理债权、债务，保证资金正常运转；实现的利润是否真实合法；是否按任期目标计划进行收益分配；财产资金是否完整，并按计划增值。

（二）经营管理责任。指干部在行使经营管理职权时，对有效地组织经营活动，提高经济效益等方面应承担的责任。包括：经营方针和决策是否科学，有无失误，或造成重大损失浪费；是否建立行之有效的规章制度，并照章办事；是否合理配置生产要素，实现高效优化；是否努力增加收入、厉行节约。

（三）财经法纪责任。指干部有无直接或间接违反财经法规的行为。包括：是否依据党和国家的财经法令和政策办事；是否执行合作经济组织的规章制度，有无贪污、行贿、索贿和以权谋私的其他行为；有无因官僚主义、失职而给集体经济造成重大损失、浪费的问题等。

七、提出审计报告。审计组对审计事项审计后，应当向审计机构提出审计报告。审计报告中应当包括对被审计干部本人任期经济责任情况的评价及评价依据等内容。审计报告在报送前，应当征求被审计单位和干部本人的意见。被审计单位和干部本人在收到审计报告之日起十日内提出书面意见送交审计组。

八、提出处理意见。审计机构审定审计报告后，对被审计的干部所在单位违反财经法规的问题，认为需要依法给予处理、处罚的，应当向有关主管机关提出处理、处罚建议，同时对干部本人任期内的经济责任作出客观评价，向审计委派委托机构提交干部经济责任审计结果报告，并报上一级审计机构备案。

九、审计档案建立。审计结束后，审计机构应当对办理的审计事项建立统一的审计档案，整理立卷，存档备查。

十、后续审计。在审计报告送达后的三个月内，审计机构要对被审计单位执行审计意见和审计建议情况及审计建议效果进行调查审计。

北京市村合作经济组织财务制度实施细则

京财农（1997）56号　1997年1月16日

第一章　总　　则

第一条　为了适应社会主义市场经济发展的需要，规范村合作经济组织的财务行为，稳定和完善以家庭联产承包责任制和统分结合的双层经营体制，根据《企业财务通则》的原则和精神，结合村合作经济组织的实际情况，制定本制度。

第二条　本制度适用于按行政村、自然村或原生产大队、生产队设置的社区性合作经济组织（以下称村合作经济组织）。村办企业执行行业企业财务制度。

第三条　村合作经济组织是社会主义劳动群众集体所有制经济组织，有独立进行经济活动的自主权，其合法权益受法律保护。任何单位和个人都不准侵犯、平调村合作经济组织的财产和向其摊派。

村合作经济组织的财务管理工作，要贯彻执行党和国家在农村的方针政策及有关法律法规；适应家庭联产承包责任制的需要和双层经营体制的特点，坚持统一管理与分散管理相结合的原则；实行计划管理和民主管理；坚持自力更生、勤俭办事业的原则。

第四条 村合作经济组织应建立健全财务管理制度，如实反映村合作经济组织的财务状况，正确处理国家、集体、个人以及集体内部各行业、各经营层次之间的经济利益关系，维护生产经营者的合法权益，保护集体资产的安全与完整。

第五条 村合作经济组织要完善内部承包经营责任制，搞好各项承包合同和签订、结算和兑现工作，加强对所属企事业单位财务活动的管理和监督，指导有关农户搞好经济核算。

第六条 村合作经济组织应当做好财务管理基础工作。各项财产物资的增减要有完整的原始记录；各项收支活动要做到手续齐全，内容合理；平时，定期或不定期地进行财产清查，年度终了前，要进行一次全面财产清查。

第七条 村合作经济组织的财务工作要接受业务主管部门（即农村合作经济经营管理部门，下同）和财政部门的指导和监督。

第二章 资金筹集

第八条 村合作经济组织根据有关法律，法规规定，可以采取多种形式筹集资本金。

资本金分为村（组）集体资本金、法人资本金、个人资本金、国家资本金、外商资本金等。

村（组）集体资本金指村（组）以其依法可以支配的资产和劳务投入村合作经济组织形成的资本金（包括原生产队积累折股股金）。

法人资本金指村合作经济组织以外的单位以其依法可以支配的资产投入村合作经济组织形成的资本金。

个人资本金指村合作经济组织内部成员或社会个人以个人合法财产投入村合作经济组织形成的资本金和合作化时期形成的股份基金。

国家资本金指有权代表国家投资的政府部门或者机构以国有资产投入村合作经济组织形成的资本金。

外商资本金为外国投资者以及我国香港、澳门和台湾地区投资者投入村合作经济组织财产形成的资本金。

第九条 村合作经济组织筹集的资本金，投资者除依法转让外，不得随意抽走。在特殊情况下确实需要抽走的，须经成员大会或成员代表大会讨论决定。

第十条 村合作经济组织对投入的资产要按有关规定进行评估。投入的劳务要合理计价，投入劳动积累工和劳动义务工，凡是形成资产的，记入资产价值，同时增加资本公积，不形成资产的不入账核算。

第十一条 村合作经济组织在筹集资本活动中，接受捐赠的财产以及资产评估确认价值或者合同、协议约定价值与原账面净值的差额等，计入资本公积金。

第十二条 村合作经济组织的负债包括流动负债和长期负债。

流动负债指偿还期在一年以内的债务，包括短期借款、预提费用、应付款项等。

长期负债指偿还期超过一年以上的债务，包括长期借款及长期应付款项等。

第十三条 村合作经济组织的负债按实际发生的数额计价。如发生因债权人特殊原因确实无法支付的应付款项，计入营业外收入。

企业流动负债的应计利息支出，计入财务费用。

企业长期负债的应计利息支出，筹建期间的，计入开办费；生产经营期间的，计入财务费用；清算期间的，计入清算损益。其中，与购建固定资产或者无形资产有关的，在资产尚未交付使用或者虽已交付使用但尚未办理竣工决算之前，计入购建资产的价值。

第十四条 村合作经济组织应合理举债，按期偿还各项债务。大额借债要经民主理财组织或成员代表大会讨论决定。

第三章 流动资产

第十五条 村合作经济组织的流动资产包括现金、各种存款、应收及预付款项、存货等。

第十六条 村合作经济组织要严格执行国家《现金管理暂行条例》，建立健全现金、存款内部控制制度。

第十七条 村合作经济组织应严格执行账款分别管理制度。配备现金出纳员，负责办理库存现金的收支和保管工作，并建立岗位责任制。现金出纳员不登记会计记录，非现金出纳员不得管理现金。

第十八条 村合作经济组织向单位和农户收取现金时要手续完备，使用统一规定的收款凭证，并及时入账。不准以白条抵库，不准坐支，不准挪用，不准公款私存。库存现金不得超过规定限额。

第十九条 村合作经济组织必须建立健全现金开支审批制度，严格现金开支审批手续。计划内的现金开支要由主管财务的领导审批。对手续不完备的开支，不准付款；对不合理的开支，出纳人员有权拒绝付款并向上级主管部门反映。

第二十条 村合作经济组织要及时、准确地核算现金收入、支出和结存，做到日清月结，账款相符。会计员与出纳员要定期核对现金及存款账。

第二十一条 村合作经济组织要加强对银行存款的管理。支票、存折和印鉴分别妥善保管，定期与银行或信用社核对账目。不出租出借银行账户，不签发空头支票和远期支票，不套取银行信用。

第二十二条 村合作经济组织可在不改变集体资金所有权的前提下，将暂闲置的货币资金，按照自愿互利、有偿使用的原则，加入乡（镇）、村农村合作基金会，用于内部资金融通，以提高资金的使用效益。

第二十三条 村合作经济组织的应收款项包括单位和个人的各项欠款。村合作经济组织对拖欠的应收款项要采取切实可行的措施积极催收。对债务单位撤销，依照民事诉讼法确实无法追还，或债务人死亡，既无遗产可以清偿，又无义务承担人，确实无法收回的款项，要由乡（镇）业务主管部门审查，经成员大会或成员代表大会讨论后核销，计入管理费用。但由有关责任人造成的损失，应酌情由其赔偿。任何人不得擅自决定应收款项的减免。

第二十四条 村合作经济组织的存货包括农用材料（种子、化肥、农药）、原材料、机械零配件、低值易耗品、在产品、幼畜和育肥畜、产成品等。

购入的材料，按照买价加运输费、装卸费、保险费、途中合理损耗、入库前的加工、整理及挑选费用和缴纳的税金等计价。自制的材料，按照制造过程中的各项实际支出计价。委托外单位加工的材料，按照实际耗用的原材料或半成品加运输费、装卸费、保险费和加工费用等计价。

生产入库的粮食、棉花，凡国家规定有定购价的，按定购价计价；没有定购价的，按市价计价。

购入的幼畜和育肥畜按实际购入价格计价。自繁的幼畜和育肥畜，按实际成本计价；自繁的幼畜成龄转为产役畜，按市场价格计价。产役畜淘汰转为育肥畜，按折余价值计价。

投资者投入的，按照评估确认或者合同、协议约定的价值计价。

盘盈的，按照同类存货的实际成本计价。

接受捐赠的，按照发票账单所列金额加村合作经济组织负担的运输费、保险费、缴纳的税金等计价；无发票账单的，按照同类存货的市价计价。

库存的各种原材料、农用材料、低值易耗品按实际成本核算。

领用或者发出的存货，按照实际成本核算的，可以采用先进先出法、加权平均法、移动平均法、个别计价法、后进先出法等方法确定其实际成本；采用计划成本核算的，按期结转其应负担的成本差异，将计划成本调整为实际成本。

领用的低值易耗品、周转使用的包装物和材料，一次或者分期摊销。

第二十五条 村合作经济组织必须建立健全存货的保管、领用制度。存货入库时，由会计填写入库单，保管员根据入库单清点验收，核对无误后入库；出库时，由会计填写出库单，主管负责人批准，领用人签名盖章，保管员根据出库单出库。要建立保管人员岗位责任制。

第二十六条 存货应当定期或者不定期盘点，年度终了前必须进行一次全面的盘点清查。盘盈的存货，冲减管理费用。盘亏、毁损和报废的存货，扣除过失人或者保险公司赔款和残料价值之后，计入管理费用。存货毁损属于非常损失的部分，扣除保险公司赔款和残料价值后，计入营业外支出。

第四章　固定资产及其他资产

第二十七条 固定资产是指使用期限在一年以上的房屋、建筑物、机器、机械、运输工具，产畜和役畜，公路、桥梁、堤坝、水库、干渠、机井、水泥晒场、经济林木、防护林、养殖池以及其他与生产经营有关的设备、器具、工具等。

不属于生产经营主要设备的物品，单位价值在 2 000 元以上，并且使用期限超过两年的，也应当作为固定资产。

第二十八条 村合作经济组织应按下列规定确定固定资产的入账价值：

1. 购入的固定资产，不需要安装的，按买价加采购费、包装费、保险费、运杂费等计价；需要安装或改装的，还应加上安装费或改装费。

2. 新建的农业基本建设设施、房屋及建筑物等固定资产，按竣工验收、交付使用的决算价计价。

3. 接受捐赠的固定资产，应按发票所列金额加上实际发生的运输费、保险费、安装调试费等计价；无所附单据的，按同类设备的市价计价。

4. 在原有固定资产基础上进行改造、扩建的，按原有固定资产的价值，加上改造、扩建而增加的费用，减去改造、扩建工程中发生的变价收入计价。

5. 投资者投入的固定资产，按照评估确认或者合同、协议约定的价值加上新发生的包装费、运杂费和安装费等计价。

6. 经济林木开始有正常收入时转作固定资产，按实际支出的全部定植培育费用计价。

7. 幼畜育成转作产畜、役畜时，按市场价格计价。

8. 盘盈的固定资产，按重置完全价值计价。

第二十九条 村合作经济组织的在建工程指尚未完工、或虽已完工但尚未交付使用的工程项目。在建工程按实际消耗的费用或支付的工程价款计价。形成固定资产的在建工程完工交付使用后，计入固定资产。不形成固定资产的在建工程完工交付使用后，转为递延资产，分年度摊销，计入管理费用。

在建工程部分发生报废或者毁损，按照扣除残料价值和过失人及保险公司赔款后的净损失，计入工程成本。单项工程报废以及由于自然灾害等非常原因造成的报废或者毁损，其净损失在筹建期间计入递延资产，分年度摊销，投入生产经营后，计入营业外支出。

第三十条 村合作经济组织必须建立固定资产折旧制度，按月提取固定资产折旧。所提的折旧费应保证对固定资产损耗价值的补偿。

季节性使用的固定资产，要在使用期间提足全年折旧。

属于农业基本建设设施的固定资产，如晒场、水渠、道路、桥涵、贮窖、堤坝、水库、渔池等，需要重置更新的，应提取折旧；通过局部轮番修理可以达到整体更新的，不提取折旧。

房屋建筑物以外的未使用和不需用的固定资产、已提足折旧仍继续使用的固定资产不提折旧。

第三十一条 固定资产折旧方法一般采用平均年限法和工作量法。提取时可采用单项折旧计提，也可采用分类折旧和综合折旧计提。采用综合折旧的，年综合折旧率为8%。

第三十二条 采用平均年限法的固定资产折旧率和折旧额的计算公式为：

$$年折旧率=\frac{1-预计净残值率}{折旧年限}$$

$$月折旧率=年折旧率\div 12$$

$$月折旧额=固定资产原值\times 月折旧率$$

净残值率按照固定资产原值的3%～5%确定。采用工作量法的固定资产折旧额计算公式为：

（一）按照行驶里程计算折旧的公式：

$$单位里程折旧额=\frac{原值\times（1-预计净残值率）}{总行驶里程}$$

（二）按照工作小时计算折旧的公式：

$$每工作小时折旧额=\frac{原值\times（1-预计净残值率）}{总工作小时}$$

采用综合折旧的固定资产折旧额计算公式为：

年折旧额＝固定资产原值×年综合折旧率

月折旧额＝年折旧额÷12

折旧方法和折旧年限一经确定，不得随意变更。需要变更的，须在变更年度以前，提出申请，报同级财政部门审批。

村合作经济组织提取的固定资产折旧费，计入有关成本、费用，不得冲减资本金。

第三十三条 固定资产的大修理费直接计入有关项目，一次维修费过高的，可先计入待摊费用，摊销期超过一年的计入递延资产，分期摊入有关项目。

第三十四条 大、中型固定资产的变卖和报废处理，要报乡（镇）业务主管部门审查，经成员大会或成员代表大会讨论通过后执行。

第三十五条 固定资产变卖和清理报废的变价净收入与其账面净值的差额计入营业外收入或营业外支出。固定资产变价净收入是指变卖和清理报废固定资产所取得的价款减清理费用后的净额。固定资产净值是指固定资产原值减累计折旧后的净额。

第三十六条 村合作经济组织的固定资产发包给承包者经营的，要合理确定承包金。承包者必须加强对固定资产的维护和管理，按承包合同规定，及时交纳应上交的承包金。承包者不按承包合同的规定使用集体固定资产或无正当理由不及时向村合作经济组织交纳应上交的承包金，村合作经济组织应向其收取违约金，或经农业承包合同管理机关裁定，将固定资产收回。承包者损坏的固定资产要及时修复，不能修复的按质论价，由承包者赔偿，但不得少于账面净值。

村合作经济组织对出租的固定资产，要合理确定租金，按出租合同或协议规定，加强管理防止流失。

第三十七条 村合作经济组织应定期对固定资产盘点清查，做到账实相符，年度终了前必须进行一次全面的盘点清查。对盘盈的固定资产，按重置完全价值减估计折旧的差额计入营业外收入。对盘亏及毁损的固定资产，应查明原因，按其原价扣除累计折旧、变价收入、过失人及保险公司赔款后的差额计入营业外支出。

第三十八条 村合作经济组织的其他资产包括无形资产、递延资产及其他长期资产等。

无形资产是指村合作经济组织长期使用但是没有实物形态的资产，包括专利权、商标权、著作权、土地使用权、非专利技术、商誉等。无形资产按取得时的实际成本计价，并从使用之日起，按照不少于十年的期限平均摊销，计入管理费用。转让无形资产取得的收入，计入其他业务收入，其成本计入其他业务支出。

转让土地使用权的收入，应按下列原则处理：

地上附着物，属于资产的部分，按出售资产处理。

青苗补偿费，属于村合作社的，记入农业收入，属于个人的，记入内部往来。

劳动力安置费，记入其他应付款。

土地补偿费，记入资本公积。

递延资产是指不能全部计入当年支出，应当在以后年度内分期摊销的各项费用，包括不形成固定资产的农业基本建设支出、固定资产及在建工程非常损失等。递延资产按不少于五年的期限分期摊销，计入管理费用。

其他长期资产是指不属于无形资产、递延资产的其他资产。

第五章　对外投资及对所属单位投资

第三十九条　村合作经济组织根据国家法律、法规规定，可以采用货币资金、实物、无形资产或者购买股票、债券等有价证券方式向其他单位及所属单位投资，包括短期投资和长期投资。

短期投资指能够随时变现、持有时间不超过一年的有价证券以及不超过一年的其他投资。

长期投资指不准备随时变现、持有时间在一年以上的有价证券以及超过一年的其他投资。

村合作经济组织对所属单位的投资，单独反映计入对所属单位投资。

第四十条　村合作经济组织的对外投资按下列原则计价：

以现金、存款等货币资金方式向其他单位投资的，按照实际支付的金额计价。

以实物、无形资产方式向其他单位投资的，按照评估确认或者合同、协议约定的价值计价。

村合作经济组织认购的股票，按照实际支付款项计价，实际支付款项中含有已宣告发放但尚未支付股利的，按照实际支付的款项扣除应收股利后的差额计价。

村合作经济组织认购的债券，按照实际支付的价款计价。实际支付款项中含有应计利息的，按照扣除应计利息后的差额计价。

溢价或折价购入的债券，其实际支付的价款（扣除应计利息）与债券面值的差额，计入投资收益。

第四十一条　村合作经济组织以实物方式对外投资，其评估或合同、协议确认的价值必须真实、合理，不得高估或低估资产价值。其资产重估确认价值与其账面净值的差额，计入资本公积。

大额对外投资和对所属单位投资项目，要报乡（镇）业务主管部门审查，经成员大会或成员代表大会讨论决定。

第四十二条　村合作经济组织要加强对各种有价证券的管理。要建立有价证券登记簿，详细记载有价证券的名称、券别、购买日期、号码、数量和金额。有价证券要有专人（一般为现金出纳员）管理。

第四十三条　村合作经济组织对外投资和对所属单位投资分得的利润和利息等计入投资收益。出售、转让和收回对外投资时，按实际收到的数额与其账面价值的差额，计入投资收益中的对外单位投资收益和对所属单位投资收益。

第六章　收入、成本、费用、利润及分配

第四十四条　营业收入是指村合作社组织进行各项生产、服务等经营活动取得的收入。包括村合作经济组织直接经营的农业生产收入、副业生产收入、畜牧业生产收入、渔业生产收入、工业生产收入、商饮收入、运输营运收入、建筑业工程价款收入、提供劳务等取得的收入、服务收入等。

其他业务收入包括材料销售、固定资产出租、无形资产转让（不包括转让土地使用权收入），上交提留收入，承包收入等。

补贴收入是指村合作经济组织取得的政策性补亏、减免税款、贴息等。期末政策补亏收入转入本年利润，贴息收入和减免税款等，转入资本公积。

荒山、荒滩租赁收入，记入资本公积，用于对荒山、荒滩的开发治理。不得挪作他用。

村合作经济组织对农户和承包单位因承包集体耕地、林地、鱼塘及其他集体资源等上交的承包金，计入其他业务收入。

农户按有关规定上交的集体提留款项，计入其他业务收入中的提留收入。

乡统筹款计入其他应付款。

村合作经济组织应于产品、商品已经发出，劳务已经提供，同时收讫价款或取得收取价款的凭据时，确认营业收入的实现。对生产的粮食、棉花、油料等农产品收获入库时，确认营业收入的实现。

第四十五条　村合作经济组织的直接支出，包括耗用的直接工资、直接材料、以及其他直接支出，直接计入生产成本。间接费用按受益对象，分配计入制造费用。

直接工资包括企业直接从事生产经营人员的工资、奖金、津贴和补贴。

直接材料包括生产经营过程中实际消耗的原材料、农用材料、辅助材料、备用配件、外购半成品、燃料、动力以及其他直接材料。

其他直接支出包括直接从事生产经营人员的职工福利费等。

间接费用包括村合作经济组织各经营单位所发生的管理人员工资、福利费、折旧费、租赁费、修理费、机料消耗、低值易耗品摊销、取暖费、水电费、办公费、差旅费、运输费、保险费、劳动保护费、季节性修理期间的停工损失，土地开发费摊销以及其他间接费用。

管理费用是指村合作经济组织用于管理方面的支出，包括村合作经济组织管理人员工资、办公费、差旅费、管理用固定资产折旧和维修费以及无形资产摊销、存货盘亏、毁损和报废等。

财务费用是指村合作经济组织为筹集资金而发生的各项费用，包括利息支出（减利息收入）、汇兑净损失、调剂外汇手续费、金融机构手续费以及筹资发生的其他财务费用等。

其他业务支出包括材料销售成本、出租固定资产应提折旧、出租包装物摊销以及有关

的营业税金及附加等。

福利费按照工资总额的14％从成本或管理费中提取及从利润分配中提取。用于集体福利、文教、卫生事业的支出。

第四十六条 村合作经济组织的利润总额按照下列公式计算：

利润总额＝营业利润＋投资净收益＋补贴收入＋营业外收入－营业外支出

营业利润＝主营业务利润＋其他业务利润－管理费用－财务费用

主营业务利润＝主营业务收入－营业成本－营业税金（包括农牧业税）及附加

其他业务利润＝其他业务收入－其他业务支出

投资净收益是指投资收益扣除投资损失后的数额。

投资收益包括对外投资和对所属单位投资分得的利润、股利和债券利息，以及投资到期收回或者中途转让取得款项高于账面价值的差额。投资损失包括投资到期收回或者中途转让取得款项低于账面价值的差额。

村合作经济组织在收取农户和承包上交的承包金、农户上交的提留款和所属企业上交利润时，要执行国家的有关规定，坚持取之有度、用之合理、因地制宜、量力而行的原则，既不能超越农户和所属企业的承受能力，又要保证集体扩大再生产和发展公益事业的需要。

第四十七条 村合作经济组织在进行年终利润分配工作以前，要准确地核算全年的收入、成本、费用和利润；清理财产和债权、债务；搞好承包合同的结算和兑现。

第四十八条 村合作经济组织的利润在进行依法纳税后按照大部分用于生产发展，小部分用于集体福利的原则，按下列顺序进行分配：

1. 提取盈余公积金。盈余公积金用于发展生产，可转增资本和弥补亏损。

2. 提取公益金。公益金用于集体福利等公益设施建设，包括兴建学校、医疗站、福利院、电影院、幼儿园等。

3. 提取福利费。福利费用于集体福利、文教、卫生等方面的支出（不包括兴建集体福利公益设施支出），包括照顾烈军属、五保户、困难户的支出，计划生育支出，农民因公伤亡的医药费、生活补助及抚恤金的支出等。

4. 向投资者分利。

第四十九条 村合作经济组织利润分配方案要报乡（镇）业务主管部门审查，经成员大会或成员代表大会讨论通过后执行。

第七章 财务报表和财务档案

第五十条 村合作经济组织的财务报表分为月份（或季度）财务报表和年度财务报表。

月份（季度）财务报表包括科目余额表和收支明细表等。年度财务报表包括资产负债表和利润分配表。

第五十一条 村合作经济组织应按规定准确、及时、完整地编制财务报表，定期提供给主管部门和有关单位，并向全体成员公布。

第五十二条 村合作经济组织的财务档案包括各种经济合同和承包合同或协议，各项财务计划及收益分配方案，各种会计凭证、会计账簿和会计报表、会计人员交接清单、会计档案销毁清单等。

第五十三条 村合作经济组织要加强对财务档案的管理。建立财务（会计）档案室（柜），实行统一管理，专人负责，做到完整无缺、存放有序、方便查找。

不具备条件的村合作经济组织，可将财务档案委托乡（镇）经营管理站（办公室）统一管理。

第八章 民主理财

第五十四条 村合作经济组织的财务管理工作必须坚持民主理财的原则，要按月或按季公布收支明细表及有关账目，年终进行全面的财务检查和清理，公布全年财务收支账目，接受群众的监督。

第五十五条 村合作经济组织要建立以其成员代表为主、有关村干部共同参加的民主理财组织。民主理财组织的成员应由群众选举产生。民主理财组织要定期召开理财会议。

民主理财组织要认真听取和反映全体成员对村合作经济组织财务管理工作的意见和建议。

民主理财组织有权监督财务制度的实施情况，重点对财务计划、收益分配方案、公积金、公益金、福利费的提取和使用，管理人员工资的确定，承包合同及其他经济合同的执行和实施情况进行检查；有权检查现金、银行存款、物资、产成品、固定资产的库存情况；有权检查会计账目。任何人不得妨碍民主理财组织行使上述职权。

第五十六条 除第九、十四、二十三、三十四、四十一、六十一条的规定外，村合作经济组织的下列事项也要报乡（镇）业务主管部门审查，经成员代表大会讨论通过后执行。

1. 计划外较大的财务开支项目；
2. 主要生产项目的承包办法及承包指标；
3. 村合作经济组织管理人员工资的数额；
4. 其他重大财务事项。

对违反本条上述规定所造成的经济损失，在查清责任的基础上，酌情由责任人赔偿。

第九章 财会人员

第五十七条 村合作经济组织应设置财务机构，配备财会人员，包括会计员、出纳员等。会计员、出纳员之间不得互相兼职。

经济比较发达的村合作经济组织，应根据工作的需要，分别设置总会计（主管会计）和专业会计。总会计（主管会计）管理和指导专业会计（包括所属企事业单位和所辖的农业生产合作社的会计人员）搞好会计工作。

第五十八条 村合作经济组织的财会人员要坚持四项基本原则，认真贯彻执行党和国家的经济政策、法令、制度，遵守财经纪律；认真负责，廉洁奉公，全心全意为人民服务；努力学习，积极钻研业务，不断提高自己的政治、业务素质，做好本职工作；敢于坚持原则，反对侵犯集体经济和农民利益的行为，同违反财经纪律的行为作斗争。

第五十九条 村合作经济组织财会人员有权参与本单位各项财务计划的编制和参加有关生产、经营管理的会议；有权对本单位有关资金的筹集、使用和财产保管等方面的工作提出建议和进行检查监督；有权向上级和有关部门报告村合作经济组织的财务收支情况，反映财务管理方面的问题；有权不办理违反财务制度的收支；对认为是违反财务制度的收支，应立即制止和纠正；制止和纠正无效的，应向乡（镇）业务主管部门提出书面报告，要求处理。否则，财会人员负有一定的责任。

第六十条 村合作经济组织的会计人员要接受上级主管部门的管理、培训和考核，并根据其政治思想、业务水平、工作实绩和从事财会工作的年限等条件，按有关规定颁发会计证和评定技术职称。要逐步实行凭证上岗制度。

第六十一条 村合作经济组织会计人员要保持相对稳定，无正当理由，任何单位和个人都不得随意调换。

村合作经济组织会计人员的任免和调换，必须经成员大会或成员代表大会讨论通过、乡（镇）业务主管部门考核、批准，报县业务主管部门备案。

村主要干部的直系亲属不得任该村合作经济组织的财会人员。

财会人员调动或离职时，必须按规定办理交接手续，编制交接清单，移交人、监交人要签字盖章，乡（镇）业务主管部门验印存档。在未办清交接手续以前，财会人员不得离职。

第六十二条 村合作经济组织及其领导要支持财会人员履行工作职责，保证财会人员行使其工作权利。任何人不得打击报复财会人员。对于坚持原则，忠于职守，廉洁奉公并取得显著成绩的财会人员要给予表彰和奖励；对不负责任，造成损失或违反财经纪律和财务制度的财会人员要进行批评、教育和处罚。

第六十三条 村合作经济组织总会计（主管会计）享受与村其他主要干部同等的劳动报酬和福利待遇。

第十章　附　　则

第六十四条 本制度适用于由村民委员会代行合作经济组织职能的村。

第六十五条 本制度自一九九七年一月一日起施行。一九九一年财政部、农业部制定的《村合作经济组织财务制度（试行）》同时废止。

北京市村合作经济组织会计制度实施细则

京财农（1997）56号　1997年1月16日

一、总说明

（一）为了加强村合作经济组织的会计工作，规范村合作经济组织的会计核算，根据

《企业会计准则》的原则和精神，结合村合作经济组织的实际情况，制定本制度。

（二）本制度适用于按行政村、自然村或原生产大队、生产队设置的社区性合作经济组织（以下称村合作经济组织）。村办企业执行行业会计制度。

（三）村合作经济组织应按本制度的规定，设置和使用会计科目，登记会计账簿，编制会计报表。可在不影响会计核算要求和会计报表指标汇总的前提下，根据实际情况，自行增设、减少或合并某些会计科目。

（四）为适应双层经营的需要，村合作经济组织应实行统一核算和分散核算相结合的两级核算体制。凡是作为发包单位的村合作经济组织发生的收支、结算、分配等会计事项都必须按本制度的规定进行核算。村合作经济组织所属的各承包单位实行单独核算，所发生的经济业务不记入村合作经济组织的账内。

（五）财务管理薄弱的村合作经济组织，可以委托乡（镇）经营管理站代为记账、核算。

（六）本制度采用借贷记账法。收入支出的确认采用权责发生制。

（七）本制度会计年度采用公历制，自公历 1 月 1 日起至 12 月 31 日止为一个会计年度。

会计核算以人民币“元”为金额单位，“元”以下填至“分”。

（八）本制度自一九九七年一月一日起施行。一九八八年财政部、农业部制定的《村合作经济组织会计制度（试行）》同时废止。

二、会计科目

（一）会计科目表

顺　序	编　号	名　称
一、资产类		
1	101	现金
2	102	银行存款
3	109	其他货币资金
4	111	短期投资
5	113	应收账款
6	118	内部往来
7	119	其他应收款
8	120	应收补贴款
9	123	原材料
10	128	农用材料
11	129	低值易耗品
12	136	幼畜及育肥畜
13	137	产成品
14	139	待摊费用
15	141	长期投资
16	151	固定资产
17	155	累计折旧
18	156	固定资产清理
19	159	在建工程
20	161	无形资产
21	171	递延资产
22	181	待处理财产损益

（续）

顺 序	编 号	名 称
二、负债类		
23	201	短期借款
24	203	应付账款
25	209	其他应付款
26	211	应付工资
27	214	应付福利费
28	221	应交税金
29	223	应付利润
30	229	其他应交款
31	231	预提费用
32	241	长期借款
33	261	长期应付款
三、所有者权益类		
34	301	实收资本
35	311	资本公积
36	313	盈余公积
37	321	本年利润
38	322	利润分配
四、成本类		
39	401	生产成本
40	405	制造费用
五、损益类		
41	501	营业收入
42	502	营业成本
43	503	营业费用
44	504	营业税金及附加
45	511	其他业务收入
46	512	其他业务支出
47	521	管理费用
48	522	财务费用
49	531	投资收益
50	532	补贴收入
51	541	营业外收入
52	542	营业外支出
53	543	所得税
54	545	以前年度损益调整

（二）会计科目使用说明

101“现金”科目

（1）本科目核算村合作经济组织的库存现金。

（2）收入现金时，借记本科目，贷记有关科目；支出现金时，借记有关科目，贷记本科目。

（3）本科目的期末余额反映村合作经济组织的库存现金总额。

102“银行存款”科目

（1）本科目核算村合作经济组织存入银行、信用社的款项。

（2）村合作经济组织存入款项时，借记本科目，贷记有关科目；提取和支出存款时，借记有关科目，贷记本科目。

（3）本科目的期末余额反映村合作经济组织存入银行、信用社的款项总额。

109“其他货币资金”

一、本科目核算村合作经济组织的外埠存款、银行汇票存款、银行本票存款和在途货币资金等各种其他货币资金。

二、外埠存款，是指村合作经济组织到外地进行临时或零星采购时，汇往采购地银行开立采购专户的款项。将款项委托当地银行汇往采购地银行开立采购专户时，借记本科目，贷记“银行存款”科目。收到采购员交来供应单位发票账单等报销凭证时，借记“原材料”、“农用材料”等科目，贷记本科目。将多余的外埠存款转回当地银行时，根据银行的收账通知，借记“银行存款”科目，贷记本科目。

三、银行汇票存款是村合作经济组织为了取得银行汇票，按照规定存入银行的款项。在填送“银行汇票委托书”并将款项交存银行，取得银行汇票后，根据银行盖章退回的委托书存根联，借记本科目，贷记“银行存款”科目。使用银行汇票后，应根据发票账单及开户行转来的银行汇票第四联等有关凭证，借记“原材料”、“农用材料”等科目，贷记本科目；如有多余款或因汇票超过付款期等原因而退回款项时，借记“银行存款”科目，贷记本科目。

四、银行本票存款是指为取得银行本票按照规定存入银行的款项。向银行提交“银行本票申请书”并将款项交存银行，取得银行本票后，根据银行盖章退回的申请书存根联，借记本科目，贷记“银行存款”等科目。付出银行本票后，应根据发票账单等有关凭证，借记“原材料”、“农用材料”等科目，贷记本科目。因本票超过付款期等原因而要求退款时，应填制进账单一式两联，连同本票一并送交银行，然后，根据银行盖章退回的进账单第一联，借记“银行存款”等科目，贷记本科目。

五、村合作经济组织同所属单位之间和上下级之间的汇、解款项，在月终时如有未到达的汇入款项，应作为在途货币资金处理。根据汇出单位的通知，借记本科目，贷记有关科目。收到款项时，借记“银行存款”科目，贷记本科目。

六、本科目应设置“外埠存款”、“银行汇票”、“银行本票”、“在途资金”等明细科目，并按外埠存款的开户银行，银行汇票或本票的收款单位和在途资金的汇出单位等设置明细账。

111“短期投资”科目

（1）本科目核算村合作经济组织购入的各种能随时变现、持有时间不超过一年的有价证券以及不超过一年的其他投资。

（2）村合作经济组织购入各种有价证券，或以实物资产等方式进行短期投资时，按照实际支付的价款或合同、协议确定的价值，借记本科目，贷记“现金”、“银行存款”科目或有关资产科目，合同或协议约定的价值与原账面价值的差额，借记或贷记“资本公积”科目；出售有价证券或收回的价款和价值，借记“现金”、“银行存款”科目或有关资产科目，按原账面价值，贷记本科目，实际收回价款与原账面价值的差额借记或贷记“投资收益”科目。

（3）购入的股票，如在实际支付的款项中包括已宣告发放但未支取的股利，应作为应收款处理。购入股票时，应按照股票的实际成本（即实际支付的价款扣除已宣告发放的股利），借记本科目，按应收的股利，借记“其他应收款”科目，按实际支付的价款，贷记“现金”或“银行存款”科目；出售股票时，按照实际收到的金额，借记“现金”或“银行存款”科目，按实际成本，贷记本科目，按未支取的股利，贷记“其他应收款”科目，其差额，借记或贷记“投资收益”科目。

（4）村合作经济组织存放在乡（镇）、村农村合作基金会的代管资金，也在本科目核算。存放代管资金时，借记本科目，贷记“现金”、“银行存款”科目，收回时，借记“现金”、“银行存款”科目，贷记本科目。计收资金占用费时，借记“现金”、“银行存款”科目，贷记“投资收益”科目。

（5）本科目的期末余额反映村合作经济组织实际对外短期投资总额。

118“内部往来”科目

（1）本科目核算村合作经济组织与所属单位和农户的经济往来业务。

（2）村合作经济组织与所属单位和农户发生应收款项和偿还应付款项时，借记本科目，贷记“现金”、“银行存款”、“库存物资”、“固定资产”等科目；收回应收款项和发生应付款项时，借记“现金”、“银行存款”、“库存物资”、“固定资产”等科目，贷记本科目。

（3）村合作经济组织所属单位上交收入和利润及农户平时上交承包金、提留统筹款时，不通过本科目核算。

（4）村合作经济组织年终结算劳动积累工和义务工与农户发生款项往来时，借记本科目，贷记“现金”科目，或借记“现金”科目，贷记本科目。

（5）本科目应按村所属单位和农户设置明细科目。各明细科目的期末借方余额合计数反映村合作经济组织所属单位和农户欠村合作经济组织的款项总额；期末贷方余额合计数反映村合作经济组织欠所属单位和农户的款项总额。各明细科目期末借方余额合计数应在资产负债表的“其他应收款”科目内反映，年末贷方余额合计数应在资产负债表的“其他应付款”科目内反映。

113“应收账款”

一、本科目核算村合作经济组织因销售产品、商品或材料，提供劳务或服务，以及办理工程结算等业务，应向购货单位或接受劳务、服务的单位收取的款项。

预收货款，预收接受劳务、服务单位款，以及预收工程款等预收款项，也在本科目核算。

二、村合作经济组织经营收入发生应收款项，借记本科目，贷记“营业收入”、“其他业务收入”等科目；收到款项时，借记“银行存款”等科目，贷记本科目。

代购货单位垫付的包装费、运杂费，借记本科目，贷记“银行存款”等科目；收回代垫费用时，借记“银行存款”科目，贷记本科目。

发生预收货款，预收接受劳务、服务单位款，以及预收工程款项等预收款项时，借记“银行存款”科目，贷记本科目；营业收入实现时，借记本科目，贷记“营业收入”科目。

三、本科目应按不同的应收账款单位及预收账款单位设置明细账。

119“其他应收款”

一、本科目核算村合作经济组织除应收账款、内部往来以外的其他各种应收、暂付款项，包括：各种赔款、罚款、存出保证金、备用金、应收取的各种垫付款项等。

二、发生其他各种应收款项时，借记本科目，贷记有关科目；收回各种款项时，借记有关科目，贷记本科目。

三、本科目应按其他应收款的项目分类，并按不同的债务人设置明细账。

120“应收补贴款”

一、本科目核算村合作经济组织按规定应收的政策性亏损补贴和其他补贴。

二、按规定计算出应收的政策性亏损补贴和其他补贴，借记“应收补贴款”科目，贷记“补贴收入”科目；收到补贴款时，借记“银行存款”等科目，贷记“应收补贴款”科目。

123“原材料”

一、本科目核算库存的除农用材料以外的各种原材料的实际成本。

库存的包装物和委托加工材料也在本科目核算，也可单独设置“包装物”、“委托加工材料”科目核算。

购入的农用材料、低值易耗品，分别在“农用材料”、“低值易耗品”科目中核算，不包括在本科目的核算范围内。

对外进行来料加工装配业务而收到的原材料、零件等，应单独设置“受托加工来料”备查科目和有关的材料明细账，核算其收发结存数额，不包括在本科目核算范围内。

二、本科目的使用方法：

1. 购入并已验收入库的原材料，借记本科目，贷记“银行存款”、“应付账款”等科目。

2. 自制、委托外单位加工完成并已验收入库的原材料，借记本科目（有关材料），贷记有关成本类科目或贷记本科目（委托加工材料）。

3. 投资人投入的原材料，借记本科目，贷记“实收资本”等科目。

4. 领用或销售发出的原材料，借记“生产成本”、“制造费用”、“管理费用”、“在建工程”、“营业费用”、“营业成本”、“其他业务支出”等科目，贷记本科目。发出加工的材料，借记本科目（委托加工材料），贷记本科目（有关材料）。

村合作经济组织采用实际成本进行材料日常核算，发出材料的实际成本，可以采用先进先出法、加权平均法、移动加权平均法、后进先出法、个别计价法等方法计算确定。对不同的材料可以采用不同的计价方法。材料计价方法一经确定，不能随意变更。

三、清查盘点，发现盘盈、盘亏、毁损的材料，按照实际成本，先记入“待处理财产损溢”科目，待查明原因后，再行处理。

四、本科目应按照材料的保管地点（仓库）、材料的类别、品种和规格设置材料明细账（或材料卡片）。材料明细账根据收料凭证和发料凭证逐笔登记。

五、本科目的期末余额为期末库存材料的实际成本。

128“农用材料”

一、本科目核算库存的各种农用材料（如种子、饲料、肥料、农药等）的实际成本。

二、本科目使用方法：

1. 自产留用并已验收入库的种子、饲料，借记本科目，贷记“营业收入”科目。

2. 外购农用材料并已验收入库，借记本科目，贷记“银行存款”、“现金”、“应付账款”等科目。

3. 农业生产领用的农用材料，借记“生产成本”科目，贷记本科目；销售发出的农用材料，借记“银行存款”、“应收账款”等科目，贷记“其他业务收入”科目，期末结转农用材料成本，借记“其他业务支出”科目，贷记本科目。

采用实际成本进行农用材料日常核算时，发出农用材料的实际成本，可以采用先进先出法、加权平均法、移动平均法、后进先出法、个别计价法等办法计算确定。材料计价方法一经确定，不能随意变更。

三、处理种子的费用，如种子精选、消毒等费用，不计入农用材料成本，应计入农业生产费用。

四、对于库存的农用材料，应定期清查盘点，发现盘盈、盘亏和毁损的，先计入“待处理财产损溢”科目，待查明原因后，再行处理。

五、本科目应按农用材料类别、名称、保管地点等设置明细账（或农用材料卡片）。农用材料明细账应根据收料凭证和发料凭证逐笔登记。

六、本科目期末余额为期末库存农用材料的实际成本。

129“低值易耗品”

一、本科目核算在库的低值易耗品的实际成本。

低值易耗品是指不作为固定资产核算的各种用具物品，如工具、管理用具、玻璃器皿，以及在经营过程中周转使用的包装容器等。

二、购入、自制、委托外单位加工完成并已验收入库的低值易耗品，比照“原材料”科目的有关方法，进行核算。

三、应根据具体情况，对低值易耗品采用不同的摊销方法。

一次摊销的低值易耗品，在领用时将其全部价值摊入有关的成本费用科目，借记“制造费用”、“管理费用”、“营业费用”、“其他业务支出”等科目，贷记本科目。报废时，将报废低值易耗品的残料价值作为当月低值易耗品摊销额的减少，冲减“制造费用”、“管理费用”、“营业费用”、“其他业务支出”等科目。

分次摊销的低值易耗品，领用时，借记“待摊费用”或“递延资产”科目，贷记本科目。分次摊入有关成本费用科目时，借记“制造费用”、“管理费用”、“营业费用”、“其他业务支出”等科目，贷记“待摊费用”或“递延资产”科目。报废时，收回的残料价值作为当期低值易耗品摊销额的减少，冲减有关成本费用科目。

四、在用低值易耗品，以及使用部门退回仓库的低值易耗品，应加强实物管理，并在备查簿上进行登记。

五、低值易耗品应按照类别、品种规格进行数量和金额的明细核算。

六、本科目的期末余额为期末时所有在库未用低值易耗品的实际成本。

136“幼畜及育肥畜”

一、本科目核算村合作组织所有幼畜（禽）和育肥畜（禽）价值的增减变动和结存。

本科目专供实行分群核算使用，实行混群核算不使用本科目，其幼畜和育肥畜的价值及其饲养费用，一并在“生产成本”科目内核算。

二、本科目使用方法：

1. 外购幼畜和育肥畜，按实际支付的价款，借记本科目，贷记“银行存款”、“应付账款”等科目。

2. 自繁幼畜按实际成本入账，借记本科目，贷记“生产成本”科目。

3. 产役畜淘汰转为育肥畜时，按产役畜折余价值，借记本科目，贷记“固定资产清理”科目。

4. 结转幼畜和育肥畜的饲养费用，借记本科目，贷记“生产成本”科目。

5. 幼畜和育肥畜转群，借记本科目（××群别），贷记本科日（××群别）。

6. 幼畜和育肥畜对外销售，结转幼畜和育肥畜的实际成本，借记“营业成本”科目，贷记本科目。

7. 自繁自养的幼畜转为产役畜，结转幼畜的实际成本，借记“营业成本”科目，贷记本科目。

8. 畜禽死亡造成的损失，应先按实际成本转入“待处理财产损溢”科目，查明原因后，再行处理。

三、本科目应按幼畜（禽）和育肥畜（禽）的种类和群别设置明细账。

137“产成品”

一、本科目核算村合作经济组织库存的各种产成品的实际成本。

产成品是指已经完成全部生产过程并已验收入库合乎标准规格和技术条件，可以按照合同规定的条件送交订货单位，或者可以作为商品对外销售的产品。

可以降价出售的不合格品，也在本科目核算，但应与合格产品分开记账。

已经完成销售手续，但购买单位在月末尚未提去的库存产成品，单独设置代管产品备查簿，不在本科目核算。

二、产成品一般应按实际成本进行核算。在这种情况下，产成品的收入、发出和销售，平时只记数量不记金额；月份终了，计算入库产成品的实际成本；对发出和销售的产成品，可以采用先进先出、加权平均、移动平均、个别计价等方法确定其实际成本。核算方法一经确定，不能随意变动。

三、生产完成验收入库的产成品，借记本科目，贷记“生产成本”科目。

销售发出的产成品，期末结转销售产品实际成本时，借记“营业成本”，贷记本科目。

四、清查盘点中发现的产成品盘盈，借记本科目，贷记“待处理财产损溢”科目；清查盘点中发现的产成品盘亏和毁损，借记“待处理财产损溢”科目，贷记本科目。

五、本科目应按产成品的种类、品种和规格设置明细账。

139“待摊费用”

一、本科目核算村合作经济组织已经支出但应由本期和以后各期分别负担的、分摊期在一年以内的各项费用。如低值易耗品的摊销、出租出借包装物摊销、预付保险费、固定资产修理费用，以及一次购买印花税票和一次交纳印花税税额较大需分摊的数额等。

二、发生各项待摊费用时，借记本科目，贷记“银行存款”、“低值易耗品”、“原材料”等科目。分期摊销时，借记“制造费用”、“营业费用”、“其他业务支出”等科目，贷记本科目。

三、本科目应按费用种类设置明细账。

141“长期投资”

一、本科目核算村合作经济组织不准备在一年内变现的投资，包括债券投资等。设对外投资和对所属单位投资两个二级科目进行核算。

二、村合作经济组织购入有价证券，或以实物资产等方式进行长期投资时，按照实际支付的价款或合同、协议确定的价值，借记本科目，贷记“现金”、“银行存款”科目和有关资产科目，合同或协议约定的实物资产价值与原账面价值之间的差额，借记或贷记“资本公积”科目；收回投资时，按实际收回的价款或价值，借记“现金”、“银行存款”等科目，按原账面价值，贷记本科目，实际收回价款或价值与原账面价值的差额借记或贷记“投资收益”科目。收到投资分利时，借记“现金”、“银行存款”等科目，贷记“投资收益”科目。

三、进行股票投资时，如实际支付的价款中含有已宣告发放的股利，应按认购股票的实际成本（即实际支付的价款扣除已宣告发放的股利），借记本科目，按应收的股利，借记“其他应收款”科目，按实际支付的价款，贷记“现金”或“银行存款”科目。

进行债券投资时，如实际支付的价款中含有债券利息的，按实际支付的价款扣除债券利息后的差额，借记本科目，按应收的债券利息，借记“其他应收款”科目，按实际支付的价款，贷记“现金”或“银行存款”科目。

四、村合作经济组织以货币资金入股加入乡（镇）、村农村合作基金会，其股金期限在一年以上的，借记本科目，贷记“现金”、“银行存款”科目；年终收到股金分红时，借记“现金”、“银行存款”科目，贷记“投资收益”科目；退股时，借记“现金”、“银行存款”科目，贷记本科目。

五、本科目的期末余额反映村合作经济组织实际对外长期投资总额。

151“固定资产”

一、本科目核算村合作经济组织所有的固定资产的原价。

村合作经济组织应根据规定的固定资产标准，结合具体情况，制定固定资产目录，作为核算依据。

固定资产应区分为生产经营用固定资产和非生产经营用固定资产，并根据管理需要选择适合固定资产分类标准，进行固定资产的核算。

二、固定资产应当按照下列规定，确定其原价，登记入账。

1. 购入的固定资产，按照实际支付的买价或售出单位的账面原价（扣除原安装成本）、包装费、运杂费和安装成本等记账。

2. 自行建造的固定资产，按照建造过程中实际发生的全部支出记账。

3. 幼畜成龄转为产役畜，按市场价值记账。

4. 其他单位投资转入的固定资产，按评估确认或者合同、协议约定的价格记账。

5. 融资租入的固定资产，按租赁协议确定的设备价款、运输费、途中保险费、安装调试费等支出记账。

6. 在原有固定资产基础上进行改建、扩建的固定资产，按原有固定资产账面原价，减去改建、扩建过程中发生的变价收入，加上由于改建、扩建而增加的支出记账。

7. 盘盈的固定资产，按重置完全价值记账。

8. 接受捐赠的固定资产，按照同类资产的市场价格，或根据所提供的有关凭据记账。接受固定资产时发生的各项费用，应当计入固定资产价值。

为取得固定资产而发生的借款利息支出和有关费用，以及外币借款的折合差额，在固定资产尚未交付使用或已投入使用但尚未办理竣工决算前发生的，应当计入固定资产价值；在此之后发生的，应当计入当期损益。

已投入使用但尚未办理移交手续的固定资产，可先按估计价值记账，待确定实际价值后，再行调整。

三、已经入账的固定资产，除发生下列情况外，不得任意变动。

1. 根据国家规定对固定资产价值重新估价；

2. 增加补充设备或改良装置；

3. 将固定资产的一部分拆除；

4. 根据实际价值调整原来的暂估价值；

5. 发现原记固定资产价值错误。

四、本科目使用方法：

1. 购入不需安装的固定资产，借记本科目，贷记“银行存款”等科目，购入需要安装的固定资产，先记入“在建工程”科目，安装完毕交付使用时再转入本科目。

2. 自行建造的固定资产，借记本科目，贷记“在建工程”科目。

幼畜成龄转为产役畜，借记本科目，贷记“营业收入”科目。

3. 其他单位投资转入的固定资产，应按评估确认或者合同、协议约定的价格，借记本科目，贷记“实收资本”科目。

4. 融资租入的固定资产，应单设明细科目进行核算。交付使用时，借记本科目，贷记“在建工程”、“长期应付款”等科目。租赁期满，如合同规定将设备所有权转归承租企业，应进行转账，将固定资产从“融资租入固定资产”明细科目转入有关明细科目。

5. 盘盈的固定资产，按重置完全价值，借记本科目，按估计折旧，贷记“累计折旧”科目，按其差额，贷计“待处理财产损溢”科目。

6. 接受捐赠的固定资产，按确认的原价，借记本科目，按估计折旧，贷记“累计折旧”科目，按其差额，贷记“资本公积”科目。

7. 对于出售、报废和毁损等原因减少的固定资产，应按减少的固定资产净值，借记固定资产清理科目，按已提折旧，借记“累计折旧”科目，按固定资产原价，贷记本科目。

8. 投资转出的固定资产，借记“长期投资”、“累计折旧”科目，贷记本科目。

9. 盘亏的固定资产，按其净值，借记“待处理财产损溢”科目，按已提折旧，借记“累计折旧”科目，按固定资产原价，贷记本科目。

10. 租出固定资产应设置“租出固定资产”明细科目进行核算，将多余、闲置的固定资产向外单位租出时，应将租出固定资产从有关明细科目转入“租出固定资产”明细科目。

五、应设置“固定资产登记簿”和“固定资产卡片”，按固定资产类别、使用部门对每项固定资产进行明细核算。

临时租入的固定资产，应另设备查账簿进行登记，不在本科目核算。

155“累计折旧”

（1）本科目核算村合作经济组织所有固定资产的累计折旧。

（2）固定资产可按年或按季、按月提取折旧。提取的办法，可以采用个别折旧率，也可以采用分类折旧率或综合折旧率计提。

（3）计提固定资产折旧时，借记“制造费用”、“管理费用”、“其他业务支出”等科目，贷记本科目。

（4）本科目的期末余额反映村合作经济组织所有固定资产的累计折旧数额。

本科目只进行总分类核算，不进行明细分类核算。需要查明某项固定资产的已提折旧，可以根据固定资产卡片上所记载的该项固定资产原价，折旧率和实际使用年数等资料进行计算。

156“固定资产清理”

一、本科目核算因出售、报废和毁损等原因转入清理的固定资产净值及其在清理过程中所发生的清理费用和清理收入。

二、本科目使用方法

1. 出售、报废和毁损的固定资产转入清理时，应按固定资产净值，借记本科目，按已提折旧，借记“累计折旧”科目，按固定资产原价，贷记“固定资产”科目。

2. 清理过程中发生的费用，借记本科目，贷记“银行存款”等科目；收回出售固定资产的价款、残料价值和变价收入等，借记“银行存款”、“原材料”等科目，贷记本科目；应由保险公司或过失人赔偿的损失，借记“其他应收款”、“银行存款”等科目，贷记本科目。

3. 固定资产清理后的净收益，借记本科目，贷记“营业外收入——处理固定资产收益”科目；固定资产清理后的净损失，区别情况处理：属于自然灾害等非常原因造成的损失，借记“营业外支出——非常损失”科目，借记本科目；属于正常的处理损失，借记“营业外支出——处理固定资产损失”科目，贷记本科目。

4. 产役畜淘汰转为育肥畜，按产役畜净值，借记本科目，按已提折旧，借记“累计折旧”科目，按产役畜原价，贷记“固定资产”科目。同时，按产役畜净值，借记“幼畜和育肥畜”（分群核算的）或“生产成本”（混群核算的）科目，贷记本科目。

三、本科目应按清理的固定资产设置明细账。

159“在建工程”

（1）本科目核算村合作经济组织为购建固定资产所发生的各项支出。购入不需安装的固定资产，不通过本科目核算。

（2）发生购买待安装设备的原价及运输、保险、采购费用，为建筑和安装固定资产及兴建农业基本建设设施购买专用物资及支付各项工程费用，培育经济林木发生各项支出，借记本科目，贷记“现金”、“银行存款”、“应付账款”、“原材料”等科目。

（3）购建固定资产过程中发生的劳务投入，凡属于劳动积累工或义务工，不需支付劳务报酬的，按当地劳务价格标准作价，借记本科目，贷记“资本公积”科目；支付劳务报酬的，按实际支付的款项，借记本科目，贷记“现金”等科目。

（4）购建和安装完成并交付使用的固定资产、经济林木开始有正常收入形成固定资产时，借记“固定资产”科目，贷记本科目。

（5）本科目的期末余额反映村合作经济组织尚未完工或虽已完工但尚未办理竣工决算的工程项目实际支出。

161“无形资产”

一、本科目核算村合作经济组织的专利权、非专利技术、商标权、著作权、土地使用权、商誉等各种无形资产的价值。

二、本科目使用方法：

1. 村合作经济组织购入或自行创造并按法律程序申请取得的各种无形资产，应按实际支出，借记本科目，贷记“银行存款”等科目。

2. 其他单位投资转入的无形资产，应按确认的价值，借记本科目，贷记“实收资本”科目。

3. 各种无形资产应分期平均摊销。摊销无形资产时，借记“管理费用”科目，贷记本科目。

4. 用已入账的无形资产向外投资，借记“长期投资”科目，贷记本科目。

5. 向外转让已入账的无形资产，其转让收入，借记“银行存款”等科目，贷记“其他业务收入”科目；结转转让无形资产的成本，借记“其他业务支出”科目，贷记本科目。

6. 村合作经济组织转让土地使用权取得收入时，不在本科目核算。应按以下方法处理：

青苗补偿费属于村合作经济组织的，借记“现金”、“银行存款”科目，贷记“营业收入”科目；属于个人的，贷记“内部往来”科目。

地上附着物，属于资产部分，按出售资产处理。劳动力安置费，借记“银行存款”科目，贷记“其他应付款”科目。

土地补偿费，借记“银行存款”科目，贷记“资本公积”科目。

三、本科目应按无形资产的类别设置明细账。

四、本科目的期末余额为尚未摊销的无形资产的价值。

171“递延资产”

一、本科目核算村合作经济组织发生的不能全部计入当年损益，应当在以后年度内分期摊销的各种费用，包括摊销期在一年以上的固定资产修理费用、租入固定资产的改良支出、土地开发费用以及摊销期限在一年以上的其他待摊费用。

二、发生的递延费用，借记本科目，贷记有关科目。摊销时，借记“制造费用”、“管理费用”等科目，贷记本科目。

土地开发费用等先在“在建工程”科目核算，工程完工交付使用，再按工程的实际成本，借记本科目，贷记“在建工程”科目。摊销时，借记“制造费用”科目，贷记本科目。

固定资产修理支出应在修理间隔期内分期平均摊销；租入固定资产的改良支出应当在租赁期内平均摊销；其他递延费用应在一定期限内按照费用项目的受益期限分期平均摊销。

三、本科目应按照费用的种类设置明细账。

181“待处理财产损溢”

一、本科目核算村合作经济组织在清查财产过程中查明的各种财产物资的盘盈、盘亏和毁损。

二、本科目应设置以下两个明细科目：

1. 待处理固定资产损溢；

2. 待处理流动资产损溢。

三、盘盈的各种材料、固定资产等，借记“原材料”、“农用材料”、“固定资产”等科目。贷记本科目和“累计折旧”等科目。

盘亏、毁损的各种材料、商品、盘亏固定资产等，借记本科目和“累计折旧”科目，贷记“原材料”、“农用材料”、“固定资产”等科目。

盘盈、盘亏和毁损的各种材料、盘盈、盘亏的固定资产等，按照规定程序批准转销时：流动资产的盘盈，借记本科目，贷记“管理费用”科目；固定资产的盘盈，借记本科目，贷记“营业外收入——固定资产的盘盈”科目；流动资产盘亏、毁损，借记“管理费用”科目，贷记本科目；固定资产盘亏，借记“营业外支出——固定资产的盘亏”科目，贷记本科目。

四、材料、商品采购在运输途中的短缺与损耗，除材料的合理损耗应计入材料采购成本外，能确定由过失人负责的，应计入“应付账款”、“其他应收款”等科目。尚待查明原因和需要报经批准才能转销的损失，先通过本科目核算，查明原因后，再分别处理：属于应由供应单位、运输机构、保险公司或其他过失人负责赔偿的损失，借记“应付账款”、“其他应收款”等科目，贷记本科目；属于自然灾害等非常原因造成的损失，借记“营业外支出——非常损失”科目，贷记本科目；属于无法收回的其他损失，报经批准后，借记“管理费用”科目，贷记本科目。

五、本科目期末如为借方余额，为尚未处理的各种财产物资的净损失；如为贷方余额，为尚未处理的各种财产物资的净溢余。

201“短期借款”

一、本科目核算村合作经济组织借入的期限在一年以下的各种借款。借入的期限在一年以上的各种借款，在“长期借款”科目核算，不在本科目核算。

二、借入各种短期借款，借记“银行存款”科目，贷记本科目；归还借款时，借记本科目，贷记“银行存款”科目。

发生的短期借款利息，借记“财务费用”科目，贷记“预提费用”、“银行存款”等科目。

三、本科目应按债权人设置明细账，并按借款种类进行明细核算。

203“应付账款”

一、本科目核算村合作经济组织因购买材料、商品、物资和接受劳务供应等而应付给供应单位的款项。按规定预付货款等预付款项，也在本科目核算。

二、本科目的使用方法：

1. 购入材料、商品、物资等已验收入库，但货款尚未支付，应根据有关凭证（发票账单、随货同行发票上记载的实际价款或暂估价值），借记“原材料”、“农用材料”、“固定资产”等科目，贷记本科目。

2. 接受供应单位提供劳务而发生的应付未付款项，应根据供应单位的发票账单，借记有关成本费用科目，贷记本科目。

3. 偿付应付账款时，借记本科目，贷记“银行存款”等科目。

4. 按照规定预付供应单位的货款等，借记本科目，贷记“银行存款”等科目。企业收到所购货物后，再根据发票账单的应付金额，借记“原材料”、“农用材料”、“固定资产”等科目，贷记本科目。补付货款时，借记本科目，贷记“银行存款”等科目。

三、本科目应按照供应单位设置明细账。

209“其他应付款”

一、本科目核算村合作经济组织应付、暂收其他单位或外部个人的款项，如应付租入固定资产和包装物的租金、存入保证金、收取的承包风险抵押金等。

二、发生的各种应付、暂收款项，借记“银行存款”、“管理费用”等科目，贷记本科目；支付时，借记本科目，贷记“银行存款”等科目。

三、本科目应按应付和暂收等款项的类别和单位或个人设置明细账。

211“应付工资”

一、本科目核算村合作经济组织应付给村干部、职工的工资总额。包括在工资总额内的各种工资、奖金、津贴等，不论是否在当月支付，都应通过本科目核算。不包括在工资总额内的医药费、福利补助、退休费等，不在本科目核算。

二、向银行提取现金准备发放工资时，借记“现金”科目，贷记“银行存款”科目。

支付工资时，借记本科目，贷记“现金”科目。从应付工资中扣还的各种款项，借记本科目，贷记“其他应收款”、“其他应付款”等科目。

在规定期限内未领取的工资，应由发放工资的单位及时交回财务会计部门，借记“现金”科目，贷记“其他应付款”科目。

月份终了，应将本月应发的工资进行分配，借记“生产成本”、“制造费用”、“管理费用”、“在建工程”、“应付福利费”等科目，贷记本科目。

三、本科目应设置“应付工资明细账”，根据其具体情况，按照人员类别、工资总额的组成内容等进行明细核算。

214“应付福利费”

(1) 本科目核算村合作经济组织从成本和收益中提取的，用于集体福利、文教、卫生事业的福利费。

(2) 从收益中提取福利费时，借记“利润分配”科目，贷记本科目；从成本中提取时，借记“生产成本”、“制造费用”、“管理费用”等科目，贷记本科目。发生福利费支出时，借记本科目，贷记“现金”、“银行存款”科目。用于福利设施建设支出，不在本科目中核算。

(3) 本科目的期末余额反映村合作经济组织可用于开支的福利费总额。

221“应交税金”

一、本科目核算村合作经济组织按规定应交纳的各种税金，如农牧业税、产品税、增值税、营业税、城市维护建设税、房产税、车船使用税、土地使用税、所得税、资源税、固定资产投资方向调节税等。村合作经济组织代农户交纳的税金，也在本科目核算。

交纳的印花税以及其他不需预付应交数的税金，不在本科目核算。

二、本科目应设置下列明细科目：

1. 应交农牧业税

2. 应交产品税

3. 应交增值税

4. 应交营业税

5. 应交城市维护建设税

月份终了，计算出应交纳的农牧业税、产品税、增值税、营业税和城市维护建设税，借记“营业税金及附加”、“其他业务支出”，贷记本科目。

6. 应交房产税

7. 应交车船使用税

8. 应交土地使用税

月份终了，计算出当月应交纳的房产税、车船使用税和土地使用税，借记“管理费用”等科目，贷记本科目。

9. 应交所得税

月份终了，计算出当月应交纳的所得税，借记“所得税”科目，贷记本科目。

10. 应交资源税

月份终了，计算出当月应交纳的资源税，借记“营业税金及附加”科目，贷记本科目。

11. 应交固定资产投资方向调节税

核算应交纳的固定资产投资方向调节税。计算出工程项目应交纳的固定资产投资方向调节税，借记“在建工程”科目，贷记本科目。

12. 村合作经济组织计算出应代农户交纳的农牧业税，借记“其他业务收入——提留收入”、贷记本科目。

三、交纳的各种税金，借记本科目，贷记“银行存款”等科目。

村合作经济组织与税务机关结算或清算后，补交的税金，借记本科目，贷记“银行存款”等科目；退回多交的税金，借记“银行存款”科目，贷记本科目。

四、本科目期末借方余额为多交的税金，贷方余额为未交的税金。

223“应付利润”

一、本科目核算村合作经济组织应支付给投资者的利润，包括应付其他单位以及个人的投资利润。村合作经济组织与其他单位或个人的合作项目，如按协议或者合同规定，应支付的利润，也在本科目核算。

二、计算出应支付给投资者的利润，借记“利润分配”科目，贷记本科目。支付利润时，借记本科目，贷记“银行存款”、“现金”等科目。

三、本科目应按不同的投资人或合作单位设置明细账。

四、本科目期末借方余额为多付利润，贷方余额为未支付的利润。

229“其他应交款”

一、本科目核算村合作经济组织除应交税金、应付利润以外的其他各种应上交的款项，包括乡统筹费等。

二、收取乡统筹费时，借记“现金”、“银行存款”等科目，贷记本科目。上交时，借记本科目，贷记“银行存款”科目。

三、本科目应按其他应交款的种类设置明细账。

四、本科目期末借方余额为多交的其他应交款，贷方余额为未交的其他应交款。

231“预提费用”

一、本科目核算村合作经济组织预提但尚未实际支出的各项费用。如预提的脱粒费、轧花费、借款利息、租金、修理费用、保险费以及施工单位预提收尾工程款等。

二、预提的各项费用，借记“生产成本”、“制造费用”、“财务费用”、“营业费用”等科目，贷记本科目；实际支出时，借记本科目，贷记“银行存款”、“原材料”等科目。实际支出数与已提支出数的差额，应计入实际支出期的成本、费用。如实际支出数大于预提数的数额较大时，应视同待摊费用，分期摊入成本、费用。

三、本科目应按费用种类设置明细账。

241“长期借款”

一、本科目核算村合作经济组织借入的期限在一年以上的各种借款。

二、借入长期借款时，借记“银行存款”、“在建工程”、“固定资产”等科目，贷记本科目；归还时，借记本科目，贷记“银行存款”等科目。

三、长期借款的利息支出和有关费用，以及外币折合差额，除与购建固定资产有关的，在固定资产尚未交付使用或者虽已交付使用但尚未办理竣工决算之前发生的，计入有关固定资产的购建成本外，其他利息和外币折合差额，计入当期损益。

四、本科目应按借款单位设置明细账，并按借款种类进行明细核算。

五、本科目的期末余额，为尚未偿还的长期借款本息。

261“长期应付款”

一、本科目核算村合作经济组织除长期借款以外的其他各种长期应付款，包括采用补偿贸易方式引进国外设备价款、应付融资租入固定资产的租赁费等。

二、本科目的使用方法：

1. 按照补偿贸易方式引进设备时，应按设备、工具、零配件等的价款以及国外的运杂费的外币金额和规定的折合率折合为人民币记账，借记“在建工程”、“原材料”等科目，贷记本科目。

用人民币借款支付进口关税、国内运杂费和安装费时，借记“在建工程”、“原材料”等科目，贷记“银行存款”、“长期借款”等科目。

按补偿贸易方式引进的国外设备交付生产验收使用时，应将其全部价值，借记“固定资产”科目，贷记“在建工程”科目。

2. 融资租入固定资产，按应支付的融资租赁费，借记“在建工程”科目，贷记本科目；发生的安装调试等费用，借记“在建工程”科目，贷记“银行存款”科目；工程完工交付使用时，应按其实际发生的支出，借记“固定资产”科目，贷记“在建工程”科目；支付融资租赁费时，借记本科目，贷记“银行存款”科目。

3. 引进的设备、融资租入的固定资产，不需要安装即可交付使用的，可不通过“在建工程”科目进行核算，发生的费用，作为固定资产原价，借记“固定资产”科目，贷记本科目和其他有关科目。

三、长期应付款的利息支出和有关费用，以及外币折合差额，除与购建固定资产有关的，在固定资产尚未交付使用或者虽已投入使用但尚未办理竣工决算之前发生的，计入有关固定资产的购建成本外，其他利息和有关费用，以及外币折合差额，计入当期损益。

四、本科目应按长期应付款的种类设置明细账。

五、本科目的期末余额，为村合作经济组织尚未支付的各种长期应付款。

301“实收资本”

一、本科目核算村合作经济组织实际收到投资人投入的资本。

二、本科目使用方法：

1. 村合作经济组织收到以固定资产作为投资时，新的固定资产，按原价及发生的运输、保险、安装费等，借记“固定资产”或“在建工程”科目，贷记本科目；旧的固定资产，按合同或协议约定的价值及估计折旧数，借记“固定资产”科目，贷记“累计折旧”科目和本科目；以劳务形式投资时，按当地劳务价格，借记“在建工程”科目，贷记本科目；收到以其他形式投资时，借记“银行存款”、“无形资产”、“原材料”等有关科目，贷记本科目。将资本公积、盈余公积转增资本时，借记“资本公积”、“盈余公积”科目，贷记本科目。按照协议规定投资者收回投资时，借记本科目，贷记“银行存款”、“固定资产”等有关科目。

2. 原生产队积累折股股金及农业合作化时期社员入社的股份基金，也在本科目中核算。

3. 本科目的期末余额反映村合作经济组织的资本总额。

311“资本公积”

一、本科目核算村合作经济组织取得的资本公积。

二、接收的现金捐赠，应按实际收到的捐赠款，借记“现金”、“银行存款”科目，贷记本科目；接受的实物捐赠，应按同类资产的市场价格或根据所提供的有关凭据所确定的价值，借记“固定资产”等科目，贷记本科目和“累计折旧”科目。

收到征用土地补偿费及拍卖荒山、荒地、荒水、荒滩等使用权价款时，借记“银行存款”科目，贷记本科目。

发生其他资本公积时，借记有关科目，贷记本科目。

以资本公积转增资本时，借记本科目，贷记“实收资本”科目。

三、本科目的期末贷方余额为资本公积金结余。

313“盈余公积”

一、本科目核算村合作经济组织从利润中提取和其他来源取得的盈余公积。提取的公益金，在本科目内设置明细科目核算。

二、提取盈余公积和公益金时，借记“利润分配”科目，贷记本科目。

由其他来源取得盈余公积或公益金时，借记有关科目，贷记本科目。

用盈余公积弥补亏损时，借记本科目，贷记“利润分配”科目。以盈余公积转增资本时，借记本科目，贷记“实收资本”科目。

三、本科目的期末贷方余额为提取的盈余公积结余。

321“本年利润”

一、本科目核算村合作经济组织在本年度实现的利润（或亏损）总额。

二、期末结转利润时，应将“营业收入”、“其他业务收入”、“补贴收入”、“营业外收入”等科目的余额，转入本科目，借记“营业收入”、“其他业务收入”、“补贴收入”、“营业外收入”科目，贷记本科目；将“营业成本”、“营业费用”、“营业税金及附加”、“管理费用”、“财务费用”、“其他业务支出”、“营业外支出”等科目的期末余额，分别转入本科目，借记本科目，贷记“营业成本”、“营业费用”、“营业税金及附加”、“管理费用”、“财务费用”、“其他业务支出”、“营业外支出”等科目。将“投资收益”科目的净收益，转入本科目，借记“投资收益”科目，贷记本科目；如为投资损失，则作相反会计分录。

三、年度终了，应将本年收入和支出相抵后结出的本年实现的利润总额或亏损总额，全部转入“利润分配”科目，结转后本科目无余额。

322“利润分配”

一、本科目核算村合作经济组织利润的分配（或亏损的弥补）和历年分配（或弥补）后的结存余额。

二、本科目一般应设置“盈余公积补亏”、“提取盈余公积”、“提取公益金”、“应付利润”、“未分配利润”等明细科目。

三、本科目的使用方法：

1. 用盈余公积弥补亏损，借记“盈余公积”科目，贷记本科目（盈余公积补亏）。

2. 提取盈余公积，借记本科目（提取盈余公积），贷记“盈余公积”科目。

3. 提取公益金，借记本科目、贷记“盈余公积”科目。

4. 计算出应付给投资者的利润，借记本科目（应付利润），贷记“应付利润”科目。

四、年度终了，应将全年实现的利润总额，自“本年利润”科目转入本科目，借记“本年利润”科目，贷记本科目（未分配利润）；如为亏损总额，作相反的会计分录。同时，将本科目下的其他明细科目的余额转入本科目“未分配利润”明细科目。结转后，“未分配利润”明细科目的借方余额为未弥补的亏损，贷方余额为未分配的利润。

年终结账后发现的以前年度会计事项，如果涉及以前年度损益的，也应在本科目的“未分配利润”明细科目核算。

调整增加或调整减少上年亏损，借记有关科目，贷记本科目（未分配利润）；调整减少的上年利润或调整增加的上年亏损，借记本科目（未分配利润），贷记有关科目。

年度终了，除“未分配利润”明细科目外，本科目的其他明细科目应无余额。

五、本科目的年末余额即为历年积存的未分配利润（或未弥补亏损）。

401“生产成本”

一、本科目核算村合作经济组织在生产过程中所发生的各项生产费用。

二、本科目的使用方法：

1. 生产发生的各项生产费用，应按成本核算对象和成本项目分别归集：

属于耗用的农用材料、原材料、工资及福利费等直接费用，直接计入生产成本，借记本科目，贷记“农用材料”、“原材料”“应付工资”、“应付福利费”、“现金”、“银行存款”等科目。

机械作业所发生的费用，可在本科目下设置“机械作业”明细账户进行汇集，期末分配计入有关受益对象时，借记本科目（××产品），贷记本科目（机械作业）。

多次收获的多年生农作物，未提供产品前累计发生的费用，按规定比例摊入投产后各年产出产品成本，属于摊入本期产品成本部分，借记本科目（××产品），贷记本科目（××年种植××作物）。

年终尚未完成脱粒作业的产品，预提脱粒等费用时，借记本科目，贷记“预提费用”科目。

经济林木等固定资产折旧，直接计入产品成本，借记本科目，贷记“累计折旧”科目。

畜（禽）产品生产实行混群核算的，畜（禽）本身的价值及其饲养费用，均在本科目核算，购进畜（禽）时，借记本科目，贷记“银行存款”等科目；实行分群核算的，本科目只核算各群发生的饲养费用，畜（禽）本身的价值在“幼畜和育肥畜”科目核算。期末结转各群的饲养费用时，借记“幼畜和育肥畜”科目，贷记本科目。

水产品生产成本，应按产品品种类型、养殖方式和生产过程，实行分水面、分品种核算。出售苗种和产成品，按实际生产成本，借记“营业成本”科目，贷记本科目；苗种留场分塘继续饲养的，按实际成本，在本科目内进行转账处理，不通过销售处理。

发生的间接费用，先在“制造费用”科目进行汇集，期末再按一定的分配标准，分配计入有关产品成本，借记本科目，贷记“制造费用”科目。

2. 产品产出经验收入库的产成品，期末应按实际成本，借记“产成品”科目，贷记本科目；不通过入库直接销售的鲜活产品，以及对外销售的副产品，按实际成本，借记“营业成本”科目，贷记本科目；自产留用的种子、饲料、口粮以及实行混群核算的幼畜成龄转作固定资产时，视同销售，按实际成本，借记“营业成本”科目，贷记本科目。

3. 农业生产由于遭受自然灾害等原因造成的损失，应按实际成本，借记“待处理财产损溢”科目，贷记本科目。报经批准后再作处理。

三、村合作经济组织应当根据生产组织形式和生产特点，确定成本核算对象、成本项目和成本计算方法。

四、本科目应按成本核算对象设置明细账，并按成本项目设置专栏。

五、本科目期末余额为各项在产品的成本。

405“制造费用”

一、本科目核算村合作经济组织所属单位为生产产品和提供劳务而发生的各项间接费用，包括工资及福利费、折旧费、修理费、办公费、机物料消耗、劳动保护费、季节性、修理期间的停工损失以及在产品盘亏、毁损等。村合作经济组织管理部门为组织和管理生产经营活动而发生的管理费用，应作为期间费用，计入“管理费用”科目，不在本科目核算。

二、发生的制造费用，借记本科目，贷记“原材料”、“应付工资”、“应付福利费”、“其他应付款”、“累计折旧”、“低值易耗品”、“待摊费用”、“现金”、“银行存款”等科目。

三、制造费用应按成本核算办法的规定，分配计入有关成本核算对象，借记“生产成本”科目，贷记本科目。

501“营业收入”

一、本科目核算村合作经济组织在经营过程中取得的各项营业收入。

自产留用的种子、饲料、口粮、工业用原材料以及自繁幼畜成龄转作固定资产视同销售处理，也在本科目核算。

二、产品、商品已经发出，劳务（服务）已经提供，同时收讫价款或者取得索取价款的凭据时，确认营业收入的实现。

交款提货的，如货款已经收到，发票、账单和提货单等有关单据已交给买方，不论产（商）品是否发出，都应作营业收入的实现。

委托其他单位代销产品、商品的，应在代销单位售出，并收到代销单位的代销清单后，作为营业收入的实现。长期工程应按照合同确定的工程价款结算办法，一次、分次或分段办理工程结算时，作为营业收入的实现。

三、本科目的使用方法：

1. 取得营业收入时，借记“现金”、“银行存款”、“应收账款”等科目，贷记本科目。

自产留用种子、饲料、口粮、工业原材料以及自繁幼畜成龄转作固定资产时，借记

"农用材料"、"原材料"、"固定资产"等科目，贷记本科目。

委托外单位代销产（商）品，待代销单位售出并收到代销清单后，借记"应收账款"科目，贷记本科目。

2. 发生销货退回时，不论是属于本年度还是属于以前年度销售的，都冲减本期的营业收入，借记本科目，贷记"银行存款"科目。

3. 发生的销售折让和销售折扣，应作为营业收入的抵减项目处理。

四、本科目应按业别和产品、商品、劳务、服务的名称或类别设置明细账。

五、期末应将本科目余额转入"本年利润"科目，结转后本科目应无余额。

502"营业成本"

一、本科目核算村合作经济组织为取得各项主营业务收入而发生的营业成本。包括销售产品、商品的成本，运输成本，已办理工程结算的已完工程成本，以及服务业营业成本。

二、本科目的使用方法：

结转产品销售成本时，借记本科目，贷记"产成品"、"幼畜及育肥畜"、"生产成本"等科目。

销售退回的产品、商品，可以直接从本月的销售数量中减去，得出本月销售的净数量，然后计算应结转的营业成本。也可以单独计算本月销售退回的产品、商品成本，借记"产成品"科目，贷记本科目。

三、期末应将本科目余额转入"本年利润"科目，结转后本科目应无余额。

503"营业费用"

一、本科目核算村合作经济组织因销售产品、商品以及提供劳务和服务等过程中发生的各项费用，包括销售费用。

二、发生各项营业费用，借记本科目，贷记"现金"、"银行存款"、"原材料"、"累计折旧"、"应付工资"、"应付福利费"等科目。

三、本科目应按业别和费用项目设置明细账。

四、期末应将本科目余额转入"本年利润"科目，结转后本科目应无余额。

504"营业税金及附加"

一、本科目核算村合作经济组织应由主营业务收入负担的各项税金及附加，包括产品税、增值税、营业税、城市维护建设税、资源税、教育费附加和农牧业税。其他业务应负担的税金在"其他业务支出"科目核算。

二、月末，按照规定计算出应负担的营业税金及附加，借记本科目，贷记"应交税金"、"其他应交款"科目。

三、收到出口产品退税以及减免退回的税金，借记"应交税金"科目，贷记本科目；同时，借记"银行存款"科目，贷记"应交税金"科目。

四、本科目应按照业别和产品（或劳务）类别设置明细账。

五、期末应将本科目余额转入"本年利润"科目，结转后本科目应无余额。

511"其他业务收入"

一、本科目核算村合作经济组织除主营业务以外的其他业务收入，如材料销售、技术转让、代购代销业务收取的手续费、固定资产出租、包装物出租等取得的收入以及向农户收取的承包费、村提留等。

二、取得其他业务收入时，借记“银行存款”、“应收账款”等科目，贷记本科目。

三、本科目应设置提留收入和其他收入明细科目。

四、期末应将本科目余额转入“本年利润”科目，结转后本科目应无余额。

512“其他业务支出”

一、本科目核算村合作经济组织发生的与其他业务收入相关的各种支出，如材料销售成本，出租固定资产应提折旧、出租包装物摊销以及有关的营业税金及附加。

二、发生的其他业务支出，借记本科目，贷记“银行存款”、“原材料”、“农用材料”、“累计折旧”、“应付工资”、“应付福利费”、“应交税金”、“其他应交款”等科目。

三、期末应将本科目余额转入“本年利润”科目，结转后本科目应无余额。

521“管理费用”

一、本科目核算村合作经济组织用于管理方面的各项支出，如管理人员工资、办公费、差旅费、管理用固定资产的折旧和维修费用、无形资产摊销等。

二、发生上述各项费用时，借记本科目，贷记“现金”、“银行存款”、“累计折旧”等科目。

三、期末应将本科目的余额转入“本年利润”科目，结转后本科目应无余额。

522“财务费用”

一、本科目核算村合作经济组织为筹集生产经营所需资金而发生的费用。包括利息支出（减利息收入）、汇兑损失（减汇兑收益）和金融机构手续费等。

为购建固定资产而筹集资金所发生的费用，在固定资产尚未完工交付使用前发生的，应计入有关固定资产价值内，不包括在本科目的核算范围。

二、发生的财务费用，借记本科目，贷记“预提费用”、“银行存款”、“长期借款”等科目。发生的应冲减财务费用的利息收入、汇兑收益，借记“银行存款”、“长期借款”等科目，贷记本科目。

三、本科目应按业别和费用项目设置明细账。

四、期末应将本科目余额转入“本年利润”科目，结转后本科目应无余额。

531“投资收益”

一、本科目核算村合作经济组织对外投资取得的收入和对所属单位投资取得的利润或发生的损失。

二、本科目的使用方法：

1. 取得投资收入时，借记“银行存款”、“其他应收款”、“长期投资”等科目，贷记本科目及有关科目。

2. 转让、出售股票、债券，借记“银行存款”等科目，贷记“短期投资”、“长期投资”、“其他应收款”等科目。

3. 债券到期，收回本息，借记“银行存款”等科目，贷记“长期投资”、“短期投资”、“其他应收款”等科目。

4. 收回其他投资时，其收回的投资与投出资金的差额，作增减投资收益处理。

三、本科目应按对外投资收益和对所属单位投资收益设置明细账。

四、期末应将本科目余额转入“本年利润”科目，结转后本科目应无余额。

532“补贴收入”

一、本科目核算村合作经济组织取得的补贴收入。

二、按规定计算出应收的政策性亏损补贴和其他补贴，借记“应收补贴款”科目，贷记“补贴收入”科目；收到补贴款时，借记“银行存款”等科目，贷记“应收补贴款”科目。期末将“补贴收入”科目的余额全部转入“本年利润”科目贷方，结转后“补贴收入”科目应无余额。

三、对有贴息收入的村合作经济组织，应在“补贴收入”下设“贴息收入”明细科目。收到贴息收入时，借记“银行存款”科目，贷记“补贴收入——贴息收入”，期末将贴息收入转入“资本公积”账户，借记“补贴收入——贴息收入”，贷记“资本公积”。

对减免和返还的流转税，也在本科目核算。

541“营业外收入”

一、本科目核算村合作经济组织发生的与生产经营无直接关系的各项收入，包括固定资产盘盈、处理固定资产净收益、确实无法支付而应转作营业外收入的应付款项等。

二、盘盈的固定资产按规定程序转作营业外收入时，借记“待处理财产损溢”科目，贷记本科目；固定资产清理后的净收益，借记“固定资产清理”科目，贷记本科目；发生其他的营业外收入时，借记“现金”、“银行存款”、“应收账款”、“其他应收款”、“应付账款”等科目，贷记本科目。

三、期末应将本科目余额转入“本年利润”科目，结转后本科目应无余额。

542“营业外支出”

一、本科目核算村合作经济组织发生的与生产经营无直接关系的各项支出，包括固定资产盘亏、处理固定资产净损失、非常损失、非正常停工损失、防汛抢险支出等。

二、发生的营业外支出，借记本科目，贷记“待处理财产损溢”、“固定资产清理”、“现金”、“银行存款”等有关科目。

543“所得税”

一、本科目核算村合作经济组织按税收规定从当期损益中扣除的所得税。

二、计算出应交所得税时，借记“所得税”科目，贷记“应交税金——应交所得税”科目。

三、期末将“所得税”科目余额转入“本年利润”。

545“以前年度损益调整”

一、本科目核算村合作经济组织发生的调整以前年度损益的事项。

二、本科目借方登记以前年度多计收益，少计费用的数额，贷方登记以前年度少计收益，多计费用而需调整本年度损益的数额。

三、发生需调整事项时，借记或贷记本科目，贷记或借记有关科目。

四、期末将本科目余额转入“本年利润”后，本科目无余额。

三、会计凭证和账簿

（一）会计凭证是记载经济业务发生、明确经济责任的书面文件，是记账的依据。村合作经济组织每发生一项经济业务，都要取得原始凭证，并据以编制记账凭证。各种原始凭证必须具备：凭证名称、填制日期、单位的名称、经济业务的内容摘要、数量金额、填制单位的公章、经办人员签名或盖章。记账凭证也必须填明经济业务的内容摘要、会计科目名称、借贷方向、金额、日期和编号、所附原始凭证张数等，并须由填制和审核人员签名盖章。

（二）所有会计凭证都要按规定手续和时间送会计人员审核处理。填制有误和不符合要求的会计凭证，应要求修止和重填。无效、不合法和不符合财务制度规定的凭证，不能作为收付款项、办理财务手续和记账的依据。会计人员应根据审核无误的原始凭证，填制记账凭证，并据以登记账簿。记账凭证可以根据每一原始凭证单独填制，也可以根据原始凭证汇总表填制。一定时期终了，应将已经登记过账簿的原始凭证和记账凭证，分类装订成册，妥善保管。

（三）会计账簿是记录经济业务的簿籍，是编制会计报表的依据。村合作经济组织应设置现金日记账和存款日记账、总分类账和各种必要的明细分类账。

现金日记账和存款日记账，应由出纳人员根据收、付款凭证，按有关经济业务完成时间的先后顺序进行登记，一律采用订本账。总分类账按照总账科目设置，对全部经济业务进行总括分类登记；明细分类账按明细科目设置，对有关经济业务进行明细分类登记。总分类账可用订本账或活页账；明细分类账可用活页账或卡片账。

对于不能在日记账和分类账中记录、而又需要查考的经济事项，村合作经济组织必须另设备查账簿进行账外登记。

（四）将几个独立核算、自负盈亏的单位的账务集中到村合作经济组织，实行统一记账、代为核算的地方，必须分单位设置账簿，分别核算财务收支情况。

（五）各种会计凭证和会计账簿的具体格式，由业务主管部门和财政部门自行规定。

（六）账簿登记要做到数字正确、摘要清楚、登记及时。各种账簿的记录，应定期核对，做到账证相符、账实相符、账款相符、账账相符和账表相符。要按月结账，结账前，须将结账期内发生的经济业务全部记入账簿。

（七）启用新账，必须填写账簿启用表，并编制目录。旧账结清后，要及时整理，装订成册，归档保管。

四、会计报表

（一）会计报表是反映村合作经济组织一定时期内经济活动情况的书面报告。村合作经济组织应按规定准确、及时、完整地编报会计报表。

（二）村合作经济组织应编制以下会计报表：

1. 月份报表或季度报表：包括科目余额表、收支明细表和损益表。

2. 年度报表：包括资产负债表、损益表和收益分配表。

各级业务主管部门，应对所辖地区报送的村合作经济组织的会计报表进行审查，然后逐级汇总上报。

（三）年度会计报表的格式及编制说明如下：

资 产 负 债 表

农会01表

编制单位： 年 月 日 单位：元

资 产	行次	年初数	期末数	负债及所有者权益	行次	年初数	期末数
流动资产：				流动负债：			
货币资金	1			短期借款	46		
短期投资	2			应付账款	47		
应收账款	3			其他应付款	48		
应收补贴款	4			应付工资	49		
其他应收款	5			应付福利费	50		
存货	6			未交税金	51		
待摊费用	7			未付利润	52		
待处理流动资产净损失	8			其他未交款	53		
一年内到期的长期债券投资	9			预提费用	54		
其他流动资产	10			一年内到期的长期负债	55		
流动资产合计	20			其他流动负债	57		
长期投资：				流动负债合计	60		
长期投资	21			长期负债：			
其中：对所属单位投资	22			长期借款	61		
固定资产：				长期应付款	62		
固定资产原价	23			其他长期负债	63		
减：累计折旧	24			长期负债合计	70		
固定资产净值	25			所有者权益：			
固定资产清理	26			实收资本	71		
在建工程	27			资本公积	72		
待处理固定资产净损失	28			盈余公积	73		
固定资产合计	30			未分配利润	74		
无形及递延资产：				所有者权益合计	75		
无形资产	31			负债及所有者权益总计	80		
递延资产	32						
无形资产及递延资产合计	40						
其他资产：							
其他长期资产	41						
资产总计	45						

损 益 表

农会02表

编制单位： 年 月 日 单位：元

项 目	行次	本月数								本年累计数							
		合计	农业	工业	商品流通业	运输业	建筑业	服务业	其他企业	合计	农业	工业	商品流通业	运输业	建筑业	服务业	其他企业
一、主营业务收入	1																
减：营业成本	2																
营业费用	3																
营业税金及附加	4																
其中：农牧业税	5																
二、主营业务利润	6																
加：其他业务收入	7																
减：其他业务支出	8																
管理费用	9																
财务费用	10																

（续）

项　　目	行次	本　月　数								本　年　累　计　数							
		合计	农业	工业	商品流通业	运输业	建筑业	服务业	其他企业	合计	农业	工业	商品流通业	运输业	建筑业	服务业	其他企业
三、营业利润	11																
加：投资收益	12																
其中：所属单位上交利润	13																
补贴收入	14																
营业外收入	15																
减：营业外支出	16																
加：以前年度损益调整	17																
四、利润总额（亏损用“—”表示）	18																
减：所得税	19																
五、净利润	20																

利润分配表

农会 02 附表

编制单位：　　　　年　　度　　　　单位：元

项　　目	行次	本年实际	上年实际
一、利润总额	1		
减：所得税	2		
二、税后利润	3		
加：年初未分配利润	4		
三、可供分配的利润	5		
加：盈余公积补亏	6		
减：提取盈余公积	7		
提取公益金	8		
应付利润	9		
四、未分配利润	10		

附件：

会计报表编制说明

资产负债表（农会 01 表）

一、本表反映月末、年末的资产、负债和投资人权益的情况。

二、本表各科目的“年初数”，应根据上年度“资产负债表”中各科目的年末数填列。如果本年度“资产负债表”各个科目的名称和内容同上年度的不一致，应将上年度“资产负债表”各科目的名称和期末数按本年度的规定进行调整，填入本表年初数栏，并在年度会计报表说明书中加以说明。

三、本表各科目的“期末数”，应根据各有关科目及所属明细科目的期末金额分项填列。

四、本表各科目的内容及填列方法：

1．“货币资金”科目，反映库存现金、银行结算户存款、外埠存款、银行汇票存款、银行本票存款和在途资金等货币资金的期末余额合计数，应根据“现金”、“银行存款”、“其他货币资金”科目的期末余额合计填列。

2.“短期投资”科目，反映购入的各种能随时变现，持有时间不超过一年的有价证券以及不超过一年的其他投资，应根据“短期投资”科目的期末余额填列。

3.“应收账款”科目，反映因销售产品、商品、材料和提供劳务、服务以及办理工程结算等业务，应向购买单位或应向接受劳务、服务单位收取的账款，应根据“应收账款”科目所属各明细科目的借方期末余额合计填列。如为贷方余额，以“—”号表示。

4.“应收补贴款”科目，反映按规定应收的政策性亏损补贴和其他补贴。根据“应收补贴款”科目期末余额填列。

5.“其他应收款”科目，反映应收账款以外的其他应收及暂付款项，应根据“其他应收款”科目的期末余额填列。编制汇总会计报表时，“内部往来”科目相抵后的借方差额，在本科目内填列。

6.“存货”科目，反映期末结存在途的、在库的和正在生产过程中的各项存货的实际成本，应根据“原材料”、“农用材料”、“低值易耗品”、“产成品”、“幼畜及育肥畜”和生产成本类科目的期末余额计算填列。

7.“待摊费用”科目，反映已经支出但应由以后各期分期摊销的各项费用，应根据“待摊费用”科目的期末借方余额填列。“预提费用”科目期末如有借方余额在本科目内反映。

8.“待处理流动资产净损失”科目，反映在清查财产中发现的尚待批准转销或作其他处理的流动资产盈亏、毁损扣除盘盈后的净损失，应根据“待处理财产损益”科目所属“待处理流动资产损益”明细科目的期末余额填列。

9.“其他流动资产”科目，反映除以上流动资产科目以外的其他流动资产的实际成本，应根据有关科目的期末余额填列。

10.“长期投资”科目，反映不准备在一年内变现的投资。长期投资中，将于一年内到期的债券在流动资产类下“一年内到期的长期债券投资”科目单独反映。本科目应根据“长期投资”科目的期末余额扣除一年内到期的长期债券投资后的数额填列。

11.“固定资产原价”科目和“累计折旧”科目，反映各种固定资产原价和累计折旧。融资租入的固定资产在产权尚未确定之前，其原价及已提折旧也包括在内，融资租入固定资产原价并应在本表下端另行反映。这两个科目应根据“固定资产”科目和“累计折旧”科目的期末余额填列。同时，应计算出固定资产净值，在“固定资产净值”科目内填列。

12.“固定资产清理”科目，反映因出售、报废、毁损等原因转入清理但尚未清理完毕的固定资产的净值，以及固定资产清理过程中所发生的清理费用和变价收入等各项金额的差额，应根据“固定资产清理”科目的期末余额填列。如为贷方余额，本科目数字应以“—”号表示。

13. “在建工程”科目，反映期末各项未完工程的实际支出和尚未使用的工程物资的实际成本。包括交付安装的设备价值，未完建筑安装工程已经耗用的材料、工资和费用支出，预付出包工程的价款，已经建筑安装完毕但尚未交付使用的建筑安装工程的成本，尚未使用的工程物资的实际成本，经济林木投产前累计发生的费用，小型农田水利建设支出和以工代赈工程建成前所发生的费用等。本科目应根据“在建工程”科目所属各有关明细科目的期末余额填列。

14. “待处理固定资产净损失”科目，反映在财产清查中发现的尚待批准核销或作其他处理的固定资产的盘亏和毁损扣除盘盈后的净损失。本科目应根据“待处理财产损溢”科目所属“待处理固定资产损溢”明细科目的期末余额填列。

15. “无形资产”科目，反映期末各项无形资产的原价扣除摊销后的净额，应根据“无形资产”科目的期末余额填列。

16. “递延资产”科目，反映尚未摊销的开办费、租入固定资产改良及大修理支出、土地开发费以及摊销期限在一年以上的长期待摊费用，应根据“递延资产”科目期末余额填列。

17. “其他长期资产”科目，反映除以上资产以外的其他长期资产，应根据有关科目期末余额填列。

18. “短期借款”科目，反映借入尚未归还的一年期以下的各种借款，应根据“短期借款”科目的期末余额填列。

19. “应付账款”科目，反映因购买材料、商品和接受劳务供应等而应付给供应单位的款项，应根据“应付账款”科目的所属各有关明细科目的期末贷方余额合计填列。

20. “其他应付款”科目，反映所有应付和暂收其他单位和个人的款项，应根据“其他应付款”科目的期末余额填列。在编制汇总会计报表时，“内部往来”科目相抵后的贷方差额，在本科目内填列。

21. “应付工资”科目，反映期末应付未付的工资，应根据“应付工资”科目的期末贷方余额填列。

22. “应付福利费”科目，反映按照规定提取的福利费，应根据“应付福利费”科目的期末贷方余额填列；如为借方余额，应以“—”号填列。

23. “未交税金”科目，反映期末应交未交的各种税金，应根据“应交税金”科目余额填列（多交数以“—”号表示）。

24. “未付利润”科目，反映应支付给投资者及其他单位或个人的利润，应根据“应付利润”科目的期末余额填列。

25. “其他未交款”科目，反映应交未交的除税金、应付未付利润以外的各种款项，应根据“其他应交款”科目期末余额填列（多交数以“—”号填列）。

26. “预提费用”科目，反映所有已经预提而尚未支付的各项费用，应根据“预提费用”科目的期末贷方余额填列。

27. “其他流动负债”科目，反映除以上流动负债以外的其他流动负债，应根据有关科目的期末余额填列。

28.“长期借款”科目，反映借入的尚未归还的一年期以上的借款本息，应根据“长期借款”科目的期末余额填列。

29.“长期应付款”科目，反映期末除长期借款和应付债券以外的其他各种长期应付款项。本科目应根据“长期应付款”科目的期末余额填列。

30.“其他长期负债”科目，反映除以上长期负债科目以外的长期负债，应根据有关科目期末余额填列。

上述长期负债各科目中将于一年内到期的长期负债，在本表流动负债类下的“一年内到期的长期负债”科目内另行反映。上述长期负债各科目均应根据有关科目期末余额扣除一年内到期的长期负债的余额填列。

31.“实收资本”科目，反映实际收到的资本总额，应根据“实收资本”科目的期末余额填列。

32.“资本公积”科目，反映“资本公积”期末的余额，应根据“资本公积”科目的期末余额填列。

33.“盈余公积”科目，反映“盈余公积”期末的余额，应根据“盈余公积”科目期末余额填列。

34.“未分配利润”科目，反映尚未分配利润，应根据“本年利润”科目和“利润分配”科目的余额计算填列。未弥补的亏损，在本科目内以“—”号反映。

损益表（农会02表）

一、本表反映在月份、年度内利润（亏损）的实现情况。

二、本表共分二栏。“本月数”栏反映各科目的本月实际发生数，根据各有关科目的本月发生额填列。在编报年度报表时，填列上年全年累计实际发生数，并将“本月数”栏改成“上年数”栏。如果上年度“损益表”与本年度报表科目的名称和内容不一致，应对上年度有关报表科目的名称和数字按本年度的规定进行调整，填入“上年数”栏。

本表“本年累计数”栏反映各科目自年初起至本月末止的累计实际发生数，根据各有关科目的期末余额填列。

三、本表各科目内容及填列方法：

1.“主营业收入”科目，反映销售产品、商品取得的收入和运输营运收入，工程价款结算收入及提供劳务、服务等取得的收入。还包括自产留用产品、幼畜成龄转作固定资产视同销售取得的收入、合作经济组织内部单独核算单位之间相互提供的产品取得的收入。本科目应根据“营业收入”所属明细科目发生额分项填列。

2.“营业成本”科目，反映已销售的产品，自产留用及幼畜成龄转作固定资产视同销售产品的实际成本，本科目应根据“营业成本”科目所属明细科目发生额分项填列。

3.“营业费用”科目，反映在销售产品、商品和提供劳务、服务过程中所发生的各项营业费用，应根据“营业费用”科目发生额分项填列。

4.“营业税金及附加”科目，反映销售产品、商品、运输营运，工程施工及提供劳务、服务等业务应负担的营业税、产品税、增值税、资源税和城市维护建筑税、农牧业税及教育费附加等。本科目应根据“营业税金及附加”科目所属明细科目发生额分项填列。

5.“其他业务收入”和“其他业务支出”科目，反映除销售产品、商品，提供劳务、服务等主营业以外的其他业务收入和其他业务支出。本科目根据“其他业务收入”和“其他业务支出”科目的发生额分项计算填列。

6.“管理费用”科目，反映发生的各项管理费用，应根据“管理费用”科目发生额分项填列。

7.“财务费用”科目，反映发生的财务费用，应根据“财务费用”科目发生额分项填列。

8.“投资收益”科目，反映以各种方式对外投资和对所属单位投资所取得的收益，其中包括分得的投资利润，债券投资的利息收入，认购股票应得的股利以及收回投资时发生的收益等。本科目根据“投资收益”科目发生额分项填列。如为投资损失，本科目以“—”填列。

9.“补贴收入”科目，反映合作经济组织取得的补贴收入。本科目根据“补贴收入”的发生额分项填列。

10.“营业外收入”和“营业外支出”科目，反映经营业务以外的收入和支出。这两个科目分别根据“营业外收入”和“营业外支出”科目发生额分项填列。

11.“利润总额”科目，反映全年实现的利润。如为亏损，则以“—”号在本科目内填列。

利润分配表（农会02表附表）

一、本表反映利润分配情况和年末未分配利润的结余情况。

二、本表“本年实际”栏，根据当年“本年利润”、“利润分配”科目及所属明细科目的纪录分项填列。“上年实际”栏，根据上年“利润分配”表填列。其中，“利润总额”科目应反映上年“利润总额”科目加、减“上年利润调整”科目后的数字。“应交所得税”科目应反映上年“应交所得税”科目加、减“上年所得税调整”科目后的数字。如果上年度利润分配表与本年度利润分配表的科目名称和内容不一致，应对上年度报表科目的名称和数字按本年度规定进行调整，填入本表“上年实际”栏内。

三、本表各科目的内容及填列方法：

1.“利润总额”科目，反映全年实现利润，如为亏损，则以“—”号在本科目填列，本科目数字应与“损益表”中“利润总额”科目的“本年累计数”一致。

2.“所得税”科目，反映按规定应交纳的所得税额。

3.“年初未分配利润”科目，反映上年末未分配的利润。如果为未弥补亏以“—”号在本科目内填列。本科目的数字应与上年利润分配表“未分配利润”科目的年末数一致。

4.“盈余公积补亏”科目，反映按规定用盈余公积弥补的亏损。

5.“提取盈余公积”科目，按规定提取的盈余公积的数额。

6.“应付利润”科目，反映应付给投资者或其他单位和个人的利润。

村合作经济组织固定资产分类折旧年限表

设备分类	折旧年限
一、通用设备部分	
1. 机械设备	10～14年
2. 动力设备	11～18年
3. 传导设备	15～28年
4. 运输设备	6～12年
5. 自动化控制及仪器仪表	
（1）自动化、半自动化控制设备	8～12年
（2）电子计算机	4～10年
（3）通用测试仪器设备	7～12年
6. 生产用炉窑	9～14年
7. 工具及其他生产用具	9～14年
8. 非生产用设备及器具	
（1）设备工具	18～22年
（2）电视机、复印机、文字处理机	5～8年
二、农业专用设备部分	
9. 拖拉机	
（1）大中型拖拉机	6～10年
（2）小型拖拉机	4～6年
10. 谷物联合收获机	8～12年
11. 机引农具及渔业、牧业机械	5～8年
12. 排灌机械及大型喷灌机	8～12年
13. 粮食处理机械	10～16年
14. 农田基本建设机械	8～12年
15. 农用飞机及作业设备	10～14年
16. 修理专用设备及测试设备	10～15年
17. 金属油罐	10～15年
三、其他专用设备部分	
18. 水电工业专用设备	
（1）机电设备	12～20年
（2）输电线路	30～35年
（3）配电线路	14～16年
（4）变电配电设备	18～22年
19. 冶金工业专用设备	9～15年
20. 机械工业专用设备	8～12年
21. 石油工业专用设备	8～14年
22. 化工、医药工业专用设备	7～14年
23. 电子仪表电讯工业专用设备	5～10年
24. 建材工业专用设备	6～12年
25. 纺织、轻工专用设备	8～14年
26. 矿山、煤炭及森工专用设备	7～15年
27. 造船工业专用设备	15～22年
28. 港务专用设备	8～18年
29. 铁道专用设备	
（1）铁路机车车辆	12～16年
（2）铁路通信线路	16～20年
（3）铁路通信信号设备	6～8年

（续）

30. 运输船舶	8～20 年
31. 建筑施工专用设备	8～14 年
32. 公用事业企业专用设备	
（1）自来水	15～25 年
（2）燃气	16～25 年
33. 商业、粮油专用设备	8～16 年
四、房屋、建筑物部分	
34. 房屋	
（1）生产用房	30～40 年
其中：受腐蚀生产用房	20～25 年
受强腐蚀生产用房	10～15 年
（2）非生产用房	35～45 年
（3）简易房	5～10 年
35. 建筑物	
（1）水电站大坝	45～55 年
（2）港口码头基础设施	25～30 年
（3）铁路线路上部建筑及桥梁、涵洞、隧道等	35～45 年
（4）飞机跑道、停机坪	30～40 年
（5）水库	40～60 年
（6）干渠、支渠	10～25 年
（7）机井	10～20 年
（8）水泥晒场	10～25 年
（9）养殖池	10～20 年
（10）公路	按公路等级确定
（11）其他建筑物	15～25 年
五、经济林木及产役畜	
36. 经济林木	
（1）橡胶树等	15～30 年
（2）果、桑、茶树等	5～15 年
37. 产役畜	按生产周期确定、经济林木及产役畜

附录三　有关统计分析资料

附表1　北京市合作社时期农村经济收益分配表

年度	社数（个）			户数（户）	人口（人）	劳动力（人）	总收入（万元）	总开支（万元）	纯收入（万元）	占总收入（%）	积累（万元）	人均分配（元）	固定资产总值（万元）
	合计	初级社	高级社										
1955年	703	627	76	55 058		84 792	3 523.3	1 366.6	2 156.7	61.2	204.7		
1956年	427		427	195 378	815 104	300 803	10 334.9	4 011.7	6 323.2	61.2	392.7	67	2 640.3
1957年	429		429	192 589	802 897	271 620	12 657.6	4 196.1	8 461.5	66.8	1 236.4	77	3 406.7

附表2　北京市1958—1994年农村经济收益分配主要指标表

项　目	1958年	1959年	1960年	1961年	1962年	1963年	1964年	1965年	1966年
乡经济组织数（个）	76	78	63	280	278	285	271	256	243
村经济组织数（个）					3 361		3 449	3 569	
户数（户）	626 823	617 810	611 083	662 322	652 131		645 335	648 328	
分配人口（人）	2 759 551	2 646 628	2 623 967	2 657 343	2 815 966	2 931 902	2 938 309	2 977 374	3 058 782
劳动力（人）	1 055 104	963 855	873 639	994 481	1 101 079	1 200 635	1 158 649	1 172 538	1 303 060
总收入（万元）	30 055	32 145.1	36 981.6	33 278.6	39 154	39 379.2	42 130.6	48 598.5	50 053.3
总开支（万元）	11 506.9	11 390.7	15 870.6	11 291.5	12 440	14 311.4	15 897.1	16 954.5	20 266

（续）

项　目	1958年	1959年	1960年	1961年	1962年	1963年	1964年	1965年	1966年
占总收入（%）	38.3	35.4	42.9	33.9	31.8	36.3	37.7	34.9	40.5
纯收入（万元）	18 548.1	20 754.4	21 111	21 987.1	26 714	25 037.8	26 233.5	31 644	29 787.3
纯收入占总收入（%）	61.7	64.6	57.1	66.1	68.2	33.7	62.3	65.1	59.5
税金（万元）	2 292.5	1 898.5	2 119.2	1 447.8	1 517.6	1 670.9	1854.4	1 837.7	1 900.9
积累（万元）	2 059.3	3 716.4	2 154	2 195.3	2 571.8	2 631.4	3 545.1	6 431	3 772.4
人均分配（元）	53	55	60	66	77	70	70	77	78
集体固定资产总值（万元）	10 836.6	14 268.6		17 979.6	22 371.4		25 760.5		
项　目	1967年	1968年	1969年	1970年	1971年	1972年	1973年	1974年	1975年
乡经济组织数（个）	243	241	231	247		249	252	260	269
村经济组织数（个）						4 528	3 987	4 000	4 013
户数（户）	693 395	756 372	778 116	805 654	818 468	828 207	856 246	868 235	882 726
分配人口（人）	3 080 102	3 214 952	3 591 724	3 669 375	3 722 942	3 725 020	3 800 583	3 853 563	3 844 214
劳动力（人）	1 323 336	1 422 777	1 366 911	1 565 327	1 549 802	1 535 839	1 598 230	1 638 993	1 626 301
总收入（万元）	52 072.6	53 755.9	59 025.3	67 422.6	69 872.6	66 853	77 817	87 148	92 737
总开支（万元）	19 857.9	20 416.4	24 468.3	25 896.2	27 948.5	30 743	34 445	38 659	42 913
占总收入（%）	38.1	38.0	41.5	38.4	40.0	46.0	44.3	44.4	46.3
纯收入（万元）	32 214.7	33 339.5	34 557	41 526.4	41 924.1	36 110	43 372	48 489	49 824
纯收入占总收入（%）	61.9	62.0	58.5	61.6	60.0	54.0	55.7	55.6	53.7
税金（万元）	1 730.9	1 822.5	2 060.7	2 150.8	2 210	2 205	2 426	2 479	2 521
积累（万元）	4 232.1	4 571.9	3 968.8	6 334.3	5 807.5	3 798	6 475	8 691	9 850
人均分配（元）	84	82	78	89	90	81	90	96	96
集体固定资产总值（万元）				36 004	43 432	49 467	56 625	64 284	75 514

（续）

项　目	1976年	1977年	1978年	1979年	1980年	1981年	1982年	1983年	1984年
乡经济组织数（个）	269	267	265	266	266	268	269	269	268
村经济组织数（个）	4 010	4 005	3 158	4 006	3 979	3 977	4 192	3 958	4 056
户数（户）	894 767	905 549	917 881	924 823	943 738	975 610	1 022 646	1 049 724	1 077 272
分配人口（人）	3 857 395	3 865 457	3 874 127	3 805 011	3 808 793	3 786 026	3 794 330	3 794 858	3 829 071
劳动力（人）	1 628 601	1 644 380	1 655 483	1 656 989	1 701 803	1 746 582	1 828 108	1 843 506	1 899 161
总收入（万元）	92 064	93 855	188 273	217 208	250 797	273 615	336 099	511 910	697 571
总开支（万元）	43 640	45 013	97 755	113 338	130 976	147 555	180 707	251 722	344 832
占总收入（%）	47.4	48.0	51.9	52.2	52.2	53.9	53.8	49.2	49.4
纯收入（万元）	48 424	48 842	90 518	103 870	119 821	126 060	155 392	160 188	352 739
纯收入占总收入（%）	52.6	52.0	48.1	47.8	47.8	46.1	46.2	31.3	50.6
税金（万元）	2 444	2 505	7 843	9 313	9 711	10 702	15 003	23 016	30 448
积累（万元）	8 821	8 144	25 130	28 060	31 006	28 909	31 079	42 273	69 671
人均分配（元）	96	99	132	161	201	225	288	506	654
集体固定资产总值（万元）	88 559	102 482	113 856	131 843	147 899	161 911	186 520	210 527	231 417

项　目	1985年	1986年	1987年	1988年	1989年	1990年	1991年	1992年	1993年	1994年
乡经济组织数（个）	268	268	268	269	269	270	306	269	268	263
村经济组织数（个）	4 154	4 171	4 129	4 129	4 127	4 138	4 182	4 155	4 114	4 136
户数（户）	1 105 267	1 123 342	1 146 443	1 170 511	1 208 660	1 233 637	1 227 603	1 240 984	1 235 211	1 210 240
分配人口（人）	3 846 314	3 853 267	3 863 574	3 877 831	3 930 399	3 951 383	3 954 996	3 943 543	3 912 594	3 886 006
劳动力（人）	1 923 957	1 895 942	1 929 759	1 931 581	1 976 703	1 966 951	1 939 741	1 928 861	1 910 937	1 877 989
总收入（万元）	883 702	987 720	1 238 439	1 786 334	2 192 091	2 559 353	3 039 698	3 863 345	6 142 052	10 348 935

（续）

项　目	1985 年	1986 年	1987 年	1988 年	1989 年	1990 年	1991 年	1992 年	1993 年	1994 年
总开支（万元）	490 360	557 850	723 889	1 124 057	1 404 707	1 687 203	2 059 030	2 753 119	4 605 607	7 999 887
占总收入（%）	55.5	56.5	58.5	62.9	64.1	65.9	68.1	71.3	75.0	77.3
纯收入（万元）	393 342	429 870	514 550	662 277	787 384	872 150	970 668	1 110 226	1 536 445	2 349 048
纯收入占总收入（%）	44.5	43.5	41.5	37.1	35.9	34.1	31.9	28.7	25.0	22.7
税金（万元）	44 533	47 800	61 102	85 109	104 034	111 911	127 874	162 944	240 436	390 635
积累（万元）	56 241	66 281	89 868	138 235	174 366	207 214	237 188	176 999	284 307	401 303
人均分配（元）	746	803	910	1 080	1 237	1 334	1 456	1 764	2 255	2 856
集体固定资产总值（万元）	280 072	336 424	392 379	465 378	416 483	788 503	940 990	1111 899	1 405 506	1 851 682

附表 3　北京市 1995—2002 年农村经济收益分配主要指标表

项　目	1995 年	1996 年	1997 年	1998 年	1999 年	2000 年	2001 年	2002 年
乡经济合作组织数（个）	269	268	238	245	246	216	208	198
村合作经济组织数（个）	4 100	4 100	4 074	4 037	4 036	4 033	4 045	4 038
户数（户）	1 207 538	1 207 844	1 220 540	1 228 600	1 196 549	1 220 828	1 221 521	1 158 348
分配人口（人）	3 775 195	3 718 738	3 675 000	3 671 145	3 639 358	3 633 715	3 610 785	3 515 647
劳动力（人）	1 763 261	1 713 508	1 977 901	1 735 917	1 717 454	1 766 953	1 762 009	1 717 559
总收入（万元）	6 957 856	8 266 478	9 234 893.3	10 115 280.6	11 188 467.2	12 868 661.6	14 904 562.4	17 229 005.0
营业成本（万元）	6 120 714	7 278 695	7 975 856.3	8 971 404.6	9 903 286.7	11 336 974	13 178 700.7	13 692 095.6
利润总额（万元）	447 185	488 810	706 484.8	582 196.5	661 737.8	771 432.7	853 069.3	2 367 077.1
税金（万元）	180 092	223 551	249 397.2	273 849.3	305 635.5	337 563.4	407 334.0	506 417.1
积累（万元）	197 462	192 347	216 038.9	218 297.2	250 163	284 126.4	326 058.6	244 574.5
人均所得（元）	2 887	3 164	3 566.6	4 066	4 459	4 959.4	5 527.7	6 086.0
集体固定资产原值（万元）	2 286 238	2 692 959	3 203 680.9	3 474 809	3 817 044	4 137 119.2	4 913 626.0	4 963 609.5

附表 4　1982—2002 年郊区集体经济资产负债情况表

项　目	1982 年	1983 年	1984 年	1985 年	1986 年	1987 年	1988 年
资产总额（万元）	389 534.0	387 878.0	457 829.0	512 292.0	579 301.0	656 301.0	762 718.0
负债总额（万元）	128 297.0	61 706.0	110 453.0	142 663.0	164 469.0	207 231.0	285 856.0
所有者权益总额（万元）	261 237.0	326 172.0	347 376.0	369 629.0	414 832.0	449 070.0	476 862.0
其中：乡村集体资本金（万元）	261 237.0	326 172.0	347 376.0	369 629.0	414 832.0	449 070.0	225 789.0
资产负债率（%）	32.9	15.9	24.1	27.8	28.4	31.6	37.5
人均所有者权益（元）	688.5	859.5	907.2	961.0	1 076.4	1162.3	1 229.7

项　目	1989 年	1990 年	1991 年	1992 年	1993 年	1994 年	1995 年
资产总额（万元）	891 339.0	2 001 831.0	2 322 305.0	2 974 782.0	3 786 617.0	5 069 002.0	6 128 598.0
负债总额（万元）	334 225.0	1 007 157.0	1 234 138.0	1 636 744.0	2 169 875.0	3 003 070.0	3 745 048.0
所有者权益总额（万元）	557 114.0	994 674.0	1 088 167.0	1 338 038.0	1 616 742.0	2 065 932.0	2 383 550.0
其中：乡村集体资本金（万元）	432 660.0	760 098.0	808 916.0	962 063.0	1 104 746.0	1 226 938.0	1 367 474.0
资产负债率（%）	37.5	50.3	53.1	55.0	57.3	59.2	61.1
人均所有者权益（元）	1 417.4	2 517.3	2 751.4	3 393.0	4 132.1	5 315.5	6 313.7

项　目	1996 年	1997 年	1998 年	1999 年	2000 年	2001 年	2002 年
资产总额（万元）	6 978 076.0	7 951 887.3	8 792 819.0	9 572 532.7	10 576 308.5	12 772 326.7	13 801 969.1
负债总额（万元）	4 205 715.0	4 675 565.9	5 082 344.0	5 396 469.4	5 824 084.2	6 971 022.0	7 700 678.0
所有者权益总额（万元）	2 772 361.0	3 276 321.4	3 710 475.0	4 176 063.3	4 752 224.3	5 801 304.7	6 101 291.1
其中：乡村集体资本金（万元）	1 641 938.0	1 755 349.9	1 966 539.0	2 078 481.0	2 176 739.1	2 269 149.7	2 158 801.7
资产负债率（%）	60.3	58.8	57.8	56.4	55.1	54.6	55.8
人均所有者权益（元）	7 455.1	8 915.2	1 0107.1	11 474.7	13 078.1	16 066.6	17 354.7

附表5　1980—2002年北京市部分农产品单位产量、收入、成本、利润情况表（一）

品种名称：小麦

年份	亩产量（千克）	单价（元/千克）	亩收入（元）	亩生产成本				亩农业税（元）	亩利润（元）
				总计（元）	其中：人工费用（元）	物质费用（元）	期间费用（元）		
1980年	180.0	0.317	56.99	77.33	23.35	53.98	—	2.49	−22.83
1981年	208.5	0.312	65.05	52.32	10.98	41.34	—	2.49	10.24
1982年	230.5	0.442	101.94	53.93	15.01	38.92	—	2.08	45.93
1983年	266.8	0.517	137.85	74.42	17.10	57.32	—	2.27	61.16
1984年	239.3	0.413	98.85	76.08	23.61	52.47	—	2.44	20.33
1985年	236.7	0.408	96.48	67.12	18.13	48.99	—	2.90	26.46
1986年	239.1	0.427	102.10	65.10	15.57	49.53	—	3.02	33.98
1987年	276.5	0.502	138.80	88.22	18.81	69.41	—	4.02	46.56
1988年	278.1	0.538	149.74	111.57	25.14	86.43	—	3.27	34.90
1989年	336.0	0.789	265.03	143.77	35.91	107.86	—	3.23	118.03
1990年	365.6	0.775	283.32	178.38	40.98	137.40	—	3.87	101.07
1991年	345.5	0.762	263.21	195.99	40.55	155.44	—	3.73	63.49
1992年	361.1	0.767	276.85	185.72	33.31	152.41	—	4.08	87.05
1993年	343.4	0.820	281.57	196.06	34.44	161.62	—	4.38	81.13
1994年	325.9	1.126	367.03	241.86	43.66	198.20	—	6.27	118.90
1995年	383.3	1.568	601.15	331.49	69.09	262.40	—	7.78	261.88
1996年	336.1	1.664	559.43	404.98	78.44	326.54	—	10.45	144.00
1997年	381.5	1.490	568.25	412.53	75.22	337.31	—	11.93	143.79
1998年	342.0	1.450	496.06	372.85	63.25	309.60	—	10.29	112.92
1999年	343.4	1.284	440.95	361.18	62.31	275.17	23.70	11.51	68.26
2000年	307.5	1.114	342.60	345.30	62.30	264.66	18.34	11.70	−14.40
2001年	268.4	1.138	305.47	349.70	68.41	250.01	31.28	12.71	−56.94
2002年	295.2	1.035	305.66	314.13	52.51	236.85	24.77	12.34	−20.81

1980—2002年北京市部分农产品单位产量、收入、成本、利润情况表（二）

品种名称：玉米

年份	亩产量（千克）	单价（元/千克）	亩收入（元）	亩生产成本			亩期间费用（元）	亩税金（元）	亩利润（元）
				总计（元）	其中：人工费用（元）	物质费用（元）			
1980年	452.2	0.255	115.53	65.97	29.33	36.64	—	2.49	47.07
1981年	349.0	0.253	88.41	36.17	11.40	24.77	—	2.49	49.75
1982年	318.0	0.258	82.16	39.64	15.01	24.63	—	2.08	40.44
1983年	390.0	0.290	113.21	50.17	18.07	32.10	—	2.27	60.77
1984年	296.4	0.285	84.55	50.38	19.58	30.80	—	2.29	31.88
1985年	285.6	0.303	86.50	53.28	25.31	27.97	—	2.52	30.70
1986年	340.9	0.354	120.76	48.87	20.17	28.70	—	2.65	69.24
1987年	384.7	0.391	150.56	63.01	32.66	30.35	—	2.78	84.77

（续）

年份	亩产量（千克）	单价（元/千克）	亩收入（元）	亩生产成本 总计（元）	其中：人工费用（元）	物质费用（元）	亩期间费用（元）	亩税金（元）	亩利润（元）
1988年	274.0	0.466	127.63	63.62	24.52	39.10	—	2.92	61.09
1989年	327.3	0.607	198.62	97.79	38.72	59.07	—	3.42	97.41
1990年	345.1	0.524	180.81	116.86	38.36	78.50	—	3.45	60.50
1991年	408.7	0.479	195.75	131.13	37.11	94.02	—	3.04	61.58
1992年	398.8	0.498	198.59	130.57	35.89	94.68	—	4.21	63.81
1993年	387.8	0.578	224.23	145.24	41.29	103.95	—	4.65	74.34
1994年	349.9	0.996	348.66	204.43	52.63	151.80	—	7.31	136.92
1995年	341.8	1.465	500.89	287.90	66.59	221.31	—	9.43	203.56
1996年	326.2	1.216	396.68	283.96	72.82	211.14	—	9.73	102.99
1997年	303.7	1.121	340.57	267.62	63.72	203.90	—	8.75	64.20
1998年	324.9	1.143	371.36	262.09	61.06	201.03	—	9.61	99.66
1999年	233.1	0.855	199.23	231.84	53.86	164.31	13.67	7.85	−40.46
2000年	255.8	0.922	235.91	240.71	64.39	157.01	19.31	10.47	−15.27
2001年	354.2	0.911	322.67	264.84	67.35	168.12	29.37	11.01	46.82
2002年	336.0	0.886	297.80	250.06	49.33	165.63	35.10	10.35	37.39

1980—2002年北京市部分农产品单位产量、收入、成本、利润情况表（三）

品种名称：水稻

年份	亩产量（千克）	单价（元/千克）	亩收入（元）	亩生产成本 总计（元）	其中：人工费用（元）	物质费用（元）	亩期间费用（元）	亩税金（元）	亩利润（元）
1980年	392.8	0.449	176.31	88.27	31.55	56.72	—	3.88	84.16
1981年	256.5	0.373	95.74	72.89	26.44	46.45	—	2.68	20.17
1982年	211.8	0.373	79.07	102.05	40.73	61.32	—	2.45	−25.43
1983年	369.2	0.490	180.88	65.97	16.54	49.43	—	2.36	112.55
1984年	349.0	0.451	157.46	92.29	33.24	59.05	—	3.99	61.18
1985年	326.7	0.432	141.15	101.90	43.85	58.05	—	4.62	34.63
1986年	398.4	0.571	227.68	120.88	42.14	78.74	—	5.74	101.06
1987年	376.8	0.644	242.50	147.38	67.64	79.74	—	5.22	89.90
1988年	359.1	0.878	315.41	183.64	76.91	106.73	—	5.86	125.91
1989年	382.6	1.046	400.02	241.40	100.10	141.30	—	5.48	153.14
1990年	412.7	0.953	393.29	255.26	101.98	153.28	—	6.65	131.38
1991年	415.2	0.969	402.39	301.33	114.02	187.31	—	4.76	96.30
1992年	407.3	0.848	345.35	251.99	77.94	174.05	—	6.86	86.50
1993年	458.6	0.900	412.57	286.88	123.10	163.78	—	7.30	118.39
1994年	429.3	1.593	683.96	402.00	157.03	244.97	—	9.52	272.44
1995年	372.1	2.748	1022.69	513.01	207.85	305.16	—	9.93	499.75
1996年	388.9	2.156	838.58	555.60	212.87	342.73	—	18.32	264.66
1997年	398.6	1.704	679.09	480.10	196.56	283.54	—	13.95	185.04
1998年	402.5	1.677	675.16	504.32	195.40	308.92	—	14.28	156.56
1999年	405.3	1.449	587.37	484.84	213.86	243.15	27.83	18.95	83.58
2000年	393.9	1.371	540.00	448.34	211.44	207.75	29.15	17.28	74.38
2001年	512.1	1.339	685.50	468.00	264.00	193.00	11.00	18.75	198.75
2002年	377.5	1.216	459.19	306.00	85.73	190.27	30.00	18.80	134.39

1980—2002 年北京市部分农产品单位产量、收入、成本、利润情况表（四）

品种名称：蔬菜

年份	亩产量（千克）	单价（元/千克）	亩收入（元）	亩生产成本			亩期间费用（元）	亩税金（元）	亩利润（元）
				总计（元）	其中：人工费用（元）	物质费用（元）			
1980 年	3 125.0	0.085	264.35	175.87	45.87	130.00	—	4.73	83.75
1981 年	2 812.5	0.098	276.67	281.44	72.98	208.46	—	4.15	−8.92
1982 年	3 208.5	0.117	376.96	322.90	89.38	233.52	—	4.16	49.90
1983 年	1 552.5	0.151	234.80	259.71	70.50	189.21	—	4.16	−29.07
1984 年	3 812.8	0.186	710.18	425.78	155.63	270.15		4.25	280.15
1985 年	2 940.0	0.221	650.09	368.25	144.52	223.73	—	6.50	275.34
1986 年	—	—	—	—	—	—	—	—	—
1987 年	5 273.2	0.367	1 934.10	1 054.90	547.10	507.80	—	6.70	872.50
1988 年	4 366.1	0.528	2 305.29	1 406.55	708.81	697.74	—	18.04	880.70
1989 年	6 177.6	0.492	3 037.86	2 127.65	1 037.18	1 090.47	—	17.08	893.13
1990 年	6 191.5	0.522	3 233.60	2 219.04	1 065.10	1 153.94	—	31.35	983.21
1991 年	6 084.9	0.520	3 165.15	2 309.31	1 148.26	1 161.05	—	21.49	834.35
1992 年	4 901.2	0.675	3 307.11	2 404.33	1 279.39	1 124.94	—	17.68	885.10
1993 年	4 475.5	0.648	2 899.63	2 113.58	1 136.13	977.45	—	21.46	764.59
1994 年	5 031.4	0.713	3 586.45	2 457.89	1 330.40	1 127.49	—	24.82	1 103.74
1995 年	4 314.9	1.122	4 840.55	3 563.12	2 074.80	1 488.32	—	28.71	1 248.72
1996 年	3 788.8	1.065	4 034.21	2 875.86	1 397.59	1 478.27	—	30.57	1 127.78
1997 年	3 943.9	0.905	3 570.66	2 477.77	1 406.55	1 071.22	—	31.79	1 061.10
1998 年	3 332.2	1.116	3 717.30	2 492.98	1 416.25	1 076.73	—	37.03	1 187.29
1999 年	4 675.0	0.935	4 372.08	2 637.39	1 473.04	975.33	189.02	35.54	1 699.15
2000 年	4 758.6	1.006	4 789.14	2 747.09	1 643.39	975.43	128.27	41.13	2 000.92
2001 年	4 722.5	1.174	5 546.33	4 205.91	1 430.81	2 510.68	264.42	30.22	1 310.20
2002 年	4 297.1	1.026	4 408.88	2 695.90	1 269.58	1 245.82	180.50	19.48	1 693.50

1980—2002 年北京市部分农产品单位产量、收入、成本、利润情况表（五）

品种名称：大棚蔬菜

年份	亩产量（千克）	单价（元/千克）	亩收入（元）	亩生产成本			亩期间费用（元）	亩税金（元）	亩利润（元）
				总计（元）	其中：人工费用（元）	物质费用（元）			
1980 年	—	—	—	—	—	—	—	—	—
1981 年	—	—	—	—	—	—	—	—	—
1982 年	—	—	—	—	—	—	—	—	—

（续）

年份	亩产量（千克）	单价（元/千克）	亩收入（元）	亩生产成本			亩期间费用（元）	亩税金（元）	亩利润（元）
				总计（元）	其中：人工费用（元）	物质费用（元）			
1983年	—	—	—	—	—	—	—	—	—
1984年	—	—	—	—	—	—	—	—	—
1985年	—	—	—	—	—	—	—	—	—
1986年	—	—	—	—	—	—	—	—	—
1987年	8 730.2	0.557	4 861.43	2 367.65	1 173.22	1 194.43	—	8.78	2 485.00
1988年	4 938.3	0.675	3 332.26	1 940.33	850.33	1 090.00	—	18.00	1 373.93
1989年	7 713.5	0.646	4 981.51	3 440.71	1 623.23	1 817.48	—	18.97	1 521.83
1990年	7 318.3	0.692	5 063.14	3 279.38	1 680.57	1 598.81	—	59.15	1 724.61
1991年	7 091.7	0.761	5 394.79	3 757.23	1 922.10	1 835.13	—	30.64	1 606.92
1992年	6 136.0	0.999	6 129.29	4 252.76	2 190.76	2 062.00	—	24.13	1 852.40
1993年	4 831.4	0.803	3 881.74	2 964.39	1 614.88	1 349.51	—	26.49	890.86
1994年	5 354.1	0.888	4 755.77	3 566.24	1 913.01	1 653.23	—	33.02	1 156.51
1995年	4 746.9	1.337	6 346.94	5 036.09	3 011.24	2 024.85	—	36.24	1 274.61
1996年	4 067.8	1.611	6 551.29	4 699.15	2 213.70	2 485.45	—	41.04	1 811.10
1997年	4 298.3	1.426	6 131.33	4 982.20	2 717.00	2 265.20	—	50.77	1 098.36
1998年	4 359.8	1.474	6 427.43	4 990.73	2 573.57	2 417.16	—	55.13	1 381.57
1999年	6 520.4	1.069	6 968.17	4 485.91	2 370.05	1 785.64	330.22	39.47	2 442.79
2000年	6 076.5	1.277	7 757.31	4 704.81	2 710.72	1 773.73	220.36	51.28	3 001.22
2001年	5 990.0	0.998	5 978.34	4 379.11	1 566.50	2 351.61	461.00	21.95	1 577.28
2002年	6 980.0	1.202	8 388.00	4 956.10	1 951.26	2 612.24	392.60	15.00	3 416.90

1980—2002年北京市部分农产品单位产量、收入、成本、利润情况表（六）

品种名称：露地蔬菜

年份	亩产量（千克）	单价（元/千克）	亩收入（元）	亩生产成本			亩期间费用（元）	亩税金（元）	亩利润（元）
				总计（元）	其中：人工费用（元）	物质费用（元）			
1980年	—	—	—	—	—	—	—	—	—
1981年	—	—	—	—	—	—	—	—	—
1982年	—	—	—	—	—	—	—	—	—
1983年	—	—	—	—	—	—	—	—	—
1984年	—	—	—	—	—	—	—	—	—
1985年	—	—	—	—	—	—	—	—	—
1986年	—	—	—	—	—	—	—	—	—
1987年	3 969.1	0.209	829.89	559.70	310.90	248.80	—	5.94	264.25
1988年	3 889.2	0.373	1 449.49	961.73	590.87	370.86	—	18.08	469.68
1989年	5 269.9	0.283	1 489.11	964.07	634.61	329.46	—	14.32	510.72
1990年	5 040.2	0.301	1 515.22	890.87	596.01	294.86	—	32.37	591.98
1991年	5 030.9	0.284	1 430.97	1 007.95	546.20	461.75	—	17.93	405.09
1992年	4 052.7	0.360	1 458.01	1 115.92	629.14	486.78	—	19.26	322.83

（续）

年份	亩产量（千克）	单价（元/千克）	亩收入（元）	亩生产成本			亩期间费用（元）	亩税金（元）	亩利润（元）
				总计（元）	其中：人工费用（元）	物质费用（元）			
1993年	3 810.5	0.367	1 397.99	989.78	559.38	430.40	—	23.43	384.78
1994年	3 862.3	0.504	1 945.57	1 196.31	744.27	452.04	—	21.35	727.91
1995年	3 374.2	0.763	2 572.93	1 791.78	1 165.01	626.77	—	23.63	757.52
1996年	3 476.5	0.553	1 921.90	1 277.25	742.06	535.19	—	20.11	624.54
1997年	3 716.0	0.585	2 174.77	1 241.74	731.87	509.87	—	20.72	912.31
1998年	2 788.0	0.791	2 206.32	1 215.06	768.52	446.54	—	25.19	966.07
1999年	3 677.0	0.718	2 641.75	1 385.34	836.62	442.92	105.80	33.31	1 223.10
2000年	3 809.8	0.657	2 503.61	1 381.45	819.41	473.83	88.21	30.89	1 091.27
2001年	3 495.8	1.525	5 330.30	4 119.30	1 363.00	2 590.20	166.10	34.37	1 176.63
2002年	2 806.6	0.783	2 198.30	1 440.19	890.85	486.70	62.64	22.00	736.11

1980—2002年北京市部分农产品单位产量、收入、成本、利润情况表（七）

品种名称：花生

年份	亩产量（千克）	单价（元/千克）	亩收入（元）	亩生产成本			亩期间费用（元）	亩税金（元）	亩利润（元）
				总计（元）	其中：人工费用（元）	物质费用（元）			
1980年	—	—	—	—	—	—	—	—	—
1981年	—	—	—	—	—	—	—	—	—
1982年	—	—	—	—	—	—	—	—	—
1983年	—	—	—	—	—	—	—	—	—
1984年	182.7	0.842	153.82	133.47	52.41	81.06	—	10.89	9.46
1985年	188.3	1.067	200.90	115.44	34.44	81.00	—	4.16	81.30
1986年	104.1	1.745	181.65	123.08	36.43	86.65	—	2.65	55.92
1987年	230.0	1.341	308.48	140.24	44.90	95.34	—	3.29	164.95
1988年	142.5	1.787	254.62	154.34	52.50	101.84	—	2.71	97.57
1989年	208.4	2.027	422.46	240.27	76.08	164.19	—	2.67	179.52
1990年	222.8	2.093	466.38	251.32	89.89	161.43	—	3.00	212.06
1991年	227.1	1.901	431.62	254.38	97.00	157.38	—	2.71	174.53
1992年	184.3	1.918	353.57	251.15	97.75	153.40	—	3.26	99.16
1993年	245.2	2.049	502.40	293.96	98.26	195.70	—	2.67	205.77
1994年	278.7	2.746	765.28	401.19	152.97	248.22	—	4.57	359.52
1995年	202.0	3.518	710.54	463.77	153.44	310.33	—	5.03	241.74
1996年	192.1	3.740	718.38	462.39	161.21	301.18	—	6.73	249.26
1997年	207.1	4.145	858.45	516.11	167.07	349.04	—	6.95	335.39
1998年	241.1	3.360	810.16	438.93	133.68	305.25	—	8.91	362.32

（续）

年份	亩产量（千克）	单价（元/千克）	亩收入（元）	亩生产成本			亩期间费用（元）	亩税金（元）	亩利润（元）
				总计（元）	其中：人工费用（元）	物质费用（元）			
1999 年	256.7	3.154	809.65	432.27	145.83	252.22	34.22	8.84	368.54
2000 年	244.5	3.304	807.80	443.66	144.83	273.19	25.64	9.34	354.80
2001 年	325.1	2.912	946.85	493.17	168.10	292.22	32.85	12.50	441.18
2002 年	318.2	2.350	747.70	408.13	114.03	274.00	20.10	10.20	329.37

1980—2002 年北京市部分农产品单位产量、收入、成本、利润情况表（八）

品种名称：西瓜

年份	亩产量（千克）	单价（元/千克）	亩收入（元）	亩生产成本			亩期间费用（元）	亩税金（元）	亩利润（元）
				总计（元）	其中：人工费用（元）	物质费用（元）			
1980 年	—	—	—	—	—	—	—	—	—
1981 年	—	—	—	—	—	—	—	—	—
1982 年	—	—	—	—	—	—	—	—	—
1983 年	—	—	—	—	—	—	—	—	—
1984 年	—	—	—	—	—	—	—	—	—
1985 年	2 367.0	0.201	476.33	168.46	86.01	82.45	—	2.75	305.12
1986 年	2 909.0	0.348	1 013.01	226.02	112.87	113.15	—	3.40	783.59
1987 年	—	—	—	—	—	—	—	—	—
1988 年	2 612.8	0.378	986.74	304.18	126.67	177.51	—	5.00	677.56
1989 年	2 638.7	0.370	977.09	319.14	109.96	209.18	—	29.02	628.93
1990 年	2 771.3	0.388	1 073.98	362.85	132.97	229.88	—	36.34	674.79
1991 年	2 643.1	0.379	1 001.36	429.07	175.17	253.90	—	37.07	535.22
1992 年	3 280.9	0.394	1 291.71	494.99	182.11	312.88	—	35.09	761.63
1993 年	2 928.4	0.508	1 487.90	580.84	227.29	353.55	—	34.02	873.04
1994 年	2 193.0	0.694	1 521.67	700.87	314.79	386.08	—	21.44	799.36
1995 年	2 722.4	1.228	3 343.01	1 280.72	491.21	789.51	—	26.14	2 036.15
1996 年	3 283.5	0.844	2 770.89	1 080.56	445.49	635.07	—	31.41	1 658.92
1997 年	2 818.8	1.000	2 818.75	1 339.85	440.92	898.93	—	33.54	1 445.36
1998 年	3 076.1	0.701	2 157.57	1 446.02	650.36	795.66	—	25.43	686.12
1999 年	3 080.7	0.742	2 284.66	1 240.65	562.21	618.01	60.43	19.04	1 024.97
2000 年	2 994.1	0.866	2 593.32	1 154.19	525.50	571.55	57.14	22.68	1 416.45
2001 年	3 184.6	0.754	2 401.17	1 429.39	706.14	699.35	23.90	22.40	949.38
2002 年	3 146.8	1.290	4 059.85	1 736.85	631.86	1 076.16	28.83	47.80	2 275.20

附表 6　北京市农产品成本核算品种统计表

单位：个

年份	1980 年	1981 年	1982 年	1983 年	1984 年	1985 年	1986 年	1987 年	1988 年	1989 年	1990 年	1991 年	1992 年	1993 年	1994 年	1995 年	1996 年	1997 年	1998 年	1999 年	2000 年	2001 年	2002 年	2003 年
核算品种	4	4	4	4	13	35	32	25	26	23	22	15	18	20	19	21	25	25	22	20	25	20	19	19

核算品种

40
30
20
10
0
核算品种
1980 年 1981 年 1982 年 1983 年 1984 年 1985 年 1896 年 1987 年 1988 年 1989 年 1990 年 1991 年 1992 年 1993 年 1994 年 1995 年 1996 年 1997 年 1998 年 1999 年 2000 年 2001 年 2002 年 2003 年

附表 7　北京市农产品成本核算点数统计表

单位：个

年份	1980 年	1981 年	1982 年	1983 年	1984 年	1985 年	1986 年	1987 年	1988 年	1989 年	1990 年	1991 年	1992 年	1993 年	1994 年	1995 年	1996 年	1997 年	1998 年	1999 年	2000 年	2001 年	2002 年	2003 年
核算点数	5	5	5	5	78	271	287	312	338	330	323	241	211	230	228	211	230	220	215	212	210	191	184	207

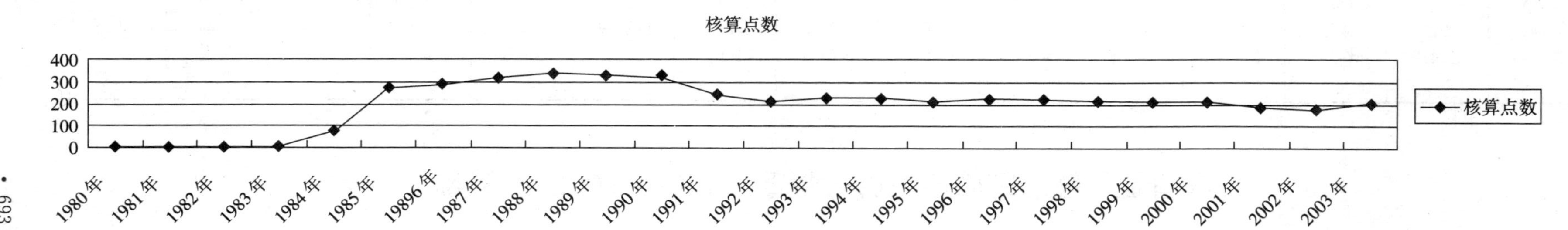

附表8　1994—2004年京郊乡镇企业动态监测主要指标

年份	平均收入（万元）	平均利润（万元）	平均税金（万元）	人均营业收入（万元）	平均资产总额（万元）	平均所有者权益（万元）	平均职工人数（人）	职工平均工资（元/人）	收入增长率（%）	利润增长率（%）	资产增长率（%）	资金利税率（%）	销售利润率（%）	资产负债率（%）
1994年	468.4	20.3	26.3	32 827.8	553.5	182.7	130	3 309	9.5	−30	17.1	7.8	3.7	67
1995年	500.7	19.1	25.6	39 925	624.6	202.9	125	3 172.7	27	11.3	19.9	4.6	3.8	67.5
1996年	455.8	10.9	23.9	45 248	626.3	210.7	101	5 573.4	−1.4	−38.7	6.8	5.1	2.4	66.4
1997年	530.6	10.9	25.3	48 235	793	267.8	110	6 188.1	−4.5	−1.7	7.5	4.3	2.1	66.2
1998年	557.7	11.5	27	49 427.04	841.8	286.6	113	7 530	−0.4	−19.8	5.6	4.7	2.1	66
1999年	564.6	15	28.1	49 756.2	894.1	312.5	114	5 776.7	1.7	10.6	7.6	5	2.7	65
2000年	630.6	22.7	28.7	74 242.2	742.6	277.9	85	6 751.7	20.2	12.5	10.5	6.2	3.6	62.6
2001年	735	27.4	31.1	87 501.1	830.2	319.3	84	7 463.8	11.6	6.6	9.2	6.3	3.7	61.5
2002年	954.6	45.8	43.97	99 403.8	1 124.8	443.2	96	8 513.8	15	28.7	21.8	7.1	4.8	60.5
2003年	1 341.58	57.6	53.1	125 445.9	1 525.8	693.3	107	8 170	20.3	10	17.2	6.5	4.3	54.6
2004年	1 553.1	73.5	64.5	148 189.1	7 548.6	2 622.9	104	9 176.7	7.9	8.3	−28.3	1.6	4.8	65.3

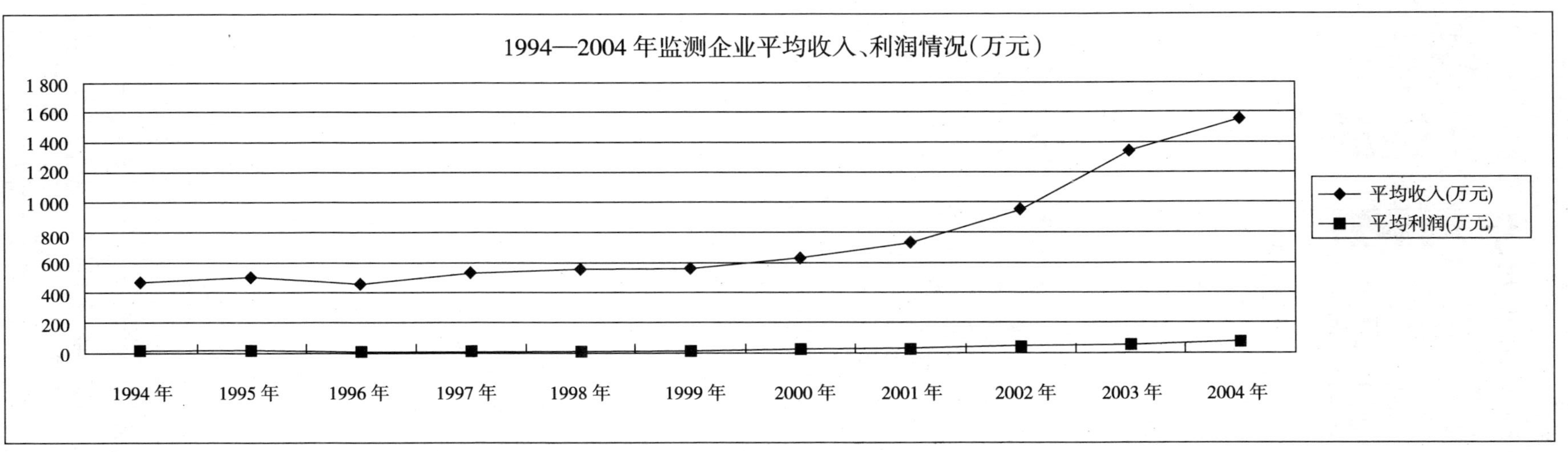

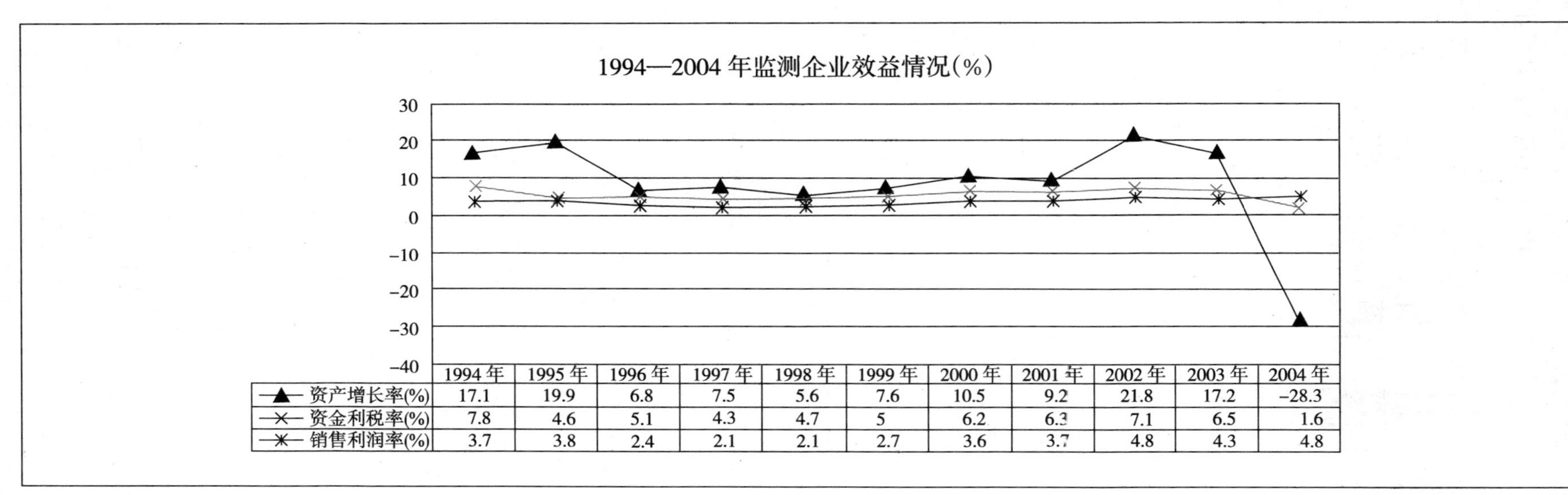

	1994 年	1995 年	1996 年	1997 年	1998 年	1999 年	2000 年	2001 年	2002 年	2003 年	2004 年
资产增长率(%)	17.1	19.9	6.8	7.5	5.6	7.6	10.5	9.2	21.8	17.2	-28.3
资金利税率(%)	7.8	4.6	5.1	4.3	4.7	5	6.2	6.3	7.1	6.5	1.6
销售利润率(%)	3.7	3.8	2.4	2.1	2.1	2.7	3.6	3.7	4.8	4.3	4.8

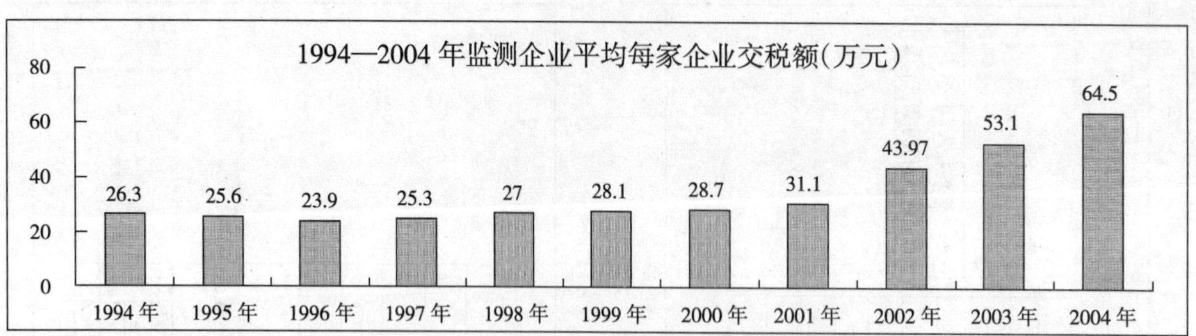

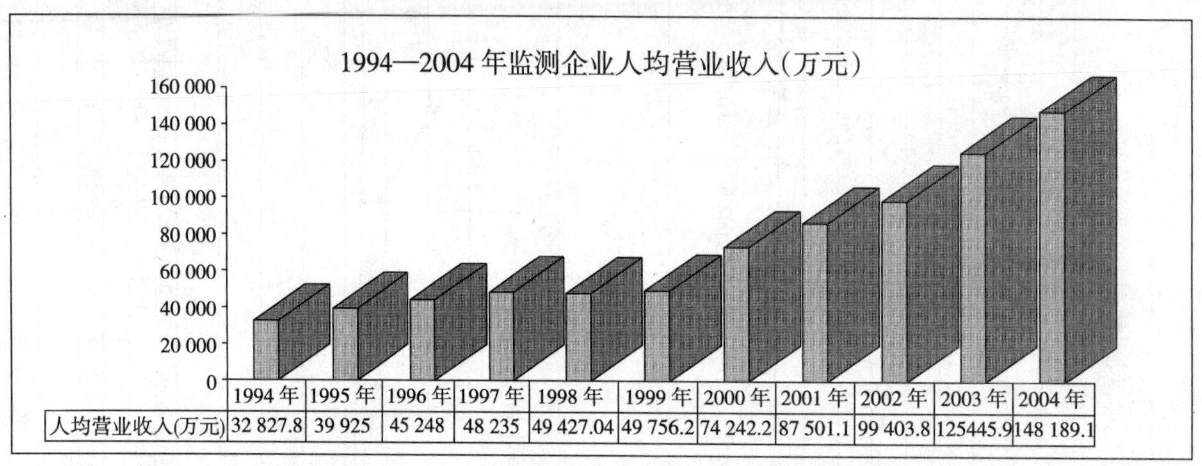

	1994 年	1995 年	1996 年	1997 年	1998 年	1999 年	2000 年	2001 年	2002 年	2003 年	2004 年
人均营业收入(万元)	32 827.8	39 925	45 248	48 235	49 427.04	49 756.2	74 242.2	87 501.1	99 403.8	125445.9	148 189.1

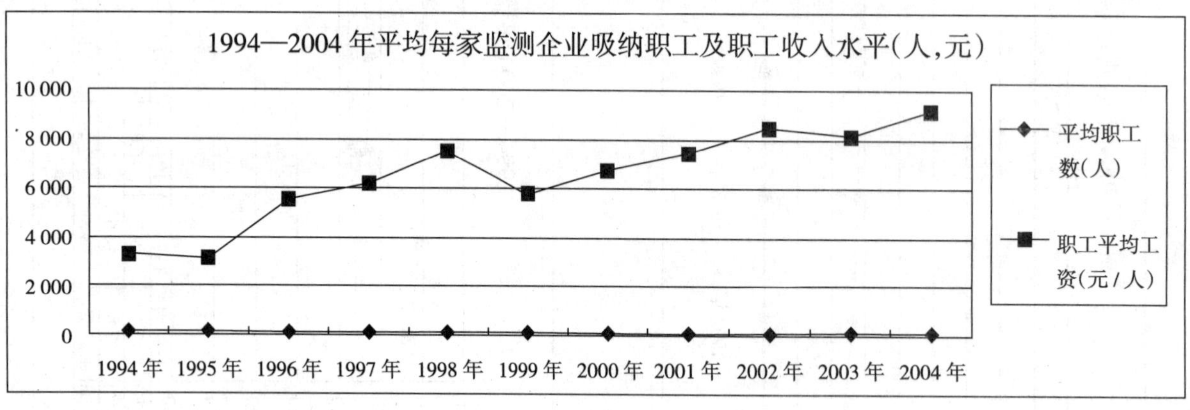

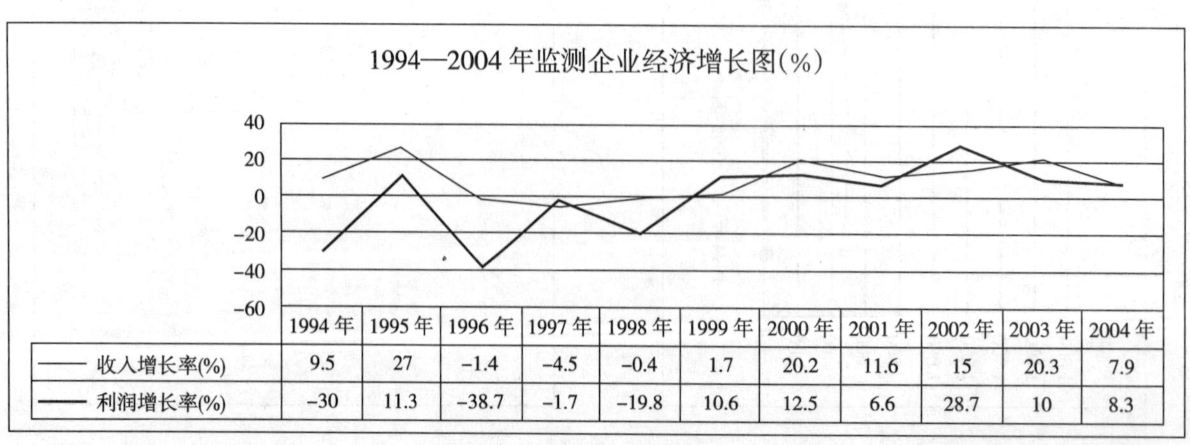

	1994 年	1995 年	1996 年	1997 年	1998 年	1999 年	2000 年	2001 年	2002 年	2003 年	2004 年
收入增长率(%)	9.5	27	−1.4	−4.5	−0.4	1.7	20.2	11.6	15	20.3	7.9
利润增长率(%)	−30	11.3	−38.7	−1.7	−19.8	10.6	12.5	6.6	28.7	10	8.3

后　记

农村合作经济组织，是郊区广大农民联系政府、进入市场、走向联合、改变弱势地位的重要载体。从1952年农民开展互助合作到现在，郊区农村合作经济的发展已经走过了整整50年的历程。农村合作经济经营管理工作与其相伴而生，历来成为党的农业和农村工作的重要组成部分，成为农村合作经济组织不断改革、完善和健康发展的重要保证。因此，编纂《北京市农村合作经济经营管理志》也就成为郊区农村合作经济发展史上的一件大事。

《北京市农村合作经济经营管理志》的编纂工作自2003年1月开始启动到2008年5月完成总纂，历时5年零4个月。从1952年到2002年，时间跨度50年。全书结构确定为4篇30章96节290目，加上附录等共计100万字。在编纂过程中，编纂委员会及其编纂人员坚持以马列主义、毛泽东思想和邓小平理论为指导，尊重历史，面对现实，放眼长远，以高度负责的态度，力求全面、准确、客观地反映郊区农村合作经济及其经营管理工作的阶段性特点、经验和教训。其间，每一篇、章、节都经过6次以上的反复讨论和修改，然后市、区县农口离、退休的老领导、老同志最后把关定稿。我们力求《北京市农村合作经济经营管理志》能够达到“存史、资政、育人”的编纂目的，并对进一步更加广泛传播合作经济思想、深化合作经济认识、把握合作经济规律产生积极的影响。

本书各章、节的撰稿人分别是：概述李明瑞，第一章王其楠，第二章王其楠，第三章李明瑞，第四章李明瑞，第五章李明瑞，第六章谢金坪、方书广、王元军，第七章方书广，第八章李明瑞、方书广，第九章李明瑞、陈娟，第十章李笑英，第十一章黄中廷，第十二章吴汝明，第十三章刘学军、曹晓兰、李理、鲁红云，第十四章郄蕙，第十五章李明瑞，第十六章陈珊、郑伯坤、刘建波，第十七章赵宁、许同乐，第十八章王燕玲，第十九章车彦轮，第二十章崔永增，第二十一章张进林，第二十二章王继堂、王兆华等，第二十三章王志宏、李国蕾等，第二十四章申连仲、王颖等，第二十五章周湛等，第二十六章焦守田、孙绍东等，第二十七章李明瑞、张海燕等，第二十八章秦和平、崔建国等，第二十九章王殿俊、赵福生等，第三十章王富杰、吴运中等。参与本书编写工作的人员还有：马怀礼、王玉德、王志广、王兆华、王顺恒、吕福荣、刘春、杜振东、杨国平、杨武林、李钊、张槐、张士存、张文华、张文祥、郑家祥、陈会清、夏全书、秦和平、解长春、裴士章、赵文、赵永高等。各区（县）及许多老同志奉献出自己珍藏多年的极具历史价值的图片资料，也为本书增添了不少光彩。

《北京市农村合作经济经营管理志》的编纂工作，得到中共北京市委农村工作委员会、北京市农村工作委员会的高度重视，为志书的编纂工作提供了有利条件；同时也得到了市、区（县）地方志编纂委员会办公室、财政、人事、组织、农委、经管、乡镇企业、供销、信用、档案馆、图书馆等有关部门和单位的大力支持和帮助；特别是赵树枫、赵有福、王其楠、李明瑞、谢书成、李如理等市、区（县）两级农口的老领导、老同志，不顾年事已高，克服很多实际困难，亲自参与编写、讨论、审稿，为志书的完成付出了大量心血；参与编写志书工作的作者大部分都是在职人员，他们在不影响本职工作的前提下，利用大量休息时间查阅历史资料，进行写作和修改，为志书的完成付出了辛勤的劳动。在此，我们向所有为志书编纂工作给予支持和帮助的各个部门、单位，向所有为志书编纂工作付出心血与劳动的同志们表示崇高的敬意和诚挚的感谢！

2008年，正值农村改革30周年和市、区（县）农村合作经济经营管理机构建立25周年。我们相信，《北京市农村合作经济经营管理志》的出版，将对纪念活动增加一份色彩。

《北京市农村合作经济经营管理志》编纂过程中，没有样板可供参照与借鉴，加上编写、编辑人员水平有限，书中难免存在疏漏和不妥之处，敬请读者批评指正。

《北京市农村合作经济经营管理志》编辑部

2008年10月